Kohlhammer

Grundstudium Recht
herausgegeben von
Professor Dr. Jörg Eisele und Professor Dr. Bernd Heinrich

Strafrecht Besonderer Teil

für Studienanfänger

von

Professor Dr. Jörg Eisele
Eberhard Karls Universität Tübingen

und

Professor Dr. Bernd Heinrich
Eberhard Karls Universität Tübingen

Verlag W. Kohlhammer

1. Auflage 2020

Alle Rechte vorbehalten
© W. Kohlhammer GmbH, Stuttgart
Gesamtherstellung: W. Kohlhammer GmbH, Stuttgart

Print:
ISBN 978-3-17-022965-5

E-Book-Formate:
pdf: ISBN 978-3-17-031388-0
epub: ISBN 978-3-17-031389-7
mobi: ISBN 978-3-17-031390-3

Dieses Werk einschließlich aller seiner Teile ist urheberrechtlich geschützt. Jede Verwendung außerhalb der engen Grenzen des Urheberrechts ist ohne Zustimmung des Verlags unzulässig und strafbar. Das gilt insbesondere für Vervielfältigungen, Übersetzungen, Mikroverfilmungen und für die Einspeicherung und Verarbeitung in elektronischen Systemen.
Für den Inhalt abgedruckter oder verlinkter Websites ist ausschließlich der jeweilige Betreiber verantwortlich. Die W. Kohlhammer GmbH hat keinen Einfluss auf die verknüpften Seiten und übernimmt hierfür keinerlei Haftung.

Vorwort

Das vorliegende Studienbuch Strafrecht Besonderer Teil der Reihe „Grundstudium" baut auf dem Band zum Allgemeinen Teil auf. Entsprechend der Konzeption dieser Reihe werden die für das grundsätzliche Verständnis notwendigen Strukturen dargestellt. Insoweit wird auf die vertiefte Erörterung von Meinungsstreitigkeiten, die erst für höhere Semester oder Examenskandidaten bedeutsam sind, weitgehend verzichtet. Dagegen sollen durch eine Vielzahl kleinerer Fälle die zentralen Problemstellungen verdeutlicht und die Studierenden dadurch in die Lage versetzt werden, die Klausuren und Hausarbeiten im Grundstudium erfolgreich zu bewältigen. Durch optisch hervorgehobene Piktogramme wird auf spezielle Definitionen, in Klausuren und Hausarbeiten gebräuchliche Formulierungen und Gesetzestexte und besondere Problemstellungen hingewiesen. Weitere Hinweise, Kriterien für die Klausurbewertung, spezielle Klausurtipps und Prüfungsschemata ergänzen die Darstellung und tragen zur Übersichtlichkeit bei. So erhalten die Studierenden in gebotener Kürze alle Informationen, die für das Verständnis des jeweiligen Rechtsgebietes erforderlich sind. Hinweise auf weiterführende Literatur, zentrale Entscheidungen und Übungsklausuren sollen zum vertieften Arbeiten anregen, wobei jeweils ausgeführt wird, warum die einzelnen Beiträge sich insbesondere für Studierende in den Anfangssemestern eignen.

Dieses Studienbuch verzichtet auf die übliche Zweiteilung des Stoffes des Besonderen Teils auf verschiedene Bände. Daher wurde eine bewusste Auswahl derjenigen Tatbestände und Probleme getroffen, die erfahrungsgemäß in den Anfangssemestern und damit für die Orientierungs- und Zwischenprüfung eine wichtige Bedeutung erlangen. Zur Ergänzung und Vertiefung des Stoffes sei auf die beiden Bände Strafrecht Besonderer Teil I und II von *Jörg Eisele* aus der „Studienreihe Rechtswissenschaften" verwiesen, auf die dieses Buch abgestimmt ist.

Allgemeiner und Besonderer Teil dieser Reihe werden von beiden Autoren gemeinsam herausgegeben. Die Federführung des Allgemeinen Teils liegt bei *Bernd Heinrich*, diejenige des Besonderen Teils bei *Jörg Eisele*. Besonderer Dank gebührt Herrn Dr. *Alexander Bechtel* für seine Mitwirkung bei der Koordination des Projekts sowie bei der redaktionellen Bearbeitung. Dank gebührt ferner den Mitarbeitern bzw. Mitarbeiterinnen Frau

Vorwort

Hanna Becher, Frau *Eva Beier*, Frau *Julia Felbinger*, Herrn *Rasim Mustafi* und Frau *Annika Scharr*.

Tübingen, den 7. November 2019   Jörg Eisele, Bernd Heinrich

Inhaltsverzeichnis

Vorwort		V
Literaturübersicht		XIX
Abkürzungsverzeichnis		XXII
Übersicht Piktogramme		XXVII

Teil 1:	Systematik des Besonderen Teils des StGB		1
Teil 2:	Straftaten gegen das Leben		3
	I.	Totschlag, § 212	3
		1. Geschütztes Rechtsgut	3
		2. Systematik der Tötungsdelikte	4
		3. Tatbestand	5
		4. Rechtswidrigkeit und Schuld	9
		5. Strafzumessungsregeln des § 212 Abs. 2 und § 213	10
	II.	Mord, § 211	12
		1. Geschütztes Rechtsgut und Systematik	12
		2. Die drei Gruppen von Mordmerkmalen	14
		3. Die einzelnen Mordmerkmale	15
		4. Mordmerkmale bei Täterschaft und Teilnahme	33
	III.	Sterbehilfe, Selbsttötung und Fremdtötung	35
		1. Sterbehilfe	35
		2. Selbsttötung und Fremdtötung	39
		3. Geschäftsmäßige Förderung der Selbsttötung, § 217	49
	IV.	Tötung auf Verlangen, § 216	51
		1. Geschütztes Rechtsgut und Systematik	51
		2. Objektiver Tatbestand	53
		3. Subjektiver Tatbestand und Irrtumsregel des § 16 Abs. 2	56
	V.	Fahrlässige Tötung, § 222	57
		1. Geschütztes Rechtsgut und Systematik	57
		2. Tatbestand	58
		3. Rechtswidrigkeit	61
	VI.	Aussetzung, § 221	64
		1. Geschütztes Rechtsgut und Systematik	64

Inhaltsverzeichnis

	2.	Grundtatbestand des § 221 Abs. 1	65
	3.	Strafschärfungen	69
	4.	Konkurrenzen	70
Teil 3:	**Straftaten gegen die körperliche Unversehrtheit**		72
I.	Körperverletzung, § 223		72
	1.	Geschütztes Rechtsgut und Systematik	72
	2.	Objektiver Tatbestand	72
	3.	Subjektiver Tatbestand	75
	4.	Rechtswidrigkeit	75
	5.	Versuchsstrafbarkeit	79
	6.	Speziell: Die ärztliche Heilbehandlung	79
	7.	Konkurrenzen	83
II.	Gefährliche Körperverletzung, § 224		84
	1.	Geschütztes Rechtsgut und Systematik	84
	2.	Tatbestand	85
III.	Schwere Körperverletzung, § 226		91
	1.	Geschütztes Rechtsgut und Systematik	91
	2.	Tatbestand	92
	3.	Versuchsstrafbarkeit	96
	4.	Konkurrenzen	97
IV.	Körperverletzung mit Todesfolge, § 227		97
	1.	Geschütztes Rechtsgut und Systematik	97
	2.	Tatbestand	98
	3.	Unterlassen	103
	4.	Versuchskonstellationen	104
	5.	Täterschaft und Teilnahme	105
	6.	Konkurrenzen	105
V.	Fahrlässige Körperverletzung, § 229		106
VI.	Beteiligung an einer Schlägerei, § 231		107
	1.	Geschütztes Rechtsgut und Systematik	107
	2.	Objektiver Tatbestand	107
	3.	Subjektiver Tatbestand	108
	4.	Objektive Bedingung der Strafbarkeit	109
	5.	Rechtswidrigkeit und Schuld	111
Teil 4:	**Straftaten gegen die persönliche Freiheit**		113
I.	Freiheitsberaubung, § 239		113
	1.	Geschütztes Rechtsgut und Systematik	113
	2.	Objektiver Tatbestand	114
	3.	Subjektiver Tatbestand	119
	4.	Strafschärfungen	119

Inhaltsverzeichnis

	5.	Konkurrenzen	121
II.	Nötigung, § 240		121
	1.	Geschütztes Rechtsgut und Systematik	121
	2.	Objektiver Tatbestand	122
	3.	Subjektiver Tatbestand	132
	4.	Rechtswidrigkeit	133
	5.	Schuld	135
	6.	Konkurrenzen	135

Teil 5: Straftaten gegen die Ehre 137
- I. Grundlagen 137
  - 1. Rechtsgut 137
  - 2. Systematik 137
  - 3. Ergänzende Regelungen 138
- II. Beleidigung, § 185 138
  - 1. Objektiver Tatbestand 139
  - 2. Subjektiver Tatbestand 147
  - 3. Qualifikation des § 185 Var. 2 148
- III. Üble Nachrede, § 186 148
  - 1. Systematik 148
  - 2. Objektiver Tatbestand 148
  - 3. Subjektiver Tatbestand 150
  - 4. Objektive Bedingung der Strafbarkeit 150
  - 5. Qualifikationen 151
  - 6. Konkurrenzen 152
- IV. Verleumdung, § 187 152
  - 1. Systematik 152
  - 2. Objektiver Tatbestand 153
  - 3. Subjektiver Tatbestand 153
  - 4. Qualifikationen 153
- V. Beleidigung trotz Wahrheitsbeweis, § 192 153
  - 1. Systematik 153
  - 2. Objektiver Tatbestand 154
  - 3. Subjektiver Tatbestand 154
- VI. Wahrnehmung berechtigter Interessen, § 193 155
  - 1. Systematik 155
  - 2. Voraussetzungen des Rechtfertigungsgrundes 155

Teil 6: Hausfriedensbruch 160
- I. Geschütztes Rechtsgut und Systematik 160
- II. Tatbestand 161
  - 1. Objektiver Tatbestand 161

Inhaltsverzeichnis

	2.	Subjektiver Tatbestand	166
	3.	Konkurrenzen	167

Teil 7: **Urkundendelikte** ... 168
- I. Urkundenfälschung, § 267 ... 168
  1. Geschütztes Rechtsgut und Systematik ... 168
  2. Objektiver Tatbestand ... 169
  3. Subjektiver Tatbestand ... 182
  4. Strafzumessungsregel für besonders schwere Fälle mit Regelbeispielen, § 267 Abs. 3 ... 183
  5. Qualifikation, § 267 Abs. 4 ... 184
- II. Fälschung technischer Aufzeichnungen, § 268 ... 185
  1. Geschütztes Rechtsgut und Systematik ... 185
  2. Objektiver Tatbestand ... 186
  3. Subjektiver Tatbestand ... 191
- III. Urkundenunterdrückung, § 274 ... 191
  1. Geschütztes Rechtsgut und Systematik ... 191
  2. Urkundenunterdrückung, § 274 Abs. 1 Nr. 1 ... 192
- IV. Mittelbare Falschbeurkundung, § 271 ... 195

Teil 8: **Brandstiftungsdelikte** ... 197
- I. Brandstiftung, § 306 ... 197
  1. Geschütztes Rechtsgut und Systematik ... 197
  2. Objektiver Tatbestand ... 198
  3. Subjektiver Tatbestand ... 202
  4. Rechtswidrigkeit ... 202
  5. Tätige Reue nach § 306e Abs. 1 und 3 ... 203
  6. Konkurrenzen ... 203
- II. Schwere Brandstiftung, § 306a ... 203
  1. Geschütztes Rechtsgut und Systematik ... 203
  2. Objektiver Tatbestand des § 306a Abs. 1 ... 204
  3. Subjektiver Tatbestand ... 208
  4. Rechtswidrigkeit ... 208
  5. Objektiver Tatbestand des § 306a Abs. 2 ... 209
  6. Subjektiver Tatbestand ... 210
  7. Rechtswidrigkeit ... 210
- III. Besonders schwere Brandstiftung, § 306b ... 210
  1. Geschütztes Rechtsgut und Systematik ... 210
  2. Tatbestand des § 306b ... 211
  3. Erfolgsqualifikation des Abs. 1 ... 211
  4. Qualifikationen des § 306b Abs. 2 ... 212
- IV. Brandstiftung mit Todesfolge, § 306c ... 214

Inhaltsverzeichnis

	1. Geschütztes Rechtsgut und Systematik	214
	2. Allgemeine Grundsätze des erfolgsqualifizierten Delikts	215
	3. Gefahrspezifischer Zusammenhang	215
V.	Fahrlässige Brandstiftung, § 306d	217
	1. Geschütztes Rechtsgut und Systematik	217
	2. Tatbestände	218

Teil 9: Verkehrsstraftaten ... 220

- I. Trunkenheit im Verkehr, § 316 ... 220
  1. Geschütztes Rechtsgut und Systematik ... 220
  2. Objektiver Tatbestand ... 221
  3. Subjektiver Tatbestand ... 224
  4. Konkurrenzen ... 225
- II. Gefährdung des Straßenverkehrs, § 315c ... 225
  1. Geschütztes Rechtsgut und Systematik ... 225
  2. Objektiver Tatbestand ... 227
  3. Subjektiver Tatbestand ... 230
  4. Rechtswidrigkeit ... 231
- III. Gefährliche Eingriffe in den Straßenverkehr, § 315b ... 232
  1. Geschütztes Rechtsgut und Systematik ... 232
  2. Objektiver Tatbestand ... 233
  3. Subjektiver Tatbestand ... 237
  4. Rechtswidrigkeit ... 237
  5. Strafschärfungen, § 315b Abs. 3 i. V. m. § 315 Abs. 3 ... 237
  6. Tätige Reue ... 238
- IV. Verbotene Kraftfahrzeugrennen, § 315d ... 238
  1. Geschütztes Rechtsgut und Systematik ... 238
  2. Tatbestand der Nr. 1 ... 239
  3. Tatbestand der Nr. 2 ... 239
  4. Tatbestand der Nr. 3 ... 240
  5. Qualifikation des § 315d Abs. 2 i. V. m. Abs. 1 Nr. 2 oder Nr. 3 ... 240
  6. Qualifikation des 315d Abs. 2 i. V. m. Abs. 1 Nr. 2 oder Nr. 3, Abs. 4 ... 241
  7. Erfolgsqualifikation des § 315d Abs. 5 i. V. m. § 315d Abs. 2 ... 241
- V. Unerlaubtes Entfernen vom Unfallort, § 142 ... 242
  1. Geschütztes Rechtsgut und Systematik ... 242
  2. Objektiver Tatbestand des Abs. 1 ... 243
  3. Subjektiver Tatbestand des Abs. 1 ... 250
  4. Objektiver Tatbestand des § 142 Abs. 2 ... 250
  5. Subjektiver Tatbestand des Abs. 2 ... 253

Inhaltsverzeichnis

	6.	Rechtswidrigkeit und Schuld	253
	7.	Tätige Reue	254

Teil 10: Vollrausch und Unterlassene Hilfeleistung 255
- I. Vollrausch, § 323a 255
  - 1. Geschütztes Rechtsgut und Systematik 255
  - 2. Objektiver Tatbestand 256
  - 3. Subjektiver Tatbestand 259
  - 4. Objektive Bedingung der Strafbarkeit 259
- II. Unterlassene Hilfeleistung, § 323c 261
  - 1. Geschütztes Rechtsgut und Systematik 261
  - 2. Objektiver Tatbestand des Abs. 1 262
  - 3. Subjektiver Tatbestand des Abs. 1 266
  - 4. Tatbestand des Abs. 2 267

Teil 11: Straftaten gegen die Rechtspflege 269
- I. Falsche uneidliche Aussage, § 153 269
  - 1. Geschütztes Rechtsgut und Systematik 269
  - 2. Objektiver Tatbestand 270
  - 3. Subjektiver Tatbestand 275
- II. Meineid, § 154 275
  - 1. Geschütztes Rechtsgut und Systematik 275
  - 2. Objektiver Tatbestand 276
  - 3. Subjektiver Tatbestand 277
  - 4. Rücktritt 277
  - 5. Teilnahme 277
- III. Falsche Versicherung an Eides Statt, § 156 279
  - 1. Geschütztes Rechtsgut und Systematik 279
  - 2. Objektiver Tatbestand 279
  - 3. Subjektiver Tatbestand 281
- IV. Aussagenotstand, § 157 281
  - 1. Systematik 281
  - 2. Voraussetzungen 281
- V. Berichtigung der Falschaussage, § 158 282
  - 1. Systematik 282
  - 2. Anwendungsbereich 283
  - 3. Wirksame Berichtigung 283
- VI. Versuch der Anstiftung zur Falschaussage, § 159 285
  - 1. Systematik 285
  - 2. Anwendungsbereich 286
  - 3. Tatentschluss 286
  - 4. Unmittelbares Ansetzen 286

Inhaltsverzeichnis

VII.	Verleitung zur Falschaussage, § 160		286
	1. Geschütztes Rechtsgut und Systematik		286
	2. Objektiver Tatbestand		287
	3. Subjektiver Tatbestand		288
VIII.	Fahrlässiger Falscheid und fahrlässige falsche Versicherung an Eides Statt, § 161		289
IX.	Falsche Verdächtigung, § 164		290
	1. Geschütztes Rechtsgut und Systematik		290
	2. Objektiver Tatbestand des § 164 Abs. 1		291
	3. Objektiver Tatbestand des § 164 Abs. 2		295
	4. Subjektiver Tatbestand		295
	5. Rechtswidrigkeit		295
	6. Strafausschließungs- und Strafmilderungsgründe		296
	7. Qualifikation nach § 164 Abs. 3		296
X.	Vortäuschen einer Straftat, § 145d		297
	1. Geschütztes Rechtsgut und Systematik		297
	2. Objektiver Tatbestand		298
	3. Subjektiver Tatbestand		301
	4. Strafausschließungs- und Strafmilderungsgründe		301
	5. Formelle Subsidiarität, § 145d Abs. 1 a. E.		301

Teil 12:	Straftaten gegen die Staatsgewalt und die öffentliche Ordnung		303
I.	Widerstand gegen Vollstreckungsbeamte, § 113		303
	1. Geschütztes Rechtsgut und Systematik		303
	2. Objektiver Tabestand		304
	3. Subjektiver Tatbestand		306
	4. Rechtmäßigkeit der Diensthandlung		306
	5. Irrtümer des Täters		309
	6. Strafzumessungsregel für besonders schwere Fälle, § 113 Abs. 2		309
	7. Konkurrenzen		309
II.	Tätlicher Angriff gegen Vollstreckungsbeamte, § 114		310
	1. Geschütztes Rechtsgut und Systematik		310
	2. Objektiver Tabestand		311
	3. Subjektiver Tatbestand		312
	4. Rechtmäßigkeit der Vollstreckungshandlung		312
III.	Widerstand gegen oder tätlicher Angriff auf gleichgestellte Personen, § 115		312

Teil 13:	Diebstahl und Unterschlagung		313
I.	Unterscheidung von Eigentums- und Vermögensdelikten		313
	1. Eigentumsdelikte		313

Inhaltsverzeichnis

	2. Vermögensdelikte	314
II.	Diebstahl, § 242	314
	1. Geschütztes Rechtsgut und Systematik	314
	2. Objektiver Tatbestand	316
	3. Subjektiver Tatbestand	332
	4. Rechtswidrigkeit als allgemeines Verbrechensmerkmal	344
	5. Versuch, Vollendung und Beendigung	345
III.	Diebstahl in einem besonders schweren Fall, § 243	346
	1. Systematik	346
	2. Die einzelnen Regelbeispiele	348
	3. Anwendbarkeit der Vorschriften des Allgemeinen Teils	354
	4. Die Geringwertigkeitsklausel des § 243 Abs. 2	358
	5. Konkurrenzen	362
IV.	Diebstahl mit Waffen, Bandendiebstahl, Wohnungseinbruchsdiebstahl, § 244	363
	1. Geschütztes Rechtsgut und Systematik	363
	2. Einzelne Qualifikationsmerkmale	365
	3. Konkurrenzen	384
V.	Schwerer Bandendiebstahl, § 244a	386
	1. Systematik und geschütztes Rechtsgut	386
	2. Tatbestand	386
	3. Konkurrenzen	387
VI.	Unterschlagung, § 246	387
	1. Systematik und geschütztes Rechtsgut	387
	2. Objektiver Tatbestand	388
	3. Subjektiver Tatbestand	393
	4. Qualifikation des § 246 Abs. 2	393
	5. Konkurrenzen	394
VII.	Unbefugter Gebrauch eines Fahrzeugs, § 248b	396
	1. Systematik und geschütztes Rechtsgut	396
	2. Objektiver Tatbestand	396
	3. Subjektiver Tatbestand	397
	4. Konkurrenzen	397
VIII.	Entziehung elektrischer Energie, § 248c	398
	1. Systematik und geschütztes Rechtsgut	398
	2. Objektiver Tatbestand	399
	3. Subjektiver Tatbestand	399
IX.	Strafantragserfordernisse	400
	1. Strafantrag gemäß § 248a	400
	2. Strafantrag gemäß § 247	400

Inhaltsverzeichnis

Teil 14: Raub 401
   I. Raub, § 249 401
      1. Geschütztes Rechtsgut und Systematik 401
      2. Objektiver Tatbestand 402
      3. Subjektiver Tatbestand 412
      4. Beteiligung 413
      5. Konkurrenzen 415
   II. Schwerer Raub, § 250 416
      1. Geschütztes Rechtsgut und Systematik 416
      2. Qualifikationen des § 250 Abs. 1 417
      3. Qualifikationstatbestand des § 250 Abs. 2 422
   III. Raub mit Todesfolge, § 251 425
      1. Geschütztes Rechtsgut und Systematik 425
      2. Verwirklichung des Grundtatbestands 426
      3. Schwere Folge i. S. d. § 18 426
      4. Versuch und Rücktritt 429
      5. Beteiligung 431
      6. Konkurrenzen 432

Teil 15: Raubähnliche Delikte 434
   I. Räuberischer Diebstahl, § 252 434
      1. Geschütztes Rechtsgut und Systematik 434
      2. Objektiver Tatbestand 435
      3. Subjektiver Tatbestand 439
      4. Versuch 441
      5. Täterschaft und Teilnahme 441
      6. Konkurrenzen 443
   II. Räuberischer Angriff auf einen Kraftfahrer, § 316a 444
      1. Geschütztes Rechtsgut und Systematik 444
      2. Objektiver Tatbestand 444
      3. Subjektiver Tatbestand 450
      4. Versuch und Vollendung 451
      5. Erfolgsqualifikation, § 316a Abs. 3 452
      6. Konkurrenzen 452

Teil 16: Sachbeschädigung 454
   I. Sachbeschädigung, § 303 454
      1. Geschütztes Rechtsgut und Systematik 454
      2. Objektiver Tatbestand 454
      3. Subjektiver Tatbestand 460
      4. Rechtswidrigkeit 460

Inhaltsverzeichnis

Teil 17: Betrug und betrugsähnliche Delikte 461
    I. Betrug, § 263 461
        1. Geschütztes Rechtsgut und Systematik 461
        2. Objektiver Tatbestand 463
        3. Subjektiver Tatbestand 499
        4. Objektive Rechtswidrigkeit der erstrebten Bereicherung und Vorsatz diesbezüglich 501
        5. Versuch, Vollendung und Beendigung 502
        6. Täterschaft und Teilnahme 503
        7. Strafzumessungsregel für besonders schwere Fälle, § 263 Abs. 3 Satz 2 Nrn. 1 bis 5 503
        8. Qualifikation, § 263 Abs. 5 506
        9. Konkurrenzen 506
        10. Strafantrag 507
    II. Computerbetrug, § 263a 508
        1. Geschütztes Rechtsgut und Systematik 508
        2. Objektiver Tatbestand 509
        3. Subjektiver Tatbestand und Rechtswidrigkeit der erstrebten Bereicherung 519
        4. Konkurrenzen 519
    III. Versicherungsmissbrauch, § 265 520
        1. Geschütztes Rechtsgut und Systematik 520
        2. Objektiver Tatbestand 521
        3. Subjektiver Tatbestand 522
        4. Tätige Reue und Versuch 522
        5. Formelle Subsidiarität gegenüber § 263 523
    IV. Erschleichen von Leistungen, § 265a 523
        1. Geschütztes Rechtsgut und Systematik 523
        2. Objektiver Tatbestand 524
        3. Subjektiver Tatbestand 527
        4. Formelle Subsidiarität, § 265a Abs. 1 a. E. 527
        5. Strafantrag 527

Teil 18: Erpressung, erpresserischer Menschenraub und Geiselnahme 529
    I. Erpressung, § 253 529
        1. Geschütztes Rechtsgut und Systematik 529
        2. Objektiver Tatbestand 530
        3. Subjektiver Tatbestand 539
        4. Rechtswidrigkeit der erstrebten Bereicherung und Vorsatz diesbezüglich 540
        5. Rechtswidrigkeit 542

		6.	Versuch und Vollendung.	543
		7.	Konkurrenzen	543
	II.	Räuberische Erpressung, § 255		543
		1.	Geschütztes Rechtsgut und Systematik	543
		2.	Objektiver Tatbestand.	544
		3.	Subjektiver Tatbestand	546
		4.	Rechtswidrigkeit	546
		5.	Strafschärfungen	546
		6.	Konkurrenzen	547
	III.	Erpresserischer Menschenraub, § 239a.		548
		1.	Geschütztes Rechtsgut und Systematik	548
		2.	Objektiver Tatbestand des Abs. 1 Var. 1	549
		3.	Subjektiver Tatbestand des Abs. 1 Var. 1	551
		4.	Objektiver Tatbestand des Abs. 1 Var. 2	554
		5.	Subjektiver Tatbestand des Abs. 1 Var. 2	555
		6.	Erfolgsqualifikation, § 239a Abs. 3	555
		7.	Tätige Reue, § 239a Abs. 4	555
		8.	Konkurrenzen	556
	IV.	Geiselnahme, § 239b		556
		1.	Geschütztes Rechtsgut und Systematik	556
		2.	Objektiver Tatbestand des Abs. 1 Var. 1	557
		3.	Subjektiver Tatbestand des Abs. 1 Var. 1	557
		4.	Objektiver Tatbestand des Abs. 1 Var. 2	558
		5.	Subjektiver Tatbestand des Abs. 1 Var. 2	559
		6.	Erfolgsqualifikation und tätige Reue, § 239b Abs. 2 i. V. m. § 239a Abs. 3 und Abs. 4	559
Teil 19:	**Untreue und untreueähnliche Delikte**			560
	I.	Untreue, § 266		560
		1.	Geschütztes Rechtsgut und Systematik	560
		2.	Spezielle Voraussetzungen des Missbrauchstatbestands, Abs. 1 Var. 1	561
		3.	Treubruchstatbestand, Abs. 1 Var. 2	566
		4.	Subjektiver Tatbestand	575
		5.	Rechtswidrigkeit	575
		6.	Täterschaft und Teilnahme	575
		7.	Strafzumessungsregel für besonders schwere Fälle mit Regelbeispielen, § 266 Abs. 2 i. V. m. § 263 Abs. 3 Satz 2	576
		8.	Konkurrenzen	576
		9.	Strafantrag.	576
	II.	Missbrauch von Scheck- und Kreditkarten, § 266b		577

Inhaltsverzeichnis

	1.	Geschütztes Rechtsgut und Systematik	577
	2.	Objektiver Tatbestand	578
	3.	Subjektiver Tatbestand	583
	4.	Konkurrenzen	583
Teil 20:	**Anschlussdelikte**		585
I.	Begünstigung, § 257		585
	1.	Geschütztes Rechtsgut und Systematik	585
	2.	Objektiver Tatbestand	586
	3.	Subjektiver Tatbestand	590
	4.	Strafausschließungsgrund des § 257 Abs. 3 Satz 1	590
	5.	Konkurrenzen	591
II.	Strafvereitelung und Strafvereitelung im Amt, §§ 258, 258a		592
	1.	Geschützes Rechtsgut und Systematik	592
	2.	Objektiver Tatbestand des § 258 Abs. 1	593
	3.	Objektiver Tatbestand des § 258 Abs. 2	597
	4.	Subjektiver Tatbestand	598
	5.	Persönlicher Strafausschließungsgrund, § 258 Abs. 5	598
	6.	Angehörigenprivileg, § 258 Abs. 6	599
	7.	Konkurrenz zu § 145d	600
	8.	Qualifikation der Strafvereitelung im Amt, § 258a	600
	9.	Unterlassen	600
III.	Hehlerei, § 259		602
	1.	Geschütztes Rechtsgut und Systematik	602
	2.	Objektiver Tatbestand	603
	3.	Subjektiver Tatbestand	612
	4.	Qualifikationen	613
	5.	Strafantrag	613
	6.	Wahlfeststellung und Postpendenz	613

Stichwortverzeichnis 617

Literaturübersicht

A. (Zitierte) Lehrbücher Strafrecht Besonderer Teil

Arzt, Gunther/Weber, Ulrich/Heinrich, Bernd/Hilgendorf, Eric: Strafrecht Besonderer Teil, 3. Aufl. 2015 (zitiert: A/W/H/H-Bearbeiter)
Eisele, Jörg: Strafrecht Besonderer Teil 1, Straftaten gegen die Person und die Allgemeinheit, 5. Aufl. 2019 (zitiert: *Eisele*, BT 1)
Eisele, Jörg: Strafrecht Besonderer Teil 2, Eigentumsdelikte und Vermögensdelikte, 5. Aufl. 2019 (zitiert: *Eisele*, BT 2)
Gössel, Karl Heinz/Dölling, Dieter: Strafrecht Besonderer Teil 1, Straftaten gegen Persönlichkeits- und Gemeinschaftswerte, 2. Aufl. 2004 (zitiert: *Gössel/Dölling*, BT 1)
Haft, Fritjof/Hilgendorf, Eric: Strafrecht Besonderer Teil I, Vermögensdelikte, 9. Aufl. 2009 (zitiert: *Haft/Hilgendorf*, BT 1)
Haft, Fritjof: Strafrecht Besonderer Teil II, Delikte gegen die Person und die Allgemeinheit, 8. Aufl. 2005 (zitiert: *Haft*, BT 2)
Jäger, Christian: Examens-Repetitorium, Strafrecht Besonderer Teil, 8. Aufl. 2019 (zitiert: *Jäger*, BT)
Kindhäuser, Urs/Schramm, Edward: Strafrecht Besonderer Teil 1, Straftaten gegen Persönlichkeitsrechte, Staat und Gesellschaft, 9. Aufl. 2020 (zitiert: *Kindhäuser/Schramm*, BT 1)
Kindhäuser, Urs/Böse, Martin: Strafrecht Besonderer Teil 2, Straftaten gegen Vermögensrechte, 10. Aufl. 2019 (zitiert: *Kindhäuser/Böse*, BT 2)
Klesczewski, Diethelm: Strafrecht Besonderer Teil, 2016 (zitiert: *Klesczewski*, BT)
Krey, Volker/Hellmann, Uwe/Heinrich, Manfred: Strafrecht Besonderer Teil, Band 1, Besonderer Teil ohne Vermögensdelikte, 16. Aufl. 2015 (zitiert: *Krey/Hellmann/Heinrich*, BT 1)
Krey, Volker/Hellmann, Uwe/Heinrich, Manfred: Strafrecht Besonderer Teil, Band 2, Vermögensdelikte, 17. Aufl. 2015 (zitiert: *Krey/Hellmann/Heinrich*, BT 2)
Küper, Wilfried/Zopfs, Jan: Strafrecht Besonderer Teil, Definitionen mit Erläuterungen, 10. Aufl. 2018 (zitiert: *Küper/Zopfs*, BT)
Küpper, Georg/Börner, René: Strafrecht Besonderer Teil 1, Delikte gegen Rechtsgüter der Person und Gemeinschaft, 4. Aufl. 2017 (zitiert: *Küpper/Börner*, BT 1)
Maurach, Reinhart/Schroeder, Friedrich-Christian/Maiwald, Manfred/Hoyer, Andreas/Momsen, Carsten: Strafrecht Besonderer Teil, Teilband 1, Straftaten gegen Persönlichkeits- und Vermögenswerte, 11. Aufl. 2019 (zitiert: *Maurach/Schroeder/Maiwald/Hoyer/Momsen*, BT 1)

Literaturübersicht

Maurach, Reinhart/Schroeder, Friedrich-Christian/Maiwald, Manfred: Strafrecht Besonderer Teil, Teilband 2, Straftaten gegen Gemeinschaftswerte, 10. Aufl. 2012 (zitiert: *Maurach/Schroeder/Maiwald*, BT 2)
Mitsch, Wolfgang: Strafrecht Besonderer Teil 2, Vermögensdelikte, 3. Aufl. 2015 (zitiert: *Mitsch*, BT 2)
Otto, Harro: Grundkurs Strafrecht, Die einzelnen Delikte, 7. Aufl. 2005 (zitiert: *Otto*, BT)
Rengier, Rudolf: Strafrecht Besonderer Teil I, Vermögensdelikte, 21. Aufl. 2019 (zitiert: *Rengier*, BT 1)
Rengier, Rudolf: Strafrecht Besonderer Teil II, Delikte gegen Personen und gegen die Allgemeinheit, 20. Aufl. 2019 (zitiert: *Rengier*, BT 2)
Sonnen, Bernd-Rüdeger Strafrecht Besonderer Teil, 2005 (zitiert: *Sonnen*, BT)
Wessels, Johannes/Hettinger, Michael/Engländer, Armin: Strafrecht Besonderer Teil 1, Straftaten gegen Persönlichkeits- und Gemeinschaftswerte, 43. Aufl. 2019 (zitiert: *Wessels/Hettinger/Engländer*, BT 1)
Wessels, Johannes/Hillenkamp, Thomas/Schuhr, Jan: Strafrecht Besonderer Teil 2, Straftaten gegen Vermögenswerte, 42. Aufl. 2019 (zitiert: *Wessels/Hillenkamp/Schuhr*, BT 2)

B. (Zitierte) Lehrbücher Strafrecht Allgemeiner Teil

Baumann, Jürgen/Weber, Ulrich/Mitsch, Wolfgang/Eisele, Jörg: Strafrecht Allgemeiner Teil, 12. Aufl. 2016 (zitiert: B/W/M/E-*Bearbeiter*)
Eisele, Jörg/Heinrich, Bernd Strafrecht Allgemeiner Teil für Studienanfänger, 1. Aufl. 2017, (zitiert: *Eisele/Heinrich*, AT)
Freund, Georg: Strafrecht Allgemeiner Teil, 2. Aufl. 2009 (zitiert: *Freund*, AT)
Heinrich, Bernd: Strafrecht Allgemeiner Teil, 6. Aufl. 2019 (zitiert: *Heinrich*, AT)
Jakobs, Günther: Strafrecht Allgemeiner Teil, 2. Aufl. 1991 (zitiert: *Jakobs*, AT)
Kühl, Kristian: Strafrecht Allgemeiner Teil, 8. Aufl. 2017 (zitiert: *Kühl*, AT)
Maurach, Reinhart/Gössel, Karl-Heinz/Zipf, Heinz: Strafrecht Allgemeiner Teil, Teilband 2, 8. Aufl. 2014 (zitiert: *Maurach/Gössel/Zipf*, AT 2)
Murmann, Uwe: Grundkurs Strafrecht, 5. Aufl. 2019 (zitiert: *Murmann*, Grundkurs)
Rengier, Rudolf: Strafrecht Allgemeiner Teil, 11. Aufl. 2019 (zitiert: *Rengier*, AT)
Roxin, Claus: Strafrecht Allgemeiner Teil, Band 1, 4. Aufl. 2006 (zitiert: *Roxin*, AT 1)
Roxin, Claus: Strafrecht Allgemeiner Teil, Band 2, 2003 (zitiert: *Roxin*, AT 2)
Wessels, Johannes/Beulke, Werner/Satzger, Helmut: Strafrecht Allgemeiner Teil, 49. Aufl. 2019 (zitiert: *Wessels/Beulke/Satzger*, AT)

C. (Zitierte) Kommentare zum Strafgesetzbuch

Anwaltkommentar: Strafgesetzbuch, hrsg. von *Leipold, Klaus/Tsambikakis, Michael/Zöller, Mark*, 3. Aufl. 2020 (zitiert: AnwK-*Bearbeiter*)
Beck'scher Online-Kommentar: Strafgesetzbuch, hrsg. von *v. Heintschel-Heinegg, Bernd*, Edition 44, Stand: 1.11.2019 (zitiert: BeckOK-*Bearbeiter*)

Literaturübersicht

Fischer, Thomas: Strafgesetzbuch und Nebengesetze, 67. Aufl. 2020 (zitiert: *Fischer*)

Joecks, Wolfgang/Jäger, Christian: Studienkommentar StGB, 12. Aufl. 2018 (zitiert: *Joecks/Jäger*)

Kindhäuser, Urs: Strafgesetzbuch, Lehr- und Praxiskommentar, 8. Aufl. 2019 (zitiert: LPK-*Kindhäuser*)

Lackner, Karl/Kühl, Kristian: Strafgesetzbuch mit Erläuterungen, 29. Aufl. 2018 (zitiert: *Lackner/Kühl*)

Leipziger Kommentar: Strafgesetzbuch, 11. Aufl. 1992 ff., hrsg. von *Jähnke, Burkhard/Laufhütte, Heinrich Wilhelm/Odersky, Walter*; 12. Aufl. 2006 ff., hrsg. von *Laufhütte, Heinrich Wilhelm/Rissing-van Saan, Ruth/Tiedemann, Klaus*, 12. Aufl. ab 2006 (zitiert: LK-*Bearbeiter*)

Matt, Holger/Renzikowski, Joachim: Strafgesetzbuch Kommentar, 2. Aufl. 2020 (zitiert: M/R-*Bearbeiter*)

Münchener Kommentar zum Strafgesetzbuch, hrsg. von *Joecks, Wolfgang/Miebach, Klaus*, 8 Bände, 3. Aufl. 2016 ff. (zitiert: MünchKomm-*Bearbeiter*)

Nomos-Kommentar zum Strafgesetzbuch, hrsg. von *Kindhäuser, Urs/Neumann, Ulfried/Paeffgen, Hans-Ullrich*, 5. Aufl. 2017 (zitiert: NK-*Bearbeiter*)

Satzger, Helmut/Schluckebier, Wilhelm/Widmaier, Gunter: Strafgesetzbuch, 4. Aufl. 2019 (zitiert: SSW-*Bearbeiter*)

Schönke, Adolf/Schröder, Horst: Strafgesetzbuch, 30. Aufl. 2019 (zitiert: *Schönke/Schröder/Bearbeiter*)

Systematischer Kommentar zum Strafgesetzbuch, hrsg. von *Wolter, Jürgen*, 9. Aufl. 2016 ff. (zitiert: SK-*Bearbeiter*)

Abkürzungsverzeichnis

a. A.	andere Ansicht
abl.	ablehnend
ABl. EG	Amtsblatt der Europäischen Gemeinschaften
Abs.	Absatz
abw.	abweichend
a. E.	am Ende
a. F.	alte Fassung
AG	Amtsgericht, Aktiengesellschaft
ähnl.	ähnlich
AL	Ad Legendum (Zeitschrift, zitiert nach Jahrgang)
a.l.i.c.	actio libera in causa
and.	anders
Anm.	Anmerkung
AO	Abgabenordnung
Art.	Artikel
AT	Allgemeiner Teil
Aufl.	Auflage
BayObLG	Bayerisches Oberlandesgericht
Bd.	Band
BBG	Bundesbeamtengesetz
BBodSchG	Bundesbodenschutzgesetz
BeamtStG	Beamtenstatusgesetz
BGB	Bürgerliches Gesetzbuch
BGBl.	Bundesgesetzblatt (zitiert nach Band und Jahrgang)
BGH	Bundesgerichtshof
BGHSt	Entscheidungen des Bundesgerichtshofes in Strafsachen – Amtliche Sammlung, zitiert nach Band
BJagdG	Bundesjagdgesetz
BRRG	Beamtenrechtsrahmengesetz
Bsp.	Beispiel
BT	Besonderer Teil
BtMG	Betäubungsmittelgesetz
BVerfG	Bundesverfassungsgericht
BVerfGE	Entscheidungen des Bundesverfassungsgerichtes – Amtliche Sammlung, zitiert nach Band
BVerwG	Bundesverwaltungsgericht

Abkürzungsverzeichnis

BVerwGE	Entscheidungen des Bundesverwaltungsgerichtes – Amtliche Sammlung, zitiert nach Band
bzgl.	bezüglich
bzw.	beziehungsweise
ca.	circa
CR	Computer und Recht (Zeitschrift, zitiert nach Jahrgang)
DAR	Deutsches Autorecht (Zeitschrift, zitiert nach Jahrgang)
DDR	Deutsche Demokratische Republik
ders.	derselbe
d. h.	das heißt
dies.	dieselbe/dieselben
diff.	differenzierend
DRiG	Deutsches Richtergesetz
DuD	Datenschutz und Datensicherheit (Zeitschrift, zitiert nach Jahrgang)
EG	Europäische Gemeinschaft(en)
EMRK	Europäische Menschenrechtskonvention
EU	Europäische Union
EuGH	Europäischer Gerichtshof
f.	folgende Seite, Randnummer, usw.
ff.	folgende Seiten, Randnummern, usw.
FG	Festgabe
FamFG	Gesetz über das Verfahren in Familiensachen und in den Angelegenheiten der freiwilligen Gerichtsbarkeit
Fn.	Fußnote
FPR	Familie Partnerschaft Recht (Zeitschrift, zitiert nach Jahrgang)
FS	Festschrift
GA	Goltdammer's Archiv für Strafrecht (Zeitschrift, zitiert nach Jahrgang)
GenStA	Generalstaatsanwalt
gem.	gemäß
GG	Grundgesetz
ggf.	gegebenenfalls
GmbH	Gesellschaft mit beschränkter Haftung
GS	Gedächtnisschrift
GVG	Gerichtsverfassungsgesetz
HGB	Handelsgesetzbuch
h. M.	herrschende Meinung
HRRS	Online-Zeitschrift für Höchstrichterliche Rechtsprechung zum Strafrecht (zitiert nach Jahrgang)
Hs.	Halbsatz
i. d. R.	in der Regel
i. e. S.	im engeren Sinne
InsO	Insolvenzordnung

Abkürzungsverzeichnis

i. S.	im Sinne
i. V. m.	in Verbindung mit
i. w. S.	im weiteren Sinne
JA	Juristische Arbeitsblätter (Zeitschrift, zitiert nach Jahrgang)
JGG	Jugendgerichtsgesetz
JR	Juristische Rundschau (Zeitschrift, zitiert nach Jahrgang)
JSE	Jura Studium & Examen (Onlinezeitschrift, zitiert nach Jahrgang)
Jura	Juristische Ausbildung (Zeitschrift, zitiert nach Jahrgang)
JuS	Juristische Schulung (Zeitschrift, zitiert nach Jahrgang)
JW	Juristische Wochenschrift (Zeitschrift, zitiert nach Jahrgang)
JZ	Juristenzeitung (Zeitschrift, zitiert nach Jahrgang)
KG	Kammergericht
K&R	Kommunikation und Recht (Zeitschrift, zitiert nach Jahrgang)
KrWG	Kreislaufwirtschaftsgesetz
LG	Landgericht
LK	Leipziger Kommentar (vgl. Literaturverzeichnis)
LPK	Lehr- und Praxiskommentar (vgl. Literaturverzeichnis)
m. Anm.	mit Anmerkung
MDR	Monatsschrift für Deutsches Recht (Zeitschrift, zitiert nach Jahrgang)
MMR	MultiMedia und Recht (Zeitschrift, zitiert nach Jahrgang)
MünchKomm	Münchener Kommentar (vgl. Literaturverzeichnis)
m. w. N.	mit weiteren Nachweisen
n. F.	neue Fassung
NJW	Neue juristische Wochenschrift (Zeitschrift, zitiert nach Jahrgang)
NJW-RR	Neue juristische Wochenschrift, Rechtsprechungsreport (Zeitschrift, zitiert nach Jahrgang)
NK	Nomos Kommentar (vgl. Literaturverzeichnis)
Nr.	Nummer
NStZ	Neue Zeitschrift für Strafrecht (Zeitschrift, zitiert nach Jahrgang)
NStZ-RR	Neue Zeitschrift für Strafrecht, Rechtsprechungsreport (Zeitschrift, zitiert nach Jahrgang)
NZV	Neue Zeitschrift für Verkehrsrecht (Zeitschrift, zitiert nach Jahrgang)
NZWiSt	Neue Zeitschrift für Wirtschafts-, Steuer und Unternehmensstrafrecht
o.	oben
OWiG	Gesetz über Ordnungswidrigkeiten
PatG	Patentgesetz
Rspr.	Rechtsprechung
RG	Reichsgericht

Abkürzungsverzeichnis

RGSt	Entscheidungen des Reichsgerichts in Strafsachen – Amtliche Sammlung, zitiert nach Band
Rn.	Randnummer
RPflG	Rechtspflegergesetz
S.	Seite
SK	Systematischer Kommentar (vgl. Literaturverzeichnis)
sog.	so genannte/r
SpuRt	Sport und Recht (Zeitschrift, zitiert nach Jahrgang)
StraFo	Strafverteidigerforum (Zeitschrift, zitiert nach Jahrgang)
StGB	Strafgesetzbuch
StPO	Strafprozessordnung
str.	strittig
StRR	Strafrechts Report (Zeitschrift, zitiert nach Jahrgang)
StV	Strafverteidiger (Zeitschrift, zitiert nach Jahrgang)
StVG	Straßenverkehrsgesetz
StVO	Straßenverkehrordnung
StVZO	Straßenverkehrszulassungsordnung
u.	unten
u. a.	unter anderem
usw.	und so weiter
v.	von
Var.	Variante
vgl.	vergleiche
Vorbem.	Vorbemerkung
VRS	Verkehrsrechts-Sammlung, zitiert nach Band und Jahrgang
VwGO	Verwaltungsgerichtsordnung
WHG	Wasserhaushaltsgesetz
(2.)WiKG	Gesetz zur Bekämpfung der Wirtschaftskriminalität
wistra	Zeitschrift für Wirtschafts- und Steuerstrafrecht (Zeitschrift, zitiert nach Jahrgang)
WStG	Wehrstrafgesetz
z. B.	zum Beispiel
ZfL	Zeitschrift für Lebensrecht
ZIS	Zeitschrift für Internationale Strafrechtsdogmatik (Onlinezeitschrift, zitiert nach Jahrgang)
ZJJ	Zeitschrift für Jugendkriminalrecht und Jugendhilfe (Zeitschrift, zitiert nach Jahrgang)
ZJS	Zeitschrift für das Juristische Studium (Onlinezeitschrift, zitiert nach Jahrgang)
ZRP	Zeitschrift für Rechtspolitik (Zeitschrift, zitiert nach Jahrgang)
ZStW	Zeitschrift für die gesamte Strafrechtswissenschaft (Zeitschrift, zitiert nach Band und Jahrgang)
ZPO	Zivilprozessordnung
zust.	zustimmend
ZVG	Gesetz über die Zwangsversteigerung und die Zwangsverwaltung

Abkürzungsverzeichnis

ZWH   Zeitschrift für Wirtschaftsrecht und Haftung im Unternehmen (Zeitschrift, zitiert nach Jahrgang)

Vorschriften ohne nähere Gesetzesbezeichnung sind solche des Strafgesetzbuchs (StGB).

Übersicht Piktogramme

Definition ⚠

Formulierung ✏

Gesetzestext §

Hinweis 👁

Klausurbewertung ✓

Klausurtipp ➔

Problem ⚡

Prüfungsschema ☰

Teil 1: Systematik des Besonderen Teils des StGB

Der Besondere Teil des StGB enthält in den §§ 80 bis 358 die bedeutendsten Straftatbestände (sog. **Kernstrafrecht**), wenngleich nicht zu verkennen ist, dass sich andere – z. T. ebenso wichtige – Straftatbestände aus Gründen des Sachzusammenhangs in Spezialgesetzen befinden (z. B. Betäubungsmittelgesetz, Abgabenordnung)[1]. Hinsichtlich der Gliederung des Besonderen Teils hat sich weitgehend eine Unterteilung der Tatbestände nach **geschützten Rechtsgütern** durchgesetzt[2]. Insoweit lassen sich zunächst (ganz grob) zwei große Gruppen bilden, wobei bei einzelnen Tatbeständen auch beide Schutzrichtungen Bedeutung erlangen können. Zum einen handelt es sich um **Tatbestände zum Schutz von Individualrechtsgütern**, die dem Einzelnen zustehen, und zum anderen um **Tatbestände zum Schutz von Universalrechtsgütern** (Rechtsgüter der Allgemeinheit). Hinsichtlich der Individualrechtsgüter unterscheidet man weiter nach **Straftaten gegen die Person** (z. B. Totschlag, Körperverletzungsdelikte, Freiheitsberaubung) und **Straftaten gegen das Eigentum und das Vermögen** (z. B. Diebstahl, Sachbeschädigung, Betrug, Erpressung).

1

Dieses einbändige Werk folgt in seiner Darstellung der **klassischen Unterteilung in Besonderer Teil I und Besonderer Teil II**. Daher werden zunächst die Straftaten gegen die Person und die Straftaten gegen die Allgemeinheit behandelt. Im Anschluss daran werden die Straftaten gegen das Eigentum und das Vermögen dargestellt.[3] Aus didaktischen Gründen finden sich einige wenige Ausnahmen von dieser rein an Rechtsgütern orientierten Zuordnung. Dies gilt trotz einer gewissen Nähe zu den Straßenverkehrsdelikten etwa für § 316a, da dieser im subjektiven Tatbestand auf §§ 249, 252, 255 Bezug nimmt und daher erst im Zusammenhang mit den Eigentums- und Vermögensdelikten verständlich wird. Entsprechende Erwägungen waren auch für die Zuordnung der §§ 239a, 239b (Erpresserischer Menschenraub und Geiselnahme) zu diesem Bereich maßgeblich.

2

---

1 Hierzu schon *Eisele/Heinrich*, AT, Rn. 5.
2 Zur Rechtsgutslehre *Eisele/Heinrich*, AT, Rn. 9 ff.; *Schönke/Schröder/Eisele*, Vorbem. §§ 13 ff. Rn. 9 f.
3 Zur genaueren Einteilung der Eigentums- und Vermögensdelikte u. Rn. 897 f.; ferner *Eisele*, BT 2, Rn. 1 ff.

Aus Gründen des Sachzusammenhangs werden §§ 258 und 258a gemeinsam mit den Anschlussdelikten der §§ 257, 259, 261 dargestellt. Umgekehrt wird trotz seiner individuellen Schutzrichtung als Vermögensgefährdungsdelikt § 142 nicht bei den Vermögensdelikten, sondern im Zusammenhang mit den übrigen Straßenverkehrsdelikten behandelt. Im Umgang mit sämtlichen der in diesem Werk behandelten Delikte ist die Heranziehung der klassischen Auslegungsmethoden unerlässlich, um den Gehalt der jeweiligen Norm zutreffend zu erfassen.[4]

---

4 Ein Überblick über die Auslegungsmethoden findet sich bei *Eisele*, BT 1, Rn. 3 ff.

Teil 2: Straftaten gegen das Leben

I. Totschlag, § 212

1. Geschütztes Rechtsgut

Die §§ 211 ff. schützen das Rechtsgut Leben. Gem. Art. 2 Abs. 2 Satz 1 GG hat jeder das Recht auf Leben und körperliche Unversehrtheit. Das Grundgesetz gewährleistet damit nicht nur ein Abwehrrecht gegen staatliche Eingriffe, sondern zugleich auch einen Anspruch auf staatlichen Schutz gegen Eingriffe Dritter, die sich gegen das menschliche Leben anderer richten[5]. Dabei gilt der Grundsatz des absoluten Lebensschutzes[6]. Das menschliche Leben ist ohne Rücksicht auf die Lebenserwartung, das Alter oder die familiäre bzw. soziale Situation der Person geschützt. Es ist folglich keinen Relativierungen zugänglich. Gegen staatliche Eingriffe wird das Recht eines Menschen auf Leben ferner von Art. 2 Abs. 1 EMRK gewährleistet[7].

> **Hinweis**
>
> Der absolute Schutz des menschlichen Lebens ist bereits aus dem Allgemeinen Teil bekannt. So gilt etwa der Grundsatz, dass beim rechtfertigenden Notstand gem. § 34 das Rechtsgut Leben einer Abwägung nicht zugänglich ist und daher die Tötung eines Dritten zur Gefahrabwendung nicht gerechtfertigt sein kann.[8] Daneben zeigt sich der Grundsatz des absoluten Lebensschutzes auch bei der rechtfertigenden Einwilligung. Eine rechtfertigende Einwilligung in die Tötung ist nicht möglich, da das Leben kein disponibles Rechtsgut ist.[9] Dies kann unmittelbar aus der Vorschrift des § 216 abgeleitet werden, wonach selbst bei einem ausdrücklichen und ernstlichen Tötungsverlangen des Opfers derjenige, der zur Tötung bestimmt worden ist, strafbar bleibt.

---

[5] BVerfGE 46, 160 (164); 77, 170 (214); *Jarass*, in: *Jarass/Pieroth*, Grundgesetzkommentar, 15. Aufl. 2018, Art. 2 Rn. 91 ff.
[6] BGH NStZ-RR 2006, 270 f. – Tötung eines behinderten Neugeborenen.
[7] Vgl. *Eisele*, JA 2005, 901 (902).
[8] *Eisele/Heinrich*, AT, Rn. 288.
[9] *Eisele/Heinrich*, AT, Rn. 303.

2. Systematik der Tötungsdelikte

5 Für das systematische Verständnis der Tötungsdelikte stellt der in § 212 Abs. 1 geregelte vorsätzliche Totschlag den Ausgangspunkt dar:

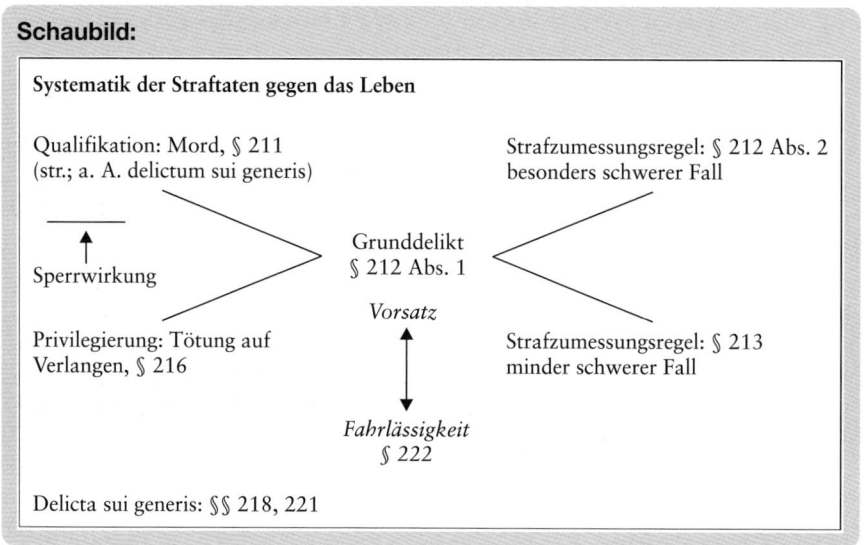

Schaubild: Systematik der Straftaten gegen das Leben

6 **a) Strafschärfungsvorschrift des § 211.** § 211 (Mord) stellt nach h. M. einen **Qualifikationstatbestand** dar, während die Rechtsprechung bislang noch davon ausgeht, dass es sich bei § 211 um ein eigenständiges Delikt handelt[10]. Im Falle der Verwirklichung von Mordmerkmalen tritt an die Stelle der zeitigen Freiheitsstrafe bei § 212 (fünf bis fünfzehn Jahre Freiheitsstrafe) zwingend die lebenslange Freiheitsstrafe.

7 **b) Privilegierungstatbestand des § 216.** Dieser wirkt hingegen als **Strafmilderungsgrund** bei einer Tötung auf Verlangen. Gegenüber dem Grundtatbestand wird der Strafrahmen in diesen Fällen auf Freiheitsstrafe von sechs Monaten bis zu fünf Jahren abgesenkt. Was das Verhältnis der Vorschriften zueinander anbelangt, so ist zu beachten, dass im Falle der Verwirklichung der Privilegierung des § 216 die Anwendung des § 211 – auch bei Vorliegen von Mordmerkmalen – gesperrt ist[11]. Ein vorsätzlicher Totschlag kann demnach nur dann als Mord qualifiziert werden, wenn ein Fall des § 212 vorliegt, nicht aber ein Fall des § 216 anzunehmen ist.

8 **c) Strafzumessungsregeln, § 212 Abs. 2 und § 213.** Neben diesen beiden tatbestandlichen Abwandlungen finden sich noch zwei Strafzumessungs-

---

10 Dazu näher u. Rn. 25.
11 Näher u. Rn. 117; *Sonnen*, BT, S. 10.

regeln, die die Rechtsfolgenseite (nur) des § 212 modifizieren. Strafschärfend wirkt der in § 212 Abs. 2 normierte unbenannte besonders schwere Fall des Totschlags, bei dem zwingend auf lebenslange Freiheitsstrafe zu erkennen ist. Beim minder schweren Fall des Totschlags gem. § 213 wird hingegen der Strafrahmen auf ein Jahr bis zu zehn Jahren Freiheitsstrafe abgesenkt.

d) **Fahrlässige Tötung, § 222.** Vom vorsätzlichen Totschlag mit seinen tatbestandlichen Abwandlungen und seinen Strafzumessungsregeln ist die fahrlässige Tötung zu unterscheiden. Schwierigkeiten bereitet hier vor allem die Abgrenzung von Eventualvorsatz und bewusster Fahrlässigkeit[12].

e) **Schwangerschaftsabbruch, § 218 und Aussetzung, § 221.** Neben den Tötungsdelikten im engeren Sinne beinhaltet der 16. Abschnitt des Besonderen Teils mit den §§ 218, 221 noch zwei eigenständige Tatbestände. Diese Vorschriften schärfen oder mildern nicht die Strafe des § 212, sondern begründen eine selbständige Strafbarkeit für Fälle des Schwangerschaftsabbruchs bzw. der Aussetzung.

Prüfungsschema
1. **Tatbestand**
   a) Objektiver Tatbestand
      aa) Anderer Mensch
      bb) Töten
   b) Subjektiver Tatbestand
2. **Rechtswidrigkeit**
3. **Schuld**
4. **Strafzumessungsregeln**
   a) Strafmilderung: Minder schwerer Fall, § 213
   b) Strafschärfung: Besonders schwerer Fall, § 212 Abs. 2

3. Tatbestand

Den Tatbestand des § 212 verwirklicht, wer einen Menschen tötet. Die Formulierung „ohne Mörder zu sein" gewinnt keine eigenständige Bedeutung. Sie weist lediglich darauf hin, dass bei Vorliegen von Mordmerkmalen nicht (nur) § 212, sondern (auch) § 211 zur Anwendung gelangt.

a) **Anderer Mensch.** Tatobjekt der §§ 211 ff. ist nach ganz h. M. stets ein anderer Mensch, auch wenn dies der Wortlaut nicht explizit zum Ausdruck bringt[13]. Aus diesem Grund ist die (versuchte) Selbsttötung nicht strafbar[14].

---
12 Hierzu näher u. Rn. 18.
13 Vgl. nur *Schönke/Schröder/Eser/Sternberg-Lieben*, Vorbem. §§ 211 ff. Rn. 33.
14 A/W/H/H-*Hilgendorf*, § 3 Rn. 1; *Wessels/Hettinger/Engländer*, BT 1, Rn. 28.

Auch kann die Teilnahme an einer (vollendeten oder versuchten) Selbsttötung mangels vorsätzlicher rechtswidriger Haupttat i. S. d. §§ 26, 27 strafrechtlich nicht erfasst werden[15].

14 Erforderlich ist ferner, dass sich die Tat überhaupt gegen **menschliches Leben** richtet.

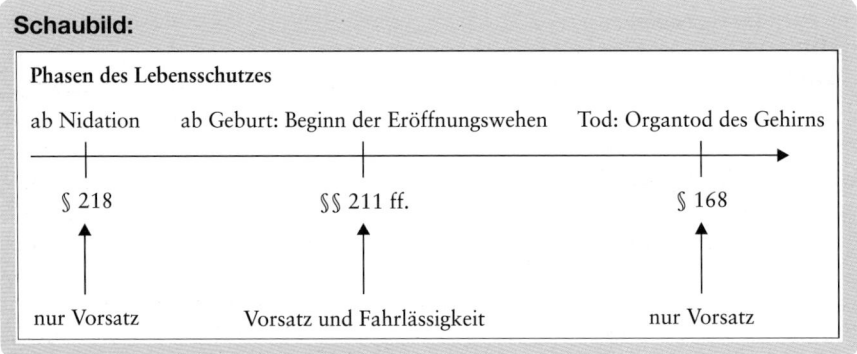

15 aa) **Beginn des Lebens.** Geschützt wird von § 212 nur das **geborene menschliche Leben.** Zuvor wird der strafrechtliche Schutz durch den Schwangerschaftsabbruch gemäß § 218 gewährt. Maßgeblich ist bei gewöhnlichem Geburtsverlauf das Einsetzen der Eröffnungswehen[16]. Bei operativer Entbindung soll dagegen auf die Vornahme des die Eröffnungsperiode ersetzenden ärztlichen Eingriffs abzustellen sein[17]. Auf den vollständigen Austritt des Kindes aus dem Mutterleib und damit die „Vollendung" der Geburt kommt es – anders als bei § 1 BGB – nicht an[18].

> **§ Gesetzestext**
> § 1 BGB – Beginn der Rechtsfähigkeit: Die Rechtsfähigkeit des Menschen beginnt mit der Vollendung der Geburt.

Nicht erfasst werden etwa Eingriffe im Wege der Gentechnik und Fortpflanzungsmedizin, wie z. B. Experimente an Embryonen oder die künstliche Veränderung von Keimbahnzellen.

16 bb) **Ende des Lebens.** Früher hat man auf den sog. klinischen Tod abgestellt (Stillstand von Atmung und Kreislauf). Dieses Kriterium ist jedoch im Laufe der Zeit auf Grund des medizinischen Fortschritts fraglich gewor-

---

15 Zur problematischen Abgrenzung der täterschaftlichen Fremdtötung von der straflosen Teilnahme an einer Selbsttötung s. u. Rn. 86 ff.
16 BGHSt 31, 348 f.; 32, 194 (196).
17 *Lackner/Kühl*, Vorbem. § 211 Rn. 3; *Rengier*, BT 2, § 3 Rn. 3.
18 So aber etwa *Herzberg/Herzberg*, JZ 2001, 1106 ff.; dagegen *Kühl*, JA 2009, 321 (322 f.).

den. Denn Atmung und Kreislauf können künstlich in Gang gehalten werden[19]. Nach überwiegender Ansicht soll **der Organtod des Gehirns**, d. h. das Erlöschen aller Gehirnfunktionen entscheidend sein, weil dieser Vorgang stets irreversibel ist (vgl. auch § 3 Abs. 2 Nr. 2 Transplantationsgesetz)[20]. Werden nach dem Organtod medizinische Geräte abgeschaltet, so verwirklicht der Arzt nicht mehr den Tatbestand des § 212.

> **Hinweis**
> Ausführungen in Klausurlösungen zum Tatobjekt sind nur veranlasst, wenn der Sachverhalt hierfür spezielle Anhaltspunkte bietet.

b) **Tathandlung und Erfolg.** Das Merkmal „töten" bringt die Tathandlung und den Erfolg (Tod eines anderen Menschen) zum Ausdruck (vgl. auch § 222: „den Tod eines Menschen verursacht"). Hinsichtlich der Kausalität genügt jede, auch nur kurzfristige Verkürzung des Lebens. Entsprechend ist beim unechten Unterlassensdelikt im Wege der sog. hypothetischen Kausalität jede unterlassene Verlängerung des Lebens durch einen Garanten i. S. d. § 13 kausal[21].

> **Bsp.:** O liegt nach einem Verkehrsunfall schwer verletzt am Boden. T kommt hinzu und erschießt ihn. Ohne den Schuss wäre O nur wenige Minuten später verstorben. – T ist gem. § 212 strafbar, da er das Leben des O verkürzt hat. Denkt man sich die Handlung des T hinweg, wäre der Erfolg nicht in seiner konkreten Gestalt (durch den Schuss) eingetreten. Im Übrigen ist die Reserveursache, dass O ohnehin gestorben wäre, für die Kausalität zwischen Handlung und Erfolg unerheblich (keine Berücksichtigung der hypothetischen Kausalität).

> **Bsp.:**[22] Arzt A nimmt sorgfaltspflichtwidrig nicht die erforderliche Behandlung bei Patientin O vor. O kommt zu Tode. Bei hinreichender Behandlung hätte O mit an Sicherheit grenzender Wahrscheinlichkeit einige Stunden länger gelebt. – Auch hier ist die Kausalität zu bejahen, da der Erfolg bei Vornahme der gebotenen Handlung jedenfalls nicht in seiner konkreten Gestalt eingetreten wäre. A ist daher gem. §§ 222, 13 strafbar. Anderes würde nach dem Grundsatz in dubio pro reo nur dann gelten, wenn nicht mit an Sicherheit grenzender Wahrscheinlichkeit, sondern nur mit einer Wahrscheinlichkeit von 90 % feststünde, dass O länger gelebt hätte.

c) **Subjektiver Tatbestand.** Hier gewinnt vor allem die Abgrenzung des vorsätzlichen Totschlags in Form von dolus eventualis zur fahrlässigen Tötung i. S. d. § 222 an Bedeutung[23].

---

19 *Krey/Hellmann/Heinrich*, BT 1, Rn. 15 f.; *Rengier*, BT 2, § 3 Rn. 7.
20 Dazu *Kühl*, JA 2009, 321 (333); *Wessels/Hettinger/Engländer*, BT 1, Rn. 20 ff.
21 Näher *Eisele/Heinrich*, AT, Rn. 555 ff.
22 Nach BGH NStZ 1985, 26 (27).
23 Zu Einzelheiten *Eisele/Heinrich*, AT, Rn. 174 ff.

Definition

Eventualvorsatz liegt nach h. M. vor, wenn der Täter den Eintritt des tatbestandlichen Erfolges für möglich hält und diesen billigend in Kauf nimmt bzw. sich mit diesem abfindet[24]. Lediglich bewusste Fahrlässigkeit soll hingegen anzunehmen sein, wenn der Täter trotz der erkannten Möglichkeit des Erfolgseintritts ernsthaft und nicht lediglich vage auf das Ausbleiben eines tödlichen Erfolgs vertraut hat[25].

19 Nach Ansicht der Rechtsprechung liegt es bei **gefährlichen Gewalthandlungen** (etwa Schüssen, Messerstichen, Würgen) nahe, dass der Täter mit der Möglichkeit eines tödlichen Ausgangs gerechnet und einen solchen vor allem auch gebilligt hat[26]. Deshalb soll es grundsätzlich möglich sein, von der objektiven Gefährlichkeit der Handlung auf bedingten Vorsatz zu schließen. Angesichts der hohen Hemmschwelle gegenüber der Tötung eines anderen Menschen ist jedoch auch in Betracht zu ziehen, dass der Täter die Gefahr des Todes nicht erkannt oder jedenfalls darauf vertraut hat, dass ein solcher Erfolg nicht eintritt. Dies ist freilich wiederum in der Regel zu verneinen, wenn bei dem vorgestellten Tatablauf ein tödlicher Ausgang so nahe liegt, dass er nur durch einen glücklichen Zufall verhindert werden kann[27]. Ein bloßer Verweis auf die sog. **Hemmschwellentheorie** ist daher nicht ausreichend. Insoweit relativiert der BGH in einer jüngeren Entscheidung die Bedeutung dieser Theorie:[28] „Soweit das Landgericht sich ergänzend auf eine ‚Hemmschwellentheorie' berufen hat, hat es deren Bedeutung für die Beweiswürdigung verkannt. Es hat schon nicht mitgeteilt, was es darunter im Einzelnen versteht und in welchem Bezug eine solche ‚Theorie' zu dem von ihm zu beurteilenden Fall stehen soll (…)." Nach Ansicht des BGH erschöpft sich die „Hemmschwellentheorie" somit in einem Hinweis auf § 261 StPO. Zur Verneinung der Billigung des Erfolges verlangt er vielmehr tragfähige Anhaltspunkte dafür, dass der Täter ernsthaft darauf vertraut hat, dass das Opfer nicht zu Tode kommt. Es bedarf daher stets einer sorgfältigen Prüfung unter Berücksichtigung aller Umstände des Einzelfalls. Auch bei Vorliegen gefährlicher Gewalthandlungen ist demnach einzelfallbezogen zu prüfen, ob **vorsatzkritische Gesichtspunkte** auszumachen sind. In jüngster Zeit stellte sich die Frage insbesondere in Auseinandersetzung mit sog. „Raser"-Fällen.

20 **Bsp. (Berliner „Raser"-Fall):**[29] A und B führen – nach spontaner Verständigung an einer Kreuzung – gegen 0:30 Uhr im innerstädtischen

---

24 BGH NJW 2018, 1621 (1622); *Eisele/Heinrich*, AT, Rn. 191.
25 BGHSt 7, 363 (369).
26 Vgl. nur BGHSt 57, 183 (186); BGH NStZ 2015, 516 (517).
27 BGH NStZ 2007, 150.
28 BGHSt 57, 183 ff.
29 BGH NJW 2018, 1621 m. Anm. *Eisele*, JuS 2018, 492; vgl. auch *Bechtel*, JuS 2019, 114; zuvor LG Berlin NStZ 2017, 471. Eingehend zu den sog. „Raser"-Fällen *Eisele*, JZ 2018, 549 ff.

Bereich Berlins ein Autorennen durch. Dabei überfahren sie elf ampelgeregelte Kreuzungen, die zumindest teilweise auf Rotlicht geschaltet sind. Schließlich fahren sie fast nebeneinander bei Rotlicht und mit Geschwindigkeiten von 139 bis 149 km/h bzw. 160 bis 170 km/h in einen Kreuzungsbereich ein. Dort kollidiert der auf der rechten Fahrbahn fahrende A mit dem Jeep des O, der bei „grün" von rechts kommend in die Kreuzung eingefahren war, wobei O zu Tode kommt. Durch den Aufprall wird das Fahrzeug des A auf das Fahrzeug des B geschleudert, wobei dessen Beifahrerin schwer verletzt wird. A und B werden leicht verletzt. – Das objektiv enorm gefährliche Verhalten der beiden Rennteilnehmer weist zunächst in Richtung (eventual-)vorsätzlichen (Tötungs-)Handelns. Wer im – wenn auch nächtlichen – innerstädtischen Verkehr einer Großstadt Ampelsignale missachtet und die zulässige Höchstgeschwindigkeit drastisch überschreitet, wird die Möglichkeit eines Unfalls (unter Einbeziehung Dritter) nicht ausschließen können, sodass bei einem Weiterhandeln eine gewisse Gleichgültigkeit hinsichtlich möglicher Folgen naheliegt. Zu beachten ist freilich der Gesichtspunkt der Eigengefährdung: Bei einer Kollision drohen naturgemäß auch den Rennteilnehmern erhebliche Gefahren für Leib und Leben. Dies spricht dafür, dass die Handelnden auf einen guten Ausgang vertrauen. Insoweit sind wiederum aus den objektiv drohenden Unfallszenarien Rückschlüsse auf die innere Haltung der Handelnden zu ziehen: Je gravierender das drohende Unfallszenario (etwa: Zusammenstoß mit einem Bus oder Lkw) sich darstellt, desto eher wird von einem Vertrauen auf einen guten Ausgang – und damit (bewusst) fahrlässigem Handeln – auszugehen sein[30]. Mit Blick auf den Berliner Fall ergab sich die weitere Besonderheit, dass nach den Feststellungen des LG die Angekl. die Möglichkeit eines tödlichen Ausgangs des Rennens erst erkannten und billigend in Kauf nahmen, als sie in die Unfallkreuzung einfuhren; zugleich seien sie zu diesem Zeitpunkt „absolut unfähig gewesen, noch zu reagieren". Nach § 16 Abs. 1 S. 1 muss der Vorsatz bei der Begehung der Tat vorliegen; nach § 8 S. 1 ist für die Zeit der Tat die Tathandlung (und nicht der Eintritt des Erfolges, § 8 S. 2) entscheidend. Daraus folgt, dass ein der Handlung nur vorausgehender Vorsatz (dolus antecedens) sowie ein – wie hier – der Tat nachfolgender Vorsatz (dolus subsequens), der zum Zeitpunkt der Tatbegehung nicht mehr bzw. noch nicht aktuell ist, nicht ausreicht.

4. Rechtswidrigkeit und Schuld

Da das Leben für den Rechtsgutsinhaber kein disponibles Rechtsgut ist, scheidet eine **rechtfertigende Einwilligung** des Opfers in die Tötung aus. Bei einem ausdrücklichen und ernstlichen Tötungsverlangen kann lediglich der Privilegierungstatbestand des § 216 eingreifen. Auch eine **Recht-**

---
30 BGH NJW 2018, 1621 (1623).

fertigung nach § 34 kommt grundsätzlich nicht in Betracht, da das Leben als höchstes Rechtsgut einer Abwägung nicht zugänglich ist. Es verbleibt hier nur die Möglichkeit einer Entschuldigung unter den Voraussetzungen des § 35.

5. Strafzumessungsregeln des § 212 Abs. 2 und § 213

22 Die h. M. stuft den **besonders schweren Fall des § 212 Abs. 2** und den **minder schweren Fall des § 213** als bloße Strafzumessungsregeln ein, die die Rechtsfolgenseite des § 212 (nicht des § 211) betreffen[31]. Das soll auch für den benannten minder schweren Fall des § 213 Var. 1 gelten, der demnach kein Privilegierungstatbestand ist[32].

23 a) **Benannter minder schwerer Fall, § 213 Var. 1.** Dieser liegt vor, wenn der Täter ohne eigene Schuld durch eine ihm oder einem Angehörigen zugefügte Misshandlung oder schwere Beleidigung von dem getöteten Menschen zum Zorn gereizt und hierdurch auf der Stelle zur Tat hingerissen worden ist. Die Worte **„ohne eigene Schuld"** meinen, dass der Täter keine genügende Veranlassung zur Misshandlung oder schweren Beleidigung gegeben hat[33]. Es ist damit also nicht die Schuld im dogmatischen Sinne, d. h. im Sinne der dritten Stufe des Straftataufbaus, in Bezug genommen. Auch sind **Misshandlung und Beleidigung** nicht im Sinne der Tatbestände der § 223 und § 185 zu verstehen, daher werden auch Misshandlungen seelischer Art und ohne Eintritt eines Körperverletzungserfolgs erfasst. Nur solche Misshandlungen können freilich einen minder schweren Fall begründen, die nach ihrem Gewicht und unter Gesamtwürdigung aller Umstände des Einzelfalls geeignet sind, die Tat als verständliche Reaktion auf die Provokation zu verstehen. Zu denken ist etwa an Fälle, in denen eine erheblich verminderte Steuerungsfähigkeit des Täters auf Grund Alkoholgenusses vorliegt[34] oder die Tat eine gewisse Nähe zu Notwehrfällen aufweist[35].

24 b) **Unbenannte Fälle.** Der unbenannte **minder schwere Fall i. S. d. § 213 Var. 2** und der **besonders schwere Fall des § 212 Abs. 2** sind nach h. M. im Wege einer **Gesamtwürdigung aller strafzumessungsrelevanten Umstände** i. S. d. § 46 zu bestimmen. Ob § 212 Abs. 2 verwirklicht ist, bestimmt sich nach h. M. ebenfalls im Wege einer Gesamtwürdigung aller strafzumessungsrelevanten Umstände[36]. Da § 212 Abs. 2 als Rechtsfolge zwingend die lebenslange Freiheitsstrafe vorsieht, ergibt die systematische

---

31 *Mitsch*, JuS 1996, 28; *Wessels/Hettinger/Engländer*, BT 1, Rn. 97; für Tatbestandscharakter aber *Eisele*, Regelbeispielsmethode, 2004, S. 187 ff.
32 BGHSt 4, 226 (228); *Schönke/Schröder/Eser/Sternberg-Lieben*, § 213 Rn. 3.
33 BGH StV 1986, 200; NStZ 2008, 510; *Lackner/Kühl*, § 213 Rn. 5.
34 BGH NJW 1986, 793 m. w. N.
35 *Schönke/Schröder/Eser/Sternberg-Lieben*, § 213 Rn. 13.
36 Etwa BGH NStZ 1982, 114 (115); NStZ 1991, 431 f.

I. Totschlag, § 212 **24**

Auslegung, dass ein Fall vorliegen muss, der ebenso schwer wiegt wie bei der Verwirklichung eines Mordmerkmals.

Klausurtipp
Da in strafrechtlichen Prüfungsarbeiten grundsätzlich auf Strafzumessungserwägungen nicht einzugehen ist, empfiehlt es sich, bei besonders schweren und minder schweren Fällen nur auf benannte Merkmale (etwa § 213 Var. 1 oder § 243 I 2) einzugehen. Diese Merkmale sind – nicht anders als Tatbestandsmerkmale – im Wege der Subsumtion zu prüfen. Die Strafzumessungsvorschriften sind im Übrigen im Straftataufbau nach der Schuld, ggf. auch nach einer etwaigen Rücktrittsprüfung, anzusprechen.

Einführende Aufsätze:
Geppert, Zur Abgrenzung von Vorsatz und Fahrlässigkeit, insbesondere bei Tötungsdelikten, Jura 2001, 55 (Behandlung zentraler Abgrenzungsfragen unter Einbeziehung der diesbezüglichen Rspr.); *Kühl*, „Wer einen Menschen tötet" – Der objektive Tatbestand des Totschlags gemäß § 212 StGB, JA 2009, 321 (Grundlagen zum Tatobjekt „anderer Mensch" wie auch zur Tathandlung „töten" unter Einbeziehung von Kausalitäts- und Zurechnungsfragen); *Mitsch*, Grundfälle zu den Tötungsdelikten, JuS 1995, 787, 888, JuS 1996, 26 (Fallorientierte Übersicht zum Anwendungsbereich der einzelnen Tötungsdelikte).

Übungsfälle:
Dessecker, Zwei Tötungsversuche mit glimpflichem Ausgang, Jura 2000, 592 (Abgrenzung Eventualvorsatz/bewusste Fahrlässigkeit, Versuch und Rücktritt); *Eschenbach*, Zündende Ideen, Jura 1999, 88 (Verknüpfung zahlreicher Fragen des Allgemeinen Teils mit Tötungsdelikten: Vorsatz, Rechtfertigung, Entschuldigung, mittelbare Täterschaft, Unterlassen); *Kalkofen/Sievert*, Pech für den Dorfpfarrer, Jura 2011, 229 (zur Problematik der Erfolgszurechnung bei mehraktigem Tatgeschehen [hier: verspäteter Erfolgseintritt]); *Kretschmer*, Ein folgenschweres letztes Bier, Jura 1998, 244 (Tötung in Notwehr); *Kühl/Hinderer*, Das Ende einer Ehe, JuS 2010, 697 (lehrreich zur Strafbarkeit der Tötungsverabredung sowie zum versuchten Tötungsdelikt); *Rengier/Brand*, Antizipierte Verteidigung, JuS 2008, 514 (zur Prüfung des versuchten Tötungsdelikts); *Walter*, Schwammerl am Wilden Kaiser, Jura 2014, 117 (lehrreich zum Aufbau des [untauglichen] Unterlassungsversuchs in Ansehung eines Tötungsdelikts).

Rechtsprechung:
BGHSt 7, 363 – Lederriemen (Hemmschwelle bei Tötungsvorsatz); **BGHSt 10, 291** – Piepslaute (Abgrenzung von § 212 und § 218); **BGHSt 31, 348** – Vorwehen (Beginn der Geburt); **BGHSt 32, 194** – Eröffnungswehen (Beginn der Geburt); **BGHSt 57, 183 ff.** – Messerstich (Bedeutung der Hemmschwel-

lentheorie); **BGH NStZ 1985, 26** – mangelnde Behandlung (Kausalität); **BGH NJW 2018, 1621** – Berliner „Raser"-Fall (Tötungsvorsatz bei illegalem Autorennen).

II. Mord, § 211
1. Geschütztes Rechtsgut und Systematik

25 § 211 schützt ebenfalls das **Rechtsgut Leben**. Die Rechtsprechung stuft dabei § 211 gegenüber § 212 noch als selbständige Abwandlung (delictum sui generis) und damit als eigenständigen Straftatbestand ein[37]. Zur Begründung führt sie vor allem an, dass beide Tatbestände einen jeweils eigenständigen Unwertgehalt beinhalten[38]. Diese Ansicht, die inzwischen auch durch ein obiter dictum des 5. Strafsenats des BGH immerhin ins Wanken geraten ist,[39] ist jedoch wenig überzeugend, weil dahinter eine „metaphysische Vorstellung"[40] von der besonderen Schwere des Mordes steht. Auch streitet hierfür nicht der Wortlaut des Gesetzes, der noch aus der Zeit des Nationalsozialismus stammt und die Tätertypen „Totschläger" und „Mörder" verwendet[41]. Die überwiegende Ansicht im Schrifttum sieht § 211 mit Recht als Qualifikationstatbestand zu § 212 an, da die Mordmerkmale zum Totschlag hinzutreten und daher die Strafe des Totschlags schärfen. Zwischen beiden Delikten besteht ein **quantitatives Stufenverhältnis**[42]. Im Falle der Verwirklichung von Mordmerkmalen ist daher lediglich ein graduell höherer Schweregehalt der Tat gegeben. Der Streit hat vor allem Auswirkungen auf die Frage, ob bei persönlichen Mordmerkmalen § 28 Abs. 1 (wenn § 211 ein selbstständiger Tatbestand ist, begründet das Mordmerkmal die Strafbarkeit) oder § 28 Abs. 2 (wenn § 211 eine Qualifikation ist, schärft das Mordmerkmal die Strafe des § 212) zur Anwendung gelangt. Beide Auffassungen können in einzelnen Konstellationen zu unterschiedlichen Ergebnissen führen[43].

Klausurtipp

Auf die Frage der dogmatischen Einordnung des § 211 sollte in Prüfungsarbeiten nur eingegangen werden, soweit dies (im Rahmen des § 28) für die Falllösung relevant ist. Ansonsten kann ohne nähere Begründung von einem Qualifikationstatbestand ausgegangen und die Prüfung entsprechend aufgebaut werden. § 212 und § 211 können dabei

---

37 S. etwa BGHSt 1, 368 (370 f.); 22, 375 (377); 50, 1 (5).
38 BGHSt 1, 369 (370 f.); 22, 375 (378); 36, 231 (233 f.).
39 BGH NStZ 2006, 286 (287 f.).
40 *Haft*, BT 2, S. 109.
41 *Schönke/Schröder/Eser/Sternberg-Lieben*, Vorbem. §§ 211 ff. Rn. 6.
42 *Schönke/Schröder/Eser/Sternberg-Lieben*, Vorbem. §§ 211 ff. Rn. 5.
43 S. näher u. Rn. 74.

unter einem gemeinsamen Prüfungspunkt abgehandelt werden. Im Einzelfall kann es jedoch „ökonomisch" sinnvoller sein, beide Vorschriften getrennt zu prüfen. Dies gilt insbesondere dann, wenn bereits eine Strafbarkeit nach § 212 auf Grund des Vorliegens von Rechtfertigungs- oder Entschuldigungsgründen zu verneinen ist. Jedoch ist stets sorgfältig auf die Aufgabenstellung zu achten. Sollen alle aufgeworfenen Fragen – ggf. auch im Hilfsgutachten – diskutiert werden, so dürfen die Mordmerkmale nicht vorschnell ausgeblendet werden. Dies gilt ferner in Fällen der Teilnahme, wenn zwar die Strafbarkeit des Haupttäters mangels Schuld entfällt, auf Grund der (limitierten) akzessorischen Haftung des Teilnehmers jedoch die Haupttat genau geprüft werden muss.

Prüfungsschema § 211 kombiniert mit § 212:
1. **Tatbestand**
   a) Objektiver Tatbestand
      aa) Grundtatbestand des § 212
      bb) Objektive Mordmerkmale des § 211 Abs. 2 Gruppe 2: heimtückisch, grausam, mit gemeingefährlichen Mitteln
   b) Subjektiver Tatbestand
      aa) Vorsatz bzgl. der objektiven Merkmale des § 212
      bb) Vorsatz bzgl. der objektiven Mordmerkmale des § 211 Abs. 2 Gruppe 2
      cc) Vorliegen subjektiver Mordmerkmale des § 211 Abs. 2 Gruppe 1/3
         (1) Gruppe 1: Mordlust, Befriedigung des Geschlechtstriebs, Habgier, sonstige niedrige Beweggründe
         (2) Gruppe 3: Ermöglichungs-, Verdeckungsabsicht
2. **Rechtswidrigkeit**
3. **Schuld** (nach a. A. sind die Mordmerkmale des § 211 Abs. 2 Gruppe 1/3 spezielle Schuldmerkmale)

Prüfungsschema für getrennte Prüfung von § 212 und § 211:
I. **Strafbarkeit gem. § 212**
1. **Tatbestand**
   a) Objektiver Tatbestand
   b) Subjektiver Tatbestand
2. **Rechtswidrigkeit**
3. **Schuld**
II. **Strafbarkeit gem. § 211**
1. **Tatbestand**

> a) Objektiver Tatbestand: Objektive Mordmerkmale des § 211 Abs. 2 Gruppe 2:
> heimtückisch, grausam, mit gemeingefährlichen Mitteln
> b) Subjektiver Tatbestand
> aa) Vorsatz bzgl. der objektiven Mordmerkmale des § 211 Abs. 2 Gruppe 2
> bb) Vorliegen subjektiver Mordmerkmale des § 211 Abs. 2 Gruppe 1/3
>   (1) Gruppe 1: Mordlust, Befriedigung des Geschlechtstriebs, Habgier, sonstige niedrige Beweggründe
>   (2) Gruppe 3: Ermöglichungs-, Verdeckungsabsicht
> 2. **Rechtswidrigkeit**
> 3. **Schuld (nach a. A. sind die Mordmerkmale des § 211 Abs. 2 Gruppe 1/3 spezielle Schuldmerkmale)**

2. Die drei Gruppen von Mordmerkmalen

28 Die 1. Gruppe (Mordlust, Befriedigung des Geschlechtstriebs, Habgier, niedrige Beweggründe) und die 3. Gruppe (Ermöglichungs-, Verdeckungsabsicht) enthalten **persönliche Mordmerkmale, die nach h. M. dem subjektiven Tatbestand** zuzuordnen sind, da sie das Unrecht der Tat betreffen[44]. Für sie gilt bei Täterschaft und Teilnahme § 28. Nach a. A. soll es sich insoweit um spezielle Schuldmerkmale handeln, auf die in Beteiligungsfällen § 29 Anwendung findet[45]. Die 2. Gruppe (heimtückisch, grausam, mit gemeingefährlichen Mitteln) enthält hingegen Merkmale, die die Tatausführung betreffen und die daher dem **objektiven Tatbestand** zuzuordnen sind.

29 Eine strikte **Differenzierung zwischen objektiven und subjektiven Merkmalen** ist freilich zu pauschal, da auch die objektiven Mordmerkmale der 2. Gruppe subjektive Elemente enthalten. So liegt beim Mordmerkmal der Heimtücke die subjektive Komponente in dem Erfordernis einer „feindseligen Willensrichtung" und beim Merkmal grausam in der notwendigen „unbarmherzigen Gesinnung" des Täters. Aus Gründen des Sachzusammenhangs sollten die subjektiven Elemente jedoch bei der Prüfung des tatbezogenen Mordmerkmals im objektiven Tatbestand (und nicht etwa im subjektiven Tatbestand) geprüft werden.

> **Hinweis**
> Das Vorliegen **subjektiver Mordmerkmale** ist sowohl beim vollendeten als auch beim versuchten Delikt im subjektiven Tatbestand bzw. Tatentschluss (nach a. A. in der Schuld) zu prüfen. **Objektive Mordmerkmale**

---

44 Wie hier etwa BGHSt 1, 368 (371); *Rengier*, BT 2, § 4 Rn. 7.
45 *Wessels/Beulke/Satzger*, AT, Rn. 674 f.

sind beim vollendeten Delikt – wie auch sonst qualifizierende Merkmale – im objektiven Tatbestand zu prüfen; im subjektiven Tatbestand muss sich dann der Vorsatz nach allgemeinen Grundsätzen auf diese erstrecken.

Klausurbewertung
Ein verbreiteter Fehler, der zum Punkteabzug führt, ist es, im Rahmen des Versuchs zu prüfen, ob der Täter ein objektives Mordmerkmal tatsächlich verwirklicht hat. Denn beim Versuch kommt es allein darauf an, dass der Täter Tatentschluss hinsichtlich der Verwirklichung des Mordmerkmals besitzt und unmittelbar zur Tat ansetzt. Daher ist es z. B. nicht entscheidend, ob ein Mittel tatsächlich gemeingefährlich ist, sondern lediglich ob der Täter subjektiv davon ausgeht. Unzutreffend ist es ferner, wenn im Rahmen einer versuchten Tat objektive Mordmerkmale erst beim unmittelbaren Ansetzen geprüft werden.

Prüfungsschema für den versuchten Mord 30
1. Tatbestand
   a) Tatentschluss
      aa) Tatentschluss bzgl. der objektiven Merkmale des § 212
      bb) Tatentschluss bzgl. der objektiven Mordmerkmale des § 211 Abs. 2 Gruppe 2:
          heimtückisch, grausam, mit gemeingefährlichen Mitteln
      cc) Vorliegen subjektiver Mordmerkmale des § 211 Abs. 2 Gruppe 1/3
          (1) Gruppe 1: Mordlust, Befriedigung des Geschlechtstriebs, Habgier, niedrige Beweggründe
          (2) Gruppe 3: Ermöglichungs-, Verdeckungsabsicht
   b) Unmittelbares Ansetzen
2. Rechtswidrigkeit
3. Schuld (nach a. A. sind die Mordmerkmale des § 211 Abs. 2 Gruppe 1/3 spezielle Schuldmerkmale)

3. Die einzelnen Mordmerkmale

a) Persönlichen Mordmerkmale der 1. Gruppe. Mordlust, Befriedigung 31 des Geschlechtstriebs, Habgier und sonstige niedrige Beweggründe knüpfen die Strafschärfung an besonders verwerfliche Motive (Beweggründe) des Täters. Hierbei handelt es sich nach h. M. um Merkmale des subjektiven Tatbestandes[46]. Die Merkmale Mordlust, zur Befriedigung des Geschlechtstriebs und Habgier sind gesetzlich genannte Beispiele für niedrige Beweg-

---
46 S.o. Rn. 28 f.

gründe („sonst ein niedriger Beweggrund"). Soweit eines der erstgenannten Merkmale verwirklicht ist, gelangt die **Auffangvariante des sonstigen niedrigen Beweggrundes** nicht zur Anwendung; vielmehr bedarf es hierfür eigenständige weitere Motive. Kommen verschiedene, möglicherweise zusammenwirkende Motive des Täters in Betracht (sog. Motivbündel), so ist das bewusstseinsdominante Motiv entscheidend, d. h. der die Tat prägende Handlungsantrieb muss für sich betrachtet „niedrig" sein und so eines der genannten Mordmerkmale begründen[47].

32 Der Täter muss die persönlichen Mordmerkmale stets auch subjektiv in ihren **tatsächlichen Voraussetzungen** erfassen, muss also etwa die tatsächlichen Umstände kennen, aus denen der Schluss auf habgieriges Handeln gezogen wird. Es ist daher erforderlich, dass er sich derjenigen Tatumstände bewusst ist, die der Bewertung seines Handlungsantriebes als „niedrig" zugrunde liegen[48]. Die **rechtliche** Bewertung als „niedrig" (Subsumtion) braucht der Täter hingegen nicht nachzuvollziehen. Soweit gefühlsmäßige oder triebhafte Regungen (wie Wut, Hass oder Zorn) als Handlungsantriebe in Betracht kommen, muss der Täter diese auch gedanklich beherrschen und mit seinem Willen steuern können[49].

33 aa) **Mordlust.** Fälle der Mordlust sind nicht nur in der Praxis recht selten, sondern dürften auch in Prüfungsarbeiten eher die Ausnahme darstellen. Eroforderlich ist, dass es dem Täter allein darauf ankommt, einen Menschen sterben zu sehen[50].

> **Definition**
> Aus **Mordlust** handelt der Täter, wenn er aus reinem Mutwillen, aus Freude an der Vernichtung eines Menschenlebens oder aus Zeitvertreib tötet[51].

34 bb) Zur Befriedigung des Geschlechtstriebs. Von größerer praktischer Bedeutung ist die Tötung zur Befriedigung des Geschlechtstriebs im Zusammenhang mit Sexualstraftaten.

> **Definition**
> Zur Befriedigung des Geschlechtstriebs handelt, wer die geschlechtliche Befriedigung durch oder im Zusammenhang mit dem Tötungsakt sucht.

Erfasst werden zunächst (1) Fälle des Sexualmords, bei denen der Täter die geschlechtliche Befriedigung durch die Tötung des Opfers, d. h. im Tö-

---

47 BGH NStZ 2005, 332 (333).
48 BGH NStZ 2004, 332; 2006, 167 (169); *Wessels/Hettinger/Engländer*, BT 1, Rn. 118.
49 BGH GA 1975, 306 f.; NStZ 2005, 332 (333).
50 BGHSt 34, 59 (61); 47, 128 (133); *Rengier*, BT 2, § 4 Rn. 11.
51 BGHSt 34, 59 (60); BGH NJW 1953, 1440.

tungsakt selbst sucht[52]. Ob der Täter die angestrebte sexuelle Befriedigung tatsächlich erreicht, ist für die Verwirklichung des subjektiven Merkmals, das lediglich eine entsprechende Zielrichtung verlangt, unerheblich. Weiter verwirklicht dieses Merkmal, (2) wer eine andere Person tötet, um sich anschließend an der Leiche sexuell zu befriedigen[53]. Letztlich erfüllt dieses Mordmerkmal auch, (3) wer bei einer Sexualstraftat Gewalt anwendet und dabei mit Eventualvorsatz hinsichtlich des Todes des Opfers handelt[54].

cc) **Habgier.** Für Klausuren bedeutsam ist vor allem das Merkmal der Habgier. **35**

> **Definition**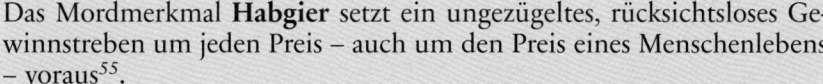
> Das Mordmerkmal **Habgier** setzt ein ungezügeltes, rücksichtsloses Gewinnstreben um jeden Preis – auch um den Preis eines Menschenlebens – voraus[55].

Habgier ist insbesondere dann gegeben, wenn der Täter den Tod eines Menschen deshalb anstrebt oder in Kauf nimmt, weil er sich unter völliger Missachtung seiner elementaren Rechte und Interessen in den Besitz seiner Habe setzen will[56]. Das Gewinnstreben kann mit anderen Beweggründen wie Hass, Verzweiflung oder Angst zusammentreffen, solange bei Motivbündeln nur das Gewinnstreben das Bewusstsein dominiert[57].

> **Bsp.:** T tötet den O, der ihn testamentarisch zum Erben eingesetzt hat, um „vorzeitig" an die Erbschaft zu gelangen. – Unerheblich für die Verwirklichung des Mordmerkmals wäre es, wenn T den O nebenbei hasst, weil er ihn in der Vergangenheit mehrfach schikaniert hat.

(1) Habgier kann in jedem **Streben nach einem Vermögenswert** liegen. **36** Es muss nicht beabsichtigt sein, einen beträchtlichen Gewinn zu erzielen. Denn gerade auch die Tötung eines Menschen zur Erlangung geringer Vermögenswerte kann als besonders verwerflich zu qualifizieren sein.

> **Bsp.:**[58] T tötet nach einem Banküberfall den O, um mit dessen Wagen die Beute in Sicherheit zu bringen.

(2) Erfasst werden auch Fälle, in denen es dem Täter darum geht, Zahlungen an das Opfer zu vermeiden. Richtigerweise kann es nämlich nicht darauf ankommen, ob der Täter einen positiven Gewinn erzielen oder nur **Aufwendungen bzw. Verluste vermeiden** möchte, da es ihm per saldo **37**

---

52 BGHSt 7, 353 (354); BGH NJW 1982, 2564.
53 BGHSt 7, 353 (354); A/W/H/H-*Hilgendorf*, § 2 Rn. 55.
54 BGHSt 19, 101 (105); *Lackner/Kühl*, § 211 Rn. 4.
55 BGHSt 10, 399; 29, 317; *Rengier*, BT 2, § 4 Rn. 13.
56 BGHSt 29, 317 (318).
57 BGH NStZ 1989, 19; NJW 1995, 2365 (2366).
58 BGH NStZ-RR 1999, 235 (236).

in beiden Fällen darum geht, seine Vermögenslage zu verbessern. Nicht erforderlich ist demnach, dass durch die Tat ein „Mehr" in das Vermögen fließen soll. Vielmehr wird auch ein Handeln zur Besitzstandswahrung erfasst[59].

> **Bsp.:** Der Ehemann tötet seine Frau, um nach der Trennung keinen Unterhalt zahlen zu müssen. – Der Schuldner tötet seinen Gläubiger, um die Rückzahlung eines Darlehens zu vermeiden.

38 **dd) Sonstige niedrige Beweggründe.** Solche liegen nur vor, wenn diese im Unrechts- und Schuldgehalt mit den drei im Gesetz zuvor genannten Merkmalen vergleichbar sind und sich daher entsprechend vom Totschlag des § 212 abheben.

> **Definition**
> Ein **niedriger Beweggrund** liegt vor, wenn die Tatantriebe nach allgemeiner rechtlich-sittlicher Bewertung auf tiefster Stufe stehen, durch hemmungslose Eigensucht bestimmt und daher besonders verachtenswert sind[60].

> **Bsp.:** Rachsucht[61], Neid und Hass[62], Selbstjustiz[63], Imponiergehabe[64], Ausländerfeindlichkeit[65] oder Blutrache[66].

39 Auch **Gefühlsregungen** wie Verärgerung, Wut oder Enttäuschung können niedrige Beweggründe darstellen, wenn sie ihrerseits auf niedrigen Beweggründen beruhen[67]. Erforderlich ist aber immer, dass diese Motive menschlich nicht verständlich und Ausdruck der niedrigen Gesinnung sind. Hierzu ist eine Gesamtwürdigung der Umstände der Tat sowie der Lebensverhältnisse des Täters und seiner Persönlichkeit vorzunehmen. Dabei sind nach h. M. die besonderen Lebensanschauungen und Wertvorstellungen in die Bewertung mit einzubeziehen[68]. Auch das Verhältnis des Anlasses der Tat und der Folgen ist von Bedeutung[69]. Freilich begründet ein Missverhältnis oder die Verfolgung eigener Interessen für sich genommen noch nicht den erhöhten Unrechts- und Schuldgehalt der Tat. Auch Fälle, in denen

---

59 BGHSt 10, 399 – Ersparen von Unterhalt; BGH NStZ-RR 1999, 235 (236) – Besitzerhaltung der Tatbeute.
60 BGHSt 3, 132 f.; 42, 226 (228); näher *Bosch*, Jura 2015, 803.
61 BGH NJW 1958, 189.
62 BGH StV 2001, 228 (229).
63 BGH NStZ-RR 2010, 175 (176).
64 BGH NStZ 1999, 129 f.
65 BGH NStZ 1994, 124.
66 BGH NStZ 2006, 286 (287 f.).
67 BGHSt 2, 60.
68 BGH NJW 1995, 602; *Wessels/Hettinger/Engländer*, BT 1, Rn. 112 f.
69 BGH StV 2001, 571; NStZ 2011, 35.

eine Verdeckungsabsicht verneint wird, weil etwa der Täter mit der Tötung nur die Flucht erleichtern möchte, können hier Bedeutung erlangen[70].

40 Handelt der Täter aus verschiedenen Motiven (Motivbündel), so sind die **bewusstseinsdominanten Beweggründe**, die die Tat prägen, maßgeblich[71]. Zumindest eines dieser Motive muss den Voraussetzungen des niedrigen Beweggrundes entsprechen.

> **Bsp.:** Die Frau des T geht mit O, einem alten Studienfreund, ins Kino. T ist deshalb rasend eifersüchtig und tötet O aus krasser Eigensucht. – Die Eifersucht kann im Einzelfall einen niedrigen Beweggrund i. S. d. § 211 Abs. 2 Gruppe 1 darstellen. Dies ist im vorliegenden Fall zu bejahen, da für T kein menschlich nachvollziehbarer Anlass zu einer solch maßlos übersteigerten Eifersucht vorlag und er aus krasser Eigensucht handelte. Im Einzelfall kann jedoch auch in solchen Fällen anders zu entscheiden sein, wenn Umstände zugunsten des Täters vorliegen, die im Wege der Gesamtwürdigung zur Verneinung des niedrigen Beweggrundes führen; so etwa wenn der Täter zuvor gekränkt oder gedemütigt wurde oder bei einer Spontantat die Ehefrau mit dem Liebhaber „auf frischer Tat ertappt".

> **Klausurhinweis**
> In Klausuren sind für die notwendige Gesamtwürdigung dem Sachverhalt alle relevanten Angaben zu entnehmen und abzuwägen.

41 b) **Objektive Mordmerkmale der 2. Gruppe.** Die Merkmale heimtückisch, grausam und mit gemeingefährlichen Mitteln sind tatbezogen. Sie betreffen die Art und Weise der Tötung und damit das Unrecht der Tat; sie sind im objektiven Tatbestand zu prüfen.

42 aa) **Heimtücke.** Die größte Bedeutung erlangt das Merkmal der Heimtücke. Die „Aufstufung" des Totschlags zum Mord ist in dem Umstand begründet, dass der Täter in hinterhältiger Weise das Überraschungsmoment ausnutzt und dadurch das Opfer hindert, dem Anschlag auf sein Leben zu entgehen oder diesen doch wenigstens zu erschweren[72].

> **Definition**
> **Heimtückisch** tötet, wer die Arg- und daher Wehrlosigkeit des Opfers in feindseliger Willensrichtung ausnutzt[73].

---

70 Dazu u. Rn. 65.
71 BGHSt 42, 301 (304); BGH NStZ 1997, 81.
72 Vgl. BGHSt 11, 139 (143); 39, 353 (368); *Rengier*, BT 2, § 4 Rn. 23.
73 BGHSt 23, 119 (120); 39, 353 (368).

43 (1) **Arglos** ist dabei, wer sich zum Zeitpunkt der mit Tötungsvorsatz vorgenommenen Tathandlung keines Angriffs versieht[74]. Das Opfer kann erstens überhaupt nur arglos sein, wenn es die **Fähigkeit zum Argwohn** besitzt. Auch ein **Schlafender soll** nach h. M. arglos sein können, da dieser seine Arglosigkeit „mit in den Schlaf nimmt", indem er sich bewusst dem Schlaf im Vertrauen darauf hingibt, dass ihm nichts geschehen werde[75]. Die Arglosigkeit fehlt hingegen bei **Besinnungslosen**, weil diese dem Angriff nicht entgegentreten können[76]. Ferner wird diese auch bei sehr **kleinen Kindern** verneint, sofern deren Wahrnehmungsfähigkeit noch nicht ausgebildet ist und diese deshalb nicht fähig sind, anderen Vertrauen entgegen zu bringen[77]. Das bloße Überlisten natürlicher Abwehrinstinkte von Kleinstkindern genügt dabei nicht[78].

> **Bsp.:**[79] T süßt den Brei des Kleinkindes K, damit dieses das tödliche Gift nicht bemerkt. – T macht sich nach § 212, nicht aber § 211 strafbar, da K noch nicht zum Argwohn fähig war.

44 Ggf. kann bei Kleinstkindern und Bewusstlosen auf die **Arglosigkeit schutzbereiter Dritter** (z. B. Eltern, Aufsichtspersonal oder Ärzte) abgestellt werden[80]. Schutzbereit ist dabei derjenige, der den Schutz vor Leibes- und Lebensgefahren dauernd oder vorübergehend übernommen hat und ihn im Augenblick der Tat entweder tatsächlich ausübt oder dies unterlässt, weil er dem Täter vertraut[81]. Voraussetzung ist, dass der Dritte den Schutz wirksam erbringen kann, wofür eine gewisse räumliche Nähe[82] und eine überschaubare Anzahl anvertrauter Personen erforderlich sind[83].

> **Bsp.:**[84] Vater T tötet seinen einjährigen Sohn O im Schlaf; im Nebenzimmer ist der 7 Jahre alte Bruder anwesend. – Heimtücke ist zu verneinen, wenn der ältere Bruder keine Schutzfunktion übernommen hat; O selbst fehlt die Fähigkeit zum Argwohn.

45 Der Täter muss den **schutzbereiten Dritten aber nicht gezielt ausschalten**, vielmehr genügt es, wenn der Täter die von ihm erkannte Arglosigkeit

---

74 BGHSt 20, 301 (302); 28, 210 (211); *Krey/Hellmann/Heinrich*, BT 1, Rn. 29 f.
75 BGHSt 23, 119 (120); 48, 255 (256); BGH NStZ 2007, 523; a. A. *Küper*, JuS 2000, 740 (744).
76 BGHSt 23, 119 (120); BGH NJW 1966, 1823 (1824).
77 BGHSt 4, 11 (12); 8, 216 (218); die Arglosigkeit bejaht wurde bei einem dreijährigen Kind; vgl. BGH NStZ 1995, 230 (231); BGH NStZ 2006, 339 f., verneint dies bei einem Alter von einem Jahr und neun Monaten.
78 BVerfGE 45, 187 (266); ferner *Wessels/Hettinger/Engländer*, BT 1, Rn. 140; anders BGHSt 8, 216 (218 f.).
79 BGHSt 8, 216, wo jedoch Heimtücke bejaht wurde.
80 BGHSt 4, 11 (12 f.); 8, 216 (219); BGH NStZ 2008, 93 (94).
81 BGHSt 8, 216 (219); BGH StV 2009, 524 (525); NStZ 2013, 158 (159).
82 Vgl. BGH NStZ 2015, 215, wonach eine Entfernung von über einem Kilometer nicht ausreichend ist.
83 BGH NStZ 2008, 93 (94); StV 2009, 524 (525).
84 BGH NStZ 2006, 338 (339 f.).

des Dritten bewusst zur Tatbegehung ausnutzt. Bedeutung hat dies vor allem bei der Tötung bewusstloser Patienten erlangt.

Bsp.:[85] Krankenschwester T spritzt in Anwesenheit von nahen Angehörigen oder Ärzten eigenmächtig ein Mittel, um den bewusstlosen und schwerkranken Patienten O, der zuvor nicht in die Tötung eingewilligt hat, zu töten; zudem schaltet sie an den Geräten eine Vorrichtung ab, die bei einer Verschlechterung des Zustandes Alarm auslöst. – T macht sich nach §§ 212, 211 strafbar, da sie heimtückisch handelte. O selbst war zwar zum Argwohn nicht fähig, jedoch nutzte T die Arg- und daher Wehrlosigkeit der schutzbereiten Dritten aus. Hätten die Anwesenden den Angriff bemerkt, wären sie eingeschritten; dies unterblieb aber, weil sie T als behandelnder Krankenschwester vertrauten und auch der Alarm unterdrückt war. Zu prüfen bleibt, ob T auch in feindseliger Willensrichtung handelte; das kann in engen Grenzen zu verneinen sein, wenn sie dem Patienten individuell weiteres Leid ersparen möchte[86].

Besitzt das Opfer die Fähigkeit zum Argwohn, so muss es zum Zeitpunkt der Tathandlung grundsätzlich auch **tatsächlich arglos** sein. Ein bloß generelles Misstrauen oder eine latente Angst vor Angriffen steht der Annahme der Arglosigkeit nicht entgegen[87]. Selbst eine auf früheren Streitigkeiten und einer feindseligen Beziehung beruhende Angst des Opfers beseitigt dessen Arglosigkeit nicht. Es kommt vielmehr allein darauf an, ob das Opfer im Tatzeitpunkt mit Feindseligkeiten des Täters rechnet. Arglos kann das Opfer auch bei einem **offenen, aber überraschenden Angriff** sein, wenn die Zeitspanne zwischen dem Erkennen der Gefahr und dem unmittelbaren Angriff so kurz ist, dass keine Möglichkeit bleibt, dem Angriff zu begegnen[88]. Das Opfer muss also keineswegs „hinterrücks" angegriffen werden. Die Arglosigkeit kann im Einzelfall selbst dann vorliegen, wenn der Tat zwar ein Angriff des Täters vorausgegangen ist, dieser aber bereits wieder beendet war[89]. Entscheidend ist demnach, ob das Opfer im konkreten Fall mit einem Angriff **auf sein Leben oder seine körperliche Integrität** tatsächlich gerechnet hat[90]. Ein der Tötungshandlung unmittelbar vorausgegangener, allein verbal geführter Angriff oder eine feindselige Atmosphäre schließen die Heimtücke nicht aus[91].

---

85 BGH StV 2009, 524; ferner BGH NStZ 2008, 93.
86 Näher u. Rn. 50.
87 BGHSt 39, 353 (368); BGH NStZ 2013, 337 (338).
88 BGH NStZ-RR 1997, 168; NStZ-RR 2013, 341; *Lesch*, JA 1997, 536; *Otto*, Jura 2003, 612 (618).
89 BGHSt 28, 210 (211); 39, 353 (369); *Rengier*, BT 2, § 4 Rn. 26.
90 BGHSt 33, 363 (364f.); BGH NStZ 2003, 146 (147); hierzu auch *Rengier*, NStZ 1986, 505 (506).
91 BGHSt 33, 363 (364f.); BGH NStZ-RR 2007, 174; NStZ 2012, 691 (693).

47 Für die Beurteilung der Arglosigkeit ist grundsätzlich auf den **Zeitpunkt der Tathandlung** abzustellen[92]. Eine Ausnahme wird jedoch für Fälle zugelassen, in denen der Täter das Opfer mit Tötungsvorsatz in einen Hinterhalt lockt oder ihm eine Falle stellt. Maßgeblicher Zeitpunkt für die Frage, ob das Opfer arglos ist, soll hier nicht der Beginn der Tötungshandlung, sondern bereits das im Vorbereitungsstadium liegende hinterhältige Vorgehen sein. Selbst wenn das (wehrlose) Opfer bei Eintritt des Täters in das Versuchsstadium inzwischen argwöhnisch ist, soll Heimtücke zu bejahen sein[93]. Begründet wird diese Ansicht damit, dass das Heimtückische in den Maßnahmen liegt, die der Täter ergreift, um eine günstige Gelegenheit zur Tötung zu schaffen, soweit diese bei der Ausführung der Tat noch fortwirken. Für die Annahme von Heimtücke lässt sich ferner anführen, dass dem Opfer durch die raffinierte Vorgehensweise des Täters bei der Vorbereitung bereits in diesem Stadium die Verteidigungsmöglichkeiten genommen werden.

48 **(2) Gerade aufgrund der Arglosigkeit** muss das Opfer **wehrlos** sein, d. h. es muss nur deshalb nicht zur Verteidigung im Stande sein. Beruht die Wehrlosigkeit auf anderen Gründen, etwa der körperlichen Unterlegenheit des Opfers, so scheidet Heimtücke aus.

> **Bsp.:**[94] O lässt sich von T beim Liebesspiel fesseln. T beschließt erst dann, diese Situation auszunutzen und die O zu töten. – Die Wehrlosigkeit der O beruht nicht auf deren Arglosigkeit, sondern auf der vorangegangenen Fesselung, bei der T noch keinen Tatentschluss besaß.

49 **(3)** Der Täter muss ferner die Arg- und Wehrlosigkeit in tückisch verschlagener Weise zur Tötung **bewusst ausnutzen**[95]. Hierfür genügt es, dass der Täter sich bewusst ist, einen durch seine Sorglosigkeit gegenüber einem Angriff schutzlosen Menschen zu überraschen[96]. Dies kann vor allem zu verneinen sein, wenn der Täter spontan in hoher Erregung handelt oder ein psychischer Ausnahmezustand vorliegt[97].

50 **(4)** Problematisch ist der Tatbestand des Mordes deshalb, weil er sich nach der gesetzgeberischen Konzeption durch eine starre Kombination von abschließender Kasuistik der Mordmerkmale mit zwingend vorgesehener lebenslanger Freiheitsstrafe auszeichnet. Im Hinblick auf das **verfassungsrechtlich verankerte Schuldprinzip** (Art. 1 Abs. 1, Art. 2 Abs. 1 und Art. 20 Abs. 3 GG) ist diese Ausgestaltung bedenklich. Denn zweifelsfrei wäre sie nur, wenn die lebenslange Freiheitsstrafe stets bei Vorliegen eines

---

92 BGH NStZ 2015, 31 (32); *Küper*, JuS 2000, 740 (743 f.).
93 BGHSt 22, 77 (79); BGH NStZ 2010, 450 (451); *Murmann*, Grundkurs, § 21 Rn. 37.
94 Nach BGHSt 32, 382 (388).
95 BGHSt 4, 11 (12 f.); NStZ 2007, 268 (269).
96 BGH NStZ 2005, 688 (689); 2015, 30 (31).
97 BGH NStZ 2005, 688 (689); 2015, 30 (31).

vom Gesetz genannten Mordmerkmals verhältnismäßig wäre. Dies ist aber keineswegs so. Denn auch bei Verwirklichung eines Mordmerkmals kann der Fall im Unrechts- und Schuldgehalt so gelagert sein, dass die Verhängung der lebenslangen Freiheitsstrafe unverhältnismäßig wäre. Gegenüber den §§ 212, 213 mit einer Strafrahmenspannweite von einem Jahr bis zu fünfzehn Jahren Freiheitsstrafe liegt zudem ein erheblicher „Sanktionensprung" vor[98].

(a) Das Merkmal **in feindseliger Willensrichtung** schränkt daher das Merkmal der Heimtücke ein und soll Fälle vom Mord ausnehmen, in denen der Täter „zum Besten" des Opfers handelt und die Verhängung einer lebenslangen Freiheitsstrafe nicht schuldangemessen wäre.

> **Bsp.:** Der Ehemann E mischt heimlich Gift in den Tee seiner todkranken Frau, um ihr weitere Leiden zu ersparen. – Obwohl E die Arg- und Wehrlosigkeit seiner Ehefrau ausnutzt, liegt keine heimtückische Tötung vor, da E nicht in feindseliger Willensrichtung handelt. Entsprechendes kann gelten, wenn der Täter im Rahmen eines Suizidversuchs Familienangehörige tötet, um diese nicht mit ihrem Schicksal allein zurückzulassen[99].

(b) Darüber hinaus gibt es freilich weitere Fälle, in denen die lebenslange Freiheitsstrafe nicht unbedenklich erscheint. Der Klassiker ist insoweit der **sog. Haustyrannen Fall**. Die Lösung ist im Einzelnen sehr umstritten.

> **Bsp.:**[100] Der gewalttätige und trunksüchtige Ehemann E misshandelt und quält seine Frau F über Jahre hinweg. Diese ist völlig verzweifelt und hegt auch Gedanken an eine Selbsttötung. Eines Tages tötet sie E im Schlaf, um der hoffnungslosen Lage zu entkommen.

Da der Schlafende seine Arglosigkeit mit in den Schlaf nimmt[101], liegt eine heimtückische Tötung seitens der F vor. Eine Rechtfertigung nach § 32 scheidet aus, da zum Zeitpunkt der Tötung kein gegenwärtiger Angriff des E vorlag (Stichwort: keine Präventivnotwehr); auch eine analoge Anwendung des § 32 StGB („notwehrähnliche Lage") ist abzulehnen[102]. Man muss sehen, dass die sehr weitgehenden Eingriffsbefugnisse der Notwehr nur in akut zugespitzten Situationen gerechtfertigt sind und ansonsten das Merkmal der Gegenwärtigkeit in § 32 StGB entwertet würde[103]. Ebenso ist eine analoge Anwendung des § 228 BGB, bei dem eine drohende Gefahr genügt, zu verneinen[104], weil sich die auf Tier- und Sachgefahren zugeschnittene Spezialregelung nicht ohne Wertungswidersprüche auf Angriffe durch

---

98 A/W/H/H-*Hilgendorf*, § 2 Rn. 10; *Murmann*, Grundkurs, § 21 Rn. 24 ff.
99 BGH StV 1989, 390.
100 Etwa BGHSt 48, 255; BGH NStZ 1984, 20.
101 S. o. Rn. 43.
102 *Roxin*, NStZ 1993, 335.
103 *Kühl*, AT, § 7 Rn. 42.
104 So aber *Hruschka*, NJW 1980, 21 (22).

Menschen übertragen lässt[105]. § 34 erfasst zwar auch eine Dauergefahr, rechtfertigt jedoch nicht die Tötung eines anderen Menschen. F kann aber ggf. – was von den Umständen des Einzelfalls abhängt – gem. § 35 entschuldigt sein, falls keine milderen Mittel zur Gefahrenabwehr existierten. Stehen aber andere Mittel (etwa Einschalten staatlicher Behörden) zur Verfügung, ist die Tat auch schuldhaft begangen. Die Strafzumessungsregel des § 213 greift nicht ein, da diese nur bei § 212, nicht aber bei § 211 zur Anwendung gelangt. Da hier jedoch ein Fall gegeben ist, der „nahe" an einer Rechtfertigung bzw. Entschuldigung liegt und daher der Unrecht- und Schuldgehalt der Tat deutlich vermindert ist, wäre die Verhängung der lebenslangen Freiheitsstrafe nicht mehr verhältnismäßig.

> **Klausurtipp**
> In den sog. Haustyrannenfällen sind also zunächst immer sorgfältig Rechtfertigungs- und Entschuldigungsgründe zu prüfen, bevor Korrekturen beim Mordtatbestand diskutiert werden.

51 Teilweise wird speziell für die Heimtücke eine **Tatbestandslösung** dergestalt vertreten, dass das Mordmerkmal überhaupt nur verwirklicht sein soll, wenn ein **verwerflicher Vertrauensbruch** vorliegt[106]. Dem ist jedoch zu widersprechen, weil der Begriff des Vertrauens zu konturenlos ist und ansonsten besonders hinterhältige Angriffe – etwa Erschießen von hinten usw. – mangels einer Vertrauensbeziehung zwischen Täter und Opfer nicht erfasst werden könnten[107].

52 Andere Stimmen im Schrifttum gehen hingegen davon aus, dass zwar das Merkmal der Heimtücke verwirklicht sein könne, im Einzelfall jedoch geprüft werden müsse, ob die Tat insgesamt als besonders verwerflich zu bewerten sei. Nach einer Ansicht soll dabei dem Gericht die Möglichkeit offen stehen, trotz Verwirklichung eines Mordmerkmals ausnahmsweise die besondere Verwerflichkeit der Tat im Wege einer Gesamtwürdigung von Tat und Täter und damit den Tatbestand des § 211 zu verneinen (**Lehre von der negativen Typenkorrektur**)[108]. Nach anderer Auffassung soll stets eine Gesamtwürdigung von Tat und Täter erforderlich sein, die positiv zur Feststellung einer besonderen Verwerflichkeit der Tötung und damit zur Anwendung des Mordtatbestandes führt (**Lehre von der positiven Typenkorrektur**)[109]. Gegen derartige Lösungsansätze lässt sich jedoch anführen, dass sie im Hinblick auf Art. 103 Abs. 2 GG zu unbestimmt sind und daher kaum noch vorhersehbar ist, in welchen Fällen der Tatbestand des § 211

---

105 *Roxin*, NStZ 1993, 335.
106 *Hassemer*, JuS 1971, 626 (630); *Schönke/Schröder/Eser/Sternberg-Lieben*, § 211 Rn. 26.
107 BGHSt 30, 105 (115 f.); *Mitsch*, JuS 1996, 213 (214).
108 *Geilen*, JR 1980, 309 (310); *Schönke/Schröder/Eser/Sternberg-Lieben*, § 211 Rn. 10.
109 Vgl. *Lange*, GS H. Schröder, 1978, S. 217 (231 ff.).

verwirklicht ist[110]. Auch ist es dogmatisch wenig überzeugend, eine Gesamtwürdigung nach Strafzumessungsgrundsätzen bereits auf Tatbestandsseite vorzunehmen.

Der BGH vertritt hingegen die Ansicht, dass auch bei Vorliegen von außergewöhnlichen Umständen, die den Unrechts- und Schuldgehalt der Tat vermindern, die Tat grundsätzlich einen Mord darstelle. Zur Wahrung der verfassungsrechtlichen Vorgaben soll aber im Wege einer **Rechtsfolgenlösung**, die freilich nur für die Heimtücke gilt[111], im Einzelfall (contra legem) eine übergesetzliche Strafmilderung entsprechend § 49 Abs. 1 Nr. 1 in Betracht kommen[112]. Es muss sich demnach um eine Tat handeln, die durch „eine notstandsnahe, ausweglos erscheinende Situation" motiviert ist, die „in großer Verzweiflung" begangen wurde oder ihren Grund „in einem vom Opfer verursachten Konflikt" hat[113]. Es reicht dafür nicht jeder Entlastungsfaktor, der im Rahmen des § 213 Berücksichtigung finden würde, zur Annahme der Unverhältnismäßigkeit der lebenslangen Freiheitsstrafe aus. Vor allem darf aber auch nicht zu großzügig auf die Rechtsfolgenlösung ausgewichen werden[114]. Die Rechtsfolgenlösung muss sich allerdings Wertungswidersprüche entgegenhalten lassen[115]. Denn über die analoge Anwendung des § 49 Abs. 1 Nr. 1, die zu einem Strafrahmen von drei bis zu fünfzehn Jahren Freiheitsstrafe anstelle der lebenslangen Freiheitsstrafe führt, wird sogar die für § 212 vorgesehene Mindeststrafe von fünf Jahren Freiheitsstrafe unterschritten und damit der Täter gegenüber einem Totschlag bessergestellt. Vermeiden lassen sich diese Ungereimtheiten nur, wenn man verlangt, dass das Gericht sich bei der Bemessung der Freiheitsstrafe hinsichtlich der Strafrahmenuntergrenze von der Wertung des § 212 leiten lässt und das dort genannte Mindestmaß nicht unterschreitet. **53**

> **Hinweis**
> Auf den eben dargestellten Meinungsstreit ist überhaupt nur dann einzugehen, wenn der Sachverhalt Anlass dafür bietet, dass die lebenslange Freiheitsstrafe unverhältnismäßig wäre. Soweit bereits eine gesetzliche Milderungsmöglichkeit – wie etwa beim Versuch nach § 23 Abs. 2 – besteht, bedarf es der übergesetzlichen Rechtsfolgenlösung zur Verhinderung übermäßiger Härten nicht.

bb) Grausam. Für das Mordmerkmal grausam genügt eine äußerlich brutale Vorgehensweise des Täters für sich genommen noch nicht. **54**

---

110 A/W/H/H-*Hilgendorf*, § 2 Rn. 15; *Wessels/Hettinger/Engländer*, BT 1, Rn. 153.
111 BGH NStZ 2018, 469 (470).
112 Vgl. BGHSt 30, 105 ff.; BGH NStZ 1982, 69.
113 BGHSt 30, 105 (119).
114 BGH NStZ 2003, 482 (484).
115 Zur Kritik vgl. etwa *Günther*, NJW 1982, 353 (354 ff.); *Schönke/Schröder/Eser/Sternberg-Lieben*, § 211 Rn. 10b.

Definition
Das Mordmerkmal **grausam** ist verwirklicht, wenn der Täter seinem Opfer in gefühlloser, unbarmherziger Gesinnung Schmerzen oder Qualen körperlicher oder seelischer Art zufügt, die nach Stärke oder Dauer über das für die Tötung erforderliche Maß hinausgehen[116].

55 Das Merkmal grausam ist daher bei einer Tötung mit einer **Waffe** oder einem **gefährlichen Werkzeug** nicht ohne weiteres erfüllt.

> **Bsp.:** T tötet O mit einem Messerstich. Obwohl O bereits tot ist, sticht T noch eine Weile auf O ein. – Das Merkmal grausam ist hier nicht verwirklicht, weil O bereits nach dem ersten Messerstich tot war.

 Klausurtipp
In Klausuren wird das Merkmal grausam oft vorschnell und ohne hinreichende Subsumtion bejaht, da die Tötung eines Menschen an sich als „grausam" angesehen wird. Dabei wird übersehen, dass der Normalfall der Tötung jedoch von § 212 erfasst wird und die lebenslange Freiheitsstrafe des § 211 demgegenüber einen erhöhten Unrechts- und Schuldgehalt der Tat verlangt.

56 Das grausame Verhalten muss dabei vor Abschluss der den tödlichen Erfolg herbeiführenden Handlung auftreten und vom Tötungsvorsatz umfasst sein[117]. Einbezogen werden damit nur Handlungen, die vom **unmittelbaren Ansetzen bis zum Erfolgseintritt** reichen.

> **Bsp.:** T fügt O mit Tötungsvorsatz über einen Zeitraum von zwei Stunden zahlreiche Messerschnitte zu, bis O – wie von T gewollt – schließlich qualvoll verblutet.
>
> **Gegenbsp.:** T fügt O auf grausame Weise Körperverletzungen zu. Dann erschießt er den schwer verletzten O. – Es liegt hier lediglich ein Totschlag, jedoch kein Mord vor. Lediglich die Körperverletzungen wurden grausam begangen, nicht jedoch die Tötung.

57 **cc) Gemeingefährliches Mittel.** Das Mordmerkmal findet seinen Grund in der besonderen Rücksichtslosigkeit des Täters, der sein Ziel durch die Schaffung unberechenbarer Gefahren für andere durchzusetzen sucht[118].

 Definition
Ein **gemeingefährliches Mittel** liegt vor, wenn das Tatwerkzeug in der konkreten Tatsituation geeignet ist, eine Mehrzahl von Menschen (als

---

116 BGHSt 37, 40 (41); 49, 189 (195); *Lackner/Kühl*, § 211 Rn. 10.
117 BGHSt 37, 40 (41); *Schönke/Schröder/Eser/Sternberg-Lieben*, § 211 Rn. 12.
118 BGHSt 34, 13 (14); *Maurach/Schroeder/Maiwald*, BT 1, § 2 Rn. 48.

> Repräsentanten der Allgemeinheit) an Leib oder Leben zu gefährden, weil der Täter seine Wirkungsweise und damit die Ausdehnung der Gefahr nicht beherrschen kann[119].

Nicht erforderlich ist, dass tatsächlich eine **konkrete Lebensgefahr für eine Mehrzahl von Menschen** eintritt[120]. Auch ein Mittel – z. B. ein KFZ –, das bei abstrakter Betrachtung grundsätzlich nicht gemeingefährlich ist, kann in der konkreten Tatsituation gemeingefährlich eingesetzt werden[121]. **58**

> **Bspe.:** T möchte O töten und zündet eine Bombe in einer Menschenmenge; – T setzt ein Haus in Brand, in dem eine große Anzahl von Menschen wohnt.

Ist das Mittel **nicht geeignet, eine Mehrzahl von Personen zu gefährden**, so liegt kein gemeingefährliches Mittel vor[122]. Dies gilt auch dann, wenn zwar eine Mehrzahl von Personen in den Gefahrenbereich geraten kann, tatsächlich aber – wie bei einem Schuss aus einer Pistole – die **Wirkungen begrenzt** sind. Das Tötungsmittel wird also nicht allein dadurch zum gemeingefährlichen Mittel, dass der Täter die Waffe nicht ausreichend beherrscht, sein Ziel verfehlt und nur eine andere als die anvisierte Person trifft. Ein gemeingefährliches Mittel ist nach h. M. ferner nicht gegeben, wenn der Täter nur eine bereits **vorhandene gemeingefährliche Situation** zur Tat ausnutzt, so dass bloßes Unterlassen grundsätzlich nicht erfasst wird[123]. **59**

c) Persönliche Mordmerkmale der 3. Gruppe. Die Ermöglichungs- und Verdeckungsabsicht sind wie die Merkmale der 1. Gruppe subjektive Tatbestandsmerkmale (nach a. A. spezielle Schuldmerkmale). Sie kennzeichnen den besonders verwerflichen Zweck der Tötung und beruhen auf dem Gedanken, dass Unrecht durch den Täter mit weiterem Unrecht verknüpft wird[124]. Die Absicht ist im Sinne eines zielgerichteten Wollens hinsichtlich der Ermöglichung bzw. der Verdeckung einer anderen Straftat zu verstehen[125]. Die Ermöglichungs- oder Verdeckungsabsicht kann dabei neben andere Motive des Täters treten (sog. Motivbündel), muss aber auch hier Haupttriebfeder sein. **60**

aa) Ermöglichungsabsicht. Strafschärfend wirkt zunächst ein Handeln in der Absicht, eine **andere Straftat zu ermöglichen**. **61**

---
119 BGHSt 34, 13 (14); 38, 353 (354); BGH NJW 1985, 1477 (1478).
120 MünchKomm-*Schneider*, § 211 Rn. 131; *Rengier*, BT 2, § 4 Rn. 46.
121 BGH NStZ 2006, 167 (168); 2007, 300.
122 BGHSt 38, 353 (355); *Rengier*, JZ 1993, 364.
123 BGHSt 34, 13 (14); *Rengier*, StV 1986, 405 (408); vertiefend und krit. *Eisele*, BT 1, Rn. 116.
124 BGHSt 41, 8 (9); *Fischer*, § 211 Rn. 62; *Küpper*, JZ 1995, 1162.
125 BGH NStZ 1996, 81; *Schönke/Schröder/Eser/Sternberg-Lieben*, § 211 Rn. 35.

> **Definition**
> **Ermöglichungsabsicht** liegt dann vor, wenn die Tötung als Mittel zur Begehung oder Erleichterung von Straftaten eingesetzt wird.

62 Prinzipiell ist auch bei **dolus eventualis hinsichtlich des Todes** die Ermöglichungsabsicht nicht ausgeschlossen[126], jedoch muss hierbei der Tod das Mittel zur Ermöglichung der weiteren Tat sein[127]. Nicht erforderlich ist, dass sich die weitere Straftat nach Vorstellung des Täters nur durch die zum Tode führende Handlung oder gar den Todeserfolg und nicht auch auf andere Weise erreichen lässt. Vielmehr genügt es, dass deren Begehung durch die Tötungshandlung erleichtert werden soll.

> **Bsp.:**[128] T überfällt O und betäubt ihn mit Chloroform, um ihn auszurauben. Nach ca. 30 Minuten erholt sich O. T entschließt sich nunmehr, auf andere Weise dafür zu sorgen, dass er die Suche nach Wertgegenständen ungestört fortsetzen kann. Er würgt sein Opfer massiv am Hals und erkennt dabei und billigt es auch, dass sein Handeln zum Tode führen kann. O stirbt kurz darauf. – T macht sich nach §§ 211, 212 strafbar, da seine Absicht darauf gerichtet war, einen Raub zu ermöglichen. Es ist weder erforderlich, dass das Würgen, das zum Tod führte, für die Begehung des Raubes ein notwendiges Mittel war, noch dass der Raub nur durch den Tod des Opfers begangen werden konnte. Auch der Umstand, dass T hinsichtlich des Todes nur mit dolus eventualis handelte, ist unschädlich.

63 bb) **Verdeckungsabsicht**. In solchen Fällen ist häufig eine Konfliktlage gegeben, weil der Täter sich selbst (bzw. einen Dritten) hinsichtlich der vorangegangenen Tat einer Bestrafung entziehen möchte. Bei solchen Begünstigungen handelt es sich aber um Motivationen, die das Strafgesetzbuch in §§ 257, 258 sogar als strafausschließend wertet. Der entscheidende Unterschied liegt allerdings darin, dass der Täter bei §§ 257, 258 lediglich die Wiederherstellung des rechtmäßigen Zustandes bzw. die Bestrafung durch staatliche Organe hindert, ohne dabei jedoch weitergehenden Schaden anzurichten. Hingegen wird in den Fällen der Verdeckungsabsicht das Unrecht der Vortat mit neuem, zusätzlichem Unrecht verknüpft[129].

> **Definition**
> Mit **Verdeckungsabsicht** („um eine andere Straftat zu verdecken") handelt der Täter, wenn er die eigene Bestrafung oder die Bestrafung eines Dritten vereiteln will.

---

126 BGHSt 39, 159; *Rengier*, BT 2, § 4 Rn. 51. Näher hierzu sogleich bei der Verdeckungsabsicht u. Rn. 68.
127 *Schönke/Schröder/Eser/Sternberg-Lieben*, § 211 Rn. 35b.
128 BGHSt 39, 159; kritisch *Jung*, JuS 1993, 873 (874).
129 Hierzu *Mitsch*, JuS 1996, 213 (216); *Rengier*, BT 2, § 4 Rn. 52.

II. Mord, § 211   **64–66**

(1) Die Absicht des Täters muss sich zunächst auf eine **Straftat** (nicht nur   **64**
auf eine Ordnungswidrigkeit) beziehen. Verdeckungsabsicht ist zu bejahen,
wenn die Handlung dazu dient, eine vorangegangene Straftat oder auch
Spuren zu verdecken, die bei einer näheren Untersuchung Aufschluss über
bedeutsame Tatumstände geben könnten[130]. Klassischer Fall der Verdeckungsabsicht ist damit die **Tötung eines Polizisten, Verfolgers oder Zeugen**, der dem Täter auf der Spur ist. Auch das **Liegenlassen eines Unfallopfers**, um durch dessen Tod die im Zusammenhang mit dem Unfall
stehende Straftat – wie etwa eine Trunkenheitsfahrt nach § 316 – zu verdecken, kann das Mordmerkmal begründen.

(2) Auch wenn aus Tätersicht nur die Tat, **nicht jedoch seine Tatbeteiligung** bekannt ist, ist Verdeckungsabsicht noch möglich[131]. Entsprechendes   **65**
gilt, wenn die genaue Kenntnis über den strafrechtlich bedeutsamen Sachverhalt allein bei Täter und Opfer liegt, so dass die Tatumstände deshalb
noch nicht in einem die Strafverfolgung sicherstellenden Umfang aufgedeckt sind[132]. **Keine Verdeckungsabsicht** ist allerdings gegeben, wenn der
Täter davon ausgeht, dass bereits Tat und Täter aufgedeckt sind und er
durch die Tötung nur noch seine Überführung erschweren oder die Festnahme verhindern möchte. Letzterenfalls kann jedoch ein niedriger Beweggrund in Betracht kommen[133].

> **Bsp.:** T flieht nach einem Raub und rast mit Absicht auf eine auf Grund
> dieser Tat eingerichtete Polizeisperre des Polizisten P zu, der T mit
> Handzeichen anhalten möchte. P kommt dabei zu Tode. – T ging es
> bei seinem Verhalten allein darum, seine Beteiligung am Raub zu verdecken. T macht sich gem. §§ 211, 212 strafbar, da zwar die Tat, jedoch
> noch nicht seine Tatbeteiligung aufgedeckt war. In Tateinheit (§ 52
> Abs. 1 Var. 1) hierzu steht § 113 Abs. 1 und Abs. 2 Nr. 2. § 240 ist gegenüber dieser Privilegierung für Vollstreckungshandlungen subsidiär.
> Ebenfalls in Tateinheit steht § 315b Abs. 1 Nr. 3, da T mit Schädigungsvorsatz handelte und daher ein verkehrsfremder Eingriff in den Straßenverkehr vorliegt[134]. Über § 315b Abs. 3 wird die Tat nach § 315 Abs. 3
> Nr. 1a und b, Nr. 2 qualifiziert (Verbrechen). Hingegen scheidet eine
> Strafbarkeit nach § 315c aus, da T keine der genannten Fehlverhaltensweisen im Straßenverkehr verwirklicht.

(3) Da es für dieses subjektive Mordmerkmal allein auf die **Tätervorstellung ankommt**, ist es nicht erforderlich, dass die zunächst vorgenommene   **66**
Handlung objektiv überhaupt eine Straftat darstellt[135].

---
130 BGHSt 15, 291(295 ff.); 50, 11 (14 f.).
131 Ausf. BGHSt 56, 239 ff. m. Anm. *Theile*, ZJS 2011, 405; ferner BGHSt 15, 291 (295 f.).
132 BGHSt 15, 291(296); 50, 11 (14 f.); 56, 239 (244).
133 BGH StV 1989, 151; NStZ 1992, 127 f.
134 S.u. Rn. 623 ff.
135 BGHSt 11, 226 (227 f.); 28, 93 (95); *Theile*, ZJS 2011, 405 (406).

> **Bsp.:** T wird von O mit einem Messer angegriffen. T wehrt den Angriff mit einem Schuss aus einer Pistole ab. Er geht anschließend irrig davon aus, dass dieses Verhalten strafbar war und tötet den O mit einem weiteren Schuss, um eine Anzeige zu verhindern. – Der erste Schuss des T begründet keine Strafbarkeit wegen Körperverletzung, soweit dieser von § 32 gedeckt ist. Die abweichende Annahme des T stellt lediglich ein (strafloses) Wahndelikt dar. Der weitere Schuss führt dann aber zu einer Strafbarkeit wegen vollendeten Mordes, da es genügt, dass sich T subjektiv vorstellte, dass eine Straftat vorliegt, die er nun verdecken möchte.

66 (4) Nach h. M. soll Verdeckungsabsicht auch dann vorliegen können, wenn der Täter die Tat nicht vor der Polizei verdecken möchte, sondern **außerstrafrechtliche Folgen**, etwa Racheaktionen Dritter, verhindern will. Für diese Lösung spricht, dass dem Wortlaut des § 211 nicht zu entnehmen ist, dass es dem Täter darum gehen muss, sein vorangegangenes strafbares Tun gegenüber Strafverfolgungsbehörden zu verheimlichen. Auch schützt § 211 nicht die Belange der Rechtspflege[136].

> **Bsp.:**[137] Der Täter eines Betrugs tötet das Opfer, damit dieses nicht im Falle der Entdeckung der Tat Rache an ihm übt.

67 (5) Für die Annahme von Verdeckungsabsicht ist es ferner unerheblich, ob die **Aufdeckung vom Getöteten selbst oder von einem Dritten** zu befürchten war.

> **Bsp.:**[138] T tötet den A. Anschließend beschließt er, die Spuren zu beseitigen und die Tat dadurch zu verdecken, dass er das Haus in Brand setzt. Dabei weiß er, dass im Haus die O wohnt und diese durch den Brand getötet werden kann. Diesen Erfolg nimmt er aber billigend in Kauf, da ihm die Beseitigung der Spuren wichtiger ist. – T verwirklicht zunächst § 212 hinsichtlich des A. Bezüglich des Todes der O macht er sich nach §§ 211, 212 strafbar. Er handelte mit Verdeckungsabsicht, da durch die zweite Tat der Totschlag an A verdeckt werden sollte.

68 (6) Problematisch sind Fälle, in denen der Täter **hinsichtlich des Todes des Opfers** (§ 212) lediglich mit **dolus eventualis** handelt. Es stellt sich die Frage, inwieweit diese schwächste Vorsatzform mit Verdeckungsabsicht „vereinbar" ist. Ein Verdeckungsmord kann nach h. M. grundsätzlich auch dann vorliegen, wenn der Tod lediglich eine billigend in Kauf genommene Folge der zum Zweck der Verdeckung vorgenommenen Handlung ist[139]. Insoweit ist ausreichend, dass der Täter seine Tötungshandlung als Mittel

---

136 BGHSt 41, 8 (9); *Küpper/Börner*, BT 1, § 1 Rn. 62; krit. *Theile*, ZJS 2011, 405 (407).
137 BGHSt 41, 8 mit zust. Anm. *Saliger*, StV 1998, 19; a. A. *Rengier*, BT 2, § 4 Rn. 55 f., der solche Fälle den niedrigen Beweggründen zuweisen möchte.
138 Nach BGHSt 41, 359; *Rengier*, BT 2, § 4 Rn. 62.
139 BGH NJW 1999, 1039 (1040).

zur Verdeckung der Tat ansieht[140]. Verdeckungsabsicht ist aber dann zu verneinen, wenn die Straftat nach Vorstellung des Täters überhaupt nur dadurch verdeckt werden kann, dass das Opfer zu Tode kommt, weil dieses etwa den Täter kennt. Eventualvorsatz ist in diesem Falle nicht ausreichend, da dieser auch die Möglichkeit des Überlebens beinhaltet – eine Situation also, die der Verdeckung gerade entgegensteht[141].

> **Bsp.:** T lässt das schwer verletzte Raubopfer O liegen und nimmt dessen Tod billigend in Kauf. – Verdeckungsabsicht scheidet aus, wenn das Opfer den Täter kennt oder diesen identifiziert hat und daher die Tat überhaupt nur durch den Tod verdeckt werden kann; in diesem Fall ist Verdeckungsabsicht nur bei direktem Tötungsvorsatz möglich, da der Täter das Opfer aus seiner Sicht zwingend ausschalten muss.

(7) In **Fällen des Unterlassens** ist ebenfalls nicht zwingend notwendig, dass eine erfolgreiche Verdeckung den Eintritt des Todes erfordert. Auch hier kann es genügen, dass die Tötungshandlung (das Unterlassen) zur Verdeckung ausreicht oder die Aufdeckung nur von einem Dritten zu befürchten war.

> **Bsp.:**[142] Vater T misshandelt sein Kind O über einen längeren Zeitraum. Um die schweren Misshandlungen zu verdecken, unterlässt er es später, ärztliche Hilfe zu holen, so dass O zu Tode kommt. – Es liegt hier ein Mord durch Unterlassen vor, da T als Garant (kraft Gesetz nach § 1626 Abs. 1 BGB und Ingerenz) die vorangegangenen Körperverletzungen verdecken wollte. Dass die Aufdeckung der Taten durch den Arzt und nicht das Opfer zu befürchten war, ist unerheblich.

(8) Eindeutig ist Verdeckungsabsicht zu bejahen, wenn nach einer ersten (erfolglosen) Tötungshandlung eine **zeitliche Zäsur** liegt und dann eine weitere Tötungshandlung zur Verdeckung nachfolgt, so dass nicht mehr von einer einheitlichen Tat gesprochen werden kann.

> **Bsp.:** T schlägt O mit einer Eisenstange auf den Kopf, wobei er Eventualvorsatz hinsichtlich § 212 besitzt. Erst zu Hause befürchtet er die Aufdeckung der Tat. Er begibt sich erneut zu O und tötet diesen. – Verdeckungsabsicht ist zu bejahen, da der vorausgegangene Schlag eine andere Tat darstellt.

Die Vortat und die Tötung können nach h. M. aber **auch ineinander übergehen**[143]. Einer zeitlichen oder räumlichen Zäsur zwischen beiden Taten bedarf es daher nicht zwingend. Der Entschluss zur Tötung kann also bereits während oder sogleich nach der Vortat gefasst werden. Denn der

---
140 S. auch BGH NStZ 2004, 495 (496).
141 BGHSt 23, 174 (194); 39, 159 (160).
142 Nach BGH NJW 2000, 1730.
143 BGHSt 35, 116 (123); BGH NStZ 2002, 253; *Lackner/Kühl*, § 211 Rn. 12.

Grund der Strafschärfung – die Verknüpfung von Unrecht mit weiterem Unrecht – ist auch dann gegeben, wenn beide Taten unmittelbar aufeinander folgen. Eine restriktive Auslegung im Hinblick auf die Schuldangemessenheit der Strafe ist demnach nicht geboten.

> **Bsp.:** T bedroht den O mit einer Waffe und fordert dessen Geldbörse. Bevor O diese übergibt, beschließt T, den O sogleich nach Übergabe zu erschießen, um den Zeugen auszuschalten.

72 Verdeckungsabsicht scheidet nach der Rechtsprechung aber in Fällen aus, in denen von Anfang an eine **einheitliche Tötungshandlung** gegeben ist und keine (deutliche) zeitliche Zäsur gegeben ist[144]. Dies soll auch gelten, wenn zunächst eine (gefährliche) Körperverletzung mit einer versuchten Tötung, die mit Eventualvorsatz begangen wird, zusammentrifft.

> **Bsp.:** T schlägt mit einer Flasche auf O ein, wobei er bereits bei diesen Schlägen dessen Tod billigend in Kauf nimmt. Anschließend tötet er O, um eine Anzeige wegen Körperverletzung zu verhindern.

Da im vorgenannten Beispiel bereits der erste Schlag vom Tötungsvorsatz getragen war, liegt nach Rechtsprechung eine einheitliche Tötungshandlung vor, so dass T nicht zur Verdeckung einer anderen Straftat handelt. Für diese Lösung lässt sich zunächst der Wortlaut „andere" Straftat anführen. Auch könnten im Verhältnis zu anderen Fällen ansonsten Friktionen auftreten: Denn es wäre wenig überzeugend, denjenigen (unstreitig) vom Mordmerkmal auszunehmen, der sogleich mit Tötungsabsicht handelt – den Erfolgseintritt dabei aber für unwahrscheinlich hält – und im Anschluss daran durch weitere Tötungsakte zusätzlich zur Verdeckung der vorausgegangenen Schläge handelt, während der Übergang vom Eventualvorsatz zur Tötungsabsicht einbezogen wäre[145]. Dagegen lässt sich jedoch einwenden, dass dann wiederum derjenige privilegiert wird, der sein Opfer sogleich mit bedingtem Tötungsvorsatz angreift, während derjenige, der nur mit Körperverletzungsvorsatz handelt, wegen Verdeckungsabsicht bestraft werden kann[146]. Zudem muss man sehen, dass ansonsten eine etwaige Anstiftung (nur) zum zweiten Akt, der nach Rechtsprechung keine eigenständige Bedeutung erlangt, schlecht erfasst werden kann. Letztlich widerspricht die Bejahung der Verdeckungsabsicht auch nicht dem Wortlaut, weil der erste Akt bereits eine vollendete Körperverletzung und damit eine „andere Tat" darstellt[147].

73 Diese Grundsätze gelten auch bei **nachfolgendem Unterlassen**, wenn T etwa den schwer verletzen O mit Verdeckungsabsicht nach dem ersten Schlag mit der Flasche einfach liegen lässt und dieser an den Folgen der

---

144 BGH StV 2007, 17 f.; BGH NStZ 2015, 458 (459).
145 Zu dieser Konstellation BGH NStZ 2015, 458 (459) m. Anm. *Eisele*, JuS 2015, 754.
146 Vgl. auch *Freund*, JuS 2002, 640 (644 f.); ferner *Baier*, JA 2002, 844 f.
147 *Theile*, JuS 2006, 110 (111).

Schläge stirbt[148]. Hier verwirklicht T zunächst § 212 und anschließend einen Mord durch Unterlassen, weil richtigerweise auch der vorsätzliche Begehungstäter Garant kraft Ingerenz ist, so dass es sich letztlich um eine Konkurrenzfrage handelt[149]. Da mit dem Unterlassen die weitreichendere Vorschrift des § 211 verwirklicht ist, wird § 212 als mitbestrafte Vortat verdrängt.

> **Klausurtipp**
> Es empfiehlt sich, beide Akte – Tun und Unterlassen – chronologisch zu prüfen; ggf. ist dann beim Unterlassen bereits die Garantenstellung zu verneinen. Andernfalls ist § 211 mit Verdeckungsabsicht sowie die Konkurrenzfrage zu erörtern.

4. Mordmerkmale bei Täterschaft und Teilnahme

Ein beliebtes Thema für strafrechtliche Übungsarbeiten ist die Behandlung von Mordmerkmalen in Fällen, in denen mehrere Beteiligte unterschiedliche Mordmerkmale verwirklichen. Denn bei solchen Konstellationen können besonders gut Probleme des Allgemeinen Teils mit solchen des Besonderen Teils verknüpft werden. Besonders umstritten ist, wie sich die Verwirklichung **unterschiedlicher persönlicher Mordmerkmale** der 1. und 3. Gruppe auf die Strafbarkeit auswirkt. Die Lösung dieser Fragen hängt vor allem davon ab, wie man § 211 im Verhältnis zu § 212 einstuft. Die Rechtsprechung, die § 211 als eigenständigen Tatbestand ansieht, wendet auf Teilnehmer bislang § 28 Abs. 1 an. Es handelt sich demnach um Merkmale, die die **Strafbarkeit begründen.** Die h. M., die § 211 als Qualifikation einstuft, zieht überwiegend § 28 Abs. 2 heran. Es geht also um Merkmale (des § 211), die die **Strafe (des § 212) schärfen.** Andere Stimmen, die die persönlichen Mordmerkmale der Schuld zuordnen, stellen auf § 29 ab, wonach jeder Beteiligte nach seiner eigenen Schuld bestraft wird. Die Anwendung von § 28 Abs. 2 und § 29 führt regelmäßig zu demselben Ergebnis, da die persönlichen Mordmerkmale für jeden Beteiligten getrennt zu betrachten sind. Es findet demnach eine „Durchbrechung" der in §§ 26, 27 normierten Akzessorietät statt. Für die ausführliche Darstellung sei auf den Allgemeinen Teil verwiesen[150].

> **Einführende Aufsätze:**
> *Bosch*, Niedrige Beweggründe, Jura 2015, 803 (Fallorientierte Konkretisierung des mitunter vorschnell bejahten Merkmals); *Geppert*, Zum Begriff der „Verdeckungsabsicht" in § 211, Jura 2004, 242; *Kargl*, „Heimtücke" und „Putativ-

---

148 Vgl. BGH NStZ 2004, 89 (91); anders aber auch hier BGH NJW 2003, 312; StraFo 2007, 123 f.
149 *Kühl*, AT, § 18 Rn. 105a; *Schönke/Schröder/Bosch*, § 13 Rn. 38.
150 *Eisele/Heinrich*, AT, Rn. 879 ff.; ferner *Eisele*, BT 1, Rn. 136 ff.

notstand" bei Tötung eines schlafenden Familientyrannen, Jura 2004, 189; *Kaspar/Cornelius,* Grundprobleme der Tötungsdelikte – Teil 1, ZJS 2013, 249 und Teil 2, ZJS 2013, 346 (Darstellung zum Streitstand betreffend das Verhältnis von Mord und Totschlag und den Konsequenzen für die Prüfung sowie fallorientierte Betrachtung der einzelnen Mordmerkmale); *Küper,* „Heimtücke" als Mordmerkmal – Probleme und Strukturen, JuS 2000, 740; *Mitsch,* Grundfälle zu den Tötungsdelikten, JuS 1996, 26, 121, 213 (Grundlagen zur Rechtsfolge des § 211 sowie Darstellung der einzelnen Mordmerkmale mit Fallbezug); *ders.,* Heimtückische Tötung von Neugeborenen, Säuglingen und kleinen Kindern, JuS 2013, 783 (Problematik der fehlenden Fähigkeit zum Argwohn bei besonders schutzbedürftigen Opfern); *Schütz,* Niedrige Beweggründe beim Mordtatbestand, JA 2007, 23; *Vietze,* Gekreuzte Mordmerkmale in der Strafrechtsklausur, Jura 2003, 394 (zum umstrittenen Verhältnis von Mord und Totschlag und den diesbezüglichen Konsequenzen für die Strafbarkeit in Fällen der Teilnahme).

Übungsfälle:
Bergmann/Kroke, Tod in den Wolken, Jura 2010, 946 (zu den Merkmalen der Heimtücke und der Habgier); *Dohmen,* Karnevalsparty mit Folgen, Jura 2006, 143 (Heimtücke und sonstige niedrige Beweggründe in der Fallbearbeitung, Vorliegen eines persönlichen Mordmerkmals [nur] aufseiten des Teilnehmers); *Dreher,* Ende einer Erpressung, JA 2005, 789 (Habgier, Heimtücke und sonstige niedrige Beweggründe in der Fallbearbeitung); *Norouzi,* Verdeckungsmord durch Unterlassen, JuS 2005, 914; *Rengier/Braun,* Mörderische Liebe im Skiurlaub, JuS 2012, 999 (Habgier, Heimtücke und sonstige niedrige Beweggründe in der Fallbearbeitung); *Schapiro,* Auch guten Freunden traut man nicht, JA 2005, 615 (Heimtücke und sonstige niedrige Beweggründe in der Fallbearbeitung); *Weißer,* Tödliche Erlösung, JuS 2009, 135 (Auswirkungen des Streits um das Verhältnis von Mord und Totschlag auf die Teilnehmerstrafbarkeit bei persönlichem Mordmerkmal [nur] aufseiten des Täters).

Rechtsprechung:
BVerfGE 45, 187 – Lebenslang (Notwendige Einschränkung der Mordmerkmale); **BGHSt 1, 368** – Erschießungskommando (Anstiftung zum Totschlag aus niedrigen Beweggründen); **BGHSt 7, 287** – Verkehrsunfall (Verdeckung einer Straftat); **BGHSt 8, 216** – Kleinkind (Heimtücke bei Kleinkindern); **BGHSt 9, 385** – Vollziehungsbeamter (feindselige Willensrichtung bei Heimtücke); **BGHSt 15, 291** – Verkehrskontrolle (Verdeckungsabsicht); **BGHSt 19, 321** – Arglosigkeit (Heimtücke); **BGHSt 23, 39** – Zivilgefangene (gekreuzte subjektive Merkmale); **BGHSt 23, 120** – Schlafender (Heimtücke bei Schlafenden); **BGHSt 28, 77** – Stieftochter (Verdeckungsabsicht); **BGHSt 30, 105** – Türkischer Onkel (Rechtsfolgenlösung bei Heimtücke); **BGHSt 32, 382** – Gefesselte Liebe (Zeitpunkt der Arglosigkeit); **BGHSt 33, 363** – Verbalattacke (Heimtücke nach vorherigem Wortgefecht); **BGHSt 34, 13** – Hausbrand (Gemeingefährliches Mittel); **BGHSt 38, 353** – Pistole (gemeingefährliches Mit-

tel); **BGHSt 39, 159** – Erdrosseln (Ermöglichungsabsicht); **BGHSt 41, 8** – Betrogener Drogendealer (Verdeckungsabsicht bei außerstrafrechtlichen Konsequenzen); **BGHSt 46, 73** – Versicherungsbetrug (Ermöglichungsabsicht) ; **BGHSt 48, 255** – Familientyrann (Heimtücke); **BGHSt 49, 189** – Massenerschießung (Grausamkeit).

III. Sterbehilfe, Selbsttötung und Fremdtötung

1. Sterbehilfe

Angesichts der medizinisch-technischen Entwicklung stellt sich zunehmend die Frage, inwieweit ein Recht und eine Pflicht auf Weiterbehandlung eines nicht mehr heilbaren Patienten bestehen und inwieweit eine Hilfe beim Sterben zulässig ist. Die Problematik der **Sterbehilfe** betrifft das **Spannungsfeld von Lebensschutz und menschenwürdigem Sterben.** § 216 bringt in Einklang mit Art. 2 Abs. 2 S. 1 GG den Schutz des Lebens zum Ausdruck, weil dort selbst dann eine Fremdtötung unter Strafe gestellt wird, wenn ihr ein ausdrückliches und ernstliches Tötungsverlangen des Opfers vorausgeht[151]. Andererseits ist zu beachten, dass der Patientenautonomie entscheidende Bedeutung zukommt und dem Menschen ein Recht auf seinen natürlichen Tod und ein Sterben unter Wahrung der Menschenwürde zusteht[152]. Dabei sind verschiedene Formen der Sterbehilfe i. w. S. zu unterscheiden: 75

a) **Reine Sterbebegleitung.** Diese ist dadurch gekennzeichnet, dass die Verabreichung von schmerzlindernden oder bewusstseinsdämpfenden Mitteln nicht mit einer Lebensverkürzung verbunden ist. In solchen Fällen scheiden Tötungsdelikte von vornherein aus, da die Verabreichung der Mittel nicht kausal für den Tod in seiner konkreten Gestalt ist. Eine daneben eingetretene Körperverletzung – etwa auf Grund von Übelkeit, die durch die Mittel als Nebenwirkung hervorgerufen wird – kann durch eine ausdrückliche oder mutmaßliche Einwilligung des Opfers gerechtfertigt sein[153]. 76

b) **Indirekte Sterbehilfe.** Eine solche liegt vor, wenn die medizinisch indizierte Verabreichung von Medikamenten zur Schmerzlinderung – anders als bei reiner Sterbebegleitung – als **unvermeidbare Nebenwirkung zur Lebensverkürzung** führt. Teilweise wird bereits das Vorliegen einer Tötungshandlung i. S. d. § 212 bzw. § 216 durch eine restriktive Tatbestandsauslegung verneint, da die Tathandlung nach ihrem sozialen Sinngehalt nicht gegen das Leben gerichtet sei[154]. Dies überzeugt jedoch nicht, da die Medikamentengabe zu einer Verkürzung des Lebens führt und damit kausal für den Erfolg in seiner 77

---
151 Näher u. Rn. 116 ff.
152 BGHSt 46, 279 (284).
153 *Wessels/Hettinger/Engländer*, BT 1, Rn. 35.
154 *Herzberg*, NJW 1996, 3043 (3048).

konkreten Gestalt ist. Die hypothetische Kausalität, dass das Opfer ohnehin an den Folgen der Krankheit verstorben wäre, ist dabei nach allgemeinen Grundsätzen unbeachtlich[155]. Überwiegend wird daher – sofern das Handeln dem erklärten oder mutmaßlichen Patientenwillen nicht widerspricht – eine Rechtfertigung über § 34 angenommen[156]. § 34 kann in diesen Fällen ausnahmsweise eine Tötung rechtfertigen, weil ein Tod in Würde und ohne Schmerzen höherwertiger einzustufen ist als ein qualvoller Tod. Dem ist auf der Grundlage zuzustimmen, dass § 34 mit der h. M. auch dann anwendbar ist, wenn das Erhaltungsgut (menschenwürdiges Sterben) und das verletzte Gut (Leben) demselben Rechtsgutsträger zustehen[157]. Der BGH, der dieser Sichtweise nicht teilt, lässt hier – wie auch in den Fällen des Behandlungsabbruchs – eine Einwilligung zu[158].

78 c) **Direkte Sterbehilfe.** Darunter versteht man eine **aktive Sterbehilfe zum Zweck der schmerzlosen Tötung**. Die Tötung ist also nicht bloße Nebenfolge, sondern Hauptziel. Eine Einwilligung ist – wie § 216 zeigt – selbst bei einem Tötungsverlangen des Opfers grundsätzlich unwirksam, so dass jede aktive Lebensverkürzung den Tatbestand eines Tötungsdelikts verwirklicht[159]. Erfasst werden freilich nur Fremdtötungen, während die Teilnahme an einem Suizid straflos bleibt[160]. § 34 wird selbst in Ausnahmefällen verneint, weil es am wesentlichen Überwiegen des geschützten Interesses fehlt[161]. Ausgenommen von dieser Fallgruppe sind Fälle des aktiven und passiven Behandlungsabbruchs[162].

79 d) **Passive Sterbehilfe und Behandlungsabbruch.** In dieser Fallgruppe **unterbleibt die Weiterbehandlung** eines schwer kranken Patienten, um das Recht des Menschen auf seinen natürlichen Tod sowie ein Sterben unter Wahrung der Menschenwürde zu wahren, obgleich es angesichts des medizinischen und technischen Fortschritts durchaus möglich ist, auch schwerstkranke und nicht mehr heilbare Menschen mittels medizintechnischer Geräte für erhebliche Zeit am Leben zu erhalten. Aufgrund seines Selbstbestimmungsrechts kann sich der Patient jederzeit eigenverantwortlich gegen seine weitere Behandlung entscheiden. Der Arzt darf dann die Behandlung nicht mehr fortsetzen, mag auch die Entscheidung des Patienten (medizinisch) unvernünftig sein[163]. Eine Zwangsbehandlung ist unzulässig; andernfalls würde sich der Arzt gem. § 223 wegen eigenmächtiger Heilbehandlung strafbar machen.

---

155 Vgl. *Eisele/Heinrich*, AT, Rn. 149.
156 BGHSt 42, 301 (305); 46, 279 (284 f.); *Achenbach*, Jura 2002, 542 (547).
157 *Kühl*, AT, § 8 Rn. 34; *Roxin*, AT 1, § 16 Rn. 102.
158 BGHSt 55, 191 (204); *Murmann*, Grundkurs, § 21 Rn. 78; näher Rn. 79 ff.
159 Vgl. BGHSt 37, 376; 46, 279 (285 f.).
160 Näher u. Rn. 85 ff.
161 *Rengier*, BT 2, § 7 Rn. 1; vgl. ferner BGHSt 46, 279 (285).
162 Sogleich Rn. 79 ff.
163 BGHSt 37, 376 (378 f.); 40, 257 (262); 55, 191, 196 f.; vgl. auch *Rengier*, BT 2, § 7 Rn. 6.

Nach bislang h. M. sollte das aktive **Abschalten von medizinischen Geräten** **80**
durch Ärzte nach dem Schwerpunkt der Vorwerfbarkeit des Verhaltens lediglich als Unterlassen zu werten sein[164]. Entscheidend für die Beurteilung ist demnach nicht der einzelne Handlungsakt des Täters – z. B. das Entfernen einer Magensonde oder Abschalten eines Beatmungsgeräts –, sondern im Wege einer Gesamtbetrachtung das Unterlassen der weiteren lebenserhaltenden Behandlung des Patienten[165]. Über diese Konstruktion wurde eine Beendigung der Verpflichtung des Arztes zur Weiterbehandlung angenommen (Erlöschen der Garantenpflicht[166]), wenn jede Aussicht auf Rettung erloschen ist und die unmittelbare Phase des Sterbens begonnen hat[167]. Auf eine tatsächlich erteilte Einwilligung oder mutmaßliche Einwilligung des Patienten kommt es nach dieser Ansicht nicht an. Hingegen wurde beim **Abschalten von Geräten durch Dritte** schon bislang ein aktives Tun angenommen, da der Schwerpunkt dann nach dem sozialen Sinngehalt nicht auf einer unterlassenen Weiterbehandlung, für die der Dritte gar nicht zuständig ist, sondern auf dem aktiven Abbruch der Behandlung beruht[168].

Mit einer grundlegenden Entscheidung des BGH, die die bisherige Rechtsprechung ändert, wird nun in Fällen des Behandlungsabbruchs für Ärzte, Betreuer, Bevollmächtigte und Dritte **stets ein aktives Tun** angenommen[169]. **81**

> **Ausgangsfall** (vereinfacht): Im Jahre 2002 hatte O gegenüber ihrer Tochter mitgeteilt, sie wolle für den Fall, dass sie einmal bewusstlos werde und sich nicht mehr äußern könne, keine lebensverlängernden Maßnahmen; sie wolle nicht an irgendwelche Schläuche angeschlossen werden. Kurze Zeit später fiel sie in Folge einer Hirnblutung ins Wachkoma und wurde nun in einem Altenheim über eine Sonde künstlich ernährt. T setzte sich im Einvernehmen mit dem behandelnden Hausarzt für die Entfernung der Magensonde ein. Im August 2007 wurde T zur Betreuerin ihrer Mutter bestellt. Nachdem sie im Einvernehmen mit der Heimleitung begonnen hatte, die Ernährung einzustellen, wies die Geschäftsleitung des Gesamtunternehmens jedoch die Heimleitung an, die Ernährung wieder aufzunehmen. Daraufhin trennte T Ende 2007 den Schlauch der Magensonde selbst ab; nachdem das Pflegepersonal dies bemerkte, wurde O auf Anordnung der Staatsanwaltschaft in eine Klinik gebracht und erneut künstlich ernährt. Sie verstarb Anfang 2008 aufgrund ihrer Erkrankung.

---

164 BGHSt 40, 257 (265); *Heinrich*, AT, Rn. 872.
165 Die Gegenansicht nimmt beim Abschalten von Geräten ein aktives Tun an, verneint aber dennoch die Tatbestandsmäßigkeit oder Rechtswidrigkeit, vgl. B/W/M/E-*Mitsch*, § 21 Rn. 33 f.; *Stoffers*, Jura 1998, 580 (582).
166 Vgl. auch *Achenbach*, Jura 2002, 542 (547); *Lackner/Kühl*, Vorbem. § 211 Rn. 8a.
167 BGHSt 40, 257 (260); *Schönke/Schröder/Eser/Sternberg-Lieben*, Vorbem. §§ 211 ff. Rn. 29h.
168 LG Ravensburg NStZ 1987, 229 (230); *Heinrich*, AT, Rn. 872.
169 BGHSt 55, 191 ff.

82 Gegen die Annahme eines Unterlassens beim Abschalten von Geräten, Entfernen von Sonden usw. wendet der BGH ein, dass sich dies als dogmatisch unzulässiger Kunstgriff darstelle. Ein Behandlungsabbruch erschöpfe sich regelmäßig nicht in bloßer Untätigkeit, sondern umfasse zahlreiche aktive und passive Handlungen. Diese seien unter dem Oberbegriff des Behandlungsabbruchs zusammenzufassen. Nach dieser Lösung ist der Tatbestand eines Tötungsdelikts stets verwirklicht, da es auf eine Garantenstellung nicht ankommt. Damit geraten letztlich **Rechtfertigungsfragen** in den Blick. Was eine Nothilfe der T zugunsten der O nach § 32 anbelangt, so liegt zwar ein gegenwärtiger rechtswidriger Angriff seitens der Heimleitung auf das Selbstbestimmungsrecht vor, wenn O gegen ihren Willen behandelt wird; jedoch richtet sich die Verteidigungshandlung nicht allein gegen den Angreifer (Heimleitung), sondern auch gegen das Leben der angegriffenen O selbst, was nach h. M. von § 32 nicht gedeckt ist[170]. Auch § 34 soll – freilich entgegen der h. M. – nach Ansicht des BGH nicht anwendbar sein, wenn das Erhaltungsgut (menschenwürdiges Sterben) und das verletzte Gut (Leben) jeweils derselben Person zustehen[171]. Vielmehr sei die Lösung über die Figur der (mutmaßlichen) Einwilligung zu suchen. Dabei seien aus dem Begriff der „Sterbehilfe" und des „Behandlungsabbruchs" die Kriterien der Rechtfertigung zu entwickeln. Voraussetzung ist demnach, dass einem ohne Behandlung zum Tode führenden Krankheitsprozess seinen Lauf gelassen wird und die betreffende Maßnahme medizinisch zur Erhaltung oder Verlängerung des Lebens geeignet ist. Aus § 1901a Abs. 3 BGB folge dabei, dass der Wille des Patienten unabhängig von Art und Stadium seiner Erkrankung verbindlich ist. Die Sterbehilfe muss jedoch objektiv und subjektiv unmittelbar auf eine medizinische Behandlung bezogen sein. Gerechtfertigt werden nur das Unterlassen einer lebenserhaltenden Behandlung oder ihr Abbruch sowie Handlungen der indirekten Sterbehilfe[172]. Hingegen seien vorsätzliche lebensbeendende Maßnahmen, die keinen Zusammenhang zur medizinischen Behandlung aufweisen bzw. vom Krankheitsprozess abgekoppelt sind, nicht gerechtfertigt[173]; selbst bei einem Tötungsverlangen verbleibt es hier bei § 216.

> **§ Gesetzestext**
> § 1901 Abs. 3 S. 1 BGB: Der Betreuer hat Wünschen des Betreuten zu entsprechen, soweit dies dessen Wohl nicht zuwiderläuft und dem Betreuer zuzumuten ist.

83 In einer weiteren Entscheidung hat der BGH dann die **Grenzen des straflosen Behandlungsabbruchs** aufgezeigt[174].

---

170 BGHSt 55, 191 (197); dazu auch *Eisele/Heinrich*, AT, Rn. 223.
171 BGHSt 55, 191 (197 f.).
172 BGHSt 55, 191 (204).
173 BGHSt 55, 191 (205 f.).
174 BGH NJW 2011, 161.

III. Sterbehilfe, Selbsttötung und Fremdtötung

Fall: O wird infolge einer Sepsis im Krankenhaus ins künstliche Koma versetzt; ihr Zustand ist aus medizinischer Sicht nicht hoffnungslos. Schwiegersohn T verlangt, die Behandlung abzubrechen, weil O laut einer Patientenverfügung keine lebensverlängernden Maßnahmen wünsche. Die Patientenverfügung wurde dem Krankenkaus von der Tochter per Fax übermittelt. Während die behandelnden Ärzte die Patientenverfügung noch prüfen wollten, schaltete T eigenmächtig die Geräte ab. Diese wurden von den Ärzten sogleich wieder eingeschaltet; O starb später, wobei hierfür das Abschalten durch T nicht ursächlich war. Laut Patientenverfügung wünschte O lediglich dann keine lebensverlängernden Maßnahmen, falls diese keinen Erfog versprechen und sie sich im unmittelbaren Sterbeprozess befindet. Dem T war dies bewusst, jedoch wollte er nicht, dass die Schwiegermutter ihm und seiner Familie nach einem Krankenhausaufenthalt zur Last fällt.

Der Behandlungsabbruch war hier bereits nicht vom Willen der O gedeckt, weil ihr Zustand nicht hoffnungslos war. Zudem muss den Beteiligten hinreichend Zeit zur Prüfung des Patiententestaments gegeben sein; dieses darf nicht als Vorwand für einen Behandlungsabbruch aus unlauteren Motiven verwendet werden[175]. Die verfahrensrechtlichen Absicherungen des Betreuungsrechts wurden zudem nicht eingehalten, weil T weder Betreuer noch Bevollmächtigter war und nach § 1901b Abs. 1 S. 2 BGB zudem eine Zusammenwirkung mit den Ärzten erforderlich ist. T hat sich daher nach §§ 212, 22, 23 strafbar gemacht[176].

84

2. Selbsttötung und Fremdtötung

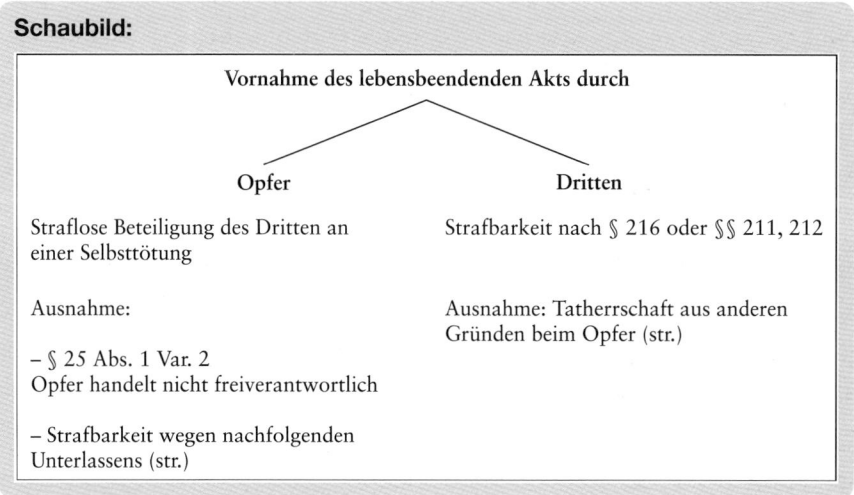

---

175 BGH NJW 2011, 161 (162).
176 Vertiefend *Eisele*, BT 1, Rn. 167 ff.

85 Die Fremdtötung ist auch bei einem Tötungsverlangen des Opfers zumindest nach § 216 strafbar. Hingegen ist die (versuchte) Selbsttötung straflos, da §§ 211 ff. die Tötung eines **anderen Menschen** voraussetzen[177]. Da in solchen Fällen keine vorsätzliche, rechtswidrige Haupttat vorliegt, ist die Teilnahme an einem Suizid nicht strafbar[178]. Und solange der Suizident frei verantwortlich handelt, ist auch die Veranlassung zu einer Selbsttötung nicht als mittelbare Täterschaft strafbar. Ebenso scheidet in diesen Fällen eine Strafbarkeit wegen fahrlässiger Tötung aus, weil der Erfolg dem Dritten auf Grund des eigenverantwortlichen Handelns des Opfers nicht objektiv zurechenbar ist. Letztlich ist auch eine Täterschaft durch Unterlassen – das Vorliegen einer Garantenstellung vorausgesetzt – zu verneinen, da die Tatherrschaft bei einer autonomen Selbsttötung allein beim Suizidenten liegt. Straflos ist im Hinblick auf Tötungsdelikte daher auch derjenige, der den Suizidenten nicht von seiner Tat abhält[179]. Anders konnte hier nur gelten, wenn ausnahmsweise ein Fall des § 217 vorlag[180].

86 **a) Grundlagen der Abgrenzung von Selbst- und Fremdtötung.** Zunächst stellt sich die Frage, nach welchen Kriterien Selbst- und Fremdtötung voneinander abzugrenzen sind. Die h. M. und Rspr. stellt zunächst ganz formal auf den unmittelbar lebensbeendenden Akt ab[181]. Wird die Tötungshandlung vom Opfer vorgenommen, liegt die Tatherrschaft bei diesem, so dass eine Selbsttötung gegeben ist[182]. Nimmt hingegen der Beteiligte den lebensbeendenden Akt vor, so ist eine Fremdtötung gegeben. Entscheidend soll sein, ob sich das Opfer in die Hand eines anderen gibt, weil es duldend von ihm den Tod entgegennehmen will oder es bis zuletzt die freie Entscheidung über sein Schicksal besitzt[183].

> **Bsp. (1):**[184] T besorgt der lebensmüden O Gift, füllt dieses in ein Glas und reicht es der O. O trinkt das Gift und stirbt. – Obwohl T erhebliche Beiträge geleistet hat, ohne die die Tat nicht hätte durchgeführt werden können, ist eine Selbsttötung mit strafloser Beteiligung des T gegeben, da O die unmittelbar lebensbeendende Handlung – das Austrinken des Glases – selbst vorgenommen hat.
>
> **Bsp. (2):** T besorgt wiederum das Gift, spritzt dieses nunmehr aber der lebensmüden O. – Da T nunmehr selbst den lebensbeendenden Akt vorgenommen hat, liegt eine Fremdtötung i. S. d. § 212 bzw. § 216 vor.

---

177 S. bereits o. Rn. 13.
178 S. BGHSt 19, 135 (137); 46, 279 (284); A/W/H/H-*Hilgendorf*, § 3 Rn. 24.
179 Ob dies auch gilt, wenn der Garant nach Vornahme der Selbsttötungshandlung eine mögliche und erforderliche Hilfe unterlässt, ist hingegen umstritten; dazu sogleich u. Rn. 99 ff.
180 Hierzu unten Rn. 111 ff. Zur jüngst festgestellten Verfassungswidrigkeit der Vorschrift vgl. Fn. 230.
181 BGHSt 53, 55 (61); OLG Nürnberg NJW 2003, 454; dazu auch *Engländer*, Jura 2004, 234 (235 f.).
182 Zur abweichenden Beurteilung bei mittelbarer Täterschaft u. Rn. 90 ff.
183 BGHSt 19, 135 (139); *Wessels/Hettinger/Engländer*, BT 1, Rn. 182.
184 Vgl. auch OLG München NJW 1987, 2940; OLG Hamburg NStZ 2016, 530 (532).

III. Sterbehilfe, Selbsttötung und Fremdtötung

> **Hinweis**
> Auch die Rechtsprechung, die ansonsten im Rahmen der **subjektiven Theorie** für die Abgrenzung zwischen Täterschaft und Teilnahme auf den Täterwillen abstellt[185], orientiert sich hier maßgeblich an der Tatherrschaft. Dies vor allem deshalb, weil in Fällen des § 216 sich der Beteiligte regelmäßig dem Willen des Opfers, das das Tötungsverlangen ausspricht, unterordnet und daher bei subjektiver Betrachtung zumeist nur ein Teilnehmerwillen anzunehmen wäre. Damit läge aber praktisch immer eine Selbsttötung vor, so dass die Vorschrift des § 216 weitgehend leer laufen würde[186].

b) Fälle der Mitherrschaft und „Quasi-Mittäterschaft" [187]. Die Grenzen der Tatherrschaft lassen sich freilich beliebig verschieben, so dass im Einzelfall diffizile Erwägungen anzustellen sind, wenn eine **Mitherrschaft der Beteiligten** vorliegt.

Bsp.: T füllt das Gift in den Mund des O, wobei sich dieser aber noch selbst entscheiden kann, ob er das Gift schluckt oder ausspuckt. – Hält man an der oben genannten Regel fest, gelangt man hier noch zu einer Selbsttötung, weil O die letzte Entscheidung über sein Schicksal allein in seinen Händen hielt und er insoweit noch Alleinherrschaft besitzt.

aa) „Quasi-Mittäterschaft". Liegt eine solche zwischen Täter und Opfer vor oder liegt die Tatherrschaft „zumindest auch"[188] als Mitherrschaft bei Ersterem, so soll nach Rechtsprechung des BGH stets eine Fremdtötung anzunehmen sein[189].

Bsp.: Der lebensmüde O nimmt Gift, das kumulativ mit einer Spritze, die T zeitgleich verabreicht, zum Tod führt.

Nach Ansicht der Rechtsprechung ist eine Fremdtötung gegeben, weil die Tatherrschaft nicht uneingeschränkt beim Suizidenten liege, vielmehr zwei gleichgewichtige Beiträge den Erfolg herbeiführten. Die in der Literatur vertretene Gegenansicht nimmt hingegen mit Recht eine straflose Beteiligung an einem Suizid an, da letztlich eine **eigenverantwortliche Selbstschädigung** vorliegt. Die für den Tod unabdingbare selbstschädigende Handlung des Opfers kann dem Täter nämlich nicht zugerechnet werden. § 25 Abs. 2 ist in solchen Fällen von vornherein nicht einschlägig, weil das Opfer selbst keinen Straftatbestand verwirklicht und daher kein Fall einer

---

185 Vgl. näher *Eisele/Heinrich*, AT, Rn. 776.
186 BGHSt 19, 135 (139); *Kühl*, Jura 2010, 81 (83).
187 Eine Mittäterschaft i. S. d. § 25 Abs. 2 liegt nicht vor, da die Selbsttötung für den Suizidenten straflos ist.
188 BGHSt 53, 55 (60 f.).
189 Näher BGHSt 19, 135 (139); NJW 2003, 2326 (2327); a. A. etwa *Engländer*, Jura 2004, 234 (236).

Mittäterschaft vorliegt[190]. Für die Annahme einer straflosen Beteiligung an einem Suizid spricht auch, dass es das Opfer mit der Entscheidung über die Vornahme des eigenen Tatbeitrags selbst in der Hand hat, ob der Erfolg eintritt oder nicht.

89 **bb) Doppelselbstmord.** Entsprechende Erwägungen sind auch für den vieldiskutierten Fall des (einseitig fehlgeschlagenen) Doppelselbstmordes anzustellen.

> **Bsp.:**[191] T und O beschließen, gemeinsam eine Selbsttötung zu begehen, wozu T Auspuffgase in den Pkw leitet. O verriegelt auf ihrer Seite die Tür und kommt durch die Abgase ums Leben. T, der das Gaspedal im Wagen tritt, wird ebenfalls bewusstlos, überlebt jedoch.

Nach Ansicht des BGH soll ein Fall des § 216 vorliegen, da der Beteiligte das Geschehen bis zuletzt in der Hand hatte und die auf den beiderseitigen Tod zielende Ausführungshandlung bis zum Eintritt der eigenen Bewusstlosigkeit fortsetzte[192]. Dagegen spricht jedoch, dass aus einem Gesamtvorgang letztlich nur ein Akt herausgegriffen wird und der freiverantwortlichen Willensentscheidung des Opfers und seinen eigenen Handlungen zu wenig Raum gegeben wird. Richtigerweise liegt auch hier eine die Fremdtötung ausschließende Mitherrschaft des Opfers vor, weil dieses selbst in den Wagen gestiegen ist, die Tür verriegelt und die Abgase eingeatmet hat[193]. Das Opfer hätte ohne weiteres wieder aussteigen und damit den Tod verhindern können. Für die rechtliche Beurteilung macht es letztlich auch keinen entscheidenden Unterschied, ob auf das Gaspedal ein schwerer Gegenstand gelegt wird und das Opfer erst anschließend in den Wagen steigt oder der Beteiligte das Gaspedal nach dem Einsteigen noch weiter drückt.

90 **c) Fälle der mittelbaren Täterschaft.** Selbst wenn das Opfer den lebensbeendenden Akt selbst vornimmt und damit auf den ersten Blick ein Suizid vorliegt, kann (ausnahmsweise) eine abweichende Beurteilung geboten sein, wenn die Tatherrschaft nach den **Kriterien der mittelbaren Täterschaft** beim Beteiligten liegt. Maßgeblich hierfür ist, ob das Opfer freiverantwortlich handelt oder nicht. Streitig ist allerdings, wann eine **eigenverantwortliche Willensentscheidung** zur Selbsttötung vorliegt[194].

91 Teilweise wird für die Beurteilung nur auf die für **Fremdverletzungen geltenden Regeln zurückgegriffen.** Es wird demnach gefragt, ob das handelnde Opfer im Falle einer Fremdschädigung rechtlich verantwortlich ge-

---

190 *Duttge*, NStZ 2009, 690 (692); *Engländer*, Jura 2004, 234 (236).
191 BGHSt 19, 135.
192 BGHSt 19, 135 (139 f.); *Bechtel*, JuS 2016, 882 (884).
193 *Kühl*, Jura 2010, 81 (84); *Wessels/Hettinger/Engländer*, BT 1, Rn. 184.
194 Näher OLG Hamburg NStZ 2016, 530 (532 ff.); *Heinrich*, AT, Rn. 1263.

III. Sterbehilfe, Selbsttötung und Fremdtötung

wesen wäre[195]. Dies ist zu verneinen, wenn zugunsten des Handelnden eine Exkulpationsvorschrift eingreifen würde (§§ 19, 20, 35, § 3 JGG). Liegt etwa die Situation eines Nötigungsnotstands vor, so wäre das Opfer – hätte es einen Dritten geschädigt – auf Grund der Zwangslage gem. § 35 entschuldigt[196]. Kommt es in einem solchen Fall zur Selbsttötung, fehlt es stets an einer freiverantwortlichen Entscheidung.

Bsp.: T veranlasst den O, der sich in einer tiefgreifenden Bewusstseinstörung befindet, zur Selbsttötung. – Hat T Kenntnis von dieser Störung, ist er gem. §§ 212, 25 Abs. 1 Var. 2 zu bestrafen. O handelt dann nicht freiverantwortlich, da er im Falle der Tötung eines Dritten gem. § 20 rechtlich nicht verantwortlich gewesen wäre.

Streitig ist, ob über diese Fälle hinaus eine mittelbare Täterschaft in Betracht kommt. Dies ist grundsätzlich zu bejahen, da auch in anderen Fällen eine Wissens- und Willensherrschaft des Beteiligten vorliegen kann und daher ein eigenverantwortlicher Suizid ausscheidet. Mit Recht wird überwiegend auf diejenigen Regeln abgestellt, die – einmal abgesehen von der fehlenden Dispositionsbefugnis hinsichtlich des Rechtsguts Leben – für die **rechtfertigende Einwilligung** gelten[197]. Für eine solche Lösung spricht, dass bei der Disposition über das eigene Leben ähnlich strenge Regeln gelten müssen wie im Rahmen einer Fremdverletzung oder bei der Beurteilung der Ernstlichkeit des Tötungsverlangens i. S. d. § 216 und damit dem Verantwortungsprinzip Rechnung getragen werden kann. Demnach muss das Opfer vor allem einsichtsfähig sein, d. h. die Tragweite seiner Entscheidung übersehen, ferner dürfen keine wesentlichen Willensmängel (Drohung, Täuschung oder Zwang) vorliegen. Einen rechtsgutsbezogenen Willensmangel veranlasst der Täter beispielsweise, wenn er das Opfer darüber täuscht, dass es durch seine eigenen Handlungen zu Tode kommen wird.

Bsp.:[198] O ist dem T hörig, was T ausnutzen möchte, um sich zu bereichern. T spiegelt O vor, er sei ein Gesandter des Sternes Sirius und habe den Auftrag, vor dem Untergang der Erde einige Menschen, wozu auch O gehöre, zu retten. Hierzu sei aber erforderlich, dass sie ihren Körper durch einen neuen Körper ersetze. Nachdem T die O dazu bringt, eine Lebensversicherung zu seinen Gunsten abzuschließen, trägt er ihr auf, sich in die Badewanne zu setzen und einen Fön in das Wasser zu werfen. Sie werde dann in einem roten Raum am Genfer See in einem neuen Körper erwachen. Als O den Fön in das Wasser wirft, spürt sie jedoch nur ein leichtes Kribbeln. – Für die Frage, ob sich T wegen versuchten Mordes (Habgier) strafbar gemacht hat, ist zunächst zu berücksichtigen, dass die Handlung, die unmittelbar zum Tode führen sollte, von O

---

195 A/W/H/H-*Hilgendorf*, § 3 Rn. 28; *Roxin*, AT 2, § 25 Rn. 54, 57.
196 Näher zum Nötigungsnotstand Eisele/*Heinrich*, AT, Rn. 397.
197 So *Schönke/Schröder/Eser/Sternberg-Lieben*, Vorbem. §§ 211 ff. Rn. 36.
198 BGHSt 32, 38; dazu näher *Eisele/Heinrich*, AT, Rn. 822 f.

selbst vorgenommen wurde. Eine Selbsttötung würde nur dann ausscheiden, wenn O nicht freiverantwortlich handelte und damit als ein sich selbst schädigendes Werkzeug i. S. d. § 25 Abs. 1 Var. 2 anzusehen wäre. Ob die Verursachung eines Irrtums beim Opfer hierfür ausreichend ist, hängt im Einzelfall von Art und Tragweite des Irrtums ab[199]. Wird das Opfer bewusst darüber getäuscht, dass es eine Ursache für den eigenen Tod setzt, so ist der Täuschende Täter eines Tötungsdelikts, wenn er kraft überlegenen Wissens den Irrenden lenkt und dadurch zum Werkzeug gegen sich selbst macht (sog. „Irrtumsherrschaft")[200]. T ist demnach mittelbarer Täter, da er O vorspiegelte, dass sie ihren alten Körper gegen einen neuen tauschen werde und diese daher nicht glaubte, dass sie sich selbst töten werde.

94 Umstritten ist in diesem Zusammenhang, ob auch das Hervorrufen eines bloßen **Motivirrtums**, der einen anderen zur Selbsttötung veranlasst, zur Irrtumsherrschaft und daher zur mittelbaren Täterschaft führt.

Bsp. (1):[201] T täuscht seine Ehefrau O darüber, dass sie an einer unheilbaren Krankheit leide, an der sie qualvoll sterben werde. Daraufhin tötet sich O – wie von T beabsichtigt – selbst.

Bsp. (2):[202] T spiegelt seiner Ehefrau O vor, dass er bereit sei, mit ihr aus dem Leben zu scheiden; in Wahrheit denkt er jedoch nicht daran. Er möchte das weitere Leben lieber mit der Geliebten G verbringen.

95 In solchen Fällen bezieht sich der Irrtum des Opfers nicht auf die Tötung selbst, sondern lediglich auf das maßgebliche Motiv. Zwar verfügt das Opfer hier bewusst über das Leben, gleichwohl steuert der Hintermann die Entscheidung des Opfers auf Grund seiner **Wissens- und Willensherrschaft** planmäßig, weshalb auch in diesen Fällen mittelbare Täterschaft anzunehmen ist[203].

96 d) **Unterlassungsstrafbarkeit.** Für die Frage, ob ein Beteiligter, der **nach einem Suizid die Rettung unterlässt**, strafbar ist, muss zunächst geklärt werden, ob der Suizid freiverantwortlich war.

97 aa) **Kein freiverantwortlicher Suizid.** In diesem Fall kann sich ein Garant unter den Voraussetzungen des unechten Unterlassungsdelikts gem. §§ 212 (bzw. § 216), 13 strafbar machen, wenn er den Suizid nicht verhindert[204]. Im Übrigen kommt eine Strafbarkeit gem. § 323c in Betracht.

---

199 BGHSt 32, 38 (42).
200 So auch *Lackner/Kühl*, Vorbem. § 211 Rn. 13b; *Rengier*, BT 2, § 8 Rn. 2.
201 Vgl. *Kühl*, AT, § 20 Rn. 49.
202 S. auch BGH GA 1986, 508.
203 So auch *Eisele/Heinrich*, AT, Rn. 824; *Kindhäuser/Schramm*, BT 1, § 4 Rn. 17; *Rengier*, BT 2, § 8 Rn. 8 f.; krit. hingegen *Kühl*, AT, § 20 Rn. 49.
204 BGH NStZ 2012, 319 (320).

Bsp.: Ehemann O, der volltrunken ist (Alkoholgehalt: 3,2 Promille), ist gerade dabei, sich die Pulsadern aufzuschneiden. Ehefrau T als Garantin (vgl. § 1353 Abs. 1 BGB) unternimmt nichts, obgleich sie erkennt, dass O nicht freiverantwortlich handelt. – T macht sich gem. §§ 212, 13 strafbar, da die Tatherrschaft auf Grund der Trunkenheit des O – dieser befindet sich im Zustand der Schuldunfähigkeit i. S. d. § 20 – bei ihr liegt.

bb) Freiverantwortlicher Suizid. Hier scheidet hingegen eine Strafbarkeit wegen Tötung durch Unterlassen aus, wenn der **Garant den Suizidenten nicht an der Tat hindert.** Dies lässt sich damit begründen, dass in solchen Fällen die Tatherrschaft allein beim Suizidenten liegt. Ein anderes Ergebnis wäre zudem widersinnig. Denn ansonsten wäre zwar straffrei, wer aktiv den Suizid unterstützt, strafbar jedoch derjenige, der den Suizidenten an seinem Tun nur nicht hindert.

Bsp. (1): Ehefrau O möchte mittels Gift aus dem Leben scheiden. Ehemann T hindert sie auf ihren Wunsch hin nicht daran. – T ist nicht gem. §§ 216, 13 strafbar, da die Tatherrschaft allein bei O liegt. Dies folgt auch daraus, dass T selbst dann straflos wäre, wenn er sich aktiv am Suizid – etwa durch Beschaffen des Giftes – beteiligt hätte.

Bsp. (2):[205] O wird wegen Suizidgefahr in eine psychiatrische Klinik eingewiesen. Arzt T stuft ihn nicht als suizidgefährdet ein. In der ersten Nacht erhängt sich O mit einem Gürtel. – T ist zwar kraft Behandlungsvertrag Garant. Soweit O jedoch eigenverantwortlich handelt, bleibt T straflos.

cc) Nachfolgendes Unterlassen. Streitig ist hingegen die Frage, ob eine Strafbarkeit wegen eines unechten Unterlassungsdelikts (§§ 212, 13) in Betracht kommt, wenn der Garant **erst im weiteren Verlauf eines freiverantwortlichen Suizids untätig wird.**

Bsp.: Ehemann T reicht seiner Ehefrau O einen Becher mit Gift, den diese auf Grund einer freiverantwortlichen Entscheidung zum Zwecke der Selbsttötung trinkt. Nach wenigen Minuten wird O bewusstlos. T unternimmt nichts, O stirbt geraume Zeit später. – Da Ehefrau O auf Grund einer eigenverantwortlichen Entscheidung selbst die unmittelbar zum Tode führende Handlung vornimmt, hat sie die Tatherrschaft über den lebensbeendenden Akt. Die Übergabe des Bechers ist damit eine straflose Beteiligung am Suizid. Eine Strafbarkeit wegen aktiven Tuns kommt damit nicht in Betracht. Möglicherweise ist T jedoch als Garant (vgl. § 1353 Abs. 1 BGB) anschließend verpflichtet, den Erfolg abzuwenden.

---

205 LG Gießen NStZ 2013, 43.

100 Ein nachfolgendes Unterlassen kann nach (noch) überwiegender Ansicht in der Rechtsprechung zu einer **Strafbarkeit des Garanten** führen[206]. Verliert das Opfer nach Vornahme der Selbsttötungshandlung das Bewusstsein oder wird es handlungsunfähig, so gehe die Tatherrschaft zu diesem Zeitpunkt auf den Garanten über, weil das Opfer den weiteren Verlauf nicht mehr in seinen Händen hält[207]. Eine Strafbarkeit kann damit nur noch in sehr engen Grenzen über das Merkmal der Zumutbarkeit der Hilfeleistung verneint werden[208]. Keine Anwendung finden diese Grundsätze freilich in den anders gelagerten Fällen des einverständlichen Behandlungsabbruchs; selbst wenn der Patient hier bewusstlos wird, soll gerade keine Behandlungspflicht entstehen[209].

101 Die überwiegende Ansicht im Schrifttum lehnt eine Strafbarkeit des Garanten jedoch zu Recht ab[210]. Das Erfordernis einer Hilfeleistung widerspricht nämlich im Regelfall dem Willen und damit dem **Selbstbestimmungsrecht des Suizidenten**[211]. Auch würde der bereits genannte Widerspruch auftreten, dass zwar die aktive Förderung des Suizids straflos ist, das Unterlassen späterer Hilfsmaßnahmen hingegen nicht[212]. Im Übrigen würde eine Strafbarkeit auch davon abhängen, ob der Garant nach Eintreten der Handlungsunfähigkeit des Opfers (zufällig) noch am Ort des Geschehens anwesend ist und damit die für das unechte Unterlassungsdelikt notwendige physisch-reale Handlungsmöglichkeit besitzt. Ein nachfolgendes Untätigsein des Garanten ist daher ebenfalls straflos, soweit mit hinreichender Wahrscheinlichkeit von einem bis zum Tod durchgehaltenen Suizidwillen ausgegangen werden kann[213]. Macht hingegen der Suizident deutlich, dass er von der Selbsttötung Abstand nehmen möchte, trifft den Garanten eine Rettungspflicht.

102 Nach h. M. ist in diesen Fällen aber eine **Strafbarkeit nach § 323c** zu prüfen, da der Suizid ab dem Zeitpunkt der Hilfsbedürftigkeit aus Sicht des Beteiligten einen Unglücksfall darstellt[214]. Dafür spricht, dass Suizidversuche mitunter lediglich Appellcharakter für das Umfeld des Opfers haben.

---

206 BGHSt 2, 150; 32, 367 (373); 46, 279 (290); OLG Hamburg NStZ 2016, 530 (532). Vgl. aber nunmehr auch BGHSt 61, 21 (26 f.), wo eine gegenteilige Sichtweise angedeutet wird; *Eisele*, JuS 2016, 276 (278); *Jäger*, JA 2016, 392 (394).
207 So BGHSt 13, 162 (166 f.); 32, 367 (374 f.), mit Einschränkungen für die Rettungspflicht des Hausarztes, demgegenüber der Patient im Voraus jeglichen Rettungsversuchen widersprochen hat; vgl. nunmehr aber BGH NJW 2019, 3089, sowie NJW 2019, 3092, wo eine Handlungspflicht des Arztes gänzlich negiert wird.
208 Näher *Schönke/Schröder/Eser/Sternberg-Lieben*, Vorbem. §§ 211 ff. Rn. 42.
209 BGHSt 55, 191 ff.; dazu Rn. 76 ff.
210 LG Berlin NStZ-RR 2018, 246 (247 f.); *Bechtel*, JuS 2016, 882 (885); *Eisele*, JuS 2016, 276 (278); tendenziell auch BGHSt 61, 21 (26 f.).
211 *Rengier*, BT 2, § 8 Rn. 14; *Wessels/Hettinger/Engländer*, BT 1, Rn. 129.
212 *Bechtel*, JuS 2016, 882 (885); *Rengier*, BT 2, § 8 Rn. 15.
213 *Rengier*, BT 2, § 8 Rn. 14a; *Wessels/Hettinger/Engländer*, BT 1, Rn. 129.
214 BGHSt 6, 147 (149); 32, 367 (375 f.); vgl. aber LG Berlin NStZ-RR 2018, 246 (248).

Auch lässt sich für einen Unbeteiligten häufig nicht ohne weiteres erkennen, ob der Suizident freiverantwortlich gehandelt hat und tatsächlich keine Rettung erhofft. Selbst wenn man generell einen Unglücksfall bejaht, muss im Einzelfall dann aber stets das Merkmal der Zumutbarkeit der Hilfeleistung sorgfältig geprüft werden. Die Zumutbarkeit ist jedenfalls dann zu verneinen, wenn der Suizident für den Beteiligten erkennbar an seinem freiverantwortlich getroffenen Willen festhält, keine Rettung wünscht und die Tat ggf. sogar wiederholen würde[215].

e) Fahrlässigkeitsstrafbarkeit. Da bei Fahrlässigkeitsdelikten eine Differenzierung zwischen Täterschaft und Teilnahme nicht erfolgt (Einheitstäterprinzip[216]), werden die Probleme der Abgrenzung von Selbsttötung und Fremdtötung in die Prüfung der objektiven Zurechnung verlagert. Handelt das Opfer freiverantwortlich, so realisiert sich im Erfolg bereits keine vom Täter geschaffene Gefahr. Wer lediglich eine **Selbstgefährdung** veranlasst, ermöglicht oder fördert, macht sich ebenso wenig wie bei einem Vorsatzdelikt strafbar[217].

103

aa) Fahrlässigkeit bei freiverantwortlichem Suizid. Im Ausgangspunkt ist für die **Abgrenzung der fahrlässigen Fremdtötung zur straflosen Selbsttötung** wiederum entscheidend, wer den unmittelbar lebensbeendenden Akt vornimmt[218]. Als Leitlinie kann dabei gelten, dass eine Strafbarkeit wegen fahrlässiger Tötung dann ausscheidet, wenn es sich bei vorsätzlicher Begehung nur um eine straflose Beihilfe zum Suizid handeln würde. Erforderlich ist auch hier stets, dass ein freiverantwortlicher Suizid vorliegt.

104

> **Bsp.:**[219] T kauft Einwegspritzen für den gemeinsamen Heroinkonsum mit O. Jeder verabreicht sich selbst eine Spritze. O stirbt. – Die eigentliche Tötungshandlung wurde vom freiverantwortlich handelnden O vorgenommen. T wirkte lediglich an einer eigenverantwortlichen Selbstgefährdung mit, so dass eine Strafbarkeit nach § 222 mangels objektiver Zurechnung des Erfolges ausscheidet. Anders wäre nur zu entscheiden, wenn eine eigenverantwortliche Gefährdung nicht vorläge, weil sich O – in Parallele zu den Fällen der mittelbaren Täterschaft beim Vorsatzdelikt[220] – der Tragweite seines Handelns nicht bewusst war. Das wäre z. B. der Fall, wenn T die Betäubungsmittel mit gefährlichen Stoffen „gestreckt" hätte und O deshalb zu Tode gekommen wäre. Ein eindeutiger Fall einer Fremdtötung wäre hingegen bei einer Fremdinjektion des Heroins nach Aufforderung durch das Opfer gegeben[221].

---

215 BGHSt 13, 162 (169); 32, 367 (381).
216 Vgl. *Eisele/Heinrich*, AT, Rn. 649, 762.
217 BGHSt 46, 279 (288); 59, 150 (167); BGH NJW 2000, 2286; *Rengier*, BT 2, § 8 Rn. 22.
218 Vgl. BGHSt 53, 55 (60 f.); *Wessels/Hettinger/Engländer*, BT 1, Rn. 135.
219 BGHSt 32, 262; ferner BGH NJW 2000, 2286 (2287).
220 S.o. Rn. 91 ff.
221 BGHSt 49, 34 (40).

105 **bb) Nachfolgende Fahrlässigkeit.** Tritt der Tod des Suizidenten in seiner konkreten Gestalt erst auf Grund nachfolgender Sorgfaltspflichtverletzungen anderer Beteiligter ein, so ist trotz der vorangegangenen Selbsttötungshandlungen eine fahrlässige Tötung anzunehmen.

> **Bsp.:**[222] Arzt T unterläuft bei der Rettung des Suizidenten, der schwer verletzt ist, ein Behandlungsfehler, so dass dieser durch die Medikamentgabe zu Tode kommt. – T macht sich gem. § 222 strafbar, da ihm der Tod objektiv zurechenbar ist. Der Tod in seiner konkreten Gestalt beruht in tatbestandstypischer Weise auf dem ärztlichen Behandlungsfehler.

106 **cc) Suizid in (umgekehrter) mittelbarer Täterschaft.** Umstritten sind Fälle, in denen das Opfer den **Beteiligten gezielt als Werkzeug zur Selbsttötung** einsetzt.

> **Bsp.:**[223] Ehemann O fordert Ehefrau T bei einer Aussprache über die von ihr beabsichtigte Scheidung auf, eine Pistole zu nehmen und zum Schein auf ihn zu schießen. Mit Hilfe des O prüft sie, dass keine Patrone im Magazin ist. T drückt ab. O kommt zu Tode, da T eine sich im Lauf befindende Patrone aus Unachtsamkeit übersehen hat. Genau dies hatte O beabsichtigt. – Mangels Tötungsvorsatz kommt nur eine Strafbarkeit gem. § 222 in Betracht. Da die unmittelbare Tötungshandlung von T vorgenommen wurde, läge nach den bereits geschilderten Grundsätzen eine strafbare Fremdtötung vor. Fraglich ist, ob der Umstand, dass O die T getäuscht hat, eine abweichende Beurteilung erfordert.

107 Für die Annahme einer Selbsttötung wird angeführt, dass das **Opfer kraft überlegenen Wissens** – dahingehend, dass sich in der Waffe eine Patrone befindet – die Situation beherrscht und daher die Tat planvoll lenkt[224]. Es liege gewissermaßen ein „umgekehrter Fall" der mittelbaren Täterschaft vor, bei dem das Opfer den Beteiligten zur Selbsttötung instrumentalisiert[225].

108 Freilich lassen sich die Grundsätze der mittelbaren Täterschaft nicht ohne weiteres auf diese Konstellation übertragen, weil die **Selbsttötung keine Straftat** darstellt[226]. Auch ist zu beachten, dass O nach dem Abdrücken, d. h. der Vornahme der Tathandlung, keine Möglichkeit mehr besaß, den tatbestandlichen Erfolg zu verhindern. Wäre der Beteiligte darüber aufgeklärt worden, dass sich im Lauf tatsächlich eine Patrone befindet, hätte es sich daher – bei Vorliegen der weiteren Voraussetzungen – um eine Fremdtötung auf Verlangen gem. § 216 gehandelt[227]. Dass dem Beteiligten bloße Fahrlässigkeit zur Last fällt, ändert an der Beurteilung als Fremdtötung

---

[222] S. auch BayObLG JZ 1973, 319.
[223] OLG Nürnberg NJW 2003, 454.
[224] *Engländer*, Jura 2004, 234 (236, 238); *Wessels/Hettinger/Engländer*, BT 1, Rn. 136.
[225] Näher *Engländer*, Jura 2004, 234 (236 f.); *Küper*, JuS 2004, 757 f.
[226] *Rengier*, AT, § 13 Rn. 85; *Schönke/Schröder/Sternberg-Lieben/Schuster*, § 15 Rn. 166a.
[227] *Schönke/Schröder/Sternberg-Lieben/Schuster*, § 15 Rn. 166a.

nichts. Letztlich ist auch zu berücksichtigen, dass bei Fällen „echter" mittelbarer Täterschaft das getäuschte und vorsatzlos dolos handelnde Werkzeug immerhin wegen fahrlässiger Tatbegehung strafbar sein kann[228]. Nachstehende Beispiele verdeutlichen dies:

> **Bsp. (1):**[229] Der schwerkranke O hat nur noch eine Atmungskapazität von zehn Prozent eines Gesunden. Der Zivildienstleistende T übernimmt für zwei Wochen die Betreuung. O möchte durch eine Täuschung des T aus dem Leben scheiden. Dazu äußert O gegenüber T den Wunsch, verpackt in einen Müllcontainer gelegt zu werden. Auf Nachfragen des T versichert er, dies aus sexuellen Motiven schon öfter gemacht zu haben und dass seine Bergung aus dem Container durch Dritte sicher sei. T packt O daraufhin in Säcke, verklebt dessen Mund und legt ihn bei Temperaturen um den Gefrierpunkt in einen Container. Bei O tritt der Tod durch Ersticken, möglicherweise in Kombination mit Unterkühlung ein.

Die eigentliche Tötungshandlung (das Verbringen in den Container) wurde von T vorgenommen, so dass nach allgemeinen Kriterien eine Fremdtötung vorliegt. Auch wurde T – anders als im Ausgangsfall – nicht über die konkreten Umstände der von ihm bewusst verursachten extremen Gefährdung (stark eingeschränkte Atmungsaktivität, Temperatur um den Gefrierpunkt) getäuscht. Die Täuschung bezog sich vielmehr lediglich darauf, dass O von einer unbekannten Person gerettet werden sollte. Auf diese Täuschung lässt sich aber eine Tatherrschaft des O nicht stützen, zumal dieser auch aus Sicht des T völlig hilflos war. T hat sich daher nach § 222 strafbar gemacht.

> **Bsp. (2):** Wie Bsp. (1), aber der Dritte D veranlasst in Tötungsabsicht den Zivildienstleistenden T unter Vorspiegelung der Rettung, das Opfer in den Container zu legen.

T wäre zunächst nicht nach § 212 strafbar, da er täuschungsbedingt keinen Tötungsvorsatz besaß. D ist hingegen wegen vorsätzlichen Totschlags in mittelbarer Täterschaft nach §§ 212 (211), 25 Abs. 1 Var. 2 strafbar, da er gerade durch die Täuschung den Deliktsmangel beim Vordermann hervorgerufen hat. Trotz der Werkzeugqualität wäre T aber nach allgemeiner Meinung immer noch wegen fahrlässiger Tötung nach § 222 strafbar, da das Verbringen des Opfers in den Container eine Sorgfaltspflichtverletzung darstellt.

3. Geschäftsmäßige Förderung der Selbsttötung, § 217

Mit Urteil v. 26.2.2020 hat das Bundesverfassungsgericht die Vorschrift, welche sich seit ihrer Einführung im Jahre 2015 heftiger, insbesondere auch verfassungsrechtlicher Kritik ausgesetzt sah (vgl. dazu *Eisele*, BT 1, Rn. 202a), für verfassungswidrig und somit nichtig erklärt, da das allgemeine Persön-

---
228 *Küper*, JuS 2004, 757 (759 f.).
229 Nach BGH NJW 2003, 2326.

lichkeitsrecht auch das Recht auf selbstbestimmtes Sterben umfasst (BVerfG – 2 BvR 2347/15 u. a.).

112 **a) Geschütztes Rechtsgut und Systematik.** § 217 StGB pönalisierte die geschäftsmäßige **Förderung der Selbsttötung**[230]. Damit wurde für geschäftsmäßiges Handeln die Beihilfe unter Strafe gestellt, die ohne einen solchen Tatbestand straflos wäre, da die Selbsttötung keine vorsätzliche rechtswidrige Haupttat darstellt[231]. Der Anwendungsbereich des § 217 erstreckte sich ausschließlich auf Selbsttötungen, nicht aber auf die aktive und passive Sterbehilfe[232]. Die Vorschrift war als abstraktes Gefährdungsdelikt ausgestaltet[233].

113 **b) Objektiver Tatbestand. Tathandlungen** waren das **Gewähren, Verschaffen oder Vermitteln der Gelegenheit zur Selbsttötung**. Zentrales Merkmal war die **Geschäftsmäßigkeit**, die nach Ansicht des Gesetzgebers vorliegen sollte, wenn die Gewährung, Verschaffung oder Vermittlung „zu einem dauernden oder wiederkehrenden Bestandteil" der eigenen Tätigkeit gemacht wird, „unabhängig von einer Gewinnerzielungsabsicht und unabhängig von einem Zusammenhang mit einer wirtschaftlichen oder beruflichen Tätigkeit"[234].

114 **c) Subjektiver Tatbestand.** In subjektiver Hinsicht war bezüglich des **Suizides durch das Tatopfer dolus eventualis** ausreichend. Hinsichtlich der Förderung der Selbsttötung war dagegen zielgerichtete Absicht iSv dolus directus 1. Grades (**Förderungsabsicht**) notwendig[235].

115 **d) Persönlicher Strafausschließungsgrund, § 217 Abs. 2.** Angehörige und sonstige nahestehende Personen wurden von einer **Teilnehmerstrafbarkeit freigestellt**, sofern sie selbst nicht geschäftsmäßig handeln. Ärzte konnten nicht ohne weiteres als nahestehende Person qualifiziert werden, weshalb auch die einmalige Verweisung an eine Suizidhilfeorganisation ein Strafbarkeitsrisiko begründete[236], was den problematischen Charakter der Vorschrift unterstrich.

> **Einführende Aufsätze:**
> *Achenbach*, Beteiligung am Suizid und Sterbehilfe – Strukturen eines unübersichtlichen Problemfeldes, Jura 2002, 542; *Bechtel*, Selbsttötung, Fremdtötung, Tötung auf Verlangen, JuS 2016, 882; *Engländer*, Selbsttötung in „mittelbarer" Täterschaft, Jura 2004, 234 (das Lenken eines Anderen zur eigenen Tötung);

---

230 Gesetz zur Strafbarkeit der geschäftsmäßigen Förderung der Selbsttötung, BGBl. I S. 2177.; vgl. auch BT-Drs. 18/5373, S. 1 ff.
231 S. o. Rn. 13.
232 Vgl. dazu o. Rn. 76 ff.
233 BT-Drs. 18/5373, S. 16; *Duttge*, NJW 2016, 120 (121).
234 BT-Drs. 18/5373, S. 12.
235 Vgl. auch BeckOK-*Oglakcioglu*, 44. Edition, § 217 Rn. 36 f.
236 *Duttge*, NJW 2016, 120 (124).

Kühl, Rechtfertigung vorsätzlicher Tötungen im Allgemeinen und speziell bei Sterbehilfe, Jura 2009, 881; *Mitsch*, Grundfälle zu den Tötungsdelikten, JuS 1996, 309 (Tötung auf Verlangen); *Otto*, Die strafrechtliche Problematik der Sterbehilfe, Jura 1999, 434.

Übungsfälle:
Herzberg/Scheinfeld, Aktive Sterbehilfe, JuS 2003, 880 (Behandelt die Tötung auf Verlangen, Mord, Körperverletzung); *Kreß/Mülfarth*, Tödliches Liebesspiel, JA 2011, 268 (Sittenwidrigkeit iSd § 228 StGB, einverständliche Fremdgefährdung, Risikoeinwilligung, „Einwilligungssperre" gem. §§ 216, 228 StGB, aufgedrängte Not(stands)hilfe); *Lindheim/Uhl*, Familiäre Tragödie, JA 2009, 783 (Allgemeine Probleme der Unterlassungsdelikte); *Murmann*, Eine folgenreiche Entscheidung, JuS 1998, 630 (Probleme aus dem Bereich der Sterbehilfe; Schwerpunkt: Probleme des Allgemeinen Teils); *Scholderer*, Der lebensmüde Motorradfahrer, JuS 1989, 918 (Abgrenzung Tötung auf Verlangen und straflose Beihilfe zum Suizid, fahrlässige Förderung einer Selbsttötung, Unterlassen der Verhinderung einer Selbsttötung durch einen Garanten); *Thoss*, Übungsklausur: Sterbehilfe oder Tötung, JA 2001, 951 (Tötung auf Verlangen, Teilnahme an Selbsttötung, Arzt als Garant, Patientenautonomie, indirekte Sterbehilfe).

Rechtsprechung:
BGHSt 19, 135 – Gisela-Fall (Abgrenzung von § 216 zur straflosen Beihilfe zur Selbsttötung); **BGHSt 32, 38** – Sirius-Fall (Abgrenzung Totschlag in mittelbarer Täterschaft und straflose Anstiftung zur Selbsttötung); **BGHSt 32, 262** – Heroinspritze (Beteiligung an eigenverantwortlicher Selbstgefährdung); **BGHSt 32, 367** – Wittig-Fall (Unterlassen der Rettung nach Selbsttötung); **BGHSt 37, 376** – Todesspritze (aktive Sterbehilfe); **BGHSt 40, 257** – Sterbehilfe (Behandlungsabbruch bei unheilbar Erkrankten); **BGHSt 42, 301** – Dolantin (indirekte Sterbehilfe); **BGHSt 53, 55** – Autorennen (einverständliche Fremdgefährdung); **BGHSt 55, 191** – Wachkoma (Grundsätze für einen Behandlungsabbruch); **BGH NJW 1987, 1092** – Scophedal (Ernstlichkeit des Tötungsverlangens); **BGH NJW 2003, 2326** – Zivildienstfall (Täuschung des Handelnden durch Suizidenten); **BGH NJW 2011, 161** – künstliches Koma (eigenmächtiger Behandlungsabbruch durch Angehörigen); **BGH NJW 2019, 3089 u. 3092** (fehlende Rettungspflicht auch des Garanten bei freiverantwortlicher Selbsttötung – Abkehr von Wittig-Rspr. [s. o.]).

IV. Tötung auf Verlangen, § 216

1. Geschütztes Rechtsgut und Systematik

§ 216 stellt einen **Privilegierungstatbestand** zu § 212 dar und schützt ebenfalls das **Rechtsgut Leben**. Anders als der Totschlag ist die Tötung auf Verlangen lediglich ein Vergehen (vgl. § 12 Abs. 1 und 2), bei dem jedoch die Versuchsstrafbarkeit in Absatz 2 ausdrücklich angeordnet ist. Die Vorschrift des § 216 macht deutlich, dass grundsätzlich eine rechtfertigende Einwilligung in die Tötung nicht möglich ist und der Rechtsgutsinhaber insoweit in seiner Dispositionsbefugnis eingeschränkt wird. Besonderheiten sind jedoch im Rahmen der Sterbehilfe zu beachten, bei der nach BGH nunmehr eine (mutmaßliche) Einwilligung möglich sein soll[237]. Die Privilegierung und damit der gegenüber § 212 abgesenkte Strafrahmen lässt sich damit begründen, dass auf Grund des Tötungsverlangens einerseits das Unrecht der Tat, andererseits auf Grund der Mitleidssituation bzw. Konfliktlage beim Täter auch der Schuldgehalt der Tat gemindert ist[238].

117 Liegt § 216 tatbestandlich vor, tritt eine **Sperrwirkung** ein, so dass auch bei Verwirklichung eines Mordmerkmals § 211 nicht zur Anwendung gelangt[239]. Soweit im Rahmen der Tötung auch §§ 224, 226 mit ihren höheren Strafrahmen verwirklicht werden, treten diese ebenfalls zurück, damit die Privilegierung nicht unterlaufen wird. Umstritten ist, ob dies auch für die *versuchte* Tötung auf Verlangen – ggf. mit strafbefreiendem Rücktritt – gilt.

> **Bsp.:** T kommt dem Tötungsverlangen des O nach und verabreicht ihm Gift. Anschließend bekommt er jedoch Bedenken und alarmiert einen Rettungswagen. O überlebt dadurch. Aufgrund der Wirkung des Giftes kommt es jedoch zu einer Gesundheitsschädigung (§ 224 Abs. 1 Nr. 1), im Zuge derer O das Sehvermögen auf einem Auge verliert (§ 226 Abs. 1 Nr. 1). – Hinsichtlich §§ 216 Abs. 1 u. 2, 22, 23 ist T gemäß § 24 Abs. 1 S. 1 Var. 2 strafbefreiend zurückgetreten. Fraglich ist jedoch, ob T gemäß § 224 Abs. 1 Nr. 1, § 226 Abs. 1 Nr. 1 bestraft werden kann; denn wäre § 216 zur Vollendung gelangt, hätte dieser Sperrwirkung entfaltet.

118 Damit der Täter im Falle der nur versuchten Tötung auf Verlangen nicht schlechter gestellt wird als bei Vollendung, wird auch in dieser Konstellation eine Sperrwirkung angenommen[240]. Soweit – anders als im vorgenannten Beispiel – kein Rücktritt vorliegt, lägen dann §§ 216 Abs. 1 u. 2, 22, 23 vor. Bejaht man eine solche Sperrwirkung, verbleibt allerdings im Falle des Rücktritts nur noch eine Strafbarkeit gemäß § 223. Letztlich kann man es auch bei der Sperrwirkung des § 216 belassen, im Rahmen der Verurteilung nach § 223 jedoch – soweit eine Milderung beim Versuch nicht geboten ist – die Untergrenze des § 216 berücksichtigen (die Strafrahmenobergrenze des § 223 entspricht ohnehin derjenigen des § 216)[241].

---

237 Siehe o. Rn. 76 ff.
238 *Bechtel*, JuS 2016, 882 (887); *Wessels/Hettinger/Engländer*, BT 1, Rn. 106.
239 RGSt 53, 293 (294); BGHSt 2, 258; *Rengier*, BT 2, § 6 Rn. 3.
240 *Fischer*, § 216 Rn. 15; *Krey/Hellmann/Heinrich*, BT 1, Rn. 243; a. A. *Jäger*, JuS 2000, 31 (37).
241 Näher, *Eisele*, BT 1, Rn. 205.

Prüfungsschema 119
1. **Tatbestand**
   a) Objektiver Tatbestand
      aa) Anderer Mensch
      bb) Töten: Tatherrschaft über lebensbeendenden Akt (sonst idR straflose Beteiligung an Selbsttötung)
      cc) Ausdrückliches und ernstliches Verlangen des Getöteten (sonst § 212, ggf. i. V. m. § 25 Abs. 1 Var. 2)
      dd) Durch das Verlangen („dadurch") zur Tötung bestimmt
   b) Subjektiver Tatbestand (beachte § 16 Abs. 2)
2. **Rechtswidrigkeit**
3. **Schuld**

Hinweis zum Fallaufbau
Es empfiehlt sich regelmäßig, bei der Fallprüfung mit § 216 zu beginnen und von dort aus weitere Fragen (Abgrenzung zur Selbsttötung; Vorsatzprobleme) zu erörtern. Wird § 216 bejaht, so sollte im Hinblick auf §§ 212, 211 kurz auf die Sperrwirkung eingegangen werden; gelangt man hingegen zu dem Ergebnis, dass der Tatbestand des § 216 nicht verwirklicht ist, sind §§ 212, 211 genauer zu prüfen. Eine andere Prüfungsreihenfolge kann freilich sinnvoll sein, wenn nach der Aufgabenstellung genauere Ausführungen zu §§ 212, 211 erwartet werden.

2. **Objektiver Tatbestand**

a) **Merkmale des Totschlags.** Zunächst müssen die allgemeinen Voraussetzungen eines Totschlags vorliegen (Handlung, Erfolg, Kausalität und objektive Zurechnung). Ferner muss die Tatherrschaft beim Täter liegen, ansonsten ist lediglich straflose Beteiligung an einer Selbsttötung gegeben[242]. 120

> **Bsp.:** Der lebensmüde O fordert den T auf, ihm Gift zu beschaffen, was T auch tut. O nimmt das Gift und stirbt. – Es liegt zwar ein ausdrückliches und ernstliches Verlangen des Getöteten i. S. d. § 216 vor. Jedoch besaß T keine Tatherrschaft über den lebensbeendenden Akt, da O freiverantwortlich die zum Tod führende Handlung vornahm.

Ob § 216 durch **Unterlassen** verwirklicht werden kann, ist streitig[243]. Richtigerweise ist dies zu verneinen[244]. Fordert der zur Selbsttötung Entschlossene den Garanten ernstlich auf, diesen nicht am Suizid zu hindern bzw. diesen nicht zu retten, so liegt die Tatherrschaft beim Suizidenten[245]. Da- 121

---
242 Einzelheiten bereits o. Rn. 87 ff.
243 Grundsätzlich bejahend BGHSt 13, 162 (166); 32, 367 (373 ff.).
244 *Sowada*, Jura 1985, 75 (78 ff.); *Wessels/Hettinger/Engländer*, BT 1, Rn. 112.
245 Vgl. bereits oben Rn. 99 ff.

mit ist aber eine straflose Selbsttötung anzunehmen, an der nicht einmal eine Teilnahme möglich ist. Dann muss aber erst Recht eine Art „Nebentäterschaft"[246] durch Unterlassen ausscheiden. Im Übrigen kann man auch argumentieren, dass der Garant auf Grund des Selbstbestimmungsrechts des Suizidenten aus seiner Stellung entlassen wird, und daher keine Garantenpflicht zur Hilfeleistung mehr besitzt[247].

122 **b) Tötungsverlangen.** Erforderlich ist stets, dass objektiv ein ausdrückliches und ernstliches Verlangen des Getöteten vorliegt.

123 **aa) Verlangen.** Ein solches ist nur gegeben, wenn das Opfer auf den Willen des Täters einwirkt. Dieses kann sich auch an einen größeren, bestimmbaren Adressatenkreis (alle Ärzte einer Krankenstation, Pfleger eines Heimes usw.), dem der Täter angehört, richten. Die bloße Einwilligung des Opfers in ein Tötungsbegehren des Täters genügt jedoch nicht. Und erst Recht reichen bloße Vermutungen („mutmaßliches Verlangen") nicht aus.

124 **bb) Ausdrücklich.** Das Verlangen muss ausdrücklich, d. h. **eindeutig und unmissverständlich**, erfolgen. Eine Bedingung – etwa das Verlangen einer Fremdtötung für den Fall, dass eine Selbsttötung fehlschlägt – steht der Anwendung des § 216 nicht entgegen. Dabei kann das Verlangen als Aufforderung formuliert werden, aber auch in eine Frage gekleidet sein oder gar durch eine Geste deutlich gemacht werden[248].

> **Bsp.:**[249] O möchte aus dem Leben scheiden und stellt die Frage, ob ihm T helfen würde, „die Spritze zu geben". Die Frage kann – unter Einbeziehung des Gesamtzusammenhangs – als ausdrückliches und ernstliches Verlangen i. S. d. § 216 verstanden werden.

125 **cc) Ernstlich.** Ferner muss das Verlangen ernstlich sein, d. h. auf einer **freiverantwortlichen Willensentscheidung** des Opfers beruhen. Hierfür können die für die Einwilligung entwickelten Grundsätze herangezogen werden. Das Opfer muss mithin die notwendige Einsichts- und Urteilsfähigkeit besitzen[250]. Diese kann im Einzelfall bei einer Berauschung durch Alkohol oder andere Drogen, Krankheit oder auf Grund jugendlichen Alters zu verneinen sein[251]. Ferner dürfen weder Zwang noch sonstige wesentliche Willensmängel, wie Irrtümer (sei es auf einer Täuschung beruhend oder nicht) oder eine nur augenblickliche depressive Stimmung gegeben sein[252].

---

246 Da die Selbsttötung straflos ist, liegt kein echter Fall der Nebentäterschaft vor. Die Situation ist aber immerhin vergleichbar, da der Suizident der unmittelbar Handelnde ist und auch Tatherrschaft besitzt.
247 *Schönke/Schröder/Eser/Sternberg-Lieben*, § 216 Rn. 10, wonach es jedenfalls an der Zumutbarkeit aufgedrängter Hilfe bzw. an der nach § 13 erforderlichen Gleichwertigkeit fehlt.
248 *Kühl*, Jura 2010, 81 (85).
249 BGH NJW 1987, 1092.
250 BGH NJW 1981, 932; StV 2011, 284 (285).
251 BGH StV 2011, 284 (285); *Kühl*, Jura 2010, 81 (85).
252 BGH StV 2011, 284 (285); NStZ 2012, 85; *Fischer*, § 216 Rn. 9.

Bsp.: T täuscht den O darüber, dass dieser unheilbar krank ist. O bittet daraufhin den T, ihn zu töten, um ihm weitere Leiden zu ersparen. – Da die Entscheidung des O irrtumsbehaftet ist, liegt kein ernstliches Tötungsverlangen vor, so dass § 212 zur Anwendung gelangt. Würde O selbst die lebensbeendende Handlung vornehmen, wären §§ 212, 25 Abs. 1 Var. 2 (und keine straflose Beteiligung an einer Selbsttötung) gegeben, weil T auf Grund seiner Täuschungshandlung die Tatherrschaft besaß und der nicht freiverantwortlich handelnde O damit ein sich selbst schädigendes Werkzeug wäre.

dd) Maßgeblicher Zeitpunkt. Erforderlich, aber auch ausreichend ist, dass das ausdrückliche und ernstliche Verlangen im **Tatzeitpunkt** noch fortbesteht. Daraus folgt zugleich, dass das Tötungsverlangen jederzeit widerrufbar ist[253]. Ferner sind Bedingungen und Beschränkungen im Hinblick auf die Tötungsart zu beachten. Dem Verlangen wird jedenfalls dann nicht mehr Rechnung getragen, wenn eine wesentliche Abweichung hinsichtlich der verlangten Tötungsart vorliegt[254]. **126**

c) Durch das Verlangen zur Tötung bestimmt. Der Täter muss gerade durch das Tötungsverlangen des Opfers zur Tötung bestimmt worden sein. Das Verlangen muss demgemäß handlungsleitend sein, was etwa zu verneinen ist, wenn der Täter bewusst ein Opfer sucht, das in die Tötung einwilligt[255]. Bei sog. **Motivbündeln** genügt es, dass das Tötungsverlangen bewusstseinsdominant ist[256], so dass weitere untergeordnete Motive (z. B. Aussicht auf Erbschaft) der Anwendung des Privilegierungstatbestands nicht entgegenstehen. **127**

aa) Bestimmen. Für die Konkretisierung kann auf die für die Anstiftung geltenden Grundsätze zurückgegriffen werden. Wer demnach bereits zur Tat entschlossen ist (omnimodo facturus), kann nicht mehr zur Tat bestimmt werden[257]. **128**

Bsp.: T beschließt, seine schwerkranke Ehefrau O zu töten, um ihr weitere Leiden zu ersparen. Kurz vor der Tat bittet die O ihn ausdrücklich und ernstlich darum, sie zu töten. – Es liegt kein Fall des § 216 vor, da T nicht durch das Verlangen der O zur Tat bestimmt wurde. Im Rahmen des § 212 kann dem geringeren Schweregehalt der Tat ggf. über die Strafzumessungsregel des § 213 Var. 2 Rechnung getragen werden. Soweit Mordmerkmale verwirklicht sind, müsste diskutiert werden, ob die Verhängung einer lebenslangen Freiheitsstrafe schuldangemessen ist

---

253 A/W/H/H-*Hilgendorf*, § 3 Rn. 18; *Wessels/Hettinger/Engländer*, BT 1, Rn. 107 f.
254 Vgl. *Wessels/Hettinger/Engländer*, BT 1, Rn. 108.
255 BGHSt 50, 80 (92); BGH NStZ 2016, 469 m. Anm. *Eisele*, JuS 2016, 947; *Bechtel*, JuS 2016, 882 (886 f.).
256 BGH NJW 1987, 1092 (1093).
257 S. *Eisele/Heinrich*, AT, Rn. 842.

und diese ggf. im Wege der Tatbestands- oder Rechtsfolgenlösung vermieden werden kann[258].

129 **bb) Anwendung von § 28 Abs. 2.** Das privilegierende Merkmal des **Tötungsverlangens** wird von der h. M. zu Recht als ein besonderes persönliches Merkmal i. S. d. § 28 Abs. 2 eingestuft, weil die Privilegierung ihre Begründung auch in der persönlichen Konflikt- bzw. Mitleidssituation findet. Bei mehreren Beteiligten kommt die Privilegierung damit nur demjenigen zugute, der selbst durch das Verlangen zur Tat bestimmt wurde[259]. Nach der Gegenansicht handelt es sich dagegen um ein tatbezogenes Merkmal[260], für welches bei Teilnahme die Regeln der limitierten Akzessorietät gelten.

> **Bsp.:** O bittet den T, ihn zu töten. G besorgt das Gift in Kenntnis dieser Situation, da er als Alleinerbe eingesetzt ist. – T macht sich gem. § 216 strafbar. Nach h. M. kommt G die Privilegierung nicht zugute, da er nicht von O zur Tat bestimmt wurde; da er aus Habgier handelte, kann er nach h. L. über § 28 Abs. 2 sogar nach §§ 211, 212, 27 bestraft werden, weil er ein persönliches Mordmerkmal verwirklicht (nach der Rechtsprechung kommen nur §§ 212, 27 in Betracht, da es an einer Haupttat nach § 211 fehlt[261]). Nach der Gegenansicht kann G hingegen auf Grund der akzessorischen Haftung nur nach §§ 216, 27 bestraft werden.

130 **d) Notwendige Beteiligung.** Das Opfer, von dem das Tötungsverlangen ausgeht, ist als notwendig Beteiligter auch dann straflos (keine Anstiftung), wenn die Tat fehlschlägt und für den Täter daher ein Versuch des § 216 gegeben ist.

131 **3. Subjektiver Tatbestand und Irrtumsregel des § 16 Abs. 2**

Subjektiv muss der Vorsatz des Täters die Voraussetzungen des § 216 erfassen. **Nimmt der Täter irrig die Voraussetzungen des § 216 an**, ohne dass ein ausdrückliches und ernstliches Verlangen des Getöteten vorliegt, so greift die Vorschrift des § 16 Abs. 2 ein. Der Täter ist daher nicht nach dem objektiv verwirklichten § 212, sondern nach dem milderen § 216 strafbar. Da durch den Irrtum der Tötungsvorsatz unberührt bleibt, ist § 222 in solchen Fällen auch dann ausgeschlossen, wenn dem Täter hinsichtlich des Irrtums Fahrlässigkeit zur Last fällt.

> **Bsp.:** Der schwerkranke O bittet den T, ihn von seinem Leiden zu erlösen, was T dann auch tut. Die Erklärung des O war jedoch nicht freiverantwortlich, da O – was T nicht erkannte – auf Grund seiner Krankheit bereits die notwendige Einsichtsfähigkeit fehlte. – Objektiv liegt nicht § 216, sondern § 212 vor, weil kein ernstliches Tötungsverlangen gegeben ist. Da sich T jedoch Tatumstände vorstellte, die – wenn sie vorgele-

---

258 Vgl. bereits o. Rn. 51 ff.
259 *Rengier*, BT 2, § 6 Rn. 12; *Steinhilber*, JA 2010, 430 (432).
260 NK-*Neumann/Saliger*, § 216 Rn. 20; SK-*Hoyer*, § 28 Rn. 42.
261 Dazu bereits o. Rn. 75.

gen hätten – den Tatbestand des § 216 begründet hätten, kommt ihm über § 16 Abs. 2 dennoch die Privilegierung zugute.

Einführende Aufsätze:
Bechtel, Selbsttötung, Fremdtötung, Tötung auf Verlangen, JuS 2016, 882; *Kühl*, Beteiligung an Selbsttötung und verlangte Fremdtötung, Jura 2010, 81; *Steinhilber*, Streifzug durch zentrale Rechtsfragen der „direkten Sterbehilfe" (§ 216 StGB), JA 2010, 430 (Probleme des objektiven und subjektiven Tatbestands, Teilnahmeproblematik und die Reichweite der Sperrwirkung des § 216 I StGB).

Übungsfälle:
Kühl/Kneba, Zwei ungleiche Söhne, JA 2011, 426 (versuchte Tötung auf Verlangen und die Beihilfe dazu, Körperverletzungsdelikte); *Schmitt-Leonardy*, Von der Bahre bis zur Wiege, JA 2018, 187 (Tötung auf Verlangen, Abgrenzung straffreie Selbsttötung und strafbare Fremdtötung, das Vorliegen eines Motivbündels, Akzessorietätsdurchbrechung gem. § 28 StGB im Rahmen der Beihilfe zur Tötung auf Verlangen); *Weißer*, Tödliche Erlösung, JuS 2009, 135 (klassische Probleme aus dem Bereich der (auch versuchten) Beteiligung an Tötungsdelikten, insbesondere die Behandlung der verschiedenen Mordmerkmale i.R. der §§ 28, 29 StGB).

Rechtsprechung:
BGHSt 13, 162 – Hammerteich (Tötung auf Verlangen durch Unterlassen); **BGHSt 50, 80** – Kannibalenfall (Tötungsverlangen); **BGH StV 2011, 284** – Revolver (Ernstlichkeit des Tötungsverlangens).

V. Fahrlässige Tötung, § 222

1. Geschütztes Rechtsgut und Systematik

§ 222 ist der klassische Typ des Fahrlässigkeitsdelikts. Die klausurrelevanten Probleme gehören fast vollständig in den Allgemeinen Teil[262]. Hinsichtlich der systematischen Stellung innerhalb der Tötungsdelikte und des geschützten Rechtsguts kann auf die Ausführungen bei § 212 verwiesen werden[263]. Im Folgenden soll noch einmal auf einige zentrale Fragen hingewiesen werden.

Prüfungsschema

1. **Tatbestand**
    a) Handlung (Tun oder Unterlassen): Töten
    b) Erfolg: Tod eines anderen Menschen

---
262 *Eisele/Heinrich*, AT, Rn. 636 ff.
263 S. bereits o. Rn. 3 ff.

> c) Kausalität
> d) Sorgfaltspflichtverletzung
> e) Objektive Zurechnung, insb.
>   aa) Pflichtwidrigkeitszusammenhang und Schutzzweck der Norm
>   bb) Objektive Vorhersehbarkeit des Erfolges
>   cc) Objektive Vermeidbarkeit des Erfolges
> **2. Rechtswidrigkeit**
> **3. Schuld, speziell beim Fahrlässigkeitsdelikt**
>   a) Subjektive Sorgfaltspflichtverletzung
>   b) Subjektive Vorhersehbarkeit des Erfolges
>   c) Subjektive Vermeidbarkeit des Erfolges

2. Tatbestand

134 a) **Anderer Mensch.** Auch bei § 222 muss sich die Tat gegen einen anderen Menschen richten. Dies ist vor allem im Hinblick auf die **Abgrenzung zum Schwangerschaftsabbruch** nach § 218 von Bedeutung, da dort fahrlässiges Verhalten nicht erfasst wird[264].

135 b) **Objektive Zurechnung.** Bei § 222 ist ist diese besonders klausurrelevant. Von Bedeutung sind etwa Fragen des Pflichtwidrigkeitszusammenhangs und des Schutzzwecks der Norm. Vor allem aber ist die Selbstgefährdung von der Fremdgefährdung abzugrenzen[265]. Während beim Vorsatzdelikt die Trennlinie anhand der Grundsätze von Täterschaft und Teilnahme gezogen wird[266], ist eine solche Differenzierung beim Fahrlässigkeitsdelikt nicht möglich. Grundsätzlich vermag hier nämlich jede sorgfaltspflichtwidrige Handlung die Täterstellung zu begründen. Freilich sind die entsprechenden Abgrenzungsfragen mit der h. M. im Rahmen der objektiven Zurechnung zu erörtern. Für die **Abgrenzung zur Fremdschädigung** ist auch hier entscheidend, wer den unmittelbar lebensgefährdenden Akt vornimmt. Dreh- und Angelpunkt ist dann allerdings die **Freiverantwortlichkeit**. Sobald diese zu verneinen ist, kommt eine Strafbarkeit des Beteiligten in Betracht, weil insoweit bereits jeder Sorgfaltspflichtverstoß Anknüpfungspunkt des Fahrlässigkeitsdelikts sein kann. Daher kann es beim Suizid genügen, dass der Beteiligte sorgfaltspflichtwidrig verkennt, dass das Opfer keine autonome Entscheidung trifft.

136 aa) **Freiverantwortliches Opferverhalten.** Die Straflosigkeit in diesen Fällen wird meist mit einem Erst-recht-Schluss begründet. Wenn sogar die vorsätzliche Mitwirkung an einem Suizid straflos bleibe, müsse dies erst recht für die fahrlässige Mitwirkung an einer Selbsttötung gelten[267]. Argu-

---

264 Zu Einzelheiten o. Rn. 15 f.
265 S. näher *Eisele*, JuS 2012, 577 (581 ff.).
266 S.o. Rn. 86 ff.
267 BGHSt 24, 342 (343 f.); 32, 262 (264); 59, 160 (161).

mentum a majore ad minus wird auch die Straflosigkeit der *Selbstgefährdung* begründet: Wer schon nicht wegen der Teilnahme an einer Selbstverletzung strafbar sei, könne dies erst recht nicht wegen der Teilnahme an einer bloßen Selbstgefährdung sein[268]. Inhaltlich ist jedoch entscheidend, dass der Hintermann lediglich mittelbar über das Medium eines fremden Willens eine Bedingung setzt und so das Opfer eigenverantwortlich zum selbstschädigenden bzw. selbstgefährdenden Handeln veranlasst[269]. Einer Zurechnung des vom Opfer so selbst herbeigeführten Erfolges steht das Verantwortungsprinzip entgegen. Demnach ist jeder grundsätzlich nur dafür verantwortlich, dass er selbst nicht Rechtsgüter anderer Personen gefährdet. Nicht zuständig ist er hingegen für schädigende oder gefährdende Handlungen Dritter, weil dies deren eigenen Verantwortungsbereich trifft. Begründen lässt sich die Straflosigkeit damit, dass die Handlungsfreiheit einer Person nicht beschränkt werden darf, solange eine Person sich im Einklang mit ihrem Willen schädigt oder gefährdet und damit das Risiko der Gefahrrealisierung übernimmt. Wer daher lediglich eine eigenverantwortliche Selbstgefährdung veranlasst, fördert oder ermöglicht, macht sich grundsätzlich nicht strafbar[270]. Dogmatisch betrachtet realisiert sich damit im Rahmen der Figur der objektiven Zurechnung keine vom Täter geschaffene rechtlich missbilligte Gefahr im Erfolg, sondern ein vom Opfer freiverantwortlich übernommenes Risiko.

Bsp.:[271] T leiht dem O seinen Sportwagen; er weist ihn darauf hin, dass die Bremsen versagen könnten. O ist das gleichgültig und er verunglückt tödlich. – T macht sich nicht gem. § 222 strafbar. Es liegt eine eigenverantwortliche Selbstgefährdung des O vor, die die objektive Zurechnung ausschließt. Anders wäre z. B. zu entscheiden, wenn O den Defekt nicht gekannt hätte, weil er dann das Risiko nicht freiverantwortlich eingegangen wäre.

bb) Fehlende Freiverantwortlichkeit. Wie bereits ausgeführt[272], ist aufgrund einer Selbstgefährdung auch das bloße Überlassen von Betäubungsmitteln grundsätzlich nicht strafbar, wenn der Konsument zu Tode kommt[273]. Dies gilt aber nur unter der zusätzlichen Voraussetzung, dass das Opfer eigenverantwortlich handelt. Die **Eigenverantwortlichkeit** entfällt aber, wenn dieses das Geschehen nicht mehr hinreichend überblickt, z. B. der Täter Betäubungsmittel mit gefährlichen Stoffen „streckt" und das Opfer hierüber nicht aufklärt, so dass dieses einem Irrtum unterliegt[274]. Dann liegt die normative Handlungsherrschaft trotz Selbstgefährdung beim Täter. Bei vorsätzlicher Tatbegehung

---
268 *Roxin*, AT 1, § 11 Rn. 107; krit. hierzu *Murmann*, Grundkurs, § 23 Rn. 74.
269 *Schönke/Schröder/Eisele*, Vorbem. §§ 13 ff. Rn. 101.
270 BGHSt 46, 279 (288); 53, 55 (60); 59, 150 (167); vgl. auch schon o. Rn. 103 ff.
271 BayObLG NStZ-RR 1997, 51.
272 S.o. Rn. 87.
273 BGHSt 32, 262; 59, 150 (167).
274 BGHSt 59, 150 (168).

ist in einem solchen Fall eine mittelbare Täterschaft (§ 25 Abs. 1 Var. 2) anzunehmen. Allerdings muss man stets darauf achten, ob sich auch das vom Opfer nicht überschaute Risiko im Erfolg realisiert hat[275].

> **Bsp.:**[276] T liefert versehentlich reines Heroin statt des versprochenen Kokains, so dass O zu Tode kommt; dies kann auf einer Verwechslung seitens des T oder einer vorausgegangenen Falschlieferung an ihn beruhen. – O handelt nicht eigenverantwortlich, da er das eingegangene Risiko nicht überschaut; obgleich der Vertrieb von Betäubungsmitteln verboten und strafbar ist, trifft den T als „professionellen" Lieferanten, der das Risiko besser überblicken kann, dennoch eine Prüfungspflicht. Die Aushändigung des richtigen Rauschmittels fällt in seinen Verantwortungsbereich. Auch bloße Fahrlässigkeit hinsichtlich der Verwechslung des Stoffes unterbricht den Zurechnungszusammenhang also nicht[277].
>
> **Gegenbsp.:** O springt aus Imponiergehabe von einem Felsen in das Meer, obgleich er erkennt, dass der Sprung lebensgefährlich ist. T, der zudem weiß, dass der Meeresboden mit Felsen überzogen ist, hilft ihm bei der Vorbereitung. O stirbt bei dem Sprung. – Es liegt hier eine eigenverantwortliche Selbstgefährdung des O vor, da er die Lebensgefahr erkennt. Daher ist es für die Straffreiheit des Beteiligten unerheblich, welche Kenntnisse er besitzt und ob er – wie hier – einen Informationsvorsprung hat[278].

138 **cc) Einverständliche Fremdgefährdung.** Nimmt das Opfer die schädigende bzw. gefährdende Handlung nicht selbst vor, sondern werden etwa Betäubungsmittel vom Beteiligten gespritzt, so ist die **Grenze zur Fremdgefährung überschritten**; es ist dann lediglich eine Einwilligung zu diskutieren[279].

139 **dd) Nachfolgendes Unterlassen.** Streitig ist, ob sich der Dritte **in Fällen eigenverantwortlicher Selbstgefährdung** neben § 323c auch nach §§ 212, 13 bzw. §§ 222, 13 wegen Unterlassens strafbar macht, wenn er den Konsumenten nicht rettet. Anknüpfungspunkt einer solchen Strafbarkeit kann jedoch nicht die unterlassene Verhinderung der Selbstgefährdung sein, da diese – ebenso wie die aktive Veranlassung bzw. Förderung der Selbstgefährdung – (erst Recht) straflos bleibt. Vielmehr geht es um die unterlassene Rettung zum Zeitpunkt des Eintritts einer konkreten Gefahrensituation.

> **Bsp.:**[280] O nimmt im Haus des T mit anderen Personen Betäubungsmittel. Schließlich bietet T an, Gammabutyrolacton zu konsumieren.

---

275 BGH NStZ 2011, 341 (342).
276 BGHSt 53, 288; ferner BGH NStZ 2011, 341 (342).
277 *Eisele*, JuS 2012, 577 (583).
278 *Schönke/Schröder/Eisele*, Vorbem. §§ 13 ff. Rn. 101e; vgl. aber auch BGHSt 53, 288 (291 ff.).
279 S. sogleich Rn. 141.
280 BGHSt 61, 21; hierzu *Eisele*, JuS 2016, 276; *Jäger*, JA 2016, 392.

Nachdem andere Beteiligte den Stoff verdünnt zu sich nahmen, blieb die Flasche frei zugänglich stehen. T wies die Anwesenden darauf hin, dass der Stoff nicht unverdünnt genommen werden dürfe. Später nahm O jedoch die Substanz unverdünnt zu sich. T versuchte noch, O zum Erbrechen zu veranlassen, dieser verlor jedoch das Bewusstsein. T beschränkte sich im Folgenden darauf, die Atemfrequenz des O zu kontrollieren. Dabei nahm er billigend in Kauf, dass O ohne ärztliche Hilfe zu Tode kommen würde. Hätte T zu diesem Zeitpunkt medizinische Hilfe herbeigerufen, wäre O mit an Sicherheit grenzender Wahrscheinlichkeit gerettet worden.

Der BGH begründet in solchen Fällen eine entsprechende Strafbarkeit damit, dass ab dem Zeitpunkt der Bewusstlosigkeit die Tatherrschaft bei T liege[281]. Die Garantenstellung wurde zunächst aus dem pflichtwidrigen Vorverhalten abgeleitet[282]. Hiergegen spricht aber, dass entsprechend den Grundsätzen beim Fahrlässigkeitsdelikt ein Pflichtwidrigkeitszusammenhang zwischen dem Vorverhalten und dem Erfolg bestehen muss. Scheidet bezüglich des Vorverhaltens eine fahrlässige Tötung aus, weil die Tat nicht objektiv zurechenbar ist, so kann das nachfolgende Verhalten insoweit nicht als (vorsätzliche) Unterlassungstat bestraft werden[283]. Im Beispielsfall knüpft der BGH nicht (mehr) an ein pflichtwidriges Vorverhalten an, sondern bejaht eine Überwachungsgarantenstellung kraft Sachherrschaft über den gefährlichen Gegenstand[284]. Die Straflosigkeit des Vorverhaltens soll nichts daran ändern, dass ab dem Eintritt einer konkreten Gefahrenlage für das Opfer eine Garantenpflicht entstehe. Denn anders als in Selbsttötungsfällen erschöpfe sich bei der Selbstgefährdung die Preisgabe des Rechtsguts in der Risikoaussetzung; eine Hinnahme des als möglich erkannten Erfolgseintritts sei damit nicht notwendig verbunden[285]. Dies überzeugt jedoch nicht. Führt man die Argumentation des BGH konsequent zu Ende, so müsste auch die eigenverantwortliche Selbstgefährdung, jedenfalls aber die Einwilligung in eine Fremdgefährdung die Strafbarkeit nicht entfallen lassen. Denn auch hier bezieht sich aus Sicht des BGH das Handeln des Opfers nur auf die Gefährdung, nicht aber die Billigung des Erfolges[286].

3. Rechtswidrigkeit

a) **Rechtfertigung kraft Einwilligung.** Diese kommt nach h. M. bei einer **einverständlichen Fremdgefährdung** – die Tatherrschaft liegt anders als bei der Selbstgefährdung hier beim Beteiligten – in Betracht. Für die Recht-

---

281 BGH NStZ 1984, 452; 1985, 319 (320); BGHSt 61, 21 (26 f.).
282 Vgl. aber BGH NStZ 1984, 452; NStZ 1985, 319 (320).
283 *Eisele/Heinrich*, AT, Rn. 627; *Roxin*, NStZ 1985, 320 f.
284 BGHSt 61, 21 (23 f.).
285 BGHSt 61, 21 (26 f.).
286 Vgl. auch BGHSt 23, 261; 49, 166 (175).

fertigung soll es demnach ausreichend sein, dass das Opfer bereits in die lebensgefährdende Handlung (und nicht in die Tötung) einwilligt und damit das Handlungsunrecht entfällt[287]. Auf die (zufällige) Realisierung des Erfolges kommt es daher nicht an. Anders als bei der vorsätzlichen Tötung steht daher die mangelnde Dispositionsbefugnis über das Leben der Einwilligung nicht entgegen. Die Gegenansicht lässt hingegen eine solche Risikoeinwilligung nicht zu, da auch das Fahrlässigkeitsdelikt maßgeblich vom Erfolgsunrecht geprägt sei[288].

Bsp. 1: T nimmt mit seinem Wagen an einer Wettfahrt teil; O nimmt freiwillig als Beifahrer teil, obwohl O die Gefährlichkeit dieser Fahrt kennt. Der Wagen kommt dabei in Folge eines leichten Fahrfehlers von der Straße ab, prallt gegen einen Baum, wodurch O zu Tode kommt. – T macht sich nicht nach § 222 strafbar; zwar liegt der Tatbestand einer fahrlässigen Tötung vor, weil T als Fahrer die Tatherrschaft über das Geschehen besaß und damit eine Fremdgefährdung vorlag[289]; jedoch hatte O in die Gefährdung eingewilligt, so dass die Tat nach h. M. nicht rechtswidrig ist.

Bsp. 2:[290] Wie Bsp. 1, jedoch überholt T plötzlich hochriskant, so dass sich auf einer zweispurigen Straße drei Fahrzeuge im Abstand von jeweils 30 cm nebeneinander befinden; als der Wagen des T den Grünstreifen berührt, kommt er von der Fahrbahn ab und prallt mit tödlichen Folgen für O gegen einen Baum. – Eine Einwilligung ist hier zu verneinen, weil sich diese nicht auf den gefährlichen Überholvorgang bezog[291]; soweit der BGH im Beispielsfall allerdings unter Berufung auf den Normzweck des § 228 und die gesetzgeberische Wertung des § 216 davon ausgeht, dass eine wirksame Einwilligung bei konkreter Todesgefahr ausscheidet[292], ist dies wenig überzeugend, da mit dem Eintritt des Todes bei § 222 eine solche Gefahr regelmäßig verbunden sein wird und andernfalls kaum mehr Raum für eine Einwilligung bliebe. Zudem muss man sehen, dass § 216 nur Vorsatztaten betrifft und selbst die Vorschrift des § 228 systematisch im Bereich der Körperverletzungsdelikte verankert ist; im Ergebnis würde man ansonsten aus überindividuellen Interessen zur Schaffung eines Lebensgefährdungsdelikts gelangen, was im Hinblick auf Art. 103 Abs. 2 GG nicht unproblematisch wäre[293]. Soweit der BGH im Rahmen der Grenze des § 228[294] auch darauf abstellt, dass eine wirksame Einwilligung bei konkreter Todesge-

---

287 BGHSt 23, 261; 49, 166 (175); *Heinrich*, AT, Rn. 473.
288 Vgl. *Duttge*, NStZ 2009, 690 (691); MünchKomm-*Duttge*, § 15 Rn. 200 f.
289 BGHSt 53, 55 (60 f.); *Kudlich*, JA 2009, 389 (390 f.).
290 Nach BGHSt 53, 55.
291 *Rengier*, BT 2 § 20 Rn. 14.
292 BGHSt 49, 166 (175); 53, 55 (62 f.).
293 *Eisele*, JuS 2012, 577 (583); *Kudlich*, JA 2009, 389 (390 f.).
294 Hierzu sogleich u. Rn. 142.

fahr ausscheidet[295], bleibt dies vage, da mit dem Eintritt des Todes eine solche Gefahr ja regelmäßig verbunden sein wird. Entscheidend kann nur sein, ob sich bei Erteilung der Einwilligung eine solche konkret gefährliche Lebensgefahr prognostizieren lässt.

Jedoch ist die Einwilligung nicht schrankenlos, da selbst bei der fahrlässigen Körperverletzung die **Grenzen des § 228** zu beachten sind. Die hierfür entwickelten Grundsätze sollten daher auch für die fahrlässige Tötung gelten: Je größer die Wahrscheinlichkeit eines tödlichen Ausgangs ist und umso weniger gewichtig der verfolgte Zweck ist, desto eher ist von Sittenwidrigkeit der Tat auszugehen[296]. Nach anderer Ansicht soll hingegen die Fremdgefährdung der Selbstgefährdung gleichzustellen und bereits auf Tatbestandsebene im Rahmen der objektiven Zurechnung zu behandeln sein[297]. Die Einwilligung ist demnach solange wirksam, wie dem Gefährdeten das Risiko in demselben Maße bewusst ist wie dem Gefährdenden und der Schaden Folge des spezifisch eingegangenen Risikos ist.

Bsp.: T ist auf Grund erheblichen Alkoholkonsums fahruntüchtig; dennoch wird er von O, der Kenntnis vom Umfang des Alkoholgenusses besitzt, gebeten, ihn mit nach Hause zu nehmen. Auf Grund eines alkoholbedingten Fahrfehlers kommt es zu einem Verkehrsunfall, bei dem O getötet wird. – Man kann hier vertreten, dass die fahrlässige Tötung durch die Einwilligung des O gerechtfertigt ist, wenn man der Auffassung ist, dass die Tat angesichts des ursprünglich nur abstrakten Risikos eines Unfalles nicht gegen die guten Sitten verstößt. Zu einem entsprechenden Ergebnis gelangt man auch mit der Gegenansicht, weil sich O des Risikos im selben Maße wie T bewusst war und sich die spezifische Gefahr einer Trunkenheitsfahrt im Erfolg realisiert hat.

b) Rechtfertigung gem. § 34. Diese ist richtigerweise auch bei einer fahrlässigen Tötung möglich, da es in solchen Situationen ebenfalls nur um die Rechtfertigung einer riskanten Handlung geht.

Einführende Aufsätze:
Eisele, Freiverantwortliches Opferverhalten und Selbstgefährdung, JuS 2012, 577; *Mitsch*, Grundfälle zu den Tötungsdelikten, JuS 1996, 407 (Allgemeines zur fahrlässigen Tötung mit Beispielfall).

Übungsfälle:
Eisele, Das Bremsmanöver, JA 2003, 40 (Ziehen einer Handbremse während der Fahrt, Rechtfertigungsgründe §§ 32, 34 StGB, Kausalität, objektive Zurechnung); *Fahl*, Nachts sind alle Katzen grau, Jura 2005, 273 (Tot durch

---
295 BGHSt 49, 166 (175); 53, 55 (62 f.).
296 *Schönke/Schröder/Sternberg-Lieben*, Vorbem. §§ 32 ff. Rn. 104a. Zu § 228 näher Rn. 177 ff.
297 OLG Zweibrücken JR 1994, 518 (520); *Roxin*, AT 1, § 11 Rn. 121 ff.

Schock, Sorgfaltspflichtverletzung); *Kreß/Mühlfarth*, „Tödliches Liebesspiel", JA 2011, 268 (Sittenwidrigkeit iSd § 228 StGB, einverständliche Selbstgefährdung, Risikoeinwilligung, Einwilligungssperre, Irrtümer, aufgedrängte Not(stands)hilfe).

Rechtsprechung:
BGHSt 24, 342 – Selbstmord (fahrlässige Verursachung einer fremden Selbsttötung); **BGHSt 39, 322** – Brand-Retter (Selbstgefährdung des Retters); **BGHSt 53, 55** – Autorennen (Einwilligung in Fremdgefährdung); **BGHSt 53, 288** – „Falschlieferung" (Selbstgefährdung des BtM-Konsumenten); **OLG Stuttgart NJW 2008, 1971** – Feuerwehr (Selbstgefährdung des Retters); **OLG Stuttgart JR 2012, 163** – Überholmanöver (mittelbare Drittgefährdung).

VI. Aussetzung, § 221

1. Geschütztes Rechtsgut und Systematik

144 Obwohl die Vorschrift des § 221 ihre systematische Stellung bei den Straftaten gegen das Leben hat, ist **geschütztes Rechtsgut nicht nur das Leben**, sondern ausweislich des Wortlauts „schwere Gesundheitsschädigung" auch die **körperliche Unversehrtheit**. § 221 Abs. 1 enthält den Grundtatbestand. Es handelt sich hierbei um ein **konkretes Gefährdungsdelikt**[298]. Nr. 1 enthält keine Beschränkung des Täterkreises, wohingegen Nr. 2 ein Sonderdelikt enthält. Die Worte „in seiner Obhut hat oder ihm sonst beizustehen verpflichtet ist" bringen bei Nr. 2 zum Ausdruck, dass Täter des Delikts nur ein Garant i. S. d. § 13 sein kann[299]. § 221 Abs. 2 Nr. 1 normiert einen echten Qualifikationstatbestand, während § 221 Abs. 2 Nr. 2 und § 221 Abs. 3 Erfolgsqualifikationen enthalten.

145 **Prüfungsschema**
1. **Tatbestand**
   a) Objektiver Tatbestand
      aa) Tatbestandsalternativen
         (1) Nr. 1: Versetzen eines Menschen in hilflose Lage
         (2) Nr. 2: Imstichlassen eines Menschen in hilfloser Lage trotz Beistandspflicht i. S. e. Garantenstellung
      bb) Dadurch (spezifischer Gefahrzusammenhang) Eintritt der Gefahr des Todes oder einer schweren Gesundheitsschädigung
   b) Subjektiver Tatbestand
2. **Rechtswidrigkeit**

---

298 *Schönke/Schröder/Eser/Sternberg-Lieben*, § 221 Rn. 8.
299 *Fischer*, § 221 Rn. 4 ff.; *Wessels/Hettinger/Engländer*, BT 1, Rn. 171.

> 3. Schuld
> 4. Strafschärfungen
>   a) Qualifikation, § 221 Abs. 2 Nr. 1: Begehung der Tat gegen sein Kind oder eine Person, die zur Erziehung oder zur Betreuung in der Lebensführung anvertraut ist und Vorsatz diesbezüglich
>   b) Erfolgsqualifikation, § 221 Abs. 2 Nr. 2: Verursachung einer schweren Gesundheitsschädigung und mindestens Fahrlässigkeit i. S. d. § 18 diesbezüglich
>   c) Erfolgsqualifikation, § 221 Abs. 3: Verursachung des Todes und mindestens Fahrlässigkeit i. S. d. § 18 diesbezüglich

> **Hinweis**
> Abweichend von der Fallprüfung werden Qualifikationen und Erfolgsqualifikationen jeweils als 4. Gliederungspunkt aufgeführt, um die Übersichtlichkeit der Aufbauschemata zu wahren. Zum klausurmäßigen Aufbau von Qualifikationen vgl. exemplarisch die Darstellung bei § 224[300], zu Erfolgsqualifikationen die Ausführungen zu § 227[301].

2. Grundtatbestand des § 221 Abs. 1

a) § 221 Abs. 1 Nr. 1. Den Tatbestand verwirklicht, wer einen anderen Menschen in eine hilflose Lage versetzt und ihn dadurch der Gefahr des Todes oder einer schweren Gesundheitsschädigung aussetzt.

aa) Der Täter muss das Opfer in eine hilflose Lage versetzen. Eine **hilflose Lage** ist nach h. M. gegeben, wenn das Opfer bei zunächst zumindest abstrakter Gefahr außerstande ist, sich aus eigener Kraft oder mit Hilfe Dritter vor drohenden Lebens- oder schweren Gesundheitsgefahren zu schützen[302]. Es sind also auch Fälle zu erfassen, in denen das Opfer zum Zeitpunkt der Handlung selbst schon hilflos ist, jedoch hilfsfähige und hilfswillige schutzbereite Dritte noch Beistand leisten[303].

> **Bsp.:** Der verletzte O wird vom Retter R betreut. T kommt hinzu und schlägt den R bewusstlos. Nur deshalb gerät O in konkrete Lebensgefahr. – T macht sich nach § 221 Abs. 1 Nr. 1 strafbar.

bb) Typische Fälle der Nr. 1 sehen – im Gegensatz zu Nr. 2 – meist so aus, dass der Täter die **hilflose Lage erst durch die Tat, d. h. das Versetzen, herbeiführt**. Erfasst werden darüber hinaus aber auch Sachverhalte, in denen das bereits hilflose Opfer in eine neue, andere hilflose Lage versetzt wird[304]. Dann

---
300 Vgl. u. Rn. 192.
301 Vgl. u. Rn. 228.
302 BGHSt 52, 153 (157); BGH NStZ 2018, 209 (210); MünchKomm-*Hardtung*, § 221 Rn. 7.
303 Vgl. auch BGH NStZ 2008, 395; NStZ 2018, 209 (210); SK-*Wolters*, § 221 Rn. 3.
304 BGHSt 52, 153 (157); BGH NStZ 2018, 209 (210); NK-*Neumann/Saliger*, § 221 Rn. 15.

muss bei der weiteren Prüfung allerdings beachtet werden, dass die konkrete Gefahr des Todes oder einer schweren Gesundheitsschädigung gerade auf dem Versetzen in die neue hilflose Lage beruht bzw. eine bereits bestehende Gefahr dadurch nicht nur unwesentlich gesteigert wird[305].

> **Bsp.:**[306] T findet den schwer betrunkenen O in einer eiskalten Nacht auf der Straße. Um O eine Lektion zu erteilen, verbringt er ihn mit seinem Wagen in einen Wald und setzt ihn dort aus; nur durch Zufall wird er dort von einem Jäger gefunden und gerettet. – O befand sich auf Grund seiner Trunkenheit zwar bereits in einer hilflosen Lage. T führte jedoch eine neue, andere hilflose Lage herbei, wodurch O einer gesteigerten drohenden Lebens- bzw. schweren Gesundheitsgefahr ausgesetzt wurde. T hat sich daher gem. § 221 Abs. 1 Nr. 1 strafbar gemacht.

149 cc) Das tatbestandsmäßige Versetzen wird häufig in **einem räumlichen Verbringen des Opfers** an einen anderen Aufenthaltsort bestehen. Nach h. M. ist jedoch eine Ortsveränderung nicht erforderlich[307]. Daher können auch alle anderen aktiven Einwirkungen auf das Opfer – wie Täuschung, Drohung oder Gewalt –, die eine hilflose Lage herbeiführen, tatbestandsmäßig sein.

> **Bspe:** T schlägt O bewusstlos, fesselt ihn oder flößt ihm Alkohol ein.

150 dd) Obwohl das Versetzen in eine hilflose Lage grundsätzlich durch aktive Handlungen geschieht, kann § 221 Abs. 1 Nr. 1 auch durch **Unterlassen** verwirklicht werden. Dies ist der Fall, wenn ein Garant nicht verhindert, dass das Opfer in eine hilflose Lage gerät und dadurch der Gefahrerfolg eintritt[308].

> **Bsp. (1):** Der Vater verhindert nicht, dass ein Dritter sein Kind in eine hilflose Lage versetzt.

> **Bsp. (2):** Der Garant verhindert nicht, dass das Opfer sich betrinkt oder – weil es verwirrt ist – sich an einen abgelegenen Ort begibt (sog. Selbstaussetzung[309]).

151 b) § **221 Abs. 1 Nr. 2.** Nach Ansicht des BGH ist Nr. 2 nach dem Schwerpunkt der Vorwerfbarkeit ein Unterlassungsdelikt, weil nicht das Entfernen usw. entscheidend ist, sondern das Unterlassen der Hilfe[310]. Im Gegensatz zu Nr. 1 handelt es sich um ein **Sonderdelikt**. Täter kann nur sein, wer eine **Garantenstellung** besitzt („in seiner Obhut hat oder ihm sonst beizu-

---

305 LG Zweibrücken VRS 98, 284; *Lackner/Kühl*, § 221 Rn. 5.
306 Vgl. auch BGH NStZ 2018, 209.
307 *Lackner/Kühl*, § 221 Rn. 3; *Wessels/Hettinger/Engländer*, BT 1, Rn. 168.
308 BGH NStZ 2018, 209 (210).
309 *Rengier*, BT 2, § 10 Rn. 8.
310 BGHSt 57, 28 (30 f.): echtes Unterlassungsdelikt; dagegen *Momsen*, StV 2013, 54 (58).

stehen verpflichtet ist"), die allgemeine Hilfspflicht aus § 323c genügt nicht[311].

> **Klausurtipp**
>
> § 221 Abs. 1 Nr. 2 ist im Zusammenhang mit Unterlassungsdelikten von großer Bedeutung. Soweit zuvor bei der Prüfung eines unechten Unterlassungsdelikts bereits eine Garantenstellung verneint wurde, kann § 221 Abs. 1 Nr. 2 durch Verweis auf diese Ausführungen „zügig" abgelehnt werden. Im Übrigen ist folgende Prüfungsreihenfolge zu empfehlen: Zunächst sollte das unechte Unterlassungsdelikt, z. B. eine Strafbarkeit nach §§ 212, 13, geprüft werden. Danach ist dann auf die Aussetzung nach § 221 Abs. 1 Nr. 2 einzugehen, wobei auf etwaige Ausführungen zur Garantenstellung bei §§ 212, 13 verwiesen werden kann. Schließlich sollte in einem letzten Schritt das echte Unterlassungsdelikt des § 323c angesprochen werden.

aa) Nr. 2 setzt anders als Nr. 1 bereits das **Bestehen einer hilflosen Lage**[312] zum Zeitpunkt des Im-Stich-Lassens voraus. Ein **Im-Stich-Lassen** liegt unabhängig davon vor, ob sich der Garant räumlich entfernt[313].

> **Bsp. 1:** T verlässt den Unfallort, nachdem er den O mit seinem PKW bei einem Unfall schwer verletzt hat (Garantenstellung aus Ingerenz).
>
> **Bsp. 2:** Die über den Nachtdienst verärgerte Krankenschwester betrinkt sich oder schläft in ihrem Raum und vernachlässigt dadurch Patient O, wodurch dieser in die Gefahr einer schweren Gesundheitsschädigung gerät.

bb) Einbezogen sind letztlich auch Fälle, in denen das Im-Stich-Lassen noch nicht im räumlichen Entfernen vom Opfer gesehen werden kann, sondern der Täter seiner Beistandspflicht erst dadurch nicht nachkommt, dass er **nicht mehr zum Opfer zurückkehrt**[314].

> **Bsp.:** Die Eltern verlassen das Kleinkind O, um ins Kino zu gehen. Nach Ende der Vorstellung fassen sie spontan den Entschluss, nicht zurückzukehren, sondern über das Wochenende wegzufahren.

c) Eintritt einer konkreten Gefahr. Gemeinsame tatbestandliche Voraussetzung für § 221 Abs. 1 Nr. 1 und Nr. 2 ist ferner, dass der Täter die hilflose Person durch die Tathandlung einer **konkreten Gefahr des Todes oder einer schweren Gesundheitsschädigung** aussetzt.

---

311 BGHSt 26, 35 (37); OLG Stuttgart NStZ 2009, 102 f.; *Schönke/Schröder/Eser/Sternberg-Lieben*, § 221 Rn. 10.
312 Dazu bereits o. Rn. 147.
313 BGHSt 52, 153 (158); *Rengier*, BT 2, § 10 Rn. 10.
314 *Fischer*, § 221 Rn. 12; *Krey/Hellmann/Heinrich*, BT 1, Rn. 137.

156 aa) Eine **konkrete Gefahr** ist gegeben, wenn die Tathandlung über die ihr innewohnende latente Gefährlichkeit hinaus zu einer kritischen Situation für das geschützte Rechtsgut führt. Nach der allgemeinen Lebenserfahrung muss – was auf Grund einer objektiv nachträglichen Prognose zu beurteilen ist – die Sicherheit einer bestimmten Person so stark beeinträchtigt werden, dass es nur noch vom Zufall abhängt, ob das Rechtsgut verletzt wird oder nicht[315]. Tritt eine konkrete Gefahr nicht ein, weil das Opfer anderweitig gerettet wird, dann bleibt der Täter nach Absatz 1 straffrei, weil es sich bei der Aussetzung um ein Vergehen handelt und die Strafbarkeit des Versuchs nicht ausdrücklich angeordnet ist.

> **Hinweis**
> Der Begriff der konkreten Gefahr wird in vielen zentralen Tatbeständen – §§ 113 Abs. 2 Satz 2 Nr. 2, 218 Abs. 2 Satz 2 Nr. 2, 225 Abs. 3 Nr. 1 und Nr. 2, 239 Abs. 3 Nr. 2, 250 Abs. 1 Nr. 1c, Abs. 2 Nr. 3b, 306a Abs. 2, 306b Abs. 2 Nr. 1, 315 Abs. 1, 315a Abs. 1, 315b Abs. 1, 315c Abs. 1 – verwendet. Die hier genannte Definition gilt jeweils entsprechend.

157 bb) Problematisch ist, was unter dem Begriff der **schweren Gesundheitsschädigung** zu verstehen ist. Unbestritten ist zunächst, dass höhere Anforderungen als bei einer (einfachen) Gesundheitsschädigung i. S. d. § 223 Abs. 1 Var. 2 zu stellen sind. In jedem Falle kann man darunter solche gesundheitlichen Folgen subsumieren, die entweder in § 226 Abs. 1 Nr. 1 bis 3 ausdrücklich genannt sind oder jedenfalls mit den dort genannten Gesundheitsschäden einen vergleichbaren Schweregehalt aufweisen. Aber auch die konkrete Gefahr einer Gesundheitsschädigung, die **unterhalb der Schwelle des § 226** liegt, wird richtigerweise erfasst. Eine schwere Gesundheitsschädigung liegt daher auch dann vor, wenn das Opfer in eine ernste, langwierige Krankheit verfällt, eine dauernde oder langwierige schwerwiegende Beeinträchtigung der Gesundheit[316], der Arbeitskraft oder anderer körperlicher Fähigkeiten oder eine nachhaltige Beeinträchtigung der physischen oder psychischen Stabilität[317] gegeben ist. Dabei ist auch die individuelle gesundheitliche Konstitution des Opfers zu berücksichtigen[318]. Dasselbe gilt für die persönlichen Verhältnisse des Opfers, die – wie etwa der Beruf – für das Vorliegen einer schwerwiegenden Beeinträchtigung der Arbeitskraft maßgeblich sein können[319].

158 cc) Erforderlich ist ferner ein **spezifischer Gefahrzusammenhang** zwischen Tathandlung und Gefahrerfolg, d. h. der Eintritt der konkreten Ge-

---

315 BGH NStZ 1996, 83; *Heinrich*, AT, Rn. 163.
316 Vgl. BT-Drs. 13/8587, S. 27 f.
317 *Schönke/Schröder/Eser/Weißer*, § 218 Rn. 59.
318 So auch *Fischer*, § 218a Rn. 26; *Schönke/Schröder/Eser/Weißer*, § 218a Rn. 29.
319 BGH NJW 2002, 2043 zu § 250 Abs. 1 Nr. 1c; *Schroth*, NJW 1998, 2865; a. A. *Hellmann*, JuS 2003, 19 f.

fahr muss gerade auf der der Tathandlung eigentümlichen Gefährlichkeit beruhen.

> **Bsp.:**[320] T nimmt dem betrunkenen O in einer eiskalten Winternacht seine Daunenjacke weg und setzt diesen am Straßenrand ab. Nur durch Zufall wird O von einem Passanten aufgefunden und vor dem Kältetod gerettet. – T macht sich nach § 221 Abs. 1 Nr. 1 strafbar, da die Gefahr des Kältetodes die typische Gefahr der Tathandlung ist. Anders wäre der Fall zu beurteilen, wenn die Todesgefahr darauf beruht, dass O von Räuber R überfallen wird und durch Messerstiche schwer verletzt wird. Denn hier hat sich nicht die typische Gefahr der Aussetzung, sondern die allgemeine Gefahr, Opfer eines Raubüberfalls zu werden, verwirklicht.

dd) Wichtig ist im Übrigen, dass man zwischen der **hilflosen Lage einerseits und der konkreten Gefahr andererseits unterscheidet**. Dies hat vor allem Bedeutung für Fälle der Nr. 2. Besteht auf Grund der hilflosen Lage, in der der Täter das Opfer im Stich lässt, bereits eine konkrete Gefahr, so kann Nr. 2 nur noch dann erfüllt sein, wenn entweder diese konkrete Gefahr gesteigert wird oder durch das Im-Stich-Lassen eine andere konkrete Gefahr eintritt[321]. Denn Voraussetzung für die Anwendung des Tatbestandes ist, dass sich die konkrete Gefahr gerade aus der hilflosen Lage entwickelt.

> **Bsp.:** Der kranke O befindet sich in der Gefahr einer schweren Gesundheitsschädigung. Krankenschwester T lässt ihn im Stich, wodurch sich der Zustand deutlich verschlechtert und er in die Gefahr des Todes gerät. Da sich die bereits bestehende Gefahr durch das Im-Stich-Lassen weiter steigert, ist der Tatbestand des § 221 Abs. 1 Nr. 2 verwirklicht.

d) Subjektiver Tatbestand. Dieser setzt voraus, dass der Täter vorsätzlich, d. h. **zumindest mit dolus eventualis** handelt. Der Vorsatz muss sich dabei nicht nur auf die hilflose Lage und die Tathandlung („Versetzen" oder „Im-Stich-Lassen") beziehen, sondern sich auch auf den Eintritt des konkreten Gefahrerfolges erstrecken. Im Falle der Nr. 2 müssen auch diejenigen Tatumstände, die die Garantenstellung begründen, vom Vorsatz erfasst sein.

3. Strafschärfungen

a) § 221 Abs. 2 Nr. 1. Die **Qualifikation** ist verwirklicht, wenn der Täter die Tat gegen sein Kind oder eine Person begeht, die ihm zur Erziehung oder zur Betreuung in der Lebensführung anvertraut ist. Der Täter muss hinsichtlich des qualifizierenden Umstandes Vorsatz besitzen.

b) § 221 Abs. 2 Nr. 2 und § 221 Abs. 3. Es handelt sich um **erfolgsqualifizierte Delikte**, für die gem. § 18 ausreichend ist, dass der Täter hinsichtlich der genannten schweren Folgen wenigstens fahrlässig handelt.

---

320 *Kindhäuser/Schramm*, BT 1, § 5 Rn. 20.
321 BT-Drs. 13/9064 S. 14; *Schönke/Schröder/Eser/Sternberg-Lieben*, § 221 Rn. 8.

163 aa) § 221 Abs. 2 Nr. 2 ist verwirklicht, wenn der Täter durch die Tat eine **schwere Gesundheitsschädigung des Opfers verursacht**[322]. Die Strafschärfung des § 221 Abs. 2 Nr. 2 beruht darauf, dass sich die Gefahr einer schweren Gesundheitsschädigung i. S. d. Grundtatbestandes tatsächlich realisiert. Für **§ 221 Abs. 3** ist erforderlich, dass der Täter durch die Tat den **Tod des Opfers verursacht**. Im Übrigen muss jeweils sorgfältig geprüft werden, ob der spezifische Gefahrzusammenhang zwischen Grundtatbestand und schwerer Folge vorliegt[323]. Erforderlich ist insoweit, dass sich im Eintritt der schweren Gesundheitsschädigung bzw. des Todes die spezifische Gefahr der Aussetzung gem. Abs. 1 realisiert.

164 bb) Umstritten ist, ob in den Fällen des §§ 221 Abs. 2 und Abs. 3 der **Versuch strafbar** ist. Zwar ist eine Versuchsstrafbarkeit nicht ausdrücklich angeordnet, jedoch könnte diese nach allgemeinen Grundsätzen aus dem Verbrechenscharakter der Erfolgsqualifikationen (§ 23 Abs. 1) gefolgert werden. In Fällen der versuchten Erfolgsqualifikation (versuchtes oder vollendetes Grunddelikt bei Tatentschluss bzgl. der nicht eingetretenen schweren Folge) wird von der h. M. eine Versuchsstrafbarkeit bejaht. Begründet wird dies damit, dass für die Erfolgsqualifikation keine anderen Regeln gelten könnten als für Qualifikationen[324]. Anders wird überwiegend beim erfolgsqualifizierten Versuch (Eintritt der schweren Folge bei versuchten Grunddelikt) entschieden. Da das versuchte Grunddelikt nicht strafbar ist, soll auch der Eintritt der schweren Folge nichts an der Straffreiheit ändern. Ferner lässt sich damit argumentieren, dass ansonsten die schwere Folge nicht nur – wie es § 18 zum Ausdruck bringt – zu einer schärferen Strafe führt, sondern vielmehr auch strafbegründend wirken würde[325].

4. Konkurrenzen

165 § 221 Abs. 1 (Abs. 3) tritt im Wege der **Gesetzeskonkurrenz hinter vorsätzlichen Tötungsdelikten zurück**. Tateinheit besteht aber zwischen versuchten Tötungsdelikten und vollendeter Aussetzung sowie mit §§ 223, 224[326].

> **Einführende Aufsätze:**
> *Ladiges*, Die Aussetzung nach § 221 StGB, JuS 2012, 687; *I. Sternberg-Lieben/Fisch*, Der neue Tatbestand der (Gefahr-)Aussetzung (§ 221 n. F.), Jura 1999, 45; *Wengenroth*, Grundprobleme der Aussetzung, § 221 StGB, JA 2012, 584.

---

322 Zum Begriff der Gesundheitsschädigung s. o. Rn. 157.
323 Näher *Heinrich*, AT, Rn. 181.
324 *Kühl*, FS Gössel, 2002, S. 191 (203 f.); *Rengier*, BT 2, § 10 Rn. 21; a. A. NK-*Paeffgen*, § 18 Rn. 113.
325 Vgl. *Kühl*, FS Gössel, 2002, S. 191 (204 f.); SK-*Stein*, § 18 Rn. 8; a. A. *Heger*, ZStW 117 (2007), S. 593 (620); *Otto*, BT, § 10 Rn. 9.
326 Näher *Eisele*, BT 1, Rn. 261.

VI. Aussetzung, § 221

Übungsfälle:
Baier, Tod nach Aussetzung, JA 2000, 300 (Aussetzung durch aktives Tun oder Unterlassen, Schuldfähigkeit, qualifizierte Ausssetzung); *Frisch/Murmann*, Ein folgenschwerer Denkzettel, JuS 1999, 1196 (Aussetzung als konkretes Gefährdungsdelikt, versuchte Aussetzung mit Todesfolge und der strafbefreiende Rücktritt).

Rechtsprechung:
BGHSt 21, 44 – Mutter (Verhungernlassen von Kindern); **BGHSt 52, 153** – Misshandlung (Steigerung der hilflosen Lage); **BGHSt 57, 28** – Balkonsturz (§ 221 Abs. 1 Nr. 2 als echtes Unterlassungsdelikt); **BGH NStZ 2008, 395** – Polizei (Begriff der hilflosen Lage).

Teil 3: Straftaten gegen die körperliche Unversehrtheit

I. Körperverletzung, § 223

1. Geschütztes Rechtsgut und Systematik

166 Geschütztes Rechtsgut der Körperverletzungsdelikte ist die **körperliche Unversehrtheit**. Wie bereits aus der Regelung des § 228 folgt, handelt es sich hierbei um ein disponibles Rechtsgut. Der Grundtatbestand des § 223 wird durch die Qualifikationstatbestände in § 224 (gefährliche Körperverletzung), § 226 Abs. 2 (schwere Körperverletzung), § 226a (Verstümmelung weiblicher Genitalien) und § 340 (Körperverletzung im Amt) ergänzt. Erfolgsqualifikationen i. S. d. § 18 finden sich in § 226 Abs. 1 (schwere Körperverletzung), und § 227 (Körperverletzung mit Todesfolge). Die fahrlässige Körperverletzung ist in § 229 normiert. Selbstständige Abwandlungen sind in § 225 (Misshandlung von Schutzbefohlenen) und § 231 (Beteiligung an einer Schlägerei) enthalten. In Fällen des **§ 223 und § 229 bedarf es gem. § 230 eines Strafantrags**, es sei denn, die Strafverfolgungsbehörde hält wegen des besonderen öffentlichen Interesses an der Strafverfolgung ein Einschreiten von Amts wegen für geboten.

167 Prüfungsschema
1. **Tatbestand**
   a) Objektiver Tatbestand
      aa) Andere Person
      bb) Körperliche Misshandlung (Var. 1) oder Gesundheitsschädigung (Var. 2)
   b) Subjektiver Tatbestand
2. **Rechtswidrigkeit**
3. **Schuld**
4. **Strafantrag, § 230**

2. Objektiver Tatbestand

168 a) **Tatobjekt.** Dieses muss schon ausweislich des Wortlauts – nicht anders als bei den Tötungsdelikten – eine **andere Person** sein. Die Selbstverlet-

I. Körperverletzung, § 223

zung des Opfers ist damit straflos[327]. Daraus folgt zugleich, dass die Beteiligung an einer **eigenverantwortlichen Selbstverletzung des Opfers** nicht strafbar ist. Hier können sich – nicht anders als bei den Tötungsdelikten – schwierige Abgrenzungsfragen zur Fremdverletzung stellen[328]. In Abweichung zu den bei §§ 212 ff. geschilderten Grundsätzen ist jedoch zu beachten, dass bei den Körperverletzungsdelikten grundsätzlich eine rechtfertigende Einwilligung des Opfers möglich ist[329].

b) Körperliche Misshandlung, Var. 1. Diese ist von der Gesundheitsschädigung (Var. 2) zu unterscheiden.

> **Klausurtipp**
>
> Beide Varianten des § 223 Abs. 1 überschneiden sich häufig. Dies ist vor allem der Fall, wenn eine körperliche Misshandlung zugleich zu einer Gesundheitsschädigung führt. Es empfiehlt sich, in solchen Fällen mit Var. 1 zu beginnen. Wird diese bejaht, kann ggf. darauf hingewiesen werden, dass auch Var. 2 zusätzlich erfüllt ist. In unproblematischen Fällen – A verpasst dem B einen Faustschlag – sollte die Körperverletzung in aller Kürze festgestellt werden. Sofern die Verwirklichung des Tatbestandes jedoch problematisch ist, sollten Var. 1 und Var. 2 jeweils genau definiert und dann sorgfältig unter die jeweilige Definition subsumiert werden.

Der Begriff der körperlichen Misshandlung erfasst Substanzverletzungen, Funktionsbeeinträchtigungen und alle übrigen nicht unerheblichen Beeinträchtigungen des körperlichen Wohlbefindens.

> **Definition**
>
> Eine **körperliche Misshandlung** ist eine üble und unangemessene Behandlung, die das körperliche Wohlbefinden mehr als nur unerheblich beeinträchtigt[330].

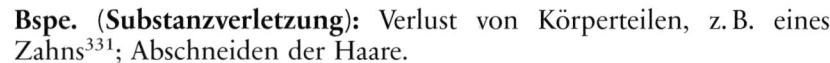

Bspe. (**Substanzverletzung**): Verlust von Körperteilen, z. B. eines Zahns[331]; Abschneiden der Haare.

Bspe. (**Funktionsbeeinträchtigung**): Beeinträchtigung der Sehkraft[332] oder der Bewegungsfähigkeit von Armen oder Beinen.

---

327 Vgl. aber die Strafbarkeit einer Selbstverstümmelung nach § 109, § 17 WStG.
328 S. bereits Rn. 86 ff.
329 Dazu unten Rn. 177 ff.
330 BGHSt 25, 277 f.; 53, 145 (158); *Schönke/Schröder/Sternberg-Lieben*, § 223 Rn. 3.
331 BGH NJW 1978, 1206.
332 BGH NStZ-RR 2009, 50.

> **Bspe. (weitere Beeinträchtigungen des Wohlbefinden):** Faustschlag, Ohrfeige, Fußtritt, Festhalten im „Schwitzkasten"[333], Übergießen der Haare und Oberkleidung mit Brennspiritus[334], langes Fesseln oder kräftezehrende Übungen wie Liegestütze oder das Halten von Baumstämmen[335].

171 Das **Empfinden von Schmerz** ist dabei nicht erforderlich[336]. Die Beeinträchtigung darf jedoch nicht unerheblich sein, so dass Bagatellfälle nicht den objektiven Tatbestand verwirklichen.

> **Bspe. (Bagatellfälle):** Leichter Klaps[337], leichter Stoß vor die Brust, kleiner Kratzer, leichte Hautrötung[338], geringer Bluterguss eines Schülers bei Festhalten am Arm durch den Lehrer[339].

172 Auf der Grenze zu den Bagatellfällen liegt etwa das Bespucken des Opfers[340]. Entscheidend für die Lösung dieser Frage ist, ob man mit der h. M. die Beeinträchtigung des **physischen Wohlbefindens** verlangt[341] oder ob man eine Beeinträchtigung des **seelischen bzw. psychischen Wohlbefindens** genügen lässt. Mit letztgenannter Ansicht kann man den Tatbestand damit begründen, dass das Wohlbefinden des Opfers durch Hervorrufen von Ekel nicht nur unerheblich beeinträchtigt wird. Die h. M. verneint hingegen eine Körperverletzung, weil sich die physischen Folgen durch Abwischen leicht beseitigen lassen; es verbleibt dann lediglich eine tätliche Beleidigung gem. § 185 Var. 2. Auch das Hervorrufen von Angst, Schrecken, Wut, Müdigkeit usw. genügt nach h. M. nicht[342], soweit nicht im Einzelfall das physische Wohlbefinden als Folge beeinträchtigt wird. Solche Beeinträchtigungen des psychischen Wohlbefindens können nur unter den Voraussetzungen des § 225 Abs. 1 erfasst werden, wenn der Täter also das Opfer z. B. „quält"[343]. Anders ist nur zu entscheiden, wenn die Einwirkung auf das psychische Wohlbefinden mittelbar auch zu einer Beeinträchtigung des physischen Wohlbefindens führt.

> **Bspe.:** T erschreckt den O, worauf dieser einen schweren Schock erleidet; auf Grund des Telefonterrors des T erleidet O Kopfschmerzen. – Da T nicht nur psychische, sondern auch physische Beeinträchtigungen hervorruft, liegt eine Körperverletzung vor. Je nachdem, ob T vorsätzlich handelt, ist § 223 oder § 229 verwirklicht.

---

333 BGH NStZ-RR 2010, 374.
334 BGH NStZ 2007, 701.
335 BGHSt 53, 145 (158).
336 BGHSt 25, 277 (278).
337 BGH NStZ 1987, 173 – im Zusammenhang mit elterlichem Züchtigungsrecht.
338 OLG Karlsruhe VRS 108 (2005), 427 f.
339 Dazu *Jahn*, JuS 2010, 458.
340 BGH NStZ 2016, 27; OLG Zweibrücken NJW 1991, 240, jew. zum Spucken ins Gesicht.
341 S. BGHSt 48, 34 (36 f.); BGH NStZ 2016, 27 (Erzeugung von Brechreiz).
342 *Wessels/Hettinger/Engländer*, BT 1, Rn. 219 f.
343 Vgl. *Wessels/Hettinger/Engländer*, BT 1, Rn. 207.

c) **Gesundheitsschädigung, Var. 2.** Diese stellt auf die Herbeiführung eines **krankhaften Zustandes** ab. **173**

> **Definition**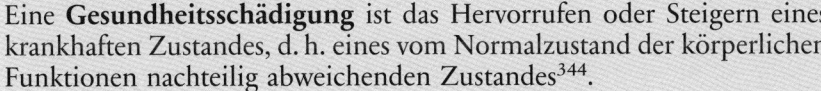
> Eine **Gesundheitsschädigung** ist das Hervorrufen oder Steigern eines krankhaften Zustandes, d. h. eines vom Normalzustand der körperlichen Funktionen nachteilig abweichenden Zustandes[344].

Bspe.: Anstecken mit einer Krankheit, Herbeiführen von Infektionen, Wunden, Fieber, Bewusstlosigkeit, Trunkenheit, exzessives Röntgen[345] oder Knochenbrüche. Die Verabreichung von Betäubungsmitteln, die Infizierung mit einem HI-Virus, ohne dass die Krankheit dabei selbst bereits ausgebrochen sein muss[346]. Hingegen genügt das bloße Pusten von Zigarettenrauch und Spuckepartikeln nicht, soweit nur die Gefahr des Kontakts mit Viren und Bakterien besteht und daher gerade keine Gesundheitsschädigung herbeigeführt wird[347].

Auch bei Var. 2 ist zu beachten, dass es sich um **nicht unerhebliche Beeinträchtigungen** handeln muss. Daher führt nicht jede Betäubungsmittelgabe zwingend zu einer Gesundheitsschädigung, da vor allem beim Konsum leichter Drogen in geringer Dosis die normalen Körperfunktionen nicht so nachteilig beeinflusst werden, dass von einem pathologischen Zustand gesprochen werden kann[348]. **174**

Bspe.: Das Herbeiführen geringer „blauer Flecken", einer nur leicht erhöhten Temperatur oder das Beibringen ganz geringer Alkoholmengen überschreitet noch nicht die Bagatellgrenze.

3. Subjektiver Tatbestand

Insoweit ist dolus eventualis ausreichend. Soweit der Täter mit Tötungsvorsatz handelt, ist nach inzwischen ganz h. M. der Körperverletzungsvorsatz darin mit enthalten (Einheitstheorie), da die Körperverletzung ein Durchgangsstadium zur Tötung darstellt[349]. **175**

4. Rechtswidrigkeit

a) **Rechtfertigende Einwilligung.** Speziell bei den Körperverletzungsdelikten ist auf Rechtswidrigkeitsebene der **Rechtfertigungsgrund** der Einwilligung mit der hierfür in § 228 normierten Grenze von Bedeutung. Zur Frage der Einwilligung gelangt man jedoch nur, soweit es sich um einen Fall der Fremdgefährdung oder Fremdverletzung handelt. Nach den Grundsätzen der **176**

---

344 RGSt 19, 226 f.; BGH NJW 1960, 2253.
345 BGHSt 43, 346 (354 ff.) – 140 Röntgenaufnahmen innerhalb von 12 Jahren.
346 BGHSt 36, 1 (6 f.); *Rengier*, BT 2, § 13 Rn. 11.
347 *Jahn*, JuS 2014, 176 (177) entgegen AG Erfurt NStZ 2014, 160.
348 BGHSt 43, 346 (354); 49, 34 (38).
349 Vgl. BGHSt 16, 122 (123); BGH NStZ 1997, 233 (234).

eigenverantwortlichen **Selbstgefährdung** bzw. **Selbstverletzung** ist bereits die **objektive Zurechnung** zu verneinen, wenn der Beteiligte die Gefährdung lediglich veranlasst, ermöglicht oder fördert und sich im Erfolg gerade das vom Opfer bewusst eingegangene Risiko realisiert[350]. Maßgebliches Abgrenzungskriterium zwischen einer straflosen Beteiligung an einer eigenverantwortlichen Selbstgefährdung bzw. Selbstverletzung und einer tatbestandsmäßigen Fremdgefährdung bzw. Fremdverletzung ist auch hier die Tatherrschaft[351].

> **Bsp. (1): (Selbst-/Fremdschädigung):** T überlässt dem O auf dessen Aufforderung gesundheitsschädigende Betäubungs-/Dopingmittel, die dieser anschließend selbst einnimmt. – Die Tatherrschaft über den gesundheitsschädigenden Akt liegt hier bei O; handelt er freiverantwortlich, so ist der objektive Tatbestand des § 223 Abs. 1 Var. 2 zu verneinen, weil dem T der Erfolg nicht objektiv zurechenbar ist. Spritzt hingegen T dem O das Mittel, so liegt eine Fremdverletzung vor. T geht dann nur straffrei aus, wenn eine wirksame Einwilligung des O vorliegt.
>
> **Bsp. (2): (Selbstgefährdung):** T überlässt dem O seinen verkehrsuntüchtigen Wagen; O verunglückt in Kenntnis des Risikos und wird verletzt. – § 229 ist aus den bei Bsp. 1 genannten Gründen zu verneinen. Zwar hat T den Wagen überlassen, jedoch hat sich O selbst eigenverantwortlich dieser Gefahr ausgesetzt (anders als in Bsp. 1 wussten die Beteiligten hier nicht um den Eintritt des Erfolges). Entsprechendes gilt für Personen, die in Kenntnis des Risikos ungeschützten Geschlechtsverkehr mit einer Person ausüben, die mit dem HI-Virus infiziert ist.
>
> **Bsp. (3): (Fremdgefährdung):**[352] T und O betätigen sich als Autosurfer. Sie fahren dazu auf einem Feldweg. O legt sich auf das Autodach, T fährt. T beginnt mit 20 km/h, steigert dann aber das Tempo nach Anfeuerungen durch O auf 80 km/h. T und O denken dabei allerdings nicht an die ungeheuren Fliehkräfte. In einer Kurve verliert O den Halt, stürzt herab und wird dabei lebensgefährlich verletzt. – Es liegt nunmehr, anders als in Bsp. 2, eine Fremdgefährdung vor, da T das Fahrzeug steuerte und damit Tatherrschaft besaß[353]; dies wird deutlich, wenn man sich vergegenwärtigt, dass O nicht ohne weiteres das Fahrzeug verlassen und sich dem Risiko entziehen kann. T verwirklicht damit den Tatbestand des § 229; die Tat ist auch nicht durch eine Einwilligung des O gedeckt, da diese angesichts der Gefahr der schweren Verletzung i. S. d. § 228 sittenwidrig ist[354].

aa) Für die rechtfertigende **Einwilligung** sind zunächst die allgemeinen Voraussetzungen zu beachten[355], bevor auf die Grenze des § 228 eingegangen

---

350 BGHSt 32, 262; 46, 279 (288 f.); 49, 34 (41 f.); BGH NStZ 2001, 205.
351 S. bereits o. Rn. 87 ff.
352 Nach OLG Düsseldorf NStZ-RR 1997, 325 – Autosurfen.
353 *Trüg*, JA 2002, 218 ff.; a. A. (eigenverantwortliche Selbstgefährdung) z. B. *Hammer*, JuS 1998, 786 ff.
354 Vgl. u. Rn. 177.
355 S. nur *Eisele/Heinrich*, AT, Rn. 303 ff.

wird. Eine Körperverletzung ist gem. **§ 228 trotz Einwilligung des Geschädigten sittenwidrig**, wenn sie gegen das Anstandsgefühl aller billig und gerecht Denkenden verstößt[356]. Um die Anforderungen des in Art. 103 Abs. 2 GG verbürgten Bestimmtheitsgrundsatzes zu wahren, kann ein Verstoß gegen die guten Sitten nur angenommen werden, wenn die Tat nach allgemein gültigen moralischen Maßstäben, die vernünftigerweise nicht in Frage gestellt werden können, mit dem eindeutigen Makel der Sittenwidrigkeit behaftet ist[357]. Entscheidend ist dabei, ob die Tat selbst gegen die guten Sitten verstößt, und nicht, ob dieser Makel der Einwilligung anhaftet.

> **Bsp.:** O willigt in die Entnahme einer Blutprobe durch T ein; T möchte diese bei einem Sportereignis als eigene abgeben, um so zu vertuschen, dass er selbst gedopt ist. – Da die Entnahme einer Blutprobe nur ein geringfügiger Eingriff ist, ist die Körperverletzung nicht als sittenwidrig zu qualifizieren. Daran ändert sich nichts dadurch, dass der mit der Einwilligung verfolgte Zweck missbilligenswert ist.

bb) Nachdem früher in der Rechtsprechung der mit der Handlung verfolgte Zweck wesentliche Bedeutung erlangte,[358] ist nach inzwischen überwiegender Ansicht entsprechend dem von § 223 geschützten Rechtsgut vornehmlich auf **Art und Gewicht des Körperverletzungserfolgs und den Grad der möglichen Lebensgefahr** abzustellen[359]. Sittenwidrig ist die Tat demnach vor allem, wenn bei vorausschauender objektiver Betrachtung der Einwilligende durch die Körperverletzungshandlung in konkrete Todesgefahr oder die Gefahr einer schweren Körperverletzung nach § 226 Abs. 1 bzw. einer vergleichbar schweren Gesundheitsschädigung gebracht wird[360]. Hingegen ist bei leichten Beeinträchtigungen die Einwilligung stets wirksam, so dass auch ein negativer Zweck die Sittenwidrigkeit nicht zu begründen vermag.

178

> **Bsp. (1):**[361] Auf mehrfachen Wunsch der O drückt T dieser beim Liebesspiel ein Metallrohr gegen den Hals. O erleidet dadurch lebensgefährliche Verletzungen und eine dauerhafte Schädigung des Gehirns. – T macht sich nach §§ 223 Abs. 1 Var. 1 und Var. 2, 224 Abs. 1 Nr. 2 und Nr. 5 strafbar; zwar liegen die Voraussetzungen einer Einwilligung vor, jedoch ist diese angesichts der Schwere der Körperverletzung als sittenwidrig i. S. d. § 228 einzustufen.
>
> **Bsp. (2):**[362] T spritzt dem O eine Überdosis Heroin, wodurch dieser beinahe zu Tode kommt. – Auch das Verabreichen harter Drogen führt

---

356 BGHSt 4, 24 (32); 4, 88 (91); *Rengier*, BT 2, § 20 Rn. 2.
357 BGHSt 49, 34 (41); *Rengier*, BT 2, § 20 Rn. 3.
358 Vgl. etwa BGHSt 4, 24 (31).
359 Ausf. BGHSt 60, 166 (178 ff.).
360 BGHSt 60, 166 (174 und 184).
361 S. BGHSt 49, 166.
362 S. BGH BGHSt 49, 34.

trotz der Strafbarkeit nach § 29 Abs. 1 Nr. 6b BtMG nicht zwingend zu einem Verstoß gegen die guten Sitten. Entscheidend ist vielmehr, ob gerade durch die Tat Gesundheits- oder Suchtgefahren begründet oder verstärkt werden. Dies kann jedenfalls dann bejaht werden, wenn das Opfer in konkrete Todesgefahr gebracht wird.

179 Allerdings kann selbst bei schwerwiegenden Rechtsgutsangriffen die Disposition des Betroffenen ausnahmsweise vorrangig sein, wenn wie etwa bei ärztlichen Heileingriffen ein **positiver Zweck** hinzukommt[363]. Bei der hierbei vorzunehmenden Abwägung kommt ein Verstoß gegen die guten Sitten desto eher in Betracht, je größer die Gefahr und je geringer der Wert des Tatzwecks ist[364].

Bsp. 1 (Fremdschädigung): Arzt T nimmt bei O eine lebensgefährliche Operation am Herz vor, ohne die O innerhalb weniger Tage versterben würde. – Obwohl T einen schwerwiegenden Eingriff mit großer Gefahr für das Leben des O vornimmt, verstößt die Tat nicht gegen die guten Sitten, weil die Gefahr durch den positiven Zweck kompensiert wird. Die vorsätzliche Körperverletzung des T ist daher durch die Einwilligung des O gerechtfertigt.

Bsp. 2 (Fremdschädigung):[365] O unterzieht sich einer Aufnahmeprüfung für eine Jugendgang. Hierzu willigt er ein, dass er sich von T mehrere Minuten lang zusammenschlagen lässt; dabei weiß er, dass auch schwere Folgen eintreten können. T schlägt und tritt daraufhin den O, der schwere Verletzungen erleidet. – Auf Grund der erheblichen Verletzungen, der Gefährlichkeit der Schläge sowie der menschenunwürdigen Behandlung kann der Zweck (Mitgliedschaft) in der Jugendgang nicht kompensierend wirken. Weil die Tat damit gegen die guten Sitten verstößt, ist die Einwilligung unwirksam und T gem. § 223 strafbar.

➤ **Klausurtipp**
In solchen Fällen ist in einem ersten Schritt Art und Gewicht des Körperverletzungserfolgs sowie der Grad der möglichen Lebensgefahr festzustellen. Dem ist dann in einem zweiten Schritt der mit der Tat verfolgte Zweck gegenüber zu stellen.

180 **b) Elterliches Züchtigungsrecht.** Umstritten ist, ob die Körperverletzung auf Grund eines (**elterlichen**) **Züchtigungsrechts** gerechtfertigt sein kann[366]. Dabei ist von vornherein zu beachten, dass Bagatellhandlungen – wie ein leichter Klaps – bereits keine körperliche Misshandlung i. S. d.

---
363 BGHSt 49, 166 (171); 60, 166 (178 f.).
364 OLG Düsseldorf NStZ-RR 1997, 325 (327); *Rengier*, BT 2, § 20 Rn. 6.
365 Vgl. BayObLG NStZ 1999, 458.
366 Vgl. *Heinrich*, AT, Rn. 520 ff.

I. Körperverletzung, § 223

§ 223 Abs. 1 Var. 1 darstellen. Andererseits sind entwürdigende Erziehungsmaßnahmen gem. § 1631 Abs. 2 BGB stets unzulässig und damit strafbar. Streitig ist damit nur, ob „maßvolle" Einwirkungen (z. B. Ohrfeige) bereits aus dem Tatbestand ausscheiden[367], durch das Züchtigungsrecht (gewohnheitsrechtlich) gerechtfertigt[368] oder als Körperverletzung strafbar[369] sind.

181 Insoweit wird man zunächst verlangen müssen, dass überhaupt ein hinreichender **Züchtigungsanlass** (Rechtfertigungslage) besteht (z. B. erhebliches Fehlverhalten des Kindes). Die **Züchtigungshandlung** (Rechtfertigungshandlung) muss darüber hinaus zur Erreichung des Erziehungszwecks erforderlich, d. h. sowohl geeignetes als auch mildestes Mittel sein. Ferner muss ein angemessenes Verhältnis von Züchtigungsmittel und Züchtigungszweck bestehen[370]; hierbei ist eine Gesamtwürdigung vor allem unter Berücksichtigung des Alters des Kindes vorzunehmen, wobei die Eltern jedoch einen gewissen Beurteilungsspielraum haben. Letztlich muss das Handeln zu Erziehungszwecken (Erziehungswille als subjektives Rechtfertigungselement) erfolgen. Kein Züchtigungsrecht besteht gegenüber fremden Kindern; auch Lehrern steht generell kein Züchtigungsrecht zu, da staatliche Eingriffe nach Art. 2 Abs. 2 Satz 3 GG eines Gesetzes bedürfen.

5. Versuchsstrafbarkeit

182 Der Versuch der Körperverletzung ist gem. § 223 Abs. 2 strafbar. Zu denken ist an Fälle, in denen der Täter versucht, das Opfer zu schlagen oder dieses mit einer Waffe zu verletzen, es jedoch verfehlt.

> **Hinweis**
> Bedeutung kann die versuchte Körperverletzung für die Frage erlangen, ob § 227 in Form des sog. erfolgsqualifizierten Versuchs (Eintritt des Todes bei nur versuchtem Grundtatbestand) verwirklicht sein kann[371].

6. Speziell: Die ärztliche Heilbehandlung

183 Umstritten ist zunächst, in welchen Fällen eine ärztliche Heilbehandlung den Tatbestand einer Körperverletzung verwirklicht und unter welchen Bedingungen ggf. eine Rechtfertigung in Betracht kommt.

> **Bsp.:** Arzt T nimmt an O unter Narkose Untersuchungen vor. Ohne Einwilligung des O entschließt er sich bei dieser Gelegenheit sogleich zu einer notwendigen Operation, die er nach den Regeln der ärztlichen Kunst erfolgreich durchführt. – Fraglich ist, ob sich T gem. § 223 Abs. 1 Var. 1, § 224 Abs. 1 Nr. 2 (Operationsinstrument als gefährliches Werk-

---

367 *Wessels/Beulke/Satzger*, AT, Rn. 607 ff.
368 BGH NStZ 1987, 173 (174); *Schönke/Schröder/Sternberg-Lieben*, § 223 Rn. 21 ff.
369 LK-*Grünewald*, § 223 Rn. 50; SK-*Wolters*, § 223 Rn. 17.
370 *Kühl*, AT, § 9 Rn. 71; *Wessels/Beulke/Satzger*, AT, Rn. 608.
371 Vgl. u. Rn. 245.

zeug) wegen eigenmächtiger Heilbehandlung strafbar macht, obwohl er den medizinischen Eingriff kunstgerecht durchgeführt hat.

184 a) **Verneinung des Tatbestandes.** Nach **Teilen der Literatur** stellt ein **erfolgreicher Heileingriff** schon tatbestandlich keine Körperverletzung dar. Im Wege einer Gesamtbetrachtung („positives Gesamtergebnis") soll weder eine körperliche Misshandlung noch eine Gesundheitsschädigung vorliegen, da es sich um eine Maßnahme zur Wiederherstellung bzw. Erhaltung des körperlichen Wohls handelt[372]. Misslingt die Heilbehandlung, obwohl die Regeln der ärztlichen Kunst eingehalten wurden, so ist nach dieser Ansicht zwar der objektive Tatbestand zu bejahen („negatives Gesamtergebnis"), jedoch scheitert eine Strafbarkeit regelmäßig am fehlenden Vorsatz des Arztes, der von einer erfolgreichen Behandlung ausgehen wird. Andere Stimmen im Schrifttum gehen davon aus, dass – unabhängig vom Heilungserfolg – eine Körperverletzung in Fällen zu verneinen ist, in denen der Arzt einen **medizinisch indizierten und von Heilungstendenz getragenen Eingriff lege artis** vornimmt[373]. Beide Ansichten betreffen aber nur Heilbehandlungen, nicht aber kosmetische Operationen. Für diese Meinungen lässt sich immerhin anführen, dass § 223 nur die körperliche Unversehrtheit, nicht aber das Selbstbestimmungsrecht des Patienten schützt[374].

185 b) **Einwilligungslösung.** Die **Rechtsprechung** vertritt hingegen die Ansicht, dass auch eine erfolgreiche bzw. nach den Regeln der ärztlichen Kunst vorgenommene Heilbehandlung **den Tatbestand einer vorsätzlichen Körperverletzung** verwirklichen kann[375]. Da jeder einzelne Akt der Heilbehandlung (z. B. der Schnitt mit dem Operationsinstrument) die tatbestandlichen Voraussetzungen einer Körperverletzung verwirklicht, kann sich eine Straflosigkeit des Arztes nur bei Vorliegen einer rechtfertigenden Einwilligung des Patienten ergeben. Diese Lösung wird durch § 630d BGB bestätigt, wonach der Behandelnde vor Durchführung einer medizinischen Maßnahme verpflichtet ist, die Einwilligung des Patienten einzuholen. Dafür spricht zudem, dass nur so die körperliche Unversehrtheit und das Selbstbestimmungsrecht des Patienten, das von § 239 und § 240 nicht hinreichend geschützt wird[376], gewahrt werden kann[377]. Zu beachten ist allerdings, dass die Qualifikation des § 224 Abs. 1 Nr. 2 nicht einschlägig ist, wenn das Operationsinstrument lege artis verwendet wird. Denn in diesem Fall wird dieses nach Art und Weise des konkreten Einsatzes nicht als Angriffsmittel verwendet[378].

---

372 *Maurach/Schroeder/Maiwald/Hoyer/Momsen*, BT 1, § 8 Rn. 25 und 30.
373 *SK-Wolters*, § 223 Rn. 59.
374 *Schönke/Schröder/Sternberg-Lieben*, § 223 Rn. 31.
375 Vgl. BGHSt 11, 111 (112); 45, 219 (221); *Krey/Hellmann/Heinrich*, BT 1, Rn. 206.
376 *Wessels/Hettinger/Engländer*, BT 1, Rn. 308.
377 S. etwa BGHSt 11, 111 (114); vgl. dazu auch *SK-Wolters*, § 223 Rn. 52.
378 Vgl. BGH NJW 1978, 1206; NStZ 1987, 174.

Die Einwilligung muss **vor Durchführung des Eingriffs** vom Patienten eingeholt werden (§ 630d Abs. 1 S. 1 BGB). Ist dieser einwilligungsunfähig, kommt es auf den hierzu Berechtigten (etwa Eltern bei Kindern) an, soweit nicht eine vorrangige Patientenverfügung vorliegt (§ 630d Abs. 1 S. 2 BGB). Die Wirksamkeit der Einwilligungserklärung des Patienten setzt nach § 630d Abs. 2 BGB eine Aufklärung voraus; nach allgemeinen Grundsätzen muss die Einwilligungserklärung frei von Willensmängeln sein[379]. Nach § 630e Abs. 1 BGB ist erforderlich, dass der Patient über die wesentlichen Umstände, insbesondere „Art, Umfang, Durchführung, zu erwartende Folgen und Risiken der Maßnahme, sowie ihre Notwendigkeit, Dringlichkeit, Eignung und Erfolgsaussichten im Hinblick auf die Diagnose oder die Therapie" im Wege des § 630 Abs. 2 BGB aufgeklärt wird. Die Aufklärung ist nur ausnahmsweise aufgrund besonderer Umstände nach § 630e Abs. 3 BGB entbehrlich, vor allem bei unaufschiebbaren Maßnahmen oder ausdrücklichem Verzicht auf die Aufklärung. Im Übrigen aber macht sich der Arzt in Fällen der eigenmächtigen Heilbehandlung strafbar. **186**

c) Mutmaßliche Einwilligung. Kann der Patient vom Arzt angesichts seines Zustandes – unaufschiebbare Maßnahme – vor der Operation nicht (mehr rechtzeitig) befragt werden, so liegt der klassische Fall einer mutmaßlichen Einwilligung vor (§ 630d Abs. 1 S. 4 BGB)[380]. Dringend notwendige Operationserweiterungen können ebenfalls durch mutmaßliche Einwilligung gerechtfertigt sein. Der mutmaßliche Wille ist dabei in erster Linie aus den persönlichen Umständen des Betroffenen, aus seinen individuellen Interessen, Bedürfnissen und Wertvorstellungen zu ermitteln. Liegen keine gegenteiligen Anhaltspunkte vor, wird allerdings davon auszugehen sein, dass sein Wille mit dem übereinstimmt, was gemeinhin als normal und vernünftig angesehen wird. Irrt sich der Arzt über das Vorliegen von tatsächlichen Voraussetzungen der mutmaßlichen Einwilligung, so liegt ein Erlaubnistatbestandsirrtum vor, der analog § 16 Abs. 1 Satz 1 dazu führt, dass die Schuld (nach a. A. bereits der Vorsatz) entfällt[381]. **187**

d) Hypothetische Einwilligung. Sehr umstritten ist, ob neben der tatsächlichen und mutmaßlichen Einwilligung auch eine hypothetische Einwilligung zugunsten des Arztes rechtfertigend wirken kann[382]. **188**

> **Bsp.:**[383] Arzt T führt bei O eine Schulteroperation durch, wobei eine Bohrerspitze im Schulterblatt abbricht. Weil die Bergung der Bohrerspitze nicht gelingt, belässt er das Bohrerteil im Körper O. Anschließend behauptet er, es sei besser, noch einmal zu operieren, da eine

---

379 BGHSt 16, 309 (310 f.); BGH NStZ 2004, 442. Zur umstrittenen Frage, welche Willensmängel der Einwilligung die Wirksamkeit nehmen, vgl. *Eisele/Heinrich*, AT, Rn. 309 ff.
380 Zu den Voraussetzungen *Eisele/Heinrich*, AT, Rn. 315 ff.
381 Dazu näher *Eisele/Heinrich*, AT, Rn. 733 ff.
382 Zu Einzelheiten B/W/M/E-*Mitsch*, § 15 Rn. 143 f.; *Eisele*, BT 1, Rn. 312 ff.
383 Nach BGH NStZ 2004, 442.

Schulterinstabilität bestehe, der man nur durch eine Kapselraffung begegnen könne. O willigt daraufhin in eine weitere Operation ein. Diese dient dann aber nur der Bergung der abgebrochenen Bohrerspitze. – Eine wirksame rechtfertigende Einwilligung des O in diese Operation lag nicht vor, da bei O aufgrund der Täuschung ein rechtsgutsbezogener Irrtum bestand. Eine mutmaßliche Einwilligung scheidet schon deshalb aus, weil O tatsächlich befragt werden konnte und auch befragt wurde. Demnach wäre eine Strafbarkeit gemäß § 223 zu bejahen

189 Der Arzt kann nach Ansicht der Rechtsprechung jedoch im Einzelfall auf Grund einer **hypothetischen Einwilligung** gerechtfertigt sein[384]. Die Rechtswidrigkeit einer Körperverletzung soll demnach entfallen, wenn der Patient bei wahrheitsgemäßer Aufklärung ebenfalls in die tatsächlich lege artis[385] durchgeführte Operation eingewilligt hätte, da dann der Pflichtwidrigkeitszusammenhang zwischen Aufklärungsmangel und Einwilligungserklärung zu verneinen ist. Der Aufklärungsmangel kann danach nur zur Strafbarkeit wegen Körperverletzung führen, wenn bei ordnungsgemäßer Aufklärung die Einwilligungserklärung des Patienten unterblieben wäre. Ob eine solche hypothetische Einwilligung vorliegt, soll im Wege einer ex post-Betrachtung ermittelt werden. Dabei ist auf das konkrete Entscheidungsergebnis des jeweiligen Patienten im Einzelfall abzustellen. Es kommt mithin nicht darauf an, dass sich der Patient hätte ohnehin operieren lassen müssen oder gar ein vernünftiger Patient eingewilligt hätte, sondern nur darauf, ob der Patient vor der Operation seine Einwilligung erteilt hätte. Die Figur der hypothetischen Einwilligung ist jedoch in der strafrechtlichen Literatur mit Recht nicht unbestritten[386]. Durch den Verzicht auf eine ordnungsgemäße Aufklärung und Befragung des Patienten werden nicht nur dessen Selbstbestimmungsrecht, sondern auch die Voraussetzungen der mutmaßlichen Einwilligung in weiten Bereichen unterlaufen. Dies gilt umso mehr, als – anders als im Zivilrecht, wo die hypothetische Einwilligung bei der Frage der Beweislast eine Rolle spielt – im Strafrecht der Grundsatz in dubio pro reo zu beachten ist. Damit wäre im Zweifel vom Vorliegen einer hypothetischen Einwilligung auszugehen, wodurch das Selbstbestimmungsrecht des Patienten zu weit unterlaufen wird[387].

> **Hinweis**
> Lässt man mit dem BGH eine Rechtfertigung kraft hypothetischer Einwilligung zu, so muss man – soweit der Arzt subjektiv nicht davon ausgeht, dass der Patient auch bei ordnungsgemäßer Aufklärung eingewilligt hätte – noch eine Versuchsstrafbarkeit diskutieren[388]. Geht er

---

384 BGH NStZ-RR 2004, 16; NStZ 2004, 442; s. auch *Rönnau*, JZ 2004, 801 ff.
385 BGH StV 2008, 464 (465).
386 Abl. etwa *Eisele*, JA 2005, 252; *Sowada*, NStZ 2012, 1 ff.
387 BGH StV 2004, 376 (377); NStZ 2012, 205 (206).
388 *Kuhlen*, JR 2004, 227 (229 f.).

hingegen irrig davon aus, dass die tasächlichen Voraussetzungen einer hypothetischen Einwilligung vorliegen, so handelt er im Erlaubnistatbestandsirrtum[389].

7. Konkurrenzen

Die Körperverletzung nach § 223 tritt im Wege der **Gesetzeskonkurrenz** hinter die vollendete vorsätzliche Tötung zurück[390], während sie zum versuchten Tötungsdelikt in Tateinheit steht, weil nur so im Urteilstenor klargestellt werden kann, dass die Tat nicht vollständig im Versuchsstadium stecken geblieben ist, sondern bereits zur Vollendung eines anderen Straftatbestandes geführt hat.

190

> **Klausurtipp**
> Sofern ein vollendetes vorsätzliches Tötungsdelikt vorliegt, brauchen §§ 223, 224 nicht mehr geprüft zu werden, da diese im Wege der Gesetzeskonkurrenz verdrängt werden; dasselbe gilt für das Verhältnis einer versuchten (gefährlichen) Körperverletzung zu einem versuchten Tötungsdelikt.

> **Einführende Aufsätze:**
> *Bollacher/Stockburger*, Der ärztliche Heileingriff in der strafrechtlichen Fallbearbeitung, Jura 2006, 908; *Bott*, Die Anwendung und Interpretation des mysteriösen § 228 StGB, JA 2009, 421 (Die Bestimmung der Sittenwidrigkeit); *Hardtung*, Die Körperverletzungsdelikte, JuS 2008, 864 und 960 (Körperverletzung, Sittenverstoß § 228 StGB, Strafverfolgungsaussetzung § 230 StGB, fahrlässige Körperverletzung und die gefährliche Körperverletzung mit Fällen).

> **Übungsfälle:**
> *Heger*, Lästige Mieter, JA 2008, 859 (Körperverletzungsdelikte §§ 222, 223, 227 StGB, Täterschaft und Teilnahme, actio libera in causa); *Kaspar*, Beleidigung und Körperverletzung auf dem Fußballplatz, JuS 2004, 409 (Anstiftung eines omnimodo facturus, Rechtfertigung durch Einwilligung, Irrtümer, objektive Zurechnung); *Laubenthal*, Eine Festzeltprügelei, JA 2004, 39 (Notwehr, Notwehrprovokation und Anstiftung); *Paul/Schubert*, Gefahr im Spital, JuS 2013, 1007 (die hypothetische Einwilligung in einen ärztlichen Heileingriff); *Rönnau/Hohn*, Forscherdrang, JuS 2003, 998 (1001 f.) (die Einwilligung in eine Körperverletzung im Rahmen einer Operation).

> **Rechtsprechung:**
> **BGHSt 11, 111** – Myom (Ärztlicher Heileingriff als tatbestandliche Körperverletzung); **BGHSt 36, 1** – AIDS (Infizieren mit HI-Virus als Körperverlet-

---

389 BGH NStZ 2012, 205 (206).
390 BGH NStZ 2004, 684.

zung); **BGHSt 43, 346** – Röntgen (Tatbestand der Gesundheitsschädigung); **BGHSt 48, 34** – Gubener Verfolgungsfall (psychische Beeinträchtigungen); **BGHSt 49, 166** – Sadomaso (Sittenwidrigkeit der Einwilligung); **BGHSt 58, 140** – Schlägerei (Sittenwidrigkeit bei fehlender Lebensgefahr).

II. Gefährliche Körperverletzung, § 224

1. Geschütztes Rechtsgut und Systematik

191 § 224 enthält **Qualifikationstatbestände zu § 223**, die an eine gefährliche Begehungsweise der Körperverletzung anknüpfen und ebenfalls die körperliche Unversehrtheit schützen. In den Fällen des § 224 bedarf es keines Strafantrags.

192 **Klausurtipp**

§§ 223, 224 können regelmäßig „gemeinsam" geprüft werden. Bei kompliziert gelagerten Rechtfertigungs- oder Entschuldigungsfragen hinsichtlich des Grundtatbestandes des § 223 kann es im Einzelfall aber sinnvoll sein, zunächst den Grundtatbestand des § 223 vollständig zu prüfen. Nicht integriert werden sollten in diese Prüfung die weiteren Strafschärfungen, zumal §§ 226 Abs. 1, 227 als Erfolgsqualifikationen anderen Aufbaugrundsätzen folgen.

Prüfungsschema: Kombinierte Prüfung von § 223 und § 224
1. Tatbestand
   a) Objektiver Tatbestand
      aa) Grundtatbestand des § 223
      bb) Begehung der Körperverletzung
         (1) Nr. 1: durch Beibringung von Gift oder anderen gesundheitsschädlichen Stoffen
         (2) Nr. 2: mittels einer Waffe oder eines anderen gefährlichen Werkzeugs
         (3) Nr. 3: mittels eines hinterlistigen Überfalls
         (4) Nr. 4: mit einem anderen Beteiligten gemeinschaftlich
         (5) Nr. 5: mittels einer das Leben gefährdenden Behandlung
   b) Subjektiver Tatbestand
      aa) Vorsatz bzgl. der objektiven Merkmale des Grundtatbestandes des § 223
      bb) Vorsatz bzgl. der objektiven Merkmale des § 224
2. Rechtswidrigkeit
3. Schuld

2. Tatbestand

a) § 224 Abs. 1 Nr. 1. Danach ist die Tat qualifiziert, wenn der Täter die Körperverletzung durch Beibringung von **Gift oder anderen gesundheitsschädlichen Stoffen** begeht. **193**

> **Definition**
> **Gift** ist jeder organische oder anorganische Stoff, der unter den konkreten Bedingungen durch chemische oder chemisch-physikalische Wirkung (Arsen, Rauschmittel, Schlaftabletten, Salzsäure, sog. K.O.-Tropfen oder Pfefferspray) geeignet ist, die Gesundheit zu schädigen[391].

aa) Gift ist dabei lediglich ein Beispiel für den Überbegriff der **anderen gesundheitsschädlichen Stoffe**. Zu Letzteren gehören vor allem mechanisch (z. B. zersplittertes Glas) oder thermisch wirkende Stoffe (z. B. kochendes Wasser) sowie Bakterien und Viren. Auch werden an sich unschädliche Stoffe des täglichen Bedarfs erfasst, wenn diese nach der Art ihrer Anwendung bzw. Zuführung, der Menge, der Konzentration, dem Alter und der Konstitution des Opfers mit der konkreten Gefahr einer erheblichen Schädigung verbunden sind[392]. **194**

Bsp.:[393] Vergiftung eines Kleinkindes mit Kochsalz.

bb) Streitig ist, ob es auch genügt, dass der Stoff (nur) geeignet ist, **einfache Gesundheitsschäden** hervorzurufen. Eine Mindermeinung bejaht dies, weil der Wortlaut keinerlei Anhaltspunkte für Einschränkungen biete[394]. Dagegen versteht die h. M. im Wege einer systematischen Auslegung unter Gift nur Stoffe, die **erhebliche Gesundheitsschäden** hervorrufen können[395]. Da auch das gefährliche Werkzeug i. S. v. § 224 Abs. 1 Nr. 2 geeignet sein muss, erhebliche Verletzungen hervorzurufen[396], würde ein Wertungswiderspruch entstehen, wenn das Gift eine solche Eignung nicht aufweisen müsste. Im Übrigen ließe sich auch die gegenüber § 223 erhöhte Strafdrohung des § 224 kaum rechtfertigen, wenn jemand einer anderen Person z.B berauschende Mittel beibringt, die zwar die Gesundheit leicht schädigen können, jedoch von vornherein nicht geeignet sind, schwerere Schäden zu verursachen. Zu weitgehend ist hingegen die Forderung, dass der Stoff sogar geeignet sein müsse, eine **schwere Körperverletzung i. S. d. § 226** herbeizuführen[397]. Denn dadurch würde der Tatbestand – auch im Vergleich zu den weiteren Tatbestandsvarianten – zu sehr eingeengt. **195**

---

391 *Rengier*, BT 2, § 14 Rn. 9; *Satzger*, Jura 2015, 580 (584).
392 S. *Fischer*, § 224 Rn. 5; *Schönke/Schröder/Sternberg-Lieben*, § 224 Rn. 2b.
393 BGHSt 51, 18.
394 So A/W/H/*H-Hilgendorf*, § 6 Rn. 52.
395 Vgl. BGHSt 51, 18 (22 f.); *Rengier*, BT 2, § 14 Rn. 10.
396 Dazu u. Rn. 198.
397 LK-*Grünewald*, § 224 Rn. 4; a. A. SK-*Wolters*, § 224 Rn. 4, 9.

Bsp.: T schüttet dem O statt Martini hochprozentigen Schnaps in den Saft; O ist es daraufhin leicht übel. – T hat sich wegen Gesundheitsschädigung nach § 223 Abs. 1 Var. 2 strafbar gemacht; § 224 Abs. 1 Nr. 1 ist hingegen zu verneinen, da der Alkohol nicht geeignet war, erhebliche Gesundheitsschäden herbeizuführen.

196 cc) **Beibringen** bedeutet, dass der Stoff mit dem Körper derart in Verbindung gebracht wird, dass er gesundheitsschädigend wirken kann. Das Beibringen kann auch von außen geschehen, d. h. es ist keine Wirkung im Körperinneren wie bei einer „klassischen" Giftgabe erforderlich; denn für den gesteigerten Unrechtsgehalt ist es unerheblich, auf welche Weise der Stoff wirkt[398].

Bsp.:[399] T schüttet dem O Salzsäure ins Gesicht, wodurch es zu einer erheblichen Gesundheitsschädigung kommt.
Gegenbsp.:[400] T kippt ein Teergemisch in die Haare des O, die verkleben. – Soweit es hier zu keiner erheblichen Gesundheitsschädigung kommt, ist Nr. 1 zu verneinen.

197 b) **§ 224 Abs. 1 Nr. 2.** Dieser Qualifikationstatbestand liegt vor, wenn die **Körperverletzung mittels einer Waffe oder eines anderen gefährlichen Werkzeugs** begangen wird.

198 aa) Das „andere" gefährliche Werkzeug stellt den **Oberbegriff** dar.

Definition

Ein **gefährliches Werkzeug** liegt vor, wenn der Gegenstand nach objektiver Beschaffenheit sowie Art und Weise der Verwendung als Angriffs- oder Verteidigungsmittel im konkreten Einzelfall geeignet ist, erhebliche (d. h. gravierende[401] oder schwerwiegende[402]) Verletzungen hervorzurufen[403].
Nicht erforderlich ist dabei, dass durch die Tat **Verletzungen i. S. d. § 226 Abs. 1** oder vergleichbar schwerwiegender Art eintreten können[404].

Bspe.: Schlag auf den Kopf mit einer Bierflasche; Stich mit der Gabel in das Auge; Plastiktüte, die über den Kopf gezogen wird; Hetzen eines Hundes; Zufahren mit einem Kfz[405].

---

398 BGHSt 15, 113; 32, 130 (132 f.); *Lackner/Kühl*, § 224 Rn. 1b; a. A. aber *Jahn*, JuS 2010, 268.
399 BGHSt 15, 113; 32, 130.
400 OLG Zweibrücken StraFo 2013, 240.
401 *Rengier*, BT 2, § 14 Rn. 33 f.
402 *Wessels/Hettinger/Engländer*, BT 1, 42. Aufl. 2018, Rn. 299.
403 BGHSt 3, 105 (109); 14, 152 (155).
404 BGH NStZ 1999, 616 (617); 2002, 86; vgl. aber MünchKomm-*Hardtung*, § 224 Rn. 7.
405 BGH NStZ 2007, 405.

(1) Bei den viel diskutierten Fällen eines **Tritts mit dem Schuh gegen den Körper**[406] oder des Ausdrückens einer brennenden Zigarette auf der Haut[407] verbieten sich generelle Lösungen. So hängt die Antwort auf die Frage, ob erhebliche Verletzungen entstehen können, vor allem von dem betroffenen Körperteil ab (Tritt gegen den Kopf oder „nur" das Bein?). Auch ist die konkrete Beschaffenheit des Schuhs (Springerstiefel oder „nur" Flip-Flop) und die Art der Tatausführung (z. B. Heftigkeit des Trittes) entscheidend.

199

(2) Instrumente eines Arztes, die lege artis zur Heilbehandlung eingesetzt werden, werden nicht erfasst, da diese nicht als Angriffs- oder Verteidigungsmittel eingesetzt werden[408]. Anders ist jedoch zu entscheiden, wenn eine zur Heilkunde nicht befugte Person solche Werkzeuge benutzt, da hier eine erhöhte Gefährlichkeit besteht.

200

> Bsp.:[409] T bricht den Besuch eines Heilpraktikerkollegs nach 3 Semestern ab; später betätigt er sich als Heilpraktiker und verabreicht dabei dem gutgläubigen O eine Spritze in die Kopfhaut. – T verwirklicht aus den genannten Gründen §§ 223, 224 Abs. 1 Nr. 2; die Einwilligung des O in die Körperverletzung durch T ist im Übrigen mangels beruflicher Qualifikation auf Grund eines rechtsgutsbezogenen Irrtums unwirksam.

(3) Körperteile wie Hand, Fuß usw. sind – wie bereits der Wortlaut nahe legt – mangels Gegenständlichkeit ebenfalls keine Werkzeuge[410]. Daher kann auch der schwere Faustschlag eines Boxers gegen den Kopf des Opfers nicht erfasst werden. Dasselbe gilt nach h. M. für **unbewegliche Gegenstände**, da diese nicht in Richtung des menschlichen Körpers bewegt werden können[411]. Demnach liegt kein Fall des § 224 Abs. 1 Nr. 2 vor, wenn der Täter das Opfer mit dem Kopf gegen die Wand, auf den Fußboden oder die Herdplatte der Einbauküche stößt oder eine Person unter Wasser taucht. Jedoch ist zu beachten, dass in solchen Fällen § 224 Abs. 1 Nr. 5 einschlägig sein kann.

bb) Die Waffe ist lediglich ein Beispiel für gefährliche Werkzeuge. Erforderlich ist, dass eine **Waffe im technischen Sinn** verwendet wird[412]. Dabei handelt es sich um gebrauchsbereite Werkzeuge, die nach Art ihrer Anfertigung als Angriffs- oder Verteidigungsmittel allgemein dazu bestimmt sind, Menschen zu verletzen[413]. Neben Schusswaffen (z. B. Pistole, Gewehr) wer-

201

---

406 S. allgemein BGHSt 30, 375 (377).
407 Bejaht von BGH NStZ 2002, 30 und 86.
408 Vgl. BGH NJW 1978, 1206; NStZ 1987, 174; *Lackner/Kühl*, § 224 Rn. 5; s. auch o. Rn. 185.
409 BGH NStZ 1987, 174 f.
410 BGH GA 1984, 124 (125); OLG Köln StV 1994, 247.
411 BGHSt 22, 235; BGH NStZ-RR 2005, 75; *Murmann*, Grundkurs, § 22 Rn. 18; a. A. LK¹¹-*Lilie*, § 224 Rn. 27.
412 BGH NStZ 2002, 86; StV 2013, 444; *Lackner/Kühl*, § 224 Rn. 2.
413 BGHSt 4, 125 (127); *Wessels/Hettinger/Engländer*, BT 1, Rn. 234.

den auch Hieb- und Stichwaffen erfasst (z. B. Dolch, Schwert). Für die Auslegung wird man vor allem zu berücksichtigen haben, ob es sich um eine Waffe i. S. d. Waffengesetzes handelt. Weiterhin ist erforderlich, dass die Waffe auch als gefährliches Werkzeug eingesetzt wird.

> **Bsp.:** T schlägt dem O mit dem Pistolengriff leicht auf das Knie. – Die Waffe wird hier nach Art und Weise des konkreten Einsatzes nicht als gefährliches Werkzeug benutzt. Es liegt daher nur § 223 Abs. 1 Var. 1 vor.

202 cc) Die Körperverletzung muss **„mittels"** einer Waffe oder eines anderen gefährlichen Werkzeugs begangen werden. Mit Hilfe des Werkzeugs muss zum Zweck der Verletzung von außen unmittelbar **auf den Körper des Opfers physisch eingewirkt** werden. Rein psychische Auswirkungen – etwa Panik oder Schock auf Grund einer Bedrohung mit einem Werkzeug – verwirklichen die Qualifikation nicht[414]. Im Übrigen ist auch der **Unmittelbarkeitszusammenhang** zu beachten. So hat der BGH diesen zu Recht bei einem Schuss auf die Reifen eines Fahrzeugs verneint, weil die Körperverletzung dann nur als mittelbare Folge eines durch den Schuss verursachten Unfalls eintritt[415]. Entsprechendes gilt für den Sturz aus einem Kfz auf den Gehsteig, weil die Verletzung dann nicht „mittels" des Kraftfahrzeugs eintritt; der Gehsteig als unbewegliche Sache stellt hingegen kein Werkzeug dar[416].

> **Bsp.:**[417] T fährt mit seinem Pkw zielgerichtet auf Radfahrer O zu, so dass dieser durch den Zusammenstoß mit dem Pkw vom Rad stürzt und durch den Aufprall auf der Straße Verletzungen am Rücken erleidet. – Für Nr. 2 genügt bloße Kausalität zwischen dem Einsatz des Werkzeugs und der eingetretenen Körperverletzung nicht. Vielmehr muss der Körperverletzungserfolg unmittelbar durch das von außen auf den Körper des Tatopfers einwirkende gefährliche Tatmittel verursacht werden. Wird eine Person gezielt angefahren, kommt es darauf an, ob bereits dieses Anfahren eine nicht unerhebliche Beeinträchtigung des körperlichen Wohlbefindens bewirkt oder die Verletzungen auf den Sturz zurückzuführen sind. T macht sich hier nur nach § 223 strafbar, weil es infolge des Anfahrens noch nicht zu Verletzungen kam.

203 c) **§ 224 Abs. 1 Nr. 3.** Ein hinterlistiger Überfall ist nicht schon deshalb gegeben, weil der Täter für den Angriff auf das Opfer das Moment der Überraschung ausnutzt, er etwa plötzlich von hinten angreift.

Definition
Hinterlist setzt vielmehr voraus, dass der Täter planmäßig, in einer auf Verdeckung seiner wahren Absicht berechnenden Weise vorgeht, um da-

---
414 *Schönke/Schröder/Sternberg-Lieben*, § 224 Rn. 3a.
415 BGH NStZ 2006, 572 (573).
416 BGH NStZ 2007, 405; OLG Jena NStZ-RR 2008, 74.
417 BGH NStZ-RR 2014, 11.

II. Gefährliche Körperverletzung, § 224

> durch dem Gegner die Abwehr des nicht erwarteten Angriffs zu erschweren und eine Vorbereitung auf die Verteidigung auszuschließen[418].

204 Hinterlist kann etwa bei einem Entgegentreten mit **vorgetäuschter Friedfertigkeit** vorliegen. Auch im **heimlichen** Beibringen eines Giftes kann ein hinterlistiger Überfall gesehen werden[419].

> **Bsp.:**[420] T besucht den O an dessen Angelplatz und tauscht sich mit ihm 45 Minuten lang freundschaftlich aus. Dabei raucht und trinkt er mit O. Ohne jeglichen Zweifel an der Friedfertigkeit des T passiert O deshalb kurz darauf den Zeltplatz des T und verabschiedet sich mit einer grüßenden Handbewegung. Kurz darauf überfällt T, der O nachgeschlichen ist, diesen hinterrücks, um an dessen Angelausrüstung zu gelangen.

205 **d) § 224 Abs. 1 Nr. 4.** Strafgrund des § 224 Abs. 1 Nr. 4 ist, dass die Körperverletzung bei Beteiligung mehrerer Personen gefährlicher ist, weil der Verletzte sich mindestens zwei Angreifern gegenübersieht und deshalb möglicherweise eingeschüchtert oder bei seiner Abwehrhandlung gehemmt ist[421].

> **Definition**
> Die Tat wird von **mehreren Beteiligten gemeinschaftlich** begangen, wenn bei der Körperverletzung zwei Personen durch einverständliches aktives Handeln derart zusammenwirken, dass sie am Tatort dem Opfer unmittelbar gefahrerhöhend gegenüberstehen, so dass es dem Opfer erschwert ist, dem Täter Gegenwehr zu leisten, ihm auszuweichen oder zu flüchten[422].

206 Nicht erforderlich ist jedoch, dass jeder am Tatort Anwesende eigenhändig an der Körperverletzung mitwirkt[423]. Auch Mittäterschaft ist hierfür nicht erforderlich, weil unter dem Begriff „Beteiligter" Täter und Teilnehmer zu verstehen sind (§ 28 Abs. 2) und die eingeschränkte Verteidigungsbereitschaft des Opfers unabhängig von der rechtlichen Würdigung der Beteiligungsform ist[424]. Da zentraler Aspekt die eingeschränkte Abwehrmöglichkeit des Opfers ist, erfolgt der Angriff nicht gemeinschaftlich, wenn nur ein Beteiligter dem Opfer gegenüber tritt[425]. Dasselbe gilt, wenn zwar mehrere Beteiligte dem Opfer gegenüber treten, die Abwehrbereitschaft aber nicht

---

418 *Rengier*, BT 2, § 14 Rn. 44; *Wessels/Hettinger/Engländer*, BT 1, Rn. 241.
419 BGH NStZ 1992, 490; NStZ-RR 1996, 100 (101).
420 BGH NStZ 2004, 93.
421 BGHSt 47, 383 (387).
422 BGH NStZ 2015, 698 f.; BGH NStZ 2016, 595; *Schönke/Schröder/Sternberg-Lieben*, § 224 Rn. 11.
423 BGH NStZ 2006, 572 (573).
424 BGHSt 47, 383; *Jäger*, BT, Rn. 81.
425 *Schönke/Schröder/Sternberg-Lieben*, § 224 Rn. 11b.

deshalb, sondern aus ganz anderen Gründen – etwa starke Alkoholisierung des Opfers – eingeschränkt ist[426].

> **Bsp. (1):** T verprügelt den O; in „sicherer" Entfernung steht S Schmiere. – T macht sich nur nach § 223 Abs. 1 Var. 1 strafbar, da S am eigentlichen Angriff nicht gefahrerhöhend beteiligt ist.
> **Bsp. (2):** S und T schütten dem O gemeinsam Gift in den Wein, wodurch dem nichtsahnenden O übel wird. – S und T verwirklichen nur § 224 Abs. 1 Nr. 1, nicht aber Nr. 4. Zwar war hier die Abwehrbereitschaft des O eingeschränkt, der das Gift nicht erkennen konnte. Jedoch beruhte dies nicht auf dem gemeinsamen Vorgehen von S und T. Ein hinterlistiger Überfall i. S. d. § 224 Abs. 1 Nr. 3 läge nur dann vor, wenn das Beibringen des Giftes auf listige Art und Weise erfolgt wäre.

207 Sofern jedoch zwei Beteiligte bereits gemeinschaftlich gefahrerhöhend am Tatort handeln, ist eine **Beteiligung weiterer Personen** nach allgemeinen Grundsätzen der Täterschaft und Teilnahme auch dann möglich, wenn diese selbst nicht vor Ort aktiv mitwirken.

208 e) **§ 224 Abs. 1 Nr. 5.** Ausreichend ist eine abstrakte Lebensgefahr, die durch die Körperverletzungshandlung bedingt sein muss. Zu einer konkreten Lebensgefahr durch die Verletzung muss es im Hinblick auf den vergleichbaren Unrechtsgehalt mit den Nrn. 1 bis 4 gerade nicht kommen. Für den entsprechenden Vorsatz ist es daher ebenfalls ausreichend, dass der Täter die Umstände erkennt, aus denen sich diese allgemeine Gefährlichkeit in der konkreten Situation für das Leben des Opfers ergibt[427].

> **Definition**
> Eine **das Leben gefährdende Behandlung** liegt vor, wenn die Begehung der Körperverletzung nach den konkreten Umständen des Einzelfalles objektiv geeignet ist, das Leben des Opfers abstrakt in Gefahr zu bringen[428].

> **Bspe.:** Schlag mit einer Eisenstange auf den Kopf; Stich mit 7 cm langen Schraubendreher in Brustbereich[429]; Überfahren mit Kfz; Infizieren mit HI-Virus[430]; exzessives Röntgen[431].

209 Dabei ist zu beachten, dass die **Art der Behandlung, die unmittelbar zum Körperverletzungserfolg** führt, selbst lebensbedrohend sein muss; auf eine dadurch eingetretene nachfolgende Situation kommt es nicht an.

---

426 BGH NStZ 2015, 698 f.
427 BGHSt 36, 1 (15); BGH NStZ-RR 2015, 172 (173).
428 BGH NStZ 2013, 345; *Lackner/Kühl*, § 224 Rn. 8.
429 BGH NStZ-RR 2010, 176 (177).
430 BGHSt 36, 1 (9).
431 BGHSt 43, 346 (356).

Bsp.:[432] T stößt den O leicht, so dass dieser auf die Straße fällt und beinahe überfahren wird. – § 224 Abs. 1 Nr. 5 ist zu verneinen, da der Stoß, d. h. die „Behandlung", nicht generell geeignet war, das Leben zu gefährden. Die Lebensgefahr ergibt sich hier erst aus einer weiteren Folge, nämlich einem möglichen nachfolgenden Unfall.

Einführende Aufsätze:
Hardtung, Die Körperverletzungsdelikte, JuS 2008, 960 (die gefährliche Körperverletzung, Erläuterung der qualifizierenden Merkmale mit Beispielsfällen); *Wengenroth*, Die Verwirklichung der gefährlichen Körperverletzung durch Unterlassen, JA 2014, 428.

Übungsfälle:
Heinrich/Reinbacher, Venezianisches Finale, JA 2007, 264 (Die Spritze als gefährliches Werkzeug, Antibiotikum als Gift oder gefährliches Werkzeug, daneben Selbsttötung und Rechtfertigungsgründe); *Kudlich*, Ein Arzt in Not, JA 2009, 185 (das Skalpell als gefährliches Werkzeug, rechtfertigender und entschuldigender Notstand); *Müller/Raschke*, Samstag halb vier in Deutschland, Jura 2011, 305 (der Laserpointer und die Vuvuzela als gefährliches Werkzeug).

Rechtsprechung:
BGHSt 22, 235 – Wandstoß (gefährliches Werkzeug i. S. d. Nr. 2); **BGHSt 32, 130** – Salzsäure II (Beibringen von Gift i. S. d. Nr. 1); **BGHSt 43, 346** – Röntgen (lebensgefährdende Behandlung i. S. d. Nr. 5); **BGHSt 47, 383** – Gehilfe („gemeinschaftlich" i. S. d. Nr. 4); **BGHSt 51, 18** – Kochsalz (gesundheitsschädlicher Soff i. S. d. Nr. 1).

III. Schwere Körperverletzung, § 226

1. Geschütztes Rechtsgut und Systematik

§ 226 Abs. 1 stellt eine **Erfolgsqualifikation** i. S. d. § 18 zu § 223 dar, so dass es hinsichtlich der schweren Folge des Todes keines Vorsatzes bedarf. § 226 Abs. 2 enthält hingegen eine echte Qualifikation mit Vorsatzerfordernis im Sinne von dolus directus 1. oder 2. Grades.

Prüfungsschema § 226 Abs. 1: Erfolgsqualifikation
1. **Tatbestand**
    a) Verwirklichung des Grundtatbestands des § 223
        aa) Objektiver Tatbestand
        bb) Subjektiver Tatbestand
    b) Erfolgsqualifikation i. S. d. § 18

---
432 BGH NStZ 2007, 34 f.; 2010, 276; a. A. aber *Bosch*, JA 2006, 900 (902).

> aa) Eintritt einer schweren Folge i. S. d. § 226 Abs. 1
> (1) Nr. 1: Verlust des Sehvermögens auf einem Auge oder beiden Augen, des Gehörs, des Sprechvermögens oder der Fortpflanzungsfähigkeit
> (2) Nr. 2: Verlust oder dauernde Gebrauchsunfähigkeit eines wichtigen Glieds des Körpers
> (3) Nr. 3: Dauernde Entstellung in erheblicher Weise oder Verfallen in Siechtum, Lähmung oder geistige Krankheit oder Behinderung
> bb) Kausalität zwischen Handlung und schwerer Folge
> cc) Wenigstens Fahrlässigkeit hinsichtlich der schweren Folge
> dd) Objektive Zurechnung der schweren Folge
> ee) Gefahrspezifischer Zusammenhang zwischen Grundtatbestand und schwerer Folge
> **2. Rechtswidrigkeit**
> **3. Schuld**

> **Prüfungsschema § 226 Abs. 2: Qualifikation**
> **1. Tatbestand**
> a) Objektiver Tatbestand
> aa) Grundtatbestand des § 223
> bb) Schwere Folge i. S. d. § 226 Abs. 1
> b) Subjektiver Tatbestand
> aa) Vorsatz bzgl. des Grundtatbestands des § 223
> bb) Absicht oder Wissentlichkeit bzgl. der schweren Folge i. S. d. § 226
> **2. Rechtswidrigkeit**
> **3. Schuld**

2. Tatbestand

212 a) **Schwere Folgen des § 226 Abs. 1.** Voraussetzung sowohl für Absatz 1 als auch für Absatz 2 ist der Eintritt einer schweren Folge nach Absatz 1 Nr. 1 bis 3. Alle Folgen zeichnen sich durch ein **Element der Dauerhaftigkeit** aus.

213 aa) § **226 Abs. 1 Nr. 1** ist verwirklicht, wenn die Körperverletzung den Verlust des Sehvermögens auf einem Auge oder beiden Augen, des Gehörs, des Sprechvermögens oder der Fortpflanzungsfähigkeit zur Folge hat. Eine wesentliche Herabminderung der Funktion stellt ebenfalls einen Verlust dar[433]. Ein **Verlust des Sehvermögens auf einem Auge oder beiden Augen** ist gegeben, wenn die Fähigkeit, Gegenstände als solche zu erkennen,

---

[433] RGSt 71, 119 (120); BayObLG NStZ-RR 2004, 264 (265).

III. Schwere Körperverletzung, § 226

weitgehend aufgehoben ist[434]. Der Einsatz von Brillen und Kontaktlinsen stellt das Sehvermögen nicht wieder her; vielmehr werden lediglich die Auswirkungen des Verlustes gemildert[435]. Mit **Gehör** ist die Fähigkeit gemeint, artikulierte akustische Laute zu erkennen[436]. Das **Sprechvermögen** ist betroffen, wenn die Fähigkeit zur artikulierten Rede nahezu aufgehoben ist[437]. Ein **Verlust der Fortpflanzungsfähigkeit** liegt vor, wenn die Zeugungs- oder Gebärfähigkeit aufgehoben ist[438].

bb) Nach § 226 Abs. 1 Nr. 2 wirkt der **Verlust eines wichtigen Gliedes des Körpers oder dessen dauernde Gebrauchsunfähigkeit** strafschärfend. Ein Verlust liegt vor, wenn das Glied vom Körper physisch abgetrennt wird. Anders ist jedoch zu entscheiden, wenn eine Wiederherstellung (z. B. Annähen eines Fingers) ohne unzumutbares Risiko möglich ist, selbst wenn das Opfer entsprechende Maßnahmen ablehnt[439]. Erst Recht muss eine Zurechnung ausscheiden, wenn nicht die nachträgliche Beseitigung verweigert wird, sondern bereits (zumutbare) Maßnahmen zur Verhinderung des Eintritts der Folge abgelehnt werden, wie etwa bei Verzicht auf Physiotherapie mit der Folge weitgehender Gebrauchsunfähigkeit einer Hand[440]. Bloße künstliche Ausgleichsmaßnahmen – wie z. B. das Einsetzen einer Prothese – sind hingegen nicht ausreichend, um den Verlust des Organs zu kompensieren[441]. Eine dauernde Gebrauchsunfähigkeit ist gegeben, wenn das Glied seine spezifische Funktion dauerhaft nicht mehr erfüllen kann und damit die Beeinträchtigung einem Verlust gleich kommt; so etwa, wenn die Hand durch die Tat versteift wird[442].

> **Definition**
> Ein **Glied** ist jedes Körperteil, das mit dem Körper oder einem anderen Körperteil verbunden ist und eine besondere Funktion im Gesamtorganismus einnimmt[443]. **Innere Organe** sollen nach der Rechtsprechung keine Glieder sein. Begründet wird dies vor allem mit der Wortlautgrenze (Art. 103 Abs. 2 GG). Daher soll z. B. der Verlust einer Niere nicht den Tatbestand verwirklichen[444]. Dies überzeugt jedoch nicht, weil auch innere Organe Teile des Körpers mit selbständigen Funktionen

---

434 RGSt 58, 173; BayObLG NStZ-RR 2004, 264.
435 BayObLG NStZ-RR 2004, 264 (265); MünchKomm-*Hardtung*, § 226 Rn. 18.
436 *Rengier*, BT 2, § 15 Rn. 5; *Schönke/Schröder/Sternberg-Lieben*, § 226 Rn. 1b.
437 *Fischer*, § 226 Rn. 4; *Lackner/Kühl*, § 226 Rn. 2.
438 NK-*Paeffgen/Böse*, § 226 Rn. 25.
439 *Kindhäuser/Schramm*, BT 1, § 10 Rn. 30; LK-*Grünewald*, § 226 Rn. 16.
440 Anders aber BGHSt 62, 36 (39 ff.) und krit. dazu *Eisele*, JuS 2017, 893 (894 f.); *Theile*, ZJS 2018, 99 (101).
441 *Schönke/Schröder/Sternberg-Lieben*, § 226 Rn. 2.
442 BHG NJW 2007, 1988 (1989); BGH NStZ 2014, 213.
443 *Schönke/Schröder/Sternberg-Lieben*, § 226 Rn. 2.
444 BGHSt 28, 100 (102); *Hörnle*, Jura 1998, 169 (179); anders OLG Neustadt NJW 1961, 2076 (2077).

sind. Sie können unter teleologischen Gesichtspunkten für den Gesamtorganismus mindestens ebenso wichtig sein wie äußere Körperteile[445]. Auch können so Fälle eigenmächtiger Organentnahme mit dem höheren Strafrahmen des § 226 sachgerecht erfasst werden. Aus demselben Grund kommt es richtigerweise auch nicht darauf an, ob – wie bei Armen, Beinen, Fingern – eine Verbindung durch ein Gelenk besteht, so dass auch Nase und Ohren erfasst werden[446].

216 Die **Wichtigkeit eines Gliedes** bestimmt sich zunächst nach dessen allgemeiner Bedeutung für den Gesamtorganismus. Dies kann man bei Armen, Beinen, Händen und Füßen unproblematisch bejahen. Umstritten ist hingegen, inwieweit die **individuellen Verhältnisse des Opfers** zu berücksichtigen sind.

Bsp.: Konzertpianist O verliert durch die Tat des T den kleinen Finger. Teilweise werden persönliche Verhältnisse ganz ausgeblendet, so dass nur in abstrakter Betrachtungsweise auf den Gesamtorganismus zu blicken ist. Demnach wäre der kleine Finger kein wichtiges Glied[447]. Nach einer differenzierenden Ansicht sind zusätzlich die individuellen körperlichen Besonderheiten – wie etwa Vorschädigungen bzw. Behinderungen des Opfers – zu berücksichtigen[448]; der Verlust des kleinen Fingers kann daher etwa den Tatbestand erfüllen, wenn bereits andere Finger in ihrer Gebrauchsfähigkeit beeinträchtigt sind. Nach der weitesten Auffassung sollen darüber hinausgehend bestimmte soziale bzw. die Persönlichkeit prägende Gesichtspunkte des Opfers, insbesondere dessen berufliche Tätigkeit, Bedeutung erlangen[449]. Überzeugend ist die differenzierende Ansicht: Körperliche Vorbedingungen gewinnen für die Wichtigkeit eines Gliedes in Bezug auf den gesamten Körper Bedeutung, während bestimmte Vorlieben oder berufliche Eigenschaften vom Rechtsgut des § 226 nicht umfasst sind; zudem muss man sehen, dass sich bei Berücksichtigung der Persönlichkeit klare Grenzen kaum ziehen lassen[450].

217 cc) § 226 Abs. 1 Nr. 3 ist bei einer **Entstellung in erheblicher und dauernder Weise** oder **Verfallen in Siechtum, Lähmung oder geistiger Krankheit oder Behinderung** verwirklicht.

218 (1) Eine **Entstellung** ist eine ästhetische Verunstaltung der Gesamterscheinung einer Person[451], wobei diese erheblich und dauerhaft sein muss.

---

445 *Rengier*, BT 2, § 15 Rn. 9.
446 *Gössel/Dölling*, BT 1, § 13 Rn. 61; a. A. *Kindhäuser/Schramm*, BT 1, § 10 Rn. 24 f.
447 RGSt 6, 346 (347); NK-*Paeffgen/Böse*, § 226 Rn. 27.
448 *Fischer*, § 226 Rn. 7; BGHSt 51, 252 bezieht nunmehr zumindest körperliche Vorbedingungen ein.
449 *Lackner/Kühl*, § 226 Rn. 3; *Maurach/Schroeder/Maiwald/Hoyer/Momsen*, BT 1, § 9 Rn. 21.
450 Zutreffend *Murmann*, Grundkurs, § 22 Rn. 32.
451 *Lackner/Kühl*, § 226 Rn. 4; *Rengier*, BT 2, § 15 Rn. 18.

> Bspe.: Brandnarben im Gesicht; abgerissenes Ohr; zertrümmerter Kiefer.

Die **Erheblichkeit** ist dann gegeben, wenn die Verunstaltung den anderen in § 226 Abs. 1 genannten Folgen nach ihrem Gewicht gleichsteht[452]. Für die diesbezügliche Wertung ist es vor allem entscheidend, welches Körperteil betroffen ist und wie groß die Narben sind[453]. So können Narben im Gesicht entstellend wirken, während entsprechende Narben am Bein möglicherweise die Erheblichkeitsgrenze noch nicht überschreiten. Unbeachtlich ist, ob sich die Entstellung durch das Tragen von Kleidungsstücken oder Kopfbedeckungen verdecken lässt. Daher können auch Brandwunden am Oberkörper entstellend wirken, weil diese das äußere Erscheinungsbild nicht nur im Privatleben, sondern auch beim Sport oder im Schwimmbad prägen können[454]. **Dauerhaft** ist die Entstellung, wenn sie das Aussehen endgültig oder jedenfalls für einen unbestimmt langen Zeitraum beeinträchtigt. Da die Beeinträchtigung des äußeren Erscheinungsbilds entscheidend ist, ist der Tatbestand zu verneinen, wenn sich die Entstellung mit einem medizinisch und finanziell zumutbaren kosmetischen Eingriff wieder beseitigen lässt[455]. Im Gegensatz zur Nr. 2 kann dies auch durch künstlichen Ersatz (Prothese) geschehen, soweit dadurch die Entstellung beseitigt wird[456]. Lehnt das Opfer eine zumutbare kosmetische Korrektur ab, so ist der Tatbestand dennoch nicht verwirklicht[457].

> Bspe.: Beseitigung von Narben mit moderner Lasertechnik; Ersetzen ausgeschlagener Zähne durch eine Prothese.

(2) Das **Verfallen** in die genannten Zustände ist dadurch gekennzeichnet, dass der Gesamtorganismus auf unabsehbare Zeit beeinträchtigt wird. Unter Verfallen in **Siechtum** ist daher ein chronischer Krankheitszustand zu verstehen, der zur allgemeinen Hinfälligkeit des Opfers führt[458]. **Lähmung** ist ein Zustand, bei dem eine Beeinträchtigung der bestimmungsgemäßen Bewegungsfähigkeit eines Körperteils den ganzen Körper in Mitleidenschaft zieht[459]. Das Merkmal **geistige Krankheit** ist nicht auf eine krankhafte seelische Störung i. S. d. § 20 beschränkt, sondern erfasst alle dauerhaften krankheitswertigen Schäden an der psychischen Gesundheit[460]. Eine **geistige Behinderung** ist eine schwere Beeinträchtigung der intellektuellen oder emotionalen Fähigkeiten, soweit nicht bereits eine geistige Krankheit vorliegt.[461].

---

452 BGH StV 1992, 115; NStZ 2015, 266 (268).
453 *Schönke/Schröder/Sternberg-Lieben*, § 226 Rn. 3/4.
454 LG Saarbrücken NStZ 1982, 204.
455 *Wessels/Hettinger/Engländer*, BT 1, Rn. 257; a. A. *Knauer*, JuS 2002, 53 (55).
456 BGHSt 24, 315 (317 f.); anders noch BGHSt 17, 161 (163).
457 LG Berlin NStZ 1993, 286; SK-*Wolters*, § 226 Rn. 4.
458 RGSt 72, 345 (346).
459 BGH NJW 1988, 2622.
460 BGH NStZ 2018, 102 (103); *Fischer*, § 226 Rn. 13; a. A. *Jäger*, JuS 2000, 31 (38).
461 BGH NStZ 2017, 282 (284); NStZ 2018, 102 (103).

221 b) **Subjektive Anforderungen.** Diesbezüglich ist zwischen Absatz 1 und Absatz 2 zu unterscheiden.

222 aa) § 226 Abs. 1 enthält eine **Erfolgsqualifikation i. S. d.** § 18, bei der vor allem der gefahrspezifische Zusammenhang zwischen Grundtatbestand und schwerer Folge gegeben sein muss. Hinsichtlich der schweren Folge genügt Fahrlässigkeit, es wird aber auch dolus eventualis erfasst.

223 bb) **§ 226 Abs. 2 enthält eine Qualifikation** für Fälle, in denen der Täter absichtlich oder wissentlich hinsichtlich der schweren Folge handelt. Die in § 226 genannten schweren Folgen stellen – anders als die einfache Körperverletzung nach § 223 – grundsätzlich kein notwendiges Durchgangsstadium zur Tötung dar. Sie sind nicht im Sinne der sog. Einheitstheorie vom Tötungsvorsatz umfasst[462]. Vielmehr schließt der Tötungsvorsatz den Vorsatz hinsichtlich des Eintritts der schweren Folgen aus, weil diese regelmäßig das Überleben des Opfers zumindest für geraume Zeit voraussetzen (z. B. § 226 Abs. 1 Nr. 3: **dauernde Entstellung des Opfers**) und damit ein Dauerelement aufweisen. Es besteht daher grundsätzlich ein tatbestandliches Exklusivitätsverhältnis[463].

224 Bsp.:[464] T beschließt, den O zu töten. Dazu übergießt er diesen mit Benzin und entzündet das Benzin mit seinem Feuerzeug. Die Flammen ergreifen sofort den gesamten Körper des O. Dieser kann jedoch das Feuer durch Hin- und Herwälzen auf dem Boden löschen und fliehen. Auf Grund der erlittenen Brandwunden trägt O allerdings für immer entstellende Narben am ganzen Körper.

Der BGH bejaht hier ein wissentliches Handeln. Der Täter habe die schwere Folge durch die gewählte Art und Weise der Tötung als notwendiges Durchgangsziel erkannt. Gegen die Annahme von § 226 Abs. 2 spricht jedoch, dass der BGH mit seiner Argumentation lediglich zum Ausdruck bringt, dass der Täter die Entstellungen als sichere Folge seines Handelns erkannt hat. Hingegen fehlt eine hinreichende Begründung, warum es der Täter auch (alternativ) als sicher voraussah, dass das Opfer überleben und daher dauerhaft entstellt sein wird[465]. Hierauf muss sich ebenfalls der Vorsatz beziehen, da die Langwierigkeit der Folge zum tatbestandlichen Erfolg gehört.

3. Versuchsstrafbarkeit

225 Handelt der Täter mit Vorsatz hinsichtlich der schweren Folge, tritt diese jedoch nicht ein, so kommt eine **versuchte Erfolgsqualifikation** in Betracht[466]. Bei § 226 Abs. 1 liegt diese jedoch nur vor, wenn der Täter mit

---

462 BGH NStZ 1997, 233 (234); LK-*Grünewald*, § 226 Rn. 32; anders BGHSt 22, 248 (249).
463 Näher *Eisele*, BT 1, Rn. 360 ff.
464 BGHR StGB § 226 Abs. 2 Schwere Körperverletzung (Gründe).
465 *Eisele*, JA 2003, 105 (107).
466 Näher u. Rn. 244.

dolus eventualis handelt; bei § 226 Abs. 2 ist auch insoweit Wissentlichkeit oder Absichtlichkeit erforderlich. Auch ist nach h. M. ein **erfolgsqualifizierter Versuch** möglich, wenn die schwere Folge beim Versuch des Grunddelikts eintritt[467].

4. Konkurrenzen

§ 223 wird von § 226 im Wege der Gesetzeskonkurrenz verdrängt. Dagegen kann § 224 angesichts des gegenüber § 226 abweichenden Unrechtsgehalts in Tateinheit stehen; so wird etwa eine erhebliche dauerhafte Entstellung (§ 226 Abs. 1 Nr. 3) nicht regelmäßig durch eine das Leben (abstrakt) gefährdende Handlung (§ 224 Abs. 1 Nr. 5) bewirkt.

226

Einführende Aufsätze:
Hardtung, Die Körperverletzungsdelikte, JuS 2008, 1060 (Erläuterungen zur schweren Körperverletzung mit kurzen Fällen).

Übungsfälle:
Krahl, Streit um einen Parkplatz, JuS 2003, 1187 (versuchte schwere Körperverletzung in mittelbarer Täterschaft); *Reschke*, Gefährliche Patientenversuche, JuS 2011, 50 (die Wichtigkeit eines Gliedes gem. § 226 I Nr. 2 StGB).

Rechtsprechung:
BGHSt 24, 315 – Schneidezähne (keine dauernde Entstellung bei Prothese); **BGHSt 28, 100** – Niere (inneres Organ als wichtiges Glied); **BGHSt 51, 252** – Finger (wichtiges Glied); **BGHSt 62, 36** – Finger (dauerhafte Gebrauchsunfähigkeit nach verweigerter Behandlung).

IV. Körperverletzung mit Todesfolge, § 227

1. Geschütztes Rechtsgut und Systematik

§ 227 stellt eine **Erfolgsqualifikation** i. S. d. § 18 zu § 223 dar. Zusätzlich zur vorsätzlich begangenen Körperverletzung muss der Täter den Tod des Opfers wenigstens durch fahrlässiges Verhalten verursacht haben[468]. Die Vorschrift setzt sich damit aus einer vorsätzlichen Körperverletzung und einer fahrlässigen Tötung zusammen. Der gegenüber §§ 223, 222, 52 erhöhte Strafrahmen lässt sich nur damit erklären, dass in den Fällen des § 227 die vorsätzliche Körperverletzung und die fahrlässige Tötung nicht nur tateinheitlich zusammenfallen, sondern sich im Tod gerade die spezifi-

227

---
467 *Fischer*, § 226 Rn. 18; *Rengier*, BT 2, § 15 Rn. 32.
468 Näher zu den Erfolgsqualifikationen B/W/M/E-*Eisele*, § 13 Rn. 1 ff.

sche Gefahr des Körperverletzungsdelikts realisiert und durch diese innere Verknüpfung ein gesteigerter Unwertsgehalt verwirklicht ist[469].

228 **Prüfungsschema**

1. Tatbestand
a) Verwirklichung des Grundtatbestands des § 223
  aa) Objektiver Tatbestand: Körperliche Misshandlung (Var. 1) oder Gesundheitsschädigung (Var. 2)
  bb) Subjektiver Tatbestand: Vorsatz
b) Erfolgsqualifikation i. S. d. § 18
  aa) Eintritt der schweren Folge: Tod
  bb) Kausalität zwischen Handlung und schwerer Folge
  cc) Wenigstens Fahrlässigkeit hinsichtlich der schweren Folge
  dd) Objektive Zurechnung der schweren Folge
  ee) Gefahrspezifischer Zusammenhang zwischen Grundtatbestand und schwerer Folge

2. Rechtswidrigkeit
3. Schuld, insb. auch subjektive Vorhersehbarkeit des Erfolges

Klausurtipp

Soweit § 212 (§ 211) verwirklicht ist, ist § 227 nicht mehr zu prüfen, da die Vorschrift dann im Wege der Gesetzeskonkurrenz verdrängt wird. Im Übrigen wird es sich bisweilen empfehlen, zunächst den Grundtatbestand des § 223 vorab zu prüfen (Prüfungsaufbau: I. § 223, II. § 227). Liegt der Grundtatbestand weder in Vollendung noch im Versuch vor oder sind Rechtfertigungs- bzw. Entschuldigungsgründe gegeben, so ist auch die Erfolgsqualifikation zu verneinen. Bedeutung kann dies etwa haben, wenn es zunächst die Einwilligung in eine ärztliche Heilbehandlung zu diskutieren gilt. Es ist dann aber ggf. noch § 222 zu prüfen. Ansonsten können der Grundtatbestand und das erfolgsqualifizierte Delikt auch kombiniert geprüft werden. Ist eine Strafbarkeit nach § 227 zu bejahen, muss § 222 nicht mehr angesprochen werden, da das Delikt dann im Wege der Gesetzeskonkurrenz verdrängt wird.

2. Tatbestand

229 a) **Allgemeine Voraussetzungen des erfolgsqualifizierten Delikts.** Zunächst sind die Grundsätze der **Kausalität** und der **objektiven Zurechnung** zu beachten. Für die Kausalität genügt dabei, dass der Eintritt des Erfolges durch die Verletzungshandlungen zumindest beschleunigt wird. Darüber hinaus muss sich im Erfolg auch die **spezifische Gefahr des Grundtatbestandes** der Körperverletzung niedergeschlagen haben. Da-

---
469 *Kühl*, AT, § 17a Rn. 14 ff.

IV. Körperverletzung mit Todesfolge, § 227

bei ist es für die Lösung von Sachfragen nicht von entscheidender Bedeutung, ob man den gefahrspezifischen Zusammenhang als eigenständigen Prüfungspunkt oder nur als eine spezielle Ausprägung der objektiven Zurechnung ansieht. Die im Übrigen erforderliche **Fahrlässigkeit** ist grundsätzlich in der vorsätzlichen Verletzungshandlung, d. h. der Verwirklichung des Grundtatbestandes, zu sehen[470]. Dabei muss die tödliche Folge objektiv und subjektiv vorhersehbar sein, wozu es nach Ansicht des BGH ausreicht, dass der Geschehensablauf in seinen wesentlichen Zügen erkennbar ist, ohne dass es auf die Details des Kausalverlaufs ankommen soll[471].

Bsp.:[472] T tritt den O mit dem Fuß kräftig in den Oberkörper. Möglicherweise begünstigt durch die Alkoholisierung und eine Vorschädigung des Herzmuskels führt die Reizung des Solarplexus zum Herzstillstand und damit zum Tod des O.

230

Nach Ansicht des BGH steht es der Strafbarkeit nicht entgegen, dass die Todesursache eine „**medizinische Rarität**" sei. Es komme nur darauf an, ob der Täter den Tod im Allgemeinen voraussehen könne; dies sei der Fall, da bei Tritten in den Oberkörper das Risiko eines tödlichen Ausganges etwa durch einen Leber- oder Milzriss bestehe[473]. Möchte man die Begrenzungen der Haftung durch den gefahrspezifischen Zusammenhang nicht aushöhlen, überzeugt dies jedoch nicht, da sich dann die Vorhersehbarkeit auf ein ganz anderes (hypothetisch gebliebenes) Risiko als dasjenige, das sich im Erfolg realisiert hat, erstrecken würde[474]. Andererseits ist jedoch auch nicht Voraussetzung, dass der Täter innerhalb des von ihm geschaffenen Risikos die körperlichen Vorgänge im Einzelnen vorhersieht[475].

b) Der gefahrspezifische Zusammenhang im Speziellen. Im Tod muss sich die spezifische Gefahr desjenigen Aktes niedergeschlagen haben, der als Anknüpfungspunkt für die Strafbarkeitsprüfung gewählt wird.

231

aa) Insoweit ist vor allem streitig, ob die schwere Folge des Todes zwingend auf dem konkreten **Körperverletzungserfolg beruhen muss (Letalitätslehre)**[476], oder hiervon nur eine Ausnahme zu machen ist, wenn § 224 Abs. 1 Nr. 5 als Grunddelikt verwirklicht ist[477], oder ob auch die der **Körperverletzungshandlung innewohnende Gefahr** ausreichend sein kann[478].

232

---

470 *Wessels/Hettinger/Engländer*, BT 1, Rn. 277.
471 BGHSt 51, 18 (21); BGH NStZ 2008, 686 (687); *Fischer*, § 227 Rn. 7a.
472 BGH NStZ 2008, 686.
473 BGH NStZ 2008, 686 (687).
474 *Rengier*, BT 2, § 16 Rn. 8a.
475 *Schönke/Schröder/Sternberg-Lieben*, § 227 Rn. 7.
476 RGSt 44, 137 (139); *Jäger*, BT, Rn. 88 ff.
477 *Sowada*, Jura 2003, 555 f.
478 BGHSt 14, 110 (112); *Wessels/Hettinger/Engländer*, BT 1, Rn. 269.

> **Bsp.:**[479] T schlägt O mit der Pistole auf den Kopf, um ihn zu verletzen; dabei löst sich ein Schuss; O kommt zu Tode. – Bei der Beurteilung des gefahrspezifischen Zusammenhangs ist problematisch, dass der Tod nicht auf dem herbeigeführten Körperverletzungserfolg (Kopfverletzung), sondern auf der Körperverletzungshandlung (Verwenden der Pistole) beruht. Der klassische Fall des § 227 läge vor, wenn T an den Folgen des Schlages auf den Kopf verstorben wäre.

233 Der von der **Letalitätslehre** angeführte Wortlaut und der Hinweis auf das Erfordernis einer restriktiven Tatbestandsauslegung[480] vermögen nicht zu überzeugen. Der Begriff der Körperverletzung beschreibt nämlich nicht nur den Erfolg, sondern enthält – wie die körperliche Misshandlung i. S. d. § 223 Abs. 1 Var. 1 zeigt – zugleich ein Handlungsmoment („üble und unangemessene Behandlung..."). Auch ist zu beachten, dass der Körperverletzungshandlung ggf. sogar ein größeres Gefahrenmoment anhaften kann und aus diesem Grund kein Bedürfnis für eine solch restriktive Auslegung besteht. Letztlich bezieht sich § 227 auf §§ 223 ff. insgesamt und damit auch auf die in Abs. 2 normierte Versuchsstrafbarkeit, bei der gerade kein tatbestandlicher Erfolg gegeben ist[481]. Im Beispielsfall kann daher § 227 Anwendung finden. Die Gegenansicht würde nur zu einer Strafbarkeit gem. §§ 223, 224 Abs. 1 Nr. 2, 5 (hinsichtlich des Schlages) in Tateinheit mit § 222 (hinsichtlich des Schusses) gelangen.

> **Hinweis**
> Bedeutung erlangt dieser Meinungsstreit in Klausuren vor allem für die Frage, ob der erfolgsqualifizierte Versuch strafbar ist, weil beim versuchten Grunddelikt auch nur eine Körperverletzungshandlung vorliegt und es gerade am Körperverletzungserfolg fehlt[482].

234 bb) Der Umstand, dass das **Opfer „vorgeschädigt"** oder in seiner Konstitution geschwächt war, steht einer Zurechnung ebenfalls nicht entgegen, soweit der Erfolg noch im Rahmen des Vorhersehbaren liegt[483].

> **Bsp.:**[484] T misshandelt den herzkranken O brutal; O erleidet daraufhin einen tödlichen Herzinfarkt. – Auch hier ist eine Strafbarkeit nach § 227 zu bejahen.

235 cc) Auch ein **Verhalten des Opfers** beseitigt nach h. M. den gefahrspezifischen Zusammenhang nicht zwingend[485]. Gerade bei schweren körperlichen Miss-

---

479 BGHSt 14, 110.
480 *Krey/Hellmann/Heinrich*, BT 1, Rn. 298 ff.
481 BGHSt 48, 34 (37 f.); BGH NStZ 1997, 341; *Rengier*, BT 2, § 16 Rn. 11.
482 S. u. Rn. 245.
483 Dazu schon o. Rn. 229.
484 Vgl. auch BGH NStZ 1997, 341; ferner BGH NStZ 2008, 686.
485 BGH NJW 2003, 150 (153 f.).

handlungen stellt ein unbesonnenes und riskantes Fluchtverhalten oder Ausweichmanöver eine spezifische Gefahr dar, die zum Tode führen kann[486].

> **Bsp.:** T schlägt auf O am Straßenrand mit einer Eisenstange ein; der dadurch schwer benommene O tritt in Panik auf die Straße und wird von einem vorbeifahrenden PKW tödlich verletzt. – T macht sich hier nach § 227 strafbar, weil sich beim Ausweichen mit tödlicher Folge die spezifische Gefahr der Körperverletzungshandlung realisiert hat. Hingegen wäre auf Grundlage der Letalitätslehre § 227 wiederum zu verneinen, weil der Tod nicht unmittelbar auf dem Körperverletzungserfolg beruht.

Dem hat sich auch der BGH für einen Fall angeschlossen, in dem das Opfer aus Angst vor Misshandlungen durch eine Glasscheibe flüchtete und sich dabei tödliche Schnittwunden zuzog. Eine Unterbrechung des Zurechnungszusammenhangs unter dem Gesichtspunkt eigenverantwortlicher Selbstgefährdung ist demnach jedenfalls dann zu verneinen, wenn das Opferverhalten auf einer vom Täter ausgelösten **unfreien Panikreaktion** beruht[487]. Hingegen scheidet eine Strafbarkeit aus, wenn eine **freiverantwortliche Entscheidung des Opfers**, insbesondere nach Beendigung des Angriffs, zwischen Körperverletzung und schwere Folge tritt. Das kann z. B. der Fall sein, wenn das Opfer auf ärztliche Inanspruchnahme verzichtet[488].

> **Bsp.:** T verletzt O leicht an der Hand. Auf dem Weg zum Krankenhaus kommt O auf Grund einer Unaufmerksamkeit bei einem Verkehrsunfall zu Tode. – Zwar war die Körperverletzung kausal für den Tod, jedoch hat sich nicht die spezifische Gefahr der von T verursachten Körperverletzung im Erfolg realisiert.

dd) Auch das **Dazwischentreten eines Dritten** oder des Täters selbst beseitigt den Zurechnungszusammenhang nicht zwingend. Letztlich sind aber auch hier die Umstände des Einzelfalles maßgeblich.

> **Bsp.:**[489] T verletzt den O schwer; im Krankenhaus erliegt O seinen Verletzungen, weil dem behandelnden Arzt auf Grund leichter Fahrlässigkeit ein Fehler unterläuft und O daher nicht rechtzeitig operiert wird. – Trotz des Fehlers hat sich hier noch die spezifische Gefahr der Körperverletzung im Erfolg realisiert. Anders kann man freilich entscheiden, wenn dem Dritten grobe Fahrlässigkeit zur Last fällt[490].

Der gefahrspezifische Zusammenhang ist jedoch zu verneinen, wenn der Dritte oder der Täter mit seiner Zweithandlung **vorsätzlich an die Ersthandlung anknüpft** und diese für seine Tat nutzt.

---

486 *Wessels/Hettinger/Engländer*, BT 1, Rn. 272.
487 BGHSt 48, 34; zust. *Heger*, JA 2003, 455 (458).
488 BGH NStZ 2009, 92 (93).
489 Siehe auch BGH NStZ 2009, 92.
490 S. auch BGH NStZ 2009, 92 (93).

> **Bsp.:** T verletzt den O schwer. D kommt hinzu und erschießt den verletzt am Boden liegenden O, weil er diesen hasst[491]. – T macht sich nicht gem. § 227 (und mangels objektiver Zurechnung auch nicht nach § 222) strafbar, weil sich im Tod nicht die spezifische Gefahr der von T geschaffenen Körperverletzung realisiert hat. Es verbleibt lediglich eine Strafbarkeit wegen Körperverletzungsdelikten.

239 ee) Entsprechendes gilt auch für **Zweithandlungen des Täters**; diese können ebenfalls dazu führen, dass sich im Erfolg nicht die spezifische Gefahr der Ersthandlung niederschlägt.

> **Bsp.:**[492] T misshandelt O (ohne Tötungsvorsatz) schwer; als O sich nicht mehr rührt, hält er ihn irrtümlich für tot. O kommt jedoch erst zu Tode, als T die vermeintliche Leiche von einer Brücke wirft. – T hat sich nicht gem. § 227 strafbar gemacht, da der Tod nicht auf der spezifischen Gefahr der Misshandlungen beruht; insoweit kommen lediglich Körperverletzungsdelikte in Betracht. Hinsichtlich des Wurfes von der Brücke scheidet eine vorsätzliche Tötung aus, weil T irrtümlich davon ausging, dass O bereits tot sei. Es kommt insoweit jedoch eine Strafbarkeit nach § 222 in Betracht.

240 ff) Letztlich ist nach diesen Grundsätzen auch der streitige Fall zu lösen, dass der Ersthandlung ein **vorsätzliches Unterlassen des Täters** nachfolgt. Dabei darf freilich nicht verkannt werden, dass das Unterlassen den Kausalverlauf der Ersthandlung nicht modifiziert.

> **Bsp.:**[493] T sticht mit dem Messer auf O ein; erst jetzt erkennt er, dass seine Handlung zum Tod führen wird; er unternimmt dennoch nichts, so dass O verblutet. – Geht man davon aus, dass sich im Erfolg die mit dem Messerstich verbundene typische Gefahr verwirklicht hat, so hätte sich T gem. § 227 in Tateinheit mit §§ 212, 13 strafbar gemacht[494]. Man kann jedoch auch argumentieren, dass der Tod gerade auf der Zweithandlung (Unterlassen) beruht, weil O bei Vornahme der gebotenen Handlung gerettet worden wäre; dann ist der Tatbestand des § 227 zu verneinen[495]. Vermittelnd lässt sich aber auch gut vertreten, dass beide Tatbestände vorliegen, § 227 jedoch als mitbestrafte Vortat hinter §§ 212, 13 zurücktritt; hierfür spricht, dass sich letztlich die Gefahr des Messerstichs im Erfolg realisiert hat, der Tod jedoch nicht doppelt zum Ansatz gebracht werden sollte; auch begründet die vorangegangene Körperverletzung letztlich die für die Strafbarkeit nach §§ 212, 13 maßgebliche Garantenstellung aus Ingerenz.

---

491 S. auch BGHSt 32, 25 (28).
492 Vgl. BGH NStZ-RR 1998, 171; ferner BGH StV 1993, 75.
493 S. auch BGH NStZ 2000, 29.
494 BGH NStZ 2000, 29.
495 Dafür *Rengier*, BT 2, § 16 Rn. 27.

IV. Körperverletzung mit Todesfolge, § 227

3. Unterlassen

Streitig ist, inwiefern bei einer **Körperverletzung durch Unterlassen** gemäß §§ 223, 13 auch § 227 verwirklicht sein kann. Es geht insoweit nicht um Fälle, in denen der Täter den Tatbestand des § 223 durch aktives Tun verwirklicht und anschließend den Erfolg nicht abwendet, da insoweit bereits ein Begehungsdelikt vorliegt, sondern um das bloße Unterlassen von Rettungsmaßnahmen[496]. Zunächst gehören in diesen Zusammenhang Fälle, in denen der Garant die vorsätzliche Körperverletzung durch einen Dritten nicht hindert und ihm selbst Fahrlässigkeit hinsichtlich des Todes zur Last fällt[497]. Ferner sind aber auch Konstellationen einbezogen, in denen der Täter, ein Dritter oder das Opfer zunächst die Körperverletzung verursacht, der Täter dann aber eine schwerere Folge nicht abwendet.

241

> **Bsp.:**[498] T stellt eine Flasche mit Gammabutyrolacton in einer Wohngemeinschaft auf, nachdem die Anwesenden zuvor Alkohol und andere Betäubungsmittel konsumiert hatten. O trinkt sodann aus der Flasche, wobei er zwar vom Inhalt Kenntnis hatte, jedoch davon ausging, dass die Dosierung nicht lebensgefährlich sei. T kümmert sich zwar um O, als dieser in den Schlaf fällt. Er erkennt jedoch nicht, dass die Situation lebensgefährlich ist und unterlässt es deshalb, Hilfe zu rufen. O wird später auf Veranlassung eines anderen Anwesenden in ein Krankenhaus gebracht, weil sich dessen Gesundheitszustand weiter verschlechtert. Dort verstirbt O, weil der Wirkstoff eine Atemdepression und eine Unterversorgung des Gehirns verursachte, was nur bei rechtzeitiger Beatmung hätte verhindert werden können.

Zunächst hat sich T durch das Aufstellen der Flasche nach § 222 strafbar gemacht. Dem steht auch nicht eine freiverantwortliche Selbstgefährdung des O entgegen, da dieser zwar selbst trank, jedoch die lebensgefährlichen Auswirkungen dabei nicht erkannte. Anknüpfungspunkt für eine vorsätzliche Körperverletzung durch Unterlassen nach §§ 223, 13 ist das nicht rechtzeitige Herbeirufen ärztlicher Hilfe durch T. Zwar hatte sich O bereits zuvor durch Trinken des Mittels an der Gesundheit geschädigt, jedoch genügt es, wenn durch das Unterlassen eine nicht unerhebliche Verschlechterung des Gesundheitszustandes eintritt. Die Handlungspflicht des T resultiert aus einer Überwachungsgarantenstellung kraft Sachherrschaft über die Flasche als gefährlichen Gegenstand sowie kraft pflichtwidrigen Vorverhaltens (Ingerenz) aufgrund des Aufstellens der Flasche. Die Garantenstellung erstreckt sich dabei nicht nur auf die Körperverletzung i. S. d. § 223, sondern zugleich auch auf den Tod als schwere Folge[499]. Fraglich ist freilich, ob der **gefahrspezifische Zusammenhang** vorliegt. Der BGH stellt hierfür

242

---
496 *Eisele*, FS Rengier, 3 (5); LK-*Vogel*, § 18 Rn. 64.
497 BGH NStZ 1995, 589 (590); NStZ 2018, 462 (463).
498 BGHSt 61, 318; dazu *Eisele*, JuS 2017, 561; *Kudlich*, JA 2017, 229.
499 Näher *Eisele*, FS Rengier, 3 (8 ff.).

maßgeblich darauf ab, ob der Täter in einer ihm vorwerfbaren Weise den lebensgefährlichen Zustand – hier also durch Aufstellen der Flasche – herbeigeführt habe[500]. Dies überzeugt aber nicht. Denn wenn Anknüpfungspunkt für den Grundtatbestand erst das nachfolgende Unterlassen ist, kann die vorausgehende Fahrlässigkeit zwar eine Strafbarkeit nach § 222 begründen, sie ist aber gerade keine dem Unterlassen innewohnende spezifische Gefahr – sondern eben gerade die spezifische Gefahr eines vorausgehenden, selbständig zu beurteilenden Aktes[501]. Richtigerweise wird man verlangen müssen, dass durch die Vertiefung der bereits bestehenden Körperverletzung i. S. d. § 223 zugleich eine nicht unerhebliche Erhöhung der Lebensgefahr derart bewirkt worden ist, dass sich gerade die in der Vertiefung liegende Gefährlichkeit in der schweren Folge niedergeschlagen hat[502], was hier zu bejahen ist, so dass sich T nach §§ 227, 13 strafbar gemacht hat.

4. Versuchskonstellationen

243 a) **Strafbarkeit des Versuchs.** Da es sich bei erfolgsqualifizierten Delikten um **Vorsatzdelikte** handelt (vgl. § 11 Abs. 2), ist der Versuch nach allgemeinen Regeln strafbar, soweit es sich – wie bei § 227 – um ein Verbrechen handelt oder die Versuchsstrafbarkeit ausdrücklich angeordnet ist.

244 b) **Versuchte Erfolgsqualifikation.** Erfasst wird zunächst die versuchte Erfolgsqualifikation, bei der das Grunddelikt der Körperverletzung versucht oder vollendet ist und der Täter Tatentschluss bezüglich der nicht eingetretenen schweren Folge besitzt. Im Rahmen des § 227 besitzt diese Konstellation jedoch keine praktische Bedeutung, da §§ 227, 22, 23 von den dann ebenfalls verwirklichten §§ 212 (211), 22, 23 im Wege der Gesetzeskonkurrenz verdrängt werden.

> **Bsp.:** T greift O mit einem Messer an und nimmt dabei billigend in Kauf, dass O beim Ausweichen tödlich stürzt. O kann jedoch ohne Sturz ausweichen. – §§ 227, 22, 23 sind hier zwar verwirklicht, weil zum versuchten Grunddelikt (versuchte Körperverletzung) der Tatentschluss in Form von dolus eventualis hinsichtlich der schweren Folge (Tod) tritt; gem. § 18 wird auch vorsätzliches Handeln bzgl. der schweren Folge erfasst („wenigstens Fahrlässigkeit"). Jedoch werden §§ 227, 22, 23 von §§ 212, 22, 23 verdrängt.

245 c) **Erfolgsqualifizierter Versuch.** Größere Bedeutung besitzt hingegen der erfolgsqualifizierte Versuch. Dieser liegt vor, wenn bereits bei einem versuchten Grunddelikt die schwere Folge eintritt. Nach h. M. ist auch diese Konstellation strafbar, da es – entgegen der Letalitätslehre[503] – für den

---

500 BGH NStZ 1995, 589 (590); BGH NStZ 2017, 223 (226).
501 *Brüning*, ZJS 2017, 727 (732); *Eisele*, FS Rengier, 3 (12); *Ingelfinger*, GA 1997, 573 (583).
502 *Eisele*, FS Rengier, 3 (12); *Rengier*, BT 2, § 16 Rn. 38.
503 Dazu o. Rn. 232 f.

IV. Körperverletzung mit Todesfolge, § 227

gefahrspezifischen Zusammenhang genügt, dass die schwere Folge auf der Körperverletzungshandlung (der Körperverletzungserfolg tritt in dieser Konstellation ja gerade nicht ein) beruht.

Bsp. (1): T versucht O zu schlagen; O weicht zurück, stürzt aus dem Fenster und kommt durch den Sturz zu Tode. – T macht sich gem. §§ 227, 22, 23 strafbar.

Bsp. (2):[504] T verfolgt mit weiteren Beteiligten den O, um ihn schwer zu misshandeln. O stürzt in Panik und Todesangst durch die Glastüre einer abgeschlossenen Haustüre. Auf Grund der Schnittwunden verblutet er. T hatte den O jedoch bereits zuvor aus den Augen verloren und die Verfolgung aufgegeben. – T hat sich gem. §§ 227, 22, 23 strafbar gemacht. Hinsichtlich des Grunddelikts der versuchten Körperverletzung müsste in einer Prüfungsarbeit vor allem das unmittelbare Ansetzen zur Körperverletzung durch die Verfolgung sorgfältig begründet werden. Hinsichtlich der schweren Folge ist zu beachten, dass zum Zeitpunkt des Eintritts der schweren Folge die Körperverletzungshandlungen bereits beendet waren (Abbruch der Verfolgung) und das Opfer auf Grund eines eigenen Entschlusses durch die Tür sprang. Die Paniksituation des Opfers führt jedoch zum Ausschluss eigenverantwortlichen Handelns, zumal O gerade auf Grund seiner Todesfurcht den Abbruch der Verfolgung nicht erkannte. Daher ist der gefahrspezifische Zusammenhang zu bejahen; zu einem anderen Ergebnis gelangt wiederum die Letalitätslehre.

5. Täterschaft und Teilnahme

Da es sich bei § 227 um ein Vorsatzdelikt handelt (§ 11 Abs. 2), kommt auch eine **Beteiligung** an dieser Tat **nach Maßgabe des § 18** in Betracht. Dabei ist zu beachten, dass jedem Beteiligten hinsichtlich der schweren Folge selbst wenigstens Fahrlässigkeit zur Last fallen und zwischen Grundtatbestand und schwerer Folge der gefahrspezifische Zusammenhang bestehen muss[505]. Für die Mittäterschaft bedeutet dies, dass lediglich in Bezug auf das Grunddelikt die Voraussetzungen des § 25 Abs. 2 vorliegen müssen. In Fällen der Anstiftung oder Beihilfe bezieht sich die akzessorische Haftung ebenfalls nur auf das Grunddelikt[506].

6. Konkurrenzen

§§ 212, 211 verdrängen § 227 im Wege der Gesetzeskonkurrenz[507]; zwar ist der Tatbestand des § 227 auch bei Vorsatz hinsichtlich des Todes verwirklicht (vgl. auch § 18: „wenigstens Fahrlässigkeit"), jedoch ist dieser im vor-

---

504 BGHSt 48, 34; *Heger*, JA 2003, 455.
505 Vgl. auch BGH NStZ 2009, 631 (632).
506 Vertiefend zum Ganzen *Eisele*, BT 1, Rn. 384 ff.
507 BGHSt 20, 269 (271).

sätzlichen Tötungsdelikt vollständig enthalten. § 227 verdrängt hingegen seinerseits als spezielleres Gesetz § 222 und §§ 223, 224[508].

> **Einführende Aufsätze:**
> *Kudlich*, Die Teilnahme am erfolgsqualifizierten Delikt, JA 2000, 511; *Kühl*, Das erfolgsqualifizierte Delikt (Teil I) – Das vollendete erfolgsqualifizierte Delikt, Jura 2002, 810 (Zusammenhang zwischen Grunddelikt und der besonderen Folge); *ders.*, Das erfolgsqualifizierte Delikt (Teil II) – Versuch des erfolgsqualifizierten Delikts und Rücktritt, Jura 2003, 19; *Steinberg*, Die Erfolgsqualifikation im juristischen Gutachten, JuS 2017, 970 (dogmatische Einordnung); *Ransiek*, Körperverletzung mit Todesfolge, JA 2017, 912 (bei fahrlässiger Verursachung des Todes).

> **Übungsfälle:**
> *v. Heintschel-Heinegg/Kudlich*, Der Regensburger Fenstersturz, JA 2001, 129 (tatbestandsspezifischer Gefahrzusammenhang bei eigenem Verhalten des Opfers); *Hinderer*, Eine schlechte Partnerwahl, JA 2009, 25 (Beruhen der Folge auf Taterfolg oder Tathandlung, daneben auch Strafmilderung gem. § 28 StGB und die Verdeckungsabsicht des § 211 StGB beim Unterlassen); *Norouzi*, Die Welt zu Gast bei Freunden, JuS 2006, 531 (Strafbarkeit des erfolgsqualifizierten Versuchs); *Safferling*, Verfolgung mit tödlichem Ausgang, Jura 2004, 64 (Strafbarkeit des erfolgsqualifizierten Versuchs, Unmittelbarkeitskriterium); *Timpe*, Die Rockband, Jura 2009, 465 (Unmittelbarkeitszusammenhang, tatbestandsspezifischer Gefahrenzusammenhang).

> **Rechtsprechung:**
> **BGHSt 14, 110** – Pistolenfall (gefahrspezifischer Zusammenhang); **BGHSt 31, 96** – Hochsitz (gefahrspezifischer Zusammenhang); **BGHSt 48, 34** – Gubener Verfolgungsfall (erfolgsqualifizierter Versuch).

V. Fahrlässige Körperverletzung, § 229

248 Geschütztes Rechtsgut ist ebenfalls die **körperliche Unversehrtheit**. Erfasst werden sowohl körperliche Misshandlungen als auch Gesundheitsschädigungen i. S. d. § 223 Abs. 1 Var. 1 und Var. 2. Erforderlich ist auch hier, dass Tatobjekt ein anderer Mensch ist. Fahrlässige Einwirkungen auf die Leibesfrucht sind daher nicht strafbar[509]. Dies gilt auch dann, wenn später ein Kind mit körperlichen Schäden zur Welt kommt[510]. Für die rechtfertigende Einwilligung gelten die Grundsätze des § 228[511]. Im Übri-

---

508 BGH NStZ-RR 2007, 76 (77); *Fischer*, § 227 Rn. 12.
509 S. schon o. Rn. 15.
510 *Krey/Hellmann/Heinrich*, BT 1, Rn. 184.
511 S. bereits o. Rn. 177 ff.

gen kann auf das Aufbauschema und die Ausführungen zu § 222 verwiesen werden[512].

VI. Beteiligung an einer Schlägerei, § 231

1. Geschütztes Rechtsgut und Systematik

§ 231 ist ein **abstraktes Gefährdungsdelikt**, das seinen Strafgrund darin findet, dass eine Schlägerei zwischen mehreren Personen bzw. ein von mehreren verübter Angriff oftmals zu schwerwiegenden Folgen führt[513]. Es ist gegenüber § 223 ein delictum sui generis, das in Tateinheit zu Körperverletzungs- und Tötungsdelikten stehen kann[514].

> **Prüfungsschema**
> 1. **Tatbestand**
>   a) Objektiver Tatbestand
>   aa) Schlägerei oder von mehreren verübter Angriff
>   bb) Beteiligung
>   b) Subjektiver Tatbestand
> 2. **Objektive Bedingung der Strafbarkeit**
>   a) Eintritt des Todes oder einer schweren Folge i. S. d. § 226 Abs. 1
>   b) Durch die Schlägerei oder den von mehreren verübten Angriff
> 3. **Rechtswidrigkeit**
> 4. **Schuld**

2. Objektiver Tatbestand

Voraussetzung ist, dass sich der Täter an einer Schlägerei oder einem von mehreren verübten Angriff beteiligt.

a) Schlägerei. Diese liegt vor, wenn mindestens drei Personen sich gegenseitig durch körperlich aktives Tätlichwerden Körperverletzungen zufügen[515]. An der notwendigen aktiven Mitwirkung von drei Personen fehlt es, solange sich eine von drei beteiligten Personen auf psychische Mitwirkung oder bloße Schutzwehr beschränkt; im letztgenannten Fall macht erst die Gegenwehr das Geschehen zur Schlägerei[516].

> **Bsp.:** A und B raufen miteinander; C wirkt lediglich psychisch mit, indem er A anfeuert. B kommt zu Tode. – Eine Strafbarkeit gem. § 231 scheidet von vornherein aus, da es am Merkmal der Schlägerei fehlt.

---

512 Vgl. o. Rn. 132 ff.
513 BGHSt 16, 130 (132); 33, 100 (103).
514 BGHSt 33, 100 (104); BGH NStZ-RR 2009, 309 (310); *Joecks/Jäger*, § 231 Rn. 19.
515 BGHSt 15, 369; 31, 124 (125).
516 Vgl. BGHSt 15, 369 (371); *Henke*, Jura 1985, 585 (586).

> Der nur psychisch mitwirkende C wird bei den „Schlägern" nicht mitgezählt.

253 Ob einer der Beteiligten **gerechtfertigt oder entschuldigt** ist, spielt für dieses Merkmal **keine Rolle**[517]. Sinkt die Zahl der „Schläger" unter drei, so scheidet diese Tatvariante aus, wenn die objektive Bedingung der Strafbarkeit erst anschließend eintritt[518]. Das Merkmal der Schlägerei ist jedoch nicht deshalb zu verneinen, weil einer der Beteiligten eine Pause einlegt oder jeweils zwei „Zweiergruppen" wechselseitige Tätigkeiten verüben, solange nur ein einheitliches Gesamtgeschehen vorliegt[519].

254 **b) Von mehreren verübter Angriff.** Ein solcher liegt vor, wenn eine feindliche, unmittelbar gegen den Körper eines anderen zielende Einwirkung von mindestens zwei Personen vorliegt[520]. Dabei muss eine Einheitlichkeit des Angriffs, des Angriffsgegners und des Angriffswillens gegeben sein[521]. Auf die Voraussetzungen der Mittäterschaft kommt es nicht an. Tätlichkeiten sind – anderes als bei der Schlägerei – nicht erforderlich[522].

> **Bsp.:**[523] T überfällt mit weiteren Personen Gäste auf einem Fest. T tötet gleich zu Beginn den O. – Alle Beteiligten haben sich hier gem. § 231 strafbar gemacht, da es sich um einen von mehreren verübten Angriff handelt. Für § 231 ist es unerheblich, ob die weiteren Beteiligten hinsichtlich des Todes vorsätzlich oder fahrlässig handeln. Anders als bei einer (ebenfalls zu prüfenden) Strafbarkeit nach § 212 kommt es auf die Voraussetzungen einer Mittäterschaft nach § 25 Abs. 2 nicht an.

255 **c) Beteiligung.** Der Begriff ist nicht „technisch", d. h. nicht i. S. d. § 28 Abs. 2 als Täterschaft und Teilnahme zu verstehen. Beteiligt ist vielmehr jeder, der aktiv bei der Schlägerei oder dem von mehreren verübten Angriff mitmacht. Nach h. M. genügt dabei jede physische oder psychische Mitwirkung, so dass auch das bloße Anfeuern eine täterschaftliche Beteiligung ist[524]. Bloße Zuschauer oder Schlichter, die nicht aktiv als Partei mitwirken, beteiligen sich jedoch nicht.

3. Subjektiver Tatbestand

256 Ausreichend ist Vorsatz hinsichtlich der Beteiligung an der Schlägerei bzw. dem Angriff. Auf den Eintritt der schweren Folge als objektive Bedingung der Strafbarkeit muss sich dieser jedoch nicht beziehen.

---

517 BGHSt 15, 369 (370 f.); *Kindhäuser/Schramm*, BT 1, § 11 Rn. 5.
518 BGH NStZ 2014, 147 (148).
519 BGH NStZ 2014, 147 (148).
520 BGHSt 31, 124 (126); 33, 100 (102).
521 Vgl. BGHSt 31, 124 (126); 33, 100 (102).
522 *Wessels/Hettinger/Engländer*, BT 1, Rn. 323.
523 BGH NStZ-RR 2000, 331.
524 *Rengier*, BT 2, § 18 Rn. 3a.

4. Objektive Bedingung der Strafbarkeit

Die **schwere Folge** – Tod eines Menschen oder schwere Körperverletzung i. S. d. § 226 Abs. 1 – ist nach h. M. kein Tatbestandsmerkmal, sondern lediglich eine objektive Bedingung der Strafbarkeit[525]. **257**

a) **Konsequenzen der Einordnung.** Dies bedeutet zunächst, dass der Tatbeitrag des Täters nicht kausal für die schwere Folge sein muss; selbst wenn feststeht, dass die schwere Folge durch einen anderen Beteiligten herbeigeführt wurde, bleibt die Strafbarkeit unberührt. Der Täter muss den Eintritt der schweren Folge ferner nicht voraussehen können[526]; und die Folge muss auch nicht vom Vorsatz des Täters umfasst sein. Nach h. M. soll das Vorliegen der objektiven Bedingung der Strafbarkeit selbst dann unberührt bleiben, wenn derjenige Akt, der die schwere Folge herbeigeführt hat, gerechtfertigt war[527]. **258**

> **Hinweis**
> Die diesbezügliche Körperverletzung oder Tötung bleibt allerdings gerechtfertigt. Es muss demnach strikt zwischen der Strafbarkeit wegen Tötungs- und Körperverletzungsdelikten einerseits und derjenigen nach § 231 andererseits unterschieden werden.

b) **Einschränkung.** Zu fordern ist jedoch, dass sich in der schweren Folge das typische Risiko einer Schlägerei verwirklicht. Dies ergibt sich bereits aus dem Wortlaut („durch die Schlägerei"); man kann hierzu auch die Kriterien der objektiven Zurechnung heranziehen[528]. Allerdings sollte man dann sehen, dass es nach dem Sinn der objektiven Bedingung der Strafbarkeit nicht auf den Zurechnungszusammenhang zwischen der einzelnen Beteiligungshandlung und der schweren Folge ankommt, da diesbezüglich nicht einmal Kausalität bestehen muss. Der einzelne Beteiligte muss also mit seiner konkreten Beteiligungshandlung gerade keine rechtlich missbilligte Gefahr geschaffen haben, die sich in der schweren Folge realisiert. Vielmehr kann es nur allgemein darum gehen, ob sich nach Schutzzweckgesichtspunkten ein typisches Risiko einer Schlägerei realisiert hat[529]. **259**

> **Bsp.:** Bei einer Schlägerei erleidet Zuschauer O plötzlich einen tödlichen Kreislaufkollaps. – Es hat sich hier keine typische Gefahr der Schlägerei (Vornahme von Tätlichkeiten, unübersichtliche Lage, angeheizte Stimmung usw.) in der objektiven Bedingung niedergeschlagen.

---

525 BGHSt 33, 100 (103); A/W/H/H-*Hilgendorf*, § 6 Rn. 90.
526 *Lackner/Kühl*, § 231 Rn. 5; *Rengier*, BT 2, § 18 Rn. 6.
527 BGHSt 39, 305 (307 ff.); *Rengier*, BT 2, § 18 Rn. 8.
528 So etwa *Joecks/Jäger*, § 231 Rn. 7.
529 *Lackner/Kühl*, § 231 Rn. 5.

260 **c) Opfer der schweren Folge.** Es ist nicht erforderlich, dass die schwere Folge bei einem Teilnehmer der Schlägerei oder des Angriffs eintritt. Auch Folgen bei unbeteiligten Dritten werden erfasst[530].

> **Bsp.:** Passant O wird von einem Pflasterstein, den einer der Schläger geworfen hat, tödlich getroffen.

Nach h. M. soll sich der Schläger oder Angreifer sogar dann nach § 231 strafbar machen, wenn er **selbst verletzt** wird[531]. Dagegen wird eingewendet, dass dies den Grundsätzen der objektiven Zurechnung widerspricht[532]. Versteht man diese jedoch – wie oben dargelegt[533] – nicht individuell, so muss man zu dem Ergebnis gelangen, dass es durchaus eine spezifische Gefahr einer Schlägerei darstellt, wenn den Schläger bzw. den Angreifer die schwere Folge selbst trifft. Eine entsprechende Einschränkung ließe sich daher besser damit begründen, dass man ähnlich wie bei §§ 223 ff. als ungeschriebenes Merkmal verlangt, dass die Folge eine andere Person trifft und die Selbstverletzung daher nicht strafbarkeitsbegründend wirken kann. Im Übrigen ist in einem solchen Fall jedoch § 60 – Absehen von Strafe – zu beachten.

261 **d) Entfernen vom Tatort vor Eintritt und Hinzukommen nach Eintritt der schweren Folge.** Problematisch sind Fälle, in denen sich der „Schläger" zum Zeitpunkt des Eintritts der schweren Folge gar nicht beteiligt hat.

> **Bsp. (1):** T schlägt bei einer Prügelei auf dem Feuerwehrfest kräftig mit; als ihn seine Freundin anruft, geht er sofort nach Hause. Kurz darauf wird bei der Schlägerei O durch einen Schlag des D getötet.

> **Bsp. (2):** T kommt erst zur Schlägerei hinzu, nachdem O von D getötet wurde.

Nach h. M. ist es für die Strafbarkeit eines Beteiligten ohne Bedeutung, ob die Ursache für den Eintritt der schweren Folge während, vor oder nach seiner Beteiligung an der Schlägerei gesetzt worden ist[534]. Anders liegt dies nur, wenn von seinem Hinzukommen oder Ausscheiden der Charakter des Geschehens als Schlägerei abhängt, da dann nicht mehr die drei erforderlichen Personen aktiv beteiligt sind. Für die h. M. lässt sich vor allem anführen, dass ansonsten neue Beweisschwierigkeiten entstünden, wenn der Beteiligte sich darauf berufen könnte, zum Zeitpunkt des Eintritts der Folge noch nicht bzw. nicht mehr an der Schlägerei beteiligt gewesen zu sein. Nach anderer Ansicht wird im Wege einer restriktiven Auslegung wegen des im Hinblick auf das Schuldprinzip nicht unproblematischen Schlägereitatbestandes[535] nur die Beteiligung während des Verursachungszeitpunk-

---

530 *Kindhäuser/Schramm*, BT 1, § 11 Rn. 17; *Wessels/Hettinger/Engländer*, BT 1, Rn. 331.
531 BGHSt 33, 100 (104); MünchKomm-*Hohmann*, § 231 Rn. 22.
532 *Rengier*, BT 2, § 18 Rn. 9.
533 Vgl. o. Rn. 259.
534 BGHSt 16, 130 (132); BGH NStZ-RR 2014, 178.
535 Näher *Schönke/Schröder/Eisele*, Vorbem. §§ 13 ff. Rn. 124 f.

tes für ausreichend gehalten[536]. Überzeugender ist es hingegen, lediglich bei einer nachträglichen Beteiligung die Strafbarkeit nach § 231 zu verneinen, während derjenige Beteiligte strafbar sein sollte, der sich vor Eintritt der schweren Folge entfernt hat. Dafür spricht letztlich, dass dessen ursprüngliche Beteiligung bis zum Eintritt der schweren Folge fortwirken kann[537].

5. Rechtswidrigkeit und Schuld

Nach § 231 Abs. 2 ist nicht strafbar, wer an der Schlägerei oder dem Angriff beteiligt war, ohne dass ihm dies vorzuwerfen ist. Nach h. M. bedeutet dies, dass Straffreiheit allein derjenige erlangen kann, der an der gesamten Schlägerei oder dem Angriff zu keinem Zeitpunkt in vorwerfbarer Weise beteiligt war[538]. Demnach muss die gesamte Beteiligung – also jeder einzelne Beteiligungsakt – von Rechtfertigungs- oder Entschuldigungsgründen gedeckt sein. Dies führt letztlich dazu, dass der Täter sogar dann nach § 231 bestraft werden kann, wenn eine durch Notwehr gerechtfertigte Einzelhandlung die schwere Folge verursacht hat, aber die Beteiligung zu irgendeinem anderen Zeitpunkt nicht gerechtfertigt oder entschuldigt war. § 231 Abs. 2 hat demnach nur die Bedeutung eines deklaratorischen Hinweises auf Rechtfertigungs- und Entschuldigungsgründe.

> **Bsp.:** T und O beteiligen sich an einer Wirtshausschlägerei. Plötzlich greift O den T mit einem Messer an. In Notwehr schlägt T dem O einen Bierkrug auf den Kopf; O kommt dadurch zu Tode. – T hat sich nicht gem. § 212 (oder § 222) strafbar gemacht, da er sich insoweit auf § 32 berufen kann. Die Strafbarkeit gem. § 231 bleibt jedoch unberührt, obwohl die Handlung, die zur schweren Folge geführt hat, gerechtfertigt war. Denn die davorliegenden Beteiligungsakte waren weder durch Rechtfertigungs- noch durch Entschuldigungsgründe gedeckt.

> **Klausurtipp**
> Da für § 231 Abs. 2 die Rechtfertigung bzw. Entschuldigung der jeweiligen Einzelakte maßgeblich ist, sollten vorab Körperverletzungs- und Tötungsdelikte geprüft werden.

> **Einführende Aufsätze:**
> *Bock*, Beteiligung an einer Schlägerei (oder an einem von mehreren verübten Angriff), § 231 StGB, Jura 2016, 992; *Eisele*, Zur Bedeutung des § 231 II nach dem 6. Strafrechtsreformgesetz, JR 2001, 270; *Zopfs*, Die „schwere Folge" bei der Schlägerei (§ 231), Jura 1999, 172.

---

536 *Krey/Hellmann/Heinrich*, BT 1, Rn. 323.
537 LK-*Popp*, § 231 Rn. 20; SK-*Wolters*, § 231 Rn. 11; anders aber BGH NStZ-RR 2014, 178.
538 *Rengier*, BT 2, § 18 Rn. 13; *Wessels/Hettinger/Engländer*, BT 1, Rn. 328.

Übungsfälle:
Kretschmer, Ein folgenschweres letztes Bier, Jura 1998, 244 (schwere Folge als objektive Bedingung der Strafbarkeit, subjektive Rechtfertigungselemente und die Folgen ihres Fehlens bei einer objektiven Rechtfertigungssituation, Beteiligung); *Laubenthal*, Eine Festzeltprügelei, JA 2004, 39 (Beteiligung an einer Schlägerei und Beachtlichkeit des Notwehrrechts); *Preuß/Krüll*, Wahre Freunde, JA 2018, 271 (rechtfertigende Einwilligung, das Hinzukommen nach Eintritt der schweren Folge, die Strafbarkeit des selbst verletzten Beteiligten, psychische Beihilfe, parteiübergreifende Unterstützung).

Rechtsprechung:
BGHSt 14, 132 – Kirmes (Verursachung der schweren Folge nach dem Ausstieg); **BGHSt 16, 130** – Zechschuld (Verursachung der schweren Folge vor dem Einstieg); **BGHSt 31, 124** – Verfolgungsjagd (von mehreren verübter Angriff); **BGHSt 33, 100** – Gastwirt (Notwehr bei Schlägerei); **BGHSt 39, 305** – Messerstich (Notwehr bei Schlägerei).

Teil 4: Straftaten gegen die persönliche Freiheit

I. Freiheitsberaubung, § 239

1. Geschütztes Rechtsgut und Systematik

Der **18. Abschnitt des StGB** (§§ 232 ff.) dient dem Schutz der persönlichen Freiheit. Im weitesten Sinne ist die Freiheit der Willensentschließung und Willensbetätigung geschützt (etwa bei § 240). Mitunter sind aber nur einzelne, recht spezielle Ausprägungen davon Rechtsgut der Vorschriften – so etwa die Freiheit der Willensentschließung zur Ehe beim § 237[539].
§ 239 schützt die **aktuelle** (str., nach h. M. die potenzielle) **persönliche Fortbewegungsfreiheit**, d. h. die Möglichkeit für das Opfer, jederzeit den Ort wechseln zu können[540]. § 239 ist ein **Dauerdelikt**, das mit Beginn der Freiheitsentziehung vollendet und mit der Freilassung des Opfers beendet ist. § 239 Abs. 3 Nr. 1 enthält eine echte Qualifikation mit Vorsatzerfordernis, Abs. 3 Nr. 2 und Abs. 4 enthalten hingegen Erfolgsqualifikationen i. S. d. § 18[541].

263

> **Prüfungsschema**
> 1. **Tatbestand**
>   a) Objektiver Tatbestand
>   aa) Eingriff in die persönliche Fortbewegungsfreiheit eines anderen Menschen
>   bb) Durch Einsperren oder auf sonstige Weise
>   b) Subjektiver Tatbestand
> 2. **Rechtswidrigkeit**
> 3. **Schuld**
> 4. **Strafschärfungen, Abs. 3 und 4**
>   a) Qualifikation (str.), § 239 Abs. 3 Nr. 1: Freiheitsberaubung länger als eine Woche

264

---

539 Zur Zwangsheirat vgl. *Eisele*, BT 1, Rn. 550 ff.
540 Dazu näher Rn. 266.
541 S.u. Rn. 284.

b) **Erfolgsqualifikation**, § 239 Abs. 3 Nr. 2: Verursachung einer schweren Gesundheitsschädigung des Opfers durch die Tat oder eine während der Tat begangene Handlung
c) **Erfolgsqualifikation**, § 239 Abs. 4: Verursachung des Todes des Opfers durch die Tat oder eine während der Tat begangene Handlung

2. Objektiver Tatbestand

265 Erforderlich ist ein Eingriff in die persönliche Fortbewegungsfreiheit einer anderen Person.

> **Klausurtipp**
> Im Zusammenhang mit unzutreffenden Anzeigen und Aussagedelikten, die zu einer Freiheitsstrafe des Angeklagten führen, ist stets an eine (versuchte) Freiheitsberaubung in mittelbarer Täterschaft zu denken. Die Strafverfolgungsorgane sind dann Tatmittler (Werkzeuge), die selbst rechtmäßig handeln, soweit sie sich im Rahmen der strafprozessualen Vorgaben halten.

266 a) **Fortbewegungsfreiheit.** Umstritten ist, ob bereits die **potenzielle** (h. M.)[542] oder nur die **aktuelle Fortbewegungsfreiheit**[543] geschützt ist. Nach h. M. ist es unerheblich, ob das Opfer sich tatsächlich fortbewegen will und das Einsperren bemerkt; es genügt, dass die bloße Möglichkeit zur Fortbewegung beeinträchtigt ist. Für diese Ansicht wird angeführt, dass in die Freiheitssphäre des Einzelnen auch dann (objektiv) eingegriffen wird, wenn der Einzelne sich nicht fortbewegen möchte. Eine weite Auslegung entspreche auch der zentralen Bedeutung der Fortbewegungsfreiheit als verfassungsrechtlich geschütztes Rechtsgut[544]. Mitunter wird die Theorie der potenziellen Fortbewegungsfreiheit dahingehend modifiziert, dass der potenzielle Fortbewegungswille nur genüge, wenn er auch aktualisierbar sei[545]. Da § 239 StGB auf den persönlichen Willen des Betroffenen abstelle, könne dieser auch nicht durch Vertretungspersonen ersetzt werden. Daher seien insbesondere Kleinstkinder nicht einbezogen. Entsprechendes gelte für Betrunkene, Schlafende oder Bewusstlose, da in diesem Zustand der Wille nicht aktualisierbar sei. Hingegen sollen solche Personen in den Schutzbereich einbezogen sein, die sich zwar aktuell nicht fortbewegen möchten, aber jederzeit diesen Willen bilden können[546]. Richtigerweise wird man jedoch stets einen aktuellen Fortbewegungswillen verlan-

---

[542] BGHSt 14, 314 (316); 32, 183 (188); *Bosch*, Jura 2012, 604; *Mitsch*, GA 2009, 329, 332.
[543] A/W/H/H-*Hilgendorf*, § 9 Rn. 13 f.; *Fischer*, § 239 Rn. 3 ff.
[544] LK-*Schluckebier*, § 239 Rn. 10.
[545] Siehe etwa *Rengier*, BT 2, § 22 Rn. 5.
[546] MünchKomm-*Wieck-Noodt*, § 239 Rn. 17.

gen müssen. Hierfür spricht die Nähe des Delikts zu § 240 StGB, bei dem es ebenfalls auf den aktuellen und nicht den potenziellen Willen ankommt[547] sowie der Wortlaut, nach dem die Freiheit „beraubt" sein muss. Andernfalls würde die Vollendungsstrafbarkeit viel zu weit nach vorne in den bloßen Gefährdungsbereich verlagert. Möchte sich das Opfer überhaupt nicht fortbewegen, so liegt lediglich das Unrecht eines Versuchs vor, das aber (seit dem 6. StrRG 1998) nach Absatz 2 sachgerecht erfasst werden kann.

> **Bsp.:** T schließt den O in seinem Büro ein, um sich währenddessen mit der Frau des O zu vergnügen. O bemerkt das Einschließen nicht. – T macht sich richtigerweise nur nach §§ 239 Abs. 1 und Abs. 2, 22, 23 strafbar, da die aktuelle Fortbewegungsfreiheit nicht beeinträchtigt wurde. Eine Vollendung liegt nach dieser vorzugswürdigen Ansicht nur vor, wenn O das Zimmer tatsächlich verlassen möchte.

In den Schutzbereich einbezogen ist jeder Mensch, der die **Fähigkeit hat, willentlich seinen Aufenthaltsort zu verändern**[548]. Wer – wie ein Kleinkind – überhaupt nicht die Möglichkeit zur Willensbildung und -betätigung besitzt, scheidet als Tatopfer nach allen eben genannten Ansichten aus[549], da nicht einmal von einer potenziellen Fortbewegungsfreiheit gesprochen werden kann. Umstritten ist aber, ob auf Grundlage der h.M. der Tatbestand verwirklicht ist, wenn ein Bewusstloser oder Schlafender eingeschlossen wird, da solchen Personen der Fortbewegungswille nur vorübergehend fehlt. **266a**

> **Bsp.:** T möchte bei O ein Gemälde entwenden. Er schließt diesen im Schlafzimmer ein. Als er die Türe nach einer Stunde wieder öffnet, schläft O immer noch.

Nach h.M. soll der Tatbestand verwirklicht sein, soweit die **Möglichkeit des Erwachens** während des Einsperrens nicht sicher ausgeschlossen ist. In diesem Fall kann man jedoch nur sagen, dass die potenzielle Fortbewegungsfreiheit betroffen ist[550]. Stellt man hingegen auf die aktuelle Fortbewegungsfreiheit ab, so ist diese bei Schlafenden und Bewusstlosen ebenfalls nicht berührt. Es ist auch hier lediglich die Situation einer versuchten Freiheitsberaubung gegeben, da sich das Opfer gar nicht fortbewegen wollte. Einer Kompensation der bis zum 6. StrRG 1998 bestehenden Straflosigkeit des Versuchs durch eine extensive Auslegung bedarf es wegen der in Abs. 2 verankerten Versuchsstrafbarkeit nicht mehr. **267**

b) Beeinträchtigung der Fortbewegungsfreiheit. Da vom Tatbestand nur die **Fortbewegungsfreiheit**, nicht aber die allgemeine Handlungsfreiheit **268**

---

547 *Kretschmer*, Jura 2009, 590 (591;) A/W/H/H-*Hilgendorf*, § 9 Rn. 13 f.
548 BGHSt 32, 183 (188); *Wessels/Hettinger/Engländer*, BT 1, Rn. 352.
549 *Krey/Hellmann/Heinrich*, BT 1, Rn. 358.
550 Vgl. BGHSt 32, 183 (188); *Wessels/Hettinger/Engländer*, BT 1, Rn. 352; vert. BT 1 Rn. 361 ff.

geschützt ist, ist das bloße Versperren eines von mehreren zumutbaren Wegen nicht tatbestandsmäßig. Auch das bloße Erschweren der Fortbewegung wird nicht erfasst; die Fortbewegungsfreiheit muss aufgehoben werden. Daher wird auch das Aussperren regelmäßig nicht erfasst.

> **Bsp.:** Kein Fall des § 239 Abs. 1 Var. 2 liegt vor, wenn T das Zimmer des O abschließt, damit er dieses nicht mehr betreten kann. O kann sich weiter an andere Orte fortbewegen.

269 Andererseits muss das Hindernis, das die Fortbewegungsfreiheit beschränkt, nicht vollständig unüberwindbar sein. Die Grenze wird dabei durch **Zumutbarkeitskriterien** gebildet. Tatbestandsmäßig handelt auch, wer dem Opfer nur die Wahl überlässt, das Hindernis unter Inkaufnahme von nicht unerheblichen Gefahren für Leib oder Leben zu überwinden.

> **Bsp.:** Ein Fenster im dritten Stockwerk bei verschlossener Zimmertür als Ausweg zu nutzen, ist unzumutbar, da die Gefahr erheblicher Verletzungen besteht.

270 **c) Tathandlungen.** Diese sind das Einsperren (Var. 1) und die Freiheitsberaubung auf andere Weise (Var. 2).

271 **aa)** Das **Einsperren** nach Var. 1 ist nur ein herausgehobener Beispielsfall; es liegt vor, wenn das Opfer in einem umschlossenen Raum durch äußere Vorrichtungen so festgehalten wird, dass es objektiv daran gehindert ist, sich von der Stelle zu bewegen[551].

272 **bb)** Von **Var. 2** werden alle **übrigen Mittel erfasst**, die geeignet sind, einem anderen die Fortbewegungsfreiheit zu nehmen[552].

> **Bspe.:** Festhalten; Festbinden auf einem Stuhl; Betäuben des Opfers. Auch das schnelle Fahren mit einem Fahrzeug, um die Insassen am Verlassen des Wagens zu hindern, ist tatbestandsmäßig[553].

Hingegen genügt das bloße Fesseln der Hände nicht, wenn dabei die Fortbewegungsfreiheit nicht entscheidend tangiert wird[554]. Eine Freiheitsberaubung kann auch dann vorliegen, wenn dem bereits der Freiheit beraubten Opfer noch **ein größerer Radius zur Bewegung verbleibt**, dieser jedoch nicht verlassen werden kann. Wird dieser Radius weiter begrenzt – eine in ein Haus eingesperrte Person wird von einem Dritten in ein Zimmer eingeschlossen –, kann eine weitere Freiheitsberaubung angenommen werden[555].

---

551 *Fischer*, § 239 Rn. 7; MünchKomm-*Wieck-Noodt*, § 239 Rn. 16.
552 BGH NStZ 2015, 338 (339).
553 BGH NStZ 1992, 33 (34); 2005, 507 (508).
554 BGH StV 2015, 113.
555 BGH NStZ 2015, 338 (339); A/W/H/H-*Hilgendorf*, § 9 Rn. 17 f.

cc) Die Tat kann auch durch **Unterlassen** begangen werden, etwa wenn der Täter einen versehentlich Eingesperrten nicht freilässt, nachdem er dies bemerkt[556]. Dabei ist im Einzelfall die Garantenstellung sorgfältig zu prüfen. Bedeutung erlangt das Unterlassen zunächst beim Beschützergaranten (z. B. Eltern gegenüber Kindern), wenn ein Dritter die zu beschützende Person der Freiheit beraubt oder diese sich versehentlich selbst einschließt. Auch Amtsträger wie Polizisten oder Vollzugspersonal können im Rahmen eines Freiheitsentzugs Beschützergaranten sein[557].

d) **Tatbestandsausschließendes Einverständnis.** Da sich die Tathandlung **gegen den Willen des Opfers** richtet, schließt ein Einverständnis bereits den Tatbestand aus[558]. Das Einverständnis kann sowohl inhaltlich (z. B. bestimmter Ort oder bestimmte Art und Weise der Freiheitsberaubung) als auch zeitlich beschränkt werden. Werden solche Beschränkungen missachtet, ist der Tatbestand verwirklicht. Im Übrigen kann das Einverständnis jederzeit widerrufen werden.

> Bsp.:[559] O fährt bei T im Wagen mit. Plötzlich ändert T seine Fahrweise und fährt viel zu schnell. O fordert den T dazu auf, ihn aussteigen zu lassen, was T ignoriert. Einen kurzen verkehrsbedingten Halt nutzt O nicht zum Aussteigen. – Das Festhalten in einem Fahrzeug kann eine Freiheitsberaubung auf sonstige Weise (Var. 2) darstellen[560]; bis zur Veränderung der Fahrweise war O allerdings damit einverstanden. Anschließend widerrief er jedoch eindeutig und unmissverständlich das Einverständnis, so dass ab diesem Zeitpunkt der Tatbestand verwirklicht war. Dass O auch während der Fahrt das Fahrzeug verlassen konnte, ist angesichts der damit verbundenen Gefährdung unzumutbar. Der Umstand, dass O bei dem kurzen verkehrsbedingten Halt nicht sofort ausgestiegen ist, stellt nach BGH noch kein (erneutes) konkludentes Einverständnis in die Freiheitsberaubung dar.

e) **Einzelne Tatmittel.** Tatmittel können Gewalt, Drohung, Zwang oder List sein, wobei in diesem Zusammenhang die Grenze der Zumutbarkeit und das tatbestandsausschließende Einverständnis Bedeutung erlangen können.

aa) Der Täter kann neben klassischer **Gewalt** (z. B. Abschließen der Tür, Fesseln des Opfers) auch **Drohungen als Tatmittel** anwenden, um das Opfer an der Fortbewegung zu hindern. Bei einer Drohung genügt aber richtigerweise nur eine solche mit einer gegenwärtigen Gefahr für Leib

---

556 BGH GA 1963, 16; NStZ-RR 2009, 366.
557 BGHSt 59, 292 (301).
558 *Lackner/Kühl*, § 239 Rn. 5; *Rengier*, BT 2, § 22 Rn. 16.
559 BGH NStZ 2005, 507.
560 BGH NStZ 2005, 507 (508); s. ferner BGH NStZ 1992, 33 (34).

oder Leben[561]. Nicht ausreichend sind hingegen andere Drohungen (nur) mit einem empfindlichen Übel i. S. d. § 240[562] – wie z. B. Kündigung der Wohnung oder des Arbeitsplatzes –, da die Fortbewegung für das Opfer in solchen Fällen noch eine zumutbare Alternative darstellt.

> **Bsp.:** T droht seiner Ehefrau O, bei Verlassen des Hauses das Abonnement für die Oper zu kündigen. – § 239 Abs. 1 Var. 2 scheidet aus, weil es für O zumutbar bleibt, sich fortzubewegen.

277 bb) Entsprechendes gilt für Fälle **faktischen oder psychischen Zwangs**. Als Leitlinie ist auch hier zu verlangen, dass es für das Opfer unzumutbar gefährlich wird, sich fortzubewegen. Bei den viel diskutierten Fällen des Wegnehmens der Kleidung eines nackt Badenden dürfte dies zu verneinen sein[563].

278 cc) Letztlich kommt auch **List** als Tathandlung in Betracht, wenn mithilfe dieser vorgespiegelt wird, dass eine Fortbewegung auf zumutbare Weise nicht möglich ist[564]. Denn dann wird in das Rechtsgut der aktuellen Fortbewegungsfreiheit eingegriffen, weil eine bestehende Fortbewegungsfreiheit verschleiert wird.

> **Bsp.:** T täuscht den eingesperrten O darüber, dass es keine weiteren Ausgänge im Haus gibt. Tatsächlich hätte O das Haus über einen Kellerausgang verlassen können.

279 Anders liegt der Fall jedoch, wenn die **List nicht rechtsgutbezogen** ist und das Opfer sich der Freiheitsberaubung bewusst ist, so dass es – trotz der Täuschung – ein wirksames tatbestandsausschließendes Einverständnis erteilt.

> **Bsp.:** T täuscht O darüber, dass er Experimente über Angstzustände durchführt. Daraufhin lässt sich O in eine dunkle Kammer schließen. Anstatt Experimente durchzuführen, geht T mit der Freundin des O aus. – § 239 Abs. 1 Var. 1 scheidet hier aus, da O mit der Freiheitsbeschränkung einverstanden war. Dass T den O über den Zweck getäuscht hat und O bei Kenntnis der Sachlage nicht einverstanden gewesen wäre, ist unerheblich, weil die Täuschung sich nicht auf das Rechtsgut der Fortbewegungsfreiheit bezieht.

280 Die Grenze ist aber – nicht anders als bei den bekannten Beschlagnahmefällen beim Diebstahl[565] – dort zu ziehen, wo neben der Täuschung derart faktischer Zwang ausgeübt wird, dass es für das Opfer **unzumutbar wird,**

---

561 BGH NStZ 2015, 338 (339).
562 S. BGH NJW 1993, 1807 f.; a. A. *Maurach/Schroeder/Maiwald/Hoyer/Momsen*, BT 1, § 14 Rn. 6.
563 Ebenso RGSt 6, 231 (232); MünchKomm-*Wieck-Noodt*, § 239 Rn. 31; a. A. *Krey/Hellmann/Heinrich*, BT 1, Rn. 352; *Maurach/Schroeder/Maiwald/Hoyer/Momsen*, BT 1, § 14 Rn. 6.
564 Für die Einbeziehung von List *Rengier*, BT 2, § 22 Rn. 7 f.; *Schönke/Schröder/Eisele*, § 239 Rn. 6a.
565 S. dazu nur *Wessels/Hillenkamp/Schuhr*, BT 2, Rn. 631 ff., s. auch hier Rn. 937.

sich fortzubewegen. Von einem freiwillig erteilten Einverständnis kann dann nicht mehr gesprochen werden.

Bsp.: T verkleidet sich als Polizist und spiegelt dem O vor, dass er ihn festnehmen müsse. O fügt sich daraufhin seinem Schicksal. – T macht sich hier nach § 239 Abs. 1 Var. 2 strafbar, da auf Grund der Zwangswirkung kein tatbestandsausschließendes Einverständnis vorlag.

f) Dauer der Freiheitsentziehung. Eine bestimmte Dauer ist grundsätzlich nicht erforderlich. Bei einer Freiheitsberaubung, die länger als eine Woche andauert, ist jedoch die Qualifikation des § 239 Abs. 3 Nr. 1 verwirklicht[566]. Um Bagatellfälle auszuscheiden, bedarf es jedoch einer Erheblichkeit der Tathandlung; hierfür kann nicht nur die Dauer der Freiheitsberaubung entscheidend sein[567], sondern daneben auch das Gewicht der Einwirkung auf das geschützte Rechtsgut[568]. **281**

Bsp.:[569] T umfasst die Oberschenkel der O und hebt sie in ein Badezimmer, weil er hofft, dort mit ihr in kurzer Zeit Zärtlichkeiten auszutauschen. Dazu kommt es jedoch nicht, weil sofort der Freund der O einschreitet. – Die Beschränkung der Fortbewegungsfreiheit ist hier noch nicht erheblich, so dass der Tatbestand zu verneinen ist. In Betracht kommt jedoch eine Versuchsstrafbarkeit.

3. Subjektiver Tatbestand

Für den subjektiven Tatbestand ist bedingter Vorsatz ausreichend. **282**

4. Strafschärfungen

a) Qualifikation des § 239 Abs. 3 Nr. 1. Die Vorschrift enthält einen **Qualifikationstatbestand mit Vorsatzerfordernis** und keine Erfolgsqualifikation i. S. d. § 18[570]. Dafür spricht, dass der Gesetzgeber bei erfolgsqualifizierten Delikten – so auch bei Abs. 3 Nr. 2 und Abs. 4 – hinsichtlich der schweren Folge die Formulierung „verursacht" verwendet[571]. Die Qualifikation erfasst Fälle, in denen der Täter das Opfer länger als eine Woche der Freiheit beraubt. **283**

b) Erfolgsqualifikationen der § 239 Abs. 3 Nr. 2 und Abs. 4. Unter einer **schweren Gesundheitsschädigung** i. S. d. Abs. 3 Nr. 2 werden nicht nur schwere Folgen i. S. d. § 226 verstanden, sondern auch ähnlich gravierende Beeinträchtigungen, das Verfallen in eine ernste Krankheit sowie eine er- **284**

---

566 S.u. Rn. 283.
567 Nach BGH NStZ 2003, 371 genügt etwa ein kurzzeitiges Festhalten beim Verprügeln nicht zur Tatbestandserfüllung; nach RGSt 7, 259 (260) soll die Zeitspanne eines „Vater unser" für die Tatbestandsverwirklichung genügen.
568 BGHSt 14, 314 (315).
569 Nach BGH NStZ-RR 2003, 168.
570 Ebenso *Fischer*, § 239 Rn. 15; a. A. *Krey/Hellmann/Heinrich*, BT 1, Rn. 365.
571 S. auch §§ 178, 227, 251.

hebliche Beeinträchtigung der Arbeitskraft[572]. Die schwere Folge muss wenigstens fahrlässig i. S. d. § 18 verursacht sein.

285 aa) Zwischen der Freiheitsberaubung und der schweren Folge ist ein **gefahrspezifischer Zusammenhang** erforderlich. Nach dem Wortlaut von Abs. 3 Nr. 2 und Abs. 4 ist es allerdings ausreichend, dass die schwere Folge auf einer während der Tat begangenen Handlung beruht. Der von § 227 bekannte Streit, ob die schwere Folge auf dem Erfolg des Grunddelikts beruhen muss, lässt sich daher nicht übertragen. Auch ist darauf hinzuweisen, dass es beim Dauerdelikt des § 239 ausreicht, dass die schwere Folge in der Phase zwischen Vollendung und Beendigung (d. h. während der Dauer der Freiheitsberaubung) eintritt.

> Bsp.: Das Opfer kommt durch Misshandlungen während der Freiheitsberaubung zu Tode.

286 Der gefahrspezifische Zusammenhang wird daher auch nicht zwingend durch ein **Opferverhalten** unterbrochen. Freilich wird man diesen bei einem Suizid nur ausnahmsweise annehmen können, wenn das Opfer auf Grund der Folgen der Freiheitsberaubung nicht mehr in der Lage war, eine freie Entscheidung zu treffen[573]. Hingegen sind vor allem Fluchtversuche mit schweren Folgen typische Gefahren einer Freiheitsberaubung.

> Bspe.: Das Opfer springt aus einem Fenster und kommt bei dem Sturz zu Tode; das Opfer erleidet tödliche Verletzungen, als es die Fesseln durchtrennen möchte.

287 bb) Strafbar ist ferner sowohl der **erfolgsqualifizierte Versuch** als auch die **versuchte Erfolgsqualifikation**.

> Bsp. 1 (**erfolgsqualifizierter Versuch**): T möchte O mit Waffengewalt einsperren; noch vor dem Einsperren löst sich ein Schuss, wodurch O zu Tode kommt. – T macht sich nach §§ 239 Abs. 1, 2, 4, 22, 23 strafbar, da im Versuchsstadium der Freiheitsberaubung durch die Tathandlung die schwere Folge eingetreten ist.
>
> Bsp. 2 (**versuchte Erfolgsqualifikation**): T hat O eingesperrt; nun beschließt er, diesen zu töten, was aber misslingt. – Auch hier macht sich T nach § 239 Abs. 1 und 2, 4, 22, 23 strafbar. Das Grunddelikt der Freiheitsberaubung war bereits vollendet (auch ein versuchtes Grunddelikt wäre im Übrigen ausreichend) und T besaß ferner Tatentschluss (vgl. § 18 „wenigstens Fahrlässigkeit"), den O durch eine während der Tat (Freiheitsberaubung) begangene Handlung zu töten; die Strafbarkeit des Versuchs folgt bei Abs. 3 und Abs. 4 bereits aus dem Verbrechenscharakter der Tat (§§ 12 Abs. 1, 23 Abs. 1).

---

572 S.o. bereits Rn. 157.
573 Vgl. *Schönke/Schröder/Eser/Eisele*, § 239 Rn. 15.

5. Konkurrenzen

288 Für Konkurrenzfragen ist zu beachten, dass es sich um ein **Dauerdelikt** handelt, das mit der Freiheitsberaubung vollendet und mit der Freilassung des Opfers beendet ist. Handlungen, die während der Freiheitsberaubung vorgenommen werden, können daher grundsätzlich in Tateinheit zu § 239 stehen. Ferner kann § 239 nach allgemeinen Grundsätzen der Klammerwirkung zwei Delikte zur Tateinheit verbinden, soweit nicht beide Delikte schwerer wiegen als die Freiheitsberaubung[574]. § 240 tritt hinter § 239 zurück, wenn die Nötigung nur dazu dient, die Freiheitsberaubung zu realisieren[575]. Tateinheit ist hingegen anzunehmen, wenn das Opfer während der Freiheitsberaubung zusätzlich genötigt wird. Umgekehrt tritt § 239 im Wege der Konsumtion hinter § 240 zurück, wenn die Freiheitsberaubung nur Begleiterscheinung der Nötigung ist[576]; dasselbe gilt auch im Verhältnis zu anderen Tatbeständen, wie etwa §§ 223, 249.

> **Einführender Aufsatz:**
> *Bosch*, Der Schutz der Fortbewegungsfreiheit durch den Tatbestand der Freiheitsberaubung (§ 239 StGB), Jura 2012, 604 (Allgemeiner Überblick mit kurzen Fällen).

> **Übungsfälle:**
> *Fahl*, All doors locked, Jura 2013, 967 (Freiheitsberaubung durch das Abriegeln einer Flugzeugtüre für den Abflug – Einwilligung durch Einstieg ins Flugzeug); *Kühl*, Ein rabiater Metzgermeister, JuS 2007, 742 (versuchte [schwere] Freiheitsberaubung mit Todesfolge); *Mitsch*, Kein Kavalier der Straße, JuS 1993, 222 (die Freiheitsberaubung an einem Schlafenden).

> **Rechtsprechung:**
> **BGHSt 14, 314** – Amanda (Freiheitsberaubung bei mangelndem Fortbewegungswillen); **BGHSt 32, 183** – Erzieher (potenzielle persönliche Fortbewegungsfreiheit); **BGHSt 59, 292** – Jalloh (Freiheitsberaubung durch Unterlassen); **BGH NJW 1993, 1807** – Arbeitsstelle (Drohung mit einem empfindlichen Übel); **BGH NStZ 2001, 420** – Keller (Begriff des Einsperrens); **BGH NStZ 2005, 507** – Autofahrt (Freiheitsberaubung „auf andere Weise").

II. Nötigung, § 240

1. Geschütztes Rechtsgut und Systematik

289 Geschütztes Rechtsgut des § 240 ist die **persönliche Freiheit der Willensentschließung und der Willensbetätigung**[577].

---

574 BGH NStZ 2013, 158.
575 A/W/H-*Hilgendorf*, § 9 Rn. 37; *Krey/Hellmann/Heinrich*, BT 1, Rn. 362.
576 BGH NStZ-RR 2003, 168; *Rengier*, BT 2, § 22 Rn. 27.
577 A/W/H-*Hilgendorf*, § 9 Rn. 45; *Jäger*, BT, Rn. 97.

290 **Prüfungsschema**

1. **Tatbestand**
   a) Objektiver Tatbestand
      aa) Einsatz eines Nötigungsmittels
         (1) Gewalt
         (2) Drohung mit einem empfindlichen Übel
      bb) Nötigungserfolg: Tun, Dulden, Unterlassen
      cc) Kausalzusammenhang zwischen Mittel und Erfolg
   b. Subjektiver Tatbestand: Vorsatz und (str.) Nötigungsabsicht
2. **Rechtswidrigkeit**
   a) Nichteingreifen von Rechtfertigungsgründen
   b) Verwerflichkeitsprüfung, § 240 Abs. 2
3. **Schuld**
4. **Strafzumessungsregel für besonders schwere Fälle mit Regelbeispielen, § 240 Abs. 4**
   a) Nr. 1: Nötigung einer Schwangeren zum Schwangerschaftsabbruch
   b) Nr. 2: Missbrauch der Befugnisse oder Stellung als Amtsträger

2. Objektiver Tatbestand

291 **Nötigungsmittel.** Erfasst wird vom Tatbestand Gewalt und jede Drohung mit einem empfindlichen Übel.

> **Hinweis**
>
> Die Erpressung i. S. d. § 253 sieht ebenfalls diese Nötigungsmittel vor, während die Tatbestände der §§ 249, 252, 255 nur Gewalt gegen eine Person oder Drohung mit gegenwärtiger Gefahr für Leib oder Leben erfassen.

292 **a) Gewalt.** Darunter ist nach der klassischen Definition des RG die Entfaltung körperlicher Kraft zu verstehen, mit der zur Überwindung eines tatsächlich geleisteten oder erwarteten Widerstandes auf den Körper eines anderen eingewirkt wird[578].

> **Hinweis**
>
> In § 250 Abs. 1 Nr. 1b findet sich diese Definition wieder. Bei anderen Tatbeständen kann der Gewaltbegriff abweichend auszulegen sein. Bei §§ 249, 252, 255 folgt dies bereits daraus, dass tatbestandlich Gewalt gegen eine Person erforderlich ist.

---

578 RGSt 56, 87 (88); 64, 113 (115); einf. *Swoboda*, JuS 2008, 862.

Ob der Betroffene die Gewalt als solche empfindet, ist unerheblich. Daher **293** ist Gewalt auch gegenüber Schlafenden, Bewusstlosen und Betrunkenen möglich[579]. Dabei wird vom Tatbestand sowohl vis absoluta als auch vis compulsiva erfasst. Ist der Dritte mit der **Gewaltausübung einverstanden**, so ist bereits der **Tatbestand ausgeschlossen**, weil es dann an einem Handeln gegen den Willen des Opfers fehlt, da das Rechtsgut der persönlichen Freiheit der Willensentschließung und der Willensbetätigung nicht betroffen ist. Dies gilt auch, wenn das Einverständnis durch Täuschung erschlichen wird[580].

aa) Bei **vis absoluta** wird die persönliche Freiheit der Willensentschließung **294** vollständig aufgehoben oder die Willensbetätigung unmöglich gemacht[581]. Neben unmittelbaren körperlichen Zwangswirkungen wird auch das Beibringen von Rausch- und Betäubungsmitteln erfasst, um den Widerstand zu verhindern oder zu überwinden[582].

> **Bsp.:** T schlägt den O mit einer Eisenstange nieder oder flößt diesem Gift ein, damit ihm dieser nicht mehr den Zugang versperrt. – O ist weder in der Lage überhaupt einen Willen zu bilden, noch diesen zu betätigen.

bb) Bei **vis compulsiva** wird das Opfer durch die Zwangswirkung dazu **295** „motiviert", den Widerstand nicht zu entfalten bzw. aufgeben[583].

> **Bsp.:** T schlägt mit den Fäusten solange auf O ein, bis dieser schließlich den Weg frei gibt. – Im Gegensatz zur vis absoluta ist die Freiheit zur Willensentschließung und Willensbetätigung nicht aufgehoben, da O weiterhin die Möglichkeit hat, den Weg zu versperren, wenn er sich der Gewalt nicht beugt. Die vis compulsiva zielt jedoch darauf ab, die Willensentschließung und Willensbetätigung zu beeinflussen.

cc) Umstritten sind die **Grenzen des Gewaltbegriffs**. Problematisch ist, **296** ob – wie in den Sitzblockadefällen – auch eine rein psychische Form der Zwangerzeugung noch unter das Merkmal der Gewalt zu subsumieren ist. In Ablehnung älterer Rechtsprechung, die für Gewalt eine körperliche Tätigkeit mit rein psychischer Zwangswirkung („vergeistigter" bzw. „erweiterter" Gewaltbegriff) ausreichen ließ[584], verstößt nunmehr nach Ansicht des BVerfG diese erweiternde Auslegung gegen den Bestimmtheitsgrundsatz des Art. 103 Abs. 2 GG, da eine solche „entgrenzende Auslegung" unzuläs-

---

579 BGHSt 4, 210 (212); *Rengier*, BT 2, § 23 Rn. 29.
580 *Wessels/Hettinger/Engländer*, BT 1, Rn. 383.
581 *Krey/Hellmann/Heinrich*, BT 1, Rn. 393.
582 *Fischer*, § 240 Rn. 24; *Rengier*, BT 2, § 23 Rn. 25.
583 *Krey/Hellmann/Heinrich*, BT 1, Rn. 394; LK-*Altvater*, § 240 Rn. 7.
584 BGHSt 23, 46 (53 f.); 37, 350 (353); OLG Düsseldorf NJW 1986, 942 (943); BayObLG NJW 1993, 312.

sig ist[585]; demnach ist auch der Rechtsanwender (Richter) dazu aufgerufen, die Konturen des Tatbestandes nicht weiter zu verwässern und einer Ausuferung des Nötigungstatbestandes entgegen zu treten.

297 (1) Weitgehende Einigkeit besteht zunächst darüber, dass § 240 jedenfalls dann zu verneinen ist, wenn das strafrechtlich relevante Verhalten des Täters allein in seiner körperlichen Anwesenheit zu sehen ist und die Zwangswirkung rein psychischer Natur ist[586]. Insoweit hat das BVerfG das Merkmal der körperlichen Zwangswirkung wieder stärker in den Mittelpunkt gestellt[587]. Gewalt liegt nur dann vor, wenn auf Grund einer – wenn auch nur geringfügigen – Kraftentfaltung erstens **körperlicher oder psychischer Zwang** ausgeübt wird, der sich zweitens beim Opfer **körperlich auswirkt**.

> **Bsp. 1 (Parklückenfall):** T stellt sich in eine Parklücke, um diese für ihren Freund F zu reservieren. O, der vor F die Lücke erreicht, wird von ihr am Einparken gehindert. – T macht sich nicht nach § 240 strafbar, da sie keine Gewalt übt[588].

> **Bsp. 2 (Sitzblockadefall):** T protestiert gegen Studiengebühren. Er setzt sich vor den Wagen des Ministerpräsidenten, der so am Ausparken gehindert wird. – Auch hier ist die Zwangswirkung rein psychischer Natur, so dass keine Gewalt i. S. d. § 240 vorliegt.

298 (2) Auch andere **rein psychisch wirkende Handlungen** genügen demnach nicht. Das Vorhalten einer Waffe[589] oder das Abgeben von Schüssen[590] mittels einer Schreckschusspistole können daher regelmäßig nicht als Gewalt angesehen werden, weil es sich hierbei zumeist ebenfalls um eine rein psychische Zwangswirkung handelt[591]. Zudem liegt der Schwerpunkt hier in dem Inaussichtstellen eines künftigen Übels – das Opfer ggf. zu verletzen oder zu töten –, so dass ohnehin die Drohungsvariante einschlägig ist.

299 (3) Im Übrigen sind aber die Grenzen immer noch nicht abschließend geklärt, da nach überwiegender Ansicht für die Gewaltausübung bereits ein **geringer körperlicher Kraftaufwand** genügt[592].

> **Bspe.:** (Heimliches) Beibringen von Betäubungsmitteln – etwa von Alkohol oder Narkosemittel; Versprühen von Tränengas oder übel rie-

---

585 BVerfGE 92, 1 ff.
586 BVerfGE 104, 92 (101); BVerfG NJW 2007, 1669; *Krey/Hellmann/Heinrich*, BT 1, Rn. 389.
587 BVerfGE 92, 1 (14 ff.).
588 Vgl. auch OLG Frankfurt NStZ-RR 2011, 110; *Rengier*, BT 2, § 23 Rn. 21.
589 So aber BGHSt 23, 126; 39, 133 (136).
590 So aber BGH GA 1962, 145; BayObLG NJW 1993, 211.
591 *Rengier*, BT 2, § 23 Rn. 28.
592 *Fischer*, § 240 Rn. 17 ff.; *Schönke/Schröder/Eisele*, Vorbem. §§ 234 ff. Rn. 10 f.

chenden Stoffen; Einsperren des Opfers durch Umdrehen des Schlüssels; Betätigen des Gaspedals.

Besonders deutlich wird dies bei **Verhaltensweisen im Straßenverkehr**, wo sich vor allem die Frage stellt, ob sich beim Opfer der ausgeübte Zwang auch körperlich auswirkt.

300

Bsp.:[593] T fährt innerorts mit seinem Wagen bei einer Geschwindigkeit von 50 km/h dicht auf O auf und betätigt über eine Strecke von knapp 300 Metern mehrmals Signal und Lichthupe. O fährt deshalb zur Seite und lässt T überholen.

Für die **körperliche Zwangswirkung** soll bereits eine „physisch merkbare Angstreaktion" genügen, die zudem vom Vorsatz umfasst sein muss[594]. Nach Ansicht des BVerfG kommt es dabei auf die Umstände des Einzelfalles an[595], was jedoch wenig zur Bestimmtheit des Tatbestandes beiträgt. Wenn hierfür u. a. die Dauer und Intensität des Auffahrens, die Geschwindigkeit, die allgemeine Verkehrssituation usw. entscheidend sein sollen, wird zudem schon beim Gewaltbegriff eine Gesamtwürdigung vorgenommen, die sich mit derjenigen im Rahmen der Verwerflichkeitsprüfung überschneidet. Im Ausgangsfall wurde die Annahme von Gewalt letztlich gebilligt. Diskutabel scheint auch zu sein, auf eine Drohung mit Fortsetzen des gefährlichen Auffahrens abzustellen[596]. Allerdings kündigt T nicht nur eine von seinem Willen abhängige Übelszufügung an, sondern hat mit der Kraftentfaltung bereits alle erforderlichen Bedingungen für den Übeleintritt gesetzt. Auch bleibt zweifelhaft, ob damit der Bestimmtheit des Tatbestandes Rechnung getragen wird oder nicht in vielen – weniger gravierenden – Fällen sogar die Strafbarkeit in den Bereich der Verkehrsordnungswidrigkeiten ausgedehnt würde[597].

Gewalt soll in **Blockadefällen** daher auch nach Ansicht des BVerfG bereits dann vorliegen, wenn sich Demonstranten mit Schlössern an Pfosten anketten, weil dadurch eine physische Barriere geschaffen werde[598] und den Demonstranten die Möglichkeit genommen sei, beim Heranfahren der Fahrzeuge auszuweichen[599]. Entsprechendes soll gelten, wenn Demonstranten mit dem Abstellen von Fahrzeugen auf der Fahrbahn Hindernisse errichten[600], ein Fahrzeugführer den Hintermann durch Bremsen ebenfalls zum Abbremsen zwingt[601] oder ein Stahlkörper zur Blockade fest auf Ei-

301

---

593 BVerfG NStZ 2007, 397.
594 BVerfG NStZ 2007, 397 (398); BGHSt 19, 263 (266); OLG Köln NZV 2013, 454.
595 BVerfG NStZ 2007, 397 (398).
596 *Maatz*, NZV 2006, 337 (342).
597 So auch OLG Köln NVZ 1992, 371 (372).
598 BVerfGE 104, 92 (102); OLG Karlsruhe NStZ 2016, 32 f.
599 BVerfGE 104, 92 (102).
600 BVerfGE 104, 92 (98 f. und 101 ff.); OLG Karlsruhe NJW 1996, 1551.
601 BGH NJW 1995, 3131 (3133); OLG Köln NZV 2000, 99 f.; BayObLG NJW 2002, 628 f.

senbahngleise montiert wird[602]. Kann der Blockade jedoch – z. B. durch Vorbeifahren am Hindernis – ohne weiteres ausgewichen werden, fehlt es an einer körperlichen Zwangswirkung. Entsprechendes gilt, wenn der Täter dem Opfer den Weg nur kurzfristig und zum Teil versperrt[603].

Bsp.:[604] T hindert O dadurch an der Weiterfahrt, dass er sich mit ausgebreiteten Armen vor den Wagen stellt. Nachdem T zunächst versucht, die Beifahrertür zu öffnen und O daraufhin Anstalten macht, wieder loszufahren, stellt er sich erneut vor den Pkw und legt sich dann mit seinem gesamten Körper auf die Motorhaube, um nun auf diese Weise die Weiterfahrt zu verhindern. O hält wiederum an, weil er nicht in Kauf nehmen möchte, dass T gefährdet wird. – T macht sich nicht dadurch gem. § 240 strafbar, dass er zunächst den Weg versperrt hat, weil es für eine Gewaltanwendung an einer körperlichen Zwangswirkung fehlt. Jedoch soll das weitere Verhalten des T nach Ansicht des BGH den Tatbestand begründen, weil er unter Einsatz seines Körpers und unter Entfaltung gewisser Körperkraft ein physisches Hindernis geschaffen hat, von dem auf den Autofahrer/O nicht nur psychische Zwangswirkung durch bloße Anwesenheit ausging. Dies überzeugt freilich wenig, weil auch das Setzen zur Blockade den Einsatz von Körperkraft erfordert und hinsichtlich der Zwangswirkung keine entscheidenden Unterschiede zu erkennen sind.

302 Nach Ansicht des BGH und des BVerfG kommt auch bei Sitzblockaden eine Nötigung in Betracht, wenn durch das erste haltende Fahrzeug (insoweit keine Nötigung, da rein psychische Zwangswirkung) weitere Fahrzeuge zum Anhalten gezwungen werden. Denn durch das erste haltende Fahrzeug werde von den Blockierern zurechenbar ein physisches Hindernis geschaffen (sog. **Zweite-Reihe-Rechtsprechung**[605]). Konstruktiv ließe sich diese Ansicht mit mittelbarer Täterschaft (§ 25 Abs. 1 Var. 2) begründen, da der Fahrer des ersten haltenden Wagens als Werkzeug zur Blockade weiterer Fahrzeuge eingesetzt wird. Dagegen spricht jedoch, dass die Straflosigkeit von Blockaden mit rein psychischer Zwangswirkung so zumindest teilweise umgangen wird. Allenfalls eine versuchte Nötigung (bei entsprechendem Tatentschluss) kommt in Betracht, wenn zwar eine Blockade errichtet wird, die Polizei jedoch die Kraftfahrzeuge bereits einige hundert Meter davor anhält. Hier entfaltet die Blockade keine unmittelbare körperliche Zwangswirkung, vielmehr tritt die Sperrwirkung lediglich psychisch vermittelt über die eigenverantwortliche Verkehrsregelung durch die Polizei ein[606].

---

602 BGHSt 44, 34 (39 f.).
603 OLG Karlsruhe NJW 2003, 1263.
604 Nach BGH NStZ-RR 2002, 236.
605 BGHSt 41, 182 (184); gebilligt von BVerfG NJW 2011, 3020.
606 Anders BGHSt 37, 350; dazu *Küpper/Bode*, Jura 1993, 187 ff.

dd) Anders als bei §§ 249, 252, 255 ist Gewalt gegen eine Person nicht erforderlich. Aus dem Erfordernis einer restriktiven Auslegung folgt jedoch, dass **Gewalt gegen Sachen** nur dann genügt, wenn dadurch zugleich ein körperlich wirkender Zwang geübt wird[607]. **303**

> **Bsp.:**[608] Das Aushängen der Fenster im Winter durch den Vermieter verwirklicht daher § 240, wenn der Mieter dadurch aus der Wohnung vertrieben wird, dass er die Kälte spürt. Das bloße Ausräumen von Gegenständen aus der Wohnung genügt mangels körperlicher Zwangswirkung hingegen nicht[609]. Ebenso stellt es keine Gewalt dar, wenn der Täter seiner Freundin persönliche Sachen wegnimmt, um diese dazu zu bewegen, ihn nicht zu verlassen.

ee) Gewalt kann auch durch **Unterlassen** geübt werden, soweit der Täter eine Garantenstellung besitzt. Zu denken ist zunächst an Fälle, in denen der Obhutsgarant die Gewaltausübung eines Dritten nicht hindert – etwa der Vater nicht einschreitet, wenn sein Kind geschlagen wird. Erfasst werden können aber auch Fälle, in denen der Garant eine Zwangswirkung unvorsätzlich herbeigeführt hat und diese anschließend bewusst aufrechterhält, um das Opfer zu nötigen[610]. **303a**

> **Bsp.:** T hat seinen Mitbewohner O versehentlich im Keller eingesperrt; als er dies bemerkt, beschließt er, dies auszunutzen und verlangt für die Freilassung von O, dass dieser künftig den Putzdienst übernimmt.

b) Drohung. Die Drohung mit einem empfindlichen Übel kann ausdrücklich oder konkludent erfolgen. Sie bezieht sich auf ein künftiges Übel, während gegenwärtige Übelszufügungen über das Merkmal der Gewalt erfasst werden. Das Vorhalten einer Waffe ist daher richtigerweise eine Drohung und keine Gewalt[611]. **304**

> **Definition**
> **Drohung** bedeutet das Inaussichtstellen eines Übels, auf dessen Verwirklichung der Täter Einfluss zu haben vorgibt, um einen bestimmten Nötigungserfolg zu erreichen[612].

Auf die **Ernstlichkeit der Drohung**, d. h. ob der Täter überhaupt willens ist, seine Drohung wahr zu machen, kommt es nicht an. Ebenso ist es unerheblich, ob er tatsächlich in der Lage ist, das angekündigte Übel herbeizuführen. Entscheidend ist allein die Opfersicht. **305**

---

607 *Fischer*, § 240 Rn. 25; *Rengier*, BT 2, § 23 Rn. 30.
608 OLG Hamm NJW 1983, 1505 (1506); *Krey/Hellmann/Heinrich*, BT 1, Rn. 398.
609 *Lackner/Kühl*, § 240 Rn. 11; and. noch BGH JR 1988, 75; OLG Köln NJW 1996, 472.
610 *Schönke/Schröder/Eisele*, Vorbem. §§ 234 ff. Rn. 20.
611 S. bereits o. Rn. 298.
612 BGHSt 16, 386 (387); 31, 195 (201).

> **Bsp.:** Drohung mit einer Spielzeugpistole; entscheidend ist letztlich, ob das Opfer die Drohung ernst nimmt[613].

306 aa) Unter einem **Übel** ist jeder Nachteil für das Nötigungsopfer zu verstehen. **Empfindlich** ist das angekündigte Übel, wenn der in Aussicht gestellte Nachteil bei objektiver Betrachtung unter Berücksichtigung der persönlichen Verhältnisse des Opfers von solcher Erheblichkeit ist, dass nicht erwartet werden kann, dass das Opfer der Drohung in besonnener Selbstbehauptung standhält[614], wobei letztlich umstritten ist, ob dabei auf einen Durchschnittsmenschen[615] oder auf die Sicht des individuell Bedrohten abzustellen ist[616].

> **Bsp. (1):** T kündigt über das Internet an, dass er seinen Hasen schlachten werde, wenn er nicht eine bestimmte Anzahl von Unterstützern für ein Projekt finde. Tierfreund O unterstützt daraufhin das Projekt. – Sieht man in der Drohung, den Hasen zu schlachten, ein Übel auch für O, so ist dieses jedenfalls nicht empfindlich, da hier eine besonnene Selbstbehauptung zu verlangen ist.
> **Bsp. (2):** T droht dem O mit einer Strafanzeige, um diesen zu einem bestimmten Verhalten zu veranlassen. – In diesem Fall ist zwar die Drohung mit einem empfindlichen Übel zu bejahen, im Einzelfall kann jedoch die Verwerflichkeit i. S. d. Absatz 2 zu verneinen sein[617].

307 bb) Die Drohung ist von der **straflosen Warnung** abzugrenzen, bei der lediglich auf eine außerhalb des Einflusses des Warnenden liegende Folge hingewiesen wird[618]. Entscheidend für die Abgrenzung ist der Inhalt, nicht der Wortlaut, da sich die Tatbestandsmäßigkeit des Handelns ansonsten leicht durch bloße Umformulierungen umgehen ließe. Eine Warnung ist lediglich unter den Voraussetzungen des § 241 Abs. 2 strafbar[619].

> **Bsp.:** Eine Drohung liegt vor, wenn der Täter ankündigt, er werde die Polizei verständigen, wenn das Opfer nicht verschwinde; eine bloße tatbestandslose Warnung ist hingegen gegeben, wenn der Täter darauf hinweist, dass es besser sei, zu verschwinden, weil die Polizei jederzeit auftauchen könne.

308 cc) Unter welchen Voraussetzungen die **Ankündigung eines Unterlassens** (durch positives Tun!) als Drohung i. S. d. § 240 angesehen werden kann, ist umstritten. Vor allem ist problematisch, ob die Drohung mit einem

---

613 A/W/H/H-*Hilgendorf*, § 9 Rn. 47.
614 BGHSt 31, 195 (201); BGH NStZ 1992, 278.
615 OLG Karlsruhe NStZ-RR 1996, 296.
616 *Fischer*, § 240 Rn. 32a.
617 Vgl. *Fischer*, § 240 Rn. 33 und Rn. 50 ff. Näher u. Rn. 319 ff.
618 BGH NStZ 1996, 435; 2014, 149 (151); A/W/H/H-*Hilgendorf*, § 9 Rn. 53.
619 S. a. *Eisele*, BT 1, Rn. 507.

Unterlassen nur dann den Tatbestand verwirklicht, wenn eine entsprechende Pflicht zum Handeln besteht.

> **Beachte:** Die Drohung *mit* einem Unterlassen darf nicht mit der Drohung *durch* Unterlassen i. S. d. § 13 verwechselt werden. Bei der aktiven Drohung mit einem Unterlassen besteht lediglich der Inhalt der Drohung in der Ankündigung, nicht zu handeln.

(1) Dabei geht es primär um Fälle, in denen der Täter ankündigt, **rechtmäßige Handlungen** nicht vorzunehmen, so dass das Übel – abhängig von seinem Willen – nicht eintritt. Der BGH bejaht in solchen Fällen eine Drohung mit dem Argument, es komme für den Motivationsdruck beim Opfer nicht darauf an, was der Täter tun oder unterlassen dürfe, sondern welches Übel als Folge seines Verhaltens eintreten werde[620]. Entscheidend sei letztlich, ob der Einsatz dieses Mittels zur Erreichung des erstrebten Zwecks verwerflich sei. Der Schwerpunkt der Prüfung wird damit freilich in die unbestimmte Verwerflichkeitsklausel nach Abs. 2 verschoben. Dabei ist dann die Frage zu beantworten, ob der Täter durch die Ankündigung des Unterlassens möglicherweise sogar den Handlungsspielraum des Bedrohten erweitert und damit eine Beeinträchtigung der Entschlussfreiheit i. S. d. § 240 gar nicht vorliegt. **Entgeht dem Opfer im Falle der Weigerung nur ein Vorteil**, ist damit aber keine Verschlechterung seiner Situation verbunden, so ist die Tat **nicht als verwerflich zu qualifizieren**[621].

309

> **Bsp. (1):** T kündigt gegenüber Schauspielerin O an (aktive Drohung), dass sie die begehrte Rolle nicht bekomme (Ankündigung eines Unterlassens), wenn sie nicht mit ihm die Nacht verbringe (erstrebter Nötigungserfolg). – Es liegt nach Auffassung der Rechtsprechung zwar eine Drohung vor; die Tat ist jedoch nicht verwerflich i. S. d. Abs. 2, da mit der Ankündigung nur eine Verbesserung der Situation verbunden ist. Anders läge der Fall aber, wenn O bereits eine Zusage über die Rolle erhalten hätte und T damit droht, die Besetzung nun doch nicht vorzunehmen (Verschlechterung der Situation)[622].

> **Bsp. (2):**[623] Unternehmer U teilt dem Lieferanten O mit, dass er nur dann einen Vertrag mit ihm schließe, wenn dieser ihm auch Auskünfte über einen Konkurrenten mitteile; O gibt daraufhin nach. – Der Fall liegt nicht anders als in Bsp. 1.

Die **Verwerflichkeit ist hingegen zu bejahen**, wenn der Freiheitsbereich des Opfers durch den **Eintritt eines Nachteils** eingeschränkt wird[624].

310

---

620 BGHSt 31, 195 (199 ff.); OLG Stuttgart NStZ 1982, 161 (162).
621 *Rengier*, BT 2, § 23 Rn. 51.
622 BGH NJW 1993, 1807.
623 BGHSt 44, 251 ff. zur Erpressung.
624 BGHSt 31, 195 (201); OLG Stuttgart NStZ 1982, 161 (162).

> **Bsp.:** Kaufhausdetektiv T sagt der Ladendiebin O, dass er von einer Strafanzeige absehe (Unterlassen einer rechtmäßigen Handlung), wenn sie mit ihm schlafe (erstrebter Nötigungserfolg). – Beugt sich O dem T nicht, erleidet sie einen Nachteil; die Tat ist daher als verwerflich zu qualifizieren.

311 Nach der **Gegenauffassung** ist der Tatbestand des § 240 hingegen überhaupt nur verwirklicht, wenn den Täter eine **Pflicht zum Handeln** trifft und er daher im Falle des Unterlassens gegen diese Pflicht verstoßen würde[625]. Anderenfalls biete der Täter lediglich einen Vorteil an, über dessen Annahme das Opfer freiverantwortlich entscheiden könne[626]. Die Pflicht zum Handeln muss dabei allerdings nicht zwingend die Qualität einer Garantenpflicht im Sinne eines unechten Unterlassungsdelikts haben.

> **Bsp.:** Rettungssanitäter T kündigt dem verletzten O an, nur zu helfen, falls er verspreche, ihm eine Karte für die Fußball-WM zu beschaffen. – Da T zur Hilfeleistung verpflichtet ist, läge auch nach dieser Ansicht eine Drohung mit einem empfindlichen Übel und damit eine Nötigung vor. Die Rechtsprechung würde diesen Aspekt erst bei der Verwerflichkeitsprüfung berücksichtigen. Weil O ein Recht auf Hilfeleistung besitzt, würde die Übelszufügung seinen Freiheitsbereich einschränken, so dass die Tat als verwerflich zu qualifizieren wäre. Ginge es dem T zudem darum, die Karte auf Kosten des O zu erlangen, käme eine Erpressung nach § 253 in Betracht.

Gegen diese Ansicht, die auf eine Pflicht zum Handeln abstellt, spricht jedoch, dass sie den Tatbestand zu sehr einschränkt und zudem beim Begehungsdelikt auf Kriterien des Unterlassungsdelikts abstellt. Auch hängt nach dieser Auffassung die Strafbarkeit oft nur von der (zufälligen) Formulierung des Täters ab. Die Ankündigung, künftig keinen Unterhalt mehr zu zahlen, wäre die Drohung mit einem Unterlassen, die Ankündigung, den Dauerauftrag für den Unterhalt zu widerrufen, hingegen die Drohung mit einem positiven Tun. Von solchen Zufälligkeiten die Voraussetzungen einer Strafbarkeit abhängig zu machen, wäre jedoch wenig überzeugend, da für das Opfer der Motivationsdruck jeweils derselbe ist.

312 (2) Kündigt der Täter an, eine **rechtswidrige Handlung** nicht vorzunehmen, so liegt keine Drohung vor. Das Opfer muss von Rechts wegen in besonnener Selbstbehauptung dem Druckmittel standhalten, da es nicht die Vornahme einer rechtswidrigen Handlung verlangen kann[627].

> **Bsp. (1):** T droht der O damit, die versprochenen Betäubungsmittel nicht zu liefern, wenn sie nicht mit ihm schlafe. – Eine Strafbarkeit des

---

625 OLG Hamburg NJW 1980, 2592; *Wessels/Hettinger/Engländer*, BT 1, Rn. 391 f.
626 *Wessels/Hettinger/Engländer*, BT 1, Rn. 392.
627 NK-*Kindhäuser*, § 253 Rn. 12; *Rengier*, BT 2, § 23 Rn. 42.

II. Nötigung, § 240

T gem. § 240 scheidet aus, weil er sich gerade rechtmäßig verhalten würde, wenn er seine Drohung realisiert.

Bsp. (2): Staatsanwalt T kündigt gegenüber seinem Parteifreund O an, diesen nicht über ein gegen ihn gerichtetes Strafverfahren zu unterrichten, wenn O ihm nicht einen Posten in der Partei verschafft. – Auch hier scheidet eine Strafbarkeit aus.

c) **Nötigungserfolg.** Der Nötigungserfolg – in Form einer Handlung, Duldung oder Unterlassung – muss tatsächlich eintreten und kausal sowie objektiv zurechenbar mit der Nötigungshandlung verknüpft sein. Das Delikt ist vollendet, sobald das Opfer mit dem angestrebten Tun, Dulden oder Unterlassen beginnt. Lediglich vorbereitende Tätigkeiten genügen nicht; hier kommt nur ein Versuch in Betracht. Ferner ist zu beachten, dass die Nötigungshandlung vom Nötigungserfolg zu trennen ist und die angestrebte Handlung seitens des Opfers vorgenommen sein oder zumindest ihre Ausführung begonnen haben muss[628]. 313

Bsp.: T schlägt den O mit der Faust. – T verwirklicht nur § 223 Abs. 1 Var. 1, nicht aber § 240. Der Faustschlag ist zwar als Gewalt einzustufen, jedoch führt dieser nicht zu einem davon zu trennenden Nötigungserfolg; die bloße Duldung des Faustschlags genügt gerade nicht.

Klausurhinweis: Das Erfordernis des Eintritts des Nötigungserfolgs wird in Prüfungsarbeiten häufig übersehen oder vorschnell bejaht.

Unter **Handlung** ist jedes positive Tun zu verstehen, während **Unterlassen** die Nichtvornahme einer (möglichen) Handlung meint. Beide Varianten sind dadurch gekennzeichnet, dass sie ein willensgetragenes Verhalten des Opfers voraussetzen, so dass bei Gewaltanwendung als Nötigungsmittel nur vis compulsiva in Betracht kommt[629]. Das Merkmal **Dulden** erfasst hingegen Fälle der vis absoluta, bei der die Willensentschließung vollständig aufgehoben ist und das Opfer ohne eigene Entscheidungsmöglichkeit das Verhalten des Täters hinnimmt. 314

Bspe.: T schlägt den O, um ein Geschäftsgeheimnis zu erlangen. – Verrät O dieses, so besteht der Nötigungserfolg in einer willensgetragenen Handlung. Verzichtet O auf Gegenwehr und nimmt hin, dass T das Geheimnis aufzeichnet, so liegt ein willensgetragenes Unterlassen vor. Wird O von T bewusstlos geschlagen, damit dieser das niedergeschriebene Geheimnis wegnehmen kann, so ist ein Dulden anzunehmen.

Der Nötigungserfolg kann auch **bei einer anderen Person** als derjenigen eintreten, gegen die sich die Gewalt oder Drohung richtet, sog. **Dreiecksnötigung.** Das gegen den Dritten eingesetzte Nötigungsmittel muss in solchen Fällen aber geeignet sein, den Willen des Nötigungsadressaten zu 315

---
628 BGH NStZ 2013, 36.
629 *Rengier*, BT 2, § 23 Rn. 54.

beugen, weil dieser die Gewalt oder Drohung gegenüber dem Dritten auch für sich selbst als Übel empfindet. Daher kann auch die Androhung einer Selbsttötung durch den Täter tatbestandsmäßig sein[630]. Auf ein besonderes Näheverhältnis kommt es – argumentum e contrario § 241 Abs. 2 („nahe stehende Person") – nicht an.

Bsp.: Gewalt gegen Kinder, um bei den Eltern einen Nötigungserfolg zu erzielen.

3. Subjektiver Tatbestand

316 Unbestritten ist zunächst, dass für die Annahme von Vorsatz dolus eventualis hinsichtlich der Nötigungshandlung ausreichend ist. Streitig ist hingegen, ob bezüglich des **Nötigungserfolges Absicht** zu fordern ist.

Bsp.: T schlägt den O aus Frust; dabei nimmt er billigend in Kauf, dass O ihm ein Geheimnis verrät.

317 Die überwiegende Meinung lässt insoweit dolus eventualis genügen[631]. Die sich im Vordringen befindende Gegenauffassung schließt aus dem Merkmal „zu dem angestrebten Zweck" in § 240 Abs. 2 hingegen, dass der Nötigungserfolg beabsichtigt sein muss[632]. Hierfür spricht zudem, dass bei der Gewalt diese schon nach ihrer Definition (final) zur Überwindung von Widerstand eingesetzt werden muss[633]. Es genügt allerdings nach allgemeinen Grundsätzen, wenn der Nötigungserfolg Zwischenziel einer weiterreichenden Absicht ist.

Bsp.:[634] T setzt mit seinem Wagen zum Überholen des Motorradfahrers O an, obwohl er erkennt, dass sich bereits nach 20 m die Fahrbahn verengt. Kurz vor der Engstelle zieht T, anstatt zu bremsen, scharf nach rechts, so dass O gezwungen ist, erheblich abzubremsen, um einen Unfall zu vermeiden. – Bei T liegt eine hinreichende Kraftentfaltung mit körperlicher Zwangswirkung beim Opfer vor, die zu einem Nötigungserfolg (Ausweichmanöver) geführt hat. Bei Behinderungen im Straßenverkehr muss richtigerweise das Ausbremsen, Abdrängen usw. Ziel der Einwirkung sein[635]; jedoch genügt es, wenn der angestrebte Erfolg ein Zwischenziel ist. Würde man nur auf das Endziel – wie etwa „schneller voranzukommen" – abstellen, wäre § 240 in den typischen Fällen des Drängelns usw. weitgehend unanwendbar. Im Ergebnis kommt es daher auf die Verwerflichkeit nach § 240 Abs. 2 an, die hier freilich bejaht werden kann[636].

---

630 BGH NStZ 1982, 286, zu § 177.
631 BGHSt 5, 245 (246); LK-*Altvater*, § 240 Rn. 150.
632 OLG Brandenburg NStZ-RR 2014, 25 (26); *Schönke/Schröder/Eisele*, § 240 Rn. 34.
633 S.o. auch Rn. 292 ff.
634 OLG Düsseldorf NStZ 2008, 38; dazu auch *Eisele*, JA 2009; 698 (700 f.).
635 Vgl. auch *Maatz*, NZV 2006, 337 (342).
636 Vgl. u. Rn. 319 ff.

4. Rechtswidrigkeit

a) **Rechtfertigungsgründe.** Greift bereits ein allgemeiner Rechtfertigungsgrund ein, so erübrigt sich die Verwerflichkeitsprüfung nach Abs. 2, da ein von der Rechtsordnung erlaubtes Verhalten nicht als verwerflich qualifiziert werden kann[637]. **318**

b) **Verwerflichkeitsklausel des Abs. 2.** Diese begrenzt die Strafbarkeit des (zu) weit gefassten Nötigungstatbestands, um Handlungen, die nicht strafwürdig sind, von der Pönalisierung auszunehmen und den Freiheitsbereich des Handelnden nicht zu sehr zu beschränken. Dogmatisch wird dieses Korrektiv überwiegend auf Rechtswidrigkeitsebene geprüft[638]. Die Rechtswidrigkeit ergibt sich demnach nicht bereits aus dem Fehlen von Rechtfertigungsgründen. Sie wird nicht einmal bei Anwendung von Gewalt vom Tatbestand „indiziert"[639]. Vielmehr muss sie positiv durch ein Verwerflichkeitsurteil festgestellt werden. Dabei ist nicht zu verkennen, dass die Verwerflichkeitsklausel ihrerseits recht unscharf gefasst ist. **319**

aa) Unter Verwerflichkeit ist im Wege einer **Gesamtabwägung** ein erhöhter Grad sozialethischer Missbilligung zu verstehen, der ein gesteigertes Unwerturteil voraussetzt[640]. Über die Verwerflichkeit der Tat entscheidet dabei die sog. **Mittel-Zweck-Relation**, d. h. das Verhältnis zwischen eingesetztem Mittel und angestrebten Zweck[641]. Über den Nötigungserfolg i. e. S. („Nahziel") hinaus verfolgte Zwecke („**Fernziele**") sind dabei aber nach h. M. nicht im Rahmen der Verwerflichkeitsprüfung, sondern erst bei der Strafzumessung zu berücksichtigen, da § 240 Abs. 2 nur auf das abgenötigte Verhalten Bezug nimmt[642]. **320**

bb) Die Verwerflichkeit ist bereits zu bejahen, wenn sowohl das Mittel als auch der Zweck jeweils für sich genommen als verwerflich einzustufen sind. **321**

> **Bsp.:** T zwingt den O durch Bedrohung mit einer Pistole zur Begehung einer Straftat. – Hier ist sowohl das eingesetzte Nötigungsmittel (Drohung mit Waffeneinsatz) als auch der erstrebte Zweck (Begehung einer Straftat) als negativ zu qualifizieren.

cc) Ebenso kann aber auch bereits die Verwerflichkeit des Mittels oder des Zwecks für sich genommen zur Verwerflichkeit führen. Als **Grundregel** gilt, dass die Verwerflichkeit der Tat desto eher anzunehmen ist, je intensi- **322**

---

637 BGHSt 39, 133 (136 ff.); A/W/H/H-*Hilgendorf*, § 9 Rn. 75.
638 BGHSt 2, 194 (196); 39, 133 (136 f.); *Lackner/Kühl*, 240 Rn. 17.; a. A. *Schönke/Schröder/Eisele*, § 240 Rn. 16.
639 BVerfGE 73, 206 (254 ff.); 76, 211 (217 ff.).
640 BGHSt 35, 270 (276); *Wessels/Hettinger/Engländer*, BT 1, Rn. 407.
641 BGH NStZ 2015, 149 (152); BGH NStZ 2017, 284 (287); *Lackner/Kühl*, § 240 Rn. 18.
642 BGHSt 5, 245 (246); A/W/H/H-*Hilgendorf*, § 9 Rn. 78.

ver und gravierender das Nötigungsmittel ist und je negativer der Nötigungszweck zu beurteilen ist.

> **Bsp.:** T droht den O zu erschießen (verwerfliches Mittel), falls dieser nicht endlich seine Schulden bezahle (rechtlich gebilligter Zweck). – T macht sich nach § 240 strafbar, weil das Mittel per se verwerflich ist und die Grenzen erlaubter Selbsthilfe überschritten sind[643]; T hätte ggf. den Rechtsweg beschreiten müssen. Entsprechendes gilt in Fällen, in denen der Vermieter nach ordnungsgemäßer Kündigung den in der Wohnung verbleibenden Mieter mit Gewalt oder Drohung zum Auszug bewegt.

323 Aufgrund der **Gefährlichkeit des Nötigungsmittels** ist die Verwerflichkeit bei Verhaltensweisen im Straßenverkehr zu bejahen, wenn zur Erzwingung des Überholvorgangs – abhängig von der Geschwindigkeit – auf ein anderes Fahrzeug aufgefahren wird[644] oder der Hintermann scharf ausgebremst wird. Zu einer konkreten Gefährdung des anderen muss es hierbei nicht kommen[645]. Die Verwerflichkeit wird jedenfalls dann zu bejahen sein, wenn zugleich die Straftatbestände der §§ 315b, 315c erfüllt sind. Andererseits begründet nicht jede vorsätzliche Verkehrsordnungswidrigkeit per se die Verwerflichkeit[646]. Aus dem **missbilligenswerten Zweck** kann sich die Verwerflichkeit insbesondere dann ergeben, wenn ein anderer Verkehrsteilnehmer aus verkehrserzieherischen Gründen und insofern schikanös ausgebremst wird[647].

324 dd) Umgekehrt ist die Verwerflichkeit grundsätzlich zu verneinen, wenn Mittel und Zweck positiv zu bewerten sind. Allerdings kann sich die Verwerflichkeit in diesen Fällen auch aus einem Missverhältnis von Mittel und Zweck ergeben, wenn deren Verknüpfung mangels inneren Zusammenhangs als verwerflich einzustufen ist (**Inkonnexität**)[648].

> **Bspe.:** T kündigt an, Strafanzeige gegen O wegen einer Trunkenheitsfahrt zu stellen (rechtlich gebilligtes Mittel), wenn O ihm nicht endlich den Kaufpreis für den veräußerten DVD-Player zahle (rechtlich gebilligter Zweck). – Die Verwerflichkeit folgt hier erst aus der Verknüpfung von Mittel und Zweck, weil zwischen beiden keinerlei Zusammenhang besteht. Keine Inkonnexität wäre hingegen anzunehmen, wenn T nach einem Diebstahl eine Strafanzeige ankündigt, falls O nicht dem Herausgabeanspruch hinsichtlich der Diebesbeute nachkomme.

---

643 BGHSt 39, 133 (137 f.); *Schönke/Schröder/Eisele*, § 240 Rn. 19a.
644 BGHSt 19, 263 für einen Abstand von 2 m bei 105 km/h; näher *Eisele*, JA 2009, 698 (701).
645 BGHSt 18, 389; *Fischer*, § 240 Rn. 48.
646 BGHSt 18, 389 (391); OLG Hamm NStZ 2009, 213.
647 BGHSt 18, 389 (393); BayObLG NJW 2002, 628 (629).
648 A/W/H/H-*Hilgendorf*, § 9 Rn. 80 f.; *Rengier*, BT 2, § 23 Rn. 62.

ee) Speziell für die vieldiskutierten **Blockadefälle** sind folgende Kriterien in die Gesamtabwägung einzustellen[649]: Sachbezug der Blockierer zum Protestgegenstand und ihre Nahziele; Umstände der Blockade wie vorherige Bekanntgabe, Ausweichmöglichkeiten, Zahl der Demonstranten, Dringlichkeit der behinderten Tätigkeiten sowie Dauer und Intensität der Blockaden. **Fernziele** – wie Abrüstung, Friedenssicherung, Umweltschutz usw. – sollen nach wohl h. M. nicht berücksichtigt werden und lediglich Eingang in die Strafzumessung finden[650]. Dafür spricht, dass das strafrechtliche Urteil von politischen Zielen und persönlicher Einschätzung frei gehalten werden kann[651]. Andererseits ist nicht zu verkennen, dass sich zuverlässige Grenzen kaum ziehen lassen und die Wertungen lediglich in die Strafzumessung verschoben werden. Auch das BVerfG postuliert eine umfassende Abwägung unter Berücksichtigung des Gewichts des jeweiligen Anliegens und der Ernsthaftigkeit der Motive des Blockierers[652]. Lediglich der Zugang zur Wertung, ob das verfolgte Ziel wertvoll oder zu missbilligen ist (etwa Bewertung der Kernkraft als positiv oder negativ), soll demnach verschlossen sein.

325

5. Schuld

Im Rahmen der Schuld kann vor allem das Unrechtsbewusstsein zu diskutieren sein, wenn **Irrtümer vorliegen, die die Verwerflichkeitsklausel** betreffen. Die Behandlung solcher Irrtümer hängt zunächst davon ab, ob man die Verwerflichkeitsklausel als Element des Tatbestandes oder der Rechtswidrigkeit ansieht[653]. Irrt sich der Täter über Tatsachen, auf denen die rechtliche Wertung der Verwerflichkeit beruht (Bewertungsgrundlagen), so liegt je nach dogmatischer Einordnung der Verwerflichkeitsklausel ein Tatbestands- oder ein Erlaubnistatbestandsirrtum (h. M.) vor[654]. Betrifft der Irrtum – in Kenntnis der Tatsachenlage – lediglich das Werturteil selbst und geht der Täter irrig davon aus, die Tat sei nicht als verwerflich zu qualifizieren, so ist ein Verbotsirrtum gem. § 17 anzunehmen.

326

6. Konkurrenzen

Ist die Nötigung in anderen Tatbeständen enthalten (z. B. §§ 249, 253), so tritt § 240 im Wege der Gesetzeskonkurrenz zurück. Tateinheit kommt lediglich dann in Betracht, wenn der Täter zusätzliche Zwecke verfolgt[655]. Hinsichtlich des Verhältnisses zu § 239 wird auf die diesbezüglichen Ausführungen verwiesen[656].

327

---

649 BVerfGE 73, 206 (257 ff.); 104, 92 (119 ff.); BayObLG NJW 1995, 269 (270 f.).
650 *Krey/Hellmann/Heinrich*, BT 1, Rn. 424; LK-*Altvater*, § 240 Rn. 107.
651 BGHSt 35, 270 (280 ff.); a. A. *Rengier*, BT 2, § 23 Rn. 68.
652 BVerfGE 104, 92 (109 ff.); OLG Karlsruhe NStZ 2016, 32 (33 f.).
653 S. o. Rn. 319.
654 Vgl. auch BGH NStZ 2014, 149 (152).
655 Vgl. auch BGH NStZ-RR 1996, 227 (228).
656 S. o. Rn. 288.

Einführende Aufsätze:
Geppert, Die Nötigung (§ 240), Jura 2006, 31; *Sinn*, Die Nötigung, JuS 2009, 577; *Zopfs*, Drohen mit einem Unterlassen?, JA 1998, 813.

Übungsfälle:
Hillenkamp, Ein besonderes Silvesterfeuerwerk, JuS 1997, 821 (Drohen mit einem Unterlassen); *Krahl*, Streit um einen Parkplatz, JuS 2003, 1187 (Versperren eines Parkplatz mit einem Einkaufswagen); *Schulz*, Bewährung mit Folgen, JA 1998, 127 (Nötigung durch Androhen von Schlägen zur Erreichung einer Einstellung der Verfolgung).

Rechtsprechung:
BVerfGE 92, 1 – Sitzdemonstrationen (Verfassungswidrigkeit des erweiterten Gewaltbegriffs); **BVerfGE 104, 92** – Anketten von Demonstranten (Grenzen des Gewaltbegriffs); **BGHSt 31, 195** – Kaufhausdetektiv (Drohung mit einem empfindlichen Übel); **BGHSt 37, 350** – Wackersdorf (Nötigungserfolg bei einer Sitzblockade); **BGHSt 41, 182** – Sitzdemonstration (Gewalt durch Straßenblockade); **BGHSt 44, 34** – Castor (Anbringen von Stahlkörpern auf Schienen als Nötigung).

Teil 5: Straftaten gegen die Ehre

I. Grundlagen

1. Rechtsgut

Die Beleidigungsdelikte (§§ 185 ff.) schützen die Ehre. Nach dem früher herrschenden **dualistischen Ehrbegriff** (normativ-faktischer Ehrbegriff) ist sowohl die äußere als auch die innere Ehre geschützt[657]. Die innere Ehre erfasst den dem Menschen auf Grund seiner Personenwürde zukommenden personalen Geltungswert, während die äußere Ehre den aus diesem Wert entspringenden sozialen Geltungswert (guten Ruf) in der Rechtsgemeinschaft betrifft. Nach dem inzwischen herrschenden **normativen Ehrbegriff** ist unter Ehre der Wert eines Menschen zu verstehen, der ihm kraft seiner Personenwürde und seines sittlich-sozialen Verhaltens zukommt[658]. Ein Angriff auf die Ehre wird demnach geführt, wenn der Täter einem anderen zu Unrecht Mängel zuschreibt, die, wenn sie vorlägen, den Geltungswert des Betroffenen mindern würden[659]. Geschützt ist damit nur der verdiente Achtungsanspruch[660]. Es ist freilich nicht zu verkennen, dass Inhalt und Grenzen schwer zu bestimmen sind und vor allem die Person sowie die soziale Stellung des Betroffenen von Bedeutung sind.

328

2. Systematik

Bei **Werturteilen** ist stets § 185 (Beleidigung) zu prüfen. Bei **unwahren Tatsachenbehauptungen** muss hingegen differenziert werden, ob die Behauptung gegenüber dem Opfer selbst und/oder gegenüber Dritten abgegeben wurde. Bei Behauptungen gegenüber dem Opfer ist § 185 einschlägig, bei Behauptungen gegenüber Dritten hingegen § 186 (üble Nachrede) oder der qualifizierende Tatbestand des § 187 (Verleumdung) – je nachdem, ob die Tatsache nicht erweislich wahr ist (§ 186) oder die Unwahrheit feststeht (§ 187). Bei **wahren Tatsachenbehauptungen** kommt eine Strafbarkeit hingegen nur in engen Grenzen unter den Voraussetzungen des § 192

329

---

657 BGHSt 11, 67 (70 f.); *Küpper*, JA 1985, 453 f.
658 BGHSt 1, 288 (289); 36, 145 (148).
659 Vgl. BGHSt 36, 145 (148); OLG Düsseldorf NJW 1992, 1335.
660 *Fischer*, Vorbem. § 185 Rn. 5; *Rengier*, BT 2, § 28 Rn. 3.

(i. V. m. § 185) in Betracht. Qualifikationen zu § 186 und § 187 sind in diesen Vorschriften selbst, ferner in § 188 (üble Nachrede und Verleumdung gegen Personen des politischen Lebens) enthalten. Die Kreditgefährdung (§ 187 Var. 2) und die Verunglimpfung des Andenkens Verstorbener (§ 189) sind auf Grund ihrer abweichenden Schutzgüter delicta sui generis.

330

Übersicht §§ 185 ff.	Werturteil	Tatsachenbehauptung
Gegenüber dem Beleidigten	§ 185	Tatsache unwahr: § 185 Tatsache wahr: §§ 185, 192
Gegenüber einem Dritten	§ 185	Tatsache unwahr: § 187 Tatsache nicht erweislich wahr: § 186 Tatsache wahr: §§ 185, 192

Klausurtipp
Angesichts dieser „Aufsplitterung" der Tatbestände sollte in der Klausur die jeweilige Äußerung des Täters genau benannt und dann dargelegt werden, gegenüber welchen Personen diese erfolgt ist.

3. Ergänzende Regelungen

331 a) **Wahrnehmung berechtigter Interessen.** § 193 enthält einen besonderen Rechtfertigungsgrund, der jedoch richtigerweise nicht für die Verleumdung nach § 187 und die Formalbeleidigung nach § 192 gilt[661].

332 b) **Strafantrag.** Für alle Beleidigungstatbestände (§§ 185–189) ist nach Maßgabe des § 194 grundsätzlich ein Strafantrag erforderlich. Ausnahmen sind nach § 194 Abs. 1 Satz 2 und Satz 3 für bestimmte Fälle vorgesehen, wenn es sich bei den Opfern um Verfolgte der nationalsozialistischen oder einer anderen Gewalt- und Willkürherrschaft handelt.

333 c) **Straffreiheit nach § 199.** Wenn eine Beleidigung auf der Stelle erwidert wird, so kann der Richter gem. § 199 beide Beleidiger oder einen derselben für straffrei erklären. Die Regelung beruht auf dem Gedanken, dass die Tat des Erstbeleidigers durch die Erwiderung gewissermaßen kompensiert wird und beim Zweitbeleidiger durch die Provokation Unrecht und Schuld vermindert sind[662].

II. Beleidigung, § 185

334 **Prüfungsschema**
1. **Tatbestand**
   a) Objektiver Tatbestand

---

661 Dazu näher u. Rn 388 ff.
662 *Lackner/Kühl*, § 199 Rn. 1; *Tenckhoff*, JuS 1989, 198 (202).

aa) **Beleidigung:** Kundgabe der eigenen Nicht- oder Missachtung (Werturteile und unwahre Tatsachenbehauptungen gegenüber dem Opfer)
bb) Kenntniserlangung des anderen von der Äußerung
cc) Passive Beleidigungsfähigkeit
b) Subjektiver Tatbestand
2. **Rechtswidrigkeit: Rechtfertigungsgrund der Wahrnehmung berechtigter Interessen, § 193**
3. **Schuld**
4. **Strafantrag, § 194**
5. **Qualifikation, § 185 Var. 2: Mittels einer Tätlichkeit begangene Beleidigung**

1. Objektiver Tatbestand

Der Tatbestand des § 185 ist sehr abstrakt gefasst, da einziges Tatbestandsmerkmal die „Beleidigung" ist. Eine Beleidigung gem. § 185 kann durch eine **Tatsachenbehauptung** gegenüber dem Betroffenen sowie durch ein **Werturteil** gegenüber dem Betroffenen oder Dritten verwirklicht werden[663].

> **Definition**
> Unter Beleidigung ist der Angriff auf die Ehre eines anderen durch Kundgabe eigener Nicht- oder Missachtung zu verstehen[664].

a) Tatsachen. Diese sind als in der Vergangenheit tatsächlich Geschehenes oder gegenwärtig Bestehendes dem Beweis zugänglich[665]. Sie müssen zudem einen ehrverletzenden Charakter aufweisen, d. h. eine Nicht- oder Missachtung des Geltungsanspruchs des Betroffenen zum Ausdruck bringen[666].

> **Bsp.:** T sagt wider besseren Wissens zu O: „Du schaust Dir doch jedes Wochenende Pornofilme an". – T macht sich nach § 185 strafbar; ist ein Dritter anwesend, so tritt in Tateinheit eine Strafbarkeit nach § 187 hinzu.

aa) Nach h. M. ist die **Unwahrheit einer geäußerten Tatsache** ungeschriebenes Merkmal des § 185 in Zwei-Personen-Verhältnissen[667]. Wahre Tatsachen dürfen dem Betroffenen auch dann entgegengehalten werden, wenn damit ein ehrenrühriger Sinn verbunden ist, da in diesem Fall kein verdien-

---

663 S.o. Rn. 329.
664 *Kindhäuser/Schramm*, BT 1, § 25 Rn. 2; *Krey/Hellmann/Heinrich*, BT 1, Rn. 462.
665 BVerfGE 90, 241 (247); *Rengier*, BT 2, § 29 Rn. 2.
666 BGHSt 36, 145 (148); *Schönke/Schröder/Eisele/Schittenhelm*, § 185 Rn. 2.
667 BayObLG NJW 1959, 57; OLG Köln NJW 1964, 2121 (2122).

ter Geltungsanspruch berührt ist. Bei wahren Tatsachenbehauptungen kommt lediglich unter den engen Voraussetzungen des § 192 eine Formalbeleidigung in Betracht[668].

> **Bsp.:** T sagt wahrheitsgemäß zu O, dass dieser auf dem Empfang des Bürgermeisters so betrunken war, dass er unter dem Gelächter und Beifall der Gäste hinausgeführt werden musste. – T macht sich nicht nach § 185 strafbar.

338 bb) Die **Beweislastregel des § 186** („wenn nicht diese Tatsache erweislich wahr ist") gilt nach h. M. für § 185 nicht entsprechend, so dass – wie bei § 187 – die Unwahrheit der Tatsache feststehen muss[669]. Die Gegenmeinung[670] begegnet nicht nur Bedenken, weil sich eine solche Interpretation zuungunsten des Täters auswirkt. Vor allem berücksichtigt sie nicht hinreichend, dass bei § 186 bereits die Gefahr der Verbreitung des Gerüchts sanktioniert wird[671], weil die Aussage gegenüber Dritten erfolgt, während bei § 185 nur Aussagen gegenüber dem Betroffenen erfasst werden.

339 cc) Soweit die im Rahmen der Prüfung einer Strafbarkeit nach §§ 185 bis 187 in Rede stehende Tatsache eine Straftat ist, so ist der Beweis der Wahrheit nach § 190 als erbracht anzusehen (Fiktion), wenn der Beleidigte gerade wegen dieser Tat rechtskräftig verurteilt worden ist (**Wahrheitsbeweis durch Strafurteil**). Umgekehrt ist der Beweis der Wahrheit auf anderem Wege ausgeschlossen, wenn der Beleidigte bereits vor der Behauptung oder Verbreitung rechtskräftig freigesprochen wurde; ein Freispruch erst nach der Behauptung oder Verbreitung ist hingegen nicht verbindlich. Erforderlich ist stets ein rechtskräftiges Urteil, so dass die bloße Einstellung des Strafverfahrens nicht ausreichend ist[672].

340 b) **Werturteile.** Diese drücken mangels überprüfbarer Umstände Meinungen, persönliche Überzeugungen oder eine subjektive Stellungnahme aus[673]. Dies gilt vor allem für pauschale Beschimpfungen wie „Idiot", „Depp", „Esel" oder „Schwachkopf".

> **Bsp.:** Professor T sagt zu seinem Kollegen O ohne weitere Konkretisierung: „Sie sind der größte Versager in der Geschichte der Wissenschaft". – Die Aussage beinhaltet ein Werturteil, da es keinen Bezug zu bestimmten Tatsachen (z. B. bestimmte Misserfolge in der Forschung) aufweist. § 185 gelangt daher auch dann zur Anwendung, wenn das Werturteil von weiteren Professorenkollegen vernommen wird.

---

668 S. dazu Rn. 381 ff.
669 *Schönke/Schröder/Eisele/Schittenhelm*, § 185 Rn. 6; *Wessels/Hettinger/Engländer*, BT 1, Rn. 504.
670 RGSt 64, 10 (11); OLG Frankfurt MDR 1980, 495; *Tenckhoff*, JuS 1989, 35 (36 f.).
671 S.u. Rn. 361.
672 OLG München NJW 1957, 793 (794).
673 BVerfGE 7, 198 (210); 90, 241 (247); OLG Hamm, NStZ-RR 2006, 7.

aa) Das Werturteil muss einen **ehrenrührigen Inhalt** haben, d. h. es muss die **341** Missachtung eines verdienten Geltungsanspruchs zum Ausdruck gebracht werden. Dabei ist stets vom Wortlaut der Äußerung auszugehen. Für die Frage der Ehrverletzung kommt es nicht auf das subjektive Empfinden des Opfers oder gar des Täters an, sondern wie der objektive Sinngehalt der Äußerung unter Berücksichtigung aller Umstände des Einzelfalles (sprachlicher Kontext, sachlicher Zusammenhang, persönliche Verhältnisse, soziale Stellung, Alter usw.) aus der Sicht eines durchschnittlichen Erklärungsempfängers zu verstehen ist[674]. Aufgrund der in Art. 5 Abs. 1 bzw. Abs. 3 GG verankerten Meinungs- und Kunstfreiheit ist der Tatbestand restriktiv auszulegen. Nach den Vorgaben des BVerfG darf bei mehrdeutigen Äußerungen die zur Verurteilung führende Bedeutung nicht zugrunde gelegt werden, ohne vorher mit schlüssigen Gründen Deutungen ausgeschlossen zu haben, welche die Sanktion nicht zu rechtfertigen vermögen[675]. Die vielfach verwendete Buchstabenkombination A.C.A.B. („all cops are bastards") ist nach diesen Maßstäben als beleidigend einzustufen, da andere sinnvolle Deutungsmöglichkeiten fehlen[676]. Im Einzelfall ist aber zu prüfen, ob die Aussage überhaupt auf einen einzelnen Adressaten bezogen ist[677]. Die Aussage „Wissen Sie was, Sie können mich mal…" ist für sich genommen nicht ehrenrührig, vielmehr hängt die Beurteilung davon ab, ob diese mit einem – wenn auch nicht ausgesprochenen – herabwürdigenden Zusatz verbunden sein sollte und auch so in der konkreten Situation für einen verständigen Dritten zu verstehen war[678]. Unerheblich sind im Übrigen einerseits übersteigerte Empfindlichkeiten und Eitelkeiten des Opfers, andererseits aber auch übertriebene Ignoranz und Rücksichtslosigkeit des Täters. Normalfälle der Beleidigung sind Beschimpfungen und Diffamierungen.

Bspe.: „Du Idiot"; „Scheißbulle"; „Dummschwätzer"[679]; „Soldaten sind potentielle Mörder"[680]; Bezeichnung eines Polizeibeamten als „Clown"[681], eines Staatsanwalts als „Super-Ermittler"[682] bzw. „durchgeknallt"[683] oder eines Richters als „Lügner und Krimineller"[684].

bb) Ob eine Beleidigung vorliegt, hängt auch von den Umgangsformen **342** der jeweiligen gesellschaftlichen Ebene ab. Nicht strafbar sind bloße Taktlosigkeiten, wenn diese nach dem jeweiligen Kontext keine Herabsetzung

---

674 BVerfGE 93, 266 (295); BGHSt 19, 235 (237).
675 Vgl. z. B. BVerfGE 85, 1 (13); 94, 1 (9); 114, 339 (349).
676 BVerfG StV 2018, 405 f.; OLG Stuttgart NStZ-RR 2009, 50; näher *Geppert*, NStZ 2013, 553 ff.
677 BVerfG NJW 2016, 2643. Dazu näher u. Rn. 591.
678 OLG Karlsruhe NStZ 2005, 158; AG Ehingen NStZ-RR 2010, 143.
679 BVerfG NJW 2009, 749.
680 BVerfGE 93, 266 (297).
681 KG Berlin NJW 2005, 2872.
682 OLG Oldenburg NStZ-RR 2008, 201.
683 BVerfG NJW 2009, 3016.
684 OLG Celle StV 2015, 566 (567).

der Ehre darstellen[685]. Das gilt selbst für **Kraftausdrücke**, die üblicherweise einen ehrenrührigen Sinn beinhalten.

> **Bsp.:** Der legendäre Ausspruch von Udo Bölts im Jahre 1997 zu seinem Teamgefährten Jan Ullrich bei der Tour-de-France „Quäl dich, Du Sau".
> – Nach der konkreten Situation war damit keine Herabsetzung der Ehre verbunden, vielmehr diente der Ausspruch als Ansporn zur Leistungssteigerung.

343 Auch **Karikaturen und Satire** sowie **spöttische, „dumme" oder komische Bemerkungen** erfüllen nicht zwingend den Tatbestand. Auch hier ist im Einzelnen zu ermitteln, ob ein ehrherabsetzender Charakter gegeben ist.

> **Bsp.:** T sagt zu einem Polizisten während einer Verkehrskontrolle „Herr Oberförster, zum Wald geht es da lang!" – Das AG Berlin-Tiergarten verneint eine Beleidigung, da es sich bei den dienstlichen Verrichtungen eines Försters in aller Regel um nützliche, dem Gemeinwohl dienende Tätigkeiten handele[686].

344 **c) Passive Beleidigungsfähigkeit.** Beleidigungsfähig ist zunächst jeder lebende Mensch, d. h. auch Kinder und Geisteskranke[687]. Umstritten ist aber, inwieweit **Personengemeinschaften, Behörden, Verbände und juristische Personen** beleidigungsfähig sind. Den Vorschriften der § 194 Abs. 3 Sätze 2, 3 und Abs. 4 kann man zunächst entnehmen, dass der Gesetzgeber von der Beleidigungsfähigkeit der dort genannten Personengemeinschaften (Behörden, kirchliche Einrichtungen und politische Körperschaften) ausgeht[688]. Die h. M. sieht darin die Basis, unter bestimmten Voraussetzungen auch anderen Personengemeinschaften eine solche „Verbandsehre" zuzubilligen[689]. Mit Recht wird es überwiegend abgelehnt, aus diesen Vorschriften zu schließen, dass nur den dort enumerativ genannten Personengemeinschaften der Ehrschutz zuteil wird, im Übrigen aber dieser auch auf Grund des Rechtsguts auf den personalen Geltungswert zu beschränken sei[690]. Denn § 194 enthält für die dort genannten Verbände lediglich Sonderregelungen bezüglich des Strafantrags, die für andere Personengemeinschaften (z. B. eine GmbH) überhaupt nicht getroffen werden müssen.

345 **aa)** Voraussetzung dafür, dass die Personengemeinschaft selbst als beleidigungsfähig eingestuft werden kann, ist, dass sie erstens abgrenzbar ist, zweitens eine rechtlich anerkannte Funktion erfüllt und drittens einen einheitlichen Willen bilden kann[691]. Dabei bereitet schon das Kriterium der

---

685 OLG Düsseldorf JR 1990, 345; OLG Hamm NStZ 2011, 42 (43 f.).
686 AG Berlin-Tiergarten NJW 2008, 3233.
687 RGSt 27, 366 (368); BGHSt 7, 129 (132); *Fischer*, Vorbem. § 185 Rn. 8.
688 A.A. *Fischer*, Vorbem. § 185 Rn. 14 ff.; NK-*Zaczyk*, Vorbem. §§ 185 ff. Rn. 12.
689 BGHSt 6, 186 (191 f.); BayObLG NJW 1990, 1742; *Rengier*, BT 2, § 28 Rn. 9 f.
690 So aber SK-*Rogall*, Vorbem. § 185 Rn. 35; *Wessels/Hettinger/Engländer*, BT 1, Rn. 458.
691 BGHSt 6, 186 (191); BayObLG NJW 1990, 1742.

Abgrenzbarkeit nicht unerhebliche Schwierigkeiten. Bloße allgemeine Bezeichnungen wie „die Ärzte", „alle Richter" oder „sämtliche Studierenden" genügen hierfür nicht.

> **Bsp. (1):** Die „Bundeswehr" ist beleidigungsfähig (str.)[692], da sie von anderen Institutionen hinreichend abgrenzbar ist, eine rechtlich anerkannte Funktion (Verteidigung) erfüllt und auf Grund ihrer Befehlsstruktur auch einen einheitlichen Willen bilden kann.
> **Bsp. (2):** Die „Polizei" als solche wird mangels Abgrenzbarkeit nicht erfasst[693], auch nicht die „bayerische Polizei"; anders soll aber bei einer weiteren Eingrenzung zu entscheiden sein, z.B. „Stuttgarter Polizei" oder die Polizei eines genau bezeichneten Einsatzes („Polizei beim Fußball-WM Eröffnungsspiel")[694]. Grenzen lassen sich so kaum vernünftig ziehen.

bb) Die Personengemeinschaft muss ferner eine **rechtlich anerkannte soziale Funktion** erfüllen. Dabei genügt auch eine wirtschaftliche Funktion; diese muss also nicht auf einen besonders sozialen oder gar gemeinnützigen Zweck gerichtet sein. Erfasst werden daher nicht nur soziale Verbände (Deutsches Rotes Kreuz usw.) und Parteien, sondern auch Unternehmen, Arbeitgeber- und Arbeitnehmerverbände, Industrie- und Handelskammern. Nicht geschützt sind hingegen bloße gesellige Vereinigungen.

> **Bsp.:** O hat mit neun weiteren Personen den Verein „Bacchus e.V." gegründet, der sich jeden Dienstag zur sog. Trollingerrunde trifft, um gemeinsam Wein zu verkosten. T bezeichnet den Verein als „Bund für Alkoholiker" und dessen Mitglieder „allesamt als Saufnasen, die man dringend in eine Entziehungsanstalt stecken sollte". – T hat gegenüber dem Verein selbst keine Beleidigung begangen, da dieser keine rechtlich anerkannte Funktion erfüllt und damit nicht beleidigungsfähig ist. Es liegt jedoch eine Beleidigung gegenüber den Mitgliedern vor, da insoweit jedes einzelne Mitglied in seiner Ehre herabgesetzt wurde.

cc) Letztlich muss der Verband auch einen **einheitlichen Willen** bilden können. Aus diesem Grund ist die Familie als solche nicht beleidigungsfähig; eine besondere Familienehre wird nicht geschützt[695].

> **Bsp.:** T beschimpft die Familie O als „faule Diebesbande". – Eine Beleidigung der Familie O scheidet aus; in Betracht kommt aber eine Beleidigung einzelner Familienmitglieder unter einer Sammel- oder Kollektivbezeichnung[696].

---

692 BGHSt 36, 83 (88); vgl. aber *Fischer*, JZ 1990, 68 (74).
693 BayObLG NJW 1990, 1742; OLG Düsseldorf StraFo 2003, 316.
694 OLG Frankfurt NJW 1977, 1353; LG Mannheim NStZ-RR 1996, 360 (361).
695 BGHSt 6, 186 (192); *Lackner/Kühl*, Vorbem. § 185 Rn. 5; a. A. *Otto*, BT, § 31 Rn. 18.
696 S. sogleich u. Rn. 348 ff.

348 **d) Mittelbare Beleidigung einzelner Mitglieder.** Abzugrenzen von der Beleidigung des Verbandes selbst ist die mittelbare Beleidigung einzelner Mitglieder einer Personengemeinschaft durch eine **Sammel- oder Kollektivbezeichnung.** Indem die Äußerung auf die Personengemeinschaft bezogen wird, können auch die einzelnen, hinter dem Verband stehenden Mitglieder beleidigt werden. Daneben ist unter den oben genannten Voraussetzungen denkbar, dass auch der Verband selbst beleidigt wird.

349 aa) Eine Beleidigung im Wege einer Kollektivbezeichnung liegt zunächst vor, wenn der Täter mit seiner Äußerung **sämtliche Personen einer Gruppe** erfassen will. Der Beleidigende muss die einzelnen Personen nicht notwendigerweise kennen. Es ist aber erforderlich, dass sich die bezeichnete Personengruppe anhand bestimmter Merkmale deutlich aus der Allgemeinheit heraushebt sowie einen überschaubaren und deutlich abgrenzbaren Personenkreis enthält[697]. Da es sich in dieser Fallgruppe nicht um eine Beleidigung des Verbandes, sondern von Einzelpersonen handelt, muss die Äußerung stets bestimmten Personen zugeordnet werden können. Dabei ist dem Umstand Rechnung zu tragen, dass die persönliche Betroffenheit des einzelnen Mitglieds umso schwächer wird, je größer das Kollektiv ist[698].

> **Bsp.:** T bemalt die Wände im Mietshaus mit dem Spruch „die Müllers sind geisteskranke Terroristen". – Hier ist jedes einzelne Mitglied der Familie in seiner persönlichen Ehre herabgesetzt; hingegen scheidet eine Beleidigung der Familie als Personengesamtheit aus.

350 Eine bloße **Pauschalbeschimpfung**, die nicht auf einzelne Adressaten bezogen werden kann, ist unter Berücksichtigung der in Art. 5 Abs. 1 S. 1 GG verankerten Meinungsfreiheit hingegen nicht tatbestandsmäßig. Dies gilt auch dann, wenn einzelne Personen dieser Gruppe diese Aussage wahrnehmen; die Aussage bleibt in diesem Fall weiterhin allgemein gehalten, so sie sich nicht auf die Teilgruppe der Anwesenden bezieht[699].

> **Bsp. (1):** T verkündet lautstark: „Ärzte sind Pfuscher und Betrüger", „Katholiken sind die Mörder der Protestanten" und „Bullen sind Schweine"; Tragen eines Ansteckers auf der Straße mit der Aufschrift „FCK CPS" (Bedeutung: Fuck Cops)[700].
> **Bsp. (2):**[701] Der Ausspruch „Alle Berufssoldaten sind Folterknechte und Henker" soll hingegen eine Beleidigung aller Berufssoldaten durch eine Kollektivbezeichnung darstellen, weil sich die Äußerung auf jeden ein-

---

697 BVerfG NJW 2015, 2022 (2023); BGHSt 2, 38 (39); 11, 207 (208).
698 BVerfGE 93, 266 (300 f.); BVerfG NJW 2015, 2022 (2023).
699 BVerfG NJW 2015, 2022 (2023); NJW 2016, 2643 f.
700 BVerfG NJW 2015, 2022 (2023).
701 Nach BGHSt 36, 83.

zelnen Berufssoldaten bezieht; zudem sei der Kreis der Berufssoldaten klar abgrenzbar und noch überschaubar.

351 Hinreichende Konkretisierungen können sich vor allem ergeben, wenn ein **räumlicher und zeitlicher Bezug** angegeben wird. Die Beleidigung bezieht sich dann auf die jeweils an diesem Ereignis beteiligten Personen.

352 **Bspe.:** „Das Operationsteam im Krankenhaus K"; „die Polizeibeamten bei der Montagsdemonstration am…" oder Hochhalten eines beleidigenden Banners während einer Veranstaltung[702].
Gegenbsp.:[703] Kein Vorsatz i. S. d. § 185 liegt vor, wenn T ein T-Shirt mit einem die Polizei beleidigenden Aufdruck trägt, aber nicht damit rechnet, in einem bestimmten Bereich auf Polizisten zu treffen.

353 **bb)** Die individuelle Ehre einer Person, die zu einer Gruppe gehört, kann ferner durch die Verwendung einer Kollektivbezeichnung angegriffen werden, wenn der Täter seine Äußerung zwar nicht auf alle Angehörigen der Gruppe, sondern nur auf eine Person oder einige wenige Personen der Gruppe bezieht, dabei aber seine Erklärung so offen formuliert, dass **unklar bleibt, wer Adressat** ist[704]. In diesem Fall trifft die Beleidigung letztlich jedes Gruppenmitglied.

Bsp.:[705] T tätigt die Aussage: „Zwei Mitglieder des Aufsichtsrates des Unternehmens U sind Zuhälter".

354 **e) Kundgabe.** Die Tatsachenbehauptung bzw. das Werturteil müssen kundgegeben, d. h. geäußert werden. Die Kundgabe kann wörtlich oder schriftlich, durch Symbole oder Gesten (Antippen der Stirn als Symbol für die Aussage „Du hast doch einen Vogel", Zeigen des Mittelfingers usw.) und auch über Medien – wie das Internet – erfolgen. Ein Eintrag in ein Tagebuch genügt grundsätzlich nicht, da dieses nicht zur Kenntnis Dritter bestimmt ist. Gelangt der Inhalt dennoch zur Kenntnis Dritter, fehlt regelmäßig der Vorsatz hinsichtlich der Kundgabe. Entsprechendes gilt für andere persönliche Aufzeichnungen oder Selbstgespräche.

355 Im Gegensatz zu §§ 186, 187 wird von § 185 nur die **Kundgabe eigener Missachtung** erfasst. Das Verbreiten von ehrenrührigen Aussagen Dritter ist hingegen nicht tatbestandsmäßig. Anderes gilt nur, wenn sich der Verbreitende mit der Äußerung des Dritten persönlich identifiziert[706].

Bsp.: T sagt zu O: „D hat Dich einen Schwachkopf genannt". – Es liegt keine Beleidigung vor, da T keine eigene Missachtung zum Ausdruck gebracht hat. Anders läge der Fall, wenn er die Worte „zu Recht" hinzu-

---

702 OLG Karlsruhe SpuRt 2013, 72; OLG München NJW-Spezial, 2014, 90.
703 OLG Nürnberg NStZ 2013, 593.
704 BGHSt 14, 48 (50); 19, 235 (236).
705 Vgl. auch BGHSt 14, 48; 19, 235.
706 OLG Köln NJW 1993, 1486 (1487).

gefügt hätte. Hat D eine entsprechende Äußerung gar nicht getätigt, kommt – da es sich dann um eine unwahre Tatsachenbehauptung handelt – eine Strafbarkeit nach § 186 bzw. § 187 gegenüber D in Betracht, weil dieser als „Beleidigender" dargestellt wird.

356 **f) Kenntnisnahme.** Die Äußerung muss zumindest von einer anderen Person zur Kenntnis genommen werden. Die Wahrnehmung kann durch das Opfer oder aber auch einen Dritten erfolgen.

Bsp.:[707] T lässt von D eine den O beleidigende Videobotschaft mit seiner Digitalkamera aufzeichnen. – Die Tat nach § 185 ist bereits mit der Äußerung gegenüber D vollendet – unabhängig davon, ob auch O Kenntnis erlangt.

357 Neben der Kenntnisnahme ist mit der h. M. weiter zu verlangen, dass der Empfänger auch die **Ehrenrührigkeit der Äußerung sinngemäß erfasst**[708]. Andernfalls würde man die Bestrafung auf die bloße Gefährdung des Geltungsanspruchs stützen.

Bsp.: T wird auf der Straße von O mit einem Kinderwagen angestoßen; er beschimpft ihn als „hirnverbrannten Volltrottel" und das Kleinkind K als „missratenen Wurm". O ist Ausländer und versteht ebenso wenig wie K. – Eine Beleidigung scheidet aus, weil die Adressaten den ehrenrührigen Sinn erst gar nicht verstanden haben. Anders wäre jedoch zu entscheiden, wenn ein Dritter die Äußerungen des T gegenüber O und K vernehmen würde und dies auch vom Vorsatz des T umfasst ist.

358 **g) Einschränkungen des Kundgabebegriffs.** Anerkannt ist eine sog. **beleidigungsfreie Sphäre.** Demnach werden vertrauliche Äußerungen im engsten Familienkreis bereits vom Tatbestand nicht erfasst[709], wenn keine begründete Gefahr für die Weitergabe besteht[710]. Entsprechendes gilt auch für ähnlich enge Vertrauensverhältnisse, wie etwa unter Verlobten, Lebenspartnern oder engen Freunden[711]. Teilweise wird diese Einschränkung damit begründet, dass bereits keine Kundgabe vorliege[712] oder aber der Kundgabevorsatz entfalle[713]. Dagegen spricht jedoch, dass eine Kundgabe – wenn auch nur in engstem Kreis – gegeben ist. Überzeugender lässt sich dies mit einer teleologischen Reduktion des Kundgabebegriffs

---

707 S. auch BayObLG NJW 2000, 1584.
708 BGHSt 9, 17 (19); *Rengier*, BT 2, § 28 Rn. 22.
709 Für Tatbestandsausschluss etwa *Krey/Hellmann/Heinrich*, BT 1, Rn. 502; *Rengier*, BT 2, § 28 Rn. 23; für einen Rechtfertigungsgrund LK-*Hilgendorf*, § 185 Rn. 14; offen gelassen von BVerfGE 90, 255 (261).
710 BVerfGE 90, 255 (260 f.); OLG Oldenburg GA 1954, 284.
711 BVerfG NJW 1995, 1477 – Verlobte; BVerfG NJW 1997, 185 (186) – eheähnliche Beziehung; BVerfG NJW 2007, 1194 – Freundschaft unter Mitgefangenen.
712 OLG Oldenburg GA 1954, 284; *Hansen*, JuS 1974, 104 (106).
713 *Leppin*, JW 1937, 2886 f.

bei besonderen Vertrauensbeziehungen begründen[714], die auf das von Art. 2 Abs. 1 i. V. m. Art. 1 Abs. 1 GG geschützte allgemeine Persönlichkeitsrecht, das auch den Schutz der Privatsphäre umfasst, gestützt werden kann. Demnach muss jedem Menschen ein geschützter Rückzugsbereich für vertrauliche Kommunikation verbleiben. Dabei sind auch Äußerungsinhalte oder -formen zu billigen, die der Einzelne gegenüber Dritten nicht vornehmen würde[715]. Diese Einschränkungen gelten auch dann, wenn – wie bei der vertraulichen Kommunikation zwischen Strafgefangenen und Familienangehörigen – mit einer staatlichen Überwachung des Briefverkehrs zu rechnen ist, da hier der Täter die Vertraulichkeit nicht selbst aufhebt[716]. Allerdings ist eine beleidigungsfreie Sphäre nach h. M. nicht für Verleumdungen i. S. d. § 187 anzuerkennen[717]. Sie gilt außerdem nicht, wenn die Vertraulichkeit nicht gewährleistet ist, weil mit einer Weitergabe etwa deshalb gerechnet werden muss, weil ein Angehöriger des Familienkreises dem Opfer persönlich nahe steht[718].

> **Bsp.:** T sagt zu seiner Frau F, dass sein Chef O ein „Versager" sei. Außerdem behauptet er wider besseres Wissen, dass O mehrmals die Woche zu einer Prostituierten geht. – Hinsichtlich des Werturteils „Versager" ist der Tatbestand des § 185 nicht verwirklicht, weil insoweit dem T im Verhältnis zu seiner Ehefrau Raum für Abbau von Emotionen und Frust gegeben sein muss. Anderes würde aber gelten, wenn die F mit der Ehefrau des O befreundet wäre und daher eine begründete Gefahr der Weitergabe bestünde. T macht sich aber wegen Verleumdung nach § 187 strafbar, weil es auch innerhalb der Familie keinen Grund gibt, wissentlich falsche Behauptungen (hier bzgl. der Prostituierten) aufzustellen.

2. Subjektiver Tatbestand

Der Täter muss **zumindest mit dolus eventualis** handeln; Vorsatz ist etwa zu verneinen, wenn der Täter davon ausgeht, dass kein anderer von der Aussage Kenntnis erlangt[719]. Sein Vorsatz muss sich bei Tatsachen auch auf die Unwahrheit erstrecken. Ein error in persona ist nach allgemeinen Grundsätzen unerheblich.

> **Bsp.:** T will seine Ex-Freundin F anrufen, verwechselt diese jedoch mit ihrer Mutter O und beschimpft daher die O als „blöde Kuh". – T macht sich nach § 185 strafbar, da der Tatbestand auch verwirklicht worden wäre, wenn T die F beschimpft hätte.

---

714 *Krey/Hellmann/Heinrich*, BT 1, Rn. 503.
715 BVerfGE 90, 255 (260); BVerfG NJW 1995, 1477; NJW 1997, 185 (186).
716 BVerfGE 90, 255 (261 f.); BVerfG NJW 1997, 185.
717 *Krey/Hellmann/Heinrich*, BT 1, Rn. 502; *Rengier*, BT 2, § 28 Rn. 23.
718 LK-*Hilgendorf*, § 185 Rn. 13 f.; *Wessels/Hettinger/Engländer*, BT 1, Rn. 476.
719 Vgl. auch LG Kassel NZV 2008, 310 („Stinkefinger" gegen Radaranlage ohne Geschwindigkeitsverstoß).

3. Qualifikation des § 185 Var. 2

360 Wenn die Beleidigung mittels einer Tätlichkeit, d.h. mit Bezug auf den Körper des Opfers begangen wird, ist § 185 Var. 2 verwirklicht.

> **Bspe.:** T spuckt O in das Gesicht[720]; T bezeichnet den O als „Volltrottel" und ohrfeigt ihn.
> **Klausurhinweis:** Nicht jede Körperverletzung begründet eine Beleidigung. Es muss immer die Herabsetzung der Ehre hinzutreten.

III. Üble Nachrede, § 186

1. Systematik

361 § 186 findet nur bei **Tatsachenbehauptungen gegenüber Dritten** Anwendung[721]. Tatsachenbehauptungen, die nur gegenüber dem Opfer getätigt werden, werden hingegen von § 185 erfasst. Da es für die Tatbestandsverwirklichung ausreichend ist, dass die Tatsache nicht erweislich wahr ist, handelt es sich um ein **abstraktes Gefährdungsdelikt**, das auf der potentiellen Verbreitungsgefahr von ehrenrührigen Tatsachen beruht.

362 **Prüfungsschema**
1. **Tatbestand**
   a) Objektiver Tatbestand
      aa) Ehrenrührige Tatsache
      bb) Kundgabe durch Behaupten oder Verbreiten gegenüber Dritten
   b) Subjektiver Tatbestand
2. **Objektive Strafbarkeitsbedingung:** Tatsache ist nicht erweislich wahr
3. **Rechtswidrigkeit:** Rechtfertigungsgrund der Wahrnehmung berechtigter Interessen, § 193
4. **Schuld**
5. **Strafantrag,** § 194
6. **Qualifikationen**
   a) § 186 Var. 2: Öffentliche Tatbegehung oder durch Verbreiten von Schriften (§ 11 Abs. 3)
   b) § 188 Abs. 1: Üble Nachrede gegen Personen des politischen Lebens

2. Objektiver Tatbestand

363 Der objektive Tatbestand setzt die **Behauptung oder Verbreitung einer ehrenrührigen Tatsache gegenüber Dritten** voraus. Bei Tatsachenbehaup-

---

[720] BGH NStZ-RR 2009, 172.
[721] BayObLG NJW 1959, 57; OLG Köln NJW 1964, 2121 (2122); *Rengier*, BT 2, § 29 Rn. 7.

tungen zwischen nahe stehenden Personen ist auch hier eine teleologische Reduktion des Tatbestandes nach den **Grundsätzen der beleidigungsfreien Sphäre** zu beachten[722].

a) **Ehrenrührige Tatsache.** Erfasst werden Tatsachen, die einen anderen verächtlich zu machen oder in der öffentlichen Meinung herabzuwürdigen geeignet sind. Das ist der Fall, wenn mit der Aussage die Nichtachtung oder Missachtung des Geltungsanspruchs einer anderen Person verbunden ist. Die Nichterweislichkeit der Tatsache („wenn nicht diese Tatsache erweislich wahr ist") ist kein Merkmal des Tatbestands, sondern eine objektive Bedingung der Strafbarkeit.

> **Bsp.:**[723] Die wahrheitswidrige Behauptung über einen Frauenarzt, dass dieser rechtswidrige, wenngleich mit gesetzlichen Bestimmungen in Einklang stehende straflose Abtreibungen durchführe, verwirklicht nicht den Tatbestand, weil dies nicht geeignet sei, den Arzt verächtlich zu machen oder ihn in der öffentlichen Meinung herabzuwürdigen.

b) **Tathandlungen.** Tatbestandsmäßig sind das **Behaupten oder Verbreiten in Beziehung auf einen anderen** (Verbreitungsdelikt). Daraus folgt, dass der Empfänger der Kundgabe und der Betroffene verschiedene Personen sein müssen. Die Anwesenheit des Betroffenen steht der Anwendung des Tatbestandes jedoch nicht entgegen, wenn die Tatsache auch gegenüber einem Dritten behauptet wird (Drittbezug); in diesem Fall steht § 186 in Tateinheit zu § 185.

> **Bsp.:** Student T beschwert sich lautstark bei Professor P, dass dieser „seine Unterlagen für die Vorlesungen ja nur aus dem Internet herunterlade und daher viel Falsches sage". – Der Tatbestand des § 186 (bzw. § 187) ist nur dann vollendet, wenn ein Dritter – etwa die Sekretärin – die Aussage hört; ansonsten kommt nur § 185 in Betracht, wenn feststeht, dass die Aussage unwahr ist.

aa) Der Täter **behauptet** eine Tatsache, wenn er diese **nach eigener Überzeugung** als wahr hinstellt. Gleichgültig ist, ob die Tatsache als Gegenstand eigener oder fremder Wahrnehmung oder als Schlussfolgerung erscheint.

> **Bsp.:** T sagt zu D: „O hat gestohlen".

bb) **Verbreiten** bedeutet, eine fremde Tatsachenbehauptung als Gegenstand fremden Wissens und fremder Überzeugung (d. h. als Gerücht) weiterzugeben. Eigene Distanzierungen sollen dem Verbreiten nach h. M. nicht entgegenstehen[724].

---

722 S.o. Rn. 358.
723 S. OLG Karlsruhe NStZ 2005, 575.
724 BGHSt 18, 182 (183); *Rengier*, BT 2, § 29 Rn. 6.

Bsp.: T sagt zu D: „Ich habe gehört, dass O gestohlen hat". – T macht sich, soweit das Gerücht nicht erweislich wahr ist, nach § 186 strafbar. Daran ändert sich nach h. M. auch nichts, wenn er den Zusatz anfügt „was ich eigentlich nicht glauben kann".

Für die h. M. lässt sich zwar anführen, dass die Vorschrift bereits vor der abstrakten Gefährlichkeit der Weiterverbreitung schützen soll. Erfährt ein Dritter davon, so besteht die Gefahr der Weitergabe des Gerüchts, ggf. sogar ohne Distanzierung. Richtigerweise wird man aber dennoch – unabhängig von der Frage einer Rechtfertigung über § 193 oder über die Figur der mutmaßlichen Einwilligung – schon dann den Tatbestand des § 186 zu verneinen haben, wenn die Distanzierung ernsthaft ist[725]. Denn in diesem Fall wird dem Gerücht gerade entgegen getreten und die Gefahr, dass Dritte diesem Glauben schenken, verringert.

368 cc) Nicht erfasst wird auch das **Schaffen bloßer kompromittierender Sachlagen**, wenn für Dritte der Anschein entsteht, dass die Aussage vom Opfer selbst stammt[726]. In solchen Fällen liegt aus Sicht des Dritten eine straflose „Selbstbeleidigung" vor, weil verborgen bleibt, dass der Täter die Aussage behauptet. Der Drittbezug scheitert hier nicht auf der Opfer-, sondern auf der Täterseite.

Bsp.:[727] T möchte sich an seiner Ex-Freundin rächen. Er gibt unter ihrem Namen eine Anzeige auf: „Modell Janine für schöne Stunden – die schnelle Nummer 0190…". – Es liegt nur § 185 vor, wenn – Vorsatz des T diesbezüglich unterstellt – Janine die Anzeige liest oder Interessenten bei ihr anrufen und sie dabei als vorsatzlos handelnde (gutgläubige) Werkzeuge des T in ihrer Ehre herabsetzen (§ 25 Abs. 1 Var. 2). § 186 (bzw. § 187) ist hingegen zu verneinen, weil aus Sicht Dritter sie die Annonce selbst geschaltet hat; ferner bleibt § 238 Abs. 1 Nr. 3 zu beachten.

3. Subjektiver Tatbestand

369 Der Vorsatz muss sich auf das Behaupten bzw. Verbreiten der ehrenrührigen Tatsache beziehen, nicht jedoch auf deren Unerweislichkeit, da es sich insoweit um eine objektive Bedingung der Strafbarkeit handelt. Geht der Täter irrig davon aus, dass die Aussage nur gegenüber dem Opfer erfolgt, diese aber tatsächlich von einem Dritten gehört wird, so liegt hinsichtlich des Behauptens bzw. Verbreitens ein Tatbestandsirrtum vor, der den Vorsatz entfallen lässt.

4. Objektive Bedingung der Strafbarkeit

370 a) **Nichterweislichkeit der Tatsache.** Diese stellt eine objektive Strafbarkeitsbedingung dar, die außerhalb des Tatbestandes steht. Vor allem soll

---

725 S. NK-*Zaczyk*, § 186 Rn. 10.
726 BGH NStZ 1984, 216; *Rengier*, BT 2, § 29 Rn. 8.
727 Nach BGH NStZ 1984, 216.

dem Täter die Schutzbehauptung abgeschnitten werden, er habe die Tatsache für wahr gehalten.

b) Vorsatz oder Fahrlässigkeit. Beides bedarf es bezüglich der objektiven Bedingung nach h. M. nicht[728], während die Gegenansicht[729] zumindest sorgfaltspflichtwidriges Verhalten verlangt, um dem verfassungsrechtlich verankerten Schuldprinzip hinreichend Rechnung zu tragen. **371**

c) Grundsatz in dubio pro reo. Dieser findet im Rahmen der objektiven Bedingung keine Anwendung. Das Gericht muss zwar gem. § 244 Abs. 2 StPO die Wahrheit erforschen. Gelingt dem Gericht aber weder die Feststellung, dass die Behauptung unwahr ist, noch dass diese wahr ist, so wird der Angeklagte verurteilt. Er trägt folglich das Risiko, dass sich die Wahrheit nicht erweisen lässt. Dies ist letztlich die Folge der Konzeption der Vorschrift als abstraktes Gefährdungsdelikt, wonach ehrenrührige Tatsachen über andere nur behauptet oder verbreitet werden dürfen, wenn deren Wahrheit feststeht. Die Wahrheit steht im Übrigen dann fest, wenn die Tatsachen in ihrem wesentlichen Kern erwiesen sind[730]; auf bloße Nebensächlichkeiten, die den ehrenrührigen Sinn nicht betreffen, kommt es hingegen nicht an. Bei wahren Tatsachenbehauptungen kommt eine Strafbarkeit nur noch unter den engen Voraussetzungen der §§ 192, 185 in Betracht. Für den Wahrheitsbeweis durch Strafurteil ist § 190 zu beachten[731]. **372**

5. Qualifikationen

a) § 186 Abs. 1 Var. 2. Demnach ist die Tat qualifiziert, wenn sie **öffentlich oder durch Verbreiten von Schriften** i. S. d. § 11 Abs. 3 begangen ist. Öffentlich bedeutet, dass die Äußerung von einem größeren und nicht näher bestimmten Personenkreis wahrgenommen werden kann. **373**

Bsp.: Äußerungen im Gerichtssaal oder bei Versammlungen.

b) § 188 Abs. 1. Die Vorschrift enthält eine weitere Qualifikation für Fälle, in denen eine **üble Nachrede gegen eine im politischen Leben des Volkes stehende Person** öffentlich, in einer Versammlung oder durch Verbreiten von Schriften (§ 11 Abs. 3) aus Beweggründen begangen wird, die **mit der Stellung des Beleidigten im öffentlichen Leben zusammenhängen, sofern die Tat geeignet ist, sein öffentliches Wirken erheblich zu erschweren.** Personen des politischen Lebens sind Politiker (z. B. Abgeordnete) und andere Personen, die in der Öffentlichkeit politische Aufgaben wahrnehmen (z. B. Bundesverfassungsrichter) und das politische Leben maßgeblich beeinflussen. Letzteres ist etwa bei Kommunalpolitikern zu **374**

---

728 *Rengier*, BT 2, § 29 Rn. 9; *Schönke/Schröder/Eisele/Schittenhelm*, § 186 Rn. 10.
729 *Kindhäuser*, BT 1, § 23 Rn. 19; *Wessels/Hettinger/Engländer*, BT 1, Rn. 491.
730 BGHSt 18, 182; *Kindhäuser/Schramm*, BT 1, § 23 Rn. 20.
731 S.o. Rn. 339.

verneinen⁷³². Öffentlich wird die Tat begangen, wenn die Tatsachenbehauptung gegenüber einem unbestimmten Personenkreis erfolgt. Daneben wird auch die Tatbegehung in einer Versammlung oder durch Verbreiten von Schriften erfasst. Die Tat muss ferner abstrakt geeignet sein, das öffentliche Wirken des Betroffenen erheblich zu erschweren. Erforderlich sind in subjektiver Hinsicht zudem Beweggründe, die mit der Stellung des Beleidigten im öffentlichen Leben zusammenhängen.

6. Konkurrenzen

375 Liegt der Schwerpunkt einer Aussage auf einer Tatsachenbehauptung, so liegt bei einer Kundgabe gegenüber Dritten nur § 186 (bzw. § 187) vor. Etwaige „begleitende" Werturteile werden nicht gesondert von § 185 erfasst. Liegt ein zusätzliches Werturteil vor, das nicht von der Tatsachenbehauptung erfasst wird, so besteht Tateinheit zwischen § 186 (§ 187) und § 185⁷³³. Bei einer Tatsachenbehauptung gegenüber Dritten und dem Opfer ist zumindest nach dem dualistischen Ehrbegriff ebenfalls Tateinheit zwischen § 186 (§ 187) und § 185 anzunehmen⁷³⁴.

IV. Verleumdung, § 187

1. Systematik

376 § 187 Halbsatz 1 Var. 1 kommt bei der Behauptung oder Verbreitung einer unwahren, ehrenrührigen Tatsache gegenüber Dritten zur Anwendung, wenn dies **wider besseres Wissen** geschieht. Die Verleumdung ist eine Qualifikation zu § 186 und greift ein, wenn feststeht, dass die behauptete oder verbreitete Tatsache objektiv unwahr ist. § 187 Halbsatz 1 Var. 2 (Kreditgefährdung) ist hingegen ein selbstständiges Vermögensdelikt, das zu §§ 185 ff. in Tateinheit stehen kann.

377 Prüfungsschema
1. Tatbestand
    a) Objektiver Tatbestand
        aa) Ehrenrührige Tatsache
        bb) Kundgabe durch Behaupten oder Verbreiten gegenüber Dritten
        cc) Objektive Unwahrheit der Tatsache
    b) Subjektiver Tatbestand
        aa) Vorsatz bezüglich Kundgabe der ehrenrührigen Tatsache
        bb) Wissen i. S. v. dolus directus 2. Grades hinsichtlich der Unwahrheit

---

732 BayObLGSt 1982, 56 – Gemeinderat.
733 RGSt 65, 358 (359); BGHSt 12, 287 (292); *Fischer*, § 185 Rn. 20.
734 Vgl. RGSt 41, 61 (65 f.); BayObLG NJW 1962, 1120.

> 2. **Rechtswidrigkeit**
> 3. **Schuld**
> 4. **Strafantrag, § 194**
> 5. **Qualifikationen**
>   a) § 187 Halbsatz 2: Öffentliche Tatbegehung, Tatbegehung in einer Versammlung oder durch Verbreiten von Schriften (§ 11 Abs. 3)
>   b) § 188 Abs. 2: Üble Nachrede gegen Personen des politischen Lebens

2. Objektiver Tatbestand

Hinsichtlich der Tathandlungen des **Behauptens und des Verbreitens** samt **Drittbezug** kann auf die Ausführungen bei § 186 verwiesen werden[735]. Eine beleidigungsfreie Sphäre ist bezüglich Verleumdungen nicht anzuerkennen[736]. Tatbestandsmäßig sind im Gegensatz zu § 186 nur Tatsachen, die objektiv unwahr sind, d. h. deren Unwahrheit erwiesen ist. Die Unwahrheit ist damit bereits Merkmal des objektiven Tatbestandes.

3. Subjektiver Tatbestand

Es ist hier dolus directus 2. Grades hinsichtlich der objektiven Unwahrheit erforderlich. Demnach muss der Täter sichere Kenntnis von der Unwahrheit der Tatsache besitzen. Bezüglich der übrigen Merkmale des objektiven Tatbestandes genügt jedoch bedingter Vorsatz.

4. Qualifikationen

In § 187 Halbsatz 2 und § 188 Abs. 2 i. V. m. Abs. 1 finden sich Qualifikationstatbestände, die an diejenigen des § 186 angelehnt sind. Hinsichtlich § 187 Halbsatz 2 ist jedoch zu beachten, dass – anders als bei § 186 – auch Versammlungen erfasst sind. Weil die öffentliche Tatbegehung ohnehin bereits gesondert erfasst wird, sind damit geschlossene Versammlungen gemeint[737].

V. Beleidigung trotz Wahrheitsbeweis, § 192

1. Systematik

Der Straftatbestand der so genannten **Formalbeleidigung** kann bei allen Beleidigungen, welche durch Tatsachenbehauptungen begangen werden können, Anwendung finden.

---

735 S.o. Rn. 365 ff.
736 Vgl. bereits o. Rn. 358.
737 *Kindhäuser/Schramm*, BT 1, § 24 Rn. 6; *Rengier*, BT 2, § 29 Rn. 19.

382 **Prüfungsschema**

1. **Tatbestand**
   a) Objektiver Tatbestand
      aa) Äußerung einer wahren Tatsache
      bb) Formalbeleidigender Umstand: Tatsacheninadäquate Herabwürdigung
         (1) durch die Form der Äußerung
         (2) durch die Umstände der Äußerung
   b) Subjektiver Tatbestand
2. **Rechtswidrigkeit**
3. **Schuld**
4. **Strafantrag, § 194**

2. Objektiver Tatbestand

383 Der Täter muss zunächst eine **wahre Tatsache** äußern; ansonsten sind bereits §§ 185, 186, 187 einschlägig. Die Beleidigung, d. h. die Miss- oder Nichtachtung, muss sich aus der **Form der Behauptung oder Verbreitung oder aus den Umständen, unter welchen sie geschah**, ergeben. Erforderlich ist mithin eine selbstständige Beleidigung, die zu der wahren Tatsachenbehauptung hinzutritt. Diese kann gegenüber dem Betroffenen oder Dritten erfolgen.

384 a) **Form der Beleidigung.** Eine Beleidigung geht aus der Form der Behauptung oder Verbreitung hervor, wenn der Tatsachenbehauptung gehässige Einkleidungen oder begleitende Schimpfwörter beigefügt sind.

385 b) **Umstände der Verbreitung.** Die Beleidigung kann sich auch aus den Umständen der Verbreitung der Tatsache ergeben. Darunter fällt vor allem der Publikationsexzess. Ein solcher liegt vor, wenn ein wahrer Vorgang in unangemessener Weise veröffentlicht wird.

> **Bsp.:** T hat in einem Supermarkt einen Diebstahl begangen. Sein Chef hängt das diesbezügliche Urteil des Amtsgerichts in seinem Betrieb auf, um T bloßzustellen.

386 c) **Reaktualisierung.** Demnach liegt eine Formalbeleidigung vor, wenn eine lange zurückliegende Tatsache in einer Form, die dem Zeitablauf nicht Rechnung trägt, wieder ausgegraben wird.

> **Bsp.:** T erzählt auf der Hochzeit seiner Ex-Freundin deren Großtanten wahre Details aus dem bewegten Vorleben der Braut.

3. Subjektiver Tatbestand

387 Ausreichend ist **bedingter Vorsatz**, der auch die Umstände erfassen muss, die die Formalbeleidigung ausmachen.

VI. Wahrnehmung berechtigter Interessen, § 193

1. Systematik

Bei § 193 handelt es sich um einen **speziellen Rechtfertigungsgrund** für Beleidigungsdelikte, der auf überwiegenden Interessen des Täters beruht. In den Bereichen der Meinungsbildung, Kunst und Wissenschaft kann er als einzelgesetzliche Ausprägung von Art. 5 GG verstanden werden[738]. Auf § 187 und die Formalbeleidigung nach § 192 findet die Vorschrift keine Anwendung[739].

388

> **Prüfungsschema**
> Unter dem jeweiligen Prüfungspunkt **Rechtswidrigkeit:**
> 1. **Rechtfertigungslage: Verfolgung berechtigter Interessen**
>   a) Ehrverletzende Äußerung als tadelndes Urteil über wissenschaftliche, künstlerische oder gewerbliche Leistungen
>   b) Ehrverletzende Äußerung zur Ausführung oder Verteidigung von Rechten
>   c) Ehrverletzende Äußerung zur Wahrnehmung sonstiger berechtigter Interessen
>   d) Vorhaltungen und Rügen der Vorgesetzten, dienstliche Anzeigen und Urteile vonseiten eines Beamten und ähnliche Fälle
> 2. **Rechtfertigungshandlung: Wahrnehmung der Interessen in objektiv rechtmäßiger Weise**
>   a) Geeignetheit und Erforderlichkeit
>   b) Angemessenheit nach Gesamtabwägung aller Umstände
> 3. **Subjektives Rechtfertigungselement: Absicht der Interessenwahrnehmung** (str.)

389

2. Voraussetzungen des Rechtfertigungsgrundes

a) Verfolgung berechtigter Interessen (Rechtfertigungslage). Die Wahrnehmung berechtigter Interessen ist der Oberbegriff für die im Übrigen in § 193 genannten Äußerungen.

390

aa) Tadelnde Urteile. Bei tadelnden Urteilen über wissenschaftliche, künstlerische oder gewerbliche Leistungen geht es um wertende oder tatsächliche Äußerungen, die den Betroffenen wegen seiner Leistungen in der Ehre herabsetzen. Eine sachliche Kritik verwirklicht aber bereits schon nicht die Tatbestände der §§ 185, 186, so dass sich die Frage der Rechtfertigung nur in wenigen Fällen stellt. Zu den wissenschaftlichen Leistungen gehören z. B. Gerichtsurteile, zu den künstlerischen Leistungen die Aufführungen

391

---
738 BVerfGE 12, 113 (125); 42, 143 (152); BGHSt 12, 287 (293).
739 S. bereits o. Rn. 331.

eines Konzerts oder Theaters, zu den gewerblichen Leistungen auch solche im Rahmen eines Sportereignisses.

> **Bsp.:** Fußballexperte Scholl sagt über den Nationalspieler Gomez nach einem schlechten Spiel „Ich hatte zwischendrin Angst, dass er sich wund gelegen hat, dass man ihn wenden muss". – Es handelt sich um ein tadelndes Urteil über eine gewerbliche Leistung, so dass eine Rechtfertigung möglich ist, soweit die übrigen Voraussetzungen gegeben sind.

392 bb) **Äußerungen zur Ausführung oder Verteidigung von Rechten.** Dies sind Äußerungen, die zur Geltendmachung oder zur Abwehr eines Rechts erfolgen. Zur Ausführung von Rechten gehören z. B. Rechtsausführungen in einer Klage oder in der Begründung einer Richterablehnung. Zur Verteidigung von Rechten gehören z. B. Ausführungen in einer Klageerwiderung. Ohne diese Regelung wäre ein vernünftiges Agieren in Prozessen kaum möglich, da andernfalls häufig § 186 einschlägig wäre, wenn die Entscheidung nach Beweislastregeln getroffen wird und die Wahrheit der Tatsache damit nicht erweislich ist. Erfasst werden aber auch Äußerungen in Strafverfahren.

> **Bsp.:** T bestreitet die Angaben des Klägers O als unzutreffend. – Soweit dadurch die Ehre herabgesetzt wird, würde er sich nach § 186 strafbar machen, wenn sich seine Behauptung nicht erweisen ließe, obwohl nach den Regelungen des Zivilprozesses möglicherweise sogar O die Beweislast trägt.

393 cc) **Vorhaltungen und Rügen der Vorgesetzten gegen ihre Untergebenen, dienstliche Anzeigen und Urteile von Seiten eines Beamten und ähnliche Fälle.** Vorhaltungen und Rügen der Vorgesetzten gegen ihre Untergebenen setzen stets ein öffentliches oder privates Über-Unterordnungsverhältnis voraus. Unter **dienstliche Anzeigen und Urteile eines Beamten** fallen alle Äußerungen im Rahmen der Erfüllung öffentlich-rechtlicher Aufgaben[740]. Im Übrigen sind zugunsten des Täters im Wege gesetzlich angeordneter Analogie auch ähnliche Fälle einzubeziehen.

394 dd) **Wahrnehmung sonstiger berechtigter Interessen.** Erfasst werden alle von der Rechtsordnung anerkannten Interessen. Ein taugliches Interesse ist jeder öffentliche, private, ideelle oder vermögensrechtliche Zweck, soweit er rechtlich nur schutzwürdig ist. Es kommt nicht darauf an, ob es sich um ein eigenes oder ein Interesse der Allgemeinheit handelt. Auch die Wahrnehmung fremder Individualinteressen ist möglich, wenn sie dem Täter übertragen wurden oder er einer anderen Person so nahe steht, dass er sich vernünftigerweise zum Verfechter deren Interessen aufwerfen darf.

---

[740] *Fischer*, § 193 Rn. 40; *Schönke/Schröder/Eisele/Schittenhelm*, § 193 Rn. 7.

> **Bspe.:** Anzeige einer Straftat[741]; Wahrnehmung eines Vereinsinteresses durch ein Mitglied.

b) Wahrnehmung der Interessen in objektiv rechtmäßiger Weise (Rechtfertigungshandlung). § 193 setzt in allen Fällen die Geeignetheit, Erforderlichkeit und Angemessenheit der ehrverletzenden Äußerung zur Wahrnehmung des berechtigten Interesses voraus.

aa) Die beleidigende Äußerung muss bei einer ex ante-Betrachtung **geeignetes und mildestes Mittel** zur Wahrnehmung der Interessen sein. Dies ist vor allem zu verneinen, wenn der Täter sich ohne sachlichen Grund an die Öffentlichkeit wendet und dabei ggf. sogar den Namen des Betroffenen nennt.

> **Bsp.:** Die Mitteilung einer Straftat an die Polizei, die ein Dritter angeblich begangen haben soll, ist regelmäßig ein geeignetes Mittel. Die Mitteilung an Private oder die Allgemeinheit (Mitteilung auf einer Homepage im Internet) dagegen nicht, da insoweit eine Aufklärung nicht zu erwarten ist.

bb) Im Rahmen der Angemessenheitsprüfung ist eine **Abwägung aller widerstreitenden Interessen** vorzunehmen. Im Rahmen einer Gesamtbetrachtung werden das Recht der persönlichen Ehre einerseits und z.B. die Meinungsfreiheit, Pressefreiheit oder Kunstfreiheit (Art. 5 GG[742]) andererseits gegeneinander abgewogen. Dabei muss das Interesse des Beleidigers höher zu gewichten sein als das Interesse des Beleidigten[743]. Dabei sind folgende Abwägungsleitlinien zu beachten:

(1) Ehrenrührige Werturteile: Angriffe auf die Menschenwürde und Ehrangriffe, die nur der Diffamierung der beleidigten Person dienen (Schmähungen), sind stets unangemessen[744]. Auf Grund der Meinungsfreiheit ist der Begriff der **Schmähkritik** jedoch eng auszulegen. Eine herabsetzende Äußerung nimmt erst dann den Charakter der Schmähung an, wenn nicht mehr die Auseinandersetzung in der Sache, sondern die Diffamierung der Person im Vordergrund steht[745].

> **Bsp. (1):** Journalist T bezeichnet in einer Tageszeitung den Vorsitzenden einer Partei im Wahlkampf ohne inhaltlichen Bezug als „fettes Schwein, das noch vor dem Wahlabend geschlachtet werden sollte". – Da hier eine reine Schmähkritik vorliegt, macht sich T nach § 185 strafbar.

---

741 OLG Köln NJW 1997, 1247; *Fischer*, § 193 Rn. 32.
742 BVerfGE 93, 266 (292 f.); BVerfG NJW 1992, 2815 (2816).
743 BayObLG NJW 1995, 2501 (2503); OLG Hamm NJW 1987, 1034 (1035); nach a. A. genügt ein gleichrangiges Interesse, vgl. *Rengier*, BT 2, § 29 Rn. 43.
744 BVerfGE 61, 1 (12).
745 BVerfGE 82, 272; 93, 266 (294); BVerfG NJW 2013, 3021.

> **Bsp. (2):** Im Rahmen einer Dienstaufsichtsbeschwerde schreibt T, der sich im Rahmen einer Verkehrskontrolle ungerecht behandelt fühlt: „Auf das geschilderte Verhalten meinerseits angesprochen, antwortete einer der Polizisten: Wir dürfen das! Wie Recht er damit hat: In Deutschland können Polizisten wieder, wie vor sechzig Jahren, Menschen zu Tode prügeln, ohne dass sie irgendetwas zu befürchten haben. Dies gilt im Großen und im Kleinen erst recht." – Da hier ein sachlicher Bezug zu einem tatsächlichen Geschehnis vorliegt, soll keine Schmähkritik vorliegen und daher eine Rechtfertigung nach § 193 in Betracht kommen[746]. Entsprechendes gilt bei einer langen Personenkontrolle mit einer unzutreffenden Bezichtigung durch einen Polizisten für die Worte „you're completely crazy"[747].

399 Im Übrigen – etwa bei Kunstwerken, Karikaturen oder Satiren – kommt es vor allem auf die Schwere der Beeinträchtigung der betroffenen Rechtsgüter an. Bei einer Äußerung, die der öffentlichen Meinungsbildung dient, besteht eine Vermutung für den Vorrang der Meinungsfreiheit. Trifft eine Äußerung als Sammelbezeichnung den Einzelnen nur als Angehörigen der Gruppe, so ist dessen Rechtsgut schwächer als bei einem direkten Angriff auf das Individuum betroffen[748].

400 **(2) Ehrenrührige Tatsachen:** Eine leichtfertige Behauptung ist nie angemessen. Der Täter muss sich vielmehr informieren und gewissenhaft prüfen, ob der von ihm gemachte Vorwurf richtig ist. Diese Informationspflicht ist besonders für die Presse bedeutsam. Die Anforderungen an Information und Prüfung hängen u. a. von der Schwere des Vorwurfs und den Möglichkeiten zur Überprüfung ab. Da die Wahrheit oft schwer feststellbar ist, genügt es für die Angemessenheit des Mittels, dass ein Journalist sorgfältig recherchiert hat.

> **Bsp.:** Journalist T schreibt in einer Tageszeitung über Minister O, dass dieser eine Geliebte habe. T hat dies in einer Nachtbar aufgeschnappt; weitere Hinweise besitzt er nicht. Die Tatsache ist nicht erweislich wahr. T macht sich nach § 186 strafbar. Auf § 193 kann er sich nicht berufen, weil er nicht sorgfältig recherchiert hat.

401 **c) Absicht der Interessenwahrnehmung (subjektives Rechtfertigungselement).** § 193 verlangt ein Handeln „zur" Interessenwahrnehmung und damit Absicht im Sinne von dolus directus 1. Grades. Diese braucht allerdings nicht das alleinige Ziel des Handelns zu sein. Die bloße Kenntnis der Rechtfertigungslage genügt hingegen nicht[749].

---

746 Vgl. BVerfG NJW 2005, 3274.
747 OLG München StV 2015, 570 f.
748 BVerfGE 93, 266 (300 f.).
749 So BGHSt 18, 182 (186); SK-*Rogall*, § 193 Rn. 32.

Einführende Aufsätze:
Geppert, Straftaten gegen die Ehre (§§ 185 ff.), Jura 1983, 530, 580; *ders.*, Zur Systematik der Beleidigungsdelikte und zur Bedeutung des Wahrheitsbeweises im Rahmen der §§ 185 ff., Jura 2002, 820 ff.; *ders.*, Zur passiven Beleidigungsfähigkeit von Personengemeinschaften und von Einzelpersonen unter einer Kollektivbezeichnung, Jura 2005, 244.

Übungsfälle:
Fahl, Nachts sind alle Katzen blau, Jura 2005, 273 (die Wahrnehmung berechtigter Interessen bei Formalbeleidigungen); *Kaspar*, Übungsklausur Strafrecht: Ehrdelikte, JuS 2005, 526 (die Wahrnehmung berechigter Interessen bei einer Warnung); *Kett-Straub*, Zerplatzte Träume, JA 2012, 831 (die Wahrnehmung berechtigter Interessen bei Weitergabe eines Gerüchts); *Stiel*, Die Affäre B, Jura 2017, 1327 (Die Wahrnehmung berechtigter Interessen im Fall Böhmermann).

Rechtsprechung:
BVerfGE 90, 255 – Schriftwechsel (Briefwechsel mit Gefangenen); **BVerfGE 93, 266** – Tucholsky-Zitat („Soldaten sind Mörder"); **BGHSt 6, 186** – GmbH (Beleidigungsfähigkeit von Personenmehrheiten); **BGHSt 36, 83** – Gelöbnisfeier (Beleidigung von Bundeswehrsoldaten); **BGHSt 36, 145** – Arzt (Beleidigung durch sexuelle Handlung); **KG JR 1984, 165** – Bulle (Beleidigung von Polizeibeamten); **BayObLG NJW 1990, 1742** – Polizei (Beleidigungsfähigkeit einer Personengesamtheit).

Teil 6: Hausfriedensbruch

I. Geschütztes Rechtsgut und Systematik

402 § 123 schützt – entgegen seiner systematischen Stellung im Abschnitt über die Straftaten gegen die öffentliche Ordnung – mit dem **Hausrecht als Teilbereich der Freiheitssphäre** des Einzelnen ein individuelles Rechtsgut. Dies führt dazu, dass ein Handeln, das im Einklang mit dem Willen des Hausrechtsinhabers steht, nicht tatbestandsmäßig ist[750]. Bei § 123 handelt es sich im Übrigen um ein Dauerdelikt, das mit dem Eindringen vollendet und mit dem Verlassen des geschützten Bereichs beendet ist[751]. Eine Qualifikation ist in § 124 enthalten.

403 Prüfungsschema
1. **Tatbestand**
   a) Objektiver Tatbestand
      aa) Wohnung, Geschäftsräume, befriedetes Besitztum, abgeschlossene Räume, die zum öffentlichen Dienst oder Verkehr bestimmt sind
      bb) Tathandlungen
         (1) Var. 1: Eindringen (durch aktives Tun)
         (2) Var. 1 i. V. m. § 13: Eindringen durch Unterlassen (h. M.)
         (3) Var. 2: Verweilen ohne Befugnis trotz Aufforderung zum Verlassen
   b) Subjektiver Tatbestand
2. **Rechtswidrigkeit**
3. **Schuld**
4. **Strafantrag, § 123 Abs. 2**

---

[750] S.u. Rn. 413 ff.
[751] *Schönke/Schröder/Sternberg-Lieben/Schittenhelm*, § 123 Rn. 13.

II. Tatbestand

1. Objektiver Tatbestand

Der Tatbestand setzt ein Eindringen in bestimmte Schutzobjekte voraus. **404**

a) **Schutzobjekte** sind Wohnungen, Geschäftsräume, befriedetes Besitztum **405** und abgeschlossene Räume, die zum öffentlichen Dienst oder Verkehr bestimmt sind.

aa) Unter einer **Wohnung** ist eine baulich oder sonst abgegrenzte, zumin- **406** dest teilweise überdachte Räumlichkeit zu verstehen, die nach ihrer Bestimmung wenigstens vorübergehend zur Unterkunft von Menschen dient[752]. Ob die Räumlichkeit beweglich oder unbeweglich ist, ist unerheblich. Erfasst werden daher auch Wohnmobile und Zelte, nicht aber PKWs, da diese nach ihrer Bestimmung nicht Wohnzwecken dienen. Zur Wohnung gehören auch Nebenräume wie Toiletten, Trocken- oder Kellerräume. Nach h. M. sollen darüber hinaus auch nicht abgegrenzte ("offene") Zubehörflächen, wie Hausgärten und Terrassen, miterfasst werden[753]. Soweit solche Flächen nicht mehr dem Merkmal der Wohnung zugeordnet werden, sind diese zumindest vom Begriff des befriedeten Besitztums erfasst[754]. Würde man hier beide Schutzobjekte verneinen[755], so wäre der Hausrechtsinhaber letztlich gezwungen, all diese Flächen einzufrieden, um nicht den Strafrechtsschutz zu verlieren.

> **Klausurhinweis (1):** Auch bei den weiteren Schutzobjekten ist streitig, wie offene Zubehörflächen einzuordnen sind.
> **Klausurhinweis (2):** Das Merkmal der Wohnung wird in § 244 Abs. 1 Nr. 3, Abs. 4 enger verstanden als bei § 123[756].

bb) **Geschäftsräume** sind Räume, die für eine gewisse Dauer zum Betrieb **407** von Geschäften irgendwelcher Art dienen[757]. Es kann sich hierbei um gewerbliche, aber auch wissenschaftliche, künstlerische oder karitative Tätigkeiten handeln. Eine erwerbswirtschaftliche Nutzung ist demnach nicht erforderlich. Erfasst werden z. B. Ladengeschäfte, Büros, Kanzleien oder Lagerhallen.

cc) Ein **befriedetes Besitztum** ist eine gegen das willkürliche Betreten **408** durch andere gesicherte Fläche[758]. Erfasst sind lediglich Grundstücke, nicht aber bewegliche Sachen. Hinreichende Schutzwehre gegen das Betreten sind etwa Mauern, Zäune, Hecken, Absperrketten usw. Nicht ausreichend

---

752 *Wessels/Hettinger/Engländer*, BT 1, Rn. 585.
753 BayObLG NJW 1995, 269 (271).
754 So etwa *Krey/Hellmann/Heinrich*, BT 1, Rn. 524.
755 So *Amelung*, NJW 1986, 2075 (2079); *Behm*, GA 1986, 547 (558).
756 Vgl. dazu auch BGH NStZ 2008, 514 (515).
757 *Lackner/Kühl*, § 123 Rn. 3; *Schönke/Schröder/Sternberg-Lieben/Schittenhelm*, § 123 Rn. 5.
758 A/W/H/H-*Hilgendorf*, § 8 Rn. 8.

sind bloße Verbotstafeln oder optische Abgrenzungen (Bodenmarkierungen)[759].

409 **dd) Zum öffentlichen Dienst bestimmt** sind Räume, in denen öffentlich-rechtliche Tätigkeiten erledigt werden (z. B. Behördengebäude, Schulen, Universitäten, Gerichtssäle, Kirchen öffentlich-rechtlicher Religionsgemeinschaften). **Zum öffentlichen Verkehr bestimmt** sind hingegen Räume, die dem allgemein zugänglichen Personen- oder Güterverkehr der öffentlichen Hand oder privater Unternehmen dienen (z. B. Omnibusse, Straßenbahn, Eisenbahn, Flugzeuge). Der Begriff „öffentlich" meint also – soweit er sich auf den Verkehr bezieht – nicht öffentlich-rechtliche Verhältnisse, sondern die allgemeine (öffentliche) Zugänglichkeit.

410 **b) Eindringen (Var. 1).** Dieses liegt vor, wenn ein Mensch körperlich den geschützten Bereich betritt und dies gegen den erkannten oder mutmaßlichen Willen des Hausrechtsinhabers geschieht[760]. Erforderlich und ausreichend ist, dass ein **Teil des Körpers** (etwa der Fuß) eindringt[761]. Das Merkmal „widerrechtlich" stellt nur einen deklaratorischen Verweis auf die Rechtswidrigkeitsstufe dar und besitzt daher keine eigenständige Bedeutung.

411 **aa)** Es handelt sich bei § 123 um **kein eigenhändiges Delikt**, so dass auch eine mittäterschaftliche Haftung möglich ist, ohne dass der Beteiligte selbst die geschützte Räumlichkeit betritt. Das bloße Eindringen mit Gegenständen genügt hingegen nicht.

412 Bsp.: T wirft „Stinkbomben" durch das offene Fenster in das Haus des O; T greift durch das Küchenfenster, um einen Gegenstand mitzunehmen. – § 123 scheidet jeweils aus, weil T nicht mit seinem Körper die Wohnung betreten hat.

413 **bb)** Im Übrigen ist für das Eindringen der Wille des Hausrechtsinhabers entscheidend. Ein Einverständnis des Berechtigten schließt bereits das Merkmal des Eindringens und damit den Tatbestand aus (**tatbestandsausschließendes Einverständnis**)[762].

Bsp.: O lädt die T zu einem Abendessen ein. Auch wenn der Abend nicht nach dem Geschmack des O verläuft, liegt kein Hausfriedensbruch vor. Weil O die T in die Wohnung gebeten hat, ist diese (selbstverständlich) nicht eingedrungen.

414 (1) Umstritten ist, ob auch ein **durch Täuschung erschlichenes Einverständnis** tatbestandsausschließend wirkt. Die h. M. bejaht dies mit Recht,

---

759 BayObLG NJW 1995, 269 (271).
760 BGH MDR/D 1955, 144; MDR/D 1968, 551.
761 A/W/H/H-*Hilgendorf*, § 8 Rn. 9; *Joecks/Jäger*, § 123 Rn. 19.
762 *Fischer*, § 123 Rn. 23; *Wessels/Hettinger/Engländer*, BT 1, Rn. 593.

II. Tatbestand

da das Einverständnis rein faktischer Natur und damit ein Abstellen auf den „wahren Willen" des Berechtigten eine bloße Fiktion ist[763]. Allein ausschlaggebend ist somit, was der Berechtigte tatsächlich erklärt hat. Die Grenze ist erst erreicht, wenn das Einverständnis auf Grund einer Nötigung erteilt wurde und daher als unfreiwillig zu qualifizieren ist.

> **Bsp.:** T spiegelt dem O vor, dass er ebenfalls zur Party eingeladen ist. Da O den Überblick verloren hat, gewährt er Einlass, obwohl T nicht eingeladen war. – T verwirklicht nicht den Tatbestand des § 123; denn O war mit dem Einlass faktisch einverstanden.

415 (2) Problematisch sind Fälle einer **generellen Zutrittserlaubnis** bei Geschäfts- und Diensträumen. Dies gilt vor allem, wenn der Täter zur Verwirklichung eines unerwünschten oder widerrechtlichen Zieles Räume, die dem allgemeinen Publikumsverkehr zugänglich sind, betritt.

> **Bsp.:** T betritt das Elektronikfachgeschäft des O, um einen Diebstahl zu begehen.

416 In solchen Fällen liegt es zunächst im Interesse des Hausrechtsinhabers, dass die Räumlichkeit von jedermann zum Kauf betreten wird. Daraus folgt eine generelle Zutrittserlaubnis, die grundsätzlich ein tatbestandsausschließendes Einverständnis für alle Personen, die das Geschäft betreten, bewirkt[764]. Die h.M. betont dabei auch den tatsächlichen Charakter der erteilten Zutrittserlaubnis[765]. Hätte der Hausrechtsinhaber – unterstellt er hätte den Eintretenden beobachtet und ggf. nach dessen Vorhaben befragt – den Zutritt täuschungsbedingt gestattet, so ist der Tatbestand zu verneinen. Davon ist regelmäßig auszugehen, wenn das äußere Erscheinungsbild und Verhalten des Betretenden den vom Hausrechtsinhaber erkennbar aufgestellten Voraussetzungen (z.B. Einhaltung der Öffnungszeiten) entspricht[766]. Erst, wenn der Täter nach seinem Erscheinungsbild oder Verhalten erkennbar nicht mehr zu dem berechtigten Personenkreis gehört, liegt ein Hausfriedensbruch vor.

> **Bsp. (1):** Der Bankräuber, der mit übergezogener Strumpfmaske den Raum betritt, entspricht nach dem äußeren Erscheinungsbild nicht mehr dem Bankkunden, dem generell der Zutritt gestattet ist. Wäre der Zutritt durch Bankangestellte im Einzelfall kontrolliert worden, so wäre das Betreten der Bank verwehrt worden.
>
> **Bsp. (2):**[767] A und B dringen in die Amtsräume des Stadtplanungsamtes ein. Sie tragen zwei mit Bauschutt gefüllte Zinkbadewannen bei sich, deren Inhalt sie vor den Diensträumen des Amtsleiters ausschütten. A

---

763 A/W/H/H-*Hilgendorf*, § 8 Rn. 12.
764 *Wessels/Hettinger/Engländer*, BT 1, Rn. 596.
765 OLG Düsseldorf NJW 1982, 2678 (2679).
766 *Krey/Hellmann/Heinrich*, BT 1, Rn. 541 f.
767 OLG Düsseldorf NJW 1982, 2678 ff.

und B ist bekannt, dass die für die Wahrung des Hausfriedens verantwortlichen Bediensteten mit dem Betreten des Stadtplanungsamtes nur im Rahmen des üblichen Publikumsverkehrs einverstanden waren, nicht jedoch mit dem Betreten des Gebäudes unter Mitführen von Bauschutt und in der Absicht, diesen im Gebäude abzuladen und zurückzulassen. – A und B machen sich nach § 123 strafbar, da das Verhalten nicht mehr von den für das Betreten im Rahmen des generellen Einverständnisses geltenden Regeln gedeckt war.

417 (3) Das Zuwiderhandeln gegen ein **ausdrücklich oder konkludent erteiltes Hausverbot** begründet grundsätzlich den Tatbestand.

> **Bsp.:** T hat mehrfach im Drogeriemarkt D Lippenstifte und Puder gestohlen. Gegen T wird daher ein einjähriges Hausverbot verhängt. Zwei Wochen später betritt sie wieder den Laden und schaut sich in den Regalen um. – T macht sich nach § 123 strafbar, da sie dem ausdrücklichen Willen des Hausrechtsinhabers zuwidergehandelt hat.

418 (4) **Berechtigter** im Sinne des tatbestandsausschließenden Einverständnisses ist der **Inhaber des Hausrechts**, d.h. derjenige, der die Befugnis hat, über Zugang und Aufenthalt in einem Raum zu bestimmen[768]. Das Hausrecht ist dabei grundsätzlich unabhängig vom Eigentum[769]. Daher steht das Hausrecht dem Mieter im Verhältnis zum Vermieter zu. Dies gilt auch noch nach Beendigung des Mietverhältnisses, soweit der Mieter den Besitz noch nicht aufgegeben hat.

419 **Mehrere Hausrechtsinhaber** können sich gegenseitig das Betreten nicht verbieten[770]. Das Hausrecht steht grundsätzlich jedem allein zu. Im Verhältnis zu Dritten hängt es nach h.M. von Zumutbarkeitskriterien ab, ob ein Hausrechtsinhaber auch gegen den Willen des anderen den Zutritt gestatten kann.

> **Bsp.:** Ehemann E gestattet seiner Geliebten T, die eheliche Wohnung zu betreten. Ehefrau O verbietet dies. – Betritt T die Wohnung, so macht sie sich nach § 123 strafbar, weil der Ehemann auf Grund der Unzumutbarkeit für die Ehefrau das Hausrecht nicht alleine ausüben darf[771]. Hingegen läge – bei einer entsprechenden Divergenz der Ehegatten – mangels Unzumutbarkeit kein Hausfriedensbruch vor, wenn die Schwiegermutter des E zum jährlichen Weihnachtsbesuch in die Wohnung kommt.

420 Die Ausübung des Hausrechts kann auch auf **Dritte** übertragen werden. Diese müssen sich aber ggf. an erteilte Weisungen halten.

---

768 OLG Hamburg NStZ 2007, 38; KG NJW 2015, 3527 (3528).
769 *Heinrich*, JR 1997, 89; *Lackner/Kühl*, § 123 Rn. 2; a.A. A/W/H/H-*Hilgendorf*, § 8 Rn. 11.
770 *Schönke/Schröder/Sternberg-Lieben/Schittenhelm*, § 123 Rn. 18.
771 BGHZ 6, 360 (361 ff.); *Krey/Hellmann/Heinrich*, BT 1, Rn. 539.

> Bsp.: Die Eltern übertragen dem 15-jährigen Sohn das Hausrecht. Dieser lädt ein paar Freunde zu einem Fernsehabend ein. – Soweit die Übertragung des Hausrechts nicht beschränkt war, durften diese die Wohnung betreten.

c) Eindringen durch Unterlassen. Vor allem in Fällen, in denen sich der Täter erst nachträglich des widerrechtlichen Eindringens bewusst wird, gerechtfertigt oder entschuldigt eindringt und die geschützten Räume nicht unverzüglich wieder verlässt, ist fraglich, ob sein Verhalten nur durch Var. 2 erfasst wird oder ob auch eine Strafbarkeit wegen Eindringens durch Unterlassen, **§ 123 Abs. 1 Var. 1 i. V. m. § 13**, in Betracht kommt. Während Var. 2 stets eine Aufforderung des Hausrechtsinhabers zum Verlassen voraussetzt, kommt eine Unterlassungsstrafbarkeit auch ohne eine solche Aufforderung in Betracht. Teile der Literatur kritisieren den Weg über die Unterlassungsstrafbarkeit als Umgehung des gesetzgeberischen Willens, wonach das Verweilen nur unter den Voraussetzungen der Var. 2 strafbar sein soll[772]. Die h. M. räumt hingegen einer Strafbarkeit im Wege des Eindringens durch Unterlassen mit Recht den Vorrang ein. Hierfür spricht bereits der Dauerdeliktscharakter des § 123, der die Verpflichtung mit sich bringt, nach Erkennen des eigenen Irrtums über die Verwirklichung des § 123 den widerrechtlichen Zustand zu beseitigen[773]. Aus dem Aufrechterhalten des widerrechtlichen Zustands bzw. dem pflichtwidrigen Vorverhalten kann zugleich die Garantenstellung abgeleitet werden[774]. Im Übrigen gibt es auch keinen überzeugenden Grund, die Strafbarkeit nach den Grundsätzen des unechten Unterlassungsdelikts hier nicht anzuerkennen, zumal für Var. 2 immer noch ein hinreichend eigenständiger Anwendungsbereich verbleibt.

> Bsp. (1): A gibt ihrem neuen Freund T ihren Hausschlüssel, damit dieser in ihrer Wohnung auf sie wartet. Zur Überraschung des T steht die Wohnungstür offen. Er öffnet eine Flasche Wein und schaut das Fußballländerspiel Deutschland gegen Österreich. Als er sich in der Halbzeit näher umsieht, erkennt er, dass es sich nicht um die Wohnung der A, sondern um diejenige des O handelt. T beschließt dennoch, auch die zweite Halbzeit bei O anzusehen. – Eine Strafbarkeit nach § 123 Abs. 1 Var. 1 scheidet aus, da T hinsichtlich des Eindringens keinen Vorsatz besaß; er ging insoweit von einem tatbestandsausschließenden Einverständnis aus, so dass er sich in einem Tatbestandsirrtum gem. § 16 Abs. 1 Satz 1 befand. § 123 Abs. 1 Var. 2 scheitert daran, dass keine Aufforderung des O zum Verlassen der Wohnung vorliegt. Zu bejahen ist jedoch § 123 Abs. 1 Var. 1 i. V. m. § 13 ab dem Zeitpunkt, zu dem T seinen Irrtum bemerkte.

---

772 *Geppert,* Jura 1989, 378 (382); *Herzberg/Hardtung,* JuS 1994, 492 (493).
773 BGHSt 21, 225 (226); *Heinrich,* JR 1997, 89 (94).
774 Zu dieser Sonderkonstellation *Schönke/Schröder/Bosch,* § 13 Rn. 36.

> **Bsp. (2):** T hält sich in der Universitätsbibliothek auf; als am Abend das Klingelzeichen zum Verlassen ertönt, lässt sich T einschließen, um über Nacht an seiner Strafrechtshausarbeit zu schreiben. – Auch dieser Fall lässt sich bereits unter Var. 1 subsumieren, da das generelle Einverständnis auf die Öffnungszeiten beschränkt war[775]. Die Gegenansicht gelangt zu Var. 2, weil sich T trotz konkludenter Aufforderung nicht entfernt hat[776].

422 **d) Verweilen ohne Befugnis, Var. 2.** § 123 Var. 2 ist subsidiär gegenüber dem Eindringen durch Unterlassen. Sie erfasst Fälle, in denen zunächst jemand mit Befugnis in den Räumen verweilt, diese Befugnis dann aber durch eine ausdrückliche oder konkludente Aufforderung, sich zu entfernen, verliert. Es handelt sich um ein **echtes Unterlassungsdelikt**. Die Aufforderung kann auch durch Angehörige, minderjährige Kinder oder Angestellte ausgesprochen werden, die den Hausrechtsinhaber im Willen vertreten.

423
> **Bsp.:** T wurde von O zu seiner Geburtstagsparty eingeladen. Zu später Stunde packt T einige Ecstasy-Pillen aus und verteilt diese an weitere Gäste. O verweist ihn aus der Wohnung, worauf ihn T nur auslacht. – § 123 Abs. 1 Var. 1 scheidet aus, weil T zunächst mit Einverständnis des O die Wohnung betreten hat. Er macht sich aber nach § 123 Abs. 1 Var. 2 strafbar, weil er trotz der Aufforderung des O in der Wohnung verweilte.

2. Subjektiver Tatbestand

424 Den Tatbestand verwirklicht nur, wer zumindest mit Eventualvorsatz handelt. Erkennt der Täter erst nach dem Betreten der Wohnung, dass der Hausrechtsinhaber nicht einverstanden ist, so kommt lediglich eine Strafbarkeit wegen Eindringens durch Unterlassen in Betracht[777]. Geht hingegen der Täter davon aus, dass er gegen den Willen des Hausrechtsinhaber handelt, ist dieser aber tatsächlich mit dem Betreten einverstanden, so liegt die Konstellation eines Versuchs vor, der bei dem Vergehen des § 123 aber nicht strafbar ist.

> **Bsp.:** T begibt sich zur Party des O, obwohl er nicht eingeladen ist und weiß, dass O ihn nicht leiden kann. O, der den T beim Betreten der Wohnung sieht und an diesem Tage bestens gelaunt ist, billigt das Verhalten des T. – Da O tatsächlich mit dem Betreten einverstanden ist, liegt bereits der objektive Tatbestand nicht vor. T, der dieses Einverständnis nicht kennt, besitzt zwar Tatentschluss hinsichtlich des Eindringens; jedoch ist der Versuch nicht strafbar.

---

775 *Schönke/Schröder/Sternberg-Lieben/Schittenhelm*, § 123 Rn. 13; a. A. *Rengier*, BT 2, § 30 Rn. 17.
776 *Geppert*, Jura 1989, 378 (382); *Janiszewski*, JA 1985, 570 (571).
777 S.o. Rn. 421.

3. Konkurrenzen

Auf Konkurrenzebene ist der Charakter als Dauerdelikt zu beachten. Handlungen, die der Begehung des Hausfriedensbruchs oder der Aufrechterhaltung des Dauerzustandes dienen, stehen daher zu § 123 in Tateinheit.

> **Bspe.:** Um einen Hausfriedensbruch zu begehen, bricht T eine Tür auf (§ 303); um nicht die Wohnung verlassen zu müssen, droht der Täter dem Wohnungsinhaber i. S. d. § 240. § 123 und § 303 bzw. § 240 stehen in Tateinheit, § 52 Abs. 1 Var. 1.

Wird lediglich bei Gelegenheit eines Dauerdeliktes eine andere Straftat begangen, so liegt hingegen Tatmehrheit vor.

> **Bsp.:** T begibt sich ohne Einladung auf die Party des O; bei Gelegenheit steckt er noch eine CD in seine Tasche. – Hausfriedensbruch und Diebstahl stehen hier in Tatmehrheit, § 53, da zwischen beiden eine innere Verknüpfung fehlt.

Streitig ist der Fall, dass das Dauerdelikt gerade dazu dient, eine andere Straftat zu begehen. Hier ist richtigerweise Tateinheit anzunehmen, da von vornherein ein einheitlicher Tatentschluss ohne relevante Zäsur gegeben ist[778].

> **Bsp.:** T begeht einen Hausfriedensbruch (§ 123), um die Bewohnerin zu vergewaltigen (§ 177 Abs. 1 und 2).

Einführende Aufsätze:
Kuhli, Grundfälle zum Hausfriedensbruch, JuS 2013, 115; *Seier*, Problemfälle des § 123, JA 1978, 622.

Übungsfälle:
Bott/Pfister, Der Bankräuber und sein Umfeld, Jura 2010, 226; *Celik*, Für eine Handvoll Leergut, JA 2010, 855 (Verhältnis zum § 243 I StGB); *Deiters*, Straflosigkeit des agent provocateur? JuS 2006, 302 (Betreten ohne Kenntnis des Einverständnisses, Anstiftung zum Hausfriedensbruch).

Rechtsprechung:
BGHSt 21, 224 – Zeitschriftenwerber (Eindringen durch Unterlassen); BGHSt 30, 350 – Gerichtsverhandlung (Betreten eines Gerichtssaales).

---

778 *Schönke/Schröder/Sternberg-Lieben/Schittenhelm*, § 123 Rn. 36; a. A. BGHSt 18, 29 (32 f.).

Teil 7: **Urkundendelikte**

I. Urkundenfälschung, § 267

1. Geschütztes Rechtsgut und Systematik

428 §§ 267 bis 269 bezwecken nicht den Schutz der inhaltlichen Wahrheit, d. h. der Richtigkeit der in den Urkunden usw. enthaltenen Erklärungen, sondern deren **Echtheit und Unverfälschtheit**. § 267 schützt dabei Urkunden als verkörperte Gedankenerklärungen, § 268 technische Aufzeichnungen und § 269 Daten. Bei öffentlichen Urkunden und Dateien wird hingegen die inhaltliche Wahrheit geschützt (§§ 271, 348, 276, 276a, 277 Var. 1, 278, 279). Wiederum eine andere Schutzrichtung hat die in § 274 normierte Urkundenunterdrückung sowie das nach § 273 strafbare Verändern von amtlichen Ausweisen; diese Tatbestände schützen die äußerliche Unversehrtheit und damit das Beweisführungsrecht an der Urkunde.

429 Geschütztes Rechtsgut des **§ 267 ist die Sicherheit und Zuverlässigkeit des Beweisverkehrs** mit Urkunden. Es handelt sich dabei um ein Rechtsgut der Allgemeinheit, das nicht der Disposition des einzelnen Urkundeninhabers oder Ausstellers unterliegt. Eine rechtfertigende Einwilligung ist deshalb nicht möglich. Die Versuchsstrafbarkeit ist in Absatz 2 angeordnet.

430 Prüfungsschema
  1. **Tatbestand**
     a) Objektiver Tatbestand
        aa. Urkunde
        bb. Tathandlungen
           (1) Herstellen einer unechten Urkunde (Var. 1)
           (2) Verfälschen einer echten Urkunde (Var. 2)
           (3) Gebrauchen einer unechten oder verfälschten Urkunde (Var. 3)
     b) Subjektiver Tatbestand
        aa. Vorsatz
        bb. Handeln zur Täuschung im Rechtsverkehr (dolus directus 1. oder 2. Grades); Gleichstellung nach § 270

I. Urkundenfälschung, § 267

2. **Rechtswidrigkeit**
3. **Schuld**
4. **Strafzumessungsregel für besonders schwere Fälle mit Regelbeispielen, § 267 Abs. 3 Satz 2 Nrn. 1 bis 4**
   a) Nr. 1: Gewerbsmäßiges Handeln oder als Mitglied einer Bande, die sich zur fortgesetzten Begehung von Betrug oder Urkundenfälschung verbunden hat
   b) Nr. 2: Herbeiführung eines Vermögensverlusts großen Ausmaßes
   c) Nr. 3: Erhebliche Gefährdung der Sicherheit des Rechtsverkehrs durch eine große Zahl von unechten oder verfälschten Urkunden
   d) Nr. 4: Missbrauch der Befugnisse oder Stellung als Amtsträger
5. **Qualifikation, § 267 Abs. 4:** Gewerbsmäßige Begehung als Mitglied einer Bande, die sich zur fortgesetzten Begehung von Taten nach §§ 263 bis 264 oder §§ 267 bis 269 verbunden hat

2. Objektiver Tatbestand

Der Tatbestand erfasst das Herstellen einer unechten Urkunde (Var. 1), das Verfälschen einer echten Urkunde (Var. 2) sowie das Gebrauchen einer unechten oder verfälschten Urkunde (Var. 3).

a) Urkunde. Im Mittelpunkt des objektiven Tatbestands steht zunächst der Urkundenbegriff, der sowohl private als auch öffentliche Urkunden erfasst.

> **Definition**
>
> Nach dem herrschenden **dreigliedrigen Urkundenbegriff** ist eine Urkunde jede verkörperte menschliche Gedankenerklärung (Perpetuierungsfunktion), die zum Beweis im Rechtsverkehr geeignet und bestimmt ist (Beweisfunktion) und die ihren Aussteller erkennen lässt (Garantiefunktion)[779].

aa) Perpetuierungsfunktion. Entscheidend ist das Vorliegen einer allgemein oder wenigstens für die Beteiligten verständlichen und damit visuell wahrnehmbaren **verkörperten menschlichen Gedankenerklärung**. Diese muss keineswegs handschriftlich erstellt oder unterschrieben sein, so dass auch mithilfe des Computers erstellte Dokumente dem Urkundenbegriff genügen können[780].

Bspe.: Schriftliche Verträge; Quittungen; Zeugnisse.

Keine menschliche Gedankenerklärung ist bei bloßen Augenscheinsobjekten und technischen Aufzeichnungen gegeben. **Augenscheinsobjekte** sind Gegenstände, die aufgrund ihrer Existenz und Beschaffenheit nur be-

---
779 BGHSt 3, 82 (84 f.); 24, 140 (141); *Kindhäuser/Schramm*, BT 1, § 55 Rn. 8.
780 BGH NStZ 1999, 620; *Lackner/Kühl*, § 267 Rn. 4.

weiserhebliche Schlussfolgerungen zulassen[781]. **Technische Aufzeichnungen** enthalten lediglich maschinell erstellte Informationen; es fehlt daher an einer Gedankenerklärung, die von einem Menschen stammt. Bei geräteautonomen Aufzeichnungen kann jedoch eine Strafbarkeit gemäß § 268 in Betracht kommen.

> **Bspe. (Augenscheinsobjekte):** Fuß- und Fingerabdrücke; Spuren an einer Leiche.
>
> **Bsp. (technische Aufzeichnung):** Aufzeichnungen auf einem Fahrtenschreiberdiagramm.

435 An die **Verkörperung** werden keine allzu hohen Anforderungen gestellt. Verlangt wird lediglich eine hinreichend feste Verbindung mit einem körperlichen Gegenstand[782].

> **Bsp.:** Erfasst werden daher bereits mit dünnem Bleistift auf Papier niedergeschriebene Erklärungen.

436 Nicht erfasst werden jedoch **Gedankenerklärungen**, die visuell überhaupt nicht wahrnehmbar sind[783]. Bei Daten kann jedoch der Paralltatbestand des § 269 einschlägig sein.

> **Bspe.:** Gespeicherte Daten – auch in E-Mails[784], Äußerungen auf Datenträgern, Ton- oder Magnetbändern.

437 bb) **Beweisfunktion.** Die Gedankenerklärung muss **objektiv geeignet** und **subjektiv bestimmt** sein, eine außerhalb ihrer selbst liegende Tatsache im Rechtsverkehr zu beweisen[785].

438 (1) Das Merkmal der **objektiven Beweiseignung** ist weit auszulegen. Es reicht aus, wenn die Gedankenerklärung irgendetwas Rechtserhebliches beinhaltet[786] und für sich genommen oder in Verbindung mit weiteren Umständen etwas zur Überzeugungsbildung beitragen kann[787].

> **Bsp.:**[788] Ein Liebesbrief, der ehewidrige Beziehungen belegt, kann im Rahmen eines Scheidungsverfahrens Bedeutung erlangen.

439 Unter den Urkundenbegriff fallen nach h. M. auch sog. **Beweiszeichen**, deren Inhalt sich erst in Verbindung mit einem Gegenstand ergibt[789]. Dass § 267 nur solche Erklärungen schützen soll, die allein aus sich selbst heraus verständlich zum Ausdruck kommen oder in Schriftform verkörpert sind,

---

781 RGSt 17, 103 (106); RGSt 55, 97 (98); *Fischer*, § 267 Rn. 3.
782 *Rengier*, BT 2, § 32 Rn. 3.
783 LK[11]-*Zieschang*, § 267 Rn. 10; *Schönke/Schröder/Heine/Schuster*, § 267 Rn. 6.
784 BGH NStZ-RR 2017, 281.
785 RGSt 17, 107; 40, 78; a. A. *Schönke/Schröder/Heine/Schuster*, § 267 Rn. 13.
786 *Lackner/Kühl*, § 267 Rn. 12; LK[11]-*Zieschang*, § 267 Rn. 77.
787 *Kindhäuser/Schramm*, BT 1, § 55 Rn. 20; *Rengier*, BT 2, § 32 Rn. 4.
788 BGHSt 13, 235 (238).
789 BGHSt 16, 94 (97); SK-*Hoyer*, § 267 Rn. 36.

I. Urkundenfälschung, § 267

überzeugt nicht, weil das normative Merkmal der Urkunde eine Auslegung erfordert und andernfalls die Grenzen der Strafbarkeit zu eng gezogen wären.

> **Bspe.:** Motornummern bei Kfz[790]; Künstlerzeichen auf einem Gemälde[791]. Es wird hier jeweils eine Autorisierung bzw. Legitimation – z. B., dass das Bild von einem bestimmten Künstler stammt – zum Ausdruck gebracht.
> **Gegenbsp.:** Autogramme sind zum Beweis objektiv nicht geeignet, weil sie keine rechtserhebliche Erklärung beinhalten.

Davon abzugrenzen sind bloße **Kennzeichen**, die lediglich die Funktion haben, die damit versehene Sache von anderen Sachen zu unterscheiden oder diese zu sichern bzw. zu verschließen[792]. Ob ein Beweis- oder Kennzeichen vorliegt, lässt sich nur (oft schwer) anhand der Funktion des einzelnen Zeichens bestimmen. **440**

> **Bspe.:** Signaturen an Büchern in Bibliotheken, da diese über das Kennzeichen zur Unterscheidung hinaus keine weitere Gedankenerklärung enthalten; Plomben an Transportsäcken, die lediglich der Sicherung dienen.

Collagen und offensichtliche Manipulationen – wie etwa das Erstellen einer „Kennkarte" des „Deutschen Reiches", die optisch nicht an den Personalausweis angelehnt ist[793], sind zum Beweis im Rechtsverkehr regelmäßig ungeeignet, da jeder Betrachter diese sofort erkennen kann. **441**

> **Bsp.:** T möchte sein Staatsexamen „verbessern". Hierzu legt oder klebt er einen Zettel mit einer besseren Punktzahl und der Note auf das Original, um beides zu kopieren. – § 267 Abs. 1 Var. 1 hinsichtlich der Kopiervorlage scheitert bereits an der Beweiseignung, da die Manipulation ohne weiteres ersichtlich ist; die Collage ist ferner subjektiv nicht zum Beweis im Rechtsverkehr bestimmt, da sie nur als Vorlage für eine Kopie dienen soll[794]. Ob die später angefertigte Kopie eine Urkunde darstellt, hängt von den (noch darzustellenden) Einzelheiten ab[795].

(2) Im Unterschied zur Beweiseignung ist die **Beweisbestimmung subjektiv** zu ermitteln. Erforderlich ist der nach außen getretene Wille, die Gedankenerklärung als Beweismittel im Rechtsverkehr einzusetzen[796]. Die Beweisbestimmung und damit der Urkundencharakter fehlt noch bei bloßen **442**

---

790 BGHSt 16, 94 (97).
791 RGSt 76, 28 (29).
792 *Wessels/Hettinger/Engländer*, BT 1, Rn. 824.
793 OLG München NStZ-RR 2010, 173; anders aber OLG Celle NStZ-RR 2008, 76; OLG Nürnberg NStZ-RR 2010, 108.
794 Dazu sogleich Rn. 442.
795 S.u. Rn. 452 ff.
796 *Joecks/Jäger*, § 267 Rn. 28; *Lackner/Kühl*, § 267 Rn. 13; *SK-Hoyer*, § 267 Rn. 37.

Entwürfen, Vordrucken, Formularen oder Blanketten. Wer solche Entwürfe vervollständigt, kann daher eine (unechte) Urkunde herstellen. Auch ein bereits unterzeichnetes Schriftstück kann den Charakter eines Entwurfs haben, solange aus dem Gesamtzusammenhang deutlich wird, dass es sich noch um eine vorläufige Erklärung handelt[797].

443 Zu unterscheiden ist zwischen sog. Absichts- und Zufallsurkunden. Eine **Absichtsurkunde** ist eine Urkunde, der die Beweisbestimmung bereits bei ihrer Herstellung beigelegt worden ist. Dabei genügt es, wenn der Aussteller das Bewusstsein besitzt, dass ein Dritter die Gedankenerklärung zu einem rechtserheblichen Verhalten verwenden kann[798]. Ein zielgerichtetes Handeln ist demnach nicht erforderlich.

> **Bsp.:** T schreibt an O einen beleidigenden Brief (sog. **Deliktsurkunde**), den O an die Polizei weiterleitet. – Der Brief stellt eine Urkunde dar, auch wenn T nicht die Absicht besaß, dem O ein Beweisstück zu verschaffen.

444 Eine **Zufallsurkunde** ist hingegen eine Urkunde, der die Beweisbestimmung erst nachträglich – entweder durch den Aussteller selbst oder durch einen Dritten – beigelegt wird[799].

> **Bsp.:** Ein privater Liebesbrief eines Prominenten wird von einem Journalisten veröffentlicht.

445 cc) **Garantiefunktion.** Diese erfordert, dass die Urkunde ihren Aussteller erkennen lassen muss, der als Garant hinter der Erklärung steht. Nach der sog. **Geistigkeitstheorie** bestimmt sich die Ausstellereigenschaft nicht entscheidend danach, wer die Urkunde körperlich („mit eigenen Händen") hergestellt hat. Maßgeblich ist vielmehr, wer sich – nach dem Anschein der Urkunde – nach außen hin als Urheber zu der Erklärung bekennt und sich die Erklärung im Rechtsverkehr (geistig) zurechnen lassen muss.

> **Bspe.:** Fertigt ein Angestellter die Urkunde mit eigenen Händen für den Geschäftsherrn, so wird i.d.R. Letzterer Aussteller sein. Wer von einem Dritten eine Klausur in einer Prüfung anfertigen lässt, diese dann aber selbst unterschreibt, ist Aussteller, da er sich die niedergeschriebene Lösung zu eigen macht und aus der Urkunde aufgrund seiner Unterschrift als Aussteller hervorgeht[800].

446 (1) Der Aussteller kann auch bei einem **Kürzel oder Zeichen** (Matrikelnummer bei einer Prüfungsarbeit, Künstlerzeichen usw.) ersichtlich sein. Der Aussteller muss also nicht notwendig mit seinem Namen unterzeichnet haben. Ausreichend ist auch die Individualisierung nach sonstigen, in

---

797 LK[11]-*Zieschang*, § 267 Rn. 140.
798 *Kindhäuser/Schramm*, BT 1, § 55 Rn. 22; *Wessels/Hettinger/Engländer*, BT 1, Rn. 816.
799 BGHSt 3, 82 (85 ff.); 13, 235 (238); *Rengier*, BT 2, § 32 Rn. 5.
800 Dazu näher u. Rn. 458.

I. Urkundenfälschung, § 267

der jeweiligen Situation geltenden Maßstäben[801]. Ob es sich bei dem nach außen erscheinenden Aussteller um eine tatsächlich existierende Person handelt, ist unerheblich. Erforderlich ist nur der **äußere Anschein**, eine bestimmte Person mit einem bestimmten Namen stehe hinter der Erklärung.

> **Bsp.:** Der Täter erstellt eine Quittung mit der Unterschrift „Kuno Kauzig". – Es ist unerheblich für § 267, ob wirklich eine Person diesen Namen trägt oder nicht. Entscheidend ist nur, dass der Eindruck entsteht, die Gedankenerklärung stamme von einer Person mit diesem Namen.

(2) Dagegen fehlt es an der Ausstellererkennbarkeit, wenn die Erklärungen offen oder versteckt anonym sind. **Offene Anonymität** liegt vor, wenn das Schriftstück **bewusst** nicht unterzeichnet oder mit einem Decknamen oder einem absichtlich unleserlichen Namenszeichen bzw. Kürzel versehen ist[802]. Dasselbe gilt bei einem ersichtlichen Fantasienamen. Hier ist offensichtlich, dass niemand für die Erklärung einstehen will. **Versteckte Anonymität** ist gegeben, wenn bei Gebrauch eines Allerweltsnamens nach den Umständen des Einzelfalls offensichtlich ist, dass die Identität des Urhebers verborgen bleiben soll[803].

> **Bspe. (offene Anonymität):** Verwendung des Titels „i. V. der Polizeipräsident in Groß-Berlin" auf einem angeblichen „Personalausweis" des „Deutschen Reiches"[804], Unterschrift mit „Donald Duck, Entenhausen, den …"; Verwendung eines erfundenen „Buchstabens" als Kürzel; die bloße Unleserlichkeit steht der Garantiefunktion jedoch dann nicht entgegen, wenn – wie häufig – damit keine Anonymisierung verbunden ist.
>
> **Bsp. (versteckte Anonymität):** Verwendung des Namens „Markus Müller"; anders ist natürlich zu entscheiden, wenn die Erklärung tatsächlich erkennbar von einem Markus Müller stammt.

dd) Sonderformen der Urkunde sind die zusammengesetzte Urkunde und die Gesamturkunde. Im Zusammenhang mit den genannten drei Urkundsfunktionen sind auch bestimmte Sonderformen der Urkunde zu sehen.

(1) Zusammengesetzte Urkunde. Diese liegt vor, wenn eine verkörperte Gedankenerklärung mit einem Bezugsobjekt **räumlich fest zu einer Beweiseinheit verbunden** ist, so dass durch die Verbindung überhaupt erst eine Urkunde oder jedenfalls eine Urkunde mit einem neuen Beweisinhalt

---

801 RGSt 52, 312 (313); BGH GA 1963, 16 f.; *Kindhäuser/Schramm*, BT 1, § 55 Rn. 14.
802 LK[11]-*Zieschang*, § 267 Rn. 57; *Schönke/Schröder/Heine/Schuster*, § 267 Rn. 18.
803 RGSt 46, 297 (301); *Kindhäuser/Schramm*, BT 1, § 55 Rn. 15; *Lackner/Kühl*, § 267 Rn. 14.
804 OLG Koblenz NStZ-RR 2008, 120; OLG Celle NStZ-RR 2008, 78.

entsteht[805]. Ohne das Bezugsobjekt lässt sich in solchen Fällen der Gedankenerklärung keine Beweisfunktion zuordnen.

> **Bspe.:** Amtliches Kfz-Kennzeichen und Fahrzeug[806]; „TÜV-Plakette" und Fahrzeug[807]; Preisschild und Ware[808]; Ausweis und Lichtbild[809]; Kopie und Beglaubigungsvermerk[810]. Ohne das Bezugsobjekt (Fahrzeug, Ware usw.) wäre die Gedankenerklärung nicht zum Beweis geeignet.
>
> **Gegenbspe.:** Schachtel mit Schrauben, auf die der Preis aufgeklebt ist, wenn die Packung nicht fest verschlossen ist; Verkehrszeichen i. V. m. dem Verkehrsraum: das OLG Köln verneint die Urkundseigenschaft mangels räumlicher Überschaubarkeit des Verkehrsraums als Bezugsobjekt[811]; wer dies anders sieht, kommt zu einer Strafbarkeit nach § 267 Abs. 1 Var. 2, wenn der Täter die Geschwindigkeitsangabe auf einem Verkehrsschild zur Abwehr eines Bußgeldbescheids überklebt[812].

450 (2) **Gesamturkunden** sind körperliche Zusammenfassungen von mehreren Einzelurkunden, durch die eine neue, über den Inhalt der Einzelurkunden hinausgehende Vollständigkeits- und Abgeschlossenheitserklärung entsteht. Im Unterschied zur zusammengesetzten Urkunde liegen zum Zeitpunkt der Zusammenfassung bereits mehrere Einzelurkunden vor[813].

> **Beachte:** Urkundendelikte kommen sowohl hinsichtlich der jeweiligen Einzelurkunden, als auch der Gesamturkunde in Betracht.

451 Folgende Anforderungen werden an das Vorliegen einer Gesamturkunde gestellt[814]: Es müssen zunächst mehrere Schriftstücke zu einem **einheitlichen Ganzen** verbunden werden, wobei eine gewisse **Festigkeit** (z. B. durch Heftklammern, Verbindung in einem Ordner) erforderlich ist. Die Herstellung, Einrichtung oder Führung der Gesamturkunde muss auf **Gesetz, Gebrauch oder Vereinbarung der Beteiligten** beruhen, wobei jeder Beteiligte ein Beweisführungsrecht daran haben muss. Die Verbindung der Einzelurkunden muss letztlich über einen Kreis von Rechtsverhältnissen **vollständige und erschöpfende Auskunft** geben und gegenüber den Einzelurkunden einen selbstständigen Beweisinhalt haben. Damit erbringt die Gesamturkunde zugleich auch den Beweis dafür, dass andere Rechtsvorgänge als die in der Urkunde genannten nicht erfolgt sind[815].

---

805 BGHSt 9, 235 (240); 16, 94 (96); SK-*Hoyer*, § 267 Rn. 71.
806 BGHSt 45, 197 (200); BGH NJW 2014, 871.
807 OLG Celle NJW 2011, 1983.
808 OLG Köln NJW 1979, 729.
809 BGHSt 17, 97 f.
810 Dazu auch u. Rn. 454.
811 OLG Köln NJW 1999, 1042 f.
812 *Böse*, NStZ 2005, 370 (371); *Rengier*, BT 2, § 32 Rn. 18a.
813 BGHSt 4, 60 (61); A/W/H/H-*Heinrich*, § 31 Rn. 22.
814 BGHSt 4, 60 (61); OLG Hamm NStZ-RR 1998, 331; OLG Thüringen wistra 2010, 111 (113 f.).
815 BGHSt 4, 60 (61).

I. Urkundenfälschung, § 267

Bspe.: Kaufmännische Handelsbücher; Sparbücher[816]; Personalakten[817].

Gegenbsp.:[818] Der Reisepass mit Ein- und Ausreisestempeln ist keine Gesamturkunde, da er nicht vollständige Auskunft über alle Reisen gibt (etwa nicht über Reisen innerhalb der EU) und ihm gegenüber den einzelnen Erklärungen kein weitergehender, übergeordneter Inhalt zukommt.

ee) Viel diskutiert ist die Urkundseigenschaft von **Ausfertigungen, Durchschriften, Abschriften, Kopien, Computerausdrucken, per Mail versandten Dateien und Telefaxe.** Ausfertigungen einer Urkunde treten häufig an die Stelle des Originals, weil das Original in (amtlicher) Verwahrung bleibt; diese haben dann Urkundsqualität[819]. Entsprechendes gilt für sog. Durchschriften (mittels Kohlepapier usw.) jedenfalls dann, wenn der Aussteller damit ein weiteres Beweismittel herstellen möchte[820]. Fotokopien, Abschriften und Ausdrucke eingescannter Dokumente[821] sind nach überwiegender Auffassung hingegen grundsätzlich keine Urkunden[822]. Teilweise wird zwar dafür plädiert, das Duplikat dem Original gleich zu stellen, weil sich der Rechtsverkehr weitgehend Mehrfachfertigungen bedient[823]. Ihnen kommt jedoch weder eine Beweisbestimmung zu, da sie lediglich über Inhalt und Fassung ihrer Vorlage berichten, noch lassen sie ihren Aussteller (den Kopierenden) im Sinne der Garantiefunktion erkennen. Auch möchte der Aussteller des Originals regelmäßig nicht für eine beliebige Anzahl von Mehrfachfertigungen einstehen. Überwiegend werden jedoch drei Ausnahmen zugelassen:

(1) Das Vervielfältigungsstück wird vom Aussteller produziert, um entweder die **Originalurkunde im Rechtsverkehr zu ersetzen** oder um von vornherein mehrere Stücke im Rechtsverkehr verwenden zu können[824]. Die Kopien usw. haben dann dieselbe Funktion und denselben Inhalt wie das Original. Entsprechendes gilt, wenn der Aussteller sogleich eine größere Anzahl von Gedankenerklärungen zur Verwendung im Rechtsverkehr über den Computer ausdruckt.

(2) Die Kopie (Abschrift) ist mit einem **Beglaubigungsvermerk** versehen. Die beglaubigte Kopie stellt dann, zusammengesetzt aus Beglaubigungsvermerk und Kopie, eine zusammengesetzte Urkunde dar. Die verkörperte

---

816 BGHSt 19, 20 f.
817 OLG Düsseldorf NStZ 1981, 25 f.
818 OLG Hamm NStZ-RR 1998, 331.
819 BGHSt 2, 35 (38); *Lackner/Kühl*, § 267 Rn. 15.
820 OLG Hamm NJW 1973, 1809 (1810); KG wistra 1984, 233.
821 Speziell hierzu BGH NStZ 2010, 703 (704); NStZ-RR 2011, 213 (214).
822 BGHSt 24, 140; BGH NStZ-RR 2011, 213 (214).
823 *Freund*, JuS 1991, 723 (725); *Mitsch*, NStZ 1994, 88 f.
824 BGHSt 1, 117 (120); 2, 35 (38); OLG Stuttgart NStZ 2007, 158 f.

Gedankenerklärung ist der Beglaubigungsvermerk mit dem Inhalt, dass Abschrift und Original übereinstimmen (also nicht die Gedankenerklärung des Originals), Bezugsobjekt ist die Kopie[825].

455 (3) Der Täter erweckt mit der Kopie den **Anschein einer Originalurkunde** und will sie als eine von dem angeblichen Aussteller herrührende Urschrift ausgeben. Damit rückt die Fotokopie gleichsam zur Urkunde auf, bei der auch die Garantiefunktion gewahrt ist. Indiz für ein solches Aufrücken ist in erster Linie die objektive Verwechslungsgefahr der Reproduktion mit der Originalurkunde für einen durchschnittlichen Betrachter[826]. Jedenfalls die „perfekte" Kopie ist demnach eine Urkunde.

> **Beachte:** Ein Blick auf die Unterschrift kann allerdings häufig die Kopie entlarven.

456 b) **Echtheit der Urkunde.** Von zentraler Bedeutung ist ferner die Echtheit bzw. Unechtheit der Urkunde.

> **Definition**
> **Unecht ist eine Urkunde** i. S. d. § 267 Abs. 1 Var. 1 und Var. 3, wenn sie nicht von demjenigen stammt, der aus ihr als Aussteller hervorgeht, wenn also über die Identität des Ausstellers getäuscht wird.

457 Der Unechtheit der Urkunde ist also die **Identitätstäuschung** über die Person des Ausstellers immanent[827]. Unecht sind damit nur diejenigen Urkunden, durch die dem aus der Urkunde ersichtlichen Aussteller eine fremde Erklärung untergeschoben wird. Die Echtheit bzw. Unechtheit der Urkunde betrifft demnach die Ebene der Garantiefunktion.

> **Bsp.:** T unterschreibt eine Quittung mit dem Namen des O. – Die Erklärung stammt (geistig) von T, als Aussteller ist aber O ersichtlich. Es liegt damit eine unechte Urkunde vor.

> **Klausurtipp**
> In der Fallprüfung empfiehlt es sich, zunächst zu untersuchen, von wem die Urkunde (geistig) herrührt; anschließend ist zu prüfen, ob diese Person auch als Aussteller aus der Urkunde hervorgeht, d. h. als Aussteller erscheint. Bei Personenidentität liegt keine unechte, sondern eine echte Urkunde vor.

458 Für die Unechtheit ist es unerheblich, ob der Inhalt der Urkunde wahr oder unwahr ist. Daher wird die bloße Täuschung über den Urkundeninhalt, die

---
825 RGSt 34, 360 (361 f.); *Lackner/Kühl*, § 267 Rn. 8.
826 BGH NJW 1965, 642 (643); NStZ 2013, 105.
827 BGHSt 33, 159 (160); *Schönke/Schröder/Heine/Schuster*, § 267 Rn. 48.

sog. **schriftliche Lüge,** nicht erfasst. Straflos ist also, wer unzutreffende Erklärungen in die Urkunde aufnimmt und dafür mit eigenem Namen einsteht[828].

> **Bsp. (1):** T erstellt eine Quittung mit überhöhtem Betrag und unterschreibt selbst. – Keine Identitätstäuschung, da die Erklärung (geistig) von T stammt und T auch als Aussteller aus der Urkunde ersichtlich ist. Dasselbe gilt, wenn Professor T unter seinem Namen einen Schein mit unzutreffender Punktzahl ausstellt.
>
> **Bsp. (2):** T lässt eine Klausur von einem Dritten anfertigen. Er unterschreibt diesen Urkundenentwurf dann mit eigenem Namen/eigener Matrikelnummer/eigener Platzziffer[829]. – T stellt eine echte Urkunde her; die Gedankenerklärung stammt von T, da er sich die Lösung zu eigen macht; er geht auch als Aussteller aus der Urkunde hervor. Es liegt lediglich eine unwahre schriftliche Lüge darüber vor, dass die Lösung von T selbst entwickelt und geschrieben wurde.

aa) Bei bloßer **Namenstäuschung ohne Identitätstäuschung** liegt keine unechte Urkunde vor[830]. Für die Namenstäuschung ist kennzeichnend, dass der aus der Urkunde ersichtliche Erklärungsgarant und die Person, die die Urkundsmerkmale geschaffen hat, ein und dieselbe Person sind und diese sich lediglich eines falschen Namens bedient.

> **Bspe.:** Benutzung von Künstlernamen; Leben unter falschem Namen, um die Vergangenheit zu verbergen.

Eine bloße Namenstäuschung liegt auch in Konstellationen vor, in denen – wie häufig bei Bargeschäften des täglichen Lebens – die Identität der betreffenden Person nach der jeweiligen Verkehrsanschauung unerheblich ist.

> **Bsp.:** Benutzung eines Allerweltnamens im Hotel, um die Übernachtung mit der Geliebten zu vertuschen.

bb) Umgekehrt kann selbst bei **Verwendung des eigenen Namens im Einzelfall eine Identitätstäuschung** vorliegen, wenn weitere persönliche Daten wie Anschrift oder Geburtsdatum verändert werden oder ein ansonsten nicht verwendeter weiterer Vorname benutzt wird, um die Identität im Rechtsverkehr zu verschleiern.

> **Bsp.:**[831] Der sich mit seinen Rechnungen im Rückstand befindende T bestellt Waren beim Versandunternehmen O zwar unter seinem Namen, verändert die persönlichen Daten jedoch so, dass er im Computer unter einer anderen Kundennummer geführt und weiter beliefert wird.

---

828 BGH NStZ 2011, 91.
829 BayObLG NJW 1981, 772.
830 BGHSt 33, 159 (160 f.); BGH NStZ-RR 1997, 358 (359); *Kindhäuser/Schramm*, BT 1, § 55 Rn. 52; *Rengier*, BT 2, § 33 Rn. 13.
831 Vgl. auch BGHSt 40, 203 (205 ff.); *Kindhäuser/Schramm*, BT 1, § 55 Rn. 50.

462 cc) Problematisch sind Fälle der **Stellvertretung bei Unterzeichnung mit fremdem Namen**, da hier von vornherein mehrere Personen beteiligt sind. Auf den ersten Blick könnte man zur Unechtheit gelangen, wenn der Stellvertreter die Urkunde (geistig) hergestellt hat, als Aussteller aber der Vertretene (Namensträger) erscheint. Im Falle **wirksamer Stellvertretung** ist die Erklärung jedoch dem Vertretenen (Namensträger) **zuzurechnen**, so dass dieser nicht nur als Aussteller aus der Urkunde hervorgeht, sondern von diesem auch die Erklärung (geistig) stammt[832].

463 c) **Tathandlungen.** Erfasst wird das Herstellen unechter (Var. 1), das Verfälschen echter (Var. 2) und das Gebrauchen unechter oder verfälschter Urkunden (Var. 3).

464 aa) Beim **Herstellen einer unechten Urkunde (Var. 1)** muss entsprechend den bereits geschilderten Grundsätzen eine Urkunde vorliegen, die unecht ist. Für das Herstellen genügt jede zurechenbare – nicht notwendig eigenhändige – Verursachung der Existenz der unechten Urkunde. Daher kommt auch eine Tatbegehung in mittelbarer Täterschaft oder Mittäterschaft in Betracht[833].

465 bb) Beim **Verfälschen einer echten Urkunde (Var. 2)** muss schon nach dem Wortlaut zunächst eine echte Urkunde vorliegen[834]. Das Verfälschen ist jede nachträgliche Veränderung des gedanklichen Inhalts einer vorhandenen Urkunde, durch die der Anschein erweckt wird, als habe der Aussteller die Erklärung mit dem Inhalt abgegeben, den die Urkunde erst durch die Verfälschung erlangt hat[835]. Bei genauer Betrachtung ist in den Fällen des § 267 Abs. 1 Var. 2 zumeist auch Var. 1 verwirklicht. Denn die Verfälschung des Beweisinhalts führt letztlich dazu, dass die Erklärung nicht von demjenigen stammt, der aus der Urkunde als Aussteller hervorgeht[836]. Eigenständige Bedeutung erlangt Var. 2 daher vor allem in Fällen, in denen der ursprüngliche Aussteller den Verfälschungsakt selbst vornimmt[837].

> **Bsp. (1):** T fügt auf einer von O unterschriebenen Quittung über 100 € eine Null hinzu. – Da der Beweisinhalt einer echten Urkunde geändert wird, liegt § 267 Abs. 1 Var. 2 vor. Es ist aber auch Var. 1 verwirklicht, da die Erklärung nunmehr von T stammt, während aus der Urkunde O als Aussteller hervorgeht. Weil das Herstellen einer Urkunde i. S. v. Var. 1 in solchen Fällen jedoch eine typische Begleittat ist, tritt Var. 1 im Wege der Konsumtion hinter Var. 2 zurück[838].

---

832 Zu Einzelheiten *Eisele*, BT 1, Rn. 822 ff.
833 BGH NStZ 2010, 342 (343); NStZ-RR 2013, 168 (169).
834 Näher zu Sonderkonstellationen des Verfälschens unechter Urkunden *Schönke/Schröder/Heine/Schuster*, § 267 Rn. 66.
835 RGSt 62, 11 (12); OLG Köln NJW 1983, 769.
836 *Rengier*, BT 2, § 33 Rn. 23; *Wessels/Hettinger/Engländer*, BT 1, Rn. 865.
837 Sogleich u. Rn. 467.
838 *Kindhäuser/Schramm*, BT 1, § 55 Rn. 61; *Rengier*, BT 2, § 33 Rn. 23.

Bsp. (2):[839] T überklebt das Kennzeichen seines Kfz mit reflektierender Folie, damit dieses auf Bildern von Radaranlagen nicht erkennbar ist. T wird mit überhöhter Geschwindigkeit geblitzt; das Nummernschild ist auf dem Bild nicht lesbar. – Das am Kfz angebrachte Kennzeichen stellt zunächst eine zusammengesetzte Urkunde dar[840]; fraglich ist, ob mit dem Aufkleben der Folie die Beweisrichtung geändert wurde. Das OLG Düsseldorf[841] hat dies bejaht, weil nach der Manipulation die unrichtige Erklärung der Zulassungsstelle als Aussteller aus der Urkunde hervorgehe, dass das Kennzeichen vorschriftsmäßig ausgestaltet und angebracht sei. Dem wird mit Recht widersprochen[842], weil der Erklärungsgehalt, dass das Fahrzeug unter diesem Kennzeichen zum Verkehr zugelassen ist, unverändert bleibt. Dass das Kfz-Kennzeichen später bei einer Radarkontrolle ablesbar ist, ist trotz § 10 FZV nicht Gegenstand der zum Beweis geeigneten und bestimmten Erklärung bei Zulassung des Fahrzeugs. § 267 Abs. 1 Var. 2 ist daher nicht verwirklicht. Die Anfertigung des Bildes i. V. m. den Messdaten stellt zwar eine technische Aufzeichnung dar, jedoch war diese nicht unecht, da T nicht auf den Aufzeichnungsvorgang störend eingewirkt hat[843]. Auch § 274 Abs. 1 Nr. 1 ist richtigerweise zu verneinen[844].

Zu beachten ist, dass vor und nach der Manipulation die Urkundenqualität gegeben sein muss; lediglich der Beweisinhalt darf sich ändern[845]. Wird die Urkundenqualität durch den Verfälschungsakt vollständig beseitigt, so scheidet Var. 2 aus. In solchen Fällen kann jedoch § 274 Abs. 1 Nr. 1 verwirklicht sein.

466

Bsp. (1): T entfernt auf einem Vertrag die Unterschrift und ändert den Text ab. – § 267 Abs. 1 Var. 2 ist nicht verwirklicht, wenn mit dem Entfernen der Unterschrift der Aussteller nicht mehr erkennbar ist, da nach dem Fälschungsakt die Urkundsqualität aufgehoben ist; es ist jedoch zu prüfen, ob die Voraussetzungen des § 274 Abs. 1 Nr. 1 verwirklicht sind.
Bsp. (2): T ändert die Unterschrift auf einem Vertrag von „Schmidt" in „Schmidt-Beiersmeier". – § 267 Abs. 1 Var. 2 ist nicht verwirklicht, da sich die Verfälschung nicht auf den gedanklichen Inhalt bezieht; allerdings ist Var. 1 erfüllt, da aus der Urkunde als Aussteller „Schmidt-Beiersmeier" hervorgeht, diese tatsächlich aber von T stammt; in Tateinheit kann § 274 Abs. 1 Var. 1 stehen, weil die ursprüngliche Urkunde mit dem Aussteller „Schmidt" vernichtet wurde.

---

839 BGHSt 45, 197; ferner OLG Düsseldorf JR 1998, 303.
840 S.o. Rn. 449.
841 OLG Düsseldorf JR 1998, 303.
842 BGHSt 45, 197 (200).
843 Näher u. Rn. 496 ff.
844 Vgl. dazu u. Rn. 505, 507, 508.
845 OLG Saarbrücken NJW 1975, 658 (659); *Rengier*, BT 2, § 33 Rn. 22.

467 (1) Streitig ist, ob das **Verfälschen einer Urkunde durch den Aussteller** eine Urkundenfälschung darstellen kann. Teilweise wird dies mit dem Argument verneint, dass es an der für die Unechtheit typischen Identitätstäuschung fehle[846]. Der Erklärungsgarant wolle gerade an den neuen Erklärungsinhalt gebunden sein. Auch seien Strafbarkeitslücken nicht zu befürchten, da ein ausreichender strafrechtlicher Schutz durch § 274 gewährt werde, weil dort das Beweisführungsrecht Dritter hinreichend geschützt sei[847]. Die h. M. bejaht hingegen eine Strafbarkeit des Ausstellers nach § 267 in Fällen, in denen der Aussteller die Dispositions- bzw. Abänderungsbefugnis verloren hat. Dies soll dann der Fall sein, wenn die Urkunde in den Rechtsverkehr getreten ist oder wenn ein Dritter ein berechtigtes Beweisinteresse am unversehrten Bestand der Urkunde erlangt hat[848]. Im Übrigen wäre Var. 2 ansonsten praktisch bedeutungslos, weil in den typischen Fällen der Var. 2 stets auch Var. 1 (Herstellen einer unechten Urkunde) verwirklicht ist.

> **Bsp.:** Schüler T geht in das Lehrerzimmer und ändert an seiner Klassenarbeit noch etwas ab, nachdem er diese bereits abgegeben hat. – Hier liegt nach h. M. Var. 2 vor, da die Abänderungsbefugnis mit Abgabe erloschen ist.

468 (2) Beim **Verfälschen von zusammengesetzten Urkunden** wird der Echtheitsschutz auf die Beweiseinheit von Gedankenerklärung und Bezugsobjekt erweitert. Nach Var. 2 macht sich danach sowohl derjenige strafbar, der unmittelbar auf die Gedankenerklärung einwirkt, als auch derjenige, der nur auf das Bezugsobjekt einwirkt bzw. dieses austauscht.

> **Bsp. (1):** T tauscht ein Preisetikett an einer Ware im Supermarkt oder ein Kfz-Kennzeichen an einem Wagen aus. – Im Wege einer Gesamtbetrachtung liegt jeweils § 267 Abs. 1 Var. 2 vor: Es handelte sich ursprünglich um echte zusammengesetzte Urkunden[849]. Deren Beweisrichtung wird durch die Tathandlung verändert. Es wird nämlich der Eindruck erweckt, als ob der Aussteller die manipulierte Erklärung (z. B. neuer Preis) von Anfang an abgegeben habe. Erforderlich ist dabei, dass weiterhin eine zusammengesetzte Urkunde vorliegt, d. h. noch die feste Verbindung zwischen Gedankenerklärung und Bezugsobjekt gegeben ist. Die zumeist ebenfalls verwirklichte Urkundenunterdrückung (z. B. Abreißen des alten Preisschildes) nach § 274 Abs. 1 Nr. 1 sowie ggf. § 303 treten hinter § 267 Abs. 1 Var. 2 im Wege der Konsumtion zurück[850]. Das Anbringen des neuen Preisetiketts begründet § 267 Abs. 1 Var. 1 entweder tatbestandlich nicht (nach Gesamtbetrachtung

---

846 *Schönke/Schröder/Heine/Schuster*, § 267 Rn. 68.
847 NK-*Puppe/Schumann*, § 267 Rn. 90; *Samson*, JuS 1970, 375.
848 BGHSt 13, 382 (385 f.); OLG Stuttgart NJW 1978, 715.
849 S.o. Rn. 449.
850 *Rengier*, BT 2, § 33 Rn. 27.

liegt ja Var. 2 vor)⁸⁵¹ oder tritt jedenfalls im Wege der Konsumtion zurück⁸⁵².

Bsp. (2): T reißt das Preisetikett in der Hoffnung ab, dass an der Kasse zu seinen Gunsten abgerechnet wird. – Hier wird die zusammengesetzte Urkunde nur zerstört, so dass lediglich § 274 Abs. 1 Nr. 1 in Betracht kommt.

(3) Die **Gesamturkunde** erlangt bezüglich ihres über die einzelnen Urkunden hinausgehenden Erklärungsgehalts urkundsrechtlichen Schutz⁸⁵³. Damit wird bereits derjenige, der eine Einzelurkunde hinzufügt oder eine solche entfernt, Täter einer Verfälschung der Gesamturkunde, da deren Beweisrichtung geändert wird⁸⁵⁴.

Bsp.: Arbeitnehmer T reißt ein Blatt aus der Personalakte seines Arbeitgebers O heraus. – Hier liegt § 274 Abs. 1 Nr. 1 sowie § 303 hinsichtlich der Einzelurkunde vor; diese werden jedoch von § 267 Abs. 1 Var. 2 hinsichtlich der Verfälschung der Gesamturkunde konsumiert⁸⁵⁵.

cc) Erfasst wird von **Var. 3 das Gebrauchen** unechter oder verfälschter Urkunden i. S. d. Var. 1 und Var. 2. Die Urkunde wird **gebraucht**, wenn sie demjenigen, der durch sie getäuscht werden soll, so zugänglich gemacht wird, dass dieser sie wahrnehmen kann. Es genügt demnach bereits die **Möglichkeit der Kenntnisnahme**; eine tatsächliche Kenntnisnahme ist nicht erforderlich⁸⁵⁶.

Bsp.:⁸⁵⁷ T fährt auf öffentlichen Straßen mit einem Kfz, bei dem das Nummernschild ausgetauscht wurde. – Ob jemand das Nummernschild mit dem Wagen (zusammengesetzte Urkunde) wahrnimmt oder nicht, ist für die Strafbarkeit nach Var. 3 unerheblich.

Das bloße Berufen auf eine Urkunde oder das Mitführen eines Dokuments (z. B. eines verfälschten Führerscheins⁸⁵⁸) genügt hingegen noch nicht, weil dadurch nicht ohne weiteres die Wahrnehmung ermöglicht wird⁸⁵⁹. Streitig ist, ob ein Gebrauchen des Originals (nicht der Kopie) auch dann vorliegt, wenn nur eine Kopie der Urkunde verwendet wird. Die h. M. bejaht dies, weil eine mittelbare Wahrnehmung genüge⁸⁶⁰. Erforderlich ist dann aber stets, dass dem Original auch Urkundenqualität zukommt⁸⁶¹.

---

851 *Wessels/Hettinger/Engländer*, BT 1, Rn. 863.
852 *Rengier*, BT 2, § 33 Rn. 27.
853 S.o. Rn. 450 f.
854 RGSt 60, 152 (157); BGHSt 12, 108 (112); NK-*Puppe/Schumann*, § 267 Rn. 92.
855 *Schönke/Schröder/Heine/Schuster*, § 267 Rn. 70 f.
856 *Kindhäuser/Schramm*, BT 1, § 55 Rn. 68; *Rengier*, BT 2, § 33 Rn. 31.
857 Nach BGHSt 18, 66 (70 f.).
858 BGH GA 1973, 179; StV 1989, 304.
859 BGHSt 36, 64 (65 f.); BGH NJW 1989, 1099 (1100).
860 BGHSt 24, 140 (142).
861 BayObLG NJW 1992, 3311 (3312).

Bsp.: T legt auf sein Staatsexamenszeugnis mit der Punktzahl 4,63 ein Stück Papier mit der Punktzahl 10,28. Anschließend kopiert er dies und bewirbt sich damit bei Anwaltskanzleien. – Abgesehen von einem (versuchten) Anstellungsbetrug gemäß § 263 kommt § 267 Betracht. Die zunächst vorhandene Urkunde wurde nicht i. S. d. Var. 2 verfälscht. Das bloße Auflegen eines Zettels begründet keine hinreichende Verbindung; auch ist eine derartige Collage weder zum Beweis im Rechtsverkehr geeignet, da jeder Betrachter die Manipulationen sofort erkennt[862], noch zum Beweis im Rechtsverkehr bestimmt, da sie nur als Vorlage für eine Kopie dienen soll. Das Anfertigen der Kopie ist nach h. M. kein Herstellen einer Urkunde i. S. d. Var. 1, da der Aussteller nicht ersichtlich ist; ein Ausnahmefall liegt nicht vor, weil die Kopie aufgrund der mitkopierten Unterschrift als solche erkennbar ist. Daher scheidet auch Var. 3 aus: Es liegt weder ein unmittelbares noch ein mittelbares Gebrauchen einer Urkunde vor, da weder der Collage noch der Kopie Urkundenqualität zukommt.

472 dd) Wer eine Urkunde herstellt oder verfälscht, hat zumeist auch vor, diese später zu gebrauchen. Es stellt sich somit die Frage nach dem **Konkurrenzverhältnis dieser Tatbestandsmodalitäten**: Hat der Täter zum Zeitpunkt des Herstellens oder Verfälschens bereits bestimmte Vorstellungen über die spätere Verwendung der Urkunde und entspricht der spätere Gebrauch der beim Herstellen bzw. Verfälschen vorhandenen Absicht, so ist von einer Urkundenfälschung im Rechtssinne auszugehen. Dogmatisch kann dies als deliktische Einheit beider Akte, wobei die Tat mit dem Verfälschen vollendet und mit dem Gebrauchen beendet ist, begründet werden[863]. Vertretbar ist auch, das Gebrauchen als straflose Nachtat[864] oder das Verfälschen als straflose Vortat einzustufen[865]. Hat der Täter hingegen schon bei der Herstellung mehrere bestimmte Gebrauchsakte geplant, so ist Realkonkurrenz anzunehmen[866]. Dasselbe gilt, soweit sich der Täter keine bestimmten Vorstellungen über den Gebrauch gemacht hat[867].

3. Subjektiver Tatbestand

473 Es ist zunächst dolus eventualis hinsichtlich der objektiven Tatbestandsmerkmale ausreichend. Hinzukommen muss noch der **Täuschungswille im Rechtsverkehr**, der darauf bezogen sein muss, mithilfe der gefälschten Urkunde irgendein rechtlich erhebliches Verhalten zu erreichen bzw. auf das Rechtsleben einzuwirken[868].

---

862 Vgl. OLG Zweibrücken NJW 1998, 2918; ferner o. Rn. 440.
863 BGHSt 5, 291 (293); BGH NStZ 2006, 100; NJW 2014, 871; *Lackner/Kühl*, § 267 Rn. 27.
864 OLG Nürnberg MDR 1951, 53.
865 SK-*Hoyer*, § 267 Rn. 114.
866 *Rengier*, BT 2, § 33 Rn. 38; SK-*Hoyer*, § 267 Rn. 115.
867 BGHSt 17, 97 ff.; BGH NStZ-RR 1998, 269 (270).
868 BGHSt 33, 105 (109); *Kindhäuser/Schramm*, BT 1, § 55 Rn. 71 f.

Bsp. (1): T verfälscht ein Dokument, um ein Fußballspiel der Bundesliga sehen zu können. – § 267 ist verwirklicht, da der Besuch einer kommerziellen Veranstaltung rechtserheblich ist.

Bsp. (2): T ändert in einem Ausweis sein Alter, um einer Frau zu imponieren. – § 267 scheidet aus, wenn T den Ausweis nur der Frau zeigt, da dies für den Rechtsverkehr unerheblich ist.

a) Die h. M. lässt hinsichtlich des Merkmals „zur Täuschung im Rechtsverkehr" wissentliches Handeln (dolus directus 2. Grades) ausreichen[869]. Wer mit einem Kfz fährt, dessen Nummernschilder ausgetauscht wurden, weiß i. d. R., dass das Interesse des Rechtsverkehrs an der Möglichkeit der Identifizierung des Fahrzeugs beeinträchtigt ist. Dass der Täter die Schilder primär mit dem Ziel bloßer Angeberei (rechtlich nicht erheblich) ausgetauscht hat, ändert daran nichts[870].

b) Gemäß § 270 steht der Täuschung im Rechtsverkehr die **fälschliche Beeinflussung einer Datenverarbeitung im Rechtsverkehr** gleich. Damit sollen Lücken geschlossen werden, die darauf beruhen, dass im modernen Wirtschaftsverkehr Urkunden zunehmend von Informationssystemen ausgewertet werden und daher gar nicht mehr gegenüber Menschen eingesetzt werden[871].

4. Strafzumessungsregel für besonders schwere Fälle mit Regelbeispielen, § 267 Abs. 3

In Abs. 3 ist eine **Strafzumessungsregel für besonders schwere Fälle** mit Regelbeispielen vorgesehen.[872]

a) § 267 Abs. 3 Satz 2 Nr. 1. Demnach ist strafbar, wer gewerbsmäßig oder als Mitglied einer Bande handelt, die sich zur fortgesetzten Begehung von Betrug oder Urkundenfälschung verbunden hat.

aa) **Gewerbsmäßig** handelt, wer sich aus der wiederholten Begehung dieser Taten eine regelmäßige Einnahmequelle verschaffen will. Dabei muss der Gewinn nicht unmittelbar aus der Urkundenfälschung – z. B. durch Verkauf der Urkunde – resultieren; vielmehr genügt es auch, dass damit später Straftaten zur Gewinnerzielung begangen werden[873]. Diese Voraussetzung kann bereits bei der ersten Tat verwirklicht sein. Die Gewerbsmäßigkeit ist nach h. M. ein besonderes persönliches Merkmal i. S. d. § 28 Abs. 2[874].

bb) Der Begriff der **Bande** setzt nach inzwischen h. M. den Zusammenschluss von mindestens drei Personen voraus[875]. Gegenstand der Verbin-

---

869 BGH NStZ 1999, 619; *Fischer*, § 267 Rn. 42.
870 BayObLG NJW 1998, 2917.
871 Vgl. *Krey/Hellmann/Heinrich*, BT 1, Rn. 1020.
872 Näher zur Regelbeispielstechnik u. Rn. 972.
873 BGH NStZ 2016, 28.
874 LK^{11}-*Zieschang*, § 267 Rn. 241; *Schönke/Schröder/Heine/Schuster*, § 267 Rn. 106.
875 S. u. Rn. 1065 sowie *Eisele*, BT 2, Rn. 213.

dung muss die fortgesetzte Begehung von Betrug oder Urkundenfälschung sein. Die Bandenmitgliedschaft ist dabei persönliches Merkmal i. S. d. § 28 Abs. 2, der entsprechend für Regelbeispiele gilt[876]. Täterschaftlich kann das Regelbeispiel daher nur durch ein Bandenmitglied verwirklicht werden. Außenstehende können insoweit nur Teilnehmer sein.

480 b) § 267 Abs. 3 Satz 2 Nr. 2. Das Regelbeispiel setzt das **Herbeiführen eines Vermögensverlustes großen Ausmaßes** voraus, der bei ca. 50000 € beginnt[877]. Der Verlust muss tatsächlich eintreten.

481 c) § 267 Abs. 3 Satz 2 Nr. 3. Die Strafschärfung verwirklicht, wer durch eine **große Zahl von unechten oder verfälschten Urkunden die Sicherheit des Rechtsverkehrs erheblich gefährdet.** Die Grenze der großen Zahl dürfte bei ca. 20 Urkunden anzusiedeln sein[878]; andere verlangen hingegen eine Unübersehbarkeit des Empfängerkreises[879]. Erforderlich ist eine konkrete Gefährdung der Sicherheit des Rechtsverkehrs; erheblich ist diese nur, wenn die Tat nach Art und Anzahl der falschen Urkunden sowie nach den konkreten Umständen der Verwendung den Eintritt einer gravierenden Störung des allgemeinen Vertrauens in die Beweiskraft von Urkunden nahe legt[880].

482 d) § 267 Abs. 3 Satz 2 Nr. 4. Das Regelbeispiel setzt den **Missbrauch der Befugnisse oder die Stellung als Amtsträger** voraus. Für den Begriff des Amtsträgers ist § 11 Abs. 1 Nr. 2 zu beachten; § 28 Abs. 2 ist (entsprechend) anwendbar[881]. Der Missbrauch setzt ein Handeln innerhalb gegebener Zuständigkeit unter Verletzung der Dienstpflichten, der Missbrauch der Stellung die Ausnutzung der tatsächlichen Möglichkeiten, die sich aus dem Amt ergeben, voraus[882].

5. Qualifikation, § 267 Abs. 4

483 § 267 Abs. 4 ist eine echte (vorsatzbedürftige) Qualifikation. Danach ist strafbar, wer die Urkundenfälschung als Mitglied einer Bande, die sich zur fortgesetzten Begehung von Straftaten nach den §§ 263 bis 264 oder 267 bis 269 verbunden hat, gewerbsmäßig begeht.

> **Einführende Aufsätze:**
> *Beck*, Kopien und Telefaxe im Urkundenstrafrecht, JA 2007, 423 (kurze, allgemeine Ausführungen zum Urkundenbegriff und das Verwenden von Fotokopien, Telefax und Computerfax); *Bode/Ligocki*, Ungelöste Probleme des Urkundenbegriffs, JuS 2015, 989 und 1071; *Freund*, Grundfälle zu den Ur-

---

[876] BGHSt 12, 220 (226); 46, 120 (128); LK^II-*Zieschang*, § 267 Rn. 241.
[877] *Fischer*, § 267 Rn. 51; *Kindhäuser/Schramm*, BT 1, § 55 Rn. 76.
[878] *Fischer*, § 267 Rn. 54; SSW-*Wittig*, § 267 Rn. 100.
[879] *Schönke/Schröder/Heine/Schuster*, § 267 Rn. 108.
[880] *Fischer*, § 267 Rn. 54; *Kindhäuser/Schramm*, BT 1, § 55 Rn. 77.
[881] *Schönke/Schröder/Heine/Schuster*, § 267 Rn. 109; SK-*Hoyer*, § 267 Rn. 105.
[882] *Schönke/Schröder/Heine/Schuster*, § 267 Rn. 109.

kundendelikten, JuS 1993, 731, 1016, JuS 1994, 30, 125; *Heinrich*, Die zusammengesetzte Urkunde, JA 2011, 423; *Satzger*, Der Begriff der „Urkunde" im Strafgesetzbuch, Jura 2012, 106 (Grundlegende Erläuterungen an kurzen Fällen).

Übungsfälle:
Eiden, Vom falschen Schwimmlehrer, der lieber baden ging, Jura 2013, 288 (Strafbarkeit bei Fälschung eines Zertifikats, Anstiftung zur Urkundenfälschung); *Eisele*, Der untreue Neffe, Jura 2002, 59 (Urkundenfälschung/Urkundenunterdrückung durch Überkleben, die Fälschung technischer Aufzeichnungen durch Kopie mit dem Faxgerät, Urkundenfälschung durch Unterzeichnung, Urkundenunterdrückung durch Vernichtung); *Kühl/Lange*, Bankgeschäfte, JuS 2010, 42 (Wahlfeststellung § 263 und § 263a, Urkundenqualität einer dem Original täuschend ähnlichen Fotokopie); *Linke/Hacker*, Beim Geld hört die Freundschaft auf, JA 2009, 347 (Anbringen eines fremden Nummernschilds); *Preuß*, Parkfreuden, JA 2013, 433 (Fälschung eines Behindertenparkausweis und die Manipulation eines Preisschilds); *Stam*, Promotion leicht gemacht, ZJS 2017, 351 (Fälschung eines Zeugnisses inklusive Unterschrift im Versuch, insbesondere gewerbliche und bandenmäßige Begehung, und der besonders schwerer Fall).

Rechtsprechung:
BGHSt 16, 94 – Nummernschilder (zusammengesetzte Urkunde); **BGHSt 17, 297** – Klassenarbeiten (nachträgliche Änderung durch Aussteller); **BGHSt 24, 140** – Fotokopie (Urkundenqualität); **BGHSt 40, 203** – Versandhandel (Identitätstäuschung durch Verwendung ähnlicher Namen); **BGHSt 45, 197** – Antiblitzbuchstaben (Überkleben des Nummernschildes mit durchsichtiger Folie); **BGH NJW 1993, 2759** – Vertreter ohne Vertretungsmacht (schriftliche Lüge); **BGH NStZ 2003, 543** – Collage (Urkundenqualität); **BGH NStZ 2010, 703** – Scan (Urkundenqualität).

II. Fälschung technischer Aufzeichnungen, § 268

1. Geschütztes Rechtsgut und Systematik

Rechtsgut des § 268 ist **die Sicherheit und Zuverlässigkeit des Beweisverkehrs mit technischen Aufzeichnungen**. Die Vorschrift schützt die technische Informationsgewinnung und das Vertrauen, dass die technische Aufzeichnung ohne Manipulationen zustande gekommen ist und daher als Ergebnis eines automatisierten Vorgangs die Vermutung inhaltlicher Richtigkeit für sich hat[883]. Es handelt sich um einen Paralleltatbestand zu § 267, der Lücken schließen soll, die auf dem Erfordernis der menschlichen Gedankenerklärung beruhen. Nach Abs. 4 ist der Versuch strafbar. Nach

---
[883] BGHSt 40, 26 (30); BGH NStZ 2016, 42 (44); *Hecker*, JuS 2002, 224 (225).

Abs. 5 gelten die Regelbeispiele des § 267 Abs. 3 und die Qualifikation des § 267 Abs. 4 entsprechend.

485 **Prüfungsschema**

1. **Tatbestand**
   a) Objektiver Tatbestand
      aa. Technische Aufzeichnung (Legaldefinition, Absatz 2)
      bb. Tathandlungen
         (1) Herstellen einer unechten Aufzeichnung, Abs. 1 Nr. 1 Var. 1
         (2) Verfälschen einer echten Aufzeichnung, Abs. 1 Nr. 1 Var. 2
         (3) Gebrauchen einer unechten (Abs. 1 Nr. 1 Var. 1) oder verfälschten (Abs. 1 Nr. 1 Var. 2) Aufzeichnung, Abs. 1 Nr. 2
   b) Subjektiver Tatbestand
      aa. Vorsatz
      bb. Handeln zur Täuschung im Rechtsverkehr (dolus directus 1. oder 2. Grades); Gleichstellung nach § 270
2. **Rechtswidrigkeit**
3. **Schuld**
4. **Strafzumessungsregel für besonders schwere Fälle mit Regelbeispielen, § 268 Abs. 5 i. V. m. § 267 Abs. 3**
5. **Qualifikation, Absatz 5 i. V. m. § 267 Abs. 4**

2. Objektiver Tatbestand

486 Der Tatbestand setzt anstelle einer menschlichen Gedankenerklärung i. S. d. § 267 eine **technische Aufzeichnung** voraus. Daraus folgt, dass bei § 268 die Garantiefunktion nicht zum Tragen kommt, da **geräteautonome Aufzeichnungen keinen Aussteller** haben. Allerdings sind Fälle denkbar, in denen die technische Aufzeichnung zum Gegenstand einer menschlichen Erklärung und damit zu einer Urkunde wird.

> **Bsp.:** T unterschreibt im Namensfeld für den Fahrer einer Diagrammscheibe eines Fahrtenschreibers mit dem Namen des O. – Das Diagramm, das über den Fahrtverlauf Auskunft gibt, ist eine geräteautonome technische Aufzeichnung, die keine menschliche Gedankenerklärung enthält. § 268 ist jedoch nicht verwirklicht, weil die technische Aufzeichnung als solche nicht manipuliert wurde. Mit der Unterschrift auf der Scheibe entsteht aber eine zum Beweis geeignete und bestimmte Gedankenerklärung, weil der Betreffende sich die technische Aufzeichnung zu eigen macht und damit erklärt, dass er Fahrer der aufgezeichneten Fahrt war. Mit der Unterschrift hat T eine unechte Urkunde i. S. d. § 267 Abs. 1 Var. 1 hergestellt, da diese geistig von ihm stammt, als Aussteller jedoch O hervorgeht.

a) **Technische Aufzeichnung.** Der Begriff der technischen Aufzeichnung ist in § 268 Abs. 2 legaldefiniert.

> **Gesetzestext**
> Technische Aufzeichnung ist eine Darstellung von Daten-, Mess-, Rechenwerten, Zuständen, Geschehensabläufen, die durch ein technisches Gerät ganz oder zum Teil selbsttätig bewirkt wird, den Gegenstand der Aufzeichnung allgemein oder für Eingeweihte erkennen lässt und zum Beweis einer rechtlich erheblichen Tatsache bestimmt ist.

aa) **Darstellung von Daten-, Mess-, Rechenwerten, Zuständen, Geschehensabläufen.** Aus dem Begriff der **Darstellung** und der **Aufzeichnung** lässt sich folgern, dass die Verkörperung im Sinne einer Perpetuierungsfunktion eine **gewisse Dauerhaftigkeit** voraussetzt. Auf eine optisch-visuelle Verkörperung kommt es dabei – im Gegensatz zu den Urkunden – nicht an. Es genügt demnach die Fixierung auf einem Band, einer Diskette oder einer CD-R. Daran fehlt es bei solchen Anzeigegeräten, die unmittelbar nach der momentanen Wiedergabe des Messergebnisses wieder in ihre Ursprungsstellung zurückgehen[884].

> **Bspe.:** Anzeigen auf einem Tachometer oder einer einfachen Personenwaage sind keine technischen Aufzeichnungen.

Streitig ist dieses Erfordernis bei Geräten, die die Messwerte ständig addieren, also nicht einen bestimmten Wert perpetuieren. Nach h. M. fehlt hier die notwendige Verkörperung in einem vom Anzeigegerät selbstständigen, abgetrennten Teil des Geräts[885].

> **Bspe.:** Kilometerzähler in einem Kfz oder Wasser-, Gas- und Stromzähler sind nach h. M. ebenfalls keine technischen Aufzeichnungen.

bb) **Durch ein technisches Gerät ganz oder zum Teil selbsttätig bewirkte Aufzeichnung.** Eine **Selbsttätigkeit** wird allgemein dann angenommen, wenn der Aufzeichnungsvorgang wenigstens zum Teil automatisiert ist[886]. Konsequenterweise fehlt es daran, wenn die Aufzeichnung inhaltlich allein durch einen Menschen bestimmt wird.

> **Bspe.:** Fahrtenschreiber, Computer zum Erstellen von Kontoauszügen, Parkscheinautomaten sowie ihre Umsätze aufzeichnende Geldspielautomaten[887] sind Geräte, die eine technische Aufzeichnung bewirken.[888]

---

884 BGH NStZ 2016, 42 (44).
885 BGHSt 29, 204 (205); NK-*Puppe/Schumann*, § 268 Rn. 24; a. A. OLG Frankfurt NJW 1979, 118; *Schönke/Schröder/Heine/Schuster*, § 268 Rn. 9.
886 *Schroeder*, JuS 1991, 301; *Wessels/Hettinger/Engländer*, BT 1, Rn. 882.
887 BGH NStZ 2016, 42 (45).
888 Vgl. auch OLG Köln NJW 2002, 527; *Hecker*, JuS 2002, 224 ff.

> **Gegenbsp.:** Ein mithilfe des Computers getippter Text ist keine technische Aufzeichnung, da dieser nicht selbsttätig vom Gerät bewirkt wird.

491 Nach überwiegender Auffassung ist § 268 ein Tatbestand zum Schutz der technischen Informationsgewinnung. Von selbsttätiger Aufzeichnung kann daher nach h. M. nur bei Informationen gesprochen werden, die durch das Gerät neu erzeugt werden[889]. Darstellungen, die sich allein in der Reproduktion der Außenwelt erschöpfen, also Fotografien, Fotokopien, Ton-, Film- und Videoaufnahmen, stellen damit nicht per se technische Aufzeichnungen dar, sondern werden nur dann erfasst, wenn irgendeine weitere Information damit verbunden ist.

> **Bsp.:** Bilder einer automatischen Kamera zur Verkehrsüberwachung (Radarfallen), weil diese Messwerte (Geschwindigkeit, Uhrzeit usw.) mit einbeziehen[890].

492 cc) Darüber hinaus muss die Darstellung den **Gegenstand der Aufzeichnung allgemein oder für Eingeweihte erkennen lassen**[891]. Hierunter wird überwiegend verstanden, dass das Objekt, auf das sich die Aufzeichnung bezieht, individualisierbar sein muss[892]. Dies ergibt sich häufig bereits unmittelbar aus der Aufzeichnung selbst, wenn diese eine Zuordnung – etwa durch Nummerierung von Vorgängen wie bei einem Foto aus einer Radarmessanlage[893] – ermöglicht. Im Übrigen kann sich der notwendige **Beweisbezug** aber auch erst durch weitere Handlungen (einer Person) ergeben, so dass dieser nach h. M. nicht notwendiger Weise das Ergebnis des Aufzeichnungsvorgangs selbst sein muss[894].

> **Bsp.:** Der Arzt klebt auf Aufnahmen eines Computertomografen zur Individualisierung die Namen der Patienten.

493 dd) Letztlich muss die technische Aufzeichnung – nicht anders als bei Urkunden i. S. d. § 267 – **zum Beweis geeignet und bestimmt sein**[895]. Schon nach der Legaldefinition des Absatzes 2 ist es unerheblich, ob die Beweisbestimmung schon bei der Herstellung oder erst später gegeben wird[896].

494 b) **Echtheit.** Auch bei § 268 kommt es auf die Echtheit bzw. Unechtheit (der technischen Aufzeichnung) an. Der „maschinenspezifische" Echtheitsbegriff des § 268 will das Vertrauen in die Verlässlichkeit des von einer Maschine erstellten Beweismittels schützen. Eine technische Aufzeichnung

---

889 *Fischer*, § 268 Rn. 10; *Rengier*, BT 2, § 34 Rn. 6.
890 OLG München NStZ 2006, 576.
891 *Schönke/Schröder/Heine/Schuster*, § 268 Rn. 18.
892 *Lackner/Kühl*, § 268 Rn. 5.
893 *Wessels/Hettinger/Engländer*, BT 1, Rn. 885.
894 *Schönke/Schröder/Heine/Schuster*, § 268 Rn. 19 ff.
895 S.o. Rn. 437 ff.
896 Zu Absichts- und Zufallsurkunden vgl. o. Rn. 443 f.

ist daher unecht, wenn sie überhaupt nicht oder nicht in ihrer konkreten Gestalt aus einem in seinem automatischen Ablauf unberührten Herstellungsvorgang stammt[897]. Mit anderen Worten: Es muss der Eindruck entstehen, dass es sich um eine unbeeinflusste technische Aufzeichnung handelt, während tatsächlich der Täter die Herstellung beeinflusst hat.

> **Bsp.:** T zeichnet auf einem Fahrtenschreiberschaublatt (teilweise) die Kurven von Hand, um eine Ruhezeitenüberschreitung zu vertuschen (Imitation einer technischen Aufzeichnung).

c) **Tathandlungen.** Auch diese sind an § 267 angelehnt. **495**

aa) **Das Herstellen einer unechten technischen Aufzeichnung (Abs. 1 Nr. 1 Var. 1 i. V. m. Abs. 3)** entspricht § 267 Abs. 1 Var. 1. Erfasst wird insbesondere die (Teil-)Imitation einer technischen Aufzeichnung. § 268 Abs. 3 stellt es der Herstellung einer unechten technischen Aufzeichnung gleich, wenn der Täter durch **störende Einwirkung auf den Aufzeichnungsvorgang das Ergebnis der Aufzeichnung beeinflusst**. Dies ist der Fall, wenn in den Funktionsablauf, also in den Mechanismus des aufzeichnenden Geräts, so eingegriffen wird, dass das Aufzeichnungsergebnis objektiv unrichtig wird. Bei Absatz 3 handelt es sich nach h. M. lediglich um einen Unterfall des § 268 Abs. 1 Nr. 1 Var. 1[898]. **496**

> **Bsp.:**[899] T verbiegt die Schreibnadel eines Fahrtenschreibers, so dass das Aufzeichnungsergebnis unrichtig wird.

(1) Daraus folgt, dass – abgesehen von den Imitationsfällen – ein **menschlicher Eingriff** in den vorbestimmten funktionellen Ablauf unverzichtbares Erfordernis ist. Nicht erfasst wird daher das Ausnutzen bloßer technischer Eigendefekte des Geräts (Ingangsetzen oder Weiterbetreiben des Geräts trotz Defekts) sowie das Unterlassen durch einen Garanten, der eine ohne menschliche Einwirkung entstandene Störung nicht behebt[900]. In diesen Fällen sind die Ergebnisse aufgrund des Defekts zwar inhaltlich unrichtig, es liegt jedoch keine unechte technische Aufzeichnung vor[901]. Tatbestandsmäßig sind hingegen Fälle, in denen von Dritten manipulierte Geräte aktiv betrieben werden oder ein Garant eine Manipulation durch Dritte nicht hindert (Unterlassungsdelikt)[902]. **497**

> **Bsp.:** D hat den Schreibstift eines Fahrtenschreibers verbogen. T setzt in Kenntnis der Manipulation des D das Gerät in Betrieb. – T macht sich nach § 268 Abs. 1 Nr. 1, Abs. 3 strafbar, weil das Ergebnis des Aufzeichnungsvorgangs im Wege eines menschlichen Eingriffs beein-

---

[897] BGHSt 28, 300 (303); *Wessels/Hettinger/Engländer*, BT 1, Rn. 890.
[898] BGHSt 28, 300 (303); BayObLG VRS 55, 425 (426); LK[II]-*Zieschang*, § 268 Rn. 30.
[899] Vgl. auch BayObLG wistra 1995, 316.
[900] *Kindhäuser/Schramm*, BT 1, § 56 Rn. 13; *Rengier*, BT 2, § 34 Rn. 10.
[901] BGHSt 28, 300 (306).
[902] BGHSt 28, 300 (304 und 307).

flusst wurde, durch die Inbetriebnahme des T jedoch der Anschein entstand, als beruhe dieses auf einem unbeeinflussten Herstellungsvorgang.

498 (2) Nicht tatbestandsmäßig sind bloße **Input-Manipulationen**, d. h. Verhaltensweisen, durch die dem Gerät nur unrichtige Arbeitsvoraussetzungen eingegeben werden, ohne dass auf den ungestörten Aufzeichnungsvorgang eingewirkt wird[903]. In diesen Fällen kann jedoch sorgfältig zu prüfen sein, ob nicht § 269 verwirklicht ist.

> **Bspe.:** T gibt einen unrichtigen Betrag in eine Rechenmaschine ein; T legt das Obst im Supermarkt nicht mit ganzem Gewicht auf die Waage, weil er die Tüte leicht anhebt; T gibt beim Wiegen von Schrauben im Baumarkt eine unzutreffende Kennziffer in das Gerät ein. – § 268 ist in diesen Fällen nicht verwirklicht, da der Aufzeichnungsvorgang nicht manipuliert wurde; der Rechenoperation lagen lediglich unzutreffende Ausgangswerte zugrunde.

499 Entsprechendes gilt, wenn durch Handlungen, die nicht auf den Ablauf des Geräts einwirken, nur ein brauchbares Aufzeichnungsergebnis vereitelt werden soll.

> **Bsp.:**[904] T setzt eine Gegenblitzanlage ein, um die Fotos einer Radaranlage unbrauchbar zu machen. – § 268 ist ebenfalls nicht verwirklicht, da das überbelichtete Foto das Ergebnis eines manipulationsfreien Aufzeichnungsvorgangs ist.

500 bb) Das **Verfälschen einer technischen Aufzeichnung** (Abs. 1 Nr. 1 Var. 2) stellt den Paralleltatbestand zu § 267 Abs. 1 Var. 2 dar. Diese Modalität setzt voraus, dass eine bereits vorhandene echte oder unechte[905] technische Aufzeichnung auf beweiserhebliche Weise durch imitierte Zeichen ergänzt, gelöscht oder (teilweise) ersetzt bzw. verändert wird und hierbei der Eindruck erweckt wird, als trage sie im veränderten Zustand die Gestalt, mit der sie nach ordnungsgemäßem Herstellungsvorgang das Gerät verlassen hat[906].

501 cc) Für das **Gebrauchen einer unechten oder verfälschten technischen Aufzeichnung** (Abs. 1 Nr. 2) kann auf die Ausführungen zu § 267 verwiesen werden[907]; es genügt daher, dass die technische Aufzeichnung so zugänglich gemacht wird, dass die Möglichkeit ihrer Kenntnisnahme besteht.

---

903 *Schönke/Schröder/Heine/Schuster*, § 268 Rn. 47.
904 OLG München NStZ 2006, 576; LG Flensburg NJW 2000, 1664; LK[11]-*Zieschang*, § 268 Rn. 32; s. auch o. Rn. 490.
905 *Kindhäuser/Schramm*, BT 1, § 56 Rn. 14; *Schönke/Schröder/Heine/Schuster*, § 268 Rn. 43.
906 BGH NStZ 2016, 42 (45).
907 S.o. Rn. 470 f.

3. Subjektiver Tatbestand

Für **Vorsatz** und das **Handeln zur Täuschung im Rechtsverkehr** kann auf die Ausführungen zu § 267 verwiesen werden[908]. 502

> **Einführende Aufsätze:**
> *Freund*, Grundfälle zu den Urkundendelikten, JuS 1994, 207 (Allgemeine Ausführungen zum § 268 StGB mit kurzen Fällen zur Verdeutlichung); *Hecker*, Der manipulierte Parkschein hinter der Windschutzscheibe – ein (versuchter) Betrug? – OLG Köln NJW 2002, 527, JuS 2002, 224.

> **Übungsfälle:**
> *Hoffmann-Holland/Singelnstein/Simonis*, Parken und Tanken, JA 2009, 513; *Tiemann*, Die missglückte Existenzgründung, JuS 1994, 138 (Strafbarkeit der Herstellung und Manipulation einer Fotokopie eines Arbeitsvertrags).

> **Rechtsprechung:**
> **BGHSt 28, 300** – Eigendefekt (Echtheit der Aufzeichnung); **BGHSt 29, 204** – Kilometerzähler (Begriff der technischen Aufzeichnung); **BGHSt 40, 26** – Fahrtenschreiber (störende Einwirkung auf den Aufzeichnungsvorgang).

III. Urkundenunterdrückung, § 274

1. Geschütztes Rechtsgut und Systematik

§ 274 enthält in Absatz 1 insgesamt drei Tatbestände (Nr. 1: Urkunden und 503 technische Aufzeichnungen; Nr. 2: beweiserhebliche Daten; Nr. 3: Grenz- und Wasserstandszeichen), die darauf gerichtet sind, den Bestand des jeweiligen Beweismittels zu gewährleisten[909]. Die praktisch bedeutsamste Nr. 1 schützt das Recht, mit der Urkunde bzw. der technischen Aufzeichnung im Rechtsverkehr Beweis zu erbringen (Beweisführungsrecht). Nach Absatz 2 ist der Versuch strafbar.

> **Prüfungsschema**
> **1. Tatbestand**
>   a) Objektiver Tatbestand
>   aa. Abs. 1 Nr. 1: Urkundenunterdrückung
>   (1) Urkunde i. S. v. § 267 oder technische Aufzeichnung i. S. v. § 268
>   (2) Echtheit der Urkunde bzw. der technischen Aufzeichnung

---

908 Vgl. o. Rn. 473 ff.
909 LK[11]-*Zieschang*, § 274 Rn. 1; SK-*Hoyer*, § 274 Rn. 1.

>   (3) Kein alleiniges Beweisführungsrecht des Täters
>   (4) Vernichten, Beschädigen, Unterdrücken
>   bb. Abs. 1 Nr. 2: Datenunterdrückung
>   (1) Beweiserhebliche Daten (§ 202a)
>   (2) Echtheit der Daten
>   (3) Keine alleinige Verfügungsbefugnis des Täters
>   (4) Löschen, Unterdrücken, Unbrauchbarmachen, Verändern
>   cc. Abs. 1 Nr. 3: Grenzveränderung
>   (1) Grenzstein oder anderes zur Bezeichnung einer Grenze oder eines Wasserstandes bestimmtes Merkmal
>   (2) Wegnehmen, Vernichten, Unkenntlichmachen, Verrücken, fälschlich Setzen
>   b) Subjektiver Tatbestand
>   aa. Vorsatz
>   bb. Nachteilszufügungsabsicht (dolus directus 1. oder 2. Grades)
> 2. **Rechtswidrigkeit**
> 3. **Schuld**

2. Urkundenunterdrückung, § 274 Abs. 1 Nr. 1

504 Nach Nr. 1 sind nur **echte Urkunden** i. S. d. § 267 Abs. 1 Var. 2 und echte **technische Aufzeichnungen** i. S. d. § 268 Abs. 1 Var. 2 geschützt. Hingegen unterliegen Fälschungen nicht dem Bestandsschutz des § 274 Abs. 1 Nr. 1[910].

505 a) **Gehören.** Die Urkunde bzw. technische Aufzeichnung darf dem Täter **nicht oder nicht ausschließlich gehören**. Damit sind jedoch nicht die dinglichen Eigentumsverhältnisse in Bezug genommen. Da § 274 das Recht schützt, mit der Urkunde bzw. technischen Aufzeichnung im Rechtsverkehr Beweis zu erbringen, gehört diese schon dann nicht mehr dem Täter allein, wenn (auch) ein Dritter ein Beweisführungsrecht besitzt[911]. Nach § 274 Abs. 1 Nr. 1 kann sich damit auch der Eigentümer der Urkunde bzw. der technischen Aufzeichnung strafbar machen, sofern er eine Herausgabe- oder Vorlegungspflicht (etwa nach § 810 BGB, § 421 ZPO) hat[912]. Ein alleiniges Beweisführungsrecht des Inhabers besteht nach h. M. bei amtlichen Ausweisen (Reisepass, Personalausweis, Führerschein usw.). Diesbezügliche öffentlich-rechtliche Vorlegungsvorschriften, die bloßen Überwachungsaufgaben dienen, begründen grundsätzlich kein Beweisführungsrecht des Staates[913]. Vernichtet der Inhaber seinen

---

[910] *Rengier*, BT 2, § 36 Rn. 1; *Wessels/Hettinger/Engländer*, BT 1, Rn. 908.
[911] BayObLG NJW 1980, 1057 (1058); *Fischer*, § 274 Rn. 3.
[912] BGHSt 29, 192 (194); *Rengier*, BT 2, § 36 Rn. 3.
[913] BayObLG NJW 1997, 1592; *Wessels/Hettinger/Engländer*, BT 1, Rn. 909.

Führerschein, so ist lediglich sein eigenes Beweisinteresse betroffen, wenn er im Rahmen einer Verkehrskontrolle nicht den Nachweis einer gültigen Fahrerlaubnis erbringen kann.

> **Bsp.:**[914] T überklebt das Kennzeichen seines Kfz mit reflektierender Folie, damit dieses auf Bildern von Radaranlagen nicht erkennbar ist. Er wird mit überhöhter Geschwindigkeit geblitzt; das Nummernschild ist auf dem Bild nicht lesbar. – Fraglich ist, ob ein Beweisführungsrecht der Behörde aufgrund der Vorlegungspflicht (vgl. § 60 Abs. 2 StVZO) besteht. Dafür spricht, dass insoweit die ständige Erkennbarkeit des Kennzeichens sichergestellt werden soll. Auch geschieht die Kennzeichenanbringung – anders als eine Ausweisbenutzung – nicht ausschließlich im Interesse des Halters. Letztlich verknüpft das Gesetz viele Fehlverhaltensweisen im Straßenverkehr mit bestimmten Rechtsfolgen des Ordnungswidrigkeiten- oder des Strafrechts. Diese können jedoch nur verhängt werden, wenn das Fahrzeug im Straßenverkehr genau individualisiert werden kann. Das Kennzeichen gehört damit dem T nicht allein[915].

b) Tathandlungen. Vernichtet ist die Urkunde bzw. die technische Aufzeichnung, wenn ihr Inhalt völlig beseitigt wird, so dass sie als Beweismittel nicht mehr vorhanden ist. Dies kann durch Zerstören (z. B. Verbrennen der Urkunde), Unkenntlichmachen der Gedankenerklärung oder des Ausstellers (z. B. durch Ausradieren) oder Aufheben der Verbindung bei einer zusammengesetzten Urkunde geschehen[916]. Ein **Beschädigen** liegt vor, wenn Veränderungen so vorgenommen werden, dass der Wert als Beweismittel beeinträchtigt ist, die Beweisqualität – in Abgrenzung zur Vernichtung – aber nicht aufgehoben ist[917]. **506**

> **Bsp.:** T radiert auf einer von O ausgestellten Quittung eine „Null" aus. – Im Ergebnis wird § 274 Abs. 1 Nr. 1 (Beschädigen) von dem ebenfalls verwirklichten § 267 Abs. 1 Var. 2 im Wege der Konsumtion verdrängt[918].

Unterdrückt ist die Urkunde bzw. die technische Aufzeichnung, wenn der Berechtigte – auch nur vorübergehend – an der Benutzung der Urkunde als Beweismittel gehindert wird, d. h. diese als Beweismittel entzogen oder vorenthalten wird[919]. **507**

> **Bsp.:** Im „Antiblitzbuchstabenfall"[920] hat T das Kennzeichen lediglich überklebt und damit keine Veränderung der Substanz oder des gedanklichen Inhalts der Urkunde herbeigeführt, so dass ein Beschädigen und

---

914 BGHSt 45, 197; zu § 267 bereits o. Rn. 834.
915 Für diesen Fall *Schönke/Schröder/Heine/Schuster*, § 274 Rn. 5.
916 BGH NJW 1954, 1375; *Wessels/Hettinger/Engländer*, BT 1, Rn. 911.
917 OLG Düsseldorf NJW 1983, 2341 (2342); LK[11]-*Zieschang*, § 274 Rn. 34.
918 S. bereits o. Rn. 468.
919 RGSt 57, 310 (312); OLG Koblenz NStZ 1995, 50 (51).
920 S.o. Rn. 465.

erst recht ein Vernichten ausscheidet. Hinsichtlich des Unterdrückens ist problematisch, dass die gewöhnliche Lesbarkeit des Kennzeichens durch die Manipulation nicht beeinträchtigt wird; außerdem wird die Beweisführung mittels des Kennzeichens nicht durch eine Beeinträchtigung der urkundlichen Erklärung selbst herbeigeführt[921].

508 c) **Der subjektive Tatbestand** erfordert **Vorsatz** (zumindest dolus eventualis) bezüglich aller Merkmale des objektiven Tatbestands sowie **Nachteilszufügungsabsicht.** Unter Absicht i. S. d. § 274 fällt nach h. M. auch dolus directus 2. Grades[922]. Es genügt demnach das sichere Wissen, dass die Tat notwendigerweise einen Nachteil zur Folge haben wird, ohne dass sich die Vorstellung zwingend auf eine bestimmte Beweissituation konkretisiert haben muss[923]. Unter Nachteil ist dabei jegliche Beeinträchtigung fremder Rechte zu verstehen. Diese müssen keineswegs zwingend vermögensrechtlicher Natur sein[924]. Derjenige, der benachteiligt werden soll, muss dabei mit dem Beweisführungsberechtigten nicht identisch sein[925]. Keinen Nachteil im Sinne des Tatbestandes stellt aber nach h. M. die Vereitelung eines staatlichen Straf- und Bußgeldanspruchs dar[926]. Die bloße Selbstbegünstigung wird von § 258 nicht erfasst[927] und § 263 schützt den staatlichen Straf- und Bußgeldanspruch ebenfalls nicht[928].

> **Bspe.:** Das Vernichten von Fahrtenschreiberblättern, um Bußgeldansprüche wegen Überschreiten der Lenk- und Ruhezeiten zu vermeiden, fällt damit nicht unter § 274[929]. Ebenso das Überkleben eines Kfz-Kennzeichens mit reflektierender Folie[930].

509 Die Absicht muss dabei darauf gerichtet sein, dass der Beweisführungsberechtigte in einer aktuellen Beweissituation die Urkunde nicht verwenden kann, so dass der Nachteil gerade durch die **Beeinträchtigung des Beweisführungsrechts** eintritt[931].

> **Bsp.:** T nimmt dem O eine EC-Karte weg, ohne dass dieser die Tat bemerkt, um damit unbefugt Geld abzuheben. – Hier soll dem O das

---

921 Eine Urkundenunterdrückung verneinend *Krack*, NStZ 2000, 423; *Lackner/Kühl*, § 274 Rn. 2; bejahend hingegen OLG Düsseldorf NJW 1997, 1793; NK-*Puppe/Schumann*, § 274 Rn. 10.
922 BGH NJW 1953, 1924; BayObLG NJW 1968, 1896 (1897); *Schönke/Schröder/Heine/Schuster*, § 274 Rn. 15.
923 BGH NStZ 2010, 332 (333).
924 BGHSt 29, 192 (196); *Lackner/Kühl*, § 274 Rn. 7.
925 BGH wistra 2010, 483.
926 M/R-*Maier*, § 274 Rn. 29.
927 BayObLG NZV 1989, 81; BGH wistra 2010, 483; a. A. AG Elmshorn NJW 1989, 3295; in der Tendenz nunmehr auch BGH NStZ-RR 2012, 343.
928 BGHSt 38, 345 (351 f.).
929 Vgl. OLG Zweibrücken GA 1978, 316; BayObLG NZV 1989, 81.
930 BayObLG NZV 1999, 213 (214); *Schönke/Schröder/Heine/Schuster*, § 274 Rn. 16.
931 BayObLG NJW 1968, 1896 (1897); OLG Düsseldorf NStZ 1981, 25 (26).

Beweisführungsrecht nicht in einer bestimmten Beweissituation entzogen werden, solange O die Karte nicht selbst zum Abheben benutzen möchte. Zudem beruht der durch die Geldabhebung eintretende Nachteil nur auf der unbefugten Verwendung der Karte, nicht jedoch spezifisch auf der Ausschaltung der Beweisführungsmöglichkeit. § 274 Abs. 1 Nr. 1 ist daher zu verneinen[932].

Einführende Aufsätze:
Geppert, Zum Verhältnis der Urkundendelikte untereinander, insbesondere zur Abgrenzung von Urkundenfälschung und Urkundenunterdrückung, Jura 1988, 158.

Übungsfälle:
Vgl. die Angaben zu § 267.

Rechtsprechung:
BGHSt 29, 192 – Aktenbeseitigung (Urkundenunterdrückung durch den Eigentümer der Urkunde); **BGH NStZ-RR 2011, 276** – Unterlassen der Aktenrückgabe (Nachteilszufügungsabsicht bei Vereitelung eines staatlichen Straf- oder Bußgeldanspruchs).

IV. Mittelbare Falschbeurkundung, § 271

Rechtsgüter des § 271 sind das **besondere Vertrauen in die Beweiskraft von öffentlichen Urkunden sowie die Funktionsfähigkeit der Beurkundungsorgane**[933]. § 271 schützt – anders als § 267 – die Richtigkeit des Inhalts von öffentlichen Urkunden. Erfasst werden daher Fälle der schriftlichen Lüge[934]. Die Vorschrift muss im Zusammenhang mit § 348 gesehen werden und schließt die Lücke, die sich daraus ergibt, dass eine mittelbare Täterschaft beim Sonderdelikt des § 348 (Amtsträgereigenschaft) nicht möglich ist. Der Versuch ist gemäß § 271 Abs. 4 strafbar. Zu beachten ist, dass nur Urkunden mit **öffentlicher Beweiswirkung** (z. B. Führerschein) erfasst werden, nicht aber **schlichte amtliche Urkunden**, die nur zur Erleichterung des inneren Dienstes bestimmt sind (z. B. polizeiliches Vernehmungsprotokoll). Mit Blick auf die Tathandlung – das **Bewirken der Unwahrheit** – ist umstritten, ob die Gutgläubigkeit der Urkundsperson (ungeschriebenes) objektives Tatbestandsmerkmal ist. Diese Streitfrage hat

510

---
932 Vgl. *Rengier*, BT 2, § 36 Rn. 9.
933 RGSt 72, 201 (205); *Krey/Hellmann/Heinrich*, BT 1, Rn. 1046.
934 OLG Hamm NJW 1969, 625; *Rengier*, BT 2, § 37 Rn. 1.

auch für den subjektiven Tatbestand Relevanz, wenn sich der Handelnde über die Gut- bzw. Bösgläubigkeit der Urkundsperson irrt[935].

Einführende Aufsätze:
Bock, Zur Auslegung der Falschbeurkundung i. S. d. §§ 271, 348 StGB, ZIS 2011, 330 (Restriktion auf Urkunden, die den bezeugten Inhalt für und gegen jedermann beweisen?); *Kretschmer*, Mittelbare Täterschaft – Irrtümer über die tatherrschaftsbegründende Situation, Jura 2003, 535.

Übungsfälle:
Bürsch, Der Übungsschein, JuS 1975, 721 (mittelbare Falschbeurkundung durch das Ausstellen lassen eines Scheins ohne die Erbringung der erforderlichen Leistung).

Rechtsprechung:
BGHSt 20, 186 – Schrottautos (öffentlicher Glaube bei Angaben im früheren Kfz-Schein); **BGHSt 22, 201** – Kfz-Schein (öffentlicher Glaube bei Angaben im früheren Kfz-Schein); **BGHSt 34, 299** – Geburtsdatum (falsche Angaben im Führerschein); **BGHSt 42, 131** – Asylbewerber (öffentlicher Glaube bei Bescheinigung nach dem AsylVfG).

---

935 Zum Ganzen *Eisele*, BT 1, Rn. 918 ff.

Teil 8: Brandstiftungsdelikte

I. Brandstiftung, § 306

1. Geschütztes Rechtsgut und Systematik

Bei § 306 handelt es sich trotz seiner systematischen Stellung im Abschnitt „Gemeingefährliche Straftaten" nach h. M. um ein **spezielles Sachbeschädigungsdelikt**, das das Eigentum schützt[936]. Wichtigste Konsequenz dessen ist, dass die Inbrandsetzung durch den Eigentümer bereits nicht den Tatbestand verwirklicht und beim Inbrandsetzen durch Dritte eine rechtfertigende Einwilligung in Betracht kommt. Nach a. A. stellt § 306 Abs. 1 Nr. 1 nicht lediglich ein „qualifiziertes Sachbeschädigungsdelikt" dar, weil der Vorschrift auch ein Element der Gemeingefährlichkeit anhaften soll. Allerdings soll eine rechtfertigende Einwilligung auch nach dieser Ansicht möglich sein[937]. Die Tat stellt ein Verbrechen dar, so dass der Versuch bereits nach allgemeinen Regeln unter Strafe gestellt ist.

511

Dagegen stellt § 306a Abs. 1 ein abstraktes Gefährdungsdelikt zum Schutz von Leib und Leben dar. § 306a Abs. 2 ist keine Qualifikation zu § 306a Abs. 1, sondern normiert ein selbstständiges konkretes Gefährdungsdelikt, das die konkrete Gefahr einer Gesundheitsschädigung eines Menschen voraussetzt. § 306b Abs. 1 stellt eine Erfolgsqualifikation i. S. d. § 18 zu § 306 und § 306a für Fälle dar, in denen der Täter eine schwere Gesundheitsschädigung eines Menschen oder eine (einfache) Gesundheitsschädigung einer großen Zahl von Menschen verursacht. § 306b Abs. 2 enthält hingegen eine Qualifikation mit Vorsatzerfordernis, die sich nur auf § 306a Abs. 1 und 2 (nicht aber auf § 306) bezieht; Voraussetzung ist, dass der Täter entweder (Nr. 1) einen anderen Menschen durch die Tat in die Gefahr des Todes bringt, (Nr. 2) in der Absicht handelt, eine andere Straftat zu ermöglichen oder zu verdecken oder (Nr. 3) das Löschen des Brandes verhindert oder erschwert. § 306c enthält dann wiederum eine Erfolgsqualifikation zu allen Tatbeständen der §§ 306–306b für Fälle, in denen der Täter wenigstens leichtfertig den Tod eines anderen Menschen verursacht. Unübersichtliche Regelungen zur Fahrlässigkeitsstrafbarkeit und zur Vorsatz-

512

---

936 *Jäger*, BT, Rn. 505; *Rengier*, BT 2, § 40 Rn. 1; *SK-Wolters*, § 306 Rn. 1.
937 *Kreß*, JR 2001, 315 (317).

Fahrlässigkeits-Kombination sind in § 306d Abs. 1 und Abs. 2 enthalten. In § 306e finden sich Regelungen über die tätige Reue bei Taten nach § 306, 306a, 306b (§ 306e Abs. 1, 3) und § 306d (§ 306e Abs. 2, 3). § 306f enthält ein eigenständiges Delikt für Fälle der Herbeiführung einer Brandgefahr.

> **Klausurtipp**
> Es empfiehlt sich, die Brandstiftungsdelikte in der Reihenfolge des Gesetzes – beginnend mit § 306 – zu prüfen. Klausurrelevant sind im Zusammenhang mit Versicherungsbetrügereien in diesem Zusammenhang ferner §§ 265, 263 Abs. 1 und 3 Satz 2 Nr. 5.

513 **Prüfungsschema**

> 1. **Tatbestand**
>   a) Objektiver Tatbestand
>   aa) Tatobjekt i. S. d. § 306 Abs. 1 Nr. 1 bis 6
>   (1) Nr. 1: Gebäude oder Hütten
>   (2) Nr. 2: Betriebsstätten oder technische Einrichtungen, namentlich Maschinen
>   (3) Nr. 3: Warenlager oder -vorräte
>   (4) Nr. 4: Kraftfahrzeuge, Schienen-, Luft- oder Wasserfahrzeuge
>   (5) Nr. 5: Wälder, Heiden oder Moore
>   (6) Nr. 6: land-, ernährungs- oder forstwirtschaftliche Anlagen oder Erzeugnisse
>   bb) Fremdes Eigentum
>   cc) Inbrandsetzen oder durch Brandlegung ganz oder teilweise Zerstören
>   b) Subjektiver Tatbestand
> 2. **Rechtswidrigkeit**
> 3. **Schuld**
> 4. **Tätige Reue, § 306e Abs. 1 und 3**

2. Objektiver Tatbestand

514 Erfasst wird das Inbrandsetzen oder durch Brandlegung ganz oder teilweise Zerstören bestimmter Tatobjekte.

515 a) **Tatobjekte der Nrn. 1 bis 6.** Die in Brand gesetzten Tatobjekte müssen wie bei § 303 in fremdem Eigentum stehen. **Gebäude i. S. d. Nr. 1** ist ein Bauwerk, das durch Mauern und Wände begrenzt, mit dem Erdreich fest verbunden und zum Betretenwerden durch Menschen bestimmt und geeignet ist. Bei **Hütten** sind die Anforderungen an Größe und Festigkeit geringer[938].

---

938 *Fischer*, § 306 Rn. 3a; *Wessels/Hettinger/Engländer*, BT 1, Rn. 979.

I. Brandstiftung, § 306

Bspe.: Gebäude sind Rohbauten – auch ohne Türen und Fenster, Container, nicht aber Wohnwagen, da diese nicht fest mit dem Erdreich verbunden sind. Hütten sind Schreberhäuschen, Schirmbars oder Buden.

Die Merkmale sind angesichts des hohen Strafrahmens zur Wahrung des Schuldprinzips im Wege einer **rechtsfolgenorientierten Tatbestandsauslegung** restriktiv auszulegen. So wäre z. B. Nr. 4 nach seinem Wortlaut auch dann verwirklicht, wenn der Täter eine Vespa oder ein kleines Kanu in Brand setzt. Es ist richtigerweise zu verlangen, dass nur solche Objekte erfasst werden, die eine gewisse Größe bzw. Menge oder einen nicht unerheblichen Wert verkörpern[939]. Ebenso erfassen daher die Merkmale Warenvorräte (Nr. 3) bzw. Erzeugnisse (Nr. 6) nicht beim Verbraucher verwahrte Lebensmittel[940], und das Merkmal technische Einrichtung (Nr. 2) auch keine Geschwindigkeitsmessanlage[941]. Hinsichtlich des Begriffs des nicht unerheblichen Wertes sollte man – ähnlich wie bei § 315c – die Grenze bei ca. 1000 € ziehen[942]. Andere Stimmen in der Literatur stellen hingegen – entsprechend der Überschrift des 28. Abschnitts – stärker die Gemeingefährlichkeit der Brandstiftung in den Vordergrund. Demnach soll der Tatbestand zu verneinen sein, wenn eine abstrakte Gefährdung anderer Rechtsgüter ausgeschlossen ist[943]. Dagegen spricht jedoch nach der hier vertretenen Auffassung bereits der Charakter als Eigentumsdelikt. Auch müsste bei Berücksichtigung weiterer Rechtsgüter konsequenterweise eine Einwilligung des Eigentümers unwirksam sein, was jedoch die Strafbarkeit weiter ausdehnen würde.

516

b) Tathandlungen. Diese sind das **Inbrandsetzen und das durch Brandlegung ganz oder teilweise Zerstören** der Tatobjekte.

517

aa) Ein Inbrandsetzen liegt vor, wenn ein für den bestimmungsgemäßen Gebrauch des Tatobjekts wesentlicher Bestandteil so vom Feuer erfasst wird, dass er auch nach Entfernen oder Erlöschen des Zündstoffs selbstständig weiter brennen kann[944]. Bei Gebäuden (Nr. 1) ist ein Bestandteil wesentlich, wenn er nicht entfernt werden kann, ohne dass das Bauwerk selbst beeinträchtigt wird[945]. Das bloße Brennen des Zündstoffs oder das Inbrandsetzen von Einrichtungsgegenständen genügt daher nicht. Wesentliche Bestandteile bei Gebäuden sind etwa Wohnungstüren, Fensterrahmen, Wände, ggf. auch ein fest verlegter Teppichboden, nicht aber Tapeten, Vorhänge, Einrichtungsgegenstände oder Einbauküchen. Nicht ausreichend ist

518

---

939 *Krey/Hellmann/Heinrich*, BT 1, Rn. 1090; *Lackner/Kühl*, § 306 Rn. 2.
940 BGH NStZ 2018, 657; *Eisele* JuS 2018, 724 ff.
941 OLG Braunschweig NJW Spezial 2014, 90; *Schönke/Schröder/Heine/Bosch*, § 306 Rn. 5.
942 *Rengier*, BT 2, § 40 Rn. 6.
943 Vgl. NK-*Kargl*, § 306 Rn. 16; *Schönke/Schröder/Heine/Bosch*, § 306 Rn. 3 und 7.
944 BGHSt 36, 221 (222); 48, 14 (15); BGH StV 2013, 632 (635); NK-*Kargl*, § 306 Rn. 17.
945 BGH StV 2002, 145; *Wessels/Hettinger/Engländer*, BT 1, Rn. 980.

in solchen Fällen, dass lediglich die Möglichkeit besteht bzw. die Tathandlung dazu geeignet ist, dass das Feuer auf wesentliche Bestandteile übergreifen kann[946]. Insoweit kommt richtigerweise nur ein Versuch in Betracht.

> **Bsp.:** T entzündet einen Kanister Benzin im Haus des O. Da der Boden mit Granitfliesen ausgelegt ist, kann das Feuer jedoch nicht übergreifen. – § 306 ist hier zu verneinen, da kein wesentlicher Bestandteil des Gebäudes in Brand gesetzt wurde.

519 (1) Tatbestandsmäßig ist auch das **mittelbare Inbrandsetzen**, wenn das Feuer von anderen Gegenständen bzw. Gebäuden auf das jeweilige Tatobjekt übergreift. Dabei ist allerdings zu beachten, dass dies auch vom Vorsatz des Täters umfasst sein muss; andernfalls ist § 306d Abs. 1 Var. 1 i. V. m. § 306 zu prüfen.

520 (2) Ein Inbrandsetzen ist auch an einem **bereits brennenden Gebäude** möglich[947]. Dies gilt jedenfalls dann, wenn das Gebäude an noch nicht brennenden Teilen in Brand gesetzt wird[948]. Richtigerweise ist der Tatbestand aber auch dann verwirklicht, wenn ein bestehender Brand – etwa durch Hinzugießen von Benzin – lediglich verstärkt wird und nach den Regeln des Allgemeinen Teils ein für das Weiterbrennen kausaler und objektiv zurechenbarer Beitrag gesetzt wird[949]. Dem steht die Wortlautgrenze „Inbrandsetzen" nicht entgegen[950].

521 (3) Auch durch bloßes **Unterlassen** ist ein Inbrandsetzen möglich. Dies gilt jedenfalls dann, wenn das Gebäude noch nicht in Brand geraten ist und der Garant das Übergreifen eines Feuers oder das Inbrandsetzen durch einen Dritten nicht verhindert[951].

> **Bsp. (1):** T hat Einrichtungsgegenstände im Gebäude des O fahrlässig in Brand gesetzt. Dennoch hindert er das Übergreifen des Feuers auf das Gebäude nicht. – T macht sich nach §§ 306 Abs. 1 Nr. 1, 13 strafbar, da er Garant kraft Ingerenz ist.
>
> **Bsp. (2):** Hausmeister T als Garant hindert den Brandstifter B nicht daran, das Gebäude des O in Brand zu setzen. – Hier kommen ebenfalls §§ 306 Abs. 1 Nr. 1, 13 in Betracht. Allerdings muss die umstrittene Frage aus dem Allgemeinen Teil diskutiert werden, ob der den aktiven Täter nicht hindernde Garant Nebentäter durch Unterlassen ist oder lediglich Beihilfe durch Unterlassen zur aktiven Begehungstat leistet[952].

---

946 So aber BGHSt 48, 14 (18 f.); BGH NStZ 2007, 270; ferner BT-Drs. 13/8587, S. 26; dagegen NK-*Kargl*, § 306 Rn. 17.
947 OLG Hamm NJW 1960, 1874.
948 *Lackner/Kühl*, § 306 Rn. 3; *Rengier*, BT 2, § 40 Rn. 9.
949 A/W/H/H-*Hilgendorf*, § 37 Rn. 19; *Lackner/Kühl*, § 306 Rn. 3.
950 MünchKomm-*Radtke*, § 306 Rn. 53; für bloße Beihilfe *Rengier*, BT 2, § 40 Rn. 9.
951 *Rengier*, BT 2, § 40 Rn. 10; Schönke/Schröder/*Heine/Bosch*, § 306 Rn. 18.
952 Hierzu *Eisele/Heinrich*, AT, Rn. 780.

I. Brandstiftung, § 306

522 (4) Problematisch ist ferner, ob ein Inbrandsetzen durch Unterlassen an einem bereits brennenden Gebäude möglich ist. Dies ist jedenfalls dann zu bejahen, wenn der Täter das Entstehen eines zusätzlichen Brandherdes nicht hindert[953]. Die h. M. bejaht aber mit Recht auch im Übrigen die Möglichkeit einer Brandstiftung durch Unterlassen[954], da das **Unterlassen von Löschmaßnahmen** zu erheblich weitergehenden Schäden führen kann.

> **Bsp.:** T raucht im Haus des O eine Zigarette und wirft diese achtlos weg. Als das Haus daraufhin in Brand gerät, löscht T nicht, obwohl er das Feuer bemerkt. – T verwirklicht durch das Wegwerfen der Zigarette zunächst eine fahrlässige Brandstiftung nach § 306d Abs. 1 Var. 1 i. V. m. § 306 Abs. 1 Nr. 1, die jedoch als mitbestrafte Vortat auf Konkurrenzebene gegenüber der nachfolgenden Brandstiftung durch Unterlassen nach §§ 306 Abs. 1 Nr. 1, 13 zurücktritt; die hierfür erforderliche Garantenstellung folgt gerade aus dem pflichtwidrigen Vorverhalten (Ingerenz).

523 Ein Inbrandsetzen durch Unterlassen muss jedoch ausscheiden, wenn das Tatobjekt infolge des Brandes **seine Eigenschaft bereits verloren** hat. Dies ist etwa der Fall, wenn ein Gebäude i. S. d. Nr. 1 zuvor vollständig niedergebrannt ist.

524 **bb)** Die mit dem 6. StrRG eingeführte Tatmodalität **durch eine Brandlegung ganz oder teilweise zerstören** soll Fälle erfassen, in denen das Merkmal Inbrandsetzen nicht verwirklicht ist, weil – z. B. auf Grund der Verwendung feuerbeständiger und feuerhemmender Baustoffe – ein Feuer erst gar nicht entstehen kann. Die Brandlegung zielt dabei auf die Verursachung eines Brandes durch Brandmittel. Erfasst werden die typischen zerstörerischen Folgen durch Ruß-, Gas- und Hitzeentwicklung, durch Schwelbrand oder Explosion des Brandmittels[955].

525 Erforderlich ist dabei die völlige oder teilweise Zerstörung des Tatobjekts. **Zerstören** bedeutet, dass das Tatobjekt vollständig vernichtet wird oder seine bestimmungsgemäße Brauchbarkeit im Ganzen verliert[956]. Unter einem **teilweisen Zerstören** ist zu verstehen, dass eine oder mehrere Zweckbestimmungen des Tatobjekts durch den Brand aufgehoben worden sind oder ein für die ganze Sache wesentlicher Teil in seiner geschützten Zweckbestimmung unbrauchbar wird[957]. Für die Unbrauchbarkeit ist die Beeinträchtigung der bestimmungsgemäßen Nutzbarkeit für eine „nicht nur un-

---

953 *Rengier*, BT 2, § 40 Rn. 11.
954 NK-*Kargl*, § 306 Rn. 21; *Lackner/Kühl*, § 306 Rn. 3; a. A. *Rengier*, BT 2, § 40 Rn. 11.
955 BT-Drs. 13/8587, S. 26 (69); BGHSt 48, 14 (19); BGH NStZ 2001, 252.
956 *Rengier*, BT 2, § 40 Rn. 13; *Wessels/Hettinger/Engländer*, BT 1, Rn. 982.
957 BGHSt 48, 14 (20); 57, 50 (51); BGH NStZ 2014, 404 (403); *Ernst/Bechtel*, JSE 2013, 380 (382).

erhebliche Zeit" erforderlich, was aus Perspektive eines verständigen Wohnungsinhabers zu beurteilen ist[958]. Angesichts der hohen Strafdrohung muss sowohl bei Wohngebäuden als auch bei gewerblich genutzten Gebäuden ein teilweises Zerstören von einigem Gewicht vorliegen[959]. Bei Wohngebäuden wird das bloße Zerstören von Mobiliar[960] oder Beschädigen von Fenstern nicht erfasst; dasselbe gilt, wenn lediglich Nebenräume – wie Keller, die die Wohnnutzung nicht betreffen – beschädigt werden[961]. Nicht ausreichend ist auch die Einschränkung oder Aufhebung der Nutzbarkeit für nur wenige Stunden oder einen Tag[962].

526 **Durch eine Brandlegung** (ganz oder teilweise) zerstört sind die Tatobjekte auch dann, wenn die Zerstörung erst durch das Löschen mit Wasser, Schaum oder Chemikalien eintritt, weil dies spezifische und vom Täter veranlasste Folgen einer Brandstiftung sind[963].

> **Bsp.:** T möchte das Gebäude des O in Brand setzen. Beim Anzünden des Zündstoffes entsteht starker Qualm, worauf die Löschanlage automatisch in Gang gesetzt wird. Die mit Holz vertäfelten Wohnräume des O werden zerstört.

3. Subjektiver Tatbestand

527 Für den subjektiven Tatbestand ist **Eventualvorsatz** ausreichend. Liegt statt des geplanten Inbrandsetzens die Variante der Brandlegung vor, weil das Gebäude nicht in Flammen aufgeht, sondern beim Entzünden sogleich durch eine Explosion zerstört wird, so liegt lediglich eine unwesentliche Abweichung vom vorgestellten Kausalverlauf vor, da § 306 beide Tathandlungen gleichrangig nennt[964].

4. Rechtswidrigkeit

528 Eine rechtfertigende Einwilligung ist bei § 306 als speziellem Sachbeschädigungsdelikt möglich, da der Eigentümer zur Disposition über das Rechtsgut befugt ist[965]. Bei der Inbrandsetzung von Sachen juristischer Personen obliegt die Erteilung der Einwilligung demjenigen Vertretungsorgan, zu dessen Geschäftsbefugnissen die Verfügung über die Sache gehört. Die Einwilligung ist aber unwirksam, wenn der Vertreter damit seine Vertretungsmacht offensichtlich missbraucht. Das gilt auch dann, wenn die Beschränkung der Vertretungsmacht im Außenverhältnis unbeachtlich ist[966].

---

958 BGHSt 48, 14 (20 f.); BGH NJW 2014, 1123 (1124).
959 BGHSt 48, 14 (20); 57, 50 (51); *Radtke*, NStZ 2003, 432 f.
960 BGHSt 48, 14 (20); 57, 50 (51).
961 BGH NJW 2014, 1123 (1124).
962 BGH NStZ 2008, 519; NJW 2014, 1123 (1124).
963 *Fischer*, § 306 Rn. 15; *Schönke/Schröder/Heine/Bosch*, § 306 Rn. 17.
964 *Joecks/Jäger*, § 306 Rn. 35; NK-*Kargl*, § 306 Rn. 27.
965 S. schon o. Rn. 511.
966 BGH NJW 2003, 1824.

5. Tätige Reue nach § 306e Abs. 1 und 3

529 Vor allem bei der Tatvariante des Inbrandsetzens ist die Vollendung der Tat weit nach vorne verlagert. Die Möglichkeit eines Rücktritts nach § 24 ist daher bereits in einem Stadium, in dem häufig bedeutende Sachschäden noch nicht entstanden sind, abgeschnitten. Die Verhinderung erheblicher Schäden soll deshalb über die Figur der tätigen Reue Berücksichtigung finden. Voraussetzung für die Anwendbarkeit der Vorschrift ist demnach stets eine vollendete Tat. Solange in der Versuchsphase das Gebäude noch nicht in Brand gesetzt ist, d.h. noch kein wesentlicher Bestandteil vom Feuer ergriffen ist, ist hingegen ein Rücktritt nach den Grundsätzen des § 24 zu prüfen. Das von der Vorschrift vorausgesetzte Löschen des Brandes, das auch durch Einschaltung Dritter (Feuerwehr) bewirkt werden kann, muss insbesondere **freiwillig** erfolgen. Insoweit sind die von § 24 bekannten Grundsätze zu übertragen[967]. Eine Entsprechung zu § 24 (Abs. 1 Satz 2) findet sich auch in § 306e Abs. 3, wonach, sofern der Brand ohne Zutun des Täters gelöscht wird, dessen ernsthaftes (und freiwilliges) Bemühen ausreichend ist[968].

6. Konkurrenzen

530 §§ 303, 305 treten hinter § 306 im Wege der Gesetzeskonkurrenz (Spezialität) zurück. Legt der Täter in der Absicht, ein Feuer zu entfachen, in einer Tiefgarage im unmittelbaren zeitlichen und räumlichen Zusammenhang an mehreren Stellen einen Brand, begeht er nur eine Brandstiftung, auch wenn durch die Tat verschiedene Tatobjekte (Fahrzeuge) i.S.d. § 306 Abs. 1 Nr. 4, die im Eigentum verschiedener Rechtsgutsträger stehen, geschädigt werden.

II. Schwere Brandstiftung, § 306a

1. Geschütztes Rechtsgut und Systematik

531 § 306a normiert in Abs. 1 und Abs. 2 zwei voneinander zu unterscheidende Delikte, die gegenüber § 306 selbstständige Tatbestände darstellen. **§ 306a Abs. 1 ist ein abstraktes Gefährdungsdelikt**, das Leib und Leben von Menschen vor Gefahren des Brandes schützen soll. Abstrakte Gefährdungsdelikte sind Delikte, bei denen ein bestimmtes Verhalten wegen seiner erfahrungsgemäßen Gefährlichkeit unter Strafe gestellt ist, ohne dass es im Einzelfall tatsächlich zu einer konkreten Gefahr kommen muss. Anders als bei konkreten Gefährdungsdelikten ist die Gefahr nicht Voraussetzung des Tatbestandes, sondern lediglich gesetzgeberisches Motiv[969]. § 306a Abs. 2

---

[967] BGH NStZ 2003, 265 f. Vgl. zur Freiwilligkeit i.S. von § 24 StGB *Eisele/Heinrich*, AT, Rn. 535 ff.
[968] Näher zum Ganzen *Eisele*, BT 1, Rn. 1025 ff.
[969] *Eisele/Heinrich*, AT, Rn. 111.

stellt hingegen ein konkretes **Gefährdungsdelikt** dar, da der Eintritt der Gefahr einer Gesundheitsschädigung hier Merkmal des Tatbestandes ist.

532 Prüfungsschema zu § 306a Abs. 1
1. **Tatbestand**
   a) Objektiver Tatbestand
      aa) Tatobjekt i. S. d. § 306a Abs. 1
         (1) Nr. 1: Gebäude, Schiff, Hütte oder andere Räumlichkeit, die der Wohnung von Menschen dient
         (2) Nr. 2: Kirche oder anderes der Religionsausübung dienendes Gebäude
         (3) Nr. 3: Räumlichkeit, die zeitweise dem Aufenthalt von Menschen dient, zu einer Zeit, in der Menschen sich dort aufzuhalten pflegen
      bb) Inbrandsetzen oder durch Brandlegung ganz oder teilweise Zerstören
   b) Subjektiver Tatbestand
2. **Rechtswidrigkeit**
3. **Schuld**
4. **Tätige Reue, § 306e Abs. 1 und 3**

2. Objektiver Tatbestand des § 306a Abs. 1

533 Erforderlich ist auch hier das Inbrandsetzen oder durch Brandlegung ganz oder teilweise Zerstören eines der enumerativ genannten Tatobjekte.

534 a) **Geschützte Tatobjekte der Nrn. 1 bis 3.** Da es sich um ein abstraktes Gefährdungsdelikt handelt, das Menschen vor Gefahren eines Brandes schützen soll, spielen die Eigentumsverhältnisse keine Rolle. Die Tatobjekte müssen – anders als in Fällen des § 306 – nicht fremd sein. Damit kann auch der Eigentümer den Tatbestand verwirklichen.

> **Bsp.:** Vermieter T möchte den „fristlosen Auszug" seines Mieters O erreichen. Deshalb setzt er sein Wohngebäude in Brand. – T macht sich nach § 306a Abs. 1 Nr. 1 strafbar; dass das Gebäude in seinem Eigentum steht, ist unerheblich, da die Vorschrift den Schutz der Bewohner vor den Gefahren des Brandes bezweckt. Hingegen ist § 306 Abs. 1 Nr. 1 (ferner §§ 303, 305) zu verneinen, da das Tatobjekt bereits nicht fremd war.

535 aa) Die in **Nr. 1** genannte **Räumlichkeit** ist der Oberbegriff, der durch die Beispiele Gebäude, Schiff, Hütte erläutert wird. Diese muss der Wohnung von Menschen dienen, d. h. zumindest vorübergehend zur Unterkunft vorgesehen sein bzw. zum Mittelpunkt des Aufenthalts gemacht werden[970].

---

[970] Vgl. *Rengier*, BT 2, § 40 Rn. 20; SK-*Wolters*, § 306a Rn. 7.

> **Bsp.:** Wohn- oder Künstlerwagen; umgebaute Busse; Hausboote; größere Zelte.

(1) Entscheidend ist die **tatsächliche Nutzung als Wohnung**, weil hier der Schutz der Wohnung als Lebensmittelpunkt im Vordergrund steht. Nicht entscheidend ist hingegen, ob eine Berechtigung – etwa durch einen Mietvertrag – besteht[971]. Erforderlich ist, dass die Räumlichkeit von mindestens einem Menschen bewohnt wird[972]. Ein Neubau erlangt die Wohnungseigenschaft daher erst mit dem Einzug der Bewohner. Umgekehrt dient ein von allen Bewohnern aufgegebenes, leer stehendes Haus nicht mehr zum Wohnen, selbst wenn immer wieder Aufenthalte zur Hausreinigung und Gartenpflege stattfinden[973]. Entsprechendes soll sogar gelten, wenn der letzte Bewohner vor der Brandstiftung vom Täter getötet worden ist[974]. 536

(2) Die Wohnungseigenschaft kann durch **Entwidmung** beendet werden, wenn alle Bewohner die Wohnungseigenschaft einvernehmlich aufgeben bzw. alle Bewohner der Entwidmung zustimmen[975]. Die Entwidmung kann auch konkludent durch die Brandstiftung selbst, die Beauftragung eines Dritten zur Brandstiftung oder durch die Einwilligung in eine Brandstiftung erfolgen[976]. Dem steht nicht entgegen, dass ein die Zweckbestimmung aufgebender Nutzer das Gebäude für den Fall des Fehlschlagens der Brandlegung doch weiter bewohnen möchte[977]. Auch genügt es für die Entwidmung des ganzen Gebäudes, wenn nur ein Teil des Gebäudes – z. B. eine Wohnung – in Brand gesetzt wird und darüber hinaus hingenommen wird, dass ggf. das ganze Gebäude unbewohnbar wird[978], sofern nicht an der Entwidmung unbeteiligte Personen dort wohnen. Für die Frage, ob eine wirksame Entwidmung vorliegt, ist im Übrigen – entsprechend dem geschützten Rechtsgut – die Eigentümerstellung unerheblich. Daher liegt keine wirksame Entwidmung durch den Eigentümer vor, wenn die Räumlichkeit noch durch andere Personen bewohnt wird. Eltern können für ihre Kinder jedenfalls dann die Entwidmung vornehmen, wenn kein entgegenstehender Wille vorhanden ist und diese sich nicht im Haus aufhalten[979]. 537

> **Bsp.:**[980] Mieterin T steckt das Haus des Eigentümers O, in dem sie mit ihrem dreijährigen Kind und ihrem Freund F wohnt, in Brand. F ist

---

971 Vgl. BGHSt 26, 121 (123); *Wessels/Hettinger/Engländer*, BT 1, Rn. 988.
972 *Lackner/Kühl*, § 306a Rn. 2.
973 BGH NStZ 2012, 39 f.
974 BGHSt 23, 114; *Schönke/Schröder/Heine/Bosch*, § 306a Rn. 5.
975 BGHSt 10, 208 (215); 26, 121 (122); *Rengier*, BT 2, § 40 Rn. 21.
976 BGHSt 16, 394 (396); BGH NStZ 1998, 71.
977 BGH NStZ-RR 2001, 330; NStZ 2008, 99 (100); *Fischer*, § 306a Rn. 4a.
978 BGH NStZ 2008, 99 (100).
979 BGH NStZ 1999, 32 (34); NStZ 2008, 99 (100).
980 Vgl. BGH NStZ 1999, 32 f.; NStZ 1992, 541.

mit der Tat einverstanden. – T macht sich zunächst nach § 306 Abs. 1 Nr. 1 strafbar, weil sie ein fremdes Gebäude in Brand gesetzt hat; § 303 und ggf. § 305 treten dahinter im Wege der Gesetzeskonkurrenz zurück. § 306a Abs. 1 Nr. 1 ist hingegen zu verneinen, da das Gebäude nicht mehr Wohnzwecken diente; T konnte als Bewohnerin die Entwidmung auch gegen den Willen des Eigentümers O im Wege der Brandstiftung vornehmen, weil Mitbewohner F zugestimmt hatte und sie als gesetzliche Vertreterin auch für ihr minderjähriges Kind die Wohnungseigenschaft aufgeben konnte.

538 bb) Bei der **Kirche oder einem anderen der Religionsausübung dienenden Gebäude i. S. d. Nr. 2** kommt es ebenfalls auf die Zweckbestimmung – hier zur Religionsausübung – an. Wird eine Kirche veräußert und dient nun als Festsaal oder Ausstellungsraum, so ist der Tatbestand zu verneinen.

539 cc) Die **Räumlichkeiten nach Nr. 3 müssen zeitweise dem Aufenthalt von Menschen dienen** und zu einer Zeit in Brand gesetzt werden, in der Menschen sich dort aufzuhalten pflegen. Ob der Aufenthalt von Personen in der Räumlichkeit rechtmäßig ist oder nicht, ist unerheblich.

> **Bspe.:** Gelegentlich von Obdachlosen zur Übernachtung genutzte Scheune[981]; Fabriken; Gaststätten oder andere gewerblich genutzte Räume, die nicht als Wohnung dienen; mangels Bewegungsfreiheit nicht ein PKW oder eine Telefonzelle[982].

Erfolgt die Brandstiftung zu einer Zeit, in der die Räumlichkeit üblicherweise nicht von Menschen betreten wird, so ist der Tatbestand selbst dann zu verneinen, wenn ein Mensch gefährdet oder verletzt wird. Auch der Vorsatz muss sich darauf beziehen, dass sich in der Räumlichkeit zur Tatzeit üblicherweise Menschen aufhalten[983].

540 b) **Einschränkungen.** Für das abstrakte Gefährdungsdelikt des § 306a Abs. 1 werden verschiedene tatbestandliche Einschränkungen diskutiert.

541 aa) Streitig ist, ob bei **gemischt genutzten Gebäuden** diejenige Räumlichkeit, die der Wohnung (Nr. 1), der Religionsausübung (Nr. 2) oder dem Aufenthalt (Nr. 3) von Menschen dient, selbst vom Feuer ergriffen sein muss. Teilweise wird es für ausreichend erachtet, dass das Gebäude als Ganzes überhaupt in Brand gesetzt wird[984]. Andere wiederum verlangen, dass gerade auch der geschützte Teil in Brand geraten ist[985]. Aus dem Charakter als abstraktes Gefährdungsdelikt folgt richtigerweise, dass es notwendig, aber auch ausreichend ist, wenn andere Teile des Gebäudes in Brand gesetzt

---

981 BGHSt 23, 60 (62).
982 BGHSt 10, 208 (213 f.); *Lackner/Kühl*, § 306a Rn. 4.
983 BGHSt 36, 221 (222 f.); *Wessels/Hettinger/Engländer*, BT 1, Rn. 993.
984 *Rengier*, JuS 1998, 397 (399); *Schneider*, Jura 1988, 460 (463 ff.).
985 So NK-*Kargl*, § 306a Rn. 12; *Schönke/Schröder/Heine/Bosch*, § 306a Rn. 11.

II. Schwere Brandstiftung, § 306a

werden und zudem nicht vollständig ausgeschlossen ist, dass das Feuer auch auf den von Nrn. 1 bis 3 geschützten Bereich, also z. B. den Wohnbereich übergreift[986]. Nach h. M. muss es sich hierbei nach natürlicher Auffassung um ein einheitliches zusammenhängendes Gebäude handeln. Der Vorsatz des Täters muss sich dabei stets darauf beziehen, dass sich in dem Gebäude überhaupt ein Wohnteil bzw. eine Räumlichkeit befindet, die dem Aufenthalt von Menschen dient.

> **Bsp.:** Metzgermeister O hat seine Wohnung über dem Verkaufsraum im Erdgeschoss; beide Etagen sind durch eine Holztreppe miteinander verbunden. T setzt die Metzgerei zur Nachtzeit in Brand. – Hier ist § 306a Abs. 1 Nr. 1 verwirklicht, wenn ein Übergreifen des Feuers auf den Wohnteil nicht ausgeschlossen ist; § 306a Abs. 1 Nr. 3 scheidet hingegen aus, da die Metzgerei zur Nachtzeit nicht dem Aufenthalt von Menschen dient.

bb) Auch beim **Inbrandsetzen anderer Räume**, die – wie ein Kellerraum – nicht unmittelbar Wohnzwecken dienen, kann § 306a Abs. 1 Nr. 1 einschlägig sein, wenn sich das Feuer auf Gebäudeteile ausbreiten kann, die für den bestimmungsgemäßen Gebrauch des Gebäudes zu Wohnzwecken wesentlich sind[987]. Erforderlich ist aber auch hier, dass wesentliche Bestandteile des Gebäudes und nicht nur eingelagerte Gegenstände in Brand gesetzt sind[988]. **542**

cc) Fraglich ist letztlich, ob die Strafbarkeit angesichts des hohen Strafrahmens bei **Ausschluss jeglicher Gefährdung** zu verneinen ist. Dies ist vor allem in Fällen von Bedeutung, in denen sich der Täter vor der Tatausführung vergewissert, dass eine Gefährdung von Menschenleben nicht eintreten kann, weil sich niemand im Gebäude aufhält. Z.T. wird eine teleologische Reduktion des Tatbestandes in Fällen befürwortet, in denen der Täter objektiv kein Gefährdungsrisiko bewirkt und sich subjektiv von der Unmöglichkeit der Rechtsgutsgefährdung überzeugt hat[989]. Man kann dann immerhin sagen, dass durch das Ausbleiben der Gefährdung das Erfolgsunrecht und durch die Vergewisserung des Täters das Handlungsunrecht verringert sind. Rechtsprechung und h. L. lehnen derartige Einschränkungen grundsätzlich ab[990]. Dafür spricht nicht nur die Auffassung des Gesetzgebers im Rahmen des 6. StrRG 1998[991], der die entsprechende Rechtsprechung zu § 306 Nr. 2 a. F. ausdrücklich gebilligt hat, sondern auch der Sinn des abstrakten Gefährdungsdelikts, das ansonsten zu sehr in Richtung eines konkreten Gefährdungsdelikts verschoben würde. Da die konkrete Gefährdung aber bereits von § 306a Abs. 2 erfasst wird, würde dies einen systematischen Bruch darstellen. Letztlich ist auch der gesetzgeberi- **543**

---

986 BGHSt 34, 115 (118); 35, 283 (286); BGH NStZ-RR 2012, 309; *Lackner/Kühl*, § 306a Rn. 2.
987 S. auch BGHSt 48, 14 (21).
988 S.o. 518.
989 *Haft*, BT 2, S. 225.
990 BGHSt 34, 115 (118 ff.); BGH NJW 1982, 2329; *Eisele*, JA 1999, 542 (544).
991 Vgl. BT-Drs. 13/8587, S. 47.

sche Wille des absoluten Schutzes der Wohnung als Mittelpunkt des menschlichen Lebens zu beachten. Eine Nichtanwendung des Tatbestandes kann bei einer Vergewisserung durch absolut zuverlässige lückenlose Maßnahmen – wie der BGH einmal erwogen hat[992] – allenfalls bei „kleinen, insbesondere bei einräumigen Hütten oder Häuschen (...), bei denen auf einen Blick übersehbar ist, dass sich Menschen dort nicht aufhalten können", in Betracht kommen[993].

544 c) **Tathandlungen.** Für das Inbrandsetzen und die Brandlegung kann auf die Ausführungen zu § 306 verwiesen werden[994]. Ein **teilweises Zerstören** soll bei einer Brandstiftung in einem Mehrfamilienhaus oder bei Mischnutzung nur dann vorliegen, wenn ein zum selbstständigen Gebrauch bestimmter Teil bzw. eine abgeschlossene Untereinheit des Wohngebäudes für Wohnzwecke unbrauchbar geworden ist. Das kann z. B. der Fall sein, wenn eine der Wohnungen wegen der Folgen der Brandstiftung renovierungsbedürftig ist und für eine erhebliche Zeit (nicht nur für Stunden oder einen Tag) nicht mehr benutzbar ist[995]. Nicht ausreichend ist es, wenn nur ein einzelnes Zimmer einer Wohnung[996], Räume, die – wie Keller – nicht funktional dem Wohnen dienen[997] oder Mobiliar unbrauchbar gemacht wird. Auch bloße Verschmutzungen genügen nicht[998].

3. Subjektiver Tatbestand

545 Ausreichend ist Eventualvorsatz bzgl. der objektiven Tatbestandsmerkmale.

4. Rechtswidrigkeit

546 Eine rechtfertigende Einwilligung des Eigentümers der Tatobjekte kommt nicht in Betracht, da dieser über das geschützte Rechtsgut Leib und Leben nicht dispositionsbefugt ist. Soweit jedoch alle Bewohner – also ggf. auch der Eigentümer – der Brandstiftung zustimmen, kann bereits der Tatbestand auf Grund wirksamer Entwidmung zu verneinen sein[999].

547 Prüfungsschema zu § 306a Abs. 2
1. **Tatbestand**
   a) Objektiver Tatbestand
      aa) Tatobjekt: Eine in § 306 Abs. 1 Nr. 1 bis 6 bezeichnete Sache
         Beachte: Das Tatobjekt muss nicht fremd sein
      bb) Inbrandsetzen oder durch Brandlegung ganz oder teilweise Zerstören

---

992 BGHSt 26, 121 (123 ff.); BGH NStZ 2014, 404 (406).
993 Ausführlicher *Eisele*, BT 1, Rn. 1050.
994 S.o. Rn. 517 ff.
995 BGHSt 48, 14 (20); BGH NStZ 2007, 270 (271).
996 BGH NStZ 2010, 151 f.
997 BGH NJW 2011, 1091 (Kellerräume); BGH NJW 2011, 2148 (Geschäftsräume).
998 BGH NStZ-RR 2012, 309 f.; StV 2013, 632 (634); *Ernst/Bechtel*, JSE 2013, 380 (382).
999 Vgl. bereits o. Rn. 537.

>   cc) Dadurch Gefahr einer Gesundheitsschädigung eines anderen Menschen
>   b) Subjektiver Tatbestand
> 2. **Rechtswidrigkeit**
> 3. **Schuld**
> 4. **Tätige Reue, § 306e Abs. 1 und 3**

5. Objektiver Tatbestand des § 306a Abs. 2

548 Das konkrete Gefährdungsdelikt setzt voraus, dass es durch die Brandstiftung zu einer Gefahr einer Gesundheitsschädigung eines anderen Menschen kommt.

549 a) § 306a Abs. 2 nimmt hinsichtlich der **Tatobjekte auf § 306 Abs. 1 Nr. 1 bis Nr. 6** Bezug. Angesichts des nicht ganz eindeutigen Verweises ist fraglich, ob dieser nur die Tatobjekte oder auch das Wort „fremde" erfasst, das vor der Nr. 1 des § 306 Abs. 1 steht. Nach h. M. genügt es, dass – **unabhängig von den Eigentumsverhältnissen** – ein Tatobjekt i. S. d. § 306 Abs. 1 in Brand gesetzt oder durch eine Brandlegung ganz oder teilweise zerstört wird[1000]. Dafür spricht vor allem, dass die Gefährlichkeit der Tat in Bezug auf die menschliche Gesundheit, die von § 306a Abs. 2 geschützt wird, nicht von den Eigentumsverhältnissen des in Brand gesetzten Tatobjekts abhängt. Erfasst werden damit fremde und herrenlose Tatobjekte sowie solche, die im Eigentum des Täters stehen. Für das **„teilweise Zerstören"** ist bei einem Wohngebäude nicht erforderlich, dass tatsächlich Wohnräume von der Brandlegung betroffen sind; auch geringere Objektschäden – wie die Unbrauchbarmachung von Kellerräumen – werden erfasst, wenn dadurch Menschen konkret gefährdet werden[1001].

550 b) Der Täter muss durch die Tat („dadurch") einen anderen Menschen in eine **konkrete Gefahr einer Gesundheitsschädigung** – etwa einer Rauchvergiftung – bringen. Für die konkrete Gefahr ist an die üblicherweise verwendete Gefahrformel anzuknüpfen, wonach die Tathandlung über die ihr innewohnende latente Gefährlichkeit hinaus zu einer kritischen Situation für das geschützte Rechtsgut geführt haben muss; aufgrund einer objektiv nachträglichen Prognose ist demnach zu beurteilen, ob die Sicherheit einer bestimmten Person so stark beeinträchtigt worden ist, dass es nur noch vom Zufall abhing, ob das Rechtsgut verletzt wurde oder nicht. Allein der Umstand, dass sich Menschen in enger räumlicher Nähe zur Gefahrenquelle befinden, genügt noch nicht zur Annahme einer konkreten Gefahr einer Gesundheitsschädigung[1002].

1000 BGH NStZ 1999, 32; NStZ-RR 2000, 209; *Eisele*, JA 1999, 542 (544).
1001 BGHSt 56, 94 (97); BGH NJW 2014, 1123 (1124).
1002 BGH NStZ 1999, 32 (33); *Wessels/Hettinger/Engländer*, BT 1, Rn. 996.

> **Bsp.:** T setzt ein Haus in Brand; die Bewohner bemerken das Feuer sogleich und können sich in Sicherheit bringen. – Es liegt noch keine konkrete Gefahr vor, weil die bloße räumliche Nähe nicht genügt.

551 Erforderlich ist ferner, dass sich gerade die **spezifische Gefahr des Inbrandsetzens bzw. der Brandlegung** im Gefahrerfolg niederschlägt. Zu den Einzelheiten kann auf die Ausführungen zu § 306c verwiesen werden, die hier entsprechend gelten[1003].

6. Subjektiver Tatbestand

552 Der Vorsatz muss sich dabei sowohl auf die Brandstiftung als auch die konkrete Gefahr beziehen[1004]. Andernfalls sind § 306d Abs. 1 Var. 2 i. V. m. § 306a Abs. 2 (Vorsatz bzgl. der Brandstiftung und Fahrlässigkeit hinsichtlich der Gefahr) oder § 306d Abs. 2 i. V. m. § 306a Abs. 2 (Fahrlässigkeit bezüglich der Brandstiftung und der Gefahr) zu prüfen. Der Gefährdungsvorsatz ist bei einem Inbrandsetzen eines Wohnhauses angesichts der erfahrungsgemäß großen Gefährdung der Bewohner nicht allein durch die vage Hoffnung, dass tatsächlich keine Menschen zu Schaden kommen, ausgeschlossen[1005].

7. Rechtswidrigkeit

553 Man könnte daran denken, dass eine rechtfertigende Einwilligung mangels Dispositionsbefugnis nicht möglich ist. Dies trifft hinsichtlich der Inbrandsetzung des Tatobjekts sicherlich zu, da es bezüglich der in § 306 Abs. 1 Nrn. 1 bis 6 bezeichneten Sachen nicht auf die Eigentumsverhältnisse ankommt und daher der Eigentümer nicht dispositionsbefugt ist[1006]. Allerdings sollte man eine Einwilligung des an seiner Gesundheit konkret gefährdeten Menschen anerkennen, so dass aus diesem Grund eine Strafbarkeit zu verneinen sein kann[1007].

III. Besonders schwere Brandstiftung, § 306b

1. Geschütztes Rechtsgut und Systematik

554 § 306b Abs. 1 enthält – wie schon der Wortlaut „verursacht" nahe legt – ein erfolgsqualifiziertes Delikt i. S. d. § 18, während § 306b Abs. 2 eine Qualifikation enthält. Dabei ist zu beachten, dass sich § 306b Abs. 1 auf Taten nach §§ 306, 306a Abs. 1 und Abs. 2 bezieht, wohingegen § 306b Abs. 2 nur Taten nach § 306a Abs. 1 und Abs. 2 qualifiziert; freilich sind hier über § 306a Abs. 2 auch die Tatobjekte des § 306 Abs. 1 erfasst.

1003 S.u. Rn. 568 ff.
1004 *Rengier*, BT 2, § 40 Rn. 39.
1005 BGH NStZ 1999, 32 (33); NK-*Kargl*, § 306a Rn. 22.
1006 *Rengier*, BT 2, § 40 Rn. 34; SK-*Wolters*, § 306a Rn. 34.
1007 *Lackner/Kühl*, § 306a Rn. 7; Bei § 315c ist die vergleichbare Frage streitig, vgl. u. Rn. 621.

III. Besonders schwere Brandstiftung, § 306b

Prüfungsschema 555
1. Tatbestand
   a) Grundtatbestand nach § 306, § 306a Abs. 1 oder Abs. 2
   b) Schwere Folge i. S. d. § 306b Abs. 1
      aa) Eintritt einer schweren Gesundheitsschädigung eines anderen Menschen oder Gesundheitsschädigung einer großen Zahl von Menschen
      bb) Kausalität zwischen Handlung und schwerer Folge
      cc) Sorgfaltspflichtverletzung
      dd) Objektive Zurechenbarkeit der schweren Folge
      ee) Spezifischer Gefahrzusammenhang zwischen Grunddelikt und schwerer Folge
2. Rechtswidrigkeit
3. Schuld
4. Tätige Reue, § 306e Abs. 1 und 3

2. Tatbestand des § 306b
3. Erfolgsqualifikation des Abs. 1

Für den Aufbau sind zunächst die allgemeinen Regeln zu beachten[1008]. 556
Insbesondere muss der gefahrspezifische Zusammenhang gegeben sein, dessen besondere Probleme bei § 306c dargestellt werden[1009]. Voraussetzung ist stets eine Brandstiftung nach § 306, § 306a Abs. 1 oder Abs. 2 als Grunddelikt.

> **Klausurhinweis:** Es empfiehlt sich, diese Vorschriften vorab zu prüfen, um unübersichtliche Inzidentprüfungen dieser Tatbestände zu vermeiden.

Die **schwere Gesundheitsschädigung** eines anderen Menschen ist wie bei 557
den anderen Delikten, die diesen Begriff verwenden, auszulegen[1010]. Wann eine (einfache) **Gesundheitsschädigung einer großen Zahl von Menschen** anzunehmen ist, ist umstritten. Im Wege der systematischen Auslegung ist zu verlangen, dass der Unrechts- und Schuldgehalt einer schweren Gesundheitsschädigung i. S. d. Var. 1 erreicht wird. Absolute Grenzen lassen sich kaum sinnvoll festsetzen. Nach BGH soll dies jedenfalls bei vierzehn[1011], nach a. A. bei zehn oder zwanzig Personen der Fall sein[1012]; hingegen sollen drei Personen nicht ausreichend sein[1013].

1008 S. näher o. Rn. 229; NK-*Kargl*, § 306b Rn. 1.
1009 S. näher u. Rn. 568 ff.
1010 Vgl. o. Rn. 157.
1011 BGHSt 44, 175 (178).
1012 Für eine Untergrenze von zehn Personen etwa LK-*Wolff*, § 306b Rn. 6; für eine Untergrenze von zwanzig Personen *Fischer*, § 306b Rn. 5.
1013 BGHSt 44, 175 (177 f.).

4. Qualifikationen des § 306b Abs. 2

558 § 306b Abs. 2 enthält drei **Qualifikationstatbestände**. Die Vorschrift bezieht sich dabei auf Taten nach § 306a Abs. 1 und Abs. 2. Anders als bei § 306b Abs. 1 genügt eine Tat nach § 306 nicht. Jedoch kann das Inbrandsetzen eines der in § 306 Abs. 1 genannten Tatobjekte über § 306a Abs. 2 zur Anwendung des § 306b Abs. 2 führen. In Fällen des § 306a Abs. 2 ist zu beachten, dass die Qualifikation nur anwendbar ist, wenn dort auch die Gefahr vorsätzlich herbeigeführt wurde. Bei bloßer Fahrlässigkeit liegt keiner der von § 306b Abs. 2 geforderten „Fälle des § 306a", sondern lediglich § 306d Abs. 1 Var. 2 vor.

559 a) **§ 306b Abs. 2 Nr. 1.** Qualifiziert ist die Tat, wenn der Täter einen anderen Menschen durch die Tat in die **konkrete Gefahr des Todes** bringt. Hinsichtlich des Merkmals der konkreten Gefahr kann auf § 306a Abs. 2 verwiesen werden[1014]. In subjektiver Hinsicht ist zu beachten, dass im Gegensatz zum Vorsatz hinsichtlich einer Gefahr einer (bloßen) Gesundheitsschädigung i. S. d. § 306a Abs. 2 insoweit deutlich höhere Anforderungen zu stellen sind. Während der Täter z. B. bei einer Brandlegung damit rechnen muss, dass Menschen in die Gefahr einer leichten Rauchvergiftung geraten – Gefahr einer Gesundheitsschädigung – besagt dies noch nichts über den Vorsatz hinsichtlich einer konkreten Todesgefahr[1015]. Gegenüber § 306b Abs. 2 Nr. 1 tritt § 224 Abs. 1 Nr. 5 mit seiner abstrakten Lebensgefährdung zurück, so dass nur Tateinheit mit § 223 in Betracht kommt.

> **Bsp.:**[1016] T entzündet in der Nacht das Wohnmobil des O, wobei er damit rechnet, dass dieser in dem Fahrzeug schläft. O erwacht aufgrund des Brandgeruchs und kann nach fünf Minuten das Feuer mit Decken ersticken. Das Wohnmobil hätte nach ca. 15 Minuten voll gebrannt. – Es liegt hier noch keine konkrete Gefahr des Todes vor, weil eine für das Leben kritische Situation nicht eingetreten ist. Sofern T diesbezüglich jedoch Vorsatz hatte, macht er sich nach §§ 306b, 22, 23 strafbar.

560 b) **§ 306b Abs. 2 Nr. 2.** Die Strafschärfung tritt ein, wenn der Täter in der **Absicht handelt, eine andere Straftat zu ermöglichen oder zu verdecken**.

> **Bsp.:** T zündet das Haus des O an, um die Spuren eines zuvor begangenen Raubes zu verwischen. – Es liegt § 306b Abs. 1 Nr. 2 (Verdeckungsabsicht) vor.

561 Die Absicht stellt ein besonderes **persönliches Merkmal i. S. d. § 28 Abs. 2** dar[1017]. Zur Auslegung kann zunächst auf das entsprechende Merkmal in § 211 zurückgegriffen werden[1018]. Es muss sich dabei nicht notwendig um

---

1014 S.o. Rn. 550; vgl. auch BGH NStZ 2014, 85 (86).
1015 BGH NStZ-RR 2013, 137 (138).
1016 BGH NStZ 2014, 86.
1017 BGH NJW 2000, 3581 (3582); NJW 2011, 2148 (2149).
1018 S.o. Rn. 61 f.

eine eigene Straftat handeln[1019]. Umstritten ist, ob Nr. 2 verwirklicht sein kann, wenn der Täter lediglich in der Absicht handelt, einen Betrug gegenüber der Versicherung (§ 263 Abs. 1, Abs. 3 Satz 2 Nr. 5) oder einen Versicherungsmissbrauch (§ 265) zu ermöglichen.

Ausgangsfall:[1020] T setzt das Haus seiner Schwiegermutter S ohne Absprache mit dieser in Brand, damit S die Versicherungssumme kassieren kann. S ist zur Tatzeit nicht anwesend. Sie reicht später – wie von T beabsichtigt – die Schadensmeldung ein und bekommt die Versicherungssumme ausbezahlt.

Problematisch ist die Anwendung der Vorschrift zunächst, weil das Mindeststrafmaß des § 306b Abs. 2 gegenüber § 306a um das Fünffache erhöht ist, obwohl doch Brandstiftungen gerade häufig in betrügerischer Absicht erfolgen. Die wohl h. M. bejaht dennoch die Qualifikation, weil der besondere Unwert der Tat darin liege, dass sie der Begehung kriminellen Unrechts dient und daher Unrecht mit weiterem Unrecht verknüpft wird[1021]. Auch sei zu beachten, dass es bei dem entsprechenden Mordmerkmal des § 211 ebenfalls nicht darauf ankommt, ob die zu ermöglichende oder verdeckende Straftat als leicht oder schwer einzustufen ist. Eine solche Auslegung erscheint im Rahmen des § 306b Abs. 2 aber wertungswidersprüchlich, wenn man bedenkt, dass die in Aussicht genommenen Straftaten (Versicherungsbetrug bzw. Versicherungsmissbrauch) lediglich Vergehen sind und die Nr. 1 des § 306b Abs. 2 bei gleichem Strafrahmen immerhin den Eintritt der Gefahr des Todes voraussetzt. Immerhin wird auch in der Rechtsprechung erwogen, für besonders gelagerte Ausnahmefälle, in denen die Mindeststrafe des § 306b Abs. 2 Nr. 1 nicht mehr schuldangemessen ist, wie beim Heimtückemord über eine Rechtsfolgenlösung die Vorschrift des § 49 Abs. 1 Nr. 1 analog anzuwenden[1022]. Angesichts der damit verbundenen Unsicherheiten ist es jedoch vorzugswürdig, den Tatbestand – wie schon § 307 Nr. 2 a. F. – dahingehend restriktiv auszulegen, dass die Tat, die ermöglicht werden soll, in engem Bezug zu der Brandsituation stehen muss. Der Täter muss demnach gerade die durch die Brandstiftung herbeigeführte gemeingefährliche Situation – z. B. Verwirrung, Panik – ausnutzen wollen, was aber bei der Begehung eines Betruges gegenüber der Versicherung bzw. einem Versicherungsmissbrauch nicht der Fall ist[1023].

Fraglich ist weiter, ob der mit dem Beschädigen bzw. Zerstören zeitgleich begangene Versicherungsmissbrauch überhaupt eine **andere Straftat** ist.

1019 BGH NJW 2000, 3581; NK-*Kargl*, § 306b Rn. 6.
1020 Nach BGHSt 51, 236.
1021 BGHSt 45, 211 (217); BGH NStZ 2000, 197 (198); MünchKomm-*Radtke*, § 306b Rn. 20; a. A. *Schönke/Schröder/Heine/Bosch*, § 306b Rn. 13.
1022 BVerfG, Beschluss v. 16.11.2010, 2 BvL 12/09; ferner BGH NStZ-RR 2004, 235 (236 f.); zum Mord vgl. schon o. Rn. 53 ff.
1023 Vgl. BGHSt 40, 251, zu § 307 Nr. 2 a. F.; s. auch *Rengier*, BT 2, § 40 Rn. 53.

Dies ist für § 265, aber auch für eine etwaige Sachbeschädigung nach § 303 am Inventar zu verneinen, da diese Taten zeitgleich mit der Brandstiftung verwirklicht werden[1024]. Anders ist dies jedoch hinsichtlich des (versuchten) Betrugs zu beurteilen, weil hier die Schadensmeldung der Brandstiftung immer zeitlich nachfolgt.

> **Lösung Ausgangsfall:** T macht sich zunächst nach § 306a Abs. 1 Nr. 1 strafbar; eine Entwidmung liegt nicht vor. § 306b Abs. 2 Nr. 2 kann nach der hier vertretenen Ansicht schon deshalb verneint werden, weil es am spezifischen Bezug zur Brandsituation fehlt. Nach h. M. scheitert eine Strafbarkeit daran nicht; jedoch stellt der Versicherungsmissbrauch zugunsten von S (es genügt hierfür, dass T einem Dritten eine Leistung verschaffen möchte) keine andere Tat dar, weil § 265 zeitgleich verwirklicht wird. Eine Betrugsstrafbarkeit nach §§ 263 Abs. 1, Abs. 3 S. 2 Nr. 5, die der S ermöglicht werden soll, ist zwar grundsätzlich ein geeigneter Anknüpfungspunkt. Freilich ist diese zu verneinen, weil S einen Anspruch auf die Versicherungssumme besitzt (T ist kein Repräsentant[1025]) und deshalb schon keine Täuschungshandlung vorliegt.
>
> **Klausurhinweis:** Um unübersichtliche Inzidentprüfungen zu vermeiden, kann es sich empfehlen, vorab § 263 Abs. 1, Abs. 3 Satz 2 Nr. 5 und § 265 zu prüfen.

564 c) **§ 306b Abs. 2 Nr. 3.** Erfasst werden alle Handlungen, die tatsächlich das **Löschen des Brandes verhindern oder erschweren**. Aufgrund der hohen Strafandrohung bedarf es jedoch einer restriktiven Auslegung, so dass das erfolgreiche Löschen des Brandes durch die Tat nicht nur unerheblich erschwert worden sein muss, was insbesondere bei einer zeitlich relevanten Verzögerung der Fall sein soll[1026]. Der Täter muss diesbezüglich mit Vorsatz handeln.

> **Bsp.:** T setzt vor dem Inbrandsetzen die Sprinkleranlage bzw. Rauchmelder außer Betrieb oder macht die Feuerlöscher unbrauchbar.
> **Gegenbsp.:** T versperrt eine von zwei Feuerwehrzufahrten, wobei die zweite aber nicht zum Löschen benötigt wird.

IV. Brandstiftung mit Todesfolge, § 306c

1. Geschütztes Rechtsgut und Systematik

565 § 306c enthält ein erfolgsqualifiziertes Delikt i. S. d. § 18 zu Taten nach §§ 306–306b. Eine tätige Reue nach § 306e ist angesichts des Eintritts der schweren Folge nicht möglich.

1024 BGHSt 51, 236 (239 ff.); zust. *Dehne-Niemann*, Jura 2008, 530 (532 f.).
1025 BGHSt 51, 236 (238 f.); Vgl. zur Repräsentantenhaftung *Eisele*, BT 2, Rn. 660.
1026 BGH NStZ-RR 2013, 277.

IV. Brandstiftung mit Todesfolge, § 306c

> **Prüfungsschema zu § 306a Abs. 1**
> **1. Tatbestand**
>   a) Grundtatbestand nach § 306 bis § 306b
>   b) Schwere Folge i. S. d. § 306c
>   aa) Eintritt der schweren Folge: Tod eines anderen Menschen
>   bb) Kausalität zwischen Handlung und schwerer Folge
>   cc) Sorgfaltspflichtverletzung in Form von (wenigstens) Leichtfertigkeit
>   dd) Objektive Zurechenbarkeit der schweren Folge
>   ee) Spezifischer Gefahrzusammenhang zwischen Grunddelikt und schwerer Folge
> **2. Rechtswidrigkeit**
> **3. Schuld**

566

2. Allgemeine Grundsätze des erfolgsqualifizierten Delikts

§ 306c enthält ein erfolgsqualifiziertes Delikt, das hinsichtlich der schweren Folge **wenigstens leichtfertiges Verhalten** erfordert. Als Grunddelikte kommen alle Taten nach §§ 306, 306a Abs. 1 und Abs. 2, 306b Abs. 1 und Abs. 2 in Betracht. Es gelten im Übrigen die allgemeinen Grundsätze des erfolgsqualifizierten Delikts, insbesondere muss sich die spezifische Gefahr der Brandstiftung im Erfolg niederschlagen (gefahrspezifischer Zusammenhang). Die Tat kann auch als Versuch in Form des erfolgsqualifizierten Versuchs und der versuchten Erfolgsqualifikation begangen werden[1027]. Ein erfolgsqualifizierter Versuch liegt etwa vor, wenn es bei der Brandlegung ohne (teilweise) Zerstörung des Gebäudes gleich zur Explosion kommt, die zum Tod eines Bewohners führt. Angesichts dessen, dass § 306c ausdrücklich die Brandlegung miteinbezieht, kann die schwere Folge neben dem Erfolg auch an die Brandstiftungshandlung anknüpfen[1028].

567

3. Gefahrspezifischer Zusammenhang

Die **typische Gefahr einer Brandstiftung** realisiert sich nicht nur, wenn das Opfer unmittelbar in den Flammen, durch eine Rauchvergiftung, Einstürzen des Gebäudes oder bei einer Brandlegung durch eine Explosion zu Tode kommt, sondern auch dann, wenn der Tod erst Folge einer typischen Fluchtreaktion ist[1029].

568

> **Bsp.:** T zündet das Haus des O an; weil alle Fluchtwege abgeschnitten sind, springt O aus dem Fenster und kommt dabei zu Tode. – § 306c ist zu bejahen, da es eine typische Folge des Brandes ist, dass ein Sprung aus dem Fenster – verbunden mit dem Risiko des Todes – die einzige Fluchtmöglichkeit ist.

1027 Dazu näher o. Rn. 243 ff.
1028 MünchKomm-*Radtke*, § 306c Rn. 31; *Rengier*, BT 2, § 40 Rn. 45; zu § 227 s. o. Rn. 245.
1029 NK-*Kargl*, § 306c Rn. 2; SK-*Wolters*, 9. Aufl., § 306c Rn. 3.

569 **a) Gefährdung Tatbeteiligter.** Streitig ist, ob der Tatbestand auch vorliegt, wenn ein Tatbeteiligter gefährdet wird. Dies wird teilweise verneint, da die Brandstiftungsdelikte als gemeingefährliche Straftaten die Allgemeinheit vor den Gefahren eines Brandes schützen sollen, Tatbeteiligte aber keine typischen Repräsentanten der Allgemeinheit und damit keine „anderen Menschen" im Sinne der Vorschrift seien[1030]. Diese Auffassung ist freilich nur insoweit überzeugend, als dem Opfer die Handlungen des Täters im Wege der mittelbaren Täterschaft oder Mittäterschaft zugerechnet werden können; hierbei ist zudem sorgfältig zu prüfen, ob nicht ein die Zurechnung ausschließender Exzess vorliegt. Im Übrigen ist die Problematik über die objektive Zurechenbarkeit bzw. den gefahrspezifischen Zusammenhang nach den Grundsätzen der eigenverantwortlichen Selbstgefährdung zu lösen[1031].

> **Bsp.:** Haupttäter A und Gehilfe B setzen ein Gebäude des O in Brand. A soll das Feuer im Erdgeschoss legen, B im Obergeschoss. Als B das Haus verlassen möchte, ist ihm der Rückweg abgeschnitten, weil sich das Feuer bereits ausgebreitet hat; B kommt zu Tode. – A verwirklicht zunächst § 306 Abs. 1 Nr. 1. § 306c ist zwar prinzipiell anwendbar, da auch der Gehilfe als Tatbeteiligter in den Schutzbereich einbezogen ist. Jedoch kann der Tatbestand nach den Grundsätzen der eigenverantwortlichen Selbstgefährdung (ggf. auch die Rechtswidrigkeit im Falle einer Einwilligung nach den Grundsätzen der einverständlichen Fremdgefährdung[1032]) verneint werden, wenn B sich des Risikos bewusst war. Entsprechendes gilt für §§ 306a Abs. 2, 306b Abs. 1 und Abs. 2 Nr. 1, die als Durchgangsstadium verwirklicht sein können, sowie für § 222. Zu bejahen hätte man eine Strafbarkeit hingegen, wenn A abredewidrig (Exzess) das Feuer gelegt hätte, bevor B das Obergeschoss verlassen hat.

570 **b) Retterfälle.** Teilweise wird im Anschluss an § 307 Nr. 1 a. F. die restriktive Auffassung vertreten, dass **nachträglich zur Rettung oder zum Löschen des Brandes in das Gebäude kommende Personen** nicht dem Schutzbereich unterfallen[1033]. Dem ist aber bereits auf Grund des Wortlautes zu widersprechen, der nun auch Personen erfasst, die sich zur Zeit der Tat nicht in einer in Brand gesetzten Räumlichkeit aufhalten[1034]. Richtigerweise ist die Lösung auch hier über allgemeine Grundsätze der objektiven Zurechnung bzw. des gefahrspezifischen Zusammenhangs zu suchen. Dabei überzeugen pauschale Lösungen wenig[1035]. Vielmehr sind die Grundsätze der **eigenverantwortlichen Selbstgefährdung** heranzuziehen. Eine solche ist zu verneinen, wenn der Täter durch seine deliktische Handlung die nahe liegende Möglichkeit einer be-

---

[1030] *Lackner/Kühl*, § 306a Rn. 7; *Murmann*, Jura 2001, 258 (259).
[1031] So auch *Rengier*, BT 2, § 40 Rn. 38; *Schönke/Schröder/Heine/Bosch*, § 306a Rn. 21 u. 22.
[1032] Zur Einwilligung o. Rn. 553.
[1033] *Radtke*, ZStW 110 (1998), S. 880.
[1034] A/W/H-*Hilgendorf*, § 37 Rn. 50.
[1035] Zu diesen *Eisele*, BT 1, Rn. 1080.

wussten Selbstgefährdung dadurch schafft, dass er ohne Mitwirkung und ohne Einverständnis des Opfers eine erhebliche Gefahr für ein Rechtsgut des Opfers begründet und damit für dieses ein einsichtiges Motiv für gefährliche Rettungsmaßnahmen schafft[1036]. Dies ist insbesondere der Fall, wenn der Retter tätig wird, um die in § 35 genannten hochrangigen Rechtsgüter, die ihm oder einer nahe stehenden Person zustehen, zu retten. Etwas anderes – dann eigenverantwortliche Selbstgefährdung – gilt, wenn es sich um einen von vornherein sinnlosen, leichtfertigen oder mit offensichtlich unverhältnismäßigen Wagnissen verbundenen Rettungsversuch handelt.

> **Bsp.:** T setzt das Haus des O in Brand. Als O nach Hause kommt, rennt er in das bereits lichterloh brennende Haus, um seinen Papagei zu retten. O kommt in den Flammen um. – Dass O erst nach dem Inbrandsetzen das Haus betreten hat, steht nach h. M. einer Strafbarkeit nach § 306c nicht entgegen. Jedoch war der Rettungsversuch offensichtlich unverhältnismäßig und leichtfertig, so dass aus diesem Grund die Zurechnung zu verneinen ist. Anders wäre zu entscheiden, wenn das Gebäude nur leicht brennt und O sein Kind retten möchte, dabei aber von einem herabfallenden Balken getroffen wird.

Die eben geschilderten Grundsätze gelten schließlich auch, wenn **Feuerwehrleute oder sonstige professionelle Retter** zu Tode kommen[1037]. Zwar ist es Aufgabe und dienstliche Pflicht von Feuerwehrleuten als Amtsträger, riskante Rettungshandlungen zu unternehmen, doch werden sie dazu ebenfalls durch den Brandstifter veranlasst. Dies gilt grundsätzlich auch für überobligatorische Rettungsmaßnahmen, soweit diese wiederum nicht von vornherein sinnlos oder offensichtlich unvernünftig sind.

V. Fahrlässige Brandstiftung, § 306d

1. Geschütztes Rechtsgut und Systematik

Die Vorschrift regelt durch Verweisung auf die vorsätzlichen Delikte der §§ 306 und § 306a Abs. 1 und Abs. 2 die Fahrlässigkeitsstrafbarkeit. Das jeweils geschützte Rechtsgut entspricht demjenigen des in Bezug genommenen Vorsatzdelikts. Die Tat kann nach den geschilderten Grundsätzen auch durch Unterlassen begangen werden[1038].

> **Prüfungsschema (exemplarisch § 306d Abs. 1 Var. 1 i. V. m. § 306 Abs. 1)**
> 1. **Tatbestand**
>   a) Tatobjekt i. S. d. § 306 Abs. 1 Nrn. 1 bis 6

1036 *Fischer*, § 306c Rn. 4a; SK-*Wolters*, § 306c Rn. 4.
1037 A/W/H/H-*Hilgendorf*, § 37 Rn. 50; weiter diff. *Schönke/Schröder/Heine/Bosch*, § 306c Rn. 7.
1038 BGH NStZ 2005, 446 f.; NK-*Kargl*, § 306d Rn. 4; s.o. Rn. 521 f.

> b) Fremdes Eigentum
> c) Inbrandsetzen oder durch Brandlegung ganz oder teilweise Zerstören
> d) Kausalität
> e) Objektive Sorgfaltspflichtverletzung
> f) Objektive Zurechnung
> 2. **Rechtswidrigkeit**
> 3. **Schuld**
> 4. **Tätige Reue nach § 306e Abs. 2 und Abs. 3**

2. Tatbestände

574 a) § 306d Abs. 1 Var. 1 i. V. m. § 306 Abs. 1. Die Vorschrift enthält ein **fahrlässiges Sachbeschädigungs- bzw. Eigentumsdelikt**. Wird § 306 mangels Vorsatz nicht verwirklicht, sind diese Vorschriften nach den Grundsätzen des Fahrlässigkeitsdelikts zu prüfen.

575 b) § 306d Abs. 1 Var. 1 i. V. m. § 306a Abs. 1. Es handelt sich hierbei ebenfalls um ein **echtes Fahrlässigkeitsdelikt**. Neben Fällen des fahrlässigen Inbrandsetzens ist die Vorschrift auch einschlägig, wenn der Täter nicht weiß, dass die Räumlichkeit i. S. d. § 306 Abs. 1 Nr. 1 der Wohnung von Menschen dient (Tatbestandsirrtum nach § 16 Abs. 1 Satz 1).

576 c) § 306d Abs. 1 Var. 2 i. V. m. § 306a Abs. 2. Erfasst werden Fälle, in denen zwar eine vorsätzliche Brandstiftung i. S. d. § 306a Abs. 2 vorliegt, der Täter hinsichtlich des Eintritts der konkreten Gefahr jedoch nur mit Fahrlässigkeit handelt.

577 aa) Es handelt sich um eine **Vorsatz-Fahrlässigkeits-Kombination** und damit nach § 11 Abs. 2 um ein Vorsatzdelikt; insoweit ist die gesetzliche Überschrift des § 306d also unzutreffend. Daher ist auch eine Teilnahme an dieser Tat möglich, wobei es erforderlich, aber auch ausreichend ist, dass dem Teilnehmer hinsichtlich der Gefahr Fahrlässigkeit zur Last fällt[1039].

578 bb) Problematisch ist das Verhältnis zu § 306 Abs. 1. Das Vorsatz-Fahrlässigkeitsdelikt des § 306d Abs. 1 Var. 2, welches über den Verweis auf § 306a Abs. 2 auch die Verletzung der Tatobjekte des § 306 Abs. 1 mit einschließt, weist einen geringeren Strafrahmen als § 306 auf. Würde § 306 hinter § 306d Abs. 1 Var. 2 zurücktreten, würde derjenige Täter, der „nur" eine Tat nach § 306 begeht – ohne dass es zu einer konkreten Gefährdung gekommen ist –, schwerer bestraft als derjenige, der zusätzlich zur Brandlegung eine konkrete Gefahr fahrlässig verursacht. Gelöst wird dieser Widerspruch von der wohl überwiegenden Auffassung durch Annahme von Idealkon-

---

[1039] Vgl. LK-*Hilgendorf*, § 11 Rn. 109; *Schönke/Schröder/Hecker*, § 11 Rn. 66.

kurrenz zwischen den beiden Vorschriften, wodurch der höhere Strafrahmen des § 306 erhalten bleibt[1040].

d) § 306d Abs. 2 i. V. m. § 306a Abs. 2. Die Vorschrift stellt ein echtes **Fahrlässigkeitsdelikt (Fahrlässigkeits-Fahrlässigkeits-Kombination)** dar. Es ist im Zusammenhang mit § 306a Abs. 2 und § 306d Abs. 1 Var. 2 zu sehen. Erfasst werden Fälle, in denen eine fahrlässige Brandstiftung i. S. d. § 306a Abs. 2 vorliegt und der Täter auch hinsichtlich der konkreten Gefahr fahrlässig handelt.

579

> **Einführende Aufsätze:**
> *Geppert*, Die Brandstiftungsdelikte (§§ 306 bis 306f) nach dem Sechsten Strafrechtsreformgesetz, Jura 1998, 597; *Kraatz*, Zur Systematik der Brandstiftungsdelikte, Jura 2012, 627; *Rengier*, Die Brandstiftungsdelikte nach dem Sechsten Gesetz zur Reform des Strafrechts, JuS 1998, 397; *Wrage*, Typische Probleme einer Brandstiftungsklausur, JuS 2003, 985.

> **Übungsfälle:**
> *Eisele*, Obdachlos, AL 2013, 278 (Anzünden eines scheinbar leeren Gebäudes); *Ernst*, Ausreisevorbereitungen, Jura 2014, 536 (Systematik und Konkurrenzverhältnis der §§ 306 ff. StGB, § 306a StGB, teilweises Zerstören eines Mehrfamilienhaus, wenn Wohnräume nicht betroffen); *Hecker*, Das brennende Hausboot, Jura 1999, 197 (fahrlässige Brandstiftung und das Unterlassen von Löscharbeiten); *Kudlich/Herold*, „Ein Haus zu viel", JA 2013, 511 (Entwidmung eines Wohnhauses, Ermöglichungsabsicht, teleologische Reduktion des § 306a I StGB wenn Realisierung der (Lebens-)Gefahr ausgeschlossen); *Seiterle*, Brandstiftungsdelikte, Jura 2011, 958 (Retterschäden und Versicherungsbetrug durch Brandlegung, schwere Brandstiftung und Brandstiftung mit Todesfolge); *ders.*, Liebe, Tod und (Feuer-)Teufel, Jura 2016, 202 (Irrtum über Einwilligung, fahrlässige Brandstiftung, Versuch, Rücktritt und tätige Reue).

> **Rechtsprechung:**
> **BGHSt 26, 121** – Hotel (Entwidmung und teleologische Reduktion bei der schweren Brandstiftung); **BGHSt 34, 115** – Nachtlokal (gemischt-genutztes Gebäude); **BGHSt 36, 221** – Bürogebäude (Zeitpunkt des Aufenthalts von Menschen bei § 306a Abs. 1 Nr. 3); **BGHSt 45, 211** – Versicherungsbetrug (Ermöglichung eines Betruges bei § 306b Abs. 2 Nr. 2); **BGHSt 51, 236** – Schwiegermutter (§ 265 als „andere Tat" i. S. d. § 306b Abs. 2 Nr. 2); **BGHSt 56, 94** – Miethaus (teilweises Zerstören durch Brandlegung bei § 306a); **BGHSt 57, 50** – Herdplatte (teilweises Zerstören bei gewerblich genutzten Gebäuden); **BGH NStZ 1999, 32** – Hotel (teleologische Reduktion bei Ausschluss einer Gefahr und Entwidmung).

1040 Dazu und zu weiteren Restriktionsansätzen *Eisele*, BT 1, Rn. 1089.

Teil 9: Verkehrsstraftaten

I. Trunkenheit im Verkehr, § 316

1. Geschütztes Rechtsgut und Systematik

580 Geschütztes Rechtsgut des § 316 sowie der §§ 315b bis 315d ist die **Sicherheit des Straßenverkehrs**. Bei § 316 ist die Gefährlichkeit des Täterverhaltens nur gesetzgeberisches Motiv und hat keinen Eingang in die tatbestandliche Deliktsbeschreibung gefunden. Es handelt sich daher um ein abstraktes Gefährdungsdelikt, das nicht voraussetzt, dass es zu Gefahren für Dritte kommt. Die Vorschrift soll der abstrakten Gefahr entgegenwirken, die dem Verkehr daraus erwächst, dass der Fahrzeugführer infolge der genannten Mängel sein Fahrzeug nicht zu beherrschen vermag[1041]. § 315b und § 315c sind hingegen konkrete Gefährdungsdelikte. Beide Tatbestände setzen voraus, dass durch das gefährliche Täterverhalten Leib oder Leben eines anderen oder fremde Sachen von bedeutendem Wert gefährdet werden. Der konkrete Gefahrerfolg ist hier als Tatbestandsmerkmal ausgestaltet. Der Schutz von Leib und Leben gewinnt auch beim neuen § 315d, der verbotene Kraftfahrzeugrennen unter Strafe stellt, an Bedeutung.

581 § 315c Abs. 1 Nr. 1a umfasst alle Voraussetzungen des § 316 und verlangt zusätzlich noch den Eintritt einer konkreten Gefahr. § 316 ist folglich gegenüber § 315c ein **Auffangtatbestand**, der formell subsidiär ist (§ 316 Abs. 1a. E.).

> **Klausurtipp**
>
> Es empfiehlt sich zumeist, sogleich § 315c Abs. 1 Nr. 1a zu prüfen. Wird eine diesbezügliche Strafbarkeit bejaht, genügt der Hinweis, dass § 316 formell subsidiär ist.

1041 BGHSt 35, 390 (393 f.); LK-*König*, § 316 Rn. 2; *Schönke/Schröder/Hecker*, § 316 Rn. 1.

I. Trunkenheit im Verkehr, § 316

Struktur der §§ 316 ff.			582
§ 316	§ 315c	§ 315b	
Fahruntüchtigkeit infolge berauschender Mittel	Fahruntüchtigkeit infolge berauschender Mittel (Nr. 1a) infolge geistiger oder körperlicher Mängel (Nr. 1b) grob verkehrswidriges und rücksichtsloses Fehlverhalten – „sieben Todsünden" (Nr. 2a–g)	Fehlverhalten außerhalb des Straßenverkehrs (Nr. 1 bis Nr. 3) Ausnahmsweise Fehlverhalten im Straßenverkehr, wenn „verkehrsfremder Eingriff" mit Schädigungsvorsatz	
	und	und	
	Eintritt einer konkreten Gefahr	Eintritt einer konkreten Gefahr	

Prüfungsschema

1. **Tatbestand**
   a) Objektiver Tatbestand
      aa. Führen eines Fahrzeugs
      bb. im öffentlichen Straßenverkehr
      cc. trotz alkoholbedingter oder sonst rauschmittelbedingter Fahruntüchtigkeit
   b) Subjektiver Tatbestand
2. **Rechtswidrigkeit**
3. **Schuld**
4. **Formelle Subsidiarität, § 316 Abs. 1 a. E.**

2. Objektiver Tatbestand

§ 316 erfordert als abstraktes Gefährdungsdelikt lediglich das Führen eines Fahrzeugs im Zustand der Fahruntüchtigkeit.

a) Führen eines Fahrzeugs. Das Führen setzt die **Bewegung des Fahrzeugs** voraus. Die Tat beginnt mit dem Bewegungsvorgang des Abfahrens, der durch das Anrollen der Räder nach außen in Erscheinung tritt. Das bloße Anlassen des Motors oder das Einschalten des Lichts genügt nicht[1042]. Dies folgt nicht nur aus dem Wortlaut („Führen"), sondern ergibt sich auch aus Sinn und Zweck der Vorschrift. Danach tritt eine Gefährdung des Straßenverkehrs durch ein stehendes Fahrzeug, das der Beherrschung durch einen Fahrzeugführer nicht bedarf, regelmäßig nicht ein[1043].

> **Bsp.:** T wärmt sich bei laufendem Motor mit 2,0 Promille in seinem Wagen. – § 316 ist nicht verwirklicht.

aa) Das Führen muss dabei nicht notwendig mit Motorkraft erfolgen, so dass es sich – wie bei Fahrrädern oder Kutschen – um **kein Kraftfahrzeug** handeln muss. Die in § 24 Abs. 1 StVO genannten Fortbewegungsmittel („Schiebe- und

---

1042 BGHSt 35, 390; *Fischer*, § 316 Rn. 4 und § 315c Rn. 3b.
1043 BGHSt 35, 390 (394); *Schönke/Schröder/Hecker*, § 316 Rn. 19.

Greifreifenrollstühle, Rodelschlitten, Kinderwagen, Roller, Kinderfahrräder und ähnliche Fortbewegungsmittel") sind jedoch keine Fahrzeuge; das gilt richtigerweise auch für Inlineskates und Rollschuhe, da diese den genannten Fortbewegungsmitteln gleichgestellt werden können[1044].

587 bb) § 316 ist demnach ein **eigenhändiges Delikt**, da Täter des § 316 nur der Fahrzeugführer sein kann. Eine Zurechnung der Handlungen über § 25 Abs. 1 Var. 2 oder § 25 Abs. 2 scheidet daher aus. Auch eine fahrlässige Begehung durch eine Person, die nicht selbst das Fahrzeug führt, kommt nicht in Betracht. Der Halter macht sich daher auch dann nicht strafbar, wenn er Beifahrer ist[1045].

588 **Führer eines Fahrzeugs** ist dabei derjenige, der selbst alle oder wenigstens einen Teil der wesentlichen technischen Einrichtungen des Fahrzeugs bedient, die für die Fortbewegung bestimmt sind[1046]. Er muss das Fahrzeug unter bestimmungsgemäßer Anwendung seiner Antriebskräfte unter eigener Allein- oder Mitverantwortung in Bewegung setzen oder das Fahrzeug unter Handhabung seiner technischen Vorrichtungen während der Fahrbewegung durch den öffentlichen Verkehrsraum ganz oder wenigstens zum Teil lenken[1047]. Fahrzeugführer ist auch, wer nur einzelne dieser Tätigkeiten vornimmt, wenn ohne diese eine zielgerichtete Fortbewegung des Fahrzeugs unmöglich wäre.

> **Bsp.:**[1048] T bleibt mit einer Panne liegen. Bis er abgeschleppt werden kann, vergehen einige Stunden. Inzwischen hat T reichlich Schnaps getrunken. Er wird mit 1,5 Promille mithilfe eines Seils abgeschleppt, wobei er das Fahrzeug lenkt. – Da T absolut fahruntüchtig ist[1049], macht er sich nach § 316 strafbar.

589 b) **Im Verkehr.** Das Fahrzeug muss im Verkehr geführt werden. Indem ausdrücklich auf § 315 bis § 315e verwiesen wird, sind der Bahn-, Schiffs-, Luft- und Straßenverkehr einbezogen. Erfasst werden nur Taten im **öffentlichen Verkehrsraum**.

590 aa) Der **Begriff des Straßenverkehrs** wird in Anlehnung an die für den entsprechenden Begriff des StVG, der StVO und der StVZO entwickelten Grundsätze bestimmt[1050]. Ein Verkehrsraum ist demnach **öffentlich**, wenn er entweder ausdrücklich oder mit stillschweigender Duldung des Verfügungsberechtigten für jedermann oder aber zumindest für eine allgemein bestimmte größere Personengruppe zur Benutzung zugelassen ist und auch

---

1044 OLG Celle NJW-RR 1999, 1187; *Kindhäuser/Schramm*, BT 1, § 64 Rn. 5 Fn. 5; a. A. *Lackner/Kühl*, § 315c Rn. 3.
1045 BGHSt 18, 6; OLG Celle NJW 1965, 1773.
1046 *Rengier*, BT 2, § 43 Rn. 3; *Wessels/Hettinger/Engländer*, BT 1, Rn. 1024.
1047 BGHSt 18, 6 (8 f.); 35, 390 (393); 59, 311 (314).
1048 S. auch BGHSt 36, 341.
1049 S.u. Rn. 594.
1050 BGHSt 49, 128; LK-*König*, § 315b Rn. 6.

I. Trunkenheit im Verkehr, § 316

so benutzt wird[1051]. Öffentlich sind damit allgemein zugängliche Privatparkplätze und Parkhäuser, Parkplätze einer Gastwirtschaft mit dem Schild „nur für Gäste" oder Tankstellengelände.

> **Bsp.:** T fährt mit 2,0 Promille auf dem Parkplatz eines Supermarktes. – Da der Parkplatz allgemein zugänglich ist, verwirklicht T § 316.

bb) Nicht-öffentlich sind hingegen Verkehrsflächen, die erkennbar nur für bestimmte oder bestimmbare Benutzer zugelassen sind, wie der Privatparkplatz oder eine Tiefgarage mit fest vermieteten Stellplätzen. Auf einem Werksgelände findet daher kein öffentlicher Straßenverkehr statt, wenn der Zutritt lediglich Werksangehörigen oder Personen mit einer individuell erteilten Erlaubnis möglich ist. Auch eine Rasenfläche vor einem Polizeigebäude, die nicht als Zuweg dient, stellt keine öffentliche Verkehrsfläche dar[1052]. Verkehrsflächen können im Übrigen zeitweilig öffentlich und nicht-öffentlich sein, z. B. Parkhäuser, Tankstellen u. s. w. während bzw. außerhalb der normalen Betriebszeit. **591**

> **Bsp.:**[1053] T fährt mit seinem Auto auf einen Parkplatz neben einer Tankstelle. Nach einiger Zeit wird T mitgeteilt, dass die Schranke geschlossen wird. T verbleibt aber dennoch auf dem Gelände und fährt dort später in fahruntüchtigem Zustand. – Ab dem Schließen der Schranke gehörte das Gelände nicht mehr zum öffentlichen Verkehrsraum, da es erkennbar nicht mehr der Allgemeinheit zur Verfügung gestellt wurde.

c) Fahruntüchtigkeit. Der Täter muss das Fahrzeug **in fahruntüchtigem Zustand führen.** Die Fahruntüchtigkeit kann alkoholbedingt sein, aber auch auf anderen berauschenden Mitteln beruhen. **592**

aa) Bei der Fahruntüchtigkeit infolge des Genusses **alkoholischer Getränke** ist zwischen relativer und absoluter Fahruntüchtigkeit zu unterscheiden. **593**

(1) Absolute Fahruntüchtigkeit liegt bei Kraftfahrern (PKW, LKW, Motorrad, Motorroller, Mofa und Schiffe[1054]) ab einer Blutalkoholkonzentration (BAK) von 1,1 Promille[1055], bei Radfahrern ab 1,6 Promille[1056] vor. Ausreichend ist – entsprechend der Regelung des § 24a Abs. 1 StVG – eine entsprechende Alkoholkonzentration zum Zeitpunkt der Tat im Blut oder in der sog. Anflutungsphase eine Alkoholmenge im Körper, die zu einer solchen BAK (im Zeitpunkt der Blutprobe) führt[1057]; denn die Alkoholanflu- **594**

1051 Vgl. BGHSt 16, 7 (9 f.); 49, 128 f.; BGH NStZ 2004, 625; NStZ 2013, 530 (531).
1052 BGH NStZ 2004, 625.
1053 Nach BGH NStZ 2013, 530.
1054 OLG Brandenburg VRS 115 (2009), 302 (303 f.).
1055 BGHSt 37, 89; ferner BGHSt 45, 140.
1056 OLG Celle NJW 1992, 2169; OLG Karlsruhe NStZ-RR 1997, 356; *Schönke/Schröder/Hecker*, § 316 Rn. 11; a.A. LG Verden NZV 1992, 292 – 1,5 Promille; OLG Düsseldorf NJW 1992, 992 – 1,7 Promille.
1057 BGHSt 25, 246.

tungswirkung gleicht – etwa bei einem Sturztrunk – das Nichterreichen des Grenzwertes aus[1058].

595 **(2) Relative Fahruntüchtigkeit** liegt ab einer BAK von 0,3 Promille vor[1059], wenn zusätzlich zum BAK-Befund weitere Umstände bzw. Ausfallerscheinungen hinzutreten, die den Schluss rechtfertigen, dass der Täter auf Grund des Alkoholgenusses nicht mehr in der Lage ist, sein Fahrzeug sicher zu führen. Relative Fahruntüchtigkeit bedeutet gegenüber absoluter Fahruntüchtigkeit kein geringeres Maß an Fahrunsicherheit, vielmehr werden lediglich andere Anforderungen an die Beweisführung gestellt. Als Grundregel kann man dabei davon ausgehen, dass die Ausfallerscheinungen umso gewichtiger sein müssen, je geringer der Wert der BAK ist. Es kommt letztlich im Wege einer Gesamtwürdigung darauf an, dass der Täter durch sein Verhalten erkennen lässt, dass er zur Tatzeit den von ihm zu bewältigenden Verkehrsaufgaben nicht mehr gewachsen ist. Dies kann sich vor allem aus seinem Fahrverhalten ergeben (Schlangenlinienfahren, Geradeausfahren in Kurven, Abkommen von der Fahrbahn). Allerdings erlaubt nicht jeder Fahrfehler den Schluss auf alkoholbedingte Fahrunsicherheit. Fahrfehler, die auch bei nüchternen Fahrern sehr häufig sind – Geschwindigkeitsüberschreitungen, Vorfahrtsverletzungen, Schneiden von Kurven –, reichen für sich genommen alleine nicht aus, um eine relative Fahruntüchtigkeit festzustellen[1060]. Sie können aber zusammen mit anderen Indizien diese begründen. Neben dem Fahrverhalten ist auch das sonstige Verhalten und Auftreten des Täters zu berücksichtigen (z. B. Verhaltensauffälligkeiten wie Aggressivität, hysterische Lachanfälle usw.).

596 **bb) Andere berauschende Mittel** sind Medikamente und Drogen (z. B. Haschisch, Heroin, Marihuana). Eine absolute Fahruntüchtigkeit allein auf Grund eines positiven Wirkstoffspiegels im Blut kann nach derzeitigem Stand der Wissenschaft nicht einmal bei harten Drogen wie Heroin oder Kokain begründet werden[1061]. Es bedarf vielmehr der Feststellung weiterer aussagekräftiger Beweisanzeichen. Daher muss stets nach den Regeln der relativen Fahruntüchtigkeit verfahren werden, wobei die Anforderungen an Art und Ausmaß drogenbedingter Ausfallerscheinungen umso geringer sein können, je höher die im Blut festgestellte Wirkstoffkonzentration ist[1062].

3. Subjektiver Tatbestand

597 Die Feststellung von Vorsatz i. S. d. Abs. 1 bereitet nicht unerhebliche Schwierigkeiten, zumal der Täter die Alkoholisierung häufig selbst falsch

---

1058 *Wessels/Hettinger/Engländer*, BT 1, Rn. 1027.
1059 BGH VRS 21 (1961), 54; VRS 49 (1975), 429.
1060 BGH VRS 36 (1969), 174; NZV 1995, 80.
1061 BGHSt 44, 219 (222); BGH JR 2009, 120 f.; NStZ 2012, 324 (325).
1062 OLG Koblenz VRS 46 (1974), 349 (351); *Kindhäuser/Schramm*, BT 1, § 64 Rn. 16.

einschätzt[1063]. Daher kann es nur als Faustregel gelten, dass bei hoher BAK (ab etwa 2,0 Promille) eher Vorsatz anzunehmen ist[1064]; es bedarf daher neben der (hohen) BAK weiterer Umstände, die den Schluss auf Vorsatz zulassen[1065]. Ansonsten kommt eine Fahrlässigkeitsstrafbarkeit nach § 316 Abs. 2 in Betracht, bei der allerdings derselbe Strafrahmen gilt. Soweit der Täter bis zu einem Unfall lediglich fahrlässig eine Trunkenheitsfahrt unternommen hat, wird man für die Weiterfahrt häufig Vorsatz annehmen können. Denn durch den Unfall wird dem Täter nun bewusst werden, dass er fahruntüchtig ist[1066].

4. Konkurrenzen

598 § 316 Abs. 1 ist ein **Dauerdelikt**, das mit Fahrtbeginn vollendet, aber erst mit dem Abschluss der Fahrt beendet ist. Eine neue Fahrt beginnt, soweit eine (zeitliche) Zäsur vorliegt[1067]. Dies kann insb. bei einer Fahrtunterbrechung auf Grund eines Unfalls oder bei Fahrerflucht angenommen werden, weil die Weiterfahrt dann auf einem neuen Entschluss beruht.

Bsp.: T beschädigt beim Ausparken einen fremden PKW, was er billigend in Kauf nimmt. Zu diesem Tatzeitpunkt hat er einen Blutalkoholgehalt von 1,8 Promille. Nachdem er gegenüber feststellungsbereiten Personen die notwendigen Angaben gemacht hat, fährt er weiter. – Hinsichtlich des Unfalls hat sich T nach § 315c Abs. 1 Nr. 1a strafbar gemacht. § 316 Abs. 1 ist insoweit tatbestandlich ebenfalls verwirklicht, aber formell subsidiär. Hinsichtlich der Weiterfahrt ist § 316 Abs. 1 erneut verwirklicht, da der Unfall eine Zäsurwirkung entfaltet. § 315c und § 316 stehen daher in Tatmehrheit (§ 53).

II. Gefährdung des Straßenverkehrs, § 315c

1. Geschütztes Rechtsgut und Systematik

599 § 315c stellt ein **konkretes Gefährdungsdelikt** dar, das neben der **Sicherheit des Straßenverkehrs auch Leib, Leben und Eigentum des Einzelnen schützt**[1068]. Es ist weitgehend ein eigenhändiges Delikt[1069]. Es handelt sich – anders als bei § 316 – nicht um ein Dauerdelikt. Der Versuch ist nur

---

1063 *Schönke/Schröder/Hecker*, § 316 Rn. 23.
1064 So *Haubrich*, DAR 1982, 285 (287); ablehnend gegenüber einem solchen Grenzwert OLG Düsseldorf NZV 1994, 324 (325); OLG Köln DAR 1999, 88; *Schönke/Schröder/Hecker*, § 316 Rn. 23.
1065 Zu den notwendigen Feststellungen BGH NJW 2015, 1834; OLG Düsseldorf StV 2018, 445 f.; *Schönke/Schröder/Hecker*, § 316 Rn. 23.
1066 LK-*König*, § 316 Rn. 203; *Schönke/Schröder/Hecker*, § 316 Rn. 23.
1067 *Schönke/Schröder/Hecker*, § 316 Rn. 30.
1068 S. schon o. Rn. 580; BGHSt 23, 261 (263); BGH NJW 1989, 1227 (1228); NJW 1989, 2550; *Schönke/Schröder/Hecker*, § 315c Rn. 1 f.; a. A. – nur Schutz der Sicherheit des Straßenverkehrs, LK-*König*, § 315c Rn. 3; a. A. – nur Schutz des Individualrechtsguts, *Kindhäuser/Schramm*, BT 1, § 65 Rn. 1.
1069 Sogleich u. Rn. 603.

in den Fällen des § 315c Abs. 1 Nr. 1 nach Abs. 2 strafbar. Obwohl auch die Vorsatz-Fahrlässigkeits-Kombination i. S. d. § 315c Abs. 1 Nr. 1 i. V. m. Abs. 3 Nr. 1 nach § 11 Abs. 2 ein Vorsatzdelikt darstellt, und damit Gegenstand einer Versuchsstrafbarkeit sein könnte, ist der Versuch diesbezüglich nicht unter Strafe gestellt[1070].

600 Im Hinblick auf die **Abgrenzung zu § 315b** ist bedeutsam, dass für Taten von Verkehrsteilnehmern, d. h. für Angriffe auf den Straßenverkehr von innen, § 315c maßgebend ist. § 315b erfasst dagegen grundsätzlich nur Eingriffe in den Straßenverkehr von außen. Dies folgt aus der Systematik des Gesetzes, das in § 315c Abs. 1 Nrn. 2a bis g („sieben Todsünden") diejenigen Verkehrsverstöße von Verkehrsteilnehmern abschließend aufzählt, die entsprechende Ordnungswidrigkeiten in Vergehen nach dem StGB aufwerten. Diese Entscheidung darf nicht dadurch unterlaufen werden, dass andere Verkehrsverstöße nach § 315b Abs. 1 Nr. 3 als sonstige Eingriffe in den Straßenverkehr erfasst werden. § 315c entfaltet insoweit Sperrwirkung.

601 **Prüfungsschema**
1. **Tatbestand**
   a) Objektiver Tatbestand
      aa) Führen eines Fahrzeugs im Straßenverkehr (Abgrenzung zu § 315b)
         (1) Nr. 1a: trotz alkoholbedingter oder sonst rauschmittelbedingter Fahruntüchtigkeit
         (2) Nr. 1b: trotz auf körperlicher oder geistiger Mängel beruhender Fahruntüchtigkeit
         (3) Nrn. 2a bis g: Begehung einer der abschließend aufgezählten Verkehrsverstöße in grob verkehrswidriger Weise
      bb) konkrete Gefährdung anderer Personen oder fremder Sachen von bedeutendem Wert
      cc) gefahrspezifischer Zusammenhang zwischen aa) und bb)
   b) Subjektiver Tatbestand
      aa) Vorsatzdelikt: § 315c Abs. 1
         (1) Vorsatz bezüglich Nr. 1a/b und bezüglich konkreter Gefährdung
         (2) Vorsatz bezüglich Nrn. 2a bis g und bezüglich konkreter Gefährdung sowie Vorliegen von Rücksichtslosigkeit (str., nach a. A. ist die Rücksichtslosigkeit Schuldmerkmal)
      bb) Vorsatz-Fahrlässigkeits-Kombination (Vorsatzdelikt nach § 11 Abs. 2): § 315c Abs. 1 i. V. m. Abs. 3 Nr. 1

1070 OLG Düsseldorf NZV 1994, 486; *Schönke/Schröder/Hecker*, § 11 Rn. 66.

> (1) Vorsatz bezüglich Nr. 1a/b und Fahrlässigkeit bezüglich konkreter Gefährdung
> (2) Vorsatz bezüglich Nrn. 2a bis g und Fahrlässigkeit bezüglich konkreter Gefährdung sowie Vorliegen von Rücksichtslosigkeit (str., nach a. A. Schuldmerkmal)
> cc) Fahrlässigkeitsdelikt: § 315c Abs. 1 i. V. m. Abs. 3 Nr. 2
> (1) Fahrlässigkeit bezüglich Nr. 1a/b und Fahrlässigkeit bezüglich konkreter Gefährdung
> (2) Fahrlässigkeit bezüglich Nrn. 2a bis g und Fahrlässigkeit bezüglich konkreter Gefährdung sowie Rücksichtslosigkeit (str., nach a. A. Schuldmerkmal)
> 2. **Rechtswidrigkeit**
> 3. **Schuld**

2. Objektiver Tatbestand

Der Tatbestand besteht aus **zwei Komponenten**, nämlich aus einer abstrakt gefährlichen Handlung (Nrn. 1a und b, Nrn. 2a bis g), die zu einem konkreten Gefahrerfolg führen muss.

a) **Führen eines Fahrzeugs im öffentlichen Straßenverkehr.** Täter des § 315c Abs. 1 Nrn. 1a bis 2f kann nur derjenige sein, der selbst ein Fahrzeug im öffentlichen Straßenverkehr führt[1071]. Die Tat ist wie § 316 insoweit ein eigenhändiges Delikt. Etwas anderes gilt lediglich für § 315c Abs. 1 Nr. 2g, wonach die Pflicht zur Kenntlichmachung eines Fahrzeugs auch den vom Fahrzeugführer abweichenden Halter treffen kann[1072]. Bloße Handlungen – wie das Bedienen der Schaltung durch den Beifahrer, das Greifen in das Lenkrad oder das Ziehen der Handbremse – machen den Beifahrer noch nicht zum Fahrer[1073].

b) **Verstoß nach Nr. 1a bis Nr. 2g.** Weiterhin muss einer der in Nr. 1a bis Nr. 2g genannten Verstöße vorliegen.

aa) Für die von **Nr. 1a** vorausgesetzte **Fahruntüchtigkeit infolge des Genusses alkoholischer Getränke oder anderer berauschender Mittel** gelten die bei § 316 dargelegten Grundsätze. Bei alkoholbedingter Fahrunsicherheit ist daher zwischen relativer und absoluter Fahruntüchtigkeit zu unterscheiden[1074].

bb) Anders als bei § 316 werden von **Nr. 1b** auch **geistige oder körperliche Leistungseinschränkungen** erfasst. Wichtige Beispiele aus der Praxis sind das Fahren trotz völliger Übermüdung (geistiger Mangel) oder

---

1071 S. bereits o. Rn. 590 f.
1072 LK-*König*, § 315c Rn. 129; *Schönke/Schröder/Hecker*, § 315c Rn. 25.
1073 OLG Hamm NJW 1969, 1975 (1976); OLG Köln NJW 1971, 670; *Eisele*, JA 2003, 40 (42).
1074 Vgl. o. Rn. 592 ff.

trotz Verletzungen bzw. ohne die erforderliche Sehhilfe (körperliche Mängel)[1075].

607 cc) In **Nrn. 2a bis g** sind bestimmte Verkehrsordnungswidrigkeiten zu Straftaten aufgewertet. Die enumerativ aufgezählten Verstöße („sieben Todsünden") sind abschließend. Für die Frage, ob ein Verstoß vorliegt, sind auch die **Regelungen der Straßenverkehrsordnung** – im Hinblick auf Nr. 2a etwa über die Vorfahrt – zu beachten, wenngleich sich die Begriffe nicht zwingend entsprechen müssen[1076].

608 (1) Darüber hinaus bedarf es der Feststellung, dass der Verstoß objektiv **grob verkehrswidrig**, d. h. besonders schwerwiegend, ist. Das Merkmal spielt vor allem bei solchen Verkehrsverstößen der Nrn. 2a bis g eine Rolle, die nicht zwingend besonders schwer sein müssen. Eine leichte Vorfahrtsverletzung durch etwas zu schnelles Einfahren in die Kreuzung vermag daher keinen Verstoß i. S. d. Nr. 2a zu begründen.

609 (2) Der Täter muss ferner subjektiv **rücksichtslos** handeln. Rücksichtslos handelt, wer sich aus eigensüchtigen Gründen über die ihm bewusste Pflicht zur Vermeidung unnötiger Gefährdung anderer hinwegsetzt oder aus Gleichgültigkeit Bedenken gegen sein Verhalten von vornherein gar nicht aufkommen lässt[1077]. Verkehrswidrigkeiten, die auf bloßer Unachtsamkeit beruhen, erfüllen diese Voraussetzungen nicht. Das Merkmal ist Bestandteil des subjektiven Tatbestands[1078] und ein strafbarkeitsbegründendes persönliches Merkmal i. S. d. § 28 Abs. 1.

> **Bsp. (1):** Autofahrer T verpasst auf der Autobahn die Ausfahrt und fährt daher rückwärts (Nr. 2f), weil er keine Lust hat, bis zur nächsten Ausfahrt weiterzufahren. – Er handelt auch dann rücksichtslos, wenn er dabei zurücksieht und den Verkehr beobachtet.
>
> **Bsp. (2):** Ein ortsfremder Autofahrer fährt bei Nebel durch eine leichte Unachtsamkeit falsch auf die Autobahn auf, bringt aber dort sein Fahrzeug schnellstmöglich auf den Standstreifen. – Keine Rücksichtslosigkeit trotz objektiv schwerem Verkehrsverstoß i. S. d. Nr. 2f.

610 c) **Eintritt einer konkreten Gefahr.** Als Folge des Verstoßes ist der Eintritt **einer konkreten Gefahr für Leib oder Leben eines anderen Menschen oder für fremde Sachen von bedeutendem Wert** erforderlich.

611 aa) Hinsichtlich der konkreten Gefahr für Leib oder Leben eines anderen Menschen ist zu beachten, dass nach h. M. nicht nur der Täter, sondern auch **Tatteilnehmer als Gefährdungsopfer** ausscheiden. Es soll sich nicht

---

1075 BayObLG NJW 1996, 2045; BayObLG NJW 2003, 3499 (3500).
1076 OLG Düsseldorf VRS 107 (2004), 109, zum Begriff des falschen Überholens.
1077 *Lackner/Kühl*, § 315c Rn. 19; *Rengier*, BT 2, § 44 Rn. 9.
1078 BGHSt 5, 392 (395); 8; *Rengier*, BT 2, § 44 Rn. 7; nach a. A. handelt es sich um ein besonderes Schuldmerkmal, vgl. BGH VRS 23 (1962), 289 (292 f.).

um „andere Menschen" im Sinne der Vorschrift handeln, da Tatteilnehmer auf Täterseite und damit nicht stellvertretend für die vom Tatbestand geschützte Allgemeinheit stehen[1079]. Auch würde ansonsten gerade durch die Einbeziehung in den Schutzbereich ihre eigene Strafbarkeit begründet. Dieser generelle Ausschluss überzeugt jedoch nicht, da auch der Tatbeteiligte schutzwürdig sein kann. Richtigerweise sind daher zunächst alle Tatbeteiligten in den Schutzbereich miteinbezogen[1080]. Es kann jedoch im Einzelfall die objektive Zurechnung nach den Grundsätzen der eigenverantwortlichen Selbstgefährdung oder – was häufiger in Betracht kommen dürfte – im Falle einer Einwilligung in die Fremdgefährdung die Rechtswidrigkeit[1081] zu verneinen sein.

> **Bsp.:** A bittet den betrunkenen T, sie nach Hause zu fahren. T erfüllt der A den Wunsch, kommt aber alkoholbedingt von der Fahrbahn ab und verfehlt mit dem Wagen ganz knapp einen Baum. – Nach h. M. ist der Tatbestand nicht verwirklicht, da A – unterstellt man den Eintritt des Gefahrerfolgs in ihrer Person – Anstifterin zur Tat des T (§§ 315c Abs. 1 Nr. 1a, 26) und damit Tatbeteiligte wäre. Nach anderer Ansicht ist der Tatbestand zu bejahen, dann aber – da ein Fall der Fremdgefährdung anzunehmen ist (die Tatherrschaft liegt beim Fahrer) – die Frage einer rechtfertigenden Einwilligung zu diskutieren.

Noch keine Tatteilnahme kann allerdings in der **bloßen Mitfahrt** im Wagen eines Fahruntüchtigen gesehen werden, da dies noch keine Strafbarkeit wegen psychischer Beihilfe begründet[1082].

bb) Die Untergrenze des **bedeutenden wirtschaftlichen Werts einer Sache** liegt bei ca. 750 €[1083]. Dabei bedarf es einer Prüfung in zwei Schritten: Erstens muss die Sache selbst von bedeutendem Wert sein. Und zweitens muss ihr auch ein bedeutender Schaden im konkreten Fall drohen[1084]. Liegt eine solche Gefährdung vor, schließt aber der spätere Eintritt eines nur geringen Sachschadens den Tatbestand nicht aus[1085].

> **Bsp.:** T stößt bei einer Trunkenheitsfahrt beim Einparken in ganz langsamem Tempo fast auf die Stoßstange des dort parkenden Fahrzeugs. – Selbst wenn das gefährdete Objekt eine Sache von bedeutendem Wert ist, droht hier nur ein geringer Schaden, so dass der Tatbestand zu verneinen sein kann. Droht ein größerer Schaden liegen die Voraussetzun-

---

1079 BGHSt 27, 40 (43); BGH NStZ 2013, 167.
1080 *Schönke/Schröder/Hecker*, § 315c Rn. 31.
1081 Dazu sogleich u. Rn. 621.
1082 *Kudlich*, Prüfe Dein Wissen, BT 2, S. 160.
1083 BGHSt 48, 119 (121); *Jäger*, BT, Rn. 488; *Rengier*, BT 2, § 44 Rn. 21; für 1300 € in Anlehnung an § 69 Abs. 2 Nr. 3 *Schönke/Schröder/Heine/Bosch*, Vorbem. §§ 306 ff. Rn. 15.
1084 BGH NStZ-RR 2008, 289; NStZ-RR 2017, 123 (124); OLG Düsseldorf StV 2018, 444 (445); *Schönke/Schröder/Hecker*, § 315c Rn. 31.
1085 BGH NStZ-RR 2008, 289; DAR 2011, 398 f.

gen hingegen auch dann vor, wenn tatsächlich doch nur ein geringer Schaden eintritt.

614 cc) Nach h. M. scheidet auch das **Täterfahrzeug** – wenn dieses im Eigentum eines Dritten steht (z. B. geliehener Wagen, Mietwagen, sicherungsübereignetes Fahrzeug) – als Gefährdungsobjekt aus, da das Gefährdungsmittel nicht zugleich Objekt der Gefährdung sein kann[1086]. Zudem dient § 315c nicht allein dem Eigentumsschutz, sondern soll vornehmlich vor Gefährdungen des Straßenverkehrs schützen.

Bsp.: T fährt mit einem Mietwagen mit 1,3 Promille in einen Straßengraben. Es entsteht ein Schaden von 5000 €. – T macht sich nicht nach § 315c Abs. 1 Nr. 1a strafbar, da das Gefährdungsmittel zugleich das gefährdete Objekt war. Es verbleibt eine Strafbarkeit nach § 316.

615 dd) **Konkret ist die Gefahr,** wenn die Gefährlichkeit der Handlung so gesteigert ist, dass der Eintritt eines bestimmten Schadens auf Grund der Unbeherrschbarkeit des Gefährdungsverlaufs nur noch vom Zufall abhängt und eine andere Person bzw. eine fremde Sache in die Gefahrenzone gerät und es dabei tatsächlich zu einer kritischen Situation („Beinahe-Unfall") kommt[1087].

616 ee) Der Eintritt der konkreten Gefahr muss im Sinne eines **Pflichtwidrigkeits- oder Zurechnungszusammenhangs** durch die gefährliche Tathandlung („dadurch") verursacht worden sein[1088]. § 315c sanktioniert die genannten Fehlverhaltensweisen gerade wegen den damit verbundenen eigentümlichen Gefahren für die Sicherheit des Straßenverkehrs[1089]. Wird ein Kfz von einem Fahruntüchtigen bewusst als Tatwaffe eingesetzt, so kommt nur § 315b in Betracht, wenn für das Verhalten die Alkoholisierung nicht ursächlich war[1090]. Bei alkoholbedingter Fahrunsicherheit i. S. d. Nr. 1a ist ohnehin problematisch, dass nüchterne Fahrer häufig dieselben Fehler machen wie betrunkene Fahrer, nur eben wesentlich seltener. Einen Ausweg bietet hier zumindest bei erheblicher Alkoholisierung der Verweis auf eine Mitursächlichkeit der Alkoholisierung für den Eintritt der Gefahr[1091].

3. Subjektiver Tatbestand

617 In subjektiver Hinsicht sind drei Konstellationen zu unterscheiden.

618 a) **§ 315c Abs. 1.** Dieser enthält ein **echtes Vorsatzdelikt.** Deshalb ist zumindest dolus eventualis hinsichtlich des Verstoßes nach Abs. 1 Nrn. 1a,

---

1086 BGHSt 27, 40 (43 f.); *Wessels/Hettinger/Engländer*, BT 1, Rn. 1031; a. A. LK-*König*, § 315c Rn. 168 f.
1087 BGH NStZ-RR 2010, 120; NStZ 2013, 167; vgl. bereits o. Rn. 156.
1088 BGH NStZ-RR 2004, 108 f.; NStZ 2007, 222 (223); A/W/H/H-*Hilgendorf*, § 38 Rn. 37.
1089 BGHSt 8, 28 (32 f.); *Schönke/Schröder/Hecker*, § 315c Rn. 35.
1090 BGH NStZ-RR 2004, 108 f.; NStZ 2007, 330.
1091 *Rengier*, BT 2, § 44 Rn. 23.

b[1092] bzw. Nrn. 2a bis g sowie hinsichtlich des Eintritts einer konkreten Gefahr erforderlich. In Fällen der Nrn. 2a bis g muss der Täter ferner rücksichtslos handeln[1093].

b) § 315c Abs. 1 i. V. m. Abs. 3 Nr. 1. Insoweit handelt es sich um **eine Vorsatz-Fahrlässigkeits-Kombination**, die nach § 11 Abs. 2 ein Vorsatzdelikt darstellt. Erforderlich ist, dass der Täter hinsichtlich der Nrn. 1a bis 2g vorsätzlich handelt, während im Hinblick auf den Eintritt der Gefahr Fahrlässigkeit ausreichend ist. Aus der Einstufung als Vorsatzdelikt folgt, dass diesbezüglich auch Anstiftung und Beihilfe möglich sind. Nicht anders als bei den erfolgsqualifizierten Delikten i. S. d. § 18 müssen beim Teilnehmer hinsichtlich der Handlung i. S. d. § 315c Abs. 1 Nrn. 1a bis 2g die Voraussetzungen der §§ 26, 27 vorliegen, während bezüglich des Eintritts des Gefahrerfolgs der Teilnehmer selbst wenigstens fahrlässig handeln muss[1094].

619

c) § 315c Abs. 1 i. V. m. § 315c Abs. 3 Nr. 2. Diese Regelung begründet ein **reines Fahrlässigkeitsdelikt**. Die Sorgfaltspflichtwidrigkeit muss sich dabei auf den Verstoß nach Abs. 1 Nrn. 1a, b bzw. Nrn. 2a bis g und den Eintritt der konkreten Gefahr beziehen. Die Prüfung ist nach den Regeln des Fahrlässigkeitsdelikts aufzubauen.

620

4. Rechtswidrigkeit

Auf Grund des gemeingefährlichen Charakters des Delikts lehnt die h. M. eine **rechtfertigende Einwilligung** mangels Dispositionsbefugnis über das Rechtsgut ab. Die Individualgefährdung eines anderen habe im Rahmen des § 315c lediglich strafbarkeitsbegrenzende Funktion. Hinter der konkreten Gefährdung stehe die abstrakte Gefährdung einer Vielzahl von Menschen, die von der Einwilligung unberührt bleibe[1095]. Dem ist jedoch zu widersprechen, da ansonsten die durch die Einwilligung eintretende Minderung des Unrechtsgehalts der Tat unberücksichtigt bliebe. Richtigerweise kann das Opfer daher in die konkrete Gefährdung von Leib und Leben[1096] sowie des Eigentums einwilligen, da es sich insoweit um Individualrechtsgüter handelt, die kumulativ neben der Sicherheit des Straßenverkehrs geschützt werden[1097]. In Fällen des § 315c Abs. 1 Nr. 1a verbleibt dann aber eine Strafbarkeit wegen der Trunkenheitsfahrt nach § 316[1098]; in Fällen des

621

1092 Zum Vorsatz hinsichtlich der Fahruntüchtigkeit o. Rn. 597.
1093 Dazu bereits o. Rn. 609.
1094 LK-*König*, § 315c Rn. 206; *Rengier*, BT 2, § 44 Rn. 28.
1095 BGHSt 23, 261 (263 f.); 53, 55 (63); *Fischer*, § 315c Rn. 17.
1096 Dazu, dass eine Einwilligung auch in die Gefährdung des Lebens möglich ist, vgl. o. Rn. 141.
1097 AG Saalfeld VRS 107 (2004), 181; *Roxin*, AT 1, § 13 Rn. 33.
1098 Teilweise wird die Einwilligung nur für beachtlich angesehen, wenn – wie hier – subsidiäre Strafnormen zur Verfügung stehen; vgl. *Graul*, JuS 1992, 321 (325); *Hillenkamp*, JuS 1977, 166 (170 f.).

§ 315c Abs. 1 Nr. 1b und Nrn. 2a bis g geht der Täter zwar straffrei aus, jedoch kommen hier Verkehrsordnungswidrigkeiten in Betracht.

Bsp.: Anhalterin O fährt nach einer Faschingsparty im Wagen des betrunkenen T (1,8 Promille) mit, obwohl sie dessen Zustand erkennt und auch eine mögliche Gefährdung billigt. Es kommt zu einem Unfall, bei dem O verletzt wird. Da O in die Fremdgefährdung (die Tatherrschaft liegt bei T – daher keine eigenverantwortliche Selbstgefährdung) von Leib und Leben eingewilligt hat, scheidet entgegen der h. M. § 315c Abs. 1 Nr. 1a aus; auch eine Strafbarkeit nach § 229 ist zu verneinen[1099]. T macht sich aber nach § 316 strafbar. Eine Einwilligung scheidet hier aus, weil die Sicherheit des Straßenverkehrs ein Rechtsgut der Allgemeinheit ist, das nicht zur Disposition der O steht.

III. Gefährliche Eingriffe in den Straßenverkehr, § 315b

1. Geschütztes Rechtsgut und Systematik

622 § 315b stellt ein **konkretes Gefährdungsdelikt** dar, das neben der Sicherheit des Straßenverkehrs auch Leib, Leben und Eigentum des Einzelnen schützt[1100]. Es erfasst grundsätzlich nur Eingriffe von außen in den Straßenverkehr.

623 Prüfungsschema
1. **Tatbestand**
   a) Objektiver Tatbestand
      aa) Beeinträchtigung der Sicherheit des Straßenverkehrs dadurch, dass der Täter
         (1) Anlagen oder Fahrzeuge zerstört, beschädigt oder beseitigt,
         (2) Hindernisse bereitet
         (3) einen ähnlichen, ebenso gefährlichen Eingriff vornimmt
      bb) konkrete Gefährdung anderer Personen oder fremder Sachen von bedeutendem Wert
      cc) gefahrspezifischer Zusammenhang zwischen aa) und bb)
   b) Subjektiver Tatbestand
      aa) Vorsatzdelikt des § 315b Abs. 1: Vorsatz bzgl. Nrn. 1 bis 3 und bzgl. konkreter Gefährdung
      bb) Vorsatz-Fahrlässigkeits-Kombination des § 315b Abs. 1 i. V. m. Absatz 4 (Vorsatzdelikt nach § 11 Abs. 2): Vorsatz bzgl. Nrn. 1 bis 3 und Fahrlässigkeit bzgl. konkreter Gefährdung

---

1099 Näher o. Rn. 141.
1100 Vgl. bereits o. Rn. 580.

cc) Fahrlässigkeitsdelikt des § 315b Abs. 1 i. V. m. Absatz 5: Fahrlässigkeit bzgl. Nrn. 1 bis 3 und Fahrlässigkeit bzgl. konkreter Gefährdung
2. **Rechtswidrigkeit**
3. **Schuld**
4. **Tätige Reue nach § 320 Abs. 2 Nr. 2, Abs. 3 Nr. 1b und Abs. 4**
5. **Strafschärfungen nach § 315b Abs. 3 i. V. m. § 315 Abs. 3:**
   a) Qualifikation, Nr. 1a: Absicht, einen Unglücksfall herbeizuführen
   b) Qualifikation, Nr. 1b: Absicht, eine andere Straftat zu ermöglichen oder zu verdecken
   c) Erfolgsqualifikation, Nr. 2: Verursachung einer schweren Gesundheitsschädigung eines anderen Menschen oder einer Gesundheitsschädigung einer großen Zahl von Menschen durch die Tat

2. Objektiver Tatbestand

Bei der Frage nach einer Strafbarkeit gem. § 315b ist zu beachten, dass Verhaltensweisen im ruhenden oder fließenden Straßenverkehr grundsätzlich von § 315c abschließend geregelt werden[1101]. § 315b erfasst dagegen grundsätzlich nur **verkehrsfremde Vorgänge**, die von **außen** auf den öffentlichen Straßenverkehr[1102] einwirken.

Bsp.: T gibt einen Schuss auf ein vorbeifahrendes Fahrzeug ab, wodurch es zu einem Unfall kommt, durch den der Fahrer verletzt wird. – Hier ist § 315b Abs. 1 Nr. 1 verwirklicht.

a) Abgrenzung zu § 315c. kann ein Fehlverhalten von Verkehrsteilnehmern im Straßenverkehr nur unter ganz engen Voraussetzungen in den Anwendungsbereich des § 315b fallen, weil andernfalls der abschließende Katalog des § 315c, der nicht genannte Fehlverhaltensweisen privilegiert, umgangen werden könnte. Ausnahmsweise kann die Vorschrift dennoch Anwendung finden, wenn sich das Verhalten des Verkehrsteilnehmers als „verkehrsfremd" darstellt. Dafür müssen folgende Voraussetzungen verwirklicht sein[1103]:

aa) Objektiv eine grobe Einwirkung in den Straßenverkehr. Dabei können auch die Maßstäbe der StVO an Bedeutung gewinnen. Nicht verwirklicht ist diese Voraussetzung z. B., wenn der Fahrer langsam auf eine Person zufährt, die eine Parklücke für einen anderen Fahrer reserviert[1104]; es verbleibt ggf. § 240, wenn die Tat i. S. d. Abs. 2 verwerflich ist[1105].

1101 BGHSt 41, 231 (233 f.); *Fischer*, § 315b Rn. 9.
1102 Zur Beschränkung auf den öffentlichen Straßenverkehr s. o. Rn. 590 f.
1103 BGHSt 48, 233 ff.; BGH NStZ-RR 2012, 123; *Grupp/Kinzig*, NStZ 2007, 132 (133 f.); bei Eingriffen von außen sind diese Voraussetzungen hingegen unerheblich, vgl. BGH NStZ 2007, 34 (35).
1104 Vgl. *Wessels/Hettinger/Engländer*, BT 1, Rn. 1019.
1105 Näher zu den Parklückenfällen o. Rn. 297.

627 bb) Subjektiv die **Absicht, in die Sicherheit des Straßenverkehrs einzugreifen**, d. h. eine bewusste Zweckentfremdung des Fahrzeugs als Waffe oder Schadenswerkzeug zu verkehrsfeindlichen Zwecken („Pervertierungsabsicht").

628 cc) Ferner muss der Täter nach neuester Rechtsprechung mit **Schädigungsvorsatz** (zumindest dolus eventualis) handeln[1106]; früher sollte Vorsatz hinsichtlich der Herbeiführung einer konkreten Gefahr genügen[1107]. Wenn ein Fahrzeugführer aus Verärgerung den Vordermann überholt und dann bewusst vor ihm scharf abbremst und es dabei zu einem Auffahrunfall kommt, ist demgemäß sorgfältig zu prüfen, ob er eine Schädigung billigend in Kauf nahm oder darauf vertraute, dass nichts passieren und es lediglich zu einer Gefährdung kommen werde.

Bsp. (1):[1108] T rast mit seinem Wagen auf eine Polizeisperre zu, um diese zu durchbrechen. Polizist O kann in letzter Sekunde zur Seite springen. Genau damit hatte T gerechnet. – T war zunächst als Fahrer Verkehrsteilnehmer; daher kann sein Verhalten von § 315b nur unter den eben genannten Voraussetzungen erfasst werden. Zwar lag objektiv eine grobe Einwirkung vor, bei der das Fahrzeug zu verkehrsfremden Zwecken eingesetzt wurde. Jedoch besaß T nur Gefährdungs-, nicht aber Schädigungsvorsatz, da er davon ausging, dass O zur Seite springen werde. T hat sich demnach nicht nach § 315b Abs. 1 Nr. 3 strafbar gemacht. Liegt im Einzelfall Schädigungsvorsatz vor, so ist in solchen Polizeisperren-Fällen häufig auch die Qualifikation des Abs. 3 i. V. m. § 315 Abs. 3 Nr. 1a verwirklicht; ferner können §§ 211, 212, 223, 224, 113, 305a mit in die Prüfung einzubeziehen sein.

Bsp. (2):[1109] Ein Gegner des motorisierten Straßenverkehrs verleiht seiner Haltung dadurch Ausdruck, dass er als Fußgänger Hauptverkehrsstraßen benutzt, um dort den motorisierten Verkehr gezielt zu behindern. Es kommt dabei zu erheblichen Gefährdungen und auch zu Unfällen, weil die Autofahrer vom Auftauchen eines Fußgängers „mitten auf der Fahrbahn" überrascht werden. – Das Verhalten eines Verkehrsteilnehmers fällt nur dann unter § 315b, wenn es verkehrsfeindlich ist und eine grobe Einwirkung darstellt. Dies ist hier nicht der Fall; auch fehlt der neuerdings geforderte Schädigungsvorsatz.

629 b) **Einzelne Tathandlungen.** § 315b enthält in Nrn. 1 bis 3 verschiedene Tatvarianten.

630 aa) § 315b Abs. 1 Nr. 1 erfasst das **Zerstören, Beschädigen oder Beseitigen von Anlagen oder Fahrzeugen**. Unter **Anlagen** fallen alle Vorrichtun-

---

[1106] BGHSt 48, 233 (237); BGH NStZ 2010, 391 (392).
[1107] BGHSt 21, 301 (302 f.); 28, 87 (88 f.); 41, 234 (239).
[1108] S. auch BGHSt 48, 233 ff.
[1109] BGHSt 41, 234.

gen, die der Sicherheit des Verkehrs dienen, wie die Straße mit ihren Deckeln[1110], Verkehrszeichen, Leitplanken, Beleuchtungseinrichtungen. **Fahrzeuge** sind Beförderungsmittel aller Art wie Kraftfahrzeuge, Straßenbahnen, Omnibusse. Beim Zerstören und Beschädigen kommt es auf die Relevanz für die Verkehrssicherheit an. Bejaht werden kann Nr. 1 etwa bei der Beschädigung der Bremsleitung eines Fahrzeugs nur, wenn es dadurch zu einer konkreten Gefahr kommt[1111].

bb) § 315b Abs. 1 Nr. 2 greift beim **Bereiten von Hindernissen** ein. Als Beispiel kann das Spannen von Drähten auf Straßen, die Blockade der Fahrbahn durch Steine oder das Aufstellen von sonstigen Straßensperren genannt werden. Auch Unterlassen kommt hier in Betracht, wenn eine Garantenstellung zur Beseitigung besteht. **631**

> **Bsp.:** T verliert ein auf einen Anhänger geladenes, aber nicht hinreichend gesichertes Möbelstück, das auf die Fahrbahn fällt. Um keine Zeit zu verlieren, lässt T, der das Herabfallen gleich bemerkt hat, dieses auf der Straße liegen und nimmt dabei Unfälle billigend in Kauf. O kann nicht mehr rechtzeitig bremsen und wird bei dem Auffahrunfall verletzt. – T macht sich nach §§ 315b Abs. 1 Nr. 2, 13 strafbar, da er das Hindernis vorsätzlich nicht beseitigt hat; seine Garantenstellung aus Ingerenz beruht darauf, dass die Ladung nicht hinreichend gesichert war; ferner ergibt sich die Garantenstellung auch aus der Verantwortlichkeit für die Gefahrenquelle (§ 32 Abs. 1 StVO). Eine Strafbarkeit wegen fahrlässiger Tatbegehung gem. § 315b Abs. 1 Nr. 2 i. V. m. Absatz 5 wegen des Herabfallens der Ladung beim Fahren (aktives Tun) ist subsidiär.

(1) Ein Hindernisbereiten liegt hingegen nicht vor, wenn Steine von Brücken auf Fahrzeuge geworfen werden[1112]. Die Sicherheit des Straßenverkehrs wird hier nicht durch eine Einwirkung auf den Verkehrsraum beeinträchtigt, die geeignet ist, den reibungslosen Verkehrsablauf durch ein Hindernis zu hemmen oder zu verzögern, sondern richtet sich unmittelbar gegen die Fahrzeuge. Das **Werfen von Steinen** von einer Autobahnbrücke ist jedoch ein ähnlicher, ebenso gefährlicher Eingriff i. S. d. Nr. 3[1113]. **632**

(2) Nr. 2 kann ausnahmsweise auch durch Verkehrsteilnehmer verwirklicht werden, wenn die Anforderungen eines **verkehrsfremden Eingriffs** dadurch erfüllt sind, dass der Täter bewusst ein Hindernis setzt[1114]. Dies ist beispielsweise bei einem absichtlichen scharfen Bremsen (§ 4 Abs. 1 Satz 2 StVO) der Fall, wenn dadurch ein Auffahrunfall provoziert werden soll **633**

1110 BGH NStZ 2002, 648.
1111 BGH NJW 1996, 329.
1112 BGH NStZ 2003, 206; *Schönke/Schröder/Hecker*, § 315b Rn. 9.
1113 BGHSt 48, 119 (124); *Rengier*, BT 2, § 45 Rn. 25.
1114 S. näher o. Rn. 625 ff.

(Schädigungsvorsatz)[1115]. Nicht hinreichend ist hingegen das Parken auf der Fahrbahn, weil sich dies noch als ein Verhalten im (ruhenden) Straßenverkehr darstellt und die Voraussetzungen des verkehrsfremden Eingriffs nicht vorliegen[1116].

634 cc) § 315b Abs. 1 Nr. 3 erfasst ähnliche gefährliche Eingriffe. Sie müssen also den in Nr. 1 und 2 beschriebenen Eingriffen ähnlich sein und in ihrer Schwere entsprechen. Es handelt sich hier um eine zulässige sog. innertatbestandliche Analogie, weil das Merkmal der Nr. 3 durch die Nrn. 1 und 2 erläutert wird[1117].

Bsp.: T streut Scherben und Nägel auf die Fahrbahn oder wirft Steine auf Fahrzeuge[1118].

635 Unter den Voraussetzungen eines verkehrsfremden Eingriffs mit Schädigungsvorsatz kann auch ein Verhalten von Verkehrsteilnehmern erfasst sein[1119].

Bspe.: Hineingreifen ins Lenkrad durch Beifahrer, um das Kfz von der Fahrbahn abzubringen; Durchbrechen von Sperren oder gezieltes Zufahren auf Menschen.

636 c) **Beeinträchtigung der Sicherheit des Straßenverkehrs.** Die Sicherheit muss durch die in Nrn. 1 bis Nr. 3 beschriebenen Handlungen beeinträchtigt werden. Das geschützte Rechtsgut ist demnach ausdrücklich als Tatbestandsmerkmal normiert. Das Täterverhalten muss dabei eine generelle Eignung aufweisen, das normale Verkehrsrisiko zu steigern[1120]. Das ist etwa bei einem einvernehmlich herbeigeführten Verkehrsunfall zum Zwecke des Versicherungsbetrugs zu verneinen, wenn sich die Gefährdung nur auf die beteiligten Personen beschränkt[1121].

637 d) **Eintritt einer konkreten Gefahr.** Darüber hinaus muss eine konkrete Gefahr für Leib oder Leben von Menschen oder Sachen von bedeutendem Wert eintreten. Ist dies nicht der Fall, ist zu prüfen, ob eine Versuchsstrafbarkeit (Abs. 2) in Betracht kommt.

638 aa) Zunächst muss zwischen **der Eingriffshandlung und dem Eintritt des Gefahrerfolges differenziert** werden. Mit der Beschädigung des Fahrzeugs i. S. d. § 315b Abs. 1 Nr. 1 tritt daher nicht zugleich die konkrete

---

1115 Zur umstrittenen Frage, ob Nr. 2 auch bei äußerlich verkehrsgerechtem Verhalten des Täters erfüllt sein kann, vgl. *Eisele*, BT 1, Rn. 1058.
1116 S. auch OLG Köln DAR 2004, 469.
1117 *Nolte*, in: v. Mangoldt/Klein/Starck, 5. Aufl. 2005, Art. 103 Rn. 147.
1118 BGHSt 48, 119; BGH NStZ 2003, 206.
1119 S. o. Rn. 625 ff.
1120 *Fischer*, § 315b Rn. 5; *Schönke/Schröder/Hecker*, § 315b Rn. 3.
1121 BGH NJW 1991, 1120; NStZ-RR 1999, 120; *Rengier*, BT 2, § 45 Rn. 30.

Gefahr für eine Sache von bedeutendem Wert ein[1122]. Vielmehr muss gerade durch die Beschädigung ein weiterer, zusätzlicher Gefahrerfolg, d. h. ein Beinaheunfall, eintreten. Erforderlich ist demnach, dass die Tathandlung eine abstrakte Gefahr für die Sicherheit des Straßenverkehrs bewirkt, die sich zu einer konkreten Gefahr für die genannten Schutzobjekte verdichtet[1123].

> **Bsp.:** T schneidet die Bremsleitungen an dem Kfz des O durch. O rast deshalb mit seinem Fahrzeug haarscharf an einer Mauer vorbei. – § 315b Abs. 1 Nr. 1 ist hier verwirklicht, da es auf Grund der Tathandlung zu einer weiteren konkreten Gefährdung des Fahrzeugs kam. Hingegen genügt das bloße Fahren als abstrakte Gefahr nicht[1124].

bb) Der Tatbestand wird jedoch nicht dadurch ausgeschlossen, dass der Eingriff in den Straßenverkehr und der Eintritt der Gefährdung **zeitlich kaum messbar** auseinander fallen. Greift der Täter in den fließenden Verkehr ein, indem er Schüsse auf fahrende Fahrzeuge abgibt oder Gegenstände wirft, kann § 315b Abs. 1 Nr. 3 auch dann erfüllt sein, wenn die Tathandlung zu einem bedeutenden Fremdsachschaden führt und dieser Erfolg sich als Steigerung der durch die Tathandlung bewirkten abstrakten Gefahr für die Sicherheit des Straßenverkehrs darstellt[1125]. Die Gefahr muss sich dabei auf die Dynamik des Straßenverkehrs zurückführen lassen[1126].

3. Subjektiver Tatbestand

§ 315b Abs. 1 regelt ein Vorsatzdelikt, wobei sich der Vorsatz sowohl auf die Vornahme eines gefährlichen Eingriffs nach Nrn. 1 bis 3 als auch auf den Eintritt der konkreten Gefahr beziehen muss. § 315b Abs. 1 i. V. m. Absatz 4 enthält eine Vorsatz-Fahrlässigkeits-Kombination i. S. d. § 11 Abs. 2 und § 315b Abs. 1 i. V. m. Abs. 5 ein echtes Fahrlässigkeitsdelikt. Die bei § 315c dargestellten Grundsätze gelten entsprechend[1127].

4. Rechtswidrigkeit

Entsprechend der zu § 315c vertretenen Auffassung ist auch hier eine rechtfertigende Einwilligung möglich (str.)[1128].

5. Strafschärfungen, § 315b Abs. 3 i. V. m. § 315 Abs. 3

Die Tat wird zum **Verbrechen**, wenn der Täter in der Absicht handelt, einen Unglücksfall herbeizuführen, eine andere Straftat zu ermöglichen oder zu verdecken, oder durch die Tat eine schwere Gesundheitsschädigung eines anderen

---

1122 BGH NJW 2002, 626 (627).
1123 BGHSt 48, 119 (122); BGH NStZ 2007, 34 (35); NK-*Zieschang*, § 315b Rn. 30 ff.
1124 BGH StV 2012, 217 (218).
1125 BGHSt 48, 119 (122); BGH NStZ 2009, 100 (101); *Rengier*, BT 2, § 45 Rn. 24 f.
1126 BGH NStZ 2009, 100 (101); BGH NStZ-RR 2015, 352.
1127 S.o. Rn. 619 f.
1128 S.o. Rn. 621.

Menschen oder eine Gesundheitsschädigung einer großen Zahl von Menschen verursacht. Zu beachten ist, dass es sich bei § 315 Abs. 3 Nr. 1a ebenso wie bei bei § 315 Abs. 3 Nr. 1b um eine **Qualifikation** handelt, während § 315 Abs. 3 Nr. 2 als **Erfolgsqualifikation** ausgestaltet ist[1129].

6. Tätige Reue

643 Tätige Reue nach § 320 Abs. 2 Nr. 2, Abs. 3 Nr. 1b kommt in Betracht, wenn der Täter **die Gefahr abwendet, bevor ein erheblicher Schaden entsteht.** Nach § 320 Abs. 4 genügt sein freiwilliges und ernsthaftes Bemühen, dieses Ziel zu erreichen, wenn die Gefahr oder der Erfolg ohne Zutun des Täters abgewendet wird.

IV. Verbotene Kraftfahrzeugrennen, § 315d

1. Geschütztes Rechtsgut und Systematik

644 § 315d soll nicht anders als §§ 315b, 315c, 316 die **Sicherheit im Straßenverkehr als Allgemeinrechtsgut** schützen; die in Abs. 2, 4 und 5 enthaltenen Strafschärfungen schützen zudem Leib und Leben als Individualrechtsgut[1130].

645 Prüfungsschema
1. **Tatbestand**
   a) Objektiver Tatbestand: Im Straßenverkehr
      aa) Nr. 1: Ausrichten oder Durchführen eines nicht erlaubten Kraftfahrzeugrennens
      bb) Nr. 2: Teilnahme als Kraftfahrzeugführer an einem nicht erlaubten Kraftfahrzeugrennen
      cc) Nr. 3: Fortbewegung als Kraftfahrzeugführer mit nicht angepasster Geschwindigkeit und grob verkehrswidrig
   b) Subjektiver Tatbestand
      aa) Vorsatz
      bb) Nur bei Nr. 3: Vorliegen von Rücksichtslosigkeit (str. nach a. A. Schuldmerkmal) und Absicht, um eine höchstmögliche Geschwindigkeit zu erreichen
2. **Rechtswidrigkeit**
3. **Schuld**
4. **Strafschärfungen**
   a) § 315d Abs. 2 i. V. m. Abs. 1 Nr. 2 oder Nr. 3: Qualifikation (Vorsatz-Vorsatz-Kombination)
   b) 315d Abs. 2 i. V. m. Abs. 1 Nr. 2 oder Nr. 3, Abs. 4: Qualifikation (Vorsatz-Fahrlässigkeits-Kombination)
   c) § 315d Abs. 5 i. V. m. § 315d Abs. 2: Erfolgsqualifikation

---

1129 Näher *Eisele*, BT 1, Rn. 1168 ff.
1130 S. auch BT-Drs. 18/12964, S. 4 und S. 6; *Jansen*, NZV 2017, 214 (215).

2. Tatbestand der Nr. 1

a) Nicht erlaubtes Kraftfahrzeugrennen. Bestraft wird demnach, wer im öffentlichen[1131] Straßenverkehr ein nicht erlaubtes Kraftfahrzeugrennen ausrichtet oder durchführt (Nr. 1). Nach der Verwaltungsvorschrift zum früheren § 29 Abs. 1 StVO, auf die zur Konkretisierung zurückgegriffen werden kann, sind Rennen „Wettbewerbe oder Teile eines Wettbewerbes (z. B. Sonderprüfung mit Renncharakter) sowie Veranstaltungen zur Erzielung von Höchstgeschwindigkeiten oder höchsten Durchschnittsgeschwindigkeiten mit Kraftfahrzeugen (z. B. Rekordversuch)"[1132]. Entscheidend ist also das Moment der Geschwindigkeit[1133]. Erfasst werden auch nichtorganisierte „wilde" und spontan durchgeführte Straßenrennen[1134], während genehmigte Rennen den Tatbestand nicht verwirklichen. Erfasst werden nicht nur parallele Fahrten, sondern es genügt, wenn die Fahrzeuge getrennt starten und die Zeit gemessen wird. Sog. Geschicklichkeits-, Zuverlässigkeits-, Leistungsprüfungs- oder Orientierungsfahrten fallen nur dann unter den Begriff des Rennens, wenn es dabei auch auf die Höchstgeschwindigkeit ankommt[1135]. **646**

b) Ausrichten oder Durchführen. Nr. 1 möchte vor allem Personen erfassen, die ein illegales Rennen im Hintergrund organisieren[1136]. Das Merkmal des **Ausrichtens** erfasst denjenigen, „der als geistiger und praktischer Urheber, Planer und Veranlasser die Veranstaltung vorbereitet, organisiert oder eigenverantwortlich gestaltet"[1137]. **647**

> **Bspe.:** Streckenplanung, Festlegung des Veranstaltungstermins, Entgegennahme von Anmeldungen oder Erstellen der Wettbewerbsregeln[1138].

Hingegen soll das **Durchführen** organisatorische Maßnahmen – etwa als Rennleiter – zwischen Beginn und Beendigung des Rennens erfassen, die nicht unter das Ausrichten fallen[1139].

c) Subjektive Voraussetzungen. Für den subjektiven Tatbestand genügt Eventualvorsatz. **648**

3. Tatbestand der Nr. 2

a) Teilnahme an nicht erlaubten Kraftfahrzeugrennen. Nach Nr. 2 wird auch die Teilnahme als Kraftfahrzeugführer an einem solchen Rennen be- **649**

[1131] *Zieschang*, JA 2016, 721 (724).
[1132] Ferner BT-Drs. 18/12964, S. 5; OLG Hamm NZV 2013, 403; *Eisele*, FS Kühl, 2014, 159 (170).
[1133] *Jansen*, NZV 2017, 214 (216).
[1134] OLG Hamm NZV 1997, 367 und NZV 2013, 403; OLG Bamberg NStZ-RR 2011, 256; *Jansen*, NZV 2017, 214 (216).
[1135] Zutr., in: *Schönke/Schröder/Hecker*, § 315d Rn. 3; *Jansen*, NZV 2017, 214 (216).
[1136] BT-Drs. 18/12964, S. 5.
[1137] BT-Drs. 18/12964, S. 5.
[1138] Näher *Schönke/Schröder/Hecker*, § 315d Rn. 5.
[1139] BT-Drs. 18/12964, S. 5; OLG Karlsruhe, NStZ-RR 2011, 286; *Kutsche*, NZV 2017, 414 (415 f.).

straft. Der Begriff der Teilnahme ist nicht im technischen Sinne der §§ 26, 27 StGB zu verstehen. Rennteilnehmer sind vielmehr nur diejenigen Kraftfahrzeugführer, die untereinander den Wettbewerb austragen[1140]. Beschränkt man den Täterkreis auf Kraftfahrzeugführer und klammert den Beifahrer aus[1141], dann ist von einem eigenhändigen Delikt auszugehen[1142].

650 **b) Subjektive Voraussetzungen.** Für den subjektiven Tatbestand genügt Eventualvorsatz.

4. Tatbestand der Nr. 3

651 Nach Nr. 3 macht sich strafbar, wer sich als Kraftfahrzeugführer mit nicht angepasster Geschwindigkeit und grob verkehrswidrig und rücksichtslos fortbewegt, um eine höchstmögliche Geschwindigkeit zu erreichen (sog. Einzel-Rennen).

652 **a) Fortbewegung mit nicht angepasster Geschwindigkeit.** Für die Frage der nicht angepassten Geschwindigkeit ist § 3 StVO maßgebend. Demnach darf der Kraftfahrzeugführer nur so schnell fahren, dass das Fahrzeug ständig beherrscht wird. Die Geschwindigkeit ist insbesondere den Straßen-, Verkehrs-, Sicht- und Wetterverhältnissen sowie den persönlichen Fähigkeiten und den Eigenschaften von Fahrzeug und Ladung anzupassen, was letztlich einer Einzelfallbewertung bedarf. Wie bei den sieben Todsünden in § 315c Abs. 1 Nr. 2 muss der Verstoß ferner grob verkehrswidrig sein[1143].

653 **b) Subjektive Voraussetzungen.** In subjektiver Hinsicht ist insoweit nicht nur Vorsatz erforderlich. Vielmehr muss der Täter rücksichtslos[1144] und in der Absicht handeln, eine höchstmögliche Geschwindigkeit zu erreichen; tatsächlich erreicht werden muss sie nicht.[1145] Wie diese Höchstgeschwindigkeit näher präzisiert und diese dem Täter dann nachgewiesen werden soll, bleibt freilich unklar.

5. Qualifikation des § 315d Abs. 2 i. V. m. Abs. 1 Nr. 2 oder Nr. 3

654 Für die Tatbestände des Abs. 1 Nr. 2 und Nr. 3 enthält Abs. 2 einen Qualifikationstatbestand[1146], der als konkretes Gefährdungsdelikt an § 315c Abs. 1 angelehnt ist. Bei Eintritt einer konkreten Gefahr für Leib oder Leben oder fremde Sachen von bedeutendem Wert[1147] wird der Strafrahmen auf Freiheitsstrafe bis

---

1140 *Mitsch*, DAR 2017, 69 (70).
1141 *Jansen*, NZV 2017, 214 (217).
1142 *Kutsche*, NZV 2017, 414 (416); *Zieschang*, JA 2016, 721 (724 f.); a. A. *Mitsch*, DAR 2017, 69 (71).
1143 Siehe dort Rn. 608.
1144 Dazu bei § 315c Rn. 609.
1145 BT-Drs. 18/12964, S. 5 f.
1146 BT-Drs. 18/12964, S. 6.
1147 Dazu schon Rn. 610.

IV. Verbotene Kraftfahrzeugrennen, § 315d

zu fünf Jahren erhöht. Es handelt sich um **eine Vorsatz-Vorsatz-Kombination**, da der Vorsatz sich sowohl auf die Tathandlung nach Abs. 1 Nr. 2 oder Nr. 3 als auch den Eintritt des Gefahrerfolges beziehen muss.

6. Qualifikation des 315d Abs. 2 i. V. m. Abs. 1 Nr. 2 oder Nr. 3, Abs. 4

Nach Abs. 4 ist die Tat auch strafbar, wenn die Gefahr nur fahrlässig verursacht wird; wie bei § 315c Abs. 3 Nr. 1 handelt es sich um eine sog. **Vorsatz-Fahrlässigkeits-Kombination** i. S. d. § 11 Abs. 2, bei der die Tathandlung nach Abs. 1 Nr. 2 oder Nr. 3 vorsätzlich vorgenommen wird, hinsichtlich des Eintrittes des Gefahrerfolges aber Fahrlässigkeit genügt. **655**

7. Erfolgsqualifikation des § 315d Abs. 5 i. V. m. § 315d Abs. 2

§ 315d enthält eine Erfolgsqualifikation, die als Grunddelikt jedoch nicht Abs. 1 genügen lässt, sondern stets Abs. 2 und damit bereits eine konkrete Gefahr voraussetzt, so dass nicht alle Rennen mit tödlichem Ausgang erfasst werden. Erfasst werden der Eintritt des Todes, einer schweren Gesundheitsschädigung eines anderen Menschen oder einer Gesundheitsschädigung einer großen Zahl von Menschen. Wie bei allen Erfolgsqualifikationen muss sich in der schweren Folge gerade die spezifische Gefahr der Rennsituation niederschlagen. Abs. 5 erfasst die versuchte Erfolgsqualifikation insoweit, als bei vollendetem Grunddelikt des Abs. 2 die schwere Folge in den Tatentschluss aufgenommen wird. Einen erfolgsqualifizierten Versuch gibt es hingegen auf Grundlage der h. M. nicht, da der Versuch von Abs. 1 Nr. 2 und Nr. 3, auf die sich Abs. 2 i. V. m. Abs. 5 beziehen, nicht strafbar ist und allein dem erfolgsqualifizierenden Teil eine strafbegründende Wirkung nicht beigemessen wird[1148]. **656**

> **Einführende Aufsätze:**
> *Blanke-Roeser*, Kraftfahrzeugrennen iSd neuen § 315d StGB, JuS 2018, 18; *Eisele*, Der Tatbestand der Gefährdung des Straßenverkehrs (§ 315c), JA 2007, 168; *ders.*, Lebensgefährliches Verhalten im Straßenverkehr, KriPoZ 2018, 32 (Notwendigkeit des § 315d StGB und allgemeine Ausführungen); *Geppert*, Gefährdung des Straßenverkehrs (§ 315c) und Trunkenheit im Verkehr (§ 316), Jura 2001, 559; *Satzger*, Die relevanten Grenzwerte der Blutalkoholkonzentration im Strafrecht, Jura 2013, 345; *Zimmermann*, Die Straßenverkehrsgefährdung (§ 315c StGB), JuS 2010, 22 (Erläuterung zur Tathandlung, die Anforderungen an die konkrete Gefahr und Fragen zum allgemeinen Teil).

> **Übungsfälle:**
> *Baier*, Alkoholgenuss, ein Unfall und die Folgen, JA 2005, 37 (Trunkenheit im Verkehr, unerlaubtes Entfernen vom Unfallort); *Berndt/Serbest*, Gute Neu-

---

1148 *Schönke/Schröder/Hecker*, § 315d Rn. 14; a. A. B/W/M/E-*Mitsch*, § 22 Rn. 13 f.

jahrsvorsätze, Jura 2017, 587 (Alkoholisierte Fahrt, insbesondere Abgrenzungsschwierigkeiten der §§ 315 ff. StGB); *Burchard/Engelhart*, Eine Bärenjagd auf Abwegen, JA 2009, 271 (Der Acker als Straßenverkehrsfläche, konkrete Gefährdung, psychische Beihilfe beim omnimodo facturus bei § 316 StGB, taugliche Gefährdungsobjekte); *Eisele*, Das misslungene Bremsmanöver, JA 2003, 40 (Ziehen der Handbremse während der Fahrt, Abdrängen); *Sternberg-Lieben*, Alkohol im Blut, JuS 1998, 428 (einverständliche Fremdgefährdung, Anstiftung zur Gefährdung des Straßenverkehrs, unerlaubtes Entfernen vom Unfallort).

Rechtsprechung:
BGHSt 27, 40 – Fremdfahrzeug (Gefährdung des benutzten fremden PKW); **BGHSt 31, 42** – Charakterstruktur (absolute und relative Fahruntüchtigkeit); **BGHSt 35, 390** – Motorstart (Führen eines Fahrzeugs); **BGHSt 37, 89** – Lindenstraße (Grenzwert 1,1 Promille bei absoluter Fahruntüchtigkeit); **BGHSt 59, 311** – Fahrlehrer (Eigenschaft als Fahrzeugführer); **BGH NStZ 2009, 100** – Schüsse (Erfordernis einer verkehrsspezifischen Gefahr).

V. Unerlaubtes Entfernen vom Unfallort, § 142

1. Geschütztes Rechtsgut und Systematik

657 § 142 schützt das **private Beweisinteresse der Unfallbeteiligten und der Geschädigten** an einer möglichst umfassenden Aufklärung des Unfallhergangs, um die Durchsetzung oder Abwehr von individuellen Schadensersatzansprüchen zu sichern und der Gefahr eines Beweisverlustes entgegenzuwirken[1149]. § 142 ist ein abstraktes Vermögensgefährdungsdelikt und damit ein Individualdelikt[1150]. Hingegen sind das öffentliche Interesse an der Strafverfolgung und das Interesse der Allgemeinheit an der Erfassung von Verkehrsunfällen keine Schutzobjekte. § 142 ist ein **Sonderdelikt** und kann täterschaftlich daher nur von einem Unfallbeteiligten verwirklicht werden. § 28 Abs. 1 findet für Teilnehmer jedoch keine Anwendung, da es sich bei der Unfallbeteiligteneigenschaft um kein persönliches Merkmal handelt[1151].

658 **Prüfungsschema § 142 Abs. 1**

1. **Tatbestand**
   a) Objektiver Tatbestand
      aa) Unfall im Straßenverkehr
         (1) öffentlicher Straßenverkehr

1149 BGHSt 29, 138 (142); *Rengier*, BT 2, § 46 Rn. 1.
1150 *Lackner/Kühl*, § 142 Rn. 2; *Rengier*, BT 2, § 46 Rn. 1.
1151 *Fischer*, § 142 Rn. 66; *Lackner/Kühl*, § 142 Rn. 39; a. A. A/W/H/H-*Hilgendorf*, § 38 Rn. 57.

V. Unerlaubtes Entfernen vom Unfallort, § 142

    (2) im Zusammenhang mit dem Straßenverkehr
    (3) Eintreten eines nicht ganz unbedeutenden Personen- oder Sachschadens
  bb) Unfallbeteiligter (Legaldefinition in § 142 Abs. 5)
  cc) Bestehen fremder Beweisinteressen
  dd) Sichentfernen vom Unfallort
  ee) Verletzung einer der Pflichten
    (1) Sofern feststellungsbereite Personen am Unfallort anwesend sind § 142 Abs. 1 Nr. 1: Aktive Vorstellungspflicht und passive Feststellungsduldungspflicht
    (2) Sofern keine feststellungsbereiten Personen am Unfallort anwesend sind § 142 Abs. 1 Nr. 2: Wartepflicht
 b) Subjektiver Tatbestand
2. **Rechtswidrigkeit**
3. **Schuld**
4. **Tätige Reue, § 142 Abs. 4**

Prüfungsschema § 142 Abs. 2
1. **Tatbestand**
 a) Objektiver Tatbestand
  aa) Unfall im Straßenverkehr
  bb) Unfallbeteiligter (Legaldefinition in § 142 Abs. 5)
  cc) Bestehen fremder Beweisinteressen
  dd) Sichentfernen vom Unfallort
  ee) Kein Fall des Absatzes 1, weil
    (1) § 142 Abs. 2 Nr. 1: Entfernen nach Ablauf der Wartefrist
    (2) § 142 Abs. 2 Nr. 2: Berechtigtes oder entschuldigtes Sichentfernen
  ff) Verstoß gegen die Pflicht zur unverzüglichen Nachholung der Feststellungen (vgl. Abs. 3)
 b) Subjektiver Tatbestand
2. **Rechtswidrigkeit**
3. **Schuld**
4. **Tätige Reue, § 142 Abs. 4**

2. Objektiver Tatbestand des Abs. 1

Hinsichtlich des Tatbestandes ist zu beachten, dass die ersten vier Voraussetzungen (Unfall im Straßenverkehr, Unfallbeteiligteneigenschaft, Bestehen fremder Beweisinteressen und Sichentfernen vom Unfallort) sowohl im Falle des Abs. 1 als auch im Falle des Abs. 2 vorliegen müssen.

a) **Unfall im Straßenverkehr.** Darunter versteht man jedes plötzliche, regelwidrige Ereignis im öffentlichen Straßenverkehr, das mit den Gefahren des Straßenverkehrs in einem inneren Zusammenhang steht und einen nicht ganz unerheblichen Personen- oder Sachschaden zur Folge hat[1152].

661 aa) § 142 ist auf Unfälle im **öffentlichen Straßenverkehr** beschränkt. Maßgeblich für den Begriff „öffentlich" ist wie bei § 316 und § 315c die Benutzung durch einen unbestimmten Kreis von Verkehrsteilnehmern, unabhängig von straßenrechtlichen (öffentlich-rechtlichen) Gesichtspunkten[1153].

662 bb) Der Unfall muss dabei **funktional im Zusammenhang** mit dem öffentlichen Straßenverkehr stehen[1154]. Dies setzt voraus, dass zumindest ein Unfallbeteiligter am öffentlichen Straßenverkehr teilgenommen hat. Dass sich das Geschehen nicht insgesamt im öffentlichen Verkehrsraum abspielt, ist unerheblich.

> **Bsp.:** T kommt mit seinem Wagen von der Straße ab und beschädigt im Garten des O zu dessen Entsetzen die wertvollen Gartenzwerge sowie die neue Hundehütte von Bello. Anschließend ergreift er sogleich die Flucht. – T macht sich nach § 142 Abs. 1 Nr. 1 strafbar, da der Unfall zwar außerhalb des Verkehrsraums, aber noch im Zusammenhang mit dem öffentlichen Straßenverkehr stattfand; O war auch als feststellungsbereite Person anwesend. Entsprechendes gilt, wenn T beim Wenden den in der Garageneinfahrt des Privatgrundstücks abgestellten Wagen des O beschädigt.

663 (1) Die Beteiligung eines Fahrzeugs oder gar eines Kraftfahrzeugs ist nach h. M. nicht erforderlich, obwohl in § 142 Abs. 1 Nr. 1 und Abs. 3 der Begriff des „Fahrzeugs" verwendet wird. Jedoch muss sich noch ein **typisches Schadensrisiko** realisiert haben, das im Zusammenhang mit dem fließenden, aber auch ruhenden Straßenverkehr steht. Zu weitgehend ist es, den Zusammenstoß zweier Fußgänger im öffentlichen Verkehrsraum als Unfall im Sinne der Vorschrift zu qualifizieren[1155].

> **Bsp.:** T stößt mit seinen Inline-Skates oder beim Vorbeischieben von auf Rollen beweglichen Mülltonnen[1156] gegen den Wagen des O. – T macht sich nach § 142 Abs. 1 Nr. 1 oder Nr. 2 strafbar, wenn er sich entfernt[1157].
>
> **Gegenbsp.:**[1158] T beschädigt beim Einladen der Ware auf dem Parkplatz eines Baumarktes ein anderes Fahrzeug. – Hier hat sich kein typi-

---

1152 BGHSt 8, 263 (264 f.); 24, 382 (383); *Lackner/Kühl*, § 142 Rn. 5.
1153 Siehe schon o. Rn. 590 f.
1154 *Kindhäuser/Schramm*, BT 1, § 68 Rn. 6; *Wessels/Hettinger/Engländer*, BT 1, Rn. 1049.
1155 Vgl. *Schönke/Schröder/Sternberg-Lieben*, § 142 Rn. 17; so aber OLG Stuttgart VRS 18 (1960), 117.
1156 LG Berlin NStZ 2007, 100.
1157 Vgl. OLG Koblenz MDR 1993, 366 – auch bei Zusammenstoß eines Einkaufswagens mit einem PKW.
1158 AG Tiergarten NJW 2008, 3728.

V. Unerlaubtes Entfernen vom Unfallort, § 142

sches Risiko des Straßenverkehrs realisiert, sondern nur das unsorgfältige Hantieren mit der Ware[1159].

(2) Erfasst werden auch **vorsätzliche Schädigungen**, weil es sich dann zumindest für den anderen Beteiligten um ein plötzliches Ereignis handelt[1160].

> **Bsp.:** T rammt den Wagen des O bei einer Verfolgungsjagd und flieht[1161].

cc) Ferner muss ein **nicht ganz unerheblicher Personen- oder Sachschaden** eintreten. Bloße Gefährdungen sind nicht ausreichend. Unerheblich sind beispielsweise völlig harmlose Personenschäden (z. B. Kratzer, leichte blaue Flecken) sowie Bagatell-Sachschäden (Grenze bei ca. 25 € bis 50 €[1162]).

b) Täter. § 142 ist ein Sonderdelikt, bei dem Täter nur ein **Unfallbeteiligter** sein kann.

aa) Nach der **Legaldefinition des § 142 Abs. 5** ist Unfallbeteiligter jeder, dessen Verhalten nach den Umständen zur Verursachung des Unfalls beigetragen haben kann. Unfallbeteiligter kann daher auch der Beifahrer, ein Fußgänger oder ein Radfahrer sein. Erforderlich ist aber stets die Anwesenheit am Unfallort, weil ansonsten ein unerlaubtes Entfernen nicht möglich ist. Es kann aber auch ausreichend sein, dass der Täter erst nach dem Unfall an den Unfallort kommt[1163]. Denn es ist nicht ersichtlich, warum er in diesem Fall die in Nr. 1 statuierten Pflichten nicht erfüllen soll.

> **Bsp.:** T parkt sein Auto verbotswidrig an einer unübersichtlichen Stelle und geht zum Einkaufen; auf Grund des Falschparkens kommt es zu einem Unfall. T erkennt dies erst, als er zu seinem Wagen zurückkehrt. Entfernt sich T daraufhin, so würde er sich nach § 142 Abs. 1 Nr. 1 strafbar machen, soweit feststellungsbereite Personen anwesend sind.

bb) Unfallbeteiligter kann auch derjenige sein, der **ohne eigenes (Mit-)Verschulden** in den Unfall verwickelt wird. Als Täter kommt jeder in Betracht, gegen den nach äußerem Anschein die nicht ganz unbegründete Möglichkeit einer Mitverursachung besteht. Entscheidend für diese Beurteilung ist der Augenblick des Entfernens, so dass es nicht darauf ankommt, ob der Verdacht der Beteiligung später ausgeräumt wird[1164].

1159 *Hecker*, JA 2011, 1038 (1039) entgegen OLG Köln NStZ-RR 2011, 354 f.
1160 BGHSt 12, 253 (256); 24, 382 (384).
1161 BGHSt 48, 233 (239).
1162 Vgl. *Fischer*, § 142 Rn. 11 (25 €); OLG Nürnberg NStZ-RR 2008, 56 f. (50 €); *Schönke/Schröder/Sternberg-Lieben*, § 142 Rn. 9 (150 €).
1163 So LK-*Geppert*, § 142 Rn. 38; anders aber die h. M. OLG Köln NJW 1989, 1683 (1684); OLG Stuttgart NStZ 1992, 384; *Schönke/Schröder/Sternberg-Lieben*, § 142 Rn. 21.
1164 OLG Hamm VRS 15 (1958), 264 (265); MünchKomm-*Zopfs*, § 142 Rn. 36.

669 **c) Bestehen fremder Beweisinteressen.** Aus dem Schutzgut folgt, dass überhaupt erst einmal **fremde Beweisinteressen** bestehen müssen. Wer nur sich oder eigene Sachen schädigt, muss weder Feststellungen ermöglichen noch warten[1165].

> **Bsp.:** T fährt betrunken mit seinem Fahrzeug in einen Straßengraben. Er flieht zu Fuß, um einer Blutprobe durch die Polizei zu entgehen. – Da fremde Beweisinteressen nicht berührt sind, scheidet eine Strafbarkeit nach § 142 Abs. 1 Nr. 2 aus.

670 Verzichtet der Geschädigte auf Schadensersatz oder gleicht der Schädiger sogleich den Schaden aus, so **erlöschen die Beweisinteressen** und der Unfallbeteiligte darf sich entfernen.

671 **d) Entfernen vom Unfallort.** Darunter ist das körperliche Verlassen des geographischen Bereichs, in dem die Pflichten als Unfallbeteiligter üblicherweise erfüllt werden und in dem sich feststellungsbereite Personen aufhalten, zu verstehen[1166]. Das Verstecken am Unfallort ist kein Entfernen[1167]. Dasselbe gilt, wenn der Beteiligte ohne oder gegen seinen Willen entfernt wird[1168]. Fraglich bleibt hier, ob Abs. 2 Nr. 1 oder Nr. 2 zur Anwendung gelangt[1169].

> **Bspe.:** Kein Sichentfernen liegt vor, wenn der Unfallbeteiligte bewusstlos in ein Krankenhaus[1170] oder durch eine polizeiliche Maßnahme zur Polizeidienststelle[1171] oder zur Blutentnahme[1172] verbracht wird.

672 **e) Pflichtverletzung.** Weitere Voraussetzung des Tatbestandes ist, dass der Unfallbeteiligte seine Pflichten verletzt. Dabei ist zunächst Abs. 1 Nr. 1 vor Nr. 2 zu prüfen; erst im Anschluss daran ist auf Abs. 2 einzugehen.

673 **aa)** § 142 Abs. 1 Nr. 1 sanktioniert das **Sichentfernen vor Erfüllung der Pflichten.** Er zielt darauf ab, Feststellungen zum Unfallgeschehen an Ort und Stelle durchzuführen, um die Beweisinteressen der anderen Unfallbeteiligten und Geschädigten bestmöglich zu wahren. Die Vorschrift setzt daher voraus, dass **feststellungsbereite Personen** am Unfallort anwesend sind (argumentum e contrario § 142 Abs. 1 Nr. 2). Feststellungsbereit sind i. d. R. der Geschädigte, die Unfallbeteiligten, die Polizei, aber auch unbeteiligte Dritte, sofern sie den Willen haben, die erforderlichen Feststellungen zugunsten abwesender Berechtigter zu treffen[1173]. Nicht feststellungs-

---

1165 BGHSt 8, 263 (266); *Fischer*, § 142 Rn. 12; MünchKomm-*Zopfs*, § 142 Rn. 28.
1166 BayObLG NJW 1979, 436 (437).
1167 Vgl. OLG Hamm NJW 1979, 438.
1168 *Rengier*, BT 2, § 46 Rn. 29; *Wessels/Hettinger/Engländer*, BT 1, Rn. 1054.
1169 S.u. Rn. 687.
1170 OLG Köln VRS 57 (1979), 406.
1171 OLG Hamm NJW 1979, 438 (439).
1172 BayObLG NJW 1993, 410.
1173 BayObLG VRS 64 (1983), 119; *Fischer*, § 142 Rn. 24.

V. Unerlaubtes Entfernen vom Unfallort, § 142

bereit ist zumeist der eigene Beifahrer, weil dieser häufig nicht den Willen haben wird, die Feststellungen zu Lasten des Fahrers zu treffen. Sind keine feststellungsbereiten Personen anwesend, so trifft den Unfallbeteiligten die in Nr. 2 normierte Wartepflicht; treffen innerhalb der Wartezeit feststellungsbereite Personen ein, so sind wiederum die in Nr. 1 niedergelegten Pflichten zu erfüllen.

> **Bsp.:** T beschädigt nachts ein geparktes Auto. Es halten sich keine Personen in der Nähe auf. § 142 Abs. 1 Nr. 1 scheidet aus, weil T die nachfolgend geschilderten Pflichten gar nicht erfüllen kann. Ihn trifft jedoch die Wartepflicht nach Nr. 2.

674 Nach Nr. 1 muss der Unfallbeteiligte, bevor er sich entfernt, **zwei Pflichten** erfüllen. Bereits die Verletzung einer Pflicht begründet den Tatbestand:

675 **(1) Aktive Vorstellungspflicht**: Der Unfallbeteiligte hat die Pflicht zur aktiven Angabe, dass ein Unfall geschehen und er möglicherweise Unfallbeteiligter ist. Diese Pflicht entfällt, wenn die Unfallbeteiligung ohnehin bekannt ist[1174]. Darüber hinausgehende Pflichten zu aktivem Handeln – wie eine umfassende Vorstellung mit Angabe des Namens, der Versicherung u. s. w. oder das Herbeirufen der Polizei – treffen den Unfallbeteiligten anders als nach § 34 Abs. 1 Nr. 5b StVO nicht[1175]. Er muss aber im Rahmen der passiven Feststellungsduldungspflicht ggf. auf das Eintreffen der Polizei warten, die im Rahmen ihrer Zuständigkeit entsprechende Angaben erheben kann.

676 Umstritten sind Fälle, in denen der Unfallbeteiligte wartet, bis **alle feststellungsbereiten Personen den Unfallort verlassen** haben.

> **Bsp.:**[1176] Unfallbeteiligter T gibt sich als bloßer Zeuge des Unfalls aus und erweckt den Anschein, als habe er nichts mit dem Unfall zu tun. Er wartet schließlich, bis sich alle feststellungsbereiten Personen entfernt haben und die angemessene Wartefrist verstrichen ist. – T verletzt zwar seine aktive Vorstellungspflicht, jedoch hat er sich zu diesem Zeitpunkt noch nicht entfernt. Zum Zeitpunkt des Entfernens waren dann keine feststellungsbereiten Personen mehr anwesend.

677 Hier ist nach einer Ansicht § 142 Abs. 1 zu verneinen, weil zum Zeitpunkt des Verlassens der Unfallstelle die Feststellungen nicht mehr vorgenommen werden konnten. In Betracht käme demnach nur § 142 Abs. 2 Nr. 2[1177], jedoch spricht hiergegen, dass gerade kein berechtigtes oder entschuldigtes Entfernen vorliegt[1178]. Die Gegenansicht bejaht § 142 Abs. 1 Nr. 1 mit

---

1174 BayObLG NJW 1993, 410; *Rengier*, BT 2, § 46 Rn. 26.
1175 OLG Dresden StraFo 2008, 218.
1176 Vgl. BGH NStZ 2018, 600 und dazu *Eisele*, JuS 2018 1011 ff.
1177 BGHSt 30, 160 (163); OLG Frankfurt NJW 1990, 1189 (1190).
1178 BGH NStZ 2018, 600 (601).

Recht, da der Unrechtskern in der Nichterfüllung der Warte- und Vorstellungspflicht liegt und dieser nicht Genüge getan wurde[1179]. Der Wortlaut des § 142 I Nr. 1 setzt insoweit nicht voraus, dass der Feststellungsberechtigte zum Zeitpunkt des Entfernens noch am Unfallort anwesend ist, wenn sich der Täter von dort entfernt; das Schutzgut der privaten Beweisinteressen ist auch dann betroffen, wenn sich der Täter erst nach der feststellungsberechtigten Person vom Unfallort entfernt, soweit er nur zuvor seine Vorstellungspflicht verletzt hat[1180].

678 (2) **Passive Feststellungsduldungspflicht**: Der Täter ist ferner verpflichtet, durch seine Anwesenheit zu dulden, dass andere Personen an Ort und Stelle die erforderlichen zivilrechtlichen Feststellungen – Feststellung seiner Person, seines Fahrzeugs und der Art seiner Beteiligung – treffen können. Eine aktive Mitwirkung ist insofern jedoch nicht erforderlich. Die bloße Spurenverwischung am Unfallort durch Nachtrunk, Beseitigung von Bremsspuren usw. stellt richtigerweise keine Verletzung der Anwesenheitspflicht dar, so dass § 142 Abs. 1 Nr. 1 zu verneinen ist, da nur private Beweisinteressen, nicht aber Interessen der Strafverfolgung entscheidend sind[1181]. Entsprechendes gilt auch, wenn der Täter die Feststellungen ermöglicht, sich dann aber einer nach § 81a StPO angeordneten Blutprobe entzieht. Denn ansonsten wäre der Täter faktisch gezwungen, sich hinsichtlich der Trunkenheitsfahrt selbst zu belasten[1182].

679 (3) Kommt der Unfallbeteiligte seiner **aktiven Vorstellungspflicht und seiner passiven Feststellungsduldungspflicht** gegenüber feststellungsbereiten Personen nach, so ist § 142 Abs. 1 Nr. 1 nicht verwirklicht. Auch eine Strafbarkeit nach Nr. 2 und Abs. 2 scheidet aus, weil er bereits alle Pflichten erfüllt hat.

680 (4) Die h. M. stuft **§ 142 Abs. 1 Nr. 1** als echtes oder jedenfalls „verkapptes"[1183] **Unterlassungsdelikt** ein, weil die aktive Vorstellungspflicht sowie die passive Feststellungsduldungspflicht und nicht etwa das Verbot, sich zu entfernen, im Vordergrund stünden[1184]. Folgt man dem, so muss man im Einzelfall prüfen, ob der Tatbestand bzw. die Schuld unter Zumutbarkeitsgesichtspunkten verneint werden kann[1185]. In Fällen der Gefahr der Straf-

---

1179 *Lackner/Kühl*, § 142 Rn. 18; MünchKomm-*Zopfs*, § 142 Rn. 62; *Schönke/Schröder/Sternberg-Lieben*, § 142 Rn. 43.
1180 BGH NStZ 2018, 600 (601).
1181 BGHSt 5, 124 (130); 7, 112 (117); *Kindhäuser/Schramm*, BT 1, § 68 Rn. 19; a. A. *Maurach/Schroeder/Maiwald*, BT 1, 10. Aufl. 2009, § 49 Rn. 38.
1182 Anders aber OLG Köln NStZ-RR 1999, 251.
1183 S. *Lackner/Kühl*, § 142 Rn. 9; *Rengier*, BT 2, § 46 Rn. 37.
1184 OLG Stuttgart NStZ 1992, 384; *Schönke/Schröder/Sternberg-Lieben*, § 142 Rn. 2; a. A. *Maurach/Schroeder/Maiwald*, BT 1, 10. Aufl. 2009, § 49 Rn. 5.
1185 Zur Prüfung der Zumutbarkeit als Korrektiv beim Unterlassungsdelikt *Eisele/Heinrich*, AT, Rn. 585 f.

verfolgung muss man danach differenzieren, ob die Straftat im Zusammenhang mit dem Verkehrsunfall steht oder nicht[1186]. Flieht der Täter nur deshalb, weil er beim Verkehrsunfall eine Person verletzt hat und Strafverfolgung befürchtet, so ist ihm die Anwesenheit zumutbar. Andernfalls würden die Beweisinteressen des Geschädigten unterlaufen. Anders kann man nur entscheiden, wenn der Täter wegen einer Tat flieht, die nichts mit dem Unfall zu tun hat; hier muss man im Rahmen der Zumutbarkeit die Interessen der Beteiligten abwägen[1187]. Von Bedeutung sind vor allem die Schwere der Straftat und der Grad der Gefahr der Strafverfolgung einerseits und die Schwere des Unfalls und die Beweislage andererseits. Bei leichteren Straftaten, die zur Erlangung des Unfallfahrzeugs geführt haben, hält die h. M. es für zumutbar, am Unfallort zu verbleiben[1188].

> **Bsp.:** T ist nach einem Banküberfall (§ 249 oder §§ 253, 255) auf der Flucht; es kommt zu einem leichten Unfall mit geringem Blechschaden. Unfallgegner O ruft sogleich die Polizei. T entfernt sich, um nicht wegen der zuvor begangenen Straftat überführt zu werden. – Hier kann § 142 Abs. 1 wegen Unzumutbarkeit normgemäßen Verhaltens vertretbar verneint werden, weil T eine längere Freiheitsstrafe droht und der Schaden bei O gering ist[1189]. Anders wäre zu entscheiden, wenn T das Fahrzeug nach §§ 242, 248b oder § 246 erlangt hätte und damit in einen schweren Unfall verwickelt worden wäre.

bb) Im Gegensatz zur Nr. 1 erfasst **§ 142 Abs. 1 Nr. 2** Fälle, in denen keine feststellungsbereiten Personen am Unfallort anwesend sind. Der Unfallbeteiligte muss dann eine nach den Umständen angemessene Zeit warten, bevor er den Unfallort verlässt. Treffen während dieser Zeit feststellungsbereite Personen ein, so muss er die Feststellungen nach Nr. 1 ermöglichen.

> **Beachte:** Der Unfallbeteiligte kann natürlich – soweit möglich – feststellungsbereite Personen (z. B. die Polizei) zum Unfallort rufen, um nicht lange warten zu müssen.

Die **Dauer der Wartepflicht** hängt von einer Gesamtschau der Umstände des Einzelfalles ab. Geeignete Kriterien zur Ermittlung der Länge der Wartefrist sind insbesondere der Grad des Feststellungsbedürfnisses und die Zumutbarkeit für den Täter[1190]. Insoweit ist eine Abwägung erforderlich, bei der u. a. folgende Leitlinien zu beachten sein können[1191]:

> Bei schweren Schäden ist die Wartezeit länger; selbst bei geringen Schäden soll immer noch eine Wartezeit von ca. 30 Minuten erforderlich

---

1186 LK-*Geppert*, § 142 Rn. 195; *Rengier*, BT 2, § 46 Rn. 63.
1187 A/W/H/*Hilgendorf*, § 38 Rn. 66.
1188 *Fischer*, § 142 Rn. 49; *Rengier*, BT 2, § 46 Rn. 63.
1189 Zur vergleichbaren Problematik bei § 323c s. u. Rn. 728 ff.
1190 *Lackner/Kühl*, § 142 Rn. 19; *Rengier*, BT 2, § 46 Rn. 33.
1191 OLG Köln NJW 2002, 1359 (1360); *Fischer*, § 142 Rn. 36.

sein[1192]. Im Übrigen wird diese mindestens bei einer Stunde liegen[1193]. Bei komplizierten Unfallsituationen ist die Wartezeit länger. Auf einer verlassenen Landstraße in der Nacht kann die Wartezeit kürzer sein. Ersatzmaßnahmen, wie das Hinterlegen einer Visitenkarte, können die Dauer der Wartefrist nur unter sehr engen Voraussetzungen abkürzen, befreien aber regelmäßig nicht vollständig von der Wartepflicht[1194].

Bsp.: T beschädigt beim Ausparken den Wagen des Nachbarn O. T klemmt einen Zettel mit seinem Namen unter die Scheibenwischblätter und fährt fort. – T verletzt seine Wartepflicht i. S. d. § 142 Abs. 1 Nr. 2, da die Wartepflicht durch Hinterlassen des Namens nicht entfällt. Kennt T den O jedoch gut, ist zu prüfen, ob eine mutmaßliche Einwilligung in Betracht kommt, was vor allem bei Bagatellschäden der Fall sein kann[1195].

683 Verlässt der Beteiligte den Unfallort nach **Ablauf der Wartefrist**, so muss er nach Abs. 2 Nr. 1 die Feststellungen unverzüglich nachträglich ermöglichen.

3. Subjektiver Tatbestand des Abs. 1

684 Für den subjektiven Tatbestand genügt dolus eventualis. Dieser muss sich insb. auf den Unfall, bei Abs. 1 Nr. 1 auch auf die Anwesenheit feststellungsbereiter Personen beziehen. Ein bloßer Verbotsirrtum i. S. d. § 17 liegt vor, wenn der Täter über den Umfang seiner Pflichten nach Abs. 1 Nr. 1 oder die Dauer der Wartepflicht nach Abs. 1 Nr. 2 irrt.

4. Objektiver Tatbestand des § 142 Abs. 2

685 § 142 Abs. 2 ist zu prüfen, wenn eine Strafbarkeit nach Absatz 1 verneint wird. Der Vorschrift kommt demnach eine **Auffangfunktion** zu. § 142 Abs. 2 erfordert, dass sich der Beteiligte nach Ablauf der Wartefrist (Nr. 1) oder berechtigt bzw. entschuldigt (Nr. 2) entfernt hat und die Feststellungen nicht nachträglich ermöglicht. Es handelt sich um ein echtes Unterlassungsdelikt, das die unterlassene Nachholung der Pflichten sanktioniert[1196].

686 a) **Abs. 2 Nr. 1.** Die Prüfung der Nr. 1 ist regelmäßig unproblematisch, da die Frage, wann die **Wartepflicht abläuft**, bereits im Rahmen des Abs. 1 Nr. 2 zu klären ist.

687 b) **Abs. 2 Nr. 2.** Ein **berechtigtes oder entschuldigtes Sichentfernen i. S. d. Nr. 2** liegt jedenfalls dann vor, wenn § 142 Abs. 1 verneint wurde, weil Rechtswidrigkeit oder Schuld nicht vorlagen. Ein berechtigtes Sichentfernen kann insbesondere bei einer Einwilligung des Berechtigten in das Entfernen oder bei mutmaßlicher Einwilligung (Schädigung von Angehö-

---

1192 *Rengier*, BT 2, § 46 Rn. 34; vgl. aber auch OLG Stuttgart NJW 1981, 1107.
1193 *Kindhäuser/Schramm*, BT 1, § 68 Rn. 29; *Rengier*, BT 2, § 46 Rn. 34.
1194 *Fischer*, § 142 Rn. 37; *Kindhäuser/Schramm*, BT 1, § 68 Rn. 30.
1195 Vgl. OLG Köln NJW 2002, 2334.
1196 LK-*Geppert*, § 142 Rn. 122; *Rengier*, BT 2, § 46 Rn. 39.

V. Unerlaubtes Entfernen vom Unfallort, § 142

rigen, Freunden oder Nachbarn) gegeben sein. Ferner kommt Notstand gem. § 34 in Betracht, wenn der Unfallbeteiligte sich auf Grund von Verletzungen zum Zwecke ärztlicher Behandlung entfernt[1197]. Verlässt der Unfallbeteiligte die Unfallstelle zur Wahrung von anderen Angelegenheiten, wird nur selten eine Rechtfertigung in Betracht kommen. Hier wird zumeist verlangt, dass es sich um einen unaufschiebbaren Termin (z. B. Staatsexamen, Zeugenaussage vor Gericht) handelt und der Beteiligte Name und Anschrift hinterlässt[1198]. Ein entschuldigtes Sichentfernen kann in Fällen des § 35, bei einem Erlaubnistatbestandsirrtum oder einem unvermeidbaren Verbotsirrtum vorliegen. Im Übrigen ist umstritten, ob über diese Fälle hinaus § 142 Abs. 2 Nr. 2 als Auffangtatbestand anwendbar ist, wenn sich der Täter ansonsten in strafloser Weise vom Unfallort entfernt hat.

aa) Umstritten ist zunächst die Behandlung von Fällen, in denen sich der Täter **unvorsätzlich entfernt**. **688**

Bsp.:[1199] T wirbelt mit seinem Auto beim verbotswidrigen Überholen Rollsplitt auf, so dass am Fahrzeug des O erhebliche Schäden entstehen. T bemerkt dies während der Fahrt nicht. Als T an einer 500 Meter entfernten Tankstelle hält, macht ihn O auf die Schäden (den Unfall) aufmerksam. T entfernt sich, ohne dem O die Feststellung seiner Personalien zu ermöglichen. – § 142 Abs. 1 Nr. 1 durch das Fortführen der Fahrt nach dem Steinschlag scheidet aus, weil T keinen Vorsatz hinsichtlich des Unfalls besaß.

Nach früherer Rechtsprechung des BGH war § 142 Abs. 2 Nr. 2 einschlägig, wenn sich ein Unfallbeteiligter in Unkenntnis des Unfalls entfernte, aber noch innerhalb eines zeitlichen und räumlichen Zusammenhangs vom Unfall Kenntnis erlangte[1200]. Nach einer Entscheidung des BVerfG ist mit der schon bislang h. L. § 142 Abs. 2 Nr. 2 zu verneinen, da diese Vorschrift nach ihrem Wortlaut nur bei einer Rechtfertigung oder Entschuldigung eingreift und andernfalls eine unzulässige Analogie i. S. d. Art. 103 Abs. 2 GG vorliegt[1201]. Wer sich „berechtigt oder entschuldigt" vom Unfallort entfernt, handelt unter anderen Voraussetzungen als derjenige, der keine Kenntnis vom Unfallgeschehen besitzt. Bei einer Berechtigung oder Entschuldigung ist das Entfernen nur ausnahmsweise zulässig; daher verlangt der Gesetzgeber in diesen Fällen, nachträgliche Feststellungen zu ermöglichen. Bei mangelnder Kenntnis vom Unfall ist hingegen das Entfernen grundsätzlich erlaubt, so dass der Tatbestand des Abs. 2 Nr. 2 zu verneinen ist[1202]. **689**

[1197] BGH NStZ 2015, 265; OLG Frankfurt VRS 65, 30.
[1198] OLG Köln VRS 54 (1978), 350 (351); *Rengier*, BT 2, § 46 Rn. 42.
[1199] BVerfG NJW 2007, 1666.
[1200] BGHSt 28, 129; OLG Köln NJW 1977, 2275; BayObLG NJW 1979, 436 (438); *Jäger*, BT, Rn. 499.
[1201] BVerfG NJW 2007, 1666 (1667 ff.); BGH NStZ 2011, 209 (210); *Fischer*, § 142 Rn. 52.
[1202] Näher zur neuen Linie der Rspr. *Eisele*, BT 1, Rn. 1211 f.

690 bb) Ferner geht es um Fälle, in denen der Täter vom Unfallort durch **Polizei oder Rettungsdienst** entfernt wird.

> **Bsp.:** Der alkoholisierte T beschädigt mit seinem Wagen ein parkendes Fahrzeug. Passanten rufen sogleich die Polizei. T versteckt sich zunächst im Gebüsch und mischt sich anschließend heimlich unter die Zuschauer. Polizist P fragt nach, ob er etwas mit dem Unfall zu tun habe; T verneint. Die Polizei nimmt T gegen seinen Willen zur Blutprobe mit. Weitere Angaben macht T auch später nicht. – Das bloße Verstecken stellt kein räumliches Entfernen i. S. d. § 142 Abs. 1 Nr. 1 dar. Die Mitnahme durch die Polizei genügt richtigerweise ebenfalls nicht, da es an einem willensgetragenen Verhalten seitens des T fehlt. Streitig ist, ob § 142 Abs. 2 Nr. 2 wegen Verstoßes gegen die Pflicht zur unverzüglichen Nachholung der Feststellungen eingreift.

691 Nach einer recht weitgehenden Auffassung soll es für § 142 Abs. 2 Nr. 2 ausreichend sein, dass sich der Täter in nicht strafbarer Weise von der Unfallstelle entfernt hat, so dass ihn stets die Pflicht zur unverzüglichen Nachholung der Feststellungen trifft[1203]. Eine andere Ansicht differenziert in solchen Fällen[1204]: Wer bewusstlos weggebracht wird, muss nachträgliche Feststellungen ermöglichen, da diese am Unfallort noch gar nicht möglich waren. Bei polizeilicher Mitnahme sei hingegen § 142 Abs. 2 Nr. 2 zu verneinen. Am überzeugendsten sind jedoch Stimmen, die § 142 Abs. 2 Nr. 2 grundsätzlich verneinen, da die Vorschrift voraussetzt, dass sich der Täter entfernt hat, d. h. ein willensgetragenes Verhalten vorliegen muss[1205].

692 cc) Fraglich ist, ob § 142 Abs. 2 Nr. 2 auch dann eingreift, wenn der Täter **wegen Vollrausches** nicht nach § 142 Abs. 1 Nr. 1 bestraft werden kann, weil er sich **schuldlos i. S. d. § 20 vom Unfallort entfernt** hat, dann aber in nüchternem Zustand die nachträglichen Feststellungen nicht ermöglicht[1206]. Begrenzt man die Vorschrift nicht nur auf Entschuldigungsgründe, sondern erfasst auch alle Fälle, in denen der Täter ohne Schuld handelt, so ist das zu bejahen; § 323a i. V. m. § 142 Abs. 1 Nr. 1 tritt dann dahinter als mitbestrafte Vortat zurück. Die h. M. bestraft aber nur gem. § 323a i. V. m. § 142 Abs. 1 Nr. 1; § 142 Abs. 2 Nr. 2 greift demnach nicht ein, weil der Beteiligte sich schon wegen des Entfernens nach § 323a i. V. m. § 142 Abs. 1 Nr. 1 strafbar macht, so dass er sich in schuldhafter Weise vom Unfallort entfernt[1207]. Nur wenn er den Unfallort insgesamt straflos verlässt, soll Raum für eine Strafbarkeit nach § 142 Abs. 2 Nr. 2 bleiben.

1203 BayObLG NJW 1984, 1365 (1366); OLG Frankfurt NJW 1990, 1189 (1190).
1204 BayObLG NJW 1993, 410.
1205 OLG Hamm NJW 1979, 438 (439); *Rengier*, BT 2, § 46 Rn. 56.
1206 *Kindhäuser/Schramm*, BT 1, § 68 Rn. 40.
1207 BayObLG NJW 1989, 1685; *Schönke/Schröder/Sternberg-Lieben*, § 142 Rn. 54.

dd) Welche Anforderungen an die **unverzügliche Ermöglichung nachträglicher Feststellungen** gestellt werden, regelt **§ 142 Abs. 3**.

693

(1) Diese Vorschrift ergänzt § 142 Abs. 2 und enthält gesetzliche Mindestpflichten, deren Erfüllung in jedem Fall ausreichend ist und zur Straffreiheit führt. Der Verpflichtung, die Feststellungen nachträglich zu ermöglichen, genügt der Unfallbeteiligte nach Abs. 3 Satz 1, wenn er dem Berechtigten oder einer nahe gelegenen Polizeidienststelle mitteilt, dass er an dem Unfall beteiligt gewesen ist, und wenn er seine Anschrift, seinen Aufenthalt sowie das Kennzeichen und den Standort seines Fahrzeugs angibt und dieses zu unverzüglichen Feststellungen für eine ihm zumutbare Zeit zur Verfügung hält. Dies gilt nach Abs. 3 Satz 2 nicht, wenn er durch sein Verhalten die Feststellungen absichtlich vereitelt. Daraus folgt, dass die nachträglichen Angaben der Wahrheit entsprechen müssen[1208]. Der Täter kann die Ermöglichung der nachträglichen Feststellung im Übrigen aber auch auf jede andere geeignete Art und Weise erfüllen, wenn die geschützten Interessen ebenso gut gewahrt werden, wie bei einem Vorgehen nach Abs. 3. Zu beachten ist aber, dass die freie Wahl des Unfallbeteiligten, wie er die Feststellungen nachträglich ermöglicht, durch das Unverzüglichkeitsgebot eingeschränkt wird[1209].

694

(2) Der Täter muss die nachträglichen Feststellungen unverzüglich, d. h. ohne schuldhaftes Zögern, nach Ablauf der Wartefrist oder Wegfall der rechtfertigenden bzw. entschuldigenden Situation ermöglichen. Es steht hier nicht der schnellstmögliche Weg im Vordergrund, sondern die Wahrung der Beweismöglichkeiten und die Sicherung der zivilrechtlichen Ansprüche[1210]. Aus diesem Grund kann es im Einzelfall notwendig sein, sich sogleich an die Polizei zu wenden oder den ursprünglich beschrittenen Weg zu verlassen, weil sich dieser nicht als erfolgversprechend darstellt.

695

> **Bsp.:** T hat bei einem Verkehrsunfall am Freitag ausreichend lang auf feststellungsbereite Personen gewartet. Anschließend versucht er, den Geschädigten zu erreichen, was aber misslingt. – Damit sich T nicht nach § 142 Abs. 2 Nr. 1 strafbar macht, muss er sich nun an die Polizei wenden. Er darf nicht warten, ob der Geschädigte evtl. nach dem Wochenende erreichbar ist.

5. Subjektiver Tatbestand des Abs. 2
Für den subjektiven Tatbestand genügt auch hier dolus eventualis.

696

6. Rechtswidrigkeit und Schuld
Eine rechtfertigende Einwilligung ist – da Individualinteressen geschützt sind – grundsätzlich möglich[1211]. Handelt der Täter hinsichtlich Abs. 1 ge-

697

1208 A/W/H/H-*Hilgendorf*, § 38 Rn. 69; *Kindhäuser/Schramm*, BT 1, § 68 Rn. 34.
1209 *Maurach/Schroeder/Maiwald*, BT 1, 10. Aufl. 2009, § 49 Rn. 60.
1210 LK-*Geppert*, § 142 Rn. 154; NK-*Kretschmer*, § 142 Rn. 148.
1211 S.o. Rn. 657.

rechtfertigt oder entschuldigt, ist jedoch an eine Strafbarkeit nach Abs. 2 Nr. 2 zu denken.

7. Tätige Reue

698 § 142 Abs. 4 ermöglicht eine **Strafmilderung oder ein Absehen** von Strafe bei freiwilliger nachträglicher Ermöglichung der Feststellungen im Wege der tätigen Reue. Erforderlich ist, dass der Unfallbeteiligte innerhalb von 24 Stunden nach einem Unfall außerhalb des fließenden Verkehrs (insbesondere Parkunfälle), der ausschließlich nicht bedeutenden Sachschaden zur Folge hat, freiwillig die Feststellungen nachträglich ermöglicht. Die Grenze für einen bedeutenden Schaden wird zwischen 1000 und 1500 € gesehen[1212].

> **Einführende Aufsätze:**
> *Bosch*, Grundprobleme des Unerlaubten Entfernens vom Unfallfort (§ 142) – Auslegung im Spannungsfeld zwischen Schutzzweck, Wortlaut und rechtsstaatlicher Begrenzung, Jura 2011, 59; *Mitsch*, Unvorsätzliches Entfernen vom Unfallort, JuS 2010, 303; *Waszczynski*, § 142 StGB: Struktur und Argumentation in der Falllösung, JA 2015, 507.

> **Übungsfälle:**
> *Buttel/Rotsch*, Der ungeschickte Maler, JuS 1996, 327 (Das Kraftfahrzeug als Tatwerkzeug zur Begehung einer vorsätzlichen Straftat und als Mittel zur Fortbewegung); *Haverkamp/Kaspar*, Der betrunkene Fahrlehrer, JA 2010, 780 (Unfall im Straßenverkehr, wenn das Fahrzeug als Mittel zur Nötigung eingesetzt wird?, die Handhabung eines Tatbestandsirrtums); *Mitsch*, Rückkehr an den Ort des Unfalls, JuS 2009, 341 (Entfernt-Werden vom Unfallort bei einem Bewusstlosen, Rückkehr an den Unfallort).

> **Rechtsprechung:**
> **BVerfG NJW 2007, 1666** – nachträgliche Kenntnis (unvorsätzliches Entfernen); **BGHSt 24, 382** – Verfolgungsfahrt (vorsätzliches Beschädigen eines Polizeiwagens auf der Flucht als Unfall); **BGHSt 47, 158** – Mülltonnen (Unfall im Straßenverkehr).

1212 *Fischer*, § 142 Rn. 64; *Kindhäuser/Schramm*, BT 1, § 68 Rn. 46; *Rengier*, BT 2, § 46 Rn. 69; *Schönke/Schröder/Sternberg-Lieben*, § 142 Rn. 88b.

Teil 10: **Vollrausch und Unterlassene Hilfeleistung**

I. Vollrausch, § 323a

1. Geschütztes Rechtsgut und Systematik

Die Vorschrift soll zum **Schutz der Allgemeinheit** der generellen Gefährlichkeit entgegenwirken, die bei einer Berauschung für Rechtsgüter erwächst[1213]. Die Vorschrift dient damit dem Schutz derjenigen Rechtsgüter, die der Täter mit seiner Rauschtat verletzt. Es handelt sich nach **h. M. um ein abstraktes Gefährdungsdelikt**[1214], das vorsätzlich oder fahrlässig verwirklicht werden kann. Bestraft wird demgemäß allein das Sich-Versetzen in einen Rausch, weil der Täter damit schuldhaft seine freie Willensbildung ausschließt und einen gefährlichen Zustand schafft[1215]. Hinzukommen muss jedoch als objektive Bedingung der Strafbarkeit, dass der Täter im Rausch eine Straftat begeht. Nach h. M. ist hinsichtlich der objektiven Bedingung der Strafbarkeit weder Kausalität noch Vorsatz noch Fahrlässigkeit erforderlich[1216]. Ein Verstoß gegen das Schuldprinzip soll darin nicht zu sehen sein, weil die objektive Bedingung die Strafbarkeit lediglich einschränkt[1217].

699

Z.T. wird unter Bezugnahme auf die Sozialadäquanz der bloßen Berauschung vorgetragen, dass in Wahrheit doch die objektive Bedingung **strafbegründend** wirke. Entsprechend werden – zur Auflösung verfassungsrechtlicher Bedenken – **Restriktionen** dergestalt vorgeschlagen, dass zwischen Berauschung und Rauschtat ein Fahrlässigkeitsbezug bestehen muss bzw. dass es für den Täter zumindest vorhersehbar ist, dass es zu „strafbaren Ausschreitungen" komme[1218].

700

Prüfungsschema
1. **Tatbestand**
   a) Objektiver Tatbestand

701

1213 BGHSt 16, 124 (128); *Lackner/Kühl*, § 323a Rn. 1.
1214 BGHSt 16, 124 (125); *Wessels/Hettinger/Engländer*, BT 1, Rn. 1074.
1215 BGHSt 1, 124 (125 f.); 16, 124 (127).
1216 BGHSt 1, 124 (125 f.); 16, 124 (127).
1217 Vgl. BGHSt 16, 124 (125 f.).
1218 Näher *Eisele*, BT 1, Rn. 1224.

> aa) Versetzen in einen Rausch
> bb) Durch alkoholische Getränke oder andere berauschende Mittel
> cc) Keine Bestrafung infolge des Rausches
> dd) (Nicht auszuschließende) Schuldunfähigkeit des Täters
> b) Subjektiver Tatbestand
> 2. Rechtswidrigkeit
> 3. Schuld
> 4. Objektive Bedingung der Strafbarkeit: Rauschtat
> 5. Strafantrag nach § 323a Abs. 3

2. Objektiver Tatbestand

702 Bei § 323a handelt es sich um ein **eigenhändiges Delikt**. Nur derjenige, der sich in den Rausch versetzt, kann Täter sein. Mittelbare Täterschaft und Mittäterschaft scheiden hinsichtlich des Vollrausches aus. Teilnahme durch Anstiftung oder Beihilfe ist aber nach allgemeinen Kriterien möglich[1219]; sozialadäquate Verhaltensweisen beim Ausschank von alkoholischen Getränken lassen sich über die Figur der objektiven Zurechnung aus der Strafbarkeit ausnehmen[1220].

> **Bsp.:** Gastwirt G schenkt fleißig Bier an T aus. T begeht im Zustand der Schuldunfähigkeit eine Trunkenheitsfahrt nach § 316 Abs. 1, deretwegen er nicht nach § 20 bestraft werden kann; auch eine Bestrafung über die Grundsätze der actio libera in causa scheidet aus, weil diese Figur bei sog. verhaltensgebundenen Delikten nach h.M. keine Anwendung findet[1221]. Es verbleibt eine Strafbarkeit nach § 323a (i.V.m. § 316 Abs. 1 als Rauschtat). – G verwirklicht § 323a nicht eigenhändig; er kann sich aber wegen Beihilfe zu dieser Tat nach §§ 323a, 27 strafbar machen. Dabei ist besonders die objektive Zurechnung im Blick zu behalten, die je nach Ausgestaltung des Sachverhalts nach den Grundsätzen der berufsneutralen Handlung zu verneinen sein kann[1222].

703 **a) Verhältnis zur actio libera in causa.** Ist bereits eine **Strafbarkeit wegen des jeweiligen Delikts** anzunehmen, das im Rausch verwirklicht wurde (Rauschtat), so scheidet § 323a tatbestandlich aus. § 323a setzt nämlich voraus, dass der Täter wegen seiner infolge des Rausches (nicht auszuschließenden) Schuldunfähigkeit nicht bestraft werden kann. Daher ist stets vorab zu prüfen, ob nicht eine Strafbarkeit wegen der Rauschtat

---

1219 BGHSt 10, 247 (248 und 251 f.); *Schönke/Schröder/Hecker*, § 323a Rn. 25.
1220 *Rengier*, BT 2, § 41 Rn. 26.
1221 BGHSt 42, 235 (238).
1222 S. *Rengier*, BT 2, § 41 Rn. 26; *Schönke/Schröder/Hecker*, § 323a Rn. 25.

über die Grundsätze der Figur der actio libera in causa in Betracht kommt[1223].

I. § 316 Abs. 1 (–)	II. § 316 Abs. 1 i. V. m. a.l.i.c. (–)	III. § 323a (+)
1. Tatbestand	keine a.l.i.c., da verhaltensgebundenes Delikt	Rauschtat: § 316 Abs. 1
2. Rechtswidrigkeit		
3. Schuld: § 20		

aa) Hinsichtlich der im Rausch begangenen Tat ist zunächst die **Schuldfähigkeit** zu prüfen. Nach h. M. ist Volltrunkenheit eine „krankhafte seelische Störung"[1224], nach a. A. stellt sie eine „tiefgreifende Bewusstseinsstörung" i. S. d. § 20 dar[1225]. Regelmäßig kommt eine Schuldunfähigkeit ab ca. 3,0 Promille in Betracht, jedoch darf dieser Grenzwert nicht überbewertet werden, weil es letztlich einer genauen Prüfung im Einzelfall bedarf[1226]. So kann der Grenzwert bei an Alkohol gewöhnten Personen durchaus höher liegen. Ist keine Schuldunfähigkeit gegeben und kann der Täter bestraft werden, so bleibt für § 323a kein Raum. **704**

bb) Im Fall der Schuldunfähigkeit ist dann eine Strafbarkeit nach den **Grundsätzen der actio libera in causa** in Betracht zu ziehen. Soweit man diese bejaht, scheidet eine Strafbarkeit nach § 323a ebenfalls aus. In jüngerer Zeit haben sich freilich Stimmen gemehrt, die diese Rechtsfigur ablehnen und eine gesetzliche Regelung fordern[1227]. Dennoch wird diese Rechtsfigur im Bereich der vorsätzlichen Erfolgsdelikte von der h. M. weiterhin anerkannt[1228], wobei die Begründungen freilich streitig sind[1229]. **705**

b) Rausch. Dies ist ein Zustand, in dem der Täter i. S. d. § 20 schuldunfähig oder i. S. d. § 21 vermindert schuldfähig ist[1230] und der nach seinem Erscheinungsbild durch den Genuss von Rauschmitteln hervorgerufen wird[1231]. Für den Alkoholkonsum existieren keine starren Grenzwerte; der Richtwert für die Schuldunfähigkeit liegt bei ca. 3,0 Promille[1232], für die verminderte Schuldfähigkeit bei ca. 2,0 Promille[1233], wobei es letztlich der Berücksichtigung aller Umstände des Einzelfalles bedarf. So kann bei einem an Alkohol gewöhnten Täter die Grenze auch höher liegen. Neben **706**

1223 Hierzu *Eisele/Heinrich*, AT, Rn. 408 ff.
1224 *Fischer*, § 20 Rn. 11 f.; *Lackner/Kühl*, § 20 Rn. 4.
1225 B/W/M/E-*Eisele*, § 17 Rn. 19.
1226 S. auch u. Rn. 706.
1227 *Ambos*, NJW 1997, 2296 (2297 f.); *Rönnau*, JuS 2000, 28 ff. Offen gelassen von BGH NStZ 2002, 28.
1228 BGH NStZ 1997, 230; 2000, 584; *Schönke/Schröder/Perron/Weißer*, § 20 Rn. 33.
1229 Dazu *Eisele/Heinrich*, AT, Rn. 408 ff.
1230 *Rengier*, BT 2, § 41 Rn. 10; *Wessels/Hettinger/Engländer*, BT 1, Rn. 1076.
1231 BGHSt 26, 363 (364); *Otto*, Jura 1986, 478 (481).
1232 BGHSt 34, 29 (31); BGH NStZ 1982, 243; NStZ 1982, 376; NStZ 1986, 114.
1233 BGHSt 37, 231 (234); BGHR StGB § 21 BAK 15.

Alkohol sind vor allem Drogen und Medikamente weitere Rauschmittel. Unerheblich ist dabei, ob neben dem Rauschmittel noch andere Gesichtspunkte – wie etwa der körperliche Zustand (Krankheiten, Alkoholunverträglichkeit) oder der seelische Zustand (Affekt, Psychosen) – mitursächlich sind[1234].

> **Beachte:** Bei solchen Wechselwirkungen kann im Einzelfall der Vorsatz oder sogar die Fahrlässigkeit hinsichtlich der Herbeiführung des Rausches entfallen[1235].

707 c) **Schuldunfähigkeit.** Erforderlich ist ferner, dass der Täter wegen der Rauschtat nicht bestraft werden kann, weil er **infolge des Rausches schuldunfähig war oder weil dies nicht auszuschließen** ist. Der Zustand der Schuldunfähigkeit muss dabei auch bei Mitwirkung weiterer Faktoren seinem ganzen Erscheinungsbild nach gerade durch den Genuss der Rauschmittel hervorgerufen werden[1236]. Problematisch sind Fälle, in denen nicht auszuschließen ist, dass der Täter bei der Tatbegehung schuldunfähig war. Nach h. M. ist dies der Fall, wenn der Zustand des § 20 nicht auszuschließen ist und jedenfalls ein Zustand des § 21 feststeht[1237]. Andere möchten es sogar genügen lassen, dass der Täter möglicherweise schuldfähig war, aber Feststellungen nicht möglich sind[1238]. Dies ist jedoch abzulehnen, weil dann nicht mehr von einem Rausch i. S. d. § 323a gesprochen werden kann und auch der Strafgrund der Vorschrift – Schutz vor der generellen Gefährlichkeit des Rausches – nicht eingreift. In dubio pro reo muss daher § 323a ausscheiden, wenn ein Zustand zumindest des § 21 nicht erwiesen ist[1239]. Auch eine Wahlfeststellung zwischen der Rauschtat und § 323a ist mangels rechtsethischer und psychologischer Vergleichbarkeit nicht möglich, da § 323a die Bestrafung allein an die Berauschung knüpft und die Rauschtat als objektive Bedingung der Strafbarkeit nicht das Unrecht der Tat prägt[1240].

> **Bsp.:** T hat in betrunkenem Zustand eine Sachbeschädigung nach § 303 begangen, woran er zum Zeitpunkt der Berauschung nicht dachte. Berechnungen ergeben, dass der Blutalkoholgehalt zur Tatzeit mindestens 1,2 Promille, möglicherweise aber auch bis zu 3,1 Promille betrug. – T kann zunächst nicht nach § 303 bestraft werden, da zu seinen Gunsten Schuldunfähigkeit (3,1 Promille) zu unterstellen ist. Eine Bestrafung nach den Grundsätzen der actio libera in causa scheidet aus, da die Voraussetzungen einer vorsätzlichen actio libera

---

1234 BGHSt 26, 363 (365); *Wessels/Hettinger/Engländer*, BT 1, Rn. 1076.
1235 BGH NStZ-RR 2000, 80.
1236 BGH NStZ-RR 2011, 80.
1237 BGHSt 16, 187 (189); 17, 333 (334); 32, 48 ff.; OLG Braunschweig NStZ-RR 2014, 287 (288); *Schönke/Schröder/Hecker*, § 323a Rn. 7.
1238 *Fischer*, § 323a Rn. 11; *Otto*, Jura 1986, 478 (483).
1239 OLG Köln VRS 68 (38); *Wessels/Hettinger/Engländer*, BT 1, Rn. 1077.
1240 BGHSt 9, 390 (394); *Wessels/Hettinger/Engländer*, BT 1, Rn. 1077.

in causa nicht vorliegen und Fahrlässigkeit bei § 303 nicht strafbar ist. Hinsichtlich § 323a ist in dubio pro reo von einem Alkoholgehalt von 1,2 Promille auszugehen; damit ist der Zustand des § 21 nicht erreicht, weshalb man richtigerweise von keinem Rausch sprechen kann. Zwar steht fest, dass T entweder § 303 oder § 323a verwirklicht hat, jedoch scheidet aus oben genannten Gründen eine Wahlfeststellung aus.

3. Subjektiver Tatbestand

Hinsichtlich der Berauschung, d. h. den Wirkungen des Rauschmittels, ist **Vorsatz oder Fahrlässigkeit** erforderlich. Fahrlässigkeit kann vor allem vorliegen, wenn der Täter sorgfaltspflichtwidrig eine Wechselwirkung mit anderen Mitteln – etwa beim Alkoholgenuss mit Medikamenten – verkennt. Ein Bezug zur Rauschtat ist nach h. M. nicht erforderlich, da es sich um eine objektive Bedingung der Strafbarkeit handelt[1241]. Auch ist nach h. M. Vorsatz oder Fahrlässigkeit hinsichtlich einer spezifischen Rauschgefährlichkeit nicht erforderlich; es kommt daher nicht darauf an, dass der Täter die Möglichkeit erkennt oder fahrlässig nicht erkennt, er könne im Rausch eine Rauschtat begehen[1242].

4. Objektive Bedingung der Strafbarkeit

Die Begehung einer rechtswidrigen Straftat i. S. d. § 11 Abs. 1 Nr. 5 im Rauschzustand ist nach h. M. **objektive Bedingung der Strafbarkeit**[1243], so dass Vorsatz oder Fahrlässigkeit darauf nicht bezogen sein müssen[1244]. Erfasst werden auch der Versuch einer Tat, die Beteiligung und die versuchte Beteiligung nach § 30. Ferner genügt auch ein Unterlassen im Sinne eines unechten Unterlassungsdelikts (§ 13) oder eines echten Unterlassungsdelikts (etwa § 323c), soweit es dem Täter noch möglich war, die gebotene Handlung vorzunehmen[1245]. Hingegen sind bloße Ordnungswidrigkeiten nicht einbezogen; in diesem Fall kommt jedoch § 122 OWiG in Betracht.

a) Anforderungen an die Rauschtat. Die Rauschtat muss stets den **objektiven und subjektiven Tatbestand** eines Strafgesetzes verwirklichen und ferner rechtswidrig sein. Fehlt es auf Grund der Berauschung bereits an einer rechtlich relevanten Handlung, so liegt keine Rauschtat vor.

> Bsp.: Der volltrunkene T fällt bewusstlos in ein Schaufenster, das beschädigt wird. – § 323a scheidet aus, da mangels Handlung keine Rauschtat vorliegt.

1241 *Schönke/Schröder/Hecker*, § 323a Rn. 9.
1242 NK-*Paeffgen*, § 323a Rn. 64; so aber BGHSt 10, 247 (250); OLG Hamm NStZ 2009, 40.
1243 Vgl. BGHSt 16, 124 (127); 20, 284 (285); B/W/M/E-*Mitsch*, § 20 Rn. 1 ff.
1244 Näher o. Rn. 699.
1245 BayObLG NJW 1974, 1520 (1522); *Otto*, Jura 1986, 478 (483).

711 Ein **Tatbestandsirrtum** schließt den subjektiven Tatbestand der Rauschtat aus. Es fehlt daher an einer rechtswidrigen Rauschtat, selbst wenn der Irrtum dem Täter nur auf Grund seiner Trunkenheit unterlaufen ist. Entsprechendes gilt, wenn es an der vom Gesetz geforderten besonderen Absicht (etwa der Zueignungsabsicht bei § 242 oder der Bereicherungsabsicht bei § 263) fehlt oder die Rauschtat gerechtfertigt ist.

> **Bsp.:** Der schuldunfähige T wirft einen Stein und verkennt auf Grund seiner Trunkenheit, dass dieser in eine Scheibe fallen wird. – § 303 scheidet schon mangels Vorsatzes aus; auch eine Bestrafung nach § 323a kommt nicht in Betracht, da es an einer rechtswidrigen Tat nach § 303 fehlt; die diesbezügliche Fahrlässigkeit ist nicht strafbar.

712 b) **Rücktritt.** Eine Strafbarkeit nach § 323a scheidet richtigerweise auch aus, wenn der Täter von der versuchten Rauschtat zurückgetreten ist, obwohl hier ein rechtswidriges Verhalten gegeben ist. Analog § 24 ist § 323a zu verneinen, da die Straffreiheit hinsichtlich der Rauschtat nicht auf dem Rausch und der damit verbundenen Schuldunfähigkeit, sondern auf dem Rücktritt beruht[1246].

> **Bsp.:** T betrinkt sich bis zur Schuldunfähigkeit, wobei er nicht daran denkt, dass er in diesem Zustand eine Straftat begehen könnte. Später schießt er mit einer Waffe in Tötungsabsicht auf O, trifft diesen aber nicht. Obwohl er weitere Schüsse abgeben könnte, verzichtet er freiwillig darauf. – Eine Strafbarkeit nach §§ 212, 22, 23 scheidet aus, weil T schuldunfähig ist. Die Figur der actio libera in causa gelangt nicht zur Anwendung, weil T zum Zeitpunkt des Betrinkens keinen Vorsatz hinsichtlich der Tötung besaß; damit liegt nur die Situation einer fahrlässigen actio libera in causa vor, die aber eine Strafbarkeit wegen eines Vorsatzdelikts nicht begründen kann[1247]. Letztlich scheidet auch eine Strafbarkeit nach § 323a aus, weil T zwar im schuldunfähigen Zustand eine rechtswidrige Tat begangen hat, von dieser aber strafbefreiend zurückgetreten ist. Dass dies richtig ist, zeigt sich daran, dass T – hätte er die Tat in nüchternem Zustand begangen – ebenfalls nicht bestraft werden könnte.

> **Einführende Aufsätze:**
> *Fahl*, Actio libera in causa, JA 1999, 842; *ders.*, Der strafbare Vollrausch (§ 323a), JuS 2005, 1076 (Insbesondere in Bezug auf den in dubio pro reo Grundsatz, die Subsidiaritätsklausel und Täterschaft und Teilnahme); *Geppert*, Die Volltrunkenheit (§ 323a StGB), Jura 2009, 40 (actio libera in causa, eine fallbezogene Verdeutlichung der Probleme); *Heinrich/Wissmann*, Die actio libera in causa, AL 2016, 146 (klassische Fallkonstellationen, die vorsätzliche und fahrlässige alic).

1246 BGH StV 1994, 304 f.; *Schönke/Schröder/Hecker*, § 323a Rn. 19.
1247 S. *Eisele/Heinrich*, AT, Rn. 409; *Rengier*, AT, § 25 Rn. 26.

> **Übungsfälle:**
> *Hamm*, Fahrer unbekannt, JuS 1992, 1031 (actio libera in causa und der Vollrauschtatbestand); *Klesczewski/Hawickhorst*, Rotwein und Rechtschaffenheit, JA 2013, 589 (das voluntative Vorsatzelement, actio libera in causa bei § 315c StGB, § 323a StGB Vollrausch); *Kunz*, Eine Schlägerei mit üblen Folgen, JuS 1996, 3 (der Vollrauschtatbestand in Verbindung mit der Beteiligung an einer Schlägerei); *Safferling*, Hörig, aber mutlos, JA 2007, 183 (actio libera in causa).

> **Rechtsprechung:**
> **BGHSt 10, 247** – Motorradfahrt (Deliktsnatur des § 323a);; **BGHSt 18, 235** – Zechprellerei (Tatbestandsirrtum); **BGHSt 32, 48** – Lichtmast (nicht eindeutig feststellbare Schuldunfähigkeit); **BGHSt 42, 235** – Grenzkontrollstelle (Einschränkung der a.l.i.c.); **BGH StV 1994, 304** – Wirtshausschlägerei (Rücktritt vom Versuch der Rauschtat).

II. Unterlassene Hilfeleistung, § 323c

1. Geschütztes Rechtsgut und Systematik

§ 323c Abs. 1 ist ein **echtes Unterlassungsdelikt**. Geschützt sind die Individualrechtsgüter Leib, Leben und auch Eigentum des in Gefahr Geratenen[1248]. Der Tatbestand sanktioniert die Verletzung der allgemeinen Hilfeleistungspflicht, die in Notfällen aus menschlicher Solidarität geboten ist[1249]. Im Gegensatz zu den unechten Unterlassungsdelikten verlangt das Jedermannsdelikt des § 323c Abs. 1 keine Garantenstellung. Umgekehrt wird aber auch keine Garantenstellung durch den Tatbestand des § 323c begründet. Wer als Unbeteiligter bei einem Unfall die mögliche, erforderliche und zumutbare Hilfe nicht leistet, wird (nur) nach § 323c Abs. 1 bestraft, auch wenn bei einem Verletzten gravierende Folgen eintreten. Der im Jahr 2017 neu eingefügte § 323c Abs. 2 ist hingegen als Begehungsdelikt ausgestaltet.

> **Prüfungsschema**
>
> **1. Tatbestand**
>   a) Objektiver Tatbestand
>   aa) Abs. 1
>   (1) Unglücksfall, gemeine Gefahr oder gemeine Not
>   (2) Keine Hilfeleistung
>   (3) Möglichkeit, Erforderlichkeit und Zumutbarkeit der Hilfeleistung

---

1248 *Lackner/Kühl*, § 323c Rn. 1; *Rengier*, BT 2, § 42 Rn. 1.
1249 *Rengier*, BT 2, § 42 Rn. 1; *Wessels/Hettinger/Engländer*, BT 1, Rn. 1089.

bb) Abs. 2
(1) Unglücksfall, gemeine Gefahr oder gemeine Not
(2) Behinderung einer Person, die einem Dritten Hilfe leistet oder leisten will
b) Subjektiver Tatbestand
2. Rechtswidrigkeit
3. Schuld

2. Objektiver Tatbestand des Abs. 1

715 Nicht das Unterlassen einer Erfolgsabwendung, sondern bereits das Unterlassen der Hilfeleistung in bestimmten Situationen ist Gegenstand der strafrechtlichen Sanktionierung des echten Unterlassungsdelikts.

716 a) **Unglücksfall.** Dies ist ein plötzlich eintretendes Ereignis, das eine erhebliche Gefahr für Menschen oder bedeutende Sachwerte[1250] mit sich bringt oder mit sich zu bringen droht[1251]. Dies ist im Wege einer ex post-Betrachtung festzustellen. Ausschlaggebend ist damit nicht die subjektive Sicht des Täters, sondern eine objektive Beurteilung, bei der auch erst nachträglich erkennbare Tatsachen Berücksichtigung finden können[1252].

717 aa) Ein Unglücksfall muss stets mit der **Gefahr eines Schadens** verbunden sein. Ist der Schaden bereits eingetreten und daher die Gefahrenlage beendet, so liegt kein Unglücksfall mehr vor[1253]. Anderes gilt jedoch, wenn zwar ein Schaden eingetreten ist, jedoch die Gefahr weiterer Schäden besteht[1254]. Ob der Eintritt eines Schadens überhaupt abwendbar ist, ist erst bei der Frage der Erforderlichkeit der Hilfeleistung von Bedeutung[1255].

> **Bsp.:** Ist das Opfer verstorben oder die Sache bereits beschädigt, liegt kein Unglücksfall mehr vor[1256]. Ist das Opfer hingegen verletzt und droht eine darüber hinausgehende Lebensgefahr, so ist ein Unglücksfall anzunehmen.

718 bb) Eine **bestehende Krankheit** kann bei plötzlicher Verschlechterung des Zustandes einen Unglücksfall begründen[1257]. Auch vorsätzliche oder fahrlässige Verletzungen bzw. Straftaten können einen Unglücksfall darstellen, da es ausreichend ist, wenn es sich aus Sicht des Hilfsbedürftigen um ein

---

1250 Abl. für Sachgefahren *Seelmann*, JuS 1995, 284.
1251 BGHSt 6, 147 (152); OLG Düsseldorf NJW 1991, 2979.
1252 *Rengier*, BT 2, § 42 Rn. 4; für eine ex ante-Betrachtung NK-*Gaede*, § 323c Rn. 10.
1253 BGHSt 1, 266 (269); *Rengier*, BT 2, § 42 Rn. 4.
1254 *Rengier*, BT 2, § 42 Rn. 4; *Schönke/Schröder/Hecker*, § 323c Rn. 14.
1255 Vgl. BGH NStZ 1985, 501; *Wessels/Hettinger/Engländer*, BT 1, Rn. 1093.
1256 So auch *Rengier*, BT 2, § 42 Rn. 4; *Schönke/Schröder/Hecker*, § 323c Rn. 11; für die Verneinung der Erforderlichkeit BGHSt 5, 124 (126); 17, 166 (168 f.); 32, 367 (381).
1257 BGH MDR/H 1985, 285; OLG Düsseldorf NJW 1995, 799.

plötzlich eintretendes Ereignis handelt[1258]. Selbst der Umstand, dass der Handelnde sich dabei auf Notwehr berufen kann, steht dem nicht entgegen[1259].

> **Bsp.:** O greift den T an; T schlägt O in Notwehr nieder, so dass dieser mit lebensgefährlichen Verletzungen liegen bleibt. Für O ist die Reaktion des T nicht ohne weiteres ein plötzliches, unerwartetes Ereignis, da er mit Gegenwehr rechnen musste; jedoch bleibt auch der Angreifer trotz seines rechtswidrigen Verhaltens schutzwürdig, so dass ihm die mitmenschliche Solidarität nicht ganz versagt werden darf. Es bleibt in solchen Fällen allerdings sorgfältig zu prüfen, ob die Hilfeleistung zumutbar ist; das wäre etwa zu verneinen, wenn weitere Angriffe des O drohen.

Die h. M. nimmt wenig überzeugend selbst bei einer **freiverantwortlichen Selbsttötung** einen Unglücksfall an, so dass eine Hilfspflicht Dritter besteht[1260], jedoch ist in solchen Fällen sorgfältig die Zumutbarkeit zu prüfen[1261]. Letztlich kann auch die Begehung einer Straftat durch einen Dritten zumindest dann einen Unglücksfall begründen, wenn ein erheblicher Schaden droht[1262]; der Hilfspflichtige muss in diesem Fall die Straftat verhindern. Vertretbar ist es auch, die Hilfspflicht auf die in § 138 Abs. 1 genannten Straftaten zu beschränken, um Wertungswidersprüche zu vermeiden. Allerdings darf man nicht verkennen, dass bei § 323c jede Form der erforderlichen Hilfeleistung genügt, während § 138 grundsätzlich eine rechtzeitige Anzeige gegenüber der Behörde oder dem Bedrohten verlangt (vgl. aber § 139 Abs. 4).

b) Gemeine Gefahr. Darunter ist die Möglichkeit eines erheblichen Schadens für eine unbestimmte Anzahl von Menschen oder bedeutende Sachwerte zu verstehen[1263]. Zu denken ist etwa an einen Brand in einem Wohnhaus oder gefährliche Hindernisse auf Straßen. Eine **gemeine Not** ist eine die Allgemeinheit betreffende Notlage[1264].

c) Hilfeleistung. Es muss grundsätzlich die **mögliche, erforderliche und zumutbare Hilfe** geleistet werden. Das Wort „bei" begründet keine räumliche Beschränkung, so dass es auf eine Anwesenheit am Unglücksort nicht ankommt[1265]. Daher trifft die Hilfspflicht auch Ärzte, Feuerwehrleute und

---

1258 BGHSt 23, 327 (328); BGH NStZ 1985, 501.
1259 BGHSt 23, 327 (328); BGH NStZ 1985, 501.
1260 BGHSt 32, 367 (376); *Rengier*, BT 2, § 8 Rn. 19; a. A. LG Berlin NStZ-RR 2018, 246 (248); LG Hamburg NStZ 2018, 281 (283); A/W/H/H-*Hilgendorf*, § 3 Rn. 35; *Schönke/Schröder/ Hecker*, § 323c Rn. 8.
1261 S.o. Rn. 102.
1262 BGHSt 3, 66; BGH MDR/H 1993, 721; BGH NStZ-RR 2015, 375. RGSt 71, 189; *Rönnau*, JR 2004, 158 (159).
1263 *Lackner/Kühl*, § 323c Rn. 3.
1264 *Lackner/Kühl*, § 323c Rn. 3; *Schönke/Schröder/Hecker*, § 323c Rn. 10.
1265 BGHSt 21, 50 (52 f.); *Rengier*, BT 2, § 42 Rn. 8.

Polizisten, wenn diese per Telefon über den Unglücksfall informiert werden.

722 aa) Die Hilfeleistung muss dem Täter zunächst überhaupt (physisch) **möglich** sein. Hat der Täter nicht die erforderlichen Kenntnisse, Fähigkeiten oder Hilfsmittel, so ist bereits der Tatbestand nicht verwirklicht. Es ist aber stets zu überlegen, ob nicht andere Hilfsmöglichkeiten geboten sind.

> **Bsp.:** O droht zu ertrinken. Kann T nicht schwimmen und sind andere Rettungsmöglichkeiten nicht vorhanden, so scheidet § 323c aus, wenn T untätig bleibt. Anders wäre aber zu entscheiden, wenn T einen Dritten zur Rettung herbeirufen könnte, weil dann eine andere sinnvolle Rettungsmöglichkeit besteht.

723 Davon abzugrenzen sind Fälle, in denen schon keine Handlung (genauer: Unterlassen) im Sinne der Handlungslehre vorliegt.

> **Bsp.:** O droht zu ertrinken; T hilft nicht, weil er schläft oder bewusstlos ist. – Es liegt bereits kein willensgetragenes Unterlassen vor, so dass der Tatbestand des § 323c zu verneinen ist.

724 bb) Weiterhin muss die Hilfeleistung **erforderlich** sein. Entscheidend ist eine ex ante-Prognose eines verständigen Betrachters zum Zeitpunkt der unterlassenen Hilfeleistung dahingehend, ob der Schaden noch abgewendet, begrenzt oder wenigstens abgemildert werden kann[1266]. Ist der Schadenseintritt nach dieser Prognose nicht mehr abzuwenden usw., entfällt die Erforderlichkeit. Erweist sich hingegen eine Prognose später – ex post betrachtet – als unzutreffend und wäre daher eine Hilfeleistung ohnehin erfolglos geblieben bzw. der Schaden unvermeidbar gewesen, so ändert dies nichts an einer zuvor auf Grund der ex ante-Prognose festgestellten Erforderlichkeit[1267].

725 (1) Im Rahmen der erforderlichen Hilfeleistung müssen die **wirksamsten Handlungen** vorgenommen werden, wobei es einer Gesamtschau der Fähigkeiten und der zur Verfügung stehenden Mittel bedarf. Unter diesem Gesichtspunkt kann etwa die Art und der Umfang der Hilfspflicht von Ärzten weitergehend sein als bei medizinischen Laien. Auch das Herbeirufen anderer Personen kann genügen, wenn dies die effektivste Hilfeleistung darstellt. Die Hilfeleistung muss dabei unverzüglich erfolgen[1268].

726 (2) Soweit anderweitig bereits geeignete Hilfe geleistet wird oder die sichere Gewähr für **Hilfe Dritter** besteht, entfällt die Erforderlichkeit, soweit diese Hilfe ebenso effektiv ist[1269]. Die Hilfspflicht des Arztes besteht hinge-

---

[1266] BGHSt 17, 166 (169); *Lackner/Kühl*, § 323c Rn. 5.
[1267] BGHSt 14, 213 (215 ff.); 17, 166 (169); 32, 367 (381).
[1268] BGHSt 14, 213 (216).
[1269] BGHSt 2, 296 (298 f.); *Schönke/Schröder/Hecker*, § 323c Rn. 15.

II. Unterlassene Hilfeleistung, § 323c

gen i. d. R. fort, auch wenn bereits andere Personen Hilfe leisten, da die Hilfe des Arztes zumeist wirksamer sein dürfte.

(3) **Verzichtet der Hilfsbedürftige** auf die Hilfe oder nimmt er diese nicht an, so entlässt er den Täter aus seiner Hilfspflicht[1270]. Richtigerweise ist in solchen Fällen bereits die Erforderlichkeit und damit der Tatbestand zu verneinen[1271]. Dies gilt auch in Fällen der Heilbehandlung, die nicht gegen den Willen des Patienten durchgeführt werden darf[1272]. Erforderlich ist bei einem Verzicht freilich, dass der Hilfsbedürftige auch über das gefährdete Rechtsgut disponieren kann.

cc) Darüber hinaus muss die Hilfeleistung **zumutbar** sein. Anders als beim unechten Unterlassungsdelikt ist die Zumutbarkeit nach h. M. bei § 323c Tatbestandsmerkmal.

(1) § 323c nennt zwei **Beispiele für Unzumutbarkeit**, die jedoch nicht abschließend sind. Die Zumutbarkeit ist demnach „insbesondere" bei einer erheblichen eigenen Gefahr oder bei ansonsten anderweitiger Verletzung wichtiger Pflichten zu verneinen. Letztlich bedarf es einer Gesamtabwägung unter Berücksichtigung aller Umstände des Einzelfalles, wie etwa der Wahrscheinlichkeit und der Schwere des drohenden Schadens, der Wahrscheinlichkeit und der Chance der Rettung sowie eines möglichen Beitrags zum Unfall.

> Bsp.: Der Vater T rettet bei einem Bootsunfall seinen Sohn S; Freund O des Sohnes ertrinkt, weil der Vater nur ein Kind retten kann. – Zwar war es möglich und erforderlich den O zu retten; dies war jedoch unzumutbar, da eine Rettung des O zur Verletzung anderweitiger Pflichten, nämlich der Garantenpflicht gegenüber dem Sohn geführt hätte.

In Fällen des zulässigen **Behandlungsabbruchs im Rahmen der Sterbehilfe** entfällt eine Strafbarkeit nach § 323c, da bei einer (mutmaßlichen) Einwilligung des Patienten die Hilfeleistung in Form der Weiterbehandlung nicht zumutbar ist[1273].

(2) Wer den Unglücksfall **durch eine Straftat verursacht** hat, kann sich nicht hinsichtlich dieser Tat wegen der Gefahr der Strafverfolgung auf die Unzumutbarkeit der Hilfeleistung berufen. Dies bringt auch § 35 Abs. 1 Satz 2 zum Ausdruck, der ähnlich gelagerte Konstellationen zum Gegenstand hat[1274]. Unzumutbarkeit kommt aber in Betracht, wenn die Hilfeleistung zur Aufdeckung ganz anderer Taten führen würde, weil hier die Selbstbelastungsfreiheit des Täters mit zu berücksichtigen ist[1275]. Anders wird man aber zu entscheiden ha-

---

1270 Vgl. BGH NStZ 1983, 117 (118).
1271 *Lackner/Kühl,* § 323c Rn. 5; NK-*Gaede,* § 323c Rn. 10; a. A. *Fischer,* § 323c Rn. 21.
1272 S. bereits o. Rn. 76 ff.
1273 Vgl. auch o. Rn. 76 ff.
1274 BGHSt 11, 353 (355 f.); 39, 164 (166); *Geppert,* Jura 2005, 45.
1275 *Rengier,* BT 2, § 42 Rn. 15; *Schönke/Schröder/Hecker,* § 323c Rn. 20.

ben, wenn es sich um leichtere Taten handelt und durch den Unglücksfall eine Lebens- oder schwere Leibesgefahr droht[1276]. Entsprechendes gilt, wenn der Täter durch die Erfüllung der Hilfspflicht einen Angehörigen in die Gefahr der Strafverfolgung bringen würde[1277].

> **Bsp.:** Bankräuber T leistet auf der Flucht bei einem Unfall, an dem er nicht beteiligt war, dem verletzten O keine Hilfe. Hier kann unter Berücksichtigung der Schwere der Straftat und Größe der Gefahr der Aufdeckung der Straftat sowie den Gefahren für die vom Unglücksfall betroffenen Personen Unzumutbarkeit im Einzelfall angenommen werden. Anders läge der Fall, wenn T auf der Flucht einen Verkehrsunfall verursacht (unter Verwirklichung z. B. der §§ 229, 315b bzw. § 315c) und dem dadurch verletzten O dann keine Hilfe leistet; neben § 323c käme dann auch § 142 in Betracht und im Falle des Todes auch §§ 211, 212, 13 (Garantenpflicht aus Ingerenz). Auf Konkurrenzebene träte § 229 als mitbestrafte Vortat (der Unfall begründet gerade die Garantenstellung) und auch § 323c im Wege der Gesetzeskonkurrenz gegenüber §§ 211, 212, 13 zurück.

732 Unzumutbarkeit scheidet stets aus, wenn anonym anderweitige Hilfe gerufen werden kann[1278]. Angesichts der modernen Kommunikationstechnik und der damit verbundenen Speicherung der Daten ist ein Anruf mit dem Mobiltelefon aber nicht ohne weiteres als anonym einzustufen.

733 (3) Im Anschluss an eine **freiverantwortliche Selbsttötung** kann die Zumutbarkeit der Hilfeleistung ebenfalls zu verneinen sein[1279].

3. Subjektiver Tatbestand des Abs. 1

734 Es genügt bedingter Vorsatz, der sich auf alle Merkmale des objektiven Tatbestandes, insbesondere auch auf diejenigen Umstände, die die Erforderlichkeit und Zumutbarkeit der Hilfeleistung begründen, erstrecken muss. Nimmt der Täter irrig an, dass keine weitere Hilfe erforderlich sei oder bereits andere Personen Hilfe leisten, so befindet er sich gem. § 16 Abs. 1 Satz 1 im Tatbestandsirrtum über das Merkmal der Erforderlichkeit.

> **Bsp.:** [1280] Lehrer T geht nach einer Rangelei zwischen Schülern von einer harmlosen Verletzung des O aus und benachrichtigt daher die Eltern, damit diese das Kind abholen. Tatsächlich ist aber wegen eines Milzrisses eine Notoperation erforderlich. – Zwar liegen die Voraussetzungen des objektiven Tatbestandes des § 323c vor; da T jedoch irrig davon ausging, dass die von ihm geleistete Hilfe geeignet sei, befand er sich in einem Tatumstandsirrtum gem. § 16 Abs. 1 Satz 1.

[1276] BGH GA 1956, 120 (121); *Rengier*, BT 2, § 42 Rn. 15.
[1277] BGHSt 11, 135 (137 f.); *Fischer*, § 323c Rn. 16.
[1278] BGHSt 11, 135 (138 f.); NK-*Gaede*, § 323c Rn. 12.
[1279] Näher hierzu o. Rn. 102.
[1280] Vgl. AG Saalfeld NStZ-RR 2005, 142.

4. Tatbestand des Abs. 2

Der im Jahre 2017 neu eingeführte Abs. 2 möchte als **abstraktes Gefährdungsdelikt** Gaffer, die Rettungskräfte behindern, pönalisieren. Es handelt sich um ein **Begehungsdelikt**, das nach allgemeinen Grundsätzen auch als unechtes Unterlassungsdelikt bei Vorliegen einer Garantenstellung verwirklicht sein kann. Wie bei Abs. 1 sind die Individualrechtsgüter Leib, Leben und Eigentum geschützt[1281]. 735

Die Vorschrift knüpft im objektiven Tatbestand zunächst an die **Notsituationen des Abs. 1, d. h. Unglücksfall, gemeine Gefahr und gemeine Not** an. Täter kann jeder, auch eine selbst **rettungswillige Person** sein. Dies ist im Ausgangspunkt zutreffend, weil sich ein Laie nicht über die Anordnungen professioneller Retter hinwegsetzen darf; insoweit ist seine Hilfe nicht i. S. d. § 323c erforderlich, so dass er nach Abs. 1 untätig bleiben darf und nach Abs. 2 untätig bleiben muss[1282]. Soweit aber die rettungswillige Person ihrer Pflicht nach § 323c Abs. 1 nachkommt, weil sie gerade erforderliche Hilfe leistet, macht sie sich auch dann nicht strafbar, wenn sie dadurch zugleich andere rettungswillige Personen behindert[1283]. 736

Erfasst ist nicht nur die Behinderung von Rettungskräften wie Ärzten und Feuerwehrleuten, sondern auch von **privaten Rettern**. 737

> **Hinweis**
> Soweit der Täter einen **rettenden Kausalverlauf abbricht**, kann er sich wegen vorsätzlicher Körperverletzung oder Tötung strafbar machen. Insoweit liegt nicht nur ein Unterlassen vor, das eine Garantenstellung erfordern würde[1284].

Ausreichend ist, dass bloße **Hilfsbemühungen behindert werden** („Hilfe leisten will"); nicht erforderlich ist also, dass die Hilfeleistung bereits begonnen hat[1285]. Behindern bedeutet eine spürbare, nicht unerhebliche Störung der Rettungstätigkeit, wodurch die Hilfsmaßnahmen zumindest erschwert werden (vgl. auch § 115 Abs. 3 S. 1 n. F.). Nicht erforderlich ist, dass sich die Behinderungshandlung kausal auf eine Verschlechterung der Lage des Opfers auswirkt[1286] und die konkret gewährte Hilfeleistung objektiv erforderlich war[1287]. Ersichtlich völlig untaugliche Rettungshandlungen 738

1281 *Lenk*, JuS 2018, 229 (230).
1282 Für die Verneinung des Behinderungsvorsatzes *Rengier*, BT 2, § 42a Rn. 3; *Schiemann*, NJW 2017, 1846 (1848).
1283 Vgl. auch *Lenk*, JuS 2018, 229 (232).
1284 Dazu näher B/W/M/E-*Mitsch*, § 10 Rn. 41 ff.
1285 *Fischer*, § 323c Rn. 21.
1286 BT-Drs. 18/12153, S. 7; *Wessels/Hettinger/Engländer*, BT 1, Rn. 1101.
1287 *Wessels/Hettinger/Engländer*, BT 1, Rn. 1101; a. A. *Lenk*, JuS 2018, 229 (231).

sind jedoch nicht als Hilfe zu qualifizieren[1288]. Die Strafbarkeit tritt also beispielsweise auch dann ein, wenn das Opfer trotz der Behinderung gerettet werden konnte oder eine Rettung des Opfers gar nicht mehr möglich war. War das Opfer freilich zum Zeitpunkt der Behinderung bereits verstorben, so fehlt es bereits an einem Unglücksfall[1289].

Bsp.:[1290] Beschädigung von technischem Gerät, Versperren eines Wegs, Nichtbeiseitetreten, Blockieren von Notfallgassen oder Beeinträchtigung von Ärzten und Krankenhauspersonal in der Notaufnahme.

739 Auf subjektiver Seite ist **bedingter Vorsatz** ausreichend. Der Täter muss demnach die Möglichkeit erkennen, dass seine Anwesenheit oder sonstiges Tun die Rettungstätigkeit behindert und sich damit abfinden.

Einführende Aufsätze:
Geppert, Die unterlassene Hilfeleistung (§ 323c), Jura 2005, 39; *Lenk*, Die Strafbarkeit des "Gaffers" gem. § 323c II StGB, JuS 2018, 229; *Seelmann*, „Unterlassene Hilfeleistung" oder: Was darf das Strafrecht?, JuS 1995, 281.

Übungsfälle:
v. Danwitz, Reden ist Silber, Schweigen ist Gold?, Jura 2000, 486 (Zeitpunkt des Vorliegens des Tatbestandsmerkmals „Unflücksfall"); *Ellbogen/Stage*, Die S-Bahn-Fahrt, JA 2005, 353 (Vollendung der Tat, Notwendigkeit der Hilfeleistung, wenn diese ein Dritter schon geleistet hat); *Harzer*, Der Olympiasee-Fall, Jura 1995, 208 (Unterlassene Hilfeleistung, Irrtum über die Verpflichtung zur Hilfeleistung); *Lindheim/Uhl*, „Familiäre Tragödie", JA 2009, 783 (Zumutbarkeit der Hilfeleistung, Suizid als Unglücksfall iSd § 323c StGB); *Murmann*, Eine folgenreiche Entscheidung, JuS 1998, 630 (fehlende Nahrungszufuhr als Unglücksfall).

Rechtsprechung:
BGHSt 6, 147 – Gashahn (Selbstmord als Unglücksfall); **BGHSt 11, 135** – Ehefrau (Zumutbarkeit bei Gefahr der Strafverfolgung für Ehegatten); **BGHSt 11, 353** – Abhauen (Zumutbarkeit bei Gefahr eigener Strafverfolgung); **BGHSt 14, 213** – Opel Kapitän (Art und Zeitpunkt der Hilfspflicht); **BGHSt 23, 327** – Zechkumpan (Verletzung in Notwehr); **BGHSt 32, 367** – Wittig-Fall (Unterlassen der Rettung bei Selbsttötung).

1288 *Fischer*, § 323c Rn. 22.
1289 Wenig überzeugend BT-Drs. 18/12153, S. 7; dagegen auch *Lenk*, JuS 2018, 229 (231); *Rengier*, BT 2, § 42a Rn. 4.
1290 Vgl. BT-Drs. 18/12153, S. 7.

Teil 11: **Straftaten gegen die Rechtspflege**

I. Falsche uneidliche Aussage, § 153

1. Geschütztes Rechtsgut und Systematik

§§ 153 ff. schützen die **staatliche Rechtspflege** hinsichtlich des öffentlichen Interesses an einer wahrheitsgemäßen Tatsachenfeststellung[1291]. Die uneidliche Falschaussage ist in § 153, der Meineid in § 154 und die falsche Versicherung an Eides Statt in § 156 geregelt. Eine Fahrlässigkeitsstrafbarkeit ist in § 161 für den Falscheid und die falsche Versicherung an Eides Statt vorgesehen. Sonderregelungen mit Modifikationen der Vorschriften des Allgemeinen Teils für diejenigen, die nicht selbst die Aussage tätigen, finden sich in § 159 (Versuch der Anstiftung zur Falschaussage) und in § 160 (Verleitung zur Falschaussage).

740

§ 153 stellt ein Tätigkeitsdelikt dar, das bereits die falsche Aussage sanktioniert. Es ist ein **abstraktes Gefährdungsdelikt**, da es auf eine konkrete Gefährdung der Rechtspflege, eine Fehlentscheidung oder unzutreffende Tatsachenfeststellung nicht ankommt[1292]. Versuch und Fahrlässigkeit sind bei § 153 nicht strafbar. Täter dieses **eigenhändigen Delikts** kann nur derjenige sein, der selbst falsch aussagt. Um Strafbarkeitslücken hinsichtlich der mittelbaren Täterschaft zu schließen, wird der Einsatz eines gutgläubigen Werkzeuges von § 160 erfasst. Anstiftung und Beihilfe sind bei § 153 jedoch möglich. Zu beachten ist, dass sich eine Vorfeldstrafbarkeit wegen versuchter Anstiftung aus der Sonderregelung des § 159 ergeben kann; § 30 ist insoweit nicht einschlägig, weil es sich bei § 153 um kein Verbrechen i. S. d. § 12 Abs. 1 handelt.

741

Prüfungsschema

1. **Tatbestand**
   a) Objektiver Tatbestand

742

1291 Näher BGHSt 8, 301 (309); *Fischer,* Vorbem. § 153 Rn. 2; zur Einbeziehung internationaler Gerichte s. u. Rn. 747.
1292 *Rengier,* BT 2, § 49 Rn. 2; *Schönke/Schröder/Bosch/Schittenhelm,* Vorbem. §§ 153 ff. Rn. 2a.

> aa) Adressat: Gericht oder andere zur eidlichen Vernehmung zuständige Stelle
> bb) Täter: Zeuge oder Sachverständiger
> cc) Falschaussage
> b) Subjektiver Tatbestand
> 2. **Rechtswidrigkeit**
> 3. **Schuld**
> 4. **Fakultative Strafmilderung oder Absehen von Strafe**
> a) Aussagenotstand, § 157 Abs. 1
> b) Uneidliche Falschaussage eines Eidesunmündigen, § 157 Abs. 2
> c) Rechtzeitige Berichtigung, § 158

2. Objektiver Tatbestand

743 Voraussetzung ist, dass ein Zeuge oder Sachverständiger vor Gericht oder einer anderen zur eidlichen Vernehmung zuständigen Stelle uneidlich falsch aussagt.

744 **a) Adressat der Falschaussage.** Der Kreis der Tatadressaten ist eingeschränkt.

745 aa) Anders als bei § 154 ist es für die Frage der Zuständigkeit des **Gerichts** unerheblich, ob dieses auch in der konkreten Verfahrensart eidlich vernehmen darf. Die bei Gerichten generell gegebene Zuständigkeit zur eidlichen Vernehmung ist damit ausreichend[1293].

746 bb) **Andere zur eidlichen Vernehmung zuständige Stellen** sind z. B. Disziplinargerichte oder das Patentamt (§ 46 PatG). Keine zur Eidesabnahme zuständigen Stellen sind hingegen Polizei und Staatsanwaltschaft; dies ergibt sich aus § 161a Abs. 1 Satz 3 StPO, wonach die eidliche Vernehmung dem Richter vorbehalten bleibt. In solchen Fällen ist jedoch an eine Strafbarkeit nach §§ 164, 145d, 187 zu denken.

747 cc) §§ 153 bis 161 sind nach § 162 Abs. 1 auch anwendbar bei falschen Angaben in einem **Verfahren vor einem internationalen Gericht**, das durch einen für die Bundesrepublik Deutschland verbindlichen Rechtsakt errichtet worden ist (z. B. EGMR, EuGH, Internationaler Strafgerichtshof). Ferner sind § 153 und §§ 157 bis 160 nach § 162 Abs. 2, soweit sie sich auf falsche uneidliche Aussagen beziehen, auch auf falsche Angaben vor einem Untersuchungsausschuss eines Gesetzgebungsorgans des Bundes oder eines Landes anzuwenden.

748 **b) Tauglicher Täter.** Es kommen nur Zeugen und Sachverständige in Betracht. Entscheidend hierfür ist die Stellung nach dem jeweils für das Ver-

---

1293 Vgl. NK-*Vormbaum*, § 153 Rn. 45.

fahren maßgebenden Recht[1294]. Ein **Zeuge** ist eine Person, die über Tatsachen, die sie wahrgenommen hat, aussagen soll[1295]. Ein **Sachverständiger** ist eine auf einem bestimmten Gebiet besonders sachkundige Hilfsperson des Gerichts, die diesem auf Grund ihres Fachwissens fehlende Kenntnisse vermittelt[1296]. Eine **Falschaussage des Beschuldigten bzw. Angeklagten** ist nicht tatbestandsmäßig, da dieser sich nicht selbst belasten muss (nemo tenetur-Prinzip). Auch Falschaussagen bei einer Parteivernehmung im Zivilprozess oder falsche Angaben eines Beteiligten im Verfahren nach dem FamFG werden nicht erfasst[1297].

c) Begriff der falschen Aussage. Tatbestandlich i. S. d. §§ 153 ff. sind nur **mündliche Erklärungen**, die unmittelbar gegenüber dem Vernehmenden („vor") gemacht werden. Schriftliche Erklärungen scheiden demnach selbst dann aus, wenn diese – wie Sachverständigengutachten im Zivilprozess – schriftlich erstattet werden können[1298].

aa) Gegenstand der Aussage können sowohl **äußere als auch innere Tatsachen** sein; zu den inneren Tatsachen gehören Wahrnehmungen, Erinnerungen und Überzeugungen. Bei Sachverständigen können Gegenstand der Aussage auch **Werturteile** sein[1299].

Bsp.: Zeuge Z sagt vor Gericht aus, dass er den O – soweit er sich erinnere – am Tatort gesehen habe. – Er behauptet damit nicht, dass O tatsächlich am Tatort war. Diese „feine" Unterscheidung kann für die Frage, ob die Aussage falsch ist oder nicht, an Bedeutung gewinnen. Stimmt die Aussage nämlich mit seiner Erinnerung überein, so liegt selbst dann keine Falschaussage vor, wenn O tatsächlich nicht am Tatort war. Umgekehrt liegt eine falsche Aussage vor, wenn der Zeuge eine Tatsache nach seiner Überzeugung als „sicher" darstellt, obwohl er Zweifel hegt.

bb) Erforderlich ist weiterhin, dass die Aussage Bekundungen enthält, auf die sich in der **konkreten Verfahrenssituation die Wahrheitspflicht erstreckt**[1300]. Grundsätzlich wird die Wahrheitspflicht auf den jeweiligen Vernehmungsgegenstand begrenzt (§ 69 Abs. 1 StPO, § 396 ZPO). Im Strafprozess ist Gegenstand der Untersuchung alles, was mit der Tat im prozessualen Sinne (§ 264 StPO) zusammenhängt bzw. zusammenhängen kann[1301]. Im Zivilprozess ist der Vernehmungsgegenstand durch den Beweisbeschluss begrenzt (§§ 358, 359 ZPO). Auf darüber hinausgehende

---

1294 OLG Karlsruhe NStZ 1996, 282 (283); *Rengier*, BT 2, § 49 Rn. 4.
1295 *Beulke/Swoboda*, Strafprozessrecht, Rn. 181.
1296 Näher *Beulke/Swoboda*, Strafprozessrecht, Rn. 197.
1297 Vgl. BGHSt 12, 56 (57); OLG Hamm NStZ 1984, 551; *Geppert*, Jura 2002, 173 (176).
1298 OLG München MDR 1968, 939 f.; *Otto*, JuS 1984, 161 (166).
1299 *Lackner/Kühl*, Vorbem. §§ 153 ff. Rn. 4; *Rengier*, BT 2, § 49 Rn. 10.
1300 Vgl. BGHSt 25, 244 (246); LPK-*Kindhäuser*, Vorbem. §§ 153 ff. Rn. 4.
1301 *Lackner/Kühl*, § 154 Rn. 6; *Rengier*, BT 2, § 49 Rn. 11.

Spontanäußerungen erstreckt sich die Wahrheitspflicht – unabhängig davon, ob die Aussage verwertet wird – grundsätzlich nicht[1302]. Bei Zeugen erstreckt sich die Wahrheitspflicht – anders als beim Sachverständigen – auch auf die **Angaben zur Person** (§ 68 Abs. 1 StPO, § 395 Abs. 2 ZPO)[1303].

> **Bsp.:** Im Strafverfahren gegen A wegen Diebstahls behauptet Zeuge Z nebenbei wahrheitswidrig, dass er (Z) von seiner Ehefrau betrogen worden sei. – Z macht sich nicht nach § 153 strafbar, da die Aussage nichts mit dem Vernehmungsgegenstand zu tun hatte.

752 cc) Für die Frage der **Unrichtigkeit** ist zu beachten, dass der Aussagende der Wahrheitspflicht unterliegt, d. h. er muss unter Zugrundelegung der h. M. alle äußeren und inneren Tatsachen angeben, die mit dem Vernehmungsgegenstand in untrennbarem Sachzusammenhang stehen und für die Entscheidung erheblich sind. Da er zur Vollständigkeit verpflichtet ist, führt auch das Verschweigen von einzelnen Tatsachen zu einer unrichtigen Aussage (vgl. §§ 64, 65 StPO, § 392 ZPO). Auch unwahre Ausschmückungen und Übertreibungen – etwa über die Begleitumstände oder die Folgen der Tat – genügen hier anders als bei § 164 und § 145d[1304], weil diese für die Strafzumessung Bedeutung erlangen können[1305]. Unter welchen Voraussetzungen eine **Aussage falsch** ist, ist freilich umstritten.

> **Bsp. (1):** Zeuge Z strengt – wie auch er weiß – sein Erinnerungsvermögen nicht hinreichend an und sagt daher etwas Unrichtiges aus, weil er das Datum verwechselt.
>
> **Bsp. (2):** Zeuge Z stellt aus seiner Sicht eine Lüge auf, um dem Angeklagten zu helfen. Zufällig handelt es sich hierbei um die Wahrheit.

753 (1) Nach der herrschenden **objektiven Theorie**[1306] zeichnet sich die Falschheit durch den Widerspruch zwischen dem Inhalt der Aussage und dem tatsächlichen Geschehen aus. Es liegt demnach ein Widerspruch zwischen Wort und Wirklichkeit vor. Dabei ist allerdings zu beachten, dass auch innere Tatsachen (subjektive Einschätzungen, Erinnerungen usw.) als Maßstab dienen können[1307]. Falsch ist in solchen Fällen die Aussage dann, wenn der Aussagende etwas anderes schildert, als er wahrgenommen hat bzw. seiner Erinnerung entspricht[1308].

> **Bsp.:** Zeuge T behauptet, dass er sich sicher an eine bestimmte Tatsache erinnert (Wort), obwohl er Zweifel hat (Wirklichkeit). – Auch nach der objektiven Theorie ist die Aussage falsch.

1302 BGHSt 25, 244 (246); BGH NStZ 1982, 464; a. A. *Rudolphi*, JR 1974, 293 ff.
1303 Vgl. auch BGHSt 4, 214 (215).
1304 S.u. Rn. 825 und u. Rn. 849.
1305 BGH NStZ 2010, 219 (220).
1306 BGHSt 7, 147 (148); OLG Koblenz NStZ 1984, 551 (552); *Jäger*, BT, Rn. 549.
1307 S.o. Rn. 750.
1308 NK-*Vormbaum*, § 153 Rn. 62; *Schönke/Schröder/Bosch/Schittenhelm*, Vorbem. §§ 153 ff. Rn. 7.

Für die h. M. spricht, dass nur eine objektiv falsche Aussage die Rechtspflege gefährden kann. Auch legt § 160 schon nach seiner Formulierung einen objektiven Begriff der Falschheit zugrunde. Nach h. M. liegt in Bsp. 1 objektiv eine Falschaussage vor, jedoch entfällt der Vorsatz; eine Fahrlässigkeitsstrafbarkeit nach § 161 (auf Grund der nicht hinreichenden Anstrengung des Erinnerungsvermögens) kommt nur bei einem Meineid in Betracht. In Bsp. 2 ist begrifflich (nur) ein Versuch gegeben, da die Aussage objektiv richtig ist; der Versuch ist beim Vergehen des § 153 (anders als bei § 154) jedoch nicht strafbar.

(2) Die **subjektive Theorie**[1309] macht die Falschheit der Aussage vom Widerspruch zwischen dem Inhalt der Aussage und der subjektiv vorgestellten Wirklichkeit, d. h. dem Wissen des Aussagenden abhängig. Begründet wird dies damit, dass die menschliche Wahrnehmung von Tatsachen stets (auch bei äußeren Tatsachen) subjektiv sei und der Zeuge ja nur beeiden müsse, dass er nach bestem Wissen ausgesagt habe (vgl. auch § 64 StPO). Glaubt der Täter, dass er wahrheitsgemäß aussagt, entfällt demnach bereits der objektive Tatbestand. In Bsp. 1 ist die Aussage demnach nicht unwahr, da Z nicht bewusst falsch ausgesagt hat. In Bsp. 2 hat sich Z hingegen wegen vollendeter Falschaussage strafbar gemacht, da die Aussage subjektiv unrichtig war und sich sein Vorsatz darauf bezog.

(3) Die **Pflichttheorie** stellt auf den Widerspruch zwischen dem Inhalt und der Pflichtgemäßheit der Aussage ab. Eine Aussage ist demnach falsch, wenn der Aussagende seine prozessuale Pflicht verletzt, das auszusagen, was er bei kritischer Prüfung seines Erinnerungs- und Wahrnehmungsvermögens hätte reproduzieren können[1310]. Es muss demgemäß ein Widerspruch zwischen Wort und Pflicht vorliegen. Der Vorsatz muss sich nach dieser Ansicht darauf erstrecken, dass ein besseres Wissen bzw. eine bessere Wiedergabe möglich ist. Als Argument für diese Ansicht wird genannt, dass nur eine prozessual pflichtgemäße Aussage geeignete Grundlage für die richterliche Beweiswürdigung sein könne. Die Erforschung der objektiven Wahrheit obliege hingegen dem Gericht und sei nicht Sache des Zeugen. In Bsp. 1 ist der Tatbestand verwirklicht, da die Aussage pflichtwidrig erfolgt ist und Z Kenntnis davon besitzt, dass ein anderes Erinnerungsbild erreichbar war. Dies gilt erst recht in Bsp. 2.

(4) **Stellungnahme:** Die objektive Theorie überzeugt letztlich auf Grund ihrer einleuchtenden Ergebnisse (s. oben Bsp. 1 und Bsp. 2). Sowohl die subjektive Theorie als auch die Pflichttheorie lassen sich mit der Systematik der Aussagedelikte und den Regelungen des Allgemeinen Teils nicht vereinbaren. Die subjektive Theorie kann zunächst die Regelung des § 160 nicht erklären, die die Fälle einer bei §§ 153 ff. nicht möglichen mittelbaren

---

1309 RGSt 68, 278 (282); OLG Bremen NJW 1960, 1827 (1828).
1310 *Otto*, BT, § 97 Rn. 7 ff.; dazu auch *Lackner/Kühl*, Vorbem. § 153 Rn. 3.

Täterschaft erfassen soll[1311]. Nach dieser Vorschrift liegt nämlich (objektiv) ein Falscheid in Fällen vor, in denen der (gutgläubige) Aussagende gerade (subjektiv) glaubt, die Wahrheit zu beschwören. Ferner wird im Rahmen der subjektiven Theorie der (bei § 153 nicht einmal strafbare) Versuch zur Vollendung hochgestuft; sagt der Täter zufällig die Wahrheit, obwohl er etwas Falsches bekunden wollte, ist er demnach dennoch wegen eines vollendeten Delikts zu bestrafen (s. Bsp. 2). Glaubt er hingegen, dass er etwas Wahres aussage, obwohl dies nicht der Wirklichkeit entspricht, liegt schon der objektive Tatbestand nicht vor; damit wäre aber auch bei sorgfaltspflichtwidrigem Verhalten der objektive Tatbestand zu verneinen und in Fällen des Meineids die Fahrlässigkeitsstrafbarkeit nach § 161 ausgehebelt (s. Bsp. 1). Die Pflichttheorie steht schon im Widerspruch zum Gesetzeswortlaut, der eben keine pflichtwidrige, sondern eine „falsche" Aussage voraussetzt. Auch werden die Kriterien der Sorgfaltspflichtwidrigkeit und der Falschheit der Aussage vermengt bzw. gleichgestellt[1312]. Letztlich wird der nur bewusst fahrlässig handelnde Zeuge wegen eines Vorsatzdeliktes bestraft, da auf Grund der Pflichtwidrigkeit eine falsche Aussage vorliegt und sich darauf auch sein Vorsatz erstreckt (s. Bsp. 1).

757 d) **Vollendung.** Die Tat ist vollendet, wenn die **Aussage abgeschlossen** ist. Dies ist der Fall, wenn zum einen der Aussagende seine Erklärung beendet hat und das Bekundete als Aussage gelten lassen will und zum anderen der Vernehmende endgültig zu erkennen gegeben hat, dass vom Aussagenden keine weiteren Angaben zum Vernehmungsgegenstand mehr erwartet werden[1313]. Beides ist regelmäßig anzunehmen, wenn mit dem Beschluss über die Vereidigung begonnen wird oder die Verhandlung im jeweiligen Rechtszug beendet ist. Zu beachten ist, dass sich eine einheitliche Vernehmung auch über mehrere Verhandlungstermine erstrecken kann. Umgekehrt kann ein Zeuge auch innerhalb einer Instanz mehrmals abschließend vernommen werden; es liegen dann mehrere Falschaussagen vor, die jedoch zu einer rechtlichen Handlungseinheit verbunden werden können[1314]. Wird die Aussage vor Abschluss der Vernehmung korrigiert, liegt erst gar keine Falschaussage vor[1315]. Auf § 158 kommt es in solchen Fällen nicht an[1316].

758 e) **Verfahrensverstöße.** Umstritten ist, wie sich Verfahrensverstöße, insbesondere die Nichtbelehrung von Zeugen und Sachverständigen (§§ 52 Abs. 3, 55 Abs. 2, 72, 76 StPO) oder die Vereidigung eines Zeugen entgegen § 60 Nr. 2 StPO auf die Strafbarkeit auswirken. Teilweise wird vertreten,

---

1311 *Schönke/Schröder/Bosch/Schittenhelm*, Vorbem. §§ 153 ff. Rn. 6.
1312 *Wolf*, JuS 1991, 177 (180 f.).
1313 BGHSt 8, 301 (314); BayObLG StV 1989, 251; *Lackner/Kühl*, § 153 Rn. 6.
1314 BGHSt 8, 301 (312 ff.); BGH NStZ 1984, 418.
1315 Vgl. BGHSt 8, 301 (314 f.); BGH NStZ 1982, 431; BayObLG StV 1989, 251.
1316 Vgl. auch u. Rn. 789 ff.

dass fehlerhaft erlangte Aussagen bei prozessualer Unverwertbarkeit schon tatbestandlich nicht in den Schutzbereich der §§ 153 ff. fallen, da sie die Rechtspflege nicht gefährdeten[1317]. Die h. M. bejaht hingegen den Tatbestand der §§ 153 ff. und berücksichtigt Verfahrensverstöße erst auf Strafzumessungsebene (Strafzumessungslösung)[1318]. Dafür spricht, dass auch in diesen Fällen eine Gefährdung der Rechtspflege eintreten kann, vor allem wenn der Verfahrensverstoß verkannt und daher die Aussage verwertet wird. Auch gewähren §§ 52, 55 StPO nur ein Schweigerecht, jedoch kein Recht auf unrichtige Aussagen. Anderes soll nur i. R. d. § 154 bei der Vereidigung eines Eidesunmündigen sowie bei besonders schwerwiegenden Verfahrensverstößen auf der Ebene der § 69 Abs. 3 i. V. m. § 136a StPO gelten, weil dann bereits keine freiwillige tatbestandsmäßige Aussage gegeben ist.

3. Subjektiver Tatbestand

Zur Bejahung des subjektiven Tatbestands genügt **dolus eventualis**. Der Vorsatz muss sich sowohl auf die Zuständigkeit der vernehmenden Stelle als auch auf die Falschaussage, d. h. ggf. auch auf das Verschweigen von Tatsachen, auf die sich die Wahrheitspflicht erstreckt, beziehen[1319].

II. Meineid, § 154

1. Geschütztes Rechtsgut und Systematik

§ 154 ist, soweit es die Aussagen von Zeugen und Sachverständigen betrifft, eine **Qualifikation** zu § 153. Was den von § 153 nicht erfassten Parteieid angeht (Falschaussage einer Partei im Zivilprozess, § 452 ZPO), stellt § 154 hingegen einen selbstständigen Tatbestand dar, der insoweit die Strafbarkeit erst begründet. Bei § 154 handelt es sich ebenfalls um ein **eigenhändiges Delikt**, bei dem Täter nur derjenige sein kann, der auf seine falsche Aussage einen Eid leistet. Fälle der mittelbaren Täterschaft werden von § 160 erfasst.

> **Prüfungsschema**
> 1. **Tatbestand**
>   a) Objektiver Tatbestand
>   aa) Adressat: Gericht oder andere zur Abnahme von Eiden zuständige Stelle
>   bb) Falsch Schwören
>   b) Subjektiver Tatbestand
> 2. **Rechtswidrigkeit**

1317 *Geppert,* Jura 1988, 496 (498).
1318 BGHSt 10, 142 (144); BGH NStZ 2005, 33 (34); OLG Karlsruhe StV 2003, 505 f.; *Rengier,* BT 2, § 49 Rn. 36.
1319 BGHSt 1, 148 (150); *Schönke/Schröder/Bosch/Schittenhelm,* Vorbem. §§ 153 ff. Rn. 27 ff.

> 3. Schuld
> 4. Fakultative Strafmilderung oder Absehen von Strafe
>   a) Aussagenotstand, § 157 Abs. 1
>   b) Rechtzeitige Berichtigung, § 158

2. Objektiver Tatbestand

762 Den Tatbestand verwirklicht, wer vor Gericht oder vor einer anderen zur Abnahme von Eiden zuständigen Stelle falsch schwört. Anders als bei § 153 erfordert der Tatbestand eine Eidesleistung.

a) Adressat der Falschaussage. Tatadressaten sind das Gericht sowie **andere zur Abnahme von Eiden zuständige Stellen**[1320]. Keine Befugnis zur Abnahme eines Eides besitzt der Rechtsreferendar (§ 10 Satz 2 GVG). Anders als bei § 153 muss der Eid in dem konkreten Verfahren gesetzlich zugelassen sein[1321]. Die bei Gerichten generell gegebene Zuständigkeit zur eidlichen Vernehmung ist hier nicht ausreichend. Zu beachten ist, dass eine eidliche Vernehmung des Beschuldigten im Strafverfahren nicht möglich ist[1322].

763 b) Tauglicher Täter. Dies kann anders als bei § 153 nicht nur der Zeuge oder Sachverständige, sondern auch die Partei im Zivilprozess (§ 452 ZPO) oder ein Dolmetscher bei vorsätzlich falscher Übersetzung (§ 189 GVG)[1323] sein. Zu beachten ist, dass nach § 59 Abs. 1 S. 1 StPO Zeugen (ausnahmsweise) nur vereidigt werden, wenn es das Gericht wegen der ausschlaggebenden Bedeutung der Aussage oder zur Herbeiführung einer wahren Aussage nach seinem Ermessen für notwendig hält.

764 c) Falsch schwört. Damit ist gemeint, dass der Täter unter Eid falsch, d. h. nach h. M. im Widerspruch zur objektiven Wirklichkeit aussagt (objektive Theorie[1324]).

765 aa) Mit den Worten „falsch schwört" ist nicht etwa eine fehlerhafte Eidesleistung gemeint, sondern dass ein **Eid auf eine Falschaussage i. S. d. § 153** geleistet wird (§§ 64 StPO, 481 ZPO). Bei Angaben, die außerhalb des Vernehmungsgegenstandes liegen, scheidet jedoch ein vollendeter Meineid aus, weil sich die Wahrheitspflicht auf diese Aussage nicht erstreckt[1325]. Hinsichtlich der Eidesleistung ist es regelmäßig ausreichend, dass die wesentlichen Förmlichkeiten der Eidesabnahme gewahrt sind und die Worte „ich schwöre" gesprochen werden.

1320 S.o. Rn. 746 ff.
1321 BGHSt 3, 248 (249); *Schönke/Schröder/Bosch/Schittenhelm*, § 154 Rn. 8, 10.
1322 BGHSt 10, 8 (10).
1323 BGHSt 4, 154; *Schönke/Schröder/Bosch/Schittenhelm*, § 154 Rn. 1.
1324 Näher zu dieser streitigen Frage o. Rn. 753 ff.
1325 S.o. Rn. 751 f.

bb) Von einem **Voreid** ist auszugehen, wenn die Aussage schon vor ihrer Erstattung beeidigt wird; dies ist bei Dolmetschern der Fall (§ 189 GVG) und im Zivilprozess bei Sachverständigen möglich (§ 410 Abs. 1 ZPO). Zumeist ist jedoch ein **Nacheid** zu leisten, bei dem die Beeidigung erst nach der Aussage vorgenommen wird; dies betrifft Zeugen und Sachverständige im Strafprozess (§§ 59 Abs. 2 S. 1, 79 Abs. 2 Hs. 1 StPO), ferner Zeugen im Zivilprozess (§ 392 S. 1 ZPO). Die Eidesformel findet sich in § 64 StPO, § 481 ZPO. § 155 stellt eidesgleiche Bekräftigungen (§ 65 StPO, § 484 ZPO) sowie die Berufung auf eine frühere Eidesleistung oder Bekräftigung (§§ 67, 79 Abs. 3 StPO, § 410 Abs. 2 ZPO) dem Eid gleich. **766**

d) Die Beurteilung, zu welchem Zeitpunkt der **Versuch beginnt** und die Tat **vollendet** ist, hängt davon ab, ob es sich um einen Vor- oder Nacheid handelt. Beim **Voreid** beginnt der Versuch mit dem unmittelbaren Ansetzen des Täters zur falschen Aussage; die Tat ist vollendet, wenn die Vernehmung abgeschlossen ist[1326]. Der Versuch beginnt beim **Nacheid** nach vollendeter Falschaussage erst mit dem Sprechen der Eidesformel und ist mit dem vollständigen Ableisten der gesetzlichen Eidesformel vollendet[1327]. Zwar stellt die falsche Aussage ein Tatbestandsmerkmal dar, so dass das unmittelbare Ansetzen hierzu ausreichend sein könnte. Allerdings würde dann bei einer Falschaussage häufig auch ein versuchter Meineid vorliegen, wenn der Aussagende zumindest mit seiner Vereidigung rechnet. Vernehmung und Eidesleistung sind voneinander zu trennen; die Eidesleistung ist kein Teil der Aussage und die Beeidigung kein Teil der Vernehmung[1328]. Die Versuchsphase betrifft daher nur den kurzen Zeitraum der Tatausführung zwischen Beginn und Ende des Sprechens der Eidesformel; nur in diesem Stadium ist auch ein Rücktritt gemäß § 24 möglich. **767**

3. Subjektiver Tatbestand
Ausreichend ist auch hier bedingter Vorsatz. **768**

4. Rücktritt
Ein Rücktritt kommt nur in der kurzen Phase zwischen Versuchsbeginn und Vollendung in Betracht[1329]; nach Vollendung des Meineids verbleibt lediglich die Möglichkeit einer Berichtigung der falschen Angabe nach § 158 StGB[1330]. **769**

5. Teilnahme
Nicht immer ganz einfach zu beantworten kann die Frage nach einer strafbaren Teilnahme an einem Meineid sein. **770**

[1326] Dazu o. Rn. 757.
[1327] BGHSt 1, 241 (243 f.); 4, 172 (176); *Geppert*, Jura 2002, 173 (177).
[1328] BGHSt 8, 301 (310).
[1329] S. o. Rn. 767.
[1330] Vertiefend *Eisele* BT 1, Rn. 1388 f.

Bsp.: T hat den O bei einer Schlägerei verletzt. Im Rahmen des Zivilprozesses wegen Schadensersatzes benennt T seine Verlobte A als Zeugin, wobei er davon ausgeht, dass diese zu seinen Gunsten aussagen wird. Außerdem benennt er seinen Freund B als weiteren Zeugen, den er zuvor ausdrücklich um ein falsches Alibi gebeten hat. T geht dabei davon aus, dass die Zeugen nicht vereidigt werden. Tatsächlich werden A und B aber vereidigt; T unternimmt nichts dagegen, obgleich in einer Verhandlungspause hierzu Gelegenheit besteht.

771 a) **Aktive Teilnahme an §§ 153, 154.** Diese ist zunächst nach allgemeinen Grundsätzen möglich. Im Beispiel hat sich T daher gem. §§ 153, 26 hinsichtlich der Bitte um Falschaussage des B strafbar gemacht; Anstiftervorsatz hinsichtlich des Meineids des B bestand hingegen nicht. Ein prozessordnungsgemäßes Verhalten, wie das bloße Benennen eines Zeugen, begründet dagegen grundsätzlich keine Strafbarkeit wegen Anstiftung oder Beihilfe, selbst wenn der Zeuge – wie im Ausgangsfall Zeugin A – erwartungsgemäß falsch aussagt[1331]. Dogmatisch lässt sich dies mit den Grundsätzen der objektiven Zurechnung begründen, wonach derjenige, der sich an die strafprozessualen Regeln hält (vgl. für die Zeugenbenennung §§ 219 StPO, 373 ZPO), kein rechtlich missbilligtes Risiko schafft[1332].

> **Hinweis**
>
> Im Rahmen des § 258 stellen sich vor allem hinsichtlich des Verhaltens von Strafverteidigern entsprechende Fragen[1333].

772 b) **Beihilfe durch Unterlassen.** Umstritten ist, unter welchen Voraussetzungen eine solche anzunehmen ist, wenn der Zeuge nicht an der Falschaussage bzw. dem Meineid gehindert wird. Der Streit betrifft dabei die Frage, welche inhaltlichen Anforderungen zur Begründung einer Garantenstellung aus Ingerenz zu stellen sind. Entgegen früherer Rechtsprechung kann eine solche nicht mit § 138 ZPO begründet werden[1334], da die Vorschrift ohnehin nur für den Zivilprozess gilt und dieser zudem nicht entnommen werden kann, dass ein Verstoß strafbewehrt ist. Im Übrigen kann eine Garantenstellung auch nicht auf ein prozessordnungsgemäßes Verhalten oder eine enge persönliche Beziehung gestützt werden[1335]. Inzwischen stellt die wohl h. M. darauf ab, ob durch die Benennung die Aussageperson in eine besondere, dem Prozess nicht mehr eigentümliche (also inadäquate)

1331 Vgl. OLG Hamm NStZ 1993, 82 (83); SK-*Rudolphi*, 8. Aufl., Vorbem. §§ 153 ff. Rn. 48 ff.
1332 *Heinrich*, JuS 1995, 1115 (1116 f.); *Rengier*, BT 2, § 49 Rn. 67.
1333 S. *Schönke/Schröder/Hecker*, § 258 Rn. 20.
1334 Zur früheren Rechtsprechung vgl. BGHSt 1, 22 (27).
1335 OLG Düsseldorf NJW 1994, 272 (273); *Lackner/Kühl*, Vorbem. § 153 Rn. 7; a. A. KG JR 1969, 27 (28).

Gefahr der Falschaussage gebracht wird[1336]. Eine Garantenstellung dahingehend, den Zeugen vor einer Falschaussage zu schützen, besteht demnach nur dann, wenn der Täter eine besondere, über das normale Maß hinausgehende Gefahr geschaffen hat.[1337]

> **Hinweis**
> Da es sich bei den Aussagedelikten um eigenhändige Delikte handelt, kommt lediglich eine Beihilfe, nicht jedoch eine (Neben-)Täterschaft durch Unterlassen in Betracht.

III. Falsche Versicherung an Eides Statt, § 156

1. Geschütztes Rechtsgut und Systematik

Schutzgut des § 156 ist wiederum die **staatliche Rechtspflege**. Die Vorschrift will sicherstellen, dass die in der Praxis häufig verwendete Versicherung an Eides Statt, die der Glaubhaftmachung von Angaben dient, wahrheitsgemäß erfolgt. Die falsche Versicherung an Eides Statt ist kein Sonderfall des Meineides, sondern der dritte Grundtyp der Aussagedelikte. Die Fahrlässigkeit wird von § 161 unter Strafe gestellt.

> **Prüfungsschema**
> 1. **Tatbestand**
>   a) Objektiver Tatbestand
>   aa) Adressat: Behörde mit konkreter Zuständigkeit für Abnahme einer Versicherung an Eides Statt
>   bb) Tathandlungen
>   (1) Var. 1: Abgabe einer falschen Versicherung an Eides Statt
>   (2) Var. 2: Falschaussage unter Berufung auf frühere falsche Versicherung an Eides Statt
>   b) Subjektiver Tatbestand
> 2. **Rechtswidrigkeit**
> 3. **Schuld**
> 4. **Fakultative Strafmilderung oder Absehen von Strafe nach § 158**

2. Objektiver Tatbestand

Der Tatbestand enthält zwei Varianten, die jeweils als Tatadressaten eine Behörde mit konkreter Zuständigkeit für die Abnahme einer Versicherung an Eides Statt verlangen.

1336 BGHSt 14, 229 (230); 17, 321 (323 f.); A/W/H/H-*Hilgendorf*, § 47 Rn. 150.
1337 Vertiefend *Eisele* BT 1, Rn. 1392 ff.

776   a) **Tatadressat.** Eine **Behörde** – nach § 11 Abs. 1 Nr. 7 auch ein Gericht – ist eine von der Person des Amtsinhabers unabhängige, mit bestimmten Mitteln für eine gewisse Dauer ausgestattete Einrichtung, die unter staatlicher Autorität für öffentliche Zwecke tätig wird[1338].

   Bsp.: Gerichtsvollzieher in der Funktion als Vollstreckungsorgan[1339].

777   aa) Der Begriff der **Zuständigkeit** ist eng auszulegen. Erforderlich ist sowohl die allgemeine Zuständigkeit der Behörde zur Abnahme eidesstattlicher Versicherungen als auch die konkrete Zuständigkeit zur Abnahme der Versicherung hinsichtlich des einzelnen Gegenstands, auf den sie sich bezieht, und in dem jeweiligen Verfahren, in dem sie eingereicht wird. Diese **konkrete Zuständigkeit** ist durch Auslegung der jeweiligen Verfahrensart zu ermitteln. Ferner darf die eidesstattliche Versicherung in diesem Verfahren rechtlich nicht ganz wirkungslos sein[1340].

778   bb) Im **Strafverfahren ist nur das Gericht**, nicht aber Polizei und Staatsanwaltschaft zuständig (§ 161a Abs. 1 Satz 3 StPO). Das Strafgericht ist konkret nur für Versicherungen von Zeugen und Sachverständigen zuständig, sofern es um Zwischen- und Nebenentscheidungen geht (§§ 26 Abs. 2, 56, 74 Abs. 3 StPO). Unzulässig sind dagegen eidesstattliche Versicherungen hinsichtlich der Schuld- und Straffrage, weil diesbezüglich nur der Eid vorgesehen ist[1341]. Für eidesstattliche Versicherungen des Beschuldigten ist das Strafgericht nicht zuständig, da diese nie zulässig sind[1342]. Das Zivilgericht ist zur Glaubhaftmachung etwa im Rahmen des Arrestes und der einstweiligen Verfügung (§§ 920 Abs. 2, 936, 294 Abs. 1 ZPO), im Zwangsvollstreckungsverfahren (§§ 707, 719, 769 ZPO) sowie für die eidesstattliche Versicherung bezüglich der Richtigkeit und Vollständigkeit des nach § 802c Abs. 3 ZPO vorgelegten Vermögensverzeichnisses zuständig.

779   b) **Var. 1.** Diese erfasst die **Abgabe einer falschen Versicherung an Eides Statt.** Darunter ist eine den Erklärenden sofort bindende Bekräftigung der Wahrheit zu verstehen, wobei der Inhalt der Erklärung den Willen erkennen lassen muss, dass sie an Eides Statt abgegeben wird[1343]. Die Versicherung ist **falsch**, wenn sie eine objektiv unwahre Bekundung, auf die sich die Wahrheitspflicht bezieht, bekräftigt. Dabei richten sich Umfang und Grenzen der Wahrheitspflicht nach dem Gegenstand und den Regeln, die für das Verfahren gelten, in dem die eidesstattliche Versicherung abgegeben wird.

780   aa) Das Beweisthema von spontan (unaufgefordert) eingereichten eidesstattlichen Versicherungen ist mangels behördlicher Festlegung der **Spon-**

1338 *Lackner/Kühl*, § 11 Rn. 20; NK-*Saliger*, § 11 Rn. 64.
1339 BayObLG NJW 2003, 2181 f.; LK-*Ruß*, § 156 Rn. 6.
1340 BGHSt 2, 218 (222); BGH StV 1999, 319 f.
1341 BGHSt 17, 303 f.; BGH GA 1973, 109 (110); BayObLG NJW 1998, 1577.
1342 BGH GA 1973, 109 (110); BayObLG NStZ 1990, 340.
1343 Vgl. RGSt 70, 266 f.

tanäußerung selbst zu entnehmen. Lediglich wenn die aufgestellten Behauptungen für das Verfahren überhaupt nicht von Bedeutung sein können, erstreckt sich die Wahrheitspflicht nicht auf diese[1344].

bb) Abgegeben ist die eidesstattliche Versicherung, wenn sie in den Machtbereich der Behörde gelangt ist, so dass diese die Möglichkeit der Kenntnisnahme besitzt. Auf eine tatsächliche Kenntnisnahme des Inhalts kommt es hingegen nicht an[1345].

c) Var. 2. Diese ist verwirklicht, wenn der Täter **unter Berufung auf eine falsche Versicherung an Eides Statt** falsch aussagt[1346].

3. Subjektiver Tatbestand

Auch hier genügt Vorsatz im Sinne von dolus eventualis, der sich darauf beziehen muss, dass mit der eidesstattlichen Versicherung die Wahrheitspflicht verletzt wird.

IV. Aussagenotstand, § 157

1. Systematik

Die Vorschrift enthält einen besonderen Strafmilderungsgrund, der Konfliktsituationen (Zwangslage) eines Zeugen oder Sachverständigen Rechnung tragen will und nur für **Taten nach §§ 153, 154** gilt[1347]. Vorrangig ist zu prüfen, ob zugunsten des Zeugen nicht bereits ein Rechtfertigungs- oder Entschuldigungsgrund eingreift, der die Strafbarkeit ganz entfallen lässt.

2. Voraussetzungen

a) Einbezogene Personen. § 157 kommt nur Zeugen und Sachverständigen zu Gute. Teilnehmer an den §§ 153, 154 werden ebenso wenig erfasst[1348] wie Parteien im Zivilprozess, selbst wenn diese eine ihnen drohende Bestrafung abwenden wollen[1349].

b) Handeln zur Abwendung der Gefahr der Strafverfolgung. Erforderlich ist, dass die Aussage in der Absicht erfolgt, für sich oder einen Angehörigen die Gefahr einer Bestrafung abzuwenden. Hierfür ist es ausreichend, dass der Aussagende eine mildere Bestrafung – z. B. durch Verhängung einer Strafe nur hinsichtlich einzelner Tatteile oder über die Strafzumessung im Rahmen des § 46 – erreichen möchte[1350]. Einzig relevant ist dabei das

---

1344 BGH NStZ 1990, 123 (124); OLG Düsseldorf NJW 1985, 1848 (1849).
1345 BGHSt 45, 16 (24); LPK-*Kindhäuser*, § 156 Rn. 8.
1346 Zur falschen Aussage s. bereits o. Rn. 752 ff.
1347 *Schönke/Schröder/Bosch/Schittenhelm*, § 157 Rn. 5.
1348 BGHSt 3, 320 (321 f.); LK-*Ruß*, § 157 Rn. 3; SK-*Zöller*, § 157 Rn. 4.
1349 Vgl. *Lackner/Kühl*, § 157 Rn. 1.
1350 BGHSt 29, 298 (299); *Rengier*, BT 2, § 49 Rn. 45.

Vorstellungsbild des Aussagenden („um..."). Auf die objektive Sachlage kommt es nicht an, so dass auch die irrtümliche Annahme einer Gefahr genügen kann[1351]. Die Begünstigungsabsicht muss nicht das einzige Motiv oder gar der Hauptbeweggrund sein[1352].

> **Bsp.:** T tätigt die falsche Aussage nicht nur, um die Bestrafung für ihren Ehemann abzuwenden, sondern auch um ihm die Beute zu erhalten. – Hinsichtlich § 153 ist § 157 anwendbar, obwohl T noch andere Zwecke verfolgt; bezüglich § 258 greift zugunsten von T der Strafausschließungsgrund des Abs. 6 ein. Bei § 257 ist ein solcher Strafausschließungsgrund hingegen nicht vorgesehen; jedoch entfällt nach h. M. die Strafbarkeit in Fällen, in denen die nach § 258 Abs. 6 nicht strafbare Strafvereitelung zugunsten eines Angehörigen nicht ohne Verwirklichung des Tatbestandes des § 257 begangen werden kann; denn andernfalls würde die Privilegierung des § 258 Abs. 6 mit der Strafbarkeit nach § 257 unterlaufen[1353].

787 Wird die **Gefahr der Bestrafung erst durch die Falschaussage selbst begründet**, so ist § 157 nicht anwendbar[1354]. Auch mehrere beeidete Falschaussagen in derselben Instanz bilden eine tatbestandliche Einheit und scheiden daher als Vortat des § 157 aus[1355]. Anders ist aber zu entscheiden, wenn der Zeuge in der nächsten Instanz erneut falsch aussagt, um die Gefahr einer Bestrafung wegen Falschaussage in der ersten Instanz abzuwenden[1356].

788 c) **Begünstigte Person.** Die Falschaussage bzw. der Meineid müssen zugunsten des **Aussagenden oder eines Angehörigen** erfolgen. Nach dem Gesetzeswortlaut sind nur Angehörige i. S. d. § 11 Abs. 1 Nr. 1 erfasst. Eine Erweiterung – im Wege der Analogie zu § 35 – auf sonst nahe stehende Personen i. S. d. § 35 Abs. 1 Satz 1 ist auch angesichts der Bedeutung des geschützten Rechtsguts abzulehnen[1357].

V. Berichtigung der Falschaussage, § 158

1. Systematik

789 Die Strafzumessungsvorschrift enthält den **Gedanken der tätigen Reue** und soll einen Ausgleich dafür schaffen, dass die Aussagedelikte abstrakte

---

1351 BGHSt 8, 316 (317); BGH NStZ 2008, 91 (92).
1352 BGH StV 1995, 249 f.; NStZ-RR 2007, 40 (41); *Schönke/Schröder/Bosch/Schittenhelm*, § 157 Rn. 10.
1353 BGHSt 11, 343 (344 f.); *Fischer*, § 258 Rn. 40; a. A. *Cramer*, NStZ 2000, 246 (247).
1354 *Fischer*, § 157 Rn. 6; NK-*Vormbaum*, § 157 Rn. 22.
1355 BGHSt, 8, 301 (319); SK-*Zöller*, § 157 Rn. 10.
1356 BGH NStZ-RR 2007, 40 (41); *Rengier*, BT 2, § 49 Rn. 46; a. A. *Kehr*, NStZ 1997, 160 (164 f.).
1357 OLG Braunschweig NStZ 1994, 344; OLG Celle NJW 1997, 1084; a. A. MünchKomm-*Müller*, § 157 Rn. 20.

Gefährdungsdelikte mit einem frühen Vollendungszeitpunkt darstellen[1358]. Zu beachten ist, dass schon tatbestandlich gar keine Falschaussage vorliegt, wenn die Aussage noch vor Abschluss der Vernehmung korrigiert wird[1359]. Bei § 154 ist zudem ein Rücktritt vom Versuch zu beachten.

Schaubild:

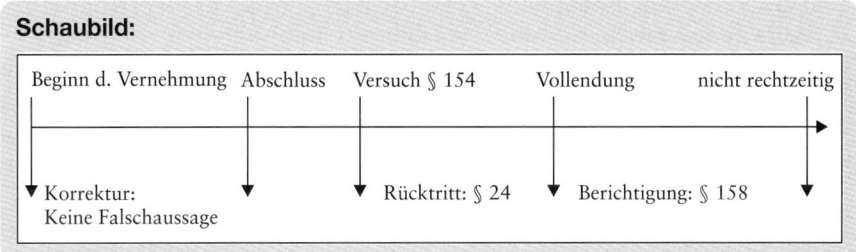

2. Anwendungsbereich

790 § 158 StGB betrifft vollendete **Taten nach §§ 153, 154, 156** sowie in entsprechender Anwendung Taten nach § 160[1360]. Die Strafzumessungsvorschrift ist für Zeugen, Sachverständige sowie Parteien im Zivilprozess anwendbar. Obgleich sie von einer Berichtigung durch den „Täter" spricht, ist anerkannt, dass diese auch auf Teilnehmer anwendbar ist[1361]. Der Teilnehmer muss dann entweder die falsche Angabe selbst berichtigen oder den Täter erfolgreich zur Berichtigung veranlassen.

3. Wirksame Berichtigung

791 a) **Inhalt der Berichtigung.** Diese verlangt vom Täter, dass er die **falsche Aussage eingesteht** und in allen nicht völlig nebensächlichen Punkten **durch die Mitteilung der Wahrheit ersetzt**[1362]. Die Mitteilung der Wahrheit ist nur entbehrlich, wenn der Zeuge die Falschaussage zugibt und anschließend von einem Zeugnis- oder Aussageverweigerungsrecht Gebrauch macht, da er sein Schweigerecht auch in diesem Fall nicht verliert[1363].

792 b) **Adressat.** Die Berichtigung kann nach Abs. 3 bei der Stelle, bei der die falsche Angabe gemacht worden ist oder die sie im Verfahren zu prüfen hat, sowie bei einem Gericht, einem Staatsanwalt oder einer Polizeibehörde erfolgen. Ob die Berichtigung freiwillig erfolgt oder nicht, ist unerheblich[1364]. Insoweit wird der Täter im Falle der Vollendung eines Meineids besser gestellt als beim bloßen Versuch, für den die strengeren Kriterien

---

1358 A/W/H/H-*Hilgendorf*, § 47 Rn. 13; SK-*Zöller*, § 158 Rn. 1.
1359 S. o. Rn. 757.
1360 MünchKomm-*Müller*, § 158 Rn. 7; *Schönke/Schröder/Bosch/Schittenhelm*, § 158 Rn. 3.
1361 BGHSt 4, 172 (179); BGH NJW 1951, 727; *Lackner/Kühl*, § 158 Rn. 1.
1362 BGHSt 9, 99 (100); BGH NJW 1962, 2164; LK-*Ruß*, § 158 Rn. 3.
1363 Vgl. BGH StV 1982, 420; SK-*Zöller*, § 158 Rn. 4; SSW-*Sinn*, § 158 Rn. 4.
1364 BGHSt 4, 172 (175); A/W/H/H-*Hilgendorf*, § 47 Rn. 125; NK-*Vormbaum*, § 158 Rn. 14.

des Strafaufhebungsgrundes des § 24 gelten. Soweit die Voraussetzungen des § 24 nicht vorliegen, sollte daher die Regelung des § 158 entsprechende Anwendung finden, da dem Täter das Privileg (erst recht) im Vorfeld der Vollendung zu gewähren ist[1365].

> **Bsp.:** T hat im Strafprozess zugunsten des A falsch ausgesagt, damit dieser freigesprochen wird; er beginnt gerade mit dem Ableisten des Eides, als Zuhörer Z ruft, dass „alles gelogen" war. Daraufhin bricht T die Eidesformel ab und sagt die Wahrheit, weil er keine andere Möglichkeit mehr sieht. – Hinsichtlich § 153, der mit Abschluss der Aussage vollendet war, greift § 158 ein. Bezüglich des Versuchs des § 154 ist zunächst § 24 Abs. 1 Satz 1 Var. 1 zu prüfen, da dieser im Falle des Vorliegens zur Strafbefreiung führt; der Rücktritt scheitert jedoch an der Freiwilligkeit. Da zugunsten des T jedoch sogar im Falle der Vollendung – auch bei nicht freiwilligem Verhalten – § 158 anwendbar gewesen wäre, muss dies erst recht im Falle des Versuchs gelten. §§ 154, 22, 23 verdrängen § 153 im Wege der Gesetzeskonkurrenz[1366]. In Tateinheit treten §§ 258, 22, 23 hinzu; nach h. M. ist § 158 auf die Vorschrift des § 258 nicht analog anzuwenden[1367].

> **Hinweis**
> Da der Versuch beim Nacheid erst mit dem Nachsprechen der Eidesformel beginnt und die Tat mit Ableisten des Eides vollendet ist, ist der Anwendungsbereich des Rücktritts und damit auch die Frage nach einer entsprechenden Anwendung des § 158 begrenzt. Bei § 153 stellt sich das Problem schon mangels Versuchsstrafbarkeit nicht.

793 c) **Rechtzeitigkeit.** Diese setzt gem. § 158 Abs. 2 voraus, dass die Berichtigung bei der Entscheidung noch verwertet werden kann (Var. 1), aus der Tat noch kein Nachteil für einen anderen entstanden ist (Var. 2) und gegen den Täter noch keine Anzeige erstattet bzw. keine Untersuchung eingeleitet worden ist (Var. 3). Ein Nachteil ist eine über die Verschlechterung der Beweislage hinausreichende Einbuße nicht nur ideeller Art. Beispiele sind der Erlass negativer Entscheidungen durch ein Gericht, Erhebung der Anklage, die Einleitung von anderen Verfahren oder das Entstehen eines Vermögensnachteils[1368]. Die bloße Verschlechterung der Beweislage genügt nicht, da dies Folge jeder Falschaussage ist.

794 Für die Rechtzeitigkeit der Berichtigung kommt es grundsätzlich auf die **objektive Lage** an. Die irrige Annahme, dass ein Ausschlussgrund nach § 158 Abs. 2 Var. 1 bis Var. 3 gegeben ist, steht daher einer Anwendung der

---

1365 LK-*Ruß*, § 158 Rn. 2; *Rengier*, BT 2, § 49 Rn. 49.
1366 Vgl. auch A/W/H-*Hilgendorf*, § 47 Rn. 152; *Lackner/Kühl*, § 154 Rn. 13.
1367 *Rengier*, BT 2, § 49 Rn. 49; a. A. *Schönke/Schröder/Bosch/Schittenhelm*, § 158 Rn. 11.
1368 BGH NJW 1962, 2164; *Lackner/Kühl*, § 158 Rn. 5.

Vorschrift nicht entgegen[1369]. Umstritten ist allerdings, ob – entsprechend den Grundsätzen beim Rücktritt – umgekehrt bereits das ernsthafte und freiwillige Bemühen um eine rechtzeitige Berichtigung genügt.

> **Bsp.:** Der Zeuge T sagt in der Hauptverhandlung falsch aus. Am Abend beschließt er, das Gericht am nächsten Tag über seine Falschaussage zu informieren. Inzwischen hat – was T nicht weiß – sein Nachbar bereits Anzeige bei der Polizei gegen ihn erstattet. – Rechtzeitigkeit wäre nur anzunehmen, wenn man auf die Freiwilligkeit abstellt und für die Berichtigung deshalb das ernsthafte Bemühen genügen lassen würde, weil T von der Anzeige noch nicht erfahren hat.

Die wohl h. M. lehnt dies in Anlehnung an den objektiv gefassten Wortlaut des § 158 Abs. 2 ab. Danach kommt es nur auf die rein objektive, d. h. die durchgängig nicht nach den Vorstellungen des Täters zu bestimmende Rechtzeitigkeit an[1370]. Ein anderes Ergebnis rechtfertigt sich aber richtigerweise aus dem Umstand, dass § 158 rücktrittsähnlichen Charakter besitzt. Es können demnach die Rechtsgedanken der §§ 24, 31, wonach die Freiwilligkeit für die Rücktrittsmöglichkeit entscheidend ist, entsprechende Anwendung finden. In Ansehung von Sinn und Zweck der Vorschrift, nämlich der Förderung der Wahrheitspflicht, sollte dies zumindest im Fall der 3. Var. angenommen werden, weil hier noch kein Nachteil für die Rechtspflege eingetreten ist[1371].

795

VI. Versuch der Anstiftung zur Falschaussage, § 159

1. Systematik

§ 159 erweitert für § 153 und § 156 den Anwendungsbereich des § 30 Abs. 1 auf Fälle der versuchten Anstiftung, die wegen ihres Vergehenscharakters über § 30 Abs. 1 nicht unmittelbar erfasst werden.

796

> **Prüfungsschema**
> Vorprüfung: Nichtvollendung der Anstiftung i. S. d. § 26
> 1. **Tatbestand**
>   a) Tatentschluss
>   aa) Vorsatz bzgl. der Anstiftungshandlung
>   bb) Vorsatz bzgl. der Vollendung der Haupttat
>   b) Unmittelbares Ansetzen
> 2. **Rechtswidrigkeit**
> 3. **Schuld**
> 4. **Rücktritt entsprechend § 31 Abs. 1 Nr. 1 und Absatz 2**

797

[1369] MünchKomm-*Müller*, § 158 Rn. 26.
[1370] *Maurach/Schroeder/Maiwald*, BT 2, § 75 Rn. 121 f.
[1371] *Schönke/Schröder/Bosch/Schittenhelm*, § 158 Rn. 7.

2. Anwendungsbereich

798 Die Vorschrift gelangt nur zur Anwendung, wenn die **Anstiftung zu §§ 153, 156 erfolglos** war; andernfalls liegt bereits eine Strafbarkeit nach §§ 153, 26 bzw. §§ 156, 26 vor. Zu denken ist an Fälle, in denen es nicht zur Zeugenaussage kommt oder der Zeuge schon zur Falschaussage entschlossen war (omnimodo facturus). Umstritten ist, ob die Vorschrift auch dann anwendbar ist, wenn die vom Anstifter ins Auge gefasste Haupttat von vornherein nicht zur Vollendung führen konnte, es sich also um einen untauglichen Versuch handelt. Letzteres ist etwa der Fall ist, wenn der Handelnde an einen vermeintlichen Zeugen herantritt, um diesen zur Falschaussage zu bewegen, es sich tatsächlich jedoch um einen Mitangeklagten handelt, der keine Tat nach § 153 begehen kann. Mit Blick darauf, dass ein wirksamer Schutz der Rechtspflege nur gewährleistet ist, wenn jeder Versuch einer Beeinflussung von Zeugen unterbunden wird, wird man § 159 auch in diesen Fällen anzuwenden haben[1372].

3. Tatentschluss

799 Erforderlich ist „doppelter Anstiftervorsatz" bzgl. der Anstiftungshandlung und bzgl. der Vollendung der Haupttat. Der Anstiftervorsatz muss dabei alle Merkmale des § 153 bzw. des § 156 erfassen.

4. Unmittelbares Ansetzen

800 Erforderlich ist eine Handlung, mit der der Anstiftende unmittelbar zur Willensbeeinflussung des Anzustiftenden ansetzt.

VII. Verleitung zur Falschaussage, § 160

1. Geschütztes Rechtsgut und Systematik

801 Die Vorschrift erfasst primär **Fälle der mittelbaren Täterschaft**. Es sollen damit Strafbarkeitslücken geschlossen werden, die dadurch bedingt sind, dass eine mittelbare Täterschaft auf Grund der Eigenhändigkeit der Aussagedelikte (Sonderdelikte) nicht möglich ist. Der Versuch ist nach Abs. 2 strafbar. Auf Grund des geringen Strafrahmens kommt der Vorschrift nur Auffangfunktion zu. Vorrangig ist daher eine Strafbarkeit wegen vollendeter Anstiftung zu Taten nach §§ 153 ff. oder versuchter Anstiftung gem. § 30 Abs. 1 i. V. m. § 154 oder § 159 i. V. m. § 153 zu prüfen.

802 Prüfungsschema

1. Tatbestand
    a) Objektiver Tatbestand
        aa) Objektive Tatbestandsverwirklichung des § 154, § 156 oder § 153

[1372] Zur Diskussion *Eisele*, BT 1, Rn. 1425 ff.

> bb) Verleiten
> b) Subjektiver Tatbestand
> **2. Rechtswidrigkeit**
> **3. Schuld**

2. Objektiver Tatbestand

Voraussetzung ist die Verleitung eines anderen zur Ableistung eines falschen Eides usw. 803

a) **Tat der Aussageperson.** Erforderlich ist, dass die Aussageperson den **objektiven Tatbestand** eines der in der Vorschrift **genannten Delikte** (**§§ 154, 156, 153**) **verwirklicht**. 804

> **Hinweis**
> In Klausuren ist daher regelmäßig die Strafbarkeit der Aussageperson vorab zu prüfen.

b) **Verleiten.** Diese Tathandlung verwirklicht, wer durch beliebige Mittel – wie etwa Ausnutzen eines bestehenden Irrtums, Täuschung, Drohung, Zwang – auf die Aussageperson einwirkt, damit diese die Aussage tätigt. 805

aa) Für die Frage, wann ein Verleiten vorliegt, muss man sich vergegenwärtigen, dass die Vorschrift Strafbarkeitslücken schließen soll, die dadurch entstehen, dass bei Sonderdelikten eine mittelbare Täterschaft nicht möglich ist. Unstreitig ist § 160 daher in Fällen anwendbar, in denen der Hintermann die **Gutgläubigkeit der Aussageperson** kennt und sie zu einer unvorsätzlich falschen Aussage veranlasst. Es handelt sich um einen klassischen Fall der mittelbaren Täterschaft, wobei der Deliktsmangel aus der Unvorsätzlichkeit des Werkzeugs resultiert. 806

bb) Ob das Merkmal des Verleitens auch verwirklicht ist, wenn der Hintermann nur irrig von Gutgläubigkeit ausgeht, die Aussageperson aber **objektiv bösgläubig** ist, ist umstritten. 807

> **Bsp.:**[1373] T ist wegen einer Körperverletzung auf dem Dorffest angeklagt; er bittet seine Freundin um ein Alibi. Er geht dabei davon aus, dass diese den Tag verwechseln und daher zu seinen Gunsten aussagen wird. F durchschaut jedoch den T, sagt aber dennoch zu seinen Gunsten die Unwahrheit.

(1) Eine Ansicht will in Parallele zur mittelbaren Täterschaft eine Vollendung des § 160 nur bei **Gutgläubigkeit des Aussagenden** annehmen, da es ansonsten an der Werkzeugqualität des Vordermannes und der Tatherr- 808

1373 Zur umfassenden Falllösung u. Rn. 812.

schaft des Hintermanns fehle[1374]. Wenn der Verleiterwille zwar auf die Leistung einer gutgläubigen Aussage gerichtet sei, die Aussageperson aber nach dem Erkennen der Absicht des Hintermannes dennoch falsch aussage, liege ein Exzess des Vordermannes vor, der dem Hintermann nicht mehr zurechenbar sei. Der Hintermann sei daher nur wegen Versuchs nach Abs. 2 strafbar[1375].

809 (2) Nach h. M. ist der Tatbestand auch bei **Bösgläubigkeit des Aussagenden** verwirklicht. Die Gefährdung der Rechtspflege als Schutzgut trete unabhängig davon ein, ob der Aussagende objektiv gutgläubig ist[1376]. Dass der Verleitende objektiv mehr veranlasst habe, als er subjektiv wollte, könne ihn nicht privilegieren, da der von ihm gewollte Erfolg, nämlich die Gefährdung der Rechtspflege, letztlich eingetreten ist[1377].

3. Subjektiver Tatbestand

810 Erforderlich ist der zumindest bedingte Vorsatz, eine objektiv falsche Aussage zu veranlassen. Die h. M. verlangt darüber hinaus das Bewusstsein des Verleitenden, dass die Aussageperson unvorsätzlich, d. h. gutgläubig falsch aussagen soll[1378]. Dies ist auch sachgerecht, da § 160 einen Auffangtatbestand darstellt, der Fälle der bei §§ 153 ff. nicht möglichen mittelbaren Täterschaft erfassen soll. Folglich ist die Vorschrift nicht anwendbar, wenn eine Anstiftung oder eine versuchte Anstiftung vorliegt, der Hintermann den Aussagenden also für bösgläubig hält.

811 a) **Verleitung eines vermeintlich Bösgläubigen.** Glaubt der Täter irrtümlich, die Aussageperson sage vorsätzlich falsch aus (in Wirklichkeit ist diese aber gutgläubig), so scheitert eine Strafbarkeit gem. § 160 nach h. M. in subjektiver Hinsicht, da der Verleitervorsatz fehlt. In Betracht kommt aber eine Strafbarkeit aus § 159 i. V. m. § 153 bei uneidlicher Falschaussage oder nach § 30 i. V. m. § 154 beim Meineid.

> **Bsp.:** T veranlasst Z zu einer Falschaussage, wobei er davon ausgeht, dass Z bösgläubig ist und vorsätzlich falsch aussagt. Z geht jedoch auf Grund eines Irrtums davon aus, dass die Angaben der Wahrheit entsprechen. – Z verwirklicht zwar den objektiven Tatbestand des § 153, weil die Aussage (objektiv) unrichtig ist (h. M.), besitzt diesbezüglich jedoch keinen Vorsatz. § 160 liegt nicht vor; zwar hat Z gutgläubig ausgesagt, jedoch besaß T keinen dahingehenden Verleitervorsatz. Mangels Haupttat nach § 153 scheidet auch eine Anstiftung des T aus; es verbleibt lediglich eine Strafbarkeit wegen versuchter Anstiftung nach § 159 i. V. m. § 153.

[1374] Krey/Hellmann/Heinrich, BT 1, Rn. 765.
[1375] Kudlich/Henn, JA 2008, 510 (513).
[1376] A/W/H/H-Hilgendorf, § 47 Rn. 132; Rengier, BT 2, § 49 Rn. 57.
[1377] BGHSt 21, 116 (117 f.); Lackner/Kühl, § 160 Rn. 4.
[1378] Lackner/Kühl, § 160 Rn. 5; Schönke/Schröder/Bosch/Schittenhelm, § 160 Rn. 8.

b) Verleitung eines vermeintlich Gutgläubigen. Der Aussagende verwirklicht in solchen Fällen vorsätzlich § 153 bzw. § 154, während der Verleitende irrig von seiner Gutgläubigkeit ausgeht. Auf Grundlage der h. M. kann hier § 160 Anwendung finden. **812**

> **Bsp.:**[1379] Der Angeklagte T benennt die Z als Zeugin für ein Alibi. Er geht dabei davon aus, dass Z den Tag verwechseln und daher zu seinen Gunsten aussagen wird. Z sagt in der Hauptverhandlung entsprechend unter Eid aus, dass sie zur Tatzeit mit T im Kino war. Entgegen der Einschätzung von T ist Z aber bei der Aussage nicht gutgläubig. Sie weiß ganz genau, dass beide am Tattag nicht zusammen waren. Sie tätigt die Falschaussage nur deshalb, um T zu helfen. – Eine Strafbarkeit des T wegen Meineids in mittelbarer Täterschaft scheidet aus, weil § 154 ein eigenhändiges Delikt ist, das nur durch den Aussagenden selbst begangen werden kann. Auf Grund der Bösgläubigkeit der Z lag auch objektiv kein Fall der mittelbaren Täterschaft vor, da diese auf Grund der Kenntnis von der tatsächlichen Sachlage selbst Tatherrschaft besaß und sich nach § 154 strafbar machte. Was eine Anstiftung des T nach §§ 154, 26 anbelangt, so ist der Anstiftervorsatz problematisch, weil T glaubte, dass Z gutgläubig aussagen werde. T ging deshalb davon aus, dass Z selbst nicht den Tatbestand des § 154 verwirklichen werde. Er besaß damit Vorsatz zur Tatbegehung in mittelbarer Täterschaft, während objektiv eine Anstiftungslage gegeben war. Nach den Regeln des Allgemeinen Teils ist nach h. M. der Anstiftervorsatz zwar als Minus im Vorsatz zur Tatbegehung in mittelbarer Täterschaft enthalten[1380]; jedoch ist bei Aussagedelikten zu beachten, dass in § 160 (gegenüber §§ 154, 26) ein milderer Strafrahmen für solche Fälle vorgesehen ist. Würde man annehmen, dass der Anstiftervorsatz bezüglich § 154 im Vorsatz zur Tatbegehung in mittelbarer Täterschaft enthalten ist, so würde diese Privilegierung ausgehebelt[1381]. Lässt man mit der h. M. für den objektiven Tatbestand des § 160 auch Bösgläubigkeit des Aussagenden genügen[1382], so ist § 160 zu bejahen; der entsprechende Verleitervorsatz liegt vor. Die Mindermeinung kommt hingegen bei Vorliegen der übrigen Voraussetzungen nur zur Versuchsstrafbarkeit.

VIII. Fahrlässiger Falscheid und fahrlässige falsche Versicherung an Eides Statt, § 161

Die Vorschrift erfasst die fahrlässige Begehung von Taten nach den §§ 154–156; geschützt ist auch hier die Rechtspflege. Fälle des § 153 werden nicht erfasst. Den Täter muss der Vorwurf der Sorgfaltspflichtverletzung treffen. Zu denken **813**

1379 Falllösung bei *Eisele*, JA 2004, 40 ff.
1380 *Lackner/Kühl*, § 25 Rn. 5; *Wessels/Beulke/Satzger*, AT, Rn. 861.
1381 *Wessels/Beulke/Satzger*, AT, Rn. 861.
1382 S.o. Rn. 809.

ist an Fehlbeurteilungen im Hinblick auf die Zuständigkeit der Stelle oder den Wahrheitsgehalt der Aussage. Mit Blick auf Zeugenaussagen spielt die **Verletzung der Konzentrationspflicht**, mithin ein nachlässiges Handeln hinsichtlich der Wiedergabe des eigenen Erinnerungsgebildes, eine zentrale Rolle[1383].

> **Einführende Aufsätze:**
> *Eisele*, Versuch, Rücktritt und Berichtigung der Aussage bei den Aussagedelikten, JA 2011, 667; *Geppert*, Grundfragen der Aussagedelikte (§§ 153 ff.), Jura 2002, 173; *Heinrich*, Die strafbare Beteiligung des Angeklagten an falschen Zeugenaussagen, JuS 1995, 1113; *Hettinger/Bender*, Die Aussagedelikte (§§ 153-162 StGB), JuS 2015, 577 (Analyse des Begriffs der falschen Aussage, Vermittlung eines Grundverständnisses an Beispielen); *Reese*, Die Aussagedelikte als Prüfungsaufgabe, JA 2005, 612 (Ausführungen zum tauglichen Täter, dem Begriff der falschen Aussage, der zuständigen Stelle und die Schwierigkeiten bei mehreren Beteiligten).

> **Übungsfälle:**
> *Eisele*, Das misslungene Bremsmanöver, JA 2003, 40 (Meineid, Anstiftung zum Meineid, Verleitung zur Falschaussage); *ders.*, Obdachlos, AL 2013, 278 (Rechtzeitigkeit bei der Berichtigung einer Aussage, die versuchte Strafvereitelung, versuchter Meineid, die Rechtfertigung einer Anstiftung zur falschen Aussage); *Fad*, Rechtsstaatliche Offensive in Schilda, Jura 2002, 632 (fahrlässiger Meineid, versuchte Anstiftung zur Falschaussage); *Klesczewski/Hawickhorst*, Rotwein und Rechtschaffenheit, JA 2013, 589 (falsche uneidliche Aussage, Anstiftung zur Falschaussage, Beihilfe zu einer falschen uneidlichen Aussage insbesondere näherer Ausführungen zum Begriff des „Hilfe leisten"); *Schumann*, Aussagedelikte und Anschlussdelikte, JuS 2010, 529 (Gegenstand einer Zeugenaussage, versuchte Anstiftung zur Falschaussage, Verleiten zur Falschaussage, Aussagenotstand).

> **Rechtsprechung:**
> **BGHSt 4, 214** – Altersangabe (Umfang der Wahrheitspflicht); **BGHSt 21, 116** – Verleitung (Probleme des § 160); **BGHSt 24, 38** – Strafrichter (Falsche eidesstattliche Versicherung im Strafverfahren); **BGHSt 25, 244** – Mehrverkehr (Verschweigen von Tatsachen); **BGH NStZ 1993, 489** – Bedenkzeit (Beihilfe zum Meineid durch Unterlassen).

IX. Falsche Verdächtigung, § 164

1. Geschütztes Rechtsgut und Systematik

814 § 164 verfolgt nach h. M. einen **doppelten Schutzzweck**. Geschützt ist demnach sowohl die inländische Rechtspflege vor sachlich nicht gerechtfertigter In-

---

1383 Näher zum Ganzen *Eisele*, BT 1, Rn. 1442 ff.

IX. Falsche Verdächtigung, § 164

anspruchnahme und Irreführung der Verfolgungsbehörden als auch der Einzelne als Opfer gegen ungerechtfertigte staatliche Verfolgung[1384]. Nach der sog. Rechtspflegetheorie soll hingegen nur die inländische Rechtspflege[1385] und nach der sog. Individualgutstheorie nur das Individualinteresse[1386] geschützt sein; der jeweils andere Zweck wird lediglich als Schutzreflex angesehen. Nur nach letzterer Ansicht ist eine rechtfertigende Einwilligung möglich, weil dann der Einzelne uneingeschränkt über das Individualgut disponieren kann[1387].

Prüfungsschema
1. **Tatbestand**
   a) Objektiver Tatbestand
      aa) Adressat: Behörde, zur Entgegennahme von Anzeigen zuständiger Amtsträger, militärischer Vorgesetzter, öffentliche Begehung
      bb) Tatbestände
         (1) Abs. 1
            (a) Verdächtigen einer rechtswidrigen Tat oder Dienstpflichtverletzung
            (b) Durch Behaupten oder Schaffen von Beweislagen
            (c) Objektive Unrichtigkeit der Verdächtigung
         (2) Abs. 2
            (a) Aufstellen von Behauptungen tatsächlicher Art
            (b) Eignung, ein behördliches Verfahren oder andere behördliche Maßnahmen herbeizuführen oder fortdauern zu lassen
            (c) Objektive Unrichtigkeit der Verdächtigung
   b) Subjektiver Tatbestand
      aa) Vorsatz hinsichtlich des Tatadressaten
      bb) Positive Kenntnis der Unwahrheit der Verdächtigung
      cc) Absicht im Sinne von dolus directus 1. oder 2. Grades, ein behördliches Verfahren herbeizuführen oder fortdauern zu lassen
2. **Rechtswidrigkeit**
3. **Schuld**
4. **Qualifikation, Abs. 3:** Begehung zur Erlangung einer Strafmilderung oder eines Absehens von Strafe nach § 46b StGB oder § 31 BtMG

2. Objektiver Tatbestand des § 164 Abs. 1

Die überwiegende Zahl der Fälle wird von Abs. 1 erfasst. Dieser ist vor Abs. 2 zu prüfen.

1384 BGHSt 5, 66 (68); *Geilen*, Jura 1984, 251; *Lackner/Kühl*, § 164 Rn. 1.
1385 AnwK-*Rahmlow*, § 164 Rn. 2; SK-*Rogall/Rudolphi*, § 164 Rn. 1.
1386 NK-*Vormbaum*, § 164 Rn. 10.
1387 NK-*Vormbaum*, § 164 Rn. 66; SSW-*Jeßberger*, § 164 Rn. 4.

817 a) **Tatadressat.** Die Behauptung muss gegenüber **Behörden** (nach § 11 Abs. 1 Nr. 7 auch ein Gericht), **zur Entgegennahme von Anzeigen zuständigen Amtsträgern** (§ 11 Abs. 1 Nr. 2; § 158 Abs. 1 StPO), **militärischen Vorgesetzten oder öffentlich** abgegeben werden. Neben den oben genannten Adressaten der Falschverdächtigung genügt auch die gegenüber einer Privatperson gemachte Anschuldigung, wenn eine Weitergabe an Strafverfolgungsorgane erfolgt; freilich wird es in solchen Fällen häufig an den subjektiven Voraussetzungen fehlen.

818 b) **Verdächtigung einer anderen Person.** Diese muss nicht namentlich bezeichnet, jedoch immerhin nach der Beschreibung identifizierbar sein[1388]. Eine bloße Anzeige gegen Unbekannt genügt demnach nicht. Weil die Norm neben der Rechtspflege auch den Schutz des Einzelnen bezweckt, ist auch die Verdächtigung einer fiktiven Person nicht ausreichend[1389]. Ebenso ist die Selbstbezichtigung (kein „anderer") nicht tatbestandsmäßig. In solchen Fällen kann jedoch der subsidiär geltende § 145d zur Anwendung gelangen, soweit dessen Voraussetzungen vorliegen[1390].

819 c) **Rechtswidrige Tat.** Darunter fallen gem. § 11 Abs. 1 Nr. 5 nur Straftaten, nicht aber Ordnungswidrigkeiten. Wegen der Schutzrichtung des § 164 – Bewahrung der Rechtspflegeorgane vor unnützer Tätigkeit – ist die in Abs. 2 verlangte **Eignung**, ein behördliches Verfahren herbeizuführen, auch auf Abs. 1 zu übertragen[1391]. Erforderlich ist daher, dass die Tat nach rechtlichen Maßstäben geeignet ist, strafrechtliche Sanktionen und damit die behördliche Tätigkeit auszulösen. Es muss demnach zumindest der für das behördliche Einschreiten jeweils erforderliche Verdachtsgrad erreicht sein (§§ 152 Abs. 2, 160 Abs. 1 StPO).

820 Aus diesem Grund können Behauptungen nicht erfasst werden, die **objektiv keine strafrechtlichen Folgen** nach sich ziehen können[1392]. Zu denken ist an Fälle, bei denen sich aus den Angaben zwar auf ein tatbestandsmäßiges Verhalten schließen lässt, die Strafbarkeit bzw. die Verfolgbarkeit aber aus anderen Gründen scheitert. So etwa, wenn sich nach der Schilderung ein Rechtfertigungs- oder Entschuldigungsgrund, Schuldunfähigkeit, ein strafbefreiender Rücktritt oder ein strafprozessuales Verfolgungshindernis wie die Verjährung oder ein fehlender Strafantrag ergibt[1393].

821 d) **Verdächtigen.** Darunter ist jedes Verhalten zu verstehen, durch das ein Verdacht hervorgerufen oder ein bereits bestehender Verdacht verstärkt

---

[1388] AnwK-*Rahmlow*, § 164 Rn. 15; *Fischer*, § 164 Rn. 7.
[1389] OLG Stuttgart NJW 2018, 1110 (1111) m. zust Anm. *Mitsch*.
[1390] *Fischer*, § 164 Rn. 7; *Sonnen*, BT, S. 265.
[1391] Vgl. BGH StV 2002, 303; OLG Hamm NStZ-RR 2002, 167 (168); A/W/H/H-*Hilgendorf*, § 48 Rn. 6.
[1392] OLG Hamm NStZ-RR 2002, 167 (168); BGH StV 2002, 303.
[1393] OLG Karlsruhe NStZ-RR 1997, 37 (38); OLG Stuttgart NStZ-RR 2014, 276.

IX. Falsche Verdächtigung, § 164

wird[1394]. Erfasst wird zunächst das Verdächtigen durch falsche Tatsachenäußerungen, d. h. ausdrückliches oder konkludentes Behaupten.

> Bsp.:[1395] Der gefasste Täter gibt vor der Polizei den Namen eines anderen an.

aa) Von Abs. 1 wird nach h. M. auch das Verdächtigen im Wege des Schaffens einer verdächtigenden Beweislage erfasst[1396], wohingegen Abs. 2 nur Behauptungen tatsächlicher Art erfasst. Aus den missverständlichen Worten „sonstige Behauptung" in Abs. 2 lässt sich nicht ableiten, dass auch Abs. 1 lediglich tatsächliche Behauptungen erfasst[1397]. Vielmehr wird damit lediglich der Auffangcharakter des Abs. 2 zum Ausdruck gebracht. Eine abweichende Auslegung war jedenfalls vom Gesetzgeber bei Einfügung des Abs. 2 nicht gewollt[1398].

> Bsp.: Hinterlassen einer fremden Visitenkarte oder fremder Kleidung am Tatort, um die Spur auf einen anderen zu lenken.

bb) Die Verdächtigung kann auch durch **Unterlassen** geschehen, sofern ein Garant gegen eine Falschverdächtigung eines Dritten nicht einschreitet, die ein Verfahren herbeiführen soll. Ferner ist an Fälle zu denken, in denen bereits ein Strafverfahren geführt wird und der Garant bewusst entlastende Umstände nicht mitteilt, um dadurch das Verfahren i. S. d. Abs. 1 **fortdauern** zu lassen[1399].

e) Objektiv unrichtige Verdächtigung. Dieses Erfordernis lässt sich aus der Gesetzesüberschrift mit den Worten „falsche Verdächtigung" sowie aus dem Erfordernis des Handelns wider besseres Wissen schließen. Dabei kann der Fall so liegen, dass bereits diejenigen Tatsachen, die den Tatbestand begründen, nicht der Wahrheit entsprechen. Erfasst werden aber auch Sachverhalte, in denen der Täter neben aktiven Angaben weitere Umstände bewusst verschweigt, die den Täter entlasten, und damit durch unvollständige Angaben (konkludent) das Vorliegen einer strafbaren Tat vorspiegelt[1400].

> Bsp.: T ruft die Polizei an und sagt, dass O auf den D geschossen habe; dabei verschweigt er aber, dass D den O zuvor angegriffen hat und O in Notwehr handelte. – T verdächtigt den O zu Unrecht einer (versuchten) Tötung im Wege des aktiven Tuns.

aa) Entscheidend ist, ob der Verdacht seinem **wesentlichen Inhalt nach zutreffend** ist oder nicht[1401]. Bloße Abweichungen hinsichtlich eines tat-

---

1394 BGHSt 14, 240 (246).
1395 BGHSt 18, 204 (205).
1396 BGHSt 14, 240 (246); A/W/H/H-*Hilgendorf*, § 48 Rn. 7.
1397 A/W/H/H-*Hilgendorf*, § 48 Rn. 7; NK-*Vormbaum*, § 164 Rn. 21.
1398 *Haft*, BT 2, S. 39.
1399 Zur u. U. schwierigen Herleitung einer Garantenstellung *Eisele*, BT 1, Rn. 1457.
1400 OLG Karlsruhe NStZ-RR 1997, 37 (38); *Schönke/Schröder/Bosch/Schittenhelm*, § 164 Rn. 17.
1401 *Lackner/Kühl*, § 164 Rn. 7; *Rengier*, BT 2, § 50 Rn. 10.

sächlich begangenen Delikts durch Übertreibungen, Ausschmückungen, Ungenauigkeiten, Hinzudichten oder Weglassen von Nebensächlichkeiten usw. sind von § 164 nicht erfasst, sofern dadurch der Charakter des Deliktes nicht wesentlich (negativ) beeinflusst wird[1402]. Dagegen ist das Hinzudichten von Qualifikationen oder ganz anderen Delikten tatbestandsmäßig[1403].

826 **bb)** Umstritten ist, ob sich die Unrichtigkeit nur auf die zu Grunde liegenden **Verdachtstatsachen** oder auch die (**rechtliche**) **Beschuldigung** als solche beziehen muss. Der Streit geht konkret um die Frage, ob es auch genügt, dass die gegen einen tatsächlich Schuldigen geäußerten Verdachtsmomente unrichtig sind.

> **Bsp.:** D hat tatsächlich ein Schmuckstück gestohlen; T behauptet wahrheitswidrig, er habe den D gesehen, wie er dieses heimlich in ein Taschentuch gesteckt hat. Dies hat T frei erfunden, damit D verurteilt wird.

827 (**1**) Vor allem die Rechtsprechung stellt auf die Beschuldigung an sich, d. h. die **behauptete rechtswidrige Tat** ab. Liegt eine solche Tat tatsächlich vor bzw. ist diese zumindest in dubio pro reo zugunsten des Verdächtigenden zu unterstellen, ist § 164 zu verneinen, selbst wenn unwahre Tatsachenbehauptungen aufgestellt werden[1404].

828 (**2**) Die h. M. lässt es dagegen ausreichen, dass lediglich die zu Grunde liegenden **Verdachtstatsachen** bzw. sonstigen Beweismittel falsch sind[1405]. Dafür spricht, dass der durch § 164 mitgeschützte Ermittlungsapparat auch dann unberechtigt in Anspruch genommen wird, wenn wegen manipulierter Beweisangaben nicht effektiv ermittelt werden kann bzw. die Ermittlungen in die falsche Richtung gelenkt werden[1406]. Zudem hat aus rechtsstaatlichen Gründen selbst derjenige, der eine Straftat begangen hat, den Anspruch, nicht auf Grund falscher Behauptungen und Beweise verfolgt zu werden[1407].

829 **f) Straflose Selbstbegünstigung.** Das Schweigerecht des Beschuldigten gem. § 136 StPO und das aus dem Rechtsstaatsprinzip abgeleitete Selbstbegünstigungsprivileg (nemo tenetur se ipsum accusare) sind nach allgemeiner Ansicht auch bei der Auslegung des § 164 zu berücksichtigen, ohne dass sich hierfür freilich ein Recht auf Lüge ableiten ließe[1408]. **Schweigen und Leugnen** der Tatbegehung durch den Beschuldigten sind grundsätzlich selbst dann erlaubt, wenn dadurch der Verdacht zwangsläufig auf einen anderen fällt, weil von zwei verdächtigen Personen eine die Tat began-

---

1402 S. auch u. Rn. 829.
1403 BGH/D MDR 1956, 269 (270); vgl. auch die Beispiele bei *Eisele*, BT 1, Rn. 1459.
1404 BGHSt 35, 50 (52); OLG Koblenz NZV 2011, 93.
1405 *Fezer*, NStZ 1988, 177; *Otto*, Jura 2000, 217 f.
1406 *Deutscher*, JuS 1988, 526 (528 f.); *Fezer*, NStZ 1988, 177 (178).
1407 *Schönke/Schröder/Bosch/Schittenhelm*, § 164 Rn. 16.
1408 BGHSt 60, 198 (204 f.).

gen haben muss[1409]. Nicht zulässig ist es aber, wenn der Beschuldigte zusätzliche Tatsachen schildert oder Maßnahmen ergreift, um den **Verdacht umzulenken oder zu verstärken**[1410].

g) Vollendung. Die Tat ist bereits mit dem Zugang der Verdächtigung **vollendet**. Dass die Strafverfolgungsbehörden tatsächlich irregeführt wurden oder gar unnütze Ermittlungen angestellt haben, ist nicht erforderlich[1411]. **830**

3. Objektiver Tatbestand des § 164 Abs. 2

Dieser enthält richtigerweise einen **Ergänzungstatbestand**, der erst zu prüfen ist, wenn eine Strafbarkeit nach Abs. 1 nicht gegeben ist. Erforderlich ist eine „sonstige tatsächliche Behauptung", d. h. eine solche, die nicht auf eine Straftat oder Dienstpflichtverletzung i. S. d. Abs. 1 bezogen ist[1412]. Erfasst werden vor allem Bußgeldverfahren, Insolvenzverfahren und Verwaltungsverfahren, die auf Entziehung von Konzessionen, Zulassungen usw. gerichtet sind. Bei Abs. 2 müssen Behauptungen tatsächlicher Art aufgestellt werden; nicht ausreichend ist die Schaffung einer falschen Beweislage[1413]. **831**

4. Subjektiver Tatbestand

Im subjektiven Tatbestand ist hinsichtlich der Vorsatzstufen zu differenzieren. **832**

a) Eventualvorsatz. Erforderlich ist zunächst mindestens bedingter **Vorsatz,** vor allem hinsichtlich des Tatadressaten. **833**

b) Dolus directus 2. Grades. Hinsichtlich der Unrichtigkeit der behaupteten Verdachtstatsachen bzw. der geschaffenen Beweislage ist die sichere Kenntnis der Unwahrheit („wider besseres Wissen") erforderlich. **834**

c) Dolus directus 1. Grades. Letztlich ist die **Absicht, ein behördliches Verfahren herbeizuführen oder fortdauern zu lassen,** erforderlich. Hier geht die h. M. von einem weiten Absichtsbegriff aus, der sowohl Absicht als zielgerichtetes Wollen als auch sicheres Wissen umfasst[1414]. **835**

5. Rechtswidrigkeit

Zu beachten ist, dass nach h. M. eine rechtfertigende Einwilligung des Bezichtigten nicht möglich ist, weil § 164 auch die Rechtspflege vor unnützer Inanspruchnahme schützt, weshalb das **Opfer nicht (vollständig) dispositionsbefugt** ist. **836**

1409 OLG Hamm NJW 1965, 62; BayObLG NJW 1986, 441 (442); näher *Eisele*, BT 1, Rn. 1464.
1410 BGHSt 60, 198 (203 ff.); ferner *Eisele*, BT 1, Rn. 1465.
1411 NK-*Vormbaum*, § 164 Rn. 68; SK-*Rogall/Rudolphi*, § 164 Rn. 48.
1412 *Rengier*, BT 2, § 50 Rn. 21; *Schönke/Schröder/Bosch/Schittenhelm*, § 164 Rn. 12.
1413 SK-*Rogall/Rudolphi*, § 164 Rn. 37; *Wessels/Hettinger/Engländer*, BT 1, Rn. 713.
1414 Vgl. BayObLG NJW 1986, 441 (442); OLG Düsseldorf NZV 1996, 244; zur (umstrittenen) Frage, wie es sich auf Vorsatzebene auswirkt, wenn der Verdacht auf eine andere als die bezichtigte Person fällt, vgl. *Eisele*, BT 1, Rn. 1473 f.

6. Strafausschließungs- und Strafmilderungsgründe

837 Eine entsprechende Anwendung von § 258 Abs. 5 und 6 wird von der h. M. wegen der unterschiedlichen Schutzrichtung der Tatbestände mit Recht verneint[1415]. Hingegen kann man mit der h. M. die Vorschrift des § 158 analog anwenden, wenn der Täter seine Behauptung rechtzeitig berichtigt, weil auch §§ 153 ff. dem Schutz der Rechtspflege dienen.

> **Bsp.:** Zeuge Z verdächtigt vor Gericht zu Unrecht den O, um dem Angeklagten zu helfen. Nach Abschluss der Vernehmung packt ihn die Reue; er kehrt in den Gerichtssaal zurück und sagt die Wahrheit. – Z macht sich nach § 153 strafbar, wobei § 158 zu beachten ist. § 164 ist ebenfalls verwirklicht, jedoch sollte man auch hier § 158 (analog) zu seinen Gunsten anwenden.

7. Qualifikation nach § 164 Abs. 3

838 Abs. 3 enthält eine Qualifikation für den Fall, dass der Täter die falsche Verdächtigung begeht, um eine Strafmilderung oder ein Absehen von Strafe aufgrund der Kronzeugenregelungen der §§ 46b StGB, 31 BtMG zu erlangen.

> **Einführende Aufsätze:**
> *Otto*, Die Beteiligung des Beschuldigten an der falschen Verdächtigung, Jura 1985, 443; *ders.*, Falsch verdächtigen, Jura 2000, 217 (die Bedeutung des geschützten Rechtsguts für die Auslegung der einzelnen Merkmale des Tatbestandes); *Piatkowski/Saal*, Examensprobleme im Rahmen der Straftatbestände zum Schutz der Rechtspflege, JuS 2005, 979 (Nähere Ausführungen in Bezug auf den richtigen Adressat, das Selbstbegünstigungsprivileg und das Handeln „wider besserem Wissen").

> **Übungsfälle:**
> *Kelker*, Ein Kneipenbesuch mit Folgen, Jura 1996, 93 (die rechtswidrige Tat und die Absicht iSd § 164 I StGB); *Kuhlen*, Der Platztausch, JuS 1990, 396 (Selbst- oder Angehörigenbegünstigung, Beihilfe zur falschen Verdächtigung).

> **Rechtsprechung:**
> **BGHSt 5, 66** – Kuppelei (Unwirksamkeit einer Einwilligung); **BGHSt 9, 240** – Fangbriefe (Verdächtigung, die eine andere Person trifft); **BGHSt 35, 50** – Preisetiketten (Verdächtigung eines Schuldigen durch Beweismanipulation); **OLG Düsseldorf NJW 1992, 1119** – Selbstbegünstigung (Umlenken eines Verdachts); **OLG Hamm NStZ-RR 2002, 167** – Körperverletzungen (Umlenken eines Verdachts auf Strafunmündigen).

1415 *Rengier*, BT 2, § 50 Rn. 26 f.; SK-*Rogall/Rudolphi*, § 164 Rn. 51.

X. Vortäuschen einer Straftat, § 145d

1. Geschütztes Rechtsgut und Systematik

Die Vorschrift soll als abstraktes Gefährdungsdelikt den **inländischen staatlichen Verfolgungsapparat vor unnützer Inanspruchnahme** schützen[1416]. Abs. 1 Nr. 1 und Abs. 2 Nr. 1 dienen dem Schutz der inländischen staatlichen Rechtspflege, Abs. 1 Nr. 2 und Abs. 2 Nr. 2 dem Schutz der Präventivorgane, namentlich der Polizei[1417]. Die Vorschrift ist formell subsidiär gegenüber §§ 164, 258 oder 258a. Sie soll vor allem Strafbarkeitslücken schließen, die bei § 164 bestehen. Die Subsidiaritätsklausel gilt dabei sowohl für Abs. 1 als auch Abs. 2[1418].

Prüfungsschema

1. Tatbestand
  a) Objektiver Tatbestand
    aa) Adressaten: Behörde, zur Entgegennahme von Anzeigen zuständige Stelle
    bb) Tatvarianten
      (1) Abs. 1: Vortäuschen von Taten
        (a) Nr. 1: bereits begangene rechtswidrige Taten
        (b) Nr. 2: bevorstehende rechtswidrige Taten i. S. d. § 126 Abs. 1
      (2) Abs. 2: Täuschen über Beteiligung an
        (a) Nr. 1: bereits begangener rechtswidriger Tat
        (b) Nr. 2: bevorstehender rechtswidriger Tat i. S. d. § 126 Abs. 1
      (3) Abs. 3: Erschleichen von Strafmilderung oder Absehen von Strafe
        (a) Nr. 1 (Qualifikation): Tat nach Abs. 1 Nr. 1 oder Abs. 2 Nr. 1
        (b) Nr. 2 (eigenständiger TB): Vortäuschen, dass eine in § 46 Abs. 1 S. 1 Nr. 2 StGB oder § 31 S. 1 Nr. 3 BtMG genannte rechtswidrige Tat bevorsteht
        (c) Nr. 3 (eigenständiger TB): Täuschen über Beteiligung an bevorstehender rechtswidriger Tat i. S. d. Abs. 3 Nr. 2
  b) Subjektiver Tatbestand
    aa) Vorsatz und
    bb) Positive Kenntnis (dolus directus 2. Grades) der Unwahrheit und

---

[1416] BGH NStZ 2015, 514 f.; OLG Oldenburg NStZ 2011, 95.
[1417] BGHSt 19, 305 (307 f.); BGH NStZ 1984, 360 f.; *Geppert*, Jura 2000, 383.
[1418] *Fischer*, § 145d Rn. 17.

> cc) Nur Abs. 3: Absicht bzgl. Strafmilderung/Absehen von Strafe nach § 46 Abs. 1 S. 1 Nr. 2 StGB oder § 31 S. 1 Nr. 3 BtMG
> 2. **Rechtswidrigkeit**
> 3. **Schuld**
> 4. **Fakultative Strafmilderung oder Absehen von Strafe entsprechend § 158**

2. Objektiver Tatbestand

841 Hinsichtlich der Tathandlungen ist zwischen Abs. 1 (Täuschung über Tat) und Abs. 2 (Täuschung über Beteiligten) zu differenzieren.

842 a) **Adressat der Vortäuschung.** Dies muss eine Behörde (nach § 11 Abs. 1 Nr. 7 auch ein Gericht) oder eine zur Entgegennahme von Anzeigen zuständige Stelle (§ 158 StPO) sein. Hier gilt das gleiche wie bei § 164. Erfasst werden auch Fälle, in denen sich der Täter nicht unmittelbar an die zuständige Stelle wendet, jedoch die Weitergabe durch Dritte von seinem Vorsatz erfasst ist.

843 b) **Vortäuschen i. S. d. Abs. 1.** Darunter ist das Erregen oder Verstärken des Verdachts der Tatbegehung zu verstehen. Ebenso wie bei § 164 kann dies durch ausdrückliche oder konkludente Tatsachenbehauptungen oder durch Schaffung von verdächtigenden Beweislagen geschehen[1419]. Von § 145d wird auch die Selbstbezichtigung erfasst.

844 aa) **Bezugsgegenstand i. S. d. Abs. 1 Nr. 1** ist eine in der **Vergangenheit liegende rechtswidrige Tat i. S. v. § 11 Abs. 1 Nr. 5**, die in der konkreten Art und Weise tatsächlich nicht begangen worden ist.

> Bsp. (1) (**Fremdbezichtigung**): T behauptet vor der Polizei wahrheitswidrig, dass sein Wagen gestohlen worden sei; tatsächlich möchte er einen Versicherungsmissbrauch begehen.
> Bsp. (2) (**Selbstbezichtigung**): T prahlt vor der Polizei wahrheitswidrig, dass er einen Mord begangen habe, den ihm niemand nachweisen könne.

845 bb) Hingegen erfasst **Abs. 1 Nr. 2** angeblich in der **Zukunft liegende Katalogtaten i. S. v. § 126 Abs. 1**.

> Bsp.: T ruft die Polizei an und behauptet wahrheitswidrig, dass sogleich eine Bank überfallen werde. – Es liegt § 145d Abs. 1 Nr. 2 vor, weil eine künftige Tat nach § 126 Abs. 1 Nr. 5 behauptet wird.

846 cc) Das Vortäuschen muss stets **geeignet sein, ein unnützes Einschreiten der Strafverfolgungsbehörden auszulösen**. Ersichtliche Falschangaben, die keinen Ermittlungsaufwand begründen, reichen daher nicht aus[1420]. Zu einer tatsächlichen Tätigkeit der Verfolgungsorgane infolge der Täu-

---

1419 BGHSt 9, 240 ff.; *Schönke/Schröder/Sternberg-Lieben*, § 145d Rn. 6.
1420 OLG Oldenburg NStZ 2011, 95.

schung muss es jedoch nicht gekommen sein, da es sich um kein Erfolgsdelikt handelt[1421]. Nicht tatbestandsmäßig ist – ebenso wie bei § 164 – das Vortäuschen eines gerechtfertigten, entschuldigten oder nicht mehr verfolgbaren Verhaltens, da dieses nicht geeignet ist, ein Einschreiten der Strafverfolgungsbehörden zu veranlassen[1422].

dd) Bloße **Abweichungen** hinsichtlich eines tatsächlich begangenen Delikts durch Übertreibungen, Ausschmückungen, Ungenauigkeiten usw. werden von § 145d grundsätzlich ebenso wenig erfasst wie von § 164. Umstritten ist jedoch, ob im Übrigen ein Vortäuschen in Betracht kommt und nach welchen Kriterien ggf. die Abgrenzung vorzunehmen ist.

Bsp.: T behauptet vor der Polizei, dass O seine Tochter vergewaltigt habe; tatsächlich hat O ihr lediglich eine Ohrfeige verpasst.

(1) Nach einer Ansicht liegt ein Vortäuschen vor, wenn der den Gegenstand der Anzeige bildende historische Vorgang in Wahrheit keine Straftat war[1423]. Demnach kommt es im Wesentlichen darauf an, ob eine **neue prozessuale Tat** vorliegt[1424]. Diese Ansicht verkennt aber, dass die Fehlleitung staatlicher Verfolgungstätigkeit auch dann erheblich berührt sein kann, wenn – wie im Beispielsfall – der Täter eine tatsächlich begangene Tat maßgeblich „verfälscht"[1425].

(2) Das **Aufbauschen einer tatsächlich begangenen Tat** ist unter Berücksichtigung des Schutzguts grundsätzlich dann beachtlich, wenn dies geeignet ist, einen erhöhten Ermittlungsaufwand hervorzurufen, der erheblich über demjenigen liegt, der zur Verfolgung der tatsächlichen Tat notwendig gewesen wäre[1426]. Die h. M. orientiert sich damit zu Recht stärker an **materiellen Gesichtspunkten** und unterscheidet nach Art und Maß der Veränderung der Tat. Bei Deliktsveränderungen soll ein Vortäuschen anzunehmen sein, wenn das Geschehen auf Grund der Vortäuschung ein völlig anderes Gepräge erhält[1427]. Hingegen ist ein Vortäuschen zu verneinen, wenn die Veränderungen nicht ins Gewicht fallen[1428]. Im oben genannten Beispielsfall liegt richtigerweise ein Vortäuschen vor, da schon die Schutzgüter von Körperverletzung und sexueller Nötigung in Form der Vergewaltigung unterschiedlich sind. Dafür spricht letztlich auch ein Vergleich der Strafrahmen.

c) **Vortäuschen i. S. d. Abs. 2.** Strafbar ist insoweit das **Täuschen über einen Beteiligten** an einer Tat.

1421 Fischer, § 145d Rn. 2; Rengier, BT 2, § 51 Rn. 2.
1422 Krey/Hellmann/Heinrich, BT 1, Rn. 796.
1423 SK-Rogall/Rudolphi, § 145d Rn. 38.
1424 Sonnen, BT, S. 266.
1425 BGH NStZ 2015, 514 f.; Stree, NStZ 1987, 559 (560).
1426 NK-Kretschmer, § 145d Rn. 17.
1427 BayObLG NJW 1988, 83; OLG Karlsruhe MDR 1992, 1166 (1167); LK-Ruß, § 145d Rn. 12.
1428 Zu den Kriterien im Einzelnen Eisele, BT 1, Rn. 1489.

851 aa) Bei **Abs. 2 Nr. 1** ist Bezugsgegenstand die **Beteiligung an einer rechtswidrigen Tat**. Umstritten ist, ob – wie bei Abs. 1 – eine Straftat tatsächlich begangen sein muss oder ob es genügt, dass der Täter irrtümlich vom Vorliegen einer solchen Tat ausgeht. Nach einer Auffassung soll es ausreichen, wenn der Täter irrtümlich vom Vorliegen einer solchen Tat ausgeht. Dafür lassen sich die Worte „zu täuschen sucht" anführen. Dagegen spricht aber, dass der „Versuchscharakter" sich nur auf die (tatsächlich nicht gegebene) Beteiligung bezieht. Mit der h. M. ist daher zu fordern, dass die Tat tatsächlich begangen worden ist. Dafür spricht auch, dass Nr. 1 ausdrücklich „an" eine rechtswidrige Tat anknüpft[1429].

852 (1) Die Täuschungshandlung ist erfüllt, wenn ein **Unbeteiligter als Täter oder Teilnehmer der Straftat** hingestellt wird. Dies ergibt sich ebenfalls aus Sinn und Zweck der Vorschrift, den inländischen staatlichen Verfolgungsapparat vor unnützer Inanspruchnahme zu schützen. Anders als bei § 164 muss es sich nicht um eine bestimmte identifizierbare Person handeln, so dass auch eine Strafanzeige gegen „unbekannt" ausreichend sein kann[1430]. Auch die falsche Selbstbezichtigung wird erfasst, wenn der Täuschende den Verdacht von dem tatsächlich an der Straftat Beteiligten auf sich selbst ablenkt.

853 (2) Abs. 2 Nr. 1 erfasst hingegen nicht solche Handlungen, die eine **bloße Erschwerung der Ermittlungstätigkeit** in Bezug auf eine Person ohne Umlenkung des Verdachts auf eine andere Person zur Folge haben.

> **Bsp.:** T verschafft ihrem Freund, der einer Körperverletzung verdächtigt wird, gegenüber der Polizei ein falsches Alibi. Andere Personen werden nicht verdächtigt. – Abs. 2 Nr. 1 ist hier nicht verwirklicht, da nicht ein anderer als Beteiligter an der Straftat bezichtigt wird. Aus demselben Grund scheidet auch § 164 aus; jedoch kommt eine (versuchte) Strafvereitelung nach § 258 in Betracht.

854 (3) Entsprechend den bei § 164 geschilderten Grundsätzen gilt auch hier, dass das Verhalten solange nicht tatbestandsmäßig ist, als es sich im Bereich **prozessual zulässiger Selbstentlastung** bewegt. Damit ist das bloße Schweigen oder Leugnen selbst dann nicht tatbestandsmäßig, wenn dadurch ein anderer zwangsläufig in Verdacht gerät[1431] oder sich der Täter auf den „großen Unbekannten" beruft[1432].

855 bb) **Abs. 2 Nr. 2** erfasst die Täuschung über einen Beteiligten hinsichtlich einer bevorstehenden Tat i. S. d. § 126 Abs. 1. Erfasst werden in Fortführung

---

1429 OLG Hamburg MDR 1949, 309; A/W/H/H-*Hilgendorf*, § 48 Rn. 22.
1430 BGHSt 6, 251 (255); *Otto*, BT, § 95 Rn. 18; a. A. *Schönke/Schröder/Sternberg-Lieben*, § 145d Rn. 14.
1431 S.o. Rn. 829.
1432 OLG Celle NJW 1961, 1416 f.; NK-*Kretschmer*, § 145d Rn. 21.

der Auslegung zu Abs. 2 Nr. 1 richtigerweise nur tatsächlich bevorstehende Taten[1433]; andernfalls wäre ohnehin Abs. 1 Nr. 2 einschlägig.

d) Fälle des Abs. 3. Strafbar ist demnach, wer in der Absicht handelt, eine Strafmilderung oder ein Absehen von Strafe zu erlangen[1434]. **856**

3. Subjektiver Tatbestand

Erforderlich sind **Vorsatz** bzgl. sämtlicher Merkmale des objektiven Tatbestandes sowie **Handeln wider besseres Wissen** hinsichtlich der Vortäuschung der Straftat bzw. der Beteiligung an einer Straftat. Bei Abs. 3 muss die **Absicht**, eine Strafmilderung oder ein Absehen von Strafe zu erlangen, hinzukommen. **857**

4. Strafausschließungs- und Strafmilderungsgründe

Wie auch bei § 164 wird nach h. M. der Strafmilderungsgrund des § 158 entsprechend auf § 145d angewandt[1435]. Eine analoge Anwendung des § 258 Abs. 5 und 6 scheidet hingegen mangels Regelungslücke und vergleichbaren Sachverhalts aus, da die geschützten Rechtsgüter nicht miteinander vergleichbar sind[1436]. **858**

5. Formelle Subsidiarität, § 145d Abs. 1 a. E.

Die formelle Subsidiaritätsklausel in § 145d Abs. 1 a. E. besagt, dass die Vortäuschung einer Straftat nur strafbar ist, wenn die Tat nicht in §§ 164, 258 oder 258a mit Strafe bedroht ist. Wie sich aus dem Gesetzeswortlaut „ebenso wird bestraft" ergibt, gilt dies auch für die Modalität der Täuschung über den Beteiligten einer Straftat i. S. d. Abs. 2; nicht anwendbar ist sie hingegen in Fällen des Abs. 3. Die Subsidiaritätsklausel gilt nur, wenn es tatsächlich zu einer Bestrafung aus den genannten Delikten kommt[1437]. Entfällt etwa § 258, weil der Täter sich selbst oder einen Angehörigen begünstigt (§ 258 Abs. 5 und 6), so bleibt § 145d anwendbar. **859**

> **Einführende Aufsätze:**
> *Geppert*, Zu einigen immer wiederkehrenden Streitfragen im Rahmen des Vortäuschens einer Straftat (§ 145d), Jura 2000, 383 (Ausführungen zu: Rechtsgut, Rechtsnatur und Struktur, besondere Probleme im Rahmen von § 145 d I Nr. 1 StGB, Beteiligtentäuschung und der subjektive Tatbestand); *Krümpelmann*, Grenzen der Vortäuschung bei Entstellung einer begangenen Straftat, JuS 1985, 763; *Piatkowski/Saal*, Examensprobleme im Rahmen der Straftatbestände zum Schutz der Rechtspflege, JuS 2005, 979 (Die Abgren-

---

1433 *Schönke/Schröder/Sternberg-Lieben*, § 145d Rn. 20; a. A. LK-*Ruß*, § 145d Rn. 20.
1434 Näher *Eisele*, BT 1, Rn. 1497.
1435 *Maurach/Schroeder/Maiwald*, BT 2, § 99 Rn. 17; NK-*Kretschmer*, § 145d Rn. 15.
1436 BayObLG NJW 1978, 2563 (2564); OLG Celle NJW 1980, 2205; *Geppert*, Jura 1980, 204 (210).
1437 *Kuhlen*, JuS 1990, 396 (398).

zung zwischen tatbestandsmäßiger Täuschung und straflosem „Aufbauschen", muss die Tat wirklich begangen worden sein?, „Anthrax-Briefe").

Übungsfälle:
Kuhlen, Der Platztausch, JuS 1990, 396 (die analoge Anwendung des § 158 VI StGB); *I. Sternberg-Lieben*, Der gefälschte Caspar David Friedrich, Jura 1996, 544 (der erforderliche Umfang der Unwahrheit); *Thoss*, Am Rande der Legalität, JA 1998, 662 (das Vortäuschen einer Straftat bei einer wahrheitswidrigen Behauptung).

Rechtsprechung:
BGHSt 6, 251 – Vorgetäuschter Einbruchsdiebstahl (Anzeige gegen Unbekannt); **BGHSt 19, 305** – Fahrerwechsel (Ablenken des Verdachts); **BGH NStZ 2015, 524** – Unterschlagung (Vortäuschen bei tatsächlich begangener Tat); **OLG Hamm NStZ 1987, 558** – Autoaufbruch (Übertreibungen).

Teil 12: **Straftaten gegen die Staatsgewalt und die öffentliche Ordnung**

I. Widerstand gegen Vollstreckungsbeamte, § 113

1. Geschütztes Rechtsgut und Systematik

Widerstand und tätliche Angriffe gegen Vollstreckungsbeamte, die der staatlichen Ordnung und der Aufrechterhaltung des Rechts dienen, sind in §§ 113 bis 115 geregelt. Die Vorschriften schützen als Allgemeinrechtsgut **inländische staatliche Vollstreckungs- bzw. Diensthandlungen und zudem als Individualrechtsgut die Willensfreiheit und die körperliche Unversehrtheit des betroffenen inländischen Organs**[1438]. § 113 StGB regelt den Widerstand gegen Vollstreckungsbeamte. Die Vorschrift hat seit dem 44. StrÄG nunmehr denselben Strafrahmen wie § 240 und stellt daher keinen Privilegierungstatbestand mehr dar[1439]. Immerhin sind in Abs. 3 und Abs. 4 noch Regelungen vorgesehen, die für den Täter günstig sind. Der Grund für die Begünstigung des Täters wurde bislang in dem Umstand gesehen, dass der Täter sich durch Vollstreckungspersonen bedrängt fühlen und daher überreagieren kann[1440]. Freilich ist diese Begründung zweifelhaft geworden, da der Gesetzgeber mit der Neuregelung vor allem dem Widerstand gegen Vollstreckungsorgane begegnen möchte[1441]. Der tätliche Angriff auf Volltsreckungsbeamte ist seit dem Jahr 2017 in § 114 mit höherer Strafe bedroht, während § 115 weitere Personen den Volltsreckungsbeamten gleichstellt.

860

> **Prüfungsschema**
> 1. **Tatbestand**
>   a) Objektiver Tatbestand
>   aa) Amtsträger oder Soldat der Bundeswehr, der zur Vollstreckung berufen ist

861

1438 BT-Drs. 17/4143, S. 6; *Lackner/Kühl*, § 113 Rn. 1; nach a. A. ist allein die rechtmäßige Betätigung des Staatswillens geschützt, vgl. NK-*Paeffgen*, § 113 Rn. 7.
1439 *Fahl*, ZStW 124 (2012), 311 (316); *Zopfs*, GA 2012, 259 (271); zur Konkurrenzfrage u. Rn. 887.
1440 Vgl. nur LK-*Rosenau*, § 113 Rn. 5; krit. *Schönke/Schröder/Eser*, § 113 Rn. 3.
1441 BT-Drs. 17/4143, S. 6.

> bb) Vornahme einer Vollstreckungshandung
> cc) Widerstandleisten mit Gewalt oder durch Drohung mit Gewalt
> b) Subjektiver Tatbestand
> 2. **Rechtmäßigkeit der Diensthandlung i. S. d. § 113 Abs. 3; Irrtumsregelung in § 113 Abs. 4**
> 3. **Rechtswidrigkeit**
> 4. **Schuld**
> 5. **Strafzumessungsregel für besonders schwere Fälle mit Regelbeispielen, § 113 Abs. 2**
> a) Nr. 1: Beisichführen einer Waffe oder eines anderen gefährlichen Werkzeuges
> b) Nr. 2: Täter bringt durch eine Gewalttätigkeit den Angegriffenen in die Gefahr des Todes oder einer schweren Gesundheitsschädigung
> c) Nr. 3: Gemeinschaftliche Tatbegehung

2. Objektiver Tabestand

862 Voraussetzung ist ein **Widerstandleisten** mit Gewalt oder durch Drohung mit Gewalt gegenüber einem Amtsträger oder Soldat der Bundeswehr, der zur Vollstreckung berufen ist, bei Vornahme einer Vollstreckungshandlung.

863 a) **Geschützter Personenkreis.** Einbezogen sind nur **Vollstreckungsbeamte**, d. h. Amtsträger i. S. d. § 11 Abs. 1 Nr. 2 (z. B. Polizeibeamte oder Gerichtsvollzieher) und Soldaten der Bundeswehr, die zur Vollstreckung von Gesetzen, Rechtsverordnungen, Urteilen, Gerichtsbeschlüssen oder Verfügungen berufen sind. Zur Vollstreckung ist nur berufen, wer befugt ist, in einem konkretisierten Einzelfall den Staatswillen zu verwirklichen und ggf. auch mit Zwang durchzusetzen[1442].

864 b) **Vollstreckungshandlung.** Erforderlich ist, dass der Beamte zum Zeitpunkt der Tat eine **konkrete Vollstreckungshandlung vornimmt**. Dies ist der Fall, wenn der auf die Regelung eines bestimmten Einzelfalles gerichtete staatliche Wille durch eine dazu berufene Vollstreckungsperson verwirklicht und notfalls mit staatlichem Zwang durchgesetzt werden soll[1443]. Typische Beispiele sind die Durchsuchung nach §§ 102 ff. StPO[1444], die Entnahme einer Blutprobe nach § 81a StPO[1445], die Festnahme von Straftätern[1446], Vollstreckungsakte des Gerichtsvollziehers[1447] sowie das Anhalten

---
[1442] BGHSt 25, 313 (314); *Schönke/Schröder/Eser*, § 113 Rn. 10.
[1443] BGHSt 25, 313 (314); BGH NJW 1982, 2081; *Rengier*, BT 2, § 53 Rn. 6.
[1444] BayObLG JZ 1980, 109.
[1445] BGHSt 24, 125 ff.
[1446] BGH NJW 1982, 2081.
[1447] RGSt 41, 82; BGHSt 5, 93.

und die Kontrolle von Verkehrsteilnehmern im Rahmen einer Verkehrskontrolle[1448].

Nicht erfasst werden **schlichte Amtshandlungen**, Gesetzesanwendungen, Überwachungs- und Ermittlungstätigkeiten[1449]. Beispiele hierfür sind Streifenfahrten, Wachdienste von Soldaten, polizeiliche Überwachungen von Demonstrationen, polizeiliche Befragungen und der Erlass von Verwaltungsakten. In diesen Fällen ist ebenfalls § 240 anwendbar. **865**

c) Widerstandleisten. Der Täter muss mit **Gewalt oder durch Drohung mit Gewalt Widerstand leisten**. Das setzt schon dem Wortlaut nach ein aktives Tun voraus. Von vornherein nicht erfasst werden daher die Flucht vor dem Vollstreckungsorgan, das Nichtöffnen der Tür oder bloß passiver Widerstand durch „Sitzdemonstrationen"[1450]. Täter kann im Übrigen jeder sein, nicht nur der von der Vollstreckung unmittelbar Betroffene[1451], obwohl in diesen Fällen der Grund der Privilegierung (Affektlage) nicht vorliegt. **866**

> Bsp.: Die Ehefrau des Schuldners schlägt den Gerichtsvollzieher.

aa) Widerstand ist jede aktive Tätigkeit, die (final) darauf abzielt, die Vollstreckungshandlung zu verhindern oder zu erschweren. Dabei kommt es nicht darauf an, ob der Widerstand erfolgreich ist oder nicht. **867**

bb) Der Begriff der **Gewalt** ist enger zu verstehen als bei § 240. Die Gewalt muss im Rahmen des Widerstandleistens gegen die Vollstreckungsperson gerichtet sein, von dieser als körperliche Kraftentfaltung empfunden werden und nach der Vorstellung des Täters geeignet sein, die Vollstreckungshandlung zu verhindern oder zu erschweren[1452]. **868**

> Bspe.: Schlagen; Einsperren; Versperren des Weges; Zufahren auf einen Polizeibeamten. Nicht aber Aussperren des Vollstreckungsorgans durch Verschließen der Tür[1453].

Gewalt gegen Sachen oder andere Personen, mit der der Amtsträger lediglich psychisch beeinflusst werden soll, wird vom Tatbestand nicht erfasst[1454]. **869**

> Bsp.: Während der Gerichtsvollzieher zu Gange ist, zerkratzt T dessen Wagen, um diesen zum Verlassen des Hauses zu bewegen.

1448 BGHSt 25, 313 (315); OLG Düsseldorf NZV 1996, 458 (459).
1449 BGHSt 25, 313 (314 f.); *Wessels/Hettinger/Engländer*, BT 1, Rn. 627.
1450 BGH NStZ 2013, 336; BGH NStZ 2015, 388.
1451 *Lackner/Kühl*, § 113 Rn. 5; *Zöller/Steffens*, JA 2010, 161 (163 f.).
1452 BGHSt 18, 133 (134 f.); 12; *Schönke/Schröder/Eser*, § 113 Rn. 42.
1453 *Schönke/Schröder/Eser*, § 113 Rn. 42; a. A. BGHSt 18, 133 (135); OLG Düsseldorf NStZ-RR 1997, 91 f.
1454 *Lackner/Kühl*, § 113 Rn. 5; SK-*Wolters*, § 113 Rn. 16.

870 cc) Die Drohungsvariante setzt **Drohung mit Gewalt** und nicht nur wie bei § 240 Drohung mit einem empfindlichen Übel voraus. Auch die angedrohte Gewalt muss sich hierbei gegen den Vollstreckungsbeamten richten, so dass die Androhung einer Selbsttötung nicht tatbestandsmäßig ist[1455].

3. Subjektiver Tatbestand

871 Hinsichtlich der objektiven Tatbestandsmerkmale muss zumindest Eventualvorsatz vorliegen. Für Irrtümer gilt die allgemeine Regelung des § 16 Abs. 1 Satz 1. Hinsichtlich der Rechtmäßigkeit der Diensthandlung finden sich in Abs. 3 Satz 2 und Abs. 4 spezielle Irrtumsregeln.

4. Rechtmäßigkeit der Diensthandlung

872 Die Tat ist nach Abs. 3 Satz 1 nicht strafbar, wenn die Diensthandlung nicht rechtmäßig ist. Es ist zunächst streitig, ob es sich bei der Rechtmäßigkeit der Diensthandlung um ein Tatbestandsmerkmal[1456], einen Rechtfertigungsgrund[1457], eine objektive Bedingung der Strafbarkeit[1458] oder einen Strafausschließungsgrund[1459] handelt. In der Sache hat dies freilich geringe Auswirkungen, weil Abs. 3 Satz 2 und Abs. 4 spezielle Irrtumsregeln beinhalten. Es bietet sich daher in der Fallprüfung an, die Rechtmäßigkeit im Anschluss an den objektiven und subjektiven Tatbestand zu prüfen.

873 a) **Rechtmäßigkeitsbegriff:** Streitig ist ferner, ob ein spezifisch strafrechtlicher Rechtmäßigkeitsbegriff zu Grunde zu legen ist, der den Vollstreckungsorganen ein Irrtumsprivileg zugesteht oder ob die Vollstreckungshandlung unter Berücksichtigung der gesamten materiellen Rechtslage rechtmäßig sein muss.

874 aa) Nach der **Lehre vom strafrechtlichen Rechtmäßigkeitsbegriff** ist die Vollstreckungshandlung bereits rechtmäßig, wenn folgende Voraussetzungen vorliegen[1460]: Sachliche und örtliche Zuständigkeit des Vollstreckungsbeamten, Wahrung der wesentlichen Förmlichkeiten, pflichtgemäße Prüfung der Eingriffsvoraussetzungen und eine pflichtgemäße Ermessensausübung. Bei der Konkretisierung dieser Anforderungen ist den durch die Diensthandlung betroffenen Grundrechten des Bürgers Rechnung zu tragen[1461].

1455 OLG Hamm NStZ 1995, 547 (548).
1456 So *Schönke/Schröder/Eser*, § 113 Rn. 20.
1457 *Fischer*, § 113 Rn. 10; LK-*Rosenau*, § 113 Rn. 32.
1458 BGHSt 4, 161 (163); 21, 334 (365); OLG Celle NZV 2013, 409 (410).
1459 *Bottke*, JA 1980, 93 (98).
1460 Dazu BVerfG NVwZ 2007, 1180 (1182); BGHSt 21, 334 (365); BGH NStZ 2015, 574 (575); *Schönke/Schröder/Eser*, § 113 Rn. 23 ff.
1461 BVerfG NVwZ 2007, 1180 (1182).

I. Widerstand gegen Vollstreckungsbeamte, § 113

(1) Die **sachliche und örtliche Zuständigkeit** ist nach den jeweils einschlägigen Zuständigkeitsregeln zu bestimmen. Was zu den wesentlichen Förmlichkeiten zählt, muss ebenfalls für jede Eingriffsgrundlage gesondert untersucht werden. Beispielhaft seien die vorherige Androhung bei Ausübung unmittelbaren Zwangs sowie die Notwendigkeit einer richterlichen Anordnung von Zwangsmaßnahmen genannt[1462].

(2) Bei Irrtümern des Vollstreckungsbeamten soll zwischen Irrtümern hinsichtlich der tatsächlichen Voraussetzungen der Vollstreckung und Irrtümern hinsichtlich der rechtlichen Voraussetzungen zu differenzieren sein. **Rechtsirrtümer** führen dabei nach h. M. stets zur Rechtswidrigkeit der Handlung[1463].

> **Bsp.:** Der Vollstreckungsbeamte verkennt die gesetzlichen Eingriffsvoraussetzungen für die Hausdurchsuchung nach §§ 102 ff. StPO.

Bei **Tatsachenirrtümern** soll auf Grund des Irrtumsprivilegs des Staates jedoch die Rechtmäßigkeit der Vollstreckungshandlung nicht berührt werden, wenn die Sachlage pflichtgemäß geprüft wurde[1464].

> **Bspe.:** Der Vollstreckungsbeamte, der im Übrigen die rechtlichen Voraussetzungen der §§ 102 ff. StPO wahrt, verwechselt trotz pflichtgemäßer Prüfung die Hausnummer und durchsucht die falsche Wohnung; die Polizei nimmt einen Unschuldigen fest, weil er dem gesuchten Straftäter ähnlich sieht.

> **Hinweis**
> § 113 Abs. 3 Satz 2 und Abs. 4 regeln nur Irrtümer des Täters; sie haben mit der Frage des Irrtumsprivilegs für die Vollstreckungsperson nichts zu tun.

(3) Für den **strafrechtlichen Rechtmäßigkeitsbegriff**, der im Ausgangspunkt auch vom BVerfG gebilligt wird[1465], wird angeführt, dass Vollstreckungsbeamte häufig eine schnelle Entscheidung treffen müssen und gerade bei einer unübersichtlichen Lage nicht alle Umstände hinreichend würdigen können[1466]. Letztlich leide die Effektivität der Dienstausübung, wenn in komplexeren Fällen eine vollständige Prüfung erfolgen müsse[1467].

1462 Vgl. auch *Eisele*, BT 1, Rn. 1532.
1463 *Fischer*, § 113 Rn. 18; *Rengier*, BT 2, § 53 Rn. 20; SK-*Wolters*, § 113 Rn. 12.
1464 BGHSt 24, 125 (130 ff.); LK-*Rosenau*, § 113 Rn. 51.
1465 BVerfG NVwZ 2007, 1180, wobei dabei der Schutzgehalt der Grundrechte berücksichtigt werden muss.
1466 BVerfG NVwZ 2007, 1180 (1182); BGH NStZ 2015, 574 (575).
1467 BGHSt 4, 161 (164); 21, 334 (365); zu weiteren Argumenten *Eisele*, BT 1, Rn. 1535.

879 **bb) Die Lehre vom materiellen Rechtmäßigkeitsbegriff** wendet sich mit überzeugender Argumentation gegen das Irrtumsprivileg des Staates. Denn dieses gründet letztlich auf einem nicht mehr zeitgemäßen Staatsverständnis, das die Staatsorgane im Verhältnis und zu Lasten seiner Bürger begünstigt[1468]. Daher ist grundsätzlich die volle materielle Rechtmäßigkeit nach den entsprechenden gesetzlichen Eingriffsermächtigungen zu verlangen[1469]. Der Gesetzgeber kann jedoch den Schwierigkeiten im Einzelfall Rechnung tragen und den Eingriff – wie etwa bei § 102 und § 127 StPO – auch bei einer bloßen Verdachtslage genügen lassen, um die strafprozessualen Maßnahmen nicht zu lähmen.

880 (1) Gewisse gesetzliche **Einschränkungen** dürfen jedoch auch bei einer streng materiell-rechtlichen Sichtweise nicht übersehen werden. Zunächst kann eine Vollstreckungshandlung nach dem Vollstreckungsrecht auch dann rechtmäßig sein, wenn sie auf einer rechtskräftigen, bestandskräftigen oder sofort vollziehbaren Verfügung beruht (vgl. etwa § 6 Abs. 1 VwVG). Auf die materielle Rechtmäßigkeit der Verfügung kommt es dann für die Vollstreckung nicht mehr an[1470].

881 (2) Bei Vollstreckungen von untergeordneten Vollzugspersonen können die Grundsätze über das **Handeln auf Grund von Weisungen bzw. Befehlen** zu beachten sein[1471]. Soweit hiernach bereits die Rechtswidrigkeit des Handelns zu verneinen ist, bleibt die Vollstreckung rechtmäßig.

882 **b) Rechtswidrige Vollstreckungshandlung.** Ist die **Handlung im Einzelfall rechtswidrig**, so darf sich der Täter hiergegen wehren. Die Strafbarkeit entfällt bereits nach § 113 Abs. 3 Satz 1; auf § 32 kommt es insoweit nicht mehr an.

> **Bsp.:** Auf Grund einer Verwechslung wird die Wohnung des T nach §§ 102 ff. StPO durchsucht. T leistet mit Gewalt Widerstand, in dem er auf die Vollstreckungsperson einschlägt. – Verlangt man volle Rechtmäßigkeit der Vollstreckungshandlung, so war diese rechtswidrig, so dass § 113 nach Abs. 3 Satz 1 zu verneinen ist. Was eine Strafbarkeit nach § 223 anbelangt, so kommt grundsätzlich Notwehr nach § 32 in Betracht, da die Durchsuchung dann einen gegenwärtigen rechtswidrigen Angriff darstellt. Erkennt T allerdings, dass die Vollstreckungsperson einem Irrtum unterlegen ist, muss er im Rahmen der Gebotenheit (sozialethische Einschränkung des Notwehrrechts) vornehmlich den Irrtum aufklären. Gesteht man hingegen der Vollstreckungsperson mit der Lehre vom strafrechtlichen Rechtmäßigkeitsbegriff ein Irrtumsprivileg

---

1468 A/W/H/H-*Hilgendorf*, § 45 Rn. 37; *Rengier*, BT 2, § 53 Rn. 27.
1469 *Backes/Ransiek*, JuS 1989, 624 (626 ff.); *Bosch*, Jura 2011, 268 (273).
1470 *Backes/Ransiek*, JuS 1989, 624 (628); *Rengier*, BT 2, § 53 Rn. 31.
1471 Hierzu *Eisele/Heinrich*, AT, Rn. 346 und Rn. 406.

zu, so sind die Handlungen rechtmäßig; T hätte sich dann nach § 113 in Tateinheit mit § 223 strafbar gemacht.

5. Irrtümer des Täters

Für Irrtümer hinsichtlich des objektiven Tatbestandes gilt die allgemeine Regelung des § 16 Abs. 1 Satz 1. **Sonderregelungen** enthält die Vorschrift für Irrtümer über die Rechtmäßigkeit der Diensthandlung. 883

a) § 113 Abs. 3 Satz 2. Der Täter ist bei einer objektiv rechtswidrigen Diensthandlung auch dann straflos, wenn er irrig annimmt, die Diensthandlung sei rechtmäßig. 884

b) § 113 Abs. 4. Die Vorschrift enthält eine Sonderregelung für Fälle, in denen der Täter irrig davon ausgeht, dass eine rechtmäßige Diensthandlung rechtswidrig sei. Nicht anders als bei § 17 wird zwischen der Vermeidbarkeit und Unvermeidbarkeit des Irrtums unterschieden. Die Unvermeidbarkeit des Irrtums genügt nach Abs. 4 Satz 2 für sich genommen – anders als bei § 17 – für die Straffreiheit jedoch nicht, wenn die Einlegung von Rechtsbehelfen zumutbar war. In diesem Fall kann das Gericht die Strafe nach seinem Ermessen mildern oder von einer Bestrafung absehen. 885

6. Strafzumessungsregel für besonders schwere Fälle, § 113 Abs. 2

§ 113 Abs. 2 enthält einen **besonders schweren Fall**, der mit Regelbeispielen erläutert ist. Satz 2 Nr. 1 erfasst das Beisichführen einer **Waffe** oder eines anderen **gefährlichen Werkzeugs** (vgl. § 244 Abs. 1 Nr. 1a[1472]). Satz 2 Nr. 2 setzt den Eintritt der **konkreten Gefahr des Todes** oder einer **schweren Gesundheitsschädigung**[1473] voraus. Der im Jahr 2017 neu eingefügte Satz 2 Nr. 3 erfasst die **gemeinschaftliche Tatbegehung** (vgl. § 224 Abs. 1 Nr. 4[1474]). 886

7. Konkurrenzen

§ 240 wird von § 113 auch nach dem 44. StrÄG weiterhin im Wege der **Spezialität** verdrängt[1475], da die Vorschrift speziell auf Widerstandshandlungen zugeschnitten ist[1476]. Droht der Täter im Einzelfall nicht mit Gewalt, sondern nur mit einem empfindlichen Übel i.S.d. § 240, so ist schon der objektive Tatbestand des § 113 nicht verwirklicht. Dagegen wird zwar angeführt, dass ansonsten die schwächere Form der Drohung über § 240 bestraft würde und den Täter begünstigende Regelungen – insb. des § 113 Abs. 3 – unterlaufen würden[1477]. Nach überzeugender Ansicht findet § 240 887

1472 Dazu unten Rn. 1027 ff.
1473 Dazu Rn. 155 ff.
1474 Vgl. oben Rn. 205.
1475 BGHSt 48, 233 (238); BGH StraFo 2017, 247.
1476 *Fischer*, § 113 Rn. 40; *Schönke/Schröder/Eser*, § 113 Rn. 67.
1477 MünchKomm-*Bosch*, § 113 Rn. 65; *Schönke/Schröder/Eser*, § 113 Rn. 68.

hingegen Anwendung[1478], da die gesetzgeberischen Bemühungen der letzten Jahre einen umfassenden Schutz von Vollstreckungsbeamten zum Ausdruck bringen. Jedoch müssen dann zugunsten des Täters die Regelungen des § 113 Abs. 3 und 4 analoge Berücksichtigung finden[1479].

> **Einführende Aufsätze:**
> *Bosch*, Der Widerstand gegen Vollstreckungsbeamte (§ 113 StGB) – Grundfälle und Reformansätze, Jura 2011, 268; *Zöller/Steffens*, Grundprobleme des Widerstandes gegen Vollstreckungsbeamte (§ 113 StGB), JA 2010, 161.

> **Übungsfälle:**
> *Morgenstern*, Immer auf die Kleinen – Das teure Benzin und die ungerechte Kampfhundeverordnung, Jura 2002, 568 (Voraussetzungen des § 113 III StGB und die Irrtumsregelung des § 113 IV StGB); *Schulz*, Happy Hour mit Widerständen, JA 1999, 203 (der besonders schwere Fall beim Faustschlag auf den Kopf eines Polizisten); *Timpe*, Die Rockband, Jura 2009, 465 (Widerstand gegen Vollstreckungsbeamte bei einer Fahrzeugkontrolle, insbesondere Rechtmäßigkeit der Vollstreckungshandlung und das Fahrzeug als Waffe iSd § 113 II 1 Nr. 1 StGB).

> **Rechtsprechung:**
> **BVerfG NVwZ 2007, 1180** – Demonstration (Rechtmäßigkeit der Vollstreckungshandlung); **BGHSt 4, 161** – Fackelzug (Rechtmäßigkeit der Vollstreckungshandlung); **BGHSt 5, 93** – Gerichtsvollzieher (wesentliche Förmlichkeit); **BGHSt 18, 133** – Heilanstalt (Zeitpunkt der Widerstandshandlung); **BGHSt 21, 334** – Bahnpolizei (Rechtmäßigkeit der Vollstreckungshandlung.

II. Tätlicher Angriff gegen Vollstreckungsbeamte, § 114

1. Geschütztes Rechtsgut und Systematik

888 Der früher in § 113 mitgeregelte tätliche Angriff wurde nunmehr in § 114 als selbständiger Tatbestand mit erhöhtem Strafrahmen geregelt. Dabei ist nicht mehr erforderlich, dass dieser bei Vornahme einer Vollstreckungshandlung erfolgt, so dass Vollstreckungsbeamte auch bei allgemeinen Diensthandlungen geschützt sind[1480].

889 **Prüfungsschema**
1. Tatbestand
 a) Objektiver Tatbestand

1478 *Rengier*, BT 2, § 53 Rn. 41.
1479 Vgl. zur bisherigen Regelung OLG Hamm NStZ 1995, 547 (548).
1480 BT-Drs. 18/11161, S. 9.

II. Tätlicher Angriff gegen Vollstreckungsbeamte, § 114

> aa) Amtsträger oder Soldat der Bundeswehr, der zur Vollstreckung berufen ist
> bb) Vornahme einer Vollstreckungshandlung oder Diensthandlung
> cc) Tätlicher Angriff
> b) Subjektiver Tatbestand
> 2. Bei Vollstreckungshandlungen, § 114 Abs. 4: Rechtmäßigkeit der Diensthandlung i. S. d. § 113 Abs. 3; Irrtumsregelung in § 113 Abs. 4
> 3. Rechtswidrigkeit
> 4. Schuld
> 5. **Strafzumessungsregel für besonders schwere Fälle mit Regelbeispielen, § 114 Abs. 2 i. V. m. § 113 Abs. 2**
>   a) Nr. 1: Beisichführen einer Waffe oder eines anderen gefährlichen Werkzeugs
>   b) Nr. 2: Täter bringt durch eine Gewalttätigkeit den Angegriffenen in die Gefahr des Todes oder einer schweren Gesundheitsschädigung
>   c) Nr. 3: Gemeinschaftliche Tatbegehung

2. Objektiver Tabestand

890 a) Auch hier sind nur **Vollstreckungsbeamte**, d. h. Amtsträger i. S. d. § 11 Abs. 1 Nr. 2 (z. B. Polizeibeamte oder Gerichtsvollzieher) und Soldaten der Bundeswehr, die zur Vollstreckung von Gesetzen, Rechtsverordnungen, Urteilen, Gerichtsbeschlüssen oder Verfügungen berufen sind, geschützt.

891 b) Anders als bei § 113 ist nicht erforderlich, dass der Beamte zum Zeitpunkt der Tat eine konkrete Vollstreckungshandlung vornimmt. Es werden damit auch tätliche Angriffe auf Vollstreckungsbeamte erfasst, die **lediglich allgemeine Diensthandlungen** wie Streifenfahrten oder -gänge, Befragungen von Straßenpassanten, Radarüberwachungen, Reifenkontrollen, Unfallaufnahmen, Beschuldigtenvernehmungen, Begleitung im Vorfeld einer Demonstration und andere bloße Ermittlungstätigkeiten vornehmen[1481].

892 **Tätliches Angreifen** wird definiert als eine in feindseliger Absicht unmittelbar auf den Körper des Vollstreckungsbeamten abzielende Einwirkung, bei der eine Körperberührung oder Körperverletzung nicht zwingend erforderlich ist. Es muss dem Täter hierbei nicht auf eine Verhinderung der Diensthandlung ankommen[1482].

> **Bsp.:** Als der Gerichtsvollzieher O das Haus des T betritt, wirft dieser aus Verärgerung eine Bierflasche auf ihn – § 113 ist unabhängig davon

---

1481 BT-Drs. 18/11161, S. 9.
1482 *Fischer*, § 114 Rn. 5; *Rengier*, BT 2, § 53 Rn. 47; *Schönke/Schröder/Eser*, § 113 Rn. 47.

verwirklicht, ob T den O trifft und ob er damit die Diensthandlung verhindern möchte.

3. Subjektiver Tatbestand

893 Hinsichtlich der objektiven Tatbestandsmerkmale muss zumindest Eventualvorsatz vorliegen.

4. Rechtmäßigkeit der Vollstreckungshandlung

894 Tätliche Angriffe auf Vollstreckungsbeamte, die eine **konkrete Vollstreckungsmaßnahme** durchführen[1483], sind nach § 114 Abs. 3 i. V. m. § 113 Abs. 3 nicht strafbar, wenn die **Vollstreckungshandlung nicht rechtmäßig ist**[1484]. In solchen Fällen gilt ferner die Irrtumsregelung des § 113 Abs. 4. Die Besonderheit der Vollstreckungssituation soll auch hier privilegierend wirken[1485]. Hingegen gelten §§ 113 Abs. 3 und Abs. 4 nicht für tätliche Angriffe gegen andere Diensthandlungen; hier bleibt es bei den allgemeinen Irrtumsregelungen und Rechtfertigungsgründen[1486].

III. Widerstand gegen oder tätlicher Angriff auf gleichgestellte Personen, § 115

895 § 115 Abs. 1 und Abs. 2 **erweitert den Kreis der geschützten Personen der §§ 113, 114**. Je nachdem, ob Widerstand geleistet wird oder ein tätlicher Angriff vorliegt, ist § 113 bzw. § 114 anwendbar. Nach § 115 Abs. 1 stehen der Diensthandlung eines Amtsträgers Vollstreckungshandlungen von Personen gleich, die die Rechte und Pflichten eines Polizeibeamten haben oder Ermittlungspersonen der Staatsanwaltschaft sind, ohne Amtsträger zu sein (z. B. Jagdaufseher nach § 25 Abs. 2 BJagdG). Gem. § 115 Abs. 2 gilt dies auch für Personen, die zur Unterstützung bei der Diensthandlung zugezogen sind; praxisrelevant ist dies vor allem im Hinblick auf die durch die Polizei hinzugezogenen privaten Abschleppunternehmer bei Falschparkern sowie Zeugen, die nach § 105 StPO zu einer Hausdurchsuchung beigezogen werden[1487].

896 Seit dem 44. StrÄG wird gemäß **§ 115 Abs. 3 S. 1** nach § 113 bestraft, wer bei Unglücksfällen oder gemeiner Gefahr oder Not Hilfeleistende der Feuerwehr, des Katastrophenschutzes oder eines Rettungsdienstes durch **Gewalt oder durch Drohung mit Gewalt** behindert (vgl. auch § 323c Abs. 2[1488]). Für Fälle eines tätlichen Angriffs gilt gemäß **§ 115 Abs. 3 S. 1** die Vorschrift des § 114.

1483 Dazu oben Rn. 864.
1484 Dazu oben Rn. 872 ff.
1485 BT-Drs. 18/11161, S. 10.
1486 BT-Drs. 18/11161, S. 10.
1487 LK-*Rosenau*, § 114 Rn. 8; SK-*Wolters*, § 115 Rn. 7.
1488 Hierzu oben Rn. 735 ff.

Teil 13: **Diebstahl und Unterschlagung**

I. Unterscheidung von Eigentums- und Vermögensdelikten

Eigentums- und Vermögensdelikte lassen sich grob nach folgendem Schema einteilen. Dies schließt jedoch nicht aus, dass bei einzelnen Delikten – etwa § 257 (Begünstigung) – die Schutzrichtung problematisch bzw. streitig ist und ggf. weitere Rechtsgüter hinzutreten.

Eigentumsdelikte	Straftaten gegen das Vermögen als Ganzes	Straftaten gegen einzelne Vermögenswerte

1. Zueignungsdelikte
  a) Diebstahl, §§ 242 ff.
  b) Unterschlagung, § 246
  c) Raub, §§ 249 ff.
  d) Räuberischer Diebstahl, § 252
2. Sachbeschädigungsdelikte, §§ 303 ff.
	1. Erpressung, §§ 253, 255, und erpresserischer Menschenraub, § 239a[2]
	2. Betrugsdelikte, §§ 263, 263a, 264, 264a, 265b, 298
	3. Versicherungsmissbrauch, § 265, und Erschleichen von Leistungen, § 265a
	4. Untreuedelikte, §§ 266, 266a, 266b
	5. Anschlussdelikte, §§ 257, 259, 261
	6. Wucher, § 291
	7. Unerlaubtes Glückspiel, §§ 284 bis 287
		1. Gebrauchsanmaßung, §§ 248b, 290, und Entziehung elektrischer Energie, § 248c
		2. Delikte gegen Aneignungsrechte, §§ 292 ff.
		3. Insolvenzdelikte, §§ 283 ff., und Straftaten gegen Gläubiger, Nutzungsrechte usw., §§ 288, 289
		4. Unerlaubtes Entfernen vom Unfallort, § 142[3]

1. Eigentumsdelikte

Geschütztes Rechtsgut ist das Eigentum an einzelnen Sachen. Unter Eigentum versteht man dabei die rechtliche Zuordnung von Sachen zu einer Person[1489]. Nicht erfasst werden Rechte, Forderungen, Anwartschaften usw. Das Eigentum bestimmt sich nach den Regelungen des Bürgerlichen Rechts, wobei Rückwirkungsvorschriften (§ 142 Abs. 1 BGB: ex tunc-Wirkung) keine Berücksichtigung finden[1490]. Bei den Eigentumsdelikten sind immer ganz bestimmte Gegenstände in den Blick zu nehmen. Daher ent-

897

1489 *Mitsch*, BT 2, 1.2.1.3.2.1.
1490 *Rengier*, BT 1, § 2 Rn. 16; *Wessels/Hillenkamp/Schuhr*, BT 2, Rn. 81.

fällt etwa die Rechtswidrigkeit der erstrebten Zueignung bei § 242 nur, wenn der Täter einen Anspruch auf die konkrete Sache besitzt[1491].

2. Vermögensdelikte

898 Mit diesem Begriff sind nur die Straftaten gegen das Vermögen als Ganzes in Bezug genommen. Die Eigentumsdelikte kann man aber den **Vermögensdelikten i. w. S.** zuordnen, weil hier zwar kein Vermögensschaden erforderlich ist, jedoch dem Eigentum zumeist ein bestimmter Sachwert zukommt und daher bei diesen Delikten in aller Regel ein Vermögensschaden bewirkt wird[1492]. Zwingend ist dies freilich nicht, weil Eigentumsdelikte – wie etwa Diebstahl und Sachbeschädigung – auch bei Sachen ohne wirtschaftlichen Wert bzw. mit rein ideellem Wert (z. B. gepflückte Blumen, altes Foto) in Betracht kommen[1493]. Vermögensdelikte schützen das Vermögen als Summe aller Vermögenswerte umfassend[1494]. Es sind demnach auch Forderungen usw. mit einbezogen. Der Schutz erstreckt sich freilich nur auf einzelne, gesetzlich bestimmte Angriffsrichtungen. Einen allgemeinen Vermögensschädigungstatbestand gibt es nicht. Bei **Delikten gegen einzelne Vermögensrechte** sind nur bestimmte Ausschnitte des Vermögens – bei den §§ 292 ff. etwa Aneignungsrechte – geschützt. Daneben gibt es Delikte, die neben dem Vermögen auch Interessen der Allgemeinheit schützen, wie dies etwa beim Subventions-, Kapitalanlage- und Kreditbetrug der Fall ist.

II. Diebstahl, § 242

1. Geschütztes Rechtsgut und Systematik

899 **a) Rechtsgut.** § 242 schützt richtigerweise nur das Eigentum an der Sache, nicht aber zusätzlich den Gewahrsam einer vom Eigentümer verschiedenen Person[1495]. Einen bloßen Besitzschutz kennt das Strafgesetzbuch nicht. Folgerichtig ist auch nur der Eigentümer – also etwa der Vermieter, nicht aber der Mieter – als Verletzter i. S. d. § 77 zur Stellung des Strafantrags nach §§ 247, 248a befugt. Eine rechtfertigende Einwilligung kann ebenfalls nur vom Eigentümer erteilt werden[1496]. Liegt allerdings ein Einverständnis des Gewahrsaminhabers vor, so ist das objektive Tatbestandsmerkmal der Wegnahme zu verneinen[1497].

900 **b) Systematik.** § 242 stellt den Grundtatbestand dar; § 243 enthält hierzu nach h. M. (nur) eine Strafzumessungsregel nach der Regelbeispielsme-

---

1491 S. u. Rn. 966.
1492 *Rengier*, BT 1, § 1 Rn. 2.
1493 *Maurach/Schroeder/Maiwald/Hoyer/Momsen*, BT 1, § 31 Rn. 8.
1494 Näher zum Vermögensbegriff s. u. Rn. 1363 ff.
1495 *Kindhäuser/Böse*, BT 2, § 2 Rn. 4 f.; *Schönke/Schröder/Bosch*, § 242 Rn. 1/2; *Wessels/Hillenkamp/Schuhr*, BT 2, Rn. 70; a. A. BGHSt 10, 400 (401); BGHSt 29, 319 (323); *Lackner/Kühl*, § 242 Rn. 1; *Rengier*, BT 1, § 2 Rn. 1.
1496 Vgl. u. Rn. 967.
1497 Näher u. Rn. 932.

thode, die die Rechtsfolgenseite betrifft und erst nach der Prüfung der Schuld bzw. eines etwaigen Rücktritts (beim Versuch) zu prüfen ist. Qualifiziert wird § 242 durch die Vorschriften der §§ 244, 244a. Strafantragserfordernisse finden sich in §§ 247, 248a.

§ **248b** (**Unbefugter Gebrauch eines Kraftfahrzeugs**) und § **248c** (**Entziehung elektrischer Energie**) sind eigenständige Delikte, die in der Fallbearbeitung regelmäßig erst im Anschluss an § 242 zu prüfen sind. Auch § **246** (**Unterschlagung**) ist ein eigenständiges Delikt. Da es Auffangcharakter hat und § 246 Abs. 1 a. E. formelle Subsidiarität anordnet, ist es ebenfalls im Anschluss an § 242 und andere Eigentums- und Vermögensdelikte zu prüfen. Letztlich sind auch § **249** (**Raub**) und § **252** (**räuberischer Diebstahl**) eigenständige Delikte. Kommt ein Raub in Betracht, sollte dieser in der Klausur vorab geprüft werden und (im Falle der Verneinung) erst im Anschluss daran § 242. Hingegen kann § 252 nur geprüft werden, wenn zuvor überhaupt ein vollendeter Diebstahl bejaht wurde. Beide Delikte sind stets getrennt zu prüfen (keine Inzidentprüfung des Diebstahls).

Prüfungsschema
1. **Tatbestand**
    a. Objektiver Tatbestand
        aa. Fremde bewegliche Sache
        bb. Wegnahme
    b. Subjektiver Tatbestand
        aa. Vorsatz (mind. dolus eventualis) bzgl. Wegnahme einer fremden beweglichen Sache
        bb. (Dritt-)Zueignungsabsicht
            (1) Zumindest dolus eventualis bzgl. einer dauerhaften Enteignung
            (2) Dolus directus 1. Grades bzgl. einer zumindest vorübergehenden Aneignung
    c. Objektive Rechtswidrigkeit der erstrebten Zueignung und Vorsatz (mind. dolus eventualis) diesbezüglich
2. **Rechtswidrigkeit**
3. **Schuld**
4. **Strafzumessungsregel für besonders schwere Fälle mit Regelbeispielen, § 243**
    a. Verwirklichung eines Regelbeispiels nach Abs. 1 Satz 2 Nrn. 1 bis 7
    b. Vorsatz bzgl. objektiver Regelbeispiele Nrn. 1, 2, 4 bis 7
    c. Keine Widerlegung der Indizwirkung
    d. Bei Regelbeispielen nach Abs. 1 Satz 2 Nrn. 1 bis 6: Keine Geringwertigkeit, § 243 Abs. 2
5. **Strafantrag, §§ 247, 248a**

903 Aufbauhinweis zum versuchten Diebstahl:
1. Tatbestand
   a. Tatentschluss
      aa. Tatentschluss (mind. dolus eventualis) bzgl. Wegnahme einer fremden beweglichen Sache
      bb. (Dritt-)Zueignungsabsicht
         (1) Zumindest dolus eventualis bzgl. einer dauerhaften Enteignung
         (2) Dolus directus 1. Grades bzgl. einer zumindest vorübergehenden Aneignung
      cc. Tatentschluss (mind. dolus eventualis) bzgl. objektiver Rechtswidrigkeit der erstrebten Zueignung
   b. Unmittelbares Ansetzen
2. Prüfungspunkte 2. bis 5. wie beim vollendeten Delikt; ggf. Rücktrittsprüfung

2. Objektiver Tatbestand

904 Dieser setzt die Wegnahme einer fremden beweglichen Sache voraus. Anders als bei § 246 ist eine (objektive) Zueignung nicht erforderlich; vielmehr genügt es, dass der Täter in subjektiver Hinsicht die Zueignung der Sache erstrebt.

905 a) **Sachen.** Darunter sind nur körperliche Gegenstände i. S. d. § 90 BGB unabhängig von ihrem Wert oder ihrem Aggregatszustand (fest, flüssig, gasförmig) zu verstehen[1498]. Erforderlich ist für ihre Eigentumsfähigkeit lediglich, dass sie hinreichend abgrenzbar sind. **Tiere** werden vom Sachbegriff des StGB unmittelbar erfasst[1499], wie die Gleichstellung in §§ 324a Abs. 1 Nr. 1, 325 Abs. 1, 4 Nr. 1 von Tieren mit „anderen Sachen" bestätigt[1500]. Auf die Regelung des § 90a BGB, die zum gleichen Ergebnis führen würde, kommt es richtigerweise nicht an[1501], da keine Akzessorietät zu den zivilrechtlichen Regelungen besteht.

906 aa) **Rechte** – wie Forderungen oder Patente – sind von § 242 nicht geschützt. Diese werden nur partiell von §§ 288, 289, 292 ff. und den Strafvorschriften des Urheberrechts erfasst. Papiere, die ein Recht verbriefen, sind jedoch taugliches Tatobjekt. Strahlen und **elektrische Energie** sind ebenfalls keine Sachen; die Anwendung des § 242 wäre daher eine nach Art. 103 Abs. 2 GG verbotene Analogie zu Lasten des Täters[1502]. Um die damit ver-

---

1498 S. LK-*Vogel*, § 242 Rn. 6; *Schönke/Schröder/Bosch*, § 242 Rn. 9.
1499 So BayObLG NJW 1993, 2760 (2761); *Mitsch*, BT 2, 1.2.1.2; *Rengier*, BT 1, § 2 Rn. 7.
1500 *Graul*, JuS 2000, 215 (218); *Küper*, JZ 1993, 435 (441).
1501 So aber *Maurach/Schroeder/Maiwald/Hoyer/Momsen*, BT 1, § 32 Rn. 17; *Schönke/Schröder/Bosch*, § 242 Rn. 9.
1502 RGSt 29, 111 (116); RGSt 32, 165 (185 f.).

bundene Strafbarkeitslücke zu schließen, hat der Gesetzgeber für elektrische Energie die Vorschrift des § 248c geschaffen. Auch **Daten** sind keine Sachen; die Kopie eines Computerprogramms ist daher nicht tatbestandsmäßig. Allerdings kommt ein Diebstahl am Datenträger in Betracht, wenn etwa eine CD weggenommen wird.

bb) Dem **Körper** eines lebenden Menschen kommt keine Sachqualität zu. Dies gilt auch für damit fest verbundene künstliche Teile (z. B. Keramikkrone, künstliches Hüftgelenk, Herzschrittmacher), die Bestandteil des Menschen werden und damit mit Einfügung in den Körper ihre Sachqualität verlieren[1503]. **907**

b) Beweglich. Erfasst sind alle Sachen, die tatsächlich bewegt werden können. Es genügt, wenn sie erst durch die Wegnahme beweglich gemacht werden. **908**

Bsp. (1):[1504] Schäfer T lässt eine fremde Weide durch seine Schafe „abmähen". – Das Gras wird durch das Abkauen der Tiere beim Gewahrsamwechsel beweglich, was für § 242 genügt. In Tateinheit hierzu kann § 303 stehen, wenn die Tiere die Weide abgrasen und zertreten; im Gegensatz zu § 242 werden von § 303 auch unbewegliche Sachen erfasst.

Bsp. (2): T bricht nach bestandener Staatsprüfung zur Erinnerung einen Stein aus dem Universitätsgebäude und stellt diesen als Denkmal in seiner Wohnung auf. – § 242 ist (unproblematisch) verwirklicht.

c) Fremd. Eine Sache ist fremd, wenn sie im Allein-, Mit- oder Gesamthandseigentum einer anderen natürlichen oder juristischen Person steht. Dabei kommt es nur darauf an, dass ein anderer als der Täter Eigentümer ist. Wer einem Dieb die Sache wegnimmt, begeht demnach selbst einen weiteren Diebstahl zu Lasten des Eigentümers. Für die Bestimmung des Eigentums gelten die Regelungen des BGB, wobei Rückwirkungsvorschriften – etwa die ex tunc-Wirkung bei der Anfechtung nach § 142 Abs. 1 BGB – keine Berücksichtigung finden können, weil für die Beurteilung der Strafbarkeit der Zeitpunkt der Tathandlung entscheidend ist und andernfalls rückwirkend eine Strafbarkeit begründet würde[1505]. Im Rahmen der strafrechtlichen Fallbearbeitung müssen bei diesem Merkmal also ggf. sorgfältig zivilrechtliche Vorschriften (insb. §§ 929 ff. BGB) geprüft werden. **909**

aa) Herrenlose Sachen, gleichgültig ob von Natur aus oder durch Eigentumsaufgabe nach §§ 958 ff. BGB (Derelikton), sind nicht fremd; in Betracht kommt in solchen Fällen aber eine Wilderei nach §§ 292, 293. Davon sind verlorene Sachen zu unterscheiden, bei denen kein Eigentums-, son- **910**

1503 *Lackner/Kühl*, § 242 Rn. 2; *Wessels/Hillenkamp/Schuhr*, BT 2, Rn. 76; diff. *Kindhäuser/Böse*, BT 2, § 2 Rn. 26; *Schönke/Schröder/Bosch*, § 242 Rn. 10 und 20; vertiefend *Eisele*, BT 2, Rn. 18 ff.
1504 LG Karlsruhe NStZ 1993, 543.
1505 *Rengier*, BT 1, § 2 Rn. 16; *Wessels/Hillenkamp/Schuhr*, BT 2, Rn. 81.

dern allenfalls einen Gewahrsamsverlust anzunehmen ist (namentlich bei Vergessen oder Verlieren einer Sache). Werden Altkleider oder Sperrmüll zur Abholung an den Straßenrand gestellt, so ist darin keine Dereliktion, sondern – entsprechend dem Verwendungszweck des Eigentümers – ein Angebot zur Übereignung zu sehen. Keine Dereliktion liegt auch vor, wenn eine Sache in Vernichtungsabsicht zum Abfall gegeben wird[1506].

Bsp.:[1507] O stellt einen Sack mit alten Kleidern zur Abholung durch das Rote Kreuz an den Gehweg vor seinem Haus. T öffnet den Sack und nimmt erfreut einige hübsche Stücke mit. – Da O das Eigentum nicht aufgegeben hat, handelte es sich für T um fremdes Eigentum. Da der verschlossene Sack vor seinem Haus stand, hatte er unter Berücksichtigung der Verkehrsanschauung auch noch Gewahrsam daran, so dass T § 242 verwirklicht.

911 bb) Problematisch sind die **Eigentumsverhältnisse an Betäubungsmitteln**. Zu erkennen ist zunächst, dass (ausnahmsweise) nicht nur das zugrunde liegende Verpflichtungsgeschäft, sondern auch die rechtsgeschäftliche Übereignung der Betäubungsmittel[1508] und des gezahlten Kaufpreises[1509] nach § 134 BGB in Verbindung mit den Vorschriften des BtMG unwirksam sind. Daher wird teilweise bereits mangels Verkehrsfähigkeit der Sache die Anwendbarkeit von Eigentumsdelikten verneint. Das Eigentum sei zu einer leeren „Begriffshülse" reduziert[1510]. Dem ist jedoch zu widersprechen, da der Schutz des Eigentums durch Eigentumsdelikte formaler Natur ist und daher der Wert der Sache sowie die tatsächlichen und rechtlichen Möglichkeiten, mit der Sache (nach Belieben) zu verfahren, unerheblich sind[1511]. Auch würde bei Betäubungsmitteln ansonsten das von § 903 BGB gewährte Recht auf Eigentumsaufgabe und Vernichtung der Sache geleugnet.

Bsp. (1):[1512] O kauft Heroin bei Dealer D. T nimmt O dieses zum Eigenverbrauch weg. – O konnte an dem Heroin aufgrund § 134 BGB kein Eigentum erwerben, da das dingliche Rechtsgeschäft unwirksam war. Dennoch handelte es sich für T um eine fremde Sache, da jedenfalls der Betäubungsmittelproduzent Eigentümer blieb[1513], wenn alle nachfolgenden Veräußerungsakte unwirksam waren. T macht sich daher nach § 242 strafbar.

1506 OLG Hamm JuS 2011, 755 m. Anm. *Jahn*.
1507 BayObLG JZ 1986, 967.
1508 *Bechtel*, JR 2017, 197 (198 f.); *Engel*, NStZ 1991, 520 (521); *Kindhäuser/Böse*, BT 2, § 2 Rn. 22; MünchKomm-*Armbrüster*, BGB, 8. Aufl. 2018, § 134 Rn. 10.
1509 BGHSt 31, 145 (147); BGH NStZ-RR 2000, 234; MünchKomm-*Armbrüster*, BGB, 8. Aufl. 2018, § 134 Rn. 10.
1510 *Engel*, NStZ 1991, 520 (521); MünchKomm-*Schmitz*, § 242 Rn. 17; i. E. auch *Bechtel*, JR 2017, 197 (201 f.).
1511 *Marcelli*, NStZ 1992, 220 f.; *Schönke/Schröder/Bosch*, § 242 Rn. 19.
1512 BGH NStZ 2006, 170.
1513 Zum originären Eigentumserwerb bei Betäubungsmitteln *Bechtel*, JR 2017, 197 (199 f.).

Bsp. (2):[1514] T kauft bei O Heroin an. Gleich nach dem Konsum fasst er den Entschluss, das als Kaufpreis übergebene Geld wieder an sich zu nehmen. – Für die Lösung des Falles ist entscheidend, dass auch die Übereignung des Kaufpreises nach § 134 BGB unwirksam ist[1515]. Da das Geld daher weiterhin im Eigentum des T stand, handelte es sich um keine fremde Sache. Ein Betrug nach § 263 scheidet schon deshalb aus, weil T den Entschluss erst nach Abwicklung des Rechtsgeschäfts fasste.

d) Wegnahme. Der Begriff der „Wegnahme" wird neben § 242 auch in § 168 (Bruch eines tatsächlichen Obhutsverhältnisses) und § 289 (jedes Entziehen aus dem Machtbereich) verwendet und ist jeweils im Lichte des geschützten Rechtsguts (abweichend) auszulegen.

> **Definition**
> Bei § 242 bedeutet Wegnahme den Bruch fremden und die Begründung neuen, nicht notwendigerweise tätereigenen Gewahrsams[1516].

> **Aufbau**
> Für die Wegnahmeprüfung kann zur Orientierung folgendes Schema zugrunde gelegt werden, ohne dass dies freilich in der Falllösung detailliert „abgearbeitet" werden sollte:
> 1. **Fremder Gewahrsam**
>   a. Gewahrsam
>   aa. Sachherrschaftsverhältnis (objektive Komponente)
>   bb. Natürlicher Sachherrschaftswille (subjektive Komponente)
>   b. Fremder Gewahrsam: Alleingewahrsam, über- oder gleichgeordneter Gewahrsam einer anderen Person
> 2. **Bruch des fremden Gewahrsams**
>   a. Aufhebung des Gewahrsams, nicht bloße Gewahrsamslockerung
>   b. Gegen bzw. ohne den Willen des Gewahrsamsinhabers → ansonsten tatbestandsausschließendes Einverständnis; dabei aufgrund des Exklusivitätsverhältnisses Abgrenzung zum Betrug nach § 263
> 3. **Begründung neuen, nicht notwendigerweise tätereigenen Gewahrsams**

aa) Bruch fremden Gewahrsams bedeutet die Aufhebung der Sachherrschaft gegen den Willen bzw. ohne das Einverständnis des bisherigen Gewahrsamsinhabers[1517]. In einem ersten Schritt ist zu prüfen, welche Person

---
1514 BGH NStZ-RR 2000, 234.
1515 BGHSt 31, 145 (147).
1516 RGSt 48, 58 (59); *Rengier*, BT 1, § 2 Rn. 22; *SSW-Kudlich*, § 242 Rn. 17.
1517 BayObLG NJW 1979, 729; *Wessels/Hillenkamp/Schuhr*, BT 2, Rn. 115.

vor der Tathandlung Gewahrsam an dem Gegenstand besaß. Unter **Gewahrsam** versteht man die Sachherrschaft (objektive Komponente), die von einem natürlichen Sachherrschaftswillen getragen wird (subjektive Komponente)[1518]. Entfällt eine der beiden Komponenten, so endet der Gewahrsam.

915 (1) Ein **Sachherrschaftsverhältnis** liegt vor, wenn für den Berechtigten die Möglichkeit zur physisch-realen Einwirkung auf die Sache besteht und der Ausübung der Herrschaft keine wesentlichen Hindernisse entgegenstehen. Dabei sind die konkreten Umstände des Einzelfalls unter Berücksichtigung der Verkehrsanschauung entscheidend, wobei eine normative Betrachtung im Vordergrund steht. Im Rahmen einer solchen normativen Betrachtung kann für einen Gewahrsam sprechen, dass sich der Gegenstand in der räumlichen Sphäre einer Person befindet (Einwurf in den Briefkasten, Verwahrung im Lager usw.). Umgekehrt ist der Gewahrsam nicht schon deshalb beendet oder ausgeschlossen, wenn aufgrund räumlicher Distanz die faktische Zugriffsmöglichkeit gelockert ist[1519].

> **Bsp. (1):** O stellt seinen Wagen auf einem Parkplatz ab und fährt in den Urlaub; O lässt seinen Kater durch den ganzen Ort streunen; das Postpaket wird vor der Haustür des abwesenden O abgelegt; die Zeitungen werden am frühen Morgen auf der Straße vor dem Kiosk des O abgelegt. – Nimmt T die Sachen, so bricht er den gelockerten, aber dennoch fortbestehenden Gewahrsam und begeht einen Diebstahl.

> **Bsp. (2):** T nimmt das silberne Besteck im Restaurant des O mit. – Zwar hält T dieses während des Essens in seinen Händen. Jedoch hat O in seiner räumlichen Sphäre weiterhin jederzeit die Zugriffsmöglichkeit und auch einen entsprechenden Sachherrschaftswillen, so dass er mindestens Mitgewahrsam besaß. Diesen hat T spätestens gebrochen, als er das Restaurant verließ.

916 Der Gewahrsam ist im Übrigen **unabhängig von den zivilrechtlichen Eigentums- und Besitzregelungen** zu beurteilen. Zivilrechtlicher Besitz und strafrechtlicher Gewahrsam können zwar gleichlaufen, unterscheiden sich aber vor allem in folgenden Fällen: Der mittelbare Besitzer (§ 868 BGB) hat häufig keinen Gewahrsam; die tatsächliche Sachherrschaft wird zumeist beim unmittelbaren Besitzer liegen. Auch der (fiktive) Erbenbesitz (§ 857 BGB) begründet keine tatsächliche Sachherrschaft. Umgekehrt kann der Besitzdiener (§ 859 BGB), der selbst nicht Besitzer ist, die tatsächliche Sachherrschaft und daher Gewahrsam erlangen; je nach Sachverhaltsgestaltung kann dieser jedoch auch – ohne eigenen Gewahrsam – bloßer Gewahrsamsgehilfe bzw. Gewahrsamshüter des Geschäftsherrn sein.

1518 BGHSt 40, 8 (23); *Schönke/Schröder/Bosch*, § 242 Rn. 23.
1519 *Lackner/Kühl*, § 242 Rn. 9; *Schönke/Schröder/Bosch*, § 242 Rn. 25 f.

> **Formulierung**
> In Prüfungsarbeiten ist strikt darauf zu achten, dass die „Wegnahme" nicht mit „Besitz" oder gar „Zueignung" verwechselt wird.

(2) An den **natürlichen Sachherrschaftswillen** als subjektive Komponente werden recht geringe Anforderungen gestellt. Es genügt zunächst ein genereller Sachherrschaftswille, der nicht auf einen konkreten Gegenstand bezogen sein muss, sich vielmehr grundsätzlich auf alle Sachen erstreckt, die sich im Herrschaftsbereich bzw. in der räumlichen Sphäre des Betreffenden befinden[1520]. Anderes kann freilich bei Gegenständen gelten, die dem Betroffenen aufgedrängt werden und seinen Interessen zuwiderlaufen.

> Bsp. (1): An einem verlorenen Geldschein in einem Ladengeschäft hat der Ladeninhaber Gewahrsam, selbst wenn er keine Kenntnis von dem Geldschein hat. Steckt die Putzfrau oder ein Kunde den Geldschein ein, so liegt daher Diebstahl (§ 242) und nicht lediglich Unterschlagung (§ 246) vor. Entsprechendes gilt für andere in Behördengebäuden, Stadthallen, Gaststätten, öffentlichen Verkehrsmitteln usw. liegen gebliebene Gegenstände.

> Bsp. (2): O vergisst nach dem Abheben am Bankautomaten das Geld mitzunehmen. Bevor es wieder eingezogen wird, greift T erfreut zu. – Das Geld war für T eine fremde bewegliche Sache; es stand weiterhin im Eigentum der Bank (mangels Übergabe keine Übereignung an O). Das Geld stand auch noch im Gewahrsam der innerhalb der Bank zuständigen natürlichen Person, da das Ausgabefach des Bankautomaten deren Gewahrsamssphäre zuzuordnen ist.

Es wird ferner **kein ständig aktualisiertes Herrschaftsbewusstsein** gefordert, so dass auch ein Schlafender oder Bewusstloser – selbst wenn dieser vor seinem Tod nicht mehr aus der Bewusstlosigkeit erwacht – weiterhin Gewahrsam haben kann[1521]. Auch Kinder können den natürlichen Herrschaftswillen haben. Der Sachherrschaftswille endet erst mit dessen Aufgabe oder durch Tod des Gewahrsamsinhabers.

Da nur natürliche Personen einen Herrschaftswillen bilden können, kommen **juristische Personen** nicht als Gewahrsamsinhaber in Betracht[1522]. Wenn etwas unpräzise vom Gewahrsam eines Unternehmens, eines Warenhauses, einer Behörde usw. gesprochen wird, ist damit der Gewahrsam (und damit auch der Gewahrsamswille) der jeweils zuständigen Person (z. B. Geschäftsinhaber, Behördenleiter, Organ oder sonst beauftragte Person) ge-

---
1520 *Lackner/Kühl*, § 242 Rn. 11; *Schönke/Schröder/Bosch*, § 242 Rn. 30.
1521 BGHSt 4, 210 (211); BGH NJW 1985, 1911; *Mitsch*, BT 2, 1.2.1.4.2.3.
1522 RGSt 60, 271; *Schönke/Schröder/Bosch*, § 242 Rn. 29; a. A. SK-*Hoyer*, § 242 Rn. 39.

meint[1523]. Nimmt eine solche Person einen Gegenstand mit, so scheidet – sofern nicht Mitgewahrsam eines Dritten besteht – § 242 aus. In Betracht kommt eine Strafbarkeit nach § 246 Abs. 1 und 2 sowie nach § 266.

920 (3) Die Beurteilung der Gewahrsamverhältnisse kann bei der **Beteiligung mehrerer Personen** kompliziert sein, weil hier neben dem Alleingewahrsam einer Person auch ein **gleichrangiger oder mehrstufiger Mitgewahrsam** anderer Personen in Betracht kommt, der mitunter von diffizilen Erwägungen abhängig gemacht wird.

921 Bevor auf Einzelheiten dieser Gewahrsamsverhältnisse eingegangen wird, soll die Bedeutung dieser Einteilung verdeutlicht werden: Steht die Sache im **Alleingewahrsam** des Täters, so scheidet § 242 immer aus, da in diesem Fall kein fremder Gewahrsam gebrochen wird; in Betracht kommt nur eine Strafbarkeit nach § 246. Hat der Täter hingegen selbst keinen Gewahrsam an der Sache und wird fremder Gewahrsam – sei es Alleingewahrsam, sei es Mitgewahrsam – gebrochen, so ist § 242 verwirklicht, wenn die weiteren Voraussetzungen vorliegen. Steht die Sache im Gewahrsam von mehreren Personen, so spricht man von **Mitgewahrsam**. Nehmen alle Mitgewahrsamsinhaber einverständlich die Sache weg, so liegt kein Gewahrsamsbruch vor. **Gleichrangigen Mitgewahrsam** (z. B. unter Ehegatten) kann jeder Mitgewahrsamsinhaber brechen und damit § 242 verwirklichen[1524]. **Mehrstufiger Mitgewahrsam** kann nur „von unten nach oben" und nicht „von oben nach unten" gebrochen werden. § 242 kann daher nur derjenige verwirklichen, der untergeordneten Mitgewahrsam, nicht aber derjenige, der übergeordneten Gewahrsam hat[1525]. Mehrstufiger Mitgewahrsam kommt vor allem in Dienst-, Arbeits- und Auftragsverhältnissen in Betracht. Bei genauer Betrachtung ist die Figur des untergeordneten Gewahrsams (und damit zugleich diejenige des übergeordneten Gewahrsams) jedoch entbehrlich. Man kann in diesen Fällen im Wege einer normativen Betrachtung ebenso gut davon ausgehen, dass der Geschäftsherr (Allein)Gewahrsam besitzt, der von seinem Angestellten usw. oder einem Dritten gebrochen werden kann[1526].

> **Bsp.:** Die Mitnahme eines Computers durch den Geschäftsinhaber ist – unabhängig davon, ob dieser Alleingewahrsam oder übergeordneten Mitgewahrsam hat – nicht tatbestandsmäßig; nimmt dagegen der Auszubildende (auch mit untergeordnetem Mitgewahrsam) das Gerät mit, kann § 242 verwirklicht sein.

922 Nach h. M. haben **Angestellte in Ladengeschäften**, die unter Leitung bzw. Mitwirkung des Geschäftsherrn arbeiten, an den Waren, der Kasse und den Geldern, die sie von den Kunden in Empfang nehmen, keinen Mitgewahr-

---

1523 RGSt 52, 144; RGSt 54, 232; *Mitsch*, BT 2, 1.2.1.4.2.2.
1524 *Kindhäuser/Böse*, BT 2, § 2 Rn. 55; *Schönke/Schröder/Bosch*, § 242 Rn. 32.
1525 OLG Celle NStZ 2012, 447 (448); *Schramm*, JuS 2008, 678 (682).
1526 So auch *Lackner/Kühl*, § 242 Rn. 13; *Mitsch*, BT 2, 1.2.1.4.2.2.

sam. Sie sind lediglich Gewahrsamsgehilfen bzw. Gewahrsamshüter; der Geschäftsherr hat in diesem Fall Alleingewahrsam[1527]. Entsprechendes gilt auch für kleinere Handwerksbetriebe, wenn der Arbeitnehmer Materialien oder Werkzeug mitnimmt. Selbst wenn man dies anders sieht und gleich- oder untergeordneten Mitgewahrsam annimmt, liegt immer noch ein Bruch fremden Gewahrsams vor[1528]. Angestellte, die in **Kaufhäusern** mit einem gewissen Maß an Eigenverantwortlichkeit einen räumlich abgegrenzten Bereich betreuen, können ggf. Mitgewahrsam an den darin befindlichen Sachen haben, der freilich dem Mitgewahrsam des Abteilungsleiters, Filialleiters, Geschäftsführers, Geschäftsinhabers usw. untergeordnet ist. Mit guten Gründen kann man aber auch hier die Figur des untergeordneten Gewahrsams als überflüssig ansehen[1529]. Wer selbstständig eine **Niederlassung oder Filiale** leitet, hat Alleingewahrsam[1530].

> **Bsp.:** Der Angestellte T der Uhrenabteilung steckt nach Ladenschluss eine Uhr in seine Hosentasche, um diese anderweitig zu veräußern. – Da T nur untergeordneten Mitgewahrsam besitzt, bricht er bereits mit dem Einstecken der Uhr in seine Tasche (Gewahrsamsenklave)[1531] den übergeordneten Mitgewahrsam und macht sich daher nach § 242 strafbar.

Ein **Kassierer,** der die Kasse eigenverantwortlich führt, soll nach h. M. regelmäßig Alleingewahrsam haben, wenn niemand bis zur Abrechnung das Geld gegen den Willen des Kassierers entnehmen darf[1532]. Für einen Alleingewahrsam spricht auch die alleinige Zugriffsmöglichkeit, etwa durch den Besitz des einzigen Kassenschlüssels. Anders (Mitgewahrsam) kann aber zu entscheiden sein, wenn weitere Personen – etwa beim Zählen des Geldes – eingeschaltet sind[1533].

923

> **Bsp.:** Studentin T jobbt als Bedienung in einer Cocktailbar. Hierzu rechnet sie mit einer eigenständig geführten Geldbörse an den Tischen ab, trennt das Trinkgeld von den Einnahmen und rechnet nach Schließung der Bar ab. Als sie in Zahlungsschwierigkeiten ist, nimmt sie das Geld einfach mit. – T hat, obwohl sie sich in der räumlichen Sphäre des Lokals befindet, Alleingewahrsam am Geld, da nur sie Zugriff auf die Geldbörse hat. Es liegt daher keine Wegnahme vor; T macht sich aber nach § 246 Abs. 1 und Abs. 2 strafbar.

(4) Unter **Bruch des Gewahrsams** ist die vollständige Aufhebung des Gewahrsams gegen oder zumindest ohne das Einverständnis des Gewahrsams-

924

1527 S. RGSt 30, 88 (89 ff.); RGSt 77, 34 (38); BGHSt 8, 273 (275).
1528 Vgl. auch BGH wistra 2015, 272 (273).
1529 Für einen Alleingewahrsam des Abteilungsleiters *Wessels/Hillenkamp/Schuhr*, BT 2, Rn. 101.
1530 *Wessels/Hillenkamp/Schuhr*, BT 2, Rn. 101; für zumindest übergeordneten Mitgewahrsam LK-*Vogel*, § 242 Rn. 79.
1531 S. Rn. 926.
1532 BGHSt 8, 273 (275); BGHSt 40, 8 (23); *Rengier*, BT 1, § 2 Rn. 37.
1533 OLG Celle NStZ 2012, 447.

inhabers zu verstehen[1534]. Erforderlich ist, dass der bisherige Gewahrsamsinhaber die Zugriffsmöglichkeit auf die Sache verliert. Die **Begründung des neuen Gewahrsams** ist das Spiegelbild zum Gewahrsamsbruch und zugleich das Ergebnis des Gewahrsamswechsels. Die Kriterien des Gewahrsams müssen nun auf eine andere Person – nicht zwingend der Täter selbst – zutreffen.

> **Bsp.:**[1535] LKW-Fahrer T soll mit einem Fahrzeug seines Arbeitgebers verschiedene Waren beim Unternehmen O abholen. Als er einige teure Fernsehgeräte in den Lagerhallen entdeckt, lädt er diese „zusätzlich" ein, um diese später für sich zu verkaufen. Für den vollendeten Gewahrsamsbruch mit Verladen der Fernsehgeräte kommt es nicht darauf an, ob T oder sein Arbeitgeber Gewahrsam an den Fernsehgeräten im LKW erlangt, da kein tätereigener Gewahrsam begründet werden muss.

925 Der Täter (bzw. ein Dritter) muss infolge des Gewahrsamswechsels die Sachherrschaft dergestalt erlangen, dass er sie ohne wesentliche Hindernisse ausüben kann und der bisherige Gewahrsamsinhaber nicht mehr über die Sache verfügen kann, ohne seinerseits die Verfügungsmacht des Täters zu brechen[1536]. Eine bloße **Gewahrsamslockerung** genügt für einen Gewahrsamsbruch und damit einen Gewahrsamswechsel nicht. In solchen Fällen ist jedoch zu beachten, dass der endgültige Gewahrsamsbruch noch zu einem späteren Zeitpunkt erfolgen kann. Die zeitlich exakte Festlegung der Wegnahme und damit der Vollendung ist vor allem für das Verhältnis zu § 252, aber auch für die streitige Frage der sukzessiven Beteiligung und der Anwendbarkeit der Qualifikationen nach Vollendung von Bedeutung. Auch scheidet ab diesem Zeitpunkt ein Rücktritt nach § 24 aus.

> **Bsp.:** T steckt im Supermarkt heimlich eine Packung Zigaretten in die Einkaufstasche der Rentnerin R. – Hier ist der Gewahrsam des Marktleiters usw. mit dem Einstecken gebrochen. Zwar befand sich die Sache noch im Rahmen der räumlichen Sphäre des Ladens, jedoch kann auf Gegenstände, die in Kleidung und Taschen von Kunden verborgen werden, nicht einfach zugegriffen werden. Es liegt eine vollendete Wegnahme vor, weil T neuen Gewahrsam bei R begründet hat und der Gewahrsamswechsel ohne den Willen des Gewahrsamsinhabers erfolgte.

926 Bei den im Alltag (aber auch in Klausuren) häufig vorkommenden **Ladendiebstählen** ist der Gewahrsamswechsel, solange der Täter die Sachen noch in der Hand trägt, regelmäßig erst vollzogen, wenn er den räumlichen

---

1534 Vgl. nur BayObLG NJW 1979, 729.
1535 Vgl. auch OLG Hamm NStZ-RR 2014, 209.
1536 OLG Köln NJW 1986, 392; BayObLG NJW 1995, 3000 (3001).

Herrschaftsbereich des Geschäftsinhabers verlässt[1537]. Im Einzelfall kann Vollendung aber auch schon nach dem Passieren der Kasse anzunehmen sein; so beispielsweise, wenn in einem Einkaufszentrum unmittelbar nach der Kasse der Bereich des Ladengeschäfts endet und sich eine andere Fläche (Flur, weiteres Geschäft) anschließt. Andererseits kann der Herrschaftsbereich auch Flächen vor dem Gebäude erfassen, wenn dort ebenfalls Waren angeboten werden[1538]. Das bloße Ergreifen kann den Gewahrsamswechsel allenfalls bei ganz kleinen Gegenständen – wie bei Geld – bewirken. Ansonsten genügt bei kleineren beweglichen Sachen für einen Gewahrsamsbruch auch in fremden räumlichen Sphären bereits das Verbergen am Körper oder in einer **mitgeführten Tasche** des Täters (**Gewahrsamsenklave**), weil der Zugriff hier wesentlich erschwert ist und eine Beeinträchtigung des höchstpersönlichen „Tabubereichs" erfordert[1539]. Entsprechendes gilt auch, wenn der Täter in einem Warenhaus Kleidungsstücke wie eigene davon trägt[1540]; daran ändert sich selbst dann nichts, wenn die Kleidungsstücke für das Ladenpersonal (teilweise) sichtbar sind. Keine Gewahrsamsenklave wird hingegen begründet, wenn die Gegenstände in Behältnisse des Ladens – z. B. Körbe oder Einkaufswagen – gelegt werden. Auch bei größeren Gegenständen, die sich nicht in einer Gewahrsamsenklave befinden, bedarf es hingegen regelmäßig des Passierens des Kassenbereichs oder des Verlassens des Ladens[1541].

Der Gewahrsamsbruch wird nach h. M. nicht dadurch ausgeschlossen, dass dem Täter aufgrund einer **Beobachtung durch einen Kaufhausdetektiv** die spätere Flucht aufgrund von Sicherungsmaßnahmen möglicherweise erschwert wird[1542]. Nichts anderes ist mit dem häufig zitierten Satz „Diebstahl ist keine heimliche Tat" gemeint[1543]. Freilich ist nicht zu verkennen, dass durch das Beobachten und eine mögliche Verfolgung auch die Zugriffsmöglichkeit auf die Sache im Laden deutlich erhöht wird, so dass man im Einzelfall unter Berücksichtigung der räumlichen Gestaltung, der Größe des fortzuschaffenden Gegenstandes und der Zugriffsmöglichkeiten auch zu einem anderen Ergebnis gelangen kann[1544].

927

> **Bsp.:** Detektiv D beobachtet die T, wie sie einen Lippenstift in ihre Handtasche steckt. Als T ohne Bezahlung gerade den Laden verlässt, wird sie von D gestellt, der sie festhalten möchte. Um die Beute zu

---

1537 BGH NStZ 2008, 624 (625); *Rengier*, BT 1, § 2 Rn. 51 ff.
1538 BayObLG NJW 1997, 3326; s. auch *Rengier*, BT 1, § 2 Rn. 51.
1539 BGHSt 16, 271 (274); BGHSt 23, 254 f.; BGH NStZ 2015, 276.
1540 BGH NStZ 1988, 270; OLG Hamm MDR 1969, 862.
1541 BGH NStZ-RR 2013, 276 f.
1542 *Krey/Hellmann/Heinrich*, BT 2, Rn. 51 ff.; *Mitsch*, BT 2, 1.2.1.4.3.1.
1543 BGHSt 16, 271 (274); BGH NStZ 2008, 624 (625); LK-*Vogel*, § 242 Rn. 99; *Mitsch*, BT 2, 1.2.1.4.3.2; SSW-*Kudlich*, § 242 Rn. 28.
1544 BGH NStZ 2008, 624; OLG Hamm NStZ-RR 2014, 209 (210); krit. *Bachmann*, NStZ 2009, 267.

verteidigen, schlägt T dem D ihre Handtasche ins Gesicht und flieht. – Das Beobachten der T hindert nach h. M. die Vollendung der Wegnahme durch das Überführen des Lippenstifts in die Tasche als Gewahrsamsenklave nicht. Auch kann in dem bloßen Geschehenlassen des Gewahrsamsbruchs durch den Detektiv kein tatbestandsausschließendes Einverständnis gesehen werden[1545]. T hat daher zunächst § 242 verwirklicht. Hinzu kommt durch die Gewaltausübung zur Besitzerhaltung nach Vollendung, aber noch vor Beendigung des Diebstahls eine Tat nach § 252, die § 242 im Wege der Spezialität verdrängt. Bei D kommt eine versuchte Freiheitsberaubung nach §§ 239 Abs. 1 und Abs. 2, 22, 23 in Betracht, die jedoch nach § 127 Abs. 1 StPO gerechtfertigt ist.

Entsprechendes gilt, wenn an dem Gegenstand ein Sicherungsetikett angebracht ist, da dieses nicht den Diebstahl hindert, sondern nur der Wiedererlangung der bereits gestohlenen Sache am Ausgang dienen soll[1546]. Anders kann bei sog. Sicherungsspinnen gelten, die im Ladengeschäft entfernt werden müssen und die dann bereits einen Alarm auslösen und somit bereits die Wegnahme erschweren.[1547]

928 Eine **bloße Gewahrsamslockerung** liegt hingegen vor, wenn Gegenstände in Behältnissen verborgen werden, die – wie etwa Einkaufswagen oder Verpackungen – dem Bereich der Opfersphäre zuzuordnen sind[1548]. Der Gewahrsamsbruch an der versteckten Ware wird hier regelmäßig erst mit Verlassen des Kassenbereichs vollzogen, wobei im Einzelfall die Abgrenzung von Diebstahl und Betrug von Bedeutung sein kann.

Bsp.:[1549] T „versteckt" im Einkaufswagen einige CDs unter Getränkekisten und ein Miniradio in einer Packung Windeln, damit diese bei der Abrechnung an der Kasse übersehen werden. Da bei Behältnissen des Warenhauses – anders als bei mitgebrachten Taschen – jederzeit eine Zugriffsmöglichkeit besteht, ist die Wegnahme mit dem Verbergen nicht vollendet. Beim Passieren der Kasse ist dann in Abgrenzung von Diebstahl und Betrug sorgfältig zu prüfen, ob eine Wegnahme i. S. d. § 242 oder eine täuschungsbedingte Vermögensverfügung i. S. d. § 263 vorliegt[1550].

929 Auch bei der **Übergabe von Waren zur Ansicht** – der Verkäufer reicht dem Kunden z. B. ein Schmuckstück – liegt nach den bereits geschilderten Grundsätzen noch kein Gewahrsamswechsel vor. In diesen Fällen kann also

---

1545 NK-*Kindhäuser*, § 242 Rn. 60; *Rengier*, BT 1, § 2 Rn. 66.
1546 BGH JuS 2018, 1013 ff.; BayObLG NJW 1995, 3000 (3001); *Wessels/Hillenkamp/Schuhr*, BT 2, Rn. 126; a. A. *Schönke/Schröder/Bosch*, § 242 Rn. 40.
1547 BGH JuS 2018, 1013 ff. m. Anm. *Jahn*.
1548 OLG Düsseldorf NJW 1988, 922 (923); OLG Düsseldorf NJW 1993, 1407.
1549 Vgl. OLG Köln NJW 1984, 810; OLG Düsseldorf NJW 1993, 1407.
1550 Dazu u. Rn. 935.

der fortbestehende Gewahrsam durch eine weitere Handlung gebrochen werden.

> **Bspe.:** O reicht dem T in seinem Ladengeschäft eine Tischdecke, damit T diese vor dem Geschäft bei Tageslicht betrachten kann; O übergibt dem T sein Mobiltelefon, damit dieser bei Dunkelheit mit der integrierten Taschenlampe einen Gegenstand suchen kann. – Nimmt T die Tischdecke bzw. das Mobiltelefon in Zueignungsabsicht mit, so bricht er fremden Gewahrsam und begeht einen Diebstahl; durch die Übergabe der Sache hat O den Gewahrsam noch nicht verloren.

bb) Die **Begründung des neuen Gewahrsams** wird sich häufig unmittelbar an den Gewahrsamsbruch anschließen, zwingend ist dies freilich nicht. 930

> **Bsp.:**[1551] T wirft im Außenbereich des Gartenbaumarkts O eine teure Pflanze sowie Gartenmöbel über den Zaun. Diese möchte er später mit seinem Wagen abholen. Er wird jedoch vom Detektiv, der das Geschehen beobachtet hatte, im Kassenbereich gestellt. – Endet das Gelände des Baumarkts am Zaun und ist der dahinterliegende Bereich nicht einsehbar, so kann – je nach räumlicher Lage im Übrigen – der Gewahrsam bereits gebrochen sein. Neuer Gewahrsam durch T wird hingegen erst mit dem Abholen der Gegenstände begründet. Für eine etwaige Versuchsstrafbarkeit kommt es darauf an, ob der Täter auch unmittelbar zum Abtransport und damit zum Gewahrsamswechsel ansetzt[1552].

Für die Begründung des neuen Gewahrsams und damit die **Vollendung der Wegnahme** ist es nicht erforderlich, dass der Gewahrsam (endgültig) gesichert ist. Daher ist auch nicht notwendig, dass beim Überführen eines Gegenstandes in eine Gewahrsamsenklave die fremde Herrschaftssphäre verlassen wird[1553]. Gelingt die Festigung und Sicherung des Gewahrsams, etwa durch den Abtransport der Beute nach Hause oder in ein Versteck, liegt bereits eine **Beendigung der Tat** vor[1554]. Bei kleinen Gegenständen kann Beendigung auch schon mit dem Verlassen der räumlichen Herrschaftssphäre vorliegen[1555]. 931

cc) **Kein Bruch des fremden Gewahrsams** liegt vor, wenn der Gewahrsamsinhaber mit dem Gewahrsamsverlust bzw. dem Gewahrsamswechsel einverstanden ist, weil dieser dann nicht gegen bzw. ohne dessen Willen erfolgt. Bei diesem **tatbestandsausschließenden Einverständnis**[1556] ist al- 932

1551 Vgl. auch LG Zwickau NJW 2006, 166, bei Beobachtung durch den Detektiv.
1552 Zu weitgehend LG Potsdam NStZ 2007, 336 (337) m. krit. Anm. *Walter*, NStZ 2008, 157.
1553 S. o. Rn. 926.
1554 BGHSt 8, 390 (391); *Kindhäuser/Böse*, BT 2, § 2 Rn. 119.
1555 BGH NJW 1981, 997; *Wessels/Hillenkamp/Schuhr*, BT 2, Rn. 132.
1556 Dazu näher *Eisele/Heinrich*, AT, Rn. 296 ff.; *Rengier*, AT, § 23 Rn. 40 ff.

lein auf den Gewahrsamsinhaber und nicht einen etwa personenverschiedenen Eigentümer abzustellen. Der Inhaber von übergeordnetem Gewahrsam kann das Einverständnis auch für den Bruch von untergeordnetem Gewahrsam erteilen; hingegen ist das bei gleichrangigem Mitgewahrsam nicht möglich. Das Einverständnis ist – anders als die rechtfertigende Einwilligung – rein tatsächlicher Natur. Es genügt hierfür die **natürliche Einsichtsfähigkeit**, die auch bei Minderjährigen gegeben ist. Auch eine rein innere Zustimmung ist ausreichend, so dass das Einverständnis nicht gegenüber dem neuen Gewahrsamsinhaber erklärt werden muss. Besitzt dieser jedoch keine Kenntnis von dem Einverständnis, so liegt ein versuchter Diebstahl vor, weil der Tatentschluss in diesem Fall auf eine Wegnahme gerichtet ist. Im Rahmen der Prüfung des tatbestandsausschließenden Einverständnisses kann die Abgrenzung von Diebstahl und Betrug Bedeutung erlangen. Eine freiwillige Preisgabe mit dem Bewusstsein, dass der Gewahrsam vollständig aufgegeben wird (und nicht nur eine Gewahrsamslockerung vorliegt), schließt die Wegnahme und damit den Tatbestand des § 242 aus. Nach den Regeln des tatbestandsausschließenden Einverständnisses gilt dies auch dann, wenn das Einverständnis auf einer Täuschung beruht[1557]. Insoweit ist an dieser Stelle der **Diebstahl vom Betrug abzugrenzen** (vertiefend u. Rn. 1327 ff).

Schaubild:

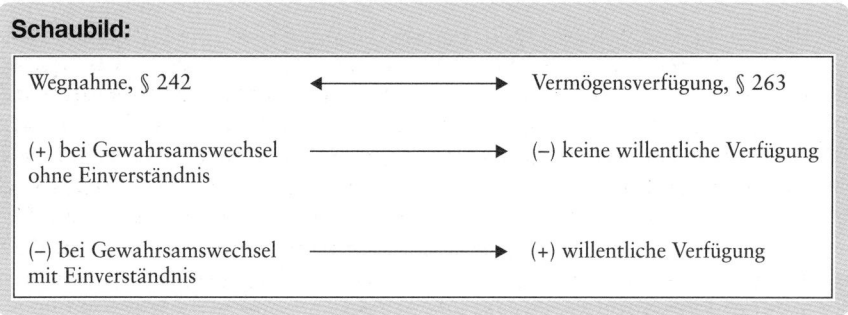

933 (1) Es gilt der Grundsatz, dass § 242 und § 263 in einem **Exklusivitätsverhältnis** stehen, so dass ein und dieselbe Handlung nur einen Diebstahl oder nur einen Betrug darstellen kann[1558]. Entweder erfolgt die Wegnahme gegen bzw. ohne den Willen des Gewahrsamsinhabers, so dass ein Diebstahl vorliegt, oder es liegt ein tatbestandsausschließendes Einverständnis in die Wegnahme vor, das zu einer freiwilligen Vermögensverfügung führt und daher im Falle der Täuschung einen Betrug begründet.

> **Bsp.:** T nimmt dem O ein Buch weg. Als einige Wochen später O den T darauf anspricht, leugnet T die Tat. O schenkt ihm Glauben und verzichtet daher auf weitere Rückforderungen. – Zunächst liegt (un-

---

1557 Vgl. BGH VRS 48, 175 (176); *Eisele/Heinrich*, AT, Rn. 300.
1558 *Kindhäuser/Böse*, BT 2, § 27 Rn. 43; *Rengier*, BT 1, § 13 Rn. 75.

problematisch) Diebstahl vor. Anschließend kann man noch einen Betrug annehmen, wenn man in dem Verzicht auf weitere Rückforderungen eine Vertiefung des bereits durch den Diebstahl entstandenen Vermögensschadens bejaht[1559]. Da sich beide Taten gegen denselben Rechtsgutsträger richten, tritt § 263 als sog. Sicherungsbetrug auf Konkurrenzebene als mitbestrafte Nachtat zurück[1560]. Dies widerspricht nicht dem eben aufgestellten Grundsatz, wonach Diebstahl und Betrug in einem Exklusivitätsverhältnis stehen, weil es hier um die strafrechtliche Beurteilung zweier verschiedener Handlungen geht.

(2) Die Frage, ob inhaltlich überhaupt ein tatbestandsausschließendes Einverständnis vorliegt, muss sorgfältig untersucht werden. Das bloße **Beobachten der Wegnahme** durch einen Ladendetektiv stellt kein tatbestandsausschließendes Einverständnis in die Gewahrsamsaufgabe dar[1561], zumal der Detektiv regelmäßig auch nicht zur Verfügung über die Waren befugt ist. Soll der Täter zur Überführung einer Tat **in eine Falle gelockt** werden, kann jedoch ein tatbestandsausschließendes Einverständnis gegeben sein, wenn hierzu gerade ein vollendeter Gewahrsamswechsel für notwendig erachtet wird[1562]. Da der Täter das Einverständnis jedoch regelmäßig nicht kennen wird, liegt dann immerhin noch ein strafbarer Versuch vor.

Bsp.: Auszubildender T steht im Verdacht, mehrmals auf dem Schreibtisch des Sekretariats liegende Sachen gestohlen zu haben. Arbeitgeber O lässt daher einen USB-Stick sowie ein paar präparierte Geldscheine auf dem Tisch liegen und hofft, dass T diese mitnimmt. O gibt dazu vor, einen wichtigen auswärtigen Termin zu haben; tatsächlich versteckt er sich aber in einem Nebenraum. Nachdem T den Stick sowie das Geld eingesteckt hat und das Gebäude verlässt, stellt O den T. – Zwar ist hier mit dem Einstecken der Sachen, spätestens aber mit dem Verlassen des Gebäudes der Gewahrsamswechsel erfolgt; da T jedoch zum Zwecke der Überführung des T damit einverstanden war, scheidet eine vollendete Tat aus. Weil T, der das Einverständnis nicht kennt, aus seiner Sicht den Gewahrsam gegen den Willen des T bricht, liegt ein Versuch nach §§ 242 Abs. 1 und Abs. 2, 22, 23 vor. Hinzu kommt noch eine vollendete Unterschlagung gemäß § 246, weil sich T die Sachen mit dem Einstecken objektiv zugeeignet hat. Die Zueignung war auch objektiv rechtswidrig; es kann in solchen Fällen nämlich nur dann von einer rechtfertigenden Einwilligung ausgegangen werden, wenn das Opfer auch einen dauerhaften Verlust der Sache in Kauf

---

1559 BGH GA 1957, 409 (410); *Lackner/Kühl*, § 263 Rn. 69; a. A. *Wessels/Hillenkamp/Schuhr*, BT 2, Rn. 599; dazu näher Rn. 1413 ff.
1560 BGH GA 1958, 369 (370); 1961, 83; *Lackner/Kühl*, § 263 Rn. 69.
1561 *Fischer*, § 242 Rn. 21; *Rengier*, BT 1, § 2 Rn. 66.
1562 BGHSt 4, 199 (200); 16, 271 (278); *Rengier*, BT 1, § 2 Rn. 67.

nimmt[1563]. Allerdings ist auch die vollendete Unterschlagung angesichts ihrer Funktion als Auffangtatbestand nach § 246 Abs. 1 a. E. formell subsidiär.

935 (3) Dem Einverständnis muss ferner eine **bewusste Entscheidung** über die Aufgabe des Gewahrsams an dem konkreten Gegenstand zugrunde liegen[1564]. Dem entsprechend wird beim Sachbetrug korrespondierend eine bewusste Vermögensverfügung verlangt[1565]. Daran fehlt es beim Verstecken von Sachen unter anderen Kaufobjekten oder Gegenständen im Einkaufswagen, weil der Kassierer bei der Abrechnung keine Kenntnis von den Gegenständen besitzt und daher darüber auch nicht bewusst verfügen kann[1566]. Eine pauschale Verfügung über den Inhalt des gesamten Einkaufswagens scheidet jedenfalls aus.

> **Bsp.:** T legt im Supermarkt unter eine Kiste Mineralwasser ein paar Tafeln Schokolade. Kassiererin O sieht nur die Kiste und berechnet daher die Schokolade nicht. – Vor der Kasse liegt keine vollendete Wegnahme vor, weil T den Gewahrsam nicht gebrochen hat (bloße Gewahrsamslockerung); bei der Verwendung von Behältnissen des Ladens besteht noch eine hinreichende Zugriffsmöglichkeit[1567]. Der Gewahrsamswechsel erfolgt erst nach Verlassen des Kassenbereichs bzw. des Ladens. Weil die Kassiererin den T passieren lässt, könnte jedoch ein tatbestandsausschließendes Einverständnis vorliegen, das die Kassiererin als Angestellte grundsätzlich auch erteilen kann. Das Einverständnis bezog sich hier jedoch nicht auf die Schokolade, weil die O davon keine Kenntnis besaß. Daher liegt ein Gewahrsamsbruch ohne den Willen des Gewahrsamsinhabers, d. h. eine Wegnahme i. S. d. § 242 vor. Korrespondierend (Exklusivitätsverhältnis) scheidet eine Strafbarkeit nach § 263 aus; es fehlt hier an einer bewussten Vermögensverfügung hinsichtlich der Schokolade.

936 Entsprechendes gilt, wenn in die Verpackung der gekauften Ware **weitere Gegenstände hinzugepackt** werden. So etwa, wenn in die Verpackung eines CD-Players auch noch ein paar CDs gesteckt werden. Auch hier bezieht sich das Einverständnis nicht auf das Gesamtpaket mit „Zubehör"[1568]. Dafür spricht auch, dass die rechtsgeschäftlichen Erklärungen des Kassierers hinsichtlich Kaufvertrag und Übereignung gar nicht auf diese Gegenstände gerichtet sind[1569]. Letztlich ist nicht anders zu entscheiden, wenn der Inhalt

---

[1563] OLG Köln NJW 1961, 2360 (2361); a. A. *Krey/Hellmann/Heinrich*, BT 2, Rn. 41.
[1564] *Schönke/Schröder/Bosch*, § 242 Rn. 36.
[1565] Näher u. Rn. 1338 ff.
[1566] BGHSt 41, 198 (202 f.); *Schönke/Schröder/Perron*, § 263 Rn. 63a; a. A. OLG Düsseldorf NJW 1993, 1407 f.
[1567] S. schon o. Rn. 928.
[1568] *Schönke/Schröder/Perron*, § 263 Rn. 63a; *Wessels/Hillenkamp/Schuhr*, BT 2, Rn. 639; a. A. *Rengier*, BT 1, § 13 Rn. 88. Vgl. auch u. Rn. 1339.
[1569] *Schönke/Schröder/Perron*, § 263 Rn. 63a.

vollständig ausgetauscht wird, z. B. aus einer Schachtel eine Plastikschüssel herausgenommen und dafür Elektrozubehör hineingepackt wird[1570].

(4) Das Einverständnis muss ferner auf einer **freiwilligen Entscheidung** beruhen. Entscheidend ist demgemäß die innere Willensrichtung und nicht das äußere Erscheinungsbild (bei Nehmen § 242, bei Geben aber § 263[1571]). Ein wirksames Einverständnis ist auch noch bei einer Täuschung zu bejahen, so dass in solchen Fällen nur Betrug in Betracht kommt[1572]. Bei einem Einsatz von Gewalt oder Drohung mit einem empfindlichen Übel kommt auch eine Strafbarkeit wegen Raub gemäß § 249 oder (räuberischer) Erpressung gemäß § 253 (§ 255) in Betracht. Auf der Grenze zwischen Diebstahl und Betrug (Exklusivitätstheorie) liegt das **Vortäuschen einer behördlichen Beschlagnahme**. Das Opfer beugt sich in diesen Fällen dem vermeintlichen Zwang in der Vorstellung, Widerstand sei nicht zulässig und daher zwecklos. Ein Einverständnis zur Gewahrsamsübertragung kann man hierin kaum sehen. Zu Recht nimmt die h. M. daher einen Diebstahl und keinen Betrug an[1573]. 937

> **Bsp.:** T klingelt bei Rentnerin O und behauptet von der Kriminalpolizei zu sein. Er erklärt, er müsse einige Schmuckstücke beschlagnahmen, weil etliche Juweliere vor Jahren gestohlene Ware veräußert hätten. O beugt sich dem Druck und gestattet dem T, die Schmuckstücke durchzusehen und einige davon mitzunehmen. – Aufgrund des ausgeübten Drucks liegt nach h. M. kein tatbestandsausschließendes Einverständnis vor, so dass sich T nach § 242 strafbar macht.

(5) Das tatbestandsausschließende Einverständnis kann nach h. M. auch an **Bedingungen geknüpft** werden[1574]. So soll das mit dem Aufstellen eines Warenautomaten konkludent erteilte generelle Einverständnis in die Entnahme der Waren und damit den Gewahrsamswechsel unter der Bedingung der ordnungsgemäßen Betätigung des Automaten, insbesondere der Bezahlung der Ware, stehen[1575]. 938

> **Bsp.:** T bedient einen Warenautomaten mit Metallplättchen anstelle von Euro-Münzen und hilft auch noch mit einem Draht nach. Er erlangt so mehrere Schokoriegel. – Zunächst liegt keine wirksame Übereignung der Ware an T vor, weil das Übereignungsangebot unter der aufschiebenden Bedingung (§ 158 Abs. 1 BGB) der Bezahlung erfolgt. Es handelt sich demnach um eine fremde (bewegliche) Sache. Zwar ist der Aufsteller generell mit der Entnahme der Ware einverstanden, je-

---

1570 MünchKomm-*Hefendehl*, § 263 Rn. 322 f.; a. A. *Rengier*, BT 1, § 13 Rn. 91.
1571 Vgl. aber *Mitsch*, BT 2, 1.2.1.4.3.3. Zur ähnlich gelagerten Abgrenzungsfrage zwischen Raub und räuberischer Erpressung s. u. Rn. 1465 ff.
1572 S. schon o. Rn. 932.
1573 BGHSt 7, 252 (254); 56, 196 Rn. 7, zum Raub; *Fischer*, § 242 Rn. 27.
1574 OLG Celle NJW 1997, 1518 f.
1575 OLG Stuttgart JR 1982, 508 f.

doch steht auch diese unter der Bedingung der ordnungsgemäßen Bezahlung. Da T diese Bedingung nicht erfüllt, liegt eine Wegnahme und damit ein Diebstahl vor. Hingegen ist § 265a nach durchaus bestreitbarer h. M. zu verneinen, weil der Tatbestand nicht bei Warenautomaten, sondern nur bei sog. Leistungsautomaten anwendbar sein soll[1576]. Bei computergesteuerten Automaten kann zudem § 263a zu prüfen sein[1577].

939 Zu fordern ist jedoch, dass die **Bedingung** – wie die ordnungsgemäße Betätigung des Automaten – **nach außen in Erscheinung** tritt[1578]. Innere Bedingungen, die z. B. die Berechtigung, die Zahlungswilligkeit usw. betreffen, sind dagegen unbeachtlich.

Bsp.:[1579] T hebt mit der ec-Karte des O in Kenntnis der Geheimzahl, aber ohne dessen Erlaubnis am Geldautomaten der Bank B Geld ab, um dieses für sich zu verwenden. – Zunächst ist umstritten, ob das Geld für T überhaupt eine fremde Sache ist. Die h. M. geht davon aus, dass das Geld nicht an den unbefugten Automatenbenutzer übereignet wird und damit ein taugliches Tatobjekt darstellt[1580]. Die Kreditinstitute wollen – wie die Zuteilung der PIN zeige – das Geld nur an berechtigte Karteninhaber, nicht aber an unbefugte Dritte übereignen. T hat aber den Gewahrsam der B nicht gebrochen, weil ein den Tatbestand ausschließendes Einverständnis bzgl. des vom Automaten freigegebenen Geldes vorliegt[1581]. Eine etwaige Bedingung der B, dass nur der berechtigte Karteninhaber Gewahrsam am Geld erlangen soll, ist unbeachtlich, da T sich bei der Bedienung des Automaten nach außen ordnungsgemäß verhält. Der Fall ist letztlich vergleichbar mit einem Bankangestellten, der weisungsgemäß Geld an jeden auszahlt, der sich durch die Codekarte und PIN legitimiert. Eine Strafbarkeit nach § 242 scheidet daher aus. Verneint man eine Übereignung des Geldes, so ist aber § 246 verwirklicht, der jedoch gegenüber dem Computerbetrug i. S. d. § 263a Abs. 1 Var. 3 gemäß § 246 Abs. 1 a. E. formell subsidiär ist[1582]. Ein Diebstahl an der Karte kommt nur in Betracht, wenn diese nicht mehr zurückgegeben werden soll.

3. Subjektiver Tatbestand

940 In subjektiver Hinsicht muss zwischen Vorsatz und der zusätzlich erforderlichen Zueignungsabsicht unterschieden werden. Dabei sind folgende Prüfungsschritte zu beachten:

1576 S. u. Rn. 1450.
1577 Zu den klausurrelevanten Geldautomatenfällen näher u. Rn. 1424 ff.
1578 Vgl. *Schönke/Schröder/Bosch*, § 242 Rn. 36a, wonach es auf die äußerlich erkennbaren Voraussetzungen ankommt.
1579 Vgl. die Falllösung bei *Eisele/Fad*, Jura 2002, 305 (306 f.).
1580 BGHSt 35, 152 (161 ff.); BGH NJW 2018, 245 m. Anm. *Eisele*, JuS 2018, 300.
1581 BGHSt 35, 152 (158 ff.); BGH NJW 2018, 245; a. A. BayObLG NJW 1987, 663 f.; *Mitsch*, BT 2, 1.2.1.4.3.2.
1582 S. dazu u. Rn. 1426.

Aufbau
1. **Vorsatz hinsichtlich Wegnahme einer fremden beweglichen Sache**
2. **Zueignungsabsicht**
    a. Enteignungsvorsatz: zumindest dolus eventualis bzgl. einer dauerhaften Enteignung
        aa. Substanzenteignung *oder*
        bb. Sachwertenteignung
    b. *und* Aneignungsabsicht: dolus directus 1. Grades bzgl. zumindest vorübergehender Aneignung
        aa. Selbstzueignung
            (1) Substanzaneignung *oder*
            (2) Sachwertaneignung
        bb. *oder* Drittzueignung
            (1) Substanzaneignung *oder*
            (2) Sachwertaneignung

Klausurtipp
Es empfiehlt sich, die Prüfung mit der (meist eindeutigeren) Substanzzueignung zu beginnen.

a) **Vorsatz hinsichtlich der objektiven Tatbestandsmerkmale.** Zunächst einmal muss zumindest **Eventualvorsatz** hinsichtlich der Wegnahme einer fremden beweglichen Sache gegeben sein. Es genügt dabei das Bewusstsein, eine fremde Sache irgendeiner anderen Person durch Gewahrsamsbruch zu erlangen. Es besteht ein **einheitlicher Diebstahlsvorsatz**, für den es unerheblich ist, ob dieser von Anfang an auf bestimmte Gegenstände konkretisiert ist, sich auf alle „stehlenswerten" Sachen richtet oder sich während der Tat verengt, erweitert oder sonst ändert[1583]. Daher liegt auch nur ein Diebstahl vor, wenn verschiedene Gegenstände eines oder mehrerer Eigentümer weggenommen werden[1584].

941

Bsp.: T möchte bei O während eines Besuchs Schmuck stehlen. Er sieht dann aber eine Vase und nimmt diese mit. – Es liegt ein vollendeter Diebstahl an der Vase vor. Der Vorsatzwechsel ist schon nach allgemeinen Grundsätzen unerheblich, da sich der Vorsatz zum Zeitpunkt der Wegnahme auf die Vase konkretisiert hat. Anders wäre nur zu entscheiden, wenn der Täter den ursprünglichen Diebstahlsvorsatz erst nach einem unmittelbaren Ansetzen zu einem Diebstahl am Schmuck aufgegeben und sich anschließend zu einer neuen Tat an der Vase entschlossen hätte. In diesem Fall käme ein vollendeter Diebstahl an der Vase in

---
1583 BGHSt 22, 350 (351); BGH NStZ 1982, 380.
1584 BGHSt 22, 350 (351); BGH NStZ-RR 2009, 278 (279).

> Tatmehrheit mit einem versuchten Diebstahl am Schmuck in Betracht, wobei hinsichtlich Letzterem jedoch – je nach Fallgestaltung – ein Rücktritt zu prüfen wäre.

> **Klausurhinweis**
> Die Problematik des Vorsatzwechsels erlangt in Klausuren zudem für die Frage der Anwendbarkeit des § 243 Abs. 2 Bedeutung[1585].

942 Geht der Täter irrig davon aus, dass die Sache herrenlos ist oder in seinem eigenen Eigentum steht, liegt hinsichtlich des Merkmals „fremd" ein vorsatzausschließender **Tatbestandsirrtum i. S. d. § 16 Abs. 1 Satz 1** vor.

> **Bspe.:** T verwechselt nach einer Party seine Jacke mit derjenigen des O; T nimmt die häufig in seinem Garten streunende Katze des O zu sich auf, weil er davon ausgeht, dass diese niemandem „gehöre". – In beiden Fällen scheitert § 242 am Vorsatz hinsichtlich der Fremdheit der Sache.

943 **b) Zueignungsabsicht.** (Mit-)Täter des Diebstahls kann nur derjenige sein, der **in seiner Person Selbst- oder Drittzueignungsabsicht** besitzt. § 242 ist damit ein Delikt mit „überschießender Innentendenz", weil die Zueignungsabsicht sich auf kein entsprechendes Merkmal im objektiven Tatbestand bezieht[1586]. Die Zueignungsabsicht muss bei jedem (Mit-)Täter gesondert vorliegen. Eine Zurechnung des subjektiven Merkmals der Zueignungsabsicht über § 25 Abs. 1 Var. 2 oder § 25 Abs. 2 ist nicht möglich. Die Abgrenzung zwischen Täterschaft und Teilnahme richtet sich im Übrigen nach allgemeinen Kriterien[1587].

944 aa) Die Zueignungsabsicht muss zum **Zeitpunkt der Wegnahme** gegeben sein und sich auf den weggenommenen Gegenstand beziehen[1588]. Kommt es im Tatverlauf zu Modifikationen, so ist für die Beurteilung der Kongruenz von Wegnahme und Zueignungsabsicht der Zeitpunkt der letzten Ausführungshandlung entscheidend[1589]. Wird die Zueignungsabsicht zeitlich erst nach Wegnahme gefasst, kommt nur § 246 in Betracht[1590].

> **Bsp.:** T nimmt bei O heimlich dessen Tennisschläger mit und möchte ihn nach einem Probespiel wieder zurückgegeben. Als das Spiel damit gut „läuft", verzichtet er auf eine Rückgabe und absolviert weitere Spiele. – T hat dem O vorsätzlich eine fremde bewegliche Sache weggenommen. Zum Zeitpunkt der Wegnahme hatte er jedoch keine Zueig-

---

1585 S. u. Rn. 1018 ff.
1586 *Rengier*, BT 1, § 2 Rn. 86; SK-*Hoyer*, § 242 Rn. 67.
1587 BGH NStZ 2015, 276; näher zur Abgrenzung von Täterschaft und Teilnahme B/W/M/E-*Eisele*, § 25 Rn. 1 ff.
1588 BGH NStZ 2011, 36; *Wessels/Hillenkamp/Schuhr*, BT 2, Rn. 204.
1589 BGH NStZ 2004; BGH NStZ 2015, 516.
1590 BGH NStZ-RR 2012, 207 (208).

nungsabsicht; da er den Schläger wieder zurückgeben wollte, besaß er keinen Vorsatz hinsichtlich einer dauernden Enteignung des O. Es lag zu diesem Zeitpunkt nur eine straflose Gebrauchsanmaßung (furtum usus) vor. Als T jedoch den Schläger für weitere Spiele behält und ihn sich damit zueignet, verwirklicht er § 246 Abs. 1.

bb) Der Täter muss die Zueignungsabsicht endgültig gefasst haben. Macht er die Zueignungsabsicht von **Bedingungen** abhängig, so kommt es darauf an, ob er sich die endgültige Entscheidung über die Zueignungsabsicht noch vorbehält; in diesem Fall ist noch keine Zueignungsabsicht gegeben[1591]. Zu bejahen ist diese hingegen, wenn der Täter sein Verhalten vom Eintritt einer Bedingung abhängig macht, auf deren Eintritt er keinen Einfluss hat. **945**

Bsp.: T nimmt den Tennisschläger des O mit nach Hause; dort möchte er sich überlegen, ob er diesen behält oder nicht. – Weil sich T die Entscheidung über die Zueignungsabsicht noch vorbehalten hat, liegt diese zum Zeitpunkt der Wegnahme nicht vor. Behält er den Schläger später tatsächlich, so macht er sich nur gemäß § 246 strafbar. Macht T hingegen die Zueignungsabsicht davon abhängig, ob er in Verdacht gerät, O den Schläger zurückfordert oder der Schläger beim Spiel nicht seinen Erwartungen entspricht, so wäre diese zu bejahen, da er auf diese Bedingungen keinen Einfluss hat.

cc) Die **Zueignungsabsicht** setzt voraus, dass der Täter den Eigentümer (faktisch) aus dessen Position dauerhaft verdrängen möchte (**Enteignungswille**) und sich in tatsächlicher Hinsicht eine eigentümerähnliche Stellung an der Sache anmaßt (se ut dominum gerere), um die Sache selbst oder ihren Sachwert zumindest vorübergehend dem eigenen Vermögen oder dem Vermögen eines Dritten einzuverleiben (**Aneignungsabsicht**)[1592]. **946**

Die **Enteignungskomponente** erfordert wenigstens bedingten Vorsatz, der auf eine dauernde Enteignung gerichtet sein muss; ein Vermögensschaden muss damit nicht verbunden sein. Die **Aneignungskomponente** verlangt hingegen Absicht im Sinne von dolus directus 1. Grades; diese muss auf eine wenigstens vorübergehende Aneignung gerichtet sein. Entsprechend dem Charakter als Eigentumsdelikt kommt es – anders als bei §§ 253, 259, 263 – nicht auf das Erstreben einer Bereicherung an; die Zueignungsabsicht kann daher auch auf völlig wertlose Gegenstände gerichtet sein. Nach der von der h. M. vertretenen sog. Vereinigungstheorie kann die Zueignungsabsicht entweder auf die **Sachsubstanz** oder den in ihr verkörperten wirtschaftlichen **Sachwert** gerichtet sein[1593]. Dabei kann die Frage nach der **947**

1591 *Rengier*, BT 1, § 2 Rn. 179 ff.; *Schönke/Schröder/Bosch*, § 242 Rn. 62.
1592 BGHSt 16, 190 (192).
1593 BGHSt 24, 115 (119); BGH NJW 1985, 812; *Mitsch*, BT 2, 1.2.2.3.3.4.

Zueignung der Sachsubstanz oder des Sachwertes sowohl beim Enteignungswillen als auch bei der Aneignungsabsicht Bedeutung erlangen.

Bsp.: Die O besitzt ein schönes Schmuckstück, das sie von ihrer Großmutter geerbt hat. Die neidische T bietet ihr an, dieses für 5000 € abzukaufen, was dem Gegenwert entspricht. O lehnt dankend ab. T nimmt bei günstiger Gelegenheit das Erbstück weg und überweist 7000 € auf das Konto der O. – T begeht einen Diebstahl, da sie den Vorsatz besitzt, die O dauerhaft vom Eigentum auszuschließen, und zudem die Absicht hat, das Schmuckstück (Sachsubstanz) ihrem Vermögen einzuverleiben. Dass O keinen Vermögensschaden erleiden soll und T keine Bereicherung erstrebt, ist unerheblich, da § 242 wertunabhängig das Eigentum an einem konkreten Gegenstand schützt, mit dem der Eigentümer gemäß § 903 BGB nach Belieben verfahren darf.

948 (1) Der **Sachwert** erfasst richtigerweise nicht schon jeden wirtschaftlichen Vorteil durch den Gebrauch der Sache (lucrum ex negotio cum re). Andernfalls würde der Tatbestand seine Konturen verlieren und die Abgrenzung zur bloßen Bereicherungsabsicht verschwimmen. Vielmehr ist erforderlich, dass die Zueignungsabsicht auf einen nach Art und Funktion bestimmungsgemäß mit der Sache verknüpften Wert (lucrum ex re) gerichtet ist[1594]. Verdeutlicht werden kann dieser Unterschied bei der Wegnahme eines fremden Sparbuchs einerseits und einer fremden ec-Karte andererseits, wenn damit jeweils Geld abgehoben werden, das Sparbuch bzw. die Karte anschließend aber wieder zurückgelegt werden soll. Während das Sparbuch einen Sachwert – Guthaben als Forderung des Kunden gegen die Bank – verkörpert[1595], ist dies bei der ec-Karte nicht der Fall; diese ermöglicht mit ihrer „Schlüsselfunktion" lediglich das Abheben am Geldautomaten, ohne das Guthaben zu verkörpern[1596]. Bei Wegnahme eines Sparbuchs bezieht sich der Enteignungswille daher auf den mit dem Sparbuch bestimmungsgemäß verknüpften Wert; bezüglich der Aneignungsabsicht kann wiederum auf das Sparbuch (Sachsubstanz) abgestellt werden. Mit Blick auf die – zum Zwecke der Geldabhebung – entwendete ec-Karte ist festzuhalten, dass das Kontoguthaben nicht durch die Karte verkörpert wird, sondern diese nur „Schlüsselfunktion" besitzt. An einem auf einen etwaigen Sachwert gerichteten Enteignungswillen fehlt es inosweit[1597].

949 (2) Probleme der Zueignungsabsicht ergeben sich auch beim häufig diskutierten **Dienstmützenfall**[1598], bei dem ein Soldat die Dienstmütze seines Kameraden wegnimmt, um diese später in der Kleiderkammer der Bundeswehr abzugeben und so den Verlust der eigenen Dienstmütze zu verschlei-

---

1594 BGHSt 24, 115 (119); *Schönke/Schröder/Bosch*, § 242 Rn. 49.
1595 *Mitsch*, BT 2, 1.2.2.3.3.4; *Rengier*, BT 1, § 2 Rn. 105 ff.
1596 BGHSt 35, 152 (156 ff.); *Wessels/Hillenkamp/Schuhr*, BT 2, Rn. 180.
1597 Vgl. zu Sparbuch und ec-Karte auch *Eisele*, BT 2, Rn. 66.
1598 BGHSt 19, 387.

ern. Teilweise wird hier von einer Zueignungsabsicht ausgegangen, weil eine eigene Rückgabeverbindlichkeit getilgt und Schadensersatzansprüche abgewehrt werden[1599]; dem ist aber entgegenzuhalten, dass der Soldat nicht als Eigentümer auftritt, sondern mit der Rückgabe das Eigentum des Bundes respektiert. Der Dienstmütze wird im Übrigen auch kein spezifischer Sachwert entzogen. Auf eine etwaige Bereicherungsabsicht kommt es bei § 242 dagegen nicht an.

950 (3) Dass im Einzelfall freilich feinsinnige Unterscheidungen zu treffen sind, zeigt das Verwenden einer Zahlungskarte als elektronische **Geldbörse bzw. Geldkarte**. Dort wird auf dem Chip das „Guthaben" des Karteninhabers gespeichert, das dann beim Zahlungsvorgang abgebucht wird. Die elektronische Geldbörse verkörpert daher – nicht anders als das Sparbuch – einen Sachwert. Entsprechendes gilt auch für andere aufladbare Karten wie Mensakarten, Telefonkarten, Gutscheine mit einem Guthaben sowie Eintritts- und Fahrkarten, die durch den Gebrauch ganz oder teilweise entwertet werden.

951 dd) Die Zueignungsabsicht erfordert zumindest **bedingten Vorsatz hinsichtlich einer dauerhaften Enteignung** des Eigentümers. Einer Absicht im Sinne von dolus directus 1. Grades bedarf es diesbezüglich nicht. Ansonsten würde der Tatbestand in vielen Fällen leer laufen, weil es dem Täter regelmäßig um die Erlangung des Gegenstandes aus eigennützigen Motiven und nicht um die Schädigung des Opfers geht. Die Enteignungskomponente ist deshalb verwirklicht, wenn der Täter es billigend in Kauf nimmt, dass die weggenommene Sache oder ein darin verkörperter Sachwert nicht mehr an den Berechtigten zurückgelangt und damit endgültig entzogen wird. Die zivilrechtlichen Eigentumsverhältnisse sind hierfür unerheblich; ein Eigentumsverlust ist aufgrund § 935 Abs. 1 BGB regelmäßig ausgeschlossen.

952 (1) An der Enteignungskomponente fehlt es hingegen in Fällen einer **bloßen Gebrauchsanmaßung** (furtum usus), bei der die Sache nach Gebrauch wieder zurückgegeben werden und daher der dinglichen Rechtslage entsprochen werden soll. Die Gebrauchsanmaßung ist nur strafbar, wenn hierfür ein spezieller Straftatbestand (vgl. §§ 248b, 290) besteht.

> **Bsp.:** T nimmt dem O seinen Wagen weg. Er möchte damit eine kurze Spritztour unternehmen und diesen dann zurückbringen. – Hier fehlt es am Vorsatz hinsichtlich einer dauernden Enteignung. T macht sich nur nach § 248b strafbar. Eine etwaige Strafbarkeit nach § 242 hinsichtlich des verbrauchten Benzins wird von § 248b als notwendige und typische Begleittat konsumiert, weil andernfalls die bloße Gebrauchsanmaßung über die mitverbrauchten Betriebstoffe doch über § 242 bestraft

---

[1599] OLG Frankfurt NJW 1962, 1879 f.; OLG Hamm NJW 1964, 1427 (1429).

werden könnte[1600]. Anders wäre zu entscheiden, wenn T das Fahrzeug nach Ende der Spritztour an einem entlegenen Ort abstellt und es dem Zufall überlässt, ob O das Fahrzeug findet[1601].

953 Da die Zueignungsabsicht bereits zum **Zeitpunkt der Wegnahme** vorliegen muss, ändert sich an der Straflosigkeit nach § 242 nichts, wenn sich der Täter erst während der Spritztour entschließt, das Fahrzeug doch zu behalten oder preiszugeben. Neben § 248b kommt dann jedoch eine Strafbarkeit wegen Unterschlagung nach § 246 in Betracht. Umgekehrt ändert ein später gefasster Rückführungswille nichts an einer bereits gefassten Zueignungsabsicht.

954 (2) Erfasst werden von § 242 hingegen Fälle, in denen der Berechtigte die Sache zurückerlangen soll, infolge des **Gebrauchs aber eine empfindliche bzw. wesentliche Minderung des Sachwerts** eintritt, d. h. der Gebrauch bereits in einen Verbrauch umschlägt[1602]. Entsprechendes gilt, wenn der Entzug der Sache so lange währen soll, dass ein objektiver Dritter sich bereits vernünftigerweise Ersatz beschaffen wird[1603].

Bsp. (1): T nimmt dem O seinen Wagen weg; möchte er den Wagen erst nach zwei Monaten und gefahrenen 5000 km zurückbringen, so wird dem Wagen ein spezifischer Sachwert entzogen.

Bsp. (2): T nimmt dem O, der leidenschaftlicher Wintersportler ist, seine Skier vor dem Ski-Opening im Dezember weg und kündigt an, diese erst im folgenden Frühjahr zurückzubringen. – Unabhängig davon, ob durch einen Gebrauch ein spezifischer Sachwert entzogen wird, ist die Enteignungskomponente durch Substanzentzug zu bejahen, weil O sich aufgrund der langen Zeitdauer vernünftigerweise Ersatz beschaffen wird.

955 (3) Umstritten sind Fälle, in denen der Täter bei Wegnahme den Vorsatz hat, die Sache **unter Leugnung des fremden Eigentums** an den Eigentümer zurückzuverkaufen oder mit weggenommenem Geld Verbindlichkeiten beim Eigentümer zu tilgen.

Bsp.: T nimmt dem O eine wertvolle Vase weg. Kurz darauf bietet er diese – wie von Anfang an geplant – dem O zum Kauf an. O erwirbt diese als „Ersatz", weil er davon ausgeht, dass T „zufällig" ein ähnlich aussehendes Exemplar für ihn gefunden hat.

956 Die Sache soll dem Eigentümer auch hier nicht dauerhaft entzogen werden. Daher nimmt eine Ansicht hinsichtlich der Sachsubstanz zunächst

---

1600 BGHSt 14, 386 (388); BayObLG NJW 1961, 280 (281); *Lackner/Kühl*, § 248b Rn. 6; für Subsidiarität *Schönke/Schröder/Bosch*, § 248b Rn. 15.
1601 BGH NStZ 2015, 396 (397).
1602 RGSt 44, 335 (336); BGHSt 34, 309 (312); *Schönke/Schröder/Bosch*, § 242 Rn. 53.
1603 *Rengier*, BT 1, § 2 Rn. 136; *Wessels/Hillenkamp/Schuhr*, BT 2, Rn. 162.

eine bloße Gebrauchsanmaßung an; auch eine Sachwertentziehung wird abgelehnt, weil der Kaufpreis nur einen mittelbaren Vorteil darstelle, der durch den Gebrauch der Sache erlangt werde[1604]. Anders als in Fällen der bloßen Gebrauchsanmaßung soll die Sache hier jedoch vom Täter als angeblich eigene und nicht als dem Eigentümer gehörende Sache angeboten werden. Der Rückverkauf dient damit nicht der Wiederherstellung der Eigentümerposition[1605]. Vielmehr maßt sich der Täter die Eigentümerposition selbst an, so dass richtigerweise der Enteignungswille bereits auf die Sachsubstanz bezogen ist[1606]. Die Annahme eines Enteignungswillens hinsichtlich des Sachwertes vermag hingegen nicht zu überzeugen, weil der Kaufpreis keinen spezifisch in der Sache verkörperten Wert darstellt[1607]. Die spätere Täuschung über die Eigentümerposition beim Rückkauf begründet – wenn man darin einen eigenständigen Schaden erblickt – § 263, der jedoch als mitbestrafte Nachtat im Wege der Gesetzeskonkurrenz zurücktritt[1608].

ee) Die **Aneignungskomponente** erfordert Absicht im Sinne zielgerichteten Wollens (dolus directus 1. Grades) hinsichtlich einer wenigstens vorübergehenden Aneignung der Sache oder des Sachwertes. Dass der Täter diese als bloße Nebenfolge billigend in Kauf nimmt, genügt demnach nicht. Die Absicht kann dabei auf die Aneignung für den Täter oder einen Dritten (Drittzueignungsabsicht) gerichtet sein.

(1) Bei der **Selbstzueignung** handelt der Täter zu eigenen Zwecken. Eine solche kann auch bei einer Weitergabe an Dritte vorliegen, wenn der Täter als Verkäufer oder Schenker bzw. Spender auftritt. In diesem Fall bedarf es nämlich zunächst einer Selbstzueignung durch Anmaßung der dinglichen Verfügungsbefugnis, um anschließend wie ein Eigentümer mit der Sache zu verfahren. Ferner ist zu beachten, dass sich der Schenker eigene Aufwendungen erspart. Daneben wird in der Literatur teilweise auch noch eine **Drittzueignung der Sachsubstanz** für den Empfänger des Gegenstandes angenommen, weil die Aneignung gleichzeitig in mehrere Richtungen gehen und verschiedene Aspekte (Substanz- und Sachwertzueignung) betreffen kann[1609]. Die Gegenauffassung bestreitet dies, da die Bejahung einer Selbstzueignung das gleichzeitige Vorliegen einer Drittzueignung ausschließe[1610]. Selbst wenn man zugleich eine Drittzueignung bejahen möchte, so ist diese gegenüber der Selbstzueignung aber jedenfalls subsidiär[1611].

1604 *Mitsch*, BT 2, 1.2.2.3.3.2.
1605 *Rengier*, BT 1, § 2 Rn. 132; *Wessels/Hillenkamp/Schuhr*, BT 2, Rn. 173.
1606 BGHSt 24, 115 (119 f.); *Rengier*, BT 1, § 2 Rn. 132.
1607 So auch *Krey/Hellmann/Heinrich*, BT 2, Rn. 89; a. A. *Schönke/Schröder/Bosch*, § 242 Rn. 50.
1608 Dazu u. Rn. 1413 ff.
1609 Vgl. *Krey/Hellmann/Heinrich*, BT 2, Rn. 101; *Rengier*, BT 1, § 2 Rn. 155.
1610 *Kindhäuser/Böse*, BT 2, § 2 Rn. 111; *Wessels/Hillenkamp/Schuhr*, BT 2, Rn. 168.
1611 A/W/H/H-*Heinrich*, § 13 Rn. 117; *Rengier*, BT 1, § 2 Rn. 156 f.

959 (2) Die Absicht, irgendwelche „messbaren" Vorteile zu erlangen, begründet hingegen keine Selbstzueignungsabsicht[1612], weil ansonsten die im Jahre 1998 mit dem 6. StrRG eingeführte Drittzueignungsabsicht weitgehend gegenstandslos bliebe. Wird eine Sache daher für einen Dritten weggenommen, ohne dass der Täter einen unmittelbaren eigenen wirtschaftlichen Vorteil i. S. e. Gebrauchs oder Verbrauchs anstrebt, so kommt nur eine **Drittaneignungsabsicht** in Betracht. Für die Drittzueignung sind die für die Selbstzueignung geltenden Grundsätze zu übertragen. Dabei kann der Täter die Sache dem Dritten unmittelbar verschaffen oder sonst für ihn ein **Sachherrschaftsverhältnis bzw. eine sachenrechtsähnliche Position** begründen, wodurch ihm die Aneignung ermöglicht wird. Einer Übergabe der Sache oder eines Verbringens in den Herrschaftsbereich des Dritten bedarf es nicht[1613]. Auch kommt es nicht darauf an, ob sich der Dritte dann die Sache tatsächlich zueignen möchte oder sich diese sogar zueignet[1614].

> **Bsp. (1):** T nimmt vor dem Blumengeschäft des O auf Bitte seiner Freundin F einen Strauß aus einer Vase und gibt diesen sogleich F, die damit weiterläuft. – T bricht hier den Gewahrsam des O, der nach der Verkehrsanschauung auch vor dem Ladengeschäft fortbesteht, und begründet neuen Gewahrsam bei F. Neben Vorsatz muss auch Zueignungsabsicht vorliegen, wobei die Enteignungskomponente unproblematisch ist. Im Übrigen ist von Drittzueignungsabsicht auszugehen, weil sich T weder Sachsubstanz noch Sachwert vorübergehend aneignet. Bei F liegt Anstiftung zum Diebstahl gemäß §§ 242, 26 vor. Zudem verwirklicht sie durch Selbstzueignung täterschaftlich § 246, der jedoch formell subsidiär ist. Hinzu tritt in Tateinheit eine Strafbarkeit wegen Hehlerei nach § 259[1615].

> **Bsp. (2):** T nimmt das Fahrrad des O und stellt dieses in die Garage des bedürftigen D, damit dieser das Fahrrad dauerhaft nutzen kann; anschließend informiert er den D. – Es liegt Drittzueignungsabsicht vor, weil hierfür die Einräumung einer sachenrechtsähnlichen Position genügt, die dem D die Aneignung ermöglicht. Eine Selbstzueignung scheidet jedenfalls dann aus, wenn T nicht als Eigentümer oder Schenker auftritt.

> **Bsp. (3):** Stellt T in Bsp. 2 das Rad heimlich ab, so ist die Anmaßung einer Eigentümerposition und damit eine Selbstzueignung zu bejahen. Dagegen wird zwar angeführt, dass sich der Täter bei anonymen Schenkungen bzw. Spenden die Eigentümerstellung nicht nach außen oder jedenfalls nicht erkennbar anmaßt[1616]. Da der Dritte allerdings ohne

---

1612 *Rengier*, BT 1, § 2 Rn. 158 ff.; *Wessels/Hillenkamp/Schuhr*, BT 2, Rn. 169.
1613 *Wessels/Hillenkamp/Schuhr*, BT 2, Rn. 166; a. A. *Schönke/Schröder/Bosch*, § 242 Rn. 58.
1614 *Schönke/Schröder/Bosch*, § 242 Rn. 58.
1615 Näher u. Rn. 1663.
1616 *Schönke/Schröder/Bosch*, § 242 Rn. 47.

weitere Anhaltspunkte regelmäßig von einem Akt des Eigentümers ausgehen wird und der Täter sich auch aus seiner Sicht die Eigentümerstellung anmaßt, ist dies jedoch auch nicht erforderlich[1617].

Entsprechend bleibt es auch dann bei einer Drittzueignungsabsicht, wenn der Täter vom Dritten eine Belohnung oder einen Anteil erhält. Dies wäre etwa der Fall, wenn er im vorgenannten Bsp. (1) durch ein solches Versprechen zur Wegnahme angestiftet wird. Man könnte hier zwar an eine Selbstzueignung des Sachwertes (Belohnung/Anteil) denken[1618], jedoch stellt diese keinen spezifischen von der Sache verkörperten Sachwert dar[1619]. Auch muss man sehen, dass derjenige, der die Sache auf Veranlassung des Dritten wegnimmt, sich diesem gegenüber nicht eine Eigentümerposition anmaßt.

960

(3) An der Absicht einer zumindest vorübergehenden Aneignung der Sachsubstanz oder des Sachwertes fehlt es, wenn die Tat auf eine **bloße Sachbeschädigung oder Sachentziehung** gerichtet ist[1620]. Ein nur kurzzeitiger Besitz ohne Gebrauch der Sache begründet dabei die Aneignungsabsicht noch nicht, weil diese ansonsten als Folge der Wegnahmehandlung praktisch immer zu bejahen wäre. Nicht von § 242 – möglicherweise aber von §§ 133, 274 Abs. 1 Nr. 1 oder § 303 – erfasst werden damit Vorenthaltungen der Sache, um das Opfer zu ärgern oder zu schädigen. Das gilt auch für die Drittzueignungsabsicht, weil diese darauf gerichtet sein muss, einen Dritten in eine Lage zu bringen, die dem vorübergehenden Sich-Aneignen bei der Selbstzueignung entspricht.

961

Bsp. (1): T nimmt den Papagei des O auf Bitte des D für ihn aus dem Käfig, damit D ihn nach Übergabe fliegen lassen kann. – Würde T den Vogel selbst fliegen lassen, wäre zwar die Enteignungskomponente zu bejahen, jedoch würde es an der Absicht einer vorübergehenden Sich-Aneignung fehlen, weil ein bloßer Sachentzug erfolgen soll. In Fällen der Drittzueignung gilt nichts anderes, wenn der Dritte den Sachentzug bewirken soll.

Bsp. (2): Student T nimmt dem Mitglied einer rivalisierenden Motorradgang seine Kutte weg und steckt diese in eine Mülltonne[1621]. Anschließend nimmt er auch Professor O vor Vorlesungsbeginn sein Manuskript weg, damit dieser endlich einmal „frei" spricht. – Die Aneignungsabsicht ist jeweils zu verneinen, weil der Besitz des T nur der Sachentziehung dient. Anders wäre zu entscheiden, wenn T das Manuskript oder die Kutte als „Trophäe" behalten möchte[1622].

1617 A/W/H/H-*Heinrich*, § 13 Rn. 118; *Rengier*, BT 1, § 2 Rn. 153 f.
1618 BGHSt 41, 187 (194).
1619 *Krey/Hellmann/Heinrich*, BT 2, Rn. 102; *Rengier*, BT 1, § 2 Rn. 161.
1620 RGSt 11, 239 (240); BGH NStZ 2011, 699 (701); *Mitsch*, BT 2, 1.2.2.3.3.3.
1621 Vgl. auch BGH NStZ 2011, 699.
1622 So im Fall OLG Nürnberg NStZ-RR 2013, 78.

962 Entsprechendes gilt, wenn der Täter die Sache **für Zwecke des Opfers** verwendet[1623], etwa mit der weggenommenen Farbe die Garage des Opfers neu streicht. Liegt die Sachvernichtung allerdings im **Verbrauch der Sache zu Zwecken des Täters oder eines Dritten**, so ist die Aneignungsabsicht zu bejahen. Typische Fälle sind der Konsum fremder Speisen, Getränke oder Betäubungsmittel sowie das Heizen mit fremden Brennmaterialien[1624]. Die Aneignungsabsicht ist weiterhin zu bejahen, wenn die Sachvernichtung erst nach dem Gebrauch der Sache erfolgen soll[1625].

> **Bsp.:** T nimmt einen Schlüssel, eine ec-Karte usw., um an Geld zu gelangen. Anschließend soll der Gegenstand weggeworfen werden. – Neben dem unproblematischen Enteignungswillen ist hier auch die Absicht vorübergehender Aneignung zu bejahen.

963 Bei den häufig diskutierten Fällen der **Wegnahme von Sachen in Behältnissen** muss zwischen Behältnis und Inhalt differenziert werden. Geht es dem Täter allein um den Inhalt und möchte er das Behältnis sogleich loswerden, so bezieht sich die Aneignungsabsicht nur auf den Inhalt[1626]. Hinsichtlich des weggeworfenen Behältnisses liegt dann ein bloßer Sachentzug vor. Stellt sich heraus, dass das Behältnis leer ist, so liegt letztlich nur ein versuchter Diebstahl am Inhalt vor[1627]; Entsprechendes soll gelten, wenn sich in dem Behältnis eine andere als die erwartete Sache befindet[1628].

> **Bsp.:**[1629] T nimmt dem O eine Stofftasche in der Hoffnung weg, dass diese Gegenstände enthält, die T selbst verwenden oder mit Gewinn veräußern kann. Die Stofftasche selbst und den wertlosen Inhalt möchte er wegwerfen. In der Tasche befinden sich nur wertlose Prospekte, die T dann auch sogleich samt Stofftasche entsorgt. – T hat mit der Stofftasche samt Inhalt fremde bewegliche Sachen weggenommen. Enteignungsvorsatz liegt vor, da O die Stofftasche samt Inhalt nicht mehr zurückerhalten sollte. Die Aneignungsabsicht bezog sich von vornherein nicht auf die Stofftasche, so dass insoweit ein Diebstahl ausscheidet; sie war aber auch nicht auf die wertlosen Prospekte bezogen. Damit verbleibt ein nur versuchter Diebstahl an Wertgegenständen, hinsichtlich derer es objektiv an der Wegnahme fehlt.

Anders kann zu entscheiden sein, wenn der Täter das Behältnis als Transportmittel benutzen möchte bzw. notwendigerweise benutzen muss, weil dieses etwa verschlossen ist und erst später geöffnet werden kann[1630]. Beim

---

1623 RGSt 52, 320 (321); LK-*Vogel*, § 242 Rn. 171.
1624 OLG Köln NJW 1997, 2611; *Kindhäuser/Böse*, BT 2, § 2 Rn. 99.
1625 BGH MDR 1960, 689; *Rengier*, BT 1, § 2 Rn. 140 ff.
1626 BGH GA 1962, 144 (145); BGH StV 2010, 22; BGH NStZ-RR 2010, 75.
1627 BGH NStZ 2018, 334; *Schönke/Schröder/Bosch*, § 242 Rn. 63.
1628 BGH NStZ 2006, 686 f.; krit. LG Düsseldorf NStZ 2008, 155 (156).
1629 Vgl. auch BGH NStZ-RR 2013, 309.
1630 LG Düsseldorf NStZ 2008, 155 (156); *Kindhäuser/Böse*, BT 2, § 2 Rn. 101.

Diebstahl eines Autos wird sich die Zueignungsabsicht häufig nur auf den Wagen, nicht aber den Inhalt – wie etwa eine sich darin befindliche Sporttasche – beziehen[1631].

c) Rechtswidrigkeit der erstrebten Zueignung. Die vom Täter erstrebte Zueignung muss der Rechtsordnung widersprechen. Es handelt sich dabei um ein objektives Tatbestandsmerkmal, auf das subjektiv der Vorsatz gerichtet sein muss, wofür freilich dolus eventualis genügt[1632]. **964**

aa) Objektiv nicht rechtswidrig ist die erstrebte Zueignung vor allem bei einem fälligen und einredefreien Anspruch auf die weggenommene Sache (Stückschuld). In diesem Fall führt der Täter eine Lage herbei, die im Ergebnis materiell der Rechtsordnung entspricht, wenngleich der Wegnahmevorgang formell eine Selbsthilfe darstellt (und daher die Wegnahme auch rechtswidrig ist). Die Rechtswidrigkeit der erstrebten Zueignung entfällt bei Drittzueignungsfällen auch dann, wenn nicht der Täter, dafür aber der Dritte einen Anspruch besitzt[1633]. **965**

> **Bsp.:** Verkäufer O weigert sich, den gekauften Bauernschrank an T zu übereignen. T transportiert diesen heimlich ab. – T hat eine fremde bewegliche Sache weggenommen und in Zueignungsabsicht gehandelt. Diese ist jedoch nicht rechtswidrig, weil er gemäß § 433 Abs. 1 Satz 1 BGB einen Anspruch auf Übereignung besaß.

(1) Da § 242 das Eigentum an einem bestimmten Gegenstand und nicht schlechthin das Vermögen schützt, muss sich der Anspruch auf die **konkret weggenommene Sache** beziehen. Bei **Gattungsschulden** hat der Gläubiger nur das Recht auf Leistung von Sachen mittlerer Art und Güte (§ 243 Abs. 1 BGB), nicht aber auf einen konkreten Gegenstand. Die Wegnahme einer bestimmten Sache durch den Gläubiger widerspricht der Rechtsordnung, weil das Auswahl- und Konkretisierungsrecht des Schuldners (§ 243 Abs. 2 BGB) unterlaufen wird[1634]. Umstritten ist die Lösung von Fällen, in denen sich der Täter zur Befriedigung einer **Geldschuld** die entsprechende Summe vom Schuldner nimmt. Auf Grundlage der h. M. ist die erstrebte Zueignung objektiv rechtswidrig, weil der Täter keinen Anspruch auf den konkret weggenommenen Geldschein bzw. die Münze besitzt. Die Rechtsprechung nimmt allerdings einen Tatbestandsirrtum nach § 16 Abs. 1 Satz 1 an, weil in der Bevölkerung die Vorstellung bestehe, der Gläubiger könne sich aus beliebigen, ihm zugänglichen Zahlungsmitteln des Schuldners befriedigen[1635]. Damit soll der Vorsatz des Täters hinsichtlich des normativen Merkmals der Rechts- **966**

[1631] BGHSt 16, 190; BGH JZ 1987, 52.
[1632] OLG Köln NJW 1986, 392; *Schönke/Schröder/Bosch*, § 242 Rn. 65.
[1633] *Lackner/Kühl*, § 242 Rn. 27; *Rengier*, BT 1, § 2 Rn. 187; a. A. *MünchKomm-Schmitz*, § 242 Rn. 171.
[1634] BGHSt 17, 87 (88 f.).
[1635] BGHSt 17, 87 (90 f.); BGH NJW 1990, 2832; BGH StV 2000, 78.

widrigkeit der erstrebten Zueignung entfallen; damit wird freilich der Irrtum von einem Verbotsirrtum i. S. d. § 17 zu einem Tatbestandsirrtum verschoben[1636]. Anders entscheidet die im Rahmen des § 242 vorzugswürdige **Wertsummentheorie**, wonach der Gläubiger bei fälligen Geldschulden einen Anspruch auf die jeweilige Summe hat, so dass die erstrebte Zueignung nicht rechtswidrig ist[1637]. Dafür spricht vor allem, dass das Konkretisierungsrecht bei Geldschulden keinen rechten Sinn macht.

967 (2) Ferner ist die erstrebte Zueignung auch dann nicht rechtswidrig, wenn diese durch einen **Rechtfertigungsgrund**, vor allem eine rechtfertigende Einwilligung oder mutmaßliche Einwilligung des Eigentümers, gedeckt ist[1638]. In diesem Fall ist bereits der Tatbestand ausgeschlossen. Vertretbar ist es aber auch, eine solche Rechtfertigung auf der zweiten Stufe des Verbrechensaufbaus bei der allgemeinen Rechtswidrigkeitsprüfung anzusprechen.

> **Bsp.:** Eigentümer E gestattet dem T den dauerhaften Gebrauch seines Snowboards, das von D verwahrt wird. Ist D mit der Mitnahme nicht einverstanden, so nimmt T eine fremde bewegliche Sache weg, weil für den Gewahrsamsbruch allein der Wille des Gewahrsamsinhabers D maßgeblich ist. Die erstrebte Zueignung ist aber nicht rechtswidrig, weil der von der Enteignungskomponente betroffene E eingewilligt hat. Zu demselben Ergebnis gelangt man, wenn man die allgemeine Rechtswidrigkeit aufgrund einer rechtfertigenden Einwilligung verneint. Ist hingegen der D mit der Mitnahme einverstanden, so liegt aufgrund eines tatbestandsausschließenden Einverständnisses bereits keine Wegnahme vor.

968 bb) Der **Vorsatz hinsichtlich der Rechtswidrigkeit** der erstrebten Zueignung entfällt gemäß § 16 Abs. 1 Satz 1, wenn der Täter irrig einen bestehenden Anspruch annimmt. Dies ist etwa der Fall, wenn der Täter davon ausgeht, bereits einen wirksamen Vertrag geschlossen und damit einen fälligen Anspruch zu haben, dies aber objektiv nicht der Fall ist.

4. Rechtswidrigkeit als allgemeines Verbrechensmerkmal

969 Auf der zweiten Stufe des Straftataufbaus sind nur noch die seltenen Fälle des Vorliegens eines allgemeinen Rechtfertigungsgrundes im Hinblick auf die Wegnahme zu prüfen. Das Einverständnis in die Wegnahme und Rechtfertigungsgründe hinsichtlich der Rechtswidrigkeit der erstrebten Zueignung sind bereits im Tatbestand zu prüfen.

> **Bsp.:** Arzt T nimmt das Mountainbike des O gegen dessen Willen, um bei einem Unfall zu helfen. Dabei hat er schon zum Zeitpunkt der Wegnahme vor, das Rad zu behalten. – Ein tatbestandsausschließendes

---

1636 Vgl. auch MünchKomm-*Schmitz*, § 242 Rn. 182; *Wessels/Hillenkamp/Schuhr*, BT 2, Rn. 203.
1637 *Lackner/Kühl*, § 242 Rn. 27; *Rengier*, BT 1, § 2 Rn. 193.
1638 *Fischer*, § 242 Rn. 51; *Schönke/Schröder/Bosch*, § 242 Rn. 59.

Einverständnis des O in die Wegnahme scheidet aufgrund des entgegenstehenden Willens aus. Die erstrebte Zueignung war rechtswidrig, da die Voraussetzungen des § 904 BGB insoweit nicht vorlagen; für die Hilfeleistung war eine dauerhafte Enteignung nicht mildestes Mittel und daher nicht erforderlich. Allerdings waren die Wegnahme und die damit verbundene kurzfristige Nutzung von diesem Rechtfertigungsgrund gedeckt, so dass die Tat nicht rechtswidrig war. Behält T das Rad später, liegt jedoch eine Unterschlagung gemäß § 246 Abs. 1 vor[1639].

5. Versuch, Vollendung und Beendigung

Der nach § 242 Abs. 2 strafbare **Versuch** beginnt nach allgemeinen Grundsätzen, wenn der Täter zur Wegnahme unmittelbar ansetzt. Schwierigkeiten bei der Versuchsprüfung können vor allem im Zusammenhang mit § 243 auftreten[1640]. **Vollendet** ist die Tat mit der Wegnahme, beendet dagegen, wenn der neue Gewahrsam gefestigt und gesichert ist[1641]. Die Phase zwischen Vollendung und **Beendigung** ist vor allem im Hinblick auf § 252 von Bedeutung, weil nur dann eine „frische Tat" vorliegt. Auch ist streitig, ob in diesem Stadium noch qualifizierende Merkmale verwirklicht werden können und eine sukzessive Beteiligung noch möglich ist[1642]. Ab Beendigung der Tat ist beides nicht mehr möglich.

970

Einführende Aufsätze:
Bode, Zur Strafbarkeit privater Schrottsammler, JA 2016, 589 (Hauptproblem: Vorliegen der Tatbestandsmerkmale „Wegnahme" und „fremd"); *Jüchser*, Gewahrsam – ein Begriff, der es nicht leicht macht, ZJS 2012, 195 (Ursprung des Gewahrsamsbegriffs, Gegenüberstellung des strafrechtlichen Gewahrsamsbegriffs mit den zivilrechtlichen Besitzformen); *Kudlich*, Die Wegnahme in der Fallbearbeitung, JA 2017, 428; *Kudlich/Noltensmeier*, Die Fremdheit der Sache als Tatbestandsmerkmal in strafrechtlichen Klausuren, JA 2007, 863 (Erläuterung des Merkmals der Fremdheit anhand der einzelnen Prüfungspunkte in der Fallbearbeitung); *Kudlich/Oğlakcıoğlu*, „Auf die inneren Werte kommt es an" – Die Zueignungsabsicht in der Fallbearbeitung, JA 2012, 321 (Grundlegende Erklärung des Merkmals der Zueignungsabsicht mit Aufführung besonderer problematischer Konstellationen); *Schramm*, Grundfälle zum Diebstahl, JuS 2008, 678 und 773 (Kleine Fälle zu den einzelnen Tatbestandsmerkmalen der §§ 242, 243, 244, 244a StGB).

Übungsfälle:
Dietrich/Bechtel, Bowling und andere Sünden, JSE 2015, 250 (Diebstahl einer Codekarte und eines Personalausweises, einzelne Regelbeispiele); *Esser/Lutz*,

---

1639 Näher u. Rn. 1096 ff.
1640 S. u. Rn. 1000 ff.
1641 S. o. Rn. 931.
1642 S. u. Rn. 1037 f.

One man's trash is another man's treasure, Jura 2016, 311 (Fragestellungen des Diebstahls und des Rücktritts vom Versuch auf der Grundlage aktueller Rechtsprechung); *Esser/Scharnberg*, Containern, JuS 2012, 809 (Strafrechtliche Bewertung des Containerns, Definition des gefährlichen Werkzeugs i. S. d. § 244 StGB); *Heinrich*, Einkaufsfreuden, Jura 1997, 366 (Schwerpunkt: Abgrenzung vom Diebstahl zum Betrug beim Einkauf im Supermarkt); *Jänicke*, Keine Unschuldslämmer, Jura 2014, 446 (Abfressen einer Weide durch Schafe, mögliche Rechtfertigungsgründe bei Diebstahl); *Kromrey*, Schussfahrt auf der schiefen Bahn, Jura 2013, 533 (Bandentat und Mittäterschaft, Rücktritt bei Mittätern, sukzessive Beteiligung); *Rotsch*, Durchsichtige Dinge, Jura 2004, 777 (Zueignungsabsicht bei Rückgabewillen, Drittzueignung, Pseudobote); *Walter*, Jupitersinfonie und Schlagerparade, Jura 2002, 415 (Diebstahl im Selbstbedienungsladen: Vollendung der Wegnahme, Abgrenzung von Betrug und Diebstahl an der Kasse); *Zopfs*, Verrat unter Freunden, Jura 2013, 1072 (Versuchsbeginn und Rücktritt vom Versuch bei mehreren Beteiligten, Beisichführen von Waffen beim Diebstahl, Aneignungskomponente bei der Zueignungsabsicht).

Rechtsprechung:
BGHSt 16, 190 – Spritztour (Enteignungsvorsatz bei Rückführungswille); **BGHSt 16, 271** – Selbstbedienungsladen (Zeitpunkt des Gewahrsamsbruchs); **BGHSt 17, 87** – Moos-raus (Rechtswidrigkeit der erstrebten Zueignung); **BGHSt 19, 387** – Dienstmütze (Zueignungsabsicht); **BGHSt 41, 198** – Einkaufswagen (Gewahrsamsbruch in Selbstbedienungsläden); **BayObLG JR 1965, 26** – Pseudobote (Zueignung des Sachwerts); **OLG Celle NJW 1967, 1921** – Kriminalroman (Zueignung des Sachwerts); **OLG Düsseldorf NJW 1988, 922** – Selbstbedienungsladen (Verstecken von Zubehör).

III. Diebstahl in einem besonders schweren Fall, § 243

1. Systematik

Die Einordnung der mit Regelbeispielen erläuterten besonders schweren Fälle in den Straftataufbau ist deshalb problematisch, weil überwiegend angenommen wird, dass Regelbeispiele – anders als die Merkmale der Qualifikationstatbestände der §§ 244, 244a – **nicht abschließend und nicht zwingend** sind. Die Verwirklichung eines Regelbeispiels „indiziert" nur das Vorliegen eines besonders schweren Falles und damit die Anwendbarkeit des § 243. Die Vorschrift des § 243 kann daher einerseits trotz Vorliegens eines besonders schweren Falles verneint und andererseits trotz Nichtvorliegens eines Regelbeispiels bejaht werden.

Hinweis
Wichtiger als ein Detailwissen zu den einzelnen Merkmalen ist das Verständnis der Regelbeispielsmethode sowie der Bezug zu den Vorschriften des Allgemeinen Teils.

III. Diebstahl in einem besonders schweren Fall, § 243

Die **dogmatische Einordnung** der Regelbeispiele ist umstritten. Teilweise werden diese – ebenso wie die qualifizierenden Merkmale – dem **Tatbestand** zugeordnet[1643]. Die h. M. stuft die Regelbeispiele hingegen als bloße **Strafzumessungsregeln** ein[1644]. Demgemäß ist § 243 nach der Prüfung der Schuld, beim versuchten Delikt sogar erst nach der Rücktrittsprüfung anzusprechen. Für diese Ansicht wird überwiegend der nicht abschließende Charakter der Regelbeispiele angeführt[1645] und argumentiert, dass sich der Gesetzgeber einer abschließenden Wertung enthalten und dem Richter die Prüfung im Einzelfall überlassen habe[1646].

972

> **Klausurtipps**
> In Prüfungsarbeiten kann i. d. R. ohne weitere Begründung der Strafzumessungslösung der h. M. gefolgt werden. Die Regelbeispiele sind dann im Anschluss an die Schuld bzw. beim versuchten Diebstahl im Anschluss an eine etwaige (negative) Rücktrittsprüfung anzusprechen.

> **Prüfungsschema**
> Auf Grundlage der h. M. gilt folgendes Aufbauschema für die Klausurbearbeitung:
> 1. **Tatbestand des § 242**
> 2. **Rechtswidrigkeit**
> 3. **Schuld**
> 4. **Strafzumessungsregel für besonders schwere Fälle mit Regelbeispielen, § 243**
>   a. Regelbeispiele nach Absatz 1 Satz 2 Nrn. 1 bis 7
>   aa. Verwirklichung eines Merkmals und Vorsatz (analog) § 15 diesbezüglich (bei Nr. 3 spezifische Voraussetzungen) → Indizwirkung
>   bb. Ausschlussklausel nach Absatz 2 für Fälle des Abs. 1 Satz 2 Nrn. 1 bis 6: Objektive und subjektive Geringwertigkeit der Sache
>   cc. Widerlegung der Indizwirkung
>   b. Sonstiger besonders schwerer Fall außerhalb der Regelbeispiele → Analogiewirkung und Gegenschlusswirkung

973

> **Klausurtipp**
> Weil die Widerlegung der Indizwirkung (Aufbauschema 4a cc) und die Annahme eines sonstigen besonders schweren Falles (Aufbauschema 4b)

1643 *Calliess*, NJW 1998, 929 (933 ff.); *Eisele*, JA 2006, 309.
1644 Vgl. etwa BGHSt 23, 254 (257); 33, 370 (373); A/W/H/*Heinrich*, § 14 Rn. 16, 42.
1645 Vgl. BGHSt 23, 254 (257); *Graul*, JuS 1999, 852 (853).
1646 *Wessels*, FS Maurach, 1972, S. 295 (298 f.).

> auf Grundlage der Strafzumessungslösung der h. M. eine Gesamtwürdigung aller strafzumessungsrelevanten Faktoren i. S. d. § 46 voraussetzen, wird eine entsprechende Prüfung in Klausuren und Hausarbeiten regelmäßig nicht erwartet. Bei Vorliegen des Regelbeispiels darf daher von einem besonders schweren Fall i. S. d. § 243 Abs. 1 und bei Nichtvorliegen eines Regelbeispiels vom (Grund-)Tatbestand des § 242 ausgegangen werden.

2. Die einzelnen Regelbeispiele

974 Hinsichtlich der in Nrn. 1 bis 7 genannten Regelbeispiele ist – nicht anders als bei Qualifikationen – eine genaue Subsumtion erforderlich, weil die Indizwirkung nur bei der Verwirklichung der vom Gesetzgeber genannten Merkmale eintritt.

975 a) **Einbruchs- und Nachschlüsseldiebstahl, Abs. 1 Satz 2 Nr. 1.** Der Grund der Strafschärfung ist darin zu sehen, dass sich der Täter zur Ausführung des Diebstahls über die durch einen umschlossenen Raum geschaffene Schutzsphäre mit erhöhter krimineller Energie hinwegsetzt[1647]. Der umschlossene Raum ist der Oberbegriff und wird durch die Beispiele Gebäude, Dienstraum oder Geschäftsraum erläutert. Das Eindringen in **Wohnungen** wird durch die Qualifikation des § 244 Abs. 1 Nr. 3, Abs. 4 erfasst. § 243 tritt im Wege der Gesetzeskonkurrenz (Spezialität) zurück.

976 aa) Ein **umschlossener Raum** ist ein Raumgebilde, das zum Betreten von Menschen bestimmt ist und Vorrichtungen aufweist, die das Eindringen nicht unerheblich erschweren[1648]. Der Raum muss dabei weder überdacht noch verschlossen sein. Bei öffentlich zugänglichen Räumen kommt das Regelbeispiel allerdings nicht in Betracht. Erfasst werden beispielsweise Lagerplätze, Gärten, Friedhöfe oder Kasernen, soweit nicht das Betreten aufgrund von Lücken in der Umfriedung oder durch leichtes Übersteigen ohne größere Schwierigkeiten möglich ist. Geschützt sind aber auch bewegliche Räume, wie Kfz, Lkw, Schiffe oder Eisenbahnwagen. Die Abgrenzung zu Nr. 2 folgt daraus, dass der Raum zum Betreten von Menschen bestimmt sein muss[1649]. Erfasst wird etwa der Innenraum eines Kfz, so dass sowohl der Diebstahl einer Sache aus dem Fahrgastraum[1650] als auch der Diebstahl des gesamten Wagens[1651] das Regelbeispiel verwirklicht. Der Diebstahl einer Sache aus dem Kofferraum wird hingegen nur von Nr. 2 erfasst.

1647 BGHSt 1, 158 (164); 15, 134 (135); NK-*Kindhäuser*, § 243 Rn. 8.
1648 BGHSt 1, 158 (164); *Schönke/Schröder/Bosch*, § 243 Rn. 8.
1649 BGHSt 1, 158 (163); *Rengier*, BT 1, § 3 Rn. 10.
1650 BGHSt 2, 214 (215); BGH NStZ 2001, 533; *Mitsch*, BT 2, 1.3.2.1.2.
1651 *Lackner/Kühl*, § 243 Rn. 10; *Wessels/Hillenkamp/Schuhr*, BT 2, Rn. 225.

bb) § 243 Abs. 1 Satz 2 Nr. 1 enthält **verschiedene Varianten des Eindringens**, die sorgfältig zu unterscheiden sind. **977**

(1) Einbrechen bedeutet das gewaltsame Öffnen einer Umschließung, die als tatsächliches Hindernis das Betreten des umschlossenen Raumes verhindern soll. Erforderlich ist eine gewisse körperliche Anstrengung, d.h. eine nicht unerhebliche Kraftentfaltung beim Öffnen oder Erweitern des Zugangs[1652]. Ist die Tür nur angelehnt oder steckt ein Schlüssel im Schloss, liegt kein Einbrechen vor. Der Täter muss nicht zwingend den Raum betreten, wenn er den Gegenstand nach dem Einbrechen von außen – durch Tür oder Fenster – ergreifen kann[1653]. **978**

> **Bsp.:** T hebt kurzerhand das lose eingehängte Fenster aus den Angeln. Die Nr. 1 ist hier zu verneinen, weil T ohne größere Anstrengung das Hindernis beseitigen kann.

(2) Ein Einsteigen liegt vor, wenn der Täter unter Überwindung der Umschließung auf einem nach der Eigenart des Raumes dafür **nicht bestimmten Weg** in diesen hinein gelangt[1654]. Dies ist etwa beim Übersteigen eines höheren Zauns, beim Hineingelangen durch ein Fenster oder beim Hineinkriechen durch eine schmale Kelleröffnung zu bejahen. Der Täter muss dabei mit seinem Körper so weit in die Räumlichkeit gelangt sein, dass er sich dort einen Stützpunkt verschafft[1655]. Kein Einsteigen liegt daher vor, wenn der Täter sich nur in den Raum beugt oder von Außen mit der Hand den Gegenstand ergreift[1656]. **979**

(3) Ein Eindringen in den Raum mit einem **falschen Schlüssel** oder einem **anderen nicht zur ordnungsmäßigen Öffnung bestimmten Werkzeug** liegt vor, wenn der Gegenstand nicht für das Öffnen bestimmt ist. Von dem Begriff des Schlüssels werden nicht nur mechanische Schlüssel, sondern auch elektronische bzw. computergestützte Schlüssel wie Chipkarten erfasst[1657]. Falsch ist ein Schlüssel, wenn dieser zur Tatzeit nicht (mehr) zur ordnungsgemäßen Öffnung bestimmt ist, wofür der Wille des Berechtigten maßgeblich ist. Dies trifft zunächst auf einen vom Täter nachgemachten Schlüssel zu. Falsch ist aber auch ein gestohlener, sonst abhanden gekommener oder nicht zurückgegebener Schlüssel, wenn der Berechtigte diesen entwidmet, d.h. die Bestimmung zur ordnungsgemäßen Öffnung entzieht. Dies ergibt sich freilich regelmäßig daraus, dass dem Berechtigten der Verlust bewusst wird[1658]. **980**

[1652] BGH NStZ 2000, 143; OLG Karlsruhe NStZ-RR 2005, 140 (142).
[1653] BGH NStZ 1985, 217 (218); A/W/H/H-*Heinrich*, § 14 Rn. 46.
[1654] BGHSt 10, 132 (133); BGH NStZ-RR 2010, 374 (375); *Rengier*, BT 1, § 3 Rn. 15.
[1655] BGH NJW 1968, 1887; OLG Hamm NJW 1960, 1359.
[1656] BGHSt 10, 132; BGH NJW 1968, 1887; *Wessels/Hillenkamp/Schuhr*, BT 2, Rn. 226.
[1657] BayObLG NJW 1987, 665 (666); MünchKomm-*Schmitz*, § 243 Rn. 25 ff.
[1658] BGHSt 21, 189 (190); *Rengier*, BT 1, § 3 Rn. 16.

Bsp.: T bietet dem O an, dessen Schlüssel für seinen Geschäftsraum während des Urlaubs für Notfälle zu verwahren. Tatsächlich räumt T – wie geplant – den Laden des O aus. – Der Schlüssel wurde zwar durch Täuschung erlangt, jedoch war dieser weiterhin zur ordnungsgemäßen Öffnung bestimmt, so dass das Regelbeispiel zu verneinen ist und sich T nur nach § 242 strafbar macht.

981 **Andere nicht zur ordnungsmäßigen Öffnung bestimmte Werkzeuge** sind Gegenstände, mit denen auf den mechanischen oder elektronischen Verschluss so eingewirkt wird, dass dieser bewegt wird. Typische Beispiele sind Dietriche, Drähte, Metallstreifen oder Zangen. Wird der Verschluss aufgebrochen, ist die Variante des Einbrechens verwirklicht[1659].

982 (4) Der Täter **hält sich in dem Raum verborgen**, wenn er sich in dem Raum versteckt, damit er den Diebstahl zu einem späteren Zeitpunkt durchführen kann. Ob er ursprünglich zum Betreten berechtigt war, ist unerheblich[1660].

Bsp.: T lässt sich am Abend in der Universitätsbibliothek einschließen, um in der Nacht einige wertvolle Bücher zum Römischen Recht durch das Fenster abzutransportieren.

983 cc) Aus dem Merkmal „**zur Ausführung der Tat**" folgt, dass der Diebstahlsvorsatz schon bei der Vornahme der Tathandlung, d. h. dem Einbrechen usw. vorliegen muss. Ein später gefasster Vorsatz oder das Eindringen zur bloßen Beutesicherung, d. h. zur Beendigung des Diebstahls[1661], genügen also nicht.

Bsp.: T stemmt die Tür zu einem Geschäftsraum auf, um dort das Inventar umzuräumen und einen Zettel mit der Notiz „die fetten Jahre sind vorbei" zu hinterlegen. Als er ein Bündel mit Geldscheinen findet, erliegt er jedoch den Verlockungen des Geldes und verrät seine Ideale. – Durch die Mitnahme des Geldes verwirklicht T § 242. § 243 Abs. 1 Satz 2 Nr. 1 scheidet aus, weil T den Diebstahlsvorsatz erst nach dem Einbrechen gefasst hat. § 243 kann in solchen Fällen allenfalls noch zur Anwendung gelangen, wenn sich weitere erschwerende Umstände finden lassen, die einen sonstigen besonders schweren Fall begründen.

984 b) **Diebstahl von Sachen, die besonders gesichert sind, Abs. 1 Satz 2 Nr. 2.** Grund der Strafschärfung ist bei Nr. 2, dass sich der Täter mit erhöhter krimineller Energie über eine besondere Vorrichtung zum Schutz des Gewahrsams hinwegsetzt. Oberbegriff ist die Schutzvorrichtung, das verschlossene Behältnis ist das wichtigste Beispiel hierfür.

1659 BGH NJW 1956, 271; LK-*Vogel*, § 243 Rn. 26.
1660 Vgl. BGHSt 22, 127 (128); A/W/H/H-*Heinrich*, § 14 Rn. 46.
1661 *Mitsch*, BT 2, 1.3.2.1.2; *Rengier*, BT 1, § 3 Rn. 20.

aa) Im Gegensatz zum umschlossenen Raum in Abs. 1 Satz 2 Nr. 1 ist ein **Behältnis** nur zur Aufnahme von Sachen, nicht aber zum Betreten durch Menschen bestimmt[1662] (z. B. Kassette, Kiste, Tresor, Kofferraum eines Kfz, Warenautomat). Abgeschlossene Türen zu umschlossenen Räumen werden daher nicht erfasst. **Verschlossen** ist das Behältnis, wenn der Inhalt durch eine technische oder andere Vorrichtung gegen ordnungswidrigen Zugriff und Wegnahme gesichert ist. Lässt sich der Schutzmechanismus leicht öffnen, weil der Schlüssel steckt oder der Täter diesen befugtermaßen im Besitz hat, so ist der Grund der Strafschärfung – Überwindung des gesicherten Gewahrsams – nicht verwirklicht[1663]. Hingegen soll das Regelbeispiel verwirklicht sein, wenn der Täter den Schlüssel unbefugt an sich nimmt und damit das Behältnis öffnet, weil über den Verschluss hinaus grundsätzlich keine weiteren Sicherungen erforderlich sind[1664]. Anders als bei Nr. 1 muss ein Schlüssel nicht „falsch" sein.

> **Bsp.:** Kassiererin T, die einen Schlüssel zum Tresor besitzt, räumt diesen nach Dienstschluss aus. – § 243 Abs. 1 Satz 2 Nr. 2 ist zu verneinen. Anders ist zu entscheiden, wenn T den Schlüssel ihres Kollegen an sich nimmt und damit den Tresor öffnet.

bb) Eine **andere Schutzvorrichtung** ist jede Vorkehrung, die nach ihrer Art geeignet und dazu bestimmt ist, die Wegnahme einer Sache zu verhindern oder jedenfalls nicht unerheblich zu erschweren[1665]. Beispiele sind Ketten, Fahrradschlösser, Lenkradschlösser oder Alarmanlagen.

cc) Besonders gesichert gegen Wegnahme ist die Sache, wenn der spezifische Zweck der Vorrichtung gerade auch in der Sicherung liegt. So darf etwa ein Behältnis nicht allein dem Zweck des Transports, des Schutzes vor Beschädigung oder allgemeinem Verlust dienen. Das Merkmal ist daher bei gewöhnlichen Sporttaschen, verklebten Kartons oder verschlossenen Briefumschlägen zu verneinen. Dabei ist auf alle Umstände des Einzelfalles zu achten, so dass das Regelbeispiel bei Koffern, die zum Schutz des Inhalts abgeschlossen wurden, bejaht werden kann[1666]. Bloße Befestigungen der Sache stellen ebenfalls nicht ohne weiteres eine Schutzvorrichtung gegen Wegnahme dar[1667].

> **Bsp.:** T drückt den Wagen des O auf und bricht zunächst das verschraubte Navigationsgerät aus der Halterung. Dann bricht er noch den Kofferraum auf und baut den CD-Wechsler aus. Anschließend entwendet er wie geplant das Fahrzeug. – T verwirklicht § 242 bezüglich des Fahrzeugs, des Navigationsgeräts und des CD-Wechslers. Mit dem Auf-

---

[1662] Vgl. nur BGHSt 1, 158 (163); *Maurach/Schroeder/Maiwald/Hoyer/Momsen*, BT 1, § 33 Rn. 89.
[1663] OLG Hamm NJW 1982, 77.
[1664] BGH NStZ 2011, 36; OLG Karlsruhe NStZ-RR 2010, 48; KG NJW 2012, 1093 (1094).
[1665] OLG Stuttgart NStZ 1985, 76; *Wessels/Hillenkamp/Schuhr*, BT 2, Rn. 235.
[1666] *Maurach/Schroeder/Maiwald/Hoyer/Momsen*, BT 1, § 33 Rn. 90.
[1667] *Rengier*, BT 1, § 3 Rn. 25a; *Schönke/Schröder/Bosch*, § 243 Rn. 24.

brechen des Fahrzeugs zu Diebstahlszwecken ist das Regelbeispiel des § 243 Abs. 1 Satz 2 Nr. 1 erfüllt; dass T auch das ganze Fahrzeug (und damit den umschlossenen Raum selbst) stehlen will, ist unerheblich. Hinsichtlich des Navigationsgeräts ist § 243 Abs. 1 Satz 2 Nr. 2 nicht erfüllt, da die Halterung nur eine Befestigung, jedoch keine besondere Schutzvorrichtung gegen Wegnahme ist. Dies gilt auch hinsichtlich des CD-Wechslers; allerdings ist § 243 Abs. 1 Satz 2 Nr. 2 aufgrund des Aufbrechens des Kofferraums zu bejahen. Obwohl T mehrere Regelbeispiele verwirklicht, liegt insgesamt nur ein besonders schwerer Fall eines Diebstahls vor[1668].

988 (1) Nicht erfasst werden nach h.M. **elektronische Sicherungsetiketten**, da diese nicht die Wegnahme hindern, sondern bei Auslösung des Alarms lediglich der Wiedererlangung der Sache dienen.

Bsp.:[1669] T steckt im Laden des O eine mit einem Sicherungsetikett versehene Jeans in seinen Rucksack. – Trotz der elektronischen Sicherung ist die Wegnahme der Sache mit dem Überführen in das Behältnis (Gewahrsamsenklave) vollendet, so dass § 242 zu bejahen ist[1670]. Da das Sicherungsetikett die Wegnahme nicht hindert, ist es keine besondere Schutzvorrichtung gegen Wegnahme; § 243 Abs. 1 Satz 2 Nr. 2 ist demnach zu verneinen. Da das Sicherungsetikett jedoch eine ähnliche Schutzvorrichtung darstellt, die der Wiedererlangung der Sache dienen soll, liegt der Unrechts- und Schuldgehalt gleich. Es kann daher ein sonstiger besonders schwerer Fall angenommen werden[1671].

989 (2) **Waren-, Geld- und Geldspielautomaten** sind ebenfalls verschlossene Behältnisse. Ob hier das Regelbeispiel erfüllt ist, hängt davon ab, wie diese im Einzelfall gesichert sind und ob der Täter den Schutzmechanismus überwindet. § 243 Abs. 1 Satz 2 Nr. 2 ist daher verwirklicht, wenn der Automat aufgebrochen oder das Geld mithilfe von Drähten entnommen wird, weil dann der Ausgabeschutz überwunden wird. Wird dagegen der gewöhnliche Mechanismus ordnungsgemäß bewegt, indem der Täter den Automaten mit falschen oder ausländischen Münzen usw. bedient, so ist das Regelbeispiel zu verneinen[1672]. In diesem Fall wird keine Schutzvorrichtung überwunden, so dass die notwendige erhöhte kriminelle Energie nicht vorliegt.

Bsp.:[1673] T verwendet einen mit einem Tesafilm präparierten 100 €-Schein an einem Geldautomaten derart, dass er diesen einführt und

---

1668 S. *Eisele*, BT 2, Rn. 101.
1669 Nach OLG Stuttgart NStZ 1985, 76; OLG Düsseldorf NJW 1998, 1002.
1670 S. o. Rn. 926.
1671 Vgl. BGH JuS 2018, 1013 ff.; OLG Stuttgart NStZ 1985, 76; *Dölling*, JuS 1986, 688 (693).
1672 OLG Stuttgart NJW 1982, 1659; OLG Düsseldorf NJW 1999, 3208 (3209).
1673 S. bereits o. Rn. 938.

anschließend sofort wieder herauszieht, sobald der Umwechselmechanismus ausgelöst wird. T nimmt die Münzen an sich. – Nach h. M. liegt hier § 243 Abs. 1 Satz 2 Nr. 2 nicht vor, da der Mechanismus auf übliche Weise ausgelöst wird[1674]; allerdings kommt ein sonstiger besonders schwerer Fall in Betracht, da T ein außerordentlich hohes Maß an List anwendet[1675].

c) Gewerbsmäßiger Diebstahl, Abs. 1 Satz 2 Nr. 3. Dieses Regelbeispiel ist verwirklicht, wenn der Täter sich aus der fortlaufenden Begehung von Diebstahlstaten eine regelmäßige Einnahmequelle von einigem Umfang und Dauer verschaffen will[1676]; nicht ausreichend ist es, wenn der Täter nur für Dritte eine Einnahmequelle schaffen möchte, ohne dass er sich hierbei selbst geldwerte Vorteile verspricht. Diese Voraussetzung ist bei entsprechender Absicht bereits beim ersten Diebstahl verwirklicht[1677]. Ob der Täter die Sachen veräußern oder für sich behalten möchte, ist unerheblich. Allerdings ist zu beachten, dass die Verwertung der Beute aus einer Tat in Teilschritten die Gewerbsmäßigkeit nicht begründet, wenn der Täterwille nicht auf eine fortlaufende Begehung von Diebstahlstaten gerichtet ist[1678]. 990

Die Gewerbsmäßigkeit ist nach h. M. ein besonderes **persönliches Merkmal i. S. d. § 28 Abs. 2**, so dass es nicht ausreichend ist, dass dieses nicht vom Täter, sondern nur von anderen Tatbeteiligten erfüllt ist[1679]. 991

d) Kirchendiebstahl, Abs. 1 Satz 2 Nr. 4. Die Sache muss **aus einer Kirche oder einem anderen der Religionsausübung dienenden Gebäude oder Raum** gestohlen werden. Gebäude für Feierlichkeiten einer Weltanschauungsvereinigung werden nicht erfasst, jedoch kommt im Wege der engeren Analogiewirkung ein sonstiger besonders schwerer Fall in Betracht, da § 167 Abs. 2 dem Gottesdienst entsprechende Feiern einer im Inland bestehenden Weltanschauungsvereinigung gleichstellt[1680]. Die Sachen müssen zudem unmittelbar dem Gottesdienst (z. B. Altar, Kelche, Monstranzen) oder der religiösen Verehrung (z. B. Kreuze, Heiligenbilder) dienen. Bloßes Kircheninventar (z. B. Sitzbänke, Kunstwerke, Gesangsbücher, Opferstöcke) wird nicht erfasst. 992

e) Diebstahl öffentlicher Sachen, Abs. 1 Satz 2 Nr. 5. Das Regelbeispiel nennt für die Allgemeinheit besonders schutzwürdige Sachen. Diese müssen **von Bedeutung für Wissenschaft, Kunst oder Geschichte oder für** 993

1674 OLG Düsseldorf NJW 2000, 158 (159); *Kudlich*, JuS 2001, 20.
1675 OLG Düsseldorf NJW 2000, 158 (159).
1676 BGH StV 1983, 281 (282); *Fischer*, § 243 Rn. 18.
1677 BGH NStZ 2008, 282 (283).
1678 BGH NStZ 2008, 282 (283) zu § 263 Abs. 3 S. 2 Nr. 1; BGH NStZ 2010, 148 f. zu § 146 Abs. 2.
1679 BGH StraFo 2014, 215.
1680 Vgl. *Schönke/Schröder/Bosch*, § 243 Rn. 34 und 42a.

die technische Entwicklung sein, so dass der Verlust eine erhebliche Einbuße darstellen würde. Erforderlich ist, dass diese sich in einer allgemein zugänglichen Sammlung befinden oder öffentlich ausgestellt sind.

994 **f) Diebstahl unter Ausnutzung von Hilflosigkeit, Unglücksfall oder gemeiner Gefahr, Abs. 1 Satz 2 Nr. 6.** Hilflosigkeit setzt eine Schwächesituation voraus, so dass eine Person sich nicht aus eigener Kraft gegen eine drohende Gefahr für das Eigentum schützen kann. Dies kann z.B. bei Krankheit, Gebrechlichkeit oder Trunkenheit, nicht aber allein aufgrund des Alters oder Schlaf gegeben sein. Ein **Ausnutzen** liegt vor, wenn der infolge der Hilflosigkeit usw. herabgesetzte Schutz des Eigentums als Gelegenheit zur leichten Tatdurchführung wahrgenommen wird. Der Täter muss stets Kenntnis von den verringerten Schutzmöglichkeiten haben. Die Merkmale Unglücksfall und gemeine Gefahr sind wie bei § 323c zu verstehen[1681]. Dabei muss die Tat nicht gegenüber dem Opfer bzw. dem Gefährdeten begangen werden, so dass auch ein Diebstahl zu Lasten von zu Hilfe eilenden Dritten erfasst wird[1682].

995 **g) Diebstahl von Waffen oder Sprengstoff, Abs. 1 Satz 2 Nr. 7.** Das Regelbeispiel soll typischen Erscheinungsformen terroristischer Kriminalität begegnen[1683]. Häufig wird allerdings bereits Nr. 1 oder Nr. 2 verwirklicht sein. Ist die gestohlene **Waffe einsatzfähig**, so ist auch § 244 Abs. 1 Nr. 1 lit. a verwirklicht[1684]; § 243 Abs. 1 Satz 2 Nr. 7 tritt dann im Wege der Konsumtion zurück. § 243 Abs. 2 ist in Fällen der Nr. 7 ausdrücklich ausgeschlossen.

3. Anwendbarkeit der Vorschriften des Allgemeinen Teils

996 Wer der Tatbestandlösung folgt, kann nicht anderes als bei Qualifikationen die Regelungen des Allgemeinen Teils zur Anwendung bringen.[1685] Stuft man § 243 mit der **h.M. als Strafzumessungsregel** ein, so stellt sich die Frage, ob hierfür überhaupt die Regelungen des Allgemeinen Teils für Tatbestände zur Anwendung gelangen können.

997 **a) Vorsatz.** Die h.M. verlangt „**Quasivorsatz**" hinsichtlich der strafschärfenden Merkmale und wendet §§ 15, 16 aufgrund der „Tatbestandsähnlichkeit" der Regelbeispiele analog zugunsten des Täters an[1686]. Vorsatz ist auch hinsichtlich unrechtssteigernder Tatmodalitäten erforderlich, auf die ein sonstiger besonders schwerer Fall gestützt wird[1687]. Im oben ge-

---

1681 S. *Eisele*, BT 1, Rn. 1249 ff.
1682 BGH NStZ 1985, 215 f.; OLG Hamm NStZ 2008, 218; NK-*Kindhäuser*, § 243 Rn. 37.
1683 AnwK-*Kretschmer*, § 243 Rn. 23; LK-*Vogel*, § 243 Rn. 50.
1684 S. u. Rn. 1036.
1685 *Eisele*, JA 2006, 309 (312 ff.).
1686 Vgl. BGH NStZ 1984, 165; *Graul*, JuS 1999, 852 (853); krit. zur analogen Anwendung *Eisele*, BT 2, Rn. 136.
1687 A/W/H/H-*Heinrich*, § 14 Rn. 33; *Roxin*, AT 1, § 12 Rn. 134.

nannten Sicherungsetikettenfall[1688] muss der Täter daher Vorsatz dahingehend besitzen, dass die gestohlene Sache mit einem Sicherungsetikett versehen ist.

b) Täterschaft und Teilnahme. Die h. M. wendet §§ 26, 27 im Wege einer „quasiakzessorischen" Haftung auf die **Teilnahme** an[1689]. Erforderlich ist für den Eintritt der Indizwirkung, dass sich nach allgemeinen Grundsätzen der Teilnehmervorsatz auf die Verwirklichung des Regelbeispiels durch den Haupttäter erstreckt. Auch § 28 Abs. 2 soll bei besonderen persönlichen Merkmalen entsprechende Anwendung finden. Die „quasiakzessorische Haftung" wird aber durch das Erfordernis einer Gesamtwürdigung aller Umstände gelockert, weil die „quasiakzessorische Haftung" hierbei nur einen Abwägungsposten darstellt[1690]. Der BGH nimmt unter Verzicht auf die Akzessorietätsregeln sogar sogleich eine umfassende Abwägung aller wesentlichen tat- und täterbezogenen Gesichtspunkte vor, wobei der Beteiligtenbeitrag eine gewichtige Rolle einnimmt[1691].

998

Bsp.: Der gewerbsmäßig handelnde T bricht in einen Geschäftsraum ein und stiehlt dort Bargeld. G hat ihm im Vorfeld eine Skizze des Tatorts übergeben. – T macht sich nach §§ 242, 243 Abs. 1 Satz 2 Nr. 1 und Nr. 3 strafbar. Da G Kenntnis vom Tatort besaß, haftet er nach h. M. entsprechend den Grundsätzen des § 27 quasiakzessorisch für das tatbezogene Merkmal des § 243 Abs. 1 Satz 2 Nr. 1, so dass die Indizwirkung bereits deshalb eintritt. Hinsichtlich § 243 Abs. 1 Satz 2 Nr. 3 haftet er nicht, weil gemäß § 28 Abs. 2 (analog) das Merkmal der Gewerbsmäßigkeit bei ihm nicht vorliegt. Zu einem entsprechenden Ergebnis gelangt die Tatbestandslösung. Die h. M. „überprüft" das Ergebnis aber im Wege einer Gesamtwürdigung aller Umstände, die für § 46 von Bedeutung sind; der BGH vollzieht sogleich die Gesamtwürdigung.

Für **mittelbare Täter und Mittäter** gelten §§ 25 Abs. 1 Var. 2, 25 Abs. 2 (entsprechend)[1692], so dass etwa bei einem Exzess eines Beteiligten das Regelbeispiel den anderen Beteiligten nicht zugerechnet werden kann. Die h. M. nimmt aber auch hier eine Gesamtwürdigung vor[1693].

999

c) Versuch. Bei Versuchskonstellationen kann zunächst die Frage Bedeutung erlangen, wie sich das (etwaige) Vorliegen eines Regelbeispiels auf den Versuchsbeginn auswirkt. Ferner kann zu erörtern sein, wie Konstellationen zu behandeln sind, in denen § 242 oder ein Regelbeispiel des § 243 nicht vollendet ist.

1000

1688 S. *Eisele*, BT 2, Rn. 103.
1689 *Schönke/Schröder/Bosch*, § 243 Rn. 47.
1690 *Lackner/Kühl*, § 46 Rn. 16.
1691 BGHSt 29, 239 (244); BGH NStZ 1990, 595; *Fischer*, § 46 Rn. 105.
1692 Vgl. MünchKomm-*Schmitz*, § 243 Rn. 5, 84.
1693 Vgl. aber BGH StV 1994, 240 f.

1001 aa) Liegt schon kein **unmittelbares Ansetzen zu § 242** vor, so kommt § 243 von vornherein nicht zur Anwendung. Der Beginn der Verwirklichung eines Regelbeispiels begründet dabei noch kein unmittelbares Ansetzen zu § 242, weil Grundtatbestand und Strafschärfung – nicht anders als bei Qualifikationstatbeständen – insoweit getrennt zu betrachten sind[1694].

Bsp.:[1695] T beginnt mit dem Aufbrechen des Seitenfensters einer Gaststätte, um dort einzudringen und mitnehmenswerte Gegenstände zu entwenden. – Entgegen der Ansicht des BGH setzt T noch nicht unmittelbar zur Wegnahme i. S. d. § 242 an, so dass er sich noch im straflosen Vorbereitungsstadium befindet. § 243 gelangt schon deshalb nicht zur Anwendung.

1002 Liegt zwar ein unmittelbares Ansetzen zum Grundtatbestand vor, so folgt daraus umgekehrt ebenfalls nicht zwingend der **Versuchsbeginn hinsichtlich eines Regelbeispiels**. Vielmehr ist das unmittelbare Ansetzen auch insoweit gesondert zu beurteilen[1696].

1003 bb) Die Problematik von **Versuch und Regelbeispiel** lässt sich am besten anhand eines Vergleichs zwischen dem Einbruchsdiebstahl gemäß § 243 Abs. 1 Satz 2 Nr. 1 und dem Wohnungseinbruchsdiebstahl nach § 244 Abs. 1 Nr. 3 (Abs. 4), der bis zum 6. StrRG 1998 noch von § 243 erfasst wurde, darstellen. Dabei sind drei Konstellationen zu unterscheiden:

1004 (1) Recht unproblematisch ist die Konstellation des versuchten **Grunddelikts und des vollendetes Regelbeispiels**.

Bsp.: T bricht in einen Geschäftsraum i. S. d. § 243 Abs. 1 Satz 2 Nr. 1 ein; bevor er die Beute an sich nehmen kann, wird er gestellt, so dass es nicht mehr zur Wegnahme und damit zur Vollendung kommt.

Wird die Indizwirkung nicht widerlegt, so liegt ein versuchter Diebstahl in einem besonders schweren Fall gemäß §§ 242, 243 Abs. 1 Satz 2 Nr. 1, 22, 23 vor[1697]. Hierfür spricht, dass sich § 243 auf den § 242 insgesamt, mithin auch auf die in Absatz 2 geregelte Versuchsstrafbarkeit bezieht[1698]. Wäre der Täter statt in einen Geschäftsraum in eine Wohnung eingebrochen, so läge entsprechend ein versuchter Wohnungseinbruchsdiebstahl nach §§ 242, 244 Abs. 1, 22, 23 vor.

1005 (2) Im Unterschied zur ersten Konstellation ist bei der zweiten Konstellation neben dem **Grundtatbestand auch das Regelbeispiel nur in das Versuchsstadium** gelangt. Dabei ist zu beachten, dass es nach h. M. auch

---

1694 BGH NJW 2017, 1189 m. Anm. *Eisele*, JuS 2017, 175; B/W/M/E-*Mitsch*, § 22 Rn. 66.
1695 Nach BGHSt 33, 370.
1696 Dazu LK-*Hillenkamp*, § 22 Rn. 124.
1697 Vgl. BGH NStZ 1984, 262.; A/W/H/H-*Heinrich*, § 14 Rn. 36.
1698 *Maurach/Gössel/Zipf*, AT 2, § 40 Rn. 175; *Mitsch*, BT 2, 1.3.1.5.1.

hier um die Frage nach einem versuchten Diebstahl in einem besonders schweren Fall geht; den „Versuch eines besonders schweren Falles" soll es nicht geben[1699].

> **Bsp.:** T war gerade dabei, in den Geschäftsraum einzubrechen, als er bemerkt, dass die Tür offensteht. Er wird von der Polizei überrascht, bevor er etwas mitnehmen kann.

1006 Die h. M. lehnt es ab, die Indizwirkung bereits an die versuchte Verwirklichung des Regelbeispiels zu knüpfen. Dies wird überwiegend damit begründet, dass ein **Versuch eines Regelbeispiels nicht existiere**, weil gemäß § 22 nur das unmittelbare Ansetzen zur Verwirklichung eines Straftatbestandes einen Versuch begründen könne[1700]. Es stelle eine von Art. 103 Abs. 2 GG verbotene Analogie dar, § 22 auf Strafzumessungsregeln anzuwenden[1701]. Aus der Gegenschlusswirkung der Regelbeispiele folge zudem, dass der Unrechtsgehalt eines vollendeten Regelbeispiels nicht erreicht sei[1702].

1007 Die Gegenansicht **bejaht hingegen die Indizwirkung**[1703], da aus § 23 Abs. 2 folge, dass für eine versuchte Tat grundsätzlich dieselbe Strafdrohung gelte wie für eine vollendete Tat[1704]. Die Regelbeispiele seien zudem tatbestandsähnlich und unterschieden sich nicht tiefgreifend von selbstständigen Qualifikationstatbeständen[1705]. Besitzt der Täter bei § 244 Abs. 1 Nr. 3, Abs. 4 Tatentschluss hinsichtlich der Verwirklichung des qualifizierenden Merkmals, dann macht er sich wegen eines versuchten Wohnungseinbruchdiebstahls strafbar, wenn er unmittelbar hierzu ansetzt. Vom Standpunkt der Tatbestandslösung ist die Annahme der §§ 242, 243 Abs. 1 Satz 2 Nr. 1, 22 sogar zwingend. Der Einwand, dass damit der bloße Tatentschluss, der im Schweregehalt hinter einem vollendeten Regelbeispiel zurückbleibt[1706], sanktioniert wird, überzeugt nicht, weil der Strafrahmen des § 243 nach §§ 23 Abs. 2, 49 Abs. 1 gemildert werden kann[1707]. Mit § 243 wird dem gegenüber § 242 erhöhten Handlungsunrecht hinsichtlich des versuchten Regelbeispiels Rechnung getragen, mit der hierauf bezogenen Strafmilderungsmöglichkeit dagegen dem gegenüber der Vollendung verringerten Erfolgsunrecht.

1008 (3) Die dritte Konstellation unterscheidet sich von den beiden ersten Fallgruppen dadurch, dass das **Grunddelikt vollendet** ist. Umstritten ist wie-

---

1699 Vgl. etwa BGH NStZ-RR 1997, 293; *Graul*, JuS 1999, 852.
1700 BayObLG NJW 1980, 2207; *Krey/Hellmann/Heinrich*, BT 2, Rn. 145.
1701 *Graul*, JuS 1999, 852 (855); *Küper*, JZ 1986, 518 (523 f.).
1702 *Graul*, JuS 1999, 852 (855); *Zieschang*, Jura 1999, 561 (566).
1703 Vgl. BGHSt 33, 370 ff.; BayObLG NStZ 1997, 442 f.
1704 BGHSt 33, 370 (374); BayObLG NStZ 1997, 442 f.; *Fabry*, NJW 1986, 15 (19).
1705 BGHSt 33, 370 (374); BayObLG NStZ 1997, 442 f.
1706 *Rengier*, BT 1, § 3 Rn. 52; *Wessels/Hillenkamp/Schuhr*, BT 2, Rn. 216.
1707 BayObLG NStZ 1997, 442 f.; NK-*Kindhäuser*, § 243 Rn. 48.

derum, ob ein versuchtes Regelbeispiel Indizwirkung entfalten kann, so dass ein besonders schwerer Fall anzunehmen ist.

> **Bsp.:** T ist dabei, in den Geschäftsraum einzubrechen, als er bemerkt, dass die Tür offensteht. Es gelingt ihm, eine beträchtliche Menge Bargeld zu erbeuten.

1009 Die h. M. verneint hier § 243 ebenfalls[1708], da es bei einem versuchten Regelbeispiel gleichgültig sei, in welchem Stadium sich das Grunddelikt befinde[1709]. Anders als in der zweiten Konstellation lässt jedoch auch der BGH den Versuch des Regelbeispiels nicht ohne weiteres ausreichen[1710]. Nach der vorzugswürdigen Gegenansicht tritt die Indizwirkung dagegen ein, so dass §§ 242, 243, 22, 23 mit der Milderungsmöglichkeit nach §§ 23 Abs. 2, 49 Abs. 1 zur Anwendung gelangen[1711]. Wenn der Versuch des Regelbeispiels schon beim versuchten Grunddelikt die Indizwirkung auslöst, so kann sich daran nichts mehr ändern, wenn das Grunddelikt später sogar vollendet und größeres Unrecht verwirklicht wird[1712].

1010 **d) Rücktritt.** Was einen etwaigen Rücktritt vom Versuch anbelangt, kann der Täter vom versuchten Diebstahl i. S. d. § 242 auch dann zurücktreten, wenn er in dieser Phase bereits ein Regelbeispiel verwirklicht hat[1713]. In diesem Fall ist er straffrei, so dass es auf § 243 nicht mehr ankommt. Gibt der Täter nur den Versuch eines Regelbeispiels auf, so ist auch ein Teilrücktritt nach § 24 (analog) zuzulassen[1714]; er kann dann nur aus dem Grundtatbestand bestraft werden.

4. Die Geringwertigkeitsklausel des § 243 Abs. 2

1011 Bezieht sich der Diebstahl auf eine **geringwertige Sache**, so ist die Annahme eines besonders schweren Falles ausgeschlossen, es sei denn, es liegt ein Fall des § 243 Abs. 1 Satz 2 Nr. 7 vor.

> **Beachte:** Auf die Geringwertigkeitsklausel wird beim Betrug in § 263 Abs. 4, beim Computerbetrug in § 263a Abs. 2 i. V. m. § 263 Abs. 4 und bei der Untreue in § 266 Abs. 2 verwiesen.

1012 **a) Anwendungsbereich.** Umstritten ist, ob § 243 Abs. 2 – wie es der Wortlaut nahelegt – nur bei Verwirklichung eines Regelbeispiels nach Nrn. 1 bis 6 gilt oder ob auch ein sonstiger besonders schwerer Fall ausgeschlossen ist. Vor allem die Entstehungsgeschichte der Vorschrift spricht dafür, dass die Bezugnahme auf die Regelbeispiele auf einem Redaktionsversehen be-

---

[1708] A/W/H/H-*Heinrich*, § 14 Rn. 38 f.; *Zieschang*, Jura 1999, 561 (566).
[1709] BayObLG NJW 1980, 2207; *Graul*, JuS 1999, 852 (856).
[1710] BGH NStZ-RR 1997, 292.
[1711] *Fabry*, NJW 1986, 15 (20); *Jakobs*, AT, 6. Abschn. Rn. 100.
[1712] *Küper*, JZ 1986, 518 (525); vgl. auch *Fabry*, NJW 1986, 15 (19 f.).
[1713] *Eisele*, JA 2006, 309 (315); *Rengier*, JuS 2002, 850 (851).
[1714] Vgl. BGH StV 2000, 554 f.; *Kühl*, AT, § 16 Rn. 48.

ruht[1715], während der Gesetzgeber von einem umfassenden Ausschluss ausging. Auch wäre es wenig überzeugend, wenn die gesetzlich benannten Regelbeispiele leichter ausgeschlossen werden könnten als ein sonstiger besonders schwerer Fall[1716].

b) Dogmatische Einordnung. Bei § 243 Abs. 2 soll es sich um einen selbstständigen Ausschluss erhöhter Strafbarkeit bzw. um eine unwiderlegliche Gegenindikation gegen die Schwere eines Falles handeln[1717].

1013

> **Klausurtipp**
> In der Fallbearbeitung empfiehlt es sich, zunächst die Regelbeispiele zu prüfen, bevor dann auf § 243 Abs. 2 eingegangen wird[1718].

c) Beurteilung der Geringwertigkeit. Für die Geringwertigkeit ist der **Verkehrswert** entscheidend. Die Grenze liegt wie bei § 248a mindestens bei 25 €[1719], dürfte sich aber angesichts der Preis- und Lohnentwicklungen im Laufe der Zeit zu 50 € verschoben haben[1720]. Hat die Sache – wie ec-Karten, Ausweise, Strafakten[1721] – keinen objektiv messbaren Verkehrswert, so ist § 243 Abs. 2 nicht anwendbar. Ob für die Geringwertigkeit eine objektive oder subjektive Betrachtung maßgeblich ist, ist umstritten:

1014

aa) Selten wird in der Literatur vertreten, dass es – wie bei § 248a – nur auf den **objektiven Wert der Sache** ankommt[1722]. Irrtümer über den Wert wären damit irrelevant. Dagegen spricht jedoch bereits, dass es in Fällen des versuchten Diebstahls mangels Wegnahme einer Sache nicht ohne weiteres auf den objektiven Wert ankommen kann.

1015

bb) Die wohl h. M. macht die Anwendung der Geringwertigkeitsklausel davon abhängig, dass es sich bei dem Diebstahlsobjekt **kumulativ um eine objektiv und subjektiv geringwertige Sache** handelt[1723]. Ist die Sache objektiv oder subjektiv nicht geringwertig, so ist der Erfolgs- bzw. Handlungsunwert erhöht und damit eine Privilegierung nach § 243 Abs. 2 nicht geboten.

1016

cc) Nach der Gegenansicht soll die Ausschlussklausel bereits eingreifen, wenn die Sache **alternativ objektiv oder subjektiv geringwertig ist**, weil

1017

1715 S. auch *Mitsch*, BT 2, 1.3.3.1.3.
1716 A.A. aber z. B. *Jesse*, JuS 2011, 313 (316).
1717 *Jesse*, JuS 2011, 313 (316 f.); *Rengier*, BT 1, § 3 Rn. 39.
1718 *Rengier*, BT 1, § 3 Rn. 39; a. A. *Wessels/Hillenkamp/Schuhr*, BT 2, Rn. 254 (Fn. 172).
1719 LG Kempten NJW 1981, 933 (934); *Fischer*, § 243 Rn. 25.
1720 OLG Hamm NJW 2003, 3145; *Rengier*, BT 1, § 3 Rn. 40.
1721 BGH NJW 1977, 1460 (1461); *Wessels/Hillenkamp/Schuhr*, BT 2, Rn. 253; a. A. OLG Düsseldorf, NJW 1989, 115.
1722 *Braunsteffer*, NJW 1975, 1570 (1571); für eine subjektive Betrachtung *Gribbohm*, NJW 1975, 1153 f.
1723 BGHSt 16, 104; BGH JuS 2016, 564 m. Anm. *Eisele*.

es dann am erforderlichen Erfolgs- bzw. Handlungsunwert des besonders schweren Falles fehlt[1724]. Dafür, dass auch allein die irrige Annahme der Geringwertigkeit genügt, lässt sich vom Standpunkt der Tatbestandslösung eine unmittelbare Anwendung des § 16 Abs. 2, ansonsten zumindest dessen Wertung anführen. Auch muss man sehen, dass jedenfalls beim versuchten Diebstahl allein der Tatentschluss des Täters maßgeblich ist[1725].

> **Bsp. (1):** T bricht ein Behältnis der O auf und nimmt ein Schmuckstück mit, dessen Wert er auf ca. 500 € schätzt. Tatsächlich ist es billiger Modeschmuck mit einem Wert von unter 10 €. – T verwirklicht zunächst §§ 242, 243 Abs. 1 Satz 2 Nr. 2. Der Anwendung des § 243 könnte allerdings Absatz 2 entgegenstehen. Bei rein objektiver Betrachtung greift die Ausschlussklausel ein, da die subjektive Einschätzung des T unerheblich ist; dies gilt auch mit der letztgenannten Ansicht, wenn man alternativ objektive oder subjektive Geringwertigkeit genügen lässt. Nach h. M. wäre Absatz 2 hingegen zu verneinen, weil die Sache für T subjektiv nicht geringwertig war; demnach ist § 243 Abs. 1 anwendbar.
>
> **Bsp. (2):** Wie Bsp. (1), doch nunmehr glaubt T Modeschmuck zu stehlen, während es sich tatsächlich um wertvollen Schmuck handelt. – Bei objektiver Betrachtung greift nun die Ausschlussklausel nicht ein; zu diesem Ergebnis gelangt (wiederum) auch die h. M., weil die Sache zwar subjektiv, nicht aber objektiv geringwertig ist. Die Gegenansicht lässt bereits die irrtümliche Annahme von Geringwertigkeit genügen und gelangt daher auch in diesem Fall zur Anwendung des Absatzes 2, so dass T nur nach § 242 zu bestrafen ist.

1018 d) **Fälle des Vorsatzwechsels.** Soweit man sich bei der Beurteilung der Geringwertigkeit nicht auf eine rein objektive Betrachtung beschränkt, ist die Anwendbarkeit des § 243 Abs. 2 in Fällen heftig umstritten, in denen sich der Vorsatz des Täters hinsichtlich der Geringwertigkeit der Sache während der Tat, d. h. zwischen versuchtem und vollendetem Diebstahl, ändert.

1019 aa) Dabei muss es sich nach **h. M.** zunächst überhaupt noch um dieselbe Diebstahlstat handeln. Für den **einheitlichen Diebstahlsvorsatz** ist die Beschränkung der Vorstellung des Täters auf bestimmte Gegenstände demnach grundsätzlich unwesentlich[1726]. Handelt es sich um einen einheitlichen Diebstahl, so kann die Tat nur insgesamt als besonders schwerer Fall des Diebstahls oder einfacher Diebstahl bewertet werden[1727]. Ist der Täter dagegen vom ursprünglichen Diebstahl, der auf eine (nicht) geringwertige

---

1724 A/W/H/H-*Heinrich*, § 14 Rn. 31.
1725 OLG Karlsruhe MDR 1976, 335; A/W/H/H-*Heinrich*, § 14 Rn. 29.
1726 Vgl. etwa BGHSt 9, 253 (254); 22, 350 (351); *Rengier*, BT 1, § 3 Rn. 43.
1727 BGHSt 26, 104 (105); A/W/H/H-*Heinrich*, § 14 Rn. 40.

Sache gerichtet war, strafbefreiend zurückgetreten und fasst er erst anschließend den Entschluss, nun eine andere Sache wegzunehmen, so ist hinsichtlich § 243 Abs. 2 nur die neue Diebstahlstat maßgeblich, wenn diese ebenfalls einen besonders schweren Fall begründet[1728].

Bsp. (1): T möchte aus einem Geschäftsraum, in den er eingebrochen ist, eine wertvolle Vase stehlen. Kurz vor dem Ausgang reut es ihn und er stellt die Vase zurück. Als er das Gebäude verlassen will, sieht er in einem verschlossenen Nebenraum einen Kasten Bier. Er öffnet das gekippte Fenster, steigt in den Raum und trinkt noch ein paar Flaschen Bier. – T ist zunächst von §§ 242, 243 Abs. 1 Satz 2 Nr. 1, 22, 23 hinsichtlich der Vase gemäß § 24 Abs. 1 Satz 1 Var. 1 (unbeendeter Versuch) zurückgetreten. Erst anschließend hat er einen neuen Entschluss gefasst und dabei §§ 242, 243 Abs. 1 Satz 2 Nr. 1 verwirklicht; auf diese Tat findet § 243 Abs. 2 Anwendung, so dass er nur nach § 242 bestraft wird.

Bsp. (2): Wie Bsp. (1), doch T findet keine Vase, so dass er zu einer Kiste Bier greift, die mitten im Raum steht. – Hier handelt es sich um eine einheitliche Tat, so dass sich die streitige Frage stellt, welche Auswirkung der Vorsatzwechsel hat. Entsprechendes gilt, wenn T vom ursprünglichen Vorsatz hinsichtlich des Getränks zur Mitnahme der Vase wechselt.

Die h. M. verlangt für die Anwendbarkeit des § 243 Abs. 2, dass der Tätervorsatz vom Versuchsbeginn bis zur Vollendung **ausschließlich auf eine geringwertige Sache gerichtet** ist und verneint § 243 Abs. 2 daher in Bsp. 2[1729]. Dafür spricht, dass die Vorschrift auf die Diebstahlstat und damit auf die Phase zwischen Versuch und Vollendung des § 242 verweist. In Fällen, in denen der Täter entgegen seinem ursprünglichen Tatentschluss eine nicht geringwertige Sache wegnimmt, liegt der vorausgesetzte „bagatellarische Erfolgsunwert"[1730] nicht vor und auch das Handlungsunrecht ist nur bis zu dem Zeitpunkt des Vorsatzwechsels verringert[1731]. Beschränkt sich der Täter dagegen erst im Verlauf der Tat auf ein geringwertiges Tatobjekt, so darf er grundsätzlich nicht günstiger gestellt werden, als wenn die auf eine nicht geringwertige Sache gerichtete Tat im Versuchsstadium ganz stecken bleibt und nichts gestohlen wird; in letztgenanntem Fall ist aber § 243 anwendbar[1732]. Ein „Teilrücktritt" von § 243 ist in solchen Fällen aber nach § 24 (analog) zuzulassen, wenn der Täter sich freiwillig auf ein geringwertiges Objekt beschränkt; dann ist allein § 242 anwendbar[1733].

1728 BGHSt 9, 253 (254); *Lackner/Kühl*, § 243 Rn. 6; LK-*Vogel*, § 243 Rn. 62.
1729 Vgl. BGH NStZ-RR 2014, 214; *Fischer*, § 243 Rn. 26a; *Mitsch*, BT 2, 1.3.3.3.3.
1730 *Wessels/Hillenkamp/Schuhr*, BT 2, Rn. 259.
1731 Näher *Wessels/Hillenkamp/Schuhr*, BT 2, Rn. 259.
1732 *Seelmann*, JuS 1985, 454 (457).
1733 BGHSt 26, 104 (105 f.); *Schönke/Schröder/Bosch*, § 243 Rn. 55.

Bsp.: T möchte die Vase stehlen, verzichtet aber freiwillig darauf, als er das Bier sieht. – Hier wird § 243 Abs. 2 bejaht, weil T entsprechend den Rücktrittsgedanken auf Mitnahme der nicht geringwertigen Sache verzichtet hat.

1021 bb) Teilweise wird aber auch eine **differenziertere Betrachtungsweise** vertreten. Soweit nach allgemeinen Kriterien eine unwesentliche Abweichung vom ursprünglichen Diebstahlsvorsatz – maßgeblich hierfür ist der Zeitpunkt der Verwirklichung des Regelbeispiels – gegeben ist, soll die nach der Vorsatzänderung weggenommene Sache noch vom ursprünglichen Diebstahlsvorsatz erfasst werden[1734]. In diesem Fall muss es sich entsprechend dem Kriterium der h. M. durchgehend um eine objektiv und subjektiv geringwertige Sache handeln. Um zwei selbstständige Taten handle es sich dagegen, wenn der ursprüngliche Diebstahlsvorsatz und der geänderte Diebstahlsvorsatz nicht mehr „aufeinander bezogen" seien. Dies sei auch der Fall, wenn die ursprünglich geplante Tat scheitere und ein anderes Objekt weggenommen werde. In diesem Fall sei der Täter gemäß §§ 242, 243, 22, 23 hinsichtlich der ursprünglich anvisierten Sache in Tateinheit mit § 242 hinsichtlich der weggenommenen Sache zu bestrafen. Richtig hieran ist, dass nach allgemeinen Grundsätzen ein Fehlschlag eine geeignete Zäsur bilden kann. Jedoch muss man sehen, dass der Diebstahlsvorsatz weit gefasst ist und auch noch während der Tat verändert werden kann[1735]. Daher sollte man der h. M. folgen und nur dann eine neue Tat annehmen, wenn der Täter den ursprünglich gefassten Entschluss endgültig aufgibt.

5. Konkurrenzen

1022 Nach bislang h. M. sollten §§ 123, 303 beim Einbruchsdiebstahl grundsätzlich im Wege der Gesetzeskonkurrenz (Konsumtion) von §§ 242, 243 Abs. 1 Satz 2 Nr. 1 verdrängt werden, da das Regelbeispiel das Betreten der Räumlichkeit bzw. die Sachbeschädigung im Unrechtsgehalt bereits erfasst[1736]. Entsprechendes sollte für das Verhältnis von § 303 zu §§ 242, 243 Abs. 1 Satz 2 Nr. 2 gelten[1737]. Tateinheit (mit § 242) sollte nur in Betracht kommen, wenn die Indizwirkung widerlegt ist und daher § 243 nicht zur Anwendung gelangt[1738]. In einem Fall, in dem der durch das Aufbrechen eines Automaten entstandene Sachschaden deutlich höher war als der Wert der Beute, nahm der BGH indes Tateinheit an[1739]. Ungeachtet der Tatsache, dass im Einzelfall ganz unterschiedliche Rechtsgüter betroffen sein können, weist der BGH zu Recht darauf hin, dass die Verdrängung eines selbst-

---

[1734] *Rengier*, BT 1, § 3 Rn. 45 ff.
[1735] S. o. Rn. 941.
[1736] BayObLG NJW 1991, 3292 (3293); A/W/H/*H-Heinrich*, § 14 Rn. 52.
[1737] Vgl. KG JR 1979, 249; *Lackner/Kühl*, § 243 Rn. 24.
[1738] Vgl. KG JR 1979, 249 f.; *Dölling*, JuS 1986, 688 (693).
[1739] BGH NJW 2002, 150 ff.

ständigen Tatbestandes durch eine Strafzumessungsregelung wenig überzeugt. Nach der Tatbestandslösung können hingegen Regelbeispiele andere Tatbestände im Wege der Gesetzeskonkurrenz verdrängen, so dass weiterhin Konsumtion anzunehmen ist, solange nicht eine Betrachtung des konkreten Einzelfalles Tateinheit gebietet.

> **Einführende Aufsätze:**
> *Eisele*, Tatbestands- oder Strafzumessungslösung?, JA 2006, 309 (Darstellung der Besonderheiten der Regelbeispielsmethode am Beispiel des § 243 StGB); *Graul*, „Versuch eines Regelbeispiels", JuS 1999, 852; *Gropp*, Der Diebstahlstatbestand unter besonderer Berücksichtigung der Regelbeispiele, JuS 1999, 1041; *Huber*, Grundwissen – Strafrecht: Versuchter besonders schwerer Fall des Diebstahls?, JuS 2016, 597.

> **Übungsfälle:**
> *Celik*, Für eine Handvoll Leergut, JA 2010, 855 (Ausschluss des Regelbeispiels bei geringwertigen Sachen, mittäterschaftliche Begehung); *Fahl*, Schlau hilft, JuS 2001, 47 (Versuchtes Regelbeispiel, Änderung des Diebstahlsvorsatzes während der Tat); *Poller/Härtl*, Klassische Probleme der §§ 242 ff. StGB, JuS 2004, 1075.

> **Rechtsprechung:**
> **BGHSt 26, 104** – Beschränkung auf geringwertige Sache (Anwendbarkeit des § 243 Abs. 2 bei Vorsatzwechsel); **BGHSt 33, 370** – Butzenscheiben (Versuch eines Regelbeispiels bei versuchtem Grunddelikt); **OLG Stuttgart NStZ 1985, 76** – Sicherungsetikett (Schutzvorrichtung gegen Wegnahme); **BayObLG NStZ 1997, 442** (Versuch eines Regelbeispiels bei vollendetem Grunddelikt).

IV. Diebstahl mit Waffen, Bandendiebstahl, Wohnungseinbruchsdiebstahl, § 244

1. Geschütztes Rechtsgut und Systematik

Die §§ 244 und 244a stellen echte **Qualifikationstatbestände** mit abschließenden Merkmalen dar. Die Versuchsstrafbarkeit ist in Absatz 2 angeordnet. § 244 Abs. 1 Nr. 1 lit. a und lit. b möchte der abstrakten Gefahr für Leib und Leben begegnen, die mit dem Beisichführen einer Waffe oder eines Werkzeugs verbunden ist[1740]. Beim Bandendiebstahl nach Nr. 2 liegt der Strafgrund in der durch den Zusammenschluss mehrerer Personen begründeten erhöhten Organisations- und Ausführungsge-

---

1740 BGHSt 24, 339 (341); *Kindhäuser/Böse*, BT 2, § 4 Rn. 2.

fahr[1741]. Der Wohnungseinbruchsdiebstahl nach Nr. 3 beruht darauf, dass durch das Eindringen in die Privatsphäre das Schutz- und Sicherheitsbedürfnis der Bevölkerung beeinträchtigt und dadurch der Unwertgehalt der Tat gesteigert ist[1742]. Abs. 4 sieht nunmehr eine Qualifikation mit Verbrechenscharakter vor, wenn die Tat eine dauerhaft genutzte Privatwohnung betrifft.

1024 **In systematischer Hinsicht** ist zu beachten, dass § 244 Abs. 1 Nr. 1 mit § 250 Abs. 1 Nr. 1 sowie § 244 Abs. 1 Nr. 2 mit § 250 Abs. 1 Nr. 2 übereinstimmt, so dass die Probleme weitgehend übertragen werden können. Anders als beim Raub sanktioniert § 244 nicht die *Verwendung* einer Waffe bzw. eines gefährlichen Werkzeugs beim Diebstahl, weil im Falle des Einsatzes eines solchen Gegenstandes die Tat ohnehin zum Raub würde. Das Strafantragserfordernis des § 247 (Haus- und Familiendiebstahl) gilt auch für § 244 und § 244a, nicht hingegen die Geringwertigkeitsklausel des § 248a.

> **Klausurtipp**
>
> Es empfiehlt sich, vorab den Grundtatbestand des § 242 und in diesem Zusammenhang – sofern nahe liegend – die dazugehörige Strafzumessungsregel des § 243 zu prüfen. Erst in einem nächsten Schritt sollte in einer gesonderten Prüfung auf § 244 eingegangen werden.

1025 **Prüfungsschema**
1. **Tatbestand**
   a) Grundtatbestand des § 242
   b) Qualifikation des § 244 Abs. 1
      aa) Objektiver Tatbestand
         (1) Nr. 1: lit. a/b: Diebstahl mit Waffen/Werkzeugen
         (2) Nr. 2: Bandendiebstahl
         (3) Nr. 3: Wohnungseinbruchsdiebstahl und qualifiziert nach Abs. 4 bei dauerhaft genutzer Privatwohnung
      bb) Subjektiver Tatbestand
2. **Rechtswidrigkeit**
3. **Schuld**
4. **Strafantrag, § 247**

1741 BGHSt 23, 239 (240); NK-*Kindhäuser*, § 244 Rn. 34.
1742 BT-Drs. 13/8587, S. 43; *Fischer*, § 244 Rn. 45.

Systematik § 244 Abs. 1 Nr. 1 lit. a und Nr. 1 lit. b 1026

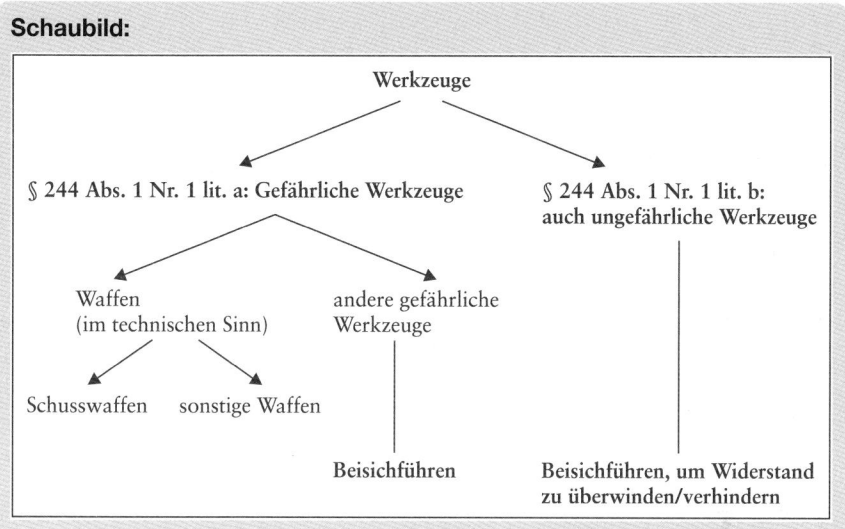

2. Einzelne Qualifikationsmerkmale

a) **§ 244 Abs. 1 Nr. 1 lit. a.** Die Qualifikation sanktioniert das **Beisichführen einer Waffe oder eines anderen gefährlichen Werkzeugs**. 1027

aa) Die **Waffe** ist nur ein gesetzlich genanntes Beispiel für den Oberbegriff des gefährlichen Werkzeugs. Dabei kann auf die Wertungen des WaffG zurückgegriffen werden, auch wenn dieses nicht unmittelbar maßgebend ist. Als Waffen können nur solche „im technischen Sinne" verstanden werden, wobei hierfür objektive Kriterien gelten[1743]. Waffen sind demnach bewegliche Sachen, die zur Verursachung erheblicher Verletzungen von Personen generell geeignet sind und die nach ihrer Art dazu bestimmt sind, „die Angriffs- oder Abwehrfähigkeit von Menschen zu beseitigen oder herabzusetzen" (§ 1 Abs. 2 Nr. 2 lit. a WaffG)[1744]. 1028

(1) Erfasst werden zunächst **Schusswaffen**, bei denen Geschosse durch einen Lauf getrieben werden. Dabei kommen als Geschosse sowohl feste Körper als auch gasförmige, flüssige oder feste Stoffe in Umhüllungen in Betracht[1745]. 1029

■ **Bspe.:** Pistolen, Gewehre, Luftdruckpistolen.

Richtigerweise sind auch **Gaspistolen**, bei denen nur Gas aus dem Lauf tritt, Schusswaffen, da für das potentielle Opfer durch den Gasdruck eine 1030

1743 A/W/H/H-*Heinrich*, § 14 Rn. 55; NK-*Kindhäuser*, § 244 Rn. 5.
1744 BGHSt 44, 103 (105).
1745 *Lackner/Kühl*, § 244 Rn. 3a; *Rengier*, BT 1, § 4 Rn. 8.

entsprechende Gefährdungssituation entsteht[1746]. Anderes gilt nur für Gaspistolen, bei denen das Gas nicht nach vorne austreten kann[1747]. Letztlich kommt es auf die genaue Einordnung jedoch nicht an, da es sich in jedem Falle um Waffen im technischen Sinn handelt.

1031 Da Strafgrund die erhöhte Gefährlichkeit ist, muss die **Schusswaffe nach h. M. bei § 244 Nr. 1 lit. a Var. 1 einsatzfähig** sein, d. h. jederzeit schussbereit gemacht werden können[1748]. Dies ist der Fall, wenn die Waffe sofort durch verfügbare Munition geladen werden kann, nicht aber, wenn sie defekt oder keine Munition vorhanden ist.

1032 (2) **Sonstige Waffen** im technischen Sinne sind mechanische und chemische Waffen. Zu den mechanischen Waffen gehören alle Hieb-, Stoß-, und Stichwaffen, wie z. B. Butterfly-Messer, Dolche, Springmesser, Stahlruten, Schlagringe, Gummiknüppel, Handgranaten, Molotow-Cocktails. Chemische Waffen sind Kampfstoffe sowie Gaspistolen, soweit diese nicht als Schusswaffe einzustufen sind.

1033 Maßgeblich ist, dass die Gegenstände objektiv zur Verursachung erheblicher Verletzungen bestimmt sind[1749]. Auszuscheiden sind daher **Alltagsgegenstände**, welche zwar aufgrund ihrer objektiven Beschaffenheit, nicht jedoch auf Grundlage ihrer Zweckbestimmung als Angriffs- oder Verteidigungsmittel einzustufen sind.

> **Bspe.:** Übliches Taschenmesser, Axt, Fleischermesser, Baseballschläger, Schraubenzieher. Im Einzelfall ist jedoch zu prüfen, ob diese von § 244 Abs. 1 Nr. 1 lit. a Var. 2 oder Nr. 1 lit. b erfasst werden.

1034 bb) § 244 Abs. 1 Nr. 1 lit. a lässt dass **Beisichführen einer Waffe** genügen. Die spezifische Gefährlichkeit kommt freilich nur zum Tragen, wenn der Täter oder ein Beteiligter sie in enger Beziehung zur Diebstahlstat mitführt.

1035 (1) **Die räumliche Komponente** verlangt, dass die Waffe **jederzeit griffbereit** sein muss, damit der Täter sich ihrer bei der Tatausführung zeitnah bedienen kann[1750]. Nicht erforderlich ist jedoch, dass sich die Waffe unmittelbar am Körper befindet oder der Täter sie gar in seinen Händen hält[1751]. Daher genügt es, wenn der Täter die Waffe samt Munition in einem Rucksack bei sich führt, da hier ein Einsatz ohne größere zeitliche Zäsur möglich ist[1752].

[1746] BGHSt 45, 92 (93); BGH NStZ 2001, 532 (533); *Geppert*, Jura 1999, 599 (600).
[1747] BGH NStZ 1999, 135 f.
[1748] BGHSt 45, 249 (252); BGH NStZ 2001, 88 (89); *Rengier*, BT 1, § 4 Rn. 10.
[1749] *Fischer*, § 244 Rn. 5; *Zopfs*, Jura 2007, 510 (517).
[1750] *Mitsch*, BT 2, 1.4.2.1.4.
[1751] BGHSt 3, 230 (232); *Mitsch*, BT 2, 1.4.2.1.4.
[1752] S. *Wessels/Hillenkamp/Schuhr*, BT 2, Rn. 267; a. A. BayObLG NJW 1999, 2535 (2536).

Bsp. (1):[1753] T parkt seinen Wagen mit einer Waffe im Kofferraum 200 m entfernt von dem Supermarkt, in dem er einen Diebstahl begeht. – Da T hier nicht ohne weiteres in der Lage ist, die Waffe zum Einsatz zu bringen und damit das von der Vorschrift vorausgesetzte Gefährdungspotential nicht vorliegt, ist § 244 Abs. 1 Nr. 1 lit. a zu verneinen.

Bsp. (2):[1754] T nimmt in der Küche des O Geld weg, wobei auf der Spüle ein Küchenmesser liegt. – Hier führt T das Messer ungeachtet seiner Eigenschaft als gefährliches Werkzeug nicht mit sich; ansonsten wäre bei jedem Diebstahl in Wohnungen § 244 verwirklicht. Entsprechendes ergibt sich auch, wenn man auf ein „bewusst gebrauchsbereites" Beisichführen abstellt[1755] oder den Werkzeugcharakter aufgrund der konkreten Tatsituation[1756] oder einer subjektiven Verwendungsabsicht verneint[1757].

(2) Die **zeitliche Komponente** verlangt, dass dem Täter die Waffe zu irgendeinem Zeitpunkt während der Tat zur Verfügung gestanden haben muss. Nicht erforderlich ist dagegen, dass diese während der gesamten Tatausführung griffbereit ist[1758]. Ausreichend ist nach h. M. ferner, dass die funktionsfähige Waffe – und entsprechend das gefährliche Werkzeug i. S. d. Var. 2 – selbst Gegenstand der Wegnahme und damit Diebstahlsobjekt ist, weil mit Begründung der Verfügungsmacht über die Waffe die erhöhte Gefährlichkeit einhergeht[1759]. Zu beachten ist, dass das bloße Mitführen einer Waffe noch keinen Versuch des Diebstahls begründet, da der Versuchsbeginn des Grunddelikts unabhängig von der Qualifikation zu beurteilen ist und das Beisichführen noch kein unmittelbares Ansetzen zur Wegnahme darstellt[1760].

Umstritten ist, in welcher **Phase der Deliktsverwirklichung** der Täter die Waffe bei sich führen muss. In Bezug auf den Tatbeginn muss zumindest die Schwelle zum Versuch überschritten sein, so dass die Mitführung im Vorbereitungsstadium nicht genügt[1761]. Fraglich ist dagegen, ob es auch noch ausreicht, dass der Täter die Waffe nur im **Beendigungsstadium** bei sich führt.

Bsp.: T steigt zu einem Diebstahl in den Geschäftsraum des O ein. Die Schusswaffe versteckt er 200 m entfernt im Wagen. Als T unerwartet von O überrascht wird, gelingt es ihm noch, mit der Beute in einer

---

1753 Nach BGHSt 31, 105 (108).
1754 Vgl. auch BGH NStZ-RR 2014, 110 f. zu § 250 Abs. 1 Nr. 1a.
1755 Vgl. NStZ-RR 2014, 111 und u. Rn. 1041.
1756 S. u. Rn. 1051.
1757 S. u. Rn. 1053.
1758 BGH NJW 1994, 1166 (1167); *Lackner/Kühl*, § 244 Rn. 2.
1759 BGH StV 1988, 429; BGH NStZ-RR 2014, 277; *Rengier*, BT 1, § 4 Rn. 51.
1760 *Kühl*, AT, § 15 Rn. 50 f.; *Mitsch*, BT 2, 1.4.2.1.5.
1761 *Kindhäuser/Böse*, BT 2, § 4 Rn. 20; *Lackner/Kühl*, § 244 Rn. 2.

Sporttasche zu fliehen und vor dem B mit dem Wagen davonzufahren. – Mit dem Einstecken der Beute in die mitgebrachte Tasche (Gewahrsamsenklave) liegt ein vollendeter Diebstahl vor. § 244 Abs. 1 Nr. 1 lit. a ist zu diesem Zeitpunkt nicht verwirklicht, da mangels räumlicher Nähe keine Zugriffsmöglichkeit auf die Waffe bestand. Die Waffe stand T daher erst zwischen Vollendung und Beendigung der Tat zur Verfügung.

1038 Die h. M. bejaht die **Qualifikation auch in der Beendigungsphase**, da die Vollendung mitunter schwer zu bestimmen und das Mitführen der Waffe in diesem Deliktsstadium – vor allem während der Flucht – oftmals genauso gefährlich sei[1762]. Dagegen spricht aber, dass die Strafschärfung des § 244 an den Grundtatbestand des § 242 anknüpft, dieser aber nur die Vollendung tatbestandlich fixiert. Das Heranziehen der tatsächlichen Beendigung der Tat lässt sich daher nicht in Einklang mit Art. 103 Abs. 2 GG bringen[1763]. Zudem wird die Phase der Beutesicherung von § 252 (ggf. i. V. m. § 250) erfasst, dessen Voraussetzungen ansonsten unterlaufen würden[1764].

1039 (3) Letztlich ist die **personelle Komponente** zu beachten. Sowohl der Täter als auch ein anderer Beteiligter i. S. v. § 28 Abs. 2 (Mittäter, Anstifter oder Gehilfe) kann die Waffe bei sich führen.

> **Bsp.:** A stiftet den T zu einem Diebstahl an und übergibt ihm eine Waffe, die T jedoch zu Hause lässt. A, der nicht am Tatort anwesend ist, trägt hingegen während der Tatzeit eine Waffe. – Da keiner der Beteiligten die Waffe während der Tat am Tatort griffbereit bei sich führt, ist § 244 Abs. 1 Nr. 1 lit. a nicht verwirklicht.

1040 Führt der Täter eine Waffe bei sich, so haftet der **Teilnehmer** gemäß §§ 242, 244 Abs. 1 Nr. 1 lit. a, § 26 bzw. § 27 **akzessorisch**, soweit er den erforderlichen Teilnehmervorsatz hinsichtlich des Beisichführens durch den Haupttäter besitzt. Führt lediglich der Gehilfe während der Tat eine Waffe mit sich, so verwirklicht der Täter § 244 Abs. 1 Nr. 1 lit. a, wenn er diesbezüglich Vorsatz hat; der Gehilfe haftet dann wiederum akzessorisch.

1041 (4) Diskutiert wird ferner eine **teleologische Reduktion für sog. Berufswaffenträger** (z. B. Polizisten, Soldaten, private Wachleute), die regelmäßig Waffen bei sich tragen. Ausgangspunkt der Überlegungen ist der hohe Strafrahmen und der Umstand, dass sich bei § 244 keine dem § 243 Abs. 2 entsprechende Geringwertigkeitsklausel findet.

> **Bsp.:** Die Polizisten T und O, die vorschriftsgemäß ihre Dienstwaffen tragen, verbringen die Mittagspause an einer Imbissbude. – T trinkt die

---

1762 BGHSt 20, 194 (196); 28, 224 (226); *Haft*, JuS 1988, 364 (368).
1763 *Rengier*, BT 1, § 4 Rn. 48 f.
1764 *Küper*, JuS 1986, 868 ff.

Cola des O leer, obwohl dieser das ausdrücklich verbietet. Fraglich ist, ob T sich nicht nur nach § 242, sondern auch § 244 Abs. 1 Nr. 1 lit. a Var. 1 strafbar gemacht hat.

1042 Gegen eine Anwendung des § 244 wird angeführt, dass bei einem Berufswaffenträger die erhöhte Gefährlichkeit nicht ohne weiteres gegeben sei und diesem zur Tatzeit häufig das Bewusstsein fehlen werde, eine Waffe bei sich zu führen[1765]. Auch ergebe sich eine Pflichtenkollision, wenn einerseits das Gesetz von ihm verlange, eine Dienstwaffe zu tragen und er diese auf der anderen Seite wegen § 244 Abs. 1 Nr. 1 lit. a ablegen müsse[1766]. Hiergegen spricht jedoch, dass es der Täter durch Unterlassen des Diebstahls in der Hand hat, der Pflichtenkollision zu entgehen[1767]. Zudem ist nicht ausgeschlossen, dass ein Polizeibeamter in einer kritischen Situation – wenn er z. B. vom Opfer überrascht wird – ebenso zur Waffe greift wie jeder andere Täter, zumal er aufgrund seiner dienstlichen Stellung auch mit disziplinarrechtlichen Konsequenzen zu rechnen hat[1768]. Im Übrigen ist es für § 244 Abs. 1 Nr. 1 lit. a unerheblich, ob der Täter die Waffe zur Verwendung bei sich führt. Es genügt vielmehr das sachgedankliche Mitbewusstsein, dass er eine Waffe mit sich führt[1769]. Dem widersprechen freilich – im Folgenden noch darzustellende[1770] – Tendenzen in der neueren Rechtsprechung, die ein bewusstes Beisichführen verlangen[1771].

1043 cc) Für die Definition des (sonstigen) **gefährlichen Werkzeugs** i. S. v. § 244 Abs. 1 Nr. 1 lit. a Var. 2 verwies der Gesetzgeber in seiner Begründung fehlerhaft auf die Grundsätze des § 224 Abs. 1 Nr. 2[1772] und hat damit einen unnötigen Streit hervorgerufen. Bei § 224 Abs. 1 Nr. 2 lässt sich die Gefährlichkeit des Werkzeugs relativ einfach bestimmen, weil dieses dort eingesetzt werden und auch zu einer Körperverletzung geführt haben muss. Dementsprechend ist für die Einstufung eines Werkzeugs als gefährlich die konkrete Art und Weise des Einsatzes entscheidend. Hingegen kann es bei § 244 von vornherein nicht auf einen Einsatz des Werkzeugs ankommen, da die Pönalisierung an das bloße Beisichführen anknüpft und die konkrete Verwendung daher ungewiss bleibt.

Bspe.: T führt beim Ladendiebstahl von drei Whiskyflaschen an seinem Gürtel ein übliches Taschenmesser mit sich, um damit Sicherungsetiketten zu entfernen[1773]; Rentnerin R stiehlt eine Schachtel Zigaretten, wo-

---

1765 *Haft*, JuS 1988, 364 (368 f.); *Schönke/Schröder/Bosch*, § 244 Rn. 6.
1766 *Hruschka*, NJW 1978, 1338; *Schünemann*, JA 1980, 349 (355).
1767 BGHSt 30, 44 (46); *Mitsch*, BT 2, 1.4.2.1.6.
1768 BVerfG NStZ 1995, 76; BGHSt 30, 44 (45); *Fischer*, § 244 Rn. 12.
1769 *Schönke/Schröder/Bosch*, § 244 Rn. 6.
1770 S. u. Rn. 1045.
1771 OLG Hamm NStZ 2007, 473 (474).
1772 BT-Drs. 13/9064, S. 18.
1773 BGHSt 52, 257 ff.

bei sich in ihrer Handtasche eine Nagelfeile befindet. – Da die Gegenstände nicht eingesetzt werden, bleibt mangels konkreter Verwendung unklar, ob diese überhaupt erhebliche Verletzungen hervorgerufen hätten.

1044 Nach welchen Kriterien die **Gefährlichkeit des Werkzeugs** zu bestimmen ist, ist im Einzelnen sehr streitig. Trotz des kaum noch zu überschauenden Streitstandes[1774] lassen sich zwei grobe Linien skizzieren: Nach der abstrakt-objektiven Betrachtungsweise kommt es darauf an, ob der Gegenstand objektiv gefährlich ist[1775]; nach der konkret-subjektiven Betrachtungsweise ist das Werkzeug nur dann gefährlich, wenn es seitens des Täters eine entsprechende Widmung erfährt[1776]. Inzwischen hat sich der BGH – auch in Reaktion auf die einer subjektiven Betrachtungsweise zuneigenden Rspr. einiger OLG[1777] – gegen die konkret-subjektive Betrachtungsweise ausgesprochen und möchte eine Abgrenzung allein anhand objektiver Kriterien vornehmen[1778].

1045 (1) **Abstrakt-objektive Betrachtungsweise.** Der BGH bestimmt das gefährliche Werkzeug nunmehr allein nach objektiven Kriterien und fragt daher, ob der Gegenstand aufgrund seiner Beschaffenheit geeignet und bestimmt ist, erhebliche Verletzungen herbeizuführen (z. B. Taschenmesser mit längerer Klinge). Auf ein sozial übliches Mitführen, die besondere Tatsituation oder gar eine subjektive Widmung zum gefährlichen Werkzeug kommt es demnach nicht an.

1046 Einschränkungen verfolgt die Rechtsprechung lediglich auf subjektiver Ebene, wenn sie neben einer objektiven Betrachtungsweise für den Vorsatz ein **bewusst gebrauchsbereites Beisichführen** des Gegenstandes verlangt[1779]. Demnach ist das allgemeine, noch auf keinen bestimmten Zweck gerichtete aktuelle Bewusstsein erforderlich, ein funktionsbereites Werkzeug zur Verfügung zu haben, das geeignet ist, erhebliche Verletzungen zu verursachen. Ein solches Bewusstsein soll vor allem beim Mitsichführen von Alltagsgegenständen wie einem Messer oder einer Nagelfeile sowie bei Arbeitsgegenständen[1780] nicht auf der Hand liegen[1781]. Hat der Täter den Gegenstand kurz vor der Tat – etwa das Taschenmesser zum Schneiden von Obst – benutzt, mag der Tatnachweis eher gelingen[1782].

1774 Dazu näher BGHSt 52, 257 (263 ff.).
1775 Näher u. Rn. 1045 ff.
1776 Näher u. Rn. 1053.
1777 OLG Braunschweig NJW 2002, 1735; OLG Frankfurt StV 2002, 145 und StraFo 2006, 467.
1778 BGHSt 52, 257 (267 ff.); ferner BGH NStZ 2002, 594 (595 f.); NStZ 2012, 571 f.
1779 BGH NStZ-RR 2003, 12 (13); BGH NStZ-RR 2005, 340; OLG Schleswig NStZ 2004, 212 (214).
1780 Vgl. z. B. OLG Frankfurt StV 2011, 624 (Teppichmesser).
1781 BGH NStZ-RR 2014, 110 f.; unklar insoweit jedoch BGHSt 52, 257 (269).
1782 KG Berlin StV 2008, 473 (474), gebilligt von BVerfG 2 BvR 1032/08 v. 2.3.2009.

Kritik: Problematisch ist an der (rein) objektiven Betrachtungsweise insbesondere, dass auch das sozial übliche Mitführen von Alltagsgegenständen in weitem Umfang erfasst wird. Im Übrigen muss der BGH selbst einräumen, dass seine Lösung „zu einer schwer kalkulierbaren Einzelfallkasuistik" führen könne[1783], zumal er auf nähere Präzisierungen verzichtet. Einschränkungen lassen sich auf dieser Grundlage nur noch im Vorsatzbereich über das – ebenfalls wenig scharfe – Erfordernis des gebrauchsbereiten Beisichführen des Gegenstandes herbeiführen. **1047**

(2) Modifikationen der objektiven Betrachtungsweise. In der Literatur werden verschiedene Modifikationen der objektiven Betrachtungsweise, deren Übergänge zu einer subjektiven Bestimmung fließend sind, vertreten. **1048**

Teilweise wird – recht restriktiv – ein gefährliches Werkzeug nur bejaht, wenn der Gegenstand einem **gesetzlichen Verbot** (mit Erlaubnisvorbehalt) unterliegt und daher nicht frei verfügbar ist[1784]. Neben dem Umstand, dass das Gesetz für eine solche Differenzierung keinen Anhaltspunkt bietet, wäre es auch wenig einleuchtend, wenn ein nicht zugelassenes Betäubungsmittel den Tatbestand eröffnen würde, ein mitgeführter Baseballschläger hingegen nicht[1785]. **1049**

Überzeugender ist es demgegenüber, den Begriff des gefährlichen Werkzeugs in Anlehnung an § 244 Abs. 1 Nr. 1 Var. 1 restriktiv zu bestimmen. Zu fragen ist demnach, ob das Werkzeug an die Gefährlichkeit von Waffen heranreicht und damit **Waffenersatzfunktion** hat[1786]. Ausscheiden müssen hier – anders als bei einer konkret-subjektiven Betrachtungsweise – zunächst Gegenstände, von denen grundsätzlich keine gesteigerten Verletzungsgefahren ausgehen und die nur aufgrund der besonderen Einsatzweise des Täters im Einzelfall zu erheblichen Verletzungen führen können (z. B. Schuhe, Nagelfeilen oder Hosengürtel). Dagegen sind einsatzbereite Gegenstände, bei denen in der **konkreten Situation von vornherein praktisch nur eine Verwendung als Angriffs- oder Verteidigungsmittel in Betracht kommt** und denen typischerweise das Potential zur Zufügung von erheblichen Verletzungen innewohnt (Knüppel, abgebrochene Flaschen, Salzsäure), stets einbezogen[1787]. **1050**

Problematisch bleibt das **sozial übliche Mitführen von Alltagsgegenständen** wie z. B. von Taschenmessern. Dabei muss man freilich sehen, dass richtigerweise auch die **konkrete Tatsituation** zu berücksichtigen ist[1788]. Weist demnach das Mitsichführen des Gegenstandes vom Standpunkt eines objektiven Beobachters nicht auf den Einsatz als Angriffs- oder Verteidi- **1051**

1783 BGHSt 52, 257 (269); ferner BGH NStZ 2002, 594 (595 f.); BGH NStZ-RR 2006, 12 (13).
1784 *Lesch*, JA 1999, 30 (34).
1785 MünchKomm-*Schmitz*, § 244 Rn. 14; NK-*Kindhäuser*, § 244 Rn. 12.
1786 *Mitsch*, BT 2, 1.4.2.1.3; *Streng*, GA 2001, 359 (365 ff.).
1787 S. auch LK-*Vogel*, § 244 Rn. 17; MünchKomm-*Schmitz*, § 244 Rn. 11 ff.
1788 *Schönke/Schröder/Bosch*, 244 Rn. 5.

gungsmittel hin, so liegt auch kein gefährliches Werkzeug vor. Dies dürfte vor allem bei zusammengeklappten und in Taschen verstauten Taschenmessern häufig der Fall sein.

1052 Entsprechendes gilt auch für das **berufsbedingte Mitführen** von Werkzeug, wie Schraubenzieher, Bolzenschneider usw. sowie für **Einbruchswerkzeug**, das – wie ein Stemmeisen – in erster Linie dem Gewahrsamsbruch und damit gerade nicht als Angriffs- und Verteidigungsmittel dient[1789]. Gleiches gilt für das Taschenmesser, mit dem Sicherungsetiketten durchtrennt werden sollen[1790]. Freilich sind auch solche Werkzeuge nicht generell auszuklammern, wenn die konkrete Tatsituation für eine Einstufung als Angriffs- und Verteidigungsmittel spricht. Letztlich lassen sich diese Grundsätze auch auf Fälle der Wegnahme gerade solcher Werkzeuge übertragen. So begründet der Diebstahl eines Taschenmessers, eines Schraubenziehers, einer Säge usw. nicht per se den höheren Unrechtsgehalt des Qualifikationstatbestandes, obgleich man begrifflich von einem Beisichführen ausgehen könnte[1791].

1053 **(3) Konkret subjektive Betrachtungsweise.** Diese Lehre verlangt einen sog. Verwendungsvorbehalt[1792]. Demnach ist ein Werkzeug für sich genommen nie gefährlich, sondern nur dann, wenn der Täter es zum gefährlichen Werkzeug **widmet**. Ein gefährliches Werkzeug liegt demnach vor, wenn der mitgeführte Gegenstand bei der Tat – im „Bedarfsfall" – nach Vorstellung des Täters so verwendet werden soll, dass im Falle des Einsatzes § 224 Abs. 1 Nr. 2 erfüllt wäre[1793]. In den genannten Beispielen hängt die Einstufung des Gegenstandes als gefährliches Werkzeug daher davon ab, ob der – nach dem Verwendungsvorbehalt zu bestimmende – Einsatz zu erheblichen Verletzungen i. S. d. § 224 Abs. 1 Nr. 2 geführt hätte. Dies wäre beim Taschenmesser oder der Nagelfeile etwa der Fall, wenn diese „im Bedarfsfall" eingesetzt werden sollen.

1054 **Kritik:** Zunächst wird durch die (rein) subjektive Betrachtungsweise die gesetzgeberische Intention unterlaufen, wonach bei Nr. 1 lit. a allein das Beisichführen strafschärfend wirken soll[1794]. Damit wird aber deutlich, dass es auf einen vor der Tat liegenden Verwendungsvorbehalt überhaupt nicht ankommen kann. Ferner muss man sehen, dass in systematischer Hinsicht auch die Grenzen zur Nr. 1 lit. b verschwimmen, die an die Verwendung ungefährlicher Werkzeuge im subjektiven Bereich erhöhte Anforderungen stellt, um einen der Nr. 1 lit. a entsprechenden Unrechtsgehalt zu normieren[1795]. Und letztlich

---

1789 LK-*Vogel*, § 244 Rn. 17; *Krey/Hellmann/Heinrich*, BT 2, Rn. 182.
1790 Vgl. aber BGHSt 52, 257 ff.
1791 S. o. Rn. 1036.
1792 *Schramm*, JuS 2008, 773 (778); *Wessels/Hillenkamp/Schuhr*, BT 2, Rn. 274.
1793 Zu weiteren Variationen dieser Betrachtungsweise *Eisele*, BT 2, Rn. 201.
1794 BGHSt 45, 92 (93 f.); 52, 257 (267 f.); NK-*Kindhäuser*, § 244 Rn. 5.
1795 S. BGH NJW 2008, 512 f.; SK-*Hoyer*, § 244 Rn. 5.

muss – wenn sich der Täter keine weiteren Gedanken macht oder dies nicht zu widerlegen ist – der Tatbestand entweder (in dubio pro reo) verneint oder dessen Anwendung doch auf objektive Indizien (wie Größe, Beschaffenheit des Gegenstandes oder Art der Mitführung) gestützt werden.

Stellungnahme: Wortlaut, Systematik sowie Sinn und Zweck der Regelungen streiten folglich vielmehr für eine **objektive Betrachtungsweise**, die in der **konkreten Situation auf eine Waffenersatzfunktion** abstellt[1796]. Das gefährliche Werkzeug ist der Oberbegriff für das gesetzlich genannte Beispiel der Waffe, die objektiv zu bestimmen ist und insoweit eine gewisse Orientierung bieten kann. Hingegen gewinnt die Verwendungsabsicht nach der Gesetzessystematik (argumentum e contrario) erst bei Nr. 1 lit. b an Bedeutung. Zugegebenermaßen mag die Grenzziehung nicht immer ganz eindeutig sein. Letztlich vermag auch die subjektive Betrachtungsweise Abgrenzungsschwierigkeiten nicht zu beseitigen, weil der Verwendungsvorbehalt häufig entweder auf eine Fiktion hinausläuft oder doch objektive Kriterien zur Ermittlung des subjektiven Willens erfordert. Zudem ist die hier präferierte Lösung auch gegenüber der rein objektiven Bestimmung durch den BGH, die den Werkzeugbegriff zu sehr ausdehnt, überlegen[1797]. Da sich gegen alle vorgeschlagenen Lösungen jedoch Einwände vorbringen lassen und eine gewisse Unbestimmtheit nicht zu vermeiden ist, bedarf es einer **gesetzgeberischen Korrektur**[1798]. Der nunmehr in § 244 Abs. 3 vorgesehene minder schwere Fall kann zur Vermeidung unangemessener Strafen herangezogen werden, trägt aber zur Sicherung tatbestandlicher Bestimmtheit nichts bei.

b) § 244 Abs. 1 Nr. 1 lit. b. Nach dem Willen des Gesetzgebers stellt das **Beisichführen eines sonstigen Werkzeugs oder Mittels in Verwendungsabsicht** einen **Auffangtatbestand** dar[1799]. Aus einem Umkehrschluss zu Nr. 1 lit. a folgt, dass das Werkzeug bei Nr. 1 lit. b nicht objektiv gefährlich sein muss. Das gegenüber Nr. 1 lit. a verringerte objektive Unrecht beim Mitführen ungefährlicher Werkzeuge wird durch die Absicht, den Widerstand einer anderen Person durch Gewalt oder Drohung mit Gewalt zu verhindern oder zu überwinden, kompensiert[1800].

> **Hinweis**
> Wird der Gegenstand zur Vollendung der Wegnahme tatsächlich eingesetzt, so liegt Raub gemäß § 249 vor; wird er zwischen Vollendung des Diebstahls und Beendigung eingesetzt, so liegt räuberischer Diebstahl nach § 252 vor.

1796 S. o. Rn. 1050.
1797 S. o. Rn. 1045.
1798 BGHSt 52, 257 (269); *Mitsch*, BT 2, 1.4.2.1.3.
1799 BT-Drs. 13/8587, S. 44 f.; BT-Drs. 13/9064, S. 18.
1800 A/W/H/H-*Heinrich*, § 14 Rn. 58; *Schönke/Schröder/Bosch*, § 244 Rn. 12.

1057 Beim Mitführen von Schusswaffen und gefährlichen Werkzeugen in Verwendungsabsicht ist Nr. 1 lit. b zwar tatbestandlich verwirklicht, tritt jedoch grundsätzlich im Wege der **Gesetzeskonkurrenz hinter Nr. 1 lit. a zurück**. Eigenständige Bedeutung kann Nr. 1 lit. b in solchen Fällen aber bei Irrtümern sowie bei fehlender prozessualer Nachweisbarkeit erlangen.

> **Bsp. (1):** A stiftet den T an, einen Diebstahl unter Mitführung einer Schusswaffe zu begehen und diese notfalls auch zum Einsatz zu bringen. T hingegen ist das Beisichführen einer Schusswaffe zu gefährlich. Stattdessen nimmt er nur Handschellen mit, um den Widerstand etwaiger Widersacher zu überwinden. – T macht sich (nur) nach § 244 Abs. 1 Nr. 1 lit. b strafbar. A kann mangels Haupttat nicht nach §§ 244 Abs. 1 Nr. 1 lit. a Var. 1, 26 bestraft werden. Da sich jedoch der Vorsatz des A auch auf den Einsatz erstreckt und in jedem gefährlichen Werkzeug auch ein „sonstiger (ungefährlicher) Gegenstand" nach Nr. 1 lit. b zu sehen ist, hat er sich nach §§ 244 Abs. 1 Nr. 1 lit. b, 26 strafbar gemacht. Dass A anstelle der Pistole Handschellen mitführte, stellt eine unbeachtliche Abweichung des tatsächlichen vom vorgestellten Kausalverlauf dar.
>
> **Bsp. (2):** T wird eines Diebstahls überführt. Dabei kann jedoch nicht nachgewiesen werden, dass es sich bei dem mitgeführten Gegenstand um ein gefährliches Werkzeug nach § 244 Abs. 1 Nr. 1 lit. a Var. 2 handelt. Bewiesen ist aber, dass T den Gegenstand mitführte, um ggf. den Widerstand einer anderen Person zu überwinden. – In dubio pro reo muss zwar davon ausgegangen werden, dass der mitgeführte Gegenstand kein gefährliches Werkzeug darstellt. Da jedoch ein Verwendungsvorbehalt nachgewiesen werden kann, ist – unabhängig von der Gefährlichkeit des Werkzeugs – § 244 Abs. 1 Nr. 1 lit. b verwirklicht.

1058 aa) Erfasst werden sollen von Nr. 1 lit. b alle Gegenstände, die **keine Waffen oder gefährlichen Werkzeuge i. S. d. Nr. 1 lit. a** sind, aber Widerstand durch Gewalt oder Drohung mit Gewalt verhindern oder überwinden sollen. Ob diese bei ihrem Einsatz erhebliche Verletzungen i. S. v. § 224 Abs. 1 Nr. 2 herbeiführen können oder nicht, ist unerheblich[1801]. Unter Nr. 1 lit. b fallen insbesondere die bei Nr. 1 lit. a ausgeschiedenen ungefährlichen Werkzeuge wie kleine Messer, Scheren oder Feilen. Erfasst werden aber auch Gegenstände, die sich – wie Handschellen, Klebebänder, Schnüre, Krawatten und Gürtel – zum Fesseln und Knebeln eignen.

1059 Richtigerweise fallen auch sog. **Scheinwaffen** (Spielzeugpistolen, Bombenattrappen, ungeladene echte Schusswaffen usw.), die nicht zur Herbeiführung von schweren Verletzungen i. S. v. § 224 Abs. 1 Nr. 2 geeignet sind, jedoch den äußeren Anschein hierzu erwecken, unter Nr. 1 lit. b. Die historische Auslegung zeigt, dass nach dem Willen des Gesetzgebers Scheinwaffen von der gleichlautenden Vorschrift des § 250 Abs. 1 Nr. 1 lit. b weiterhin erfasst wer-

---

[1801] BGHSt 48, 365 (371); BGH NStZ-RR 2005, 373.

IV. Diebstahl mit Waffen, Bandendiebstahl, § 244

den sollten[1802], zumal dort die Mindeststrafe mit dem 6. StrRG abgesenkt und damit ein Haupteinwand gegen die Einbeziehung beseitigt wurde. Auch zeigt die Gleichstellung der Gewalt- mit der Drohungsalternative in systematischer Hinsicht, dass die Drohung mit einer objektiv ungefährlichen Scheinwaffe dem Gefährlichkeitspotential der Gewaltanwendung entspricht[1803]. Auch Sinn und Zweck der Strafschärfung sind verwirklicht, weil der Täter in intensiverer Art und Weise in die Opfersphäre eingreift[1804]. Sieht man dies anders und verlangt aufgrund der vom Täter vorgesehenen Verwendung eine abstrakte Eignung der mitgeführten Gegenstände zur Gefährdung von Leib und Leben des Opfers[1805], so schränkt man den Anwendungsbereich der Vorschrift contra legem zu sehr ein.

> **Bsp.:** Nr. 1 lit. b ist verwirklicht, wenn T eine täuschend echt aussehende Wasserpistole mit sich führt, mit der er im Falle von Schwierigkeiten beim Diebstahl das Opfer bedrohen möchte.

Bereits vor dem 6. StrRG von der Rechtsprechung befürwortete Einschränkungen[1806] sind nach dem Willen des Gesetzgebers weiterhin zu beachten[1807]. Demnach muss die durch die Drohung bewirkte Einschüchterung des Opfers von der Beschaffenheit des verwendeten Gegenstandes und nicht allein von der Täuschungskraft des Täters ausgehen. Der Gegenstand muss daher **nach seinem äußeren Erscheinungsbild täuschend echt wirken**, so dass er aus Opfersicht dazu geeignet ist, bei seiner Verwendung erhebliche Verletzungen hervorzurufen; offensichtlich ungefährliche Gegenstände werden nicht erfasst[1808]. **1060**

> **Bspe.:** Erfasst werden sollen täuschend echt aussehende Spielzeugpistolen, Bombenattrappen, Injektionsspritzen[1809] oder ein metallischer Gegenstand, der dem Opfer in den Nackenbereich gedrückt wird[1810].

> **Gegenbspe.:** Nicht ausreichend soll sein ein in den Rücken gedrückter Labello-Stift[1811], ein in der Hand gehaltenes Holzstück mit der Ankündigung, bewaffnet zu sein[1812] oder der unter der Jacke ausgestreckte Zeigefinger mit der Behauptung, eine Waffe zu tragen.

Teilweise wird diese Einschränkung aus Opferschutzgesichtspunkten abgelehnt, weil es nicht entscheidend sein könne, ob die Nötigungswirkung **1061**

1802 BT-Drs. 13/9064, S. 18.
1803 *Rengier*, BT 1, § 4 Rn. 65; *Wessels/Hillenkamp/Schuhr*, Rn. 287.
1804 BGH NJW 1976, 248; s. auch *Rengier*, BT 1, § 4 Rn. 65.
1805 NK-*Kindhäuser*, § 244 Rn. 30; *Hillenkamp*, JuS 1990, 454 (457 f.).
1806 BGHSt 38, 116 (118); BGH NJW 1996, 2663; BGH NStZ 1998, 38.
1807 BT-Drs. 13/9064, S. 18.
1808 BGH NStZ 2007, 332 (333); 2009, 95.
1809 BGH NStZ-RR/P 2001, 359 Nr. 36.
1810 BGHSt 38, 116 (118).
1811 BGH NJW 1996, 2663.
1812 BGH NStZ-RR 1996, 356 (357).

durch die Betrachtung des Tatmittels oder erst durch eine (täuschende) Erklärung des Täters ausgelöst wird[1813]. Nr. 1 lit. b soll nur dann ausscheiden, wenn es an einer relevanten Drohung fehlt, z. B. wenn der Täter mit einer pinkfarbenen Wasserpistole auftaucht. Dagegen lässt sich jedoch anführen, dass § 244 Abs. 1 Nr. 1 in allen Varianten nur an die Gegenständlichkeit des mitgeführten Werkzeuges anknüpft, während das weitere Täterverhalten – wie eine Täuschung – unerheblich ist[1814].

1062 bb) Bezüglich der räumlichen, zeitlichen und personellen Komponente des **Beisichführens** kann auf die Ausführungen zu § 244 Abs. 1 Nr. 1 lit. a verwiesen werden[1815]. Für eine Strafbarkeit nach Nr. 1 lit. b ist es dementsprechend ebenfalls ausreichend, wenn der Täter einen erst am Tatort vorgefundenen Gegenstand an sich nimmt, um diesen im Bedarfsfall einzusetzen.

1063 cc) **Subjektiv** verlangt § 244 Abs. 1 Nr. 1 lit. b, dass der Täter das Mittel mitführt, um den Widerstand einer anderen Person durch Gewalt oder Drohung mit Gewalt zu verhindern oder zu überwinden[1816]. Die **Gebrauchsabsicht** setzt dolus directus 1. Grades voraus, wobei es genügt, dass der Täter das Werkzeug nur im „Bedarfsfall" oder im „Notfall" einsetzen will[1817]. Ein nur geplanter Einsatz des Mittels gegen Sachen ist dabei nicht ausreichend. Entscheidend ist, dass die Verhinderung oder Überwindung des Widerstandes des Opfers dazu dienen soll, den Diebstahl zu vollenden. Hingegen genügt es nicht, wenn das Werkzeug nur dazu verwendet werden soll, eine etwaige Flucht zu sichern oder den Abtransport der Beute nach vollzogener Wegnahme zu ermöglichen[1818].

1064 c) § 244 Abs. 1 Nr. 2. Die Strafschärfung des **Bandendiebstahls** ist verwirklicht, wenn ein Mitglied einer Bande, die sich zur fortgesetzten Begehung von Raub oder Diebstahl verbunden hat, unter Mitwirkung eines anderen Bandenmitglieds stiehlt. Die abstrakte Gefährlichkeit der Bandenabrede liegt in der engen Bindung, die die Mitglieder für die Zukunft und eine gewisse Dauer eingehen und die einen ständigen Anreiz zur Fortsetzung bildet (**Organisationsgefahr**)[1819]. Durch das Erfordernis der Mitwirkung eines anderen Bandenmitglieds im Rahmen des § 244 Abs. 1 Nr. 2 kommt hinzu, dass die Tatbeiträge der einzelnen Bandenmitglieder in die Tatausführung einfließen und sich in ihrer Wirkung gegenseitig verstärken, so dass eine effizienzsteigernde bandenmäßige Ausführungsgefahr besteht[1820]. Erschwerend soll hinzukommen, dass sich ein potentielles Opfer im Einzel-

---

1813 NK-*Kindhäuser*, § 244 Rn. 29.
1814 *Rengier*, BT 1, § 4 Rn. 69 ff.; *Schönke/Schröder/Bosch*, § 244 Rn. 15.
1815 S. o. Rn. 1034 ff.
1816 Zu den Merkmalen von Gewalt und Drohung s. *Eisele*, BT 1, Rn. 452 ff.
1817 BGHSt 22, 230 (231); 24, 339 (341); BGH NStZ-RR 2006, 3.
1818 *Mitsch*, BT 2, 1.4.2.2.4; NK-*Kindhäuser*, § 244 Rn. 31.
1819 BGHSt 46, 321 (336); 50, 160 (167); *Rengier*, BT 1, § 4 Rn. 90.
1820 BGHSt 46, 321 (336); 50, 160 (167 f.); *Kindhäuser/Böse*, BT 2, § 4 Rn. 29.

IV. Diebstahl mit Waffen, Bandendiebstahl, § 244

fall zweier Widersacher gegenübersieht und dadurch in verstärktem Maße einer Bedrohung ausgesetzt ist[1821]. Einschlägig ist dieser Gesichtspunkt jedoch nur, wenn man entgegen der h. M. ein räumlich-zeitliches Zusammenwirken von mindestens zwei Bandenmitgliedern verlangt[1822].

aa) Zentral ist zunächst die Definition der Bande:

> **Definition**
> Unter einer **Bande** ist der auf einen längeren Zeitraum angelegte Zusammenschluss von mindestens drei Personen zu verstehen, die sich mit dem Willen verbunden haben, künftig für eine gewisse Dauer mehrere selbstständige, im Einzelnen noch ungewisse Taten – hier des Diebstahls oder Raubes – zu begehen[1823].

Wenn z. T. vertreten wird, dass bereits zwei Personen für eine Bande ausreichend seien[1824], ist dem nicht nur der allgemeine Sprachgebrauch, sondern auch die erhöhte Bindung bei drei Bandenmitgliedern entgegenzusetzen. Möchte ein Mitglied die Bandenabrede aufkündigen, sieht es sich dem – möglichen – Widerstand gleich zweier Personen ausgesetzt. Auch ist bei einer Mindestzahl von drei Mitgliedern die Abgrenzung zu Fällen des mittäterschaftlichen Zweierkomplotts erleichtert[1825].

> **Klausurtipp**
> Aus dem Umstand der Bandenmitgliedschaft darf nicht einfach auf Mittäterschaft geschlossen werden; vielmehr ist nach allgemeinen Kriterien zu prüfen, ob das Bandenmitglied an der jeweiligen Tat als Täter oder Teilnehmer beteiligt ist. Zudem sind folgende Problemkreise auseinander zu halten, die in Klausuren häufig vermengt werden: Vorliegen einer Bande; Mitgliedschaft in dieser Bande; Begehung unter Mitwirkung eines anderen Bandenmitglieds an der Tat; Beteiligung an der konkreten Tat als Täter oder Teilnehmer.

(1) Keine Bande liegt vor, wenn eines von drei Bandenmitgliedern sich nur **zum Schein anschließt**, in Wirklichkeit jedoch nur die Absicht verfolgt, die Taten der anderen Mitglieder zur Anzeige bei der Polizei zu bringen. Für diejenigen Handelnden, welche von einer ernstlichen Übereinkunft ausgehen, kommt freilich eine Strafbarkeit wegen versuchten Bandendiebstahls in Betracht[1826].

1821 BGHSt 50, 160 (167); *Kindhäuser/Böse*, BT 2, § 4 Rn. 29.
1822 S. u. Rn. 1079.
1823 BGHSt 46, 321 (329 f.); 47, 214 (215 f.); BGH NStZ 2006, 574; *Rengier*, BT 1, § 4 Rn. 89.
1824 *Schönke/Schröder/Bosch*, § 244 Rn. 24; *Wessels/Hillenkamp/Schuhr*, BT 2, Rn. 298.
1825 Vgl. auch *Eisele*, BT 2, Rn. 214.
1826 Vgl. auch das Beispiel bei *Eisele*, BT 2, Rn. 215.

1068 (2) Ein irgendwie gefestigter **Bandenwille** oder ein Tätigwerden im übergeordneten Bandeninteresse ist hingegen **nicht erforderlich**[1827]. Nicht erforderlich ist ferner, dass sich alle Mitglieder persönlich verabredet haben oder sich gegenseitig kennen, solange nur jeder den Willen hat, sich zur künftigen Begehung von Straftaten mit mindestens zwei anderen zu verbinden[1828].

1069 bb) Der Zusammenschluss muss zu dem **Zweck** erfolgen, fortgesetzt Raub- oder Diebstahlstaten zu begehen.

1070 (1) Die **Bandenabrede** kann ausdrücklich oder konkludent zustande kommen und setzt nicht voraus, dass sich alle Beteiligten gleichzeitig absprechen. Eine konkludente Verabredung kann im Einzelfall aus dem wiederholten Zusammenwirken mehrerer Personen abgeleitet werden[1829]. Es genügt, dass zwei Täter vereinbaren, künftig Straftaten mit zumindest einem weiteren Beteiligten zu begehen, und sich ein Dritter dann anschließt[1830].

1071 (2) Erforderlich ist, dass die Mitglieder übereingekommen sind, mehrere selbstständige, im Einzelnen noch **unbestimmte Taten** zu begehen[1831]. Nicht ausreichend ist, wenn die Anzahl der Taten bereits zum Zeitpunkt der Bandenabrede abschließend von den Mitgliedern festgelegt wurde[1832]. Ebenso genügt es nicht, wenn nur eine Tat verabredet wird, später aber spontan weitere Taten folgen[1833].

> **Bsp.:** A, B und C kommen darüber überein, jeweils an den vier Montagen im Juni Diebstähle in einem bestimmten Wohngebiet auszuführen und danach wieder getrennte Wege zu gehen. – Eine Strafbarkeit nach § 244 Abs. 1 Nr. 2 scheidet aus, weil die abschließende Verständigung auf eine konkrete Anzahl von Diebstählen einer Bande in diesem Sinne entgegensteht.

1072 Die künftigen Taten müssen nach Anzahl, Zeit und Ort noch **relativ unbestimmt** sein, wobei es unschädlich ist, dass die Bandenabrede gewisse Beschränkungen nach Art, Zeit und Gattung der Diebessache vorsieht.

> **Bsp.:** A, B, C treffen die Übereinkunft, künftig nur Fahrzeuge der Marke Audi der Klasse A 8 in den Nachtstunden zwischen 22 und 6 Uhr in der Innenstadt von Konstanz zu stehlen. – Hier sind zwar die Diebstahlsmodalitäten von den Bandenmitgliedern exakt umrissen worden. § 244 Abs. 1 Nr. 2 ist aber verwirklicht, solange nur eine unbestimmte Anzahl von Diebstahlstaten von den Mitgliedern geplant ist.

1827 BGHSt 46, 321 (325); BGH NStZ 2006, 574; NK-*Kindhäuser*, § 244 Rn. 37.
1828 BGHSt 50, 160 (164 f.); 46, 321 (329); *Rengier*, BT 1, § 4 Rn. 93; näher *Eisele*, BT 2, Rn. 216.
1829 BGH NStZ 2009, 35 (36); BGH NStZ-RR 2013, 208 (209); 2016, 11.
1830 BGHSt 50, 160 (164); BGH NStZ-RR 2013, 208 (209).
1831 BGHSt 46, 321 (329); 47, 214 (216); *Fischer*, § 244 Rn. 36.
1832 BGH NStZ 1996, 442; *Fischer*, § 244 Rn. 36.
1833 BGH NStZ 2009, 35 (36); BGH StV 2014, 508 (509).

1073 Wenn die genannten Voraussetzungen erfüllt sind, ist bereits mit der **Begehung der ersten Tat** für die daran Beteiligten das Merkmal der bandenmäßigen Begehung erfüllt.

> **Bsp.:** Im vorstehenden Bsp. haben sich die Bandenmitglieder bereits mit dem Diebstahl des ersten A 8 nach § 244 Abs. 1 Nr. 2 strafbar gemacht.

1074 (3) Maßgeblich ist, dass sich die Bandenmitglieder zur **fortgesetzten Begehung von Raub oder Diebstahl** verbunden haben. Ein Zusammenschluss zur fortgesetzten Begehung von anderen Straftaten – wie Betrug oder (räuberische) Erpressung – genügt demnach nicht[1834].

1075 (4) Fraglich ist, ob die in Aussicht genommenen Beiträge **mittäterschaftlicher Natur** sein müssen oder ob auch **bloße Gehilfenbeiträge** genügen.

> **Bsp.:** A, B und C vereinbaren, zukünftig in verschiedene Objekte einzudringen und Diebstähle zu begehen. C soll ausschließlich die Gehilfenrolle zufallen, die für die entsprechenden Einbrüche benötigten Einbruchswerkzeuge zu beschaffen.

1076 Mit Recht lässt die h. M. bloße **Gehilfenbeiträge** genügen, da die Bindung und damit die Organisationsgefahr genauso intensiv sein kann wie bei einer Bande, bei der allen Mitgliedern eine Täterrolle zukommt[1835]. Auch ist es aufgrund der Spezialisierung einzelner Personen gerade typisch für die Bande, dass die einzelnen Personen in unterschiedlicher Weise und unterschiedlichem Umfang beteiligt sind[1836].

1077 (5) Nicht ausreichend für die Begründung einer Bandeneigenschaft ist hingegen, wenn ein Mitglied nur einen **Tatbeitrag im Beendigungsstadium** oder bei Verwertung der Beute erbringen soll. Hier kommt nur eine Strafbarkeit wegen Anschlussstraftaten nach §§ 257 ff. in Betracht.

> **Bsp.:**[1837] Bandenmitglied G verpackt die von anderen Bandenmitgliedern gestohlene und in einer Wohnung eingelagerte Ware, damit diese weiterveräußert werden. Dies hatte er bereits vor der Tat zugesagt. – Eine Strafbarkeit nach §§ 242, 244 Abs. 1 Nr. 2, 27 scheidet hinsichtlich des Verpackens aus, da aufgrund der Beendigung keine beihilfefähige Haupttat vorliegt. Auch die Bandenmitgliedschaft vermag ohne Beteiligung an der konkreten Tat keine Strafbarkeit zu begründen. Es kommt jedoch aufgrund der vorangegangenen Zusage eine Strafbarkeit wegen psychischer Beihilfe in Betracht.

1834 *Mitsch*, BT 2, 1.4.2.3.1; a. A. für die räuberische Erpressung *Fischer*, § 244 Rn. 38; nach Auffassung der Rechtsprechung ist der Raub nur ein Spezialfall der räuberischen Erpressung, vgl. u. Rn. 1472.
1835 BGHSt 46, 321 (322); 47, 214 (217); *Rengier*, BT 1, § 4 Rn. 92.
1836 BGHSt 47, 214 (215 f.).
1837 Vgl. auch BGH NJW 2013, 2211.

1078 cc) Weitere Voraussetzung ist, dass die Tat **unter Mitwirkung eines anderen Bandenmitglieds** begangen wird (Ausführungsgefahr). Nach Ansicht des BGH ist hierfür nur erforderlich, dass wenigstens zwei Bandenmitglieder beim Diebstahl in irgendeiner Weise zusammenwirken[1838]. Es müssen folglich nicht alle Bandenmitglieder am Tatort anwesend sein. Zunächst genügt es in jedem Fall, wenn zwei Bandenmitglieder als Täter oder auch Teilnehmer örtlich und zeitlich zusammenwirken. Dass ein drittes Bandenmitglied konkret in die Tatbegehung eingebunden wird oder zumindest von der Tat Kenntnis besitzt, ist nicht erforderlich[1839]. Inwieweit das jeweilige Mitglied dann als Täter oder Teilnehmer eines Bandendiebstahls einzustufen ist, muss nach allgemeinen Abgrenzungskriterien für Täterschaft und Teilnahme entschieden werden[1840].

> **Bsp.:** A und B stehlen aus einer Bank; Bandenchef C, der den Plan allein entworfen hat, befindet sich zum Zeitpunkt der Tat im Ausland. – Es liegt ein Bandendiebstahl gemäß § 244 Abs. 1 Nr. 2 vor, obwohl C selbst nicht an dem Diebstahl zwischen Versuch und Vollendung mitgewirkt hat. Auch C macht sich wegen mittäterschaftlichen Bandendiebstahls und nicht nur wegen Anstiftung strafbar, da sein Mitwirkungsplus im Vorbereitungsstadium seine mangelnde Tatherrschaft im Ausführungsstadium kompensiert[1841].

1079 (1) Problematisch ist, ob darüber hinaus auch auf ein **räumlich-zeitliches Zusammenwirken** ganz verzichtet werden kann. Teilweise wird für die Mitwirkung gefordert, dass mindestens zwei Mitglieder der Bande am Tatort anwesend sein müssen, weil nur dann die Effizienz der Tatausführung gesteigert und die Abwehrmöglichkeiten des Opfers eingeschränkt seien (Aktionsgefahr)[1842]. Andere verlangen zumindest eine kommunikative Verbindung (etwa per Mobiltelefon) zwischen dem vor Ort agierenden und dem tatortfernen Mitglied, so dass das tatortferne Mitglied auf das Tatgeschehen Einfluss nehmen kann[1843]. Nach wohl h. M. bedarf es bei der **eigentlichen Ausführungshandlung** hingegen keines solchen Mitwirkungserfordernisses und damit keiner Aktionsgefahr[1844]. Es genügt demnach die Ausführungsgefahr, wenn ein Bandenmitglied die Tat als Täter begeht und ein anderes Bandenmitglied einen **(Gehilfen-)Beitrag leistet und so mitwirkt**. Dafür spricht, dass aus dem Wortlaut des Mitwirkens ein örtlich-zeitliches Zusammenwirken der Bandenmitglieder nicht gefolgert werden kann[1845]. Entscheidend ist aber vor allem, dass die Arbeitsweise und Ar-

---

[1838] BGHSt 46, 321 (332 ff.); so auch *Fischer*, § 244 Rn. 42; *Kindhäuser/Böse*, BT 2, § 4 Rn. 35.
[1839] BGH NStZ 2006, 342 f.
[1840] BGHSt 46, 321 (338); BGH NStZ 2003, 32 (33); *Fischer*, § 244 Rn. 43.
[1841] *Eisele/Heinrich*, AT, Rn. 789.
[1842] *Wessels/Hillenkamp/Schuhr*, BT 2, Rn. 301; s. auch BGHSt 8, 205 (209).
[1843] BGHSt 46, 120 (127); *Mitsch*, BT 2, 1.4.2.3.2.
[1844] BGHSt 46, 321 (332 ff.); *Joerden*, JuS 2002, 331 f.
[1845] BGHSt 46, 321 (333); A/W/H/H-*Heinrich*, § 14 Rn. 62.

beitsteilung innerhalb organisierter und spezialisierter Diebesbanden häufig gerade so gestaltet ist, dass aufgrund eingehender Vorbereitung nur ein Bandenmitglied am Tatort anwesend sein muss. Damit wäre aber der Anwendungsbereich der Vorschrift in typischen Fällen organisierter Kriminalität empfindlich eingeschränkt[1846].

Bsp.: Bandenmitglied A stiehlt aus einem Banktresor, wobei ihm Mitglied B „zur Sicherheit" eine Schusswaffe mitgegeben hat. Bandenmitglied C wirkt nicht mit. – A macht sich zunächst nach § 244 Abs. 1 Nr. 1 lit. a Var. 1 strafbar; § 244 Abs. 1 Nr. 2 liegt ebenfalls vor, da die Gehilfenhandlung des B für das Merkmal „unter Mitwirkung eines anderen Bandenmitgliedes" genügt. B macht sich wegen Beihilfe zu §§ 244 Abs. 1 Nr. 1 lit. a Var. 1, Nr. 2 strafbar.

(2) Unschädlich ist auch, wenn die Wegnahmehandlung durch ein **bandenfremdes Mitglied** vollzogen wird, sofern diese Handlung einem der Bandenmitglieder täterschaftlich zugerechnet werden kann und ein weiteres Bandenmitglied sich an der Tat beteiligt[1847].

Bsp.: In der Bande A, B, C gibt Bandenmitglied C dem für die Planung von Kunstdiebstählen zuständigen A einen heißen Tipp, dass bei O ein wertvolles Gemälde hängt. A bittet daraufhin den B, die Tat auszuführen, der jedoch keine Zeit hat. A beauftragt daher den bandenfremden D, „sein" Bild, das er von O erworben und schon bezahlt habe, aus dessen Villa zu holen, weil O trotz Mahnung nicht liefere. Der gutgläubige D nimmt das Bild und übergibt es dem A. – D macht sich nicht nach § 242 strafbar, da er keinen Vorsatz bezüglich der Rechtswidrigkeit der (Dritt-)Zueignung besitzt, weil er von einem durchsetzbaren Anspruch auf Übereignung des Bildes des A gegenüber O ausgeht. Da A diesen Umstand bewusst ausgenutzt hat, besitzt er überlegene Wissens- bzw. Willensherrschaft, so dass ihm die Tat nach § 25 Abs. 1 Var. 2 zurechnet werden kann[1848]. Da C durch den Hinweis auf die Tatmöglichkeit mitgewirkt (und sich als Gehilfe beteiligt) hat, sind alle Voraussetzungen des Bandendiebstahls gegeben.

(3) Kein Bandendiebstahl ist allerdings gegeben, wenn **ein Bandenmitglied als Alleintäter** tätig wird, ohne dass ein anderes Bandenmitglied einen Beitrag leistet.

Bsp.: A entwendet als Mitglied einer „Autoschieberbande" ein Kfz, ohne dass ein anderes Bandenmitglied irgendwie beteiligt ist. – § 244 Abs. 1 Nr. 2 ist in diesem Fall zu verneinen.

Entsprechendes gilt, wenn die Beteiligten im Wege eines Exzesses ausschließlich **bandenfremde, d. h. von der Bandenabrede nicht gedeckte**

1846 *Fischer*, § 244 Rn. 42; dazu auch *Rengier*, BT 1, § 4 Rn. 99.
1847 BGHSt 46, 312 (338); NK-*Kindhäuser*, § 244 Rn. 46.
1848 S. zu diesem Problembereich *Eisele/Heinrich*, AT, Rn. 810 f.

Zwecke oder eigene Interessen verfolgen, weil hier kein Handeln „als" Mitglied einer Bande vorliegt[1849]. Dies ist etwa der Fall, wenn Mitglieder einer Wohnungseinbruchsbande, die sich auf den Diebstahl von wertvollen Gemälden spezialisiert hat, bei einem ihrer „Beutezüge" zufällig vorgefundenes Bargeld mitnehmen (Diebstahl des Geldes als Exzess bei Gelegenheit)[1850].

1083 dd) **Täter eines Bandendiebstahls** kann nur ein Bandenmitglied sein. Bandenmitglied ist, wer in die Organisation der Bande eingebunden ist, die für die Bande geltenden Regeln akzeptiert, zum Fortbestand der Bande beiträgt und sich an den Straftaten als Täter oder Teilnehmer beteiligt[1851]. Die bloße Beteiligung an einer Tat, die von einer Bande begangen wird, begründet noch nicht die Bandenmitgliedschaft[1852]. Die Bandenmitgliedschaft ist ein strafschärfendes **besonderes (täterbezogenes) persönliches Merkmal i. S. v. § 28 Abs. 2,** da nach h. M. die persönliche Stellung in der Bande kennzeichnend ist[1853]. Dies hat zur Folge, dass Nichtmitglieder sich nur wegen Beteiligung am Grundtatbestand strafbar machen.

> **Bsp.:** Gehilfe G, der nicht Mitglied der Bande ist, steht für A, B und C bei einem Diebstahl Schmiere. – A, B und C sind nach §§ 244 Abs. 1 Nr. 2, 25 Abs. 2 strafbar, während sich G aufgrund § 28 Abs. 2 nur nach §§ 242 (ggf. § 243), 27 strafbar macht. Nach der Gegenansicht haftet G akzessorisch nach §§ 244 Abs. 1 Nr. 2, 25 Abs. 2, 27.

1084 Eine Strafbarkeit als **Täter oder Teilnehmer** einer Bandentat ist aber von vornherein nur möglich, wenn überhaupt eine Beteiligung an der konkreten Tat, die von der Bande begangen wird, gegeben ist. Allein die Bandenmitgliedschaft oder ein Handeln im Interesse der Bande ohne konkreten Bezug zu einer von anderen Bandenmitgliedern begangenen Straftat ist nicht ausreichend. Insoweit sind Bandenmitgliedschaft und Beteiligung an der konkreten Tat sorgfältig zu trennen.

1085 d) **§ 244 Abs. 1 Nr. 3 und Abs. 4.** Rechtsgut des Wohnungseinbruchsdiebstahls ist neben dem Eigentum die häusliche Privatsphäre sowie die körperliche und seelische Unversehrtheit[1854]. Der Gesetzgeber hat mit dem 6. StrRG den Wohnungseinbruchsdiebstahl aus § 243 in § 244 mit erhöhtem Strafrahmen verlagert, da dieser tief in die Intimsphäre des Opfers eindringe und daher zu ernsten psychischen Störungen sowie langwierigen Angstzuständen führen könne. Außerdem sei dieser nicht selten mit Gewalttätigkeiten gegen Menschen und Verwüstungen der Einrichtungsge-

---

1849 BGH NStZ 2006, 342 (343); BGH NStZ-RR 2013, 208 (209); *Rengier*, BT 1, § 4 Rn. 103.
1850 Näher zu diesem Beispiel *Eisele*, BT 2, Rn. 231.
1851 BGH wistra 2010, 347.
1852 BGH StV 2012, 669.
1853 BGHSt 46, 120 (128); *Lackner/Kühl*, § 244 Rn. 7; a. A. NK-*Kindhäuser*, § 244 Rn. 48.
1854 BGHSt 61, 285 (288); BGH StV 2001, 624; *Zopfs*, Jura 2007, 510 (520).

IV. Diebstahl mit Waffen, Bandendiebstahl, § 244

genstände verbunden[1855]. Im Jahre 2017 wurde in Abs. 4 eine Qualifikation (der Qualifikation) mit Verbrechenscharakter und ohne Möglichkeit der Strafmilderung für Fälle eingeführt, in denen die Tat eine dauerhaft genutzte Privatwohnung betrifft.

> **Klausurtipp**
> Soweit in eine Wohnung eingebrochen wird, sind sogleich §§ 242, 244 Abs. 1 Nr. 3, Abs. 4 zu prüfen; auf den subsidiären § 242 mit der Strafzumessungsregel des § 243 Abs. 1 S. 2 Nr. 1 (Einbruch in ein Gebäude) muss nicht weiter eingegangen werden.

aa) Unter Berücksichtigung dieses Schutzzweckes und der hohen Strafandrohung kann für den Wohnungsbegriff nicht ohne weiteres auf die Grundsätze des § 123 zurückgegriffen werden[1856]. Erfasst werden daher nur Räume, die dem eigentlichen Wohnbereich zuzuordnen sind, d. h. in dem von Haus- und Wohnungstür zugänglichen Bereich als geschlossene Wohneinheit liegen[1857]. Dies ist etwa bei Wohn- und Schlafzimmer, Küche, Räumen im Keller[1858] oder Dachgeschoß, aber auch bei Arbeitszimmern und Büros, wenn diese in den Wohnbereich integriert sind[1859], zu bejahen. Ebenso sind Zweitwohnungen, eigene Wochenend- und Ferienhäuser, Wohnmobile, Wohnwagen als Wohnung einzustufen, jedenfalls solange sie dem Wohnzweck gewidmet sind, was etwa beim Unterstellen eines Wohnmobils im Winter nicht der Fall ist[1860]; einer dauerhaften Nutzung als Wohnung bedarf es – im Umkehrschluss zu Abs. 4 – nicht. Nicht erfasst werden hingegen von der Wohnung räumlich getrennte Geräteschuppen, Gartenhäuschen[1861], Terrassen, Gärten, Keller- und Speicherräume[1862] sowie nur getrennt zugängliche Arbeits-, Geschäfts- und Ladenräume, die sich etwa im Erdgeschoss befinden[1863].

1086

bb) Wird die Wohnungseigenschaft bejaht, so wird die Tat nach Abs. 4 qualifiziert, wenn es sich um eine dauerhaft genutzte Privatwohnung handelt[1864]. Einbezogen sind Häuser und Wohnungen samt Nebenräumen und unabhängig davon, ob diese vom Eigentümer oder Mieter bewohnt werden. Ferner sind auch Zimmer in Wohnheimen aller Art, Zweitwoh-

1087

1855 BT-Drs. 13/8587, S. 43.
1856 BGH NStZ 2008, 514 (515); S. hierzu *Eisele*, BT 1, Rn. 661.
1857 BGH NStZ 2013, 120 f.; BGH StV 2016, 639; BGH NStZ-RR 2018, 14; vgl. aber *Lackner/Kühl*, § 244 Rn. 11, wonach nur Räumlichkeiten erfasst werden, die den Mittelpunkt des privaten Lebens darstellen.
1858 BGH StV 2016, 639; BGH NStZ-RR 2018, 14.
1859 BGH NStZ 2013, 120 f.
1860 Für eine Beschränkung während der Nutzungsdauer *Rengier*, BT 1, § 4 Rn. 84.
1861 AG Saalfeld NStZ 2004, 141.
1862 OLG Schleswig NStZ 2000, 479; a. A. *Schönke/Schröder/Bosch*, § 244 Rn. 30.
1863 BGH NStZ 2005, 631 – offener Empfangsbereich des Foyers eines Senioren- und Pflegeheims.
1864 Dazu BT-Drs. 12/18359, S. 7 f.

nungen usw. erfasst. Entscheidendes Kriterium ist die dauerhafte Nutzung zu Wohnzwecken. Die Nutzung muss dabei noch nicht eine gewisse Dauer erreicht haben, vielmehr genügt es, dass die Nutzung auf Dauer angelegt ist, so dass der Schutz mit dem Einzug beginnt. Für die dauerhafte Nutzung genügt etwa eine Zwischenmiete für zwei oder drei Monate, nicht aber die Nutzung eines Wohnmobils über das Wochenende. Bei Ferienwohnungen kommt es richtigerweise auf eine gewisse Regelmäßigkeit an. Längere Unterbrechungen schaden nicht, so dass Abs. 4 auch dann verwirklicht ist, wenn der Nutzer für geraume Zeit im Ausland weilt.

1088 cc) Bei **gemischt genutzten Räumlichkeiten** kommt es auf die bauliche Aufteilung an. Sind Geschäftsräume von den Wohnräumen abgetrennt (z. B. Bäckerei im Erdgeschoss, Familienwohnung im Dachgeschoss) und erfolgt der **Einbruch nur in die Geschäftsräume**, so sind nur §§ 242, 243 Abs. 1 Satz 2 Nr. 1 verwirklicht, da der Einbruch in den Wohnraum selbst stattfinden muss[1865]. Dies gilt selbst dann, wenn der Täter anschließend von dort aus in die Wohnräume gelangen möchte, um zu stehlen[1866]; erfasst wird nämlich nur der Einbruch und nicht jedes Hineingelangen in die Wohnung. Anders ist hingegen zu entscheiden, wenn sich ein Geschäfts- oder Büroraum innerhalb der Wohnung befindet und in diese eingebrochen wird[1867]. Die Qualifikation ist nach ihrem Schutzzweck auch verwirklicht, wenn der Täter in die **Wohnräume einbricht**, um anschließend Sachen aus Geschäftsräumen stehlen zu können[1868].

> **Bsp.:** T gelangt mittels Einbruch durch die im Erdgeschoss gelegene Wohnung in das im Dachgeschoss befindliche Atelier, das baulich abgetrennt ist. Dort stiehlt er – wie geplant – einige Bilder. – T macht sich Nach § 244 Abs. 1 Nr. 3, Abs. 4 strafbar, auch wenn das Betreten der Wohnung nicht zum Zwecke des Diebstahls dort erfolgt.

1089 dd) Hinsichtlich der **Tathandlungen** kann auf die Ausführungen zu § 243 Abs. 1 Satz 2 Nr. 1 verwiesen werden. Auch hier ist erforderlich, dass der Täter zur Ausführung der Tat in die Wohnung einbricht usw.[1869].

3. Konkurrenzen

1090 Hinter § 244 Abs. 1 Nr. 3, Abs. 4 treten §§ 242, 243 Abs. 1 Satz 2 Nr. 1 im Wege der Spezialität[1870] und §§ 123, 303 im Wege der **Konsumtion** zurück[1871]. Eine versuchte Tat nach § 244 kann in Tateinheit zum vollendeten

---

1865 BGH NStZ 2013, 120; NK-*Kindhäuser*, § 244 Rn. 52.
1866 BGH NStZ 2008, 514f.; BGH StraFo 2014, 339; a. A. *Ladiges*, JR 2008, 493 (494f.).
1867 Offen gelassen von BGH NStZ 2008, 514 (515).
1868 BGH NStZ 2001, 533; BGH NStZ 2013, 120f.; a. A. *Maurach/Schroeder/Maiwald/Hoyer/Momsen*, BT 1, § 33 Rn. 127.
1869 S. hierzu o. Rn. 975 ff.
1870 BGH NJW 1970, 1279 (1280); *Kindhäuser/Böse*, BT 2, § 4 Rn. 47.
1871 *Rengier*, BT 1, § 4 Rn. 87.

Grunddelikt des § 242 stehen[1872]. Wenn der zum Wohnungseinbruchsdiebstahl entschlossene Täter nach dem Eindringen überraschend feststellt, dass die Bewohner anwesend sind und daraufhin die Sachen unter Anwendung von Gewalt mitnimmt, steht nur § 123 in Tateinheit zu § 249, während §§ 242, 244 Abs. 1 Nrn. 3, 22, 23 im Wege der Gesetzeskonkurrenz verdrängt werden[1873].

Einführende Aufsätze:
Bosch, Die Strafbarkeit des Wohnungseinbruchdiebstahls, Jura 2018, 50 (Ausführliche Bewertung der Reform unter Darstellung der Rechtsanwendungsprobleme in materiell-rechtlicher Hinsicht); *Lanzrath/Fieberg*, Waffen und (gefährliche) Werkzeuge im Strafrecht, Jura 2009, 348 (Übersicht über die wichtigsten mit der Auslegung dieser Begriffe verbundenen Streitfragen); *Oğlakcıoğlu*, Die Bandenmäßige Deliktsbegehung in der Klausurbearbeitung, Jura 2012, 770 (Darstellung der einzelnen Probleme anhand kleiner Fallbeispiele); *Ransiek*, **Waffen und Werkzeuge bei Diebstahl und Raub, JA 2018, 666**; *Rönnau*, Grundwissen – Strafrecht: Bandendelikte, JuS 2013, 594 (Schwerpunkt: Erläuterung des Bandenbegriffs); *ders.*, Grundwissen – Strafrecht: Das „mitgeführte" gefährliche Werkzeug, JuS 2012, 117 (Darstellung des Streitstands zur Definition des gefährlichen Werkzeugs).

Übungsfälle:
Morgenstern, Die Zürcher Verfolgungsjagd, Jura 2011, 146 (gemeinschaftlicher Diebstahl mit Waffen; Mittäterexzess); *Rudolph*, Der Nürnberger Zahngold-Fall, JA 2011, 346 (Versuchter und vollendeter gemeinschaftlicher Bandendiebstahl; Abgrenzung untauglicher Versuch und Wahndelikt); *Theile/Gatter*, Der skrupellose Heimwerker: Eine Bohrmaschine zum Nulltarif, Jura 2014, 104 (Wohnungsbegriff; Gaspistole als Waffe); *Werkmeister*, „Vom Wutbürger W", JA 2013, 902 (Eisenstange und Kampfhund als gefährliches Werkzeug; Wohnungseinbruchsdiebstahl).

Rechtsprechung:
BGHSt 30, 44 – Dienstwaffe (Keine Einschränkung bei § 244 Abs. 1 Nr. 1a); **BGHSt 31, 105** – Waffe (Begriff des Beisichführens bei § 244 Abs. 1 Nr. 1a); **BGHSt 46, 120** – Bandendiebstahl (Täterschaftlicher Tatbeitrag eines Bandenmitglieds bei § 244 Abs. 1 Nr. 2); **BGHSt 46, 321** – Autodiebe (Begriff der Bande bei § 244 Abs. 1 Nr. 2); **BGHSt 47, 214** – Bandendiebstahl (Bandenmitgliedschaft und Gehilfentätigkeit bei § 244 Abs. 1 Nr. 2); **BGHSt 52, 257** – Taschenmesser (Begriff des gefährlichen Werkzeugs bei § 244 Abs. 1 Nr. 1a); **BGH NStZ-RR 2003, 12** – Taschenmesser II (Erfordernis des bewusst gebrauchsbereiten Beisichführens bei § 244 Abs. 1 Nr. 1a).

1872 *Krey/Hellmann/Heinrich*, BT 2, Rn. 198; NK-*Kindhäuser*, § 244 Rn. 57.
1873 S. u. Rn. 1177; näher zu den Konkurrenzen *Eisele*, BT 2, Rn. 239.

V. Schwerer Bandendiebstahl, § 244a

1. Systematik und geschütztes Rechtsgut

1091 Die Qualifikation des § 244a enthält gegenüber §§ 242, 243 und § 244 Abs. 1 Nr. 2 eine **weitere Strafschärfung mit Verbrechenscharakter.** Die Strafbarkeit des Versuchs folgt daher aus § 23 Abs. 1 i. V. m. § 12 Abs. 1. § 244a kombiniert das strafschärfende Merkmal des § 244 Abs. 1 Nr. 2 mit § 244 Abs. 1 Nr. 1 und Nr. 3 einerseits und § 243 Abs. 1 Satz 2 Nrn. 1 bis 7 andererseits.

1092 Prüfungsschema
1. **Tatbestand**
   a. Grundtatbestand des § 242
   b. Qualifikation
      aa. Objektiver Tatbestand
         (1) Bandenmäßige Begehung nach § 244 Abs. 1 Nr. 2 *und*
         (2) Vorliegen eines Regelbeispiels i. S. d. § 243 Abs. 1 Satz 2 Nrn. 1 bis 7 *oder* eines Falles des § 244 Abs. 1 Nr. 1 oder Nr. 3
      bb. Subjektiver Tatbestand
2. **Rechtswidrigkeit**
3. **Schuld**
4. **Strafantrag, § 247 (nicht aber § 248a)**

2. Tatbestand

1093 a) **Folgen der Verweisung.** § 244a enthält Qualifikationstatbestände mit Vorsatzerfordernis. Durch den Verweis in § 244a auf die Regelbeispiele des § 243 werden diese zu **echten Tatbestandsmerkmalen.** Daher finden im Rahmen des § 244a §§ 16, 22 ff. und 25 ff. unmittelbare Anwendung. Die strafschärfenden Merkmale des § 243 sind im Rahmen des § 244a abschließend, so dass weder ein unbenannter besonders schwerer Fall noch eine Widerlegung der Indizwirkung in Betracht kommt[1874]. Auch die Geringwertigkeitsklausel des § 243 Abs. 2 spielt keine Rolle.

1094 b) **Auswirkung auf andere Bandenmitglieder.** Für die Strafschärfung nach § 244a kommt es nicht darauf an, dass auch die anderen Bandenmitglieder eine der Tatmodalitäten der §§ 243 Abs. 1 Satz 2, 244 Abs. 1 Nr. 1, 3 verwirklichen. Die Zurechnung der strafschärfenden Merkmale richtet sich für andere Beteiligte nach den Grundsätzen der §§ 25 ff.

> **Bsp.:** Die Bande A, B und C stiehlt Kraftfahrzeuge. A verabredet mit B, dass er bei einer Tat eine Waffe mitnimmt. Der Gehilfe C weiß davon nichts. – A und B haben §§ 242, 244a verwirklicht, weil sowohl die

---

[1874] A/W/H/H-*Heinrich*, § 14 Rn. 68; *Schönke/Schröder/Bosch,* § 244a Rn. 4.

Voraussetzungen des § 244 Abs. 1 Nr. 2 als auch des § 244 Abs. 1 Nr. 1 lit. a Var. 1 verwirklicht sind. C macht sich nur nach §§ 242, 244 Abs. 1 Nr. 2, 27 strafbar, da sich der Gehilfenvorsatz nicht auf das Beisichführen einer Waffe erstreckt.

3. Konkurrenzen

1095 § 244a verdrängt im Wege der Spezialität die §§ 242, 243. Dasselbe gilt grundsätzlich auch für § 244[1875]; zwischen versuchten schweren Bandendiebstahl und vollendetem § 244 Abs. 1 Nr. 3 kann angesichts der unterschiedlichen Rechtsgüter Tateinheit bestehen[1876]. Hingegen verdrängt § 244 Abs. 1 Nr. 3, Abs. 4 die Vorschrift des § 244a, weil bei gleichem Strafrahmen für Fälle des § 244 Abs. 4 kein minder schwerer Fall vorgesehen ist[1877].

VI. Unterschlagung, § 246

1. Systematik und geschütztes Rechtsgut

1096 Geschütztes Rechtsgut des § 246 ist das **Eigentum**[1878]. Anders als beim Diebstahl ist kein Gewahrsamsbruch erforderlich. Als Täter kommt daher auch der Inhaber des Alleingewahrsams in Betracht. § 246 kommt eine Auffangfunktion zu, da er alle Formen rechtswidriger Zueignung fremder Sachen erfassen soll[1879]. § 246 Abs. 1 a. E. ordnet dementsprechend formelle Subsidiarität für Fälle an, in denen die Tat in anderen Vorschriften mit schwererer Strafe bedroht ist. In der Fallprüfung sollten daher andere Eigentums- und Vermögensdelikte vorab geprüft werden.

1097
Prüfungsschema
1. **Tatbestand**
   a. Objektiver Tatbestand
      aa. Fremde bewegliche Sache
      bb. Selbst- oder Drittzueignung
      cc. Objektive Rechtswidrigkeit der Zueignung
   b. Subjektiver Tatbestand
2. **Rechtswidrigkeit**
3. **Schuld**
4. **Qualifikation, § 246 Abs. 2: Anvertraute Sache**
5. **Keine formelle Subsidiarität, § 246 Abs. 1 a. E.**
6. **Strafantrag, §§ 247, 248a**

1875 *Lackner/Kühl*, § 244a Rn. 5; NK-*Kindhäuser*, § 244a Rn. 7.
1876 BGHSt 10, 230 ff.; BGH NStZ-RR 2010, 170.
1877 MünchKomm-*Schmitz*, § 244a Rn. 14.
1878 RGSt 49, 194 (198); LK-*Vogel*, § 246 Rn. 1.
1879 BT-Drs. 13/8587, S. 43; näher *Schönke/Schröder/Bosch*, § 246 Rn. 1.

1098 **2. Objektiver Tatbestand**

Erforderlich ist, dass der Täter sich oder einem Dritten eine fremde bewegliche Sache rechtswidrig zueignet. Das Merkmal der Zueignung ist – anders als bei § 242 – bereits Merkmal des objektiven Tatbestandes, so dass die bloße auf Zueignung gerichtete Absicht nicht genügt, sondern die Zueignung vollendet sein muss. In subjektiver Hinsicht genügt insoweit Eventualvorsatz.

1099 a) **Fremde bewegliche Sache.** Insoweit gelten die Ausführungen zu § 242 entsprechend[1880].

1100 aa) Da § 246 keine Wegnahme einer bestimmten Sache voraussetzt, ist das Tatobjekt nicht ohne weiteres hinreichend konkretisiert. Erforderlich ist dennoch stets, dass sich die Zueignung auf eine **bestimmte Sache** bezieht[1881].

> **Bsp.:** Der Arbeitnehmer T veräußert per Telefon an D 100 von 1000 Kartons Terracotta-Fliesen, die im Warenlager seines Arbeitgebers O liegen. – T macht sich nicht nach § 246 strafbar, solange die Kartons nicht ausgesondert sind, weil sich die Zueignung (noch) nicht auf ein bestimmtes Tatobjekt bezieht.

1101 bb) Hinsichtlich des Merkmals „fremd" sind Fälle des **Selbsttankens ohne Bezahlung** besonders klausurrelevant.

> **Bsp.:** T betankt seinen Wagen mit Benzin. Als er sich zum Bezahlen in den Verkaufsraum begibt, sieht er, dass sich dort niemand aufhält. Er entschließt sich spontan, wegzufahren und auf das Bezahlen zu verzichten.

1102 Zu beachten ist zunächst, dass ein Diebstahl mit dem Einfüllen des Benzins in den Tank regelmäßig schon deshalb ausscheidet, weil der Tankstelleninhaber mit dem Befüllen durch den Kunden und damit mit dem Gewahrsamswechsel grundsätzlich einverstanden ist, so dass keine Wegnahme vorliegt[1882]. Ein Betrug gemäß § 263 durch das Betanken, der § 246 aufgrund der Subsidiaritätsklausel verdrängen würde, kommt nur in Betracht, wenn der Täter **vom Personal wahrgenommen** wird (Erfordernis von Täuschung und Irrtum) bzw. zumindest damit rechnet (versuchter Betrug) und er schon zu diesem Zeitpunkt nicht bezahlen wollte[1883]. Ob eine Unterschlagung gemäß § 246 vorliegt, hängt vornehmlich von den zivilrechtlichen Eigentumsverhältnissen beim Betanken ab. Zunächst könnte man daran denken, dass der Kunde Eigentum durch Vermischung mit dem sich

---

1880 S. o. Rn. 905 ff.
1881 Vgl. RGSt 54, 32 (34); BGH NJW 1959, 1377; *Schönke/Schröder/Bosch*, § 246 Rn. 4.
1882 BGH NJW 1983, 2827; A/W/H/H-*Heinrich*, § 13 Rn. 54; a. A. *Mitsch*, BT 2, 2.2.1.2.3, für Fälle fehlender Zahlungsbereitschaft schon beim Befüllen.
1883 BGH NStZ 2009, 694; BGH StV 2013, 511; *Rebler*, JA 2013, 179 (180 f.).

im Tank befindenden Restbenzin gemäß §§ 947, 948 BGB erwirbt. Allerdings wird der Tankstelleninhaber Miteigentümer, was für das Merkmal der Fremdheit ausreichend ist[1884]. Möglicherweise erwirbt der Kunde jedoch schon zum Zeitpunkt des Befüllens das Alleineigentum durch Übereignung nach § 929 Satz 1 BGB. Dies wird in der Literatur bisweilen bejaht[1885], weil in der Betätigung des Zapfhahns durch den Kunden das Angebot zum Abschluss des Kaufvertrages und der dinglichen Einigung zu sehen sei, das der Tankstelleninhaber annehme, indem er das Selbstbedienungstanken erlaube. Die h. M. lehnt dies jedoch mit Recht ab. Teilweise wird zwar angenommen, dass Kaufvertrag und dingliche Einigung schon beim Tanken zustande kommen. Die dingliche Einigungserklärung des Tankstelleninhabers stelle die Übereignung jedoch unter Eigentumsvorbehalt (§§ 929 Satz 1, 158 Abs. 1 BGB), so dass das Eigentum erst bei vollständiger Kaufpreiszahlung übergehe[1886]. Andere gehen davon aus, dass – soweit nicht ausdrücklich auf einen Eigentumsvorbehalt hingewiesen wird – der Kaufvertrag und die dingliche Einigung erst an der Kasse zustande kommen. Dafür spricht, dass erst nach dem Tanken die Art und Menge des zu übereignenden Kraftstoffes feststehen und damit hinreichend bestimmt sind[1887]. Die h. M. wahrt so das Sicherungsinteresse des Tankstelleninhabers, der das Wegfahren des Kunden faktisch kaum verhindern kann. Im Beispiel ist das Benzin an der Kasse nicht übereignet worden, so dass T sich gemäß § 246 Abs. 1 strafbar gemacht hat.

b) Selbst- bzw. Drittzueignung. Die Zueignung ist bei § 246 objektives Tatbestandsmerkmal, das freilich eine gewisse subjektive Komponente aufweist, weil nach h. M. die Manifestation des Zueignungswillens entscheidend ist. Die Auslegung erfolgt in Anlehnung an die für § 242 entwickelten Grundsätze. Die dort diskutierten Probleme im Bereich Enteignung und Aneignung (z. B. Substanzzueignung oder Sachwertzueignung) können daher auch im Rahmen des § 246 zu erörtern sein. **1103**

> **Bsp.:** T findet auf der Straße eine Puppe des Nachbarkindes O. Weil T dieses nicht leiden kann, zerstört er die Puppe bzw. ermöglicht dem D die Zerstörung. – Eine Selbst- bzw. Drittzueignung scheidet aus, weil es an einer Aneignung fehlt. Die Tat bewirkt lediglich eine Sachzerstörung, die von § 303 erfasst wird.

aa) Zueignung ist eine aus dem Blickwinkel eines neutralen Beobachters äußerlich erkennbare Handlung, die auf den tatsächlich vorliegenden Willen des Täters schließen lässt, dass er den Eigentümer dauerhaft aus seiner Position verdrängen und die Sachsubstanz oder den Sachwert wenigstens vorübergehend **1104**

[1884] So OLG Koblenz NStZ-RR 1998, 364; OLG Düsseldorf NJW 1992, 60 (61).
[1885] OLG Düsseldorf NStZ 1982, 249; *Herzberg*, NStZ 1983, 251 (252).
[1886] Vgl. OLG Hamm NStZ 1983, 266 (267).
[1887] So *Borchert/Hellmann*, NJW 1983, 2799 (2802); *Schönke/Schröder/Bosch*, § 246 Rn. 7.

dem eigenen Vermögen oder dem Vermögen eines Dritten einverleiben möchte. Aufgrund dieser Betrachtung ist es nicht notwendig, eine – bei der Tat noch gar nicht abgeschlossene – dauerhafte Enteignung tatsächlich festzustellen. Erforderlich ist vielmehr eine **nach außen erkennbare Manifestation des Zueignungswillens**, durch die auf eine dauerhafte Enteignung und vorübergehende Aneignung der Sachsubstanz oder eines in der Sache spezifisch verkörperten Sachwerts geschlossen werden kann[1888]. Der bloße Zueignungswille oder die bloße Willenskundgabe sind nicht ausreichend.

> **Bsp.:** T steckt eine gefundene Geldbörse in seine Jackentasche, um diese zu behalten. – Das Einstecken stellt noch keine Manifestation des Zueignungswillens dar, weil ebenso der Schluss gezogen werden könnte, dass die Geldbörse zurückgegeben werden soll. Eine Manifestation wäre aber zu bejahen, wenn T vom Eigentümer oder einem Passanten auf den Fund angesprochen wird und dabei das fremde Eigentum leugnet; dasselbe gilt, wenn er das Geld ausgibt.

1105 Eine **Manifestation der Zueignung** ist typischerweise im Veräußern, Verschenken, Verbrauchen, Verzehren und Verarbeiten der Sache zu sehen. Ferner kann dies anzunehmen sein, wenn der Täter den Gewahrsam an der Sache gegenüber dem Eigentümer leugnet[1889] oder die Sache so gebraucht, dass sie erheblich an Wert verliert[1890]. Hingegen kann bei mehrdeutigen Verhaltensweisen – wie in der **unterlassenen Rückgabe einer Sache** trotz entsprechender Pflicht (z. B. nach Ablauf des Mietvertrages) – nicht ohne weiteres eine Zueignung gesehen werden[1891]. Denn diese kann auf bloßer Nachlässigkeit, Säumnis oder anderen Gründen (etwa Zeitmangel) beruhen.

> **Bsp.:** T findet den Ehering der O; er nimmt diesen mit nach Hause und legt ihn dort in eine Schachtel. – Die Nichtanzeige des Fundes, die Nichtrückgabe und Verwahrung der Sache begründen keine Manifestation des Zueignungswillens, weil das Verhalten auch den Schluss zulässt, dass die Sache erst etwas später zurückgegeben werden soll oder der Täter den Verlierer selbst suchen möchte.

1106 bb) Zur Begrenzung des ansonsten zu weiten Tatbestandes ist als ungeschriebene, den Tatbestand begrenzende Voraussetzung der Aneignungskomponente eine **sachenrechtsähnliche Herrschaftsbeziehung** zu verlangen, die spätestens zum Zeitpunkt der Manifestation der Zueignung begründet werden muss, aber auch schon zuvor bestehen kann[1892]. Als hinreichend wird man Gewahrsam, unmittelbaren, aber auch mittelbaren Besitz im zivilrechtli-

---

1888 BGHSt 1, 262 (264); 14, 38 (41).
1889 RGSt 72, 380 (382); BGH wistra 2006, 227 (228); *Schönke/Schröder/Bosch*, § 246 Rn. 20.
1890 BGHSt 34, 309 (312).
1891 BGH wistra 2010, 483; OLG Brandenburg NStZ 2010, 220 (221).
1892 *Rengier*, BT 1, § 5 Rn. 30; *Schönke/Schröder/Bosch*, § 246 Rn. 10.

chen Sinne ansehen müssen[1893]. Hat der Täter bereits Fremdbesitz an der Sache, so muss sich durch die weitere Verwendung der Sache manifestieren, dass dieser in Eigenbesitz umgewandelt wird. Der bloße Verkauf oder das Verschenken der Sache, zu der keine Herrschaftsbeziehung besteht, d. h. die rein schuldrechtliche Einwirkung, ist hingegen nicht ausreichend.

> **Bsp.:** O hat seinen schicken Sportwagen in der gut gesicherten Garage an der Hamburger Elbchaussee stehen. Sein Neffe T schenkt den Wagen in Konstanz einem Verein zur Unterstützung brasilianischer Straßenkinder. – Der Wagen war für T eine fremde bewegliche Sache, die er sich im Wege der Schenkung grundsätzlich selbst zueignen kann[1894]. Weil T jedoch keinen Zugriff auf die Sache hat und das Eigentum des O daher nicht gefährdet ist, muss mangels eines sachenrechtsähnlichen Herrschaftsverhältnisses § 246 verneint werden.

Entsprechendes gilt auch in Fällen der **Drittzueignung**, in denen der Dritte sich in einer sachenrechtsähnlichen Herrschaftsbeziehung zur Sache befinden oder diese jedenfalls mit der Drittzueignung erlangen muss. Die Handlung muss daher zu einer Stellung des Dritten in Bezug auf die Sache führen, wie sie auch bei der Selbstzueignung für die Tatbestandsverwirklichung erforderlich ist.

> **Bsp.:** T sagt der D am Telefon, dass sie das unverschlossene Fahrrad des O an der Flussbrücke im Nachbarort abholen könne. – Eine Drittzueignung scheidet mangels Herrschaftsbeziehung aus. Nimmt D das Fahrrad in Kenntnis der Umstände, so verwirklicht sie § 242; T ist hierzu Anstifter.

cc) Eine Drittzueignung ist durch bloßes **Verschaffen der Herrschaftsbeziehung** möglich. Der Täter braucht entsprechend den bei § 242 dargestellten Grundsätzen[1895] keinen eigenen Vorteil erlangen. Es genügt demnach, dass die Sache unter dauerndem Ausschluss des Eigentümers in das Vermögen des Dritten eingeordnet werden soll. Eine **Billigung, Mitwirkung oder Aneignung des Dritten** ist nicht notwendig, so dass auch die aufgedrängte Sachherrschaft die Drittzueignung begründet[1896].

> **Bsp.:** T stellt dem D einige von O geliehene Bücher in das Regal, die D jedoch gar nicht haben möchte. – Man kann hier bereits eine Selbstzueignung durch Schenkung annehmen[1897]; ansonsten liegt jedenfalls eine Drittzueignung vor, bei der allein der Wille des Täters maßgeblich ist.

dd) Umstritten ist der Tatbestand in Fällen der **wiederholten Zueignung der Sache**, d. h. in Konstellationen, in denen der Täter die Sache schon

---
1893 *Kudlich*, JuS 2001, 767 (772); *Schönke/Schröder/Bosch*, § 246 Rn. 10.
1894 S. o. Rn. 958.
1895 S. o. Rn. 958 f.
1896 *Jäger*, JuS 2000, 1167 (1168); *Wessels/Hillenkamp/Schuhr*, BT 2, Rn. 313.
1897 S. o. Rn. 959.

zuvor durch eine Eigentums- oder Vermögensstraftat (z. B. §§ 242, 246, 249, 253, 255, 263) erlangt hat. Zu beachten ist zunächst, dass in solchen Fällen die Subsidiaritätsklausel nicht einschlägig ist, weil diese – wie der Wortlaut „die Tat" zeigt – nur Fälle zeitgleicher Zueignung regelt[1898].

Bsp.: T hat den Besitz an einer wertvollen Bibel aus dem 17. Jahrhundert durch Betrug nach § 263 gegenüber O erlangt. Nunmehr veräußert er diese an den gutgläubigen D, wobei ihn der Gehilfe G unterstützt. – Der Verkauf an D begründet zunächst keinen weiteren Betrug, wenngleich T über die Eigentümerposition täuscht; aufgrund des gutgläubigen Erwerbs nach §§ 929 Satz 1, 932 BGB erleidet D aber richtigerweise keinen Schaden[1899]. Im Weiterverkauf an D ist die Zueignung der fremden Sache des O zu sehen. Allerdings hat sich T die Sache schon im Wege des Betruges zugeeignet. Für die Strafbarkeit des G ist entscheidend, ob überhaupt eine Haupttat des T vorliegt.

1110 Nach Rechtsprechung und Teilen der Literatur soll eine erneute Zueignung der Sache schon **nicht tatbestandsmäßig** sein, wenn der Täter sich bereits strafbaren Eigenbesitz an der Sache verschafft hat[1900]. Dafür wird der Wortsinn der Zueignung angeführt, der von einer Herstellung der Herrschaftsmacht über die Sache ausgeht, nicht dagegen von einer bloßen Ausnutzung einer einmal begründeten Herrschaftsposition. Auch würden ansonsten die Verjährungsregelungen ausgehebelt, da jede erneute Betätigung des Zueignungswillens zu einem neuen Delikt nach § 246 und daher zum Lauf einer neuen Frist führen würde. Die h. L. bejaht den Tatbestand, nimmt aber hinsichtlich der erneuten Zueignung auf **Konkurrenzebene eine mitbestrafte Nachtat** an[1901]. Sie möchte vor allem Strafbarkeitslücken bei Teilnehmern, die – wie im vorgenannten Beispiel – an der Zweitzueignung beteiligt sind, verhindern. Allerdings muss man sehen, dass diese Lücken durch §§ 257, 259 in weiten Teilen geschlossen werden können. Daneben wird als Begründung angeführt, dass auch eine bereits entzogene Sache gegen weitere Verletzungshandlungen geschützt werden müsse. Dafür spricht, dass es im Beispielsfall keinen Unterschied macht, ob der Täter sich die Sache erneut durch Verkauf an den Dritten selbst zueignet oder ein Dritter die Sache nunmehr unterschlägt. Auch ist zu beachten, dass § 246 als weiter Auffangtatbestand konstruiert ist und selbst dann einschlägig ist, wenn die andere Straftat mit der Zueignung zeitlich zusammenfällt; in diesem Fall tritt § 246 „nur" im Wege der Subsidiaritätsklausel zurück. Im vorgenannten Beispiel ist nach der Gegenposition schon der Tatbestand des § 246 Abs. 1 zu verneinen; eine Beihilfe des G scheidet demnach aus;

1898 S. näher u. Rn. 1117.
1899 S. u. Rn. 1375.
1900 BGHSt 14, 38 (43); *Lackner/Kühl*, § 246 Rn. 7; *Rengier*, BT 1, § 5 Rn. 51; zu weiteren Konstellationen, in denen sich die Konkurrenzlösung als vorzugswürdig erweist, *Eisele*, BT 2, Rn. 265 ff.
1901 *Duttge/Sotelsek*, Jura 2002, 526 (532 f.); *Mitsch*, BT 2, 2.2.1.4.5; *Schönke/Schröder/Bosch*, § 246 Rn. 19.

allerdings kommt eine Strafbarkeit nach § 257 wegen Begünstigung in Betracht. Nach der vorzugswürdigen Lösung ist der Tatbestand des § 246 Abs. 1 verwirklicht, tritt allerdings hinter § 263 zurück; G macht sich nach §§ 246 Abs. 1, 27 strafbar[1902].

c) Rechtswidrigkeit. Die Zueignung muss ferner objektiv rechtswidrig sein, andernfalls liegt bereits der Tatbestand nicht vor. Dies ist vor allem dann nicht der Fall, wenn der Täter einen einredefreien und fälligen Anspruch auf die Sache besitzt oder der Eigentümer in die Zueignung einwilligt. Behält der Verbraucher von einem Unternehmer unaufgefordert zugesandte Ware, so ist die Zueignung – um Wertungswidersprüche mit der zivilrechtlichen Rechtslage zu vermeiden – wegen § 241a BGB nicht rechtswidrig[1903].

3. Subjektiver Tatbestand

Der **Vorsatz** muss auf eine Selbst- oder Drittzueignung der Sache sowie darauf gerichtet sein, dass die Zueignung rechtswidrig ist.

a) Hinsichtlich der **Enteignungskomponente** genügt es wie bei § 242, dass der Täter Eventualvorsatz hinsichtlich einer dauernden Enteignung des Eigentümers besitzt. Die bloße Gebrauchsanmaßung ist daher nicht strafbar. Abweichend von § 242 bedarf es hinsichtlich der vorübergehenden **Aneignung** keiner Absicht; vielmehr genügt es, dass der Täter diese billigend in Kauf nimmt[1904].

> **Bsp.:**[1905] T wird von D gebeten, ihr seinen Regenschirm zu überlassen. T ist nicht ganz sicher, ob der Schirm ihm oder seinem Mitbewohner O gehört. Obwohl er auch letzteres für möglich hält und sich damit abfindet, schenkt er ihn der D. Tatsächlich ist es der Schirm des O. – Im objektiven Tatbestand manifestiert sich die Selbstzueignung einer fremden beweglichen Sache, indem T als Schenker auftritt. Eine dauernde Enteignung des O nahm T billigend in Kauf; hinsichtlich einer vorübergehenden Aneignung besaß er ebenfalls keine Absicht, jedoch genügt auch hier Eventualvorsatz.

b) Zumindest **Eventualvorsatz** ist auch hinsichtlich der Rechtswidrigkeit der Zueignung erforderlich. Geht der Täter irrig von einem fälligen und einredefreien Anspruch auf die Sache aus, entfällt gemäß § 16 Abs. 1 Satz 1 der Vorsatz[1906].

4. Qualifikation des § 246 Abs. 2

a) Anvertrauen. Eine Sache ist anvertraut, wenn **die Hingabe oder das Belassen** der Sache mit der Maßgabe erfolgt, dass der Täter die Gewalt

---

1902 Zur Abgrenzung von § 257 in diesem Fall s. u. Rn. 1615 ff.
1903 *Haft/Eisele*, Meurer-GS, 2002, S. 245 (257 ff.).
1904 *Fischer*, § 246 Rn. 20; *Lackner/Kühl*, § 246 Rn. 9.
1905 Vgl. auch *Rengier*, BT 1, § 5 Rn. 18.
1906 Vgl. näher o. Rn. 968.

über die Sache nur im Interesse oder nach Weisung des Eigentümers ausüben oder sie dem Eigentümer zurückgeben soll[1907]. Erforderlich ist folglich ein unmittelbares oder mittelbares Besitzverhältnis, das bereits zum Tatzeitpunkt besteht[1908]. Beispiele sind vermietete, geliehene, unter Eigentumsvorbehalt verkaufte, zur Sicherung übereignete, zur Verwahrung oder zum Transport übergebene Gegenstände. Das Anvertrauen ist ein besonderes persönliches Merkmal i. S. d. § 28 Abs. 2, das nur für denjenigen Beteiligten strafschärfend wirkt, dem die Sache anvertraut wurde[1909].

1116 **b) Rechts- und sittenwidriges Überlassen.** Auch eine rechts- oder sittenwidrig erlangte Sache ist grundsätzlich anvertraut, weil es auch in solchen Verhältnissen keinen Grund gibt, auf strafrechtlichen Schutz zu verzichten[1910]. Daher verwirklicht auch derjenige Absatz 2, der Geld unterschlägt, mit dem er Betäubungsmittel für einen Dritten erwerben soll, sofern das Geld dem Dritten gehört, der es ihm anvertraut hat. Zu verneinen ist ein Anvertrauen i. S. d. Absatzes 2 hingegen, wenn das Überlassen der Sache an den Täter den Interessen des wahren Berechtigten zuwiderläuft[1911]. In diesem Fall ist der Eigentümer durch die Verletzung des Anvertrauensverhältnisses, an dem er nicht beteiligt ist, nicht berührt[1912].

> **Bsp.:** T soll eine Sache für den Dieb D verwahren, die dieser bei O gestohlen hat. Er veräußert diese aber. – Es liegt nur ein Fall des § 246 Abs. 1 vor; die Sache ist nicht anvertraut, da das Überlassen von D an T den Eigentümerinteressen des O widerspricht.

5. Konkurrenzen

1117 **a) Subsidiaritätsklausel des § 246 Abs. 1 a. E.** Formelle Subsidiarität liegt nur vor, wenn die Unterschlagung und die andere Straftat durch eine Handlung i. S. d. § 52 Abs. 1 begangen wurden[1913]. Entscheidend ist demnach der materiell-rechtliche und nicht der prozessuale Tatbegriff[1914]. Der typische Fall ist, dass neben § 242 auch § 246 verwirklicht ist. Daher löst die Subsidiaritätsklausel nicht die Fälle der wiederholten Zueignung[1915].

1118 **aa)** Voraussetzung ist stets, dass das verdrängende Delikt mit schwererer Strafe bedroht sein muss. Der BGH wendet die Subsidiaritätsklausel auf alle Delikte an, so dass selbst ein Totschlag die Unterschlagung verdrängen

---

1907 *Fischer*, § 246 Rn. 16; *Krey/Hellmann/Heinrich*, BT 2, Rn. 237.
1908 A/W/H/H-*Heinrich*, § 15 Rn. 35; *Wessels/Hillenkamp/Schuhr*, BT 2, Rn. 321.
1909 NK-*Kindhäuser*, § 246 Rn. 42; *Schönke/Schröder/Bosch*, § 246 Rn. 29.
1910 BGH NJW 1954, 889; LK-*Vogel*, § 246 Rn. 64; a. A. *Schönke/Schröder/Bosch*, § 246 Rn. 30 m. w. N.
1911 RGSt 40, 222 (223); *Küper/Zopfs*, BT, Rn. 46; LK-*Vogel*, § 246 Rn. 64.
1912 *Mitsch*, BT 2, 2.3.2.2; *Wessels/Hillenkamp/Schuhr*, BT 2, Rn. 322.
1913 *Murmann*, NStZ 1999, 14 (16); NK-*Kindhäuser*, § 246 Rn. 45.
1914 Anders aber BGHSt 47, 243 f.
1915 S. o. Rn. 1109 f.

soll[1916]. Dem ist jedoch zu widersprechen, weil § 246 lediglich ein **subsidiärer Auffangtatbestand im Bereich der Eigentums- und Vermögensdelikte** ist[1917].

bb) Die Subsidiaritätsklausel gilt auch für die **Qualifikation des Absatzes 2**, da dieser auf Absatz 1 Bezug nimmt[1918]. Aufgrund des erhöhten Strafrahmens, der denjenigen der § 242 und § 263 entspricht, ist ihr Anwendungsbereich hier aber stark eingeschränkt. Soweit die Subsidiaritätsklausel nicht greift, sind die Konkurrenzen nach allgemeinen Regeln zu lösen.

b) Konkurrenzen außerhalb der Subsidiaritätsklausel. Zwischen den häufiger zusammentreffenden § 246 Abs. 2 und § 266 Abs. 1 besteht keine formelle Subsidiarität, da beide Delikte denselben Strafrahmen haben. Strittig ist jedoch, ob § 246 aufgrund der allgemeinen Konkurrenzregeln hinter § 266 zurücktritt. Dagegen – und für Annahme von Tateinheit – wird angeführt, dass § 266 ein reines Schädigungsdelikt ist, während bei § 246 die Zueignung im Vordergrund steht. Für ein Zurücktreten spricht jedoch nicht nur die Konzeption des § 246 als Auffangtatbestand, sondern auch, dass die Untreue wie die Unterschlagung zumeist eigennützig begangen wird und der weite Strafrahmen des § 266 ausreichend Raum für die Bewertung der Zueignung bietet[1919].

> **Einführende Aufsätze:**
> *Börner*, Zum Stand der Zueignungsdogmatik in den §§ 242, 246 StGB, Jura 2005, 389; *Duttge/Sotelsek*, Die vier Probleme bei der Auslegung des § 246 StGB, Jura 2002, 526 (Erläuterungen zu dem Zueignungsbegriff, der Drittzueignung, der Zweitzueignung und der Subsidiaritätsklausel); *Fahl*, Das schwierige Verhältnis von § 246 StGB zu § 242 StGB, Jura 2014, 382; *Kudlich/Koch*, Die Unterschlagung (§ 246 StGB) in der Fallbearbeitung, JA 2017, 184.
>
> **Übungsfälle:**
> *Bergmann*, Schirm, Schein und Melone, ZJS 2016, 73 (Unterschlagung verlorener Sachen, Zueignungsvorsatz); *Morgenstern*, Immer auf die Kleinen, Jura 2002, 568 (Darstellung des Problems des Tankens ohne zu bezahlen); *Noak/Sengbusch*, Probleme mit den Pferdestärken, Jura 2005, 494 (Einzelfragen der strafrechtlichen Zueignung).
>
> **Rechtsprechung:**
> **BGHSt 9, 90** – Mietwagen (Zum Begriff des „Anvertrauens"); **BGHSt 9, 348** – Kassenfehlbetrag (Ausgleich von Fehlbeständen mit eigenen Mitteln);

1916 BGHSt 47, 243 (244 f.); zust. *Heghmanns*, JuS 2003, 954 (958).
1917 *Cantzler/Zauner*, Jura 2003, 484 f.; näher *Eisele*, BT 2, Rn. 276.
1918 BGH NStZ 2012, 628; *Fischer*, § 246 Rn. 23.
1919 Vgl. A/W/H/*H-Heinrich*, § 22 Rn. 88.

> **BGHSt 14, 38** – Inkasso (Wiederholbarkeit der Zueignung); **BGHSt 16, 280** – Möbel (Veruntreuende Unterschlagung nach Betrug); **BGHSt 24, 115** – Kassenfehlbetrag (Zueignungswille, wenn Kassenfehlbestände erst nach einiger Zeit ausgeglichen werden sollen); **BGHSt 34, 309** – Bagger (Weiterbenutzung von Sicherungsgut); **BGHSt 47, 243** – Totschlag (Anwendungsbereich der Subsidiaritätsklausel).

VII. Unbefugter Gebrauch eines Fahrzeugs, § 248b

1. Systematik und geschütztes Rechtsgut

1121 § 248b ist ein delictum sui generis. Es bestraft die nach § 242 straflose Gebrauchsanmaßung (furtum usus) und schließt so Strafbarkeitslücken. Geschütztes Rechtsgut ist nicht das Eigentum, sondern das **Gebrauchsrecht**[1920]. Daher ist z. B. auch derjenige Eigentümer geschützt, der ein Kfz nur unter Eigentumsvorbehalt erworben hat, wenn ein Dritter dieses in Gebrauch nimmt. Selbst der Eigentümer kann sich strafbar machen, wenn das Fahrzeug entgegen dem Willen des Berechtigten in Gebrauch genommen wird[1921]. Es handelt sich im Übrigen um kein eigenhändiges Delikt, so dass auch Mittäterschaft eines Beteiligten möglich ist, der nicht selbst das Fahrzeug steuert. Der Versuch ist nach Absatz 2 strafbar.

1122 > **Prüfungsschema**
>
> 1. **Tatbestand**
>   a) Objektiver Tatbestand
>   aa) Kraftfahrzeug (Legaldefinition in Absatz 4) oder Fahrrad
>   bb) Ingebrauchnahme
>   cc) Gegen den Willen des Berechtigten
>   b) Subjektiver Tatbestand
> 2. **Rechtswidrigkeit**
> 3. **Schuld**
> 4. **Strafantrag, § 248b Abs. 3**

2. Objektiver Tatbestand

1123 Das Tatobjekt **Kraftfahrzeug** ist in § 248b Abs. 4 legaldefiniert. Erfasst werden vor allem Autos, Lkw, Motorräder, Motorflugzeuge und Motorboote. Ein Fahrrad ist grundsätzlich das Zweirad, es werden aber auch andere Varianten, wie ein Dreirad erfasst. Schienenfahrzeuge (wie Straßenbahn, Bahn) sind ausgenommen.

[1920] BGHSt 11, 44 (45 f.); LK-*Vogel*, § 248b Rn. 2; NK-*Kindhäuser*, § 248b Rn. 1; a. A. *Schönke/Schröder/Bosch*, § 248b Rn. 1.
[1921] A/W/H/H-*Heinrich*, § 13 Rn. 141.

a) **Ingebrauchnahme.** Diese erfordert, dass das Fahrzeug bestimmungsgemäß zum Zweck der Fortbewegung genutzt wird, wobei dies auch ohne Motorkraft geschehen kann (z. B. Bergabrollen im Leerlauf). Das bloße Anlassen des Motors ohne Bewegung genügt nicht, ebenso wenig die Nutzung als Schlafstätte[1922]. Auch das Wegtragen eines Fahrrades erfüllt die Anforderungen nicht[1923]. **1124**

b) **Handeln gegen den Willen des Berechtigten.** Ein solches ist gegeben, wenn ein erkennbar oder mutmaßlich entgegengesetzter Wille vorliegt[1924]. **1125**

aa) **Berechtigter** ist, wem das Recht zur Verfügung über den Gebrauch des Fahrzeugs als Fortbewegungsmittel zusteht; auf die Eigentumsverhältnisse kommt es nicht an. **1126**

bb) Ein **Einverständnis** des Berechtigten schließt bereits den Tatbestand aus. Eine mutmaßliche Einwilligung lässt hingegen nur die Rechtswidrigkeit entfallen[1925]. Unter den Voraussetzungen der mutmaßlichen Einwilligung kann daher die Fahrt zum Berechtigten zur Rückgabe des Fahrzeugs gerechtfertigt sein[1926]. Bei Nutzung eines fremden Fahrzeugs in Notfällen ist an eine Rechtfertigung nach § 904 BGB zu denken. **1127**

Der Tatbestand ist richtigerweise auch verwirklicht, wenn ein bestehendes Gebrauchsrecht erlischt und die Sache dennoch weitergenutzt wird[1927]. Dies ergibt sich aus dem Schutzgut, das gerade im Gebrauchsrecht zu sehen ist und welches nach Erlöschen der Berechtigung beeinträchtigt wird. Zu denken ist hier an eine Weiternutzung nach Ablauf der Leihe, des Mietverhältnisses oder nach Ende einer Dienst- oder Probefahrt. **1128**

> **Bsp.:** T leiht sich für zwei Stunden einen Wagen; er gibt diesen jedoch nicht zurück, sondern nutzt diesen noch einen ganzen Monat.

3. Subjektiver Tatbestand

Ausreichend ist Eventualvorsatz. Geht der Täter irrig von einem Einverständnis des Berechtigten aus, so entfällt der Vorsatz aufgrund eines Tatbestandsirrtums gemäß § 16 Abs. 1 Satz 1. **1129**

4. Konkurrenzen

§ 248b ist gegenüber anderen Delikten mit gleicher oder ähnlicher Schutzrichtung, vor allem §§ 242, 246, **formell subsidiär**. Dies gilt allerdings nicht hinsichtlich des verbrauchten Benzins; insoweit tritt § 242 im Wege der Kon- **1130**

1922 BGHSt 59, 260 m. krit. Anm. *Mitsch,* NZV 2015, 423.
1923 BayObLG JR 1992, 346 f.; *Mitsch,* BT 2, 4.1.2.1.3.
1924 *Ludwig/Lange,* JuS 2000, 446 (449); *Rengier,* BT 1, § 6 Rn. 4.
1925 *Mitsch,* BT 2, 4.1.2.1.5; bereits für tatbestandsausschließende Wirkung *Lackner/Kühl,* § 248b Rn. 3.
1926 Vgl. OLG Düsseldorf NStZ 1985, 413; BGHSt 59, 260 (62).
1927 BGHSt 11, 47 (50); 59, 260; OLG Schleswig NStZ 1990, 340 (340 f.); LK-*Vogel,* § 248b Rn. 5.

sumtion hinter § 248b nach allgemeinen Konkurrenzregeln zurück, weil ansonsten § 248b weitgehend seine Bedeutung verlieren würde[1928].

Einführende Aufsätze:
Bock, Unbefugter Gebrauch eines Fahrzeugs, § 248b StGB, JA 2016, 342 (Erläuterung der einzelnen Tatbestandsmerkmale und möglicher Probleme).

Übungsfälle:
Samson, Der entführte Jaguar, JuS 2003, 263 (Wegnahme eines PKW, um ihn dem Eigentümer gegen Zahlung eines Geldbetrags wieder zurückzugeben).

Rechtsprechung:
BGHSt 11, 47 – Paul (unbefugte Weiterbenutzung); **BGHSt 59, 260** – Mietwagen (Ingebrauchnahme zur Rückgabe des Fahrzeugs).

VIII. Entziehung elektrischer Energie, § 248c

1. Systematik und geschütztes Rechtsgut

1131 § 248c ist ein **eigenständiges Delikt**. Der Tatbestand schließt Lücken bei §§ 242, 246, da elektrische Energie keine Sache ist[1929]. Der Versuch ist nach Absatz 2 strafbar. Die Antragserfordernisse der §§ 247 und 248a gelten nach Absatz 3 entsprechend.

1132 Prüfungsschema
1. Tatbestand
   a) Objektiver Tatbestand
      aa) Elektrische Anlage oder Einrichtung
      bb) Entziehung fremder elektrischer Energie
      cc) Mittels eines Leiters, der zur ordnungsmäßigen Entnahme nicht bestimmt ist
   b) Subjektiver Tatbestand
      aa) Vorsatz
      bb) Absicht, die elektrische Energie sich oder einem Dritten rechtswidrig zuzueignen *oder*
      cc) Absicht, einem anderen rechtswidrig Schaden zuzufügen, § 248c Abs. 4 (geringerer Strafrahmen)
2. Rechtswidrigkeit
3. Schuld
4. Strafantrag, § 248c Abs. 3 i. V. m. §§ 247, 248a

1928 BGHSt 14, 386 (388); BGH GA 1960, 182 f.; s. schon o. Rn. 948.
1929 S. o. Rn. 906.

2. Objektiver Tatbestand

1133 Erforderlich ist, dass einer elektrischen Anlage oder Einrichtung mittels eines Leiters, der zur ordnungsmäßigen Entnahme nicht bestimmt ist, fremde elektrische Energie entzogen wird.

1134 Unter **Anlage oder Einrichtung** ist ein technisches Gerät zur Erzeugung, Speicherung oder Verbreitung von elektrischer Energie zu verstehen[1930]. **Fremd** ist die Energie, wenn der Täter keine Befugnis zur Entziehung besitzt[1931]. **Entziehen** ist die Entnahme von Energie verbunden mit einer Minderung des Energievorrates[1932]. Die Entziehung muss mittels eines Leiters erfolgen, der **nicht zur ordnungsmäßigen Entnahme von Energie bestimmt ist**. Andernfalls liegt ein tatbestandsausschließendes Einverständnis vor[1933].

> **Bsp.:** Der Angestellte T schließt im Büro eigenmächtig eine Kaffeemaschine an, obwohl dies nicht erlaubt ist. – § 248c ist verwirklicht.

1135 Die unbefugte Benutzung eines **ordnungsgemäßen Leiters** wird hingegen nicht erfasst.

> **Bsp.:** Der Angestellte T benutzt eine eingesteckte Kaffeemaschine im Büro, obwohl diese nur für den Gebrauch des Chefs bestimmt ist.

3. Subjektiver Tatbestand

1136 Erforderlich ist zumindest dolus eventualis sowie die Absicht, die elektrische Energie sich oder einem Dritten rechtswidrig zuzueignen. Die Zueignungsabsicht ist zu bejahen, wenn der Täter den Strom für sich verbrauchen oder einem Dritten den Verbrauch des Stroms ermöglichen möchte. § 248c Abs. 4 enthält einen geringeren Strafrahmen für den Fall, dass der Täter nur die Absicht hat, einem anderen rechtswidrig Schaden zuzufügen.

Einführende Aufsätze:
Bock, Entziehung elektrischer Energie, § 248c StGB, JA 2016, 502 (Erläuterung der einzelnen Tatbestandsmerkmale und möglicher Probleme anhand kurzer Fallbeispiele).

Rechtsprechung:
OLG Celle MDR 1969, 597 – gesperrter Anschluss (fremde Energie).

[1930] Vgl. BGHSt 31, 1 f.; NK-*Kindhäuser*, § 248c Rn. 3.
[1931] *Fischer*, § 248c Rn. 2; OLG Celle MDR 1969, 597.
[1932] NK-*Kindhäuser*, § 248c Rn. 4; *Schönke/Schröder/Bosch*, § 248c Rn. 6 ff.
[1933] *Mitsch*, BT 2, 4.2.2.1.5; *Wessels/Hillenkamp/Schuhr*, BT 2, Rn. 445.

IX. Strafantragserfordernisse
1. Strafantrag gemäß § 248a

1137 Hält die Strafverfolgungsbehörde nicht wegen des besonderen öffentlichen Interesses ein Einschreiten von Amts wegen für geboten, so ist ein Strafantrag gemäß § 248a erforderlich, wenn die Tat eine **geringwertige Sache** zum Gegenstand gehabt hat. Entscheidend ist diesbezüglich der objektive Verkehrswert zur Zeit der Tat[1934], wobei die Grenze häufig bei ca. 25 bis 30 € gezogen wird[1935]; angesichts der Preissteigerungen spricht jedoch mehr für eine Grenze von 50 €[1936]. Etwaige Irrtümer des Täters sind irrelevant, da das Antragserfordernis die strafprozessuale Verfolgbarkeit betrifft. Bei Gegenständen die – wie Quittungen, Rechnungen, Strafverfolgungsakten und Zahlungskarten – keinen messbaren Verkehrswert haben, ist nach h. M. ein Strafantrag nicht erforderlich[1937]. Das Strafantragserfordernis gilt nur für § 242 (nicht aber §§ 243, 244, 244a) sowie für § 246 Abs. 1 und 2[1938].

> **Beachte:** §§ 248c Abs. 3, 259 Abs. 2, 263 Abs. 4, 263a Abs. 2, 265a Abs. 3, 266 Abs. 2 und 266b Abs. 2 verweisen auf diese Vorschrift.

2. Strafantrag gemäß § 247

1138 Ein Strafantrag ist ferner beim Haus- und Familiendiebstahl erforderlich, wenn der Verletzte ein Angehöriger (§ 11 Abs. 1 Nr. 1), Vormund (§§ 1773 ff. BGB) oder Betreuer (§§ 1896 ff. BGB) des Täters ist oder der Verletzte mit dem Täter zum Zeitpunkt der Tat in häuslicher Gemeinschaft lebt; das letztgenannte Merkmal liegt bei einem freiwilligen Zusammenwohnen für eine gewisse Dauer vor. Beispiele sind das Wohnen in einer Lebensgemeinschaft, in einem Pflegeheim oder einem Internat, mangels Freiwilligkeit nicht aber in einer Justizvollzugsanstalt oder einer Kaserne.

[1934] *Fischer*, § 248a Rn. 3; *Schönke/Schröder/Bosch*, § 248a Rn. 7.
[1935] OLG Oldenburg NStZ-RR 2005, 111; *Fischer*, § 248a Rn. 3a.
[1936] OLG Zweibrücken NStZ 2000, 536; OLG Hamm NJW 2003, 3145; *Kindhäuser/Böse*, BT 2, § 7 Rn. 11; *Schönke/Schröder/Bosch*, § 248a Rn. 10; *Wessels/Hillenkamp/Schuhr*, BT 2, Rn. 339.
[1937] BayObLG JR 1980, 299; *Wessels/Hillenkamp/Schuhr*, BT 2, Rn. 339.
[1938] Näher *Kudlich/Noltensmeier/Schur*, JA 2010, 341 (344 f.).

Teil 14: **Raub**

I. Raub, § 249

1. Geschütztes Rechtsgut und Systematik

1139 Der Raub ist ein aus Diebstahl und qualifizierter Nötigung zusammengesetztes Eigentumsdelikt[1939], bei dem der Täter das Opfer nötigt, die Wegnahme zu dulden. Geschütztes Rechtsgut des § 249 ist daher zum einen das **Eigentum**, zum anderen aber auch die **freie Willensbildung und Willensbetätigung**[1940]. Ebenso wenig geschützt wie bei § 242 ist hingegen der Gewahrsam[1941]. Der Tatbestand erschöpft sich jedoch nicht in einer bloßen „Addition" von Diebstahl (§ 242) und Nötigung (§ 240). Der Grund des erhöhten Strafmaßes des Verbrechenstatbestandes (§ 12 Abs. 1) liegt darin, dass die Anforderungen an das Nötigungsmittel im Vergleich zur Nötigung gesteigert sind (qualifizierte Nötigung) und der Einsatz des Nötigungsmittels im Wege eines Finalzusammenhangs gerade die Wegnahme ermöglichen muss[1942].

1140 § 249 stellt ein **eigenständiges Delikt** dar und ist daher keine Qualifikation zu § 242 und § 240[1943]. Daher ist in der Fallbearbeitung die Prüfung sogleich mit § 249 zu beginnen, wenn ein Raub in Betracht kommt. Bei Bejahung einer Strafbarkeit wegen vollendeten Raubes müssen §§ 242 ff. und § 240 regelmäßig nicht mehr angesprochen werden. Eine Ausnahme gilt für die Qualifikation des § 244 Abs. 1 Nr. 3, Abs. 4, weil diese in § 250 beim Raub keine Entsprechung findet und daher teilweise Tateinheit angenommen wird[1944]. § 250 enthält Qualifikationen zu § 249, die Ähnlichkeiten mit den §§ 244, 244a aufweisen. Für Fälle, in denen der Täter zumindest leichtfertig den Tod des Opfers herbeiführt, normiert § 251 eine Erfolgsqualifikation i. S. d. § 18. Streitig diskutiert wird das Verhältnis des § 249 zur räuberischen Erpressung nach §§ 253, 255[1945]. Zudem ist der Raub vom räuberischen Diebstahl abzugrenzen. Wäh-

---

1939 *Schönke/Schröder/Bosch*, § 249 Rn. 1; *Wessels/Hillenkamp/Schuhr*, BT 2, Rn. 344 f.
1940 *Jäger*, BT, Rn. 281; *Schönke/Schröder/Bosch*, § 249 Rn. 1.
1941 S. o. Rn. 899.
1942 MünchKomm-*Sander*, § 249 Rn. 1; *Rengier*, BT 1, § 7 Rn. 3.
1943 BGH NJW 1968, 1292; *Schönke/Schröder/Bosch*, § 249 Rn. 1.
1944 S. u. Rn. 1177.
1945 S. näher u. Rn. 1470 ff.

rend beim Raub das Nötigungsmittel zur Vollendung der Wegnahme eingesetzt werden muss, setzt der räuberische Diebstahl den Einsatz des Nötigungsmittels in der Phase zwischen Vollendung und Beendigung des Diebstahls mit Besitzerhaltungsabsicht voraus[1946].

> **Hinweis**
>
> Im Zusammenhang mit § 249 sind in Prüfungsarbeiten auch § 239a (Erpresserischer Menschenraub), § 239b (Geiselnahme) und § 316a (Räuberischer Angriff auf Kraftfahrer) zu beachten.

1141 **Prüfungsschema**
> **1. Tatbestand**
>   a. Objektiver Tatbestand
>   aa. Fremde bewegliche Sache
>   bb. Wegnahme: Abgrenzung zu §§ 253, 255
>   cc. Gewalt gegen eine Person oder Drohung mit gegenwärtiger Gefahr für Leib oder Leben (qualifizierte Nötigung als Raubmittel)
>   dd. Räumlich-zeitlicher Zusammenhang zwischen Wegnahme und Raubmittel
>   ee. Finalzusammenhang zwischen Wegnahme und Raubmittel
>   b. Subjektiver Tatbestand
>   aa. Vorsatz
>   bb. (Dritt-)Zueignungsabsicht
>   (1) Zumindest dolus eventualis bzgl. einer dauerhaften Enteignung
>   (2) Dolus directus 1. Grades bzgl. einer zumindest vorübergehenden Aneignung
>   c. Objektive Rechtswidrigkeit der erstrebten Zueignung und Vorsatz (zumindest dolus eventualis) diesbezüglich
> **2. Rechtswidrigkeit**
> **3. Schuld**

2. Objektiver Tatbestand

1142 Erforderlich ist zunächst – nicht anders als bei § 242 – die **Wegnahme einer fremden beweglichen Sache**, wobei diese hier **durch ein qualifiziertes Nötigungsmittel** bewirkt werden muss. Gelingt die Wegnahme trotz vollendetem Nötigungsmittel nicht, so kommt lediglich eine **Versuchsstrafbarkeit** in Betracht.

1143 a) **Wegnahme einer fremden beweglichen Sache.** Bei dieser Prüfung kann sich die im Einzelfall sehr streitige Frage der Abgrenzung zur räuberi-

---

1946 Dazu u. Rn. 1232.

schen Erpressung stellen. Diese Problematik wird ausführlich im Zusammenhang mit den §§ 253, 255 behandelt[1947]. Im Übrigen lassen sich die bei § 242 dargestellten Grundsätze übertragen[1948]. Da auch § 249 eine **fremde Sache** als Tatobjekt voraussetzt, scheidet § 249 bei der Wegnahme einer eigenen Sache aus. Ggf. kommen aber Vermögensdelikte in Betracht.

> **Bsp.:** T hat seinem Gläubiger O zur Sicherung einer Darlehensforderung einen wertvollen Ring nach §§ 1204, 1205 BGB verpfändet. Da er den Ring zurückhaben will, schlägt er auf O ein, bis dieser den Ring herausgibt. – § 249 ist zu verneinen, da T keine fremde Sache weggenommen hat. Jedoch liegen ggf. §§ 253, 255 und § 289 vor.

b) Qualifiziertes Nötigungsmittel. Die Wegnahme muss unter Einsatz von Gewalt gegen eine Person oder unter Anwendung von Drohungen mit gegenwärtiger Gefahr für Leib und Leben erfolgen. Daraus folgt, dass das Nötigungsmittel zwischen Versuch und Vollendung der Wegnahme eingesetzt werden muss. Bei einer Ausübung nach vollendeter Wegnahme kommt § 252 in Betracht, sofern der Täter mit Besitzerhaltungsabsicht handelt; ansonsten verbleiben § 223 und § 240. Im Übrigen lassen sich im Hinblick auf die Nötigungsmittel die von § 240 bekannten Grundsätze weitgehend übertragen[1949]. Allerdings stellt § 249 insoweit höhere Anforderungen, als hier nur **Gewalt gegen eine Person** und **Drohung mit gegenwärtiger Gefahr für Leib oder Leben** ausreichen. **1144**

aa) Gewalt ist der durch Anwendung von (auch nur geringer) körperlicher Kraft verursachte körperlich wirkende Zwang gegen eine Person, der dazu bestimmt ist, geleisteten oder erwarteten Widerstand zu verhindern oder zu überwinden[1950]. Erfasst werden – ebenso wie im Rahmen des § 240 – vis absoluta und vis compulsiva. Typische Fälle sind neben unmittelbarer körperlicher Gewalt etwa das Fesseln oder Festhalten des Opfers, das Verwenden eines Sprays oder das Einflößen von Betäubungsmitteln, um das Opfer auszuschalten. **1145**

(1) Nicht ausreichend ist – im Gegensatz zu § 240 – die Ausübung von **Gewalt gegen Sachen**[1951], da es hier an der vom Tatbestand vorausgesetzten Personenbezogenheit fehlt. Gleiches gilt für rein psychische Einwirkungen, die lediglich Furcht, Erregung usw. hervorrufen[1952]. **1146**

> **Bsp.:** T wirft das Fahrrad des sich auf dem Volksfest befindlichen O in einen nahe liegenden Tümpel, damit dieser erst später nach Hause kommt und er in Ruhe aus dessen Wohnung Wertgegenstände entwen-

---

1947 Dazu u. Rn. 1470.
1948 S. o. Rn. 908 ff.
1949 *Eisele*, BT 1, Rn. 452 ff.
1950 *Rengier*, BT 1, § 7 Rn. 8; *Wessels/Hillenkamp/Schuhr*, BT 2, Rn. 347.
1951 *A/W/H-Heinrich*, § 17 Rn. 6; *Wessels/Hillenkamp/Schuhr*, BT 2, Rn. 349.
1952 *Geilen*, Jura 1979, 109; *Krey/Hellmann/Heinrich*, BT 2, Rn. 263.

den kann. – T verwirklicht §§ 242, 244 Abs. 1 Nr. 3, mangels Gewalt gegen eine Person aber nicht § 249; daneben kommt § 303 in Betracht. Ebenso würde das bloße Aufbrechen der Wohnungstür zu Diebstahlszwecken nicht genügen.

1147 Gewalt ist aber zu bejahen, wenn der Täter das Opfer durch Abschließen der Tür einsperrt[1953], weil die Sachgewalt mittelbar auch körperlichen Zwang auf die Person entfaltet. Anders ist dagegen zu entscheiden, wenn sich der Täter selbst in einen Raum einsperrt, damit eingriffsbereite Personen lediglich die Vollendung der Wegnahme nicht verhindern können[1954].

1148 (2) Im Übrigen ist nach h. M. **kein allzu großer Kraftaufwand** notwendig, wenn eine nicht nur unerhebliche Zwangswirkung beim Opfer gegeben ist[1955]. Es soll daher bereits das einfache Wegschieben der die Gesäßtasche schützenden Hand eines Sterbenden genügen[1956]. Dem wird man allerdings nur zustimmen können, wenn damit nennenswerter geleisteter oder erwarteter Widerstand überwunden werden soll[1957]. Unter dieser Voraussetzung kann auch das kurzfristige Besprühen des Gesichtes mit einem Deo-Spray genügen, um die dadurch beim Opfer bewirkte Reizung der Augen mit der einhergehenden Unaufmerksamkeit zur Wegnahme auszunutzen[1958].

1149 (3) Die entfaltete Kraft muss den Wegnahmeakt als **widerstandsbrechendes Mittel** prägen, da für den Begriff der Gewalt ein Handeln zur Überwindung eines geleisteten oder erwarteten Widerstandes erforderlich ist. Nutzt der Täter lediglich das Überraschungsmoment durch List, Geschicklichkeit oder Schnelligkeit aus, so kommt nur ein Diebstahl in Betracht[1959].

> **Bsp.:** T entreißt der O ihre fest umklammerte Handtasche, so dass O stürzt. – Hier liegt Gewalt und damit ein Raub vor[1960]. Anders wäre dagegen zu entscheiden, wenn der Täter die lose umhängende Handtasche blitzschnell beim Vorbeifahren auf dem Motorrad von der Schulter der O streift. Dann sind Schnelligkeit und Geschicklichkeit tatprägend, so dass T erst gar nicht mit Widerstand zu rechnen braucht. In diesem Fall kommt nur § 242 in Betracht. Entsprechend differenziert sind auch die Fälle des Abreißens einer Halskette oder Uhr zu betrachten[1961].

1953 BGHSt 20, 194 (195); *Rengier*, BT 1, § 7 Rn. 9.
1954 *Rengier*, BT 1, § 7 Rn. 10.
1955 BGHSt 4, 210; 23, 126 (127); NK-*Kindhäuser*, Vorbem. § 249 Rn. 11.
1956 BGHSt 16, 341 (342).
1957 *Rengier*, BT 1, § 7 Rn. 15; *Schönke/Schröder/Bosch*, § 249 Rn. 4.
1958 BGH NStZ 2003, 89; *Fischer*, § 249 Rn. 4a; a. A. *Wessels/Hillenkamp/Schuhr*, BT 2, Rn. 348. Zu § 250 in diesem Fall s. u. Rn. 1180.
1959 BGH StV 1990, 205 (206) und (262); *Fischer*, § 249 Rn. 4b.
1960 Vgl. auch BGH NJW 1955, 1238; *Schönke/Schröder/Bosch*, § 249 Rn. 4a.
1961 Für Gewalt in diesen Fällen OLG Hamm MDR 1975, 772; dagegen *Maurach/Schroeder/Maiwald/Hoyer/Momsen*, BT 1, § 35 Rn. 16.

1150 Gewalt ist (nur) unter dieser Voraussetzung auch gegenüber **Bewusstlosen, Schlafenden oder Betrunkenen** ausreichend[1962]. Auch das räumliche Verbringen an einen anderen Ort ist als Gewalt anzusehen, wenn der Täter dadurch vermeiden will, dass dem Opfer Hilfe geleistet wird; in diesem Fall soll nämlich Widerstand gerade verhindert werden[1963]. Anders wäre aber zu entscheiden, wenn der Täter das betrunkene Opfer nur deshalb in einen Hauseingang trägt, um es dort – vor dem Platzregen geschützt – durchsuchen zu können.

1151 (4) **Gewalt kann auch gegen einen Dritten** ausgeübt werden, wenn der Täter damit erwarteten oder geleisteten Widerstand überwinden möchte. Dies setzt voraus, dass der Täter davon ausgeht, dass der Dritte den Gewahrsam schützen wird und zur Verteidigung bereit ist[1964]. Im Übrigen ist in solchen Fällen aber sorgfältig zu prüfen, ob die Drohungsvariante einschlägig ist[1965].

1152 (5) Letztlich kommt auch **Gewalt durch Unterlassen** in Betracht, wenn den Täter eine Garantenpflicht trifft. Dabei ist vor allem an Fälle zu denken, in denen ein Überwachungsgarant die Gewaltausübung durch einen Dritten nicht verhindert und dann selbst die Situation zur Wegnahme ausnutzt.

> **Bsp.:** Vater T verhindert nicht, dass sein dreizehnjähriger Sohn S auf Rentnerin O einschlägt. Vielmehr nutzt er die Gunst der Stunde und nimmt der R die Handtasche weg. – T macht sich nach §§ 249, 13 strafbar.

1153 bb) Eine **Drohung mit gegenwärtiger Gefahr für Leib oder Leben** liegt vor, wenn der Täter eine nicht unerhebliche Beeinträchtigung der körperlichen Integrität in Aussicht stellt, auf die er Einfluss hat oder dies zumindest vorgibt. Die Drohung bezieht sich damit auf ein künftiges Übel, während die gegenwärtige Übelszufügung über das Merkmal Gewalt erfasst wird. Das Vorhalten einer Waffe ist daher richtigerweise eine Drohung und keine Gewalt[1966]. Wird kein Übel angedroht, sondern nutzt der Täter nur die Angst des Opfers um sein Leben aus, so fehlt es an einer Drohung[1967]. Im Übrigen lassen sich auch hier die für § 240 entwickelten Grundsätze übertragen: Die Drohung ist von der straflosen Warnung abzugrenzen, bei der lediglich auf eine Folge hingewiesen wird, deren Eintreten nicht von dem Einfluss des Handelnden abhängig gemacht wird[1968]. Auf die **Ernstlichkeit der Drohung** und darauf, ob der Täter überhaupt in der Lage ist, das Übel herbeizuführen, kommt es nicht an. Der Drohung kann daher auch ein Element der Täuschung innewohnen. Daher ist auch die Drohung

---

1962 Vgl. BGHSt 4, 210; 20, 32; 25, 237; *Krey/Hellmann/Heinrich*, BT 2, Rn. 277.
1963 BGHSt 4, 210 (212); *Rengier*, BT 1, § 7 Rn. 11; krit. *Wessels/Hillenkamp/Schuhr*, BT 2, Rn. 348.
1964 RGSt 67, 183 (186); BGHSt 3, 297 (299); *Lackner/Kühl*, § 249 Rn. 2.
1965 *Rengier*, BT 1, § 7 Rn. 17.
1966 S. *Eisele*, BT 1, Rn. 471 i. V. m. Rn. 460.
1967 Vgl. BGH StV 2014, 287 (288).
1968 S. *Eisele*, BT 1, Rn. 474.

mit einer Scheinwaffe – etwa einer Spielzeugpistole – tatbestandsmäßig[1969] und gewinnt vor allem bei § 250 erhebliche Bedeutung. Entscheidend ist nach h. M., ob das Opfer die Drohung tatsächlich ernst nimmt[1970]; durchschaut es den Täter, soll trotz vollzogener Wegnahme nur ein Versuch in Betracht kommen[1971]. Hiergegen wird nicht ganz unberechtigt eingewendet, dass es bei § 249 nicht auf die objektive Kausalität zwischen Nötigungsmittel und Wegnahme ankommt, sondern lediglich aus Täterperspektive ein Finalzusammenhang gegeben sein muss, d. h. das eingesetzte Nötigungsmittel der Wegnahme dienen soll[1972].

1154 (1) Die Drohung muss im Gegensatz zu § 240 qualifiziert sein und eine **gegenwärtige Gefahr für Leib und Leben** beinhalten. Eine Drohung mit Sachgefahren selbst für große Vermögenswerte genügt damit von vornherein nicht. Aus der Gleichstellung von Leib und Leben kann zudem gefolgert werden, dass die Drohung mit einer nur leichten Leibesverletzung – etwa einer Ohrfeige – nicht ausreicht, sondern diese erheblich sein muss[1973]. Die **Gegenwärtigkeit** der Gefahr ist ebenso wie bei § 34 zu bestimmen. Der Eintritt eines Schadens für Leib oder Leben muss daher sicher oder höchstwahrscheinlich sein, falls nicht alsbald Abwehrmaßnahmen ergriffen werden[1974]. Erfasst werden daher auch Dauergefahren sowie Fälle, in denen die Verwirklichung der Gefahr erst nach Fristablauf droht[1975].

1155 (2) Die Drohung mit einer Gefahr für Leib oder Leben kann sich auch auf **Dritte** beziehen. Damit werden nicht nur der Eigentümer und der Gewahrsamsinhaber, sondern auch andere schutzbereite Personen einbezogen.

> **Bsp.:** T nimmt unter Drohungen gegenüber der Haushälterin des O, die keinen Gewahrsam besitzt, dessen Wagen in Zueignungsabsicht weg. – § 249 ist (unproblematisch) verwirklicht.

1156 Nicht einmal erforderlich ist, dass sich das angedrohte Übel (gegenwärtige Gefahr) überhaupt gegen den Nötigungsadressaten richtet. Es muss sich bei dem Dritten nach h. M. auch **nicht um eine nahestehende** Person handeln[1976]. Erforderlich ist vielmehr nur, dass die Drohung für den Nötigungsadressaten selbst ein empfindliches Übel darstellt. Hierfür spricht vor allem, dass § 249 im Gegensatz zu § 241 (argumentum e contrario) nicht von einer nahestehenden Person spricht.

1969 BGHSt 15, 322 (325).
1970 *Krey/Hellmann/Heinrich*, BT 2, Rn. 277; *Rengier*, BT 1, § 7 Rn. 18; a. A. *Wessels/Hillenkamp/Schuhr*, BT 2, Rn. 353.
1971 BGHSt 23, 294 (295); LK-*Vogel*, § 249 Rn. 19.
1972 *Wessels/Hillenkamp/Schuhr*, BT 2, Rn. 353.
1973 RGSt 72, 229 (231); BGHSt 7, 252 (254).
1974 BGH NStZ 1996, 494; *Krey/Hellmann/Heinrich*, BT 2, Rn. 267.
1975 NK-*Kindhäuser*, § 249 Rn. 7. Näher dazu Rn. u. 1199.
1976 NK-*Kindhäuser*, Vorbem. § 249 Rn. 30; *Rengier*, BT 1, § 7 Rn. 20; a. A. *Mitsch*, BT 2, 8.2.1.5.3.

> **Bsp.:** T droht gegenüber dem hinter einer dicken Panzerglasscheibe sitzenden Bankangestellten O (Nötigungsadressat), die Kundin K (Dritte) zu erschießen, wenn er sich gegen die Wegnahme des Geldes wehrt. – Obgleich sich die Gefahr nicht gegen den Nötigungsadressaten richtet, liegt ein Raub vor.

c) Finalzusammenhang. Zwischen Wegnahme und Raubmittel muss ein **räumlich-zeitlicher Finalzusammenhang** bestehen[1977]. Dabei ist zwischen der objektiven räumlich-zeitlichen Komponente und dem subjektiven Finalzusammenhang zu unterscheiden[1978].

aa) Die Wegnahme muss zunächst in **räumlich-zeitlichem Zusammenhang** mit der Gewalt oder Drohung stehen. Nur dieser Zusammenhang mit dem Nötigungsmittel bildet eine **raubspezifische Einheit**, die den gegenüber dem bloßen Diebstahl erhöhten Unrechtsgehalt und den damit verbundenen höheren Strafrahmen rechtfertigt[1979].

(1) In zeitlicher Hinsicht wird teilweise verlangt, dass bei einer **vorgelagerten Nötigungshandlung** die Versuchsschwelle zur Wegnahme bereits überschritten sein muss, weil nur dann das Nötigungsmittel unmittelbar in die Wegnahme mündet und damit verknüpft ist[1980]. Dem wird man jedenfalls insoweit zustimmen können, als in diesen Fällen regelmäßig der zeitliche Zusammenhang zu bejahen ist.

> **Bsp.:**[1981] T dringt in das Haus des O ein und erschießt diesen, um sogleich wertvolle Gemälde zu entwenden. – Neben §§ 212, 211 (Habgier) ist auch § 249 aufgrund des räumlich-zeitlichen Zusammenhangs verwirklicht, obgleich das Nötigungsmittel (wie zumeist) der Wegnahme vorausgeht. Aufgrund des Todes ist ferner die Erfolgsqualifikation des § 251 zu bejahen, die wenigstens leichtfertiges Verhalten voraussetzt und daher auch die vorsätzliche Tötung umfasst; § 251 steht in Tateinheit zu § 211[1982]. Raub wäre allerdings mangels einer finalen Beziehung dann zu verneinen, wenn T den Wegnahmeentschluss erst nach der aus einem anderen Grund ausgeführten Tötung gefasst hätte[1983].

Der räumlich-zeitliche Zusammenhang ist hingegen zu verneinen, wenn die **Nötigung deutlich im Vorbereitungsstadium** der Wegnahme liegt oder ein größerer räumlicher Wechsel erfolgt.

[1977] Vgl. nur BGHSt 41, 123 (124); BGH NStZ 2006, 38; *Wessels/Hillenkamp/Schuhr*, BT 2, Rn. 350.
[1978] Grundlegend BGHSt 61, 141 ff.; BGHSt 61, 197 ff.
[1979] BGH NStZ 2006, 38; 2016, 472 m. Anm. *Eisele*, JuS 2016, 754.
[1980] *Lackner/Kühl*, § 249 Rn. 4; *Rengier*, BT 1, § 7 Rn. 29.
[1981] S. auch *Schönke/Schröder/Bosch*, § 249 Rn. 4.
[1982] S. u. Rn. 1226.
[1983] BGH NStZ-RR 2003, 44 (45); NK-*Kindhäuser*, § 249 Rn. 23.

> **Bsp.:** T lernt während einer Kur im Schwarzwald die vermögende Rentnerin O aus München kennen. Um ihren Schmuck zu erlangen, stößt T diese bei einer Wanderung über einen Felsvorsprung (Gewalt), wodurch O zu Tode kommt. Am nächsten Tag reist er nach München und entwendet aus ihrer Wohnung den Schmuck. – Mit dem Tod endet der Gewahrsam der O an den in ihrer Wohnung befindlichen Gegenständen. Sofern die Erben nicht bereits die tatsächliche Sachherrschaft ergriffen haben, erlangen sie noch keinen Gewahrsam; auch der fingierte Erbenbesitz gemäß § 857 BGB begründet keinen Gewahrsam. § 249 scheidet mangels Gewahrsamsbruch aus. Auch würde es aufgrund Zeitablauf und Ortswechsel am erforderlichen räumlich-zeitlichen Finalzusammenhang zwischen Wegnahme und Nötigung fehlen. Neben §§ 212, 211 (Habgier) macht sich T nach § 246 zu Lasten der Erben strafbar, weil diese mit dem Tod das Eigentum erlangt haben und § 246 keinen Gewahrsamsbruch verlangt.

1161 Dazwischen liegen Fälle, in denen ein **gewisser Zeitablauf ohne größeren räumlichen Wechsel** gegeben ist. Der räumlich-zeitliche Zusammenhang erfordert insoweit nach Ansicht des BGH jedenfalls keine räumliche oder zeitliche Identität; auch bestehen keine bestimmten Grenzen.

> **Bsp.:**[1984] T, der bei O übernachtete, fasste den Entschluss, O durch Schläge auf den Kopf kampfunfähig zu machen, um nach Wertgegenständen suchen zu können. Dazu schlug er dem schlafenden O einen Fleischhammer und eine Sektflasche gegen den Kopf, wobei Letztere zersprang. O erwachte und lief in den Flur lief, wo nunmehr T mit einem Blumentopfgestell aus Acryl und einem Barhocker auf ihn einschlug, bevor der schwer verletzte und stark blutende O den T wegdrücken konnte. Anschließend säuberte sich O im Bad und zog sich im Schlafzimmer an. T, der anschließend im Badezimmer duschte, steckte dort eine Goldkette und das in der Küche liegende Smartphone des O ein.

Nach Ansicht des BGH kann der räumliche und zeitliche Zusammenhang freilich auch ohne erneute Gewaltanwendung oder konkludente Drohung und trotz der verstrichenen Zeit und der wiederholten Ortsveränderung vorliegen, wenn der schwer verletzte O die Wertgegenstände dem ungehinderten Zugriff deshalb preisgab, weil er als Gewahrsamsinhaber infolge der Nötigunghandlung in seiner Verteidigungsfähigkeit- und Verteidigungsbereitschaft geschwächt war[1985].

1162 (2) Eine **nach Vollendung der Wegnahme** vorgenommene Nötigungshandlung erfüllt nicht den Tatbestand. In Betracht kommt jedoch eine Strafbarkeit nach § 252[1986].

1984 BGHSt 61, 141.
1985 BGHSt 61, 141 (149); BGHSt 61, 197 (201). Zum Finalzusammenhang sogleich u. Rn. 1164.
1986 S. hierzu u. Rn. 1227 ff.

Bsp.: T bricht in die Wohnung der O ein und steckt dort einige wertvolle Schmuckstücke in seine Manteltasche. Als er die Wohnung verlassen möchte, kommt O nach Hause. Um sich den Besitz an der Beute zu erhalten, schlägt er diese nieder und flieht. – § 249 scheidet aus, da die Wegnahme mit Überführung der Schmuckstücke in eine Gewahrsamsenklave vollendet ist. Es liegt jedoch ein räuberischer Diebstahl vor, weil die Gewalt zwischen Vollendung und Beendigung des Diebstahls verübt wurde.

bb) Neben dem objektiven räumlich zeitlichen Zusammenhang muss eine **finale Beziehung** zwischen Wegnahme und Raubmittel bestehen[1987]. Aus subjektiver Sicht des Täters muss das Nötigungsmittel der Wegnahme dienen und dazu geeignet sein. Eine objektive Kausalität zwischen Gewalt bzw. Drohung und der Wegnahme ist allerdings nicht erforderlich[1988]. Deshalb ist der Finalzusammenhang jedenfalls nicht deshalb zu verneinen, weil das zur ungestörten Ausführung der Tat in der Nacht eingesperrte Opfer geschlafen hat und der Täter die Tat auch ohne das Einschließen hätte ausführen können.

Hinweis zum Prüfungsaufbau: Aufgrund dieser subjektiven Perspektive könnte der Finalzusammenhang auch in den subjektiven Tatbestand verlagert werden. Für eine Prüfung im objektiven Tatbestand spricht jedoch, dass ein enger Zusammenhang mit der Wegnahme, den Nötigungsmitteln und dem räumlich-zeitlichen Zusammenhang besteht.

(1) Der Finalzusammenhang fehlt, wenn die Wegnahme einer zu einem ganz anderen Zweck vorgenommenen Nötigungshandlung ohne innere Verknüpfung (nur) zeitlich nachfolgt. Erforderlich ist daher, dass die **Nötigungshandlung bis zur Wegnahme andauert** und nicht nur deren Folgen fortwirken[1989].

Bsp. (1): T schlägt die O, um sich an ihr zu vergehen und nimmt bereits währenddessen das Geld weg. – § 249 ist hier zu bejahen, da die Nötigungshandlung bei der Wegnahme noch andauert.

Bsp. (2):[1990] T verprügelt O, wobei das Mobiltelefon des O auf den Boden fällt. Als T nach Beendigung der Schläge erkennt, dass O durch sein vorangegangenes Verhalten eingeschüchtert ist, beschließt er, das Telefon mitzunehmen. – Da nur die Folgen der Nötigung (Einschüchterung) fortwirken, nicht aber die Nötigungshandlungen (Schläge) selbst

---

[1987] BGHSt 41, 123 (124); BGH NStZ 2015, 699; 2016, 472 (473 f.).
[1988] BGHSt 18, 329 (331); BGHSt 61, 141 (144 ff.) m. Anm. *Eisele*, JuS 2016, 754; BGHSt 61, 197 (199 f.); *Lackner/Kühl*, § 249 Rn. 4; a. A. A/W/H/H-*Heinrich*, § 17 Rn. 11; *Seelmann*, JuS 1986, 201 (204).
[1989] BGHSt 20, 32 (33); 32, 88 (92); BGH NStZ 2009, 325; NK-*Kindhäuser*, § 249 Rn. 22 f.
[1990] BGH NStZ 2006, 508; ferner BGH NStZ 2015, 585.

bis zur Wegnahme andauern, scheidet § 249 aus. Es liegt im Übrigen auch kein Fall des § 249 i. V. m. § 13 – Garantenstellung aus Ingerenz – vor. Die bloßen Auswirkungen einer vorangegangen Gewalt genügen nicht den Anforderungen der Entsprechungsklausel, § 13 Abs. 1 Halbsatz 2[1991]; der Fall ist auch nicht vergleichbar mit Situationen, in denen ein Garant die Gewaltausübung durch einen Dritten nicht hindert und dabei die Sache selbst wegnimmt[1992]. T macht sich hinsichtlich der Wegnahme des Telefons jedoch nach §§ 242, 243 Abs. 1 Satz 2 Nr. 6 strafbar.

1165 Streitig sind Fälle, in denen das Nötigungsmittel – wie beim Fesseln, Einsperren usw. – eine andauernde Wirkung entfaltet. Hier stellt sich zugleich die Frage nach einer **Gewaltanwendung durch Tun oder Unterlassen**.

Bsp.: T sperrt den O in seinem Zimmer im 10. Stock ein, um sich ungestört mit dessen Freundin F vergnügen zu können. Anschließend nutzt er die Gelegenheit und steckt die Geldbörse des O ein. O hat von diesen Vorgängen nichts mitbekommen, weil er auf seinem Bett laut Musik gehört hat.

1166 Zunächst ist zu bemerken, dass der Finalzusammenhang nicht deshalb zu verneinen ist, weil das Einsperren objektiv nicht kausal für die Wegnahme war[1993]. Legt man die oben dargestellten Kriterien zugrunde, so dauert die Gewaltausübung (Akt des Einsperrens durch Umdrehen des Schlüssels) nicht mehr an. Vielmehr nutzt der Täter nur noch die Folgen seines vorherigen Handelns (abgeschlossene Tür) aus. Man könnte allenfalls argumentieren, dass es keinen Unterschied macht, ob fortwährend auf das Opfer eingeschlagen wird oder aber die Gewalteinwirkung durch andauerndes Einsperren erfolgt[1994]. Soweit ein enger räumlich-zeitlicher Zusammenhang besteht, bejaht der BGH den Finalzusammenhang mit ähnlichen Erwägungen[1995]. Zwar lässt er offen, ob eine Strafbarkeit durch aktives Tun oder Unterlassen mit einer Garantenstellung aus Ingerenz anzunehmen ist, verweist jedoch auf den Dauerdeliktscharakter der Freiheitsberaubung. Der Täter sei aufgrund des von ihm geschaffenen rechtswidrigen Zustandes gehalten, diesen – solange er noch andauert – wieder zu beenden. Das Unterlassen der Aufhebung der Gewaltanwendung stehe einer aktiven Gewaltanwendung gleich[1996]; einem geringeren Unrechtsgehalt trage die Strafmilderungsmöglichkeit des § 13 Abs. 2 Rechnung[1997]. Dagegen kann man

---

1991 *Rengier*, BT 1, § 7 Rn. 32; SK-*Sinn*, § 249 Rn. 32; a. A. *Lackner/Kühl*, § 249 Rn. 4; LK-*Vogel*, § 249 Rn. 25.
1992 Dazu o. Rn. 1152.
1993 S. o. Rn. 1163.
1994 Vgl. *Mitsch*, BT 2, 8.2.1.4.3.
1995 BGHSt 48, 365 (370 f.).
1996 BGHSt 48, 365 (370); *Mitsch*, BT 2, 8.2.1.4.3.
1997 *Streng*, GA 2010, 671 (680).

jedoch einwenden, dass das bloße Ausnutzen einer zuvor zu anderen Zwecken ausgeübten Gewalt einer aktiven Gewaltanwendung zur Wegnahme nicht gleichgesetzt werden kann (vgl. auch § 13 Abs. 1 a. E.)[1998]. Hierfür spricht auch, dass ansonsten der skrupellose Täter, der sein Opfer bis zur Bewusstlosigkeit misshandelt und erst dann den Entschluss fasst, eine Sache wegzunehmen, besser gestellt würde als derjenige, der das Opfer lediglich einsperrt und diesen Zustand ohne weiteres wieder aufheben kann[1999]. Im vorliegenden Fall verbleiben dann §§ 242, 243 Abs. 1 Satz 2 Nr. 6, die in Tatmehrheit zu §§ 239, 22, 23 stehen[2000].

(2) Im Einzelfall kann jedoch zu prüfen sein, ob trotz nicht mehr andauernder Gewaltanwendung im weiteren Verhalten des Täters eine (**konkludente**) **Drohung** mit gegenwärtiger Gefahr für Leib oder Leben zu sehen ist, so dass aus diesem Grund der Finalzusammenhang zu bejahen ist[2001]. Zu beachten ist freilich, dass der Täter auch in diesem Fall das Übel in Aussicht stellen muss, so dass die bloße (irrtümliche) Erwartung des Opfers, dass eine Schädigung von Leib oder Leben eintreten könne, nicht genügt[2002].

1167

> **Bsp.:** T verprügelt den O aus Langeweile. Als T erkennt, dass O dadurch eingeschüchtert ist, beschließt er, ihm Geld wegzunehmen. Er baut sich vor diesem erneut mit geballter Faust auf und greift ihm in die Tasche. – Zwar dauert die ursprünglich zu einem anderen Zweck verübte Gewalt nicht mehr an, jedoch ist § 249 verwirklicht, weil nunmehr eine konkludente Drohung vorliegt; anders wäre zu entscheiden, wenn sich T nicht mehr vor O aufbaut, dieser aber die Wegnahme duldet, weil er von einem erneuten Angriff ausgeht.

Problematisch sind letztlich auch Fälle, in denen der Täter zum Zeitpunkt des Einsatzes des Nötigungsmittels eine **abweichende Vorstellung vom Tatverlauf** hat. So stellt er sich im Beispiel Rn. 1157 vor, dass mit dem Gewalteinsatz sogleich der Widerstand gebrochen und daher sogleich die Wegnahme erfolgen wird, während er die Gegenstände tatsächlich später nur deshalb wegnehmen konnte, weil das Opfer sich in Folge der zugefügten Verletzungen reinigte. Da der Finalzusammenhang nicht rein subjektiv zu interpretieren ist, sondern auf die objektiven Tatbestandsmerkmale des Nötigungsmittels sowie der Wegnahme bezogen ist[2003], wendet der BGH konsequenterweise die Irrtumsregel des § 16 Abs. 1 S. 1 an[2004]. Nach den

1168

1998 *Otto*, BT, § 46 Rn. 20; *Wessels/Hillenkamp/Schuhr*, BT 2, Rn. 364.
1999 *Fischer*, § 249 Rn. 12c; *Otto*, JZ 2004, 364 (365).
2000 Dazu, dass in Fällen, in denen das Einsperren vom Opfer nicht bemerkt wird, nur ein Versuch des § 239 vorliegt, *Eisele*, BT 1, Rn. 428.
2001 BGHSt 41, 123 (124); BGH StV 2015, 765 (768); Rn. 274.
2002 BGH NStZ 2013, 648.
2003 Zu diesem Aspekt *Eisele*, JuS 2016, 754 (755).
2004 BGHSt 61, 141 (145 ff.); BGHSt 61, 197 (199 f.).

Grundsätzen der unerheblichen Abweichung des tatsächlichen vom vorgestellten Kausalverlauf[2005] steht demnach die abweichende Vorstellung dem Finalzusammenhang nicht entgegen. Aus Sicht des Opfers spielt es insoweit keine entscheidende Rolle, ob das Dulden der Wegnahme unmittelbar auf den Schlägen oder verletzungsbedingter Wehrlosigkeit beruht.

3. Subjektiver Tatbestand

1169 Der Täter muss mit Vorsatz und in Zueignungsabsicht handeln.

1170 a) **Vorsatz.** Dieser muss sich auch auf die Verknüpfung von Nötigungsmittel und Wegnahme beziehen. Im Übrigen ist von einem einheitlichen **Raubvorsatz** auszugehen. Nimmt der Täter nach Anwendung der Gewalt gegenüber dem ursprünglichen Tatplan weitere Gegenstände mit, dann liegt nur eine Raubtat und nicht etwa Raub in Tateinheit mit Diebstahl vor.

1171 Macht der Täter die Gewaltanwendung bei der Tat von **Bedingungen** abhängig, so ist der Tatentschluss nach allgemeinen Grundsätzen zu bejahen, wenn er auf den Eintritt der Bedingung keinen Einfluss mehr hat. Dies ist etwa der Fall, wenn er nur im Falle der Gegenwehr des Opfers Gewalt üben möchte. Vergleichbare Überlegungen können auch im Rahmen der Zueignungsabsicht zum Tragen kommen. Von Bedeutung ist dies insbesondere bei der **eigenmächtigen Inpfandnahme** einer Sache.

> **Bsp.:** T hat gegen O eine fällige, einredefreie Kaufpreisforderung in Höhe von 1000 €, die dieser jedoch nicht begleichen will. Um seiner Forderung Nachdruck zu verleihen, sucht T den O auf und nimmt dessen Mountainbike an sich, indem er den O mit einem Faustschlag niederstreckt. O soll das Rad erst wieder erhalten, wenn er die Kaufpreisforderung beglichen hat. – Ob hier die Zueignungsabsicht hinsichtlich des Rades gegeben ist, hängt davon ab, ob T zum Zeitpunkt der Wegnahme zumindest billigend in Kauf nimmt, dass O das Rad nicht mehr erlangt (dauernde Enteignung des Eigentümers). Dafür wiederum ist entscheidend, ob er für den Fall der weiteren Zahlungsunwilligkeit – eine Bedingung, auf die er keinen Einfluss hat – das Rad verwerten oder behalten möchte[2006]. Hingegen wird man entgegen dem BGH die Aneignungsabsicht bejahen können, weil T sich insoweit die Sachsubstanz zumindest kurzfristig einverleiben möchte[2007].

1172 b) **Zueignungsabsicht.** Hierfür gelten die beim Diebstahl dargestellten Grundsätze mit Enteignungs- und Aneignungskomponente[2008]. Erfasst

---

2005 Zu dieser Rechtsfigur vgl. etwa BGHSt 7, 325 (329); B/W/M/E-*Eisele*, § 11 Rn. 68 ff.
2006 BGH StV 1983, 329 (330); BGH NStZ-RR 2007, 15.
2007 BGH NStZ 2012, 627 verneint die Aneignungskomponente, was wenig überzeugt, weil hierfür gerade keine dauerhafte Einverleibung in das Vermögen erforderlich ist; zutr. die Kritik von *Jäger*, JA 2012, 709 f.
2008 S. o. Rn. 943 ff.

wird sowohl die Eigen- als auch die Drittzueignungsabsicht. Fälle der bloßen Gebrauchsanmaßung fallen nicht unter § 249, weil der Vorsatz hinsichtlich einer dauernden Enteignung des Eigentümers fehlt[2009]. Wenn der Inhalt eines mit Gewalt weggenommenen Behältnisses entgegen der Vorstellung des Täters unbrauchbar ist, so liegt nur ein versuchter Raub am Inhalt vor, wenn der Täter auch am Behältnis selbst kein Interesse besitzt und deshalb Inhalt und Behältnis wegwirft (bloßer Sachentzug ohne Aneignungsabsicht).

> **Bsp.:**[2010] T nimmt einen Karton des O weg und findet darin statt der erwarteten 160000 € nur einige Flaschen Wein. Er wirft beides weg.

c) Rechtswidrigkeit. Die beabsichtigte Zueignung muss ferner **objektiv rechtswidrig** sein, d. h. der Täter darf keinen einredefreien und fälligen Anspruch auf den Gegenstand haben; Probleme entstehen vor allem bei Gattungs- und Geldschulden[2011]. Hinsichtlich des normativen Merkmals der Rechtswidrigkeit muss in subjektiver Hinsicht zumindest **Eventualvorsatz** gegeben sein. Bedeutung kann die Frage insbesondere dann erlangen, wenn der Gläubiger eigenmächtig Forderungen eintreibt[2012]. **1173**

> **Bsp.:** T hat gegen O einen Anspruch auf Übereignung eines gebrauchten Mountainbikes, den O jedoch nicht erfüllt. Daraufhin begibt sich T zu O, streckt diesen mit einem Faustschlag nieder und nimmt das Rad an sich. – Zwar verwirklicht T den objektiven Tatbestand des § 249, jedoch fehlt es an der objektiven Rechtswidrigkeit der erstrebten Zueignung, da er einen fälligen und durchsetzbaren Anspruch auf Übereignung hatte. Es verbleibt aber eine Strafbarkeit nach §§ 240, 223.

4. Beteiligung

Nicht anders als beim Diebstahl kann nur derjenige Täter des Raubes sein, der die **(Dritt-)Zueignungsabsicht in seiner Person** aufweist. Die (Dritt-)Zueignungsabsicht muss (nur) zum Zeitpunkt der Wegnahme gegeben sein. Eine Zurechnung der Zueignungsabsicht über § 25 Abs. 1 Var. 2 oder § 25 Abs. 2 ist nicht möglich. Umgekehrt ist selbst bei Vorliegen der (Dritt-)Zueignungsabsicht jedoch nicht zwingend Täterschaft anzunehmen. Die Abgrenzung erfolgt auf Grundlage der Tatherrschaftslehre vor allem nach dem Umfang der Beteiligung an der Nötigungs- und Wegnahmehandlung. Von Bedeutung sind dabei Fälle der **sukzessiven Mittäterschaft und Beihilfe**[2013]. Eine solche ist grundsätzlich vor Vollendung der Tat möglich[2014]. **1174**

2009 Dazu o. Rn. 951 ff.
2010 BGH NStZ 2006, 686 (687); dazu näher *Streng*, JuS 2007, 422; s. o. Rn. 955.
2011 Näher o. Rn. 966.
2012 S. auch BGH NStZ 1982, 380.
2013 Ausführlich hierzu *Roxin*, AT 2, § 25 Rn. 219 ff. und 257 ff.
2014 Vgl. nur *Eisele/Heinrich*, AT, Rn. 796 ff.

> **Bsp.:** T schlägt auf O ein, um dessen Geld wegzunehmen. Der vorbeikommende S hält O fest und soll dafür die Hälfte des anschließend von T weggenommenen Geldes erhalten. – S und T machen sich hier gemäß §§ 249, 25 Abs. 2 strafbar[2015].

1175 **a) Sukzessive Beteiligung nach Vollendung der Wegnahme.** Umstritten ist, ob nach Vollendung, aber vor Beendigung[2016] der Tat eine Beteiligung möglich ist.

> **Bspe.:** Haupttäter T flieht mit der Beute, nachdem er die Wegnahme mit Gewalt vollzogen hat; da er von O verfolgt wird, bittet er den zufällig vorbeikommenden S um Hilfe; S hindert den O daraufhin für hälftigen Beuteanteil mit einer Waffe an der Verfolgung[2017].

Nach h. M. sollen auch sukzessive Beiträge eines Mittäters oder Gehilfen nach Vollendung erfasst werden[2018]. Die Beteiligung in Kenntnis der bisherigen Geschehnisse rechtfertige es, dem Täter die Tatbeiträge des anderen zuzurechnen, wenn er sein Einverständnis diesbezüglich bekundet habe[2019]. Letztlich wird auf diesem Wege aber nicht nur ein nachträglich gebildeter Vorsatz (dolus subsequens) anerkannt, auch kann – bezüglich der Mittäterschaft – kaum von gemeinsamer Tatbeherrschung die Rede sein. Hinzu treten Friktionen mit Blick auf Art. 103 Abs. 2 GG, ist doch das Beendigungsstadium tatbestandlich nicht umschrieben. Schließlich tun sich erhebliche Abgrenzungsschwierigkeiten zu den Anschlussdelikten (§§ 257 ff.) auf. Nach alledem ist die Möglichkeit sukzessiver Beteiligung im Stadium zwischen Vollendung und Beendigung abzulehnen[2020].

> **Hinweis**
> Ähnlich gelagert ist die Frage, ob zwischen Vollendung und Beendigung der Tat auch Qualifikationen verwirklicht werden können[2021].

1176 **b) Beteiligung zwischen Versuchsbeginn und Vollendung.** Aus einem etwas anderen Blickwinkel sind Fälle zu betrachten, in denen sich ein Dritter nach Versuchsbeginn, aber noch vor Vollendung (sukzessive) beteiligt.

> **Bsp.:** Nach Ausübung von Gewalt durch T kommt S hinzu und vollzieht die Wegnahme gegen einen Beuteanteil (§ 25 Abs. 2) bzw. unterstützt den T bei der Wegnahme (§ 27).

2015 BGH MDR/D 1969, 533; *Roxin*, AT 2, § 25 Rn. 219.
2016 Nach Beendigung scheidet eine sukzessive Mittäterschaft wie beim Diebstahl aus; vgl. BGH NStZ-RR 2011, 111 (112); BGH NStZ, 2013, 463; hierzu o. Rn. 964.
2017 Vgl. auch BGH NJW 1992, 2103 (2104).
2018 BGH JZ 1981, 596; BGH NStZ 1997, 272; 2008, 280 – zu § 251; BGH NStZ, 2013, 463.
2019 RGSt 52, 202; BGHSt 2, 344 (346); BGH NJW 1992, 2103 (2104).
2020 Näher (m. w. N.) *Eisele*, BT 2, Rn. 340.
2021 Dazu schon o. Rn. 1037 ff.

I. Raub, § 249

Eine sukzessive Beihilfe wird man hier anerkennen müssen, da der Gehilfe typischerweise die Haupttat nur „punktuell" fördert und er für die fremde Haupttat im Übrigen akzessorisch haftet[2022]. Aber auch eine sukzessive Mittäterschaft wird man entgegen anders lautender Stimmen in diesem Deliktsstadium nicht grundsätzlich verwerfen können, da nicht jeder Mittäter an allen Beiträgen im Ausführungsstadium beteiligt sein muss[2023]. Die Grenzen folgen hier aus der Abgrenzung von Täterschaft und Teilnahme. Auf Grundlage der h. M. liegt daher Beihilfe und keine Täterschaft vor, wenn bei einer späten Beteiligung nur noch geringe Tatbeiträge erbracht werden.

5. Konkurrenzen

Die §§ 242, 240 werden von § 249 im Wege der Spezialität verdrängt[2024]; bei einem nur versuchten Raub kommt jedoch Tateinheit mit einem vollendetem § 242 oder § 240 in Betracht[2025]. Mit § 239 steht § 249 in Tateinheit, da nicht jede Gewalt zugleich zu einer Freiheitsberaubung führt[2026]. Entsprechendes gilt auch für die §§ 223 ff., wenn die Körperverletzung über das Mindestmaß an Gewalt hinausgeht, das bereits den Tatbestand des Raubes begründet[2027].

1177

> **Einführende Aufsätze:**
> *Kudlich/Aksoy*, Eins, zwei oder drei? – Zum Verhältnis von Raub, räuberischem Diebstahl und räuberischer Erpressung in der Fallbearbeitung, JA 2014, 81; *Streng*, Die Katze im Sack – Überlegungen zur subjektiven Konkretisierung des Zueignungsobjekts, JuS 2007, 422.

> **Übungsfälle:**
> *Böse/Keiser*, Ein Handtaschenraub und seine Folgen, JuS 2005, 440 (Begriff der Gewalt); *Bott/Pfister*, Der Bankräuber und sein Umfeld, Jura 2010, 226 (Abgrenzung Raub und räuberische Erpressung); *Geisler/Meyer*, Goldkette und Amulett, Jura 2010, 388 (zur nötigen Intensität der für die Gewalt erforderlichen Kraftentfaltung); *Kinzig/Linke*, Raubdelikte – Schlafende Hunde weckt man nicht, JuS 2012, 229 (Problemdarstellung zur Gewalt gegenüber Schlafenden und Gewalt durch Vorhalten einer Pistole); *Kühl/Schramm*, Raubüberfall auf einen Tübinger Juwelier, JuS 2003, 681 (Abgrenzung Raub und räuberische Erpressung).

> **Rechtsprechung:**
> **BGHSt 4, 210** – Bewusstlosigkeit (Begriff der Gewalt); **BGHSt 18, 329** – Handtasche (Entreißen einer Handtasche als Gewalt); **BGHSt 20, 32** – Kuss

---

2022 *Rengier*, BT 1, § 7 Rn. 49; *Schönke/Schröder/Heine/Weißer*, § 25 Rn. 96.
2023 BGHSt 2, 344 (346); BGH NStZ 1997, 336; vgl. aber *Roxin*, AT 2, § 25 Rn. 227.
2024 BGHSt 20, 235 (237 f.); BGH NStZ-RR 2005, 202 (203); *Lackner/Kühl*, § 249 Rn. 10.
2025 BGHSt 21, 78 (80); BGH NStZ-RR 2005, 202 (203); *Fischer*, § 249 Rn. 24.
2026 BGHSt 32, 88 (93); NK-*Kindhäuser*, § 249 Rn. 34.
2027 BGH NStZ-RR 1999, 173 f.; näher zu den Konkurrenzen *Eisele*, BT 2, Rn. 343.

(Ausnutzung anderweitig motivierter Gewaltanwendung); **BGHSt 22, 350** – Mehr-Geld (Erweiterung des Wegnahmevorsatzes nach Gewaltanwendung); **BGHSt 48, 365** – Landrover (Gewaltanwendung durch Unterlassen); **BGHSt 61, 187** – Nächtlicher Überfall (räumlich-zeitlicher Finalzusammenhang).

II. Schwerer Raub, § 250

1. Geschütztes Rechtsgut und Systematik

1178 § 250 Abs. 1 und Abs. 2 enthalten **Qualifikationstatbestände**, bei denen sich nach allgemeinen Grundsätzen der Vorsatz (dolus eventualis genügt) auf alle objektiven Tatbestandsmerkmale erstrecken muss. § 250 Abs. 1 Nr. 1 lit. b enthält darüber hinaus eine zusätzliche subjektive Komponente (sog. Verwendungsvorbehalt). Verwirklicht der Täter mehrere Qualifikationen, so liegt auf **Konkurrenzebene** insgesamt nur ein schwerer Raub nach §§ 249, 250 vor. Gelangt § 250 Abs. 2 mit seinen schwereren Strafschärfungen zur Anwendung, wird Absatz 1 im Wege der Gesetzeskonkurrenz verdrängt[2028]. § 250 erlangt über die Verweisungen „ist gleich einem Räuber zu bestrafen" auch für § 252 und § 255 Bedeutung.

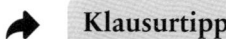

Klausurtipp

Angesichts der Komplexität des § 249 und § 250 wird es sich im Regelfall empfehlen, die Vorschriften getrennt zu prüfen, um die Übersichtlichkeit zu wahren. Nach dem Grundtatbestand des § 249 ist dann § 250, ggf. im Anschluss daran § 251 zu prüfen.

1179 Prüfungsschema

1. Tatbestand
   a. Grundtatbestand des § 249 (auch § 252 und § 255)
   b. Qualifikation des § 250 Abs. 1
      aa. Abs. 1 Nr. 1: Täter oder anderer Beteiligter
         (1) Nr. 1 lit. a: Beisichführen einer Waffe oder eines anderen gefährlichen Werkzeugs
         (2) Nr. 1 lit. b: Beisichführen sonst eines Werkzeugs oder Mittels, um den Widerstand einer anderen Person durch Gewalt oder Drohung mit Gewalt zu verhindern oder zu überwinden
         (3) Nr. 1 lit. c: durch die Tat wird eine andere Person in die Gefahr einer schweren Gesundheitsschädigung gebracht
      bb. Abs. 1 Nr. 2: Täter begeht den Raub als Mitglied einer Bande, die sich zur fortgesetzten Begehung von Raub oder Diebstahl

---

2028 *Fischer*, § 250 Rn. 30; *Rengier*, BT 1, § 8 Rn. 37.

> verbunden hat, unter Mitwirkung eines anderen Bandenmitglieds
> c. Qualifikation des § 250 Abs. 2: Täter oder anderer Beteiligter
>   aa. Abs. 2 Nr. 1: Verwenden einer Waffe oder eines anderen gefährlichen Werkzeugs bei der Tat
>   bb. Abs. 2 Nr. 2: Beisichführen einer Waffe in den Fällen des Absatzes 1 Nr. 2
>   cc. Abs. 2 Nr. 3: andere Person wird
>   (1) Nr. 3 lit. a: bei der Tat körperlich schwer misshandelt
>   (2) Nr. 3 lit. b: durch die Tat in die Gefahr des Todes gebracht
>   d. Subjektiver Tatbestand
> 2. **Rechtswidrigkeit**
> 3. **Schuld**

2. Qualifikationen des § 250 Abs. 1

§ 250 Abs. 1 Nr. 1 lit. a, b und Nr. 2 entsprechen den Qualifikationen des § 244. Die dort behandelten Fragen sind auch hier von Bedeutung[2029]. **1180**

a) **§ 250 Abs. 1 Nr. 1 lit. a.** Erforderlich ist, dass der Täter oder ein anderer Beteiligter am Raub eine **Waffe oder ein anderes gefährliches Werkzeug bei sich führt**. Für die Auslegung kann im Übrigen auf die Ausführungen zu § 244 Abs. 1 Nr. 1 lit. a verwiesen werden[2030]. Richtigerweise genügt auch hier ein Beisichführen nach Vollendung nicht[2031]. Zwar bedarf es bei § 250, der auf § 249 aufbaut, anders als bei § 242 immer einer Gewaltanwendung oder einer Drohung mit einer gegenwärtigen Gefahr für Leib und Leben. Es ist jedoch – im Umkehrschluss zu § 250 Abs. 2 Nr. 1 – nicht erforderlich, dass hierzu die Waffe oder das gefährliche Werkzeug eingesetzt wird oder das Opfer das Beisichführen wahrnimmt[2032]. Daher kann auch hier zu diskutieren sein, ob beim sonstigen gefährlichen Werkzeug eine (modifiziert) abstrakt-objektive Betrachtungsweise oder eine konkret-subjektive Betrachtungsweise den Vorzug verdient[2033]. Nach Ansicht der Rechtsprechung muss der Täter auch im Rahmen dieser Vorschrift einen Alltagsgegenstand – wie etwa ein Taschenmesser – „**bewusst gebrauchsbereit**" mit sich führen[2034]. **1181**

> **Bsp.:** T bricht in die Wohnung des O ein, um Wertgegenstände zu entwenden. Dabei führt er einen massiven Vorschlaghammer mit sich. Als er von

---

2029 S. o. Rn. 1027 ff.
2030 S. o Rn. 1027 ff. Zum Beisichführen auch BGHSt 31, 105.
2031 Dazu o. Rn. 1037 ff.
2032 BGH NStZ-RR 2015, 13; vgl. aber zu Abs. 2 Nr. 1 Rn. 1191 f.
2033 Ausf. o. Rn. 1043 ff.
2034 BGH NStZ-RR 2005, 340; BGH NStZ-RR 2014, 110 f.; dazu o. Rn. 1041.

O beim Durchsuchen der Wohnung gestellt wird, streckt er diesen mit einem kräftigen Faustschlag nieder und flieht dann mit reichlich Schmuck. – T verwirklicht zunächst § 249. Ob auch § 250 Abs. 1 Nr. 1 lit. a erfüllt ist, hängt davon ab, welche Anforderungen man an das gefährliche Werkzeug stellt. Nach der hier vertretenen modifizierten objektiven Betrachtungsweise kommt dem Vorschlaghammer Waffenersatzfunktion zu, weil dieser mangels anderer Einsatzmöglichkeiten nur als Angriffs- oder Verteidigungsmittel dienen kann, so dass der Raub qualifiziert ist[2035].

1182 b) **§ 250 Abs. 1 Nr. 1 lit. b.** Insoweit ist zu beachten, dass das (ungefährliche) Werkzeug oder Mittel zwar zur Verhinderung oder Überwindung von Widerstand mitgeführt werden (Verwendungsvorbehalt), dieses allerdings nicht als Nötigungsmittel i. S. d. § 249 eingesetzt werden muss.

Bsp.: T führt ein Seil mit sich, um O zu fesseln, falls er von diesem bei der Wegnahme überrascht wird. Da O jedoch nach einem Faustschlag des T sogleich das Bewusstsein verliert, bedarf es eines Einsatzes des Seils nicht mehr. – T macht sich nach §§ 249, 250 Abs. 1 Nr. 1 lit. b strafbar; Nr. 1 lit. a scheidet aus, da das Seil kein gefährliches Werkzeug ist.

1183 aa) Problematisch ist, ob **Scheinwaffen und andere objektiv ersichtlich ungefährliche Gegenstände** – wie bei § 244 Abs. 1 Nr. 1 lit. b – erfasst werden. Dies wird teilweise als systemwidrig abgelehnt, weil § 250 Abs. 1 Nr. 1 lit. b die einzige Variante ist, die keine objektive Gefährlichkeit voraussetze und der Unrechtsgehalt des bloßen Mitführens von harmlosen Gegenständen zu Nötigungszwecken vom Grundtatbestand des § 249 hinreichend sanktioniert werde[2036]. Dagegen spricht indes nicht nur der ausdrückliche gesetzgeberische Wille beim 6. StrRG[2037], sondern auch der Umstand, dass mit dem Mitführen einer echt aussehenden Scheinwaffe eine gesteigerte kriminelle Energie verbunden ist, weil das Opfer aus seiner Sicht verstärkt bedroht wird. Ungefährliche Gegenstände, die schon nach ihrem objektiven Erscheinungsbild nicht geeignet sind, die Drohung zu realisieren (in den Rücken gehaltener Labello-Stift, bunte Spielzeugpistole), werden hingegen nicht erfasst[2038]. Auch das grundsätzlich vorzugswürdige Abstellen auf das äußere Erscheinungsbild stößt indes an Grenzen, wie das nachfolgende Beispiel demonstriert.

Bsp.:[2039] T stellt eine Sporttasche auf die Theke einer Tankstelle, hebt sein Mobiltelefon und droht gegenüber O, damit eine in der Tasche befindliche Bombe zu zünden, wenn er nicht das Geld in der Kasse erhalte. In Wahrheit ist die Sporttasche leer. – Der BGH bejaht hier den

---

2035 S. o. Rn. 1050.
2036 NK-*Kindhäuser*, § 250 Rn. 5.
2037 BT-Drs. 13/9064, S. 17 f.
2038 BGH NStZ 2007, 332 (333); s. schon o. Rn. 1055 f.; ferner *Eisele*, BT 2, Rn. 350.
2039 BGH NStZ 2011, 278.

> Scheinwaffencharakter, weil der Gegenstand von O überhaupt nicht eingeschätzt werden konnte und das äußere Erscheinungsbild keinen Anhaltspunkt über die Gefährlichkeit gab. Dies überzeugt freilich wenig, weil damit zum Ausdruck gebracht wird, dass der Gegenstand nach seinem äußeren Erscheinungsbild gerade nicht einer echten Waffe entspricht. Das Mobiltelefon und die Sporttasche sahen nicht wie eine echte Bombe aus und der (mögliche) Inhalt der Tasche war nicht einmal erkennbar. Damit beruhte die Zwangswirkung aber vornehmlich auf der verbalen Täuschung[2040].

1184 Nicht verwirklicht ist die Qualifikation mangels objektiver Zwangswirkung jedenfalls dann, wenn das Opfer die Scheinwaffe entlarvt; es kommt dann nur ein **Versuch** in Betracht[2041].

1185 bb) Angesichts der hohen Mindeststrafe sind im Wege einer **teleologischen Reduktion** ungefährliche Gegenstände, deren Anwendung nur zu einer kurzfristigen und unerheblichen körperlichen Einwirkung führen, auszuklammern.

> **Bsp.:** T sprüht dem O mit einem Deo in das Gesicht, um die Unaufmerksamkeit zur Wegnahme zu nutzen. – § 250 Abs. 1 Nr. 1 lit. a, Abs. 2 Nr. 1 scheiden aus, weil das Deo kein gefährliches Werkzeug ist; angesichts des Bagatellcharakters ist richtigerweise auch Abs. 1 Nr. 1 lit. b zu verneinen, so dass es bei § 249 bleibt[2042].

1186 c) **§ 250 Abs. 1 Nr. 1 lit. c.** Bei dieser Qualifikation handelt es sich um ein konkretes Gefährdungsdelikt und nicht um eine Erfolgsqualifikation. Daher muss der Täter hinsichtlich des Eintritts der konkreten Gefahr mit Vorsatz handeln.

1187 aa) Eine **konkrete Gefahr** ist gegeben, wenn es nur noch vom Zufall abhängt, ob eine Gesundheitsschädigung eintritt oder nicht[2043]. Die **schwere Gesundheitsschädigung** ist wie bei § 221 auszulegen[2044]. Diese erfasst nicht nur schwere Folgen i. S. d. § 226, sondern auch das Verfallen in eine ernste und langwierige Krankheit oder eine erhebliche Verminderung der Arbeitsfähigkeit für längere Zeit. Dass diese auf einer besonders schwachen Konstitution des Opfers (z. B. Gebrechlichkeit, Alter usw.) beruht, steht dem nicht entgegen, sofern sie vom Vorsatz des Täters umfasst ist[2045].

1188 bb) Die gefährdete **andere Person** kann neben dem Gewahrsamsinhaber oder einer schutzbereiten Person auch ein an der Tat unbeteiligter Dritter

---

2040 *Hecker*, JuS 2011, 757 (759); *Pfuhl*, ZJS 2011, 415 (417 f.).
2041 *Rengier*, BT 1, § 8 Rn. 9.
2042 Anders aber BGH NStZ 2003, 89. Zur Begründung des § 249 s. o. Rn. 1143.
2043 NK-*Kindhäuser*, § 250 Rn. 9; allg. dazu *Eisele*, BT 1, Rn. 250.
2044 *Eisele*, BT 1, Rn. 251.
2045 Vgl. BGH NStZ 2002, 542 (543); *Schroth*, NJW 1998, 2861 (2865).

sein²⁰⁴⁶, wobei dann geprüft werden muss, ob sich hierauf der Vorsatz erstreckt. Lediglich Tatbeteiligte i. S. d. § 28 Abs. 2 sind in den Schutzbereich des § 250 nicht einbezogen²⁰⁴⁷.

> **Bsp.:** T möchte an einer stark befahrenen Straße Rentnerin R ihre Handtasche entreißen. Da diese sich jedoch zur Wehr setzt, muss T ihr einen kräftigen Stoß verpassen. Dadurch wird R gegen den O geschleudert, der auf die Fahrbahn stürzt. Der Fahrer eines PKW kann ein Überfahren der Beine des O nur durch eine Vollbremsung verhindern. – Hier liegt zwar objektiv ein Fall des § 250 Abs. 1 Nr. 1 lit. c vor. Die Verwirklichung der Qualifikation hängt aber davon ab, ob T hinsichtlich der konkreten Gefahr zumindest Eventualvorsatz besaß.

1189 cc) Die Gefahr muss **durch die Tat** entstehen, d. h. es muss sich gerade das mit dem Raub verbundene spezifische Risiko im Gefahreintritt niederschlagen (spezifischer Gefahrzusammenhang).

1190 (1) Dies wird – in Abweichung zu den bei § 251 entwickelten Grundsätzen – bisweilen nicht nur bejaht, wenn die Gefahr auf der Nötigungshandlung, sondern auch auf der **Wegnahme der Sache** beruht²⁰⁴⁸.

> **Bsp.:** T nimmt dem O mit Hilfe eines Faustschlages ein wichtiges Medikament weg; O erleidet daher langandauernde gesundheitliche Schäden, weil die Beschaffung eines Ersatzmedikaments geraume Zeit in Anspruch nimmt.

1191 Beruht der Gefahreintritt wie hier allein auf der Wegnahme, so realisiert sich jedoch lediglich das spezifische Risiko eines Diebstahls, nicht aber eines Raubs²⁰⁴⁹. Bestätigt wird dieses Ergebnis durch § 244, der für die Wegnahme i. S. d. § 242 gerade auf diesen Erschwerungsgrund verzichtet, im Übrigen aber dem § 250 entsprechende Qualifikationen normiert²⁰⁵⁰. Daher ist im vorgenannten Beispiel die Qualifikation richtigerweise zu verneinen.

> **Beachte:** Entsprechendes gilt dann für § 250 Abs. 2 Nr. 3 lit. a, bei dem die Gefahr einer schweren Gesundheitsschädigung nur durch die Todesgefahr ersetzt wird.

1192 (2) Die Handlung, die zur konkreten Gefahr führt, muss zwischen **Versuchsbeginn und Vollendung** vorgenommen werden²⁰⁵¹. Nicht ausreichend ist es, wenn die konkrete Gefahr schon vor Versuchsbeginn eintritt. Dies ist etwa der Fall, wenn der Täter das Opfer misshandelt, bevor er überhaupt den Wegnahmevorsatz fasst.

2046 *Fischer*, § 250 Rn. 13; *Wessels/Hillenkamp/Schuhr*, BT 2, Rn. 377.
2047 *LK-Vogel*, § 250 Rn. 22; *Schönke/Schröder/Bosch*, § 250 Rn. 22.
2048 *Krey/Hellmann/Heinrich*, BT 2, Rn. 288.
2049 *Fischer*, § 250 Rn. 14a; *Wessels/Hillenkamp/Schuhr*, BT 2, Rn. 377.
2050 *Mitsch*, BT 2, 8.3.1.3.2.2.
2051 *Fischer*, § 250 Rn. 14; *Schönke/Schröder/Bosch*, § 250 Rn. 23 [bis Beendigung].

II. Schwerer Raub, § 250

Bsp.: T möchte eine Bank überfallen. Weil ihm auf dem Weg dorthin Rentner R auf einer Treppe im Weg steht, stößt er diesen hinab; R erleidet einige Knochenbrüche. Erst anschließend betritt T die Bank und bedient sich am Geld. – § 250 Abs. 1 Nr. 1 lit. c ist zu verneinen, da T zum Zeitpunkt des Stoßes noch nicht zur Verwirklichung des § 249 unmittelbar angesetzt hat.

(3) Umstritten ist, ob das Herbeiführen der Gefahr in der **Phase zwischen Vollendung und Beendigung** qualifizierend wirkt. Entsprechend den Ausführungen zu § 244 Abs. 1 Nr. 1 lit. a und Nr. 1 lit. b sowie zur Mittäterschaft und Beihilfe bei § 249 ist dies im Hinblick auf Art. 103 Abs. 2 GG abzulehnen[2052]. Die Qualifikation „durch die Tat" knüpft an den Grundtatbestand an, der jedoch nur die Vollendung der Tat beschreibt. Auch könnten ansonsten die gesteigerten Anforderungen des § 252, der ebenfalls auf § 250 verweist und gerade die Beendigungsphase des Diebstahls erfasst, unterlaufen werden[2053]. Die Rechtsprechung versucht in jüngeren Entscheidungen diesen Bedenken Rechnung zu tragen; sie verlangt daher zur Wahrung des Finalzusammenhangs, dass diejenige Handlung, die den erschwerenden Umstand verwirklicht, zur weiteren Verwirklichung der Zueignungsabsicht vorgenommen wird („**verlängerte Zueignungsabsicht**")[2054]. Das Mittel muss also zur Sicherung des Besitzes an dem gestohlenen Gut eingesetzt werden. Das soll nach Ansicht des BGH auch für § 250 Abs. 2 Nr. 1, Nr. 3 lit. a, b gelten; konsequenterweise müssten diese Grundsätze auch auf § 250 Abs. 1 Nr. 1 lit. a und § 251 übertragen werden. Bei Anwendung der Qualifikationen über §§ 253, 255 soll es auf eine **verlängerte Bereicherungsabsicht** ankommen, obgleich § 252 auf solche Konstellationen gar keine Anwendung findet und daher die Übertragung der subjektiven Voraussetzungen zweifelhaft ist[2055]. Insgesamt überzeugt die Position des BGH trotz der jüngeren Modifikationen nicht; es verbleiben systematische Brüche im Hinblick auf § 252, der gerade auf die Phase zwischen Vollendung und Beendigung zugeschnitten ist und neben der Besitzerhaltungsabsicht auch den objektiven Tatbestand mit dem Erfordernis der „frischen Tat" begrenzt[2056].

Bsp.: T flieht nach Vollendung des Raubes mit seinem Kfz; er fährt bei der Flucht auf den Polizisten O zu, der sich ihm in den Weg stellt, um mit der Beute zu entkommen. O kann in letzter Sekunde zur Seite springen. – § 250 Abs. 1 Nr. 1 lit. c und auch § 250 Abs. 2 Nr. 3 lit. b sind zu verneinen, da sich nur die Gefahr einer riskanten Flucht bzw. einer gefährlichen Fahrweise, die nach der Verwirklichung einer jeden

---

[2052] S. o. Rn. 1037 f. und o. Rn. 1175 f.
[2053] LK-*Vogel*, § 250 Rn. 23; NK-*Kindhäuser*, § 250 Rn. 11.
[2054] BGHSt 52, 377 f. – zu § 250 Abs. 2 Nr. 1, ferner BGHSt 53, 234 (236 f.); BGH NStZ 2010, 327 – zu § 250 Abs. 2 Nr. 3a.; BGHSt 55, 79 (81) – § 250 Abs. 2 Nr. 3b.
[2055] BGHSt 53, 234; BGH StV 2012, 282 (283); mit Recht krit. *Nestler*, JR 2010, 100 (104 ff.).
[2056] Zum Erfordernis der „frischen Tat" s. u. Rn. 1232 ff.

Straftat vorliegen kann, realisiert. Die Rechtsprechung würde hingegen die Qualifikationstatbestände bejahen, weil T zur Beutesicherung handelt und damit die Zueignungsabsicht weiter verwirklicht. In Klausuren ist in solchen Fällen vor allem auch § 315b zu beachten[2057].

1194 d) § 250 Abs. 1 Nr. 2. Dieser setzt voraus, dass der Täter den Raub als Mitglied einer Bande, die sich zur fortgesetzten Begehung von Raub oder Diebstahl verbunden hat, unter Mitwirkung eines anderen Bandenmitglieds begeht. Hierzu kann grundsätzlich auf die Ausführungen zu § 244 Abs. 1 Nr. 2 verwiesen werden[2058]. Erfasst werden auch Fälle, in denen Mitglieder einer Diebesbande einen Raub begehen; nicht erforderlich ist, dass diese auch künftig Raubtaten begehen wollen. Trotz des missverständlichen Wortlautes („der Täter…") findet die Strafschärfung auch auf Teilnehmer Anwendung[2059].

3. Qualifikationstatbestand des § 250 Abs. 2

1195 Die Vorschrift enthält Qualifikationen mit einem gegenüber Absatz 1 erhöhtem Strafrahmen, der auf eine größere Gefährlichkeit der Tat zurückzuführen ist.

1196 a) § 250 Abs. 2 Nr. 1. Die Qualifikation setzt voraus, dass der Täter oder ein anderer Beteiligter am Raub **bei der Tat eine Waffe oder ein anderes gefährliches Werkzeug verwendet.** Das Merkmal „bei der Tat" umfasst richtigerweise auch hier nur den Zeitraum vom Versuchsbeginn bis zur Vollendung der Tat[2060]; die Rechtsprechung, die die Beendigungsphase miteinbezieht, verlangt insoweit eine verlängerte Zueignungsabsicht[2061].

1197 Unter **Verwenden** ist jeder zweckgerichtete Gebrauch als Gewalt- oder Drohungsmittel zu verstehen[2062]. Das Verwenden bezieht sich auf den Einsatz des Nötigungsmittels im Grundtatbestand, so dass es dann anzunehmen ist, wenn der Täter zur Wegnahme eine Waffe oder ein gefährliches Werkzeug gerade als Mittel entweder der Gewalt gegen eine Person oder der Drohung mit gegenwärtiger Gefahr für Leib oder Leben gebraucht[2063]. Ein (vollendetes) Verwenden zur Drohung setzt voraus, dass das Opfer das Nötigungsmittel als solches erkennt und die Androhung seines Einsatzes wahrnimmt[2064].

2057 *Eisele*, BT 1, Rn. 1148 ff.; weitere Beispiele zur Verwirklichung qualifizierender Umstände im Stadium zwischen Vollendung und Beendigung bei *Eisele*, BT 2, Rn. 360.
2058 S. o. Rn. 1063 ff.
2059 *Fischer*, § 250 Rn. 16; NK-*Kindhäuser*, § 250 Rn. 16.
2060 S. oben Rn. 1193, vgl. aber etwa BGH StV 2014, 282 (283).
2061 Zu Einzelheiten vgl. o. Rn. 1193.
2062 BT-Drs. 13/8587, S. 45; BGHSt 45, 92 (94 f.); BGH NStZ 2018, 278 (279); SSW-*Kudlich*, § 250 Rn. 23.
2063 BGHSt 45, 92 (94 f.); BGH NStZ 2008, 687; BGH NStZ 2011, 158 (159).
2064 BGH NJW 2004, 3437; BGH NStZ 2018, 278 (279); *Fischer*, § 250 Rn. 18a; *Wessels/Hillenkamp/Schuhr*, BT 2, Rn. 383; a. A. NK-*Kindhäuser*, § 250 Rn. 19.

Bsp.:[2065] T hält dem O ein Brecheisen in den Rücken, um an Geld zu gelangen. – § 250 Abs. 2 Nr. 1 ist auch dann verwirklicht, wenn O das Brecheisen nicht sieht, da T (konkludent) mit Schlagverletzungen drohte, falls O sich nicht fügt.

Kein Verwenden ist das bloße (auch offene) **Beisichführen**, das von dem milderen Strafrahmen des Abs. 1 Nr. 1 lit. a erfasst wird. Abs. 2 Nr. 1 ist daher in Fällen zu verneinen, in denen das Werkzeug zwar sichtbar – etwa am Hosengürtel – mitgeführt und das Opfer dadurch eingeschüchtert wird, der Täter dieses jedoch nicht als Drohmittel einsetzt[2066]. **1198**

aa) Der typische Fall des **Verwendens einer Waffe** stellt die Abgabe eines Schusses auf das Opfer zur Durchführung der Tat dar; erforderlich ist das jedoch nicht, weil auch das bloße Drohen mit der Waffe erfasst wird[2067]. Beim **Verwenden einer Waffe** genügt bereits deren abstrakte Gefährlichkeit[2068]. Die Qualifikation ist selbst dann verwirklicht, wenn der Kassierer einer Bank, der bedroht wird, hinter einer kugelsicheren Verglasung sitzt. Nicht erfasst werden jedoch Fälle, in denen der Täter mit einer ungeladenen Schusswaffe droht, auch wenn er die Munition griffbereit bei sich führt[2069]; es ist hier lediglich § 250 Abs. 1 Nr. 1 lit. a gegeben. **1199**

bb) Bei den **anderen gefährlichen Werkzeugen** stellt sich erneut die Frage, nach welchen Kriterien die Gefährlichkeit zu bestimmen ist. Auch hier ist der Streitstand kaum noch überschaubar. Teilweise wird auch hier auf eine rein abstrakt-objektive[2070] oder konkret-subjektive Betrachtungsweise[2071] abgestellt. Überzeugender ist es freilich, in Anlehnung an § 224 Abs. 1 Nr. 2 auf die **tatsächliche bzw. angedrohte Verwendung** abzustellen; es kommt daher auf die Art und Weise des (angedrohten) Einsatzes an, wobei dieser im konkreten Fall geeignet sein muss, erhebliche Verletzungen herbeizuführen[2072]. Dies entspricht auch der Position der Rechtsprechung, die ihre abstrakt-objektive Betrachtungsweise bei § 244 Abs. 1 Nr. 1 lit. a und § 250 Abs. 1 Nr. 1 lit. a auf § 250 Abs. 2 Nr. 1 nicht überträgt. **1200**

Bsp.:[2073] T bedroht O mit einem Fleischermesser, um die Wegnahme zu erreichen. – Nicht anders als beim Einsatz einer Waffe genügt für Abs. 2 Nr. 1 Var. 2 das Verwenden als Drohmittel; T droht dem O damit, mit dem Messer zuzustechen, was zu erheblichen Verletzungen führen kann. Aus Sicht des Bedrohten ist es für die Zwangslage unerheblich,

---

2065 Nach BGH NStZ 2018, 278.
2066 BGH NStZ-RR 2004, 169; BGH NStZ 2011, 158 (159); 2013, 37.
2067 S. u. Rn. 1200.
2068 BGHSt 45, 92 (93); *Lackner/Kühl*, § 250 Rn. 4; ähnl. *Mitsch*, NStZ 1999, 617 (618).
2069 BGHSt 45, 249 (251 f.); BGH NStZ-RR 2008, 342 ff.
2070 *Fischer*, § 250 Rn. 23.
2071 *Rengier*, BT 1, § 8 Rn. 17 i. V. m. Rn. 3; *Wessels/Hillenkamp/Schuhr*, BT 2, Rn. 382.
2072 LK-*Vogel*, § 250 Rn. 32; MünchKomm-*Sander*, § 250 Rn. 60 f.
2073 BGH NStZ-RR 2001, 41.

ob der Täter einen weitergehenden, für O nicht erkennbaren Verwendungsvorbehalt besitzt.

1201 Nicht erfasst wird dagegen der **Einsatz von objektiv ungefährlichen Gegenständen und Scheinwaffen**, auch wenn der Täter deren Gefährlichkeit vortäuscht, da diese anders als bei § 244 Abs. 1 Nr. 1 lit. a und § 250 Abs. 1 Nr. 1 lit. a ausdrücklich nicht einbezogen sind[2074].

1202 cc) Nach dem Schutzzweck muss der Einsatz zudem gerade der **raubspezifischen Nötigung** und nicht nur der Wegnahme dienen, da sich die Legitimation der Strafschärfung auf die Gefährdung von Leib und Leben des Opfers durch den Waffen- und Werkzeugeinsatz zurückführen lässt.

> **Bsp.:** T dringt in das Haus des O ein, schließt diesen im Schlafzimmer ein und ist gerade dabei, sich nach Wertgegenständen umzusehen. Als er in einer Vitrine auf das verschlossene Schmuckkästchen des O stößt, will T es aufbrechen, was jedoch misslingt. Um keine Zeit zu verlieren, ergreift er kurzerhand seine Schusswaffe und schießt den Verschluss auf. – Da vorliegend der Waffeneinsatz ausschließlich der Wegnahme und nicht der Nötigung dient, scheidet § 250 Abs. 2 Nr. 1 aus. Es liegt jedoch Abs. 1 Nr. 1 lit. a vor.

1203 b) **§ 250 Abs. 2 Nr. 2.** Die Vorschrift kombiniert den **Bandenraub**, § 250 Abs. 1 Nr. 2, und den **bewaffneten Raub**, § 250 Abs. 1 Nr. 1 lit. a Var. 1. Zu beachten ist, dass der Täter nur dann von Abs. 1 Nr. 2 in die schärfere Qualifikation des Absatzes 2 „aufsteigt", wenn er eine **Waffe** bei sich führt. Andere gefährliche Werkzeuge werden nicht erfasst, so dass im Rahmen dieser Vorschrift die Abgrenzung von Waffen und gefährlichen Werkzeugen erhebliche Bedeutung gewinnen kann.

1204 c) **§ 250 Abs. 2 Nr. 3 lit. a.** Eine **schwere körperliche Misshandlung** bei der Tat[2075] liegt – wie die Gleichstellung mit der Gefahr des Todes nach Nr. 3 lit. b zeigt – nur bei einer gravierenden Beeinträchtigung der körperlichen Unversehrtheit vor[2076]. Erforderlich ist, dass erhebliche Folgen, nicht aber notwendig solche des § 226[2077], eintreten oder die Misshandlung mit erheblichen Schmerzen verbunden ist[2078]. Erfasst wird auch hier und bei Nr. 3 lit. b nur die **Phase zwischen Versuch und Vollendung**, so dass die Qualifikation in der Beendigungsphase nicht verwirklicht werden kann[2079].

1205 d) **§ 250 Abs. 2 Nr. 3 lit. b.** Es handelt sich um ein **konkretes Gefährdungsdelikt**, das die Gefahr einer schweren Gesundheitsgefahr i. S. d.

2074 BGHZ NStZ-RR 2000, 43; BGH NStZ-RR 2004, 169.
2075 Zum Merkmal „bei der Tat" o. Rn. 1187 f.
2076 NK-*Kindhäuser*, § 250 Rn. 23; SSW-*Kudlich*, § 250 Rn. 27.
2077 BGH NStZ-RR 2007, 175; NK-*Kindhäuser*, § 250 Rn. 23.
2078 BGH NStZ 1998, 461; *Lackner/Kühl*, § 250 Rn. 4.
2079 S. o. Rn. 1193.

Abs. 1 Nr. 1 lit. c steigert. Da die konkrete Gefahr **durch die Tat** verursacht werden muss, ist auch hier ein spezifischer Gefahrzusammenhang erforderlich[2080].

Einführende Aufsätze:
Erb, Schwerer Raub nach § 250 Abs. 2 Nr. 1 StGB durch Drohen mit einer geladenen Schreckschusspistole, JuS 2004, 653; *Kiworr*, Die Verwirklichung von Qualifikationen in der Beendigungsphase von Raub und räuberischer Erpressung, JuS 2018, 424.

Übungsfälle:
Duttge/Burghardt, Was ist Einbruch in eine Bank gegen die Gründung einer Bank?, Jura 2017, 727 (zahlreiche Qualifikationen des § 250 Abs. 1 und 2 StGB mit Schwerpunkt auf der rechtichen Einordnung der Scheinwaffe); *Hörnle*, Die verflixten Rubine: Raubüberfall mit tödlichem Ausgang, Jura 2001, 44 (Problematik der Scheinwaffe, Qualifikationshandlungen in der Fluchtphase); *Käßner/Seibert*, Stoff und Zoff, JuS 2006, 810 (Qualifikationen zwischen Vollendung und Beendigung); *Kühl/Schramm*, Raubüberfall auf einen Tübinger Juwelier, JuS 2003, 681 (Qualifikationen im Versuchs- und Beendigungsstadium, Problematik der Scheinwaffe.

Rechtsprechung:
BGHSt 20, 194 – Bauernkeller (Einsatz einer Waffe zwischen Vollendung und Beendigung); **BGHSt 31, 105** – Gasrevolver (Begriff des Beisichführens); **BGHSt 38, 115** – Plastikrohr (Grenzen bei Scheinwaffen); **BGHSt 45, 92** – Gaspistole (Verwenden i. S. d. § 250 Abs. 1 Nr. 1); **BGHSt 45, 249** – Agentur (Ungeladene Schusswaffe); **BGHSt 48, 197** – Waffe (Schreckschusspistole); **BGH NStZ 1997, 184** – Labello (Grenzen bei Scheinwaffen); **BGH NStZ 2007, 332** – Metallrohr (Grenzen bei Scheinwaffen); **BGH NStZ-RR 2007, 175** – Prügel (schwere körperliche Misshandlung).

III. Raub mit Todesfolge, § 251

1. Geschütztes Rechtsgut und Systematik

§ 251 stellt eine **Erfolgsqualifikation** i. S. d. § 18 zu § 249 dar. Es handelt sich gemäß § 11 Abs. 2 um ein Vorsatzdelikt. Über Verweise gilt die Vorschrift auch für § 252 und § 255. Entscheidend ist, dass der Raub und der Tod eines anderen Menschen wie bei anderen Erfolgsqualifikationen (z. B. §§ 227, 306c) über den gefahrspezifischen Zusammenhang miteinander verknüpft sind[2081], weil sich nur so der erhöhte Strafrahmen rechtfertigt. Gegenüber anderen Erfolgsqualifikationen sind die Anforderungen erhöht,

---
2080 S. o. Rn. 1189 ff.
2081 S. hierzu *Eisele*, BT 1, Rn. 371.

da statt einfacher Fahrlässigkeit ein leichtfertiges Verhalten Voraussetzung ist.

Prüfungsschema
1. **Tatbestand**
   a. Verwirklichung des Grundtatbestands des § 249
   b. Schwere Folge i. S. d. § 18
      aa. Eintritt der schweren Folge: Tod
      bb. Kausalität zwischen Handlung und schwerer Folge
      cc. Wenigstens Leichtfertigkeit hinsichtlich der schweren Folge
      dd. Objektive Zurechenbarkeit
      ee. Gefahrspezifischer Zusammenhang zwischen Grundtatbestand und schwerer Folge
2. **Rechtswidrigkeit**
3. **Schuld**

Klausurtipp
Es empfiehlt sich, vorab § 249, ggf. auch § 250 zu prüfen. Die Erfolgsqualifikation des § 251 sollte aus Gründen der Übersichtlichkeit und des abweichenden Aufbaus nicht mit der Qualifikation des § 250 gemeinsam geprüft werden. Wenn § 251 verneint wird, ist im Anschluss daran noch § 222 zu erörtern. Hat der Täter Vorsatz hinsichtlich des Todes, sind neben § 251 immer auch die §§ 212, 211 zu prüfen, die hierzu in Tateinheit treten können.

2. Verwirklichung des Grundtatbestands

1207 Unproblematisch ist zunächst die Anknüpfung der Erfolgsqualifikation bei vollendetem Grundtatbestand des § 249. Liegt der Grundtatbestand nur im Versuch vor, so stellt sich wie bei anderen Erfolgsqualifikationen die Frage nach der Strafbarkeit eines erfolgsqualifizierten Versuchs bzw. einer versuchten Erfolgsqualifikation[2082].

3. Schwere Folge i. S. d. § 18

1208 Durch die Tat muss der Tod eines anderen Menschen – nicht notwendig des Beraubten – verursacht worden sein. Auch unbeteiligte Dritte sind in den Schutzbereich einbezogen. Lediglich Tatbeteiligte sollen nach h. M. keine anderen Menschen i. S. d. § 251 sein[2083].

> **Bsp.:** T plant, den O mit Hilfe des G auszurauben. Als T dem O mit vorgehaltener Waffe droht, löst sich durch eine grobe Unachtsamkeit des T ein Schuss, der als Querschläger den G tötet. T vollendet die Tat

---

2082 S. sogleich u. Rn. 1215 ff.
2083 LK-*Vogel*, § 251 Rn. 4; *Wessels/Hillenkamp/Schuhr*, BT 2, Rn. 387.

nun allein. – Hier scheidet nach h. M. eine Strafbarkeit des T nach § 251 aus, weil G auf Seiten des T steht und daher nicht in den Schutzbereich einbezogen ist.

Eine dem Einzelfall – etwa bei einem Exzess – besser Rechnung tragende Lösung lässt sich freilich über die objektive Zurechung oder den gefahrspezifischen Zusammenhang sowie die rechtfertigende Einwilligung finden, wenn man dort die Grundsätze der eigenverantwortlichen Selbstgefährdung bzw. einverständlichen Fremdgefährdung berücksichtigt[2084].

a) Kausalität und objektive Zurechnung. Die schwere Folge muss nach allgemeinen **Grundsätzen kausal und objektiv zurechenbar** mit der Nötigungshandlung verbunden sein. Schädigt sich das Opfer selbst, so bleibt der Erfolg auch dann objektiv zurechenbar, wenn das Opfer aufgrund einer adäquaten Reaktion auf die Nötigung des Täters zu Tode kommt.

Bsp.: T schlägt auf Rentnerin O ein, um ihre Handtasche zu entwenden. Um sich der heftigen Schläge des T zu entziehen, tritt O unachtsam auf die Fahrbahn und wird dort von einem LKW erfasst und getötet. – Da das Ausweichen der O unmittelbar auf die Schläge des O zurückzuführen ist und auch keine inadäquate Reaktion darstellt, ist der Tod dem T objektiv zurechenbar.

b) Gefahrspezifischer Zusammenhang. Bei § 251 ist es – ebenso wie bei § 250 Abs. 1 Nr. 1 lit. c bzw. Abs. 2 Nr. 3 lit. b – erforderlich, dass die schwere Folge unmittelbar auf der Raubhandlung (Gewalt oder Drohung) und nicht nur auf der Wegnahme beruht[2085]. Das ist etwa der Fall, wenn der Tod durch Schläge oder Schüsse eintritt.

Bsp.: T nimmt dem O auf einer Bergwanderung unter Drohungen i. S. d. § 249 den wärmenden Schlafsack weg. O erfriert. – T macht sich nach § 249 in Tateinheit mit § 222 strafbar; § 251 scheidet aus, weil der Tod nicht durch die Drohung, sondern die Wegnahme verursacht wurde.

Der gefahrspezifische Zusammenhang kann im Übrigen vor allem in „**Verfolgerfällen**" zu verneinen sein[2086].

Bsp.: T hat O deren Halskette mit Gewalt entrissen. Um diese wieder zu erlangen, nimmt O die Verfolgung auf. Dabei übersieht sie eine Straßenbahn und wird getötet. – Der gefahrspezifische Zusammenhang ist unabhängig von der Frage, ob die schwere Folge überhaupt noch in der Beendigungsphase eintreten kann, zu verneinen, da der Tod nicht unmittelbar auf der Gewaltanwendung beruht. Auch bei einem vorausgegangenen Diebstahl i. S. d. § 242 wäre der Tod in gleicher Weise eingetreten.

2084 Näher *Eisele*, BT 1, Rn. 1079, für die vergleichbar gelagerte Problematik bei § 306c.
2085 *Fischer*, § 251 Rn. 3a; *Schönke/Schröder/Bosch*, § 251 Rn. 4.
2086 Vgl. BGHSt 22, 362 (263 f.); *Hinderer/Kneba*, JuS 2010, 590 (593).

1213 c) **Deliktsphase.** Die h. M. erfasst auch hier alle Handlungen vom **Versuchsbeginn bis zur Beendigung der Tat**[2087], da die Phase der Beutesicherung und Flucht noch von der typischen Gefährlichkeit des Raubes geprägt sei. Dem Raub sei durchaus eigentümlich, dass sich das Opfer auch noch nach der Tat wehre und der Täter daher zu lebensgefährlichen Maßnahmen greife. Für die Gegenposition spricht jedoch, dass die Strafschärfung an den Grundtatbestand anknüpfen muss, der die Fluchtphase jedoch nicht erfasst[2088]. Zudem würde der mit dem Erfordernis der Besitzerhaltungsabsicht eng gefasste § 252 in weiten Teilen unterlaufen, womit zugleich schwierige Abgrenzungsprobleme hervorgerufen würden[2089]. Die Rechtsprechung hat es bislang offen gelassen, ob auch für § 251 eine verlängerte Zueignungsabsicht zu fordern ist, so dass der Täter in dieser Phase zur Sicherung des Besitzes an dem gestohlenen Gut handeln muss[2090].

> **Bsp.:**[2091] T betritt den vermeintlich leeren Verkaufsraum einer Salatbar, um dort nach stehlenswerten Gegenständen zu suchen. Tatsächlich ist O anwesend, die den T anspricht. Dieser fasst daraufhin den Entschluss, von O Herausgabe von Geld zu verlangen, wozu er ihr ein Messer an den Hals hält. Als O laut zu schreien beginnt, befürchtet T, dass Passanten aufmerksam werden und ihn an einer unerkannten Flucht hindern könnten. Deshalb entschließt er sich spontan, die O zum Schweigen zu bringen. Hierzu sticht er mehrmals auf O ein und bringt ihr tödliche Verletzungen bei. Um ungestört fliehen zu können, schleppt er O in den Kühlraum der Salatbar und verschließt die Tür. Auf dem Weg in Richtung Ausgang erblickt T zwei Taschen, die O dort zuvor abgestellt hatte. Diese nimmt er mit, um den Inhalt für sich zu behalten; nach Bargeld sucht er nicht mehr. Anschließend verlässt er die Salatbar, O verstirbt kurze Zeit später am Tatort. – Unabhängig von der zu bejahenden Strafbarkeit des T wegen (Verdeckungs-)Mordes ergibt sich die Frage, ob – tateinheitlich – eine Strafbarkeit nach § 251 hinzutritt. Da die Messerstiche nicht zum Zwecke der Wegnahme der Taschen eingesetzt wurden, fehlt es insoweit am notwendigen Finalzusammenhang zwischen Gewalteinsatz und Wegnahme. Als Anknüpfungspunkt verbleibt damit das vorangegangene Verhalten des T in Gestalt der Bedrohung mit dem Messer: Diesbezüglich ist mit Blick auf die Abgrenzung von (versuchtem) Raub und (versuchter) räuberischer Erpressung sowohl nach der Rechtsprechung, die auf das äußere Erscheinungsbild (hier: Geben-Lassen) abstellt, als auch nach der überwiegenden Literaturauffassung, die für die Erpressung eine Vermögensverfügung verlangt und dementsprechend eine verbleibende Wahlmöglichkeit des

---

2087 Vgl. BGHSt 38, 295; BGH NJW 1999, 1040; *Schönke/Schröder/Bosch*, § 251 Rn. 4.
2088 Vgl. *Fischer*, § 251 Rn. 5; *Lackner/Kühl*, § 251 Rn. 1.
2089 *Rengier*, JuS 1993, 460 (462); *Wessels/Hillenkamp/Schuhr*, BT 2, Rn. 386.
2090 BGHSt 55, 79 (81); vgl. auch o. Rn. 1193.
2091 Vgl. BGH NStZ 2017, 638 m. Anm. *Eisele*, JuS 2017, 1030.

Opfers fordert (hier: Hilferufe sprechen für – aus Opfersicht – verbleibende Handlungsalternative), das Vorliegen eines Erpressungsversuchs (§§ 253, 255, 22, 23) zu bejahen. Über § 255 (Strafbarkeit „gleich einem Räuber") besteht auch insoweit die Möglichkeit des Rückgriffs auf § 251. Freilich muss man sehen, dass der Messereinsatz (Stiche gegen O) gerade nicht auf die weitere Durchführung der Tat gerichtet war, sodass es – entgegen der Auffassung der Rspr.[2092] und in Übereinstimmung mit der oben bezüglich der Bewirkung der Todesfolge im Stadium zwischen Vollendung und Beendigung vertretenen Position – am gefahrspezifischen Zusammenhang fehlt[2093].

d) Leichtfertigkeit. Der Täter muss **wenigstens leichtfertig** hinsichtlich der schweren Folge handeln, so dass einfache Fahrlässigkeit nicht genügt. Die Leichtfertigkeit entspricht in etwa der groben Fahrlässigkeit im Zivilrecht, so dass der Täter die sich ihm aufdrängende Möglichkeit bzw. hochgradige Wahrscheinlichkeit eines tödlichen Verlaufs aus besonderem Leichtsinn oder aus besonderer Gleichgültigkeit außer Acht lassen muss[2094]. Anders als bei § 227, bei dem die vorsätzliche Körperverletzungshandlung regelmäßig bereits die Fahrlässigkeit hinsichtlich des Todes als schwere Folge begründet[2095], kann nicht schon in jeder qualifizierten Nötigungshandlung eine leichtfertige Tötung gesehen werden. Andernfalls würde die bewusst enge Fassung des Gesetzes umgangen. Aus dem Wort „wenigstens" folgt, dass auch Fälle erfasst werden, in denen der Täter vorsätzlich hinsichtlich des Todes handelt.

4. Versuch und Rücktritt

a) Versuch. Zu unterscheiden sind der **erfolgsqualifizierte Versuch** und die **versuchte Erfolgsqualifikation**[2096].

aa) Charakteristisch für den **erfolgsqualifizierten Versuch** ist, dass die Wegnahme nicht vollendet ist und sich daher das Grunddelikt des Raubes noch im Versuchsstadium befindet, während durch die Nötigungshandlung bereits der Tod eintritt. Bedenken im Hinblick auf die dogmatische Konstruktion wie bei § 227[2097] bestehen nicht, da die schwere Folge des § 251 an die gefährliche Tathandlung geknüpft ist. Dabei ist es unerheblich, ob der Tod leichtfertig oder vorsätzlich verursacht wird.

> **Bsp.:** T stürmt in das Juweliergeschäft des O und bedroht diesen mit einer Schusswaffe. Weil O nicht gleich zurückweicht, gestikuliert T wild mit seiner Pistole, wodurch sich ein für O tödlicher Schuss löst. T flieht

---

2092 BGH NStZ 2017, 638 f.
2093 *Eisele*, JuS 2017, 1030 (1031); *Kudlich*, NStZ 2017, 639 f.
2094 BGHSt 33, 66 (67); BGH NStZ 2015, 696 (697); OLG Nürnberg NStZ 1986, 556.
2095 *Eisele*, BT 1, Rn. 369.
2096 *Eisele*, BT 1, Rn. 381 ff.; umfassend *Eisele/Heinrich*, AT, Rn. 466 ff.
2097 *Eisele*, BT 1, Rn. 371 ff.

daraufhin ohne Beute, weil bereits Alarm ausgelöst ist. – Der Raub ist mangels Wegnahme nur versucht; durch die raubspezifische Nötigungshandlung (Drohung) hat T leichtfertig den Tod des O verursacht. T ist damit nach §§ 251, 22, 23 zu bestrafen. Ein Rücktritt scheitert an der fehlenden Freiwilligkeit.

1217 bb) Die Konstellation der **versuchten Erfolgsqualifikation** ist konstruktiv deshalb denkbar, weil die schwere Folge auch vorsätzlich herbeigeführt werden kann. Diese Fallgruppe liegt bei einem versuchten oder vollendeten Raub vor, wenn der Täter hinsichtlich des Todes vorsätzlich handelt, die schwere Folge jedoch ausbleibt.

Bsp.: T schlägt O mit einem Baseballschläger nieder, um Schmuck wegzunehmen, wobei er den Tod des O billigend in Kauf nimmt. T flieht mit der Beute, O kann jedoch gerettet werden. – T macht sich zunächst nach §§ 212, 211 (Habgier), 22, 23; §§ 223, 224 Abs. 1 Nr. 2, 5; §§ 249, 250 Abs. 2 Nr. 1 (Nr. 1 lit. a ist subsidiär), Nr. 3 lit. a, b (Nr. 1 lit. c ist subsidiär) strafbar. Zudem liegen §§ 251, 22, 23 vor, da Tatentschluss hinsichtlich der schweren Folge zu bejahen ist. Die Vorschriften stehen in Tateinheit zueinander[2098].

1218 cc) Nach Ansicht des BGH, der auch hier nicht zuzustimmen ist, soll in beiden Konstellationen die **Phase zwischen Vollendung und Beendigung** einbezogen sein[2099].

Bsp.: T steckt die mit Gewalt erlangte Beute ein und gibt auf der Flucht in Tötungsabsicht Schüsse auf O ab, der jedoch nicht getroffen wird. – Nach BGH liegt eine versuchte Erfolgsqualifikation nach §§ 251, 22, 23 vor.

1219 b) **Rücktritt**. Auch beim Rücktritt muss zwischen den einzelnen Konstellationen differenziert werden.

1220 aa) Von der **versuchten Erfolgsqualifikation** mit **versuchtem Grunddelikt** kann durch Rücktritt vom versuchten Raub, d. h. durch Verzicht auf die Wegnahme, vollständige Strafbefreiung erlangt werden.

1221 bb) Streitig wird die Frage diskutiert, ob bei einem **erfolgsqualifizierten Versuch** eine Strafaufhebung durch Rücktritt vom **versuchten Grundtatbestand** möglich ist[2100]. Dies wird teilweise verneint, weil mit dem Eintritt der schweren Folge das Delikt „materiell vollendet" sei. Außerdem habe sich damit die tatbestandsspezifische Gefahr bereits in der Erfolgsqualifikation niedergeschlagen, weshalb der erhöhte Unrechts- und Schuldgehalt gegeben sei[2101]. Dem ist jedoch mit der h. M. zu widersprechen, weil mit

---

2098 Vgl. *Fischer*, § 251 Rn. 12.
2099 BGH NJW 1998, 3361 (3362); dagegen o. Rn. 1208.
2100 *Eisele/Heinrich*, AT, Rn. 553 f.
2101 *Wolters*, GA 2007, 65 (72).

dem Rücktritt vom Grunddelikt der Erfolgsqualifikation der Anknüpfungspunkt bzw. der Boden entzogen wird[2102].

Bsp.: T bedroht Kassierer O in einer Bank mit einer Waffe, wobei sich durch grobe Nachlässigkeit ein tödlicher Schuss löst. T lässt nunmehr die Beute, die er gerade in eine Sporttasche packen möchte, liegen. – T ist von §§ 249, 250 Abs. 2 Nr. 1 gemäß § 24 Abs. 1 Satz 1 Var. 1 zurückgetreten, da er trotz der veränderten Sachlage freiwillig von der weiteren Ausführung des Raubes Abstand genommen hat; dies gilt auch im Hinblick auf § 251, weil der Eintritt der schweren Folge dem Rücktritt nicht entgegensteht. Es verbleibt jedoch eine Strafbarkeit nach § 222.

cc) Ein Teilrücktritt von der **versuchten Erfolgsqualifikation** ist nach allgemeinen Grundsätzen möglich, wenn der Täter von der Verwirklichung der schweren Folge Abstand nimmt[2103]. Dies gilt auch bei Vollendung des Grunddelikts[2104]. Es verbleibt dann eine Strafbarkeit wegen versuchten oder vollendeten Raubes – ggf. qualifiziert nach § 250.

1222

Bsp.: T nimmt dem Geldboten O die Kassette weg, nachdem er ihn mit Tötungsvorsatz niedergestreckt hat. Anschließend packt ihn die Reue, so dass er einen Rettungswagen verständigt und O gerettet wird. Die Beute nimmt er dennoch mit. – Von der versuchten schweren Folge und damit §§ 251, 22, 23 ist T gemäß § 24 Abs. 1 Satz 1 Var. 2 (beendeter Versuch) strafbefreiend zurückgetreten; entsprechendes gilt für §§ 212, 211, 22, 23. Es verbleibt aber eine Strafbarkeit nach §§ 249, 250 Abs. 2 Nr. 1 und Nr. 3 lit. b in Tateinheit mit §§ 223, 224 Abs. 1 Nr. 2 und 5.

5. Beteiligung

Eine Beteiligung an § 251 ist sowohl als Täter als auch als Teilnehmer möglich, da es sich gemäß § 11 Abs. 2 um ein Vorsatzdelikt handelt. Für die Bestimmung der Beteiligungsform ist allein das **Grunddelikt** ausschlaggebend. Insoweit muss sich der Vorsatz auf die Gewaltanwendung oder die Drohung erstrecken, durch welche der qualifizierende Erfolg herbeigeführt worden ist. Liegt hinsichtlich der Nötigungshandlung, die zum Tod führt, ein Exzess eines anderen Beteiligten vor, so ist diese nicht zurechenbar.

1223

Darüber hinaus muss hinsichtlich der schweren Folge gemäß § 18 jedem Beteiligten selbst **wenigstens Leichtfertigkeit** zur Last fallen. Bei einer Teilnahme ist demnach die Akzessorietät selbst dann gelockert, wenn der Haupttäter vorsätzlich hinsichtlich des Todes handelt[2105]. Fällt einem Teilnehmer nicht wenigstens Leichtfertigkeit zur Last, kommt für ihn nur eine Strafbarkeit nach §§ 249, 250, 26 (27) in Betracht, zu der ggf. in Tateinheit

1224

2102 BGHSt 42, 158 (160); NK-*Kindhäuser*, § 251 Rn. 10.
2103 *Küper*, JZ 1997, 229 (233 ff.); SK-*Sinn*, § 251 Rn. 20.
2104 B/W/M/E-*Mitsch*, § 23 Rn. 43; *Kühl*, AT, § 17a Rn. 54 f.
2105 *Mitsch*, BT 2, 8.3.2.5.3; SSW-*Kudlich*, § 251 Rn. 9.

§ 222 oder § 227 tritt, sofern er durch seine Teilnahme den Tod des Opfers fahrlässig verursacht hat.

> **Aufbauhinweis**
> Es ist zunächst zu prüfen, ob sich der Teilnehmer wegen Anstiftung bzw. Beihilfe zu §§ 249, 250 strafbar gemacht hat, wobei nach allgemeinen Grundsätzen Vorsatz hinsichtlich der Haupttat und seiner Teilnahmehandlung erforderlich ist. Anschließend ist zu prüfen, ob ihm hinsichtlich der schweren Folge Leichtfertigkeit vorgeworfen werden kann[2106].

1225 Umgekehrt ist es auch denkbar, dass lediglich der Teilnehmer nach §§ 251, 26 (27) bestraft wird, während dem **Haupttäter keine Leichtfertigkeit** zur Last fällt. Auch bei Mittätern ist die Leichtfertigkeit für jeden Beteiligten gesondert zu untersuchen.

> **Bsp.:** T bedroht Kassierer O mit einer Pistole, um die Kasse zu leeren. Obwohl T die Pistole gesichert hat, löst sich plötzlich ein Schuss und tötet den O; T flieht mit der Beute. Die Pistole hatte T von G erhalten, der in den Tatplan eingeweiht war und wusste, dass die Sicherung der Waffe defekt war; dennoch hatte G die Waffe als „zuverlässig" beschrieben. – T macht sich nach §§ 249, 250 Abs. 2 Nr. 1 strafbar (hinsichtlich Nr. 3 lit. b fehlt der Vorsatz). Eine Strafbarkeit nach § 251 scheitert daran, dass T nicht leichtfertig handelte, da er die Waffe sicherte; hingegen kann § 222 bejaht werden, da er immerhin auf O zielte. Bei G liegt eine Beihilfe zu §§ 249, 250 Abs. 2 Nr. 1 vor, die aber hinter §§ 251, 27 zurücktritt, da G hinsichtlich des Todes aufgrund der Kenntnis vom Defekt leichtfertig handelte.

6. Konkurrenzen

1226 Zu den §§ 212, 211 besteht Tateinheit, wenn der Täter den Tod vorsätzlich herbeiführt; denn nur so kommt im Urteil zum Ausdruck, dass der Tod auch eine tatbestandsspezifische Folge des Raubes ist[2107]. § 227 tritt nach h. M. hinter dem vollendeten § 251 zurück, damit die schwere Folge nicht doppelt in Ansatz gebracht wird[2108]; zu einem versuchten Raub mit Todesfolge besteht jedoch Tateinheit. Entsprechendes gilt (erst recht) für § 222. Die Modalitäten des § 250 treten nach h. M. ebenfalls hinter § 251 zurück[2109].

> **Einführende Aufsätze:**
> *Hinderer/Kneba*, Der tatbestandstypische Zurechnungszusammenhang beim Raub mit Todesfolge, JuS 2010, 590; *Kudlich*, Die Teilnahme am erfolgsqualifi-

---

2106 Zu dem entsprechenden Aufbau im Rahmen des § 227 s. *Eisele*, BT 1, Rn. 384.
2107 BGHSt 39, 100 (108 f.); *Schönke/Schröder/Bosch*, § 251 Rn. 10.
2108 BGHSt 46, 24 (26); BGH NJW 1965, 2116; *Lackner/Kühl*, § 251 Rn. 4.
2109 S. schon o. Rn. 1159.

zierten Delikt, JA 2000, 511; *Steinberg*, Die Erfolgsqualifikation im juristischen Gutachten, JuS 2017, 970, 1061.

Übungsfälle:
Radtke/Matula, „Verspätete Rache", JA 2012, 265 (Erfolgsqualifizierter Versuch).

Rechtsprechung:
BGHSt 38, 295 – RAF-Einkaufspassage (Gewalt zwischen Vollendung und Beendigung); **BGHSt 42, 158** – Versehentlicher Schuss (Rücktritt nach Eintritt der schweren Folge).

Teil 15: **Raubähnliche Delikte**

I. Räuberischer Diebstahl, § 252

1. Geschütztes Rechtsgut und Systematik

1227 § 252 stellt keinen Qualifikationstatbestand zu § 242, sondern ein **eigenständiges raubähnliches Delikt** dar[2110]. § 252 schützt wie § 249 das Eigentum und die freie Willensbestimmung[2111]. Da der Täter „gleich einem Räuber" zu bestrafen ist, finden § 250 und § 251 Anwendung, sofern die Erschwerungsgründe zwischen Vollendung und Beendigung des Diebstahls verwirklicht werden. Die Vorschrift trägt dem Umstand Rechnung, dass sich derjenige, der sich mit raubspezifischen Nötigungsmitteln im Besitz der Diebesbeute halten will, als ebenso gefährlich wie ein Räuber erweist[2112]. Zudem kann es von Zufälligkeiten und Abgrenzungsfragen abhängen, ob der Gewahrsamsbruch zum Zeitpunkt der Anwendung der Raubmittel bereits vollendet ist oder nicht[2113]. Während das Nötigungsmittel bei § 249 der Erlangung der Beute dient, dient es bei § 252 der Erhaltung der Beute zwischen Vollendung und Beendigung.

[2110] BGHSt 3, 76 (77); *Lackner/Kühl*, § 252 Rn. 1.
[2111] BGH NStZ 2002, 542 (544); *Schönke/Schröder/Bosch*, § 252 Rn. 1.
[2112] *Rengier*, BT 1, § 10 Rn. 1.
[2113] *Wessels/Hillenkamp/Schuhr*, BT 2, Rn. 395.

I. Räuberischer Diebstahl, § 252

Abgrenzung Diebstahl/Raub/Räuberischer Diebstahl

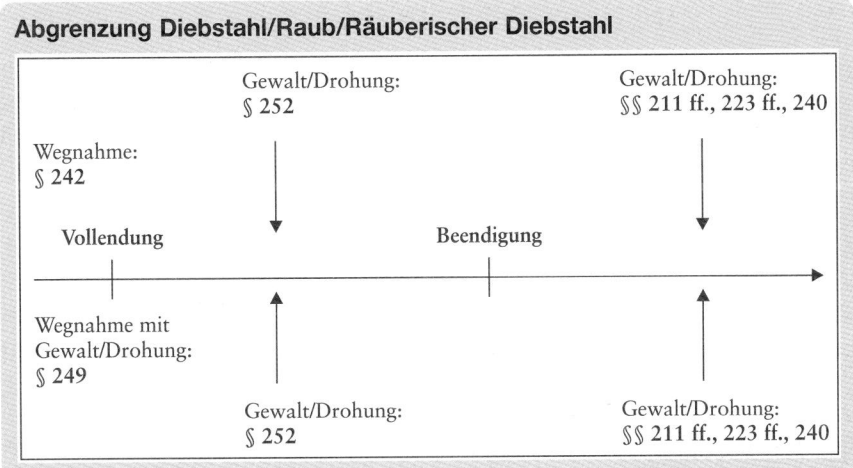

Prüfungsschema

1. **Tatbestand**
   a. Objektiver Tatbestand
      aa. Vollendeter Diebstahl oder Raub
      bb. Auf frischer Tat betroffen
      cc. Gewalt gegen eine Person oder Drohungen mit gegenwärtiger Gefahr für Leib oder Leben
   b. Subjektiver Tatbestand
      aa. Vorsatz
      bb. Besitzerhaltungsabsicht
2. **Rechtswidrigkeit**
3. **Schuld**

2. Objektiver Tatbestand

Dieser setzt voraus, dass der auf frischer Tat betroffene Täter qualifizierte Nötigungsmittel gegen eine Person anwendet.

a) Geeignete Vortat. Nach h. M. kann nicht nur der Diebstahl, sondern auch der Raub eine geeignete Vortat darstellen, da dieser den Diebstahltatbestand mitenthält[2114]; §§ 253, 255 sind hingegen nicht einbezogen. Die Strafantragserfordernisse nach § 248a und § 247 gelten für § 252 jedoch nicht.

> **Klausurtipp**
>
> § 242 bzw. § 249 sind stets vorab zu prüfen. Kombinierte Prüfungen schlagen erfahrungsgemäß regelmäßig fehl, weil bei § 252 die besondere

---

2114 BGHSt 21, 377 (379 f.); BGH NStZ 2002, 542 (544); *Schönke/Schröder/Bosch*, § 252 Rn. 3.

> Absicht im subjektiven Tatbestand anders ausgestaltet ist und zwischen der Beteiligung an der Vortat und § 252 differenziert werden muss.

1232 **b) Frische Tat.** Der Täter muss auf frischer Tat betroffen sein. Die Tat ist frisch, wenn mit der Wegnahmehandlung noch ein **enger zeitlicher und räumlicher Zusammenhang** besteht.

1233 aa) Wie sich schon aus dem subjektiven Erfordernis der Besitzerhaltungsabsicht schließen lässt, muss die Vortat in **zeitlicher Hinsicht** vollendet, d. h. der Gewahrsamswechsel vollzogen sein. Die h. M. verlangt ferner, dass diese noch nicht beendet ist[2115]. Eine Beendigung der Wegnahme ist spätestens dann anzunehmen, wenn der Täter die gesicherte Sachherrschaft erlangt hat. Hilfreich ist die (Test-)Frage, ob dem Opfer bzw. einem hilfsbereiten Dritten gegen den Diebstahl noch das Notwehr- bzw. Nothilferecht i. S. v. § 32 Abs. 2 zustehen würde, was im Rahmen der Notwehrlage eine Gegenwärtigkeit des Angriffs erfordert[2116].

> **Bsp. (1):**[2117] T übernachtet bei O und steckt in der Nacht Wertgegenstände in seinen Rucksack. Als O den T nach Entdeckung des Verlustes am nächsten Tag im Garten stellt, wird er von T niedergeschlagen. – Fraglich ist der zeitliche Zusammenhang, da die Tat erst am anderen Morgen entdeckt wird. Da sich der Täter jedoch noch im räumlichen Herrschaftsbereich des Opfers befand, soll die Tat mangels gesicherten Gewahrsams zwar vollendet, jedoch noch nicht beendet sein[2118].
>
> **Bsp. (2):**[2119] T fährt ohne Fahrkarte mit dem Zug. Unbemerkt hat er O dessen Geldbörse und Handy weggenommen. Das Diebesgut versteckt er im Gepäckabteil. Bei einer Fahrkartenkontrolle begibt er sich in das Gepäckabteil und holt das Diebesgut. Als der Kontrolleur F ihn auf die Fahrkarte anspricht, zieht T die Notbremse, um mit der Beute zu flüchten. Als T abspringen möchte, liegt die Beute auf dem Boden des Zuges. F versucht nach dieser zu greifen. Daraufhin zieht T ein Messer und hält es drohend gegen F, um seine Flucht mit der Beute fortzusetzen. – Zunächst macht sich T nach § 242 sowie § 265a strafbar. § 252 scheidet nach Ansicht des BGH mangels engem zeitlichem Zusammenhang aus, da der Besitz an der Diebesbeute nicht unmittelbares Ergebnis der Wegnahme beim Diebstahl war, sondern T die Beute erst wieder aus dem Abteil holen musste. Es liegen auch nicht §§ 253, 255 deshalb vor, weil T den F zur Duldung der Mitnahme der Beute genötigt hat; insoweit entfaltet § 252 Sperrwirkung, weil

---

2115 BGHSt 28, 224 (229); BGH NJW 1987, 2687; *Schönke/Schröder/Bosch*, § 252 Rn. 3; a. A. *Lackner/Kühl*, § 252 Rn. 4, wonach dies nur in der Regel gilt.
2116 NK-*Kindhäuser*, § 252 Rn. 14; ferner *Rengier*, BT 1, § 10 Rn. 7.
2117 Vgl. auch BGH NJW 1987, 2687.
2118 BGH NJW 1987, 2687; *Wessels/Hillenkamp/Schuhr*, BT 2, Rn. 132.
2119 BGH StV 2013, 445.

ansonsten dessen Voraussetzungen umgangen werden könnten[2120]. Hingegen sollen §§ 253, 255, 250 Abs. 1 Nr. 1a, Abs. 2 Nr. 1 vorliegen, „wenn ein dem Transportunternehmer unbekannter Fahrgast gewaltsam seine Flucht erzwingt und so verhindert, dass der gegen ihn bestehende Fahrpreisanspruch durchgesetzt werden kann (...)".

bb) Was den **räumlichen Zusammenhang** anbelangt, muss der Täter am Tatort oder jedenfalls in dessen unmittelbarer Nähe betroffen worden sein[2121]. Es ist dabei ausreichend, wenn das Nötigungsmittel bei sofort am Tatort aufgenommener Verfolgung erst im Laufe der Fluchtphase, d. h. in räumlicher Distanz zum Tatort eingesetzt wird[2122]. Dies gilt jedoch nur, wenn der Täter nicht bereits zuvor eine solche Distanz zum Verfolger geschaffen hat, dass dieser gesicherten Gewahrsam erlangt hat und die Tat damit beendet ist[2123]. Wird nur der Diebstahl sogleich bemerkt, der Täter aber erst während der Nacheile an anderer Stelle betroffen, so scheidet § 252 aus[2124]. In diesem Fall kann sich eine Strafbarkeit des Nötigenden nur noch nach §§ 240, 212 ff., 223 ff. ergeben.

Bsp. (1): O verfolgt Dieb T gleich am Tatort; 15 Minuten später stellt er den T nach einer Verfolgung über zwei Kilometer. T streckt den O nach einem Handgemenge nieder, um die Beute nicht zu verlieren. – Weil T noch am Tatort betroffen wird, ist § 252 zu bejahen[2125].

Bsp. (2):[2126] A, B, C und D dringen in eine Bank ein, brechen einen Geldautomaten auf und fliehen sodann mit zwei Fahrzeugen. A ist Beifahrer desjenigen Fahrzeugs, in dessen Kofferraum sich die Beute befindet. Die Tat wurde von Beamten des LKA observiert, so dass weitere Beamte die Verfolgung aufnehmen können. Nach etwa 30-minütiger Fahrt und ca. 35 km vom Tatort entfernt, stoppen Beamte, die an der Observation nicht beteiligt waren, die Fluchtwagen. A und B beschließen nun, auf einen der Beamten zuzufahren, um zu fliehen und sich im Besitz der Beute zu erhalten. Der Beamte erleidet bei dem Zusammenstoß mit dem von B geführten Wagen eine schmerzhafte Knieprellung. – Wie in Bsp. 1 war die Tat noch frisch, da bereits zum Zeitpunkt des Aufbruchs des Geldautomaten die Täter betroffen wurden und das Nötigungsmittel bei der Nacheile eingesetzt wurde; dass die Täter von Anfang an observiert wurden, steht dem nicht entgegen. Dass sich das (über § 25 II zuzurechnende) Nötigungsmittel nicht gegen denjenigen richtet, der den Täter auf frischer Tat betroffen hat, ist unschädlich[2127].

2120 *Kudlich* JA 2013, 310 (311).
2121 BGHSt 28, 224 (229 f.); BGH NJW 1987, 2687 (2688).
2122 BGHSt 3, 76 (78); 9, 255 (256 f.); BGH NStZ 2015, 219 (220).
2123 A/W/H/*H-Heinrich*, § 17 Rn. 20; *Fischer*, § 252 Rn. 7.
2124 *Krey/Hellmann/Heinrich*, BT 2, Rn. 310; *Wessels/Hillenkamp/Schuhr*, BT 2, Rn. 400.
2125 Vgl. auch *Mitsch*, BT 2, 9.2.1.3.2.
2126 BGH NStZ 2015, 700; dazu *Bechtel*, JSE 2016, 41; *Eisele*, JuS 2015, 1053.
2127 Siehe auch Rn. 1238.

1235 c) **Betroffen.** Von wem der Täter betroffen wird, ist unerheblich. Es kann sich hierbei um den Eigentümer der Sache, den Gewahrsamsinhaber oder auch einen beliebigen Dritten handeln. Betroffen ist er zunächst, wenn sowohl die konkrete Tat als auch der Täter entdeckt ist. Es genügt aber auch, wenn der Täter lediglich wahrgenommen wird[2128], ohne dass überhaupt ein Verdacht geschöpft wird[2129].

> **Bsp.:** T dringt in das Haus des O ein und packt Wertsachen in seine Tasche. Als O den T beim Verlassen des Hauses sieht, kommt ihm der Verdacht eines Diebstahls. Als er T zur Rede stellt, wird er niedergeschlagen. – § 252 ist verwirklicht, da O den T auf frischer Diebstahlstat betroffen hat.

1236 aa) Streitiger ist der Fall, dass der Täter **nur subjektiv glaubt, betroffen zu sein**, er aber tatsächlich noch gar nicht wahrgenommen wurde.

> **Bsp.:** T schlägt nach einem Diebstahl den O nieder, weil er irrig annimmt, von O bei der Tat beobachtet worden zu sein. Tatsächlich hat O den T gar nicht gesehen.

Teilweise wird nur ein versuchter räuberischer Diebstahl angenommen, da der Täter sich über das Betreffen geirrt habe und insoweit ein untauglicher Versuch vorliege[2130]. Nach zutreffender h. M. reicht aber das bloße räumlich-zeitliche Zusammentreffen aus. Ein Entdecken des Täters ist demnach nicht notwendig. Aus dem Erfordernis der Besitzerhaltungsabsicht kann gefolgert werden, dass der Täter nur glauben muss, er sei entdeckt und ihm könne die Beute wieder entzogen werden[2131].

1237 bb) Noch problematischer ist die Beurteilung, wenn der Dieb eine hinzukommende Person mit Gewalt ausschaltet, um **dem Entdecken zuvorzukommen**. In diesem Fall ist die Tat weder objektiv noch subjektiv aus Tätersicht entdeckt.

> **Bsp.:** T hat den Schmuck des O eingepackt. Als er gerade das Haus verlassen möchte, hört er plötzlich, dass O nach Hause kommt. T versteckt sich hinter einem Vorhang und schlägt O nieder, bevor dieser überhaupt nur einen Verdacht schöpfen kann.

In der Literatur wird ein Betreffen vielfach abgelehnt, weil ohne sinnliche Wahrnehmung des Täters durch das Opfer die Wortlautgrenze überschritten sei[2132]. Der Täter mache überhaupt erst durch die Nötigungshandlung auf sich aufmerksam. Außerdem müsse man sehen, dass der Einsatz des Nötigungsmittels der Vermeidung der Entdeckung diene und die Selbstbe-

---

2128 *Rengier*, BT 1, § 10 Rn. 10; *Schönke/Schröder/Bosch*, § 252 Rn. 4.
2129 *Mitsch*, BT 2, 9.2.1.4.2.
2130 *Küper*, Jura 2001, 21 (25); *Mitsch*, BT 2, 9.2.1.4.2.
2131 *Geilen*, Jura 1980, 43; *Schünemann*, JA 1980, 393 (398).
2132 *Geppert*, Jura 1990, 554 (556 f.); *Mitsch*, BT 2, 9.2.1.4.2.

günstigung auch ansonsten privilegierend wirken könne[2133]. Dagegen spricht aber, dass der Wortlaut „Betreffen" im Sinne eines räumlich-zeitlichen Zusammentreffens zu verstehen ist[2134]. Auch ist das Opfer, das den Täter nicht wahrgenommen hat, nicht weniger schutzwürdig als jemand, der den Täter bemerkt und sich entsprechend vorbereiten kann[2135]. Vielmehr kann man im bewussten vorsorglichen Ausschalten eines Dritten sogar eine erhöhte kriminelle Energie erblicken. Letztlich kommt es auch bei § 249, dessen Grenzen zu § 252 fließend sind, nicht auf ein Entdecken an[2136].

d) Nötigungsmittel. Die Nötigungsmittel **Gewalt gegen eine Person** oder **Drohungen mit gegenwärtiger Gefahr für Leib oder Leben** entsprechen denjenigen des § 249. Das bloße Losreißen, bei dem Schnelligkeit und Überraschungseffekt dominieren, soll als Gewalt nicht genügen[2137]. Die qualifizierte Nötigung kann sich nach dem Wortlaut gegen jeden Dritten richten, von dem der Täter zumindest glaubt, dass er ihm den Besitz an dem Diebesgut wieder entziehen könnte. Es ist daher ebenso wenig wie bei § 249 erforderlich, dass sich die Gewalt gegen den ursprünglichen Gewahrsamsinhaber oder denjenigen richtet, der den Täter auf frischer Tat betroffen hat.

3. Subjektiver Tatbestand

a) Vorsatz. Erforderlich ist zunächst zumindest Eventualvorsatz hinsichtlich der objektiven Tatbestandsmerkmale. Dieser muss sich nicht nur allgemein auf das Betroffensein erstrecken, sondern auch auf die **Entdeckung im räumlich-zeitlichen Zusammenhang** (frische Tat). Da dieser Vorsatz gemäß § 16 Abs. 1 Satz 1 i. V. m. § 8 Satz 1 StGB jedoch zum Zeitpunkt der Tathandlung vorliegen muss, genügt es, wenn der Täter die Entdeckung seiner Tat durch Dritte (erst) zum Zeitpunkt der Nötigungshandlung bemerkt. Bedeutung hat dies für Fälle (Bsp. 2, Rn. 1229), in denen der Täter zunächst nicht erkennt, dass er auf frischer Tat betroffen wurde, diese Kenntnis vielmehr erst durch die Verfolgung erlangt und dann das Nötigungsmittel einsetzt[2138].

b) Besitzerhaltungsabsicht. Ferner bedarf es der Absicht i. S. v. dolus directus 1. Grades, **sich im Besitz des gestohlenen Gutes zu erhalten**. Demnach muss das Nötigungsmittel (final) eingesetzt werden, um den an der Beute begründeten Besitz zu erhalten. Die Besitzerhaltungsabsicht für einen Dritten genügt – abweichend von den §§ 242 ff., 249 ff. mit Drittzueig-

---

[2133] *Geppert*, Jura 1990, 556 f.; *Mitsch*, JA 1997, 659 f.
[2134] BGHSt 26, 95 (96 f.); OLG Köln NStZ 2005, 448 (449); *Schünemann*, JA 1980, 398.
[2135] BGHSt 26, 95 (97); *Mitsch*, BT 2, 9.2.1.4.2.
[2136] *Blei*, JA 1975, 520 (522).
[2137] OLG Koblenz StV 2008, 474 (475); s. auch o. Rn. 1149.
[2138] BGH NStZ 2015, 700 m. Anm. *Bechtel*, JSE 2016, 41 und *Eisele*, JuS 2015, 1053.

nungsabsicht – angesichts des eindeutigen Wortlauts nicht[2139]. Bedeutung erlangt dies, wenn die Vortat in Drittzueignungsabsicht begangen und der Gewahrsam vor Einsatz des Nötigungsmittels vom Täter auf den Dritten übertragen wird.

> **Bsp.:** T lässt in der Spirituosenhandlung des O für seinen Studienkollegen S eine Flasche Whiskey in der Jackentasche verschwinden. Nach Verlassen des Ladens übergibt er die Flasche in der Fußgängerzone dem S, der sich sogleich einen Schluck genehmigen will. O, der die Übergabe wahrgenommen hat und zur Verfolgung ansetzt, wird von T niedergeschlagen, damit dem S der Trinkgenuss erhalten bleibt. – Zunächst liegt ein vollendeter Diebstahl mit Drittzueignungsabsicht vor. § 252 ist nicht verwirklicht, weil T lediglich Gewalt ausübt, um dem S den Besitz zu erhalten; es verbleiben jedoch § 223 und § 240. Wäre T noch selbst im Besitz der Beute, dann käme § 252 in Betracht[2140].

1241 aa) Unter **Besitz** ist – aufgrund des Bezugs der Vorschrift zum Diebstahl – Gewahrsam als tatsächliche Sachherrschaft zu verstehen[2141]. Für den notwendigen Besitz ist es ausreichend, dass dem Täter nach der Verkehrsanschauung Mitgewahrsam an der Sache zukommt[2142]. Bei mehreren Beteiligten können sich nicht ganz einfache Zurechnungsfragen stellen[2143].

1242 bb) Die Besitzerhaltungsabsicht muss nicht einziges Motiv sein. Jedoch muss es dem Täter zumindest auch darauf ankommen, durch die Nötigungshandlung die Entziehung der Beute zu verhindern. Kommt es dem Täter allein auf die **Flucht oder Verhinderung der Festnahme** an, so scheidet § 252 aus[2144]. Aus der Mitnahme der Beute bei der Flucht kann daher nicht ohne weiteres auf die Besitzerhaltungsabsicht geschlossen werden. Dies gilt vor allem, wenn der Täter nicht die Möglichkeit besitzt, sich ohne Gefährdung seiner Fluchtchancen der Beute zu entledigen[2145]. Für die Besitzerhaltungsabsicht ist es nicht erforderlich, dass es dem Täter darauf ankommt, eine Gewahrsamsentziehung zu Gunsten des Bestohlenen sofort zu verhindern. Es genügt, dass er den Gewahrsam (präventiv) gegen eine spätere Entziehung schützen möchte[2146].

1243 cc) Da die Besitzerhaltungsabsicht ein subjektives Tatbestandsmerkmal darstellt, genügt es, wenn nach der Vorstellung des Täters zum **Zeitpunkt der Anwendung der qualifizierten Nötigungsmittel** sein Gewahrsam am Diebesgut besteht; ob tatsächlich Gewahrsam besteht, ist demnach uner-

---

2139 *Fischer*, § 252 Rn. 9a; *Schönke/Schröder/Bosch*, § 252 Rn. 7.
2140 S. auch *Wessels/Hillenkamp/Schuhr*, BT 2, Rn. 403.
2141 LK-*Vogel*, § 252 Rn. 64; NK-*Kindhäuser*, § 252 Rn. 20.
2142 *Mitsch*, BT 2, 9.2.1.5.4.2; *Rengier*, BT 1, § 10 Rn. 21.
2143 Sogleich u. Rn. 1246 ff.
2144 BGHSt 13, 64 f.; BGH NStZ 2015, 157; *Krey/Hellmann/Heinrich*, BT 2, Rn. 312.
2145 OLG Köln NStZ 2005, 448 (449); vgl. auch BGH NStZ-RR 2004, 299.
2146 Näher *Eisele*, BT 2, Rn. 413.

heblich²¹⁴⁷. Auch wenn der Täter seine Beute – unbemerkt – verloren hat und sich den Besitz an der Sache erhalten möchte, steht eine vollendete Tat im Raum.

4. Versuch

Versuchskonstellationen sind bei § 252 denkbar, wenn der Einsatz des Nötigungsmittels nicht gelingt oder der Täter irrig von der Wegnahme einer fremden beweglichen Sache ausgeht und zur Besitzerhaltung Gewalt ausübt. **1244**

5. Täterschaft und Teilnahme

Schwierige Fragen können sich im Bereich von Täterschaft und Teilnahme stellen, da nicht jeder Beteiligte Gewahrsam an der gestohlenen Sache haben muss und die Beteiligungsform hinsichtlich § 242 einerseits und § 252 andererseits unterschiedlich zu beurteilen sein kann. **1245**

a) Strafbarkeit des Diebstahltäters. Problematisch können zunächst Fragen der **Besitzzurechnung** werden. Für § 252 genügt es dabei, dass der Täter davon ausgeht, dass er Gewahrsam kraft Zurechnung besitzt; es geht also nicht um eine Zurechnung des subjektiven Merkmals der Beuteerhaltungsabsicht selbst. **1246**

aa) Für **Mittäter des § 242** ist anerkannt, dass der Gewahrsam über § 25 Abs. 2 zugerechnet werden kann²¹⁴⁸. Auch derjenige Mittäter, der demnach nicht selbst im Besitz der Beute ist, kann nach § 252 bestraft werden, wenn er seinerseits Gewalt übt, um die in den Händen des Mittäters sich befindende Beute zu verteidigen. Die Besitzerhaltungsabsicht muss allerdings bei jedem Mittäter gesondert vorliegen und kann nicht über § 25 Abs. 2 zugerechnet werden. **1247**

> **Bsp.:** A und B fliehen nach einem gemeinschaftlichen Diebstahl, wobei A die Tasche mit der Beute trägt; als O zur Verfolgung ansetzt, übt B Gewalt, um die Beute zu verteidigen. – B als Mittäter des Diebstahls macht sich nach § 252 strafbar, da er nach Vollendung der Tat Gewalt übt und in Besitzerhaltungsabsicht handelt; dem steht nicht entgegen, dass A die Sachherrschaft an der Beute hat, da der Gewahrsam dem B über § 25 Abs. 2 zugerechnet wird. A wiederum macht sich nur dann nach §§ 252, 25 Abs. 2 strafbar, wenn die Gewaltausübung des B vom gemeinschaftlichen Tatplan gedeckt war und er selbst Besitzerhaltungsabsicht besitzt.

bb) Schwieriger sind Fälle zu beurteilen, in denen ein **Gehilfe oder ein hinzukommender Dritter Gewalt** übt. **1248**

> **Bsp.:**²¹⁴⁹ T nimmt aus dem Einkaufskorb der O die Geldbörse. Die O bemerkt dies jedoch und nimmt sofort die Verfolgung auf. Als der Be-

---

2147 *Mitsch*, BT 2, 9.2.1.5.4.2.
2148 *Rengier*, BT 1, § 10 Rn. 19 f.; *Wessels/Hillenkamp/Schuhr*, BT 2, Rn. 407.
2149 BGH StV 1991, 349.

kannte B des T diesen fliehen sieht, hält er auf Zeichen des T die O auf, um dem T den Besitz am Diebesgut zu erhalten.

Eine Zurechnung der Handlungen des B über § 25 Abs. 2 scheidet mit Blick auf die Strafbarkeit des T aus, da B aufgrund fehlender Diebstahlsbeteiligung und (Selbst-)Besitzerhaltungsabsicht kein Mittäter des § 252 sein kann[2150]. Ein gangbarer Weg besteht in vielen Fällen darin, die Handlung des B als absichtslos doloses Werkzeug dem T als mittelbaren Täter über § 25 Abs. 1 Var. 2 zuzurechnen[2151]. Darüber hinaus sollen Beiträge anderer Beteiligter – inbs. von Gehilfen – dem Haupttäter jedenfalls dann zuzurechnen sein, wenn diese von ihm in die Tatausführung integriert werden. Bejaht man eine Zurechnung, dann macht sich B seinerseits nach §§ 252, 27 strafbar, da beim Teilnehmer weder Besitz noch Besitzerhaltungsabsicht in seiner Person gegeben sein müssen[2152].

1249 b) **Strafbarkeit des Diebstahlsgehilfen.** Zu beachten ist, dass ein Teilnehmer am Diebstahl nicht zwingend auch Teilnehmer am nachfolgenden räuberischen Diebstahl sein muss. Vielmehr ist Teilnahme nur zu bejahen, wenn die Tatbeiträge auch für den räuberischen Diebstahl fortwirken und sich der Vorsatz auf die Tat nach § 252 erstreckt[2153]. Umstritten ist, ob auch derjenige Täter des § 252 sein kann, der sich am **Diebstahl bzw. Raub nur als Gehilfe beteiligt**, jedoch (Mit-)Besitz an der Beute erlangt und diese mit qualifizierten Nötigungsmitteln verteidigt. Vor allem die Rechtsprechung bejaht die Möglichkeit einer Täterschaft im Rahmen des § 252[2154], was zumindest dem Wortlaut nicht widerstreitet. Allerdings gilt es zu bedenken, dass § 252 – nicht anders als § 249 – aus Diebstahl und Nötigung zusammengesetzt ist und dort beide Teile täterschaftlich verwirklicht sein müssen. Angesichts des Strafrahmenverweises „gleich einem Räuber" wird man denselben Unrechtsgehalt verlangen müssen[2155]. Kein tauglicher Täter ist aber auch nach Rechtsprechung derjenige, der weder selbst im Besitz der gestohlenen Sache noch Mittäter des Diebstahls ist, so dass ihm der Besitz auch nicht zurechenbar ist[2156].

Bsp.: T begeht einen Gemäldediebstahl in der Villa des O. Gehilfe G soll den Abtransport mit seinem Transporter übernehmen. Als G gerade wegfahren möchte, reißt O die Fahrertür auf. G verpasst ihm einen kräftigen Tritt und fährt davon, um sich den Besitz der Gemälde zu erhalten und so von T eine Provision zu kassieren. – § 252 scheidet nach der hier vertretenen Auffassung aus; G macht sich nur nach §§ 242,

---

2150 Näher *Eisele*, BT 2, Rn. 421.
2151 BGH StV 1991, 349; *Wessels/Hillenkamp/Schuhr*, BT 2, Rn. 408.
2152 *Geppert*, Jura 1990, 554 (558); zu einer Strafbarkeit wegen Vereitelung des Herausgabeanspruchs nach §§ 253, 255 vgl. *Eisele*, BT 2, Rn. 421.
2153 *Mitsch*, BT 2, 9.2.4.
2154 BGHSt 6, 248 (250); *Maurach/Schroeder/Maiwald/Hoyer/Momsen*, BT 1, § 35 Rn. 40.
2155 LK-*Vogel*, § 252 Rn. 72; *Schönke/Schröder/Bosch*, § 252 Rn. 10.
2156 BGH NStZ 2015, 276.

244 Abs. 1 Nr. 3, 27 strafbar; in Tateinheit hierzu stehen §§ 223, 240 hinsichtlich der Gewaltanwendung.

6. Konkurrenzen

Da der Täter wie ein Räuber zu bestrafen ist, finden auch § 250 und § 251 Anwendung, wenn die strafschärfenden Umstände zwischen Vollendung und Beendigung der Vortat verwirklicht werden. Da nach h. M. beim Raub – der ebenfalls Vortat des § 252 sein kann – Qualifikationen noch bis zur Beendigung verwirklicht werden können, kann es zu Überschneidungen kommen. Dabei soll nach der Rechtsprechung das Delikt mit den weitergehenden Strafschärfungen vorgehen; sind keine Strafschärfungen verwirklicht, so tritt § 252 als mitbestrafte Nachtat zurück[2157]. Nach der hier vertretenen Konzeption sind Strafschärfungen beim Raub dagegen nur bis zur Vollendung des Grundtatbestandes möglich, so dass sich die Strafbarkeit in der Beendigungsphase allein nach § 252 (i. V. m. §§ 250, 251) richtet[2158]; damit wird eine klare Grenzziehung gewährleistet.

Einführende Aufsätze:
Bosch, Räuberischer Diebstahl (§ 252) als »zweite Hälfte« des Raubtatbestandes, Jura 2018, 354 (Erläuterungen zu den einzelnen Tatbestandsmerkmalen, zeitlicher Anwendungsbereich); *Geppert*, Zu einigen immer wiederkehrenden Streitfragen im Rahmen des räuberischen Diebstahls (§ 252 StGB), Jura 1990, 554 (Zeitlicher Anwendungsbereich, Erläuterung der Merkmale „auf frischer Tat betroffen" und „Beutesicherungsabsicht", Beteiligungsfragen, Konkurrenzprobleme); *Natus*, Probleme der Deliktsstruktur und der Anstiftung beim räuberischen Diebstahl (§ 252 StGB), Jura 2014, 772.

Übungsfälle:
Dehne-Niemann/Weber, Der Gang nach dem Eisenhammer, JA 2009, 868 (Drittbesitzerhaltungsabsicht, Problematik der mittäterschaftlichen Zurechnung der Gewaltanwendung); *Geisler/Meyer*, Goldkette und Amulett, Jura 2010, 388 (Schwerer räuberischer Diebstahl in mittelbarer Täterschaft); *Hillenkamp*, Tricksereien und zarte Bande, JuS 2003, 157 (Zurechnung der Nötigungsmittel über die Grundsätze der Mittäterschaft und mittelbaren Täterschaft); *Morgenstern*, Die Züricher Verfolgungsjagd, Jura 2011, 146 (Besitzerhaltungsabsicht, räuberischer Diebstahl mit Todesfolge).

Rechtsprechung:
BGHSt 26, 95 – Knüppel (Gewaltanwendung zur Vermeidung der Entdeckung); **BGHSt 28, 224** – Taxifahrer (Abgrenzung von Raub und räuberischem Diebstahl).

2157 BGHSt 21, 377 (380); BGH NStZ 2002, 542 (544); BGH NStZ 2008, 103.
2158 S. o. Rn. 1193 und o. Rn. 1213.

II. Räuberischer Angriff auf einen Kraftfahrer, § 316a

1. Geschütztes Rechtsgut und Systematik

1251 § 316a schützt neben dem **Vermögen auch die Sicherheit und Funktionsfähigkeit des Straßenverkehrs**[2159]. Führer und Mitfahrer von Kfz sollen demnach davor bewahrt werden, dass sie aufgrund der mit der Teilnahme am Straßenverkehr verbundenen Schutzlosigkeit Opfer von räuberischen Angriffen werden[2160]. Hinsichtlich der Begehung eines Raubs, räuberischen Diebstahls oder einer räuberischen Erpressung genügt die bloße Absicht, so dass diese Delikte nicht einmal in das Versuchsstadium gelangt sein müssen. In Anbetracht des gegenüber diesen Delikten erheblich gesteigerten Strafrahmens (nach Absatz 1 Mindestfreiheitsstrafe von fünf Jahren) bei gleichzeitiger Vorverlagerung der Strafbarkeit ist daher im Hinblick auf das Schuldprinzip eine restriktive, rechtsfolgenorientierte Auslegung[2161] im Auge zu behalten.

> **Klausurtipp**
> Um unübersichtliche Inzidentprüfungen zu vermeiden, sollten §§ 249 ff., 252, 255 stets vorab geprüft werden.

1252 **Prüfungsschema**
1. **Tatbestand**
   a. Objektiver Tatbestand
      aa. Verüben eines Angriffs auf Leib, Leben oder Entschlussfreiheit
      bb. des Führers eines Kraftfahrzeugs oder eines Mitfahrers
      cc. unter Ausnutzung der besonderen Verhältnisse des Straßenverkehrs
   b. Subjektiver Tatbestand
      aa. Vorsatz
      bb. Absicht (dolus directus 1. Grades) zur Begehung eines Raubes (§§ 249 oder 250), eines räuberischen Diebstahls (§ 252) oder einer räuberischen Erpressung (§ 255)
2. **Rechtswidrigkeit**
3. **Schuld**
4. **Strafschärfung: Erfolgsqualifikation nach § 316a Abs. 2 bei wenigstens leichtfertiger Verursachung des Todes**

2. Objektiver Tatbestand

1253 Der objektive Tatbestand verlangt zunächst die Verübung eines Angriffs auf den Leib, das Leben oder die Entschlussfreiheit eines Kraftfahrzeugführers oder eines Mitfahrers.

2159 BGHSt 49, 8 (11); *Rengier*, BT 1, § 12 Rn. 1.
2160 BGHSt 49, 8 (14); BGH NStZ 2001, 197; *Schönke/Schröder/Hecker*, § 316a Rn. 12.
2161 Dazu *Eisele*, BT 1, Rn. 25.

a) **Verüben eines Angriff auf Leib oder Leben.** Darunter ist eine feindselige, auf den Körper zielende Einwirkung zu verstehen, die eine nicht ganz unerhebliche Verletzungsgefahr zur Folge hat[2162]. Erfasst wird jede Körperverletzungs- oder Tötungshandlung, der die Gefahr einer Verletzung oder Tötung innewohnt. Zu beachten ist, dass der Angriff auf Leib und Leben mit dem intendierten Angriff auf die Vermögenswerte zwar räumlich und zeitlich zusammenfallen kann, dies jedoch nicht zwingend ist. Nicht erforderlich ist daher, dass der Täter mit der Verübung des Angriffs auch unmittelbar zur Verwirklichung des Vermögensdelikts ansetzt. Vielmehr genügt bereits die Absicht, die in § 316a genannten Straftaten zu begehen. **1254**

> **Bsp.:** T reißt die Tür des an einer Ampel in seinem Auto wartenden O auf und verbringt ihn unter Einsatz von Gewalt in ein 20 km entfernt gelegenes Ferienhaus. Dort nimmt er – wie von Anfang an geplant – unter Anwendung weiterer Gewalt die Wertsachen des O weg. – Zwischen dem Angriff und dem Raub liegt zwar eine größere räumlich-zeitliche Zäsur. Dennoch ist § 316a bereits mit dem Überfall an der Ampel zu bejahen, da der Raub zum Zeitpunkt des Angriffs lediglich beabsichtigt sein muss.

aa) Als **Angreifer** kommt neben beliebigen Außenstehenden auch der Fahrer oder Beifahrer in Betracht[2163]. **1255**

bb) Der **Angriff auf die Entschlussfreiheit** umschließt **alle Formen des Einsatzes von Nötigungsmitteln**, wobei weder ein Nötigungserfolg eintreten geschweige denn eine strafbare Nötigung nach § 240 gegeben sein muss. Auch mittelbare Einwirkungen durch Gewalt gegen Sachen – wie etwa das Errichten von Straßensperren – werden erfasst[2164]. Angesichts des hohen Strafrahmens werden jedoch bloße **Täuschungen und List**, die die Freiheit zum Entschluss als solche nicht beeinträchtigen, grundsätzlich nicht erfasst[2165]. **1256**

> **Bsp.:** Anhalter T täuscht über seine Absichten und möchte Autofahrer O ausrauben. – Die Entschlussfreiheit ist hier nicht beeinträchtigt. Entsprechendes gilt, wenn ein Fahrgast den Taxifahrer über das Fahrziel täuscht, um ihn ausrauben zu können[2166].

Anderes gilt nur, wenn der Adressat sich aufgrund der List oder Täuschung zugleich in seiner Entscheidung eingeschränkt sieht und sich damit in einer **nötigungsähnlichen Lage** befindet[2167]. **1257**

2162 *Fischer*, § 316a Rn. 6; *Schönke/Schröder/Hecker*, § 316a Rn. 3.
2163 Vgl. BGHSt 13, 27 (31); 25, 315; *Wessels/Hillenkamp/Schuhr*, BT 2, Rn. 417.
2164 *Schönke/Schröder/Sternberg-Lieben/Hecker*, § 316a Rn. 3.
2165 BGHSt 49, 8 (12 f.); *Rengier*, BT 1, § 12 Rn. 8.
2166 BGH NStZ-RR 2014, 342.
2167 *Fischer*, § 316a Rn. 7 f.; *Schönke/Schröder/Hecker*, § 316a Rn. 5.

> **Bsp.:**[2168] T gibt kurz vor einer Raststätte dem LKW-Fahrer O durch Hupe und Handzeichen zu verstehen, dass er auf den Parkplatz fahren solle. O geht dementsprechend von einer Polizeistreife in Zivil aus. Auf dem Parkplatz wird O nach Abstellen des Motors mit einer ungeladenen Waffe bedroht und gefesselt. Die wertvolle Ladung wird in einen anderen Wagen umgeladen. – Zum Zeitpunkt des Bedrohens mit der Waffe war O nicht mehr Fahrer des Fahrzeugs, da der Motor abgestellt war[2169]. Jedoch könnte der Angriff bereits mit dem Hupen und den Handzeichen auf der Autobahn verübt worden sein. Richtigerweise ist hier bereits ein Angriff auf die Entschlussfreiheit gegeben, da aufgrund der vorgetäuschten Pflicht zusätzlich faktischer Zwang zum Anhalten erzeugt wird (Nichtanhalten als Ordnunswidrigkeit nach § 36 i. V. m. § 49 Abs. 3 Nr. 1 StVO). Entsprechendes gilt auch bei einem vorgetäuschten Unfall, wenn hier aus Sicht des Opfers eine Hilfspflicht aus § 323c und damit eine nötigungsähnliche Drucksituation erzeugt wird. Fehlt es an der Vorspiegelung einer solchen Hilfspflicht, liegt hingegen nur das Hervorrufen eines unbeachtlichen Motivirrtums vor[2170].

1258 cc) Unter dem **Verüben** des Angriffs ist zu verstehen, dass der Angriff tatsächlich ausgeführt wird[2171]. Dies setzt voraus, dass der Täter auf Leib, Leben oder die Entschlussfreiheit des Opfers einwirkt[2172]. Der Angriff muss demnach die Opfersphäre erreicht haben[2173]; ansonsten kommt allenfalls eine Versuchsstrafbarkeit in Betracht. Insoweit bedarf es einer gegen die Entschlussfreiheit gerichteten Handlung, wobei das Opfer jedenfalls deren objektiven Nötigungscharakter wahrnehmen muss; die feindliche Willensrichtung des Täters muss das Opfer hingegen nicht erkannt haben[2174].

> **Bsp.:**[2175] T verriegelt während der Fahrt die Kindersicherung, damit O nicht aussteigen kann und er ihn überfallen kann. – Es liegt (noch) kein Verüben eines Angriffs vor, wenn O das Verriegeln nicht bemerkt.

1259 b) **Tatopfer.** Das Opfer muss bei Verüben des Angriffs entweder **Führer oder Mitfahrer eines Kraftfahrzeugs** sein. Diese Merkmale legt der BGH nunmehr eng aus[2176].

1260 aa) **Führer eines Kraftfahrzeugs** ist demnach, wer es in Bewegung zu setzen beginnt, es in Bewegung hält oder allgemein mit dem Betrieb des

---

2168 BGH NStZ 2015, 653; *Jäger*, JA 2015, 235 (236); *Theile*, ZJS 2016, 109 (112).
2169 Siehe näher unten Rn. 1261.
2170 BGH NStZ 2015, 653 (654).
2171 *Lackner/Kühl*, § 316a Rn. 4; *Schönke/Schröder/Hecker*, § 316a Rn. 3.
2172 *Schönke/Schröder/Hecker*, § 316a Rn. 3; *Wessels/Hillenkamp/Schuhr*, BT 2, Rn. 417 f.
2173 *Fischer*, § 316a Rn. 8; *NK-Zieschang*, § 316a Rn. 22.
2174 BGHSt 49, 8 (13); BGH NStZ 2015, 653; s. aber *MünchKomm-Sander*, § 316a Rn. 26.
2175 BGH NStZ-RR 2004, 171.
2176 BGHSt 49, 8 (14); 50, 169 (171); BGH NStZ-RR 2004, 171 (172).

Fahrzeugs und/oder mit der Bewältigung von Verkehrsvorgängen beschäftigt ist[2177]. Solange das **Fahrzeug bewegt wird**, kann dieses Merkmal ohne weiteres bejaht werden. Ist das Fahrzeug nicht (mehr) in Bewegung, kann aufgrund des Schutzzwecks der Tatbestand dennoch zu bejahen sein, wenn das Opfer (noch) mit der Bewältigung von Betriebs- oder Verkehrsvorgängen befasst ist[2178]. Bei einem **verkehrsbedingten Halt** – etwa an einer Ampel, an einer geschlossenen Bahnschranke oder in einem Stau – wird dies in der Regel zu bejahen sein. Der Kraftfahrzeugführer muss in einer solchen Situation, unabhängig davon, ob der Motor läuft, seine Aufmerksamkeit auch auf das Verkehrsgeschehen richten[2179].

> **Bsp.:** O hält vor einer Eisenbahnschranke und stellt zu diesem Zweck den Motor ab. Der bewaffnete T reißt die Türe auf, um ihm sein Geld abzunehmen. – Da O immer noch seine Aufmerksamkeit auf den Verkehr zu richten hat, insbesondere jederzeit damit zu rechnen hat, dass der Zug den Bahnübergang passiert und er dann die Fahrt fortzusetzen hat, ist O Kraftfahrzeugführer.

1261 Auch bei einem **nicht verkehrsbedingten Halt** bleibt der Fahrer, solange er sich in dem Fahrzeug aufhält und mit dessen Betrieb und/oder mit der Bewältigung von Verkehrsvorgängen beschäftigt ist, weiterhin Führer des Kraftfahrzeugs. Dies ist allerdings regelmäßig dann nicht der Fall, wenn das Tatopfer sein Fahrzeug bereits zum Halten gebracht und den Motor ausgestellt hat[2180]. Läuft der Motor zu nicht betriebsbezogenen Zwecken – etwa zum Heizen oder Kühlen mithilfe der Klimaanlage – scheidet § 316a ebenfalls aus.

1262 Nicht erforderlich ist aber, dass die Eigenschaft als Fahrzeugführer bereits bei Beginn des Angriffs vorliegt. Einbezogen ist vielmehr der **gesamte Zeitraum bis zur Vollendung**, nach Rechtsprechung sogar bis zur Beendigung des Angriffs[2181]. Erfasst werden demnach auch Fälle, in denen das Opfer durch einen vor Fahrtantritt begonnenen Angriff zur (Mit-)Fahrt gezwungen wird, falls der Angriff dann während der Fahrt fortgesetzt wird[2182].

> **Bsp.:** O sitzt in seinem Fahrzeug, als T einfach einsteigt und ihn mit einer Waffe zum Losfahren zwingt, um ihn später auszurauben. Während der Fahrt wird O von T weiter bedroht. – Zwar war O bei Beginn des Angriffs noch nicht Fahrzeugführer, jedoch erlangte er diese Eigenschaft zu einem Zeitpunkt, zu dem der Angriff noch verübt wurde[2183].

2177 BGHSt 49, 8 (14); 50, 169 (170); *Rengier*, BT 1, § 12 Rn. 17.
2178 Vgl. BGHSt 49, 8 (14); *Fischer*, § 316a Rn. 4.
2179 BGHSt 50, 169 (171); *Rengier*, BT 1, § 12 Rn. 18 ff.
2180 BGHSt 49, 8 (14); 50, 169 (171 f.).
2181 BGHSt 52, 44 (46).
2182 BGHSt 52, 44 (46).
2183 Zum Ausnutzen der besonderen Verhältnisse des Straßenverkehrs in solchen Fällen s. u. Rn. 1267.

1263 bb) **Mitfahrer** ist folglich auch nur derjenige, der sich als Insasse in einem Kraftfahrzeug befindet, während eine andere Person dieses führt[2184]. Der Begriff des Mitfahrers ist damit konsequenterweise in Anlehnung an den Fahrzeugführer zu bestimmen, so dass die Rechtsprechung zum verkehrsbedingten Halt usw. auch hier Bedeutung erlangt[2185].

1264 cc) **Gegen diese Rechtsprechung** wird angeführt, dass die Formulierung des § 316a im Gegensatz zu §§ 315c, 316 mit der Wendung „im Straßenverkehr ein Fahrzeug führt" weiter gefasst ist. Personen, die kurzzeitig anhalten, um zu telefonieren, in der Straßenkarte nach der Route zu suchen oder den Wagen zur Reifenkontrolle verlassen, seien genau so schutzwürdig wie ein mit den Betriebsvorgängen befasstes Opfer[2186]. Angesichts des hohen Strafrahmens verdienen restriktive Tendenzen zwar Zustimmung. Allerdings wäre es überzeugender, **sämtliche Einschränkungen** erst über das den Unrechtsgehalt beschreibende Merkmal „**unter Ausnutzung der besonderen Verhältnisse des Straßenverkehrs**" vorzunehmen[2187]. Die Auffassung der Rechtsprechung führt zudem dazu, dass diese Fragen doppelt aufgegriffen werden müssen[2188]. Nach der hier vertretenen Auffassung ist damit die Eigenschaft als Fahrzeugführer auch zu bejahen, wenn der Motor nicht mehr läuft oder der Angriff außerhalb des Fahrzeugs stattfindet.

1265 c) **Tatbegehung unter Ausnutzung der besonderen Verhältnisse des Straßenverkehrs.** Die Tat muss daher in engem Zusammenhang zur Nutzung des Fahrzeugs als Verkehrsmittel stehen[2189]. Damit wird der spezifische Unrechtsgehalt der Tat zum Ausdruck gebracht, weil der Straßenverkehr typischerweise eine erhöhte Konzentration der Insassen auf die Fahrzeugbedienung und Verkehrslage erfordert und damit für diese die Gegenwehr und Flucht erschwert ist[2190].

1266 aa) Von einer Ausnutzung der besonderen Verhältnisse des Straßenverkehrs ist grundsätzlich dann auszugehen, wenn der Kraftfahrzeugführer im Zeitpunkt des Angriffs mit der Beherrschung seines Kraftfahrzeugs oder mit der Bewältigung von Verkehrsvorgängen befasst ist[2191], d. h. der Angriff in einem **fahrenden Fahrzeug** verübt wird[2192]. Entsprechendes gilt auch für einen **verkehrsbedingten Halt**, solange das Opfer noch mit der Bewältigung von Verkehrsvorgängen beschäftigt ist[2193].

2184 *Fischer*, § 316a Rn. 5.
2185 BGH NStZ 2013, 43; *Rengier*, BT 1, § 12 Rn. 23.
2186 *Wessels/Hillenkamp/Schuhr*, BT 2, Rn. 419.
2187 S. auch *Wessels/Hillenkamp/Schuhr*, BT 2, Rn. 419.
2188 *Schönke/Schröder/Hecker*, § 316a Rn. 12.
2189 *Wessels/Hillenkamp/Schuhr*, BT 2, Rn. 421.
2190 BGHSt 49, 8 (15); 50, 169 (172 f.); *Schönke/Schröder/Hecker*, § 316a Rn. 12.
2191 Vgl. auch BGHSt 50, 169 (171).
2192 BGHSt 49, 8 (14); *Rengier*, BT 1, § 12 Rn. 26.
2193 BGHSt 49, 8 (15); *Lackner/Kühl*, § 316a Rn. 3.

Wird das Opfer allerdings bereits **vor Fahrtbeginn angegriffen und zur** **1267** **Fahrt gezwungen** (sog. **Noch-nicht-Kraftfahrer**), so muss die Eigenschaft als Kraftfahrzeugführer, die regelmäßig mit Starten des Motors beginnt, für die Aufrechterhaltung bzw. Fortdauer des Angriffs mindestens kausal sein. Das soll zu verneinen sein, wenn der Täter das Opfer vor der Fahrt unter seine uneingeschränkte Kontrolle gebracht hat und die so geschaffene Nötigungslage nur während der nachfolgenden Fahrt unverändert aufrechterhält[2194]. Freilich ist diese Differenzierung hinsichtlich der Ausnutzung der besonderen Verhältnisse des Straßenverkehrs zweifelhaft; dies vor allem auch, wenn man die Sicherheit des Straßenverkehrs und etwaige Unfallgefahren mit in den Blick nimmt[2195].

> **Bsp.:**[2196] T überfällt den O in seiner Wohnung und zwingt ihn dann, mit ihm zum Bankautomaten zu fahren, um dort Geld abzuheben. – Der fortdauernde Angriff des T im Wagen soll sich hier nicht auf die Abwehrmöglichkeiten als Fahrzeugführer auswirken, da sich O bereits vor dem Fahrbeginn in dieser Nötigungslage befunden hat, so dass nicht die besonderen Verhältnisse des Straßenverkehrs von T ausgenutzt werden. Das Fahrzeug dient dann lediglich zur Beförderung während einer Straftat. Anders soll der Fall liegen, wenn O im Fahrzeug sitzt, dann angegriffen und zum Losfahren gezwungen wird, weil hier erst durch den Fahrbeginn die Abwehrmöglichkeiten endgültig eingeschränkt werden[2197]. Wie bereits dargelegt, vermag diese Unterscheidung jedoch nicht zu überzeugen.

bb) Bei einem **nicht verkehrsbedingten Halt** kann die Ausnutzung der **1268** besonderen Verhältnisse hingegen zu verneinen sein, wenn sich die Aufmerksamkeit nicht in erster Linie auf das Führen des Fahrzeugs richtet. Der BGH verneint das Ausnutzen etwa, wenn sich bei einer Automatikschaltung der Hebel auf der Parkstellung befindet[2198]. Für die Frage des Ausnutzens kann es nicht allein entscheidend sein, ob der Motor noch läuft[2199]. Zu beachten ist freilich, dass nach Ansicht des BGH – anders als hier vertreten – bei abgestelltem Motor regelmäßig schon keine Fahrzeugführereigenschaft anzunehmen ist.

> **Bsp.:**[2200] Taxifahrer O hält am Straßenrand an und zieht die Handbremse, um von Fahrgast T den Fahrpreis zu kassieren, als er von diesem plötzlich überfallen wird. – Da der Motor noch läuft und O damit noch im weitesten Sinne mit der Bewältigung von verkehrsspezifischen Verkehrsvorgängen

---

2194 BGHSt 52, 44 (47).
2195 *Sowada*, HRRS 2008, 136 (140 ff.); krit. auch *Dehne-Niemann*, NStZ 2008, 319 ff.
2196 BGHSt 52, 44.
2197 S. auch o. Rn. 1262.
2198 BGH NStZ-RR 2006, 185 (186).
2199 *Wessels/Hillenkamp/Schuhr*, BT 2, Rn. 422 f.
2200 S. auch BGHSt 50, 169.

befasst war, kann die Fahrzeugführereigenschaft auch nach der Rspr. bejaht werden; § 316a ist jedoch zu verneinen, da T nicht die besonderen Verhältnisse des Straßenverkehrs ausgenutzt hat; seine Aufmerksamkeit war nicht auf das Führen des Fahrzeugs, sondern auf das Kassieren gerichtet. Anders soll der Fall wiederum liegen, wenn ein Taxifahrer während des Kassiervorgangs das Auto lediglich mit der Fußbremse fixiert[2201].

1269 cc) Nicht ausreichend ist es richtigerweise, wenn der Täter nur die mit dem Fahrzeug herbeigeführte **Abgelegenheit des Ortes oder im ruhenden Verkehr die räumliche Enge** des Fahrzeugs für die Tatbegehung ausnutzt. Nach anderer Ansicht kann der Überfall dagegen nicht nur während der Fahrt, sondern auch sofort nach dem Anhalten und Aussteigen erfolgen, solange nur ein räumlicher und zeitlicher Zusammenhang mit der Fahrt besteht[2202]. Die Befürworter berufen sich vor allem auf den Wortlaut der Vorschrift und darauf, dass die Opfersituation in diesen Fällen nicht besser sei[2203]. Dagegen spricht jedoch, dass der Tatbestand ansonsten seine Konturen verlieren würde und aufgrund des hohen Strafrahmens strenge Anforderungen zu stellen sind. Im Übrigen muss man sehen, dass allein die enge räumliche Situation auch bei Überfällen außerhalb des Kfz – etwa im Fahrstuhl – ausgenutzt werden kann, ohne dass der Gesetzgeber dies zum Anlass nimmt, daran schärfere Strafen zu knüpfen.

Bsp.: T fährt mit Anhalterin O in einen Waldweg, um sie auszurauben; O kann nach 300 m Fahrt noch aussteigen, bevor sie T bedroht. – Allein mit der Änderung der Fahrtroute (Abbiegen) liegt noch kein Verüben eines Angriffs vor (auch noch kein Versuch). Zum Zeitpunkt der Drohung macht sich T nur die Abgeschiedenheit für die Tatbegehung, nicht aber besondere verkehrsspezifische Umstände zu Nutze, so dass § 316a zu verneinen ist. Man kann hier aber auch mit der Rspr. bereits die Eigenschaft als Mitfahrer verneinen, weil T zum Zeitpunkt der Tat das Fahrzeug gar nicht mehr im Straßenverkehr führte. Nicht anders wäre zu entscheiden, wenn sich T und O im stehenden Fahrzeug unterhalten und T dann zum Angriff übergeht und die eingeschränkte Bewegungsfreiheit der O im Wagen ausnutzt; es liegt kein vom Straßenverkehr geprägtes Unrecht vor, weil sich O in einem anderen engen Raum in derselben Situation befunden hätte.

3. Subjektiver Tatbestand

1270 Erforderlich ist in subjektiver Hinsicht Vorsatz und die Absicht (dolus directus 1. Grades) zur Begehung eines Raubes, eines räuberischen Diebstahls oder einer räuberischen Erpressung.

2201 Vgl. BGH, Urt. v. 27.4.2016 – 4 StR 592/16, BeckRS 2017, 110824 m. Anm. *Eisele*, JuS 2017, 793.
2202 *Schönke/Schröder/Hecker*, § 316a Rn. 8.
2203 *Wessels/Hillenkamp/Schuhr*, BT 2, Rn. 419.

a) **Vorsatz.** Ausreichend ist Eventualvorsatz, der sich auch auf die Ausnutzung der besonderen Verhältnisse des Straßenverkehrs erstrecken muss (Ausnutzungsbewusstsein)[2204]. Dass daneben andere Umstände die Tat begünstigen sollen – etwa eine große Zahl von Angreifern – ist unerheblich[2205]. Im Übrigen bedarf es aber keiner besonderen Ausnutzungsabsicht im Sinne von dolus directus 1. Grades[2206].

b) **Absicht zur Begehung der §§ 249, 250, 252 oder 255.** Ferner muss der Täter dolus directus 1. Grades hinsichtlich der Begehung der §§ 249, 252 oder 255 besitzen, wobei die **Absicht** bereits bei Verübung des Angriffs vorliegen muss[2207]. Dabei muss die Verwirklichung der in Aussicht genommenen Tat nicht in unmittelbarem Zusammenhang mit dem Straßenverkehr stehen[2208] und kann daher auch außerhalb des Fahrzeugs erfolgen[2209].

Bsp.: T wirft von Autobahnbrücken Steine auf Transportfahrzeuge des O, um unter Hinweis auf diese Taten und deren Wiederholung den O später i. S. d. §§ 253, 255 zu erpressen. – § 316a ist zu bejahen, weil der Angriff unter Ausnutzung der besonderen Verhältnisse des Straßenverkehrs begangen wurde; dass die Erpressung erst später erfolgen soll, ist unerheblich.

> **Klausurtipp**
> Werden diese Delikte – wie empfohlen – vor § 316a geprüft, so kann auf diese Prüfungen verwiesen werden.

4. Versuch und Vollendung

a) **Vollendung.** § 316a ist bereits mit dem Verüben des Angriffs auf Leib, Leben oder Entschlussfreiheit vollendet. Es kommt dann bereits im Vorbereitungsstadium der §§ 249, 252, 255 ein stark erhöhter Strafrahmen zur Anwendung. Dann besteht aber bei diesen Delikten kaum noch ein Anreiz für einen Verzicht auf die weitere Tatausführung oder einen Rücktritt. Teilweise wird die Anwendung der Grundsätze über die tätige Reue im Wege einer Gesamtanalogie zu entsprechenden Vorschriften erwogen[2210]. Dagegen spricht aber, dass mit dem 6. StrRG 1998 die in § 316a Abs. 2 a. F. enthaltene tätige Reue gestrichen wurde. Zudem kann in solchen Fällen nunmehr ein minder schwerer Fall angenommen werden[2211].

2204 BGHSt 50, 169 (172); 52, 44 (46).
2205 *Wessels/Hillenkamp/Schuhr*, BT 2, Rn. 424; s. aber BGHSt 49, 8 (16).
2206 BGHSt 49, 8 (16); *Fischer*, § 316a Rn. 12.
2207 *Rengier*, BT 1, § 12 Rn. 37; *Wessels/Hillenkamp/Schuhr*, BT 2, Rn. 424.
2208 *Schönke/Schröder/Hecker*, § 316a Rn. 16.
2209 BGH NStZ 2004, 626.
2210 *Wessels/Hillenkamp/Schuhr*, BT 2, Rn. 426.
2211 Vgl. auch das Beispiel bei *Eisele*, BT 2, Rn. 448.

1274 b) **Versuch.** Für eine Versuchsstrafbarkeit verbleibt im Rahmen des § 316a wegen dessen früher Vollendung ein nur vergleichsweise enger Anwendungsbereich. Ein Versuch kommt nur in Betracht, wenn der Angriff das Opfer noch nicht erreicht hat. Eine Strafbarkeit gemäß §§ 316a, 22, 23 scheidet aus, wenn der Täter erst außerhalb des Fahrzeugs angreifen will, da dann der Tatentschluss nicht auf ein taugliches Opfer (Kraftfahrzeugführer oder Mitfahrer) oder ein Ausnutzen der besonderen Verhältnisse des Straßenverkehrs gerichtet ist[2212]. Der Versuchsbeginn liegt richtigerweise noch nicht mit dem Besteigen des Fahrzeugs vor, wenn der Angriff erst später während der Fahrt erfolgen soll[2213]. Erforderlich ist vielmehr ein unmittelbares Ansetzen zum Verüben des Angriffs, d. h. zum Einwirken auf das Opfer.

5. Erfolgsqualifikation, § 316a Abs. 3

1275 § 316a Abs. 3 enthält eine **Erfolgsqualifikation**, die eine wenigstens leichtfertige Verursachung des Todes voraussetzt[2214]. Der Tod muss durch die Tat, d. h. in einem **gefahrspezifischen Zusammenhang** mit dem unter Ausnutzung der besonderen Verhältnisse des Straßenverkehrs erfolgten Angriff, verursacht worden sein. Tritt der Tod erst durch eine zusätzliche nachfolgende Raubhandlung ein, so ist der Tatbestand zu verneinen und dann § 251 zu prüfen.

6. Konkurrenzen

1276 Sind Raub, räuberischer Diebstahl und räuberische Erpressung vollendet, so besteht Tateinheit[2215], da § 316a mit der Sicherheit des Straßenverkehrs ein weiteres Rechtsgut schützt. Liegt nur Versuch vor, so treten diese Taten nach h. M. hinter § 316a im Wege der Konsumtion zurück[2216], sofern sie nicht nach §§ 250, 251 qualifiziert sind[2217]. Die in solchen Konstellationen ebenfalls häufig verwirklichten §§ 239a, 239b stehen angesichts der unterschiedlichen Rechtsgüter in Tateinheit.

> **Einführende Aufsätze:**
> *Bosch*, Der räuberische Angriff auf Kraftfahrer (§ 316a StGB) – Anmerkungen zu einer ungeeigneten Norm, Jura 2013, 1234; *Duttge/Nolden*, Die rechtsgutsorientierte Interpretation des § 316a StGB, JuS 2005, 193; *Kraemer*, Räuberischer Angriff auf Kraftfahrer – Ein Dauerbrenner im Examen, JA 2011, 193 (Erläuterung der Besonderheiten der Norm mit Überblick über die Entscheidungen der Rechtsprechung).

2212 *Schönke/Schröder/Hecker*, § 316a Rn. 17.
2213 *Rengier*, BT 1, § 12 Rn. 45; *Schönke/Schröder/Hecker*, § 316a Rn. 17.
2214 Zur Leichtfertigkeit o. Rn. 1214.
2215 BGHSt 25, 229; *Jäger*, BT, Rn. 467.
2216 BGHSt 25, 373; *Rengier*, BT 1, § 12 Rn. 46.
2217 BGH MDR/H 1977, 808.

Übungsfälle:
Hanft, Die vorgetäuschte Autopanne, JuS 2005, 1010 (zum Tatbestandsmerkmal „Führer eines Kraftfahrzeugs"); *Lang/Sieber,* „Die geplatzte Hochzeit", JA 2014, 913 („Zeitpunkt der Tat" beim Führen eines Kraftfahrzeugs, Ausnutzen der besonderern Verhältnisse des Straßenverkehrs bei Angriff vor Fahrtantritt).

Rechtsprechung:
BGHSt 33, 378 – Schrebergarten (Angriff außerhalb des KfZ); **BGHSt 38, 196** – Kurzhalt (kurzfristiges verkehrsbedingtes Anhalten); **BGHSt 49, 8** – Taxi (taugliches Tatopfer); **BGHSt 50, 169** – laufender Motor (Ausnutzung der besonderen Verhältnisse des Straßenverkehrs); **BGHSt 52, 44** – „Noch-nicht-Kraftfahrer" (Angriff vor Fahrbeginn);

Teil 16: **Sachbeschädigung**

I. Sachbeschädigung, § 303
1. Geschütztes Rechtsgut und Systematik

1277 **Geschütztes Rechtsgut** des § 303 ist das **Eigentum**[2218]. Die Versuchsstrafbarkeit wird in Absatz 3 angeordnet. Qualifikationen zu § 303 sind in § 305 (Zerstörung von Bauwerken) und § 305a (Zerstörung wichtiger Arbeitsmittel) normiert. Eigenständige Delikte enthalten die §§ 303a, 303b und auch § 304. Weitere Sachbeschädigungen sind in § 133 (Verwahrungsbruch), § 274 Abs. 1 Nr. 1 (Urkundenunterdrückung) und §§ 306 ff. (Brandstiftung) unter Strafe gestellt. Fahrlässiges Verhalten wird nur im Falle der Brandstiftung nach § 306d pönalisiert. § 303c enthält ein Strafantragserfordernis für §§ 303 bis 303b.

1278 Prüfungsschema
1. Tatbestand
   a. Objektiver Tatbestand
      aa. Fremde Sache
      bb. Tathandlung
         (1) Abs. 1: Beschädigen, Zerstören
         (2) Abs. 2: Unbefugte, nicht nur unerhebliche und nicht nur vorübergehende Veränderung des Erscheinungsbildes
   b. Subjektiver Tatbestand
2. Rechtswidrigkeit
3. Schuld
4. Strafantrag, § 303c

2. Objektiver Tatbestand

1279 Der objektive Tatbestand setzt eine fremde Sache als Tatobjekt voraus. Beweglich muss die Sache nicht sein, so dass das Zertreten einer Wiese, Zerstören eines Blumenbeets, Einschlagen einer Scheibe oder Einreißen einer Mauer tatbestandsmäßig ist.

2218 *Satzger*, Jura 2006, 428 (429); *Wessels/Hillenkamp/Schuhr*, BT 2, Rn. 16.

I. Sachbeschädigung, § 303

a) Fremde Sache. Eine Sache ist entsprechend den Ausführungen zu § 242 ein körperlicher Gegenstand[2219]. **Tiere** werden vom Sachbegriff unmittelbar erfasst, so dass die Vorschrift des § 90a Satz 1 BGB nicht herangezogen werden muss[2220]. Auf einen Vermögenswert kommt es nicht an; auch Gegenstände mit rein immateriellem Wert werden geschützt. Das **Merkmal fremd** ist nach den zivilrechtlichen Regelungen über das Eigentum zu bestimmen; herrenlose Sachen werden daher nicht erfasst[2221]. Fremd ist die Sache auch, wenn Mit- oder Gesamthandseigentum einer anderen Person besteht. Der Alleineigentümer kann sich hingegen nicht strafbar machen.

1280

b) Tathandlungen nach Abs. 1. Tathandlungen sind das Beschädigen und Zerstören, die sowohl durch aktives Tun als auch durch Unterlassen (z. B. Nichtverhindern von Wasserschäden durch einen Garanten) verwirklicht werden können.

1281

aa) Beschädigung ist jede unmittelbare körperliche Einwirkung auf eine Sache, die entweder die Substanz der Sache nicht unerheblich verletzt (**Substanzverletzung**) oder durch die die bestimmungsgemäße Brauchbarkeit nicht nur unerheblich beeinträchtigt wird (**Funktionsbeeinträchtigung**)[2222]. Streitig ist, ob die Einwirkung stets eine **nachteilige Veränderung der Beschaffenheit** mit sich bringen muss. Da der Eigentümer auch über eine beschädigte Sache disponieren kann, ist richtigerweise eine „Verschlechterung" nicht erforderlich. Daher können auch eigenmächtige Reparaturen, die den Zustand der Sache aus der Sicht eines objektiven Beobachters verbessern, eine Sachbeschädigung darstellen[2223].

1282

> **Bsp.:** T hat dem O einen Wagen mit leichten Rostflecken veräußert. Um die Geltendmachung von Gewährleistungsrechten zu verhindern, bessert er den Wagen eines Nachts heimlich aus und lackiert ihn neu. O ist enttäuscht, weil er befürchtet, dass ihn seine Freunde nunmehr für „spießig" halten. – Richtigerweise ist schon § 303 Abs. 1 verwirklicht, weil es nicht auf eine objektiv nachteilige Veränderung ankommt. Der ebenfalls verwirklichte Abs. 2 ist subsidiär[2224].

Erforderlich ist stets eine **unmittelbare Einwirkung** auf die Sache. Das bloße Anleuchten eines Gebäudes wird daher nicht erfasst. Ebenso stellt das bloße Blenden einer Radarblitzanlage durch am Fahrzeug angebrachte

1283

2219 S. o. Rn. 905 ff.
2220 MünchKomm-*Wieck-Noodt*, § 303 Rn. 8; vgl. schon Rn. 905.
2221 *Rengier*, BT 1, § 2 Rn. 9; *Wessels/Hillenkamp/Schuhr*, BT 2, Rn. 20.
2222 *Krey/Hellmann/Heinrich*, BT 2, Rn. 348; *Schönke/Schröder/Hecker*, § 303 Rn. 8 ff.
2223 *Fischer*, § 303 Rn. 12a; *Rengier*, BT 1, § 24 Rn. 14; a. A. *Wessels/Hillenkamp/Schuhr*, BT 2, Rn. 34.
2224 Dazu u. Rn. 1292 ff.

Reflektoren keine Sachbeschädigung in Form einer Brauchbarkeitsbeeinträchtigung dar, selbst wenn das Bild infolge Überbelichtung misslingt[2225].

1284 (1) Typische Fälle einer **Substanzverletzung** sind Beulen und Kratzer an einem Gegenstand, Absplitterungen an Gläsern oder Geschirr, herausgerissene oder beschriebene Buchseiten, Löcher in der Kleidung sowie Gesundheitsschäden bei Tieren.

1285 (2) Eine **Beeinträchtigung der bestimmungsgemäßen Brauchbarkeit** liegt nur dann vor, wenn die Sache nicht mehr für den vorgesehenen Zweck verwendet werden kann. Ob die Funktion wieder hergestellt werden kann, ist dabei grundsätzlich unerheblich[2226]. Beispiele sind das Zerlegen einer Maschine oder einer Uhr, Verkleben eines technischen Geräts, Herausnehmen einiger Seiten aus dem Schönfelder, Abreißen eines Plakates, Befestigen eines Hindernisses auf Eisenbahnschienen[2227]. Anderes gilt allerdings dann, wenn sich die Sache ohne großen Aufwand an Mühe, Zeit oder Kosten wieder funktionstauglich machen lässt[2228]. Hier ergibt sich die Straflosigkeit unter dem Gesichtspunkt des **Bagatellprinzips**[2229]. Im Einzelfall bedarf es einer genauen Prüfung.

> Bspe.: T schüttet dem O Bier über sein Hemd; wenn durch einfaches Waschen eine Reinigung möglich ist, verwirklicht T nicht § 303 Abs. 1; anders kann aber schon bei Rotwein zu entscheiden sein. T klappt am Strand den Liegestuhl des O zusammen; hier handelt es sich um eine leicht zu beseitigende Gebrauchsbeeinträchtigung.

1286 (3) Problematisch ist, ob in Fällen des **Veränderns des Erscheinungsbildes auch Absatz 1** verwirklicht sein kann und wann ein solches Verhalten allein über den Absatz 2 zu erfassen ist.

1287 Schwierig sind dabei Fälle des Verunreinigens, Besprühens oder Überklebens zu beurteilen, in denen die Substanz erst durch die Reinigung beeinträchtigt wird oder sich die Sache ohne Substanzverletzung, aber nur mit großem Aufwand säubern lässt.

> Bsp.:[2230] T betätigt sich als „illegaler Sprayer". Er besprüht dabei eine Brücke, einen Zug sowie eine in einem Park aufgestellte historische Marmorstatue. Die Farbe auf der Brücke lässt sich nur mit Hilfe von Sandstrahlern entfernen, wobei der Putz beschädigt wird. Dagegen kann die Farbe vom Lack des Zugs mit großem Aufwand und hohen

---

2225 *Fischer*, § 303 Rn. 7b; *Mann*, NStZ 2007, 271 f.; vgl. aber OLG München NJW 2006, 2132 (2132).
2226 *Lackner/Kühl*, § 303 Rn. 4; *Satzger*, Jura 2006, 428 (431).
2227 BGHSt 44, 34 (38).
2228 BGHSt 13, 207 (208 f.); BayObLG NJW 1987, 3271 (3272).
2229 *Fischer*, § 303 Rn. 13; *Schönke/Schröder/Hecker*, § 303 Rn. 8 f.
2230 Vgl. BayObLG StV 1999, 543; HansOLG Hamburg StV 1999, 544; *Eisele*, JA 2000, 101.

Kosten ohne Beschädigung entfernt werden. Von der Marmorstatue hingegen kann die Farbe mit einfachen Lösungsmitteln ohne Beschädigung der Substanz entfernt werden.

1288 Ein Beschädigen im Sinne einer Substanzverletzung wurde von der h. M. bislang zu Recht auch angenommen, wenn erst durch die aufgrund der Einwirkung erforderlich gewordenen **Beseitigungsmaßnahmen** die Substanz der Sache (hier Brücke) zwangsläufig verletzt wird[2231]. Dem ist jedenfalls dann weiterhin zuzustimmen, wenn andere Reinigungsmöglichkeiten nicht bestehen, so dass die Substanzverletzung dem Täter mangels eigenverantwortlicher Selbstschädigung des Opfers objektiv zurechenbar ist[2232]. Absatz 2 tritt in diesem Fall hinter Absatz 1 zurück.

1289 Umstritten war die Strafbarkeit vor Einfügung des Absatzes 2 in Fällen, in denen Farbaufsprühungen ohne Verletzung der Sachsubstanz rückstandsfrei beseitigt werden konnten (hier Zug). Vertreter der **Zustandsveränderungstheorie** waren der Ansicht, dass eine dem Eigentümerinteresse zuwiderlaufende Zustandsveränderung auch ohne Substanzverletzung oder Brauchbarkeitsbeeinträchtigung den Tatbestand erfüllen kann[2233]. Wer dieser Ansicht bislang folgte, muss in Absatz 2 nur eine Klarstellung einer schon bisher bestehenden Strafbarkeit sehen. Die h. M. plädierte hingegen mit Recht für Straffreiheit[2234], so dass Absatz 2 nun eine Erweiterung der Strafbarkeit für diese Fälle begründet. Allerdings ließ die h. M. eine Sachbeschädigung unter dem Aspekt der Brauchbarkeitsminderung zu, wenn die Gebrauchsbestimmung der Sache gerade durch die Verunreinigung beeinträchtigt wurde oder der Gegenstand mit seinem äußeren Erscheinungsbild ästhetischen Zwecken diente (hier Marmorstatue)[2235]. Diese – freilich bislang nicht ganz unbestreitbare Ausnahme – kann ebenfalls weiterhin unter Absatz 1 subsumiert werden[2236], während die übrigen Fälle allein von Absatz 2 erfasst werden.

Bspe. (Beeinträchtigung des Gebrauchs): Überstreichen einer Werbetafel, Überkleben eines Parkverbotsschildes, Beschmieren des Objektivs einer Verkehrsüberwachungskamera[2237].

Bspe. (Beeinträchtigung der ästhetischen Erscheinung): Beschmieren eines Gemäldes oder Baudenkmals, „Verkleiden" einer Statue.

1290 **bb) Zerstören** ist nur eine graduelle Steigerung des Beschädigens. Es liegt vor, wenn die Sache infolge der Einwirkung vernichtet wird oder ihre be-

---

2231 BayObLG StV 1997, 80; BayObLG StV 1999, 543; krit. hierzu *Schittenhelm*, NStZ 1995, 343.
2232 *Rengier*, BT 1, § 24 Rn. 20; *Wessels/Hillenkamp/Schuhr*, BT 2, Rn. 26.
2233 *Schönke/Schröder/Hecker*, § 303 Rn. 10.
2234 BGHSt 29, 129 (133); *Schönke/Schröder/Hecker*, § 303 Rn. 10; näher *Satzger*, Jura 2006, 428 (432 f.).
2235 BGHSt 29, 129 (134); HansOLG Hamburg StV 1999, 544 (545).
2236 Vgl. auch BT-Drs. 15/5313, S. 3; ferner BGHSt 29, 129 (134).
2237 OLG Stuttgart NStZ 1997, 342 (342).

stimmungsgemäße Brauchbarkeit völlig verliert[2238]. Beispiele sind das vollständige Niederreißen eines Bauwerks, Zertrümmern von Möbeln, Töten eines Tieres oder das zweckwidrige Verbrauchen einer Sache.

1291 cc) Der Begriff **rechtswidrig in Absatz 1** ist kein Tatbestandsmerkmal, sondern nur ein deklaratorischer Hinweis auf mögliche Rechtfertigungsgründe, die auf Rechtswidrigkeitsebene zu prüfen sind[2239]. Demnach stellt eine Einwilligung durch den Eigentümer einen Rechtfertigungsgrund und kein tatbestandsausschließendes Einverständnis dar[2240]. Anderes ergibt sich auch nicht aus dem Blickwinkel des Absatzes 2, wo der Gesetzgeber das Merkmal „unbefugt" verwendet[2241].

1292 c) **Tathandlung nach Abs. 2.** Diese erfasst als Auffangtatbestand Fälle der **Veränderung des äußeren Erscheinungsbildes**. Damit sollen vor allem (aber nicht nur) bislang straflose Graffiti-Besprühungen erfasst werden, bei denen sich die Veränderung mittels Kreide- oder Wasserfarben, bloßen Umhüllungen oder leicht abziehbaren Plakaten rückstandsfrei beseitigen lässt. Ist bei der Veränderung des Erscheinungsbildes auch Absatz 1 verwirklicht, so tritt Absatz 2 im Wege der Gesetzeskonkurrenz zurück[2242]. Zur Eingrenzung des Tatbestandes auf strafwürdige Fälle muss dabei die Veränderung nicht unerheblich, nicht nur vorübergehend und unbefugt sein.

> **Klausurhinweis**
>
> In Graffiti-Fällen sollte zunächst immer sorgfältig Absatz 1 geprüft werden; ist dieser verwirklicht, ist Absatz 2 kurz anzusprechen und auf dessen Subsidiarität hinzuweisen.

1293 aa) Es ist der **status quo** des äußeren Erscheinungsbildes geschützt. Es kommt nicht darauf an, ob die Veränderung vom Eigentümer oder einem neutralen Dritten als ästhetischer bzw. „optisch besser" beurteilt wird. Erforderlich ist aber auch hier, dass der Täter unmittelbar auf die Sache einwirkt[2243].

> **Bspe.:** T stellt an der Grundstücksgrenze eine moderne Skulptur auf. Nachbar O ist der Auffassung, dass diese sein im Landhausstil geprägtes Anwesen verschandle und nicht einmal farblich passe. – Selbst wenn die Skulptur „prägend" wirkt, ist der Tatbestand zu verneinen, weil auf die Sache des O nicht unmittelbar eingewirkt wird. Entsprechendes gilt,

---

2238 *Lackner/Kühl*, § 303 Rn. 7; *Wessels/Hillenkamp/Schuhr*, BT 2, Rn. 36.
2239 *Lackner/Kühl*, § 303 Rn. 9; *SK-Hoyer*, 9. Aufl., § 303 Rn. 18.
2240 *Mitsch*, BT 2, 3.2.2.2; *Schönke/Schröder/Hecker*, § 303 Rn. 22; a. A. *NK-Zaczyk*, § 303 Rn. 21.
2241 Dazu u. Rn. 1296.
2242 KG Berlin NStZ 2007, 223 (223); *Satzger*, Jura 2006, 435.
2243 BT-Drs. 15/5313, S. 3; *Lackner/Kühl*, § 303 Rn. 27b.

wenn T die weiße Hauswand des O als „Großleinwand" nutzt, um dort mit einem Beamer ein Fußballspiel anzusehen.

bb) Die Veränderung darf **nicht nur unerheblich** sein. Damit hat der Gesetzgeber lediglich das ohnehin allgemein geltende und für Absatz 1 anerkannte Bagatellprinzip niedergelegt. Unerheblich ist etwa ein kleiner Pinselstrich oder ein kleiner Aufkleber auf einer bereits vollständig besprühten bzw. überklebten Wand[2244]. Dasselbe gilt, wenn die Veränderung mit nur geringem Arbeits- und Kostenaufwand in kurzer Zeit beseitigt werden kann[2245]. **1294**

Bsp.:[2246] T hängt entgegen dem Mietvertrag Wäsche auf dem Balkon auf. Sofern bei dem Aufhängen überhaupt unmittelbar auf die Mietsache eingewirkt wird, ist dies jedenfalls unerheblich.

cc) Ferner darf die Veränderung **nicht nur vorübergehend** sein. Vorübergehend ist sie, wenn sie innerhalb von kurzer Zeit wieder selbst vergeht[2247], etwa durch den nächsten Regen abgewaschen wird. Ob der Eigentümer den ursprünglichen Zustand wiederherstellen kann oder diesen tatsächlich herstellt, ist für dieses Merkmal ohne Bedeutung; ggf. kann die Veränderung dann aber unerheblich sein[2248]. **1295**

dd) Das Merkmal **unbefugt** betrifft schon den Tatbestand[2249]. Es liegt vor, wenn die Sache ohne Einverständnis des Eigentümers verändert wird. Der Eigentümer kann das Gestaltungsrecht auch ganz oder teilweise auf einen Dritten – etwa den Mieter – übertragen, so dass dieser in dem ihm zur Verfügung stehenden Rahmen einwilligen kann. Andere Erlaubnistatbestände – wie etwa §§ 228, 904 BGB oder ein Handeln aufgrund von Amtsbefugnissen – sind hingegen erst auf Ebene der Rechtswidrigkeit zu prüfen[2250]. **1296**

d) Bloßer Sach- und Nutzungsentzug. Dieser wird von § 303 nicht erfasst, weil § 303 nicht den Besitz bzw. den Gewahrsam schützt. Der **Sachentzug** ist grundsätzlich straflos, soweit dieser nicht (mittelbar) zu einem zurechenbaren Tatererfolg i. S. d. § 303 führt, der zudem vom Vorsatz umfasst sein muss[2251]. **1297**

Bspe.: T versteckt den Ehering des O in dessen Haus oder wirft ihn in einen See. T lässt den Vogel des O aus dem Käfig fliegen. § 303 kann nur

---

2244 OLG Hamm StV 2014, 693; KG StRR 2013, 271.
2245 *Lackner/Kühl*, § 303 Rn. 7c; *Rengier*, BT 1, § 24 Rn. 28.
2246 Vgl. auch BT-Drs. 15/5313, S. 3.
2247 BT-Drs. 15/5313, S. 3; *Schönke/Schröder/Hecker*, § 303 Rn. 19.
2248 S. o. Rn. 1294.
2249 BT-Drs. 15/5313, S. 3; *Lackner/Kühl*, § 303 Rn. 9a.
2250 Vgl. SK-*Hoyer*, § 303 Rn. 25; *Wessels/Hillenkamp/Schuhr*, BT 2, Rn. 40; für einen umfassenden Tatbestandsausschluss BT-Drs. 15/5313, S. 3.
2251 RG GA 1951, 182 (182); BGHSt 44, 34 (38); NK-*Zaczyk*, § 303 Rn. 17; krit. A/W/H/H-*Heinrich*, § 12 Rn. 27 f.

dann verwirklicht sein, wenn zum Sachentzug eine Beschädigung usw. hinzukommt. Dies wäre etwa der Fall, wenn der Ring rosten würde oder der freigelassene südamerikanische Papagei im Winter zugrunde geht.

3. Subjektiver Tatbestand

1298 Ausreichend ist **Eventualvorsatz**. Bei irriger Annahme einer Einwilligung des Eigentümers gelangt § 16 Abs. 1 Satz 1 unmittelbar nur zur Anwendung, wenn man darin ein tatbestandsausschließendes Einverständnis sieht[2252]. Misst man der Einwilligung hingegen wie hier rechtfertigende Wirkung zu, so liegt nur ein Erlaubnistatbestandsirrtum vor, der nach h. M. die Schuld entfallen lässt.

4. Rechtswidrigkeit

1299 Das Merkmal rechtswidrig in Absatz 1 verweist nur auf die allgemeinen Rechtfertigungsgründe, insb. eine Einwilligung des Eigentümers[2253].

> **Einführende Aufsätze:**
> *Ladiges*, Grundfälle zu den Sachbeschädigungsdelikten, §§ 303-305a StGB, JuS 2018, 657, 754; *Satzger*, Der Tatbestand der Sachbeschädigung (§ 303 StGB) nach der Reform durch das Graffiti Bekämpfungsgesetz, Jura 2006, 428; *Waszczynski*, Prüfungsrelevante Problemkreise der Sachbeschädigungsdogmatik, JA 2015, 259.

> **Übungsfälle:**
> *Dürre/Wegerich*, Aberratio ictus und error in persona, JuS 2006, 712 (Verletzung eines Tieres als Sachbeschädigung); *Eidam*, Sprühaktion mit Folgen, JA 2010, 601 (Graffiti als Sachbeschädigung, Konkurrenzverhältnis zwischen Abs. 1 und Abs. 2).

> **Rechtsprechung:**
> **BGHSt 13, 207** – Autoreifen (vorsätzliches Ablassen von Luft); **BGHSt 44, 34** – Castor (Funktionsbeeinträchtigung als Beschädigung); **BayObLG JR 1980, 429** – Langlaufloipe (Sachbegriff).

2252 Näher o. Rn. 1291.
2253 S. schon o. Rn. 1291.

Teil 17: **Betrug und betrugsähnliche Delikte**

I. Betrug, § 263

1. Geschütztes Rechtsgut und Systematik

Geschütztes Rechtsgut des § 263 ist das **Vermögen**[2254] und nicht die Dispositionsfreiheit oder der Wahrheitsanspruch des Opfers[2255]. Anders als bei den Eigentumsdelikten werden nicht einzelne wirtschaftliche Positionen einer Person, sondern das Vermögen als Ganzes in seinem wirtschaftlichen Wert geschützt[2256]. Es handelt sich um ein Selbstschädigungs- bzw. um ein Vermögensverschiebungsdelikt, bei dem das Opfer aufgrund irrtumsbedingter Verfügung sein Vermögen mindert[2257]. Die erstrebte Bereicherung muss nicht eingetreten sein, vielmehr genügt es, dass diese beabsichtigt ist (kupiertes Erfolgsdelikt). Der Versuch ist nach Absatz 2 strafbar. Absatz 3 enthält auch für die Klausur bedeutsame Strafschärfungen nach der Regelbeispielsmethode, Absatz 5 eine Qualifikation. In §§ 263a bis 265b sind betrugsähnliche Tatbestände normiert.

1300

Prüfungsschema vollendeter Betrug
1. Tatbestand
   a. Objektiver Tatbestand
      aa. Täuschung
      bb. Irrtum des Getäuschten; jeweils kausaler Zusammenhang erforderlich, auch objektive Zurechnung zwischen Täuschung und Schaden
      cc. Vermögensverfügung
      dd. Vermögensschaden
   b. Subjektiver Tatbestand
      aa. Vorsatz bzgl. objektiver Tatbestandsmerkmale
      bb. Bereicherungsabsicht

1301

2254 BGHSt 7, 197 (198); 16, 220 (221); 34, 199 (203); *Lackner/Kühl*, § 263 Rn. 2.
2255 So aber *Kindhäuser*, ZStW 103 (1991), 398 f.; näher zu abweichenden Konzeptionen die Darstellung bei A/W/H/*H-Heinrich*, § 20 Rn. 26 f.
2256 BGHSt 3, 99 (102); 16, 220 (221); 34, 199 (203); *Schönke/Schröder/Perron*, § 263 Rn. 3.
2257 Näher A/W/H/*H-Heinrich*, § 20 Rn. 28.

(1) Eigen- oder Drittbereicherungsabsicht
(2) Stoffgleichheit der erstrebten Bereicherung
c. Rechtswidrigkeit der erstrebten Bereicherung
aa. Objektive Rechtswidrigkeit der Bereicherung
bb. Vorsatz bzgl. Rechtswidrigkeit der Bereicherung
2. **Rechtswidrigkeit**
3. **Schuld**
4. **Strafschärfungen**
a. Strafzumessungsregel für besonders schwere Fälle mit Regelbeispielen, § 263 Abs. 3 Satz 2 Nr. 1 bis 5
aa. Nr. 1: Gewerbsmäßige oder bandenmäßige Begehung
bb. Nr. 2: Herbeiführen eines Vermögensverlustes großen Ausmaßes oder Handeln in der Absicht, durch die fortgesetzte Begehung von Betrug eine große Zahl von Menschen in die Gefahr des Verlustes von Vermögenswerten zu bringen
cc. Nr. 3: Eine andere Person in wirtschaftliche Not bringen
dd. Nr. 4: Missbrauch der Befugnisse oder Stellung als Amtsträger
ee. Nr. 5: Vortäuschen eines Versicherungsfalles
b. Qualifikation, § 263 Abs. 5: Gewerbsmäßige Begehung als Mitglied einer Bande
5. **Strafantrag nach §§ 247, 248a in Fällen der Absätze 1 bis 3**

1302 Prüfungsschema versuchter Betrug

1. **Tatbestand**
a. Tatentschluss
aa. Tatentschluss hinsichtlich objektiver Tatbestandmerkmale
(1) Täuschung
(2) Irrtum des Getäuschten
(3) Vermögensverfügung
(4) Vermögensschaden
bb. Bereicherungsabsicht
(1) Eigen- oder Drittbereicherungsabsicht
(2) Stoffgleichheit der erstrebten Bereicherung
cc. Vorsatz bzgl. Rechtswidrigkeit der Bereicherung
b. Unmittelbares Ansetzen
2. **Prüfungspunkte 2. bis 5. wie beim vollendeten Delikt; ggf. Rücktrittsprüfung**

1303 Klausurtipp

Bei der Fallprüfung müssen – auch im Hinblick auf eine etwaige Abgrenzung zum Diebstahl – die einzelnen Täuschungshandlungen in der Überschrift und im Einleitungssatz genau benannt werden. Ferner ist sorgfältig zu trennen zwischen verschiedenen Geschädigten („Betrug zum Nachteil des X", „Betrug zum Nachteil des Y"), beim Dreiecksbetrug zwischen Verfügendem (z. B. Geschäftsführer) und Geschädigtem (z. B. GmbH) sowie zwischen einem eigennützigen Betrug (Eigenbereicherungsabsicht) und einem fremdnützigen Betrug (Drittbereicherungsabsicht).

Formulierung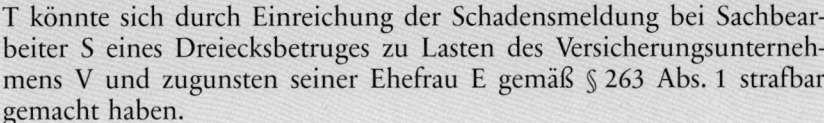
T könnte sich durch Einreichung der Schadensmeldung bei Sachbearbeiter S eines Dreiecksbetruges zu Lasten des Versicherungsunternehmens V und zugunsten seiner Ehefrau E gemäß § 263 Abs. 1 strafbar gemacht haben.

2. Objektiver Tatbestand

Erforderlich ist, dass der Täter durch eine **Täuschung** einen **Irrtum** auf Opferseite erregt, der zu einer **Vermögensverfügung** und einem **Vermögensschaden** führt. Das ungeschriebene Tatbestandsmerkmal der Vermögensverfügung bildet dabei das notwendige Bindeglied zwischen dem täuschungsbedingten Irrtum und dem Vermögensschaden. Zwischen den einzelnen Merkmalen ist nicht nur (Mit-)Kausalität im Sinne der Äquivalenztheorie erforderlich, sondern es können auch die Grundsätze der objektiven Zurechnung Anwendung finden[2258]. **1304**

a) **Täuschung.** Der Tatbestand beschreibt die Täuschung als Vorspiegelung falscher, Entstellung oder Unterdrückung wahrer Tatsachen. Vorgespiegelt werden Tatsachen, wenn diese in Wahrheit nicht vorhanden sind. Beim Entstellen werden zwar wahre Tatsachen genannt, das Gesamtbild wird jedoch durch Verzerrungen, Hinzufügen unzutreffender Zusätze oder Weglassen von Einzelheiten verfälscht[2259]. Ein Unterdrücken ist gegeben, wenn eine Tatsache der Kenntnis anderer Personen ganz vorenthalten wird. Die einzelnen Begehungsformen gehen dabei häufig ineinander über. Da es sich aber nur um einzelne Aspekte der Täuschung handelt, ist eine trennscharfe Abschichtung auch nicht notwendig. Nach gängiger Definition ist unter Täuschung jede intellektuelle Einwirkung auf das Vorstellungsbild eines anderen mit dem Ziel der Irreführung über Tatsachen zu verstehen[2260]. Die Täuschung weist demnach auch eine subjektive Komponente auf[2261]. **1305**

2258 Näher *Eisele*, BT 2, Rn. 552.
2259 *Fischer*, § 263 Rn. 19; *Schönke/Schröder/Perron*, § 263 Rn. 6.
2260 BGHSt 47, 1 (3, 5).
2261 BGHSt 18, 235 (237); *Wessels/Hillenkamp/Schuhr*, BT 2, Rn. 492; für eine objektive Interpretation *Mitsch*, BT 2, 5.2.1.2.3; NK-*Kindhäuser*, § 263 Rn. 58.

1306 aa) **Tatsachen** sind alle Geschehnisse und Zustände der Vergangenheit oder Gegenwart, die entweder die Außenwelt (**äußere** Tatsache) oder psychische Vorgänge (innere Tatsache) betreffen und dem Beweis zugänglich sind[2262]. Künftige Geschehnisse werden nicht erfasst. Allerdings ist die vorhandene Absicht, in der Zukunft etwas zu tun, bereits eine dem Beweis zugängliche gegenwärtige Tatsache[2263]. Zu den **äußeren** Tatsachen gehören bei Rechtsgeschäften etwa die Zahlungsfähigkeit, die Beschaffenheit der Sache oder die Kreditwürdigkeit[2264], während die Zahlungswilligkeit[2265], bestimmte Kenntnisse oder Pläne als **innere** Tatsache erfasst werden. Abzugrenzen hiervon sind reine **Meinungsäußerungen, Werturteile** und **Rechtsansichten**, die § 263 nicht begründen können[2266]. Daher macht sich nicht nach § 263 strafbar, wer übertreibende Anpreisungen oder marktschreierische Reklame („das beste Rad auf dem Markt", „die beliebtesten und meistgekauften Chips") macht[2267]. Anders kann der Fall liegen, wenn hinter der Meinungsäußerung oder dem Werturteil ein im Wege des Beweises überprüfbarer Tatsachenkern steckt[2268].

> **Bsp.:** T preist seinen neuen Fleckenentferner auf dem Weihnachtsmarkt mit dem Spruch „jeder Fleck gleich weg" an. O, der gleich drei Packungen kauft, ist enttäuscht, dass sich der Rotwein nicht vollständig aus dem weißen Teppich lösen lässt. – § 263 ist hier nicht verwirklicht, da es sich lediglich um eine übertriebene Anpreisung handelt. Anders läge der Fall, wenn T behaupten würde, dass der Reiniger aufgrund des hohen Salzgehalts besonders effektiv ist, dieser in Wahrheit aber kein Salz enthält und auch keine Flecken beseitigt.

1307 Auch bei der Behauptung von **übernatürlichen Geschehnissen** oder Okkulthandlungen kann der Tatbestand einschlägig sein.

> **Bsp.:** T spiegelt der O vor, dass ihr verstorbener Mann im Himmel Spielschulden habe und sich ein teures Grundstück gekauft habe. Er sei beauftragt, die Verbindlichkeiten bei ihr zu kassieren und weiterzuleiten. Tatsächlich möchte T das Geld aber für sich verwenden. Die leichtgläubige O zahlt 100000 € an T. – Selbst wenn man die Frage des Bestehens der Schulden als nicht dem Beweis zugänglich ansieht, so täuscht T doch über die innere Tatsache, das Geld zur Tilgung der Schuld weiterleiten zu wollen und damit über die Verwendung. Trotz der Leichtgläubigkeit ist auch ein Irrtum zu bejahen, der zu einer Vermögensverfügung und einem Vermögensschaden führt[2269].

2262 RGSt 55, 129 (131); BGHSt 47, 1 (3); vgl. auch *Kindhäuser/Böse*, BT 2, § 27 Rn. 4.
2263 Vgl. *Fischer*, § 263 Rn. 7 f.
2264 RGSt 2, 5 (6); BGHSt 6, 198 (199); vgl. auch LK-*Tiedemann*, § 263 Rn. 11.
2265 BGHSt 6, 198 (199); 15, 24 (26); OLG Köln NJW 2002, 1059.
2266 BGHSt 48, 331 (344); *Krey/Hellmann/Heinrich*, BT 2, Rn. 500; LK-*Tiedemann*, § 263 Rn. 13.
2267 BGHSt 48, 331 (344); BGH NJW 2004, 375 (379); *Kindhäuser/Böse*, BT 2, § 27 Rn. 22.
2268 BGHSt 34, 199 (201); 48, 331 (344); *Rengier*, BT 1, § 13 Rn. 4; *Schönke/Schröder/Perron*, § 263 Rn. 9.
2269 Näher u. Rn. 1331.

bb) Eine Täuschung setzt grundsätzlich voraus, dass der Täter **unwahre Tatsachen** behauptet. Problematisch sind daher Fälle, in denen sich der Wahrheitsgehalt nur bei einer aufmerksamen Betrachtung ergibt, weil inhaltlich richtige Erklärungen vom Täter missverständlich dargestellt oder in AGB „versteckt" sind. § 263 ist hier nicht von vornherein ausgeschlossen, da solche Sachverhalte als Entstellung wahrer Tatsachen, die im Wege einer Verzerrung erfolgt, erfasst werden können[2270]. **1308**

(1) Hier sind zunächst **rechnungsähnliche Angebotsschreiben** von Bedeutung[2271]. Dabei verwendet der Täter bei der Versendung von Formularschreiben typische Merkmale einer Rechnung – z. B. das Fehlen von Anrede und Grußformel, Hervorhebung einer Zahlungsfrist, Beifügung eines ausgefüllten Überweisungsträgers –, die den Gesamteindruck so sehr prägen, dass demgegenüber die kleingedruckten Hinweise auf den bloßen Angebotscharakter völlig in den Hintergrund treten. **1309**

> **Bsp.:** T gestaltet ein Schreiben an Handwerker O in der äußeren Form einer Rechnung über einen Eintrag in ein Branchenverzeichnis. Im beigefügten Überweisungsträger ist ein Betrag von 300 € eingesetzt. Im kleingedruckten Text auf der Rückseite wird versteckt darauf hingewiesen, dass es sich um ein Angebot handele, das mit Zahlung angenommen werde. Wie von T beabsichtigt, glaubt O irrig, dass der Eintrag und die damit verbundene Rechnung auf einer seiner zahlreichen Mitgliedschaften in Verbänden beruhen.

Nach **h. M.**, die maßgeblich auf **subjektive Kriterien** abstellt, liegt eine Täuschung vor, wenn der Täter die Eignung der – inhaltlich richtigen – Erklärung, einen Irrtum hervorzurufen, planmäßig einsetzt und damit unter dem Anschein „äußerlich verkehrsgerechten Verhaltens" gezielt die Schädigung des Adressaten verfolgt. Mit anderen Worten: Die Irrtumserregung darf nicht bloße Folge, sondern muss primärer Zweck der Handlung sein, was bei Eventualvorsatz zu verneinen ist[2272]. Im vorgenannten Beispiel liegt demnach eine Täuschung vor. Allerdings muss man sehen, dass die geforderte Absicht kaum zu Einschränkungen führt, weil diese aufgrund der vom Tatbestand vorausgesetzten Bereicherungsabsicht häufig – zumindest als Zwischenziel – verwirklicht sein wird[2273]. Überzeugender ist es daher nach (normativen) **Risikosphären** abzugrenzen und dabei zu fragen, wer das Risiko zutreffender Information zu tragen hat; Anhaltspunkte für die Konkretisierung von Gestaltungs- und Informationspflichten können gesetzliche Regelungen liefern[2274]. Auch nach die- **1310**

[2270] *Eisele*, NStZ 2010, 193 (194).
[2271] Vgl. BGHSt 47, 1.
[2272] BGHSt 47, 1 (5); BGH NStZ-RR 2004, 110 (111); OLG Oldenburg wistra 2010, 453 (454); OLG Frankfurt NJW 2011, 398 (401); *Otto*, Jura 2002, 606 (607); *Schönke/Schröder/Perron*, § 263 Rn. 16c.
[2273] *Krack*, JZ 2002, 613; *Scheinfeld*, wistra 2008, 167 (169).
[2274] *Eisele*, NStZ 2010, 193 (194).

sem Ansatz gelangt man zu einer Täuschung seitens des T; hierfür spricht die Regelung des § 305c BGB, wonach überraschende oder mehrdeutige Klauseln zu Lasten des Verwenders gehen und diesen daher die Informationspflicht trifft[2275].

1311 (2) Parallel gelagert ist die Problematik der **sog. Abofallen im Internet**[2276]. Hier wird dem Nutzer durch die Gestaltung der Webseite die Unentgeltlichkeit des Angebots suggeriert, während es in Wahrheit kostenpflichtig ist. Mit Blick auf gesetzliche Regelungen, etwa § 312j Abs. 3 BGB (Hinweis auf Kostenpflichtigkeit bei Bestellung über „Button" durch Beschriftung mit den Wörtern „zahlungspflichtig bestellen" o. Ä.), wird das Risiko zutreffender Information hier regelmäßig beim Anbieter liegen[2277].

1312 cc) Die Täuschung ist durch eine ausdrückliche Erklärung (explizite Täuschung), durch schlüssiges Verhalten (konkludente Täuschung) und durch pflichtwidriges Unterlassen möglich. Probleme bereitet vor allem die Einordnung eines Verhaltens als (noch) **konkludente Täuschung in Abgrenzung zur Täuschung durch Unterlassen.** Diese Frage kann deshalb erhebliche Bedeutung erlangen, weil eine Täuschung durch Unterlassen nur bei Vorliegen einer Garantenstellung tatbestandsmäßig ist.

1313 (1) Eine **explizite Täuschung** lässt sich meist recht einfach feststellen, weil der Täter ausdrücklich die Unwahrheit sagt.

> **Bsp.:** Gebrauchtwagenhändler T behauptet gegenüber O, dass der Wagen nur 50000 Kilometer gelaufen sei. Tatsächlich waren es aber 100000 Kilometer, jedoch hat T den Kilometerzähler manipuliert.

1314 (2) Eine **konkludente Täuschung** ist ein Verhalten, das nach Auslegung unter Berücksichtigung der Besonderheiten des Einzelfalls, des Empfängerhorizonts und der Erwartungen der Beteiligten als **stillschweigende bzw. schlüssige Erklärung** über eine Tatsache zu verstehen ist[2278]. Die Berücksichtigung von konkludenten Täuschungen ist auch mit dem Bestimmtheitsgrundsatz des Art. 103 Abs. 2 GG vereinbar[2279]. Sie ist – wenngleich die Grenzen schwer zu bestimmen sind – vor einer Täuschung durch Unterlassen zu prüfen, weil sie keine Garantenstellung erfordert. In solchen Fällen muss der Erklärungsgehalt sorgfältig ermittelt und in Prüfungsarbeiten näher dargelegt werden. Dabei kann unter Berücksichtigung der jeweiligen Risikobereiche mit folgenden **Leitlinien** gearbeitet werden:

[2275] *Brox/Walker*, Allgemeines Schuldrecht, 43. Aufl. 2019, § 4 Rn. 43.
[2276] Dazu *Eisele*, NStZ 2010, 193.
[2277] Näher *Eisele*, BT 2, Rn. 527.
[2278] BGHSt 47, 1 (3); 48, 331 (344); 51, 165 (170); *Krey/Hellmann/Heinrich*, BT 2, Rn. 501.
[2279] BVerfGE 130, 1 (44 f.).

(a) Mit dem Abschluss eines Rechtsgeschäfts wird das Vorliegen derjenigen Umstände, die den jeweiligen Geschäftstyp kennzeichnen bzw. die Geschäftsgrundlage bilden, konkludent miterklärt[2280]. Das Eingehen einer vertraglichen Verpflichtung enthält daher konkludent die Erklärung der **Erfüllungsfähigkeit und des Erfüllungswillens**[2281]. Der Veräußerer einer Sache erklärt, dass er (als Eigentümer) zur Übereignung in der Lage und auch willens ist, der Erwerber, dass er zahlungsfähig und zahlungswillig ist. Auch die Wirksamkeitsvoraussetzungen, die von der eigenen Person abhängen, etwa die Geschäftsfähigkeit oder eine Verfügungsbefugnis, werden schlüssig erklärt. Auch wird man einer rechtsgeschäftlichen Erklärung entnehmen können, dass an der Leistung, auf die sich der Vertrag bezieht, **keine Manipulation** vorgenommen worden ist[2282].

1315

> **Bsp. (1):** T bestellt im Gourmetrestaurant des O ein Sieben-Gänge-Menü, obwohl er kein Geld hat. Nach dem Dessert teilt er mit, dass er kein Geld habe. – Mit der Bestellung hat T konkludent erklärt, die Rechnung später auch bezahlen zu können; da O genau davon ausging, unterlag er einem Irrtum, aufgrund dessen er mit dem Servieren des Menüs eine Vermögensverfügung vornahm, die letztlich in einen Vermögensschaden mündete. Da T vorsätzlich und mit (Eigen-) Bereicherungsabsicht handelte, ist er nach § 263 strafbar.
>
> **Bsp. (2):**[2283] T tankt an der Zapfsäule, wobei er ohne Bezahlen wegfahren möchte. Er geht dabei davon aus, vom Personal beobachtet zu werden. Tatsächlich bleibt der Vorgang aber unbeobachtet. – Die Zahlungswilligkeit als innere Tatsache wird bei Rechtsgeschäften grundsätzlich konkludent erklärt; hier fehlt es aber an einer Täuschung gegenüber einer Person und an einem entsprechenden Irrtum. Da T jedoch subjektiv von einem solchen Sachverhalt ausging, macht er sich wegen versuchten Betrugs nach §§ 263 Abs. 1 und 2, 22, 23 strafbar.
>
> **Bsp. (3):**[2284] T besticht den Schiedsrichter eines Fußballspiels, damit der Außenseiter gewinnt. Im Wettbüro des O setzt T dann entsprechend und gewinnt eine erhebliche Summe. – T macht sich nach § 263 zum Nachteil des O strafbar, da er jedenfalls konkludent miterklärt, dass er nicht auf das Ergebnis im Wege rechtswidriger Manipulation eingewirkt hat[2285]; man kann der Erklärung beim Spielabschluss aber auch die Erklärung entnehmen, dass T nur das (übliche) Wettrisiko eingeht und keine Kenntnis vom Spielausgang besitzt. Anders ist jedoch zu ent-

---

[2280] *Kindhäuser/Böse*, BT 2, § 27 Rn. 19; *Schönke/Schröder/Perron*, § 263 Rn. 16e.
[2281] BGHSt 15, 24 (26); 27, 293 (294); *Wessels/Hillenkamp/Schuhr*, BT 2, Rn. 498.
[2282] RGSt 29, 369 (370); 59, 311 (312); BGHSt 54, 69 (121); LK-*Tiedemann*, § 263 Rn. 37.
[2283] Vgl. auch BGH NJW 1983, 2827; BGH NStZ 2009, 694.
[2284] BGHSt 51, 165; 58, 102.
[2285] BGHSt 29, 165 (167 f.); 58, 102 (106); *Radtke*, Jura 2007, 445 (448); a. A. *Jahn/Maier* JuS 2007, 215 (217).

scheiden, wenn lediglich ein Informationsvorsprung – z. B. Hinweis auf verletzte Spieler oder Manipulationen Dritter – ausgenutzt wird, da dies noch zum allgemeinen Geschäftsrisiko des Wettanbieters gehört[2286].

1316 Allein in dem **Anbieten einer Ware oder Leistung zu einem bestimmten Preis** liegt dagegen nicht die schlüssige Aussage, der Preis sei angemessen oder marktüblich[2287]. Denn dem Verkäufer ist es grundsätzlich unbenommen, auch einen höheren Preis zu fordern, solange er Käufer findet und keine festgesetzten Preise bzw. (öffentlich-rechtliche) Tarife bestehen oder die Grenze des Wuchers bzw. der Sittenwidrigkeit überschritten wird[2288].

1317 (b) Beim **Einfordern einer Leistung** kann schlüssig erklärt werden, dass ein entsprechender Anspruch besteht[2289]. Ferner kann auch miterklärt sein, dass die Bemessungsgrundlage, auf der der Anspruch beruht, zutreffend ist, sofern diese für die Beurteilung des Anspruchs wesentlich ist und vom Schuldner nicht ohne weiteres überprüft werden kann[2290]. Zu beachten ist dabei allerdings, dass die bloße Behauptung von Ansprüchen bzw. Rechten nicht ausreichend ist, soweit diese nicht auf unzutreffende (anspruchsbegründende) Tatsachen bezogen ist[2291].

Bsp.: T verlangt im Trödelladen von Verkäufer O eine Vase heraus, die ihm angeblich kurz zuvor gestohlen worden sei, was jedoch nicht stimmt. Da O nicht mehr weiß, woher die Vase stammt, gibt er sie heraus. – T macht sich nach § 263 strafbar, da er konkludent erklärt, dass er als Eigentümer, dem die Sache gestohlen worden sei (anspruchsbegründende Tatsache), einen Herausgabeanspruch habe.

1318 Davon abzugrenzen ist die **bloße Entgegennahme einer Leistung**, der nicht die Aussage entnommen werden kann, dass diese Leistung auch geschuldet ist[2292]. Dafür spricht, dass der Leistende die Höhe seiner Verpflichtung auf eigenes Risiko zu prüfen hat[2293] und eine entsprechende Erklärung des Empfängers auch nicht erwarten darf. In solchen Fällen wird lediglich eine vorhandene Fehlvorstellung ausgenutzt, nicht aber ein Irrtum unterhalten, d. h. die Fehlvorstellung des Irrenden verstärkt oder gar die Aufklärung des Irrtums verhindert oder erschwert.

Bsp.: T zahlt eine Tafel Schokolade mit einem 10 €-Schein. Die Kassiererin ist unaufmerksam und gibt Wechselgeld auf 100 € heraus. T freut

---

2286 BGH NStZ 2014, 317 (318); *Radtke*, Jura 2007, 2007, 445 (450).
2287 BGH NJW 1990, 2005 (2006); OLG Stuttgart NStZ 1985, 503.
2288 BGH NJW 2003, 1811 (1812); BGH NStZ 2015, 461 (463).
2289 *Kindhäuser/Böse*, BT 2, § 27 Rn. 23; *Rengier*, BT 1, § 13 Rn. 11.
2290 BGH NStZ 2009, 506 (507).
2291 Vgl. auch BGHSt 46, 196 (198); OLG Frankfurt NJW 1996, 2172 f.; *Schönke/Schröder/Perron*, § 263 Rn. 16c.
2292 OLG Köln NJW 1961, 1735 (1736); *Schönke/Schröder/Perron*, § 263 Rn. 17a.
2293 S. BGH NJW 1994, 950 (951).

sich und steckt so über 99 € ein. – Ohne dass weitere Umstände hinzukommen, fehlt es an einer konkludenten Täuschung.

1319 (3) Eine **Täuschung durch Unterlassen** i. S. d. § 13 kommt nur in Betracht, wenn dem Täter die Aufklärung möglich ist, er zu dieser rechtlich auch verpflichtet ist und ihm – als Merkmal der Schuld – diese auch zumutbar ist[2294]. Ferner ist die Entsprechungsklausel des § 13 Abs. 1 Halbsatz 2 zu beachten[2295]. Die tatbestandlichen Merkmale des unechten Unterlassungsdelikts sind dabei im Rahmen der Täuschungshandlung zu prüfen, da die weiteren Voraussetzungen des Betrugs allein die Opferseite betreffen. Erforderlich ist eine Garantenstellung des Täters, wobei die aus dem Allgemeinen Teil bekannten Grundsätze eine Erweiterung erfahren[2296].

1320 (a) Von Bedeutung sind dabei zunächst auf **Gesetz beruhende Aufklärungs- bzw. Auskunftspflichten**, wie etwa aus § 666 BGB beim Auftrag oder § 138 ZPO für die Wahrheitspflicht der Partei im Zivilprozess[2297]. Ferner ist an eine **Garantenstellung aus Ingerenz** zu denken, wenn das Vorverhalten – wenn auch unvorsätzlich – eine Fehlinformation enthalten und dadurch den späteren Irrtum bewirkt hat[2298].

> **Bsp.:** T veräußert an O ein gebrauchtes Sofa für 400 €. In seinem Angebot hatte T das Alter versehentlich mit einem Jahr statt mit zehn Jahren angegeben. Vor Übereignung bemerkt T das Versehen. Als O sagt, dass der Preis für ein „recht neues Sofa" angemessen sei, schweigt T. Das Sofa ist aufgrund des Alters tatsächlich noch 100 € wert. – Zum Zeitpunkt der Angebotsabgabe lag zunächst keine vorsätzliche Täuschung vor; jedoch ist bei der Übereignung eine Täuschung durch Unterlassen anzunehmen, weil T durch das sorgfaltswidrige Angebot aufgrund einer Garantenstellung aus Ingerenz zur Aufklärung verpflichtet war.

1321 (b) Beim Betrug können Aufklärungspflichten auch aufgrund eines **besonderen vertraglichen oder außervertraglichen Vertrauensverhältnisses** (Beschützergarantenstellung) folgen[2299]. Dabei kann die Aufklärungspflicht ausdrücklich vertraglich vereinbart worden sein, sich aber auch aus der Natur des Vertrags ergeben (z. B. bei Beratungsverträgen mit Rechtsanwälten, Steuer- oder Anlageberatern)[2300]. Auch bei auf Dauer angelegten Geschäftsbeziehungen – insb. Dauer- oder Wiederkehrschuldverhältnissen

---

2294 Zur Zumutbarkeit bei § 263 vgl. BGHSt 62, 72 (84 f.).
2295 BGHSt 62, 72 (83 f.); dazu umfassend *Kargl*, ZStW 119 (2007), 250.
2296 Zur Garantenstellung *Heinrich*, AT, Rn. 918 ff.; *Kühl*, AT, § 18 Rn. 41 ff.
2297 *Rengier*, BT 1, § 13 Rn. 28; *Schönke/Schröder/Perron*, § 263 Rn. 21; weitere Beispiele bei *Eisele*, BT 2, Rn. 537.
2298 OLG Stuttgart NJW 1969, 1975; NK-*Kindhäuser*, § 263 Rn. 155.
2299 BGHSt 39, 392 (399); 46, 196 (203); *Wessels/Hillenkamp/Schuhr*, BT 2, Rn. 505.
2300 BGHSt 62, 72 (77 f.); MünchKomm-*Hefendehl*, § 263 Rn. 194.

– kann im Einzelfall eine Aufklärungspflicht über die Verschlechterung der Vermögensverhältnisse bestehen[2301].

> **Bsp.:** T mietet bei O ein Hotelzimmer für eine Woche. Nach drei Tagen muss er anderweitig Schulden begleichen und erkennt, dass er deshalb die Rechnung bei O nicht bezahlen kann. Dennoch verbleibt er die restliche Zeit im Hotel. – Mangels Zahlungsunfähigkeit liegt zum Zeitpunkt des Abschlusses des Vertrages keine Täuschungshandlung vor; sofern T keine zusätzlichen Leistungen in Anspruch nimmt, kann auch im weiteren Nutzen des Zimmers keine konkludente Vorspiegelung fortbestehender Liquidität gesehen werden[2302]. Eine entsprechende Aufklärungspflicht aus Vertrag ist ebenfalls zu verneinen, da insoweit kein besonderes Vertrauensverhältnis begründet wurde.

1322 In diesen Zusammenhang gehören auch **Aufklärungspflichten aus Treu und Glauben** (§ 242 BGB), wobei im Hinblick auf den Bestimmtheitsgrundsatz strenge Anforderungen zu stellen sind, so dass nicht jede vertragliche Pflicht und jede Gefahr einer Schädigung genügt[2303]. Eine Aufklärungspflicht im Hinblick auf den Schutz fremden Vermögens besteht demgemäß nur für Umstände, die erkennbar von wesentlicher Bedeutung sind und wegen der Gefahr eines außerordentlich hohen Schadens oder wegen besonderer Schutzbedürftigkeit des Geschäftspartners (z. B. bei geschäftlicher Unerfahrenheit) offenbart werden müssen.

> **Bsp.:**[2304] Der Gebrauchtwagenhändler T veräußert an O einen Wagen für 30000 € und verschweigt dabei, dass der Wagen einen schweren Unfall mit Karosserieschaden hatte. – Die Eigenschaft als Unfallwagen ist beim Kfz-Kauf von entscheidender Bedeutung; als Privatkunde, der sich bei Kfz nicht in besonderem Maße auskennt, ist O auch besonders schutzbedürftig. Daher ist eine Aufklärungspflicht zu bejahen.

1323 dd) Zusammenfassend lässt sich Folgendes festhalten: In normalen Geschäftsbeziehungen ohne besondere Schutzbedürftigkeit einer Partei hat jeder Beteiligte für sich selbst zu sorgen und sich vor Benachteiligungen zu schützen. Das bloße **Ausnutzen eines schon vorhandenen Irrtums** ist grundsätzlich straflos; grundsätzlich darf jeder Vertragspartner seine überlegene Sachkenntnis ausnutzen. Durch eine vorschnelle Annahme einer konkludenten Täuschung dürfen nicht die strengen Voraussetzungen des § 13, die bei einer Täuschung durch Unterlassen zu prüfen sind, umgangen werden.

1324 b) **Irrtum.** Durch die Täuschung muss (mit-)kausal ein **Irrtum erregt oder zumindest unterhalten** werden. Ein Irrtum ist eine Fehlvorstellung eines

---

2301 BGH wistra 1988, 162; OLG Bamberg NStZ-RR 2012, 248 (250).
2302 BGH MDR/D 1973, 729; *Rengier*, BT 1, § 13 Rn. 26.
2303 BGHSt 39, 392 (400 f.); OLG Bamberg NStZ-RR 2012, 248 (250).
2304 BayObLG NJW 1994, 1078.

Menschen über Tatsachen, die Gegenstand der Täuschung sind[2305]. Das Unterhalten eines Irrtums kann durch Bestärken einer Fehlvorstellung, aber auch durch Verhinderung oder Erschwerung der Aufklärung – auch im Wege des Unterlassens – erfolgen. Nur ein Mensch kann einem Irrtum unterliegen; dadurch entstehende Strafbarkeitslücken werden vor allem durch § 263a und § 265a geschlossen.

aa) Erforderlich ist stets eine **kommunikative Verbindung** zwischen Täter und Getäuschtem. Reines Nichtwissen (sog. ignorantia facti) begründet keinen Irrtum. Daher liegt kein vollendeter Betrug vor, wenn der Täter tankt, ohne anschließend den Kaufpreis entrichten zu möchten, falls er bei dem Tankvorgang nicht beobachtet wird[2306]. 1325

Für eine betrugsrelevante Fehlvorstellung ist jedoch nicht erforderlich, dass der Getäuschte alle Einzelheiten bewusst reflektiert. Ausreichend ist ein intuitives **sachgedankliches Mitbewusstsein oder ständiges Begleitwissen**, sofern es sich aus bestimmten Tatsachen ableitet[2307]. Spiegelt der Täter im Restaurant konkludent durch Bestellung seine Zahlungsfähigkeit oder Zahlungswilligkeit vor, so muss sich der Kellner über die Umstände keine gezielten Gedanken machen. Vielmehr genügt es, dass er unreflektiert davon ausgeht, dass „alles in Ordnung ist" und der Gast willens und in der Lage sein wird, seine Rechnung zu begleichen[2308]. Ebenso genügt es bei Schwarzfahrern, wenn der Schaffner oder Kontrolleur allgemein fragt „Jemand neu zugestiegen?" und der Täter daraufhin schweigt. In diesem Fall unterliegt die Kontrollperson einer Fehlvorstellung dahingehend, dass alle Insassen einen gültigen Fahrschein besitzen[2309]. Kein Irrtum liegt im Fall des Schwarzfahrens dagegen vor, wenn der Schaffner lediglich an den Passagieren vorbeigeht und glaubt, dass jeder Insasse einen Fahrschein gelöst hat. 1326

bb) Im Einzelfall kann aber zu diskutieren sein, ob sich der Betroffene überhaupt **Gedanken über bestimmte Tatsachen zu machen braucht** und ob eine entsprechende **Prüfungspflicht** besteht[2310]. Zahlt ein Angestellter einer Kasse Beträge aus, nachdem er von der für die Prüfung der Ansprüche zuständigen Stelle eine Zahlungsanweisung erhalten hat, so muss er sich grundsätzlich keine Gedanken mehr über die materielle Berechtigung der Zahlung machen und unterliegt insoweit auch keinem Irrtum[2311]. Bei Barabhebungen von einem Girokonto prüft der Angestellte des Kreditinstituts nur die Identität des Kunden sowie die Deckung durch 1327

2305 *Schönke/Schröder/Perron*, § 263 Rn. 33 ff.
2306 Zu Einzelheiten des Falles o. Rn. 1101.
2307 BGHSt 24, 386 (389); 51, 165 (174); *Schönke/Schröder/Perron*, § 263 Rn. 39.
2308 BGH NStZ 2015, 341 f.
2309 *Rengier*, BT 1, § 13 Rn. 49; *Wessels/Hillenkamp/Schuhr*, BT 2, Rn. 511.
2310 BGHSt 2, 325; *Krey/Hellmann/Heinrich*, BT 2, Rn. 548 f.
2311 BGH NStZ 2005, 157 (158); 2006, 687; 2008, 340.

Guthaben bzw. Kreditlimit, da der Kontoinhaber mit der Gutschrift einen unmittelbaren Anspruch auf Auszahlung erlangt; er macht sich daher keine Gedanken, ob dem Kunden das Guthaben auf dem Konto tatsächlich zusteht[2312]. Auch scheidet ein Irrtum aus, wenn ein Nichtberechtigter eine gestohlene ec-Karte im electronic-cash-Verfahren zur Zahlung vorlegt und der Händler über Waren verfügt. Zwar kann hier von einer konkludenten Täuschung über die Berechtigung zur Zahlung ausgegangen werden, jedoch macht sich der Händler darüber regelmäßig keine Gedanken, weil das kartenausgebende Institut ihm die Zahlung auch für diesen Fall garantiert[2313]. Entsprechendes gilt für die Verwendung von Kreditkarten.

> **Bsp.:** T legt bei der Bank B das Sparbuch des O vor, das er diesem gestohlen hat. Er hebt so 500 € ab. – T täuscht durch Vorlage des Sparbuchs konkludent darüber, Berechtigter zu sein. Aufgrund der Legitimationswirkung des § 808 BGB kann der Angestellte für B grundsätzlich an den Inhaber befreiend leisten. Die Legitimationswirkung ist jedoch dahingehend eingeschränkt, dass B das Haftungsrisiko bei Vorsatz und grober Fahrlässigkeit trägt. Aus diesem Grund wird man nicht annehmen können, dass sich die Mitarbeiter gar keine Gedanken machen[2314].

1328 cc) Durchschaut das Opfer die Täuschung, so scheidet ein vollendeter Betrug aus, weil es an einem **täuschungsbedingten Irrtum** fehlt. In Betracht kommt freilich eine Versuchsstrafbarkeit.

1329 dd) Entgegen neuerer Strömungen in der Literatur sollte man den Irrtum als **psychologisches Tatbestandsmerkmal** verstehen, das normativen Erwägungen nicht zugänglich ist. Für notwendige Abschichtungen der Risikobereiche lässt sich besser die Rechtsfigur der objektiven Zurechnung fruchtbar machen.

1330 (1) Bedeutung erlangt dies zunächst für die Frage, ob **Zweifel des Getäuschten** an der Richtigkeit der Tatsachenangaben im Einzelfall den Irrtum ausschließen. Z.T. wird argumentiert, der Zweifelnde sehe die Möglichkeit, Schaden zu erleiden und könne sich selbst schützen (sog. viktimodogmatisches Konzept)[2315]. Richtigerweise schließen Zweifel die Möglichkeit eines Irrtums nicht aus, sofern der Getäuschte die Wahrheit der fraglichen Tatsache nur für möglich hält und durch die Möglichkeitsvorstellung zur Vermögensverfügung motiviert wird[2316]. Insoweit ist auch zu beachten, dass § 263 kein Führwahrhalten oder Überzeugtsein verlangt[2317].

2312 OLG Düsseldorf wistra 2008, 34 (35); dazu auch *Eisele*, BT 2, Rn. 535.
2313 Zu diesem Fall näher u. Rn. 1431.
2314 *Maurach/Schroeder/Maiwald/Hoyer/Momsen*, BT 1, § 41 Rn. 64; *Schönke/Schröder/Perron*, § 263 Rn. 48; a. A. OLG Düsseldorf NJW 1989, 2003 (2004); *Fischer*, § 263 Rn. 58.
2315 *Amelung*, GA 1977, 1 (4 ff.); *Schünemann*, NStZ 1986, 439 (440).
2316 BGH NStZ 2003, 313 (314); *Schönke/Schröder/Perron*, § 263 Rn. 40.
2317 Zum Ganzen auch *Eisele*, BT 2, Rn. 548.

(2) Entsprechend diesen Grundsätzen sind Einschränkungen beim Irrtum auch dann nicht vorzunehmen, wenn ein **leichtfertiges Verhalten** des Opfers dazu führt, dass dieses den Irrtum nicht erkennt[2318]. Denn gerade unerfahrene, unvernünftige, naive, leichtgläubige oder abergläubische Personen bedürfen eines besonderen Schutzes, wenn der Täter deren Schwächesituation – häufig mittels Überrumpelung – ausnutzt.

1331

c) Vermögensverfügung. Das ungeschriebene Merkmal der Vermögensverfügung als Charakteristikum des Selbstschädigungsdelikts stellt das Bindeglied zwischen Irrtum und Vermögensschaden dar. Unter Vermögensverfügung ist dabei jedes Handeln, Dulden oder Unterlassen, das eine Vermögensminderung unmittelbar herbeiführt, zu verstehen[2319]. Die Vermögensverfügung kann dabei in rechtsgeschäftlichem **Handeln** (z. B. Vertragsschluss, Übereignung, Erlass einer Forderung, Kündigung), tatsächlichem Handeln (z. B. Übergabe von Gegenständen, Erbringen von Leistungen) oder staatlichen Hoheitsakten (z. B. Verurteilung oder Klageabweisung im Zivilprozess) bestehen. Ein **Dulden** liegt beispielsweise vor, wenn das Opfer irrtumsbedingt die Mitnahme einer Sache geschehen lässt. Fälle des **Unterlassens** liegen etwa bei der Nichtgeltendmachung von Forderungen (z. B. auf Zahlung oder Herausgabe) oder beim Verzicht auf Zwangsvollstreckungsmaßnahmen vor. Die mit der Vermögensverfügung eintretende Vermögensminderung unterscheidet sich von dem anschließend zu prüfenden Vermögensschaden dadurch, dass ein Vermögensschaden nur dann vorliegt, wenn die Minderung des Vermögens nicht durch mit der Verfügung verbundene Vermögenszuflüsse kompensiert wird.

1332

Das Merkmal der Vermögensverfügung und die nachfolgend behandelten Kriterien dienen dabei auch der **Abgrenzung des Sachbetrugs zum (Trick-)Diebstahl** und sichern so die Eigenart des Betrugs als Selbstschädigungsdelikt[2320]. Wie bereits dargestellt, kann nach der Exklusivitätsthese ein und dieselbe Handlung entweder nur eine Wegnahme i. S. d. § 242 (Fremdschädigung) oder nur eine Vermögensverfügung i. S. d. § 263 (Selbstschädigung) begründen[2321]. Eine Vermögensverfügung ist dann anzunehmen, wenn nach der inneren Willensrichtung des Opfers eine willentliche Überlassung des Gewahrsams gegeben ist[2322]. Damit liegt zugleich bei § 242 ein tatbestandsausschließendes Einverständnis in die Wegnahme vor. Dies soll zunächst anhand eines Grundfalls verdeutlicht werden.

1333

> **Bsp.:** T behauptet wahrheitswidrig gegenüber O, dass die CD im CD-Player des O ihm gehöre und er diese vor Jahren dem O geliehen habe.

2318 BGHSt 34, 199 (201); BGH NStZ 2003, 313 (314); BGH wistra 2014, 439 (441).
2319 BGHSt 14, 170 (171); *Schönke/Schröder/Perron*, § 263 Rn. 55.
2320 BGHSt 17, 205 (209); *Rengier*, BT 1, § 13 Rn. 61.
2321 S. o. Rn. 933.
2322 BGHSt 7, 252 (255); 18, 221 (223); *Krey/Hellmann/Heinrich*, BT 2, Rn. 558.

Da O sich an die Herkunft nicht mehr erinnern kann, schenkt er dem T Glauben und gestattet ihm, die CD aus dem Gerät zu nehmen und in seine Tasche zu stecken. – Beginnt man mit der Prüfung des § 242, so stellt sich die Frage, ob T die CD als fremde bewegliche Sache weggenommen hat. Mit Einstecken der CD hat T den Gewahrsamswechsel vollzogen. Eine Wegnahme liegt jedoch nur bei einem Handeln ohne bzw. gegen den Willen des O vor. Hier liegt jedoch ein tatbestandsausschließendes Einverständnis bezüglich des Gewahrsamswechsels vor, das trotz Täuschung wirksam ist[2323]. Bei § 263 kann man eine Täuschung und einen Irrtum bejahen; eine Vermögensverfügung liegt in Form einer Handlung (Gestatten des Einsteckens der CD), jedenfalls aber in Form einer Duldung vor. Dass T die CD nach dem äußerem Erscheinungsbild genommen hat und diese nicht von O übergeben wurde, ist unerheblich, weil für die Vermögensverfügung die innere Willensrichtung maßgeblich ist. T macht sich daher nach § 263 strafbar.

> **Hinweis**
> Die genaue **Abgrenzung zwischen Diebstahl und Betrug** kann für einige Folgefragen entscheidende Bedeutung erlangen. So ist etwa der Anwendungsbereich des räuberischen Diebstahls (§ 252) mit den Qualifikationen der §§ 250, 251 nur im Falle eines Diebstahls eröffnet. Auch sind die Strafschärfungen der §§ 243, 244, 244a und des § 263 Abs. 3 und Abs. 5 ganz unterschiedlich ausgestaltet. Letztlich ist die bloße Gebrauchsanmaßung bei § 242 mangels Zueignungsabsicht straflos, während von § 263 solche Fälle erfasst werden können.

1334 aa) Zunächst ist zu beachten, dass die Vermögensverfügung zumindest (mit-)kausal auf dem Irrtum beruhen muss. Dabei spielen nach allgemeinen **Kriterien der Kausalitätslehre** hypothetische Erwägungen keine Rolle[2324].

> **Bsp.:** Die T erhält von O deshalb einen Kredit, weil sie über ihre Vermögensverhältnisse und Rückzahlungsmöglichkeiten täuscht. Als T den Kredit nicht zurückzahlen kann, erklärt O, dass er diesen auch bei Offenbarung der Vermögensverhältnisse auf ihre Bitte hin gewährt hätte. – O hat zunächst aufgrund der Täuschung irrtumsbedingt verfügt, wodurch auch ein Schaden entstanden ist. Das Hinzudenken von Ersatzbedingungen auf Opferseite, die anstelle der wirksam gewordenen Bedingung denselben Erfolg herbeigeführt hätten, ist jedoch nicht statthaft. – Anders wäre zu entscheiden, wenn O den Kredit trotz erheblicher Zweifel hinsichtlich einer Rückzahlung allein deshalb an die T auszahlt, weil er sie

---
2323 Näher o. Rn. 932.
2324 S. BGHSt 49, 1 (4); *Eisele/Heinrich*, AT, Rn. 149.

„fesch" und „sympathisch" findet und er sich „ein bisschen in sie verschaut" hat. Nunmehr entfällt eine irrtumsbedingte Vermögensverfügung.

bb) Eine tatbestandsmäßige Vermögensverfügung setzt voraus, dass sie unmittelbar mindernd in das Vermögen des Geschädigten eingreift[2325]; andernfalls liegt nicht einmal ein Gefährdungsschaden[2326] vor. An dem **Unmittelbarkeitserfordernis** fehlt es vor allem, wenn ein mehraktiges Geschehen vorliegt, bei dem noch wesentliche Zwischenschritte erforderlich sind oder der Getäuschte dem Täter lediglich die tatsächliche Möglichkeit gibt, den Vermögensschaden durch weitere selbstständige deliktische Schritte herbeizuführen.

(1) Das **Ablisten einer Unterschrift**, die erst später zu weiteren Täuschungshandlungen oder anderen deliktischen Schritten – etwa Abheben von Geld – genutzt werden soll, begründet daher noch keine Vermögensverfügung[2327]; entsprechendes gilt, wenn der Täter den Schlüssel zu einem Schließfach oder eine Geheimzahl einer ec- oder Kreditkarte erschleicht[2328]. Anders ist jedoch zu entscheiden, wenn bereits mit der Unterschrift eine Vermögensminderung eintritt, weil – wie z. B. beim sog. Eingehungsbetrug[2329] – vertragliche Pflichten entstehen[2330].

(2) Das Kriterium der Unmittelbarkeit dient auch der **Abgrenzung eines Sachbetrugs vom (Trick-)Diebstahl.** Beim Sachbetrug genügt nicht schon jeder Mitwirkungsakt, der lediglich eine Gewahrsamslockerung herbeiführt. Erforderlich ist vielmehr ein Verhalten, das unmittelbar den Gewahrsamsverlust auslöst. Liegt zunächst nur eine täuschungsbedingte Gewahrsamslockerung vor und wird der Gewahrsamswechsel erst durch weitere deliktische Handlungen des Täters vollzogen, so wird durch diese weiteren Handlungen der Diebstahlstatbestand verwirklicht[2331].

> **Bsp.:**[2332] T bittet den O auf offener Straße, ihm sein Mobiltelefon für ein Gespräch zu überlassen. Dabei kommt es ihm nur darauf an, das Telefon ausgehändigt zu bekommen. O geht irrtümlich davon aus, dass er das Telefon nach dem Telefonat des T wieder zurückerhält. T hält sodann das Telefon etwa ein bis zwei Armlängen von dem Geschädigten entfernt stehend in seiner Hand fest. Als ein von T mitgeführtes Telefon zu Boden fällt, rennt T mit dem Telefon des O weg. O nimmt die Verfolgung auf. Als T nach ca. 100 m den O bemerkt, zieht er ein

---

2325 BGHSt 14, 170 (171); *Kindhäuser/Böse*, BT 2, § 27 Rn. 44; *Rengier*, BT 1, § 13 Rn. 67.
2326 Dazu ausf. u. Rn. 1351 f.
2327 OLG Düsseldorf NJW 1974, 1833 (1834); *Rengier*, BT 1, § 13 Rn. 68; a. A. etwa *Fischer*, § 263 Rn. 77.
2328 Näher zu parallelen Fällen bei § 253 u. Rn. 1488 f.
2329 S. u. Rn. 1356.
2330 Zu Fällen der Arbeitsteilung vgl. *Eisele*, BT 2, Rn. 559.
2331 BGH GA 1966, 212 f.; BGH NStZ 2017, 351; *Schönke/Schröder/Perron*, § 263 Rn. 64.
2332 Vgl. *Eisele*, JuS 2017, 698.

> mitgeführtes Messer mit einer Klinge von 15 cm heraus und hält dieses für den sich in 50 m Entfernung befindlichen O sichtbar hoch, um diesen von der weiteren Verfolgung abzuhalten. O lässt sich jedoch nicht beeindrucken, so dass im weiteren Verlauf T mit Hilfe der Polizei festgenommen werden kann. – In der Überlassung des Mobiltelefons ist hier eine bloße Gewahrsamslockerung zu sehen, sodass mit dem Wegrennen des T fremder Gewahrsam gebrochen wurde, mithin ein Diebstahl nach § 242 vorliegt. Dann ist zu sehen, dass das nachfolgende Drohen mit dem Messer geeignet ist, eine Strafbarkeit nach § 252 zu begründen[2333].

1338 cc) Ferner ist beim Sachbetrug ein **Verfügungsbewusstsein** erforderlich. Auch dieses Kriterium, das deckungsgleich mit dem Einverständnis in den Gewahrsamswechsel bei § 242 ist, dient der Abgrenzung vom Diebstahl. Das Opfer muss sich demnach in dem Zeitpunkt, in dem es den Gewahrsam vollständig verliert, dessen auch bewusst sein[2334].

1339 (1) Dieser Aspekt erlangt vor allem bei den schon bei § 242 behandelten Fällen Bedeutung, in denen **Waren beim Bezahlen an der Kasse** versteckt werden. Wer daher in seinem Einkaufswagen Waren unter Werbeprospekten verbirgt und die Kasse nach Bezahlung nur der auf dem Förderband vorgelegten Waren passiert, macht sich wegen Diebstahls strafbar. Zwar ist das Einverständnis im Rahmen des § 242 auch dann wirksam, wenn es erschlichen ist. Wer aber nichts von der fraglichen Sache weiß, verfügt nach zutreffender Ansicht auch nicht irrtumsbedingt darüber. Dies gilt richtigerweise auch dann, wenn andere Gegenstände zusätzlich in die Verpackung gesteckt werden oder die Ware vollständig ausgetauscht wird[2335]; das Verfügungsbewusstsein bezieht sich hier ebenfalls nicht auf den konkreten Gegenstand. Aus Sicht des § 242 ist vielmehr eine Wegnahme gegeben, da kein tatbestandsausschließendes Einverständnis hinsichtlich des Gewahrsamswechsels vorliegt.

1340 (2) Bei Fällen außerhalb des Sachbetrugs ist ein Verfügungsbewusstsein richtigerweise nicht erforderlich[2336]. Da hier bei mangelndem Verfügungsbewusstsein § 242 nicht eingreifen kann, entstünden ansonsten erhebliche Strafbarkeitslücken. Eine Vermögensverfügung kann daher auch in der unterlassenen Geltendmachung einer Forderung liegen, auch wenn das Opfer von deren Existenz keine Kenntnis und der Täter diese möglicherweise verschleiert hat[2337].

> Bsp.: T fährt leicht auf den Wagen des O auf. Obwohl T einen Kratzer am Wagen des O sieht, sagt er zu ihm, dass offensichtlich alles in

---

2333 Näher *Eisele*, JuS 2017, 698 (700).
2334 BGHSt 41, 198 (202 f.); *Wessels/Hillenkamp/Schuhr*, BT 2, Rn. 639.
2335 S. o. Rn. 935 f.
2336 BGHSt 14, 170 (172); *Kindhäuser/Böse*, BT 2, § 27 Rn. 57.
2337 RGSt 70, 225 (227 f.); OLG Düsseldorf JZ 1985, 251; *Wessels/Hillenkamp/Schuhr*, BT 2, Rn. 518.

Ordnung sei. O, der den Kratzer, dessen Reparatur 300 € kostet, übersieht, lässt daher den T weiterfahren. – Neben § 142 Abs. 1 Nr. 1[2338] liegt auch § 263 vor, da T den O über eine Beschädigung des Fahrzeugs täuschte und O es irrtumsbedingt unterließ, seinen Schadensersatzanspruch geltend zu machen. Dass er von dem Anspruch keine Kenntnis besaß und daher nicht bewusst über diesen verfügte, ist unerheblich.

dd) Als weiteres Kriterium wird die **Freiwilligkeit der Vermögensverfügung** genannt[2339]. Nicht mehr freiwillig handelt das Opfer, wenn es infolge einer Täuschung in eine Drucksituation gebracht wird, in der es die Vorstellung hat, den Gewahrsam ohnehin zu verlieren, weil jeglicher Widerstand zwecklos sei. So wird vor allem bei den bereits behandelten Fällen einer **vorgetäuschten Beschlagnahme** durch angebliche Kriminal- oder Vollstreckungsbeamte zu Recht eine Vermögensverfügung verneint und stattdessen eine Strafbarkeit wegen Diebstahls angenommen[2340].

ee) Beim Betrug müssen nur der Getäuschte, der sich irrt, und der Verfügende identisch sein, nicht hingegen Verfügender und Geschädigter[2341]. Daraus ergibt sich die Möglichkeit eines **Dreiecksbetrugs**, an dem mit dem Täter, dem Verfügenden und dem Geschädigten drei Personen beteiligt sind. Unproblematische Fälle eines Dreiecksbetrugs sind etwa Verfügungen des angestellten Kassierers oder Verkäufers zu Lasten des Geschäftsinhabers. Ist der Geschädigte eine juristische Person, so liegt regelmäßig ein Dreiecksbetrug vor, weil die Vermögensverfügung nur von einer natürlichen Person vorgenommen werden kann. Dabei kann sich auch hier die Frage nach der Abgrenzung von § 242 und § 263 stellen, wobei aufgrund des Handelns des Dritten allerdings ein Diebstahl in mittelbarer Täterschaft in Betracht kommt.

Objektiver Tatbestand

– Täuschung eines *Dritten*
– Irrtum des getäuschten *Dritten*
– Vermögensverfügung des *Dritten* } Näheverhältnis

– Vermögensschaden beim **Inhaber des Vermögens**

2338 Zum Erschleichen eines Feststellungsverzichts s. *Eisele*, BT 1, Rn. 1200.
2339 BGHSt 7, 252 (255); 18, 221 (223); *Wessels/Hillenkamp/Schuhr*, BT 2, Rn. 631 ff.; krit. *Rengier*, BT 1, § 13 Rn. 76 ff.
2340 S. schon o. Rn. 937.
2341 RGSt 73, 382 (384); BGHSt 18, 221 (223); *Rengier*, BT 1, § 13 Rn. 93.

1343 (1) Ein Dreiecksbetrug kommt nur in Betracht, wenn die Handlungen des Verfügenden dem Geschädigten zugerechnet werden können, d. h. beide aufgrund eines **Näheverhältnisses** eine Zurechnungseinheit bilden. Greift hingegen der Dritte für den Täter auf den Gegenstand als Außenstehender zu, ist ein Diebstahl in mittelbarer Täterschaft anzunehmen. Nach der **Ermächtigungs- bzw. Befugnistheorie** ist eine Nähebeziehung (nur) dann anzunehmen, wenn der Verfügende aufgrund Gesetzes, behördlichen Auftrags oder Rechtsgeschäfts zu der von ihm vorgenommenen Vermögensdisposition im Verhältnis zum Geschädigten rechtlich befugt war und subjektiv auch davon ausging, hierzu berechtigt zu sein[2342]. Erfasst werden etwa gesetzliche Vertreter, Bevollmächtigte oder Insolvenzverwalter.

> **Bspe.:** Der vertretungsberechtigte Geschäftsführer verfügt zu Lasten der GmbH; der bevollmächtigte Verkäufer veräußert Waren für den Ladeninhaber.

1344 Umstritten ist aber, ob und inwieweit auch ohne eine solche Befugnis ein Dreiecksbetrug in Betracht kommt. Die Beschränkung im Sinne der Ermächtigungs- bzw. Befugnistheorie ist letztlich zu eng, da ansonsten ein Diebstahl in mittelbarer Täterschaft auch dort anzunehmen wäre, wo der Dritte in der Sphäre des Geschädigten tätig wird und sich sein Verhalten aus Sicht des Geschädigten als Selbstschädigung darstellt. Auch überzeugt es nicht, bei dem wirtschaftlich geprägten Vermögensbegriff des § 263 vorwiegend auf zivilrechtliche Kriterien abzustellen[2343]. Nach der Theorie vom **faktischen Näheverhältnis** ist es ausreichend, dass der Getäuschte rein tatsächlich in der Lage ist, über das Vermögen des Geschädigten zu verfügen, weil ihm Allein- oder Mitgewahrsam zukommt[2344]. Diese Theorie dehnt jedoch wiederum den Betrug zu weit aus und verwischt so die Grenzen zum Diebstahl, bei dem eine solche Einwirkung ebenfalls Voraussetzung ist. Auch ist nicht einsichtig, warum sich der Geschädigte jeden beliebigen Zugriff eines Dritten zurechnen lassen soll. Die von der h. M. vertretene **Lagertheorie** nimmt deshalb zu Recht nur dann eine Zurechnungseinheit an, wenn der Verfügende schon vor der Tat in einem besonderen **normativen Näheverhältnis** zum Vermögenskreis des Geschädigten, d. h. in dessen Lager steht. Erforderlich ist dabei eine Obhutsbeziehung bzw. Hüterstellung zum Gegenstand der Verfügung, so dass etwa die bloße Familienangehörigkeit nicht genügt[2345]. Wenn der Verfügende die ihm vom Vermögensinhaber gesetzten Grenzen allerdings bewusst überschreitet und weiß, dass er zur Verfügung nicht legitimiert ist, wird die Zurechnungseinheit unterbrochen[2346]. Für die

---
2342 *Mitsch*, BT 2, 5.2.1.4.4; MünchKomm-*Hefendehl*, § 263 Rn. 358 ff.
2343 *Wessels/Hillenkamp/Schuhr*, BT 2, Rn. 643 f.
2344 BGHSt 18, 221 (223 f.); BGH wistra 2017, 484 (485).
2345 In diese Richtung nun auch BGH wistra 2017, 484 (485): „Schutzfunktion für die Vermögensgegenstände"; OLG Düsseldorf NJW 1994, 3366 (3367); *Rengier*, BT 1, § 13 Rn. 100.
2346 LK-*Tiedemann*, § 263 Rn. 115 f.; *Wessels/Hillenkamp/Schuhr*, BT 2, Rn. 647; a. A. *Fischer*, § 263 Rn. 83.

Berücksichtigung dieser subjektiven Komponente spricht auch, dass aus Sicht des § 242 in diesem Fall nicht mehr von einem tatbestandlichen Einverständnis ausgegangen werden kann, so dass dann ein Diebstahl in mittelbarer Täterschaft vorliegen kann[2347].

> **Bsp. (1):** T täuscht Gärtner G des O darüber, dass er den Wagen für O abholen soll. G sucht daher den Wagenschlüssel im Haus, schließt die Garage auf und überlasst ihn dem T. T behält den Wagen – wie geplant – für sich. – Da G nicht rechtlich zur Verfügung über den Wagen befugt war, kommt ein Dreiecksbetrug zu Lasten des O nur in Betracht, wenn man zwischen G und O ein Näheverhältnis annimmt. G war zwar für O tätig, jedoch lässt der Sachverhalt nicht erkennen, dass er als Gärtner in irgendeiner Weise für den Wagen zuständig war und in einer Obhutsbeziehung stand. Nur wenn man eine rein tatsächliche Zugriffsmöglichkeit oder irgendein Tätigwerden für O genügen lässt, kann man ein Näheverhältnis und damit einen Betrug bejahen. Nach h. M. scheidet hingegen § 263 aus. Jedoch macht sich T nach §§ 242, 25 Abs. 1 Var. 2 strafbar, weil er den gutgläubigen G als Werkzeug der Wegnahme einsetzte. Während G irrig von einem tatbestandsausschließenden Einverständnis des O hinsichtlich der Wegnahme ausging und zudem keine (Dritt-)Zueignungsabsicht besaß, lag die Wissens- und Willensherrschaft beim Täuschenden T.

> **Bsp. (2):** Wie Bsp. 1, jedoch wird Chauffeur C des O zur Herausgabe des Wagens veranlasst. – Da nunmehr eine Obhutsbeziehung besteht, ist Betrug zum Nachteil des O zu bejahen. Zwar ließe sich nunmehr sagen, dass der aufgrund der Verwahrung in der Garage fortbestehende Gewahrsam des O ohne dessen Einverständnis (und nur mit Einverständnis des C) gebrochen wurde. Jedoch wirkt aufgrund der Zurechnung das Einverständnis des C auch für O, so dass ein Diebstahl in mittelbarer Täterschaft zu verneinen ist.

– Hat O es dem C ausdrücklich untersagt, den Wagen einem Dritten zu überlassen, überschreitet O die Grenzen seiner Zuständigkeit und „verlässt" damit das Lager des O. Nunmehr liegt bei T eine Strafbarkeit nach §§ 242, 25 Abs. 1 Var. 2 vor.

> **Klausurtipp**
> Da das Näheverhältnis und der damit verbundene Meinungsstreit den Tatbestand des § 263 betrifft, empfiehlt es sich – in Abweichung von der ansonsten gängigen Aufbauweise – zunächst § 263 zu prüfen und dort die Abgrenzung zu §§ 242, 25 Abs. 1 Var. 2 vorzunehmen. Anschließend kann – soweit keine Besonderheiten auftreten – der Diebstahl zügig geprüft werden.

[2347] BGH wistra 2017, 484 (485).

1345 (2) Beim **gesetzlichen Rechtsscheinserwerb** nach § 932 BGB soll nach h. M. ein solches Näheverhältnis jedoch fehlen, weil die gesetzliche Regelung des § 932 BGB nicht die gleiche Wirkung erzeugen könne, wie wenn jemand vom Vermögensträger selbst zu Vermögensdispositionen eingesetzt werde[2348]. Entscheidend ist hier, dass vor der Vermögensverfügung der Verfügende und der Geschädigte in keiner Beziehung stehen und daher auch keine Zurechnungseinheit bilden.

> **Bsp.:** T veräußert das Rad des O, das dieser ihm geliehen hat, an D, der sogleich zahlt. – Zunächst ist an einen Betrug zu Lasten des D zu denken, da T konkludent über die Eigentümerposition getäuscht hat und daher irrtumsbedingt mit der Kaufpreiszahlung verfügt. Da D jedoch im Gegenzug nach §§ 929, 932 BGB das Eigentum erwirbt (kein Abhandenkommen i. S. d. § 935 BGB), liegt richtigerweise kein Vermögensschaden vor, wenngleich dies mitunter bestritten wird[2349]. Was einen Betrug zu Lasten des O anbelangt, so kommt ein Dreiecksbetrug in Betracht: Getäuscht wird auch hier D, der irrtumsbedingt eine Vermögensverfügung zu Lasten des O trifft, indem er durch seine rechtsgeschäftlichen Erklärungen den Eigentumsverlust des O nach §§ 929, 932 BGB begründet. Jedoch fehlt es an einem Näheverhältnis, da D nicht von O selbst zur Disposition über sein Vermögen eingesetzt wurde.

1346 (3) Vieldiskutiert sind auch Fälle des **Prozessbetrugs**. Dieser wird bisweilen als Fall der mittelbaren Täterschaft (Richter als gutgläubiges Werkzeug) aufgefasst. Zumeist wird beim Prozessbetrug aber von einem Dreiecksbetrug ausgegangen, bei dem Verfügender (Richter) und Geschädigter personenverschieden sind; die erforderliche rechtliche Befugnis bzw. das erforderliche Näheverhältnis folgt bereits aus der hoheitlichen Stellung des Richters und seiner gesetzlichen Entscheidungsbefugnis[2350].

> **Bsp.:** T fälscht Beweismittel, um einen nicht bestehenden Zahlungsanspruch gegen O gerichtlich durchzusetzen. Daraufhin gibt der Richter der Klage statt. – T begeht einen Betrug zu Lasten des O, indem er den Richter täuscht und dieser irrtumsbedingt zu Lasten des O entscheidet (vermögensmindernde Verfügung).

– Wird hingegen ein Sachverständiger, etwa durch Manipulationen an einem zu begutachtenden Pkw, getäuscht, woraufhin er ein entsprechendes Gutachten erstellt, welches das Gericht seiner Entscheidung zugrunde legt, liegt eine Täuschung des Richters in mittelbarer Täterschaft (Sachverständiger als vorsatzlos handelndes Werkzeug) vor.

1347 d) **Vermögensschaden.** Der **tatbestandliche Erfolg** des Betrugs liegt im Eintritt eines Vermögensschadens.

2348 *Rengier*, BT 1, § 13 Rn. 115; *Schönke/Schröder/Perron*, § 263 Rn. 67; a. A. *Fischer*, § 263 Rn. 84.
2349 Dazu ausf. u. Rn. 1375.
2350 *Fischer*, § 263 Rn. 85; *Schönke/Schröder/Perron*, § 263 Rn. 70.

> **Hinweis**
> Die nachfolgend dargestellten Grundsätze lassen sich weitgehend auch auf das Merkmal des (Vermögens-)Nachteils bei § 253 und § 266 übertragen.

1348 aa) Die Schadensberechnung erfolgt anhand eines objektiv individualisierenden Beurteilungsmaßstabs nach dem **Prinzip der Gesamtsaldierung**[2351]. Durch einen Vergleich der Vermögenslage vor und nach der Verfügung ist zu ermitteln, ob eine nachteilige Vermögensdifferenz eingetreten ist, ohne dass diese durch einen **unmittelbar mit der Verfügung zusammenhängenden Vermögenszufluss** wirtschaftlich voll ausgeglichen wird[2352]. Nachträgliche Kompensationen oder Ausgleichsmöglichkeiten, wie gesetzliche Anfechtungsrechte, Schadensersatz- oder Bereicherungsansprüche, die erst durch die Täuschung entstehen, bleiben im Rahmen der Gesamtsaldierung allerdings außer Betracht[2353]. Es ist damit stets erforderlich, dass eine Minderung des Vermögens zu verzeichnen ist, die im Urteil regelmäßig – ausgenommen einfach gelagerte und eindeutige Fälle – konkret zu beziffern ist. Bei Unsicherheiten kann ein Mindestschaden unter Beachtung des Grundsatzes in dubio pro reo durch Schätzung ermittelt werden[2354]. In diesem Zusammenhang dürfen normative Gesichtspunkte Berücksichtigung finden, ohne jedoch die wirtschaftliche Betrachtung zu überlagern oder zu verdrängen[2355]. Weil § 263 ausschließlich das Vermögen, nicht aber die Dispositionsfreiheit oder die Redlichkeit des Geschäftsverkehrs schützt, soll (nur) der wertmäßige Bestand des Vermögens erhalten werden.

> **Schadensberechnung**
> Ausgangswert des Vermögens vor Vermögensverfügung
> – Vermögensmindernde Leistungen im Rahmen der Vermögensverfügung
> + Vermögenszuflüsse durch Gegenleistungen des Täuschenden
> Endwert des Vermögens nach Vermögensverfügung < Ausgangswert = Schaden

1349 (1) Das bloße Ausbleiben einer **Vermögensmehrung** und eine durch Täuschung hervorgerufene **verminderte Gewinnerwartung** sind regelmäßig nicht tatbestandsmäßig[2356], sofern nicht bereits dem Vermögen zugehörige Expektanzen beeinträchtigt werden[2357]. Auch die täuschungsbedingte Be-

---

2351 BGHSt 16, 221 f.; 53, 199 (201); *Lackner/Kühl*, § 263 Rn. 36.
2352 BGHSt 16, 221; 58, 102 (111); *Eisele/Bechtel*, JuS 2018, 97 f.
2353 *Wessels/Hillenkamp/Schuhr*, BT 2, Rn. 548.
2354 BVerfGE 126, 170 (211, 228 ff.); 130, 1 (47 f.); BGHSt 54, 69 (125).
2355 BVerfGE 130, 1 (48); BVerfG NJW 2013, 365 (366); BGHSt 58, 205 (209).
2356 BGHSt 16, 220 (223); BGH NJW 2004, 2603 (2604); *Eisele/Bechtel*, JuS 2018, 97 (98).
2357 Dazu u. Rn. 1364.

friedigung einer bestehenden Zahlungspflicht ist nicht tatbestandsmäßig, da der Getäuschte zugleich von seiner Zahlungspflicht in derselben Höhe gemäß § 362 Abs. 1 BGB befriedigt wird. Bei Austauschverträgen ist ein Schaden regelmäßig zu verneinen, wenn sich Leistung und Gegenleistung im Wert entsprechen. Dabei ist auf preisbildende Faktoren wie Herkunft, Beschaffenheit oder Marke zu achten und der Marktpreis sorgfältig zu ermitteln.

> **Bsp. (1):** T täuscht dem O vor, dass die von ihm vertriebenen Küchengeräte aufgrund einer Rabattaktion als „Sonderangebot" besonders preiswert seien und er sich diese günstige Gelegenheit auf keinen Fall entgehen lassen dürfe. In Wirklichkeit entspricht der Verkaufspreis dem üblichen Marktpreis. – In der Enttäuschung der Erwartung des O auf ein günstiges Geschäft liegt kein Vermögensschaden, da sein Vermögen wertmäßig nicht gemindert wurde. Die bloße Dispositionsbefugnis wird von § 263 nicht geschützt. Im Einzelfall kann eine Strafbarkeit nach § 16 UWG in Betracht kommen.

1350 Hinsichtlich des **Erschleichens entgeltlicher Leistungen** – namentlich des Besuchs von Sport- oder Theaterveranstaltungen, von Schwimmbädern, Museen oder ähnlichen Angeboten mit Dienstleistungscharakter (etwa Bus- oder Bahnfahrten) – kann die Begründung eines Vermögensschadens mitunter Schwierigkeiten bereiten, da auch hier primär nur eine Vermögensmehrung ausbleibt.

> **Bsp.:** T verschafft sich Zutritt zu einem Fussballspiel „seines" VfB Stuttgart, indem er eine Eintrittskarte fälscht und diese der Kontrollperson vorzeigt. – Die Begründung des Schadens ist problematisch, da dem Verein die mit der Austragung des Spiels verbundenen Aufwendungen unabhängig von dem (erschlichenen) Besuch des T entstehen und nur der mit dem Verkauf des Tickets verbundene Gewinn ausbleibt. Man kann jedoch dahingehend argumentieren, dass in der Leistung des Vereins (Überlassen des jeweiligen Platzes) ein Teil der vorausgegangenen Investition steckt und dieser kein Gegenwert gegenübersteht[2358]. Einfacher lässt sich der Schaden begründen, wenn bei Kapazitätsausschöpfung ein anderer Besucher, der den Eintritt gezahlt hätte, abgewiesen werden muss.

1351 (2) Zu beachten ist, dass nach traditioneller Ansicht der Tatbestand bereits bei einer (**schadensgleichen**) **konkreten Vermögensgefährdung** verwirklicht sein konnte[2359]. Diese war anzunehmen, wenn bei wirtschaftlicher Betrachtung der Getäuschte ernstlich mit wirtschaftlichen Nachteilen zu rechnen hat und daher bereits eine Entwertung der gegenwärtigen Vermögenslage vorliegt[2360]. Die Vermögensgefährdung war so verstanden ein

---

2358 Treffend *Rengier*, BT 1, § 13 Rn. 211.
2359 BGHSt 21, 112 (113); BGHSt 34, 394 (395); *Krey/Hellmann/Heinrich*, BT 2, Rn. 629.
2360 BGHSt 51, 165 (177); BGH NStZ-RR 2010, 109 (110).

„Durchgangsschaden", der endgültige Schaden vertiefte diesen[2361]. Insbesondere vor dem Hintergrund verschiedener Entscheidungen zur konkreten Vermögensgefährdung zunächst bei der Untreue, nunmehr aber auch zum Betrug wurde deren Einbeziehung im Hinblick auf **Art. 103 Abs. 2 GG** in den letzten Jahren verstärkt diskutiert, da der Tatbestand einen Vermögensschaden und nicht nur eine schadensgleiche vorgelagerte Gefährung verlangt[2362]. Um deutlich zu machen, dass bei wirtschaftlicher Betrachtung auch in diesen Fällen bereits eine Entwertung der gegenwärtigen Vermögenslage vorliegen muss, empfiehlt es sich daher auf den Begriff der *„schadensgleichen"* Vermögensgefährdung zu verzichten. Stattdessen kann mit der Rechtsprechung der Begriff des Gefährdungsschadens[2363] verwendet werden. Der Begriff der „Gefährdung"[2364] macht dabei die Besonderheiten dieser Konstellation deutlich[2365]. Würde man demgegenüber auch in dieser Konstellation den Begriff des Vermögensschadens ohne diesen Zusatz verwenden, bestünde die Gefahr, dass gerade diese Besonderheiten verschleiert und deshalb zu weit vorgelagerte Gefährdungen einbezogen würden.

Dabei ist zu beachten, dass auch das BVerfG im Ausgangspunkt den Gefährdungsschaden gebilligt hat, da dadurch eine bereits eingetretene Vermögensminderung bezeichnet wird. Aufgrund der eingrenzenden Anforderungen des BVerfG ist jedoch inhaltlich zu verlangen, dass der Schaden im Urteil **der Höhe nach konkret beziffert** und ggf. – unter Hinzuziehung eines Sachverständigen – in wirtschaftlich nachvollziehbarer Weise dargelegt wird; darauf kann nur in einfach gelagerten und eindeutigen Fällen verzichtet werden[2366]. Demnach genügen also nur diffuse Verlustwahrscheinlichkeiten nicht. Im Übrigen können zwar normative Gesichtspunkte Berücksichtigung finden, jedoch dürfen diese die wirtschaftliche Betrachtung nicht überlagern oder verdrängen[2367].

1352

> **Bsp. (1):** T täuscht im Rahmen einer Zahlungsklage über 5000 € den Richter durch Fälschung von Beweismitteln und erlangt so ein vorläufig vollstreckbares Urteil gegen O. – Es liegt ein vollendeter Prozessbetrug vor, weil aufgrund der Möglichkeit der Vollstreckung ein sog. Gefährdungsschaden in Höhe von 5000 € gegeben ist; dies gilt nach h. M. auch, wenn das Urteil noch nicht rechtskräftig ist[2368].

2361 *Fischer*, § 263 Rn. 159; *ders.*, StV 2010, 95 (99 f.).
2362 BVerfGE 130, 1 (45 ff.) und zuvor BVerfGE 126, 170 (221 ff.).
2363 Vgl. nur LK-*Tiedemann*, § 263 Rn. 168.
2364 BVerfGE 126, 170 (221) billigt dies im Rahmen des § 266.
2365 Siehe auch *Satzger*, Jura 2009, 518 (524 f.); *Wessels/Hillenkamp/Schuhr*, BT 2, Rn. 572.
2366 BVerfGE 126, 170 (211, 228 ff.); BVerfGE 130, 1 (47 f.); BGH wistra 2011, 347; BGH NStZ 2014, 318 (320).
2367 BVerfGE 130, 1 (48); BGHSt 58, 205 (209).
2368 BGH NStZ 1992, 233 (234); *Schönke/Schröder/Perron*, § 263 Rn. 144; krit. *Krell*, JR 2012, 102 (107 f.).

> **Bsp. (2):**[2369] T vertreibt mit erheblichem Gewinn äußerst riskante und dubiose Geldanlagen in der Ukraine. Um O für eine Anlage zu gewinnen, spiegelt er vor, dass die Anlage sicherer sei als jeder Sparbrief. Tatsächlich liegt die Chance eines Verlustes bei über 99 %. – O erleidet unter dem Gesichtspunkt einer konkreten Vermögensgefährdung bereits mit der Anlage des Geldes einen Gefährdungsschaden, der nach Bilanzgesichtspunkten zu bewerten ist und in diesem Fall einem Totalausfall gleichzusetzen ist.

1353 Die Probleme lassen sich zusammenfassend nochmals an folgendem Beispiel illustrieren:

> **Bsp:**[2370] T schließt eine Lebensversicherung bei dem Unternehmen O ab und verschweigt hierbei Vorerkrankungen sowie den bereits gefassten Entschluss, den Versicherungsfall später zu fingieren, um so die Versicherungssumme geltend zu machen.

Soweit der T über Vorerkrankungen und die damit verbundenen Risiken täuschte, kann man bereits mit Vertragsschluss im Wege eines Eingehungsbetruges zu einem Vermögensschaden gelangen, wenn O aus diesem Grund eine zu geringe Prämie festsetzte, die nicht dem versicherten Risiko entsprach; insoweit liegt der Fall ähnlich wie in den Fällen manipulierter Wetten[2371]. Der BGH hat einen Vermögensschaden aber auch deshalb angenommen, weil der Vertrag durch die Manipulationsabsicht bereits mit der Verpflichtung zur Zahlung der Versicherungssumme im Todesfall belastet und daher die Prämie zu gering gewesen sei. Darin ist freilich eine bedenkliche Vorverlagerung des Strafrechtsschutzes zu sehen, da der Vermögensschaden weitgehend an eine innere Tatsache geknüpft wird und nach Vollendung selbst die Aufgabe der Manipulationsabsicht nicht mehr zum Rücktritt führt[2372].

1354 Beim **Erschleichen der Geheimzahl** zu einer fremden ec- oder Kreditkarte liegt richtigerweise noch keine Vermögensverfügung und noch kein Gefährdungsschaden vor, weil es noch weiterer deliktischer Schritte des Täters bedarf, um das Vermögen zu schädigen[2373]. Anders kann man jedoch entscheiden, wenn ein Vermögensloser **eine ec-Karte mit Kontoeröffnung oder eine Kreditkarte** – unter Hinweis auf nicht vorhandenes Vermögen – erschleicht, mit der ein bestimmter Kreditrahmen oder eine Garantiefunktion verbunden ist[2374]. In diesem Fall tritt der Gefährdungsschaden

---

2369 Zu Risikogeschäften bei einem Schneeballsystem s. auch BGHSt 53, 199.
2370 BGHSt 54, 69 (120 ff.) und hierzu BVerfGE 130, 1 (44 ff.).
2371 S. u. Rn. 1364.
2372 So auch *Joecks*, wistra 2010, 179 (180); näher *Eisele*, BT 2, Rn. 580.
2373 S. schon zur Vermögensverfügung o. Rn. 1336.
2374 Zur Kreditkarte BGHSt 33, 244 (246); zur ec-Karte BGHSt 47, 160 (167); *Zöller*, Jura 2003, 637 (638 f.).

bereits mit der Bereitstellung des Kredits ein,[2375] da nach § 249 Abs. 1 S. 1 HGB bilanzrechtlich Rückstellungen aufgrund des drohenden Verlustes aus schwebenden Geschäften zu bilden sind[2376].

> **Gesetzestext**
> § 249 Abs. 1 S. 1 HGB: Rückstellungen sind für ungewisse Verbindlichkeiten und für drohende Verluste aus schwebenden Geschäften zu bilden.

bb) Bei gegenseitigen Verträgen ist eine sorgfältige Saldierung von Leistung und Gegenleistung erforderlich. Ein Schaden liegt grundsätzlich nur vor, wenn der Wert der Leistung den Wert der Gegenleistung nicht erreicht; Ausnahmen können sich nur nach dem noch darzustellenden Prinzip des persönlichen Schadenseinschlags ergeben[2377].

Dabei ist der sog. Eingehungsbetrug vom Erfüllungsbetrug zu unterscheiden[2378]. Ausgangspunkt für den dem **Erfüllungsbetrug vorgelagerten Eingehungsbetrug** ist, dass nach h. M. ein Gefährdungsschaden einer eingetretenen Vermögensminderung gleichsteht[2379]. Von einem Eingehungsbetrug spricht man, wenn bereits in der rechtsgeschäftlichen Verpflichtung eine Belastung des Vermögens liegt[2380]. Gegenüber dem Erfüllungsbetrug erlangt der Eingehungsbetrug Bedeutung, wenn der Getäuschte noch nicht geleistet hat oder das Erfüllungsgeschäft den Betrugstatbestand nicht begründet. Entscheidend ist demnach ein Vergleich der Vermögenslage vor und nach Abschluss des Vertrags. Ein **Gefährdungsschaden** liegt vor, wenn der Wert des Anspruchs des Getäuschten objektiv hinter dem Wert seiner Verpflichtung aus dem zwischen den Parteien vorausgesetzten Synallagma zur Gegenleistung zurückbleibt[2381].

Wird der Getäuschte durch den Kaufvertrag nur zur **Zug-um-Zug-Leistung** verpflichtet, erfüllt allein der Vertragsabschluss noch nicht die Voraussetzungen eines vollendeten (Eingehungs-) Betrugs. Es liegt noch kein Gefährdungsschaden vor, weil der Getäuschte seine Leistung von der Gegenleistung abhängig machen und sich damit vor dem Schaden bewahren kann[2382]. Entsprechend ist ein Gefährdungsschaden bei einem notariellen Kaufvertrags-

---

2375 BGHSt 33, 244 (246); BGHSt 47, 160 (167); a. A. *Mühlbauer*, NStZ 2003, 650 (653 f.); *Schönke/Schröder/Perron*, § 263 Rn. 145.
2376 BGHSt 33, 244 (246); BGHSt 47, 160 (167); *Rengier*, BT 1, § 13 Rn. 197.
2377 Dazu u. Rn. 1377 ff.
2378 Zum Erfüllungsbetrug näher u. Rn. 1359 ff.
2379 S. o. Rn. 1351.
2380 BGHSt 45, 1 (4 f.); *Kindhäuser/Böse*, BT 2, § 27 Rn. 98.
2381 BGHSt 45, 1 (4); 61, 149 (156 f.); *Rengier*, BT 1, § 13 Rn. 183.
2382 BGH StV 1992, 117; BGH NStZ 1998, 85; zur Berücksichtigung von Widerrufs- oder Rücktrittsrechten sowie einer Stornierungsbereitschaft des Täters *Eisele*, BT 2, Rn. 584.

schluss über ein Grundstück zu verneinen, wenn – wie im Regelfall – die Eintragung im Grundbuch von der vorherigen Kaufpreiszahlung abhängig ist[2383]. Das Bestehen zivilrechtlicher Anfechtungsrechte – etwa nach § 123 BGB – steht der Annahme eines Gefährdungsschadens indes nicht entgegen, da die Aufhebung der vertraglichen Verpflichtung angesichts der Beweislast ungewiss bleibt[2384], das Anfechtungsrecht erst aufgrund der Täuschung entsteht und damit keine hinreichende Kompensation begründet[2385].

1358 Umgekehrt kann die **Täuschung über die Werthaltigkeit einer Sicherheit** zum Vermögensschaden führen, wenn der Rückzahlungsanspruch nicht aufgrund der Vermögenslage des Schuldners oder anderer Umstände sicher ist, wobei der Schaden wertmäßig zu beziffern ist[2386]. Dabei bedarf es zur Feststellung, ob bereits ein Eingehungsschaden vorliegt, der Berechnung des Ausfallrisikos der Forderung. Entscheidend ist hierbei, ob sich das Ausfallrisiko der Bank täuschungsbedingt erhöht hat; denn dann hätte sie den Zins für das Darlehen risikospezifisch angepasst oder zusätzliche Sicherheiten verlangt[2387]. Bei einem Warenkauf stellt ein **vereinbarter Eigentumsvorbehalt** regelmäßig keine ausreichende Sicherheit des Verkäufers dar[2388]. Im Falle einer erschlichenen Stundung liegt ein Gefährdungsschaden nur vor, wenn die Befriedigungsaussichten des Gläubigers dadurch konkret verschlechtert werden.

1359 cc) Ist es nach Vertragsschluss auch zum Leistungsaustausch gekommen, so spricht man von einem **Erfüllungsbetrug**[2389]. Betrifft die Täuschung – wie häufig – Verpflichtungs- und Erfüllungsgeschäft, so muss auf den vorgelagerten Eingehungsbetrug in aller Regel nicht zurückgegriffen werden, da sich die näher zu begründende schädigende konkrete Vermögensgefährdung dann zu einem endgültigem Vermögensschaden verdichtet.

> **Bsp.:** T veräußert ein Kfz an O, wobei er einen Unfall verschweigt; daher liegt der vereinbarte Kaufpreis über dem Marktwert. O ist zur Vorleistung verpflichtet. Nach Zahlung übereignet T den Wagen an O. – Da die Täuschung das schuldrechtliche und das dingliche Geschäft betrifft und O gegenüber dem gezahlten Kaufpreis eine minderwertige Leistung erhält, liegt ein Erfüllungsbetrug vor. Der Eingehungsbetrug – der vereinbarte Kaufpreis entspricht nicht dem Marktwert – (Vollendung der Tat) und der Erfüllungsbetrug (Beendigung der Tat) bilden eine Betrugsstraftat[2390].

2383 BGH NStZ 2018, 713 (714); *Eisele*, JuS 2018, 917 (920); ferner *Bechtel*, Jura 2019, 63 (64 f.).
2384 BGHSt 21, 384 (386); A/W/H/H-*Heinrich*, § 20 Rn. 100.
2385 S. schon o. Rn. 1348.
2386 BGH NStZ 2013, 711 (712).
2387 Näher BGH NStZ 2012, 698 (699).
2388 Ebenso *Rengier*, BT 1, § 13 Rn. 210; eingehend *Norouzi*, JuS 2005, 786 ff.
2389 BVerfGE 130, 1 (46); A/W/H/H-*Heinrich*, § 20 Rn. 94.
2390 BGHSt 47, 160 (168); 58, 102 (109); *Rengier*, BT 1, § 13 Rn. 171.

(1) Beim sog. **echten Erfüllungsbetrug** täuscht der Täter erst nach Vertragsabschluss. Da der Getäuschte zu diesem Zeitpunkt bereits mit dem Verpflichtungsgeschäft einen Anspruch auf die vertraglich vereinbarte Leistung erlangt hat, liegt der Schaden in der Differenz zwischen vereinbarter und tatsächlich erbrachter Leistung[2391]. Zudem entspricht in dieser Konstellation häufig die vom Täter erbrachte Gegenleistung nicht der Leistung des Getäuschten.

> **Bsp.:** T veräußert O einen handgeknüpften Orientteppich für 10000 €, was dem Marktpreis entspricht. Einen Monat später liefert T jedoch lediglich eine täuschend echt aussehende Kopie aus minderwertigem Material, für die O die vereinbarte Summe bezahlt. – Hinsichtlich des Abschlusses des Kaufvertrags liegt kein Eingehungsbetrug vor, da T bereits nicht täuscht, wenn er zunächst das Original liefern möchte und sich erst später anders entscheidet; aber selbst wenn T eine nicht vorhandene Erfüllungsbereitschaft (als innere Tatsache) konkludent vorspiegeln würde, läge zunächst kein Gefährdungsschaden vor, da sich vereinbarte Leistung und Gegenleistung entsprechen und O nur zur Erfüllung Zug um Zug verpflichtet ist. Es liegt jedoch ein Erfüllungsbetrug vor, da T bei der Leistungsabwicklung (zumindest konkludent) darüber täuscht, die vereinbarte Leistung – Lieferung des Originals – zu erbringen. O erleidet einen Schaden, da der Anspruch auf einen echten Teppich bereits mit Vertragsschluss Vermögensbestandteil wurde und auch der Wert der Kopie nicht dem erhaltenen Kaufpreis entspricht.

(2) Der sog. **unechte Erfüllungsbetrug** ist dadurch gekennzeichnet, dass der Täter bereits beim Verpflichtungsgeschäft täuscht, die Täuschung aber beim Erfüllungsgeschäft fortwirkt. Dabei entsprechen sich zwar die ausgetauschten Leistungen im Wert (ansonsten liegt unproblematisch ein Erfüllungsbetrug vor), die Leistung des Täters bleibt jedoch hinter seiner vertraglichen Verpflichtung zurück[2392].

> **Bsp.:**[2393] Verkäufer T spiegelt dem O vor, dass eine Hose für 100 € zu 100 % aus echter Lambswool sei. Tatsächlich ist diese überwiegend aus Polyester, jedoch den Preis wert. Eine Hose aus Lambswool kostet regelmäßig den doppelten Preis. – Hier liegt richtigerweise ein unechter Erfüllungsbetrug vor.

Teilweise wird in diesen Fällen eine Betrugsstrafbarkeit verneint. Es soll lediglich eine erhoffte Vermögensmehrung ausbleiben, jedoch nach Gesamtsaldierung kein Vermögensschaden vorliegen[2394]. Richtigerweise wird

---

[2391] *Rengier*, BT 1, § 13 Rn. 175; *Wessels/Hillenkamp/Schuhr*, BT 2, Rn. 542.
[2392] *Maurach/Schroeder/Maiwald/Hoyer/Momsen*, BT 1, § 41 Rn. 118.
[2393] Nach BGHSt 16, 220.
[2394] BGHSt 16, 220 (223 f.); BGH NStZ 2012, 629; A/W/H/*Heinrich*, § 20 Rn. 95.

man den unechten Erfüllungsbetrug jedoch anzuerkennen haben, soweit der Täter auch bei der Erfüllung (konkludent) täuscht. Dafür spricht, dass der Anspruch auf eine höherwertige Sache bereits mit Vertragsschluss zum Vermögen gehört[2395], was vor allem durch das Minderungsrecht (§§ 434, 437 BGB) belegt wird. Dabei muss man sehen, dass der Täter, der im Rahmen der Erfüllung vorgibt, eine höherwertige Sache zu liefern, zugleich die Gewährleistungsrechte des Opfers verschleiert. Letztlich rechtfertigt der Umstand, dass der Täter schon beim Vertragsschluss täuscht, nicht eine Privilegierung gegenüber dem echten Erfüllungsbetrug[2396].

1362 dd) Ferner stellt sich die Frage, was überhaupt zu dem vom Betrugstatbestand **geschützten Vermögen** gehört.

> **Hinweis zum Prüfungsaufbau**
> Die im Folgenden dargestellten Punkte lassen sich auch bei der Vermögensverfügung erörtern. Denn insoweit kann man sich gut auf den Standpunkt stellen, dass überhaupt nur dann eine Vermögensverfügung vorliegt, wenn das Vermögen um einen geschützten Bestandteil vermindert wird. Damit jedoch zusammenhängende Fragen nicht unnötig auseinander gerissen werden, empfiehlt es sich, diese einheitlich unter dem Gesichtspunkt des Vermögensschadens zu diskutieren. Dafür spricht auch, dass dieselben Probleme bei § 266 und bei §§ 253, 255 (jedenfalls auf Grundlage der Rechtsprechung, die hier auf eine Vermögensverfügung verzichtet) ebenfalls beim Vermögensschaden verortet sind.

1363 (1) Zum geschützten Vermögen gehören grundsätzlich **alle wirtschaftlichen Werte** wie Eigentum, Geld, Rechte (z. B. Grundpfandrechte, Vermieterpfandrechte) und Forderungen. Neben dem endgültigen kann auch der zeitweilige Verlust des Besitzes erfasst sein, wenn damit, etwa durch Verbrauch, Abnutzung oder dem Erfordernis einer Ersatzbeschaffung (z. B. beim vorübergehenden Verlust eines Kfz), wirtschaftliche Nachteile verbunden sind[2397]. Werden bestimmte **Arbeits- oder Dienstleistungen** üblicherweise nur gegen Entgelt erbracht, kann auch die Möglichkeit des Einsatzes der Arbeitskraft Bestandteil des Vermögens sein[2398].

> **Bsp.:**[2399] T stellt den O als Reinigungskraft ein und verspricht ihm wahrheitswidrig ein bestimmtes Mindestgehalt. Dabei weiß er bereits bei Vertragschluss, dass er das Gehalt angesichts der schlechten Auftragslage nicht zahlen kann. – Der Vermögensschaden des O liegt darin,

---

2395 *Eisele/Bechtel*, JuS 2018, 97 (98); *Schönke/Schröder/Perron*, § 263 Rn. 138.
2396 *Lenckner*, NJW 1962, 59; NK-*Kindhäuser*, § 263 Rn. 334.
2397 BGHSt 14, 386 (388 f.); *Fischer*, § 263 Rn. 91; LK-*Tiedemann*, § 263 Rn. 191.
2398 RGSt 68, 379 (380); BGH NJW 2001, 981; *Wessels/Hillenkamp/Schuhr*, BT 2, Rn. 535.
2399 Nach BGH NJW 2001, 981.

dass er nunmehr nicht mehr frei über seine Arbeitskraft, etwa durch Abschluss eines anderen Arbeitsvertrags, verfügen kann.

Nicht erfasst wird dagegen das täuschungsbedingte Ablisten von wirtschaftlich **wertlosen Gegenständen** wie Liebesbriefen oder Erinnerungsfotos. Hierin besteht ein wesentlicher Unterschied zum Eigentumsdelikt des Diebstahls, das auch wirtschaftlich wertlose Sachen schützt. 1364

(2) Erfasst werden ferner **Erwerbs- und Gewinnaussichten**, wenn diese so konkretisiert sind, dass ihnen der Geschäftsverkehr bereits wirtschaftlichen Wert beimisst, weil sie mit Wahrscheinlichkeit einen Vermögenszuwachs erwarten lassen[2400]. Neben Anwartschaftsrechten werden auch tatsächliche Expektanzen wie Gewinnchancen aus Lotterien, Sportwetten und Losen unabhängig von der statistischen Gewinnaussicht erfasst[2401]. Wer einem anderen daher ein Los mit entsprechender Gewinnchance durch Täuschung ablistet, verursacht einen Vermögensschaden. Entsprechendes gilt, wenn der Veranstalter einer Tombola bewusst Gewinnlose zurückhält oder bei **Spielen und Wetten** den Ausgang – anders als behauptet – durch Manipulation beeinflusst[2402]. Hier entspricht die tatsächliche Gewinnchance nämlich nicht der geschuldeten Leistung. 1365

Bedeutung haben solche Manipulationen in den letzten Jahren bei **Sportwetten** gewonnen. 1366

Bsp.:[2403] Schiedsrichter T manipuliert zwei Fußballspiele, indem er unberechtigte Strafstöße für die Außenseiter pfeift. Im Wettbüro des O setzte er zuvor auf die Außenseiter. In einem Fall siegt der Außenseiter und T gewinnt mit einer von vornherein festgelegten Quote (Oddset) von 1:10; das andere Spiel gewinnt trotz der Manipulation der Favorit.

T täuscht bei Wettabschluss zunächst konkludent darüber, dass er keine Manipulationen vornimmt[2404]. Im Falle des Sieges des Außenseiters liegt der Schaden des O in der Auszahlung des Gewinns abzüglich des Wetteinsatzes; insoweit liegt ein Erfüllungsbetrug vor[2405]. Dabei kommt es nach der Rechtsprechung nicht darauf an, ob der Sieg des Außenseiters auch auf der Manipulation beruht, weil O bei Kenntnis der Manipulation die Wette nicht angenommen hätte und daher auch nicht der täuschungs- und irrtumsbedingte Schaden eingetreten wäre[2406]. Trotz der verlorenen Wette im anderen Spiel liegt auch hier ein vollendeter Betrug mit Abschluss des Wettvertrags vor (Eingehungsbetrug). Dabei hat die Rechtsprechung zu-

---

2400 BverfGE 126, 170 (215) zu § 266; BGHSt 17, 147 (148); *Rengier*, BT 1, § 13 Rn. 124.
2401 BGHSt 8, 289 (291); 29, 165 (168); *Eisele/Bechtel*, JuS 2018, 97 (98).
2402 BGHSt 8, 289 (291); BayObLG NJW 1993, 2820 f.; *Rengier*, BT 1, § 13 Rn. 125.
2403 Nach BGHSt 51, 165.
2404 Dazu o. Rn. 1315.
2405 BGHSt 51, 165 (176); 58, 102 (108).
2406 BGHSt 51, 165 (176 f.); 58, 102 (108 f.).

nächst angenommen, dass O einen sog. Quotenschaden erleidet, weil er dem T eine Gewinnchance (1:10) einräumt, die gemessen am Wetteinsatz zu hoch ist. Hätte der Wettanbieter Kenntnis von der bevorstehenden Manipulation besessen, wäre die Quote aufgrund treffender Risikoeinschätzung für den Außenseiter geringer gewesen[2407]. Um dem Erfordernis einer konkreten Bezifferung des Gefährdungsschadens nachzukommen, soll nach neuester Rechtsprechung dann ein Schaden vorliegen, wenn der Wettanbieter bei objektiver Betrachtung die infolge der Manipulation mit einem erhöhten Realisierungsrisiko behaftete Verpflichtung zur Auszahlung des vereinbarten Wettgewinns nicht mehr durch den Anspruch auf den Wetteinsatz aufgewogen wird[2408], was freilich nicht immer einfach festzustellen sein wird[2409]. Zu beachten ist, dass einzelne Konstellationen nun auch durch die neuen Regelungen über Sportwettenbetrug nach §§ 265c ff. erfasst werden.

1367 (3) Erschleicht sich der Täter durch Täuschung über bestimmte Umstände beim Kauf einen **Rabatt**, so erleidet der Verkäufer nur dann einen Schaden, wenn eine konkrete Erwerbsaussicht auf einen höheren Gewinn vereitelt wird. Dazu muss festgestellt werden, dass die Ware anderweitig zu einem höheren Preis ohne einen gleichzeitig höheren Kostenaufwand hätte verkauft werden können[2410].

1368 (4) Nicht erfasst werden Ansprüche auf **Verhängung oder Vollstreckung von Geldstrafen, Geldbußen und Verwarnungsgeldern**. Entscheidend ist, dass solchen Ansprüchen (primär) keine wirtschaftliche Funktion zukommt, sondern diese präventiven bzw. repressiven Charakter haben. Schließlich normiert § 258 die Vereitelung des Straf- und Ahndungsanspruchs abschließend, wobei zu beachten ist, dass die Selbstbegünstigung – nach Absatz 1 („anderer") und Absatz 5 – straflos bleibt.

> **Bsp.:** T tauscht das Nummernschild seines Wagens aus, damit er bei Geschwindigkeitsüberschreitungen an Radaranlagen nicht zur Kasse gebeten werden kann. – § 263 scheidet aus den genannten Gründen aus; hinsichtlich des Austausches des Nummernschildes liegt jedoch § 267 Abs. 1 Var. 2 vor[2411].

1369 (5) Beruht der Verlust einer Sache bereits auf einer anderen Straftat, so stellt sich die Frage, ob durch eine **nachfolgende Täuschung** überhaupt noch ein Schaden eintritt.

> **Bsp.:** T nimmt dem O ein Buch weg. Als O Herausgabe verlangt, behauptet T wahrheitswidrig, dass das Buch ihm gehöre und er dieses

---

2407 BGHSt 51, 165 (177); *Radtke*, Jura 2007, 445 (451).
2408 BGHSt 58, 102 (113).
2409 *Jäger*, JA 2013, 868 (870); vgl. ferner *Eisele*, BT 2, Rn. 597.
2410 BGH NStZ 2004, 557 (558); OLG Stuttgart NStZ-RR 2007, 347 f.
2411 S. *Eisele*, BT 1, Rn. 834.

dem O vor ein paar Jahren geliehen habe. O, der sich nicht mehr erinnert, schenkt dem T Glauben. – Zunächst macht sich T nach § 242 strafbar. Zu beachten ist weiterhin, dass Wegnahme und Vermögensverfügung auf unterschiedlichen Handlungen beruhen, so dass § 263 nicht allein aufgrund des Exklusivitätsverhältnisses zwischen Diebstahl und Betrug ausgeschlossen ist.

Teilweise wird in solchen Fällen ein Vermögensschaden und damit ein Betrug abgelehnt, da der Verlust bereits mit dem Diebstahl eingetreten sei[2412]. Richtigerweise liegt jedoch im Leugnen des Eigentums, das letztlich zur Nichtgeltendmachung des Anspruchs führt, eine darüber hinausgehende Schadensvertiefung. Dieser Sicherungsbetrug tritt dann aber als mitbestrafte Nachtat im Wege der Gesetzeskonkurrenz zurück[2413].

ee) Seit langem umstritten ist, ob der Vermögensbegriff rein wirtschaftlich zu verstehen ist (wirtschaftlicher Vermögensbegriff) oder gewissen rechtlichen Einschränkungen unterliegt (juristisch-ökonomischer Vermögensbegriff). Die Position der Rechtsprechung ist dabei nicht immer ganz eindeutig[2414]. Der **wirtschaftliche Vermögensbegriff** versteht unter Vermögen die Gesamtheit der wirtschaftlichen Güter einer Person und zwar unabhängig davon, ob sie dieser auch rechtlich zustehen[2415]. Für diesen Vermögensbegriff spricht, dass es kein strafrechtlich ungeschütztes Vermögen gibt und damit auch zwischen „Rechtsbrechern" kein straffreier Raum existiert[2416]. Nach dem **juristisch-ökonomischen Vermögensbegriff** gehören zum Vermögen zwar ebenfalls alle Positionen, die einen wirtschaftlichen Wert haben, jedoch nur, soweit sie unter dem Schutz der Rechtsordnung stehen[2417]. Hierfür lässt sich zunächst der Gedanke der Einheit der Rechtsordnung fruchtbar machen, wonach es widersprüchlich wäre, wenn das Strafrecht Vermögen schützt, das ansonsten keinem rechtlichen Schutz unterliegt. Ferner weist diese Auffassung zu Recht darauf hin, dass ein Vermögensbegriff nicht unabhängig von rechtlichen Normen gebildet werden kann[2418]. Schließlich muss man sehen, dass sich rechtlich nicht geschützte Positionen häufig auch gar nicht realisieren lassen.

(1) Unterschiede ergeben sich zunächst dort, wo Arbeitsleistungen erschlichen werden, die gegen **§§ 134, 138 BGB** verstoßen. Solche verbotenen oder sittenwidrigen Leistungen sind nur auf Grundlage einer rein wirtschaftlichen Betrachtungsweise geschützt. Dies gilt auch, wenn ein Beteiligter einer Vermögensstraftat andere Beteiligte bei der Teilung der Beute

---

2412 BGH GA 1958, 369 (370); 1961, 83.
2413 *Maurach/Schroeder/Maiwald/Hoyer/Momsen*, BT 1, § 41 Rn. 79; vgl. näher u. Rn. 1414 f.
2414 Ausf. MünchKomm-*Hefendehl*, § 263 Rn. 370 ff.
2415 *Krey/Hellmann/Heinrich*, BT 2, Rn. 607 ff.; ferner BGHSt 2, 364 (365).
2416 *Wessels/Hillenkamp/Schuhr*, BT 2, Rn. 531.
2417 LK-*Tiedemann*, § 263 Rn. 132; *Schönke/Schröder/Perron*, § 263 Rn. 82.
2418 *Kindhäuser/Böse*, BT 2, § 26 Rn. 17; *Maurach/Schroeder/Maiwald/Hoyer/Momsen*, BT 1, § 41 Rn. 100.

täuscht²⁴¹⁹. Der wirtschaftliche Vermögensbegriff kommt in solchen Fällen zu einem Schaden, wenn die nichtige Forderung nach den konkreten Umständen realisierbar erscheint und daher als Expektanz einen wirtschaftlichen Wert aufweist²⁴²⁰.

Bsp. (1): T verspricht dem O 100 €, wenn er den D „vermöbelt", was O sogleich tut; T zahlt nicht. – Die Forderung des O ist nur nach dem wirtschaftlichen Vermögensbegriff geschützt; nach der juristisch-ökonomischen Vermögenslehre scheidet § 263 aus, weil die Leistung des O nach § 223 verboten ist. Sein Vermögen wird daher nicht um eine geschützte Position vermindert.

Bsp. (2): T nimmt bei der Prostituierten O sexuelle Dienste in Anspruch, obwohl er von Anfang an nicht bereit ist, das vereinbarte Entgelt zu zahlen. – Da nach § 1 ProstG bei sexuellen Handlungen, die gegen ein vorher vereinbartes Entgelt vorgenommen worden sind, eine rechtswirksame Forderung begründet wird, kommt nunmehr auch nach der juristisch-ökonomischen Vermögenslehre § 263 in Betracht²⁴²¹.

1372 (2) Ferner wird kontrovers diskutiert, ob der **deliktisch erlangte Besitz** geschützt ist.

Bsp.: O veräußert ein von ihm gestohlenes Kfz an T; T zahlt mit Falschgeld.

Nach dem wirtschaftlichen Vermögensbegriff ist ein Vermögensschaden zu bejahen, weil der Besitz ohne Gegenleistung übertragen wird. Innerhalb des juristisch-ökonomischen Vermögensbegriffs ist dies umstritten. Eine Strafbarkeit wird z. T. mit Hinweis auf den Schutz des Besitzes durch §§ 858, 859 BGB sowie vor dem Hintergrund bejaht, dass auch die Wegnahme einer solchen Sache gemäß § 242 strafbar ist²⁴²². Dem ist allerdings zu widersprechen, da die possessorischen Bestimmungen der §§ 858, 859 BGB lediglich dem Schutz des Rechtsfriedens dienen und nur vorläufiger Natur sind, jedoch kein petitorisches Recht (zum Besitz) gewähren. Sie begründen daher lediglich eine faktische Position, die nicht Vermögensbestandteil wird²⁴²³. Auch muss man sehen, dass im Falle eines weiteren Diebstahls der Sache der Schutz des § 242 lediglich dem Eigentümer, nicht aber dem Gewahrsamsinhaber dient²⁴²⁴.

1373 (3) Ähnlich gelagert ist die Frage, ob der **Besitz von Betäubungsmitteln** zum strafrechtlich geschützten Vermögen gehört. Obgleich der unerlaubte Besitz von Betäubungsmitteln nach § 29 BtMG strafbar ist, ist dies nach

---

2419 BGH NStZ 2001, 534; dazu *Rengier*, BT 1, § 13 Rn. 135 ff.
2420 BGHSt 2, 364 (366 f.).
2421 BGHSt 61, 149 (153); BGH NStZ 2016, 283 (284); *Schönke/Schröder/Perron*, § 263 Rn. 93a.
2422 BGHSt 2, 364 (365); BGH NStZ 2008, 627 f.
2423 NK-*Kindhäuser*, § 263 Rn. 239; *Schönke/Schröder/Perron*, § 263 Rn. 94 f.
2424 S. o. Rn. 895; *Kindhäuser* StV 2009, 355 (356); vgl. aber *Rengier*, BT 1, § 13 Rn. 141.

dem wirtschaftlichen Vermögensbegriff zu bejahen. Die Rechtsprechung ließ es insoweit lange an einer eindeutigen Linie vermissen[2425]. Nachdem ein Anfragebeschluss des 2. Strafsenats, in welchem der Senat die Schutzwürdigkeit illegal besessener Betäubungsmittel verneinte, zwischenzeitlich Bewegung in die Rspr. gebracht hatte[2426], erfolgte – nach ablehnenden Stellungnahmen der angefragten Senate[2427] – eine Klarstellung dahingehend, dass illegale Betäubungsmittel (auch künftig) dem strafrechtlich geschützten Vermögen zuzuschlagen seien[2428]. Unter konsequenter Befolgung des juristisch-ökonomischen Vermögensbegriffs überzeugt diese Haltung freilich nicht: Was vom Recht bereits im Ausgangspunkt missbilligt wird, kann – schon zur Vermeidung von Wertungswidersprüchen – keinen strafrechtlichen Schutz genießen[2429]. §§ 858, 859 BGB, die zur Legitimierung eines auch strafrechtlichen Besitz- und damit Vermögensschutzes herangezogen werden, können nur faktischen Besitzschutz ermöglichen, nicht aber eine materielle Vermögensposition[2430].

(4) Streitig ist ferner, ob Geld und andere Gegenstände strafrechtlich geschützt sind, wenn sie zu **verbotenen oder sittenwidrigen Zwecken eingesetzt werden**. Hier ist anders als in den bisher behandelten Konstellationen der jeweilige Gegenstand selbst zunächst einmal grundsätzlich von der Rechtsordnung geschützt.

1374

> **Bsp.:** O zahlt an T Geld, um dafür Drogen zu erhalten; T liefert wie geplant nicht.

Auf Grundlage des wirtschaftlichen Vermögensbegriffs liegt auch hier ein Schaden vor, weil der Getäuschte seine Leistung verliert. Nach dem juristisch-ökonomischen Vermögensbegriff könnte man einen Schaden mit Blick auf §§ 134, 138 BGB und § 817 Satz 2 BGB verneinen. Richtigerweise ist der strafrechtliche Schutz jedoch auch auf Grundlage dieses Vermögensbegriffs zu bejahen, da O rechtmäßig erworbenes („gutes") Geld weggegeben hat, dessen Eigentum und Besitz von der Rechtsordnung auch nicht beim Einsatz zu verbotenen oder sittenwidrigen Zwecken missbilligt wird[2431]. Auch liegt kein Fall einer bewussten Selbstschädigung vor, da es hier um den Einsatz des Geldes zu verbotenen Zwecken geht und nicht um eine Verwendung von Geldern, die von vornherein nicht auf eine Gegenleistung zielt[2432].

2425 Offen ließ die Einbeziehung illegaler Betäubungsmittel in das strafrechtlich geschützte Vermögen etwa BGHSt 48, 322 (326 f.).
2426 BGH NStZ 2016, 596.
2427 Zu den insoweit vorgetragenen Erwägungen vgl. *Bechtel*, wistra 2018, 154 (155 ff.).
2428 BGH wistra 2018, 41.
2429 Vgl. o. Rn. 1370; vgl. ferner *Eisele/Bechtel*, JuS 2018, 97 (99 f.); *Bechtel*, wistra 2018, 154 (157 ff.).
2430 Siehe schon o. Rn. 1372.
2431 BGHSt 48, 322 (329 f.); BGH NStZ 2002, 33.
2432 *Gröseling*, NStZ 2001, 515 (518 f.); näher zum Ganzen *Eisele*, BT 2, Rn. 611 u. Rn. 1382.

1375 ff) Zu den „Klassikern" gehört die Frage, ob derjenige, der **gutgläubig das Eigentum an einer Sache gemäß § 932 BGB erwirbt**, einen Vermögensschaden erleidet.

> **Bsp.:**[2433] T veräußert das Rad des O, das dieser ihm geliehen hat (kein Abhandenkommen i. S. d. § 935 BGB), an D, der sogleich zahlt. – T täuscht konkludent über die Eigentümerposition und D verfügt irrtumsbedingt mit der Kaufpreiszahlung. Da D nach §§ 929, 932 BGB das Eigentum erwirbt, ist ein Vermögensschaden zu verneinen. Einer Entscheidung zwischen den beiden Auffassungen bedarf es nicht, wenn keine Anhaltspunkte für ein konkretes Prozessrisiko bzw. einen Gefährdungsschaden bestehen. Ein Dreiecksbetrug zum Nachteil des O, der sein Eigentum durch das Rechtsgeschäft verliert, scheidet ebenfalls aus, da zwischen dem verfügenden D (Mitwirkung an der dinglichen Übereignung) und O kein Näheverhältnis besteht[2434]; es verbleibt jedoch eine Strafbarkeit nach § 246 Abs. 2.

Die (überholte) Rechtsprechung des Reichsgerichts nahm einen Schaden an, weil eine gutgläubig erworbene Sache mit einem sittlichen Makel behaftet und daher minderwertig sei (sog. Makeltheorie)[2435]. Der BGH hat dem zwar grundsätzlich eine Absage erteilt, nimmt aber dennoch im Einzelfall ausnahmsweise einen Gefährdungsschaden an, wenn dieser auf besondere Umstände gestützt werden kann[2436]. Dabei kann nicht die bloße Gefahr genügen, dass der Eigentumserwerb bestritten und im Wirtschaftsleben geringer bewertet wird[2437]. Denn durch die Beweislastverteilung (§ 932 Abs. 1 Satz 1 BGB) ist die Position des gutgläubigen Erwerbers im Prozess gestärkt. Auch besteht letztlich bei jedem rechtsgeschäftlichen Erwerb die Gefahr, dass die Eigentumserlangung durch Dritte bestritten wird. Man wird daher zumindest verlangen müssen, dass im Einzelfall tatsächlich ein nicht aussichtsloser Angriff auf die erworbene Rechtsposition vorliegt und der Schaden im Hinblick auf die Anforderungen des Art. 103 Abs. 2 GG durch Bewertung des Prozessrisikos konkret beziffert wird[2438]. Allerdings werden solche Fälle nur selten denkbar sein; jedenfalls kann nicht mehr auf das allgemeine Prozessrisiko abgestellt werden, so dass sich die Makeltheorie weitgehend erledigt hat[2439].

1376 Ein Vermögensschaden liegt unabhängig von der Höhe des Kaufpreises jedoch vor, wenn der Eigentumserwerb scheitert, weil die Sache gemäß § 935 BGB – z. B. durch Diebstahl – abhanden gekommen ist. Die bloße Besitzverschaffung ohne Eigentum stellt kein hinreichendes Äquivalent zum ge-

---

2433 Dazu schon o. Rn. 1345.
2434 S. o. Rn. 1345.
2435 Vgl. nur RGSt 73, 61 (62 f.); zum Ganzen *Küper/Zopfs*, BT, Rn. 653.
2436 BGHSt 15, 83 (85 ff.); BGH wistra 2003, 230; *Mitsch*, BT 2, 5.2.1.5.3.1.
2437 Vgl. BGH wistra 2011, 387.
2438 BGH wistra 2011, 387.
2439 BGH NStZ 2015, 514 (515); *Begemeier/Wölfel*, JuS 2015, 307 (309 f.).

I. Betrug, § 263

zahlten Kaufpreis dar. An Geld kann jedoch nach § 935 Abs. 2 BGB auch bei Abhandenkommen gutgläubig Eigentum erworben werden.

gg) Ein Vermögensschaden ist nach den bisher dargestellten Grundsätzen nur anzunehmen, wenn sich **Leistung und Gegenleistung nicht entsprechen**. Von dieser an wirtschaftlichen Kriterien ausgerichteten Betrachtungsweise hat die Rechtsprechung[2440] bei an sich äquivalenten Leistungen **Durchbrechungen** zugelassen, die unter dem Begriff des **persönlichen bzw. individuellen Schadenseinschlags** erörtert werden. Angesichts dessen, dass § 263 das Vermögen und nicht die bloße Dispositionsfreiheit schützt, sind diese Fallgruppen restriktiv auszulegen. Auf Grundlage des personalen Vermögensbegriffs[2441] kann man freilich zu einem deutlich weiteren Anwendungsbereich gelangen, weil hier die persönlichen Verhältnisse und Bedürfnisse von vornherein eine zentrale Rolle spielen.

1377

Wert der Leistung = Wert der Gegenleistung	**Wert der Leistung ≠ Wert der Gegenleistung**
Folge: Kein Schaden	**Folge:** Schaden liegt vor
Ausnahme: Persönlicher Schadenseinschlag: 1. Der Erwerber kann die angebotene Leistung nicht in zumutbarer Weise verwenden 2. Der Erwerber wird durch die eingegangene Verpflichtung zu schädigenden Folgemaßnahmen gezwungen 3. Der Erwerber verfügt infolge der Verpflichtung nicht mehr über die Mittel zur angemessenen Lebensführung	**Ausnahme:** Bewusste Selbstschädigung **Gegenausnahme:** Auch bei bewusster Selbstschädigung ist aber ein Schaden anzunehmen, wenn eine soziale Zweckverfehlung vorliegt
Die bloße Dispositionsbefugnis bei Motivirrtümern ist nicht geschützt	Die bloße Dispositionsbefugnis bei Motivirrtümern ist nicht geschützt

---

2440 BGHSt 16, 321 (325 ff.).
2441 S. o. Rn. 1370.

1378 (1) Zunächst soll ein Schaden auch dann anzunehmen sein, wenn die angebotene Leistung zwar wirtschaftlich äquivalent, vom Opfer hingegen **nicht oder nicht in vollem Umfang zu dem vertraglich vorausgesetzten Zweck oder in anderer zumutbarer Weise verwendet werden kann**[2442]. Entscheidend ist, ob der Getäuschte die Gegenleistung noch sinnvoll nutzen kann oder seine Aufwendungen vollständig unnütz sind[2443]. Andererseits ist ein persönlicher Schadenseinschlag zu verneinen, wenn die täuschungsbedingt erworbene Sache ohne erheblichen Aufwand wieder veräußert werden kann[2444]. Für die Frage der Verwendungsmöglichkeit ist allein die Auffassung eines neutralen Dritten unter Berücksichtigung der persönlichen Verhältnisse, Bedürfnisse und Zwecke des Getäuschten maßgeblich[2445].

> **Bsp.:**[2446] T sucht in einem Altenheim die 80-jährige O auf und überredet diese durch Täuschungen zum Abschluss eines Abonnements über den Bezug einer Fachzeitschrift zum Arzthaftungsrecht zum regulären Preis, da diese auch für juristische Laien gut verständlich sei und zugleich helfe, die juristischen Probleme des Alltags zu meistern. – Hier liegt zunächst nach Gesamtsaldierung kein Vermögensschaden vor, da sich Leistung und Gegenleistung (regulärer Preis) entsprechen. Nach den – auch dem T bekannten – individuellen Lebensverhältnissen der O kann diese die Zeitschrift jedoch in keiner Weise sinnvoll nutzen. Anders wäre der Fall zu entscheiden, wenn es sich bei O um eine pensionierte Anwältin handelt, die weiterhin die juristische Diskussion verfolgt und eine „NJW" erwirbt.

1379 (2) Ein Vermögensschaden ist darüber hinaus zu bejahen, wenn das Opfer durch die täuschungsbedingt eingegangene Verpflichtung zu **vermögensschädigenden Folgemaßnahmen** veranlasst wird. Genannt werden Fälle, in denen das Opfer zur Finanzierung des wirtschaftlich adäquaten Geschäfts auf hochverzinsliche Darlehen zurückgreifen muss oder aber anderweitige Objekte hierfür zu einem unwirtschaftlichen Preis veräußern muss[2447].

1380 (3) Erfasst werden letztlich Konstellationen, in denen das Opfer durch die (täuschungsbedingt) eingegangene Verpflichtung derart in einen **finanziellen Engpass** gerät, dass ihm die Mittel zur Befriedigung der Minimalbedürfnisse fehlen[2448].

1381 hh) Umgekehrt soll nach der vielfach vertretenen **Lehre von der unbewussten Selbstschädigung** trotz Vorliegens eines wirtschaftlichen Vermö-

---

2442 BGHSt 16, 321; 51, 10 (15); *Rengier*, BT 1, § 13 Rn. 177.
2443 BGHSt 23, 300 (301); BGH NStZ-RR 2018, 283 m. Anm. *Eisele*, JuS 2018, 1109 f.
2444 BGH NStZ-RR 2001, 41 f.; BGH NStZ 2014, 318 (320).
2445 BGHSt 16, 321 (325); 23, 300 (301); *Krey/Hellmann/Heinrich*, BT 2, Rn. 645.
2446 Vgl. auch OLG Köln NJW 1976, 1222; *Eisele/Bechtel*, JuS 2018, 97 (102).
2447 BGHSt 16, 321 (328); *Rengier*, BT 1, § 13 Rn. 181.
2448 BGHSt 16, 321 (328 f.); BayObLG NJW 1973, 633.

gensschadens eine Betrugsstrafbarkeit ausscheiden, wenn das Opfer den vermögensschädigenden Charakter seiner Handlung wahrnimmt[2449]. Der Tatbestand soll in diesen Fällen zu verneinen sein, weil es für die Betrugsstrafbarkeit als Selbstschädigungsdelikt charakteristisch sei, dass sich das Opfer der Schädigung seines Vermögens nicht bewusst ist.

(1) Nach dieser Betrachtungsweise kann man einen Betrug auch in den bereits diskutierten Konstellationen verneinen, in denen der Getäuschte Leistungen zu **sittenwidrigen oder verbotenen Zwecken** erbringt, weil er sich dann der Rechtswidrigkeit der Gegenleistung bewusst ist[2450]. Jedoch spricht gegen die Anwendung der Lehre von der unbewussten Selbstschädigung in diesen Fällen, dass der Getäuschte einen rechtmäßig erworbenen Vermögenswert im Hinblick auf eine (wenn auch rechtswidrige) Gegenleistung hingibt[2451]; damit ist richtigerweise § 263 zu bejahen.

(2) Die Lehre von der **unbewussten Selbstschädigung** erlangt vornehmlich bei sog. **Spenden- oder Schenkungsfällen** Bedeutung. Da bei der einseitigen Weggabe von Vermögensbestandteilen grundsätzlich eine bewusste Vermögensminderung gegeben ist, wäre nach der Lehre von der unbewussten Selbstschädigung stets ein Schaden zu verneinen. Um unbillige Ergebnisse bei der Erschleichung einseitiger Leistungen zu vermeiden, ist diese Ansicht jedoch gezwungen, eine **Korrektur über die Lehre von der Zweckverfehlung** vorzunehmen[2452].

Zunächst sind Fälle von Bedeutung, in denen das Opfer dem Täter Vermögenswerte (unentgeltlich) zukommen lässt, dieser jedoch diese Werte **abredewidrig anderweitig einsetzt**.

> **Bsp.:**[2453] T hat in seinem Bekleidungsgeschäft im Kassenbereich ein Sparschwein mit der Aufschrift „für Kinder in Afrika" aufgestellt. Kunden werfen bisweilen erhaltenes Rückgeld beim Einkauf hinein. In Wirklichkeit verwendet T das Geld für die Finanzierung seines Eigenheims.

Der Verfügende begibt sich in dem Beispiel bewusst seines Vermögens, ohne hierdurch unmittelbar eine adäquate (geldwerte) Gegenleistung zu erhalten. Zu einem Schaden kann man nach der Lehre von der unbewussten Selbstschädigung nur dann gelangen, wenn man den mit der Geldhingabe verfolgten **sozialen Zweck** als Gegenleistung begreift und in der unbewussten **Zweckverfehlung,** die von wirtschaftlicher Bedeutung ist, den Schaden sieht[2454]. Die Schwierigkeit besteht dabei zum einen in der Beur-

---

2449 So *Mitsch*, BT 2, 5.2.1.2.5.2; *Schönke/Schröder/Perron*, § 263 Rn. 41.
2450 NK-*Kindhäuser*, § 263 Rn. 346; *Schönke/Schröder/Perron*, § 263 Rn. 150.
2451 S. schon o. Rn. 1373.
2452 BGH NJW 1992, 2167; *Schönke/Schröder/Perron*, § 263 Rn. 101 ff.
2453 Vgl. auch OLG München wistra 2014, 33.
2454 BGH NJW 1992, 2167; *Schönke/Schröder/Perron*, § 263 Rn. 102.

teilung, welche Zwecke überhaupt schützenswert sind, zum anderen darin, dass sich die verfolgten Zwecke nicht einfach in einen Geldwert umrechnen lassen[2455]. Um die grundsätzlich für den Betrug unbeachtliche Beeinträchtigung der Dispositionsbefugnis bzw. einen bloßen unbeachtlichen Motivirrtum auszuscheiden, muss man jedenfalls verlangen, dass der verfolgte Zweck – wie im Beispiel – objektivierbar und wirtschaftlich relevant ist; ein bloßes Affektionsinteresse des Getäuschten ist nicht schützenswert[2456]. Begrenzt man die Fälle der Zweckverfehlung derart, so lassen sich hiergegen keine verfassungsrechtlichen Bedenken erheben[2457], da die normativen Kriterien die wirtschaftliche Betrachtung nicht überlagern[2458].

> **Gegenbsp.:**[2459] Pfarrer T, der die Kirchengemeinden A und B betreut und dort nacheinander Gottesdienst hält, sammelt an einem Sonntag für „Misereor". Nachdem die Spendenbereitschaft in A eher gering ausgefallen ist, kommt er auf den Gedanken, eigene Geldscheine zusätzlich in den Sammelkorb zu legen, um so den Kirchgängern in B zu suggerieren, dass in A ein größerer Geldbetrag zustande gekommen ist. T erhofft sich davon, die Spendenmotivation in B zu erhöhen. Das Geld will er tatsächlich „Misereor" zugute kommen lassen. Kirchgänger O aus B sieht den gut gefüllten Spendenkorb und legt deshalb auch einen Schein hinein, um nicht gegenüber der Nachbargemeinde A einen „Gesichtsverlust" zu erleiden. – Ein Schaden des O ist zu verneinen, weil der mit der Spende objektiv verfolgte Zweck („Gegenleistung") erreicht wird und daher die Geldleistung ihren (auch wirtschaftlichen) Zweck erfüllt; dass O subjektiv aus anderen Motiven handelte und er insoweit einem Irrtum unterlag, ist unerheblich[2460].

1386 Lässt man für den Betrug auch eine **bewusste Selbstschädigung** genügen, so liegt bei täuschungsbedingten einseitigen Verfügungen grundsätzlich ein Schaden vor. Auf den verfolgten Zweck als Gegenleistung muss man demnach für die Schadensbegründung nicht zurückgreifen. Jedoch greift diese Ansicht ihrerseits zu weit, da dann jede täuschungsbedingte einseitige Verfügung eine Betrugsstrafbarkeit begründen würde. Die Zweckverfehlungslehre muss deshalb auch hier insoweit Bedeutung erlangen, als durch Täuschung veranlasste bloße Motivirrtümer unbeachtlich bleiben[2461]. Im Ergebnis wird damit der Unterschied zwischen den Lehren von der bewussten und unbewussten Selbstschädigung über die Zweckverfehlungslehre eingeebnet.

2455 *Hilgendorf*, JuS 1994, 466 (468); NK-*Kindhäuser*, § 263 Rn. 292.
2456 BGH NJW 1992, 2167; 1995, 539; *Krey/Hellmann/Heinrich*, BT 2, Rn. 657.
2457 Zutr. *Hecker*, JuS 2014, 561 (563).
2458 Zu diesem Erfordernis BVerfGE 130, 1 (48); BGHSt 58, 205 (209) und o. Rn. 1348.
2459 Fall nach BayObLG NJW 1952, 798.
2460 BGH NJW 1995, 539; *Wessels/Hillenkamp/Schuhr*, BT 2, Rn. 555 ff.
2461 *Rengier*, BT 1, § 13 Rn. 153; *Wessels/Hillenkamp/Schuhr*, BT 2, Rn. 518, 554.

3. Subjektiver Tatbestand

Erforderlich ist neben dem Vorsatz die Absicht, sich oder einem Dritten einen rechtswidrigen Vermögensvorteil zu verschaffen (Bereicherungsabsicht). **1387**

a) **Vorsatz.** Dieser muss sich auf alle Merkmale des objektiven Tatbestands, einschließlich der Kausalbeziehung zwischen den einzelnen Tatbestandsmerkmalen beziehen. Dabei genügt Eventualvorsatz. Bei einem **Gefährdungsschaden** muss der Täter korrespondierend in subjektiver Hinsicht ernstlich mit wirtschaftlichen Nachteilen rechnen; die Kenntnis einer nur potenziellen Gefährdungslage genügt nicht. Umgekehrt kommt es auf eine Billigung eines möglichen (vertiefenden) Endschadens nicht an[2462]. Bei der Annahme eines Vermögensschadens nach den Grundsätzen des individuellen Schadenseinschlags bedarf es stets einer genauen Prüfung, ob der Täter auch die persönlichen Umstände, auf die der Schaden gestützt wird, in seinen Vorsatz aufgenommen hat. **1388**

Umgekehrt ist der Vorsatz hinsichtlich des Vermögensschadens beim **Erschleichen von Darlehen** nicht schon deshalb zu verneinen, weil der Täter beabsichtigt oder glaubt, die Summe zurückzahlen zu können[2463]. Dies folgt bereits daraus, dass für den Vermögensschaden eine spätere Rückzahlung unerheblich ist und es allein darauf ankommt, ob zum Zeitpunkt der Darlehensgewährung der Rückzahlungsanspruch gefährdet und daher in seinem Wert gemindert ist[2464]. **1389**

b) **Bereicherungsabsicht.** Der Täter muss ferner den zielgerichteten Willen (**dolus directus 1. Grades**) haben, **sich oder einen Dritten rechtswidrig zu bereichern**. Für die Vollendung des Betrugs genügt also der Eintritt des Vermögensschadens, während die Bereicherungsabsicht ein **subjektives Tatbestandsmerkmal mit überschießender Innentendenz ist**, das ausschließlich in der Vorstellung des Täters vorhanden sein muss. Maßgeblich ist, dass der Täter danach strebt, den wirtschaftlichen Wert seines Vermögens zu verbessern[2465]. Dabei ist es unerheblich, ob er dies durch Mehrung der Aktiva oder eine Verminderung der Passiva, indem er durch Täuschung einen Anspruch abwendet (Forderungsbetrug), erreichen möchte[2466]. **1390**

aa) Ferner muss **Stoffgleichheit** zwischen dem Vermögensschaden und der erstrebten Bereicherung bestehen[2467]. Die Stoffgleichheit liegt vor, wenn Vermögensschaden und erstrebte Bereicherung im Sinne einer Unmittelbarkeitsbeziehung auf derselben Verfügung beruhen und der Vorteil gerade **1391**

2462 BGHSt 53, 199 (204).
2463 BGHSt 50, 147 (158 f.); LK-*Tiedemann*, § 263 Rn. 243.
2464 BGH NStZ-RR 2001, 328 (330); *Wessels/Hillenkamp/Schuhr*, BT 2, Rn. 581.
2465 BGH NJW 1988, 2623; *Schönke/Schröder/Perron*, § 263 Rn. 167.
2466 BGHSt 42, 268 (271); vertiefend *Eisele*, BT 2, Rn. 636a f.
2467 *Fischer*, § 263 Rn. 187; *Schönke/Schröder/Perron*, § 263 Rn. 168.

die Kehrseite des Schadens darstellt[2468]. Eine vollständige (Sach)Identität braucht jedoch nicht zu bestehen[2469]. Mit dem Erfordernis der Stoffgleichheit soll eine Bereicherung in Form von Belohnungen oder sonstigen Zuwendungen von Dritten, die einen Schaden beim Opfer nicht begründen, aus dem Tatbestand ausgeklammert werden, um den Charakter des Betrugs als Vermögens- und Selbstschädigungsdelikt zu wahren[2470].

> **Bsp.:** D bringt Rechtsanwalt T durch Zahlung von 500 € dazu, den Nachbarn O falsch zu beraten, damit dieser nicht gegen die überhängenden Bäume des D vorgeht. Damit die Falschberatung nicht auffällt, rechnet T ein Honorar von 100 € ab. – Geht man davon aus, dass die bewusst fehlerhafte Beratung nicht die Honorarforderung in Höhe von 100 € begründet, so ist in der Geltendmachung der Forderung durch Abrechnung gegenüber O eine konkludente Täuschung zu sehen, in der Überweisung des Geldes die Vermögensverfügung, die zu einem Schaden führt. Hinsichtlich der erstrebten Bereicherung muss zwischen der Zuwendung des D und dem Honorar unterschieden werden. Die Zuwendung von 500 € durch D stellt nicht das Spiegelbild des Vermögensschaden bei O dar und beruht auch nicht auf der Vermögensverfügung. Hinsichtlich der Honorarzahlung des O ist hingegen dolus directus 1. Grades zu verneinen, da diese nur zwingende Nebenfolge ist.

1392 bb) Besondere Bedeutung gewinnt dieses Merkmal vor allem bei **Provisionsforderungen** (**Provisionsvertreterbetrug**)[2471]. In diesen Fällen erleidet der Geschäftspartner des täuschenden Veräußerers einer Sache durch Zahlung des Kaufpreises einen Schaden, während der Veräußerer von seinem Auftrag- oder Arbeitgeber eine Provision erhält. Bei der Lösung ist vor allem zwischen Eigen- und Drittbereicherungsabsicht zu differenzieren.

> **Bsp.:** Handelsvertreter T vertreibt für seinen Auftraggeber A Gesundheitsprodukte. Das Vertragsverhältnis ist so ausgestaltet, dass er für jeden verkauften Gegenstand eine bestimmte Provision von A erhält. Als T feststellt, dass das Haltbarkeitsdatum von einigen Produkten abgelaufen ist, weil er diese entgegen den vertraglichen Regelungen mit A zu lange gelagert hat, fürchtet er, für die Einnahmenausfälle selbst aufkommen zu müssen und keine Provision zu erhalten. Daher veräußert er die Produkte weiterhin zum Marktpreis, obwohl diese nun unbrauchbar sind; O erwirbt solche Produkte und zahlt direkt an A; T rechnet den Verkauf gegenüber A regulär ab und erhält so die vereinbarte Provision.

1393 § 263 kommt unter drei verschiedenen Gesichtspunkten in Betracht. Zunächst ist an einen **eigennützigen Betrug** des T zu Lasten des O zu den-

---

2468 BGHSt 6, 115 (116); 49, 17 (23); *Rengier*, BT 1, § 13 Rn. 246.
2469 BGH NStZ 2003, 264 (265).
2470 *Mitsch*, BT 2, 5.2.2.2.3; *Rengier*, BT 1, § 13 Rn. 246.
2471 Dazu OLG Düsseldorf NJW 1974, 1833 (1834); *Achenbach*, Jura 1984, 605 f.

ken. Bei O entsteht aufgrund der Täuschung über die Haltbarkeit der Produkte ein Vermögensschaden, da diese ihr Geld nicht wert sind. Die von T angestrebte Vermögensmehrung in Form des Provisionsanspruchs stammt freilich nicht aus dem Vermögen des O, sondern des A und wird auch nicht durch dieselbe Vermögensverfügung begründet. Zwar könnte man darauf abstellen, dass der Provisionsanspruch unmittelbar mit dem Vertragsabschluss (Eingehungsbetrug) entsteht und damit insoweit doch auf derselben Vermögensverfügung beruht. Bei dieser Betrachtungsweise wird jedoch nicht berücksichtigt, dass sich T im Innenverhältnis zu A pflichtwidrig verhält und richtigerweise ein Provisionsanspruch überhaupt nicht entsteht. Daher kann insoweit nur auf die tatsächliche Auszahlung der Provision abgestellt werden, so dass die Stoffgleichheit zu verneinen ist. Demgegenüber kann ein **fremdnütziger Betrug** zu Gunsten des A angenommen werden, da es dem T auf eine Drittbereicherung des A in Form der Erlangung des Kaufpreises als Zwischenziel ankommt, weil er nur so die Provision erlangen kann[2472]. Zudem macht sich T gegenüber A wegen eines eigennützigen Betrugs strafbar, weil er den Verkauf des minderwertigen Präparats abrechnet und den angeblichen Provisionsanspruch einfordert, obwohl dieser aufgrund der Vertragspflichtverletzung im Verhältnis von T zu A nicht besteht[2473]. Da die Täuschung gegenüber O und gegenüber A auf unterschiedlichen Handlungen beruht, ist zwischen beiden Betrugstaten Tatmehrheit anzunehmen.

cc) Schwieriger ist die Stoffgleichheit in Fällen des **individuellen Schadenseinschlags** zu begründen, weil hier wegen der Gleichwertigkeit von Leistung und Gegenleistung erst subjektive Umstände zum Vermögensschaden führen. Jedoch lässt sich dahingehend argumentieren, dass sich der Täter mit einem Gewinn bereichern möchte, der auf der subjektiven Minderwertigkeit des Vermögensgegenstands für das Opfer gründet[2474].

1394

> **Bsp.:** T veräußert dem O durch Täuschung Fachbücher zum Marktpreis, die dieser überhaupt nicht sinnvoll verwenden kann[2475]. – O erleidet einen täuschungsbedingten Vermögensschaden, weil er aufgrund subjektiver Umstände, nämlich mangelnder Verwendungsmöglichkeit, kein vollständiges Äquivalent erhält; die erstrebte Bereicherung in Form des vollen Kaufpreisanspruchs ist stoffgleich.

4. Objektive Rechtswidrigkeit der erstrebten Bereicherung und Vorsatz diesbezüglich

Das Merkmal der Rechtswidrigkeit ist Bestandteil des Tatbestandes und betrifft nicht erst die Rechtswidrigkeitsebene.

1395

2472 BGHSt 21, 384 (386); OLG Celle NJW 1959, 399 (400); *Schönke/Schröder/Perron*, § 263 Rn. 169.
2473 S. auch BGHSt 21, 384; OLG Celle NJW 1959, 399.
2474 A/W/H/H-*Heinrich*, § 20 Rn. 123; *Rengier*, BT 1, § 13 Rn. 253.
2475 Dazu o. Rn. 1378.

1396 **a) Objektive Rechtswidrigkeit.** An dieser fehlt es, wenn ein rechtlich begründeter, d. h. ein einredefreier und fälliger Anspruch auf den Vermögensvorteil besteht[2476]. Anders als bei § 242 gerät nicht ein konkreter Gegenstand, sondern das Vermögen allgemein in den Blick. Es kommt nicht darauf an, ob sich der Anspruch auf eine Stück- oder Gattungsschuld bezieht[2477].

1397 Erschleicht der Täter die Erfüllung eines ihm zustehenden **fälligen und einredefreien Anspruchs** und wird daher der Getäuschte mit der Vermögensverfügung im Gegenzug von seiner Leistungspflicht frei, so kann bereits auf Ebene des objektiven Tatbestands ein Vermögensschaden verneint werden[2478]. Dies ist insbesondere bei der erschlichenen Aufrechnung von Geldforderungen der Fall (§§ 387 ff. BGB).

1398 **b) Vorsatz.** Nach allgemeinen Grundsätzen muss sich auch der (**Eventual-**)**Vorsatz** des Täters auf diejenigen Umstände erstrecken, die die objektive Rechtswidrigkeit begründen. Stellt sich der Täter irrig Umstände vor, die einen fälligen und einredefreien Anspruch, der mit Mitteln der Rechtsordnung durchsetzbar ist, begründen würden, so liegt ein vorsatzausschließender Tatbestandsirrtum nach § 16 Abs. 1 Satz 1 vor[2479].

1399 Hat der Täter objektiv einen fälligen und einredefreien Anspruch auf den Vermögensvorteil, weiß dies aber aufgrund eines **Irrtums über die Tatumstände** nicht, so liegt ein untauglicher Versuch vor[2480]. Entsprechendes gilt, wenn der Täter nur einen in seiner Vorstellung bestehenden Anspruch abwehrt. Im Einzelfall ist der untaugliche Versuch vom (straflosen) Wahndelikt abzugrenzen[2481].

5. Versuch, Vollendung und Beendigung

1400 Beim **Versuch** muss der Tatentschluss auf alle objektiven Merkmale, d. h. Täuschung, Irrtum, Vermögensverfügung und Vermögensschaden gerichtet sein. Ferner sind die Bereicherungsabsicht und der Vorsatz hinsichtlich der Rechtswidrigkeit der erstrebten Bereicherung zu prüfen. Die einzelnen Streitpunkte des Betruges – wie z. B. der Vermögensbegriff und das Näheverhältnis beim Dreiecksbetrug – sind dann an der entsprechenden Stelle – etwa beim Tatentschluss hinsichtlich der Vermögensverfügung bzw. des Vermögensschadens – anzusprechen. Dabei ist zu beachten, dass allein die subjektive Sicht des Täters maßgeblich ist. Der Versuch beginnt mit der Vornahme derjenigen Täuschungshandlung, die den Getäuschten zur Vermögensverfügung bestimmen und unmittelbar den Schaden herbeiführen

---

2476 BGHSt 3, 160 (162); *Krey/Hellmann/Heinrich*, BT 2, Rn. 692 f.
2477 LK-*Tiedemann*, § 263 Rn. 265; *Rengier*, BT 1, § 13 Rn. 265.
2478 BGHSt 20, 136 (137 f.); BGH NStZ-RR 2011, 312 (313); *Rengier*, BT 1, § 13 Rn. 267.
2479 BGHSt 42, 268 (272); 48, 322 (328); *Rengier*, BT 1, § 13 Rn. 268.
2480 BGHSt 42, 268 (272 f.); *Schönke/Schröder/Cramer/Perron*, § 263 Rn. 175.
2481 S. zu diesem Problemkreis allgemein *Eisele/Heinrich*, AT, Rn. 448 ff., 457 ff.

soll[2482]. Der Betrug ist mit Eintritt des Schadens **vollendet**. Dies ist beim Eingehungsbetrug bereits mit Vertragsschluss der Fall, wenn ein Gefährdungsschaden eingetreten ist. **Beendet** ist der Betrug mit der Erlangung des erstrebten Vorteils, etwa durch Zahlungseingang[2483].

6. Täterschaft und Teilnahme

Die Abgrenzung von Täterschaft und Teilnahme richtet sich nach allgemeinen Kriterien, so dass auch hier im Rahmen der Feststellung der Täterschaft ein „Minus" bei der Deliktsausführung durch ein „Plus" bei der Deliktsplanung kompensiert werden kann. Da der Betrug von vornherein ein Selbstschädigungsdelikt ist, liegt mittelbare Täterschaft in der Form eines sich selbst schädigenden Werkzeugs nicht schon allein deshalb vor, weil das Opfer getäuscht wird. Dabei setzen mittelbare Täterschaft und Mittäterschaft voraus, dass der Beteiligte selbst mit Eigen- oder Drittbereicherungsabsicht (ggf. auch hinsichtlich eines Mittäters) handelt[2484]. Eine Zurechnung der Bereicherungsabsicht ist nicht möglich.

7. Strafzumessungsregel für besonders schwere Fälle, § 263 Abs. 3 Satz 2 Nrn. 1 bis 5

Wie bei § 243 handelt es sich bei Absatz 3 um eine **Strafzumessungsregel** nach der Regelbeispielsmethode. Die genannten Strafschärfungen führen damit weder zwingend zur Anwendung des schärferen Strafrahmens, noch sind diese abschließend, so dass ein besonders schwerer Fall auch ohne Verwirklichung des Regelbeispiels angenommen werden kann. Dabei ist zu beachten, dass Abs. 4 auch auf die Geringfügigkeitsklausel des § 243 Abs. 2 verweist, für die die Höhe des Vermögensschadens und der erstrebte Vermögensvorteil entscheidend sind[2485].

a) **Gewerbsmäßigkeit und Bandenmitgliedschaft (Nr. 1)**. Erfasst wird von Nr. 1 gewerbsmäßiges Handeln (Var. 1) sowie ein Handeln als Mitglied einer Bande, die sich zur fortgesetzten Begehung von Urkundenfälschung oder Betrug verbunden hat (Var. 2). Für die Auslegung der Gewerbsmäßigkeit kann auf die Ausführungen zu § 243 Abs. 1 Nr. 3 verwiesen werden; § 28 Abs. 2 gilt entsprechend[2486]. Für die Bandenmitgliedschaft gelten die für § 244 Abs. 1 Nr. 2 geschilderten Grundsätze[2487], wobei zu beachten ist, dass die Tat nicht „unter Mitwirkung eines anderen Bandenmitglieds" begangen werden muss und auch Taten der Urkundenfälschung einbezogen

---

2482 Vgl. etwa BGHSt 37, 294 ff.; BGH NStZ 2011, 400, zu mehraktigen Geschehen.
2483 BGH NStZ-RR 2009, 279 (280); BGH NStZ 2014, 516 (517).
2484 *Rengier*, BT 1, § 13 Rn. 274; *Wessels/Hillenkamp/Schuhr*, BT 2, Rn. 590.
2485 *Haft/Hilgendorf*, BT 1, S. 99; *Schönke/Schröder/Perron*, § 263 Rn. 188j; a. A. *Lackner/Kühl*, § 263 Rn. 66, wonach nur der Vermögensschaden gering sein muss.
2486 BGH wistra 2007, 183; S. o. Rn. 984.
2487 S. o. Rn. 1064 ff.

sind[2488]. Die Regelbeispiele sind – bei Vorliegen der entsprechenden Intention – bereits bei der ersten Tat verwirklicht[2489].

1404 b) **Vermögensverlust (Nr. 2).** Strafschärfend wirkt nach Nr. 2 die Herbeiführung eines Vermögensverlustes großen Ausmaßes (Var. 1) und die Absicht, durch die fortgesetzte Begehung von Betrug eine große Zahl von Menschen in die Gefahr des Verlustes von Vermögenswerten zu bringen (Var. 2). Nach Ansicht des Gesetzgebers soll die Untergrenze des **Vermögensverlustes großen Ausmaßes i. S. d. Var. 1**, bei ca. 50000 € liegen[2490]. Dabei muss ein **tatsächlicher** Verlust eintreten, eine konkrete Vermögensgefährdung genügt nicht[2491].

1405 Var. 2 ist verwirklicht, wenn **der Täter in der Absicht handelt**, durch die fortgesetzte Begehung von Betrug eine große Zahl von Menschen in die Gefahr des Verlustes von Vermögenswerten zu bringen. Für den unscharfen Begriff der „großen Zahl" werden zehn bis fünfzig Personen genannt[2492]. Zur Anwendung gelangen kann diese Variante jedenfalls, wenn der Täter – wie etwa bei einer breiten Tatbegehung über das Internet – eine unbestimmte Anzahl von Personen schädigen will[2493]. Das Merkmal „Absicht" erfasst nach h. M. dolus directus 1. und 2. Grades[2494].

1406 c) **Wirtschaftliche Not (Nr. 3).** Erforderlich ist nach Nr. 3, dass der Täter eine andere Person in wirtschaftliche Not bringt. Wirtschaftliche Not ist eine Mangellage für das Opfer mit der Folge, dass ihm die Mittel für lebenswichtige Aufwendungen für sich oder unterhaltspflichtige Personen fehlen[2495].

1407 d) **Amtsträger (Nr. 4).** Erfasst wird von Nr. 4 der Missbrauch der Befugnis oder Stellung als Amtsträger. Für den Begriff des Amtsträgers gilt § 11 Abs. 1 Nr. 2[2496]. Der Missbrauch der Befugnisse setzt ein täuschendes Handeln innerhalb an sich gegebener Zuständigkeit, der Missbrauch der Stellung die Ausnutzung durch das Amt sonst gegebener Möglichkeiten voraus[2497].

1408 e) **Versicherungsbetrug (Nr. 5).** Das Regelbeispiel der Nr. 5 setzt die Vortäuschung eines Versicherungsfalls voraus, nachdem der Täter oder ein an-

---

2488 S. näher BGH NStZ 2007, 269; 2008, 54.
2489 BGHSt 49, 177 (186 ff.); *Wessels/Hillenkamp/Schuhr*, BT 2, Rn. 593.
2490 BT-Drs. 13/8587, S. 43; BGHSt 48, 360 (361); BGH wistra 2004, 262 (263); BGH StV 2007, 132; *Schönke/Schröder/Perron*, § 263 Rn. 188c; a. A. (10000 €) *Maurach/Schroeder/Maiwald/Hoyer/Momsen*, BT 1, § 41 Rn. 158.
2491 Näher *Eisele*, BT 2, Rn. 652.
2492 Dazu *Eisele*, BT 2, Rn. 653.
2493 OLG Jena NJW 2002, 2404 (2405).
2494 LK-*Tiedemann*, § 263 Rn. 299; *Schönke/Schröder/Perron*, § 263 Rn. 188d.
2495 *Kindhäuser/Böse*, BT 2, § 27 Rn. 90; näher *Eisele*, BT 2, Rn. 654.
2496 S. *Eisele*, BT 1, Rn. 1605 ff.
2497 *Fischer*, § 263 Rn. 221; *Kindhäuser/Böse*, BT 2, § 27 Rn. 91.

I. Betrug, § 263

derer zu diesem Zweck eine Sache von bedeutendem Wert in Brand gesetzt oder durch eine Brandlegung ganz oder teilweise zerstört oder ein Schiff zum Sinken oder Stranden gebracht hat. Die Strafschärfung knüpft an die mit dem 6. StrRG 1998 geänderte Vorschrift des § 265 StGB a. F. an und überzeugt schon deshalb wenig, weil ein Großteil der Versicherungen – vor allem die praktisch wichtige Kfz-Versicherung – nicht einbezogen ist[2498]. Es handelt es sich um ein zweiaktiges Regelbeispiel, das die Einwirkung auf die Sache mit betrügerischer Intention und anschließende Schadensmeldung voraussetzt. Erforderlich ist, dass die in dem Regelbeispiel umschriebenen Tathandlungen bereits in der Absicht begangen werden, später als Grundlage eines Versicherungsbetrugs eingesetzt zu werden.

> **Hinweis**
> Neben Abs. 3 Satz 2 Nr. 5 sind in Klausuren häufig Brandstiftungsdelikte zu prüfen. Dabei spielt hinsichtlich der Ermöglichungsabsicht bei § 306b Abs. 2 Nr. 2 auch der Betrug eine zentrale Rolle[2499]. Ferner ist der Versicherungsmissbrauch nach § 265 zu beachten.

aa) Bei den **Tathandlungen** haben das „Inbrandsetzen" oder das „durch eine Brandlegung ganz oder teilweise Zerstören einer Sache von bedeutendem Wert" gegenüber dem Merkmal „ein Schiff zum Sinken oder Stranden gebracht haben" ungleich größere Bedeutung. Für die Tathandlungen kann auf die Grundsätze des § 306 zurückgegriffen werden. Die Wertgrenze für eine Sache von bedeutendem Wert dürfte wie bei § 315c bei ca. 750 € bis 1000 € liegen[2500]. Der betroffene Gegenstand muss grundsätzlich von einer Sachversicherungsleistung aus der Brand- oder Schiffsunfallversicherung erfasst sein, ohne jedoch – in Abweichung zu § 265 – tatsächlich versichert zu sein[2501]. Insoweit genügt die entsprechende Vorstellung des Täters[2502]. **1409**

bb) Das **Vortäuschen eines Versicherungsfalls** setzt eine betrügerische Absicht voraus. Diese liegt vor, wenn auf die beabsichtigte Leistung nach versicherungsrechtlichen Grundsätzen kein Anspruch besteht[2503]. Dies ist vor allem der Fall, wenn der Versicherungsnehmer den Versicherungsfall vorsätzlich oder grob fahrlässig herbeigeführt hat (§ 81 VVG) oder er mit einem Dritten als Täter kollusiv zusammenwirkt, diesen etwa mit der Brandstiftung beauftragt[2504]. **1410**

2498 A/W/H/H-*Heinrich*, § 21 Rn. 139.
2499 S. *Eisele*, BT 1, Rn. 1070 ff.
2500 S. *Eisele*, BT 1, Rn. 1134.
2501 *Mitsch*, BT 2, 5.4.2.5; *Wessels/Hillenkamp/Schuhr*, BT 2, Rn. 663.
2502 Vgl. auch das Beispiel bei *Eisele*, BT 2, Rn. 658.
2503 BGH MDR/H 1988, 1002 f.; *Schönke/Schröder/Perron*, § 263 Rn. 188h.
2504 *Mitsch*, BT 2, 5.4.2.5; *Wessels/Hillenkamp/Schuhr*, BT 2, Rn. 664 f.

> **Klausurtipp**
>
> Ob der Täter einen Anspruch auf die Leistung hat, ist regelmäßig bereits im Rahmen der Täuschung und des Schadens im objektiven Tatbestand des § 263 Abs. 1 zu prüfen. Besteht kein Anspruch auf die Versicherungsleistung, ist auch bei der Bereicherungsabsicht davon auszugehen, dass diese objektiv rechtswidrig ist.

1411 Kein Anspruch auf die Leistung besteht ferner, wenn dem Versicherungsnehmer das **Verhalten eines Repräsentanten zuzurechnen ist.** Repräsentant ist, wer aufgrund eines tatsächlichen Vertretungsverhältnisses die Befugnis besitzt, selbstständig und in nicht ganz unbedeutendem Umfang für den Versicherten in dem Geschäftskreis zu handeln, dem das versicherte Risiko angehört[2505]. Überwiegend wird zudem gefordert, dass der Repräsentant gerade auch die Rechte des Versicherten als Versicherungsnehmer wahrnehmen muss, was etwa bei Prokuristen oder Verwaltern der Fall sein wird. Durch bloße familiäre Verbundenheit vermag eine entsprechende Stellung nicht begründet zu werden[2506].

8. Qualifikation, § 263 Abs. 5

1412 Die tatbestandliche Qualifikation des § 263 Abs. 5 begründet den **Verbrechenscharakter** der Tat, so dass hier vor allem § 30 zur Anwendung gelangen kann. Anders als beim Regelbeispiel des § 263 Abs. 3 Satz 2 Nr. 1 müssen gewerbs- und bandenmäßiges Handeln kumulativ verwirklicht sein. Die Bandenabrede kann dabei auf Straftaten nach §§ 263, 263a, 264 und §§ 267 bis 269 gerichtet sein. Abweichend zu § 244a muss die Tatbegehung nicht unter Mitwirkung eines anderen Bandenmitglieds erfolgen, sofern der Betrug nur funktional mit der Bandenmitgliedschaft verknüpft ist[2507].

9. Konkurrenzen

1413 Führen – wie häufig beim Prozessbetrug – mehrere Täuschungshandlungen zu nur einer Vermögensverfügung, dann liegt tatbestandlich nur ein Betrug vor. Wird hingegen ein gestohlener oder aus Hehlerei erlangter Gegenstand an einen Dritten veräußert, so steht der durch den Verkauf begangene Betrug in Tatmehrheit zu den Vortaten, weil jeweils ein anderer Rechtsgutsträger verletzt ist.

> **Bsp.:**[2508] T erwirbt in Kenntnis der Vorgeschichte eine gestohlene Uhr und veräußert diese über das Internet gewinnbringend an O. – T täuscht konkludent über seine Eigentümerposition, woraufhin O irrtumsbedingt über den Kaufpreis verfügt und einen Schaden erleidet, weil er

---

2505 BGH NJW 1976, 2271; *Rengier*, BT 1, § 15 Rn. 15.
2506 Näher *Eisele*, BT 2, Rn. 660.
2507 *Mitsch*, BT 2, 5.3.2.
2508 S. auch BGH NStZ 2009, 38.

nach § 935 Abs. 1 S. 1 BGB kein Eigentum erwerben kann[2509]. § 263 steht in Tatmehrheit zu § 259, weil mit O ein anderer Rechtsgutsträger als der Bestohlene betroffen ist.

Weitere Konkurrenzfragen stellen sich vor allem in den Fällen des sog. **Sicherungsbetrugs**, bei dem nur die Vorteile aus einer vorausgegangenen Tat im Wege der Täuschung erhalten, ausgenutzt oder verwertet werden sollen, so dass kein eigenständiger Unrechtsgehalt gegeben ist. Hebt der Täter nach dem Diebstahl eines Sparbuchs unter Täuschung des Bankangestellten tatsächlich Geld ab, so tritt § 263 hinter § 242 zurück, weil kein qualitativ anderer Schaden verursacht wird[2510]. Ein Sicherungsbetrug liegt ferner vor, wenn das Opfer einer Tat durch Täuschung gehindert werden soll, Rückgewähr- oder Schadensersatzansprüche geltend zu machen, etwa wenn ein auf seine ausgebeulte Manteltasche angesprochener Ladendieb auf Nachfrage einer Angestellten wahrheitswidrig angibt, einen Regenschirm zu transportieren, was von der Angestellten akzeptiert wird. Wenngleich manche von einem einheitlichen Diebstahlsgeschehen ausgehen bzw. keinen (vertiefenden) Vermögensschaden ausmachen, ist – schon zur Erfassung von am Sicherungbetrug erfassten Beteiligten – richtigerweise von einem auf Konkurrenzebene als mitbestrafte Nachtat zurücktretenden Betrug auszugehen[2511].

10. Strafantrag

Nach § 263 Abs. 4 gelten § 247 und § 248a entsprechend für Taten nach Absatz 1 und Absatz 3, nicht jedoch im Falle des Vorliegens einer Qualifikation des Absatzes 5. Bei § 248a kommt es für den Bagatellcharakter auf die Höhe des Vermögensschadens und der erstrebten Bereicherung – Grenze bei ca. 25 bis 30 € – an[2512].

Einführende Aufsätze:
Becker, Konkludente Täuschung beim Betrug, JuS 2014, 307; *Eisele/Bechtel*, Der Schadensbegriff bei den Vermögensdelikten, JuS 2018, 97; *Kindhäuser/Nikolaus*, Sonderfragen des Betrugs (§ 263 StGB), JuS 2006, 193, 293, 590 (Darstellung verschieder betrugsspezifischer Probleme anhand kleiner Fallbeispiele); *Rönnau*, Grundwissen Strafrecht: Der Verfügungsbegriff beim Betrug, JuS 2011, 982; *Rönnau/Becker*, Grundwissen – Strafrecht: Der Irrtum beim Betrug (§ 263 StGB), JuS 2014, 504; *dies.*, Grundwissen – Strafrecht: Der Gefährdungsschaden bei Betrug (§ 263 StGB) und Untreue (§ 266 StGB), JuS 2017, 499; *dies.*, Grundwissen – Strafrecht: Der objektiv-individuelle Schadensbegriff beim Betrug (§ 263 StGB), JuS 2017, 975; *Sickor*, Die sog. „schadensgleiche Vermögensgefährdung" bei Betrug und Untreue, JA 2011, 109.

2509 Zu Fällen des gutgläubigen Erwerbs s. o. Rn. 1375 ff.
2510 BGH NStZ 1993, 591 (591); BGH NStZ 2008, 396; *Lackner/Kühl*, § 263 Rn. 69.
2511 Vgl. dazu auch das Beispiel bei *Eisele*, BT 2, Rn. 664 f.
2512 LK-*Tiedemann*, § 263 Rn. 305 f.

> **Übungsfälle:**
> *Bergmann*, Herbe Täuschung, JA 2008, 504 (Verschiedene Betrugskonstellationen beim Einkaufen im Supermarkt); *Gleß*, Geschäfte unter Gaunern, Jura 2003, 496 (Vermögensschaden bei sittenwidrigen Rechtsgeschäften); *Heinrich*, Der neue Radiowecker, Jura 1999, 585 (Vermögensschaden durch Vertragsschluss, Betrug in mittelbarer Täterschaft); *Hillenkamp*, Trickserien und zarte Bande, JuS 2003, 157 (Mittäterschaftlich begangener Betrug, Regelbeispiele); *Kühl/Lange*, Bankgeschäfte, JuS 2010, 42 (Ausstellen einer Kreditkarte als schadensgleiche Vermögensverfügung, Dreiecksbetrug, Abgrenzung zum Computerbetrug); *Mitsch*, Fortgeschrittenenklausur – Strafrecht: Vermögensdelikte – Brötchenkauf, JuS 2012, 911 (Dreiecksbetrug, Verlustkompensation); *Popp/Schnabl*, Die erschwindelten Opernkarten, JuS 2006, 326 (Probleme bei dem Merkmal des Vermögensschadens); *Seier/Justenhoven*, Der windige Automobilverkäufer, JuS 2010, 795 (Eingehungsschaden trotz Anfechtbarkeit, unbewusste/bewusste Selbstschädigung, Stoffgleichheit, Absichtsmerkmal bei fremdnützigem Betrug, Gewerbsmäßigkeit); *Steinberg/Jannusch*, Immobilien zu verschenken!, Jura 2012, 330 (Probleme des Vermögensschadens, Regelbeispiele, Versuch).

> **Rechtsprechung:**
> BVerfGE 130, 1 ff. – Al Qaida (Gefährdungsschaden bei Abschluss einer Lebensversicherung); **BGHSt 2, 364** – Drehbank (gesetzeswidriges Geschäft); **BGHSt 6, 115** – Gutschrift (Stoffgleichheit bei Provisionen); **BGHSt 16, 220** – Zellwollhose (Betrug bei wirtschaftlich gleichwertiger Leistung); **BGHSt 16, 321** – Melkmaschine (Lehre vom individuellen Schadenseinschlag); **BGHSt 18, 221** – Sammelgarage (Abgrenzung von Dreiecksbetrug und Diebstahl); **BGHSt 23, 300** – Abonnement (Vermögensschaden bei individuell unbrauchbarer Zeitschrift); **BGHSt 34, 199** – Schlankheitspillen (Schaden trotz Rücktrittsrecht); **BGHSt 41, 198**, Einkaufswagen (Abgrenzung von Betrug und Diebstahl); **BGHSt 45, 1** – Stasi-Tätigkeit (Anstellungsbetrug); **BGHSt 58, 205** – Grundstückskauf (Schaden beim Eingehungsbetrug); **BGHSt 62, 72** – Kapitalentzug (Garantenstellung bei Täuschung durch Unterlassen).

II. Computerbetrug, § 263a

1. Geschütztes Rechtsgut und Systematik

1416 Geschütztes Rechtsgut des § 263a ist das **Vermögen**[2513]. Die Vorschrift stellt einen „Paralleltatbestand" zu § 263 dar[2514]. Der Tatbestand soll Strafbarkeitslücken schließen, da in diesen Fällen kein Mensch getäuscht wird und eine Maschine nicht irren kann[2515]. § 263a Abs. 2 verweist für die Strafan-

---
2513 BGHSt 40, 331 (334); *Mitsch*, BT 2, 7.2.1; *Schönke/Schröder/Perron*, § 263a Rn. 1.
2514 OLG Düsseldorf NStZ-RR 1998, 137; *Rengier*, BT 1, § 14 Rn. 1.
2515 *Wessels/Hillenkamp/Schuhr*, BT 2, Rn. 602.

tragserfordernisse, besonders schwere Fälle und Qualifikationen auf den Betrugstatbestand.

> **Prüfungsschema**
> 1. **Tatbestand**
>   a. Objektiver Tatbestand
>   aa. Tathandlungen
>   (1) Var. 1: Unrichtige Gestaltung des Programms (Programmmanipulation)
>   (2) Var. 2: Verwendung unrichtiger oder unvollständiger Daten (Inputmanipulation)
>   (3) Var. 3: Unbefugte Verwendung von Daten
>   (4) Var. 4: Sonst unbefugte Einwirkung auf den Ablauf (Ablaufmanipulation)
>   bb. dadurch Beeinflussung eines Datenverarbeitungsvorgangs
>   cc. Vermögensschaden
>   b. Subjektiver Tatbestand
>   aa. Vorsatz bzgl. der objektiven Tatbestandsmerkmale
>   bb. Bereicherungsabsicht
>   (1) Eigen- oder Drittbereicherungsabsicht (dolus directus 1. Grades)
>   (2) Stoffgleichheit
>   c. Rechtswidrigkeit der erstrebten Bereicherung
>   aa. Objektive Rechtswidrigkeit der Bereicherung
>   bb. Vorsatz (zumindest dolus eventualis) bzgl. der Rechtswidrigkeit der Bereicherung
> 2. **Rechtswidrigkeit**
> 3. **Schuld**
> 4. **Strafschärfungen**
>   a. Besonders schwerer Fall mit Regelbeispielen, § 263a Abs. 2 i. V. m. § 263 Abs. 3
>   b. Qualifikationen, § 263a Abs. 2 i. V. m. § 263 Abs. 5
> 5. **Strafantrag, § 263a Abs. 2 i. V. m. § 263 Abs. 4 i. V. m. §§ 247, 248a (nicht aber bei Vorliegen einer Qualifikation nach § 263 Abs. 5)**

2. Objektiver Tatbestand

Bei allen Tatbestandsvarianten ist erforderlich, dass durch eine Beeinflussung eines Datenverarbeitungsvorgangs ein Vermögensschaden hervorgerufen wird. Für den Vermögensschaden gelten die für § 263 entwickelten Grundsätze. Beim „Dreieckscomputerbetrug", bei dem EDV-Betreiber und Geschädigter nicht identisch sind, bedarf es ebenfalls eines Näheverhältnisses.

1419 a) **Beeinflussung des Ergebnisses eines Datenverarbeitungsvorgangs.** Der Begriff **Daten** ist weit zu fassen. Er erfasst alle codierten und codierbaren Informationen. Die engere Definition – nicht unmittelbar wahrnehmbare Daten – des § 202a Abs. 2 gilt nicht[2516]. Erfasst werden auch Programme, die aus Daten zusammengefügt sind[2517]. **Datenverarbeitung** ist der elektronisch technische Vorgang, bei dem durch Erfassung von Daten und ihre Verknüpfung durch Programme Arbeitsergebnisse erzielt werden[2518]. Das Merkmal der **Beeinflussung des Ergebnisses eines Datenverarbeitungsvorgangs** ersetzt die Merkmale Irrtum und Vermögensverfügung beim Betrug. Die Beeinflussung verlangt keinen bereits in Gang gesetzten Datenverarbeitungsvorgang; richtigerweise wird erst recht das Ingangsetzen der Datenverarbeitung – etwa durch Starten eines Programms – erfasst[2519]. Das Verarbeitungsergebnis muss dabei – parallel zur Vermögensverfügung bei § 263 – **unmittelbar zu einer Vermögensminderung** und damit zu einem Vermögensschaden führen[2520].

> **Bsp.:** T verwendet eine fremde ec-Karte und gibt die ihm bekannte Geheimzahl am Geldautomaten ein, um 200 € abzuheben. – T beeinflusst durch das Ingangsetzen das Ergebnis eines Datenverarbeitungsvorgangs, wodurch es unmittelbar zu einer Vermögensminderung kommt. Er macht sich daher nach § 263a Abs. 1 Var. 3 strafbar[2521].

1420 Im Einzelfall kann – parallel zu § 263[2522] – ein **Computerbetrug vom Diebstahl abzugrenzen** sein. Soweit mit der Eingabe in den Computer keine unmittelbare Vermögensminderung verbunden ist und der Gewahrsam erst durch eine nachfolgende Handlung gebrochen wird, kommt nur § 242 in Betracht.

> **Bsp.:** T nimmt in einem Supermarkt einen „Playboy" und geht damit zu einer Selbstbedienungskasse. Anstatt den Playboy mit einem Kaufpreis von 5 € zu scannen, verwendet er einen Strichcode, den er zuvor aus einer Tageszeitung zu einem Preis von 1,20 € entfernt hat. Er bezahlt einen Betrag von 1,20 € durch Einwurf in die Selbstbedienungskasse (wahlweise auch durch elektronische Kartenzahlung). Nach der Selbstbedienungskasse erfolgt keine weitere Kontrolle mehr durch das Personal.

Nach Ansicht des OLG Hamm soll § 263a Abs. 1 Var. 3 ausscheiden und ein Fall des § 242 vorliegen, weil es an einer unmittelbaren Vermögensminderung fehle; die Selbstbedienungskasse zeige nur den Kaufpreis an, ohne dass darin ein verfügungsähnlicher Vorgang liege, der die Mitnahme der Zeit-

---

[2516] *Fischer*, § 263a Rn. 3; *Rengier*, BT 1, § 14 Rn. 4.
[2517] BT-Drs. 10/5058, S. 30; *Kindhäuser/Böse*, BT 2, § 28 Rn. 8.
[2518] *Rengier*, BT 1, § 14 Rn. 4.
[2519] BGHSt 38, 120 (121); *Mitsch*, BT 2, 7.2.2.1.1.4; *Rengier*, BT 1, § 14 Rn. 26.
[2520] BGH NStZ 2016, 338 (339); BGH NStZ-RR 2018, 214 (215).
[2521] S. näher u. Rn. 1425 f.
[2522] Dort o. Rn. 1333.

schrift ermögliche[2523]. Es sei daher noch ein eigenständiger Schritt – Gewahrsamsbruch durch Passieren des Kassenbereichs – erforderlich; dies führt dann konsequenterweise zu einer Strafbarkeit nach § 242, da eine Übereignung und ein tatbestandsausschließendes Einverständnis seitens des Gewahrsamsinhabers an die Bedingung geknüpft ist, dass eine ordnungsgemäße Bezahlung erfolgt[2524]. Im Übrigen lehnt das OLG Hamm aber auch die Tathandlung der unbefugten Verwendung von Daten (Var. 3) ab, da bei betrugsspezifischer Betrachtung ein gedachter Kassierer nichts Anderes prüfe als die computergesteuerte Selbstbedienungskasse, so dass die Übereinstimmung von Strichcode und Ware außerhalb des Prüfungsbereichs liege[2525]. Beides kann man freilich auch anders sehen, wenn man davon ausgeht, dass ein Kassierer bei einem entsprechenden Verhalten – Austausch des Codes – getäuscht worden wäre und dann an der Kasse über die Ware verfügt hätte; insoweit ist es bei einer Parallelbetrachtung durchaus naheliegend, dass man aufgrund der äußerlich ordnungsgemäßen Zahlung an der Selbstbedienungskasse die Befugnis folgert, die Ware mitzunehmen[2526]. Anders – dann allerdings bereits Betrug nach § 263 – könnte man entscheiden, wenn der Kassenbereich noch durch Personal kontrolliert wird, so dass man hierin erst die relevante Vermögensverfügung erblicken könnte[2527].

b) Einzelne Tatvarianten. Im objektiven Tatbestand sind im Übrigen vier verschiedene Tatvarianten zu unterscheiden, die sich auf den Datenverarbeitungsvorgang auswirken müssen. **1421**

aa) Var. 1 erfasst die **unrichtige Gestaltung eines Programms** mit der Folge, dass Daten unrichtig verarbeitet werden. Var. 1 stellt dabei lediglich einen Spezialfall der Var. 2 dar. Die Unrichtigkeit der Gestaltung ist bei der **Programmmanipulation** objektiv zu bestimmen und nicht etwa subjektiv nach dem Willen des Verfügungsberechtigten[2528]. Maßgeblich ist daher, ob das Programm die aus dem Verhältnis der Beteiligten zu ermittelnde Aufgabenstellung zutreffend bewältigt[2529]. Der Wille des Verfügungsberechtigten, etwa des Betreibers einer EDV-Anlage, kann dabei freilich Eingang in die Aufgabenstellung gefunden haben. **1422**

> **Bsp.:** T ist Programmierer bei der Krankenkasse K. Er gestaltet abweichend von den Vorgaben ein Programm derart, dass Restbeträge aufgerundet werden und die Differenz zu seinen Gunsten auf ein Konto verbucht wird. –

2523 OLG Hamm NStZ 2014, 275 f.; *Jäger*, JA 2014, 155 (156); *Jahn*, JuS 2014, 179 (180).
2524 OLG Hamm NStZ 2014, 275 (276); *Jäger*, JA 2014, 155 (156); *Jahn*, JuS 2014, 179 (180).
2525 OLG Hamm NStZ 2014, 275 (276).
2526 Überzeugend *Heinrich*, FS Beulke, 2015, S. 395 (405).
2527 *Jäger*, JA 2014, 155 (156).
2528 *Rengier*, BT 1, § 14 Rn. 9; *Wessels/Hillenkamp/Schuhr*, BT 2, Rn. 609; a. A. *Kindhäuser/Böse*, BT 2, § 28 Rn. 12.
2529 *Rengier*, BT 1, § 14 Rn. 9.

Hier ist § 263a Abs. 1 Var. 1 verwirklicht, da nach der Aufgabenstellung von einer Verbuchung für T nicht ausgegangen werden kann.

1423 bb) **Var. 2** normiert die **Verwendung unrichtiger oder unvollständiger Daten**. Bei der **Input- bzw. Eingabemanipulation** werden unrichtige oder unvollständige Daten in den Verarbeitungsvorgang eingegeben[2530]. In diesem Fall ist das Programm richtig gestaltet, es werden jedoch unzutreffende Ausgangsdaten verwendet. Zu denken ist an für eine Berechnung von Vermögensleistungen maßgebende Daten, z. B. Lebens- oder Dienstalter, bestimmte Zeiträume (wie Studiendauer) oder das Einkommen.

Bsp. (1): T gibt ein geringeres Alter eines Kunden in das Programm einer Krankenversicherung ein, um so einen günstigeren Beitrag für diesen errechnen zu lassen.

Bsp. (2): T reicht per Internet fingierte Forderungen als Lastschriften ein, obgleich Abbuchungsaufträge von O nicht erteilt wurden. O bemerkt die Abbuchung nicht. – T verwendet nach Auffassung des BGH unrichtige Daten, da er einen nicht bestehenden Abbuchungsauftrag behauptet, wodurch auch das Ergebnis eines Datenverarbeitungsvorgangs beeinflusst wird[2531]; letztlich entsteht bei O – ungeachtet der Unwirksamkeit der Abbuchung – auch ein Gefährdungsschaden, weil O das Risiko einer Rückbuchung (vgl. § 675u Satz 2 BGB) trägt, wozu er zunächst einmal die unzutreffende Abbuchung bemerken muss[2532].

1424 cc) **Var. 3** erfasst die **unbefugte Verwendung von Daten** Nach h. M. setzt das Verwenden voraus, dass die Daten **unmittelbar in einen Datenverarbeitungsvorgang eingegeben werden**, so dass nicht jede Verwendung von Daten ausreicht[2533]. Hauptanwendungsfall der Var. 3 ist der Zahlungskartenmissbrauch.

1425 Das **Merkmal „unbefugt"** schränkt bereits den Tatbestand ein[2534]. Es ist angesichts seiner Unbestimmtheit im Hinblick auf Art. 103 Abs. 2 GG restriktiv auszulegen, wobei sich verschiedene Ansichten gegenüberstehen. Der Streitstand soll zunächst anhand des Grundfalls des Kartenmissbrauchs – Abheben am Geldautomaten mit gestohlener Karte – aufgezeigt werden.

Bsp.: T entwendet O die ec-Karte („maestro-Karte") für die Benutzung des Bankautomaten. O hat die Geheimzahl (PIN) leichtsinnigerweise auf einem Zettel notiert, den er zusammen mit der Karte aufbewahrt. T hebt am Geldautomaten der Bank B 500 € ab. Anschließend lässt er O die Karte –

2530 *Mitsch*, BT 2, 7.2.2.1.1.2.
2531 BGHSt 58, 119 (126 f.); *Heghmanns*, ZJS 2013, 423 (425).
2532 BGHSt 58, 119 (126 f. und 128 f.).
2533 *Rengier*, BT 1, § 14 Rn. 14; *Schönke/Schröder/Perron*, § 263a Rn. 8; a. A. BayObLG NJW 1991, 438 (440); *Hilgendorf*, JuS 1997, 130 (131).
2534 *Kindhäuser/Böse*, BT 2, § 28 Rn. 22; *Rengier*, BT 1, § 14 Rn. 15.

wie von Anfang an beabsichtigt – wieder zukommen[2535]. – Ein Diebstahl gemäß § 242 an der Karte scheidet mangels Zueignungsabsicht aus. Hinsichtlich der Sachsubstanz folgt dies bereits daraus, dass T diese zurückgeben will, er also keinen Vorsatz bezüglich einer dauerhaften Enteignung besitzt. Unter Sachwertgesichtspunkten scheidet § 242 ebenfalls aus, da die Karte lediglich als Automatenschlüssel dient, nicht aber eine Forderung gegen die Bank verkörpert[2536]. Auch ein Diebstahl am Geld kommt nicht in Betracht[2537]; die h. M. geht zwar davon aus, dass das Geld nicht an den unberechtigten Benutzer übereignet wird und damit fremd ist[2538], jedoch hat T den Gewahrsam nicht gebrochen, weil ein den Tatbestand ausschließendes Einverständnis in die Wegnahme des vom Automaten freigegebenen Geldes vorliegt[2539]. Eine Strafbarkeit nach § 265a Abs. 1 Var. 1 scheitert daran, dass der Mechanismus nicht ordnungswidrig betätigt wurde; nach zweifelhafter h. M. erfasst die Vorschrift ferner keine Warenautomaten, sondern nur Leistungsautomaten[2540]. § 266b ist zu verneinen, weil Täter des untreueähnlichen Sonderdelikts nur der berechtigte Karteninhaber sein kann[2541]. Was § 263a anbelangt, so handelt es sich bei den auf der Karte gespeicherten Daten und der Geheimzahl zunächst um Daten i. S. v. § 263a[2542], durch deren Verwendung eine Datenverarbeitung in Gang gesetzt wird.

Nach der **subjektivierenden Auslegung** handelt unbefugt, wer Daten entgegen dem ausdrücklichen oder mutmaßlichen Willen des Verfügungsberechtigten verwendet[2543]. Freilich ist diese Auffassung recht weitgehend, weil praktisch jede Vertragswidrigkeit, d. h. jeder zivilrechtliche Verstoß pönalisiert wird. Auch kann im Einzelfall schwer zu bestimmen sein, wer Berechtigter ist (Karteninhaber, Kartenaussteller oder Betreiber des Bankautomaten). Im Beispielsfall wäre T jedenfalls strafbar, weil er entgegen dem Willen des Karten- und Kontoinhabers O handelte.

Die **computerspezifische Auslegung** stellt teilweise darauf ab, ob sich der der Datenverwendung entgegenstehende und die Verwendung unbefugt machende Wille im Computerprogramm niedergeschlagen hat[2544]. Andere Vertreter dieser Lehre fragen danach, ob die Eingabe computerspezifischer

---

2535 Nach BGHSt 35, 152.
2536 Näher o. Rn. 948.
2537 S. o. Rn. 939.
2538 BGHSt 35, 152 (161 ff.); BGH NJW 2018, 245 m. Anm. *Eisele*, JuS 2018, 300; a. A. OLG Hamburg NJW 1987, 336.
2539 BGHSt 35, 152 (158 ff.); BGH NJW 2018, 245; A/W/H/H-*Heinrich*, § 13 Rn. 56; a. A. BayObLG NJW 1987, 663 f.; *Mitsch*, BT 2, 7.2.2.1.1.3.
2540 Näher u. Rn. 1450.
2541 BGH NStZ 1992, 278 (279); A/W/H/H-*Heinrich*, § 23 Rn. 51.
2542 *Eisele/Fad*, Jura 2002, 305 (306); *Kindhäuser/Böse*, BT 2, § 28 Rn. 20.
2543 BGHSt 40, 331 (334 f.); *Mitsch*, BT 2, 7.2.2.1.1.3; *Popp*, JuS 2011, 385 (392).
2544 OLG Celle NStZ 1989, 367; *Lenckner/Winkelbauer*, CR 1986, 654 (657).

Daten (wie PIN oder Passwort) einen dem Täter nicht zustehenden Zugang zu der Datenverarbeitung ermöglicht[2545]. Manchmal wird auch darauf abgestellt, ob durch eine Datenmanipulation das System nicht ordnungsgemäß bedient wird[2546]. Insgesamt bleiben die Kriterien jedoch unscharf und machen die Strafbarkeit zu sehr von der technischen Ausgestaltung abhängig. Angesichts des Erfordernisses der Legitimation durch die Geheimzahl würde diese Auslegung in ihren ersten beiden Ausprägungen zu einem unbefugten Handeln gelangen.

1428 Nach der von der h. M. vertretenen **betrugsspezifischen Auslegung** muss dagegen eine täuschungsgleiche Handlung vorliegen[2547]. Unter Zugrundelegung dieser Auffassung würde T unbefugt handeln, denn er müsste im (parallelen) Fall einer Auszahlung des Geldes am Schalter den Mitarbeiter der Bank über seine Berechtigung – d. h. beim Abheben in eigenem Namen über die Identität, bei Abheben in fremdem Namen über das Vorliegen einer Vollmacht – täuschen. Für diese Auslegung spricht die systematische Stellung des § 263a als „Paralleltatbestand" zu § 263. Außerdem sollten durch Einführung des Computerbetrugs Strafbarkeitslücken geschlossen werden, die dadurch entstanden sind, dass in diesen Fällen kein Mensch getäuscht wird und eine Maschine nicht irren kann. Durch das unbefugte Abheben des Geldes ist ein Vermögensverlust bei der Bank eingetreten. Im Fall eines nicht autorisierten Zahlungsvorgangs hat nämlich nach § 675u BGB der Zahlungsdienstleister keinen Anspruch auf Erstattung seiner Aufwendungen. Er ist zudem verpflichtet, dem Kunden den Zahlungsbetrag unverzüglich zu erstatten und ggf. das Konto wieder auf den Stand zu bringen, auf dem es sich ohne die Belastung durch den nicht autorisierten Zahlungsvorgang befunden hätte. Die Bank hat zwar möglicherweise einen (teilweisen) Ersatzanspruch gegen O nach § 675v BGB; ein solcher Anspruch kann jedoch den bei der Bank eingetretenen Vermögensverlust nicht kompensieren[2548]. Da T auch vorsätzlich und mit Bereicherungsabsicht handelt, macht er sich nach § 263a Abs. 1 Var. 3 strafbar. Eine etwaige Strafbarkeit wegen Unterschlagung am Geld[2549] tritt im Wege der formellen Subsidiarität (§ 246 Abs. 1 a. E.) dahinter zurück. In Tateinheit tritt noch eine Strafbarkeit nach § 269[2550].

1429 (1) Entsprechend sind Fälle zu beurteilen, in denen der Täter eine **ec-Karte fälscht**[2551], wobei hier zusätzlich §§ 152a, 152, 267, 269 in das Blickfeld geraten.

2545 *Achenbach*, JR 1994, 293 (295).
2546 *Arloth*, Jura 1996, 354 (357); *Neumann*, StV 1996, 375.
2547 BGHSt 47, 160 (163); 58, 119 (123); *Lackner/Kühl*, § 263a Rn. 13.
2548 BGH NJW 2001, 1508 (1509); BGH NStZ 2008, 396 (397).
2549 S. o. Rn. 939.
2550 S. *Eisele*, BT 1, Rn. 889 f.
2551 BGHSt 38, 120 f.; *Eisele/Fad*, Jura 2002, 305 (309).

(2) Problematischer im Hinblick auf das Merkmal der Unbefugtheit sind **1430** Fälle, in denen der Nichtberechtigte auftragswidrig Geld abhebt oder die Karte durch Täuschung **vom Inhaber erlangt.**

> **Bspe.:** Der im Krankenhaus liegende O nimmt ein Hilfsangebot des T an und übergibt ihm seine maestro-Karte samt Geheimzahl, damit dieser für ihn 100 € am Bankautomaten abhebt. T hebt jedoch 500 € ab und verwendet 400 € für sich.

Auf Grundlage der betrugsspezifischen Auslegung wird häufig angenommen, dass kein unbefugtes Handeln vorliege. Da der Täter durch Überlassung von Karte und PIN zur Benutzung der Daten beauftragt und dies mit der Erteilung einer Vollmacht vergleichbar sei, komme seinem Handeln kein Täuschungswert zu[2552]. Dagegen spricht jedoch, dass in der Überlassung der Karte noch nicht die Befugnis zur Abhebung von Geld in beliebiger Höhe gesehen werden kann. Der Karteninhaber hätte nämlich für den Fall des Abhebens des Geldes am Bankschalter dem Dritten eine auf einen bestimmten Geldbetrag beschränkte Vollmacht erteilen können. Dieser würde dann den Bankangestellten über das Bestehen einer (unbeschränkten) Vollmacht täuschen[2553]. Dem hat sich jetzt auch der BGH für den Fall angeschlossen, dass nach dem Vertrag zwischen dem Kunden und der Bank eine Bevollmächtigung Dritter ausnahmslos ausgeschlossen ist, weil dann die Verwendung von Karte und Geheimzahl den Zahlungsauftrag nicht zu autorisieren und i.S.v. § 675j Abs. 1 S. 1 BGB wirksam zu machen vermag[2554]. Hinzu kommt wiederum eine Strafbarkeit nach § 269[2555]. Angesichts des begrenzten Auftrags scheidet hingegen eine Strafbarkeit nach § 266 mangels Vermögensbetreuungspflicht aus[2556].

(3) Abweichungen und komplizierte Einzelfragen können sich ergeben, **1431** wenn der Täter mit einer fremden Karte Waren bezahlt. Dabei sind Zahlungen im **electronic-cash-Verfahren** (point-of-sale-Verfahren, POS) und dem **elektronischen Lastschriftverfahren** zu unterscheiden. Nur beim electronic-cash-Verfahren, das die Eingabe der PIN erfordert, erhält der Händler durch die Garantiefunktion der Karte einen direkten Anspruch gegen das kartenausgebende Kreditinstitut. Ein Irrtum und ein Vermögensschaden des Händlers scheiden in dieser Konstellation regelmäßig aus, weil sich der Händler aufgrund der garantierten Zahlung keine Gedanken über die Berechtigung zur Zahlung mit der Karte machen muss und er damit einen Ausgleichsanspruch erhält. Beim elektronischen Lastschriftverfahren, das für den Händler günstiger ist, unterschreibt der Kunde hingegen nur eine Ermächtigung zum Lastschrifteinzug, für dessen Realisierung der Händler

---

2552 BGH NStZ 2016, 149 (150 f.); BGH NStZ 2016, 154 (155).
2553 *Lackner/Kühl*, § 263a Rn. 14; *Rengier*, BT 1, § 14 Rn. 34.
2554 BGH NStZ-RR 2017, 79 (80).
2555 Hierzu näher *Eisele/Fad*, Jura 2002, 305 (310).
2556 S. zu dieser Problematik u. Rn. 1573.

dann aber auch das Risiko trägt. Eine Legitimation mit der PIN und eine Autorisierung durch das kartenausgebende Institut erfolgen hier nicht.

Bsp. 1 (electronic-cash-Verfahren): T entwendet dem O dessen ec-Karte der Bank B, um damit Waren zu bezahlen. Nach Gebrauch will er die Karte dem O wieder zurückbringen. T bezahlt im Geschäft des G, indem er die Karte nach Aufforderung des Kassierers in das Kartenlesegerät hineinsteckt und die PIN des O, deren Kenntnis er sich verschafft hat, eingibt. – Aus der Garantiefunktion der ec-Karte folgt zunächst, dass eine Strafbarkeit nach § 263 – Täuschung durch Vorspiegeln einer Zahlungsbefugnis – ausscheidet, da im Regelfall kein Irrtum des Kassierers vorliegt, weil sich dieser aufgrund der garantierten Zahlung keine Gedanken über die Berechtigung des Karteninhabers machen muss und daher diese Frage nicht prüft[2557]. Hinsichtlich § 263a scheidet deshalb auch ein Dreieckscomputerbetrug zu Lasten der Bank aus (G selbst erleidet aufgrund der garantierten Zahlung keinen Schaden), weil dem Verhalten gegenüber dem Kassierer kein Täuschungswert entnommen werden kann[2558].

Bsp. 2 (elektronisches Lastschriftverfahren): Wie Bsp. 1, jedoch zahlt T im Wege des elektronischen Lastschriftverfahrens und unterschreibt den Abrechnungsbeleg mit dem Namen des O. – T macht sich nun wegen Betrugs zum Nachteil des V gemäß § 263 strafbar[2559]. T täuscht V über das wirksame Zustandekommen einer Abbuchungsermächtigung zu Lasten des O. Dadurch erregt er bei V, der sich mangels garantierter Zahlung durch die Bank Gedanken macht, einen entsprechenden Irrtum. Die Vermögensverfügung des V liegt in der Übereignung der Ware. Letztlich erleidet V auch einen Vermögensschaden, da er im elektronischen Lastschriftverfahren mangels Garantievertrags keinen Anspruch gegenüber der Bank besitzt[2560]. § 263a Abs. 1 Var. 3 scheidet hingegen aus, weil es an einer computerbedingten Vermögensminderung fehlt[2561]. Automatisiert sind nur die Kartenprüfung und der Ausdruck des Lastschriftbelegs. Der vermögensmindernde Akt liegt hingegen in der Erbringung der geschuldeten Leistung. Durch das Unterschreiben des Abrechnungsbelegs mit dem Namen des O macht sich T ferner wegen Urkundenfälschung (§ 267 Abs. 1 Var. 1 und Var. 3) strafbar.

1432 (4) Gegenstand vielfältiger Diskussionen sind **Fälle der Kontoüberziehung** durch den Inhaber am Bankautomaten.

2557 LK-*Tiedemann/Valerius*, § 263a Rn. 52; *Schönke/Schröder/Perron*, § 263 Rn. 49/50.
2558 *Rengier*, BT 1, § 14 Rn. 45; a. A. *Krey/Hellmann/Heinrich*, BT 2, Rn. 751; Zu § 266b s. u. Rn. 1604.
2559 Vgl. auch BGH MMR 2012, 127.
2560 S. o. Rn. 1431 vor Bsp. 1.
2561 BGH NJW 2003, 1404; BGH MMR 2012, 127.

Bsp.:[2562] Karteninhaber T hat bei der kartenausgebenden Sparkasse ein Konto mit einem Guthaben von 300 €; der persönliche Dispositionskredit beträgt 2000 €. An den Geldautomaten der Sparkassen ist nach dem Verfügungsrahmen wöchentlich eine Abbuchung von 3000 € möglich; T hebt mit der ec-Karte zunächst 1000 € ab und dann später nochmals 1500 €, so dass das Konto ein Minus von 2200 € aufweist. – §§ 242, 246 hinsichtlich der Erlangung des Geldes scheiden aus, weil dieses an den berechtigten Karteninhaber übereignet wird und daher nicht fremd ist[2563]. Vor allem innerhalb der **betrugsspezifischen Auslegung** ist eine Strafbarkeit nach § 263a streitig.

Zunächst muss man zwischen der Überziehung des Kontos, des Kreditrahmens und des Verfügungsrahmens unterscheiden. Zunächst wird man eine Strafbarkeit ablehnen müssen, soweit der Täter – im Ausgangsfall 1. Abhebungsvorgang – nur sein Konto im Rahmen eines Dispositionskredits überzieht, d. h. dieses im Soll ist[2564]. Der Bankangestellte am Schalter würde nämlich lediglich prüfen, ob der Kunde das Kreditlimit überschreitet. Dagegen würde er – weil dies nicht erheblich ist – nicht prüfen, ob auch das Konto im „Minus" ist und der Kunde dieses wieder auszugleichen vermag. Im Rahmen des Kreditlimits kann daher grundsätzlich auch am Geldautomaten abgehoben werden. Vom Kreditrahmen ist der sog. Verfügungsrahmen zu unterscheiden. Dieser setzt fest, wieviel Geld der Kunde an einem Tag oder in der Woche abheben darf. Der Verfügungsrahmen ist grundsätzlich unabhängig vom persönlichen Kreditlimit und dient dem Schutz bei missbräuchlicher Kartennutzung durch eine begrenzte Auszahlung[2565]. Er kann variieren, je nachdem, ob die Abhebung beim eigenen oder fremden Kreditinstitut oder im Ausland erfolgt.

Häufig wird in den Fällen der Überschreitung des Kreditrahmens am **institutseigenen Bankautomaten** – im Ausgangsfall 2. Abhebungsvorgang – ein unbefugtes Handeln angenommen, weil der Täter einen Mitarbeiter der Bank beim Abheben am Schalter über den Kontostand täuschen müsse, damit dieser den über das Kreditlimit hinausgehenden Betrag auszahle[2566]. Andererseits könnte man die Prüfung des fiktiven Angestellten am Schalter auch auf solche Fragen beschränken, die nur vom Computer geprüft werden[2567]. Für Letzteres spricht, dass beim Abheben von institutsfremden Automaten ansonsten die Prüfung versagt; denn eine Abhebung am Schalter ist dort grundsätzlich nicht möglich. Gegen eine Strafbarkeit spricht

1433

2562 Nach BGHSt 47, 160 ff.
2563 BGHSt 35, 152 (162 f.); 47, 160 (166); vgl. auch BGH NJW 2018, 245 mit Anm. *Eisele*, JuS 2018, 300.
2564 *Rengier*, BT 1, § 14 Rn. 38; unklar BGHSt 47, 160 (162 f.).
2565 *Brand*, JR 2008, 496 (502).
2566 *Lackner/Kühl*, § 263a Rn. 14; *Wessels/Hillenkamp/Schuhr*, BT 2, Rn. 615.
2567 BGHSt 47, 160 (163); OLG Karlsruhe NJW 2009, 1287 (1288); *Altenhain*, JZ 1997, 752 (758).

ferner, dass bei der Überziehung im Innenverhältnis allenfalls untreueähnliches Unrecht – Ausnutzen der mit der Karte verbundenen Befugnis – vorliegt[2568], sodass allenfalls § 266b in Betracht kommt, der im sog. Zwei-Partner-System indes nicht eingreift[2569]. Auch die subjektivierende Auslegung müsste im Ausgangsfall zur Straffreiheit kommen, weil letztlich die Überziehung seitens der Bank geduldet wird; unter Zugrundelegung der computerspezifischen Auffassung gilt im Ergebnis nichts anderes. Unberührt von diesen Ergebnissen bleibt freilich eine etwaige Betrugsstrafbarkeit wegen Erschleichens der Karte durch eine vermögenslose Person[2570].

1434 Diese Grundsätze gelten im Prinzip auch beim **Abheben am institutsfremden Geldautomaten**. Dabei wird am institutsfremden Automaten regelmäßig auch im Online-Betrieb nur der Verfügungsrahmen geprüft[2571], was für die schon oben vertretene Lösung spricht. Auf all diese Fragen kommt es jedoch nicht entscheidend an, da man sehen muss, dass das fremde Institut aufgrund der Vereinbarungen zwischen den Kreditinstituten aufgrund eines abstrakten Zahlungsversprechens einen garantieähnlichen Zahlungsanspruch gegen die kartenausgebende Bank erhält[2572]. Eine Strafbarkeit nach § 263a zu Lasten der fremden Bank und der eigenen Bank (Dreieckscomputerbetrug) scheidet unter Zugrundelegung der betrugsspezifischen Betrachtung daher jedenfalls deshalb aus, weil sich das fremde Institut über die Voraussetzungen der Auszahlung keine Gedanken machen müsste und daher kein Irrtum vorliegen würde[2573]; hinsichtlich der fremden Bank fehlt es aufgrund der garantierten Zahlung zudem noch an einem Schaden.

1435 c) Die **sonst unbefugte Einwirkung auf den Ablauf i. S. d. Var. 4** stellt einen Auffangtatbestand dar[2574], der jede Nutzung der Daten erfasst und keine Eingabe in den Datenverarbeitungsvorgang verlangt. Bedeutung erlangt der Tatbestand vor allem beim sog. **Leerspielen von Glücksspielautomaten**[2575].

> **Bsp.:**[2576] T beschafft sich illegal über einen Mitarbeiter des Herstellers Programme von Glücksspielautomaten. Durch Eingabe des Spielstands und Analyse des Spielablaufs auf seinem Laptop erfährt T, wann er „ge-

---

2568 BGHSt 47, 160 (163 f.); OLG Stuttgart NJW 1988, 981 (982); A/W/H/H-*Heinrich*, § 21 Rn. 43.
2569 S. u. Rn. 1597.
2570 Dazu o. Rn. 1354.
2571 Näher *Brand*, JR 2008, 496 (501).
2572 Dazu *Gößmann*, in: Schimansky/Bunte/Lwowski, Bankrechts-Handbuch, 5. Aufl. 2017, § 54 Rn. 35.
2573 I.E. auch *Fischer*, § 263a Rn. 14a; *Rengier*, BT 1, § 14 Rn. 44; a. A. *Wessels/Hillenkamp/Schuhr*, BT 2, Rn. 616.
2574 BGHSt 40, 331 (334); LK-*Tiedemann/Valerius*, § 263a Rn. 24; *Rengier*, BT 1, § 14 Rn. 59.
2575 Zu weiteren Anwendungsfeldern vgl. *Eisele*, BT 2, Rn. 690 ff.
2576 Nach BGHSt 40, 331.

winnbringend" die Risikotaste des Spielautomaten drücken muss. Auf diese Weise gewinnt er am Automaten des O einen erheblichen Betrag. – § 263a Abs. 1 Var. 3 ist richtigerweise nicht einschlägig, weil der Täter die Risikotaste zwar in Kenntnis der illegal verschafften Daten über das Programm drückt, er diese aber nicht in den Datenverarbeitungsvorgang eingibt[2577]. Auf Grundlage der betrugsspezifischen Auslegung ist jedoch Var. 4 zu bejahen, weil dem Verhalten ein Täuschungswert zukommt. Würde T vom Betreiber O ausdrücklich zum Spiel zugelassen, würde er – ähnlich wie in den Wettfällen[2578] – konkludent erklären, den Spielablauf nicht zu kennen. Die subjektivierende Auslegung würde ebenfalls zu diesem Ergebnis gelangen[2579]; die computerspezifischen Auslegungen müssen hingegen den Tatbestand verneinen, weil der Spielautomat eine Befugnis des Spielers nicht prüft[2580].

3. Subjektiver Tatbestand und Rechtswidrigkeit der erstrebten Bereicherung

Insoweit gelten die Ausführungen zu § 263 entsprechend[2581].

1436

4. Konkurrenzen

Soweit neben § 263a auch § 263 verwirklicht ist, weil nicht nur ein Computer, sondern zugleich eine Person getäuscht wird, so ist § 263a subsidiär. Ist § 263 durch das Erschleichen einer Zahlungskarte (gegenüber dem kartenausstellenden Kreditinstitut) vollendet[2582], so ist mit § 263a Tatmehrheit anzunehmen, wenn durch den Einsatz der Karte ein Dritter geschädigt wird. Tatmehrheit ist auch zwischen dem Diebstahl an einer Karte und einem nachfolgenden Computerbetrug anzunehmen, soweit sich der Diebstahl gegen den Karteninhaber, der Computerbetrug aber gegen die Bank richtet[2583].

1437

Einführende Aufsätze:
Eisele/Fad, Strafrechtliche Verantwortlichkeit beim Missbrauch kartengestützter Zahlungssysteme, Jura 2002, 305 (Erläuterung der relevantesten Konstellationen); *Kudlich*, Computerbetrug und Scheckkartenmissbrauch durch berechtigten Karteninhaber, JuS 2003, 537; *Wachter*, Grundfälle zum Computerbetrug, JuS 2017, 723.

Übungsfälle:
Fahl, Der Lastschriftreiter, JuS 2012, 1104 (Computerspezifische und betrugsspezifische Auslegung, Abgrenzung zu § 266b StGB); *Jerouschek/Kölbel*, Wider-

---

2577 BGHSt 40, 331 (334); *Mitsch*, BT 2, 7.2.2.1.1.4.
2578 Dazu o. Rn. 1315.
2579 *Mitsch*, BT 2, 7.2.2.1.1.4.
2580 *Arloth*, Jura 1996, 354 (357).
2581 S. o. Rn. 1387 ff.
2582 Dazu o. Rn. 1354.
2583 BGH NJW 2001, 1508 f.; *Kindhäuser/Böse*, BT 2, § 28 Rn. 55.

spenstige Automaten, JuS 2001, 780 (Manipulationen bei Verwendung von Bank- und Spielautomaten); *Kretschmer*, Der erfolglose Literat, Jura 2006, 219 („Abtelefonieren" von Handy-Guthaben); *Ladiges*, „Surfen und Strafrecht", Jura 2013, 844 (Unbefugte Verwendung von Daten); *Zöller*, Die Segnungen des bargeldlosen Zahlungsverkehrs, Jura 2003, 637 (Zur Auslegung des Merkmals „unbefugt").

Rechtsprechung:
BGHSt 35, 152 – Bankautomat (Bankautomatenmissbrauch durch nichtberechtigten Kontoinhaber); **BGHSt 38, 120** – Bankautomat (Abheben mit gefälschter Codekarte); **BGHSt 47, 160** – Bankautomat (Abheben durch berechtigten Inhaber unter Kontoüberziehung); **BGHSt 58, 119** – Abbuchungsauftragslastschrift (Tatbestandsmerkmale des § 263a).

III. Versicherungsmissbrauch, § 265

1. Geschütztes Rechtsgut und Systematik

1438 Geschützte Rechtsgüter des § 265 sind das **Vermögen der Versicherung und die soziale Leistungsfähigkeit der Versicherer** als Allgemeinrechtsgut[2584]. § 265 soll Vorbereitungshandlungen zum Versicherungsbetrug nach § 263 Abs. 1, Abs. 3 Satz 2 Nr. 5 unter Strafe stellen. Zu beachten ist, dass in den Schutz des § 265 ausschließlich die **Sachversicherer**, nicht aber die Haftpflicht-, Lebens- und Unfallversicherer einbezogen sind.

1439 Prüfungsschema
1. Tatbestand
   a) Objektiver Tatbestand
      aa) Tatobjekt
         (1) Sache
         (2) Förmlich bestehender Versicherungsvertrag gegen Untergang, Beschädigung, Beeinträchtigung der Brauchbarkeit, Verlust oder Diebstahl
      bb) Beschädigen, Zerstören, in der Brauchbarkeit Beeinträchtigen, Beiseiteschaffen, einem anderen Überlassen
   b) Subjektiver Tatbestand
      aa) Vorsatz
      bb) Absicht (dolus directus 1. Grades), sich oder einem Dritten Leistungen aus der Versicherung zu verschaffen, die das durch die Tathandlung betroffene Risiko abdeckt

---

2584 *Lackner/Kühl*, § 265 Rn. 1; *Schönke/Schröder/Perron*, § 265 Rn. 2; für einen Schutz nur der sozialen Leistungsfähigkeit BGHSt 25, 261 (262); BGH wistra 1993, 224 (225), jew. zu § 265 a. F; für einen Schutz nur des Vermögens etwa *Rengier*, BT 1, § 15 Rn. 2.

III. Versicherungsmissbrauch, § 265   1440–1442

2. Rechtswidrigkeit
3. Schuld
4. Konkurrenzen: formelle Subsidiarität gegenüber § 263

2. Objektiver Tatbestand

Dieser setzt voraus, dass eine Sache, die aufgrund eines förmlich bestehenden Versicherungsvertrags gegen Untergang, Beschädigung, Beeinträchtigung der Brauchbarkeit, Verlust oder Diebstahl versichert ist, beschädigt, zerstört, in der Brauchbarkeit beeinträchtigt, beiseitegeschafft oder einem anderen überlassen wird. **1440**

a) **Versicherte Sache.** Versichert ist eine Sache, wenn ein Versicherungsvertrag formell rechtsgültig zustande gekommen ist[2585]. Da es allein auf die förmliche Wirksamkeit ankommt, sind Anfechtbarkeit oder Nichtigkeit (z. B. wegen Überversicherung nach § 74 Abs. 2 VVG) unbeachtlich[2586]. Die in § 265 Abs. 1 aufgezählten Versicherungsrisiken betreffen Schadensversicherungen, wobei nur Sachversicherungen erfasst sind. Die Eigentumsverhältnisse an der versicherten Sache sind unerheblich, so dass sowohl eigene als auch fremde Sachen erfasst werden[2587]. Damit kommt eine Strafbarkeit nach § 265 auch beim „altruistisch" handelnden Täter in Betracht, der dem Versicherungsnehmer die Versicherungsleistung zukommen lassen will und nicht Repräsentant ist. Entwendet also jemand einen wertvollen – und versicherten – Gegenstand eines Freundes, um diesen zur Anzeige des Verlusts bei seiner Versicherung zu bewegen und dadurch letztlich eine Auszahlung an den (gutgläubigen) Versicherungsnehmer zu bewirken, ist § 265 StGB verwirklicht[2588]. **1441**

b) **Tathandlungen.** Die Merkmale **Beschädigen** und **Zerstören** sind ebenso wie bei § 303 auszulegen. Der jeweilige Erfolg muss aber vom versicherten Risiko erfasst werden[2589]. In der **Brauchbarkeit** wird eine Sache **beeinträchtigt**, wenn ihre Funktionsfähigkeit nicht unwesentlich gemindert ist[2590]. Unter **Beiseiteschaffen** sind Handlungen zu verstehen, durch die die versicherte Sache derart räumlich entzogen oder verborgen wird, dass der Anschein eines Abhandenkommens erzeugt und der Zugriff auf die Sache wesentlich erschwert wird. Die Sache wird **einem anderen überlassen**, wenn diesem der Besitz zur eigenen Verfügung oder zum eigenen Gebrauch verschafft wird[2591]. Es muss folglich eine Übertragung **1442**

2585 *Kindhäuser/Böse*, BT 2, § 32 Rn. 3; SSW-*Saliger*, § 265 Rn. 4.
2586 BGHSt 8, 343; BGHSt 35, 261 f.; *Schönke/Schröder/Perron*, § 265 Rn. 6.
2587 *Fischer*, § 265 Rn. 3; NK-*Hellmann*, § 265 Rn. 18.
2588 Ausführlich *Eisele*, BT 2, Rn. 698.
2589 *Kindhäuser/Böse*, BT 2, § 32 Rn. 4; *Mitsch*, BT 2, 7.5.2.1.3.
2590 NK-*Hellmann*, § 265 Rn. 25; *Wessels/Hillenkamp/Schuhr*, BT 2, Rn. 656.
2591 NK-*Hellmann*, § 265 Rn. 29; *Schönke/Schröder/Perron*, § 265 Rn. 10.

der Sachherrschaft oder zumindest eine Zustimmung zur Herrschaftsbegründung vorliegen[2592]. Derjenige, dem die Sache überlassen wird, kann dabei das Merkmal des Beiseiteschaffens verwirklichen[2593].

3. Subjektiver Tatbestand

1443 Ausreichend ist **dolus eventualis** hinsichtlich des Umstands, dass die Sache versichert ist und die Tathandlung zum Versicherungsfall führt. Hinzutreten muss die **Absicht im Sinne von dolus directus 1. Grades**[2594], sich oder einem Dritten Leistungen aus der Inanspruchnahme der Versicherung zu verschaffen, die das durch die Tathandlung betroffene Risiko abdeckt.

> **Bsp.:** T schlägt bei seinem Freund D die alten Fenster ein, damit dieser die Versicherung in Anspruch nehmen kann. D meldet den Schaden in Unkenntnis des Sachverhalts. – T macht sich nach § 265 strafbar, weil er dem D als Versicherungsnehmer eine Leistung aus der Glasversicherung verschaffen möchte; unerheblich ist, dass D tatsächlich einen Anspruch auf die Versicherungsleistung hat, weil er sich das Verhalten des T nicht zurechnen lassen muss (kein Fall der Repräsentantenhaftung[2595]).

4. Tätige Reue und Versuch

1444 Der Tatbestand ist bereits mit **Vornahme der Tathandlung** in der oben genannten Absicht **vollendet**. Weil es auf das tatsächliche Verschaffen der Versicherungsleistung nicht ankommt, liegt der Vollendungszeitpunkt im Vorfeld des (auch versuchten) Betrugs.

1445 Angesichts dieser weiten Vorfeldstrafbarkeit wird eine Gesamtanalogie zu den Vorschriften über die tätige Reue bei den betrugsähnlichen Vorfeldtatbeständen (§§ 264 Abs. 5, 264a Abs. 3, 265b Abs. 2; ferner § 306e) gefordert[2596]. Dagegen spricht freilich die Gesetzgebungsgeschichte[2597], wobei der Gesetzgeber in Abs. 2 eine Versuchsstrafbarkeit angeordnet hat, was zu einer weiteren bewussten Vorverlagerung führt.

> **Bsp.:** T möchte die Versicherungssumme für seinen Jaguar kassieren, indem er diesen gestohlen meldet; sein Bekannter D, der ihm helfen möchte, soll den Wagen abholen und nach Osteuropa bringen. Als T und D gerade den Wagen verladen wollen, greift die Polizei zu. – T und D machen sich nach §§ 265, 22, 23, 25 Abs. 2 strafbar, weil sie unmittelbar zum Beiseiteschaffen angesetzt haben, um dem T die Leistungen aus der Versicherung zu verschaffen.

2592 *Wessels/Hillenkamp/Schuhr*, BT 2, Rn. 658.
2593 *Kindhäuser/Böse*, BT 2, § 32 Rn. 8; vgl. das Beispiel bei *Eisele*, BT 2, Rn. 700.
2594 *Rengier*, BT 1, § 15 Rn. 5; *Schönke/Schröder/Perron*, § 265 Rn. 13.
2595 S.o. Rn. 1410.
2596 So A/W/H/H-*Heinrich*, § 21 Rn. 137; *Schönke/Schröder/Perron*, § 265 Rn. 15.
2597 Näher *Eisele*, BT 2, Rn. 703.

5. Formelle Subsidiarität gegenüber § 263

Liegt ein Fall des (auch versuchten) Betrugs vor, so bestimmt § 265 Abs. 1 a. E., dass § 265 auf Konkurrenzebene zurücktritt (sog. formelle Subsidiarität). Der Begriff der „Tat" meint **die Tat im prozessualen Sinne**, weil nach Sinn und Zweck der Vorschrift auch der (später) tatmehrheitlich begangene Betrug erfasst werden soll[2598]. Tritt der Täter später vom versuchten Betrug zurück, bleibt davon nach allgemeinen Grundsätzen die vollendete Strafbarkeit aus § 265 bestehen[2599].

1446

> **Einführende Aufsätze:**
> *Geppert*, Versicherungsmissbrauch (§ 265 StGB neue Fassung), Jura 1998, 382 (Erläuterung des Tatbestandes anhand kleiner Fallbeispiele).

> **Übungsfälle:**
> *Mitsch*, Eigentums- und Vermögensdelikte, JuS 2007, 555 (Anstiftung zum Versicherungsmissbrauch, Problem: Strafloser Agent Provocateur bei vollendeter Haupttat); *Radtke/Meyer*, Geldsorgen, JA 2009, 702 (Kaskoversicherung beim Pkw).

> **Rechtsprechung:**
> BGHSt 45, 211 – Autohandel (zum Begriff der „Tat" im Rahmen der formellen Subsidiarität).

IV. Erschleichen von Leistungen, § 265a

1. Geschütztes Rechtsgut und Systematik

§ 265a schützt das **Vermögen**[2600] und ist ein dem Betrug verwandtes Vermögensdelikt. Es soll – wie die Subsidiaritätsklausel zeigt – vor allem Strafbarkeitslücken im Bereich des Betrugs schließen.

1447

Prüfungsschema
1. Tatbestand
   a) Objektiver Tatbestand
      aa) Entgeltlichkeit der in Anspruch genommenen Leistungen
      bb) Erschleichen
         (1) Var. 1: einer (unkörperlichen, str.) Leistung eines Automaten

---

2598 BGHSt 45, 211 (214 f.); *Schönke/Schröder/Perron*, § 265 Rn. 16.
2599 *Rengier*, BT 1, § 15 Rn. 10; *Wessels/Hillenkamp/Schuhr*, BT 2, Rn. 661; a. A. A/W/H/H-*Heinrich*, § 21 Rn. 137.
2600 BayObLG NJW 1986, 1504; *Lackner/Kühl*, § 265a Rn. 1.

(2) Var. 2: einer Leistung eines öffentlichen Zwecken dienenden Telekommunikationsnetzes
(3) Var. 3: einer Beförderung durch ein Verkehrsmittel
(4) Var. 4: eines Zutritts zu einer Veranstaltung oder Einrichtung
h) Subjektiver Tatbestand
  aa) Vorsatz
  bb) Absicht (dolus directus 1. Grades), das Entgelt nicht zu entrichten
2. Rechtswidrigkeit
3. Schuld
4. Formelle Subsidiarität gegenüber Vorschriften mit schwererer Strafe
5. Strafantrag, § 265a Abs. 3 i. V. m. §§ 247, 248a

2. Objektiver Tatbestand

1448 Dieser ist in allen Varianten von vornherein nur verwirklicht, soweit **entgeltliche Leistungen** erschlichen werden[2601]. Dies lässt sich mittelbar aus der subjektiven „Absicht, das Entgelt nicht zu entrichten", schließen. Wer das Entgelt entrichtet, handelt nicht tatbestandsmäßig. Dies ist etwa der Fall, wenn ein öffentliches Verkehrsmittel genutzt oder eine Veranstaltung besucht wird und die gültige Karte lediglich zu Hause vergessen wurde.

1449 a) Abs. 1 Var. 1. Diese erfasst den **Automatenmissbrauch**. Streitig ist, ob nur Leistungsautomaten, d. h. technische Geräte, durch die nach Entrichtung des vorgesehenen Entgelts eine unkörperliche Leistung erbracht wird, oder auch Warenautomaten erfasst werden.

> **Bspe. (Leistungsautomaten):** Musikboxen, Spielautomaten ohne Gewinnmöglichkeit, Waagen, Schuhputzautomaten, stationäre Ferngläser.
>
> **Bspe. (Warenautomaten):** Getränkeautomaten, Spielautomaten mit Gewinnmöglichkeit und Bankautomaten aufgrund der Freigabe von Geld.

1450 aa) Der Tatbestand soll nach Ansicht der h. M. nur bei **Leistungsautomaten**, nicht aber **Warenautomaten** anwendbar sein[2602]. Begründet wird dies damit, dass für Waren als körperliche Gegenstände die Grenzen der Strafbarkeit von § 242 gezogen werden[2603]. Die überzeugendere Gegenauffassung möchte durch die Einbeziehung von Warenautomaten Abgrenzungsschwierigkeiten vermeiden[2604]. Begrifflich kann man unter „Leistung"

2601 OLG Karlsruhe NJW 2009, 1287 (1288); *Kindhäuser/Böse*, BT 2, § 33 Rn. 2.
2602 *Lackner/Kühl*, § 265a Rn. 2; *Schönke/Schröder/Perron*, § 265a Rn. 4.
2603 *Rengier*, BT 1, § 16 Rn. 3; *Schönke/Schröder/Perron*, § 265a Rn. 4.
2604 *Kindhäuser/Böse*, BT 2, § 33 Rn. 3 ff.; *Wessels/Hillenkamp/Schuhr*, BT 2, Rn. 672.

jedenfalls auch die Überlassung von körperlichen Gegenständen fassen. Soweit dann zusätzlich § 242 verwirklicht ist, tritt § 265a aufgrund der Subsidiaritätsklausel auf Konkurrenzebene zurück. Eigenständige Bedeutung erlangt § 265a bei Warenautomaten nur, soweit § 242 wegen fehlender Zueignungsabsicht zu verneinen ist. In jedem Falle muss die Leistung **unmittelbar vom Automaten** erbracht werden, was etwa bei Parkscheinautomaten, welche nur das Recht zum Parken einräumen, die tatsächliche Parkmöglichkeit aber nicht selbst schaffen, zu verneinen ist.

bb) Das **Erschleichen** besteht in der ordnungswidrigen oder missbräuchlichen Betätigung des Automatenmechanismus, d. h. einer täuschungsähnlichen Manipulation[2605]. **1451**

> **Bsp.:**[2606] T bedient einen entgeltlichen Haartrockner dadurch, dass er mit einem Draht den Mechanismus überwindet; T wirft afrikanische Münzen in eine Musikbox.
>
> **Gegenbsp.:** Mangels ordnungswidriger Betätigung wird die missbräuchliche Nutzung einer Codekarte am Bankautomaten auch dann nicht erfasst, wenn man Warenautomaten mit einbezieht.

Nicht erfasst wird daher auch die bloße **Ausnutzung eines technischen Defekts** eines Automaten[2607]. Ebenso wenig handelt tatbestandsmäßig, wer in unlauterer Kenntnis der Programmabläufe einen Geldspielautomaten durch ordnungsgemäße Betätigung der Tasten leerspielt; freilich bleibt hier § 263a Abs. 1 Var. 4 zu beachten[2608]. **1452**

b) Abs. 1 Var. 2. Der Tatbestand sanktioniert das **Erschleichen der Leistung eines Telekommunikationsnetzes**. Erfasst werden alle Telefon- und auch Datenübertragungsnetze wie das Internet[2609]. Da § 265a nur die Fernmeldedienste vor Gebührenverkürzungen schützen möchte („öffentlichen Zwecken dienend"), ist die Schädigung von Privatpersonen durch Missbrauch ihrer Kommunikationseinrichtungen nicht strafbar[2610]. Mangels Entgeltlichkeit wird auch das „Schwarzsurfen" mittels fremder WLAN-Netze nicht erfasst. **1453**

Das **Erschleichen** setzt hier ebenfalls voraus, dass der Täter in ordnungswidriger Weise die technischen Schutzvorkehrungen umgeht. Nicht erfasst wird daher das nicht bei der GEZ angemeldete „Schwarzhören" bzw. „Schwarzfernsehen", das zudem lediglich als Ordnungswidrigkeit gemäß § 9 Abs. 1 des Rundfunkgebührenstaatsvertrags ausgestaltet ist. Erfasst wird **1454**

2605 *Kindhäuser/Böse*, BT 2, § 33 Rn. 12; *Rengier*, BT 1, § 16 Rn. 3.
2606 *Schönke/Schröder/Perron*, § 265a Rn. 9.
2607 OLG Karlsruhe wistra 2003, 116 (117); *NK-Hellmann*, § 265a Rn. 24.
2608 S. o. Rn. 1435.
2609 *Laue*, JuS 2002, 359 (361); *Schönke/Schröder/Perron*, § 265a Rn. 5.
2610 BGH NStZ 2005, 213; *Wessels/Hillenkamp/Schuhr*, BT 2, Rn. 679.

aber die Nutzung von Kabelfernsehen durch Ausschaltung von Sicherungseinrichtungen an den Verteilerpunkten, ferner die Überlistung der Codierung beim sog. Pay-TV.

1455 c) **Abs. 1 Var. 3.** Die **Beförderungserschleichung** bezieht jede öffentliche oder private entgeltliche Transportleistung ein. Wer einen Fahrausweis gelöst, d. h. das Entgelt entrichtet hat, macht sich auch dann nicht strafbar, wenn er den Fahrausweis nicht bei sich führt[2611]. Streitig ist, ob das **Schwarzfahren** ein tatbestandliches Erschleichen darstellt.

> **Bsp.:** T steigt ohne Fahrausweis in eine S-Bahn. Kontrolliert wird er nicht.

1456 Die Rechtsprechung bejaht § 265 in solchen Fällen mit der Begründung, dass für das Erschleichen bereits ein Verhalten genügt, bei dem sich der Täter mit dem Anschein der Ordnungsmäßigkeit umgibt[2612]. Eine solche Auslegung verstoße nicht gegen Art. 103 Abs. 2 GG und entspreche auch der Intention des Gesetzgebers, da verschiedene Reformvorhaben nicht zur Änderung der Vorschrift geführt hätten[2613]. Die Gegenansicht verlangt unter Hinweis auf die für Var. 4 geltenden Grundsätze und den Wortlaut („erschleicht") ein Umgehen oder Ausschalten von tatsächlich vorgenommenen Kontrollmaßnahmen[2614], was durch den Abbau von Kontrollen in der Praxis freilich immer seltener vorliegt. Demnach muss eine über das bloße Vortäuschen eines ordnungsgemäßen Verhaltens hinausgehende kriminelle Energie des Täters gegeben sein, die etwa in der Entwertung eines ungültigen Fahrausweises oder dem gezielten Ausweichen gegenüber Kontrollpersonen liegen kann[2615]. Für eine Sanktionierung sprechen letztlich allein kriminalpolitische Bedürfnisse, denen jedoch angesichts des geringen Schweregehalts der Tat durch die Schaffung eines Ordnungswidrigkeitentatbestands besser Rechnung getragen werden könnte. Ein Erschleichen ist jedenfalls abzulehnen, wenn die Beförderung offen ohne Bezahlung (etwa durch Tragen einer entsprechenden Protesttafel) oder gar durch den Einsatz von Drohung oder Gewalt gegen eine Kontrollperson in Anspruch genommen wird[2616].

1457 d) **Abs. 1 Var. 4.** Erfasst wird die **Zutrittserschleichung** zu Veranstaltungen und Einrichtungen. **Veranstaltungen** sind von Menschen erbrachte oder organisierte einmalige oder zeitlich begrenzte Aufführungen[2617]; man denke an Konzerte oder Sportveranstaltungen. **Einrichtungen** sind demge-

---

2611 Vgl. nur AG Nördlingen, NStZ-RR 2011, 43.
2612 BGHSt 53, 122 ff.
2613 BGHSt 53, 122 (125 ff.).
2614 *Kindhäuser/Böse*, BT 2, § 33 Rn. 17; *Krey/Hellmann/Heinrich*, BT 2, Rn. 721.
2615 *Krey/Hellmann/Heinrich*, BT 2, Rn. 721; *Schönke/Schröder/Perron*, § 265a Rn. 11.
2616 Näher *Eisele*, BT 2, Rn. 716.
2617 *Fischer*, § 265a Rn. 22; *Kindhäuser/Böse*, BT 2, § 33 Rn. 9.

genüber auf Dauer und zu einem bestimmten Zweck angelegte Personen- oder Sachgesamtheiten[2618]; zu nennen sind Parkhäuser, Schwimmbäder oder Museen.

Erforderlich ist stets, dass der Zutritt durch eine **gewisse Abgegrenztheit** erschwert ist. Auch ist für die Auslegung zu beachten, dass bei Veranstaltungen und Einrichtungen Kontrollen sozialüblich sind. Daher entfällt der Tatbestand, wenn der Zutritt ohne **Umgehung von Kontrollmaßnahmen** möglich ist[2619]. Auch in Fällen, in denen der Täter **mehr oder bessere Leistungen in Anspruch nimmt**, als er bezahlt hat, hängt die Lösung davon ab, ob – zusätzliche – Kontrollmaßnahmen umgangen wurden[2620]. Erfasst wird dagegen das Vorzeigen einer gefälschten Eintrittskarte gegenüber einer Kontrollperson. Weil in solchen Fällen zugleich § 263 und § 267 erfüllt sind, tritt § 265a jedoch dahinter im Wege der formellen Subsidiarität zurück. **1458**

> **Bspe.:** Überklettern eines Zauns, um unentgeltlich in ein Freibad zu kommen; Benutzung eines Lieferanteneingangs, um in ein Fußballstadion zu gelangen; gezieltes Weglocken einer Kontrollperson, um Einlass bei einem Konzert zu erhalten.

3. Subjektiver Tatbestand

Erforderlich ist sowohl Vorsatz, der sich auch auf die Entgeltlichkeit der in Anspruch genommenen Leistung erstrecken muss, als auch Absicht (dolus directus 1. Grades), das Entgelt nicht zu entrichten. **1459**

4. Formelle Subsidiarität, § 265a Abs. 1 a. E.

Die Subsidiaritätsklausel greift grundsätzlich bei allen Delikten mit schwererer Strafdrohung, aber gleicher Schutzrichtung (vor allem §§ 242, 263, 263a) ein. Dies gilt auch dann, wenn diese Delikte nur versucht sind. Es empfiehlt sich daher, § 265a in der Fallbearbeitung erst nach der Prüfung anderer Vorschriften anzusprechen. Mit Delikten, die eine andere Schutzrichtung aufweisen (z. B. § 267 oder § 123), besteht demgegenüber Idealkonkurrenz. **1460**

5. Strafantrag

Unter den Voraussetzungen der §§ 247, 248a ist die Tat antragsbedürftig, § 265a Abs. 3. **1461**

Einführende Aufsätze:
Bock, Erschleichen von Leistungen, § 265a StGB, JA 2017, 357 (Erläuterung der Tatbestandsmerkmale anhand kleiner Beispielsfälle); *Ellbogen*, Strafbarkeit

---

2618 LPK-*Kindhäuser*, § 265a Rn. 23.
2619 *Rengier*, BT 1, § 16 Rn. 10.
2620 Vgl. *Eisele*, BT 2, Rn. 720.

des einfachen „Schwarzfahrens", JuS 2005, 20; *Preuß*, Praxis- und klausurrelevante Fragen des „Schwarzfahrens" – Teil 1, ZJS 2013, 257; *Putzke/Putzke*, Schwarzfahren als Beförderungserschleichung – Zur methodengerechten Auslegung des § 265a StGB, JuS 2012, 500.

Übungsfälle:
Ambos, „Schwarzfahrer", Jura 1997, 602 (Vergessene Schülerjahreskarte bei der Straßenbahnfahrt); *Krell*, Beförderungserschleichung und Nötigung – Schwarzer Tag einer Schwarzfahrerin, JuS 2012, 537 (Tatbestandsmäßigkeit des einfachen Schwarzfahrens); *Laue*, Kreditkarte und Internet, JuS 2002, 359 (Überwinden einer Volljährigkeitssperre im Internet mit fremdem Passwort); *Martin*, Die „Mehrweg"-Fahrkarte, JuS 2001, 364 (Ausführliche Ausführungen zum Begriff des „Erschleichens").

Rechtsprechung:
BGHSt 53, 123 – Straßenbahn (Strafbarkeit des Schwarzfahrens).

Teil 18: Erpressung, erpresserischer Menschenraub und Geiselnahme

I. Erpressung, § 253

1. Geschütztes Rechtsgut und Systematik

Geschützte Rechtsgüter sind die **persönliche Freiheit der Willensentschließung und Willensbetätigung sowie das Vermögen**[2621]. Die Erpressung weist Parallelen sowohl zur Nötigung als auch zum Betrug auf, wobei die genauere Zuordnung davon abhängt, ob man eine Vermögensverfügung verlangt[2622]. Im Unterschied zum Betrug wird das Vermögen nicht durch Täuschung, sondern durch Nötigung gemindert. § 253 stellt das Grunddelikt dar, das durch § 255 qualifiziert wird. Da der Täter in Fällen der §§ 253, 255 gleich einem Räuber zu bestrafen ist, finden § 250 und § 251 Anwendung.

1462

> **Prüfungsschema**
> 1. Tatbestand
>   a. Objektiver Tatbestand
>   aa. Einsatz eines Nötigungsmittels
>   (1) Gewalt
>   (2) Drohung mit einem empfindlichen Übel
>   bb. Nötigungserfolg: Tun, Dulden, Unterlassen
>   cc. Streitig: Vermögensverfügung
>   dd. Vermögensschaden
>   b. Subjektiver Tatbestand
>   aa. Vorsatz bzgl. objektiver Tatbestandsmerkmale
>   bb. Bereicherungsabsicht
>   (1) Eigen- oder Drittbereicherungsabsicht
>   (2) Stoffgleichheit der erstrebten Bereicherung
>   c. Rechtswidrigkeit der erstrebten Bereicherung
>   aa. Objektive Rechtswidrigkeit der Bereicherung
>   bb. Vorsatz bzgl. Rechtswidrigkeit der Bereicherung

1463

[2621] *Jäger*, BT, Rn. 374; *Schönke/Schröder/Bosch*, § 253 Rn. 1.
[2622] S. u. Rn. 1471 ff.

> 2. **Rechtswidrigkeit**
>   a. Allgemeine Rechtfertigungsgründe
>   b. Verwerflichkeitsklausel, Absatz 2
> 3. **Schuld**
> 4. **Strafzumessungsregel für besonders schwere Fälle mit Regelbeispielen, § 253 Abs. 4 bei gewerbsmäßigem Handeln oder Handeln als Mitglied einer Bande, die sich zur fortgesetzten Begehung einer Erpressung verbunden hat.**
> 5. **Qualifikation, § 255: Gewalt gegen eine Person oder Drohung mit gegenwärtiger Gefahr für Leib oder Leben**

2. Objektiver Tatbestand

1464 Erforderlich ist zunächst eine Nötigung mit Gewalt oder Drohung mit einem empfindlichen Übel zu einer Handlung, Duldung oder Unterlassung. Im Unterschied zu § 240 muss dadurch dem Vermögen des Genötigten oder eines Dritten ein Nachteil zugefügt werden. Erforderlich ist dabei ein objektiver Kausalzusammenhang zwischen den Merkmalen[2623].

1465 a) **Nötigungshandlung.** Für die Tatmittel der Gewalt und Drohung mit einem empfindlichen Übel kann auf die Ausführungen zu § 240 verwiesen werden[2624].

1466 aa) Ob eine **Drohung** vorliegt, ist ungeachtet der äußeren Form aus den Umständen zu ermitteln, so dass diese auch in vermeintlich harmlosen Mitteilungen oder Ratschlägen stecken kann[2625]. Nicht erforderlich ist, dass der Täter in der Lage ist, seine Drohung tatsächlich zu realisieren, sofern das Opfer diese nur ernst nimmt. Soweit das Opfer **in besonnener Selbstbehauptung** dem Ansinnen standhalten muss, fehlt es an der Androhung eines empfindlichen Übels.

> **Bsp.:**[2626] T kündigt gegenüber der Staatsanwaltschaft an, ein Beweismittel nur herauszugeben, wenn er hierfür Geld bekomme; die Staatsanwaltschaft lehnt empört ab. – Eine versuchte Erpressung nach §§ 253 Abs. 1 und Abs. 2, 22, 23 Abs. 1 scheidet aus, weil von einem Amtsträger aufgrund seiner Pflichtstellung regelmäßig erwartet werden kann, dass er sich einem solchen Ansinnen nicht beugt. Die Staatsanwaltschaft hat vielmehr gemäß §§ 94 ff. StPO vorzugehen.

1467 bb) Auch wird die bloße **Warnung** vor dem Verhalten eines Dritten nicht erfasst, sofern sich der Täter darauf keinen Einfluss zuschreibt.

2623 BGHSt 32, 88 (89); *Schönke/Schröder/Bosch*, § 253 Rn. 7.
2624 S. hierzu nur *Eisele*, BT 1, Rn. 452 ff.
2625 BGHSt 7, 252 (253); BGH NStZ-RR 2014, 210 (211).
2626 OLG Hamm NStZ-RR 2013, 312.

I. Erpressung, § 253   **1468**

Bsp.:[2627] T spiegelt O vor, dass ein von Dritten beauftragtes Killerkommando auf dem Weg zu ihm sei, um ihn umzubringen. Die Killer seien durch Geschenke zu besänftigen. Er (T) wolle dies übernehmen, benötige hierfür aber 10000 €. Tatsächlich möchte T das Geld für sich verwenden. – Eine Drohung mit einem positiven Tun ist hier zu verneinen. Zwar schreibt sich T einen Einfluss zu, jedoch gibt er nicht vor, den Dritten auch in Richtung Tatausführung zu beeinflussen. Vielmehr behauptet er nur, helfen zu wollen. Eine Drohung (aktives Tun) mit einem Unterlassen (keine Gefahrabwendung) kommt nur in Betracht, falls T seine Hilfe von der Zahlung abhängig macht; soweit bei einer Drohung mit einem Unterlassen überhaupt eine Handlungspflicht (keine Garantenpflicht) gefordert wird[2628], kann diese allenfalls aus § 323c hergeleitet werden, wenn die Hilfe erforderlich und zumutbar ist. Im Übrigen kommt nur § 263 durch Täuschung über die Verwendung des Geldes in Betracht.

cc) Ebenso kann sich im Rahmen des § 253 die Frage stellen, ob eine **Drohung mit einem Unterlassen** strafbar ist, wenn diese zu einem Schaden führt[2629]. Wie bei § 240 kommt es hier nicht entscheidend darauf an, ob eine Handlungspflicht besteht[2630].   **1468**

Bsp. (1): Der Kaufhausdetektiv sagt der Ladendiebin (Drohung durch positives Tun), dass er von einer Strafanzeige absehe (Unterlassen einer rechtmäßigen Handlung), wenn sie ihm 100 € gebe. – Der Tatbestand des § 253 ist zu bejahen. Die Tat ist auch verwerflich i. S. d. Abs. 2, weil der Freiheitsbereich des Opfers dadurch eingeschränkt wird, dass bei Nichtzahlung ein Nachteil (Strafanzeige) angekündigt wird. Hingegen ist die Verwerflichkeit zu verneinen, wenn der Freiheitsbereich nur erweitert wird; so etwa, wenn T von der Schauspielerin O 5000 € „Vermittlungsgebühr" verlangt, damit diese die begehrte Rolle erhält[2631].

Bsp. (2): Richter T, der mit der zuständigen Staatsanwältin verheiratet ist, verlangt vom Beschuldigten O die Zahlung eines Geldbetrages und kündigt an, dass er nur für diesen Fall die Einstellung des Verfahrens bewirken werde. – T kündigt für den Fall der Nichtzahlung ein Unterlassen an, nämlich nicht auf seine Ehefrau einzuwirken. Allerdings würde es sich bei der (unterlassenen) Einwirkung auf das Strafverfahren um ein rechtswidriges Verhalten handeln, dem O in besonnener Selbstbehauptung Stand halten muss. Eine versuchte Erpressung ist daher zu verneinen[2632]. Es kommt daher auf die Verwerflichkeitsprüfung und die

---

2627 BGH NStZ-RR 2007, 16.
2628 S. *Eisele*, BT 1, Rn. 475 ff.
2629 BGHSt 44, 68 (74 ff.); 44, 251 (252); s. näher *Eisele*, BT 1, Rn. 475 ff.
2630 S. *Eisele*, BT 1, Rn. 475 ff.
2631 Zu diesem Fall auf Ebene des § 240 vgl. *Eisele*, BT 1, Rn. 476.
2632 *Kudlich*, JA 2008, 902; *Rengier*, BT 1, § 11 Rn. 10; anders OLG Oldenburg NStZ 1008, 691 (692).

Frage, ob der Freiheitsbereich erweitert oder eingeschränkt wird, gar nicht an.

1469 b) **Zurechnungszusammenhang.** Das Opfer muss **kausal und objektiv zurechenbar** durch die Zwangswirkung des Nötigungsmittels zu einem Tun, Dulden oder Unterlassen (Nötigungserfolg) genötigt werden, wodurch ein Vermögensschaden eintreten muss. An dem erforderlichen Zusammenhang zwischen Nötigungsmittel und Nötigungserfolg fehlt es, wenn sich das Opfer nicht beugen möchte, sondern auf Anraten der Polizei oder Dritter nachgibt.

> **Bsp.:** T verlangt von O 1000 €, andernfalls müsse er mit seiner Entführung rechnen. O meldet den Vorfall der Polizei und übergibt dann das Geld auf deren Anraten im Wege einer überwachten Übergabe. T wird daraufhin festgenommen. – T macht sich nur wegen versuchter (räuberischer) Erpressung strafbar, da die Weggabe des Geldes nicht auf der Zwangswirkung beruht.

1470 Dabei erlangt auch die Frage Bedeutung, ob §§ 253, 255 eine **Vermögensverfügung** voraussetzen. Auf Ebene der Qualifikation des § 255 hängt davon die klausurrelevante Abgrenzung von Raub und räuberischer Erpressung ab.

> **Bsp.:** T nimmt dem O dessen Fahrzeug mit Faustschlägen zu einer Spritztour weg. Nach einigen Tagen möchte er es zurückgeben. – § 249 ist mangels Zueignungsabsicht zu verneinen, da es am Vorsatz fehlt, den Eigentümer dauerhaft zu enteignen[2633]; verwirklicht ist aber § 248b, ferner § 240 und § 223. Problematisch ist aber, ob §§ 253, 255 Anwendung finden können; der erforderliche Schaden läge jedenfalls in der Gebrauchsentziehung.

1471 aa) Nach einer **gewichtigen Auffassung in der Literatur** soll eine **Vermögensverfügung** erforderlich sein, da die Erpressung mit dem Betrug als Selbstschädigungsdelikt strukturverwandt sei[2634]. Dafür können vor allem die Merkmale des Vermögensschadens und der Bereicherungsabsicht angeführt werden. Statt mit einer Täuschung erreicht der Täter dann sein Ziel mit Zwang[2635]. Demnach muss dem Opfer trotz Nötigung noch so viel Entscheidungsfreiraum belassen sein, dass es in der Lage ist, über das Vermögen zu verfügen[2636]. Bei Gewalt als Nötigungsmittel wird dann nur vis compulsiva, nicht aber vis absoluta erfasst; denn vis absoluta und eine zumindest auf bedingter Freiwilligkeit beruhende Vermögensverfügung schließen sich regelmäßig aus. Zwischen Raub und räuberischer Erpressung besteht demnach – nicht anders als zwischen Diebstahl und Betrug – ein Exklusivitätsverhältnis[2637]. Liegt eine

---

2633 S. o. Rn. 952.
2634 *Geppert/Kubitza*, Jura 1985, 276 (277 f.); *Rengier*, BT 1, § 11 Rn. 13; *Schönke/Schröder/Bosch*, § 253 Rn. 8.
2635 *Rengier*, BT 1, § 11 Rn. 13; *Schönke/Schröder/Bosch* § 253 Rn. 1.
2636 *Mitsch*, BT 2, 10.2.1.4.1; *Wessels/Hillenkamp/Schuhr*, BT 2, Rn. 714.
2637 *Schönke/Schröder/Bosch*, § 249 Rn. 2; *Wessels/Hillenkamp/Schuhr*, BT 2, Rn. 732.

I. Erpressung, § 253

Wegnahme i. S. d. § 249 vor, so sind §§ 253, 255 tatbestandlich ausgeschlossen. Im Bsp. (unter Rn. 1470) steht damit die Wegnahme einer Vermögensverfügung i. S. d. §§ 253, 255 entgegen.

bb) Vor allem die **Rechtsprechung** hält die Erpressung mit der Nötigung für wesensverwandt und verlangt daher keine Vermögensverfügung[2638]. Dies folge aus der Übereinstimmung der Nötigungsmittel Gewalt und Drohung, der Opferreaktion in Form eines Tuns, Duldens oder Unterlassens sowie der nach Abs. 3 erforderlichen Verwerflichkeitsprüfung. §§ 253, 255 sind damit auch dann verwirklicht, wenn der Täter sich durch Gewalt oder Drohung die Möglichkeit verschafft, die Vermögensschädigung – etwa durch Wegnahme der Sache – selbst herbeizuführen. Erfasst wird selbst vis absoluta, die eine freie Opferreaktion ausschließt. Demnach steckt in jedem Raub zugleich eine räuberische Erpressung. Zwischen § 249 und §§ 253, 255 besteht folglich kein Exklusivitätsverhältnis, vielmehr ist § 249 lex specialis gegenüber §§ 253, 255. Im Bsp. (Rn. 1470) ist zwar § 249 zu verneinen, jedoch kann auf §§ 253, 255 als Auffangtatbestand zurückgegriffen werden.

1472

cc) Entsprechend ihrer jeweiligen Grundkonzeption stellen beide Ansichten auf unterschiedliche **Abgrenzungskriterien** ab.

1473

(1) Die **Rechtsprechung** nimmt die Abgrenzung beider Tatbestände nach dem **äußeren Erscheinungsbild** vor. Nimmt der Täter die Sache, so liegt zunächst Raub vor, gibt sie das Opfer heraus, so finden §§ 253, 255 Anwendung[2639]. Die Abgrenzung ist jedoch stets eine vorläufige, da auch in den Fällen des Nehmens bei Verneinung des § 249 auf §§ 253, 255 zurückgegriffen werden kann.

1474

(2) Soweit in der Literatur auf eine Vermögensverfügung abgestellt wird, soll hierfür die **innere Willensrichtung** des Opfers entscheidend sein[2640]. Anders als bei § 263 kann die Vermögensverfügung aufgrund der Nötigung allerdings nicht auf einer vollständig freiwilligen Entscheidung beruhen. Zu fordern ist, dass trotz der Nötigung das Opfer den Vermögensgegenstand zumindest „bedingt freiwillig" hingibt, d. h. sich dem Willen des Täters beugt. Wie dies zu präzisieren ist, ist innerhalb dieser Ansicht umstritten. Richtigerweise ist von diesem Standpunkt aus zu fragen, ob das Opfer überhaupt noch eine **reelle Wahlmöglichkeit oder Verhaltensalternative** besitzt, das Übel entweder hinzunehmen oder abzuwehren. Eine Wegnahme liegt hingegen vor, wenn die Sache ohnehin dem Zugriff des Täters preisgegeben ist und es für das Opfer gleichgültig ist, wie es sich

1475

2638 BGHSt 14, 386 (388); 25, 224 (227 f.); 41, 123 (125); BGH NJW 2018, 245; *Kindhäuser/Böse*, BT 2, § 17 Rn. 20 ff.
2639 BGHSt 7, 252 (255); 41, 123 (126); BGH NStZ 1998, 299; 1999, 350.
2640 *Maurach/Schroeder/Maiwald/Hoyer/Momsen*, BT 1, § 42 Rn. 46; *Schönke/Schröder/Bosch*, § 249 Rn. 2.

verhält[2641]; dies wird häufig in Fällen eines Waffeneinsatzes, bei dem das Leben bedroht wird, anzunehmen sein.

1476 Andere nehmen hingegen eine Vermögensverfügung bereits dann an, wenn der Gewahrsam mit faktischem, wenn auch erzwungenem Einverständnis übertragen wird[2642]. Es muss dabei nur eine willentliche Gewahrsamsübertragung vorliegen. Als **Indiz soll mitunter das äußere Erscheinungsbild dienen**, so dass ein Nehmen für die Verneinung der Vermögensverfügung spricht[2643]. Anders als nach Konzeption der Rechtsprechung, die auf §§ 253, 255 zurückgreifen kann, hat allerdings die Annahme eines Nehmens in Fällen fehlender Zueignungsabsicht erhebliche Auswirkungen auf die Strafbarkeit. Daher erscheint es vom Standpunkt dieser Auffassung nicht ganz unproblematisch, die Folgen – § 240 oder §§ 253, 255, 250 – vom häufig zufälligen äußeren Erscheinungsbild abhängig zu machen.

1477 dd) Soweit im Einzelfall Rechtsprechung und herrschende Lehre aufgrund der eben genannten Abgrenzungskriterien zu unterschiedlichen Ergebnissen gelangen, bedarf es einer **Streitentscheidung**. Da insoweit auch auf die Parallele zur Formulierung des Nötigungs- und Betrugstatbestandes abgestellt wird, soll nochmals ein Blick auf die Merkmale der Erpressung geworfen werden. Das Bild zeigt, dass der Wortlaut weder eindeutig für die eine noch für die andere Ansicht streitet:

1478 Schaubild:
→ *kursiver Druck:* Parallele zur Nötigung
→ **Fettdruck:** Parallele zum Betrug

1. **Tatbestand**
   a. Objektiver Tatbestand
      aa. *Einsatz eines Nötigungsmittels*
         (1) *Gewalt*
         (2) *Drohung mit einem empfindlichen Übel*
      bb. *Nötigungserfolg: Tun, Dulden, Unterlassen*
      cc. Streitig: Vermögensverfügung
      dd. **Vermögensschaden**
   b. Subjektiver Tatbestand
      aa. Vorsatz bzgl. objektiver Tatbestandsmerkmale
      bb. **Bereicherungsabsicht**
         (1) **Eigen- oder Drittbereicherungsabsicht**
         (2) **Stoffgleichheit der erstrebten Bereicherung**
   c. **Rechtswidrigkeit der erstrebten Bereicherung**
      aa. **Objektive Rechtswidrigkeit der Bereicherung**

2641 *Küper/Zopfs*, BT, Rn. 703; *Lackner/Kühl*, § 255 Rn. 2.
2642 *Biletzki*, Jura 1995, 635 (636 f.); *Rengier*, BT 1, § 11 Rn. 37.
2643 *Rengier*, BT 1, § 11 Rn. 37; ähnl. *Schönke/Schröder/Bosch*, § 253 Rn. 8 und Rn. 31.

> bb. **Vorsatz bzgl. Rechtswidrigkeit der Bereicherung**
> 2. **Rechtswidrigkeit**
>   a. Allgemeine Rechtfertigungsgründe
>   b. *Verwerflichkeitsklausel, Abs. 2*
> 3. **Schuld**

(1) Für die Ansicht der **Rechtsprechung** wird zunächst die parallele Struktur zur Nötigung angeführt[2644]. Ferner wird kritisiert, dass die h. L. den Gewaltbegriff abweichend von § 249 und § 240 auslegen müsse, da sich vis absoluta mit dem Erfordernis der Vermögensverfügung nicht vereinbaren lässt. Damit werde aber gerade das regelmäßig schärfste Nötigungsmittel nicht erfasst[2645]. Das ist jedoch zunächst insoweit unzutreffend, als der Gewaltbegriff selbst auf Grundlage der h. L. gar nicht korrigiert werden muss, sondern in bestimmten Fällen lediglich keine Vermögensverfügung gegeben ist. Auch muss Gewalt (z. B. Einsperren) gegenüber einer Drohung (z. B. Vorhalten einer Maschinenpistole) nicht immer ein schärferes Nötigungsmittel sein[2646]. Dass die h. L. zu Strafbarkeitslücken führe[2647], überzeugt ebenfalls wenig, weil in Fällen der (auch abgenötigten) Gebrauchsanmaßung angesichts des geringen Unrechtsgehalts ein Rückgriff auf §§ 253, 255 kriminalpolitisch nicht geboten ist. §§ 248b, 223, 240 tragen hier dem Schweregehalt der Tat bereits hinreichend Rechnung[2648].

1479

(2) Neben der bereits gegen die Rechtsprechung angeführten Kritik kann als wesentliches Argument für die Annahme tatbestandlicher **Exklusivität von Raub und räuberischer Erpressung** die gesetzliche Systematik genannt werden. Würde man § 249 nur als Spezialfall der §§ 253, 255 ansehen, wäre die Vorschrift faktisch überflüssig und ihr eigenständiger Anwendungsbereich auf die äußerst seltenen Fälle beschränkt, in denen der Täter eine Sache ohne jeglichen Vermögenswert nimmt[2649]. Einen derart engen Anwendungsbereich dürfte der Gesetzgeber jedoch schon deshalb nicht bezweckt haben, weil er § 249 an den Beginn des 20. Abschnitts gestellt und hier auch die Strafschärfungen der §§ 250, 251 normiert hat. Auch lässt sich anführen, dass die Erpressung ähnlich wie der Betrug konzipiert und daher als Selbstschädigungsdelikt zu begreifen ist[2650]. Letztlich ist zu berücksichtigen, dass ansonsten in Wegnahmefällen die Straflosigkeit oder zumindest Strafmilderung bei bloßer Gebrauchsanmaßung unterlaufen würde[2651].

1480

2644 BGHSt 25, 224 (225); *Lackner/Kühl*, § 253 Rn. 3; *Mitsch*, BT 2, 10.2.1.5.2.
2645 LK[10]-*Lackner*, § 253 Rn. 6; *Lüderssen*, GA 1968, 257 (259 ff.).
2646 Zutreffend *Rengier*, BT 1, § 11 Rn. 23; *Wessels/Hillenkamp/Schuhr*, BT 2, Rn. 713.
2647 *Mitsch*, BT 2, 10.2.1.5.2; *Schünemann*, JA 1980, 486 (487 f.).
2648 Zu weiteren Argumenten vgl. *Eisele*, BT 2, Rn. 769.
2649 *Rengier*, BT 1, § 11 Rn. 25.
2650 *Maurach/Schroeder/Maiwald/Hoyer/Momsen*, BT 1, § 42 Rn. 6.
2651 Vgl. MünchKomm-*Sander*, § 253 Rn. 17 f.; *Wessels/Hillenkamp/Schuhr*, BT 2, Rn. 712.

1481 ee) Probleme bereiten auch Fälle der **Forderungserpressung**. Es wird insoweit geltend gemacht, dass das Erfordernis einer Vermögensverfügung zu Ungereimtheiten führe, weil in Fällen von vis absoluta hier nur § 240 in Betracht komme[2652].

> **Bsp.:** T schlägt Taxifahrer O nieder, um aus dem Wagen ohne Bezahlung auszusteigen. – Wendet man die entwickelten Kriterien an, so ist eine Vermögensverfügung nach Literatur zu verneinen, so dass nur § 240 Abs. 1, ggf. Abs. 4 verbleibt. Die Rechtsprechung gelangt erneut zu §§ 253, 255.

Gerade bei Forderungserpressungen kann man aber auch aus Sicht der Literatur die Parallelkonstruktion zu § 263 wahren. Das Erfordernis einer bewussten Vermögensverfügung dient bei § 263 der Abgrenzung zu Wegnahmehandlungen i.S.d. § 242. Beim Forderungsbetrug liegt hingegen eine Vermögensverfügung auch dann vor, wenn das Opfer die Forderung nicht kennt, diese nicht geltend macht und sich der vermögensmindernden Wirkung nicht bewusst ist[2653]. Entsprechend kann man bei § 253 eine bewusste und „freiwillige" Vermögensverfügung nur verlangen, soweit es bei Sacherpressungen auf die Abgrenzung zum Raub ankommt[2654]. Dabei handelt es sich um keine dogmatische Inkonsequenz, sondern um eine – angesichts der nur zwischen Raub und Sacherpressung notwendigen Abgrenzung – sachgerechte Differenzierung. Daher können auch auf Grundlage der Literatur §§ 253, 255 bejaht werden, wenn der Täter die Forderung preisgibt, ohne eine „freiwillige" Entscheidung getroffen zu haben.

1482 c) **Dreieckskonstellationen**. Wie beim Betrug kann es auch bei der Erpressung zu solchen Fällen kommen. Die Möglichkeit einer **Dreieckserpressung** folgt daraus, dass der durch die Nötigungshandlung in seiner Willensfreiheit Betroffene nicht zwingend mit dem Vermögensträger identisch sein muss. Geht man davon aus, dass § 253 eine Vermögensverfügung voraussetzt, so können die für § 263 entwickelten Grundsätze zum Dreiecksverhältnis übertragen werden. Auch hier stellt sich dann für die Vornahme der Vermögensverfügung die Frage nach einer rechtlichen Befugnis oder einem Näheverhältnis im Sinne der Lagertheorie[2655].

> **Bsp. (1):**[2656] T bricht in die Villa der O ein und fordert diese unter Androhung von Schlägen auf, die kostbare Perlenkette vom Hals ihrer bettlägerigen Mutter M zu nehmen und ihm zu übergeben. – Da O hier die Obhut über ihre Mutter ausübt und daher eine Nähebeziehung zu ihr besteht, ist die Verfügung der O nach der Lagertheorie der M zuzurechnen, so dass §§ 253, 255 zu bejahen sind.

2652 *Kindhäuser/Böse*, BT 2, § 17 Rn. 27.
2653 S. schon o. Rn. 1340.
2654 In diese Richtung erstmals *Rengier*, JuS 1981, 654 (661); ferner *Brand*, JuS 2009, 899 (902).
2655 BGHSt 46, 123 (125 f.); BGH NStZ-RR 2014, 246; a. näher o. Rn. 1342 ff.
2656 Nach BGHSt 41, 123.

Bsp. (2): Wie Bsp. 1, jedoch wird Hausfreund H bedroht, der zufällig anwesend ist. – Da H dem Vermögen der M als Dritter gegenüberstehen würde, blieben hier nur § 240 in Tateinheit mit §§ 242, 244 Abs. 1 Nr. 3, 25 Abs. 1 Var. 2; H wird dann als Werkzeug (Nötigungsnotstand) zur Wegnahme des T eingesetzt. § 249 (ggf. § 25 Abs. 1 Var. 2) käme nur in Betracht, wenn T die Drohung einsetzen würde, um den Widerstand des H bei der eigenen Wegnahme zu überwinden[2657].

Selbst der BGH verlangt in solchen Fällen ein **Näheverhältnis**, um eine Abgrenzung zum Diebstahl in mittelbarer Täterschaft zu ermöglichen. Dies kann man zumindest in Fällen kritisieren, in denen keine Vermögensverfügung vorliegt, weil dann die Parallele zum Betrug nicht gegeben ist. Dabei sind die Anforderungen jedoch gelockert, da für das Näheverhältnis lediglich erforderlich sein soll, dass der Genötigte spätestens im Zeitpunkt der Tatbegehung auf der Seite des Vermögensinhabers steht[2658].

1483

Bsp.:[2659] Die T verwaltet die Kasse eines Pizzaservices alleinverantwortlich. Sie möchte sich gemeinsam mit A und B die Tageseinnahmen verschaffen. Entgegen der Anweisung des Geschäftsführers (G) lässt sie die Tür offen, so dass A und B eindringen können. Mitarbeiter M, der für T die Einnahmen zählt, wird mit einem Messer bedroht, so dass A und B absprachegemäß das Geld an sich nehmen können. – §§ 249, 25 Abs. 2 scheiden schon deshalb aus, weil T für die Kasse zuständig war und daher Alleingewahrsam, jedenfalls aber übergeordneten Mitgewahrsam besaß und mit der Wegnahme einverstanden war[2660]. §§ 253, 255 scheiden nach h. L. aus, weil es an einer Vermögensverfügung des G fehlt; es verbleiben für T §§ 240, 25 Abs. 2 sowie § 246 Abs. 1 und Abs. 2 (Anvertrauen als persönliches Merkmal i. S. d. § 28 Abs. 2) sowie § 266 Abs. 1 Var. 2. Nach Rechtsprechung wird aber auch die erzwungene Wegnahme durch §§ 253, 255 erfasst; obgleich der Geschäftsherr unmittelbar durch den Zugriff geschädigt wird, soll auch hier ein Näheverhältnis erforderlich sein, das im Anstellungsverhältnis des G liegt[2661].

d) Vermögensnachteil. Insoweit können die bei § 263 zum Vermögensschaden entwickelten Grundsätze übertragen werden.

1484

Bsp.:[2662] T entwendet bei O ein wertvolles Gemälde. Anschließend verlangt er anonym den Marktwert in Höhe von 100000 € als Lösegeld, weil er ansonsten das Bild vernichte. O zahlt die geforderte Summe. – Problematisch ist bei § 253 der Vermögensnachteil. Man könnte sich auf den Stand-

---

2657 *Krey/Hellmann/Heinrich*, BT 2, Rn. 436; *Rengier*, BT 1, § 11 Rn. 32.
2658 Vgl. BGHSt 41, 123 (125); OLG Celle NStZ 2012, 447 (448).
2659 OLG Celle NStZ 2012, 447; vgl. näher *Krell*, ZJS 2011, 572 ff.
2660 Dazu o. Rn. 923.
2661 OLG Celle NStZ 2012, 447 (448); zu Recht krit. *Krell*, ZJS 2011, 572 (574).
2662 Nach BGHSt 26, 346.

punkt stellen, dass O das Bild als Gegenleistung für das Lösegeld erhalten hat, wenn man die zivilrechtlichen Herausgabeansprüche bei wirtschaftlicher Betrachtung mangels Realisierbarkeit als wertlos betrachtet; dann wäre mit der Rückgabe die mit der Lösegeldzahlung verbundene Vermögensminderung kompensiert worden. Jedoch kann nach der juristisch-ökonomischen Vermögenslehre nicht unberücksichtigt bleiben, dass O gemäß § 985 BGB unentgeltliche Herausgabe verlangen konnte. Damit führte die Rückgabe des Bildes zum Erlöschen dieser Schuld und kann daher nicht als Kompensation des Lösegelds Berücksichtigung finden; das Lösegeld musste vielmehr zusätzlich aufgewendet werden[2663].

1485 aa) Ebenso kann die Frage nach dem **wirtschaftlichen** oder **juristisch-ökonomischen Vermögensbegriff** aktuell werden[2664]. Die Rechtsprechung geht auch hier von einer wirtschaftlichen Betrachtungsweise aus, die jedoch normativen Einschränkungen unterliegt und sich daher der juristisch-ökonomischen Vermögenslehre annähert[2665]. Freilich werden auch hier Betäubungsmittel dem geschützten Vermögen zugeordnet[2666].

Bsp.: Zuhälter T droht seinem „Kollegen" O damit, sein Etablissement nieder zu brennen, wenn er ihm nicht drei Frauen, die i. S. d. § 180a ausgebeutet werden, zur eigenen Ausbeutung überlässt. Da dem O die Brutalität des T bekannt ist, kommt er dem Ansinnen nach. – Nach dem rein wirtschaftlichen Vermögensbegriff könnte man in dem Dienst der Prostituierten für O durchaus einen Vermögenswert sehen, der dem O entzogen wird. Nach der juristisch-ökonomischen Betrachtungsweise ist ein Vermögensschaden zu verneinen; da sich O durch das Ausbeuten strafbar macht und er gehalten ist, die Abhängigkeit aufzuheben, verdient der von ihm geschaffene rechtswidrige Zustand keinen Schutz des Strafrechts. Das ProstitutionsG hat im Übrigen nur die Sittenwidrigkeit der Prostitution beseitigt und damit die Ansprüche der Prostituierten für zivilrechtlich wirksam erklärt. Einkünfte aus einer nach § 180a strafbaren Ausbeutung werden damit aber nicht legalisiert. Es bleibt jedoch eine Strafbarkeit nach § 240, da immerhin die Willensfreiheit des O betroffen ist.

1486 bb) Geschädigter kann auch eine **juristische Person** sein. Der Begriff „Mensch" bezieht sich nur auf die genötigte Person, d. h. darauf, dass Adressat der Nötigung nur eine natürliche Person sein kann. Demgegenüber ist im Zusammenhang mit der Nachteilszufügung von dem Vermögen „des Genötigten oder eines anderen" die Rede. Damit wird auch der klassische Fall einer Dreieckserpressung erfasst, bei der der juristischen Person ein Schaden durch Nötigung einer für sie handelnden Person entsteht.

2663 A/W/H/H-*Heinrich*, § 18 Rn. 10; *Schönke/Schröder/Bosch*, § 253 Rn. 9.
2664 S. o. Rn. 1370 ff.
2665 BGHSt 44, 251 (254 f.); BGH NStZ-RR 2011, 143 (144).
2666 BGHSt 61, 263 (264); BGH NStZ 2018, 104; näher o. Rn. 1373.

cc) Nicht anders als beim Betrug genügt **ein Gefährdungsschaden.** Zu denken ist an Fälle, in denen das Opfer gezwungen wird, dem Täter einen **Schuldschein oder ein Schuldanerkenntnis** hinzugeben, mit einer tatsächlichen Inanspruchnahme gerechnet werden muss und dem Opfer die erforderlichen Beweismittel fehlen, um die Beweiskraft der Urkunde zu widerlegen[2667]. Kein Gefährdungsschaden liegt hingegen vor, wenn die Polizei bei einer Erpressung die **Geldübergabe überwacht** und den Täter sofort festnimmt[2668]; hier kommt nur ein Versuch in Betracht[2669]. **1487**

Zu diskutieren sind – nicht anders als bei § 263 – Fälle, bei denen problematisch ist, ob die Nötigung nur zu einer **Gewahrsamslockerung** führt und der Eintritt des Schadens noch weiterer Handlungen des Täters bedarf. **1488**

> **Bsp. (1):** T überfällt O in ihrem Ferienhaus auf dem Land und fordert sie unter Drohungen auf, die Ziffernkombination ihres Tresors in ihrer Stadtwohnung zu nennen. Den Tresor leert T jedoch nicht.
>
> **Bsp. (2):** T, der die EC-Karte der O besitzt, erlangt unter Drohungen auch die PIN-Zahl. Am nächsten Geldautomaten hebt T 500 € ab und verbraucht das Geld zu eigenen Zwecken.

In beiden Fällen könnte man bereits mit Erlangung der Geheimzahl aufgrund der Zugriffsmöglichkeit auf das Vermögen einen Gefährdungsschaden und damit Taten nach § 253 (§§ 255, 250) annehmen. Wenig konsequent hat dies der BGH für die Abnötigung der Geheimzahl bei einer Gewahrsamslockerung verneint (Bsp. 1)[2670], weil hier erst die endgültige Ansichnahme des Gegenstandes erforderlich sei, für die Preisgabe der PIN (Bsp. 2) hingegen bejaht[2671]. Während manche aufgrund der Gefahr des Verlustes des Geldes einheitlich einen Gefährdungsschaden bejahen[2672], ist eine solche richtigerweise zu verneinen[2673], weil ansonsten die Vollendung des Deliktes zu weit nach vorne verlagert wird. Auch sollte man den Gleichlauf mit § 263 wahren, bei dem das Erfordernis einer unmittelbar vermögensmindernden Verfügung[2674] den Weg zu einer entsprechenden Lösung weist[2675].

3. Subjektiver Tatbestand

Der Täter muss vorsätzlich und mit (Dritt-)Bereicherungsabsicht handeln. Es genügt korrespondierend zum objektiven Tatbestand insoweit auch **1489**

2667 BGHSt 34, 394; BGH NStZ-RR 1998, 233; *Rengier*, BT 1, § 11 Rn. 46.
2668 BGH StV 1998, 80; *Wessels/Hillenkamp/Schuhr*, BT 2, Rn. 716.
2669 BGH StV 1998, 661.
2670 BGH MDR/H 1984, 276; BGH NStZ 2006, 38, zur Preisgabe eines Verstecks.
2671 BGH NStZ-RR 2004, 333 (334).
2672 *Mitsch*, BT 2, 10.2.1.6.3.
2673 Im Ergebnis ebenso *Hecker*, JA 1998, 300 (301 und 305).
2674 Dass auf dieses Erfordernis mitunter bei der Vermögensverfügung verzichtet wird, vgl. *Eisele*, BT 2, Rn. 766.
2675 S. o. Rn. 1335.

Eventualvorsatz hinsichtlich der Eignung der Drohung, d. h. dass das Opfer die Drohung für möglich halten soll. Der Täter muss das Opfer also nicht von der Ernsthaftigkeit überzeugen wollen. Die Bereicherungsabsicht, für welche die bei § 263 dargestellten Grundsätze gelten[2676], muss dabei nicht das einzige Ziel des Täters sein. Jedoch genügt es nicht, wenn ein Dritter durch Beschädigen, Zerstören oder Wegwerfen einer Sache nur geschädigt werden soll, weil dem (kurzfristigen) Besitz an der Sache dann kein messbarer wirtschaftlicher Wert zukommt[2677]. (Mit-)Täter kann nach allgemeinen Grundsätzen nur derjenige sein, bei dem die (Dritt-)Bereicherungsabsicht selbst vorliegt. Zwischen dem Vermögensschaden und der erstrebten Bereicherung muss Stoffgleichheit bestehen, was in Fällen eigenmächtiger „Inpfandnahme" eines Gegenstandes problematisch ist.

> **Bsp.:**[2678] T besitzt gegenüber O eine fällige, einredefreie Forderung in Höhe von 10000 €. Weil O nicht zahlt, lässt sich T unter Drohungen dessen Wagen geben und droht zudem an, den Wagen nur bei Zahlung zurückzugeben. O begleicht daraufhin am nächsten Tag die Forderung. – Hinsichtlich der Erlangung des Wagens durch Drohung ist mit dem Besitzverlust ein Vermögensschaden und damit der objektive Tatbestand des § 253 (ggf. § 255) zu bejahen. Bezüglich des Wagens ist jedoch eine Bereicherungsabsicht zu verneinen, wenn dieser ohne Nutzung zurückgegeben werden soll; die Erlangung des Besitzes führt nur dann zu einem Vermögensvorteil, wenn ihm ein selbstständiger wirtschaftlicher Wert zukommt, wie etwa bei wirtschaftlich messbaren Gebrauchsvorteilen[2679]. Die von T mit der Erlangung des Wagens erstrebte Bereicherung hinsichtlich des Geldes ist dagegen nicht stoffgleich mit dem Schaden. Hinsichtlich der Erlangung des Geldes durch Drohung kann man bereits einen Schaden des O verneinen, weil durch Erfüllung zugleich seine Schuld getilgt wird (§ 362 Abs. 1 BGB). Im Übrigen wären der Schaden und die erstrebte Bereicherung zwar stoffgleich. Jedoch wäre die Bereicherung nicht rechtswidrig, da T einen Anspruch auf die Summe besaß; daran ändert auch das zur Durchsetzung angewandte Nötigungsmittel nichts[2680]. Es verbleibt nur § 240; die Verwerflichkeit nach Abs. 2 ist zu bejahen, da es sich um eine der Rechtsordnung zuwiderlaufende Selbsthilfe handelt.

4. Rechtswidrigkeit der erstrebten Bereicherung und Vorsatz diesbezüglich

1490 Die erstrebte Bereicherung muss zu Unrecht erfolgen, d. h. wie bei § 263 rechtswidrig sein.

2676 S. hierzu o. Rn. 1390 ff.
2677 BGH NStZ 2011, 699 (701); BGH NStZ-RR 2015, 371.
2678 BGH NStZ-RR 1998, 235.
2679 BGH NStZ 2012, 627 (628); hiergegen *Jäger*, JA 2012, 710; *Putzke*, ZJS 2013, 314.
2680 Sogleich u. Rn. 1491.

I. Erpressung, § 253

a) Objektive Rechtswidrigkeit. Objektiv rechtswidrig ist die erstrebte Bereicherung, wenn der Täter auf den Vermögensgegenstand keinen fälligen und durchsetzbaren Anspruch besitzt. Entscheidend ist allein die materielle Rechtslage und nicht die Frage, ob die Forderung unbestritten ist. Besitzt der Täter einen Anspruch, wird es in solchen Fällen freilich häufig schon am Vermögensschaden fehlen, weil der Genötigte im Gegenzug von einer Leistungspflicht befreit wird (§ 362 Abs. 1 BGB).[2681] Soweit ein Anspruch des Täters besteht, kann die Rechtswidrigkeit auch nicht mit dem Einsatz des Nötigungsmittels begründet werden[2682]; dieses erlangt erst innerhalb der Verwerflichkeitsprüfung i. S. d. § 253 Abs. 2 auf Rechtswidrigkeitsebene Bedeutung, was jedoch zunächst die Rechtswidrigkeit der erstrebten Bereicherung voraussetzt. Daher macht sich nach BGH auch der Täter eines Diebstahls nicht nach §§ 253, 255 strafbar, wenn ihm von einem Dritten die Beute entwendet wird und er diese dann mit Gewalt oder Drohung wieder an sich nimmt, da selbst der Dieb nach § 861 Abs. 1 BGB einen Anspruch auf Wiedereinräumung des Besitzes hat[2683]. Vom Standpunkt des juristisch-ökonomischen Vermögensbegriffs kann man in diesen Fällen freilich auch schon einen Vermögensschaden ablehnen, weil die Beute nicht zum geschützten Vermögen gehört[2684].

1491

b) Vorsatz. In subjektiver Hinsicht genügt **dolus eventualis hinsichtlich der Rechtswidrigkeit** der erstrebten Bereicherung. Stellt sich der Täter irrig Tatumstände vor, bei deren Vorliegen ein fälliger, einredefreier Anspruch gegeben wäre, dann entfällt gemäß § 16 Abs. 1 Satz 1 der Vorsatz[2685]. Allerdings kommt es dabei auf die Wertvorstellungen der Rechtsordnung und nicht der betroffenen kriminellen Kreise an[2686].

1492

> **Bsp.:** T hat einmal eine Forderung gegen O besessen; diese hat O bereits getilgt, was T jedoch vergessen hat. Unter Drohung zwingt er den O zur erneuten Zahlung. – § 253 ist gemäß § 16 Abs. 1 Satz 1 zu verneinen, da T keinen Vorsatz hinsichtlich der Rechtswidrigkeit erstrebten Bereicherung besitzt. Es verbleibt nur § 240. Entsprechendes gilt, wenn T irrig davon ausgeht, dass die sich auf die Forderung beziehende Verjährungsfrist noch nicht verstrichen ist. Zwar ist die erstrebte Bereicherung objektiv rechtswidrig, weil die Forderung rechtlich nicht mehr durchsetzbar ist, jedoch ging T subjektiv von der Durchsetzbarkeit aus.

Vor allem bei **Betäubungsmittelgeschäften** kann zu prüfen sein, ob überhaupt Ansprüche (wirksam) bestehen oder diesen Einreden entgegenstehen[2687]. Dabei sind die Zusammenhänge mit den Vermögensbegriffen zu

1493

2681 BGH NStZ-RR 2018, 316 (317).
2682 BGHSt 3, 160 (162); 20, 136 (137); BGH NStZ-RR 2004, 45; NK-*Kindhäuser*, § 253 Rn. 36.
2683 BGH NStZ-RR 2008, 76.
2684 S. schon o. Rn. 1485.
2685 BGHSt 17, 87 (90 f.); 48, 322 (328 f.); BGH StV 2014, 283 (284); *Fischer*, § 253 Rn. 20.
2686 BGHSt 48, 322 (329)
2687 Vgl. BGHSt 48, 322 (326 f.).

beachten, weil nach der juristisch-ökonomischen Vermögenslehre Betäubungsmittel nicht zum rechtlich-geschützten Vermögen gehören.

> **Bsp.:** Dealer O verkauft T gegen Vorkasse 1 Kilo Haschisch. Da O von Anfang an nicht die Absicht gehabt hat, den Stoff zu liefern und daher diesem zum vereinbarten Übergabezeitpunkt auch nicht an T ausliefert, sondern nur ein in der Konsistenz ähnliches Milchpulver, droht T dem O an, ihn zu foltern, wenn er nicht endlich „erfüllt". Daraufhin liefert O doch noch den Stoff. – Ob sich T nach § 253 (§ 255) strafbar macht, hängt maßgeblich von der Frage ab, ob er einen rechtswidrigen Vermögensvorteil erstrebt. Zunächst kann T die Rückerstattung des bereits gezahlten Kaufpreises verlangen; da O seinerseits den Kaufpreis durch eine Straftat nach § 263 erlangt hat[2688], besteht für T diesbezüglich ein Rückzahlungsanspruch aus § 823 Abs. 2 BGB i. V. m. § 263 StGB und § 826 BGB, auf den nach überwiegender Auffassung der Ausschlusstatbestand des § 817 Satz 2 BGB nicht anwendbar ist[2689]. Bei der gewaltsamen Durchsetzung der Rückzahlung des Kaufpreises würde T demnach keine rechtswidrige Bereicherung erstreben[2690]. Wegen § 134 BGB hat T auf die Lieferung des Stoffes jedoch keinen Anspruch aus dem Kaufvertrag. Allerdings ist bei O nach dem juristisch-ökonomischen Vermögensbegriff bereits ein Vermögensschaden im Hinblick auf die Betäubungsmittel zu verneinen, wenn man diese nicht zum strafrechtlich geschützten Vermögen zählt[2691]. In diesem Fall bleibt nur § 240.

5. Rechtswidrigkeit

Bei der Prüfung der Rechtswidrigkeit im Sinne der zweiten Stufe des Straftataufbaus ist zu beachten, dass die Tat nach § 253 Abs. 2 nur dann rechtswidrig ist, wenn der Einsatz des Nötigungsmittels zu dem erstrebten Zweck **verwerflich** ist. Hier kann im Wesentlichen auf die Ausführungen zu § 240 verwiesen werden[2692]. Aufgrund des rechtswidrigen Zwecks – die erstrebte Bereicherung muss objektiv rechtswidrig sein – wird freilich die Verwerflichkeit hier häufiger zu bejahen sein. Dies ist jedenfalls auch bei einer sachlich nicht gerechtfertigten, willkürlichen Verknüpfung von Mittel und Zweck der Fall. Eine Verneinung der Verwerflichkeit kommt daher vor allem bei Drohung mit einem erlaubten bzw. rechtmäßigen Übel in Betracht.

> **Bsp.:** T droht dem O mit Abbruch einer lukrativen Geschäftsbeziehung, sofern er nicht günstigere Konditionen und Preisnachlässe erhält. O gibt „notgedrungen" nach. – Die Drohung enthält ein empfindliches, gleichwohl aber erlaubtes Übel; damit ist zwar der Tatbestand zu bejahen, jedoch ist die Tat nicht verwerflich i. S. d. § 253 Abs. 2.

2688 S. hierzu Rn. 1315.
2689 S. MünchKomm-*Schwab*, BGB, 7. Aufl. 2017, § 817 Rn. 17.
2690 BGH NStZ-RR 2000, 234; *Wessels/Hillenkamp/Schuhr*, BT 2, Rn. 719.
2691 *Rengier*, BT 1, § 11 Rn. 65; offen gelassen von BGHSt 48, 322 (326).
2692 S. hierzu *Eisele*, BT 1, Rn. 488 ff.

6. Versuch und Vollendung

Für die **Vollendung** des § 253 ist es ausreichend, wenn der Täter den Vermögensnachteil beim Opfer herbeigeführt hat. Die erstrebte Bereicherung muss nicht eingetreten sein. Zu denken ist insbesondere an Fälle, in denen die erpresste Summe zwar gezahlt wird, jedoch den Täter nicht erreicht. Ein unmittelbares Ansetzen zum Versuch nach § 253 Abs. 3 liegt vor, wenn der Täter mit der Nötigungshandlung begonnen hat, z. B. den Drohbrief an das Opfer versendet[2693]. Nicht ausreichend sind Anschläge im Vorbereitungsstadium, die einer späteren Drohung Nachdruck verleihen sollen, aber selbst keinen Erklärungswert besitzen[2694].

7. Konkurrenzen

Problematisch kann das Konkurrenzverhältnis zu § 263 sein, wenn zu einer Drohung eine Täuschung hinzutritt. Dabei tritt § 263 hinter § 253 im Wege der Gesetzeskonkurrenz zurück, wenn die Täuschung die Drohung nur verstärken soll oder deren Ernstlichkeit und Ausführbarkeit vortäuschen soll. In diesem Fall wird das Unrecht der Täuschung bereits hinreichend von § 253 erfasst[2695]. Die Gegenansicht verneint in solchen Fällen bereits den Tatbestand des § 263[2696]; dem ist jedoch nur zuzustimmen, soweit nach allgemeinen Grundsätzen die Täuschung gar nicht (mit-)kausal für den Vermögensschaden ist[2697]. Bedeutung hat dieser Streit aufgrund der akzessorischen Haftung nur in den seltenen Fällen, in denen ein Teilnehmer nur an der Täuschung, nicht aber an der Drohung beteiligt ist[2698].

> **Bsp.:** T droht Politiker O damit, Bilder an die Presse zu reichen, auf denen er mit seiner Geliebten zu sehen ist, obwohl er solche Bilder gar nicht besitzt. O zahlt umgehend. – Die Täuschung erlangt hier nur untergeordnete Bedeutung, da sie in der Drohung aufgeht; dass der Täter das tatsächlich Übel gar nicht herbeiführen kann, ist im Übrigen für § 253 ohne Bedeutung, solange das Opfer die Drohung tatsächlich ernst nimmt. § 263 tritt hinter § 253 als mitbestrafte Begleittat zurück.

II. Räuberische Erpressung, § 255

1. Geschütztes Rechtsgut und Systematik

Die Vorschrift enthält einen **Qualifikationstatbestand** zur Erpressung nach § 253, der den **Einsatz qualifizierter Nötigungsmittel** i. S. d. § 249 und § 252 verlangt. Über den Verweis „ist gleich einem Räuber zu bestrafen" finden §§ 250, 251 Anwendung.

2693 MünchKomm-*Sander*, § 253 Rn. 41.
2694 BGH NStZ 2018, 148.
2695 *Rengier*, BT 1, § 11 Rn. 75; *Schönke/Schröder/Bosch*, § 253 Rn. 33.
2696 BGHSt 23, 294 (296); *Küper*, NJW 1970, 2253 (2254).
2697 *Schönke/Schröder/Bosch*, § 253 Rn. 33.
2698 *Schönke/Schröder/Bosch*, § 253 Rn. 33.

1498 Prüfungsschema

1. **Tatbestand**
   a. Objektiver Tatbestand
      aa. Einsatz eines Nötigungsmittels
         (1) Gewalt gegen eine Person
         (2) Drohung mit gegenwärtiger Gefahr für Leib oder Leben
      bb. Nötigungserfolg: Tun, Duldung oder Unterlassung
      cc. Streitig: Vermögensverfügung
      dd. Vermögensschaden
   b. Subjektiver Tatbestand
      aa. Vorsatz
      bb. Bereicherungsabsicht
         (1) Eigen- oder Drittbereicherungsabsicht
         (2) Stoffgleichheit der erstrebten Bereicherung
   c. Rechtswidrigkeit der erstrebten Bereicherung
      aa. Objektive Rechtswidrigkeit der Bereicherung
      bb. Vorsatz bzgl. Rechtswidrigkeit der Bereicherung
2. **Rechtswidrigkeit**
   a. Allgemeine Rechtfertigungsgründe
   b. Verwerflichkeitsklausel, § 253 Abs. 2
3. **Schuld**
4. **Strafschärfungen**
   a. Qualifikationen, §§ 253, 255 i. V. m. § 250
   b. Erfolgsqualifikation, §§ 253, 255 i. V. m. § 251

2. Objektiver Tatbestand

1499 Abweichend zu § 253 ist erforderlich, dass der Täter – wie bei § 249 und § 252 – Gewalt gegen eine Person anwendet oder mit gegenwärtiger Gefahr für Leib und Leben einer Person droht.

1500 a) **Qualifiziertes Nötigungsmittel.** Diesbezüglich kann grundsätzlich auf § 249 verwiesen werden[2699]. Bedeutung kann eine **konkludente Drohung** erlangen, die einer vorausgehenden ausdrücklichen Drohung Nachdruck verleihen soll und bei der Strafschärfungen der §§ 250, 251 verwirklicht werden.

1501 aa) Genauerer Betrachtung bedarf die **Gegenwärtigkeit** der Gefahr bei einer Drohung. Gegenwärtig ist die Gefahr in Anlehnung an die für § 34 entwickelten Grundsätze, wenn das Umschlagen in einen Schaden unmittelbar bevorsteht oder wenn bei natürlicher Weiterentwicklung der Dinge der Eintritt eines Schadens sicher oder doch höchstwahrscheinlich ist, falls

---

[2699] S. o. Rn. 1144 ff.

nicht alsbald Abwehrmaßnahmen ergriffen werden[2700]. Zeitliche Grenzen, wann eine für die Zukunft angedrohte Gefahr noch gegenwärtig ist, lassen sich nicht allgemein festlegen[2701]. Da auch Gefahren erfasst werden, bei denen der Zeitpunkt ihrer Realisierung ungewiss bleibt, kann selbst bei Fehlen einer Fristsetzung die Gegenwärtigkeit zu bejahen sein[2702]. Letztlich werden auch Dauergefahren erfasst, wenn diese jederzeit in einen Schaden umschlagen können[2703].

> **Bsp.:** T fordert den Kaufhausinhaber O auf, ihm binnen einer Woche 5 Millionen € zu übergeben, da er andernfalls Nahrungsmittel vergifte; O zahlt nach drei Tagen. – Die Gegenwärtigkeit der Gefahr ist zu bejahen, da trotz der Zahlungsfrist die Gefahr jederzeit in einen Schaden umschlagen kann und daher im Vorfeld Abwehrmaßnahmen ergriffen werden müssen.

bb) Es genügt eine **Drohung mit einer Gefahr für Leib oder Leben von Dritten** – wie etwa für Angestellte oder Kunden eines Unternehmens. Diese Person muss demnach mit dem Erpressungsopfer nicht identisch sein. Manche verlangen allerdings eine Drohung mit einer Gefahr für eine nahestehende Person[2704]. Hiergegen spricht aber, dass § 255 – im Gegensatz zu § 241 – gerade nicht von einer nahestehenden Person spricht. Eine Drohung mit einer Gefahr für eine dritte Personen ist allerdings nur dann ausreichend, wenn der Genötigte diese Drittbedrohung selbst als Übel empfindet[2705].

b) Nötigungserfolg. Dieser besteht darin, dass das Opfer zu einem Tun, Dulden oder Unterlassen genötigt werden muss. Für die **Abgrenzung der räuberischen Erpressung zum Raub** ist die bei § 253 behandelte Frage, ob bei §§ 253, 255 eine **Vermögensverfügung** erforderlich ist, zu beachten[2706]. Nach neuerer Rechtsprechung bedarf es ebenso wie beim Raub eines Finalzusammenhangs zwischen eingesetztem Nötigungsmittel und Nötigungserfolg; es genügt daher nicht, wenn der Täter das zu anderem Zwecke eingesetzte Nötigungsmittel nur zur Vermögensschädigung ausnutzt[2707].

> **Bsp.:** T schlägt auf O ein, um sich für dessen Verhalten in anderem Zusammenhang zu rächen; nachdem er erkennt, dass O eingeschüch-

---

2700 BGH NJW 1997, 265 (266); BGH NStZ-RR 1999, 266 (267).
2701 Vgl. BGH StV 1982, 517; BGH NStZ-RR 1999, 266 (267); Gegenwärtigkeit ist jedenfalls bei einer Fristsetzung von einem oder wenigen Tagen möglich; vgl. BGH NStZ 1994, 187; BGH NStZ-RR 1998, 135.
2702 BGH NJW 1989, 176; 1989, 1289.
2703 BGH NStZ 1994, 187; BGH NStZ-RR 1999, 266 (267).
2704 *Cramer*, NStZ 1998, 299 (300); *Krack*, NStZ 1999, 134 (135).
2705 BGHSt 16, 316 (318); BGH 1987, 222 (223); *Schönke/Schröder/Bosch*, § 253 Rn. 6.
2706 S. ausf. o. Rn. 1470 ff.
2707 BGH NStZ 2014, 269; BGH NStZ-RR 2017, 372 (373); vgl. hierzu o. Rn. 1157 ff.

tert ist, fragt er, ob O ihm Geld gebe; O kommt dem aus Angst nach. – §§ 253, 255 sind zu verneinen, weil das Nötigungsmittel bei Übergabe des Geldes nicht mehr andauerte und auch eine konkludente Drohung nicht ersichtlich ist.

1504 c) **Vermögensschaden.** Insoweit kann auf die Ausführungen zu § 253 verwiesen werden[2708]. Auch hier können Fälle einer Dreieckserpressung von Interesse sein.

3. Subjektiver Tatbestand

1505 Für den erforderlichen Vorsatz und die Bereicherungsabsicht gelten die Ausführungen zu § 253 entsprechend[2709].

4. Rechtswidrigkeit

1506 Im Rahmen der **Verwerflichkeitsklausel des § 253 Abs. 2** muss man sehen, dass die Anwendung von qualifizierten Nötigungsmitteln zu Erpressungszwecken grundsätzlich verwerflich ist. Aus diesem Grund wird vertreten, dass die Verwerflichkeitsklausel im Rahmen des § 255 (faktisch) nicht gilt[2710].

5. Strafschärfungen

1507 Zu beachten ist, dass über den Verweis „ist der Täter gleich einem Räuber zu bestrafen" § 250 und § 251 anwendbar sind[2711]. **In zeitlicher Hinsicht** wird richtigerweise auch hier im Hinblick auf Art. 103 Abs. 2 GG nur die Verwirklichung von Strafschärfungen in der Phase zwischen Versuch und Vollendung, nicht aber in der Beendigungsphase erfasst[2712]. Hingegen finden nach Ansicht des BGH die Qualifikationen auch in der Phase zwischen Vollendung und Beendigung Anwendung, sofern eine **„verlängerte Bereicherungsabsicht"** vorliegt, d. h. das Handeln weiter der erstrebten Bereicherung dient[2713]. Da anders als bei §§ 242, 249 die Vorschrift des § 252 hier keine Anwendung findet, ist schon die Übertragung der subjektiven Voraussetzungen zweifelhaft.

1508 Zu beachten ist, dass bei § 251 der **Tod auf der Anwendung der qualifizierten Nötigungsmittel beruhen** muss. Nicht ausreichend ist, wenn die schwere Folge nur auf dem Eintritt des Vermögensschadens beruht.

> **Bsp.:**[2714] T verlangt unter Androhung von Schlägen von O eine Kette, die sie an ihren verstorbenen Mann erinnert. Durch den Verlust der

---

2708 S. o. Rn. 1485 ff.
2709 S. o. Rn. 1489 ff.
2710 Vgl. SK-*Sinn*, § 255 Rn. 2 und Rn. 8.
2711 Zu den gegenüber § 249 StGB zu beachtenden Besonderheiten *Eisele*, BT 2, Rn. 805 ff.
2712 S. o. Rn. 1037 f.
2713 BGHSt 53, 234; BGH StV 2014, 282 (283); krit. *Nestler*, JR 2010, 100 (104 ff.); hierzu näher o. Rn. 1193.
2714 Nach *Mitsch*, BT 2, 10.3.3.

Kette ist O so aufgewühlt, dass sie an Herzversagen stirbt. – Da der Tod auf dem Verlust des abgenötigten Gegenstandes und nicht auf der Anwendung von qualifizierten Nötigungsmitteln beruht, ist § 251 als Erfolgsqualifikation zu §§ 253, 255 zu verneinen. Es bleibt § 222 zu prüfen, bei dem jedoch die objektive Zurechnung verneint werden kann, wenn der Tod objektiv nicht vorhersehbar war.

6. Konkurrenzen

a) **Innertatbestandliche Konkurrenz bei mehreren Nötigungshandlungen.** Eine Tat im Rechtssinne liegt bei **sukzessiver Tatausführung** dann vor, wenn durch mehrere Nötigungsakte, die auf die Willensentschließung des Opfers einwirken sollen, letztlich nur die ursprüngliche Drohung aktualisiert oder angepasst wird[2715].

> **Bsp.:** T ruft bei der Firmenleitung eines Lebensmittelmarktes an und fordert eine größere Geldsumme, da er andernfalls Babynahrung vergifte; zudem versetzt er zum Unterstreichen der Drohung ein Glas mit Babynahrung mit Farbe. – Da die verbale und nachfolgende konkludente Drohung zur Durchführung derselben Erpressung dienen, liegt nur eine Tat nach §§ 253, 255 vor.

Für die Beurteilung, wann eine einheitliche Tat endet, hat der BGH in der „Dagobert-Entscheidung" darauf abgestellt, dass der Täter sein Ziel entweder vollständig erreicht oder eine **Zäsurwirkung nach den Grundsätzen des fehlgeschlagenen Versuchs** vorliegt[2716]. Danach soll der Fehlschlag nicht nur einen Rücktritt ausschließen, sondern bei einem weiteren Ansetzen auch eine neue materiell-rechtliche Tat und damit Tatmehrheit begründen.

> **Bsp.:** T vereinbart mit Ladeninhaber O die Geldübergabe, nachdem er mit der Vergiftung von Lebensmitteln gedroht hat; diese „platzt" aber, weil O die Polizei verständigt. Nunmehr droht T mit der Zündung eines Sprengsatzes, worauf T zahlt. – Durch die erste Drohung hat T §§ 253, 255, 22, 23 verwirklicht; in Tatmehrheit stehen §§ 253, 255 hinsichtlich der Bombendrohung, da der fehlgeschlagene Übergabeversuch die Zäsur darstellt, auf die ein selbstständiger Tatentschluss zur Begehung einer Erpressung mittels Bombendrohung folgt.

b) **Außertatbestandliche Konkurrenz.** § 240 wird von §§ 253, 255 grundsätzlich im Wege der Gesetzeskonkurrenz verdrängt. Etwas anderes gilt, wenn mit der Nötigung zugleich ein weiterer, über die Erpressung hinausgehender Zweck verfolgt werden soll[2717]. Werden nach Vollendung der räu-

---

2715 BGHSt 40, 75 (77); BGH NStZ-RR 2012, 79; BGH StV 2014, 284 (285).
2716 BGHSt 41, 368 (369).
2717 BGHSt 37, 256 (259); *Schönke/Schröder/Eisele*, § 240 Rn. 39.

berischen Erpressung Nötigungsmittel eingesetzt, die der Beendigung der Tat dienen, ist ebenfalls Tateinheit anzunehmen[2718].

> **Einführende Aufsätze:**
> *Biletzki*, Die Abgrenzung von Raub und Erpressung, Jura 1995, 635; *Knauer*, Versuchsprobleme bei der Dreieckserpressung, JuS 2014, 690; *Rönnau*, Grundwissen – Strafrecht: Abgrenzung von Raub und räuberischer (Sach-)Erpressung, JuS 2012, 888.

> **Übungsfälle:**
> *Borsci*, „Lukrative Nebenbeschäftigung", JA 2013, 187 (Drohung mit einem erlaubten Verhalten, Versuchskonstellation, Zurechnungszusammenhang); *Bott/Pfister*, Der Bankräuber und sein Umfeld, Jura 2010, 226 (Qualifikationen von Raub und räuberischer Erpressung); *Esser*, Der Trittbrettfahrer, Jura 2004, 273 (versuchte schwere räuberische Erpressung, Abgrenzung Raub und Erpressung, Erpressung durch Täuschung); *Helmrich*, Der Zweck heiligt nicht die Mittel, JA 2006, 351 (Dreieckserpressung, schwere räuberische Erpressung in Mittäterschaft); *Hoffmann-Holland*, Lebensmittelerpressung, JuS 2008, 430 (Zum Problem der Gegenwärtigkeit einer angedrohten Gefahr im Sinne einer Dauergefahr, Abgrenzung von Drohung und Täuschung); *Kühl/Schramm*, Raubüberfall auf einen Tübinger Juwelier, JuS 2003, 681 (Abgrenzung Raub und räuberische Erpressung, Qualifikationen); *Ladiges/Kneba*, Vermögensdelikte – Der vermeintliche Banküberfall, JuS 2013, 622 (Dreieckserpressung, Erforderlichkeit einer Vermögensverfügung); *Lang/Sieber*, „Die geplatzte Hochzeit", JA 2014, 913 (Unmittelbarkeitszusammenhang zwischen Erpressungshandlung und Vermögensschaden, Versuch).

> **Rechtsprechung:**
> **BGHSt 7, 252** – Geldbörse (Abgrenzung von Raub und Erpressung); **BGHSt 14, 386** – Taxi (Gewaltsame Entwendung eines PKW zum vorübergehenden Gebrauch); **BGHSt 41, 368** – Dagobert (Konkurrenzen bei mehreren Erpressungshandlungen); **BGHSt 44, 251** – Schmiergeld (Drohung mit Abbruch von Geschäftsbeziehungen); **BGHSt 48, 362** – Drogenkauf (kein Kaufpreisanspruch beim Drogenkauf).

III. Erpresserischer Menschenraub, § 239a

1. Geschütztes Rechtsgut und Systematik

1512 Geschütztes Rechtsgut des § 239a ist die **Freiheit und Unversehrtheit des entführten Opfers sowie die Freiheit eines ggf. davon personenverschiedenen Dritten**[2719]. Daneben ist das Vermögen desjenigen geschützt, der erpresst wer-

---

2718 Vgl. BGHSt 26, 24 (27); BGH NStZ 2005, 387.
2719 *Lackner/Kühl*, § 239a Rn. 1; *Wessels/Hillenkamp/Schuhr*, BT 2, Rn. 740.

III. Erpresserischer Menschenraub, § 239a

den soll[2720]. § 239a und § 239b sind parallel ausgestaltet, wobei in Erpressungsfällen § 239a vorrangig zu prüfen ist.

> **Klausurtipp**
>
> Erpressungs- und Raubdelikte (jedenfalls soweit man § 249 als Spezialfall einer Erpressung ansieht[2721]) sollten in einer Klausur vorab geprüft werden, da § 239a auf diese Delikte Bezug nimmt.

Abgrenzung	§ 239a	§ 239b
Nötigungsziel	Nötigung nur zu einer Erpressung (nach Rechtsprechung auch zu einem Raub)	Nötigung zu jedem sonstigen Verhalten
Nötigungsmittel	Jedes Nötigungsmittel i. S. d. § 240	Nur Drohung mit Tötung, Zufügung einer schweren Körperverletzung oder Freiheitsentziehung von über einer Woche

Aufbauschema

§ 239a Abs. 1 Var. 1
1. Tatbestand
   a. Objektiver Tatbestand
      aa. Anderer Mensch
      bb. Entführen oder Sich-Bemächtigen

   b. Subjektiver Tatbestand
      aa. Vorsatz
      bb. Erpressungsabsicht
2. Rechtswidrigkeit
3. Schuld
4. Erfolgsqualifikation, Absatz 3: Leichtfertige Todesverursachung
5. Tätige Reue, Absatz 4

§ 239a Abs. 1 Var. 2
1. Tatbestand
   a. Objektiver Tatbestand
      aa. Anderer Mensch
      bb. Entführen oder Sich-Bemächtigen
      cc. (zumindest versuchte) Erpressung durch Ausnutzung der geschaffenen Lage
   b. Subjektiver Tatbestand (Vorsatz)

2. Rechtswidrigkeit
3. Schuld
4. Erfolgsqualifikation, Absatz 3: Leichtfertige Todesverursachung
5. Tätige Reue, Absatz 4

2. Objektiver Tatbestand des Abs. 1 Var. 1

Der objektive Tatbestand ist bereits mit dem Entführen bzw. dem Sich-Bemächtigen vollendet. Hinzukommen muss in subjektiver Hinsicht eine Erpressungsabsicht. Geschützt wird von der Vorschrift jeder Mensch. Angesichts des Rechtsguts sind – anders als bei § 239 – auch Kleinkinder einbe-

---

2720 Für eine Einbeziehung des Vermögensschutzes *Fischer*, § 239a Rn. 2; NK-*Sonnen*, § 239a Rn. 11; dagegen *Wessels/Hillenkamp/Schuhr*, BT 2, Rn. 740.
2721 Dazu o. Rn. 1472.

zogen, obwohl diese einen natürlichen Willen zur Fortbewegung nicht bilden können[2722]. Da Kleinkinder auch gegen ihre Eltern geschützt sind, ist deren Einverständnis unerheblich[2723].

1516 a) **Entführen.** Darunter ist die Herbeiführung einer Ortsveränderung gegen oder ohne den Willen des Opfers zu verstehen, wobei dieses in der konkreten Situation der Herrschaftsgewalt des Täters ausgeliefert sein muss[2724]. Die Ortsveränderung kann durch Gewalt, Drohung oder List bewirkt werden[2725].

> **Bsp.:** T täuscht den Anhalter O darüber, dass er ihn mit in die Stadt nimmt. Tatsächlich verbringt er ihn in ein Gartengrundstück, um ihn dort zu erpressen. – T macht sich nach § 239a Abs. 1 Var. 1 strafbar, da er ihn in Erpressungsabsicht mit List entführt hat.

1517 b) **Sich-Bemächtigen.** Dieses setzt hingegen keine Ortsveränderung voraus[2726]. Es ist dadurch gekennzeichnet, dass der Täter die physische Verfügungsgewalt über das Opfer erlangt[2727]. Dies kann sogar bei der Bedrohung mit einer Scheinwaffe über eine größere Distanz der Fall sein[2728]. Die Bemächtigungslage verlangt keine umfassende Sicherung dergestalt, dass eine Schutz- oder Fluchtmöglichkeit völlig ausgeschlossen ist[2729].

> **Bsp. (1):** T bedroht den Bankkunden O mit einer täuschend echt aussehenden Spielzeugpistole, um den Kassierer zur Herausgabe von Geld zu zwingen. – T bemächtigt sich hier des O, um die Sorge des Kassierers zu einer Erpressung auszunutzen.

> **Bsp. (2):**[2730] T lässt den O durch einen physisch überlegenen Bewacher begleiten, damit dieser nicht fliehen kann. – Auch hier liegt ein Sich-Bemächtigen vor.

1518 **Besteht bereits ein Herrschaftsverhältnis** des Täters über das Opfer, so kann es für das Sich-Bemächtigen ausreichend sein, dass die Verfügungsgewalt so verstärkt wird, dass die bislang vorhandene Geborgenheit des Opfers erheblich vermindert wird[2731]. Ist das Opfer bereits in der Gewalt eines Dritten, so ist es erst ausreichend, wenn der Täter die Bemächtigungslage selbst übernimmt und nicht, wenn er nur die vorgefundene Situation zu einer Erpressung nutzen möchte[2732].

2722 BGHSt 26, 70 (71); *Krey/Hellmann/Heinrich*, BT 2, Rn. 470.
2723 BGHSt 26, 70 (72).
2724 BGHSt 40, 350 (359); *Schönke/Schröder/Eisele*, § 239a Rn. 6.
2725 Zu diesen Merkmalen *Eisele*, BT 1, Rn. 452 ff., 538.
2726 *Rengier*, BT 2, § 24 Rn. 7; *Wessels/Hillenkamp/Schuhr*, BT 2, Rn. 741.
2727 BGH NStZ-RR 2002, 213; *Schönke/Schröder/Eisele*, § 239a Rn. 7.
2728 BGH NStZ 2002, 31 (32); BGH NStZ-RR 2002, 213; a. A. *Satzger*, Jura 2007, 114 (116).
2729 BGH NStZ 2006, 448 (449); BGH NStZ-RR 2007, 77.
2730 BGH NStZ-RR 2007, 77.
2731 *Schönke/Schröder/Eisele*, § 239a Rn. 7; *Wessels/Hillenkamp/Schuhr*, BT 2, Rn. 741.
2732 BGH NStZ 2014, 316 (317).

Bsp.:[2733] Vater T hat sein Kind O in seiner Obhut; er ergreift dieses als Geisel, um damit einen Dritten zu erpressen (§ 239a Abs. 1 Var. 1) bzw. zu nötigen (§ 239b Abs. 1 Var. 1). – T bemächtigt sich hier des O mit dem Ergreifen, weil sich die Lage von O erheblich verschlechtert, indem sich das Schutz- in ein Geiselverhältnis wandelt.

c) **Einverständnis.** Gibt sich das Opfer – z. B. in Fällen der Kollusion zwischen Täter und Opfer – freiwillig in die Gewalt des Täters, so scheidet der Tatbestand aufgrund des **Einverständnisses des Opfers** aus („**Scheingeisel**")[2734]. Anders ist dies in Fällen einer „**Austauschgeisel**" („Ersatzgeisel"), bei denen sich ein Dritter als Ersatz für das Opfer in die Gewalt des Täters begibt[2735]. 1519

Bsp.: Polizist P stellt sich als Geisel zur Verfügung, damit die Geisel O von T frei gelassen wird. – Die Bemächtigungslage entfällt hier nicht durch den Austausch der Geisel. T hat sich bereits mit dem Sich-Bemächtigen von O in Erpressungsabsicht gemäß § 239a Abs. 1 Var. 1 strafbar gemacht. Das Fortdauern der Bemächtigungslage kann aber vor allem im Hinblick auf Absatz 3 von Bedeutung sein, wenn im weiteren Verlauf der P zu Tode kommt.

3. Subjektiver Tatbestand des Abs. 1 Var. 1

Neben den Vorsatz hinsichtlich der objektiven Tatbestandsmerkmale muss die Absicht im Sinne von dolus directus 1. Grades[2736] zur Begehung einer Erpressung durch Ausnutzung der Sorge des Opfers oder eines Dritten treten. Ob die Erpressung später tatsächlich begangen oder zumindest versucht wird, ist unerheblich. Die Vorstellung des Täters muss also auf sämtliche Voraussetzungen des § 253 gerichtet sein; erst Recht erfasst werden Fälle, in denen sich die Absicht auf eine räuberische Erpressung i. S. d. § 255 bezieht. Tritt aus Sicht des Täters beim Opfer kein Vermögensschaden ein, erstrebt er keine Bereicherung oder entfällt die Rechtswidrigkeit der erstrebten Bereicherung, weil der Täter einen Anspruch auf die entsprechende Vermögenssumme besitzt bzw. zu besitzen glaubt, scheidet § 239a Abs. 1 Var. 1 aus. Jedoch ist dann § 239b Abs. 1 Var. 1 zu prüfen, soweit die dort genannten Nötigungsmittel eingesetzt werden sollen[2737]. 1520

a) **Nötigungsziel.** Nach der Rechtsprechung zum Verhältnis von Raub und räuberischer Erpressung kann auch ein **Raub** Nötigungsziel des Täters sein („Raubabsicht"), weil der Raub demnach nur ein Spezialfall der Erpressung ist[2738]. Hinsichtlich des Wortlauts der Norm ist dies freilich nicht zwin- 1521

2733 BGHSt 26, 70 (72).
2734 *Lackner/Kühl*, § 239a Rn. 3; *Rengier*, BT 2, § 24 Rn. 8.
2735 BGHSt 26, 70 (72); *Rengier*, BT 2, § 24 Rn. 8.
2736 MünchKomm-*Renzikowski*, § 239a Rn. 43; *Rengier*, BT 2, § 24 Rn. 9.
2737 *Rengier*, BT 2, § 24 Rn. 13; Schönke/Schröder/*Eisele*, § 239b Rn. 8.
2738 BGH NStZ 2002, 31 (32); 2003, 604 (605); BGH NStZ-RR 2004, 333 (334).

gend, nimmt § 239a doch ausdrücklich nur auf § 253 Bezug. Nach h. L. wird der Raub ohnehin nicht erfasst, da demnach zwischen beiden Tatbeständen ein Exklusivitätsverhältnis besteht; es bleibt dann aber § 239b zu prüfen.

1522 **b) Zeitlicher und funktionaler Zusammenhang.** Soll nach dem Tatplan die Leistung, die der Täter erpressen will, nicht **während und unter Ausnutzung der Entführungs- bzw. Bemächtigungslage**, sondern erst nach Beendigung der Tat erbracht werden, so fehlt es an einem hinreichenden zeitlichen und funktionalen Zusammenhang zwischen Entführung bzw. Bemächtigung und der beabsichtigten Erpressung[2739]. Denn der Strafgrund des § 239a Abs. 1 Var. 1 besteht gerade darin, dass der Täter seine Drohung während der Dauer der Zwangslage jederzeit realisieren kann[2740].

> **Bsp.:** T entführt Gaststätteninhaber O, um ihn einzuschüchtern. Er macht O klar, dass für seine Sicherheit künftig nur gesorgt sei, wenn er jeweils zu Monatsbeginn 1000 € Schutzgeld zahle. – § 239a Abs. 1 Var. 1 ist zu verneinen, da die Leistungen erst nach Aufhebung der Entführungslage erbracht werden sollen. Es kommen aber §§ 253, 255 in Betracht.

1523 **c) Erpressungsopfer.** Die Erpressung kann **sowohl gegenüber dem Entführungs- bzw. dem Bemächtigungsopfer** (Zwei-Personen-Verhältnis: „Sorge des Opfers um sein Wohl") als auch gegenüber einem Dritten (Drei-Personen-Verhältnis: „Sorge eines Dritten um sein Wohl") beabsichtigt sein. Der Dritte braucht keine besondere Beziehung zu dem Opfer zu haben. Entscheidend ist nur, dass der Täter glaubt, der Dritte werde sich tatsächlich um die körperliche und seelische Unversehrtheit sorgen[2741].

> **Bsp.:** T entführt Abteilungsleiter O, um den Vorstand des Unternehmens zu einer Lösegeldzahlung zu veranlassen. – T macht sich nach § 239a Abs. 1 Var. 1 strafbar, da er die Sorge des Vorstands zur Erpressung nutzen möchte; dass dieser kein Angehöriger des O ist und auch kein Näheverhältnis besteht, ist unerheblich.

1524 **d) Teleologische Reduktion.** Mit der Ausdehnung des Tatbestandes auf Zwei-Personen-Verhältnisse hat der Gesetzgeber erhebliche Schwierigkeiten geschaffen. Problematisch ist in solchen Fällen vor allem die Bemächtigungsvariante, weil hier zugleich häufig der typische Fall einer räuberischen Erpressung gegeben ist und die zusätzliche Anwendung des § 239a zu erheblichen Ungereimtheiten führen kann. Deshalb wird vor allem in Zwei-Personen-Verhältnissen eine teleologische Reduktion des Tatbestandes diskutiert.

2739 S. BGH NStZ 1996, 277; BGH StV 2014, 284 (285); *Elsner*, JuS 2006, 784 (787).
2740 BGH NStZ 2005, 508 (509); BGH StV 2007, 354 (355).
2741 *Schönke/Schröder/Eisele*, § 239a Rn. 13.

III. Erpresserischer Menschenraub, § 239a

Bsp.: T bedroht O mit einer Schusswaffe und zwingt ihn, die Wegnahme des Geldbeutels zu dulden.

Im Beispiel ist der Tatbestand bereits mit dem Bedrohen, d. h. der Anwendung des qualifizierten Nötigungsmittels i. S. d. § 255, das ein Sich-Bemächtigen darstellt, vollendet. Im Übrigen genügt es, dass der Täter zum Zeitpunkt des Sich-Bemächtigens die Erpressungsabsicht besitzt.

aa) Die **Vollendungsstrafbarkeit des § 239a** mit seinem hohen Strafrahmen (Freiheitsstrafe nicht unter 5 Jahren) fällt damit noch in die Versuchsphase der §§ 253, 255. Dies ist deshalb problematisch, weil der Strafrahmen der §§ 253, 255 sogar bei Vollendung geringer ist und damit der Strafrahmen des § 239a auch in typischen Fällen der räuberischen Erpressung maßgeblich wäre. Da zudem ein Rücktritt vom Versuch der §§ 253, 255 die Vollendungsstrafbarkeit nach § 239a unberührt lassen würde, bestünde nur noch ein geringer Anreiz zur freiwilligen Abstandnahme. Es bedarf daher einer teleologischen Reduktion der Vorschrift, um nicht sachwidrig „Normalfälle" der Erpressung (bzw. des Raubes) zu erfassen.

bb) Die h. M. nimmt nunmehr zum Ausgangspunkt, dass die Var. 2 der Vorschrift ein zweiaktiges Delikt enthält, dessen zweiter Teil bei Var. 1 lediglich ins Subjektive vorverlagert ist[2742]. Daher stellt Var. 1 ein sog. unvollkommenes zweiaktiges Delikt dar, bei dem der Täter die Absicht haben muss, die durch den Entführungs- bzw. Bemächtigungsakt geschaffene Zwangslage in einem weiteren Schritt für eine Erpressung auszunutzen[2743]. Der Tatbestand entfällt demnach vor allem dort, wo die Bemächtigung keine eigenständige Bedeutung hat, weil der Bemächtigungsakt und das Nötigungsziel auf einem einheitlichen Nötigungsmittel beruhen[2744]. Eine solche tatbestandsausschließende „Identität" ist – wie im Ausgangsfall – anzunehmen, wenn (und solange) das Nötigungsmittel, das die Bemächtigung begründet, zugleich dazu dienen soll, das Opfer in unmittelbarem Zusammenhang zu weiteren Handlungen zu nötigen[2745]. Eine teleologische Reduktion ist hingegen zu verneinen, wenn nach der Bemächtigung eine „stabile Zwischenlage" als Ausgangspunkt für weitere Nötigungsakte geschaffen wird[2746]. Dies ist der Fall, wenn sich – über die in jeder mit Gewalt verbundenen Nötigungshandlung liegende Beherrschungssituation hinaus – eine weitergehende Druckwirkung aus der stabilisierten Bemächtigungslage ergibt, wobei der Täter beabsichtigen muss, die durch das Bemächtigen des Opfers geschaffene Lage für sein weiteres erpresserisches Vorgehen auszunutzen[2747].

2742 BGHSt 40, 350 (355); *Rengier*, BT 2, § 24 Rn. 18.
2743 BGHSt 40, 350 (355); BGH NStZ 2003, 604 (604).
2744 LK-*Schluckebier*, § 239a Rn. 31; *Rengier*, BT 2, § 24 Rn. 19.
2745 BGHSt 40, 350 (359); BGH NStZ 2007, 32 (33); *Rengier*, BT 2, § 24 Rn. 19.
2746 BGHSt 40, 350 (359); BGH NStZ 2006, 448 f.; *Wessels/Hillenkamp/Schuhr*, BT 2, Rn. 743.
2747 BGH NStZ 2006, 448 (449); BGH NStZ-RR 2007, 77.

> **Bsp.:**[2748] O wird in eine Wohnung gelockt, geschlagen und von T bedroht, damit er Geld an T herausgibt. Weil er kein Geld bei sich trägt, wird er von T zum Geldautomaten unter Bedrohung mit einem Messer begleitet. – Bereits in der Wohnung ist eine stabile Zwischenlage entstanden, die durch das Begleiten zum Geldautomaten aufrechterhalten wird.

> **Hinweis**
>
> Als „groben Test" kann man fragen, ob die Bemächtigung bestehen bleibt, wenn man sich den zur Erpressung beabsichtigten Nötigungsakt hinweg denkt. Ist dies der Fall, so hat die Bemächtigung gegenüber der geplanten Nötigung eigenständige Bedeutung[2749]. Es ist letztlich aber nicht zu verkennen, dass das Kriterium der „stabilen Zwischenlage" im Einzelfall zu erheblichen Abgrenzungsschwierigkeiten und damit letztlich zu einer ausufernden Kasuistik führt. Angesichts der missglückten Gesetzesfassung sind sachgerechtere Lösungen freilich nicht in Sicht.

1527 cc) Anders als beim Bemächtigen wird bei der **Entführungsvariante** aufgrund des „gestreckten" Tatverlaufs die dadurch herbeigeführte Zwangslage in der Regel eigenständige Bedeutung haben. Denn hier wird erst die durch die Ortsveränderung herbeigeführte hilflose Lage des Opfers als Basis für die beabsichtigte Erpressung dienen.

1528 dd) Die Rechtsprechung hat inzwischen angedeutet, dass die genannten Einschränkungen auch auf **Drei-Personen-Verhältnisse** zu übertragen sind[2750]. Dies ist durchaus konsequent, da die Anwendung des § 239a im Verhältnis zu den §§ 253, 255 (sog. Dreieckserpressung) angesichts der Vorverlagerung der Strafbarkeit und des hohen Strafrahmens auch hier problematisch sein kann. Allerdings wird aufgrund der Einbeziehung des Dritten als Nötigungsopfer auch in Bemächtigungsfällen häufiger eine stabile Zwischenlage anzunehmen sein, weil gegenüber dem Dritten ein eigenständiger, zusätzlicher Nötigungsakt erforderlich sein wird[2751].

> **Bsp.:** T bedroht den Bankkunden O mit einer Waffe, um so vom Kassierer Geld zu erlangen. – §§ 253, 255, 250 Abs. 2 Nr. 1 stehen hier in Tateinheit zu § 239a Abs. 1 Var. 1; das Sich-Bemächtigen des Kunden hat gegenüber der an den Kassierer gerichteten Drohung eigenständige Bedeutung.

4. Objektiver Tatbestand des Abs. 1 Var. 2

1529 Die Var. 2 des Absatzes 1 setzt voraus, dass der Täter die Tathandlung (Entführen bzw. Sich-Bemächtigen) nicht in erpresserischer Absicht vorgenom-

---

2748 Nach BGH NStZ-RR 2007, 77; s. ferner BGH NStZ 2006, 448; BGH NStZ 2010, 516.
2749 S. *Kindhäuser/Schramm*, BT 1, § 16 Rn. 35; *Rengier*, BT 2, § 24 Rn. 21.
2750 Zust. *Heinrich*, JR 2002, 161 f.
2751 BGH NStZ 2002, 31 (32); BGH NStZ-RR 2002, 213 (214).

men hat oder jedenfalls keine stabile Bemächtigungslage vorlag (sonst läge bereits Var. 1 vor) und die durch die Tathandlung geschaffene Entführungs- bzw. Bemächtigungslage nun zu einer Erpressung ausnutzt[2752]. Die Erpressung muss dabei zumindest ins Versuchsstadium gelangt sein[2753].

> **Bsp.:**[2754] T nimmt das Fahrzeug der O weg und zwingt diese mitzufahren. Als unterwegs plötzlich das Benzin ausgeht, verlangt er von O unter Vorhalten einer Waffe die Herausgabe von 50 €, um den Wagen zu betanken. – § 239a Abs. 1 Var. 1 scheidet aus, da T zum Zeitpunkt der Entführung keine Erpressungsabsicht besaß; jedoch ist hier Var. 2 zu bejahen, da er die von ihm geschaffene Lage zu einer Erpressung ausnutzt. In Tateinheit hierzu stehen §§ 253, 255, 250 Abs. 2 Nr. 1.

Nutzt der Täter dagegen nur die von einem Dritten geschaffene Lage zur Begehung einer Erpressung aus, so liegt nach h. M. schon nach dem Wortlaut („von ihm ... geschaffene Lage") kein erpresserischer Menschenraub vor[2755]. Sog. Trittbrettfahrer können sich aber gemäß §§ 253, 255 strafbar machen[2756].

5. Subjektiver Tatbestand des Abs. 1 Var. 2

Bei Var. 2 ist nur Vorsatz bezüglich der Merkmale des objektiven Tatbestandes erforderlich. Daher genügt auch hinsichtlich der Ausnutzung zu einer Erpressung dolus eventualis.

6. Erfolgsqualifikation, § 239a Abs. 3

Absatz 3 enthält eine **Erfolgsqualifikation i. S. d. § 18**. Hinsichtlich des Todes als schwere Folge bedarf es eines leichtfertigen Verhaltens, d. h. einer gesteigerten Sorgfaltspflichtverletzung, die ungefähr der groben Fahrlässigkeit im Sinne des Zivilrechts entspricht[2757]. Der Tod des Opfers muss dabei auf eine **tatbestandsspezifische Gefahr** der Entführung bzw. der Bemächtigung zurückzuführen sein.

> **Bspe.:** Tod aufgrund der Strapazen der Entführung, durch Gewaltausübung bei der Bemächtigung oder durch Ersticken im Versteck. Auch bei einem Tod des Opfers im Zusammenhang mit Fluchtversuchen sowie im Rahmen von Befreiungsaktionen Dritter kann der gefahrspezifische Zusammenhang zu bejahen sein[2758].

7. Tätige Reue, § 239a Abs. 4

Das Gericht kann nach Abs. 4 Satz 1 die Strafe nach § 49 Abs. 1 mildern, wenn der Täter das Opfer unter Verzicht auf die erstrebte Leistung in dessen Lebens-

---

2752 *Elsner*, JuS 2006, 784; *Rengier*, BT 2, § 24 Rn. 26.
2753 BGH StV 1987, 483; BGH NStZ-RR 2012, 173 (174); a. A. *Elsner*, JuS 2006, 784 (788).
2754 BGH NStZ-RR 2003, 45 f.
2755 BGHSt 23, 294 (295).
2756 NK-*Sonnen*, § 239a Rn. 22.
2757 *Rengier*, AT, § 52 Rn. 9.
2758 Näher *Eisele*, BT 2, Rn. 837 ff.

kreis zurückgelangen lässt. Der Täter muss zunächst das Opfer freilassen[2759], wobei eine tatsächliche Rückführung in den Lebenskreis nicht erforderlich ist[2760]. Ferner bedarf es der Abkehr des Täters von seiner Erpressungsabsicht[2761]. Nach dem BGH genügt es nicht, dass der Täter nur auf die Mittel des § 239a (bzw. § 239b) verzichtet, aber im Übrigen an der Forderung festhält[2762]. Dies ist freilich nicht überzeugend, wenn ihm anschließend gar keine Druckmittel mehr zur Verfügung stehen[2763]. Gelangt das Opfer ohne Zutun des Täters in Freiheit, so genügt nach Abs. 4 Satz 2 sein ernsthaftes Bemühen. Auf eine Freiwilligkeit kommt es aus Opferschutzgesichtspunkten nicht an, damit gefährliche Befreiungsaktionen der Polizei möglichst weitgehend vermieden werden[2764]. Daher steht auch der Umstand, dass die Polizei bereits am Tatort anwesend ist, einer tätigen Reue nicht entgegen[2765].

8. Konkurrenzen

1534 § 239a Abs. 1 steht in Tateinheit zur (versuchten) Erpressung[2766]; hingegen werden § 239 Abs. 1 und § 240 im Wege der Gesetzeskonkurrenz verdrängt[2767]. Zwischen § 239a Abs. 3 und §§ 212, 211 kann Tateinheit bestehen, da die Erfolgsqualifikation des Absatzes 3 auch vorsätzlich („wenigstens leichtfertig") begangen werden kann. Hingegen wird der mitenthaltene § 222 im Wege der Gesetzeskonkurrenz verdrängt. Besitzt der Täter die Absicht, die Erpressung mithilfe von Nötigungsmitteln i. S. d. § 239b zu begehen, so tritt § 239b hinter § 239a im Wege der Gesetzeskonkurrenz zurück[2768]. Tateinheit kommt jedoch in Betracht, wenn der Täter neben der Erpressung weitere Nötigungsziele verfolgt und die in § 239b genannten Nötigungsmittel hierzu einsetzt[2769].

IV. Geiselnahme, § 239b

1. Geschütztes Rechtsgut und Systematik

1535 Geschütztes Rechtsgut des § 239b ist die körperliche Unversehrtheit des entführten Opfers[2770] sowie die Freiheit der Willensentschließung und Willensbetätigung des Genötigten[2771].

2759 BGH NStZ 2003, 605; LK-*Schluckebier*, § 239a Rn. 35; *Schönke/Schröder/Eisele*, § 239a Rn. 35.
2760 *Fischer*, § 239a Rn. 19.
2761 *Fischer*, § 239a Rn. 20; *Schönke/Schröder/Eisele*, § 239a Rn. 39.
2762 BGH NStZ 2017, 412 f.
2763 Zur Kritik *Renzikowski*, JR 2016, 316 ff.
2764 BGH NStZ 2003, 605 f.; MünchKomm-*Renzikowski*, § 239a Rn. 97.
2765 BGH NJW 2001, 2895 (2896); BGH NStZ 2003, 605 (606).
2766 BGH NStZ 1993, 39 (39).
2767 BGH NStZ 2009, 632.
2768 BGH NStZ 2003, 604 (605).
2769 BGHSt 25, 386 (387); BGH NStZ 2002, 31 (32); vgl. auch die Bsp. bei *Eisele*, BT 2, Rn. 844.
2770 *Fischer*, § 239b Rn. 2; *Lackner/Kühl*, § 239b Rn. 1.
2771 *Rengier*, BT 2, § 24 Rn. 1; *Wessels/Hettinger/Engländer*, BT 1, Rn. 440.

Prüfungsschema

§ 239b Abs. 1 Var. 1	§ 239b Abs. 1 Var. 2
1. Tatbestand	1. Tatbestand
a. Objektiver Tatbestand	a. Objektiver Tatbestand
aa. Anderer Mensch	aa. Anderer Mensch
bb. Entführen oder Sich-Bemächtigen	bb. Entführen oder Sich-Bemächtigen
	cc. (versuchte) Nötigung durch Ausnutzung der geschaffenen Lage
	dd. mittels qualifizierter Drohung
b. Subjektiver Tatbestand	b. Subjektiver Tatbestand (Vorsatz)
aa. Vorsatz	
bb. Qualifizierte Nötigungsabsicht	
2. Rechtswidrigkeit	2. Rechtswidrigkeit
3. Schuld	3. Schuld
4. Erfolgsqualifikation, § 239b Abs. 2 i. V. m. § 239a Abs. 3	4. Erfolgsqualifikation, § 239b Abs. 2 i. V. m. § 239a Abs. 3
5. Tätige Reue, § 239b Abs. 2 i. V. m. § 239a Abs. 4	5. Tätige Reue, § 239b Abs. 2 i. V. m. § 239a Abs. 4

2. Objektiver Tatbestand des Abs. 1 Var. 1

Hinsichtlich der Tathandlungen der Entführung und des Sich-Bemächtigens gelten die Ausführungen zu § 239a entsprechend[2772].

3. Subjektiver Tatbestand des Abs. 1 Var. 1

Der Täter muss **vorsätzlich** hinsichtlich der Merkmale des objektiven Tatbestandes handeln. Weiterhin muss er **Nötigungsabsicht im Sinne von dolus directus 1. Grades** besitzen[2773]. Der Täter muss beabsichtigen, das Opfer oder einen Dritten durch die Drohung mit dem Tod oder einer schweren Körperverletzung des Opfers i. S. d. § 226 oder mit dessen Freiheitsentziehung von über einer Woche Dauer (qualifizierte Drohung) zu einer Handlung, Duldung oder Unterlassung zu nötigen[2774]. Es spielt keine Rolle, ob der Täter durch die Drohung mit den genannten Nötigungsmitteln das bedrohte Opfer selbst oder einen Dritten nötigen will[2775]. Sieht man mit der h. L. den Raub nicht als Spezialfall einer räuberischen Erpressung an (ansonsten ist bereits § 239a einschlägig), so ist § 239b zu prüfen,

---

2772 S. dort o. Rn. 1516 ff.
2773 *Schönke/Schröder/Eisele*, § 239b Rn. 1, 4.
2774 NK-*Sonnen*, § 239b Rn. 12; *Rengier*, BT 2, § 24 Rn. 28.
2775 *Fischer*, § 239b Rn. 6; *Schönke/Schröder/Eisele*, § 239b Rn. 2.

wenn die Tathandlung mit Raubabsicht vorgenommen wird und das Opfer daher die Wegnahme einer Sache dulden soll[2776].

1539 **a) Zeitlicher und funktionaler Zusammenhang.** Ein solcher Zusammenhang zwischen Entführung bzw. Bemächtigung und der beabsichtigten Nötigung ist entsprechend den Grundsätzen des § 239a erforderlich[2777].

> **Bsp.:** T bemächtigt sich kurzfristig des O und droht ihm mit dem Tod, falls O nicht binnen eines Monats sein Bordell schließt. – § 239b Abs. 1 Var. 1 ist zu verneinen, weil die von T erstrebte Handlung des Opfers erst nach Aufhebung der Zwangslage vorgenommen werden soll. T macht sich jedoch nach § 240 strafbar; § 241 tritt dahinter im Wege der Gesetzeskonkurrenz zurück.

1540 **b)** Für das Merkmal der **Drohung** gelten die Ausführungen zu § 240[2778]. Es genügt der Anschein der Ernstlichkeit der Drohung, so dass auch der Einsatz von Scheinwaffen erfasst wird. Der beabsichtigte Nötigungserfolg kann hier in jedem Tun, Dulden oder Unterlassen liegen, wohingegen § 239a auf eine Erpressung gerichtet ist. Da jede Handlung, Duldung oder Unterlassung Nötigungsziel sein kann, genügt auch das Erstreben eines Teilerfolges, wenn die entsprechende Handlung des Opfers eine eigenständige Bedeutung gegenüber dem Enderfolg darstellen soll.

1541 **c)** Im Übrigen ist die Frage einer **teleologischen Reduktion** in Zwei-Personen- und ggf. Drei-Personen-Verhältnissen zu beachten[2779], die auch hier in erster Linie Bemächtigungsfälle betrifft[2780].

> **Bsp.:** T bemächtigt sich der O, um diese sexuell zu nötigen (§ 177 Abs. 1). – Soweit die sexuelle Nötigung in unmittelbarem Zusammenhang mit der Bemächtigung erfolgen soll, ist § 239b zu verneinen. Es liegt dann der typische Fall und damit auch nur der Unrechtsgehalt einer sexuellen Nötigung vor, bei der regelmäßig eine Bemächtigungslage erforderlich ist. Anders läge der Fall, wenn T die O zunächst entführt, um diese dann in einem weiteren Schritt zu nötigen.

4. Objektiver Tatbestand des Abs. 1 Var. 2

1542 Die zweite Variante des Absatzes 1 setzt voraus, dass der Täter die Entführung oder Bemächtigung zunächst ohne Nötigungsabsicht begangen hat und anschließend mittels einer qualifizierten Drohung das Opfer oder einen Dritten zu einem Tun, Dulden oder Unterlassen nötigt. Die Nötigung

---

2776 S. bereits o. Rn. 1521.
2777 Vgl. schon o. Rn. 1522; ferner BGH NStZ-RR 2007, 343; 2008, 279; BGH StV 2015, 765 (766).
2778 *Eisele*, BT 1, Rn. 822.
2779 *Krey/Hellmann/Heinrich*, BT 2, Rn. 485 ff.; a. A. MünchKomm-*Renzikowski*, § 239b Rn. 22.
2780 Näher o. Rn. 1524.

muss zumindest in das Versuchsstadium gelangt sein[2781]. Die Tat ist mit dem Versuch der Nötigung vollendet[2782].

5. Subjektiver Tatbestand des Abs. 1 Var. 2

Eventualvorsatz hinsichtlich der Merkmale des objektiven Tatbestandes ist ausreichend.

6. Erfolgsqualifikation und tätige Reue, § 239b Abs. 2 i. V. m. § 239a Abs. 3 und Abs. 4

§§ 239b Abs. 2 verweist auf § 239a Abs. 3 und Abs. 4. Für Erfolgsqualifikation und tätige Reue gelten daher die Ausführungen zu § 239a entsprechend[2783]. Unter „Leistung" i. S. d. § 239a Abs. 4 ist sinngemäß das erstrebte Verhalten des Nötigungsopfers zu verstehen. Der Täter muss von der Verfolgung seines Nötigungsziels Abstand nehmen, d. h. auf die abzunötigende Handlung, Duldung oder Unterlassung verzichten[2784].

> **Einführende Aufsätze:**
> *Elsner*, §§ 239a, 239b in der Fallbearbeitung – Deliktsaufbau und (bekannte und weniger bekannte) Einzelprobleme, JuS 2006, 784; *Satzger*, Erpresserischer Menschenraub (§ 239a StGB) und Geiselnahme (§ 239b StGB) im Zweipersonenverhältnis, Jura 2007, 114 (Vergleich der Struktur der Tatbestände); *Zöller*, Erpresserischer Menschenraub, Geiselnahme und das Zwei-Personen-Verhältnis in der Fallbearbeitung, JA 2000, 476 (Zum Aufbau der Tatbestände und der Problematik der Zwei-Personen-Verhältnisse).

> **Übungsfälle:**
> *Kühl/Schramm*, Raubüberfall auf einen Tübinger Juwelier, JuS 2003, 681 (Erpresserischer Menschenraub im Zwei-Personen-Verhältnis); *Kretschmer*, Der erfolglose Literat, Jura 2006, 219 (Erpresserischer Menschenraub im Zwei-Personen-Verhältnis); *Lang/Sieber*, „Die geplatzte Hochzeit", JA 2014, 913 (Gesteigerte Drohungsintensität, Versuch); *Merkel*, „Wer den Pfennig nicht ehrt…", Jura 2013, 152 (Erpresserischer Menschenraub in Mitttäterschaft und mittelbarer Täterschaft, Versuchskonstellationen).

> **Rechtsprechung:**
> **BGHSt 33, 322** – Polizeieinsatz (Geiselnahme mit Todesfolge nach Befreiungsaktion); **BGHSt 40, 350** – Getreidefeld (Problematik des Zwei-Personen-Verhältnisses); **BGH NStZ 2002, 31** – Überfallserie (Raubabsicht und Einschränkung im Drei-Personen-Verhältnis).

2781 *Schönke/Schröder Eisele*, § 239b Rn. 14; a. A. MünchKomm-*Renzikowski*, § 239b Rn. 26.
2782 *Schönke/Schröder/Eisele*, § 239b Rn. 14.
2783 S. o. Rn. 1532 f.
2784 BGH NStZ 2003, 605 (605); *Schönke/Schröder/Eisele*, § 239b Rn. 19.

Teil 19: **Untreue und untreueähnliche Delikte**

I. Untreue, § 266

1. Geschütztes Rechtsgut und Systematik

1545 § 266 dient dem Schutz des dem Treuepflichtigen anvertrauten **Vermögens**[2785]. Täter dieses **Sonderdelikts** kann nur derjenige sein, der eine Vermögensbetreuungspflicht besitzt[2786]. Für andere Beteiligte kommt lediglich Anstiftung oder Beihilfe in Betracht. Da die Treuepflicht die Nähe des Täters zum Treugeber kennzeichnet, ist sie **persönliches Merkmal i. S. d. § 28 Abs. 1**, so dass die Strafe des Teilnehmers zu mildern ist[2787]. Eine Bereicherung oder Zueignung(-sabsicht) setzt der Tatbestand nicht voraus. Der in Abs. 1 Var. 1 normierte Missbrauchstatbestand ist gegenüber dem Treubruchstatbestand des Abs. 1 Var. 2 nach h. M. lex specialis[2788] und daher in Klausuren vorab zu prüfen. Wird er bejaht, muss auf Var. 2 nicht mehr eingegangen werden. Der Versuch der Untreue ist nicht unter Strafe gestellt.

1546 Prüfungsschema

1. Tatbestand
   a. Objektiver Tatbestand
      aa. Missbrauchstatbestand, Abs. 1 Var. 1
         (1) Verfügungs- oder Verpflichtungsbefugnis für fremdes Vermögen aufgrund Gesetzes, behördlichen Auftrags oder Rechtsgeschäfts
         (2) Missbrauch dieser Befugnis
         (3) Vermögensbetreuungspflicht des Täters (str.)
         (4) Vermögensnachteil bei dem zu betreuenden Vermögen
      bb. Treubruchstatbestand, Abs. 1 Var. 2

2785 BGHSt 43, 293 (297); 50, 331 (342); 55, 288 (300); A/W/H/H-*Heinrich*, § 22 Rn. 1.
2786 *Lackner/Kühl*, § 266 Rn. 2; *Rengier*, BT 1, § 18 Rn. 15.
2787 BGH wistra 2007, 306 (307); *Seier*, JuS 1998, 46 (49); a. A. *Schönke/Schröder/Perron*, § 266 Rn. 52.
2788 BGHSt 50, 331 (342); A/W/H/H-*Heinrich*, § 22 Rn. 79; a. A. *Labsch*, NJW 1986, 104 (107 f.).

(1) Wahrnehmung fremder Vermögensinteressen kraft Gesetzes, behördlichen Auftrags, Rechtsgeschäfts oder eines Treueverhältnisses
(2) Vermögensbetreuungspflicht des Täters
(3) Verletzung der dem Täter obliegenden Vermögensbetreuungspflicht
(4) Vermögensnachteil bei dem zu betreuenden Vermögen
b. Subjektiver Tatbestand
2. Rechtswidrigkeit
3. Schuld
4. Strafzumessungsregel für besonders schwere Fälle mit Regelbeispielen, § 266 Abs. 2 i. V. m. § 263 Abs. 3 Satz 2, § 243 Abs. 2
5. Strafantrag, § 266 Abs. 2 i. V. m. §§ 247, 248a

2. **Spezielle Voraussetzungen des Missbrauchstatbestands, Abs. 1 Var. 1**

Erfasst werden von Var. 1 – anders als bei Var. 2 – lediglich **rechtsgeschäftliche Einwirkungen auf das Vermögen**.

a) **Verfügungs- oder Verpflichtungsbefugnis.** Der Täter muss zunächst eine Verfügungs- oder Verpflichtungsbefugnis für fremdes Vermögen besitzen. **Verfügung** ist jede Aufhebung, Übertragung, Belastung und Inhaltsänderung einer Rechtsposition, auch durch hoheitliches Handeln[2789]. **Verpflichtung** ist die schuldrechtliche Belastung mit einer Verbindlichkeit. Beide Befugnisse umschreiben damit die nach außen wirkende Rechtsmacht auf fremdes Vermögen einzuwirken[2790]. Nicht erfasst werden dagegen rein tatsächliche Einwirkungen auf das zu betreuende Vermögen, z. B. durch Verarbeitung oder Eigenverbrauch[2791]; in solchen Fällen kommt jedoch Var. 2 in Betracht.

> **Bspe. (Verfügung):** Übereignung einer Sache des Vermögensinhabers oder Belastung eines Grundstücks des Vermögensinhabers mit Grundpfandrechten.

> **Bspe. (Verpflichtung):** Kaufvertrag oder Schenkungsvertrag über eine Sache des Vermögensinhabers.

aa) Die Befugnis kann auf Gesetz, behördlichem Auftrag oder Rechtsgeschäft beruhen. Für die auf Gesetz beruhende Befugnis können z. B. Eltern (§§ 1626 ff. BGB), Vormund (§§ 1793 ff. BGB), Betreuer (§§ 1896 ff. BGB), Pfleger (§§ 1909 ff. BGB), Testamentsvollstrecker (§§ 2205 ff. BGB) oder Insolvenzverwalter (§ 80 Abs. 1 InsO) genannt werden. Ein **behördlicher Auftrag**

2789 Vgl. dazu BGHZ 1, 294 (304); 101, 24 (26).
2790 *Lackner/Kühl*, § 266 Rn. 6; *Schönke/Schröder/Perron*, § 266 Rn. 14 f.
2791 OLG Frankfurt MDR 1994, 1232 (1233); *Rengier*, BT 1, § 18 Rn. 8.

kommt vor allem bei einem Amtsträger in Betracht, wenn diesem entsprechende Befugnisse zugewiesen sind. Die Befugnis ist durch **Rechtsgeschäft** eingeräumt bei Vollmacht (§§ 164 ff. BGB) oder Prokura (§§ 48 ff. HGB). Ferner ist an den Geschäftsführer einer GmbH (§§ 35 ff. GmbHG), den Vorstand oder Aufsichtsrat einer Aktiengesellschaft (§§ 78 ff., 111 AktG) zu denken, wobei hier die Befugnis auch auf „Gesetz" gestützt werden kann, weil sie zwar mit der Bestellung durch Rechtsgeschäft eingeräumt wird, der Inhalt jedoch durch die gesetzlichen Regelungen ausgestaltet wird.

1550 bb) Die Verfügungs- bzw. Verpflichtungsbefugnis bezieht sich auf **fremdes Vermögen**, d. h. das Vermögen muss nach materiellem, insbesondere nach bürgerlichem Recht, nicht allein dem Täter zuzuordnen sein[2792].

> **Bsp.:** Vorbehaltsverkäufer T veräußert (vertragswidrig) den bereits an O unter Eigentumsvorbehalt verkauften Wagen. – T verfügt über eigenes Vermögen, da der Wagen zivilrechtlich noch in seinem Eigentum steht. Umgekehrt verfügt der Vorbehaltskäufer bei einem Weiterverkauf über fremdes Vermögen; selbst wenn ihm die Weiterveräußerung nicht gestattet ist, obliegt ihm in solchen Fällen jedoch regelmäßig keine Vermögensbetreuungspflicht gegenüber dem Vorbehaltsverkäufer[2793], so dass § 266 Abs. 1 Var. 1 und Var. 2 letztlich zu verneinen sind.

1551 b) **Missbrauch der Befugnis**. Diese ist zentrales Merkmal der Var. 1, das den Tatbestand gegenüber Var. 2 eingrenzt und den Charakter als lex specialis begründet. Der Tatbestand erfasst nur solche Rechtsgeschäfte oder hoheitliche Handlungen, die zwar aufgrund der dem Täter eingeräumten Befugnis im Außenverhältnis rechtlich wirksam sind, dem Täter aber im Innenverhältnis nicht erlaubt waren. Die gängige Definition lautet: Missbrauch ist das Handeln im Rahmen des rechtlichen Könnens (im Außenverhältnis) unter Überschreitung des rechtlichen Dürfens (im Innenverhältnis)[2794]. Die Definition lehnt sich damit an die für den Missbrauch der Vertretungsmacht im Zivilrecht entwickelten Grundsätze an. Dabei ist zu beachten, dass sich die Befugnisse im Innen- und Außenverhältnis nicht entsprechen müssen, weil die Rechtsmacht nach außen abstrakt vom Grundgeschäft des Innenverhältnisses ist. Decken sich im Einzelfall Innen- und Außenverhältnis, so kann bei einer Überschreitung mangels wirksamen Handelns nach außen der Missbrauchstatbestand keine Anwendung finden.

> **Hinweis**
> Wenngleich der Tatbestand der Untreue nicht streng „zivilrechtsakzessorisch" ist, so lassen sich doch häufig durch einen Rückgriff auf zivilrecht-

---

[2792] *Fischer*, § 266 Rn. 11; MünchKomm-*Dierlamm*, § 266 Rn. 47.
[2793] A/W/H/H-*Heinrich*, § 22 Rn. 25f; *Fischer*, § 266 Rn. 12; näher zur Vermögensbetreuungspflicht s. u. Rn. 1571.
[2794] BGHSt 5, 61 (63); A/W/H/H-*Heinrich*, § 22 Rn. 31.

liche Grundsätze Anhaltspunkte für die Auslegung des Tatbestandes und die Konkretisierung der Pflichten gewinnen.

aa) Erforderlich ist zunächst ein **Verstoß gegen die im Innenverhältnis bestehenden Befugnisse.** Diese werden – soweit nicht gesetzlich normiert – vom Grundgeschäft festgelegt, z. B. einem Auftrag (§ 662 BGB), einem Geschäftsbesorgungsvertrag (§ 675 BGB) oder einem Arbeitsverhältnis (§ 611 BGB). Weitere Konkretisierungen können durch Weisungen oder zusätzliche Vereinbarungen erfolgen[2795]. Hält sich der Handelnde im Rahmen dieser Befugnisse, so scheidet der Tatbestand von vornherein aus.

(1) Auch ein **vorheriges Einverständnis** (Einwilligung) des Vermögensträgers prägt die Grenzen des Innenverhältnisses und wirkt daher richtigerweise bereits tatbestandsausschließend[2796]. Da sich der Unrechtsgehalt der Tat jedoch aus einer Pflichtverletzung ableitet, hat das tatbestandsausschließende Einverständnis normativen und nicht nur tatsächlichen Charakter[2797]. Im Gegensatz zu anderen Straftatbeständen, bei denen ein tatbestandsausschließendes Einverständnis möglich ist, z. B. §§ 123, 242, sind daher Maßstäbe anzulegen, wie sie ansonsten für die rechtfertigende Einwilligung gelten[2798]. Es genügt daher kein natürliches Einverständnis, vielmehr bedarf es der Einwilligungsfähigkeit und einer von Willensmängeln freien, wirksamen Einwilligung. Daher kann vor allem eine Täuschung erheblich sein und das Einverständnis entfallen lassen. Nach diesen Grundsätzen sind vor allem sog. Risikogeschäfte zu beurteilen.

> **Bsp.:**[2799] T, der die Vermögensgeschäfte für O wahrnimmt, soll ihr Geld „sicher" anlegen. T kauft nach Rücksprache mit O jedoch Optionsscheine und legt damit das Geld höchst riskant an. – Ein Verstoß im Innenverhältnis und damit ein Missbrauch ist zu verneinen, wenn O die Risiken der Anlage, ggf. nach einer erforderlichen Aufklärung durch T, kennt. Andernfalls ist das Einverständnis aufgrund der mangelnden Erfahrung der O im Bereich von Kapitalanlagen und des damit verbundenen Willensmangels unwirksam.

Im Einzelfall kann jedoch zu prüfen sein, ob das Einverständnis – etwa eines übergeordneten Organs (z. B. Mitgliederversammlung) im Verhältnis zum Handelnden (z. B. Vereinsvorstand) bei einer Untreue gegenüber dem Verein – aufgrund eines Gesetzesverstoßes oder einer Pflichtverletzung i. S. d. § 266 unwirksam ist[2800]. Ebenso schließt **eine nachträgliche Geneh-**

2795 *Lackner/Kühl*, § 266 Rn. 6; *Schönke/Schröder/Perron*, § 266 Rn. 18.
2796 BGHSt 50, 331 (342); 52, 323 (335); *A/W/H/H-Heinrich*, § 22 Rn. 70.
2797 *A/W/H/H-Heinrich*, § 22 Rn. 70; *Wessels/Hillenkamp/Schuhr*, BT 2, Rn. 758.
2798 BGH NStZ 1997, 124; *Fischer*, § 266 Rn. 92; *Labsch*, JuS 1985, 602 (603 f.).
2799 *Eisele*, Jura 2002, 59 (60); s. auch *Wessels/Hillenkamp/Schuhr*, BT 2, Rn. 759.
2800 Näher *Wessels/Hillenkamp/Schuhr*, BT 2, Rn. 761.

migung des Rechtsgeschäfts die Strafbarkeit nicht aus, da eine Rückwirkung im Strafrecht – anders als im Zivilrecht – nicht anzuerkennen ist[2801].

1555 (2) Besonderheiten gelten sowohl beim Missbrauchs- als auch beim Treubruchstatbestand für die **Untreue zum Nachteil von Gesellschaften**, wenn die Gesellschafter mit der Schmälerung des Vermögens der Gesellschaft einverstanden sind.

> **Bsp.:** Die Gesellschafter A, B und C gestatten dem Geschäftsführer T einvernehmlich, 50000 € aus dem Gesellschaftsvermögen zu entnehmen, um seine besonderen Anstrengungen angemessen zu honorieren. Die GmbH ist zu diesem Zeitpunkt bereits überschuldet (§ 19 InsO).

Zunächst ist insoweit zu beachten, dass die juristische Person Inhaberin des Vermögens ist (vgl. § 13 Abs. 1 GmbHG). Entsprechend wird z. T. verlangt, dass mit Blick auf ein Einverständnis zwingende Vorschriften des GmbH-Rechts (insb. über die Kapitalerhaltung; §§ 30 ff. GmbHG) zu beachten sind und auch die Herbeiführung einer existenzgefährdenden Situation zu vermeiden ist. Näher liegen dürfte es, auch insoweit allein die Interessen der Gesellschafter – als wirtschaftlicher Eigentümer der Gesellschaft – geschützt zu sehen, womit dem Einverständnis auch im Beispielsfall tatbestandsausschließende Wirkung zukommt. Gläubigerschutz wird hinreichend durch die §§ 283 ff., 288 gewährleistet[2802]. Wirksam ist das Einverständnis aber nur, wenn das **oberste Willensorgan** in seiner Gesamtheit **zugestimmt hat**. Für die Einzelheiten sind die gesellschaftsrechtlichen Zusammenhänge maßgebend[2803].

1556 bb) Der Missbrauchstatbestand setzt ferner voraus, dass das **Rechtsgeschäft im Außenverhältnis wirksam** sein muss[2804]. Hierzu bedarf es auch in strafrechtlichen Übungsarbeiten einer genauen zivilrechtlichen Prüfung.

1557 (1) Der Missbrauchstatbestand ist mangels Wirksamkeit des rechtsgeschäftlichen Handelns zu verneinen, wenn der Täter als **Vertreter ohne Vertretungsmacht** handelt (vgl. § 177 Abs. 1 BGB). Dabei ist es unerheblich, ob erst gar keine Vertretungsmacht besteht oder eine tatsächlich erteilte Vertretungsmacht in ihrem Umfang überschritten wird.

> **Bsp.:** T hat im Innenverhältnis den Auftrag, einen Wagen für O zu kaufen. Im Außenverhältnis hat ihm O eine Vollmacht (§ 164 Abs. 1 Satz 1 BGB) für Rechtsgeschäfte bis zu 20000 € erteilt. T schließt ein Geschäft über ein Schmuckstück im Wert von 50000 € ab. – T hat die Grenzen im Innenverhältnis überschritten, da er keinen Auftrag zum

---

2801 Schönke/Schröder/Perron, § 266 Rn. 21.
2802 Näher zum Ganzen Eisele, BT 2, Rn. 868.
2803 Dazu näher Eisele, BT 2, Rn. 869.
2804 BGH NStZ 2007, 579 (580); Labsch, Jura 1987, 411 (413); a. A. LK-Schünemann, § 266 Rn. 47.

Kauf eines Schmuckstücks besaß. Weil das Geschäft im Außenverhältnis nicht von der Vertretungsmacht gedeckt war und O daher nicht rechtsgeschäftlich verpflichtet wird, scheidet § 266 Abs. 1 Var. 1 aus; in solchen Fällen kann auf Var. 2 zurückgegriffen werden[2805].

Hingegen ist das Rechtsgeschäft auch bei einem Missbrauch der Vertretungsmacht grundsätzlich wirksam, wenn der Täter zwar im Innenverhältnis die Grenzen überschreitet, jedoch nach außen innerhalb seiner Vertretungsmacht handelt. Dasselbe gilt für das Handeln mit Verfügungsmacht i. S. d. § 185 BGB (z. B. bei Geschäften eines Kommissionärs[2806]), bei dem der Täter anders als bei der Stellvertretung nicht im fremden, sondern im eigenen Namen tätig wird.

Bsp.: T ist Prokurist in der Firma des O. Im Innenverhältnis ist es ihm untersagt, Rechtsgeschäfte über 50000 € ohne Zustimmung des O abzuschließen. T kauft jedoch ohne Rückfrage einen LKW für 250000 €. – Da T sich im Rahmen der Vertretungsmacht bewegt (§ 49 HGB) und auch eine Beschränkung der Prokura im Außenverhältnis unwirksam wäre, wirkt das Geschäft für und gegen O. – T macht sich nach § 266 Abs. 1 Var. 1 strafbar.

Keine Rechtswirksamkeit ist trotz Handelns im Rahmen der Vertretungsmacht gegeben, wenn der Geschäftspartner den **Missbrauch erkennt**, dieser für **ihn erkennbar (evident)** ist[2807] oder ein **kollusives Zusammenwirken** von Täter und Geschäftspartner (§§ 138, 242 BGB) gegeben ist[2808].

(2) Nicht ausreichend ist nach h. M., dass das Rechtsgeschäft lediglich aufgrund von **Schuldnerschutzvorschriften** (z. B. § 407 BGB)[2809] oder aufgrund von **Gutglaubensvorschriften** (z. B. §§ 932 ff. BGB, 56 HGB)[2810] Wirksamkeit entfaltet. Vielmehr muss der Täter gerade von derjenigen Verfügungsbefugnis wirksam Gebrauch machen, die ihm der Vermögensträger eingeräumt hat[2811].

c) **Vermögensbetreuungspflicht.** Ob und ggf. mit welchem Inhalt eine Vermögensbetreuungspflicht beim Missbrauchstatbestand bestehen muss, ist umstritten. Es geht hierbei um die Frage, ob sich der Satzteil „und dadurch dem, dessen Vermögensinteressen er zu betreuen hat …", nur auf Var. 2 oder auch auf Var. 1 bezieht. Teilweise werden Missbrauchs- und Treubruchsalternative als selbstständige Tatbestände angesehen, so dass Var. 1 entgegen der h. M. keine Spezialvorschrift darstellt und auch keine

---

2805 S. u. Rn. 1564.
2806 A/W/H-*Heinrich*, § 22 Rn. 18 f.; *Fischer*, § 266 Rn. 18.
2807 A/W/H-*Heinrich*, § 22 Rn. 35.
2808 LPK-*Kindhäuser/Hilgendorf*, § 266 Rn. 48; SK-*Hoyer*, § 266 Rn. 78.
2809 NK-*Kindhäuser*, § 266 Rn. 88; LK-*Schünemann*, § 266 Rn. 42.
2810 *Fischer*, § 266 Rn. 20; *Rengier*, BT 1, § 18 Rn. 8.
2811 Vgl. auch *Eisele*, BT 2, Rn. 874.

Vermögensbetreuungspflicht verlangt[2812]. Der oben erwähnte Satzteil sei nur ein Hinweis des Gesetzgebers darauf, dass der Geschädigte mit dem Inhaber des betreuten Vermögens identisch sein müsse. Andere verlangen zwar auch für Var. 1 eine Vermögensbetreuungspflicht. Diese soll jedoch – anders als bei Var. 2 – immer schon vorliegen, wenn dem Täter die Verfügungs- oder Verpflichtungsbefugnis im Interesse des Vermögensinhabers, d. h. zu einem **fremdnützigen Handeln**, übertragen worden ist[2813]. Denn ansonsten könnten alle Fälle, die vom Missbrauchstatbestand erfasst werden, ebenso gut unter den Treubruchstatbestand subsumiert werden[2814]. Auch sei Var. 1 durch das Erfordernis des Missbrauchs der Befugnis schärfer konturiert als der Treubruchstatbestand[2815]. Überwiegend wird der Missbrauchstatbestand jedoch als spezieller Anwendungsfall des Treubruchstatbestandes angesehen, so dass eine identische **Vermögensbetreuungspflicht** verlangt wird[2816]. Hierfür spricht immerhin, dass sich der Passus „… und dadurch dem, dessen Vermögensinteressen er zu betreuen hat …" nach seiner systematischen Stellung auf beide Varianten des Tatbestandes bezieht und damit zugleich einer Ausuferung des weit gefassten § 266 begegnet werden kann. Folgt man der h. M., so hat man die beim Treubruchstatbestand näher dargestellten Voraussetzungen der Vermögensbetreuungspflicht auf den Missbrauchstatbestand zu übertragen[2817].

Bsp.:[2818] T bezahlt mit einer Kreditkarte des Unternehmens U (wirksam) Waren, obgleich ihm dies mangels Kontodeckung im Innenverhältnis untersagt ist. – Da der Karteninhaber T gegenüber dem Kreditkartenunternehmen U nach h. M. nicht vermögensbetreuungspflichtig und dieses Merkmal auch für Var. 1 erforderlich ist, scheidet § 266 aus. Dies gilt auch dann, wenn man zumindest ein fremdnütziges Handeln verlangt, weil T die Karte zu eigennützigen Zwecken erhält. In Betracht kommt jedoch ein Missbrauch von Scheck- und Kreditkarten nach § 266b.

1562 d) Hinsichtlich des **Vermögensnachteils** kann ebenfalls auf die Ausführungen zum Treubruchstatbestand verwiesen werden[2819].

3. Treubruchstatbestand, Abs. 1 Var. 2

1563 Die Treubruchsvariante erfasst im Gegensatz zur Missbrauchsvariante **auch tatsächliche Einwirkungen auf das Vermögen**.

1564 a) **Wahrnehmung fremder Vermögensinteressen.** Erforderlich ist zunächst die Wahrnehmung fremder Vermögensinteressen kraft Gesetzes, be-

---

2812 *Labsch*, NJW 1986, 104 (107 f.); *Otto*, JZ 1985, 1008 (1009).
2813 Vgl. *Eisele*, GA 2001, 377 (381 f.); *Schönke/Schröder/Perron*, § 266 Rn. 2.
2814 Vgl. *Otto*, BT, § 54 Rn. 11; *Schönke/Schröder/Perron*, § 266 Rn. 2.
2815 *Mitsch*, BT 2, 6.2.1.2.1; *Otto*, BT, § 54 Rn. 8.
2816 BGHSt 47, 187 (192); BGH NStZ 2013, 40 f.; *A/W/H/H-Heinrich*, § 22 Rn. 79.
2817 S. u. Rn. 1571 ff.
2818 S. auch BGHSt 24, 386 (387 f.); 33, 244 (250 f.).
2819 S. u. Rn. 1578 ff.

I. Untreue, § 266

hördlichen Auftrags, Rechtsgeschäftes oder eines Treueverhältnisses. Soweit Var. 2 auf eine Rechtsbeziehung kraft Gesetzes, behördlichen Auftrags oder Rechtsgeschäftes Bezug nimmt, gelten die Ausführungen zur Missbrauchsalternative entsprechend. Daneben werden durch das **sonstige Treueverhältnis** auch Personen einbezogen, die nicht rechtswirksam im Außenverhältnis handeln[2820] sowie solche, die lediglich rein tatsächlich zur Vermögensfürsorge verpflichtet sind[2821]. Zu nennen sind etwa Aufsichtsratsmitglieder einer Aktiengesellschaft, die zur Kontrolle berufen sind, selbst aber nicht rechtsgeschäftlich handeln.

aa) Daraus folgt zunächst, dass Var. 2 ein **rechtsgeschäftliches Handeln nicht voraussetzt.** 1565

> **Bsp. (1):** Vorstand T einer AG lässt sein Haus von Arbeitnehmern während der Arbeitszeit renovieren.

> **Bsp. (2):** Prokurist T des Juweliers O steckt ein Schmuckstück in die Tasche, um es für sich zu behalten. – Die Strafbarkeit nach § 266 Abs. 1 Var. 2 steht in Idealkonkurrenz zu § 242.

Auch ein Unterlassen – wie beispielsweise die Nichtgeltendmachung oder das Verjährenlassen einer Forderung oder das Nichtweiterleiten von Geldern an einen Mandanten durch einen Rechtsanwalt – wird von Var. 2 unmittelbar erfasst[2822]. Es handelt sich insoweit zugleich um ein **echtes Unterlassungsdelikt**[2823], für das es neben der Vermögensbetreuungspflicht keiner Garantenstellung und Prüfung der Entsprechungsklausel bedarf. Richtigerweise ist auch die Strafmilderung des § 13 Abs. 2 nicht anzuwenden, weil Tun und Unterlassen vom Tatbestand gleich gestellt werden[2824]. 1566

> **Bsp.:** T betreut das Vermögen seiner Großmutter O. Anstatt 20000 € mit einem höheren Zinssatz anzulegen, lässt er dieses über Jahre hinweg auf einem Girokonto. – T macht sich nach § 266 Abs. 1 Var. 2 strafbar, da es auf ein wirksames rechtsgeschäftliches Handeln nicht ankommt und der O mit dem entgangenen Zinsgewinn ein Schaden entstanden ist. § 13 ist in der Fallbearbeitung beim echten Unterlassungsdelikt nicht zu erwähnen.

bb) Es genügt ferner, dass das Treueverhältnis tatsächlich besteht. Erfasst werden zunächst **erloschene Rechtsverhältnisse**, wenn weiterhin Treuepflichten daraus bestehen[2825]. In solchen Fällen kann man freilich auch noch von nachwirkenden Treuepflichten des ursprünglichen Rechtsverhält- 1567

[2820] BGH NStZ 2007, 579 (580); A/W/H/H-*Heinrich*, § 22 Rn. 40, 48.
[2821] BGHSt 6, 67.
[2822] BGHSt 15, 342 (344); BGH NStZ 2015, 517 (519).
[2823] A/W/H/H-*Heinrich*, § 22 Rn. 41; Schönke/Schröder/Perron, § 266 Rn. 35; a. A. BGH NJW 2009, 89 (91).
[2824] *Wessels/Hillenkamp/Schuhr*, BT 2, Rn. 765; a. A. BGHSt 36, 227 ff.
[2825] *Fischer*, § 266 Rn. 43; *Mitsch*, BT 2, 6.2.1.3.3; krit. A/W/H/H-*Heinrich*, § 22 Rn. 52.

nisses kraft Gesetzes, behördlichen Auftrags oder Rechtsgeschäfts ausgehen, so dass man nicht auf das tatsächliche Treueverhältnis zurückgreifen muss[2826].

> **Bsp.:**[2827] T zieht nach Auflösung eines Geschäftsbesorgungsvertrags und Erlöschen der damit verbundenen Vollmachten weiterhin Forderungen des Vermögensinhabers ein und leitet die Gelder nicht weiter. – T macht sich aufgrund fortbestehender Pflichten nach § 266 Abs. 1 Var. 2 strafbar.

1568 Entsprechendes gilt bei von vornherein **unwirksamen Geschäftsbesorgungsverhältnissen**[2828]. Allerdings besteht eine Vermögensbetreuungspflicht hier nur dann, wenn die Parteien überhaupt beabsichtigt haben, ein wirksames Rechtsverhältnis zu begründen, dies jedoch fehlgeschlagen ist[2829].

> **Bsp.:** T wird von der Mitgliederversammlung zum Vorstand eines Vereins bestellt, die Bestellung ist jedoch mangels Beschlussfähigkeit unwirksam. T nimmt dennoch die Amtsgeschäfte wahr und überweist mehrmals Gelder des Vereins auf sein Privatkonto. – § 266 Abs. 1 Var. 1 scheidet aus, weil T keine wirksame Verfügungs- bzw. Verpflichtungsbefugnis eingeräumt wurde. Jedoch erfasst § 266 Abs. 1 Var. 2 die Tätigkeit als sog. faktisches Organ. Die Beteiligten beabsichtigten mit der Bestellung auch die rechtliche Begründung eines Treueverhältnisses; für die Vermögensbetreuungspflicht ist beim faktischen Organ weiterhin erforderlich, dass die Tätigkeit vom zuständigen Vereinsgremium, hier der Mitgliederversammlung, geduldet wird[2830].

1569 (1) Ob auch Rechtsgeschäfte, die wegen **Gesetzes- oder Sittenwidrigkeit** (§§ 134, 138 BGB) nichtig sind, tatsächliche Treueverhältnisse auslösen können, ist umstritten (sog. Ganovenuntreue). Man kann diese Problematik – parallel zu den Vermögenstheorien beim Betrug – auch erst beim Merkmal des Vermögensnachteils diskutieren. Unstreitig liegt zunächst kein Fall des § 266 vor, wenn der „Verpflichtete" gesetzes- oder sittenwidrigen Abreden nicht nachkommt, weil eine Treuepflicht zur Begehung solcher Rechtsverstöße nicht anzuerkennen ist[2831].

> **Bsp.:** T soll für O „im großen Stil" Betäubungsmittel verwahren und veräußern. T übergibt diese jedoch der Polizei. – T macht sich nicht nach § 266 Abs. 1 Var. 2 strafbar, weil er sich im Einklang mit der Rechtsordnung hält.

2826 A/W/H/H-*Heinrich*, § 22 Rn. 52.
2827 BGHSt 8, 149.
2828 *Mitsch*, BT 2, 6.2.1.3.3; *Seier/Martin*, JuS 2001, 874 (878).
2829 A/W/H/H-*Heinrich*, § 22 Rn. 53 f.; SK-*Hoyer*, § 266 Rn. 40.
2830 BGH NJW 1997, 66 (67); A/W/H/H-*Heinrich*, § 22 Rn. 54.
2831 BGHSt 8, 254 (258); *Rengier*, BT 1, § 18 Rn. 32.

(2) Problematisch ist aber, ob eine Untreue möglich ist, wenn der Vermögensgegenstand aus **gesetzes- oder sittenwidrigen Geschäften** stammt. Dies wird teilweise bejaht, weil für Straftäter untereinander kein straffreier Raum bestehen könne[2832]. Parallel zu dem bei § 263 vertretenen juristisch-ökonomischen Vermögensbegriff wird von der Gegenansicht mit Recht eine Strafbarkeit verneint, weil das Strafrecht nicht dasjenige schützen könne, was das Zivilrecht missbillige[2833].

1570

> **Bsp.:** T verwahrt für O gestohlene Ware, die er für O absetzen soll. Er entschließt sich dann später, diese auf eigene Rechnung zu veräußern. – § 266 Abs. 1 Var. 1 scheidet schon deshalb aus, weil T in eigenem Namen handelte und O nicht wirksam im Außenverhältnis verpflichtete. Var. 2 lässt sich mit dem wirtschaftlichen Vermögensbegriff bejahen, mit dem juristisch-ökonomischen Vermögensbegriff verneinen. Mit dem Weiterverkauf (Manifestation der Zueignung) ist § 246 Abs. 1 (nicht jedoch Absatz 2) verwirklicht[2834], der ggf. hinter § 266 Abs. 1 Var. 2 zurücktritt[2835]. Eine Strafbarkeit nach § 259 scheidet aus; ein Sich-Verschaffen liegt nicht vor, weil T die Verfügungsgewalt für O (Verwahrung) und nicht zu eigenen Zwecken übernahm. Ein Absetzen bzw. eine Absatzhilfe ist zu verneinen, weil diese ein Handeln für Rechnung des Vortäters (O) voraussetzt[2836].

b) Vermögensbetreuungspflicht. Inhalt der **nach h. M. für beide Varianten gleich zu bestimmenden Vermögensbetreuungspflicht** ist die Geschäftsbesorgung für einen anderen in einer nicht ganz unbedeutenden Angelegenheit mit einem Aufgabenkreis von einigem Gewicht und einem gewissen Grad an Verantwortlichkeit[2837]. Die unscharfe Fassung der Vorschrift macht es im Hinblick auf den in Art. 103 Abs. 2 GG verankerten Bestimmtheitsgrundsatz notwendig, zumindest den Tatbestand der Var. 2 restriktiv auszulegen und an die Vermögensbetreuungspflicht hohe Anforderungen zu stellen.

1571

aa) Die Vermögensbetreuungspflicht muss zunächst durch eine **Fremdnützigkeit des Handelns** gekennzeichnet sein, d. h. die Wahrnehmung fremder Vermögensinteressen muss den wesentlichen Inhalt bzw. den Hauptgegenstand des Treueverhältnisses bilden[2838]. Für vertragliche Beziehungen bedeutet dies, dass die Vermögensbetreuungspflicht **Hauptgegenstand des Treueverhältnisses** und nicht bloße Nebenpflicht sein muss[2839].

1572

2832 BGHSt 8, 254 (258); 20, 143 (145); *Wessels/Hillenkamp/Schuhr*, BT 2, Rn. 774.
2833 *Joecks/Jäger*, § 266 Rn. 37 f.; *Schönke/Schröder/Perron*, § 266 Rn. 31.
2834 S. o. Rn. 1116.
2835 S. o. Rn. 1120.
2836 S. u. Rn. 1678.
2837 Vgl. nur BGHSt 33, 244 (250); 55, 288 (298); *Mitsch*, JuS 2011, 97 (100).
2838 BGHSt 61, 48 (62); BGH NJW 1991, 2574; *Lackner/Kühl*, § 266 Rn. 11.
2839 BGHSt 1, 186 (189); 13, 315 (317); A/W/H/H-*Heinrich*, § 22 Rn. 58. Zu Konstellationen, in denen es an einem hauptgegenständlichen Treueverhältnis fehlt, vgl. *Eisele*, BT 2, Rn. 890 f.

1573 bb) Das Treueverhältnis muss nach h. M. ferner von **einiger Bedeutung** sein. Als Kriterien für die Vermögensbetreuungspflicht werden neben Art, Dauer und Umfang der Tätigkeit vor allem das Maß an Selbstständigkeit, der Bewegungsspielraum und die Entscheidungsfreiheit des Handelnden bei seiner Tätigkeitsowie die Kontrollmöglichkeiten des Treugebers herangezogen[2840]. Sind hingegen die **Einzelheiten der Tätigkeit** bereits festgelegt oder nimmt der Vermögensinhaber maßgeblichen Einfluss, so ist der Tatbestand zu verneinen[2841].

> **Bsp.:** Der bei O angestellte T veräußert im Fußballstadion in einem bestimmten Tribünenbereich Popcorn mit einem Bauchladen. Er muss zu Spielbeginn, nach der Halbzeit und am Ende des Spiels die Einnahmen am Stand des O abliefern. Eines Tages steckt er 50 € Wechselgeld in die eigene Tasche. – Angesichts der Vorgaben und des geringen Entscheidungsspielraums ist eine Vermögensbetreuungspflicht und damit § 266 zu verneinen. Aufgrund der räumlichen Bindung des T an O und den Weisungen kann man aber einen Mitgewahrsam des O am Geld annehmen, so dass sich T nach § 242 mit dem Einstecken strafbar macht; andernfalls gelangt man zu einer Strafbarkeit nach § 246 Abs. 1 und 2.

1574 Für die klausurrelevanten Fälle des Handelns von Kassierern ist damit entscheidend, ob diese die Kasse alleinverantwortlich zu betreuen haben, d. h. Einnahmen und Ausgaben selbstständig kontrollieren, quittieren und abliefern[2842]. Dies dürfte bei einem Bankkassierer meist zu bejahen sein; bei einem Kassierer in einem Ladengeschäft ist dies jedoch von der konkreten Ausgestaltung im Einzelfall abhängig[2843].

> **Bspe.:** Erfasst werden danach in Vermögensangelegenheiten tätige Rechtsanwälte, Notare, Steuerberater, Vermögensverwalter, Prokuristen, Filialleiter, Geschäftsführer, Vorstände und Aufsichtsräte. Aus dem öffentlich-rechtlichen Bereich kommen z. B. (Ober-)Bürgermeister, Kämmerer oder Landräte in Betracht.
>
> **Gegenbsp.:** Ohne weiteren Anhaltspunkt haben Arbeiter, Lehrlinge und Sekretärinnen keine Vermögensbetreuungspflicht. Auch die Beamtenstellung ist für sich genommen nicht ausreichend, wenn aus dem speziellen Aufgabengebiet keine Vermögensbetreuungspflicht entspringt[2844].

1575 cc) **Täter des Sonderdelikts** kann nur der Vermögensbetreuungspflichtige sein; andere Beteiligte kommen nur als Teilnehmer in Betracht, wobei nach h. M. § 28 Abs. 1 zu berücksichtigen ist[2845].

2840 BVerfGE 126, 170 (209); BGHSt 55, 288 (298); BGHSt 61, 48 (62 f.); *Mitsch*, BT 2, 6.2.1.3.3.
2841 BGH NStZ 2013, 407 f.
2842 So BGHSt 13, 315 (318 f.).
2843 Grundsätzlich bejahend *Krey/Hellmann/Heinrich*, BT 2, Rn. 813; verneinend *Rengier*, BT 1, § 18 Rn. 28.
2844 BGH StV 1995, 73.
2845 S. o. Rn. 858.

> **Bsp.:** Unternehmer U bittet den zuständigen Beamten T, ihm unter Verstoß gegen haushaltsrechtliche Vorschriften eine Subvention zu gewähren; U entwirft den Plan und wirkt durch Einreichung des Antrages erheblich mit. T überweist das Geld dann nach Bearbeitung des Antrages auf ein Konto des U. – Da T für die öffentlichen Gelder vermögensbetreuungspflichtig ist, macht er sich täterschaftlich nach § 266 strafbar. U kann das Sonderdelikt trotz erheblicher Mitwirkung nicht (mit-)täterschaftlich verwirklichen, da ihn als Subventionsempfänger keine Vermögensbetreuungspflicht trifft. Er macht sich lediglich wegen Anstiftung nach §§ 266, 26 strafbar, wobei ihm die Milderung nach § 28 Abs. 1 zugute kommt.

c) Verletzung der Vermögensbetreuungspflicht. Erfasst wird jedes Handeln oder Unterlassen, das im Widerspruch zur Treuepflicht steht. Zu beachten ist, dass der Täter dabei gerade in seiner **Funktion als Vermögensbetreuungspflichtiger** – z. B. als Vorstand oder Aufsichtsratsmitglied – handeln muss und gerade eine Pflicht verletzt, auf die sich die Vermögensbetreuungspflicht bezieht[2846]. Bei Verstößen gegen die Legalitätspflicht soll dabei unerheblich sein, dass die Handlung im Interesse der Gesellschaft lag und für diese profitabel war[2847]. Ein **Einverständnis** des Vermögensinhabers mit der Handlung lässt die Pflichtverletzung entfallen und wirkt daher auch im Rahmen der Var. 2 tatbestandsausschließend.

Der Täter muss dabei stets seinen **spezifischen Treuepflichten** zuwiderhandeln[2848]. Die Verletzung allgemeiner Schuldnerpflichten genügt selbst bei Bestehen einer Vermögensbetreuungspflicht nicht[2849].

> **Bsp.:** Notar T gibt die für O gewinnbringend angelegten Gelder nicht rechtzeitig heraus. – Zwar besteht eine Vermögensbetreuungspflicht, die auch Hauptpflicht des Vertrages ist, jedoch ist die rechtzeitige Herausgabe an einen Mandanten eine allgemeine Schuldnerpflicht, die sich von Herausgabepflichten anderer Schuldverhältnisse ohne Treueabrede nicht wesentlich unterscheidet[2850]. Damit scheidet § 266 Abs. 1 Var. 2 aus.

d) Vermögensschaden. Letztlich muss gerade dem zu betreuenden Vermögen ein **Nachteil zugefügt** worden sein. Der Vermögensnachteil ist dabei strikt von der Pflichtwidrigkeit abzuschichten, um eine sog. „**Verschleifung" der Tatbestandsmerkmale** zu verhindern[2851]. Hierfür ist ein Vergleich des gesamten betreuten Vermögens vor und nach der pflichtwid-

---

2846 BGH wistra 2013, 104.
2847 BGHSt 55, 266 (275 f.).
2848 BGHSt 28, 20 (25); *Lackner/Kühl*, § 266 Rn. 15.
2849 BGH NStZ 1989, 72 f.; *Wessels/Hillenkamp/Schuhr*, BT 2, Rn. 770.
2850 BGH NStZ 1986, 361; OLG Hamm NStZ-RR 2000, 236 (237).
2851 BVerfGE 126, 170 (228); BVerfG NJW 2013, 365 (366); BGHSt 55, 288 (304).

rigen Handlung erforderlich.[2852] Es muss demnach infolge der Pflichtverletzung eine Minderung des zu betreuenden Vermögens eintreten, ohne dass diese durch zufließende Vermögensvorteile unmittelbar ausgeglichen wird[2853]. So liegt etwa bei verschleierten Schmiergeldzahlungen an Mitarbeiter eines Unternehmens dessen Vermögensnachteil regelmäßig bereits darin, dass das Schmiergeld auf den später seitens des Unternehmens zu zahlenden Preis aufgeschlagen und damit auf dieses verlagert wird, ohne dass es hierfür eine Gegenleistung erhält[2854]. Eine Kompensation muss freilich nicht in zeitlichem Zusammenhang erfolgen, solange hierfür keine weiteren, selbständigen Handlungen hinzutreten müssen[2855]. Der Vermögensnachteil ist im Grundsatz in Anlehnung an den Vermögensschaden bei § 263 zu bestimmen, so dass auch hier entsprechende Fragen – wie etwa die Lehre von der Zweckverfehlung[2856] oder vom individuellen Schadenseinschlag – zu diskutieren sein können. Angesichts der unscharfen Konturen des Untreuetatbestandes werden hier jedoch im Hinblick auf das Bestimmtheitsgebot des Art. 103 Abs. 2 GG mit Recht Einschränkungen gefordert.

1579 aa) Ein wichtiger Unterschied zu § 263 ist zunächst darin zu sehen, dass nach h. M. kein Schaden vorliegt, wenn der Täter **eigene flüssige Mittel zum jederzeitigen Ersatz** der eigenmächtig verwendeten Summe zur Verfügung hat und darauf achtet, diese Mittel ständig zum Ausgleich benutzen zu können[2857].

> **Bsp.:** Notar T verwaltet Gelder des mit ihm befreundeten O auf einem Konto; eines Tages entschließt er sich zu einer riskanten und im Ergebnis auch verlustreichen Anlage. Auf einem eigenen Konto hält er eine deutlich höhere Summe zur Verfügung, um etwaige Verluste ausgleichen zu können. – In diesem Fall ist ein Vermögensschaden und damit eine Untreuestrafbarkeit zu verneinen, da der Verlust jederzeit kompensiert werden kann.

1580 bb) Ebenso wie beim Betrug[2858] ist in den letzten Jahren die konkrete Vermögensgefährdung in den Blick geraten, die insbesondere bei sog. Risikogeschäften und der Bildung „schwarzer Kassen" von Bedeutung ist. Im Gegensatz zum Betrug ist der Ausgangspunkt bei der Untreue jedoch ein etwas anderer. Hier besteht zusätzlich die Gefahr, dass durch eine Ausdehnung des Schadens auf vorgelagerte Vermögensgefährdungen die

---

2852 BGHSt 47, 295 (301 f.); BGH NStZ-RR 2006, 378; BGH NStZ 2018, 105 (107).
2853 BGHSt 15, 342 (343); *Eisele/Bechtel*, JuS 2018, 97 (98).
2854 BGHSt 49, 317 (332); 50, 299 (314); BGH NJW 2013, 3590 (3592).
2855 BGH NStZ 2011, 403 (405 f.).
2856 Gebilligt von BVerfG NJW 2013, 365 (367); BGH NStZ 2014, 517 (519).
2857 BGHSt 15, 342 (344); BGH NStZ 1995, 233 (234); zum Ganzen *Eisele/Bechtel*, JuS 2018, 97 (98 f.).
2858 Zur entsprechenden Problematik beim Betrug s. o. Rn. 1351 ff.

I. Untreue, § 266   **1581, 1582**

Straflosigkeit des Versuchs umgangen wird; zudem existiert auf subjektiver Ebene keine der Bereicherungsabsicht entsprechende Voraussetzung[2859].

(1) Die Rechtsprechung nimmt in diesen Fällen bereits einen **endgültigen Vermögensschaden** an; beim Abschluss von Risikogeschäften trete bereits ein endgültiger Schaden ein, weil die risikobehafteten Forderungen sogleich minderwertig seien[2860].   **1581**

> **Formulierung**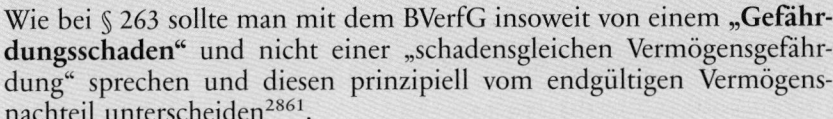
> Wie bei § 263 sollte man mit dem BVerfG insoweit von einem „**Gefährdungsschaden**" und nicht einer „schadensgleichen Vermögensgefährdung" sprechen und diesen prinzipiell vom endgültigen Vermögensnachteil unterscheiden[2861].

Hierfür spricht nicht nur, dass es inzwischen bei Betrug und Untreue zahlreiche fest konturierte Fallgruppen gibt, sondern auch, dass beim Gefährdungsschaden das Verlustrisiko nur prognostiziert wird und daher vom endgültigen Schaden abweichen kann[2862]. Zudem ist im Gesetz selbst mit der Befugnis „einen anderen zu verpflichten" die Vermögensgefährdung in Form einer vertraglichen Bindung angelegt[2863]. Ferner sollte man mit dem BVerfG in diesen Fällen verlangen, dass die Vermögensminderung zahlenmäßig beziffert und der Gefährdungsschaden in nachvollziehbarer Weise festgestellt wird, um eine Überdehnung des Tatbestandes durch Einbeziehung diffuser Verlustwahrscheinlichkeiten zu verhindern[2864]. Im Übrigen lassen sich weitere notwendige Einschränkungen über die Anwendung der Figur der objektiven Zurechnung erzielen[2865].

(2) Die Rechtsprechung des 2. Strafsenats hat im Übrigen eine **Einschränkung im subjektiven Tatbestand** befürwortet. Der Täter muss demnach nicht nur den Gefährdungsschaden in seinen Vorsatz aufnehmen, sondern darüber hinausgehend die Realisierung dieser Gefahr auch billigen[2866]. Ob dies jedoch der richtige Weg ist, um die weite Strafbarkeit des § 266 zu   **1582**

2859 BGHSt 51, 100 (121).
2860 BGHSt 62, 144 (154); BGH NStZ 2008, 457.
2861 Vgl. auch BVerfGE 126, 170 (221); BGHSt 61, 48 (74); BGH NStZ-RR 2018, 378; *Satzger*, NStZ 2009, 297 (302 f.); vgl. o. Rn. 1351.
2862 BVerfGE 126, 170 (224); *Beulke/Witzigmann*, Jura 2008, 426 (433).
2863 *SSW-Saliger*, § 266 Rn. 83; ferner *Murmann*, Jura 2010, 561 (565).
2864 BVerfGE 126, 170 (221); BVerfG NJW 2013, 365 (366); BGHSt 62, 144 (154 f.); *Schönke/Schröder/Perron*, § 266 Rn. 45.
2865 Dazu nur *Bittmann*, NJW 2011, 1751 (1752); *Saliger*, JuS 2007, 326 (333) mit Beispielsfällen.
2866 BGHSt 51, 100 (121); BGH NStZ 2013, 715 (716); anders der 1. Strafsenat BGH NStZ 2008, 457.

begrenzen, darf bezweifelt werden[2867]. Denn damit wird letztlich die Kongruenz von objektivem und subjektivem Tatbestand aufgegeben. Zudem dürfte durch die Subjektivierung kaum ein größeres Maß an Bestimmtheit herbeigeführt werden[2868]. Richtigerweise muss es genügen, dass sich der Vorsatz auf den Gefährdungsschaden bezieht.

1583 Zusammenfassend bleibt festzuhalten, dass der Gefährdungsschaden vom endgültigen Vermögensverlust zu unterscheiden ist. An den Gefährdungsschaden sind jedoch **strenge Anforderungen** zu stellen. Dies lässt sich auch anhand der Betreuung von **Mandantengeldern durch einen Rechtsanwalt** aufzeigen.

> **Bsp.:**[2869] Rechtsanwalt T erfasst Zahlungseingänge für den Mandanten O nicht – wie erforderlich – auf einem gesonderten Anderkonto, sondern auf dem allgemeinen Geschäftskonto der Kanzlei. Die Gelder zahlt er verspätet aus. – Obgleich T mit dem Verbuchen der Gelder auf dem allgemeinen Geschäftskonto eine Vermögensbetreuungspflicht verletzt, scheidet § 266 Abs. 1 Var. 2 aus, weil kein Gefährdungsschaden vorliegt. Ein solcher wäre etwa gegeben, wenn die Gelder dem Zugriff von Gläubigern des T offen gestanden hätten und deshalb die nahestehende Gefahr des Verlustes bestanden hätte. Die nur abstrakte Gefahr ist nicht ausreichend. Die verspätete Auszahlung der Gelder begründet hingegen keine Verletzung der spezifischen Vermögensbetreuungspflicht, da insoweit nur die Verletzung einer allgemeinen Schuldnerpflicht im Raum steht[2870]. Bereits ein endgültiger Schaden wäre hingegen eingetreten, wenn die Gelder vom Geschäftskonto wieder abgeflossen wären oder dem Ausgleich eines Solls dienen, ohne dass jederzeit flüssige Mittel zur Kompensation bereit stehen[2871].

1584 Fraglich ist ferner, ob es wie beim Betrug trotz der abweichenden tatbestandlichen Struktur der Untreue eines **Unmittelbarkeitszusammenhangs** zwischen pflichtwidrigem Tun und Vermögensnachteil bedarf.

> **Bsp.:**[2872] T ist Kreisvorsitzender einer Partei. Er nimmt rechtswidrig erlangte Parteispenden in den Rechenschaftsbericht auf. Nachdem dies später aufgedeckt wird, drohen der Partei finanzielle Nachteile, weil nach den gesetzlichen Regelungen Sanktionen festgesetzt werden müssen.

Im vorgenannten Beispiel bezweifelt der BGH das Erfordernis eines Unmittelbarkeitszusammenhangs und nimmt bereits mit der Entdeckung der Tat-

---

2867 Krit. etwa auch *Perron*, NStZ 2008, 517; *Saliger*, NStZ 2007, 545 (550 f.).
2868 *Schönke/Schröder/Perron*, § 266 Rn. 50.
2869 OLG Hamm NStZ 2010, 334.
2870 S. o. Rn. 1577.
2871 BGH NStZ 2015, 517 (519).
2872 BGH NStZ 2011, 403.

handlung einen endgültigen Vermögensnachteil an[2873]. Für das Unmittelbarkeitserfordernis sprechen jedoch nicht nur die bereits genannten Restriktionsbemühungen, sondern es ist auch anzuführen, dass ansonsten eine rechtssichere Gesamtsaldierung kaum möglich wäre. Zudem können umgekehrt auch nur unmittelbare Vorteile für den Vermögensinhaber eine Vermögensminderung kompensieren[2874]. Legt man das Unmittelbarkeitskriterium hier an, so gelangt man dennoch zu einer unmittelbaren Schädigung, weil nach den Rechtsvorschriften die Sanktionierung zwingende Rechtsfolge war[2875]. Anders wäre nur zu entscheiden, wenn bei der Entscheidung hierüber ein Ermessensspielraum für die Sanktionsinstanz bestünde, weil dann die Folge von einer Entscheidung eines Dritten abhinge[2876]. Zu diesen Ergebnissen kann man im Übrigen auch gelangen, wenn man die Kriterien der objektiven Zurechnung heranzieht, die den Zusammenhang zwischen Handlung und Erfolg betreffen[2877].

4. Subjektiver Tatbestand

Eventualvorsatz ist zur Begründung des subjektiven Tatbestandes ausreichend. Beim Gefährdungsschaden muss sich der Vorsatz nicht auf einen darüberhinausgehenden endgültigen Vermögensverlust erstrecken[2878]. Der Täter muss sich dabei derjenigen Tatsachen bewusst sein, die die Pflichtwidrigkeit seines Handelns begründen und in der Laiensphäre die Bewertung als pflichtwidrig nachvollzogen haben[2879]. Die irrige Annahme eines Einverständnisses ist ein nach § 16 Abs. 1 Satz 1 zu berücksichtigender Tatbestandsirrtum.

5. Rechtswidrigkeit

Ein etwaiges Einverständnis des Vermögensinhabers wirkt bereits tatbestandsausschließend[2880]. Als Rechtfertigungsgründe kommen vor allem die mutmaßliche Einwilligung und rechtfertigender Notstand in Betracht.

6. Täterschaft und Teilnahme

Täter des **Sonderdelikts** kann nur derjenige sein, der eine Vermögensbetreuungspflicht besitzt. Fehlt diese, so kommt nur eine Anstiftung oder Beihilfe in Betracht, wobei die Strafe nach § 28 Abs. 1 zu mildern ist[2881]. Handelt der Täter nicht in seiner Funktion als Vermögensbetreuungspflichtiger, kommt eben-

---

2873 BGHSt 56, 203 (220), wo im Übrigen jedenfalls kein zeitlicher Zusammenhang gefordert wird.
2874 Für ein Unmittelbarkeitserfordernis NK-*Kindhäuser*, § 266 Rn. 107; SSW-*Saliger*, § 266 Rn. 75.
2875 So auch i. E. BGH NStZ 2011, 403 (406); 2013, 164.
2876 *Brand*, NJW 2011, 1751 (1752).
2877 Zutr. *Brand*, NJW 2011, 1751 (1752).
2878 S. o. Rn. 1582.
2879 BGHSt 62, 144 (153); BGH wistra 2017, 153 (158); M/R-*Matt*, § 266 Rn. 10.
2880 S. o. Rn. 1553.
2881 BGH NStZ 2012, 316 (317); 2013, 630.

falls nur Teilnahme in Betracht. Problematisch sind Fälle, in denen der Vermögensbetreuungspflichtige einen Dritten veranlasst, pflichtwidrige Handlungen zu Lasten des betreuten Vermögens vorzunehmen.

> **Bsp.:** Rechtsanwalt T ruft seine Sekretärin S von einer Auslandsreise an und bittet, Gelder der Mandanten, die er diesen zurückzugeben hat, hochspekulativ anzulegen; es entsteht dabei ein Totalverlust.

1588 Insoweit ist umstritten, ob ein Fall mittelbarer Täterschaft – hier: mit S als „qualifikationslos dolosem" Werkzeug – vorliegt (§ 266 Abs. 1 Var. 2, § 25 Abs. 1 Var. 2), ob eine (unmittelbare) Täterschaft schlicht mit Blick auf die von T bewirkte und für den Tatbestand letztlich entscheidende Pflichtverletzung zu bejahen ist oder ob, da es bei S an einer Vermögensbetreuungspflicht und folglich an einer teilnahmefähigen Haupttat fehlt, das Ergebnis der Straflosigkeit zu stehen hat[2882].

7. Strafzumessungsregel für besonders schwere Fälle mit Regelbeispielen, § 266 Abs. 2 i. V. m. § 263 Abs. 3 Satz 2

1589 Zu den einzelnen Regelbeispielen des § 263 Abs. 3 Satz 2, deren Sinn für § 266 z. T. fragwürdig ist[2883], kann auf die Ausführungen bei § 263 verwiesen werden[2884]. Bezieht sich die Tat auf einen geringwertigen Vermögensnachteil, so ist gemäß §§ 266 Abs. 2, 243 Abs. 2 ein besonders schwerer Fall ausgeschlossen. Von praktischer Bedeutung sind vor allem die Regelbeispiele des § 263 Abs. 3 Satz 2 Nr. 2 Var. 1 (Vermögensverlust großen Ausmaßes) und Nr. 3 (eine andere Person in große Not bringen)[2885].

8. Konkurrenzen

1590 Im Blick zu behalten ist vor allem das Verhältnis zur veruntreuenden Unterschlagung nach § 246 Abs. 2[2886]. Tritt nach Vollendung der Untreue durch eine weitere Untreuehandlung eine Schadensvertiefung sein, so handelt es sich hierbei um eine mitbestrafte Nachtat[2887].

9. Strafantrag

1591 In den Fällen der §§ 247, 248a ist gemäß § 266 Abs. 2 ein Strafantrag erforderlich.

> **Einführende Aufsätze:**
> *Becker/Rönnau*, Grundwissen – Strafrecht: Der Gefährdungsschaden bei Betrug (§ 263 StGB) und Untreue (§ 266 StGB), JuS 2017, 499; *Eisele/Bechtel*, Der Schadensbegriff bei den Vermögensdelikten, JuS 2018, 97 (Berechnung des Schadens,

---

2882 Näher *Eisele*, BT 2, Rn. 914.
2883 Zur Kritik LK-*Schünemann*, § 266 Rn. 218; *Schönke/Schröder/Perron*, § 266 Rn. 53.
2884 S. o. Rn. 1402 ff.
2885 Näher zu den Regelbeispielen bei § 266 *Eisele*, BT 2, Rn. 915.
2886 S. schon o. Rn. 1120.
2887 BGH NStZ 2011, 160.

bemakelte Vermögenswerte, Gefährdungsschaden, individueller Schadenseinschlag, Zweckverfehlung); *Mansdörfer*, Die Vermögensgefährdung als Nachteil im Sinne des Untreuetatbestandes, JuS 2009, 114; *Murmann*, Untreue (§ 266 StGB) und Risikogeschäfte, Jura 2010, 561; *Saliger*, Rechtsprobleme des Untreuetatbestandes, JA 2007, 326 (Darstellung möglicher Probleme bezüglich einzelner Tatbestandsmerkmale anhand kleiner Fallbeispiele).

Übungsfälle:
Eisele, Der untreue Neffe, Jura 2002, 59 (Zum tatbestandsausschließenden Einverständnis beim Missbrauchstatbestand); *Hölck/Hohn*, Untreue und Betrug, JuS 2005, 245 (Abgrenzung Missbrauchs- und Treubruchstatbestand); *Puschke*, „Die Geschäftsmodelle eines krisengeplagten Managers", JA 2014, 32 (Schädigende Vermögensgefährdung trotz Gewinn, Vermögensverlust großen Ausmaßes bei Vermögensgefährdung); *Radtke/Krutisch*, Der gewinnbringende Firmenwagen, JuS 2001, 258 (Untreue des Gesellschafters einer GmbH); *Radtke/Steinsiek*, Die unzureichend gesicherte Mietsicherheit, JuS 2010, 417 (Zum Begriff der Vermögensbetreuungspflicht).

Rechtsprechung:
BGHSt 41, 224 – Mietkaution (Veruntreuung durch den Vermieter); **BGHSt 49, 147** – Bremer Vulkan (Einverständnis der Gesellschafter); **BGHSt 50, 331** Mannesmann – (Verletzung der Vermögensbetreuungspflicht); **BGHSt 51, 100** – Kanther (Vorsatz beim Gefährdungsschaden); **BGHSt 52, 182** – Kaution bei Gewerberaummiete (Vermögensbetreuungspflicht); **BGHSt 52, 323** – Siemens (endgültiger Schaden bei schwarzen Kassen); **BGHSt 56, 203** – Parteispenden (Unmittelbarkeitserfordernis).

II. Missbrauch von Scheck- und Kreditkarten, § 266b

1. Geschütztes Rechtsgut und Systematik

Die Vorschrift schützt als Paralleltatbestand zu § 266 richtigerweise nur das **Vermögen**[2888]. Der Schutz der **Funktionsfähigkeit des bargeldlosen Zahlungsverkehrs** ist bloßer Reflex[2889]. Täter des **Sonderdelikts** kann nur der berechtigte Karteninhaber sein, weil nur er die Möglichkeit hat, den Aussteller zu einer Zahlung zu veranlassen[2890]. Für Außenstehende ist § 28 Abs. 1 zu beachten. Die Vorschrift schließt Lücken, die bei § 266 bestehen, weil der Karteninhaber gegenüber dem kartenausgebenden Kreditinstitut keine Vermögensbetreuungspflicht besitzt[2891].

1592

2888 MünchKomm-*Radtke*, § 266b Rn. 1; *Wessels/Hillenkamp/Schuhr*, BT 2, Rn. 795.
2889 Für mitgeschütztes Rechtsgut jedoch BGHSt 47, 160 (168); A/W/H/H-*Heinrich*, § 23 Rn. 42.
2890 A/W/H/H-*Heinrich*, § 23 Rn. 51; *Rengier*, BT 1, § 19 Rn. 3.
2891 *Lackner/Kühl*, § 266b Rn. 1; *Schönke/Schröder/Perron*, § 266b Rn. 1.

1593 Prüfungsschema
1. Tatbestand
   a. Objektiver Tatbestand
      aa. Berechtigter Karteninhaber
      bb. Scheck- (str.) oder Kreditkarte
      cc. Missbrauch der Möglichkeit, den Aussteller zu einer Zahlung zu veranlassen
      dd. Vermögensschaden
   b. Subjektiver Tatbestand
2. Rechtswidrigkeit
3. Schuld
4. Strafantrag, § 266b Abs. 2 i. V. m. § 248a

1594 2. Objektiver Tatbestand

a) **Täter.** Dies kann nur der **berechtigte Karteninhaber** sein. Daher scheidet der Tatbestand von vornherein aus, wenn die Karte vom Täter gestohlen oder gefälscht wurde. Eine Strafbarkeit auch des Karteninhabers gemäß § 266b kommt nicht in Betracht, wenn er einem **Dritten die Karte zur freien Verfügung überlässt** und dieser das Konto überzieht[2892]. Zwar verstößt der Karteninhaber in einem solchen Fall durch die Weitergabe der Karte gegen seine vertraglichen Pflichten. § 266b findet jedoch nur auf den berechtigten Karteninhaber Anwendung, der unter Einsatz der Karte selbst Leistungen in Anspruch nimmt, obwohl er dazu im Innenverhältnis nicht berechtigt ist[2893].

1595 b) **Einbezogene Zahlungskarten.** § 266b differenziert zwischen Scheckkartenmissbrauch (Var. 1) und Kreditkartenmissbrauch (Var. 2).

1596 aa) Streitig ist, ob der **Scheckkartenmissbrauch** i. S. d. Var. 1 nach Beendigung des Euroscheckverkehrs und Wegfall der Scheckfunktion zum 31.12.2001 überhaupt noch eine Bedeutung hat.

> **Beachte:** Das aus Kontinuitätsgründen auf Karten beibehaltene Logo „ec" bedeutet nicht mehr „eurocheque", sondern steht nunmehr für „electronic cash".

> **Bsp.:** Karteninhaber T, dessen Kreditrahmen überzogen ist, hebt mit seiner ec-Karte der Bank O unter Eingabe der Geheimzahl vertragswidrig Geld am Bankautomaten der O und einer fremden Bank ab. – Eine Strafbarkeit nach § 263a Abs. 1 Var. 3 ist zunächst zu verneinen, da die Daten nicht unbefugt verwendet werden[2894]; fraglich ist, ob § 266b anwendbar ist.

1597 Für eine weitere Anwendbarkeit des § 266b in solchen Fällen könnte man zunächst anführen, dass auch die früheren (kombinierten) Scheckkarten nicht in

---
2892 BGH NStZ 1992, 278 (279).
2893 BGH NStZ-RR 2017, 281; NK-*Kindhäuser*, § 266b Rn. 14.
2894 S. o. Rn. 1432 f.

II. Missbrauch von Scheck- und Kreditkarten, § 266b

ihrer Scheckkartenfunktion, sondern nur in der Schlüsselfunktion der Codekarte am Bankautomaten genutzt wurden[2895]. Allerdings muss man dann sehen, dass § 266b Abs. 1 Var. 1 in solchen Fällen nur teilweise bejaht wurde und dies auch nur beim Abheben am institutsfremden Bankautomaten. Beim Abheben am Automaten der eigenen Bank fehlt es von vornherein am notwendigen Dreipersonenverhältnis mit garantieähnlichem Zahlungsanspruch[2896]. Die h. M. lehnte dagegen bereits vor Wegfall der Scheckfunktion die Anwendbarkeit des § 266b ab, weil die Karte nur als Automatenschlüssel benutzt wurde und daher die von § 266b vorausgesetzte Garantiefunktion der Scheckkarte am Geldautomaten gar nicht zum Tragen kam[2897]. Inzwischen muss man unter Hinweis auf Art. 103 Abs. 2 GG den Tatbestand des § 266b sowohl beim Abheben am institutseigenen als auch am institutsfremden Geldautomaten verneinen, weil gar keine Scheckkarte mehr – in welcher Funktion auch immer – verwendet werden kann[2898]. Auch bringt § 152b Abs. 4 mit den Begriffen „Kreditkarten, Euroscheckkarten und sonstige Karten" diese Differenzierung deutlich zum Ausdruck. Angesichts dieser Vorgeschichte überzeugt es letztlich auch nicht, ec-Karten unter den Begriff der **Kreditkarte i. S. d. Var. 2** zu subsumieren[2899], weil damit schon aufgrund der Entstehungsgeschichte nur die klassische Universalkreditkarte gemeint ist[2900]. Vielmehr ist der Gesetzgeber aufgerufen, sonstige Zahlungskarten mit Garantiefunktion in die Vorschrift einzubeziehen.

bb) Beim Kreditkartenmissbrauch i. S. d. Var. 2 sind unterschiedliche Konstellationen zu unterscheiden.

(1) Zunächst geht es um **Universalkreditkarten** (American Express, Diners Club, Mastercard, Visacard). Von Var. 2 werden als „klassische Fälle" Kontoüberziehungen im „**Drei-Partner-System**" erfasst.

Schaubild:

Kartenaussteller — Rahmenvertrag, Zahlungsgarantie gegenüber Vertragsunternehmen → Vertragsunternehmen
Karteninhaber ← Austauschvertrag, z. B. Kaufvertrag

2895 Dafür A/W/H/H-*Heinrich*, § 23 Rn. 48a; vgl. auch NK-*Kindhäuser*, § 266b Rn. 21.
2896 BGHSt 47, 160 (164 f.); *Fischer*, § 266b Rn. 7 f. Für Anwendung des § 266b auch beim Abheben am institutseigenen Automaten, d. h. im Zweipersonenverhältnis, A/W/H/H-*Heinrich*, § 23 Rn. 49.
2897 LK-*Möhrenschlager*, § 266b Rn. 10; *Otto*, JR 1987, 221 (225).
2898 MünchKomm-*Radtke*, § 266b Rn. 11; *Brand*, WM 2008, 2194 (2197 ff.).
2899 So aber *Brand*, JR 2008, 496 (499); *Rengier*, BT 1, § 19 Rn. 23.
2900 Näher *Eisele*, BT 2, Rn. 927.

1600 Im Drei-Partner-System schließt – vereinfacht dargestellt – das Kreditkartenunternehmen (American Express, Diners Club) mit den Vertragsunternehmen, bei denen der Kunde mit der Karte bezahlen kann, einen Rahmenvertrag. Bei ordnungsgemäßer Abwicklung der Zahlung (insb. Prüfung der Unterschrift auf dem Zahlungsbeleg) erhält das Vertragsunternehmen eine garantierte Zahlung i. S. d. § 152b Abs. 4 Nr. 1[2901]. Im Verhältnis zum Karteninhaber verspricht das kartenausgebende Unternehmen die Tilgung der Forderungen der Vertragsunternehmen im Rahmen der Kreditlinie, wobei der Karteninhaber solche Aufwendungen anschließend zu ersetzen hat. Ein Missbrauch zu Lasten des Kreditkartenunternehmens ist hier gegeben, wenn der Karteninhaber im Rahmen seines rechtlichen Könnens im Außenverhältnis handelt (wirksame Verpflichtung gegenüber dem Vertragsunternehmen), jedoch im Innenverhältnis die Grenzen des Dürfens überschreitet (vertragswidrige Überziehung des Kontos)[2902]. Ein Vermögensschaden scheidet nur dann aus, wenn der Kunde bereit und in der Lage ist, die Kontoüberziehung unverzüglich wieder auszugleichen[2903].

> **Bsp.:** Karteninhaber T, dessen Konto bereits vertragswidrig überzogen ist, bezahlt unter Vorlage der vom Kreditinstitut B ausgestellten Kreditkarte im Warenhaus des V seine Einkäufe. – T macht sich nach § 266b Abs. 1 Var. 2 strafbar, da das Vertragsunternehmen einen Anspruch gegen das Kreditkartenunternehmen erhält und dieses daher im Außenverhältnis wirksam verpflichtet wird, während die Grenzen im Innenverhältnis durch die vertragswidrige Überziehung überschritten sind. § 266 scheidet mangels Vermögensbetreuungspflicht gegenüber dem Kreditinstitut aus. Auch § 263 liegt richtigerweise nicht vor, weil sich der Händler aufgrund seines Anspruchs gegen das Kreditinstitut keine Gedanken über die Bonität des Kunden machen muss und daher keinem Irrtum unterliegt[2904]. Im Übrigen würde die Privilegierung des § 266b jedenfalls im Wege der Spezialität vorgehen[2905].

1601 (2) Freilich hat sich in Deutschland inzwischen mit Visa und Mastercard ein **Vier- bzw. Fünf-Partner-System** durchgesetzt[2906]. In diesem werden vom Kreditkartenunternehmen Lizenzen an Kreditinstitute ausgegeben, die ihrerseits als Kartenaussteller auftreten. Hinzu kommt die Lizenzvergabe an sog. Acquiringunternehmen, welche die Vertragsunternehmen anwerben. Am Ende trägt – unabhängig von der konkreten Konstruktion – das (kartenausgebende) Kreditinstitut das Ausfallsrisiko[2907].

2901 Näher *Eisele*, BT 1, Rn. 1003.
2902 BGH NStZ 1992, 278 (279); *Krey/Hellmann/Heinrich*, BT 2, Rn. 844.
2903 S. o. Rn. 1579.
2904 BGHSt 33, 244 (249); *Krey/Hellmann/Heinrich*, BT 2, Rn. 846.
2905 BGH NStZ 1983, 120; vgl. ferner *Schönke/Schröder/Perron*, § 266b Rn. 14.
2906 Näher *Schmalenbach*, in: BeckOK-BGB, Edition 52, Stand 1.11.2019, § 675f Rn. 89 ff.
2907 Näher *Eisele*, BT 2, Rn. 932.

Schaubild:[2908]

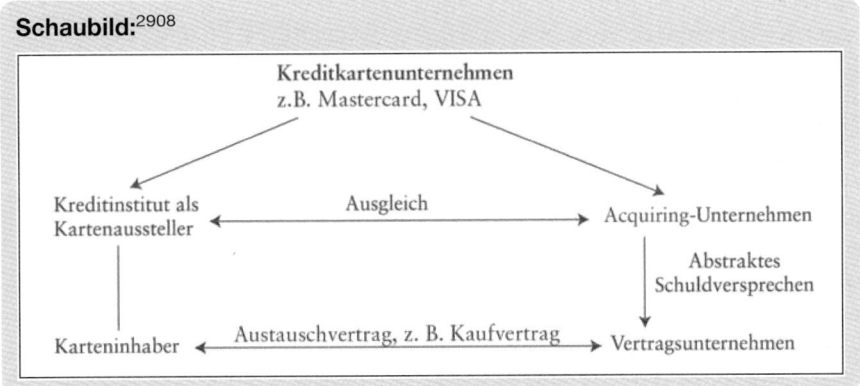

(3) Streitig ist, ob § 266b in Fällen anwendbar ist, in denen der Täter eine sog. **Kundenkarte** (Spezialkreditkarte) einsetzt, die dem Karteninhaber lediglich beim Einkauf in Filialen des kartenausgebenden Unternehmens die Forderung stundet[2909]. Der Kartenaussteller ist also zugleich dasjenige Unternehmen, bei dem die Karte eingesetzt wird. **1602**

> **Bsp.:** T kauft bargeldlos mit einer Kundenkarte, die ihm vom Kaufhaus des O ausgestellt wurde, Waren im Wert von 200 € ein, obwohl der ihm von O gewährte Kreditrahmen bereits überzogen ist.

Schaubild:

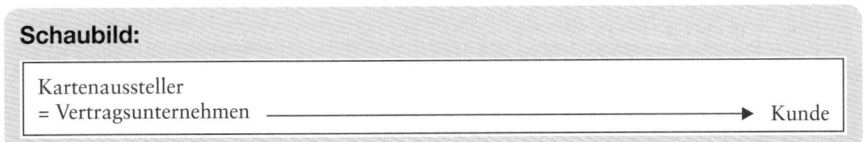

Teilweise wird vertreten, dass Karten im sog. „**Zwei-Parteien-System**" ebenfalls Kreditkarten i. S. d. § 266b sind. Das Merkmal „Zahlung" erfasse auch das Erbringen einer geldwerten (Waren-)Leistung. Ansonsten liege eine nicht gerechtfertigte Ungleichbehandlung vor, wenn dem Täter im „Zwei-Parteien-System" der gegenüber §§ 263, 263a mildere Strafrahmen des § 266b vorenthalten werde[2910]. Dem widerspricht die h. M. jedoch mit guten Gründen. Das Erbringen von Dienstleistungen sowie die Übereignung von Waren an den Karteninhaber kann ohne Überschreitung des Wortlauts kaum als „Zahlung" i. S. d. § 266b verstanden werden[2911]. Auch muss man sehen, dass § 152a nur solche Karten als Zahlungskarten einstuft, **1603**

2908 Vgl. auch *Schmalenbach*, in: BeckOK-BGB, Edition 52, Stand 1.11.2019, § 675f Rn. 90.
2909 S. auch *Rengier*, BT 1, § 19 Rn. 5.
2910 A/W/H/*H-Heinrich*, § 23 Rn. 48 f.; *Ranft*, NStZ 1993, 185 (186).
2911 BGHSt 38, 281 (282 f.); OLG Koblenz StV 2016, 371 (373) zu Tankkarten.

die von einem Kreditinstitut oder Finanzdienstleistungsinstitut herausgegeben werden, und § 152b Abs. 4 eine Garantiefunktion verlangt, die im „Zwei-Parteien-System" gerade nicht gegeben ist.

1604 (4) Nicht erfasst werden ferner Fälle, in denen mit einer ec-Karte im **elektronischen Lastschriftverfahren** gezahlt wird[2912], weil es hier von vornherein an einer Garantiewirkung fehlt[2913]. Streitig ist dagegen, ob der Einsatz im **electronic-cash-Verfahren (point of sale)**[2914] erfasst wird, da hier immerhin die Garantiefunktion zum Tragen kommt[2915]. Dagegen wird eingewendet, dass sich die Bank hier erst durch die elektronische Autorisierung nach Prüfung der PIN, Echtheit der Karte und des Verfügungsrahmens im Einzelfall selbst verpflichtet, so dass die Garantieerklärung nicht mit der dem Karteninhaber eingeräumten Rechtsmacht zustande gekommen sei[2916]. Entscheidend ist aber letztlich, dass „ec"-Karten schon nach ihrer Funktion keine herkömmlichen Kreditkarten sind und der Tatbestand hierauf zu begrenzen ist[2917].

1605 c) **Missbrauch.** Der Missbrauch der Möglichkeit, den Aussteller zu einer Zahlung zu veranlassen, verlangt in Anlehnung an § 266, dass der Täter nach außen im Rahmen seines rechtlichen Könnens handelt und dabei im Innenverhältnis die Grenzen seines rechtlichen Dürfens überschreitet[2918]. Allerdings ist hier – anders als bei § 266 Abs. 1 Var. 1 – der rechtsgeschäftliche Bezug weniger stark ausgeprägt, da § 266b die Veranlassung zu einer Zahlung genügen lässt. Entscheidend ist demnach von vornherein der Missbrauch der tatsächlichen Rechtsmacht, die eine wirksame Zahlungspflicht auslöst[2919]. Daher wird gerade das typische Kreditkartengeschäft erfasst, auch wenn hier der Kreditkartenaussteller die Zahlungsgarantie durch ein aufschiebend bedingtes abstraktes Schuldversprechen selbst begründet; die Möglichkeit, durch Einsatz der Karte die Bedingung eintreten zu lassen, genügt also[2920].

1606 d) **Vermögensschaden.** Durch den Missbrauch muss der **Aussteller der Karte geschädigt** werden. Erforderlich ist demnach ein Vermögensschaden nach den Grundsätzen des § 263 bzw. des § 266. An einem Vermögensschaden fehlt es jedoch, wenn der Täter fähig und willens ist, eine Überziehung seines Kontos wieder auszugleichen[2921].

2912 Dazu o. Rn. 1431.
2913 *Lackner/Kühl*, § 266b Rn. 3; MünchKomm-*Radtke*, § 266b Rn. 67.
2914 Dazu schon o. Rn. 1431.
2915 Deshalb für eine Anwendung des § 266b LK-*Möhrenschlager*, § 266b Rn. 9 ff.
2916 *Fischer*, § 266b Rn. 6a; dagegen mit guten Gründen *Rengier*, BT 1, § 19 Rn. 23.
2917 S. o. Rn. 1597.
2918 BGH NStZ 1992, 278 (279); A/W/H/H-*Heinrich*, § 23 Rn. 37.
2919 MünchKomm-*Radtke*, § 266b Rn. 43; *Schönke/Schröder/Perron*, § 266b Rn. 9.
2920 Vgl. auch *Brand*, JR 2008, 496 (500).
2921 *Eisele/Fad*, Jura 2002, 305 (311).

Bsp.:[2922] Arbeitnehmer T wird von seinem Arbeitgeber O eine „Flottenkarte" zur Betankung seines Dienstwagens zur Verfügung gestellt; eine private Nutzung ist nicht gestattet. Die Flottenkarten werden vom Unternehmen U für O ausgestellt, der die Karte den Mitarbeitern zur Verfügung stellt, so dass diese an allen zum Tankstellennetz von U gehörenden Tankstellen zahlen können. Die Beträge werden dann später von U dem O in Rechnung gestellt. T betankt mehrmals seinen Privatwagen und zahlt dabei mit der Flottenkarte. – Bei der Flottenkarte handelt es sich um eine Kreditkarte im Mehr-Partner-System i. S. d. § 266b, weil Kartenaussteller U gegenüber den jeweiligen Tankstellen zur Zahlung verpflichtet ist. Da T die Karte gemäß den Absprachen zwischen O und U überlassen wurde, ist er auch Karteninhaber und konnte U gegenüber den Tankstellen rechtswirksam zur Zahlung verpflichten. Kartenaussteller U ist jedoch nicht geschädigt, weil O den Betrag gegenüber U begleichen muss und sich dies im vorliegenden Fall problemlos realisieren lässt. In Frage kommt nach LG Dresden eine Untreue nach § 266 Abs. 1 Var. 2 gegenüber O, weil T seine Grenzen im Innenverhältnis gegenüber O überschritten und diesen gegenüber U im Außenverhältnis wirksam verpflichtet hat, wodurch O ein Schaden entstanden ist. Dies überzeugt jedoch nicht, weil aufgrund der Überlassung der Karte durch O noch keine Vermögensbetreuungspflicht im Sinne einer Hauptpflicht entsteht[2923]. Eine Untreue gegenüber U scheidet hingegen unabhängig von dem zu verneinenden Schaden aus, weil zwischen Kartenaussteller und Karteninhaber keine Vermögensbetreuungspflicht besteht. Legt T gegenüber O Abrechnungsbelege vor, so kann jedoch eine Strafbarkeit wegen Betruges nach § 263 in Betracht kommen, wenn er damit im Einzelfall konkludent erklärt, nur für den Arbeitgeber getankt zu haben[2924].

3. Subjektiver Tatbestand

Es genügt insoweit bedingter Vorsatz. Nimmt der Täter jedoch irrig an, er könne ohne Weiteres für ausreichend Deckung sorgen, fehlt es am Vorsatz hinsichtlich der Schädigung.

4. Konkurrenzen

Nach den hier vertretenen Lösungen treten Konkurrenzprobleme mit § 263a nicht auf. Im Übrigen wäre zu beachten, dass der mildere § 266b im Wege der Spezialität vorgeht[2925]. Das Erschleichen einer Kreditkarte durch eine zahlungsunfähige Person kann bereits § 263 unter dem Aspekt des Gefährdungsschadens begründen[2926].

2922 Nach LG Dresden NStZ 2006, 633.
2923 So auch OLG Celle NStZ 2011, 218 (219); AG Eggenfelden NStZ-RR 2009, 139 (140).
2924 OLG Celle NStZ 2011, 218 (220).
2925 BGH NStZ 1987, 120.
2926 S. o. Rn. 1354.

Einführende Aufsätze:
Eisele/Fad, Strafrechtliche Verantwortlichkeit beim Missbrauch kartengestützter Zahlungssysteme, Jura 2002, 305; *Kempny*, Überblick zu den Geldkartendelikten, JuS 2007, 1084 (Erläuterung der möglichen Konstellationen und der dabei zu prüfenden Delikte); *Oğlakcıoğlu*, Die Karten in meiner Brieftasche (Teil 2: Zahlungskarten), JA 2018, 338 (Erläuterung relevanter Fallkonstellationn anhand von Beispielen).

Übungsfälle:
Brand/Hotz, Fortgeschrittenenklausur – Strafrecht: AT und Vermögensstrafrecht – Ein Lotteriegewinn mit Folgen, JuS 2014, 714 (Karten eines Zwei-Partner-Systems); *Dieterich/Bechtel*, Bowling und andere Sünden, JSE 2015, 250 (Kreditkartenmissbrauch durch Abheben bei eigener oder fremder Bank); *Laue*, Kreditkarte und Internet, JuS 2002, 359 (Kreditkartenmissbrauch bei der Absicht, einen Zahlungsvorgang als Missbrauch eines Dritten zu reklamieren); *Zöller*, Die Segnungen des bargeldlosen Zahlungsverkehrs, Jura 2003, 637 (Erklärung des Drei-Partner-Systems).

Rechtsprechung:
BGHSt 38, 281 – „Air Plus" (Kundenkarte im Zweipartnersystem); **BGHSt 47, 160** – Codekarte (Benutzung der Karte an institutsfremden Geldautomaten); **BGH NStZ 1992, 278** – Spielschulden (Unberechtigte Weitergabe einer Kreditkarte an Dritte).

Teil 20: **Anschlussdelikte**

I. Begünstigung, § 257

1. Geschütztes Rechtsgut und Systematik

Geschütztes Rechtsgut der in § 257 geregelten **sachlichen Begünstigung** ist zum einen die **Rechtspflege als Allgemeinrechtsgut**. Deren Aufgabe ist es, den rechtmäßigen Zustand wieder herzustellen, was der Täter mit seiner Hilfeleistung gerade verhindern möchte (Restitutionsvereitelung)[2927]. Der Begünstigende beseitigt oder mindert die Möglichkeit, die Wiedergutmachung des dem Verletzten entstandenen Schadens durch ein Einschreiten gegen den Vortäter zu erreichen[2928]. Daneben sind nach h. M. aber auch die durch die **Vortat verletzten Güter des Einzelnen als Individualinteresse** geschützt[2929]. Da es sich bei der Vortat zwar häufig um ein Vermögensdelikt handeln wird, dies jedoch nicht zwingend ist und die Rechtspflege als Allgemeinrechtsgut hinzukommt, kann die Tat nicht als Vermögensdelikt eingestuft werden. § 257 (sachliche Begünstigung), § 258 (persönliche Begünstigung in Form der Strafvereitelung), §§ 259 ff. (Hehlerei) und § 261 (Geldwäsche) sind sog. **Anschlussdelikte**, die an eine rechtswidrige Vortat anknüpfen.

1609

Prüfungsschema

1. **Tatbestand**
   a. Objektiver Tatbestand
      aa. Rechtswidrige Vortat eines anderen
      bb. Hilfe leisten
   b. Subjektiver Tatbestand
      aa. Vorsatz
      bb. Absicht (dolus directus 1. Grades), die Vorteile der Vortat zu sichern
2. **Rechtswidrigkeit**

1610

2927 Vgl. BGHSt 24, 166 (167); 36, 277 (280 f.); *Schönke/Schröder/Hecker*, § 257 Rn. 1.
2928 BGHSt 57, 56 (59).
2929 MünchKomm-*Cramer*, § 257 Rn. 3; *Schönke/Schröder/Hecker*, § 257 Rn. 1.

3. Schuld
4. Strafausschließungsgrund des § 257 Abs. 3
5. Strafantrag nach § 257 Abs. 4

2. Objektiver Tatbestand

1611 Dieser setzt voraus, dass nach einer **rechtswidrigen Vortat** einer anderen Person **Hilfe geleistet** wird.

1612 a) **Vortat.** Es muss eine objektiv und subjektiv tatbestandsmäßige, **rechtswidrige Straftat** (§ 11 Abs. 1 Nr. 5) eines anderen vorliegen. Schuldhaft muss der Vortäter nicht gehandelt haben. Auch die strafprozessuale Verfolgbarkeit der Tat ist unerheblich. So steht z. B. eine Verjährung der Vortat oder ein nicht gestellter Strafantrag der Verwirklichung der Begünstigung nicht entgegen. Im Gegensatz zu Straftaten genügen Ordnungswidrigkeiten nicht.

> **Klausurtipp**
>
> § 257 ist im Klausuraufbau – wie die anderen Anschlusstaten der §§ 258, 258a, 259 ff., 261 – erst nach der Vortat zu prüfen.

1613 aa) Der Vortäter muss **tatsächlich eine Tat begangen haben**, d. h. er muss sie zumindest in strafbarer Weise vorbereitet oder versucht haben. Die nur irrtümliche Annahme einer Vortat genügt nicht[2930]; in diesem Fall liegt lediglich die Konstellation eines Versuchs vor, der bei § 257 jedoch nicht strafbar ist. Die Vortat muss nicht zwingend ein Vermögensdelikt sein[2931]. Allerdings muss sich der Vortäter durch die Tat zumindest mittelbar Vorteile verschafft haben, die der Täter gegen Entziehung sichern kann. Ausreichend ist z. B. eine durch Urkundenfälschung nach § 267 erschlichene Approbation oder eine berufliche Besserstellung bei Taten nach §§ 331 ff.[2932]

1614 bb) Eine bloße Selbstbegünstigung verwirklicht schon nicht den objektiven Tatbestand, da dann keinem **„anderen"** Hilfe geleistet wird. Der Tatbestand kann aber auch durch den Vortäter verwirklicht werden, wenn dieser einen Mittäter oder Teilnehmer begünstigt; in diesen Fällen ist der Strafausschließungsgrund des Absatzes 3 zu beachten.

> **Bsp.:** Vortäter V versteckt die Diebesbeute vor einer Durchsuchung in seiner Wohnung. – V ist nur nach § 242, nicht aber § 257 strafbar.

1615 cc) Die Vortat muss zum Zeitpunkt der Begünstigung **bereits begangen** worden sein. Vor Vollendung der Vortat kommt lediglich Beihilfe zu dieser

---

2930 BayObLG JZ 1973, 385.
2931 *Schönke/Schröder/Hecker*, § 257 Rn. 4; *Wessels/Hillenkamp/Schuhr*, BT 2, Rn. 803.
2932 A/W/H/H-*Heinrich*, § 27 Rn. 2; *Fischer*, § 257 Rn. 2; *Mitsch*, BT 2, 12.2.1.3.1.

I. Begünstigung, § 257

in Betracht[2933]. Nach Beendigung der Vortat bleiben nur Anschlusstaten nach §§ 257 ff. Im Stadium zwischen **Vollendung und Beendigung der Vortat** muss die Begünstigung von einer Beihilfe zur Vortat abgegrenzt werden. Dabei stellt sich zunächst die grundsätzliche Frage, ob eine sukzessive Beihilfe nach Vollendung überhaupt möglich ist.

> **Bsp.:** V steckt im Warenhaus ein Parfum in seine Jacke und rennt aus dem Laden. T, der das Geschehen beobachtet, entschließt sich spontan, der Verkäuferin O ein Bein zu stellen, um so dem V zu helfen. – § 242 durch V ist bereits mit dem Einstecken des Parfums vollendet (Gewahrsamsenklave). Fraglich ist, ob T zu § 242 Beihilfe leistet oder sich nach § 257 strafbar macht.

(1) Teile der Lehre lehnen – wie bereits dargestellt[2934] – zu Recht die Möglichkeit der sukzessiven Beihilfe nach Vollendung mit Hinweis auf Art. 103 Abs. 2 GG ab, so dass ohnehin **nur § 257** in Betracht kommt[2935]. **1616**

(2) Nach der Gegenansicht kommen sowohl **§§ 242, 27 als auch § 257** in Betracht[2936]. Strittig ist innerhalb dieser Ansicht, wie sukzessive Beihilfe und Begünstigung voneinander abzugrenzen sind. Die Rechtsprechung entscheidet dabei nach der inneren Willensrichtung des Beteiligten[2937]: Wolle dieser dazu beitragen, die Tat zu beenden, so sei er wegen Beihilfe zur Vortat zu bestrafen; dagegen liege Begünstigung vor, wenn er das vom Vortäter Erlangte gegen Entziehung sichern wolle. Dagegen kann jedoch eingewendet werden, dass die innere Willensrichtung im Einzelfall kaum feststellbar ist. Zudem ist nicht einzusehen, weshalb der Helfer von der strengeren Bestrafung der Beihilfe verschont bleibt, wenn er mit der Absicht der Vorteilssicherung handelt[2938]. Lässt man eine sukzessive Beihilfe nach Vollendung überhaupt zu, so spricht für einen Vorrang der Beihilfestrafbarkeit jedenfalls die Wertung des § 257 Abs. 3 Satz 1, wonach derjenige nicht wegen Begünstigung bestraft wird, der wegen Beteiligung an der Vortat strafbar ist. Eine Strafbarkeit wegen Begünstigung kommt demnach ebenfalls erst ab Beendigung der Vortat in Betracht[2939]. Dabei soll es für die Begünstigung aber nicht auf den Zeitpunkt der Vornahme der Handlung ankommen, sondern darauf, ob sich die Hilfeleistung erst nach der Tat auswirkt[2940]. **1617**

> **Bsp.:** V plant gegen den Willen seiner Freundin T einen Raubüberfall auf den Juwelier O. Während V zur Tat schreitet, bereitet T in ihrer Wohnung

---

2933 Vgl. etwa BGH NStZ 2013, 583 f.; 2014, 516 (517).
2934 S. o. Rn. 1037 f.
2935 S. auch *Mitsch*, BT 2, 12.2.1.4.2.2; NK-*Altenhain*, § 257 Rn. 14.
2936 BGHSt 14, 280 (281); BayObLG NStZ 1999, 568; *Schönke/Schröder/Heine/Weißer*, § 27 Rn. 20.
2937 BGHSt 4, 132 (133); OLG Köln NJW 1990, 587 (588); MünchKomm-*Cramer*, § 257 Rn. 24.
2938 *Laubenthal*, Jura 1985, 630 (632); *Schönke/Schröder/Hecker*, § 257 Rn. 7.
2939 BGH wistra 2008, 20; *Geppert*, Jura 1994, 441 (443).
2940 *Mitsch*, BT 2, 12.2.1.4.2.3.

aufgrund eines plötzlichen Sinneswandels ein Versteck vor. Sie schickt T eine SMS, die er – wie sie weiß – erst lesen wird, wenn er den Raub ausgeführt hat. – Da sich die Hilfe der T erst nach der Tat auswirkt, ist § 257 erfüllt. Hingegen läge eine psychische Beihilfe zum Raub nach §§ 249, 27 vor, wenn T dem V vor dem Raub erzählt, dass sie nun doch ein Versteck vorbereite und V daraufhin erleichtert zur Tat schreitet.

1618 b) **Hilfeleistung.** Die h. M. versteht darunter mit Recht jede Handlung, die objektiv geeignet ist, den Vortäter im Hinblick auf die Vorteilssicherung unmittelbar besser zu stellen und die subjektiv mit dieser Tendenz vorgenommen wird[2941]. Ein Sicherungserfolg braucht dabei nicht einzutreten; es genügt, wenn die Handlung geeignet ist, die Wiederherstellung des rechtmäßigen Zustands zu erschweren. Zu weitgehend ist freilich die im Schrifttum vertretene Ansicht, nach der jede Handlung ausreichend ist, die mit subjektiver Hilfstendenz vorgenommen wird[2942].

Bspe.: Geeignete Handlungen sind das Verstecken der Beute aus der Vortat; Aufhalten von Verfolgern; falsche Angaben vor Strafverfolgungsorganen aber auch Dritten.

1619 aa) Hilfeleistung ist auch durch **Unterlassen** möglich, sofern die Voraussetzungen des unechten Unterlassungsdelikts (§ 13) vorliegen. Hierzu muss vor allem eine Garantenstellung des Täters bestehen, die eine Garantenpflicht zur Wahrung von Restitutionsinteressen beinhaltet. Eine solche Garantenpflicht trifft etwa Eltern, wenn ihre minderjährigen Kinder Diebesgut im Haus verwahren[2943]. Entsprechendes gilt auch für Strafverfolgungsbeamte, private Sicherheitsleute oder Kaufhausdetektive[2944].

Bsp.: Polizist T entdeckt bei einer Hausdurchsuchung Diebesgut. Als er bemerkt, dass dort seine Bekannte B wohnt, informiert er seine Kollegen nicht und unternimmt auch sonst keine weiteren Maßnahmen. – §§ 257, 13 sind verwirklicht, soweit T handelt, um der B die Vorteile aus der Tat zu sichern. Geht es T nur darum, B vor Strafverfolgung zu schützen, kommen nur §§ 258, 258a in Betracht.

1620 bb) Leisten mehrere Personen dem Vortäter Hilfe, so ist die Beteiligtenrolle nach den allgemeinen Grundsätzen über Täterschaft und Teilnahme zu klären. Bei nur **mittelbaren Förderungshandlungen** scheidet Täterschaft aus, wenn die Hilfeleistung nicht dazu geeignet ist, unmittelbar zur Restitutionsvereitelung beizutragen.

Bsp.: V möchte die in seiner Wohnung versteckte Diebesbeute bei seinem Freund T verstecken, weil er eine Durchsuchung befürchtet. T

2941 BGHSt 4, 221 (224); *Zipf*, JuS 1980, 26 (27).
2942 A/W/H/H-*Heinrich*, § 27 Rn. 5 ff.; *Seelmann*, JuS 1983, 32 (34).
2943 *Schönke/Schröder/Hecker*, § 257 Rn. 13.
2944 *Mitsch*, BT 2, 12.2.1.4.4; *Rengier*, BT 1, § 20 Rn. 13.

möchte V zwar helfen, will aber auch nicht das Champions League-Finale verpassen. Daher bittet T seine Freundin D, die Sachen abzuholen und bei sich zu verstecken. D handelt entsprechend, um dem V die Vorteile zu sichern. – D ist nach § 257 strafbar, da sie tatsächlich Hilfe geleistet hat. T ist lediglich nach §§ 257, 26 strafbar, weil er den Entschluss zur Begünstigung bei D geweckt hat und selbst nur eine mittelbare Förderungshandlung vorgenommen hat.

cc) Eine (täterschaftliche) Strafbarkeit nach § 257 scheidet auch aus, wenn lediglich der Vortäter zu einer **straflosen Selbstbegünstigung veranlasst oder dabei unterstützt** wird, ohne dass darüber hinausgehende eigenständige Beiträge zur Vorteilssicherung vorliegen.

Bsp.: T rät dem Vortäter V, die Beute vor der Polizei zu verstecken, was dieser auch tut. – Es liegt nur eine – mangels Haupttat – straflose Anstiftung zur Selbstbegünstigung des T vor. Hingegen wäre § 257 zu bejahen, wenn T dem V ein Versteck zeigen würde.

c) Tatvorteile. Da sich die Tathandlung auf die **Erhaltung der Tatvorteile gegen Entziehung zugunsten des Verletzten** beziehen muss, müssen die Vorteile noch im Vermögen des Vortäters vorhanden sein. Andernfalls fehlt es an der objektiven Eignung der Handlung zur Restitutionsvereitelung[2945].

Bsp.:[2946] V schenkt eine bei O gestohlene Halskette (§ 242) seiner Ehefrau T zum Hochzeitstag; als diese später von der Tat erfährt, möchte sie die Kette dem O zurückgeben. V überzeugt sie jedoch, die Kette an ihn (V) zurück zu geben, damit er diese weiterveräußern kann. – T macht sich nicht nach § 257 strafbar, da die Hilfeleistung nur in der Rückgabe der Kette liegen kann, zu diesem Zeitpunkt der Vorteil aber nicht mehr im Vermögen des T vorhanden war; § 259 in Form des Sich-Verschaffens scheidet aus, weil T bei Annahme der Kette keinen Vorsatz hinsichtlich der Vortat besaß.

aa) Fraglich ist, welche Vorteile im Einzelnen erfasst werden. Nicht erforderlich ist, dass es sich um unmittelbare Früchte aus der Tat handelt; vielmehr wird auch die Zahlung eines Lohns an einen anderen Tatbeteiligten erfasst[2947].

Bsp.: B erhält für seine Tatbeteiligung 10.000 Euro von A. T versteckt dieses Geld im Ausland. – § 257 durch T ist zu bejahen, da er einen Vorteil, der aus der Vortat stammt, sichert.

bb) Problematisch ist ferner, ob § 257 angesichts seines weit gefassten Wortlauts („Vorteile der Tat") auch sog. **Ersatzvorteile** erfasst. Die Systematik der Anschlussdelikte gibt hierauf keine klare Antwort, da Ersatzvorteile

---

2945 *Wessels/Hillenkamp/Schuhr*, BT 2, Rn. 809.
2946 Nach BGHSt 24, 166.
2947 BGHSt 57, 56 (58 f.).

bei der Hehlerei nach § 259 ausscheiden, bei der Geldwäsche nach § 261 hingegen in weitem Umfang einbezogen sind. Bei § 257 wird mit Blick auf die geschützten Restitutionsinteressen verlangt, dass der Vorteil „unmittelbar" aus der Vortat stammen muss[2948], so dass etwa der Erlös aus dem Verkauf einer gestohlenen Sache als Ersatzvorteil ausscheidet[2949].

1624 Andererseits ist zu beachten, dass das **Unmittelbarkeitserfordernis** nicht „Sachidentität" verlangt[2950]. Handelt es sich bei dem Vorteil um Bargeld, so besteht der Vorteil weiter fort, wenn der Täter das Geld auf sein Konto einzahlt, in Wertpapieren anlegt oder mehrmals transferiert, solange es ihm zumindest bargeldähnlich zur Verfügung steht[2951]. Entscheidend ist, dass bei Geld die Sachidentität keine entscheidende Rolle spielt; insofern kommt bei § 257 der Wertsummengedanke[2952] zum Tragen. Die gegenüber § 259 abweichende Lösung lässt sich damit begründen, dass § 259 von „erlangten Sachen", § 257 aber nur von „Vorteilen der Tat" spricht.

3. Subjektiver Tatbestand

1625 Neben den zumindest bedingten Vorsatz hinsichtlich der objektiven Tatbestandsmerkmale muss die Absicht treten, dem Vortäter die Vorteile der Tat zu sichern.

1626 a) Der **Vorsatz** muss zunächst diejenigen Umstände erfassen, die die rechtswidrige Vortat i. S. d. § 11 Abs. 1 Nr. 5 begründen. Dabei ist es unerheblich, wenn der Täter die Einzelheiten der Vortat – wie Begehungsweise, rechtliche Einstufung der Straftat oder Zusammensetzung der Beute bzw. des Vorteils – nicht kennt. Es genügt, wenn er zumindest billigend in Kauf nimmt, dass eine rechtswidrige Tat begangen wurde, durch die der Vortäter unmittelbar einen Vorteil, der noch vorhanden ist, erlangt hat.

1627 b) Die **Vorteilssicherungsabsicht im Sinne von dolus directus 1. Grades** ist gegeben, wenn der Täter das Ziel verfolgt, dem Vortäter die Tatvorteile zu erhalten und so die Wiederherstellung des gesetzmäßigen Zustands zu vereiteln. Erforderlich ist hierzu, dass die Vorteile bereits oder noch beim Vortäter vorhanden sind[2953]. Ob die Restitutionsvereitelung tatsächlich gelingt, ist für die Absicht unerheblich (überschießende Innentendenz)[2954].

4. Strafausschließungsgrund des § 257 Abs. 3 Satz 1

1628 a) **Strafausschließungsgrund.** Eine Strafbarkeit nach § 257 scheidet nach Abs. 3 Satz 1 aus, wenn bereits eine Strafbarkeit wegen Beteiligung an der

---

2948 BGHSt 24, 166 (168); A/W/H/H-*Heinrich*, § 27 Rn. 3.
2949 BGH NStZ 1987, 22; 2008, 516; 2011, 399 (400); diff. LK-*Walter*, § 257 Rn. 37.
2950 *Rengier*, BT 1, § 20 Rn. 7 ff.; *Schönke/Schröder/Hecker*, § 257 Rn. 18.
2951 BGHSt 36, 277 (282); *Rengier*, BT 1, § 20 Rn. 9.
2952 Dazu o. Rn. 966 und u. Rn. 1670; *Dehne-Niemann*, ZJS 2009, 142 (146).
2953 BGH NStZ 1994, 187; 2011, 399 (400).
2954 Näher zur Vorteilssicherungsabsicht *Eisele*, BT 2, Rn. 1094.

Vortat gegeben ist. Für Fälle, in denen sich der Vortäter nur selbst begünstigt, erlangt Abs. 3 Satz 1 allerdings keine Bedeutung, weil dann schon keinem „anderen" i. S. d. Absatzes 1 Hilfe geleistet wird und deshalb der objektive Tatbestand nicht vorliegt. Abs. 3 Satz 1 beruht auf dem Gedanken der mitbestraften Nachtat. Deshalb kann doch nach § 257 bestraft werden, wenn die Teilnahme an der Vortat wegen Schuldunfähigkeit gar nicht strafbar ist[2955]. Der Strafausschließungsgrund greift dagegen ein, wenn die Vortat materiell-rechtlich strafbar ist, aber (lediglich) ein strafprozessuales Verfolgungshindernis besteht[2956].

b) Gegenausnahme des Abs. 3 S. 2. Diese gelangt – mit der Folge einer Strafbarkeit nach § 257 – zur Anwendung, wenn ein Vortatbeteiligter einen Unbeteiligten anstiftet, ihn oder einen anderen Vortatbeteiligten zu begünstigen[2957]. Es handelt sich dabei um eine Ausnahmevorschrift, die eng auszulegen ist. Im Schrifttum wird mit Recht die Ansicht vertreten, dass die Vorschrift dann nicht anzuwenden ist, wenn eine Anstiftung zu einer Strafvereitelung nicht ohne die Anstiftung zur Begünstigung erreicht werden kann[2958]. Denn § 258 kennt keine dem § 257 Abs. 3 Satz 2 entsprechende Gegenausnahme, so dass das Privileg des § 258 Abs. 5 durch die Strafbarkeit nach § 257 unterlaufen würde. Entsprechendes gilt, wenn eine Strafvereitelung nach § 258 Abs. 6 ausscheidet, weil der Beteiligte zugunsten eines Angehörigen handelt[2959].

1629

5. Konkurrenzen

Soweit jeweils die besonderen subjektiven Voraussetzungen verwirklicht sind, kann zwischen § 257 und §§ 258, 258a sowie § 259 Tateinheit bestehen[2960].

1630

> **Einführende Aufsätze:**
> *Bosch*, Grundfragen der Begünstigung – Plädoyer für eine vermögensorientierte Restriktion des Tatbestandes, Jura 2012, 270; *Dehne-Niemann*, Probleme der Begünstigung, ZJS 2009, 142, 248, 369; *Jahn/Reichart*, Die Anschlussdelikte – Begünstigung (§ 257 StGB), JuS 2009, 309 (Erläuterung der einzelnen Tatbestandsmerkmale anhand kleiner Fallbeispiele).

> **Übungsfälle:**
> *Ceffinato/Kalb*, Semesterabschlussklausur – Strafrecht: Eigentums- und Vermögensdelikte – Spontane Hilfeleistungen, JuS 2015, 808 (Abgrenzung der Begünstigung zur sukzessiven Beihilfe); *Schumann*, Aussagedelikte und An-

---

[2955] BGHSt 1, 47 (48); *Mitsch*, BT 2, 12.2.1.3.1.
[2956] *Mitsch*, BT 2, 12.2.2.3.1; *Schönke/Schröder/Hecker*, § 257 Rn. 25.
[2957] Krit. zu dieser Regelung etwa *Wolter*, JuS 1982, 343 (348).
[2958] *Mitsch*, BT 2, 12.2.2.3.2.
[2959] Vgl. zum Ganzen auch das Beispiel bei *Eisele*, BT 2, Rn. 1098.
[2960] BGHSt 2, 362 (363).

schlussdelikte, JuS 2010, 529 (Vorteil der Tat bei Rückveräußerung an den Eigentümer).

Rechtsprechung:
BGHSt 4, 221 – Betriebsleiter (Irrtum des Begünstigenden über die Art der Vortat); **BGHSt 36, 277** – Professor („Ersatzvorteile" bei Geld); **BGHSt 57, 56** – Briefkastenfirma (Tatlohn als Vorteil).

II. Strafvereitelung und Strafvereitelung im Amt, §§ 258, 258a

1. Geschütztes Rechtsgut und Systematik

1631 Die Strafvereitelung (persönliche Begünstigung) ist ebenfalls ein Anschlussdelikt. § 258 schützt die **inländische, d. h. die deutsche (Straf-) Rechtspflege und damit ein Rechtsgut der Allgemeinheit**[2961]. Absatz 1 sanktioniert die Verfolgungs- und Maßnahmevereitelung, Absatz 2 die Vollstreckungsvereitelung hinsichtlich Strafen und Maßnahmen. Es handelt sich jeweils um Erfolgsdelikte, bei denen der Versuch nach Absatz 4 strafbar ist. § 258a stellt als unechtes Amtsdelikt eine Qualifikation zu § 258 dar.

1632 Prüfungsschema

1. **Tatbestand**
   a. Objektiver Tatbestand
      aa. Strafbare Vortat eines anderen (Absatz 1) oder verhängte Strafe bzw. Maßnahme gegen einen anderen (Absatz 2)
      bb. Ganz oder teilweise Vereiteln der Bestrafung oder der Unterwerfung unter eine Maßnahme (Absatz 1) oder ganz oder teilweise Vereiteln der Vollstreckung der Strafe oder Maßnahme (Absatz 2)
   b. Subjektiver Tatbestand
      aa. Vorsatz bzgl. Vortat (Absatz 1) oder bzgl. verhängter Strafe oder Maßnahme (Absatz 2)
      bb. Absicht oder sicheres Wissen bzgl. des Vereitelungserfolges
2. **Rechtswidrigkeit**
3. **Schuld**
4. **Persönliche Strafausschließungsgründe**
   a. Straf-/Vollstreckungsvereitelung zu eigenen Gunsten, § 258 Abs. 5
   b. Straf-/Vollstreckungsvereitelung zugunsten eines Angehörigen, § 258 Abs. 6

[2961] BGHSt 43, 82 (84); 45, 97 (101); *Schönke/Schröder/Hecker*, § 258 Rn. 1.

2. Objektiver Tatbestand des § 258 Abs. 1

Die Vorschrift ist auf die Vereitelungen von **Strafen und Maßnahmen** (§ 11 Abs. 1 Nr. 8, §§ 61 ff., 73 ff.) beschränkt. Im Zusammenhang mit Verkehrsstraftaten ist das Fahrverbot nach § 44 (Nebenstrafe) und die Entziehung der Fahrerlaubnis als Maßregel der Besserung und Sicherung zu beachten (§§ 61 Abs. 1 Nr. 5, 69). Nicht erfasst werden Geldbußen bei Ordnungswidrigkeiten, Auflagen nach § 153a StPO sowie Erziehungsmaßnahmen oder Zuchtmittel nach dem JGG.

1633

a) Anforderungen an die Vortat. Es muss eine rechtswidrige Vortat (§ 11 Abs. 1 Nr. 5) vorliegen, bei der eine **Strafe oder Maßnahme tatsächlich verhängt werden kann**. Die Wendung „wegen einer rechtswidrigen Tat" stellt damit nur eine Mindestvoraussetzung dar. Es darf folglich weder ein persönlicher Strafausschließungs- oder Strafaufhebungsgrund noch ein endgültiges Verfahrenshindernis eingreifen. Sofern es um die Vereitelung einer Strafe geht, muss der Täter auch schuldhaft gehandelt haben. Dieses Erfordernis entfällt zumeist bei Maßnahmen, wie etwa der Unterbringung in einem psychiatrischen Krankenhaus (§ 63), die Schuld gerade nicht voraussetzen (vgl. aber § 66). Wird gegen eine Person zu Unrecht ein Strafverfahren geführt, weil eine Strafe oder Maßnahme nicht verhängt werden kann, so scheidet § 258 mangels Ahndungsrechts des Staates aus[2962]. Sofern der Handelnde eine Strafbarkeit nur irrig annimmt, kommt nur ein nach Absatz 4 strafbarer untauglicher Versuch in Betracht.

1634

aa) Es muss sich dabei um die **Straftat eines anderen** handeln. Wer sich nur selbst der strafrechtlichen Verfolgung entzieht, handelt nicht tatbestandsmäßig. Die bloße Teilnahme an einer Selbstbegünstigung im Wege der Anstiftung oder Beihilfe ist daher mangels Haupttat straflos. Wie die **Grenzen zwischen strafloser Teilnahme an einer Selbstbegünstigung und einer täterschaftlichen Fremdbegünstigung** zu ziehen sind, ist streitig. Teilweise wird nach allgemeinen Kriterien zur Abgrenzung von Täterschaft und Teilnahme gefragt, ob die Tatherrschaft über das Vereitelungsgeschehen insgesamt beim Beteiligten oder beim Vortäter liegt. Im letzteren Fall läge nur eine straflose Beteiligung an einer Selbstbegünstigung vor[2963]. Angesichts der tatbestandlichen Struktur und der Intention des § 258, Hilfe nach der Tat zu erfassen[2964], ist jedoch richtigerweise auf die einzelne Vereitelungshandlung zu blicken. Insoweit wird zumindest partiell die Teilnahme zur Täterschaft erhoben. Es liegt nur dann eine straflose Teilnahme vor, wenn sich der Beteiligte im Falle der Anstiftung auf den Rat zur Flucht oder zu sonstigem Selbstschutz und im Falle der Beihilfe auf die Bestärkung des Selbstschutzwillens beschränkt[2965]. Darüber hinausgehende Ver-

1635

2962 *Wessels/Hettinger/Engländer*, BT 1, Rn. 734.
2963 *Schönke/Schröder/Hecker*, § 258 Rn. 34 f.
2964 *A/W/H-Heinrich*, § 26 Rn. 17; *Lackner/Kühl*, § 258 Rn. 6.
2965 *Schönke/Schröder/Hecker*, § 258 Rn. 35; zu § 257 s. Rn. 1621.

eitelungshandlungen begründen jedoch eine Täterschaft. Bei sozialadäquaten Handlungsweisen kann dann freilich noch die objektive Zurechnung zu prüfen sein[2966].

> **Bspe. (Täterschaft):** Verstecken des Vortäters; Überlassen eines Fahrzeugs zur Flucht; Verschaffen von gefälschten Papieren; Hinweise auf Strafverfolgungsmaßnahmen; Hilfe beim Verändern des äußeren Erscheinungsbildes; Beseitigen von Beweisen.

1636 Soweit nicht nur eine Selbstbegünstigung vorliegt, sondern auch die Strafe eines anderen Beteiligten täterschaftlich vereitelt wird, ist der Tatbestand verwirklicht, jedoch ist dann der Strafausschließungsgrund des § 258 Abs. 5 zu beachten[2967]. Entsprechendes gilt, wenn der Vortäter als Anstifter oder Gehilfe an der Strafvereitelung eines Dritten zu seinen Gunsten mitwirkt.

1637 bb) § 258 ist – ähnlich wie § 257 – von der **Beihilfe zur Vortat** abzugrenzen, da § 258 eine bereits begangene Tat voraussetzt. Dabei kommt es grundsätzlich nicht auf den Zeitpunkt der Handlung an, sondern darauf, wann die Handlung ihre Wirkung entfaltet[2968]. Eine Vereitelung vor Vollendung der Vortat ist als Beihilfe zu werten, wenn dadurch die Haupttat noch gefördert wird.

> **Bsp.:** T sieht, wie ihr vorbestrafter Bruder V im Warenhaus gerade einen teuren USB-Stick einstecken will. Damit er von einer Angestellten nicht gesehen und kein erneutes Strafverfahren gegen ihn eingeleitet wird, spricht T die Angestellte an, um sie abzulenken. – Da der Gewahrsamswechsel zu diesem Zeitpunkt noch nicht vollzogen ist, ist der Diebstahl noch nicht vollendet. T macht sich daher nach §§ 242, 27 strafbar; dass sie Angehörige ist, spielt hierbei – anders als nach § 258 Abs. 6 – keine Rolle.

1638 Für Handlungen, die sich erst **nach Beendigung der Vortat** auswirken, kommt nur § 258 in Betracht. Lehnt man wie hier die Möglichkeit einer sukzessiven Beihilfe nach Vollendung grundsätzlich ab[2969], so kommt auch in der Phase zwischen Vollendung und Beendigung nur eine Strafvereitelung in Betracht. Nach h. M. hingegen ist in dieser Phase noch Beihilfe zur Vortat anzunehmen, wenn sich die Unterstützung auf die Vortat auswirkt und dies auch vom Vorsatz umfasst ist[2970]; sofern der Handelnde ein Angehöriger des Vortäters ist, kommt er daher nicht in den Genuss des Privilegs nach § 258 Abs. 6.

1639 b) **Herbeiführung eines Vereitelungserfolgs.** Da die Strafvereitelung ein Erfolgsdelikt ist, muss durch die Vereitelungshandlung kausal ein Vereite-

---

2966 Näher u. Rn. 1644.
2967 S. u. Rn. 1649 f.
2968 *Kindhäuser/Schramm*, BT 1, § 51 Rn. 39; *Maurach/Schroeder/Maiwald*, BT 2, § 100 Rn. 12.
2969 S. o. Rn. 1175.
2970 *Schönke/Schröder/Hecker*, § 258 Rn. 6.

lungserfolg herbeigeführt werden. Ansonsten kommt nur ein nach Absatz 4 strafbarer Versuch in Betracht, von dem gemäß § 24 strafbefreiend zurückgetreten werden kann.

aa) Typische **Vereitelungshandlungen** sind das Verstecken des Vortäters, Hilfe bei der Flucht, Beseitigen von Beweismitteln oder Falschaussagen vor Strafverfolgungsorganen. Die Handlungen können schon vor Einleitung eines förmlichen Ermittlungsverfahrens vorgenommen werden, wenn ein verfolgbarer Strafanspruch des Staates besteht[2971]. **1640**

bb) Die Tat kann auch durch **Unterlassen** verwirklicht werden, sofern die Voraussetzungen des § 13 vorliegen. Vor allem ein Untätigsein von **Strafverfolgungsbeamten** kann den Tatbestand begründen, da diese aufgrund des Legalitätsprinzips zur Strafverfolgung verpflichtet sind (§§ 152 Abs. 2, 160, 163 StPO). Bei anderen Amtsträgern genügen jedoch nicht alle öffentlich-rechtlichen Pflichten, die mit einem Amt verbunden sind. Vielmehr müssen Anzeigepflichten bestehen, die der Unterrichtung der Strafverfolgungsbehörden zum Zwecke der Strafverfolgung dienen (§§ 159 Abs. 1 StPO, § 41 Abs. 1 OWiG, § 183 Satz 1 GVG)[2972]. Für zur Mitwirkung am Verfahren berufene Amtsträger ist in diesem Zusammenhang die **Qualifikation des § 258a** zu beachten[2973]. **1641**

Bsp.:[2974] A schlägt in der Justizvollzugsanstalt seinen Zellennachbarn B mit einer Flasche nieder (§§ 223, 224 Abs. 1 Nr. 2). Der Anstaltsleiter verzichtet auf eine Unterrichtung der Strafverfolgungsbehörden, um eine Eskalation zu vermeiden. – §§ 258, 13 scheiden aus, weil der Anstaltsleiter keine Garantenpflicht zur Anzeige der Straftat besitzt; Beamten des Strafvollzugs ist die Strafverfolgung nicht als Aufgabe anvertraut.

Hingegen ist eine **Privatperson** grundsätzlich nicht zur Mitwirkung an der Strafverfolgung zum Schutze der Rechtspflege verpflichtet. Das gilt auch für private Sicherheitsleute, da diese zum Schutz von Individualinteressen handeln[2975]. Auch die Anzeigepflicht in den Fällen des § 138 vermag eine Garantenstellung nicht zu begründen[2976]. Selbst bei prozessual unberechtigter Verweigerung der Aussage durch einen aussagepflichtigen Zeugen oder Sachverständigen (§§ 48 ff., 72 ff., 161a Abs. 1, 163a Abs. 5 StPO) kann eine Strafvereitelung nicht angenommen werden, da § 70 StPO die Sanktionen hierfür abschließend regelt[2977]. **1642**

2971 BGHSt 45, 97 (103).
2972 *Fischer*, § 258 Rn. 12; *Kindhäuser/Schramm*, BT 1, § 51 Rn. 33.
2973 Näher u. Rn. 1654 ff.
2974 S. auch BGHSt 43, 82.
2975 BGH NStZ 1992, 540 f.; *Rengier*, BT 1, § 21 Rn. 14.
2976 *Rengier*, BT 1, § 21 Rn. 14.
2977 LG Itzehoe NStZ-RR 2010, 10; A/W/H/H-*Heinrich*, § 26 Rn. 9; MünchKomm-*Cramer*, § 258 Rn. 22; a. A. OLG Köln NStZ-RR 2010, 146; LG Ravensburg NStZ-RR 2008, 177; NK-*Altenhain*, § 258 Rn. 46.

1643 cc) Für den **Vereitelungserfolg** genügt es, dass der Vortäter hinsichtlich der Strafverfolgung besser gestellt wird[2978]. Eine endgültige und vollständige Verhinderung der Bestrafung des Vortäters ist nicht erforderlich. **Ganz vereitelt** wird der Straf- oder Maßnahmeanspruch nach h. M. bereits dann, wenn er für eine geraume Zeit verzögert wird[2979]. Dabei genügt nach h. M. eine nur geringfügige Verzögerung noch nicht. Es sollen zumindest zehn[2980] bis vierzehn[2981] Tage zu veranschlagen sein; überzeugender ist es jedoch, eine Verzögerung von zumindest drei Wochen zu fordern, weil § 229 Abs. 1 StPO für diesen Zeitraum ohnehin eine Unterbrechung der Hauptverhandlung zulässt[2982]. Ein **teilweises Vereiteln** liegt vor, wenn die Strafe aufgrund der Handlung des Täters milder ausfällt[2983]. So etwa, wenn der Vortäter nur nach dem Grundtatbestand anstatt nach einer Qualifikation, nur zu einer Geld- anstatt einer Freiheitsstrafe oder nur zu einer geringeren Geld- oder Freiheitsstrafe verurteilt wird.

Die Vereitelungshandlung ist nur dann **ursächlich**, wenn ohne diese eine frühere Bestrafung des Vortäters mit an Sicherheit grenzender Wahrscheinlichkeit hätte erfolgen können; dies erfordert letztlich die Einbeziehung hypothetischer Verläufe[2984]. Werden Ermittlungsmaßnahmen hingegen nur verzögert, ohne dass sich dies in kausaler Weise auf den Zeitpunkt der Ahndung auswirkt, so scheidet der Tatbestand aus[2985]. In solchen Fällen kommt aber ein nach Absatz 4 strafbarer Versuch in Betracht.

> **Bsp.:** T möchte dem Vortäter V helfen und sagt deshalb vor der Polizei falsch aus; diese kann den V dennoch eine Woche später überführen. Aufgrund eines Urlaubs des Staatsanwalts hätte die Tat jedoch auch bei richtiger Aussage nicht früher angeklagt und abgeurteilt werden können. – Es liegt nur ein Versuch nach §§ 258 Abs. 1, 4, 22, 23 vor, da ein Vereitelungserfolg nicht eingetreten ist; die Vereitelungshandlung hat sich nicht auf den Zeitpunkt der Verurteilung ausgewirkt.

1644 dd) Der Vereitelungserfolg muss ferner **objektiv zurechenbar** sein, was vor allem bei **sozialadäquaten Verhaltensweisen** Bedeutung erlangt. Die Problematik steht dabei in engem Zusammenhang mit den sog. berufsneutralen Handlungen, die bei der Beihilfe diskutiert werden[2986]. Dabei geht es um das (noch) erlaubte Risiko bei der Berufsausübung im Speziellen und bei Alltagshandlungen im Allgemeinen. Da die Grenzen zwischen Beihilfe zur Vortat und Strafvereitelung mitunter schwer zu ziehen sind,

---

2978 BGH NJW 1984, 135; *Fischer*, § 258 Rn. 7; *Kindhäuser/Schramm*, BT 1, § 51 Rn. 8.
2979 A/W/H/H-*Heinrich*, § 26 Rn. 3; *Fischer*, § 258 Rn. 8; a. A. NK-*Altenhain*, § 258 Rn. 49 ff.
2980 OLG Stuttgart NJW 1976, 2084.
2981 *Rengier*, BT 1, § 21 Rn. 8; *Wessels/Hettinger/Engländer*, BT 1, Rn. 740.
2982 *Lackner/Kühl*, § 258 Rn. 4; SSW-*Jahn*, § 258 Rn. 15.
2983 *Rengier*, BT 1, § 21 Rn. 13; *Schönke/Schröder/Hecker*, § 258 Rn. 14.
2984 BGH NStZ-RR 310 (311).
2985 BGHSt 15, 18 (21); BGHSt 45, 97 (100); *Schönke/Schröder/Hecker*, § 258 Rn. 18.
2986 Vgl. dazu *Eisele/Heinrich*, AT, Rn. 866 f.; *Bechtel*, Jura 2016, 865 ff.

spricht viel dafür, die dort diskutierten Maßstäbe zu übertragen. Verkauft ein Bäcker dem sich auf der Flucht befindenden Vortäter Nahrungsmittel oder leistet ein Arzt Erste Hilfe, so liegt mangels rechtlich missbilligter Gefahrschaffung grundsätzlich keine Strafvereitelung vor. Entsprechendes gilt für das bloße Zusammenwohnen, Verköstigen oder Ausgehen mit dem Vortäter, ohne dass damit ein Verstecken oder eine Flucht verbunden ist. Anders verhält es sich jedoch, wenn die Hilfeleistung über die erforderlichen Maßnahmen hinausgeht und dem Vortäter Unterkunft gewährt oder Bargeld für die Flucht überlassen wird[2987].

ee) In diesem Zusammenhang ist auch zu diskutieren, inwieweit das Handeln eines **Strafverteidigers** eine Strafvereitelung – und damit im Übrigen auch einen Fall des Verteidigerausschlusses nach § 138a Abs. 1 Nr. 3 StPO – begründen kann. Für den Strafverteidiger besteht eine gewisse Gefahr deshalb, weil der subjektive Tatbestand keine Absicht i. S. v. dolus directus 1. Grades voraussetzt, sondern sicheres Wissen hinsichtlich des Vereitelungserfolges genügen lässt[2988]. Anerkannt ist, dass prozessual zulässiges Handeln – wie das Stellen von Beweisanträgen – jedenfalls keine Strafvereitelung begründet[2989]. Im Übrigen sind die Grenzen aber fließend und lassen sich nur durch eine genaue Analyse des Einzelfalles ermitteln: So ist der Strafverteidiger einerseits ein unabhängiges Organ der Rechtspflege (§ 1 BRAO) und unterliegt der Wahrheitspflicht. Er hat sich jeder aktiven Verdunkelung und wahrheitswidrigen Verzerrung des Falles zu enthalten; er darf sich unwahre Behauptungen des Beschuldigten nicht zu eigen machen oder Zeugen zu Falschaussagen veranlassen[2990]. Andererseits ist er gemäß § 137 StPO Beistand des Beschuldigten bzw. Angeklagten. Er kann und muss daher (in dubio pro reo) auf Freispruch plädieren, wenn die Beweislage unsicher ist, selbst wenn er weiß, dass sein Mandant die Tat begangen hat[2991]. Erlaubt ist ferner der Rat an den Mandanten, kein Geständnis abzulegen oder die Bitte an Zeugen, von einem Zeugnisverweigerungsrecht Gebrauch zu machen[2992].

3. Objektiver Tatbestand des § 258 Abs. 2

a) Absatz 2 pönalisiert die Vollstreckungsvereitelung, wobei im Wesentlichen die Grundsätze des Absatzes 1 gelten. Erforderlich ist eine bereits **rechtskräftig verhängte Strafe oder Maßnahme**. Ob die zugrunde lie-

---

2987 Für eine Lösung der Fälle berufsneutraler Handlungen über die Rechtsfigur der objektiven Zurechnung *Lackner/Kühl*, § 27 Rn. 2a; *Wohlers*, NStZ 2000, 169 (173 f.); die Rechtsprechung nimmt Einschränkungen im subjektiven Tatbestand vor, vgl. BGHSt 46, 107 (112); BGH NStZ 2000, 34.
2988 Zu den Anforderungen in subjektiver Hinsicht BGHSt 46, 53 (58 f.); BGH NStZ-RR 2009, 526.
2989 BGHSt 38, 345 (348); 46, 53 (54); BGH NStZ 2006, 510; *Lackner/Kühl*, § 258 Rn. 10.
2990 BGHSt 46, 53 (55 f.); OLG Nürnberg NJW 2012, 1895 (1896).
2991 *Haft/Hilgendorf*, BT 1, S. 58.
2992 BGHSt 10, 393; OLG Düsseldorf NJW 1991, 996; *Kindhäuser/Schramm*, BT 1, § 51 Rn. 43.

gende Entscheidung rechtlich zutreffend ist oder nicht, ist nicht entscheidend. Das Gericht, das über die Vollstreckungsvereitelung urteilt, ist an die rechtskräftige Entscheidung gebunden. Die Tathandlung muss nicht zwingend erst nach Rechtskraft des Urteils vorgenommen werden; entscheidend ist nur, dass sie sich erst ab diesem Zeitpunkt auswirkt.

> **Bspe.:** Verstecken eines Verurteilten, damit dieser die Verbüßung seiner Freiheitsstrafe nicht antreten muss oder Befreiung eines Gefangenen aus der Justizvollzugsanstalt (s. auch § 120).

1647 b) Teilweise wird in der **Zahlung einer Geldstrafe** für einen Verurteilten durch einen Dritten eine Vollstreckungsvereitelung gesehen[2993]. Die Geldstrafe stelle nach ihrem Sinn eine höchstpersönliche Leistungspflicht dar, die der Verurteilte selbst als Strafübel empfinden solle. Die Zahlung eines Dritten vereitle somit die mit der Geldstrafe verfolgten Strafzwecke. Die h. M. lehnt dies mit guten Gründen ab[2994]. Zum einen ist die persönliche Betroffenheit des Verurteilten nicht mit Vollstreckungsmitteln durchsetzbar, sondern lediglich die Zahlung eines bestimmten Geldbetrages an die Staatskasse. Zum anderen kann eine Pflicht zur persönlichen Zahlung leicht umgangen werden. Zu denken ist etwa an die Gewährung eines Darlehens mit späterem Verzicht auf Rückzahlung oder die Erstattung des Betrages seitens eines Dritten nach Zahlung an die Staatskasse durch den Verurteilten. Eine Kontrolle von Einkünften und Schenkungen zu bestimmten Anlässen ist zudem kaum möglich.

4. Subjektiver Tatbestand

1648 Der Täter muss zumindest Eventualvorsatz hinsichtlich der Vortat (Absatz 1) bzw. rechtskräftigen Verurteilung (Absatz 2) und Absicht oder sicheres Wissen, d. h. zumindest dolus directus 2. Grades, hinsichtlich des Vereitelungserfolges haben[2995]. Ausreichend ist daher, dass es der Täter für möglich gehalten hat, dass eine Straftat begangen wurde und er für diesen Fall eine Bestrafung des Vortäters zumindest für geraume Zeit verhindern möchte.

5. Persönlicher Strafausschließungsgrund, § 258 Abs. 5

1649 Möchte der Vortäter nur sich selbst begünstigen, liegt schon **kein Fall des Absatzes 1 („anderer")** vor. Soweit er durch die Vereitelungshandlung zugunsten eines anderen Vortatbeteiligten zugleich sich selbst der Strafverfolgung entziehen will, greift der persönliche Strafausschließungsgrund des Absatzes 5 ein, welcher der notstandsähnlichen Lage Rechnung trägt[2996]. Dies gilt selbst dann, wenn die Befürchtung eigener Strafverfolgung objek-

---

2993 *Hillenkamp*, JR 1992, 74 (75); diff. LK-*Walter*, § 258 Rn. 47 ff.
2994 BGHSt 37, 226 (230); A/W/H-*Heinrich*, § 26 Rn. 12.
2995 BGHSt 45, 97 (100); 46, 53 (58 f.); BGH NStZ 2015, 702 (703); *Fischer*, § 258 Rn. 33.
2996 So jedenfalls BayObLG NStZ 1996, 497 (498); *Satzger*, Jura 2007, 754 (757); für einen Entschuldigungsgrund A/W/H-*Heinrich*, § 26 Rn. 14.

tiv unbegründet ist und auf einem Irrtum beruht („vereiteln will")[2997]. Absatz 5 ist auch anwendbar, wenn der Vortäter nur als Anstifter oder Gehilfe an einer Strafvereitelung zu seinen Gunsten mitwirkt[2998].

Eine dem § 257 Abs. 3 Satz 2 entsprechende Ausnahme für die Anstiftung an der Vortat Unbeteiligter besteht nicht. Wie bereits dargestellt[2999], darf die Privilegierung der Absätze 5 und 6 nicht durch Annahme einer Strafbarkeit nach § 257 umgangen werden, wenn die Strafvereitelung nach Vorstellung des Täters nicht ohne gleichzeitige Begünstigung nach § 257 begangen werden kann.

6. Angehörigenprivileg, § 258 Abs. 6

§ 258 Abs. 6 enthält einen **Strafausschließungsgrund** für Fälle, in denen der Beteiligte die Tat als Täter oder Teilnehmer[3000] zugunsten eines Angehörigen (§ 11 Abs. 1 Nr. 1) begeht. Eine analoge Anwendung auf nahestehende Personen scheidet aus, da der Gesetzgeber sich insoweit gerade nicht an dem Vorbild des § 35 orientiert hat[3001]. Sofern sich die Begünstigung eines Angehörigen aber nur dadurch erreichen lässt, dass auch ein Nichtangehöriger – etwa ein Mittäter – zugleich begünstigt wird, bleibt Abs. 6 anwendbar. Nicht anders als bei Absatz 5 werden tateinheitlich verwirklichte Delikte nicht miterfasst.

> **Bsp.:** V erzählt seiner Schwester T, dass er eine Bank überfallen hat und bittet sie um Hilfe. T stiftet ihren Freund F dazu an, bei der Polizei auszusagen, dass F und V zur fraglichen Zeit das Auto der T repariert hätten. – F ist nach § 258 strafbar; für T sind hingegen §§ 258, 26 zu verneinen, da Absatz 6 den Teilnehmer einer Strafvereitelung zugunsten seines Angehörigen straffrei lässt.

Streitig ist, ob es für die Anwendung des Absatz 6 auf die **objektive Sachlage oder das Vorstellungsbild des Täters** ankommt. Für eine objektive Beurteilung wird angeführt, dass persönliche Strafausschließungsgründe jenseits von Unrecht und Schuld stehen und vom Vorsatz des Täters nicht erfasst sein müssen[3002]. Auch kann man sagen, dass Absatz 6 anders als Absatz 5 („vereiteln will") objektiv formuliert ist. Die Gegenansicht lässt mit Recht genügen, dass der Täter nur irrig annimmt, er begünstige einen Angehörigen[3003]. Dies folgt aus dem notstandsähnlichen Charakter der Norm und mit Blick auf Absatz 5, bei dem es ebenfalls auf die Tätervorstellung ankommt. Unter Zugrundelegung dieser Auffassung greift Absatz 6

2997 BGHSt 2, 375; BGH NStZ-RR 2016, 310 (311).
2998 Vgl. auch die Beispiele bei *Eisele*, BT 2, Rn. 1125.
2999 S. o. Rn. 1629.
3000 *Fischer*, § 258 Rn. 39; *Rengier*, BT 1, § 21 Rn. 25.
3001 NK-*Altenhain*, § 258 Rn. 74; *Schönke/Schröder/Hecker*, § 258 Rn. 41.
3002 BGHSt 23, 281 (283); B/W/M/E-*Mitsch*, § 19 Rn. 13.
3003 *Schönke/Schröder/Hecker*, § 258 Rn. 41; *Warda*, Jura 1979, 286 (292 ff.).

freilich umgekehrt immer dann nicht ein, wenn die Angehörigeneigenschaft dem Täter unbekannt ist[3004].

7. Konkurrenz zu § 145d

1653 Kann die Tat nach § 258 wegen Absatz 5 oder Absatz 6 nicht bestraft werden, so stellt sich die Frage, ob eine Bestrafung nach § 145d im Falle seiner Verwirklichung möglich ist. § 145d ist grundsätzlich gegenüber § 258 (und § 258a) formell subsidiär. Dies gilt jedoch richtigerweise nur, wenn eine Bestrafung nach § 258 überhaupt möglich ist. Im Übrigen lassen sich angesichts der unterschiedlichen Schutzrichtung der Delikte die Privilegien nicht auf § 145d übertragen[3005].

8. Qualifikation der Strafvereitelung im Amt, § 258a

1654 Amtsträgereigenschaft. § 258a stellt eine Qualifikation zu § 258 dar. Zu beachten ist, dass § 258 Abs. 3 und Abs. 6 gemäß § 258a Abs. 3 nicht anwendbar sind. Es handelt sich um ein unechtes Amtsdelikt, da die Amtsträgereigenschaft die Strafe nicht begründet (echtes Amtsdelikt), sondern nur schärft. Die Amtsträgereigenschaft ist ein besonderes persönliches Merkmal, für das § 28 Abs. 2 gilt. Taugliche Täter sind aber nur Amtsträger (z. B. Strafrichter, Staatsanwälte, Polizeibeamte), die zur Mitwirkung am konkreten Verfahren berufen sind. Die bloße Eigenschaft als Strafverfolgungsbeamter genügt daher nicht; wer in keinerlei Beziehung zum Fall steht, erfüllt dieses Merkmal nicht[3006]. Andererseits ist nicht erforderlich, dass ein Ermittlungsverfahren schon eingeleitet ist[3007].

> **Bsp. (1):** Polizist T vom Polizeirevier Tübingen gewährt einem alten Schulfreund aus dem 80 km entfernten Schwäbisch Gmünd nach einer Straftat Unterschlupf. Mit der Strafverfolgung in dieser Sache hat er nichts zu tun. – T ist nur nach § 258 Abs. 1 strafbar; die Qualifikation des § 258a ist nicht verwirklicht, weil T nicht zur Mitwirkung am Strafverfahren berufen ist.

> **Bsp. (2):** Staatsanwalt T heftet belastendes Material zugunsten einer Freundin aus der Ermittlungsakte. Seine Sekretärin S hilft ihm bei der Beseitigung, indem sie die Blätter in den Aktenvernichter steckt. – T verwirklicht §§ 258, 258a; da S nicht Amtsträger ist, macht sie sich nach §§ 258, 27 strafbar.

9. Unterlassen

1655 Bei Nichtverfolgung einer Straftat ist hinsichtlich eines unechten Unterlassungsdelikts sorgfältig zu prüfen, ob der Amtsträger Garant i. S. d. § 13 ist. Für

---

3004 Vgl. auch das Beispiel bei *Eisele*, BT 2, Rn. 1128.
3005 BayObLG NJW 1978, 2563, zu § 258 Abs. 5; OLG Celle NJW 1980, 2205, zu § 258 Abs. 6; s. auch *Eisele*, BT 1, Rn. 1500.
3006 *Rengier*, BT 1, § 21 Rn. 43.
3007 BGH MDR/H 1980, 630; *Schönke/Schröder/Hecker*, § 258a Rn. 3.

II. Strafvereitelung und Strafvereitelung im Amt, §§ 258, 258a

die Garantenstellung genügen jedoch nicht alle öffentlich-rechtlichen Pflichten, die mit einem Amt verbunden sind. Aufgrund des Legalitätsprinzips (§§ 152 Abs. 2, 159, 160, 163 StPO) sind aber Staatsanwälte und Polizisten zur Strafverfolgung verpflichtet[3008]. Eine Garantenpflicht zum Handeln besteht unbestritten für die **Kenntniserlangung von Straftaten während des Dienstes**.

a) Umstritten ist dagegen, inwiefern eine **außerdienstliche Kenntniserlangung** einer Straftat den Beamten verpflichtet, Anzeige zu erstatten bzw. einzuschreiten. Teilweise wird eine Pflicht zum Einschreiten generell mit der beachtlichen Begründung abgelehnt, dass auch einem Beamten im Privaten ein Freiraum verbleiben muss[3009]. Freilich überzeugt dies bei schweren Straftaten – wie etwa Tötungsdelikten – nicht. Die h.M. geht davon aus, dass das Interesse des Beamten an seiner Privatsphäre und das öffentliche Interesse an der Strafverfolgung gegeneinander abgewogen werden müssen[3010]. Überwiegt das öffentliche Interesse nach Art oder Umfang der Straftat, so besteht eine Pflicht zur Anzeige bzw. zum Einschreiten. Das ist bei den in § 138 genannten Straftaten sowie anderen schweren Delikten, wie z.B. schweren Körperverletzungen, erheblichen Straftaten gegen die Umwelt, Delikten mit hohem wirtschaftlichen Schaden oder besonderem Unrechtsgehalt der Fall[3011]. Der BGH verlangt nunmehr jedoch mit Recht zusätzlich, dass das privat erlangte Wissen auch in den Dienst mitgenommen wird[3012]. Dies ist insbesondere bei Dauerdelikten der Fall, die bis in den Dienst fortwirken (etwa bei Kenntniserlangung von einer mehrwöchigen Freiheitsberaubung außerhalb der Dienstzeit und diesbezüglichem Untätigbleiben bei Wiederaufnahme des Dienstes[3013]).

1656

b) Bei Unterlassungstaten ist allerdings zu beachten, dass dem Amtsträger ein Handeln auch **zumutbar** sein muss, weil anderenfalls die Schuld ausgeschlossen ist[3014]. Dies kann insbesondere problematisch sein, wenn der Beamte gegen einen Angehörigen vorgehen soll. Aus der gesetzlichen Anordnung in Absatz 3, dass das Angehörigenprivileg des § 258 Abs. 6 nicht anwendbar ist, folgt indessen, dass die Belange der Allgemeinheit grundsätzlich Vorrang haben und daher die Grenzen der Zumutbarkeit nur selten erreicht werden dürften.

1657

3008 BGHSt 43, 82 (84 f.).
3009 *Laubenthal*, JuS 1993, 907 (912); *Mitsch*, NStZ 1993, 384 (385).
3010 BGHSt 38, 388 (391 f.); *Schönke/Schröder/Hecker*, § 258a Rn. 11.
3011 Vgl. BGHSt 38, 388 (391 f.).
3012 BGHSt 38, 388 (391 f.); BGH NStZ 2000, 147; OLG Koblenz NStZ-RR 1998, 332.
3013 Vgl. dazu und einem weiteren Beispiel *Eisele*, BT 2, Rn. 1133.
3014 B/W/M/E-*Eisele*, § 18 Rn. 76 ff.; *Rengier*, AT, § 49 Rn. 47; für Tatbestandsausschluss *Heinrich*, AT, Rn. 904.

> **Einführende Aufsätze:**
> *Laubenthal,* Strafrechtliche Garantenstellung von Polizisten und außerdienstliche Kenntniserlangung, JuS 1993, 907 (Strafvereitelung im Amt durch Unterlassen); *Jahn/Palm,* Die Anschlussdelikte – Begünstigung (§ 258, 258a StGB), JuS 2009, 408 (Erläuterung der einzelnen Tatbestandsmerkmale anhand kleiner Fallbeispiele); *Satzger,* Grundprobleme der Strafvereitelung, Jura 2007, 754.

> **Übungsfälle:**
> *Hardtung,* Per Fax in die Freiheit, JuS 1998, 719 (Strafvereitelung durch einen Anstaltsleiter); *Mitsch,* Hilfe nach dem Überfall, Jura 2006, 381 (Darstellung meherer tatbestandlicher Probleme der Strafvereitelung, Strafvereitelung durch Unterlassen).

> **Rechtsprechung:**
> **BGHSt 38, 388** – Bardamen (Garantenstellung bei außerdienstlicher Kenntniserlangung); **BGHSt 43, 82** – Vollzugsanstalt (Nichtanzeige von Straftaten in Justizvollzugsanstalt); **BGHSt 46, 53** – Vermittlung (Strafvereitelung durch Strafverteidiger).

III. Hehlerei, § 259

1. Geschütztes Rechtsgut und Systematik

1658 Geschütztes Rechtsgut der Hehlerei ist das **Vermögen**, ohne dass hierbei ein Schaden eintreten muss[3015]. Das Vermögensgefährdungsdelikt bestraft die Aufrechterhaltung und die Vertiefung des durch die Vortat eingetretenen rechtswidrigen Zustandes durch einverständliches Zusammenwirken mit dem Vortäter (Perpetuierungstheorie)[3016]. Durch Pönalisierung der Besitzübernahme soll zudem der „Markt" für die Abnahme der Beute ausgetrocknet werden. Damit soll der Vortäter „isoliert" werden und mangels Absatzmöglichkeit der Anreiz für die Begehung von Straftaten genommen werden[3017]. Der Versuch ist nach Absatz 3 strafbar. Die Tat wird qualifiziert nach § 260 und § 260a (Verbrechen).

1659 Prüfungsschema
1. Tatbestand
   a. Objektiver Tatbestand
      aa. Sache, die ein anderer durch eine rechtswidrige Vortat erlangt hat

---

3015 BGH NJW 1978, 710; *Schönke/Schröder/Hecker,* § 259 Rn. 1.
3016 BGHSt 7, 134 (137); *Wessels/Hillenkamp/Schuhr,* BT 2, Rn. 823.
3017 BGHSt 42, 196 (198); MünchKomm-*Maier,* § 259 Rn. 3.

> bb. Einvernehmliches Zusammenwirken zwischen Vortäter und Hehler
> (1) Ankaufen, Sichverschaffen, einem Dritten Verschaffen
> (2) Absetzen, Absatzhilfe
> b. Subjektiver Tatbestand
> aa. Vorsatz
> bb. Eigen- oder Drittbereicherungsabsicht
> 2. **Rechtswidrigkeit**
> 3. **Schuld**
> 4. **Strafantrag, § 259 Abs. 2 i. V. m. §§ 247, 248a**
> 5. **Qualifikationen**
> a. § 260: Gewerbsmäßige Hehlerei (Abs. 1 Nr. 1); Bandenhehlerei (Abs. 1 Nr. 2)
> b. § 260a: Gewerbsmäßige Bandenhehlerei

2. Objektiver Tatbestand

Tatobjekt muss eine Sache sein, die ein Anderer gestohlen oder sonst durch eine gegen fremdes Vermögen gerichtete rechtswidrige Vortat erlangt hat.

1660

a) **Rechtswidrige Vortat (§ 11 Abs. 1 Nr. 5)**. Als solche kommen neben Vermögensdelikten auch andere Delikte wie Pfandkehr (§ 289), Urkundenfälschung (§ 267) oder Nötigung (§ 240) in Betracht. Entscheidend ist, dass die Straftat unter Verletzung fremder Vermögensinteressen begangen wird und eine rechtswidrige Besitzlage entsteht[3018]. Die Feststellung einer bestimmten Vortat ist nicht notwendig, solange nur sicher ist, dass überhaupt eine taugliche Vortat der Hehlerei vorliegt. Nach h. M. muss die Vortat nicht schuldhaft begangen worden sein[3019]. Auch ist es unerheblich, ob der Vortat ein Verfolgungshindernis – wie Verjährung oder ein fehlender Strafantrag – entgegensteht[3020].

1661

aa) Die rechtswidrige Vortat muss von **einem anderen** begangen worden sein. Der Alleintäter oder mittelbare Täter der Vortat ist kein tauglicher Täter der Hehlerei; ebenso der Mittäter, da diesem die Tatbeiträge und die Erlangung der Beute zuzurechnen sind[3021]. Im Ergebnis gilt dies auch dann, wenn sich der Vortäter nur als Teilnehmer an der Hehlerei eines Dritten beteiligt. Streitig ist nur, ob bereits der Tatbestand zu verneinen ist[3022] oder die Teilnahme des Vortäters eine straflose Nachtat darstellt[3023].

1662

3018 BayObLG JR 1980, 299; *Schönke/Schröder/Hecker*, § 259 Rn. 7 f.
3019 BGHSt 1, 47 (50); 4, 76 (78); A/W/H/H-*Heinrich*, § 28 Rn. 9.
3020 *Schönke/Schröder/Hecker*, § 259 Rn. 10.
3021 BGHSt 5, 378 (379); 7, 134 (137); *Rengier*, BT 1, § 22 Rn. 13.
3022 *Miehe*, StV 1997, 247 (249); *Rengier*, BT 1, § 22 Rn. 71.
3023 BayObLG NJW 1958, 1597; *Geppert*, Jura 1994, 100 (103).

> **Bsp.:** Vortäter V überlässt den gestohlenen Schmuck dem H, der diesen eigenständig für V auf dessen Rechnung veräußern soll. V nennt dem H für den Verkauf Adressen potentieller „Kunden". H veräußert den Schmuck an eine dieser Personen und lässt dem V den Kaufpreis zukommen. – H macht sich nach § 259 strafbar, weil er den Schmuck, den V als „anderer" aus einer Vortat erlangt hat, für V absetzt, d. h. die Sache eigenständig auf Rechnung des Vortäters veräußert; ein Sichverschaffen liegt hingegen nicht vor, weil H die Sache vom Vortäter nicht zu eigener Verfügungsgewalt erhält[3024]. Vortäter V kommt als Täter des § 259 von vornherein nicht in Betracht. Was eine Beihilfe anbelangt, so ist diese grundsätzlich möglich; zwar könnte man – nicht anders als bei Täterschaft – bereits den Tatbestand verneinen, weil die Teilnahme einen geringeren Unrechtsgehalt aufweist, jedoch muss man sehen, dass hier ein Dritter den Tatbestand des § 259 und damit zusätzliches Unrecht verwirklicht und der Gehilfe akzessorisch haftet. Daher spricht mehr für die Annahme einer im Wege der Gesetzeskonkurrenz zurücktretenden mitbestraften Nachtat.

1663 bb) Streitig ist, ob sich ein **Teilnehmer der Vortat** nach § 259 strafbar machen kann. Dies wird teilweise verneint, weil gegenüber der Beteiligung an der Vortat kein neuer Unrechtsgehalt hinzukommt[3025]. Dagegen führt die h. M. an, dass der Vortatteilnehmer die Herstellung der rechtswidrigen Vermögenslage nicht durchführt, sondern nur unterstützt. Damit ist aber die Vortat für ihn als fremd einzustufen, so dass die spätere Verschiebung der Deliktsbeute vom Vortäter auf den Teilnehmer neues Unrecht darstellt[3026]. Dies gilt auch dann, wenn die Vortatbeteiligung von vornherein darauf abzielte, die Beute oder Beuteteile zu eigenen Zwecken zu erlangen. Vortatbeteiligung und § 259 stehen daher in Tatmehrheit.

1664 cc) Die Hehlerei setzt voraus, dass der **Vortäter die Sache erlangt** hat. Die Vortat muss daher schon vollendet sein oder der Vortäter jedenfalls bereits im Versuchsstadium den Besitz erlangt haben[3027]. Problematisch sind Konstellationen, in denen Vortat und Hehlerei in einem Akt zusammenfallen, was insbesondere bei einer Unterschlagung als Vortat der Fall sein kann.

> **Bsp.:**[3028] T hat sich von O eine alte Schallplatte ausgeliehen. H entdeckt diese bei einem Besuch und ist begeistert, da er selbst alte Platten sammelt. T erzählt zwar, dass die Platte nur geliehen ist, kann aber angesichts des guten Angebots von H nicht widerstehen und verkauft die Platte. – T verwirklicht mit Übergabe der Platte eine veruntreuende

---

3024 Zu den Tathandlungen sogleich u. Rn. 1671 ff.
3025 *Seelmann*, JuS 1988, 39 (42).
3026 BGHSt 7, 134 (138); 22, 206 (208); 33, 50 (52); *Berz*, Jura 1980, 57 (67).
3027 BGH StV 1996, 81 (82); BGH NStZ-RR 2011, 245 (246).
3028 Ausf. zu diesem Beispiel *Mitsch*, BT 2, 13.2.1.2.3.

III. Hehlerei, § 259

Unterschlagung nach § 246 Abs. 2, weil er sich in diesem Moment die Sache zueignet. Mit derselben Handlung erlangt aber auch H die Verfügungsgewalt über die Sache.

Nach einer Ansicht genügt es für § 259, dass die Übertragung der Sache für den Vortäter die rechtswidrige Tat begründet, die Vortat also erst durch die Verfügung zugunsten des Hehlers begangen wird[3029]. Dafür wird vor allem angeführt, dass ansonsten die Anwendbarkeit des § 259 von Zufälligkeiten des konkreten Tatablaufs abhängt. Die h. M. verlangt hingegen mit Recht zumindest eine „logische" Sekunde zwischen beiden Taten[3030]. Die deliktische Sacherlangung muss nach dem Wortlaut „erlangt hat" rechtlich und zeitlich abgeschlossen sein, bevor die Hehlerei beginnt. Eine Beendigung der Vortat ist aber nicht notwendig.

b) Hehlereiobjekt. Erfasst werden nur **Sachen**, nicht aber Forderungen, sonstige Rechte oder wirtschaftliche Werte; bei Letzteren ist jedoch an Geldwäsche gemäß § 261 zu denken, wenn eine Katalogtat nach § 261 Abs. 1 Satz 2 verwirklicht wird. Unter § 259 fallen aber Gegenstände, die ein Recht verkörpern, wie z. B. Sparbücher, Schuldscheine, Fahrkarten oder Theaterkarten.

aa) Das Hehlereiobjekt muss weder eine fremde noch eine bewegliche Sache sein, so dass auch herrenlose und eigene Sachen (z. B. bei Pfandkehr nach § 289 als Vortat) sowie unbewegliche Sachen den Tatbestand begründen können. Die Sache muss im Zeitpunkt der Hehlerei noch „bemakelt" sein, durch die Hehlerei muss also die **rechtswidrige Vermögenslage fortbestehen**. Die Bemakelung endet, sobald ein unanfechtbarer Eigentumserwerb eintritt und lebt auch später nicht wieder auf, wenn die Sache erneut übertragen wird und der Erwerber die ursprüngliche Bemakelung kennt[3031].

> **Klausurtipp**
> Soweit verschiedene Hehlereiobjekte in Betracht kommen, die im Laufe des Sachverhalts einen unterschiedlichen „Weg" nehmen, sind diese getrennt zu prüfen.

bb) Eine Hehlerei kommt nur an demjenigen Tatobjekt in Betracht, das der Vortäter aus der Vortat erlangt hat. Dafür spricht schon der Wortlaut, wonach sich die Tathandlungen „ankauft" usw. auf die erlangte Sache beziehen. Im Übrigen kann sich auch der rechtswidrige Zustand, der durch die Tat perpetuiert wird, nur auf das aus der Vortat stammende Objekt

---

3029 *Otto*, Jura 1985, 151 f.
3030 BGHSt 13, 403 (405); BGH NStZ 2012, 700; *Geppert*, Jura 1994, 100.
3031 *Wessels/Hillenkamp/Schuhr*, BT 2, Rn. 840.

beziehen. Die sog. **Ersatzhehlerei** an anderen Gegenständen wird demnach von § 259 nicht erfasst, da sich die Bemakelung an Surrogaten nicht fortsetzt[3032]. Keine körperliche Identität besteht etwa, wenn der aus der Vortat stammende Gegenstand umgetauscht oder gegen Geld veräußert wird.

> **Bsp.:** V hat 100 € gestohlen. Mit diesen bezahlt er seiner Freundin H, die die Herkunft des Geldes kennt, im Geschäft des G ein Paar lang ersehnte Schuhe. – Vortat des V ist § 242. § 263 zu Lasten des G scheidet aus, weil dieser gemäß §§ 929, 932 Eigentum erwirbt; § 935 Abs. 1 ist nach Absatz 2 bei Geld nicht anwendbar. Im Übrigen ist auch bei gutgläubigem Erwerb richtigerweise ein Vermögensschaden zu verneinen[3033]. Bei H scheidet § 259 in Form des Sichverschaffens aus, weil sie das Geld nicht erlangt hat und die Schuhe aus keiner rechtswidrigen Vortat stammen.

1669 Anderes gilt jedoch, wenn der Täter die aus dem Weiterveräußerungsgeschäft stammende Ersatzsache **erneut durch eine Straftat erlangt**, die gegen fremdes Vermögen gerichtet ist.

> **Bsp.:** V entwendet das schicke Citybike des O und versteigert es im Internet bei ebay an den gutgläubigen K. K holt das Rad bei V ab und übergibt 250 € in bar. V gibt das Geld seiner Frau H, damit diese sich ein Handtäschchen kaufen kann. H ist über die Vorgeschichte im Bilde. – Hinsichtlich des Diebstahls am Fahrrad stellt das Geld lediglich eine Ersatzsache dar, weil V dieses nicht durch den Diebstahl erlangt hat. Jedoch liegt zu Lasten des K ein Betrug nach § 263 vor, da dieser über die Eigentümerstellung getäuscht wird und aufgrund § 935 Abs. 1 BGB kein Eigentum erwerben kann; die Ausnahme des § 935 Abs. 2 BGB greift nicht ein, weil eine Versteigerung über ebay keine öffentliche Versteigerung ist; im Gegenzug hat K den Kaufpreis bezahlt, so dass er einen Vermögensschaden erleidet. Weil das Geld damit aus einer rechtswidrigen Vortat nach § 263 stammt, hat sich H nach § 259 in der Variante des Sichverschaffens strafbar gemacht.

1670 Streitig sind Fälle, in denen der Vortäter aus der Vortat Geld erlangt, das dann später gewechselt wird. Hier soll nach einer Ansicht eine **Ersatzhehlerei am Wechselgeld** möglich sein[3034]. Geld sei als Wertträger anzusehen und daher liege eine Hehlerei bereits dann vor, wenn der Täter sich einen Teil der Wertsumme verschaffe, die ein anderer gestohlen oder durch eine sonstige Vermögensstraftat erlangt habe. Dem tritt die h. M. zu Recht entgegen[3035]. Wenn man Geld lediglich als Wertsumme begreift, so müsste

---

[3032] BGH NJW 1969, 1260; *Lackner/Kühl*, § 259 Rn. 8.
[3033] Näher o. Rn. 1375.
[3034] *Meyer*, MDR 1970, 377 (379); *Rudolphi*, JA 1981, 1 (4).
[3035] SSW-*Jahn*, § 259 Rn. 15; *Wessels/Hillenkamp/Schuhr*, BT 2, Rn. 836.

§ 259 schon mangels Sachqualität verneint werden[3036]. Anders als § 261 knüpft § 259 die Strafbarkeit im Übrigen allein an die bemakelte Sache; eine abweichende Auslegung gerät daher mit Art. 103 Abs. 2 GG in Konflikt.

> **Bsp.:**[3037] D entwendet von O einen 100 €-Schein. Um keinen Ärger mit einem „großen Schein" zu bekommen, lässt er den Schein in zwei 50 €-Scheine wechseln. Einen der Scheine schenkt er seiner Frau H, die in alles eingeweiht ist. – Problematisch ist allein, dass der 50 €-Schein, den H erhält, nicht aus dem Diebstahl stammt. Auch § 263 zu Lasten der Bank scheidet aus, da diese am 100 €-Schein nach §§ 929, 932 BGB gutgläubig Eigentum erworben hat; das Abhandenkommen steht dem bei Geld nach § 935 Abs. 2 BGB nicht entgegen. Lehnt man den Wertsummengedanken mit der h. M. ab, so ist § 259 zu verneinen.

c) Tathandlungen. Diese lassen sich in zwei Gruppen unterteilen. Handelt der Hehler zu eigenen Gunsten oder zu Gunsten eines Dritten, so liegt ein Ankaufen, Sichverschaffen oder einem Dritten Verschaffen vor. Handelt der Täter dagegen zu Zwecken des Vortäters, so liegt bei einer selbstständigen Unterstützung des Vortäters ein Absetzen, bei einer unselbstständigen Unterstützung Absatzhilfe vor. **1671**

aa) Allen Varianten ist gemeinsam, dass ein **einvernehmliches Zusammenwirken zwischen Vortäter bzw. Vorbesitzer und Hehler**, d. h. ein abgeleiteter (derivativer) Erwerb der Beute gegeben sein muss[3038]. Der Vortäter muss sein Einverständnis dabei nicht ausdrücklich erklären; richtigerweise genügt sogar ein mutmaßliches Einverständnis, weil die Kette zum rechtswidrigen Vorbesitz nicht vollständig unterbrochen wird[3039]. Bei mehreren Vortätern genügt die Erklärung eines Mittäters[3040]. Dagegen scheidet § 259 aus, wenn die Sache dem Vortäter eigenmächtig mittels Diebstahls oder Raubes weggenommen wird; §§ 242, 249 sind dann allerdings wiederum geeignete Vortaten für weitere Anschlussdelikte. **1672**

(1) Umstritten sind Fälle, in denen die Beute durch **Betrug (§ 263), Erpressung (§§ 253, 255) oder Nötigung (§ 240)** unter Mitwirkung des Vortäters erlangt wird. **1673**

> **Bsp.:** V überlässt dem T das Diebesgut, weil dieser ihm mit Strafanzeige droht. – Die Strafbarkeit des T nach § 253 hängt davon ab, ob der deliktisch erlangte Besitz zum strafrechtlich geschützten Vermögen gehört; verneint man dies[3041], so verbleibt eine Strafbarkeit nach § 240. Hin-

---

[3036] A/W/H/H-*Heinrich*, § 28 Rn. 6 f.; *Rengier*, BT 1, § 22 Rn. 27.
[3037] S. *Rengier*, BT 1, § 22 Rn. 27.
[3038] BGHSt 7, 134 (137); *Krey/Hellmann/Heinrich*, BT 2, Rn. 873.
[3039] *Maurach/Schroeder/Maiwald*, BT 1, 10. Aufl. 2009, § 39 Rn. 24; a. A. BGH NJW 1955, 351.
[3040] *Schönke/Schröder/Hecker*, § 259 Rn. 37.
[3041] S. o. Rn. 1372.

sichtlich § 259 ist problematisch, dass V die Beute dem T nicht frei von Willensmängeln überlässt.

1674 Fraglich ist, ob auch ein faktisches Zusammenwirken genügt, so dass die Entscheidung des Vortäters nicht frei von Willensmängeln sein muss[3042]. Die überzeugendere Gegenansicht verweist darauf, dass es einer Bestrafung wegen Hehlerei nicht bedarf, weil das Unrecht der Tat bereits von den Straftatbeständen hinreichend erfasst wird, die bei Erlangung der Beute verwirklicht werden[3043]. Auch ist zu beachten, dass dem Vortäter durch § 259 der Anreiz zur Begehung von Vortaten genommen werden soll, indem der Markt für eine (sichere) Abnahme der Beute ausgetrocknet wird[3044]. Dieser Aspekt spielt aber gerade keine Rolle, wenn der Vortäter die Sache an einen Dritten mittels Täuschung oder Zwang verliert. Denn durch ein solches Handeln wird dem Vortäter nicht die Sicherheit vermittelt, rechtswidrig erlangte Sachen gewinnbringend absetzen zu können und damit auch kein Anreiz zur Begehung von Vortaten geschaffen.

1675 (2) Hingegen setzt § 259 **nicht ein unmittelbares Zusammenwirken** von Vortäter und Erwerber voraus. Ein abgeleiteter Erwerb kann auch gegeben sein, wenn der Erwerber von einem gutgläubigen Vorbesitzer die Sache einverständlich übernimmt, so lange nur die rechtswidrige Besitzlage fortdauert[3045].

Bsp.:[3046] V schenkt einen von ihm gestohlenen Ring der Tochter T der H. Die gutgläubige T legt diesen auf den Nachttisch der H in der Absicht, ihn ihr weiterzuschenken. H ist bewusst, dass es sich um Diebesgut handelt. H legt den Ring in ihre Schmuckdose und trägt ihn später. – H hat sich den Ring i. S. d. § 259 verschafft, da hierfür ein abgeleiteter Erwerb genügt; die rechtswidrige Besitzlage dauerte auch fort, da T den Ring wegen § 935 Abs. 1 BGB nicht gutgläubig erwerben konnte. Anders wäre aber zu entscheiden, wenn T von V Geld erhalten und dieses an H weitergegeben hätte; in diesem Fall hätte T wegen § 935 Abs. 2 das Geld gutgläubig erworben, so dass vor dem Erwerb durch H der rechtswidrige Zustand beendet gewesen wäre.

1676 bb) Das **Ankaufen** ist lediglich ein Unterfall des Verschaffens; es setzt weder einen zivilrechtlichen Kaufvertrag voraus, noch ist ein solcher für sich genommen ausreichend. Im Übrigen gelten die Anforderungen des Sichverschaffens. Ein **Sichverschaffen** setzt voraus, dass der Täter die tatsächliche Verfügungsgewalt zu eigenen Zwecken im Wege des abgeleiteten Er-

---

[3042] So noch LK[11]-*Ruß*, § 259 Rn. 17.
[3043] BGHSt 42, 196, zur Erpressung und Nötigung; *Mitsch*, BT 2, 13.2.1.5.2; a. A. für Betrugsfälle A/W/H/H-*Heinrich*, § 28 Rn. 12.
[3044] S. o. Rn. 1658.
[3045] BGHSt 15, 53 (57); OLG Düsseldorf NJW 1978, 713; a. A. *Rengier*, BT 1, § 22 Rn. 39 f.
[3046] OLG Düsseldorf NJW 1978, 713.

werbs bewusst und gewollt übernimmt[3047]. Ferner muss der Hehler im Rahmen einer eigentümerähnlichen **eigenen Verfügungsgewalt** unabhängig vom Willen des Vortäters über die Sache zu eigenen Zwecken verfügen können[3048]. Er muss daher den wirtschaftlichen Wert der Sache vom Vortäter übernehmen. Behält der Vortäter die Mitverfügungsgewalt, so liegt ein Sichverschaffen nur vor, wenn beide unabhängig voneinander und nicht lediglich gemeinschaftlich über die Sache verfügen dürfen[3049]. Auch die Erlangung des mittelbaren Besitzes an der Beute stellt ein Sichverschaffen dar, soweit damit eine selbstständige Verfügungsgewalt verbunden ist[3050].

Bsp.: Der Vortäter schließt die Beute in ein Bahnhofsschließfach ein und übergibt dem Hehler den Schlüssel.

1677 Denkbar ist letztlich auch, dass zunächst nur der Gewahrsam an der Sache – etwa zur Verwahrung – erlangt wird und erst später die Verfügungsgewalt zu eigenen Zwecken im Einvernehmen mit dem Vortäter hergestellt wird[3051]. Soweit dagegen nur an einer Veräußerung im Interesse des Vortäters mitgewirkt wird, kommt nur ein Absetzen oder eine Absatzhilfe in Betracht. Hinsichtlich der **Drittverschaffung** gelten dieselben Grundsätze. Der Dritte muss daher die Sache im Wege eines abgeleiteten Erwerbs zur eigenen Verfügungsgewalt unmittelbar vom Vorbesitzer (sonst bereits Sichverschaffen des Hehlers) erlangen, wobei der Hehler eigenständig und weisungsunabhängig handeln muss[3052]. Die täterschaftliche Drittverschaffung ist dabei von der Beihilfe zum Sichverschaffen abzugrenzen.

Bsp.: V möchte gestohlenen Schmuck an Juwelier J veräußern. Der Angestellte H wickelt in Abwesenheit des J das Geschäft ab und schließt den Schmuck in den Tresor des J. – H macht sich nach § 259 strafbar, da er dem J die Verfügungsgewalt durch eigenständiges Handeln verschafft. Nur Beihilfe zum Sichverschaffen des J (§§ 259, 27) läge hingegen vor, wenn J das Geschäft mit V im Wesentlichen selbst abwickeln und H lediglich an der Ladentheke den Schmuck für J entgegennimmt.

1678 cc) Unter **Absetzen** ist das selbstständige Unterstützen des Vortäters beim Weiterschieben der aus der Vortat stammenden Sache zu verstehen[3053]. Erfasst wird insbesondere der Verkaufskommissionär, der für den Täter die Veräußerung in dessen Interesse übernimmt[3054]. Unter **Absatzhilfe** versteht man die weisungsabhängige, unselbstständige Unterstützung, die

---

3047 BGHSt 33, 44 (46); BGH NStZ 1995, 544; *Fischer*, § 259 Rn. 11 ff.
3048 BGHSt 35, 172 (176); *Mitsch*, BT 2, 13.2.1.5.3.
3049 BGHSt 33, 44 (46 f.); 35, 172 (175); ausf. *Küper/Zopfs*, BT, Rn. 478.
3050 BGHSt 27, 160 (161); *Schönke/Schröder/Hecker*, § 259 Rn. 20.
3051 BGHSt 15, 53 (58).
3052 BGH NStZ-RR 2012, 247 (248); 2013, 78 (79); *Küper/Zopfs*, BT, Rn. 477.
3053 BGHSt 27, 45 (49); *Wessels/Hillenkamp/Schuhr*, BT 2, Rn. 859.
3054 *Kindhäuser/Böse*, BT 2, § 48 Rn. 22; *Wessels/Hillenkamp/Schuhr*, BT 2, Rn. 865.

dem Vortäter bei dessen Absatzbemühungen gewährt wird[3055]. Absetzen und Absatzhilfe sind demnach auf eine entgeltliche Verwertung durch Besitzübertragung an den Erwerber gerichtet, so dass diesem die Sache zur selbstständigen Verfügungsgewalt übertragen wird[3056]. Gemeinsam ist beiden Tatvarianten ferner, dass der Hehler mit Einverständnis und im wirtschaftlichen Interesse (auf Rechnung) des Vortäters handelt[3057]. Erlangt der Hehler die Sache hingegen zur Veräußerung im eigenen Interesse mit eigenständiger Verfügungsgewalt (Zwischenhehler), so liegt bereits ein Sichverschaffen, nicht aber ein Absetzen vor; dem Zwischenhehler kann dann wiederum Absatzhilfe geleistet werden.

1679 (1) Absetzen und Absatzhilfe unterscheiden sich dadurch, dass bei der **Absatzhilfe** dem Vortäter **keine selbstständige, sondern eine weisungsgebundene Unterstützung** gewährt wird. Die Absatzhilfe stellt eine zur Täterschaft erhobene Beihilfehandlung dar, die Strafbarkeitslücken schließen soll, die dadurch entstehen können, dass der Vortäter nicht den Tatbestand des § 259 verwirklicht und daher eine Beihilfestrafbarkeit mangels Haupttat ausscheidet[3058]. Die Absatzhilfe ist demnach durch eine Unterstützung des Vortäters gekennzeichnet.

> **Bsp.:** Vortäter V übergibt H gestohlenen Schmuck, um ihn dem gutgläubigen Juwelier J zu veräußern; H kommt dem nach. – V ist kein „anderer", so dass § 259 im Wege des Absetzens ausscheidet. Bei H scheidet ein Sichverschaffen aus, weil H die Verfügungsgewalt nicht zu eigenen Zwecken erhält; weil H auf Weisung des V und damit nicht selbstständig am Absatz beteiligt ist, liegt kein Absetzen, sondern eine Absatzhilfe vor. Bei J scheidet eine Strafbarkeit nach § 259 in Form des Sichverschaffens aus, da er hinsichtlich der Vortat keinen Vorsatz besitzt.

1680 (2) Nicht Absatzhilfe, sondern eine **Beihilfe zur Hehlerei** kommt in Betracht, wenn einem Dritten Unterstützung gewährt wird, der die Sache für den Vortäter absetzt oder diesem Absatzhilfe leistet[3059].

> **Bsp. (1):**[3060] V hat eine Goldkette gestohlen. Die Kette gibt V seiner Geliebten G, die sie für V auf dessen Rechnung an Juwelier J veräußert. Der Dritte D gab zuvor G den Hinweis, sich mit der Kette an J zu wenden. – Durch den Verkauf macht sich G nach § 259 in der Form des Absetzens strafbar, weil sie weisungsunabhängig, aber auf Rechnung des Vortäters handelt. D hat zu diesem Absatz durch seinen Hin-

---

3055 *Fischer*, § 259 Rn. 17; NK-*Altenhain*, § 259 Rn. 53.
3056 BGH StV 1984, 285; *Küper/Zopfs*, BT, Rn. 6 ff.
3057 BGH StV 1984, 285; *Krey/Hellmann/Heinrich*, BT 2, Rn. 886.
3058 *Fischer*, § 259 Rn. 17; *Maurach/Schroeder/Maiwald/Hoyer/Momsen*, BT 1, § 39 Rn. 31.
3059 BGH StV 1984, 285; BGH NStZ-RR 2005, 373; *Rengier*, BT 1, § 22 Rn. 54.
3060 Vgl. dazu *Mitsch*, BT 2, 13.2.1.6.1.

weis Hilfe geleistet und sich daher wegen Beihilfe zur Hehlerei gemäß §§ 259, 27 strafbar gemacht.

Bsp. (2): V hat eine Digitalkamera gestohlen, die er selbst verkaufen möchte. H soll sich für ihn nach Abnehmern umhören und erhält von Freund F den entscheidenden Tipp. V veräußert die Kamera an den gutgläubigen G, nachdem ihm H den „Tipp" übermittelt hat. – V als Vortäter ist hinsichtlich der Veräußerung straflos. H verwirklicht § 259 im Wege der Absatzhilfe, da er weisungsgebunden für V handelt. F hat mit seinem Hinweis wiederum die Absatzhilfe unterstützt. Er macht sich deshalb einer Beihilfe zur Hehlerei nach §§ 259, 27 strafbar.

(3) Absetzen und Absatzhilfe setzen nach h. M. **Entgeltlichkeit** voraus. Daher muss der Vortäter durch die Verwertungshandlung einen wirtschaftlichen Vorteil erlangen. Das bloße Verschenken der gestohlenen Sache ohne Erwartung einer Gegenleistung begründet kein Absetzen – auch dann nicht, wenn dadurch mit der Sache verbundene Kosten eingespart werden[3061].

Bsp.:[3062] V hat einen Rassehund gestohlen, den er jedoch nicht veräußern kann. Da ihm die Futterkosten zu hoch sind, erklärt er sich damit einverstanden, dass seine Freundin H den Hund für ihn an die Bekannte B verschenkt, die sich schon lange einen solchen Hund wünscht, aber nicht leisten kann. – Ein Absetzen durch H scheidet aus, da die Vermögenslage nach dem Verschenken derjenigen vor der Vortat entspricht. Jedoch hat H den Hund einem Dritten verschafft; die für § 259 ausreichende Drittbereicherungsabsicht liegt vor, weil dadurch Vortäter V – der richtigerweise „Dritter" sein kann[3063] – zum einen Aufwendungen vermeiden und zum anderen B das Tier unentgeltlich erhalten sollte.

(4) Nachdem nunmehr auch der BGH[3064] für das Absetzen und die Absatzhilfe – in Übereinstimmung mit der vorzugswürdigen h. L.[3065] – einen **Absatzerfolg** verlangt, hat die diesbezügliche Diskussion an Relevanz verloren[3066]. Zum einen deutet bereits der Wortlaut „absetzt" auf das Erfordernis eines Erfolges hin; für die parallel ausgestaltete Absatzhilfe für unselbstständige Mitwirkung kann dann nichts anderes gelten. Zum anderen spricht hierfür im Wege einer systematischen Auslegung ein Blick auf das Sichverschaffen, das unzweifelhaft einen Erfolg voraussetzt[3067]. Letztlich muss man sehen, dass die Aufrechterhaltung und Vertiefung des durch die Vortat

---

3061 LK-*Walter*, § 259 Rn. 51; *Mitsch*, BT 2, 13.2.1.6.1; a. A. *Kindhäuser/Böse*, BT 2, § 47 Rn. 23.
3062 Vgl. *Mitsch*, BT 2, 13.2.1.6.1.
3063 S. sogleich u. Rn. 1685.
3064 BGHSt 59, 40 (41 ff.).
3065 *Krey/Hellmann/Heinrich*, BT 2, Rn. 890; NK-*Altenhain*, § 259 Rn. 48 f.
3066 Dazu *Eisele*, BT 2, Rn. 1163.
3067 Siehe auch BGHSt 59, 40 (42 f.).

eingetretenen rechtswidrigen Zustandes als Grund der Pönalisierung bei bloßen Absatzbemühungen noch nicht gegeben ist. Mit Blick auf Absatzbemühungen ist zudem die in Absatz 3 normierte Versuchsstrafbarkeit zu beachten.

> **Bsp.:** V übergibt seinem Freund H verschiedene gestohlene Digitalkameras und DVD-Recorder, die H auf Weisung des V veräußern soll. H lagert die Sachen zunächst bei sich ein. Später kümmert er sich nach den Vorgaben des V intensiv um Abnehmer und bietet die Ware zum Kauf an. Bevor die Sachen veräußert werden, findet die Polizei die Beute. – Nach h. L. kommen nur §§ 259, 22, 23 in Betracht. Für das unmittelbare Ansetzen ist auf den Absatzbeginn abzustellen[3068], was hier zu bejahen ist, weil H die Beute zum Kauf angeboten hat.

3. Subjektiver Tatbestand

1683 Der Täter muss zunächst mit **zumindest bedingtem Vorsatz** hinsichtlich der objektiven Tatbestandsmerkmale, insbesondere der rechtswidrigen Vortat, handeln.

1684 a) Hat der Täter zum Zeitpunkt der Gewahrsamserlangung keine Kenntnis von der Vortat, so kommt ein vorsätzliches Sichverschaffen nur in Betracht, wenn er (erst) nach Kenntniserlangung im Einvernehmen mit dem Vortäter die Verfügungsgewalt zu eigenen Zwecken erhält. Nimmt der Täter nur irrig an, dass die Sache durch eine rechtswidrige Vortat erlangt ist, so kommt ein untauglicher Versuch in Betracht.

1685 b) Für die **Bereicherungsabsicht ist dolus directus 1. Grades** erforderlich. Einer Stoffgleichheit zwischen Hehlereigegenstand und erstrebtem Vermögensvorteil bedarf es nicht. Auch muss die erstrebte Bereicherung nicht rechtswidrig sein[3069]. Keine Bereicherungsabsicht liegt vor, wenn der Hehler die Beute zum üblichen Marktpreis oder zum Schwarzmarktpreis vom Vortäter erwirbt[3070]. Streitig ist, ob die Drittbereicherungsabsicht auch dann vorliegt, wenn der **Vortäter bereichert** werden soll. Zum Teil wird dies mit Hinweis auf den Gesetzeswortlaut verneint, weil der Vortäter der „Andere" im Sinne der Vorschrift sei und deshalb nicht zugleich „Dritter" sein könne[3071]. Auch werde die Vortäterbegünstigung von § 257 erfasst, dessen Grenzen zu § 259 nicht verwischt werden dürften[3072]. Die zufällige Formulierung des Gesetzestextes kann freilich nicht entscheidend sein[3073].

3068 MünchKomm-*Maier*, § 259 Rn. 170; *Schönke/Schröder/Hecker*, § 259 Rn. 47 f.
3069 *Lackner/Kühl*, § 259 Rn. 17; *Wessels/Hillenkamp/Schuhr*, BT 2, Rn. 874.
3070 BGH MDR 1967, 363 (369); BGH wistra 2012, 148 (149); *Fischer*, § 259 Rn. 23.
3071 *Lackner/Kühl*, § 259 Rn. 17; *Rengier*, BT 1, § 22 Rn. 61.
3072 BGH NStZ 1995, 595, verneint § 259, soweit der Täter nur mit dem Ziel handelt, dem Vortäter den rechtswidrig erlangten Vermögensvorteil zu erhalten; s. auch *Rengier*, BT 1, § 22 Rn. 61.
3073 BGH NJW 1979, 2621; A/W/H/H-*Heinrich*, § 28 Rn. 27.

Ansonsten würde vor allem die Absatzhilfe leerlaufen, wenn hierbei – wie häufig – nur für die Interessen des nach § 259 straflosen Vortäters gehandelt wird. Die dadurch entstehende Strafbarkeitslücke könnte auch über § 257 nur bedingt geschlossen werden, weil die Vorteilssicherungsabsicht und die Begünstigungsabsicht nicht zwingend einhergehen.

> **Bsp.:** V möchte die Diebesbeute schnell und gewinnbringend veräußern, da er befürchtet, dass die Polizei diese findet. H hilft dem V beim Transport der Beute zum gutgläubigen Erwerber E, der den Marktpreis zahlt. Davon, dass V einen Beuteverlust befürchtet, weiß H nichts; er möchte dem V allein einen Gewinn verschaffen. – V als Vortäter ist nach § 257 und § 259 straflos. Bei H scheidet § 257 aus, weil er keine Hilfe leistet, um dem V die Vorteile der Tat gegen Entzug zu sichern. Richtigerweise liegt jedoch § 259 in Form der Absatzhilfe vor, da die Drittbereicherungsabsicht auch auf den Vortäter gerichtet sein kann.

4. Qualifikationen

§ 260 und § 260a stellen echte Qualifikationen dar. § 260 knüpft die Strafschärfung an ein **gewerbsmäßiges Handeln** (Abs. 1 Nr. 1)[3074] oder eine Tatbegehung als **Mitglied einer Bande**, die sich zur fortgesetzten Begehung von Raub, Diebstahl oder Hehlerei verbunden hat (Abs. 1 Nr. 2)[3075]. Anders als bei § 244 Abs. 1 Nr. 2 werden auch gemischte Banden aus Dieben und Hehlern erfasst[3076]. Ebenfalls anders als bei § 244 Abs. 1 Nr. 2 muss die Tat nicht unter Mitwirkung eines anderen Bandenmitglieds begangen werden. Das Verbrechen des § 260a verknüpft die beiden Strafschärfungen miteinander.

5. Strafantrag

Für die Hehlerei nach § 259 Abs. 1 gilt gemäß Absatz 2 das Antragserfordernis nach § 247 und nach § 248a. Für § 248a kommt es darauf an, ob die gehehlte Sache von geringem Wert ist.

6. Wahlfeststellung und Postpendenz

Zwischen § 242 und § 259 ist nach h. M. ungleichartige Wahlfeststellung möglich, da die Taten rechtsethisch und psychologisch vergleichbar sind[3077]. Nachdem vom 2. Strafsenat die Frage aufgeworfen worden war, ob die ungleichartige Wahlfeststellung gegen Art. 103 Abs. 2 GG verstößt, weil Art. 103 Abs. 2 GG verlangt, dass die Voraussetzungen eines bestimmten Tatbestandes festgestellt werden[3078], hat der Große Strafsenat zu Recht den Charakter des Rechtsinstituts als prozessuale Entscheidungsregel be-

---

3074 Dazu o. Rn. 990.
3075 S. o. Rn. 1064 ff.
3076 BGH NStZ 2007, 33 (34).
3077 BGHSt 12, 386 (387 ff.); *Schönke/Schröder/Hecker*, § 259 Rn. 58.
3078 Vorlagebeschluss BGH StV 2016, 212 ff.; Anfragebeschluss BGH NStZ 2014, 392 ff.

tont, welche den strengen Anforderungen des Art. 103 Abs. 2 GG nicht unterliegt[3079].

> **Bsp.:** Bei T findet sich ein Lager mit gestohlenen Elektronikgeräten; es kann nicht geklärt werden, ob T diese gestohlen hat oder in Kenntnis der Vortat übernommen hat. – Nach dem Grundsatz in dubio pro reo lassen sich weder §§ 242, 243 Abs. 1 Satz 2 Nr. 3 noch §§ 259, 260 Abs. 1 Nr. 1 erweisen. Fest steht aber, dass T entweder die eine oder andere Tat begangen hat. Da beide Taten rechtsethisch und psychologisch vergleichbar sind, kann T auf wahldeutiger Grundlage wegen Diebstahls oder Hehlerei verurteilt werden.

1689 Zu beachten ist, dass eine Strafbarkeit nach § 259 ggf. auf eine **Postpendenzfeststellung** gestützt werden kann[3080]. Allgemein ist die Postpendenz dadurch gekennzeichnet, dass ein zeitlich späteres Verhalten, das für sich genommen die Voraussetzungen einer Straftat verwirklicht, sicher feststeht. Hinzu tritt ein nicht sicher feststehendes Verhalten, das zeitlich davor liegt und im Falle der Verwirklichung Bedeutung für die rechtliche Beurteilung des späteren Verhaltens erlangt. Anders als die Wahlfeststellung führt die Postpendenz zu einer eindeutigen Verurteilung des späteren Sachverhalts[3081].

> **Einführende Aufsätze:**
> *Jahn/Palm*, Die Anschlussdelikte – Begünstigung (§ 259–260a StGB), JuS 2009, 501 (Erläuterung der Tatbestandsmerkmale anhand kleiner Fallbeispiele); *Kudlich*, Neuere Probleme bei der Hehlerei, JA 2002, 672 (Sich-Verschaffen einer Sache bei abgenötigter Herausgabe, Hehlerei als Vortat zu § 259, Absicht, den Vortäter zu bereichern); *Seelmann*, Grundfälle zur Hehlerei, JuS 1988, 39; *Wagner*, Zum Merkmal des „Sichverschaffens" bei der Hehlerei, ZJS 2010, 17.

> **Übungsfälle:**
> *Geisler/Meyer*, Goldkette und Amulett, Jura 2010, 388 (Rückerwerb der Beute vom Hehler durch den Täter); *Mitsch*, Die wertvolle Uhr, JuS 1999, 372 (Ausführlich zum Tatbestandsmerkmal „Absetzen", Vortäter als „Dritter", Versuchskonstellation); *Jäger*, Der Hochstapler, JA 2007, 604 (Sich-Verschaffen im Fall der Erpressung); *Kinzig/Luczak*, Verscherbeln, Abzocken und andere Geschäfte, Jura 2002, 493 (Mittäterschaftliche Hehlerei, Versuchskonstellationen).

> **Rechtsprechung:**
> **BGHSt 7, 134** – Teilnehmer (Hehlerei trotz Teilnahme an der Vortat); **BGHSt 26, 358** – Absatzhilfe (Erfordernis eines Absatzerfolges); **BGHSt 27, 45** – Ölgemälde

---

3079 BGHSt 62, 164 (168 ff.); näher zum Ganzen *Eisele*, BT 2, Rn. 1170; *Eisele/Heinrich*, AT, Rn. 958 ff.
3080 Näher *Eisele/Heinrich*, AT, Rn. 954; *Rengier*, AT, § 57 Rn. 32 f.
3081 Zur Klausurbearbeitung *Seibert*, JA 2008, 31 (35); ferner *Eisele*, BT 2, Rn. 1171.

III. Hehlerei, § 259

(Erfordernis eines Absatzerfolges); **BGHSt 35, 172** – Scheckformulare (Mitverfügungsgewalt als Sich-Verschaffen); **BGHSt 42, 196** – Drohung (Sich-Verschaffen bei Nötigung als Vortat); **BGHSt 43, 110** – V-Mann (Absatzerfolg bei Lieferung an einen verdeckten Ermittler); **BGHSt 59, 40** – Gemälde (Absatzerfolg als Voraussetzung des Absetzens); **BGHSt 62, 164** – Fahrzeuge (Zulässigkeit der Wahlfeststellung); **BGH NStZ 1995, 595** – PKW (Vortäter als „Dritter" bei Bereicherungsabsicht).

Stichwortverzeichnis

Die Zahlenangaben beziehen sich auf die Randnummern

A
Abgabe einer falschen Versicherung an Eides Statt 773 ff.
Abofalle 1311
Absatzerfolg 1682
Absatzhilfe 1678 ff.
Absetzen 1678 ff.
absolute Fahruntüchtigkeit 594
actio libera in causa 705
aktive Sterbehilfe 78
aktive Vorstellungspflicht 675 ff.
Alleingewahrsam 921
Amtsträger 1407
andere berauschende Mittel 596
andere zur eidlichen Vernehmung zuständige Stellen 746
Aneignung 1113
Aneignungsabsicht 947 ff., 957
Angehörige 788
Angestellter 922, 1327
Angreifen 892
Angriff 254, 1254 ff.
– auf die Entschlussfreiheit 1256
– auf Leib und Leben 1254
Anvertrauen 1115
Arglosigkeit 43 f.
ärztliche Heilbehandlung 183 ff.
– Einwilligungslösung 185
– hypothetische Einwilligung 188
– mutmaßliche Einwilligung 187
– Tatbestandslösung 184
Aufbauschen einer tatsächlich begangenen Tat 849
Aussage 749 f.
Aussagenotstand 785
– Angehörige 788
– Handeln zur Abwendung der Gefahr der Strafverfolgung 786
Aussetzung 144 ff.
– Garantenstellung 151
– Herbeiführen einer hilflosen Lage 148
– Im-Stich-Lassen 152, 154
– konkrete Gefahr 155 ff.
– räumliches Verbringen 149
– schwere Gesundheitsschädigung 157
– spezifischer Gefahrzusammenhang 158
– Systematik 144
– Versetzen in eine hilflose Lage 147
– Versuchsstrafbarkeit 164
Automatenmissbrauch 1449 ff.

B
Bande 1065, 1067 f., 1194, 1403
Bandendiebstahl 1064 f., 1067 ff.
– Aktionsgefahr 1079
– Ausführungsgefahr 1078
– schwerer Bandendiebstahl 1091 ff.
bedeutender Wert 1409
bedingtes Einverständnis 938 f.
befriedetes Besitztum 408
Befriedigung des Geschlechtstriebs 34
Begründung neuen Gewahrsams 912, 924, 930 f.
Begünstigung 1609 ff.
– Hilfeleistung 1618 ff.
– Unmittelbarkeitserfordernis 1624
– Vortat 1611 ff.
– Vorteilssicherung 1622 ff.
Behältnis 963, 985
Behaupten 366
Behörde 817
Beisichführen einer Waffe 1027, 1034 ff., 1062
Beisichführen eines gefährlichen Werkzeugs 1027, 1043 ff., 1054 f.
Beleidigungsdelikte 328 f.
– Beleidigung trotz Wahrheitsbeweis 381
– Beleidigungsfähigkeit von Personengemeinschaften 344 ff.
– beleidigungsfreie Sphäre 358
– dualistischer Ehrbegriff 328
– Form der Behauptung oder Verbreitung 384
– Kenntnisnahme der Beleidigung 356
– normativer Ehrbegriff 328

Stichwortverzeichnis

- Pauschalbeschimpfung 350
- Publikationsexzess 385
- Reaktualisierung 386
- Rechtsgut 328
- Sammel- oder Kollektivbezeichnungen 348 ff.
- Systematik 329
- tätliche Beleidigung 360
- Tatsachen 336 ff.
- üble Nachrede 361 ff.
- Verleumdung 376 ff.
- Wahrheitsbeweis durch Strafurteil 339
- Wahrnehmung berechtigter Interessen 388 ff.
- wechselseitige Beleidigungen 333
- Werturteile 340

berechtigtes oder entschuldigtes Sichentfernen 687 ff.

Bereicherungsabsicht 1390, 1489
- Rechtswidrigkeit der Bereicherung 1395 ff., 1490

Bereiten von Hindernissen 631 ff.

Berichtigung der Falschaussage 789 ff.
- Adressatenkreis 792
- erfasster Personenkreis 790
- rechtzeitige Berichtigung 793
- wirksame Berichtigung 791

Berufswaffenträger 1041 f.

Berufung auf eine falsche Versicherung an Eides Statt 782

Beschädigen 506

Beschädigung 1282 ff., 1291, 1442

Besitzerhaltungsabsicht 1239, 1242 f.

besondere Sicherung 984 ff.

Beteiligung an einer Schlägerei 249 ff.
- Angriff, von mehreren verübt 251 ff.
- objektive Bedingung der Strafbarkeit 257 ff.
- Schlägerei 252
- schwere Folge 257
- Systematik 249

Betreffen auf frischer Tat 1232 ff.

Betrug 1300 f., 1304 ff., 1353 ff., 1374 ff., 1397 ff., 1410 ff.
- Abgrenzung von Betrug und Diebstahl 1333, 1337 ff.
- Amtsträger 1407
- Bandenmitgliedschaft 1403
- Bereicherungsabsicht 1390

- Computerbetrug 1416 ff., 1421 ff., 1429 ff.
- Dreiecksbetrug 1342 ff.
- Eingehungsbetrug 1355 ff.
- Erfüllungsbetrug 1355, 1359 ff.
- Erschleichen entgeltlicher Leistungen 1350
- Exklusivitätsverhältnis Diebstahl – Betrug 933
- faktisches Näheverhältnis 1344
- Freiwilligkeit der Vermögensverfügung 1341
- geschütztes Vermögen 1362
- Gewerbsmäßigkeit 1403
- individueller Schadenseinschlag 1377 ff., 1394
- Irrtum 1304, 1324 ff.
- konkludente Täuschung 1314
- Lagertheorie 1344
- Makeltheorie 1375 f.
- Nichtwissen 1325
- Provisionsvertreterbetrug 1392 f.
- Prozessbetrug 1346
- Prüfungspflicht 1327
- Sachbetrug 935
- Stoffgleichheit 1391 ff.
- Täuschung 1304 ff.
- Täuschung durch Unterlassen 1319 ff.
- unbewusste Selbstschädigung 1381 ff.
- Verfügungsbewusstsein 1338 ff.
- Vermögen 1300
- Vermögensbegriff 1370 ff., 1374
- Vermögensgefährdung 1351, 1353 f., 1356 ff.
- Vermögensschaden 1304, 1347 ff., 1353 ff., 1374 ff.
- Vermögensverfügung 1304, 1332 ff.
- Vermögensverlust großen Ausmaßes 1404
- Versicherungsbetrug 1408, 1410 f.
- wirtschaftliche Not 1406
- Zweckverfehlung 1383 ff.
- Zweifel 1330

Blockadefälle 301 f.

Brandstiftung mit Todesfolge 565 ff.
- Gefährdung eines Tatbeteiligten 569
- Gefährdung nachträglich in das Gebäude kommender Personen 570

Stichwortverzeichnis

- gefahrspezifischer Zusammenhang 568
- leichtfertiges Verhalten 567
- professionelle Retter 571

Brandstiftungsdelikte 511 f.
- abstraktes Gefährdungsdelikt 531
- Ausschluss jeglicher Gefährdung 543
- besonders schwere Brandstiftung 554 ff.
- Brandstiftung mit Todesfolge 565 ff.
- dem zeitweisen Aufenthalt von Menschen dienende Räumlichkeiten 539
- durch Brandlegung ganz oder teilweise zerstören 524 ff.
- Entwidmung 537
- erfolgsqualifiziertes Delikt 556
- Ermöglichung oder Verdeckung einer Straftat 560
- fahrlässige Brandstiftung 572 ff.
- Gebäude 515
- gemischt genutzte Gebäude 541
- Hütten 515
- Inbrandsetzen 518 ff.
- Inbrandsetzen durch Unterlassen 521
- Inbrandsetzen eines bereits brennenden Gebäudes 520
- Kirche 538
- konkrete Gefahr des Todes 559
- konkrete Gefahr einer Gesundheitsschädigung 550
- konkretes Gefährdungsdelikt 531
- mittelbares Inbrandsetzen 519
- Räumlichkeiten 535, 539
- rechtsfolgenorientierte Tatbestandsauslegung 516
- Rechtsgüter und Systematik 511 f.
- Rechtswidrigkeit 528, 553
- Repräsentantenhaftung 563
- schwere Brandstiftung 531 ff.
- schwere Gesundheitsschädigung 557
- spezifischer Gefahrzusammenhang 551
- tatbestandliche Einschränkungen 540 ff.
- tätige Reue 529
- tatsächliche Nutzung als Wohnung 536
- teilweises Zerstören 525, 544
- Unterlassen von Löschmaßnahmen 522
- Verhinderung oder Erschwerung der Löschung des Brandes 564
- Zerstören 525

Brauchbarkeitsbeeinträchtigung 1282, 1285
Bruch fremden Gewahrsams 912, 914 ff., 926 ff., 932

C

Computerbetrug 1416 ff., 1421 ff., 1429 ff.

D

Daten 906, 1419
Dauer der Freiheitsentziehung 281
Dauerdelikt 288, 598
Dereliktion 910
Detektiv 927, 934
Diebstahl 899 ff., 906 ff., 914 ff., 926 ff., 941 f., 945 ff.
- elektrische Energie 901, 906, 1131, 1133 ff.
- Abgrenzung von Betrug und Diebstahl 1333, 1337 ff.
- Alleingewahrsam 921
- Aneignungsabsicht 947 ff., 957
- Angestellter 922
- Bandendiebstahl 1064 f., 1067 ff.
- bedingtes Einverständnis 938 f.
- Begründung neuen Gewahrsams 912, 930 f.
- Behältnis 963, 985
- Beisichführen einer Waffe 1027 ff.
- Beisichführen eines gefährlichen Werkzeugs 1027, 1043 ff., 1054 f.
- Berufswaffenträger 1041 f.
- besondere Sicherung 984 ff.
- Betäubungsmittel 911
- bewegliche Sache 908
- Bruch fremden Gewahrsams 912, 914 ff., 926 ff., 932
- Dereliktion 910
- Detektiv 927, 934
- Drittzueignungsabsicht 957 ff.
- EC-Karte 948
- Einbrechen 978
- Eindringen 980

Stichwortverzeichnis

- Eindringen in Wohnungen 975
- Einsteigen 979
- Einwilligung 967
- elektrische Energie 1132
- Enteignungsvorsatz 946 ff.
- Exklusivitätsverhältnis Diebstahl – Betrug 933
- Falle 934
- falscher Schlüssel 980
- Filiale 922
- fremde Sache 909 ff., 939, 942
- frische Tat 970, 1232
- Gattungsschuld 966
- Gebrauchsanmaßung 952
- gefährliches Werkzeug 1027, 1043 ff., 1054 f.
- Geldkarte 950
- Geldschuld 966
- Geringwertigkeit 1011 ff.
- Gewahrsam 914 ff.
- Gewahrsamsbruch 924, 926 ff., 932
- Gewahrsamslockerung 924, 928, 1488
- Gewahrsamsverlust 910
- gewerbsmäßiger Diebstahl 990 f.
- gleichrangiger Mitgewahrsam 921
- herrenlose Sache 910
- Herrschaftsbewusstsein 918
- Kassierer 923
- Kaufhaus 922
- Kirchendiebstahl 992
- Körper 907
- Ladendiebstahl 926 ff.
- mehrstufiger Mitgewahrsam 921
- Minderung des Sachwerts 954
- Mitgewahrsam 921
- Nachschlüssel 975
- natürliche Einsichtsfähigkeit 932
- natürlicher Sachherrschaftswille 914, 917
- Niederlassung 922
- räuberischer Diebstahl 901, 1227, 1229 ff., 1242 ff.
- Rechte 906
- Rechtfertigung 967
- Regelbeispiele 971 ff., 995 ff.
- Rückwirkung 909
- Sachbetrug 935
- sachenrechtsähnliche Position 959
- Sachentziehung 961
- Sachherrschaft 914
- Sachherrschaftsverhältnis 915, 959
- Sachsubstanz 947
- Sachwert 947 ff.
- Scheinwaffe 1059 ff.
- Schusswaffe 1029 ff.
- schwerer Bandendiebstahl 1091 ff.
- Sicherungsetikett 927
- Sparbuch 948, 950
- Stückschuld 965
- Subsidiarität der Unterschlagung 901, 1117 ff.
- tatbestandsausschließendes Einverständnis 932 ff.
- umschlossener Raum 976
- Vorsatzwechsel 1018 ff.
- Waffe 1027 ff.
- Wegnahme 904, 912, 914 ff., 926 ff.
- Wohnungseinbruchsdiebstahl 1085 f., 1088 f.
- Zueignungsabsicht 940, 945 ff.

Diebstahl in einem besonders schweren Fall 971 ff., 995 ff.
dogmatische Einordnung der Regelbeispiele 972
Doppelselbstmord 89
Dreiecksbetrug 1342 ff.
- faktisches Näheverhältnis 1344
- Lagertheorie 1344
- Prozessbetrug 1346
Dreieckserpressung 1482 f.
Drittzueignung 1103, 1107 f.
Drittzueignungsabsicht 957 ff.
Drohung 304 f., 1144, 1153 ff., 1238, 1516, 1540
Drohung mit einem Unterlassen 308 ff.
dualistischer Ehrbegriff 328

E

echte Urkunde 463, 465 ff., 504
EC-Karte 948, 1429, 1431, 1597, 1604
ehrenrührige Tatsache 364
eigenhändiges Delikt 587, 603, 702
Eigentum 897, 1096
Eigentumsdelikt 897
eigenverantwortliche Selbstgefährdung bzw. -verletzung 85 f., 136 f., 168, 176, 569 f.
Einbrechen 975, 978

Stichwortverzeichnis

Eindringen 410 f., 977, 980
Eindringen durch Unterlassen 422, 424
Eindringen in Wohnungen 975
Einsichtsfähigkeit 932
Einsperren 271
Einsteigen 979
Einwilligung 967, 1127
elektrische Energie 901, 906, 1131 ff.
elterliches Züchtigungsrecht 180 f.
Enteignung 1113
Enteignungsvorsatz 946 ff.
Entfernung durch Polizei oder Rettungsdienst 690
Entführen 1516, 1537
Entstellung 218 f.
Entwidmung 537
Entziehung elektrischer Energie 901, 906, 1131 ff.
– Entziehen 1134
erfolgsqualifizierter Versuch 164, 245, 287, 1215 f., 1218 ff.
– Rücktritt 1219 ff.
Ermöglichungsabsicht 61
erpresserischer Menschenraub 1512, 1514 ff.
– Drei-Personen-Verhältnis 1523, 1528
– Entführen 1516
– Ersatzgeisel 1519
– Scheingeisel 1519
– Sich-Bemächtigen 1517
– Zwei-Personen-Verhältnis 1523 ff.
Erpressung 1462 ff., 1468 ff., 1485 ff.
– Bereicherungsabsicht 1489
– Dreieckserpressung 1482 f.
– Nötigung 1464 ff., 1468
– räuberische Erpressung 1497 ff.
– Vermögensnachteil 1485 ff.
– Vermögensverfügung 1462, 1469 ff.
Ersatzhehlerei 1668 ff.
Erschleichen von Leistungen 1447 ff.
– Erschleichen 1451 f., 1454
– Leistungsautomat 1449 ff.
– Warenautomat 1449 f.
Erschwerung der Ermittlungstätigkeit 853
Exklusivitätsverhältnis Diebstahl – Betrug 933

F
fahrlässige Brandstiftung 572 ff.
fahrlässige Körperverletzung 248
fahrlässige Tötung 132 ff.
– Einwilligung 141
– Grenzen der Einwilligung 142
– objektive Zurechnung 135 ff.
fahrlässiger Falscheid und fahrlässige falsche Versicherung an Eides Statt 813
Fahruntüchtigkeit 592 ff.
Falle 934
falsch schwören 764 f.
falsche uneidliche Aussage 741 ff.
– andere zur eidlichen Vernehmung zuständige Stellen 746
– Aussage 749 f.
– Falschaussage des Beschuldigten bzw. Angeklagten 748
– Gericht 745
– objektive Theorie 753
– Pflichttheorie 755
– Rechtsgut und Systematik 741 ff.
– Sachverständige 748
– subjektive Theorie 754
– Umfang der Wahrheitspflicht 751
– Untersuchungsausschüsse 747
– Zeugen 748
falsche Verdächtigung 814 ff.
– Amtsträger 817
– Behörde 817
– militärischer Vorgesetzter 817
– objektive Unrichtigkeit der Verdächtigung 825 f.
– öffentliche Abgabe 817
– rechtswidrige Tat 819 f.
– Schweigen und Leugnen 829
– sonstige tatsächliche Behauptung 831
– Strafausschließungs- und Strafmilderungsgründe 837
– Umlenken oder Verstärken des Verdachts 829
– Unrichtigkeit von Verdachtstatsachen 826 ff.
– Verdächtigen 821 ff.
– Verdächtigen durch Unterlassen 823
– Verdächtigung einer anderen Person 818

Stichwortverzeichnis

falsche Versicherung an Eides Statt 773 ff.
- Abgabe einer falschen Versicherung an Eides Statt 781
- Berufung auf eine falsche Versicherung an Eides Statt 782
- Spontanäußerung 780
- zuständige Behörde 776 ff.

falscher Schlüssel 980
Fälschung technischer Aufzeichnungen 484 ff.
Filiale 922
Fischwilderei 910
formelle Subsidiarität 859
Fotokopie als Urkunde 452
Freiheitsberaubung 263 f.
- Dauer der Freiheitsentziehung 281
- Dauerdelikt 288
- Drohungen als Tatmittel 276
- Einsperren 271
- Freiheitsberaubung in anderer Weise 272
- Freiheitsberaubung Schlafender 266a
- Gewalt 276
- potenzielle Bewegungsfreiheit 266
- psychischer Zwang 277
- Rechtsgut 263
- schwere Gesundheitsschädigung 284
- Systematik 263
- Zumutbarkeitskriterien 269

fremd 909, 939, 942
fremde Sache von bedeutendem Wert 613, 637
frische Tat 970, 1232
- Betreffen 1235 ff.
frische Tat 1233 f.
Führen eines Fahrzeugs 585, 603
Führer eines Fahrzeugs 588, 603
Führer eines Kraftfahrzeugs 1259 ff.

G

Garantiefunktion 445
Gattungsschuld 966
Gebäude 515
Gebrauchen 463, 470
Gebrauchsanmaßung 952
Gebrauchsrecht 1121
Gefährdung des Straßenverkehrs 599 ff.
- Abgrenzung zu § 315b 600
- fremde Sache von bedeutendem Wert 613
- Führen eines Fahrzeugs im öffentlichen Straßenverkehr 603
- geistige oder körperliche Leistungseinschränkungen 606
- grob verkehrswidriger Verkehrsverstoß 608
- konkrete Gefahr 615
- Pflichtwidrigkeits- oder Zurechnungszusammenhang 616
- Rechtswidrigkeit 621
- reines Fahrlässigkeitsdelikt 620
- rücksichtslos 609
- sieben Todsünden 607
- Täterfahrzeug als Gefährdungsobjekt 614
- Tatteilnehmer als Gefährdungsopfer 611
- Vorsatz-Fahrlässigkeits-Kombination 619

gefährliche Eingriffe in den Straßenverkehr 622 ff., 644 f.
- Abgrenzung zu § 315c 625 ff.
- ähnliche gefährliche Eingriffe 634
- Beeinträchtigung der Sicherheit des Straßenverkehrs 636
- Bereiten von Hindernissen 631 ff.
- grobe Einwirkung in den Straßenverkehr 626
- konkrete Gefahr 637 ff.
- Pervertierungsabsicht 627
- Schädigungsvorsatz 628
- tätige Reue 643
- verkehrsfremde Vorgänge 624
- Zerstören, Beschädigen oder Beseitigen von Anlagen oder Fahrzeugen 630

gefährliche Körperverletzung 191 f.
- andere gesundheitsschädliche Stoffe 194
- das Leben gefährdende Behandlung 208 f.
- gefährliches Werkzeug 199 f.
- gemeinschaftlich begangene 205 f.
- Gift 193
- hinterlistiger Überfall 203
- Instrumente eines Arztes 200
- Körperteile 200
- Waffe im technischen Sinn 201

Stichwortverzeichnis

gefährliches Werkzeug 1027, 1043 ff., 1054 f., 1181
– Verwenden 1196, 1198, 1200 f.
gefahrspezifischer Zusammenhang 158, 231, 233, 285, 551, 568, 616, 1206, 1211 f., 1532
Gegenblitzanlage 499
Gehören 505
Geiselnahme 1535 ff.
– Drei-Personen-Verhältnis 1541
– Drohung 1540
– Entführen 1537
– Sich-Bemächtigen 1537
– Zwei-Personen-Verhältnis 1541
geistige Behinderung 220
geistige Krankheit 220
geistige oder körperliche Leistungseinschränkungen 606
Geldkarte 950
Geldschuld 966
gemeine Gefahr 720
gemeine Not 720
gemeingefährliches Mittel 57
gemischt genutzte Gebäude 541
generelle Zutrittserlaubnis 415 f.
Gericht 745
Geringwertigkeit 1011 ff.
– Vorsatzwechsel 1018 ff.
Gesamturkunde 448, 450, 469
Geschäftsräume 407
Gesundheitsschädigung 173 f.
Gewahrsam 914 ff.
– Gewahrsamsbruch 924, 926 ff.
– Gewahrsamslockerung 924, 928, 1488
– Gewahrsamsverlust 910
Gewalt 1144 ff., 1238, 1516
Gewalt bei Nötigung 292 ff.
Gewalt beim Widerstandleisten 868 f.
Gewalt durch Unterlassen 303a
gewerbsmäßiger Betrug 1403
gewerbsmäßiger Diebstahl 990 f.
Gift 193
gleichrangiger Mitgewahrsam 921
grausam 55
grob verkehrswidriger Verkehrsverstoß 608

H
Habgier 35 ff.

Hausfriedensbruch 402 ff.
– befriedetes Besitztum 408
– Berechtigter 418
– durch Täuschung erschlichenes Einverständnis 414
– Eindringen 410 f.
– Eindringen durch Unterlassen 422, 424
– generelle Zutrittserlaubnis 415 f.
– Geschäftsräume 407
– Hausverbot 417
– mehrere Hausrechtsinhaber 419
– tatbestandsausschließendes Einverständnis 413
– Übertragung des Hausrechts auf Dritte 420
– Wohnung 406
– zum öffentlichen Dienst bestimmte Räume 409
– zum öffentlichen Verkehr bestimmte Räume 409
Hehlerei 1658 ff., 1672 ff.
– Absatzerfolg 1682
– Absatzhilfe 1678 ff.
– Absetzen 1678 ff.
– Ankaufen 1676
– Drittverschaffung 1677
– Entgeltlichkeit 1681
– Ersatzhehlerei 1668 ff.
– Postpendenzfeststellung 1689
– Sache 1666
– Sich verschaffen 1676 f.
– Tathandlungen 1672 ff.
– Vortat 1661 ff.
– Wahlfeststellung 1688
Heimtücke 42 f.
herrenlose Sache 910
Herrschaftsbewusstsein 918
Herstellen 463 f., 496
Hilfeleistung 1618 ff.
Hütten 515
hypothetische Einwilligung 188

I
in Brand setzen 1408
in dubio pro reo 372
Inbrandsetzen 518 ff.
Ingebrauchnahme 1124
Irrtum 1324 ff.
– leichtfertiges Verhalten 1331

Stichwortverzeichnis

- Prüfungspflicht 1327
- Zweifel 1330

J
Jagdwilderei 910
juristische Person (Gewahrsam) 919

K
Kassierer 923
Kaufhaus 922
Kirchendiebstahl 992
konkrete Gefahr des Todes oder einer schweren Gesundheitsschädigung 156 ff., 559, 615
konkrete Vollstreckungshandlung 864, 891
Kopie als Urkunde 452
Körper 907
Körperverletzung 166
- ärztliche Heilbehandlung 183 ff.
- eigenverantwortliche Selbstverletzung 168, 176
- elterliches Züchtigungsrecht 180 f.
- fahrlässige Körperverletzung 248
- Gesundheitsschädigung 173 f.
- Grenzen der Einwilligung 177 ff.
- körperliche Misshandlung 169
- Systematik 166
Körperverletzung mit Todesfolge 227 ff.
- Dazwischentreten eines Dritten 237 f.
- erfolgsqualifizierter Versuch 245
- gefahrspezifischer Zusammenhang 231, 233
- Letalitätslehre 233
- Systematik 227
- Täterschaft und Teilnahme 246
- Verhalten des Opfers 235 f.
- versuchte Erfolgsqualifikation 244
- Zweithandlungen des Täters 239
Kraftfahrzeug 1123
Kreditkartenmissbrauch 1592 ff., 1598 ff.

L
Ladendiebstahl 926 ff.
Lähmung 220
Leichtfertigkeit 567, 1214
Letalitätslehre 233

M
Manifestation des Zueignungswillens 1104 ff.
mehrstufiger Mitgewahrsam 921
Meineid 760 ff.
- Beginn der Versuchsstrafbarkeit 767
- Beihilfe durch Unterlassen 772
- falsch schwören 764 f.
- Nacheid 766
- Teilnahme 770 ff.
- Voreid 766
Minderung des Sachwerts 954
Missbrauch von Scheck- und Kreditkarten 1592 ff.
Mitgewahrsam 921
mittelbare Falschbeurkundung 510
Mittel-Zweck-Relation 320 ff.
Mord 25 f.
- Arglosigkeit 43 f.
- außerstrafrechtliche Folgen 66
- Befriedigung des Geschlechtstriebs 34
- Ermöglichungsabsicht 61
- feindselige Willensrichtung 50
- gemeingefährliches Mittel 57
- grausam 55
- Habgier 35 ff.
- Heimtücke 42 f.
- Mordlust 33
- negative Typenkorrektur 52
- niedrige Beweggründe 38 ff.
- positive Typenkorrektur 52
- Rechtsfolgenlösung 53
- Schuldprinzip 50
- Systematik 25
- Tatbestandslösung 51
- Täterschaft und Teilnahme 74
- Verdeckungsabsicht 63 f.
- Wehrlosigkeit 48
mutmaßliche Einwilligung 187

N
Nacheid 766
Nachschlüsseldiebstahl 975
Niederlassung 922
normativer Ehrbegriff 328
Nötigung 289 ff.
- Blockadefälle 301 f.
- Dreiecksnötigung 315
- Drohung 304

Stichwortverzeichnis

- Drohung mit einem Unterlassen 308 ff.
- Ernstlichkeit der Drohung 305
- Fernziele 325
- Gewalt 292 ff.
- Gewalt durch Unterlassen 303a
- Gewalt gegen Sachen 303
- Grenzen des Gewaltbegriffs 296 ff.
- Mittel-Zweck-Relation 320 ff.
- Nötigungserfolg 313 ff.
- straflose Warnung 307
- Übel 306
- Verwerflichkeitsklausel 319 f.
- vis absoluta 294
- vis compulsiva 295

O

objektive Bedingung der Strafbarkeit 257 ff., 370 ff., 709 ff.
objektive Unrichtigkeit der Verdächtigung 825 f.
öffentlicher Straßenverkehr 590, 661
öffentliches Verbreiten 373

P

passive Feststellungsduldungspflicht 678 f.
Patiententestament 85
Pauschalbeschimpfung 350
Person des politischen Lebens 374
Pervertierungsabsicht 627
Postpendenzfeststellung 1689
professionelle Retter 571
Publikationsexzess 385

Q

qualifiziertes Nötigungsmittel 1144 ff., 1499 ff.

R

Raub 901, 1139 ff., 1162, 1164 ff., 1169 ff.
- erfolgsqualifizierter Versuch 1215 f., 1218 ff.
- versuchte Erfolgsqualifikation 1215, 1217 ff.
- Bande 1194
- Beteiligung 1174 ff.
- Drohung 1144, 1153 ff.

- Finalzusammenhang zwischen Nötigung und Wegnahme 1157 ff., 1162, 1164 ff.
- gefährliches Werkzeug 1181, 1196, 1198, 1200 f.
- Gewalt 1144 ff.
- Leichtfertigkeit 1214
- Nötigungsmittel 1144 ff.
- Raub mit Todesfolge 1206 ff.
- schwere Gesundheitsschädigung 1187
- schwere körperliche Misshandlung 1204
- schwerer Raub 1178 ff., 1196, 1198 ff.
- subjektiver Tatbestand 1169 ff.
- Verfolgerfälle 1212
- Waffe 1181, 1198 f., 1203
- Wegnahme 1143
- Zueignungsabsicht 1172

Raub mit Todesfolge 1206 ff.
räuberische Erpressung 1497 ff.
- qualifiziertes Nötigungsmittel 1499 ff.

räuberischer Angriff auf einen Kraftfahrer 1251 ff., 1258 ff.
- Angreifer 1255
- Angriff auf die Entschlussfreiheit 1256
- Angriff auf Leib und Leben 1254
- Ausnutzen der besonderen Verhältnisse des Straßenverkehrs 1265 ff.
- Führer eines Kraftfahrzeugs 1259 ff.
- Mitfahrer 1259, 1263
- verkehrsbedingter Halt 1260 f.
- Verüben 1258

räuberischer Diebstahl 901, 1227, 1229 ff., 1242 ff.
- auf frischer Tat betreffen 1232 ff.
- Besitzerhaltungsabsicht 1239, 1242 f.
- Drohung 1238
- Gewalt 1238
- Konkurrenzen 1250
- subjektiver Tatbestand 1239, 1242 ff.
- Täterschaft und Teilnahme 1245 ff.
- Versuch 1244
- Vortat 1231

Rausch 706
Rauschtat 702 ff.
Rechte 906
Rechtfertigung 967
rechtswidrige Vollstreckungshandlung 882

Stichwortverzeichnis

Regelbeispiele 971 ff., 995 ff., 1402 ff., 1410 f., 1589
- Aufbauschema 973
- Täterschaft und Teilnahme 998 f.
- Versuch und Rücktritt 1000 ff.
- Vorsatz 997

relative Fahruntüchtigkeit 595
Relativität der Rechtsbegriffe 912
rücksichtslos 609
Rückwirkung 909

S

Sachbeschädigung 961, 1277 ff.
- Beschädigung 1282 ff., 1291
- Funktionsbeeinträchtigung 1282, 1285
- Sache 1280
- Substanzverletzung 1282, 1284
- Tier 1280
- unbefugt 1296
- Veränderung des äußeren Erscheinungsbildes 1292 ff.
- Zerstörung 1290

Sachbetrug 935
Sache 1280, 1666
sachenrechtsähnliche Position 959
Sachentziehung 961
Sachherrschaft 914
Sachherrschaftsverhältnis 915, 959
Sachherrschaftswille 914, 917
Sachsubstanz 947
Sachverständige 748
Sachwert 947 ff.
Scheckkartenmissbrauch 1592 ff., 1605 f.
Scheinwaffe 1059 ff., 1183
Schlägerei 252
schriftliche Lüge 458
Schusswaffe 1029 ff.
schwere Brandstiftung 531 ff.
schwere Gesundheitsschädigung 157, 284, 557, 1187
schwere körperliche Misshandlung 1204
schwere Körperverletzung 210 f.
- Entstellung 218
- geistige Behinderung 220
- geistige Krankheit 220
- Lähmung 220
- Siechtum 220
- Verlust der Fortpflanzungsfähigkeit 213
- Verlust des Gehörs 213
- Verlust des Sehvermögens 213
- Verlust des Sprechvermögens 213
- wichtiges Glied 214 ff.

schwerer Bandendiebstahl 1091 ff.
schwerer Raub 1178 ff., 1196, 1198 ff.
Selbsttötung und Fremdtötung 85 f.
- Beteiligter als Werkzeug zur Selbsttötung 106 ff.
- Doppelselbstmord 89
- Fahrlässigkeitsstrafbarkeit 103 ff., 132
- freiverantwortlicher Suizid 97
- Garantenstellung 98, 100
- mittelbare Täterschaft 90 f., 93
- Quasi-Mittäterschaft 88
- unmittelbar lebensbeendender Akt 86
- Unterlassungsstrafbarkeit 96 ff.

Selbstzueignung 1103
Selbstzueignungsabsicht 958 ff.
Sich-Bemächtigen 1517, 1537
Sichentfernen vom Unfallort 671
Sicherungsetikett 927
sieben Todsünden 607
Siechtum 220
Sparbuch 948, 950
Sperrwirkung 117
spezifischer Gefahrzusammenhang 1206, 1211 f., 1532
Spontanäußerung 780
Sterbehilfe 75 f.
- aktive Sterbehilfe 78
- Behandlungsabbruch 79 f.
- direkte Sterbehilfe 78
- indirekte Sterbehilfe 77
- passive Sterbehilfe 79 f.
- reine Sterbebegleitung 76

Strafantrag 1137 f., 1591
Straftaten als Unglücksfall 718
Strafvereitelung 1631 ff.
- Abgrenzung zu Beihilfe 1637 f.
- Angehörigenprivileg 1651 f.
- Selbstbegünstigung 1649 f.

Strafvereitelung im Amt 1631, 1654 ff.
Stückschuld 965
Subsidiaritätsklausel 901, 1117 ff.

T

Tanken ohne Bezahlung 1101 f.

Stichwortverzeichnis

tatbestandsausschließendes Einverständnis 932 ff., 1127
tätige Reue 529, 643, 698
tätliche Beleidigung 360
tätlicher Angriff 892
Tatsachen 336 ff.
Täuschen über einen Beteiligten 850 ff.
Täuschung 1305 ff.
– Abgrenzung zwischen konkludenter Täuschung und Täuschung durch Unterlassen 1312
– konkludente Täuschung 1314
Täuschung durch Unterlassen 1319 ff.
technische Aufzeichnung 486 f.
teilweises Zerstören 525, 544
Tier 1280
Totschlag 3, 5
– Abgrenzung zur fahrlässigen Tötung 18 f.
– minder schwerer Fall 23
Tötung auf Verlangen 116 ff.
– ausdrückliches Verlangen 124
– besonderes persönliches Merkmal 129
– Bestimmen 127 ff.
– ernstliches Verlangen 125
– Irrtumsregel 131
– Motivbündel 127
– Sperrwirkung 117
– Systematik 116
– Unterlassen 121
Trunkenheit im Verkehr 580 f., 583
– absolute Fahruntüchtigkeit 594
– alkoholische Getränke 593
– andere berauschende Mittel 596
– eigenhändiges Delikt 587
– Fahruntüchtigkeit 592 ff.
– Führen eines Fahrzeugs 585
– Führer eines Fahrzeugs 588
– nicht-öffentlicher Straßenverkehr 591
– öffentlicher Straßenverkehr 590
– Rechtsgut und Systematik 580 f.
– relative Fahruntüchtigkeit 595

U
Übertreibungen 847
üble Nachrede 361 ff.
Üble Nachrede
– Behaupten 366

üble Nachrede
– ehrenrührige Tatsache 364
Üble Nachrede
– in dubio pro reo 372
– objektive Bedingung der Strafbarkeit 370 ff.
– öffentliches Verbreiten 373
– Person des politischen Lebens 374
– Schaffen kompromittierender Sachlagen 368
– Verbreiten 367
Umfang der Wahrheitspflicht 751
umschlossener Raum 976
unbefugte Verwendung von Daten 1424 ff., 1429 ff.
unbefugter Gebrauch eines Fahrzeugs 901, 1121 ff.
– Berechtigter 1126
– Einwilligung 1127
– Gebrauchsrecht 1121
– Ingebrauchnahme 1124
– Konkurrenzen 1130
– Kraftfahrzeug 1123
– subjektiver Tatbestand 1129
– tatbestandsausschließendes Einverständnis 1127
– Weiterbenutzung 1128
unechte Urkunde 456, 458, 470
unerlaubtes Entfernen vom Unfallort 657 f.
Unerlaubtes Entfernen vom Unfallort
– aktive Vorstellungspflicht 675 ff.
– berechtigtes oder entschuldigtes Sichentfernen 687 ff.
– Dauer der Wartepflicht 682 f.
– Entfernung durch Polizei oder Rettungsdienst 690
– funktionaler Zusammenhang mit dem Straßenverkehr 662 ff.
– nicht ganz unerheblicher Personen- oder Sachschaden 665
– öffentlicher Straßenverkehr 661
– passive Feststellungsduldungspflicht 678 f.
unerlaubtes Entfernen vom Unfallort
– Rechtsgut 657
Unerlaubtes Entfernen vom Unfallort
– Sichentfernen vom Unfallort 671
– tätige Reue 698

Stichwortverzeichnis

- Unfall im Straßenverkehr 660
- Unfallbeteiligter 666 ff.
- unverzügliche Ermöglichung nachträglicher Feststellungen 693 ff.
- unvorsätzliches Entfernen 688
- vorsätzliche Schädigung 664

Unmittelbarkeitserfordernis 1335 ff., 1624

Unrichtigkeit von Verdachtstatsachen 826 ff.

unterlassene Hilfeleistung 713 ff.
- Erforderlichkeit der Hilfeleistung 724 ff.
- freiverantwortliche Selbsttötung als Unglücksfall 719
- Gefahr eines Schadens 717
- gemeine Gefahr 720
- gemeine Not 720
- Möglichkeit der Hilfeleistung 722 f.
- Straftaten als Unglücksfall 718
- Unglücksfall 716
- Unzumutbarkeit der Hilfe wegen Strafverfolgung 731 f.
- Zumutbarkeit der Hilfeleistung 728, 730

Unterschlagung 901, 1096 ff.
- Tanken ohne Bezahlung 1101 f.
- Anvertrauen 1115
- Drittzueignung 1103, 1107 f.
- Enteignung 1113
- Konkurrenzen 1117 ff.
- Manifestation des Zueignungswillens 1104 ff.
- Selbstzueignung 1103
- Subsidiaritätsklausel 901, 1117 ff.
- wiederholte Zueignung 1109 f.
- Zueignung 1098 ff.

Untreue 1545 ff., 1552 ff., 1589 ff.
- Befugnismissbrauch 1552 ff.
- kollusives Zusammenwirken 1559
- Missbrauchstatbestand 1547 ff., 1552 ff.
- Regelbeispiele 1589
- Treubruchstatbestand 1563 ff.
- Unmittelbarkeitszusammenhang 1584
- Verfügungsbefugnis 1548 ff.
- Verhältnis zur veruntreuenden Unterschlagung 1590
- Verletzung der Treuepflicht 1576 f.

- Vermögensbetreuungspflicht 1545, 1561, 1571 ff.
- Vermögensgefährdung 1580 ff.
- Vermögensnachteil 1562, 1578 ff.
- Verpflichtungsbefugnis 1548 ff.
- Vertreter ohne Vertretungsmacht 1557

Urkundenfälschung 428, 430
- echte Urkunde 463, 465 ff.
- Garantiefunktion 445
- Gebrauchen 463, 470
- Gedankenerklärung 433
- Gesamturkunde 448, 450, 469
- Herstellen 463 f.
- Konkurrenzverhältnis 472
- Kopie 452
- schriftliche Lüge 458
- unechte Urkunde 456, 458, 470
- Urkundenbegriff 432, 434
- Verfälschen 463, 465 ff.
- zusammengesetzte Urkunde 448 f.

Urkundenunterdrückung 503 f.
- Beschädigen 506
- Gehören 505
- Unterdrücken 507
- Vernichten 506

V

Verbreiten 367
Verdächtigen 821 ff.
Verdächtigen durch Unterlassen 823
Verdeckungsabsicht 63 f.
Verfahrensverstöße 758
Verfälschen 463, 465 ff., 500
Verfolgerfälle 1212
Verkehrsstraftaten 580 f., 583
- Gefährdung des Straßenverkehrs 599 ff.
- gefährliche Eingriffe in den Straßenverkehr 622 ff., 644 f.
- Trunkenheit im Verkehr 580 f., 583
- unerlaubtes Entfernen vom Unfallort 657 f.

Verleitung zur Falschaussage 801 ff.
- Bösgläubigkeit der Aussageperson 807 ff.
- Gutgläubigkeit der Aussageperson 806
- Systematik 801
- Verleitung eines vermeintlich Bösgläubigen 811

Stichwortverzeichnis

- Verleitung eines vermeintlich Gutgläubigen 812
- Verleumdung 376 ff.
- – objektive Unwahrheit 378
- Verlust der Fortpflanzungsfähigkeit 213
- Verlust des Gehörs 213
- Verlust des Sehvermögens 213
- Verlust des Sprechvermögens 213
- Vermögen 1300, 1362 ff., 1374 ff., 1485
  - – Erwerbs- und Gewinnaussichten 1365
  - – Geldstrafen, Geldbußen und Verwarnungsgelder 1368
  - – geschütztes Vermögen 1362 ff., 1374 ff., 1485
  - – juristisch-ökonomischer Vermögensbegriff 1370 ff., 1374 ff., 1485
  - – Vermögensbegriff 1370 ff., 1374 ff., 1485
  - – wirtschaftlicher Vermögensbegriff 1370 ff., 1374 ff., 1485
- Vermögensschaden 1304, 1347 ff., 1353 ff., 1374 ff., 1485 ff.
  - – Eingehungsbetrug 1355 ff.
  - – Erfüllungsbetrug 1355, 1359 ff.
  - – Erschleichen entgeltlicher Leistungen 1350
  - – Gefährdungsschaden 1351, 1353 f., 1356, 1580 ff.
  - – Gesamtsaldierung 1348
  - – individueller Schadenseinschlag 1377 ff.
  - – Quotenschaden 1366
  - – Stoffgleichheit 1392 ff.
  - – Zweckverfehlung 1383 ff.
- Vermögensverfügung 1304, 1332 ff., 1462, 1469 ff.
  - – Abgrenzung von Betrug und Diebstahl 1333, 1337 ff.
  - – Freiwilligkeit 1341
  - – Verfügungsbewusstsein 1338 ff.
- Versicherungsbetrug 1408, 1410 f.
- Versicherungsmissbrauch 1438 ff.
- Versuch der Anstiftung zur Falschaussage 796 ff.
  - – Anwendbarkeit auf den untauglichen Versuch 798
- versuchte Erfolgsqualifikation 164, 244, 287, 1215, 1217 ff.
  - – Rücktritt 1219 ff.

- Verüben 1258
- Verwerflichkeitsklausel 319 f.
- vis absoluta 294
- vis compulsiva 295
- Vollrausch 699, 701
  - – actio libera in causa 705
  - – eigenhändiges Delikt 702
  - – objektive Bedingung der Strafbarkeit 709 ff.
  - – Rausch 706 f.
  - – Rechtsgut und Systematik 699
  - – Rücktritt 712
  - – Schuldfähigkeit 704, 707
  - – Tatbestandsirrtum 711
- Vollstreckungsbeamte 863, 890
- von mehreren verübter Angriff 254
- Voreid 766
- Vorsatz-Fahrlässigkeits-Kombination 619
- Vortat 1231, 1611 ff., 1661 ff.
- Vortäuschen einer Straftat 839 ff.
  - – Adressat der Vortäuschung 842
  - – Aufbauschen einer tatsächlich begangenen Tat 849
  - – Erschwerung der Ermittlungstätigkeit 853
  - – formelle Subsidiarität 859
  - – in der Vergangenheit liegende rechtswidrige Tat 844
  - – in der Zukunft liegende Katalogtat 845
  - – Strafausschließungs- und Strafmilderungsgründe 858
  - – Täuschen über einen Beteiligten 850 ff.
  - – Übertreibungen, Ausschmückungen, Ungenauigkeiten 847
  - – Vortäuschen 843 ff.
- Vorteilssicherung 1622 ff.

W

- Waffe 1027 ff., 1181, 1203
  - – Beisichführen 1034 ff., 1062, 1203
  - – Scheinwaffe 1059 ff., 1183
  - – Schusswaffe 1029 ff.
  - – Verwenden 1196, 1198 f.
- Waffe im technischen Sinn 201
- Wahlfeststellung 1688
- Wahrheitsbeweis durch Strafurteil 339
- Wahrnehmung berechtigter Interessen 388 ff.
- wechselseitige Beleidigungen 333

Stichwortverzeichnis

Wegnahme 904, 912, 914 ff., 926 ff., 1143
Werturteile 340
wichtiges Glied 214 ff.
Widerstand gegen Vollstreckungsbeamte 860 ff., 889
– Drohung mit Gewalt 870
– Gewalt beim Widerstandleisten 868 f.
– Irrtümer des Täters 883 ff.
– konkrete Vollstreckungshandlung 864, 891
– Konkurrenzverhältnis zur Nötigung 887
– Rechtmäßigkeit der Diensthandlung 872 f.
– Rechtsirrtümer 876
– rechtswidrige Vollstreckungshandlung 882
– sachliche und örtliche Zuständigkeit 875
– strafrechtlicher Rechtmäßigkeitsbegriff 875 f.
– Strafzumessungsregel für besonders schwere Fälle 886
– tätlicher Angriff 892
– Tatsachenirrtümer 877
– Vollstreckungsbeamte 863, 890
– Widerstand 867 ff.
wiederholte Zueignung 1109 f.
Wilderei 910
Wohnungseinbruchsdiebstahl 1085 f., 1088 f.
– Geschäftsräume 1088
– Wohnungsbegriff 1086

Z

Zerstören 525
Zerstören, Beschädigen oder Beseitigen von Anlagen oder Fahrzeugen 630
Zerstörung 1290, 1442
Zeuge 748
zivilrechtliche Eigentums- und Besitzregelungen 916
Zueignung 1098 ff.
– Rechtswidrigkeit 1111
– wiederholte Zueignung 1109 f.
Zueignungsabsicht 940, 945 ff., 1172
zum öffentlichen Dienst bestimmte Räume 409
zum öffentlichen Verkehr bestimmte Räume 409
Zwei-Parteien-System 1603